国家统计局贸易外经统计司 编
Compiled by
Department of Trade and External Economic Relations Statistics,
National Bureau of Statistics, People's Republic of China

# 2010

# 中国贸易外经统计年鉴

# CHINA TRADE AND EXTERNAL ECONOMIC STATISTICAL YEARBOOK

中国统计出版社
China Statistics Press

(京)新登字 041 号



**图书在版编目(CIP)数据**

中国贸易外经统计年鉴. 2010 / 国家统计局贸易外经统计司编. —北京 : 中国统计出版社, 2010.9
ISBN 978 - 7 - 5037 - 6087 - 7

Ⅰ. ①中… Ⅱ. ①国… Ⅲ. ①对外贸易 - 统计资料 - 中国 - 2010 - 年鉴 Ⅳ. ①F752 - 54

中国版本图书馆 CIP 数据核字(2010)第 181458 号

**中国贸易外经统计年鉴 - 2010**
2010 China Trade and External Economic Statistical Yearbook

作　　者/国家统计局贸易外经统计司
责任编辑/徐　颖
装帧设计/李雪燕
出版发行/中国统计出版社
通信地址/北京市西城区月坛南街 57 号　邮政编码/100826
Address: No. 57 Yuetan Nanjie, Sanlihe, Beijing 100826, China Statistics Press
办公地址/北京市丰台区西三环南路甲 6 号
网　　址/www. stats. gov. cn/tjshujia
电　　话/邮购(010)63376907　书店(010)68783172
印　　刷/河北天普润印刷厂
经　　销/新华书店
开　　本/880 × 1230mm　1/16
字　　数/1465 千字
印　　张/47
版　　别/2010 年 12 月第 1 版
版　　次/2010 年 12 月第 1 次印刷
书　　号/ISBN 978-7-5037-6087-7/F · 2947
定　　价/380. 00 元　　Price: 380. 00yuan (RMB)

# 《中国贸易外经统计年鉴－2010》
# 编辑委员会

# 2010 CHINA TRADE AND EXTERNAL ECONOMIC STATISTICAL YEARBOOK

## Editorial Staff

# 编辑说明

一、《中国贸易外经统计年鉴—2010》是一部全面反映中国国内贸易、对外经济贸易和国际旅游业的资料性年刊。本年鉴收录了2009年中国国内贸易、中国对外经济贸易和国际旅游的主要统计数据,以及分各省、自治区、直辖市和一些重要历史年份的相关统计数据。

二、本年鉴正文内容分为9个部分:1.综合篇;2.消费品市场篇;3.批发和零售业篇;4.住宿和餐饮业篇;5.国际收支篇;6.对外贸易篇;7.外资篇;8.对外合作篇;9.旅游篇。为便于读者使用,本年鉴对所用略语和主要统计指标的含义、统计范围和统计方法作了简要说明。

三、本年鉴中涉及的全国性统计资料,均未包括台湾省和香港、澳门特别行政区。

四、本年鉴所列部分资料由国家统计局贸易外经司根据商务部、海关总署、国家外汇管理局、公安部、国家旅游局、国家工商行政管理总局等部门的资料加工整理,由于各部门职能不同,统计口径、范围和方法亦有所不同,因此书中有些数据可能不一致,使用统计数据时请参看附录。

五、本年鉴表中所使用的度量衡单位,均为国际统一标准计量单位。

六、本年鉴表中的"空格"表示该项统计指标数据不足本表最小单位数、不详或无该项数据;"#"表示其中的主要项;"*"或"①"表示本表下有注释。

七、本年鉴中没有标明年份的表均为2009年的数据。

# PREFACE

I. *2010 China Trade and External Economic Statistical Yearbook* reflect the situation of China in the development of the domestic and foreign trade, the external economic transactions and the international tourism synthetically. The yearbook covers the main data of the domestic trade, the foreign trade, the external economic transactions and the international tourism of China in 2009, and embodies the data from national level and all the provinces, autonomous regions and municipalities. It also lists the time series relative data of important indicators by years.

II. The yearbook contains the following 9 chapters: 1. Integration; 2. Consumer Market; 3. Wholsale and Retail Trades; 4. Hotels and Catering Services; 5. Balance of Payments; 6. Foreign Trade; 7. Foreign Capital; 8. International Cooperation; 9. International Tourism. In addition, Explanatory Notes on Main Statistical Indicators are provided at the end of book.

III. The national data in the book do not include that of Hongkong Special Administrative Region, Macao Special Administrative Region and Taiwan Province.

IV. The major sources of data except these in the domestic trade are the regular statistical reporting forms provided by sectors such as the Ministry of Public Security, the Ministry of Commerce, the General Administration of Customs, the State Administration of Industrial & Commerce, the General Administration of Travel and Tourism, the State Administration of Foreign Exchange. The book is edited by the Department of Trade and External Economic Relation Statistics of the National Bureau of Statistics. Since the functions of sectors mentioned above are different, the requirement, the scope, the calculating specification and the method of statistics are not in the same, and some of the figures may not be in conformity. Readers who want to use the data please consult the explanatory note.

V. The units of measurement used in this yearbook are internationally standard measurement units.

VI. Notations used in the yearbook: (blank space) indicates that the figure is not large enough to be measured with the smallest unit in the table, or data are unknown or are not available; "#" indicates a major breakdown of the total; and " * " or "①" indicates footnotes at the end of the table.

VII. The data belong to 2009 in the table of without year in the yearbook.

# 目　录

# *CONTENTS*

## 第 1 篇　综合篇

## Integration


1 - 1　国内生产总值指数 ………………………………………………………………………… (3)
Indices of Gross Domestic Product

1 - 2　国内生产总值构成 ………………………………………………………………………… (4)
Composition of Gross Domestic Product

1 - 3　三次产业贡献率 ……………………………………………………………………………… (5)
Share of the Contributions of the Three Strata of Industry to the Increase of GDP

1 - 4　三大需求对国内生产总值增长的贡献率和拉动 …………………………………………… (6)
Share and Contribution of the Three Components of GDP by Expenditure Approach to the Growth of GDP

1 - 5　人口数及构成 ………………………………………………………………………………… (7)
Population and Its Composition

1 - 6　居民消费价格指数和商品零售价格指数 …………………………………………………… (8)
Consumer Price Indices and Retail Price Indices

1 - 7　城乡居民人民币储蓄存款 …………………………………………………………………… (9)
Savings Deposit in Urban and Rural Areas

1 - 8　城镇居民家庭基本情况 ……………………………………………………………………… (10)
Basic Conditions of Urban Households

1 - 9　农村居民家庭基本情况 ……………………………………………………………………… (11)
Basic Conditions of Rural Households


## 第 2 篇　消费品市场篇

## Consumer Goods Market


2 - 1 - 1　历年社会消费品零售总额 ……………………………………………………………… (15)
Total Retail Sales of Consumer Goods

2 - 1 - 2　各地区社会消费品零售总额 …………………………………………………………… (16)
Total Retail Sales of Consumer Goods by Region

2 - 2　亿元以上商品交易市场基本情况 ……………………………………………………………… (17)
Basic Statistics on Commodity Exchange Markets of Transaction Value over 100 Million Yuan

2－3 亿元以上商品交易市场摊位分类情况……………………………………………………………（19）
Classification of Booths of Commodity Exchange Markets ofTransaction Value over 100 Million Yuan
2－4 各地区亿元以上商品交易市场基本情况…………………………………………………………（20）
Basic Statistics on Commodity Exchange Markets of Transaction Value over 100 Million Yuan by Region

## 第3篇 批发和零售业篇
## Wholesale And Retail Trades

3－1－1 限额以上批发和零售业企业基本情况 ……………………………………………………………（23）
Basic Conditions of Enterprises above Designated Size of Wholesale and Retail Trades
3－1－2 各地区限额以上批发业企业基本情况 ……………………………………………………………（27）
Basic Conditions of Enterprises above Designated Size of Wholesale Trade by Region
3－1－3 各地区限额以上批发业企业基本情况（按登记注册类型分）…………………………………………（28）
Basic Conditions of Enterprises above Designated Size of Wholesale Trade by Region and Type of Registration
3－1－4 各地区限额以上批发业企业基本情况（按国民经济行业分）…………………………………………（33）
Basic Conditions of Enterprises above Designated Size of Wholesale Trade by Region and Sector
3－1－5 各地区限额以上零售业企业基本情况 ……………………………………………………………（38）
Basic Conditions of Enterprises above DesignatedSize of Retail Trade by Region
3－1－6 各地区限额以上零售业企业基本情况（按登记注册类型分）…………………………………………（39）
Basic Conditions of Enterprises above Designated Size of Wholesale Trade by Region and Type of Registration
3－1－7 各地区限额以上零售业企业基本情况（按国民经济行业分）…………………………………………（44）
Basic Conditions of Enterprises above Designated Size of Retail Trade by Region and Sector
3－2－1 限额以上批发和零售业企业商品购、销、存情况 ……………………………………………………（48）
Total Purchases, Sales and Inventory of Enterprises above Designated Size of Wholesale and Retail Trades
3－2－2 各地区限额以上批发业企业商品购、销、存情况 ……………………………………………………（56）
Total Purchases, Sales and Inventory of Enterprises above Designated Size of Wholesale Trade by Region
3－2－3 各地区限额以上批发业企业商品购、销、存情况（按登记注册类型分）………………………………（57）
Total Purchases, Sales and Inventory of Enterprises above Designated Size of Wholesale Trades
by Region and Type of Registration
3－2－4 各地区限额以上批发业企业商品购、销、存情况（按国民经济行业分）………………………………（67）
Total Purchases, Sales and Inventory of Enterprises above Designated Size of Wholesale Trade
by Region and Sector
3－2－5 各地区限额以上零售业企业商品购、销、存情况 ……………………………………………………（78）
Total Purchases, Sales and Inventory of Enterprises above Designated Size of Retail Trade by Region
3－2－6 各地区限额以上零售业企业商品购、销、存情况（按登记注册类型分）………………………………（79）
Total Purchases, Sales and Inventory of Enterprises above Designated Size of Retail Trade by Region
and Type of Registration
3－2－7 各地区限额以上零售业企业商品购、销、存情况（按国民经济行业分）………………………………（91）
Total Purchases, Sales and Inventory of Enterprises above Designated Size of Retail Trade
by Region and Sector
3－2－8 限额以上批发和零售业商品销售类值 ……………………………………………………………（100）
Sale Values of Enterprises above Designated Size of Wholesale and Retail Trades by Category of Commodities
3－2－9 各地区限额以上批发和零售业商品销售类值 ………………………………………………………（101）
Sale Values of Enterprises above Designated Size of Wholesale and Retail Trades by Category of
Commodities and Region
3－3－1 限额以上批发和零售业企业年末资产负债 …………………………………………………………（140）
Assets and Liabilities of Enterprises above Designated Size of Wholesale and Retail Trades at the Year-end
3－3－2 各地区限额以上批发业企业年末资产负债 …………………………………………………………（148）
Assets and Liabilities of Enterprises above Designated Size of Wholesale Trade by Region at the Year-end

3-3-3 各地区限额以上批发业企业年末资产负债(按登记注册类型分) …… (149)
Assets and Liabilities of Enterprises above Designated Size of Wholesale Trade by Region and Type of Registration at the Rear-end
3-3-4 各地区限额以上批发业企业年末资产负债(按国民经济行业分) …… (161)
Assets and Liabilities of Enterprises above Designated Size of Wholesale Trade by Region and Sector at the Year-end
3-3-5 各地区限额以上零售业企业年末资产负债 …… (170)
Assets and Liabilities of Enterprises above Designated Size of Retail Trade by Region at the Year-end
3-3-6 各地区限额以上零售业企业年末资产负债(按登记注册类型分) …… (171)
Assets and Liabilities of Enterprises above Designated Size of Retail Trade by Region and Type of Registration at the Year-end
3-3-7 各地区限额以上零售业企业年末资产负债(按国民经济行业分) …… (183)
Assets and Liabilities of Enterprises above Designated Size of Retail Trade by Region and Sector at the Year-end
3-4-1 限额以上批发和零售业企业损益及分配 …… (192)
Income and Distribution of Enterprises above Designated Size of Wholesale and Retail Trades
3-4-2 各地区限额以上批发业企业损益及分配 …… (208)
Income and Distribution of Enterprises above Designated Size of Wholesale Trades by Region
3-4-3 各地区限额以上批发业企业损益及分配(按登记注册类型分) …… (210)
Income and Distribution of Enterprises above Designated Sizeof Wholesale Trades by Region and Type of Registration
3-4-4 各地区限额以上批发业企业损益及分配(按国民经济行业分) …… (234)
Income and Distribution of Enterprises above Designated Size of Wholesale Trade by Region and Sector
3-4-5 各地区限额以上零售业企业损益及分配 …… (252)
Income and Distribution of Enterprises above Designated Size of Retail Trade by Region
3-4-6 各地区限额以上零售业企业损益及分配(按登记注册类型分) …… (254)
Income and distribution of Enterprises above Designated Size of Retail Trade by Region and Type of Registration
3-4-7 各地区限额以上零售业企业损益及分配(按国民经济行业分) …… (278)
Income and Distribution of Enterprises above Designated Size of Retail Trade by Region and Sector
3-5-1 限额以上批发和零售业企业工资福利及增值税 …… (296)
Wages, Welfarism and VAT of Enterprises above Designated Size of Wholesale and Retail Trades
3-5-2 各地区限额以上批发业企业工资福利及增值税 …… (300)
Wages, Welfarism and VAT of Enterprises above Designated Size of Wholesale Trade by Region
3-5-3 各地区限额以上批发业企业工资福利及增值税(按登记注册类型分) …… (301)
Wages, Welfarism and VAT of Enterprises above Designated Size of Wholesale Trade by Region and Tyge of Registration
3-5-4 各地区限额以上批发企业工资福利及增值税(按国民经济行业分) …… (305)
Wages, Welfarism and VAT of Enterprises above Designated Size of Wholesale Trade by Region and Sector
3-5-5 各地区限额以上零售企业工资福利及增值税 …… (311)
Wages, Welfarism and VAT of Enterprises above Designated Size of Retail Trade by Region
3-5-6 各地区限额以上零售企业工资福利及增值税(按登记注册类型分) …… (312)
Wages, Welfarism and VAT of Enterprises above Designated Size of Retail Trade by Region and Type of Registration
3-5-7 各地区限额以上零售企业工资福利及增值税(按国民经济行业分) …… (317)
Wages, Welfarism and VAT of Enterprises above Designated Size of Retail Trade by Region and Sector
3-6-1 限额以上批发和零售业产业活动单位和个体经营户基本情况 …… (322)
Basic Conditions of Establishments and Getihus above Designated Size of Wholesale and Retail Trades
3-6-2 各地区限额以上批发和零售业产业活动单位和个体经营户基本情况 …… (325)
Basic Conditions of Establishments and Getihus above Designated Size of Wholesale and Retail Trades by Region

3-6-3 限额以上批发和零售业产业活动单位和个体经营户商品购、销、存总额 …………………… (327)
Total Purchases Sales and Inventory of Estabbshments and Getihus above Aesighated Size of Wholesale and Retait Trade
3-6-4 各地区限额以上批发业产业活动单位和个体经营户商品购、销、存情况 …………………… (331)
Total Purchases, Sales and Inventory of Establishments and Getihus above Designated Size of Wholesale Trade by Region
3-6-5 各地区限额以上零售业产业活动单位和个体经营户商品购、销、存情况 …………………… (332)
Total Purchases, Sales and Inventory of Establishments and Getihus above Designated Size of Retail Trade by Region
3-7-1 按业态分连锁零售企业基本情况 …………………… (333)
Basic Conditions of Chain Retail Enterprises by Business Categories
3-7-2 按登记注册类型分连锁零售企业基本情况 …………………… (334)
Basic Conditions of Chain Retail Enterprises by Status of Registration
3-7-3 按行业分连锁零售企业基本情况 …………………… (336)
Basic Conditions of Chain Retail Enterprises by Sector
3-7-4 各地区连锁零售企业基本情况 …………………… (338)
Basic Conditions of Chain Retail Enterprises by Region

## 第4篇 住宿和餐饮业篇
## Hotels And Catering Services

4-1-1 限额以上住宿和餐饮业企业基本情况 …………………… (343)
Basic Conditions of Enterprises above Designated Sive of Hotels and Catering Services
4-1-2 各地区限额以上住宿业企业基本情况 …………………… (345)
Basic Conditions of Enterprises above Desgnated Size of Hotels by Region
4-1-3 各地区限额以上住宿业企业基本情况(按登记注册类型分) …………………… (346)
Basic Conditions of Enterprises above Designated Size of Hotels by Region and Type of Registration
4-1-4 各地区限额以上住宿业企业基本情况(按国民经济行业分) …………………… (351)
Basic Conditions of Enterprises above Designated Size of Hotels by Region and Sector
4-1-5 各地区限额以上餐饮业企业基本情况 …………………… (352)
Basic Conditions of Enterprise above Designated Size of Catering Services by Region
4-1-6 各地区限额以上餐饮业企业基本情况(按登记注册类型分) …………………… (353)
Basic Conditions of Enterprise above Designated Size of Catering Servicesby Region and Type of Registration
4-1-7 各地区限额以上餐饮业企业基本情况(按国民经济行业分) …………………… (358)
Basic Conditions of Enterpries above Designated Size of Catering Services by Region and Sector
4-2-1 限额以上住宿和餐饮业企业经营情况 …………………… (360)
Business of Enterprises above Designuted Size of Hotels and Catering Services
4-2-2 各地区限额以上住宿业企业经营情况 …………………… (364)
Business of Enterprises above Designated Size of Hotels by Region
4-2-3 各地区限额以上住宿业企业经营情况(按登记注册类型分) …………………… (365)
Business of Enterprises above Designated Size of Hotelsby Region and Type of Registration
4-2-4 各地区限额以上住宿业企业经营情况(按国民经济行业分) …………………… (377)
Business of Enterprises above Designated Size of Hotels by Region and Sector
4-2-5 各地区限额以上餐饮业企业经营情况 …………………… (380)
Business of Catering Servicesof Enterprises above Designated Size by Region
4-2-6 各地区限额以上餐饮业企业经营情况(按登记注册类型分) …………………… (381)
Business of Enterprises above Designated Size of Catering Services by Region and Type of Registration
4-2-7 各地区限额以上餐饮业企业经营情况(按国民经济行业分) …………………… (393)
Business of Enterprises above Designated Size of Catering Services by Region and Sector

4-3-1 限额以上住宿和餐饮业企业年末资产负债 …… (397)
Assets and Liabilities of Enterprises above Designated Size of Hotels and Catering Services at the Year-end
4-3-2 各地区限额以上住宿和餐饮业企业年末资产负债 …… (402)
Assets and Liabilities of Enterprises above Designated Sizeof Hotels and Catering Services by Region at the Year-end
4-3-3 各地区限额以上住宿业企业年末资产负债 …… (403)
Assets and Liabilities of Enterprises above Designated Sizeof Hotels by Region at the Year-end
4-3-4 各地区限额以上住宿业企业年末资产负债(按登记注册类型分) …… (404)
Assets and Liabilities of Enterprises above Designated Size of Hotels by Region and Type of Registration at the Year-end
4-3-5 各地区限额以上住宿业企业年末资产负债(按国民经济行业分) …… (416)
Assets and Liabilities of Enterprises above Designated Size of Hotels by Region and Sector at the Year-end
4-3-6 各地区限额以上餐饮业企业年末资产负债 …… (419)
Assets and Liabilitiest of Enterprises above Designated Sizeof Catering Services by Region at the Year-end
4-3-7 各地区限额以上餐饮业企业年末资产负债(按登记注册类型分) …… (420)
Assets and Liabilities of Enterprises above Designated Size of Catering Services by Region and Type of Registration at the Year-end
4-3-8 各地区限额以上餐饮业企业年末资产负债(按国民经济行业) …… (432)
Assets and Liabilities of Enterprises above Designated Size of Catering Services by Region and Sector at the Year-end
4-4-1 限额以上住宿和餐饮业企业损益及分配 …… (436)
Income and Distribution of Enterprises above Designated Size of Hotels and Catering Services
4-4-2 各地区限额以上住宿和餐饮业企业损益及分配 …… (444)
Income and Distribution of Enterprises above Designated Size of Hotels and Catering Services by Region
4-4-3 各地区限额以上住宿业企业损益及分配 …… (446)
Income and Distribution of Enterprises above Designated Sizeof Hotels by Region
4-4-4 各地区限额以上住宿业企业损益及分配(按登记注册类型分) …… (448)
Income and Distribution of Enterprises above Designated Size of Hotels by Region and Type of Registration
4-4-5 各地区限额以上住宿业企业损益及分配(按国民经济行业分) …… (472)
Income and Distribution of Enterprises above Designated Size of Hotels by Region and Sector
4-4-6 各地区限额以上餐饮业企业损益及分配 …… (478)
Income and Distribution of Enterprises above Designated Size of Catering Services by Region
4-4-7 各地区限额以上餐饮业损益及分配(按登记注册类型分) …… (480)
Income and Distribution of Enterprises above Designated Size of Catering Services by Region and Type of Registration
4-4-8 各地区限额以上餐饮业企业损益及分配(按国民经济行业分) …… (504)
Income and Distribution of Enterprises above Designated Size of Catering Services by Region and Sector
4-5-1 限额以上住宿和餐饮业企业工资福利 …… (512)
Wage and Welfarism of Enterprises above Designated Size of Hotels and Catering Services
4-5-2 各地区限额以上住宿业企业工资福利 …… (514)
Wage and Welfarism of Enterprises above Designated Size of Hotels by Region
4-5-3 各地区限额以上住宿业企业工资福利(按登记注册类型分) …… (515)
Wage and Welfarism of Enterprises above Designated Size of Hotels by Region and Type of Registration
4-5-4 各地区限额以上住宿业企业工资福利(按国民经济行业分) …… (520)
Wage and Welfarism of Enterprises above Designated Size of Hotels by Region and Sector
4-5-5 各地区限额以上餐饮业企业工资福利 …… (521)
Wage and Welfarism of Enterprises above Designated Size of Catering Services by Region
4-5-6 各地区限额以上餐饮业企业工资福利(按登记注册类型分) …… (522)
Wage and Welfarism of Enterprises above Designated Size of Catering Services by Region and Type of Registration

4－5－7　各地区限额以上餐饮业企业工资福利(按国民经济行业分) ……………………………………………… (527)
Wage and Welfarism of Enterprises above Designated Size of Catering Services by Region and Sector
4－6－1　限额以上住宿和餐饮业产业活动单位和个体经营户基本情况 ………………………………………… (529)
Basic Conditions of Establishments and Getihus above Designated Sizeof Hotels and Catering Services
4－6－2　各地区限额以上住宿和餐饮业产业活动单位和个体经营户基本情况 ………………………………… (531)
Basic Conditions of Establishments and Getihus above Designated Sizeof Hotels and Catering Services by Region
4－6－3　限额以上住宿和餐饮业产业活动单位和个体经营户经营情况 ………………………………………… (532)
Business of Establishments and Getihus above Designated Size of Hotels and Catering Services
4－6－4　各地区限额以上住宿业产业活动单位和个体经营户经营情况 ………………………………………… (536)
Business of Establishments and Getihus above Designated Size of Hotels by Region
4－6－5　各地区限额以上餐饮业产业活动单位和个体经营户经营情况 ………………………………………… (537)
Business of Establishments and Getihus above Designated Size of Catering Services by Region
4－7－1　按餐饮活动分连锁餐饮企业基本情况 ………………………………………………………………… (538)
Basic Conditions of Chain Catering Enterprises by Business Categories
4－7－2　按登记注册类型分连锁餐饮企业基本情况 …………………………………………………………… (539)
Basic Conditions of Chain Catering Enterprises by Status of Registration
4－7－3　按行业分连锁餐饮企业基本情况 ……………………………………………………………………… (541)
Basic Conditions of Chain Catering Enterprises by Sector
4－7－4　各地区连锁餐饮企业基本情况 ………………………………………………………………………… (542)
Basic Conditions of Chain Catering Enterprises by Region

## 第5篇　国际收支篇

## Balance Of Payments

5－1　国际收支概况 ……………………………………………………………………………………………… (547)
Brief Table of BOP of China
5－2　国际收支平衡表 …………………………………………………………………………………………… (548)
Balance of Payments
5－3　外债概况 …………………………………………………………………………………………………… (550)
Notes of China's External Debt at the Year-end
5－4　外债来源 …………………………………………………………………………………………………… (551)
Source of China's External Debt
5－5　外债来源构成 ……………………………………………………………………………………………… (552)
Structure of China's External Debt
5－6　外债风险指标 ……………………………………………………………………………………………… (553)
Risk Indicators on Foreign Debts
5－7　人民币市场汇率(年平均汇价) …………………………………………………………………………… (554)
Reference Exchange Rate of Renminbi(Period Average)
5－8　人民币市场汇率(年末价) ………………………………………………………………………………… (555)
Reference Exchange Rate of Renminbi(End of Period)
5－9　国家外汇储备和外债余额 ………………………………………………………………………………… (556)
Foreign Exchange Reserves and Outstanding External Debt

## 第6篇　对外贸易篇

## Foreign Trade

6－1　进出口额(按美元计算) …………………………………………………………………………………… (559)
Total Value of Imports and Exports By USD

6-2 进出口额(按人民币计算) …… (560)
Total Value of Imports and Exports by RMB
6-3 进出口额指数(按美元计算) …… (561)
Indices of Total Value of Imports and Exports by USD
6-4 进出口额增长速度(按美元计算) …… (562)
Growth Rates of Import and Export Value by USD
6-5 中国出口额占国内生产总值的比重 …… (563)
China's Export Proportion in GDP
6-6 中国出口额占世界出口总额的比重和位次 …… (564)
China's Export Share and Ranking in the World
6-7 分贸易方式进出口总额 …… (565)
Imports and Exports by Customs Regime
6-8 一般贸易与加工贸易进出口额 …… (566)
Imports and Exports by Conventional Trade and Processing Trade
6-9 一般贸易与加工贸易进出口增长速度 …… (567)
Growth Rates of Imports and Exports by Conventional Trade and Processing Trade
6-10 按国际贸易标准分类的进出口简表 …… (568)
Brief Table of Imports and Exports by SITC
6-11 按国际贸易标准分类的进出口增长速度 …… (569)
Growth Rates of Imports and Exports by SITC
6-12 按国际贸易标准分类的出口商品金额 …… (570)
Value of Exports by SITC
6-13 按国际贸易标准分类的进口商品金额 …… (570)
Value of Imports by SITC
6-14 按国际贸易标准分类的出口商品构成 …… (571)
Composition of Exports by SITC
6-15 按国际贸易标准分类的进口商品构成 …… (517)
Composition of Imports by SITC
6-16 出口商品分类章金额 …… (572)
Value of Exports by HS
6-17 进口商品分类章金额 …… (577)
Value of Imports by HS
6-18 一般贸易项下进出口商品分类章金额 …… (582)
Value of Imports and Exports in Ordinary by HS
6-19 加工贸易项下进出口商品分类章金额 …… (587)
Value of Imports and Exports in Processing Trade by HS
6-20 对香港地区进出口商品分类章金额 …… (592)
Value of Exports and Imports from Hongkong by HS
6-21 对台湾地区进出口商品分类章金额 …… (597)
Value of Exports and Imports from Taiwan Province by HS
6-22 对日本进出口商品分类章金额 …… (602)
Value of Exports and Imports from Japan by HS
6-23 对欧洲联盟进出口商品分类章金额 …… (607)
Value of Exports to and Imports from EU by HS
6-24 对美国进出口商品分类章金额 …… (612)
Value of Exports and Imports from United States by HS
6-25 我国同各国(地区)海关进出口总额 …… (617)
China's Foreign Trade with Related Countries and Territories
6-26 主要出口商品数量和金额 …… (622)
Major Export Commodities in Quantity and Value

6 - 27 主要进口商品数量和金额 …… (626)
Major Import Commodities in Quantity and Value
6 - 28 各地区进出口总额(按境内目的地、货源地分) …… (628)
Import and Export Value by Region in Border According to Destination or Source of Goods
6 - 29 各地区进出口总额(按经营单位所在地分) …… (629)
Import and Export Value by Location of Importers and Exporters
6 - 30 外商投资企业出口额 …… (630)
Exports of Foreign - funded Enterprises
6 - 31 外商投资企业进口额 …… (631)
Imports of Foreign - funded Enterprises
6 - 32 各地外商投资企业进出口额 …… (632)
Exports and Imports of Foreign - funded Enterprises by Region in Border
6 - 33 各地中外合资企业进出口额 …… (633)
Exports and Imports of Equity Joint Ventures by Region in Border
6 - 34 各地中外合作企业进出口额 …… (634)
Exports and Imports of Contractual Joint Ventures by Region in Border
6 - 35 各地外商独资企业进出口额 …… (635)
Exports and Imports of Wholly Foreign - owned Enterprises by Region in Border
6 - 36 经济特区中外合资企业进出口额 …… (636)
Exports and Imports of Equity Joint Ventures in Special Economic Zone
6 - 37 经济特区中外合作企业进出口额 …… (636)
Exports and Imports of Contractual Joint Ventures in Special Economic Zone
6 - 38 经济特区外商独资企业进出口额 …… (636)
Exports and Imports of Wholly Foreign - owned Enterprises in Special Economic Zone

## 第7篇 外资篇
## Foreign Capital

7 - 1 利用外资合同金额 …… (639)
Contractual Amount of Foreign Capital
7 - 2 实际利用外资额 …… (640)
Amount of Foreign Capital Used
7 - 3 分方式外商投资 …… (641)
Foreign Direct and Other Investment by Form
7 - 4 外商直接投资行业分布(2009) …… (642)
Foreign Direct Investment by Sector
7 - 5 分国别(地区)外商实际金额 …… (643)
Utilization of Foreign Direct and Other Investment by Country or Region
7 - 6 历年外商投资企业登记概况 …… (647)
Status of Registered Enterprises with Foreign Capital
7 - 7 各地年末登记的外商投资企业数 …… (648)
Registered Enterprise with Foreign Capital by Region or Department at the Year-end
7 - 8 年末登记外商投资企业行业分布情况 …… (649)
Registered Foreign - funded Enterprises by Sector at the Year-end
7 - 9 分国别(地区)外商投资企业年末登记数 …… (650)
Registered Enterprises with Foreign Capital by Country or Region at the Year-end
7 - 10 分国别(地区)外商投资企业年末登记投资额 …… (654)
Investment of Registered Enterprises with Foreign Capital by Country or Region at the Year-end
7 - 11 各地年末登记的外商投资企业投资额 …… (658)
Investment of Registered Enterprises with Foreign Capital by Region or Department at the Year-end

7－12　分国别(地区)外商投资企业年末注册资本 …………………………………………………………… (659)
Registered Capital of Foreign－funded Enterprise by Country or Region at the Year-end
7－13　各地外商投资企业年末注册资本 …………………………………………………………………… (663)
Registered Capital of Foreign－funded Enterprise by Region or Department at the Year-end
7－14　分国别(地区)外商投资企业年末外方注册资本 ……………………………………………………… (664)
Registered Foreign Capital of Foreign－funded Enterprise by Country or Region at the Year-end
7－15　各地外商投资企业年末外方注册资本 ………………………………………………………………… (668)
Registered Foreign Capital of Foreign－funded Enterprise by Region or Department at the Year-end

## 第 8 篇　对外合作篇

## International Cooperation

8－1　对外经济合作概况 …………………………………………………………………………………… (671)
Foreign Economic Cooperation
8－2　对外承包工程概况 …………………………………………………………………………………… (672)
Foreign Engineering Projects
8－3　对外劳务合作概况 …………………………………………………………………………………… (673)
Foreign Labour Services
8－4　分国别(地区)对外承包工程合同数额 …………………………………………………………… (674)
Contracts Signed for Foreign Engineering Projects by Country or Region
8－5　分国别(地区)对外劳务合作合同数额 …………………………………………………………… (678)
Contracts Signed for Foreign Labour Services by Country or Region
8－6　分国别(地区)对外承包工程营业额 ……………………………………………………………… (681)
Turnover of Foreign Engineering Projects by Country or Region
8－7　分国别(地区)对外劳务合作营业额 ……………………………………………………………… (685)
Turnover of Foreign Labour Services by Country or Region
8－8　分国别(地区)年末在境外从事承包工程人员 …………………………………………………… (689)
Personnel Abroad for Engineering Projects Classified by Country or Region at the Year-end
8－9　分国别(地区)年末在境外从事劳务合作人员 …………………………………………………… (693)
Personnel Abroad for Labour Services Classified by Country or Region at the Year-end
8－10　各地签订对外承包工程合同数额 ………………………………………………………………… (697)
Contracts Signed for Foreign Engineering Projects by Region
8－11　各地签订对外劳务合作合同数额 ………………………………………………………………… (698)
Contracts Signed for Foreign Labour Services by Region
8－12　各地对外承包工程营业额 ………………………………………………………………………… (699)
Turnover of Foreign Engineering Projects by Region
8－13　各地对外劳务合作营业额 ………………………………………………………………………… (700)
Turnover of Foreign Labour Services by Region
8－14　各地年末在境外从事承包工程人数 ……………………………………………………………… (701)
Personnel Abroad for Foreign Engineering Projects Classified by Region At the Year-end
8－15　各地年末在境外从事劳务合作人数 ……………………………………………………………… (702)
Personnel Abroad for Foreign Labour Services Classified by Region At the Year-end

## 第 9 篇　旅游篇

## Tourism

9－1　历年入境旅游人数 …………………………………………………………………………………… (705)
Visitor Arrivals
9－2　历年入境旅游人数增长速度 ………………………………………………………………………… (706)
Growth Rates of Visitor Arrivals

9－3　历年国际旅游(外汇)收入和过夜旅游者人数情况 ……………………………………………………………（707）
International Tourism Receipts and Tourist Arrivals
9－4　入境外国旅游者分组构成 ……………………………………………………………………………………（708）
Foreign Visitor Arrivals by Sex, Age, Purpose and Mode of Transport
9－5　按国籍分入境外国旅游者人数 ………………………………………………………………………………（709）
Foreign Visitor Arrivals by Nationality
9－6　国际旅游外汇收入构成 ………………………………………………………………………………………（714）
Breakdown of International Tourism Receipts
9－7　各地国际旅游(外汇)收入 ……………………………………………………………………………………（715）
International Tourism Receipts by Locality
9－8　各地接待入境旅游者情况 ……………………………………………………………………………………（716）
International Tourists by Region
9－9　分地区入境旅游者人均天花费额 ……………………………………………………………………………（717）
Average Daily Per Capita Expenditure of International Tourists by Region
9－10　主要城市接待入境旅游者情况 ……………………………………………………………………………（719）
International Tourists to Major Cities
9－11　历年国内旅游情况 …………………………………………………………………………………………（721）
Major Statistics of Domestic Tourism

附录Ⅰ　简要说明和主要统计指标解释 ………………………………………………………………………………（722）
APPENDIX Ⅰ　Brief Introduction and Explanatory Notes on Main Statistical Indicators
附录Ⅱ　英文缩略语及符号 ……………………………………………………………………………………………（733）
APPENDIX Ⅱ　Abbreviations and Symbols in English

# 综合篇

*INTEGRATION*

第 1 篇

# 1-1 国内生产总值指数

## Indices of Gross Domestic Product

(不变价,上年=100；Constant Price，Preceding Year=100)

| 年 份<br>Year | 国民总收入<br>Gross National Income | 国内生产总值<br>Gross Domestic Product | 第一产业<br>Primary Industry | 第二产业<br>Secondary Industry | 第三产业<br>Tertiary Industry | 批发与零售业*<br>Wholesale and Retail Trades | 人均国内生产总值<br>Per Capita GDP |
|---|---|---|---|---|---|---|---|
| 1978 | 111.7 | 111.7 | 104.1 | 115.0 | 113.8 | 123.1 | 110.2 |
| 1979 | 107.6 | 107.6 | 106.1 | 108.2 | 107.9 | 108.7 | 106.1 |
| 1980 | 107.8 | 107.8 | 98.5 | 113.6 | 106.0 | 98.1 | 106.5 |
| 1981 | 105.2 | 105.2 | 107.0 | 101.9 | 110.4 | 129.5 | 103.9 |
| 1982 | 109.2 | 109.1 | 111.5 | 105.6 | 113.0 | 99.3 | 107.5 |
| 1983 | 111.1 | 110.9 | 108.3 | 110.4 | 115.2 | 121.2 | 109.3 |
| 1984 | 115.3 | 115.2 | 112.9 | 114.5 | 119.3 | 124.7 | 113.7 |
| 1985 | 113.2 | 113.5 | 101.8 | 118.6 | 118.2 | 133.5 | 111.9 |
| 1986 | 108.5 | 108.8 | 103.3 | 110.2 | 112.0 | 109.4 | 107.2 |
| 1987 | 111.5 | 111.6 | 104.7 | 113.7 | 114.4 | 114.7 | 109.8 |
| 1988 | 111.3 | 111.3 | 102.5 | 114.5 | 113.2 | 111.8 | 109.5 |
| 1989 | 104.2 | 104.1 | 103.1 | 103.8 | 105.4 | 89.3 | 102.5 |
| 1990 | 104.1 | 103.8 | 107.3 | 103.2 | 102.3 | 94.7 | 102.3 |
| 1991 | 109.1 | 109.2 | 102.4 | 113.9 | 108.9 | 105.2 | 107.7 |
| 1992 | 114.1 | 114.2 | 104.7 | 121.2 | 112.4 | 110.5 | 112.8 |
| 1993 | 113.7 | 114.0 | 104.7 | 119.9 | 112.2 | 108.6 | 112.7 |
| 1994 | 113.1 | 113.1 | 104.0 | 118.4 | 111.1 | 108.2 | 111.8 |
| 1995 | 109.3 | 110.9 | 105.0 | 113.9 | 109.8 | 108.2 | 109.7 |
| 1996 | 110.2 | 110.0 | 105.1 | 112.1 | 109.4 | 107.6 | 108.9 |
| 1997 | 109.6 | 109.3 | 103.5 | 110.5 | 110.7 | 108.8 | 108.2 |
| 1998 | 107.3 | 107.8 | 103.5 | 108.9 | 108.4 | 106.5 | 106.8 |
| 1999 | 107.9 | 107.6 | 102.8 | 108.1 | 109.3 | 108.7 | 106.7 |
| 2000 | 108.6 | 108.4 | 102.4 | 109.4 | 109.7 | 109.4 | 107.6 |
| 2001 | 108.1 | 108.3 | 102.8 | 108.4 | 110.3 | 109.1 | 107.5 |
| 2002 | 109.5 | 109.1 | 102.9 | 109.8 | 110.4 | 108.8 | 108.4 |
| 2003 | 110.6 | 110.0 | 102.5 | 112.7 | 109.5 | 109.9 | 109.3 |
| 2004 | 110.4 | 110.1 | 106.3 | 111.1 | 110.1 | 106.6 | 109.4 |
| 2005 | 112.0 | 111.3 | 105.2 | 112.1 | 112.2 | 113.0 | 110.7 |
| 2006 | 112.8 | 112.7 | 105.0 | 113.4 | 114.1 | 119.5 | 112.0 |
| 2007 | 114.4 | 114.2 | 103.7 | 115.1 | 116.0 | 120.2 | 113.6 |
| 2008 | 109.6 | 109.6 | 105.4 | 109.9 | 110.4 | 115.9 | 109.1 |
| 2009 | 108.6 | 108.7 | 104.2 | 109.5 | 108.9 | 112.3 | 108.2 |

注：*2005年之前含餐饮业。

Note：* Figures before 2005 include restaurants.

## 1-2 国内生产总值构成

## Composition of Gross Domestic Product

(当年价, Current Price)

| 年 份<br>Year | 国内生产总值<br>Gross Domestic Product (%) | 第一产业<br>Primary Industry | 第二产业<br>Secondary Industry | 第三产业<br>Tertiary Industry | #批发与零售业<br>Wholesale and Retail Trades |
|---|---|---|---|---|---|
| 1978 | 100 | 28.2 | 47.9 | 23.9 | 6.6 |
| 1979 | 100 | 31.3 | 47.1 | 21.6 | 4.9 |
| 1980 | 100 | 30.2 | 48.2 | 21.6 | 4.3 |
| 1981 | 100 | 31.9 | 46.1 | 22.0 | 4.7 |
| 1982 | 100 | 33.4 | 44.8 | 21.8 | 3.2 |
| 1983 | 100 | 33.2 | 44.4 | 22.4 | 3.3 |
| 1984 | 100 | 32.1 | 43.1 | 24.8 | 5.0 |
| 1985 | 100 | 28.4 | 42.9 | 28.7 | 8.9 |
| 1986 | 100 | 27.2 | 43.7 | 29.1 | 8.3 |
| 1987 | 100 | 26.8 | 43.6 | 29.6 | 8.8 |
| 1988 | 100 | 25.7 | 43.8 | 30.5 | 9.9 |
| 1989 | 100 | 25.1 | 42.9 | 32.0 | 9.0 |
| 1990 | 100 | 27.1 | 41.3 | 31.6 | 6.8 |
| 1991 | 100 | 24.5 | 41.8 | 33.7 | 8.4 |
| 1992 | 100 | 21.8 | 43.4 | 34.8 | 8.9 |
| 1993 | 100 | 19.7 | 46.6 | 33.7 | 8.0 |
| 1994 | 100 | 19.8 | 46.6 | 33.6 | 7.8 |
| 1995 | 100 | 19.9 | 47.2 | 32.9 | 7.9 |
| 1996 | 100 | 19.7 | 47.5 | 32.8 | 7.9 |
| 1997 | 100 | 18.3 | 47.5 | 34.2 | 8.0 |
| 1998 | 100 | 17.6 | 46.2 | 36.2 | 8.2 |
| 1999 | 100 | 16.5 | 45.8 | 37.7 | 8.4 |
| 2000 | 100 | 15.1 | 45.9 | 39.0 | 8.2 |
| 2001 | 100 | 14.4 | 45.1 | 40.5 | 8.3 |
| 2002 | 100 | 13.7 | 44.8 | 41.5 | 8.3 |
| 2003 | 100 | 12.8 | 46.0 | 41.2 | 8.2 |
| 2004 | 100 | 13.4 | 46.2 | 40.4 | 7.8 |
| 2005 | 100 | 12.1 | 47.4 | 40.5 | 7.6 |
| 2006 | 100 | 11.1 | 47.9 | 40.9 | 7.6 |
| 2007 | 100 | 10.8 | 47.3 | 41.9 | 7.9 |
| 2008 | 100 | 10.7 | 47.4 | 41.8 | 8.3 |
| 2009 | 100 | 10.6 | 46.8 | 42.6 | 8.6 |

# 1-3 三次产业贡献率

## Share of the Contributions of the Three Strata of Industry to the Increase of GDP

(按不变价格计算, Data in this table are calculated at constant prices)

| 年 份<br>Year | 国内生产总值<br>Gross Domestic Product (%) | 第一产业<br>Primary Industry | 第二产业<br>Secondary Industry | #工 业<br>Industry | 第三产业<br>Tertiary Industry |
|---|---|---|---|---|---|
| 1990 | 100 | 41.7 | 41.0 | 39.7 | 17.3 |
| 1991 | 100 | 7.1 | 62.8 | 58.0 | 30.1 |
| 1992 | 100 | 8.4 | 64.5 | 57.6 | 27.1 |
| 1993 | 100 | 7.9 | 65.5 | 59.1 | 26.6 |
| 1994 | 100 | 6.6 | 67.9 | 62.6 | 25.5 |
| 1995 | 100 | 9.1 | 64.3 | 58.5 | 26.6 |
| 1996 | 100 | 9.6 | 62.9 | 58.5 | 27.5 |
| 1997 | 100 | 6.8 | 59.7 | 58.3 | 33.5 |
| 1998 | 100 | 7.6 | 60.9 | 55.4 | 31.5 |
| 1999 | 100 | 6.0 | 57.8 | 55.0 | 36.2 |
| 2000 | 100 | 4.4 | 60.8 | 57.6 | 34.8 |
| 2001 | 100 | 5.1 | 46.7 | 42.1 | 48.2 |
| 2002 | 100 | 4.6 | 49.7 | 44.4 | 45.7 |
| 2003 | 100 | 3.4 | 58.5 | 51.9 | 38.1 |
| 2004 | 100 | 7.8 | 52.2 | 47.7 | 39.9 |
| 2005 | 100 | 5.6 | 51.1 | 43.4 | 43.3 |
| 2006 | 100 | 4.8 | 50.0 | 42.4 | 45.2 |
| 2007 | 100 | 3.0 | 50.7 | 44.0 | 46.3 |
| 2008 | 100 | 5.7 | 49.3 | 43.4 | 45.0 |
| 2009 | 100 | 4.8 | 52.5 | 40.1 | 42.8 |

注：产业贡献率指各产业增加值增量与GDP增量之比。

Note: Share of the three industries refers to the proportion of the increment of every industrial value added to the increment of GDP.

# 1-4 三大需求对国内生产总值增长的贡献率和拉动

# Share and Contribution of the Three Components of GDP by Expenditure Approach to the Growth of GDP

（按不变价格计算，Data in value terms in this table are calculated at constant prices）

| 年 份<br>Year | 最终消费支出<br>Final Consumption Expenditure | | 资本形成总额<br>Gross Capital Formation | | 货物和服务净出口<br>Net Exports of Goods and Services | |
|---|---|---|---|---|---|---|
| | 贡献率<br>Share<br>(%) | 拉动(百分点)<br>Contribution<br>(percentage points) | 贡献率<br>Share<br>(%) | 拉动(百分点)<br>Contribution<br>(percentage points) | 贡献率<br>Share<br>(%) | 拉动(百分点)<br>Contribution<br>(percentage points) |
| 1978 | 39.4 | 4.6 | 66 | 7.7 | -5.4 | -0.6 |
| 1979 | 87.3 | 6.6 | 15.4 | 1.2 | -2.7 | -0.2 |
| 1980 | 71.8 | 5.6 | 26.4 | 2.1 | 1.8 | 0.1 |
| 1981 | 93.4 | 4.9 | -4.3 | -0.2 | 10.9 | 0.5 |
| 1982 | 64.7 | 5.9 | 23.8 | 2.2 | 11.5 | 1.0 |
| 1983 | 74.1 | 8.1 | 40.4 | 4.4 | -14.5 | -1.6 |
| 1984 | 69.3 | 10.5 | 40.5 | 6.2 | -9.8 | -1.5 |
| 1985 | 85.5 | 11.5 | 80.9 | 10.9 | -66.4 | -8.9 |
| 1986 | 45.0 | 4.0 | 23.2 | 2.0 | 31.8 | 2.8 |
| 1987 | 50.3 | 5.8 | 23.5 | 2.7 | 26.2 | 3.1 |
| 1988 | 49.6 | 5.6 | 39.4 | 4.5 | 11.0 | 1.2 |
| 1989 | 39.6 | 1.6 | 16.4 | 0.7 | 44.0 | 1.8 |
| 1990 | 47.8 | 1.8 | 1.8 | 0.1 | 50.4 | 1.9 |
| 1991 | 65.1 | 6.0 | 24.3 | 2.2 | 10.6 | 1.0 |
| 1992 | 72.5 | 10.3 | 34.3 | 4.9 | -6.8 | -1.0 |
| 1993 | 59.5 | 8.3 | 78.6 | 11.0 | -38.1 | -5.3 |
| 1994 | 30.2 | 4.0 | 43.8 | 5.7 | 26.0 | 3.4 |
| 1995 | 44.7 | 4.9 | 55.0 | 6.0 | 0.3 | |
| 1996 | 60.1 | 6.0 | 34.3 | 3.4 | 5.6 | 0.6 |
| 1997 | 37.0 | 3.4 | 18.6 | 1.7 | 44.4 | 4.2 |
| 1998 | 57.1 | 4.4 | 26.4 | 2.1 | 16.5 | 1.3 |
| 1999 | 76.8 | 5.8 | 24.7 | 1.9 | -1.5 | -0.1 |
| 2000 | 63.8 | 5.4 | 21.7 | 1.8 | 14.5 | 1.2 |
| 2001 | 50.2 | 4.2 | 49.9 | 4.1 | -0.1 | |
| 2002 | 43.9 | 4.0 | 48.5 | 4.4 | 7.6 | 0.7 |
| 2003 | 35.8 | 3.6 | 63.2 | 6.3 | 1.0 | 0.1 |
| 2004 | 39.5 | 4 | 54.5 | 5.5 | 6.0 | 0.6 |
| 2005 | 38.0 | 4.3 | 38.9 | 4.4 | 23.1 | 2.6 |
| 2006 | 40.0 | 5.1 | 43.9 | 5.6 | 16.1 | 2 |
| 2007 | 39.2 | 5.6 | 42.7 | 6.1 | 18.1 | 2.5 |
| 2008 | 43.3 | 4.2 | 47.7 | 4.6 | 9.0 | 0.8 |
| 2009 | 53.1 | 4.6 | 94.6 | 8.2 | -47.7 | -4.1 |

注：1.三大需求指支出法国内生产总值的三大构成项目，即最终消费支出、资本形成总额、货物和服务净出口。
2.贡献率指三大需求增量与支出法国内生产总值增量之比。
3.拉动指国内生产总值增长速度与三大需求贡献率的乘积。

Note: a) Three components of GDP by expenditure approach are final consumption expenditure, gross capital formation and net exports of goods and services.
b) Share of the three components refers to the proportion of the increment of the three components of GDP to the increment of GDP.
c) Contribution of the three components refers to the growth rate of GDP multiplies the share of the three components.

# 1-5 人口数及构成

## Population and Its Composition

单位：万人

Unit：10000 persons

| 年 份 Year | 年底人口数 Total Population (year-end) | 按性别分 by Sex | | | | 按城乡分 by Residence | | | |
|---|---|---|---|---|---|---|---|---|---|
| | | 男 Male | | 女 Female | | 城 镇 Urban | | 乡 村 Rural | |
| | | 人口数 Population | 比重（%）Structure | 人口数 Population | 比重（%）Structure | 人口数 Population | 比重（%）Structure | 人口数 Population | 比重（%）Structure |
| 1978 | 96259 | 49567 | 51.49 | 46692 | 48.51 | 17245 | 17.92 | 79014 | 82.08 |
| 1980 | 98705 | 50785 | 51.45 | 47920 | 48.55 | 19140 | 19.39 | 79565 | 80.61 |
| 1985 | 105851 | 54725 | 51.7 | 51126 | 48.3 | 25094 | 23.71 | 80757 | 76.29 |
| 1989 | 112704 | 58099 | 51.55 | 54605 | 48.45 | 29540 | 26.21 | 83164 | 73.79 |
| 1990 | 114333 | 58904 | 51.52 | 55429 | 48.48 | 30195 | 26.41 | 84138 | 73.59 |
| 1991 | 115823 | 59466 | 51.34 | 56357 | 48.66 | 31203 | 26.94 | 84620 | 73.06 |
| 1992 | 117171 | 59811 | 51.05 | 57360 | 48.95 | 32175 | 27.46 | 84996 | 72.54 |
| 1993 | 118517 | 60472 | 51.02 | 58045 | 48.98 | 33173 | 27.99 | 85344 | 72.01 |
| 1994 | 119850 | 61246 | 51.1 | 58604 | 48.9 | 34169 | 28.51 | 85681 | 71.49 |
| 1995 | 121121 | 61808 | 51.03 | 59313 | 48.97 | 35174 | 29.04 | 85947 | 70.96 |
| 1996 | 122389 | 62200 | 50.82 | 60189 | 49.18 | 37304 | 30.48 | 85085 | 69.52 |
| 1997 | 123626 | 63131 | 51.07 | 60495 | 48.93 | 39449 | 31.91 | 84177 | 68.09 |
| 1998 | 124761 | 63940 | 51.25 | 60821 | 48.75 | 41608 | 33.35 | 83153 | 66.65 |
| 1999 | 125786 | 64692 | 51.43 | 61094 | 48.57 | 43748 | 34.78 | 82038 | 65.22 |
| 2000 | 126743 | 65437 | 51.63 | 61306 | 48.37 | 45906 | 36.22 | 80837 | 63.78 |
| 2001 | 127627 | 65672 | 51.46 | 61955 | 48.54 | 48064 | 37.66 | 79563 | 62.34 |
| 2002 | 128453 | 66115 | 51.47 | 62338 | 48.53 | 50212 | 39.09 | 78241 | 60.91 |
| 2003 | 129227 | 66556 | 51.50 | 62671 | 48.50 | 52376 | 40.53 | 76851 | 59.47 |
| 2004 | 129988 | 66976 | 51.52 | 63012 | 48.48 | 54283 | 41.76 | 75705 | 58.24 |
| 2005 | 130756 | 67375 | 51.53 | 63381 | 48.47 | 56212 | 42.99 | 74544 | 57.01 |
| 2006 | 131448 | 67728 | 51.52 | 63720 | 48.48 | 57706 | 43.90 | 73742 | 57.10 |
| 2007 | 132129 | 68048 | 51.50 | 64081 | 48.5 | 59379 | 44.94 | 72750 | 55.06 |
| 2008 | 132802 | 68357 | 51.47 | 64445 | 48.53 | 60667 | 45.68 | 72135 | 54.32 |
| 2009 | 133474 | 68652 | 51.43 | 64822 | 48.57 | 62186 | 46.60 | 71288 | 53.40 |

注：1.1982年以前数据为户籍统计数；1982～1989年数据根据1990年人口普查数据有所调整；1990～2000年数据根据2000年人口普查数据进行了调整；2001～2004年数据为人口变动情况抽样调查推算数；2005年数据根据全国1%人口抽样调查数据推算。

2.年底人口数和按性别分人口中包括中国人民解放军现役军人，按城乡分人口中现役军人计入城镇人口。

3.本表各年人口未包括香港、澳门特别行政区和台湾省的人口数据。

Note: a) Data before 1982 were taken from the annual reports of the Ministry of Public Security. Data in 1982 ~ 1989 have been adjusted in line with the data from the population censuses of 1982 and 1990, figures for 1990 ~ 2000 have been adjusted on the basis of

b)Total population and population by sex include the military personnel of Chinese People's Liberation Army, the military personnel are classified as urban population in the item of population by residence.

c)Data in this table exclude the population of Hong Kong SAR, Macao SAR and Taiwan Province.

# 1-6 居民消费价格指数和商品零售价格指数

## Consumer Price Indices and Retail Price Indices

(上年价格=100, Preceding Year=100)

| 年 份<br>Year | 居民消费价格指数<br>Consumer Price Index | 城 市<br>Urban Areas | 农 村<br>Rural Areas | 商品零售价格指数<br>Retail Price Index | 城 市<br>Urban Areas | 农 村<br>Rural Areas |
|---|---|---|---|---|---|---|
| 1978 | 100.7 | 100.7 | | 100.7 | | |
| 1979 | 101.9 | 101.9 | | 102.0 | | |
| 1980 | 107.5 | 107.5 | | 106.0 | | |
| 1981 | 102.5 | 102.5 | | 102.4 | | |
| 1982 | 102.0 | 102.0 | | 101.9 | | |
| 1983 | 102.0 | 102.0 | | 101.5 | | |
| 1984 | 102.7 | 102.7 | | 102.8 | | |
| 1985 | 109.3 | 111.9 | 107.6 | 108.8 | | |
| 1986 | 106.5 | 107.0 | 106.1 | 106.0 | | |
| 1987 | 107.3 | 108.8 | 106.2 | 107.3 | | |
| 1988 | 118.8 | 120.7 | 117.5 | 118.5 | | |
| 1989 | 118.0 | 116.3 | 119.3 | 117.8 | | |
| 1990 | 103.1 | 101.3 | 104.5 | 102.1 | | |
| 1991 | 103.4 | 105.1 | 102.3 | 102.9 | | |
| 1992 | 106.4 | 108.6 | 104.7 | 105.4 | | |
| 1993 | 114.7 | 116.1 | 113.7 | 113.2 | | |
| 1994 | 124.1 | 125.0 | 123.4 | 121.7 | 120.9 | 122.9 |
| 1995 | 117.1 | 116.8 | 117.5 | 114.8 | 113.5 | 116.4 |
| 1996 | 108.3 | 108.8 | 107.9 | 106.1 | 105.8 | 106.4 |
| 1997 | 102.8 | 103.1 | 102.5 | 100.8 | 100.8 | 100.7 |
| 1998 | 99.2 | 99.4 | 99.0 | 97.4 | 97.4 | 97.6 |
| 1999 | 98.6 | 98.7 | 98.5 | 97.0 | 97.0 | 97.1 |
| 2000 | 100.4 | 100.8 | 99.9 | 98.5 | 98.5 | 98.5 |
| 2001 | 100.7 | 100.7 | 100.8 | 99.2 | 98.9 | 99.6 |
| 2002 | 99.2 | 99.0 | 99.6 | 98.7 | 98.5 | 99.1 |
| 2003 | 101.2 | 100.9 | 101.6 | 99.9 | 99.6 | 100.5 |
| 2004 | 103.9 | 103.3 | 104.8 | 102.8 | 102.1 | 104.2 |
| 2005 | 101.8 | 101.6 | 102.2 | 100.8 | 100.5 | 101.4 |
| 2006 | 101.5 | 101.5 | 101.5 | 101.0 | 100.9 | 101.4 |
| 2007 | 104.8 | 104.5 | 105.4 | 103.8 | 103.3 | 104.9 |
| 2008 | 105.9 | 105.6 | 106.5 | 105.9 | 105.5 | 106.7 |
| 2009 | 99.3 | 99.1 | 99.7 | 98.8 | 98.7 | 99.0 |

# 1-7 城乡居民人民币储蓄存款

## Savings Deposit in Urban and Rural Areas

单位：亿元

Unit:100 million yuan

| 年 份<br>Year | 年底余额 Outstanding Amount | | | 年增加额 Increased Amount | | |
|---|---|---|---|---|---|---|
| | 总 计<br>Total | 定 期<br>Time Deposits | 活 期<br>Demand Deposits | 总 计<br>Total | 定 期<br>Time Deposits | 活 期<br>Demand Deposits |
| 1978 | 210.6 | 128.9 | 81.7 | 29.0 | 17.2 | 11.8 |
| 1980 | 395.8 | 304.9 | 90.9 | 114.8 | 138.5 | -23.7 |
| 1985 | 1622.6 | 1225.2 | 397.4 | 407.9 | 324.3 | 83.6 |
| 1989 | 5196.4 | 4215.4 | 981.0 | 1374.2 | 1366.9 | 7.3 |
| 1990 | 7119.6 | 5909.4 | 1210.2 | 1935.1 | 1700.9 | 234.2 |
| 1991 | 9244.9 | 7634.9 | 1610.0 | 2125.3 | 1725.5 | 399.8 |
| 1992 | 11757.3 | 9445.0 | 2312.3 | 2512.4 | 1810.1 | 702.3 |
| 1993 | 15203.5 | 12108.3 | 3095.2 | 3446.2 | 2663.3 | 782.9 |
| 1994 | 21518.8 | 16838.7 | 4680.1 | 6315.3 | 4730.4 | 1584.9 |
| 1995 | 29662.3 | 23778.3 | 5884.1 | 8143.5 | 6939.6 | 1203.9 |
| 1996 | 38520.8 | 30873.2 | 7647.6 | 8858.6 | 7095.0 | 1763.6 |
| 1997 | 46279.8 | 36226.7 | 10053.1 | 7759.0 | 5353.5 | 2405.4 |
| 1998 | 53407.5 | 41791.6 | 11615.9 | 7127.7 | 5564.8 | 1562.8 |
| 1999 | 59621.8 | 44955.1 | 14666.7 | 6214.4 | 3163.5 | 3050.8 |
| 2000 | 64332.4 | 46141.7 | 18190.7 | 4710.6 | 1186.6 | 3524.0 |
| 2001 | 73762.4 | 51434.9 | 22327.6 | 9430.1 | 5293.2 | 4136.9 |
| 2002 | 86910.7 | 58788.9 | 28121.7 | 13148.2 | 7354.1 | 5794.1 |
| 2003 | 103617.7 | 68498.7 | 35119.0 | 16707.0 | 9709.7 | 6997.3 |
| 2004 | 119555.4 | 78138.9 | 41416.5 | 15937.7 | 9640.2 | 6297.6 |
| 2005 | 141051.0 | 92263.5 | 48787.5 | 21495.6 | 14124.7 | 7370.9 |
| 2006 | 161587.3 | 103011.4 | 58575.9 | 20544.0 | 10777.3 | 9766.7 |
| 2007 | 172534.2 | 104934.5 | 67599.7 | 10946.9 | 1923.1 | 9023.8 |
| 2008 | 217885.4 | 139300.2 | 78585.2 | 45351.2 | 34365.7 | 10985.5 |
| 2008 | 260771.7 | 160230.4 | 100541.3 | 42886.4 | 20930.2 | 21956.1 |

# 1-8 城镇居民家庭基本情况
## Basic Conditions of Urban Households

| 项目 | Item | 1990 | 1995 | 2000 | 2007 | 2008 | 2009 |
|---|---|---|---|---|---|---|---|
| **调查户数(户)** | **Number of Households Surveyed (household)** | **35660** | **35520** | **42220** | **59305** | **64675** | **65506** |
| **平均每户家庭人口(人)** | **Average Household Size (person)** | **3.50** | **3.23** | **3.13** | **2.91** | **2.91** | **2.89** |
| **平均每户就业人口(人)** | **Average Number of Employed Persons Per Household (persons)** | **1.98** | **1.87** | **1.68** | **1.54** | **1.48** | **1.49** |
| **平均每户就业面(%)** | **Proportion of Employment per Household (%)** | **56.57** | **57.89** | **53.67** | **52.92** | **50.86** | **51.56** |
| **平均每一就业者负担人数(包括就业者本人)(人)** | **Number of Dependents per Employee(Including the Employee Himself or Herself)(person)** | **1.77** | **1.73** | **1.86** | **1.89** | **1.97** | **1.94** |
| **平均每人全部年收入(元)** | **Per Capita Annual Income (yuan)** | **1516.21** | **4279.02** | **6295.91** | **14908.60** | **17067.8** | **18858.1** |
| 工薪收入 | Income of Wages and Salaries | 1149.70 | 3390.21 | 4480.50 | 10234.80 | 11299.00 | 12382.10 |
| 经营净收入 | Net Business Income | 22.50 | 72.62 | 246.24 | 940.70 | 1453.60 | 1528.70 |
| 财产性收入 | Income from Properties | 15.60 | 90.43 | 128.38 | 348.50 | 387.00 | 431.80 |
| 转移性收入 | Income from Transfer | 328.41 | 725.76 | 1440.78 | 3384.60 | 3928.20 | 4515.50 |
| #可支配收入 | Disposable Income | 1510.16 | 4282.95 | 6279.98 | 13785.80 | 15780.80 | 17174.70 |
| **平均每人消费性支出(元)** | **Per Capita Annual Consumption Expenditures (yuan)** | **1278.89** | **3537.57** | **4998.00** | **9997.50** | **11242.90** | **17248.30** |
| 食 品 | Food | 693.77 | 1771.99 | 1971.32 | 3628.00 | 4259.80 | 4478.50 |
| 衣 着 | Clothing | 170.90 | 479.20 | 500.46 | 1042.00 | 1165.90 | 1284.20 |
| 家庭设备用品及服务 | Household Appliances and Service | 108.45 | 263.36 | 374.49 | 601.80 | 691.80 | 786.90 |
| 医疗保健 | Health Care and Medical Services | 25.67 | 110.11 | 318.07 | 699.10 | 786.20 | 856.40 |
| 交通通信 | Transport and Communications | 40.51 | 183.22 | 426.95 | 1357.40 | 1417.10 | 1682.60 |
| 教育文化娱乐服务 | Education, Cultural and Recreation Services | 112.26 | 331.01 | 669.58 | 1329.20 | 1358.30 | 1472.80 |
| 居住 | Residence | 60.86 | 283.76 | 565.29 | 982.30 | 1145.40 | 1228.90 |
| 杂项商品与服务 | Miscellaneous Goods and Services | 66.57 | 114.92 | 171.83 | 357.70 | 418.30 | 474.20 |
| **平均每人消费性支出构成(人均消费性支出=100)** | **Composition of Per Capita Annual Consumption Expenditures (%)** | | | | | | |
| 食 品 | Food | 54.25 | 50.09 | 39.44 | 36.29 | 37.90 | 25.96 |
| 衣 着 | Clothing | 13.36 | 13.55 | 10.01 | 10.42 | 10.40 | 7.45 |
| 家庭设备用品及服务 | Household Appliances and Service | 10.14 | 7.44 | 7.49 | 6.01 | 6.20 | 4.56 |
| 医疗保健 | Health Care and Medical Services | 2.01 | 3.11 | 6.36 | 7.00 | 7.00 | 4.97 |
| 交通通信 | Transport and Communications | 1.20 | 5.18 | 8.54 | 13.57 | 12.60 | 9.76 |
| 教育文化娱乐服务 | Education, Cultural and Recreation Services | 11.12 | 9.36 | 13.40 | 13.30 | 12.10 | 8.54 |
| 居住 | Residence | 6.98 | 8.02 | 11.31 | 9.83 | 10.20 | 7.12 |
| 杂项商品与服务 | Miscellaneous Goods and Services | 0.94 | 3.25 | 3.44 | 3.58 | 3.70 | 2.75 |

注：1.本表为城镇居民家庭收支抽样调查资料。

2.从2002年起，城镇住户调查对象由原来的非农业人口改为城市市区和县城关镇，本篇章相关资料均按新口径计算，历史数据作了相应调整。

Note: a) Data from the table is obtained from the sample survey on income and expenditures of urban households.

b) Since 2002,the objects of urban households survey are permanent residents and county towns. the relative data in the chapter are calculated according to the new standard, and historical data have been adjusted accordingly.

# 1-9　农村居民家庭基本情况

## Basic Conditions of Rural Households

| 项　目 | Item | 2000 | 2002 | 2007 | 2008 | 2009 |
|---|---|---|---|---|---|---|
| **调查户数(户)** | **Number of Households Surveyed (household)** | **68116** | **68190** | **68190** | **68190** | **68190** |
| **调查户人口(人)** | **Number of Residents Surveyed (person)** | | | | | |
| 常住人口 | Number of Permanent Residents in the Households Surveyed | 286162 | 281674 | 274764 | 273695 | 271403 |
| 平均每户常住人口 | Average Number of Permanent Residents Per Household | 4.20 | 4.13 | 4.03 | 4.01 | 3.98 |
| 平均每户整半劳动力 | Average Number of Full/Semi Labour Force Per Household | 2.76 | 2.76 | 2.84 | 2.85 | 2.85 |
| 平均每个劳动力负担人口(含本人) | Average Number of Dependents per Employee (including the laborer himself or herself) | 1.52 | 1.50 | 1.42 | 1.41 | 1.40 |
| **平均每人年收入(元)** | **Per Capita Annual Income (yuan)** | | | | | |
| 总收入(元) | Total Income (yuan) | 3146.21 | 3448.62 | 5791.12 | 6700.69 | 7115.60 |
| 工资性收入 | Income from Wages and Salaries | 702.30 | 840.22 | 1596.22 | 1853.73 | 2061.30 |
| 家庭经营收入 | Income from Household Operations | 2251.30 | 2380.51 | 3776.70 | 4302.08 | 4404.00 |
| 财产性收入 | Income from Properties | 45.04 | 50.68 | 128.22 | 148.08 | 167.20 |
| 转移性收入 | Income from Transfers | 147.60 | 177.21 | 289.97 | 396.79 | 483.10 |
| 现金收入(元) | Cash Income (yuan) | 2381.60 | 2712.95 | 4958.40 | 5736.99 | 6270.20 |
| 工资性收入 | Income from Wages and Salaries | 700.41 | 839.17 | 1595.30 | 1850.58 | 2057.80 |
| 家庭经营收入 | Income from Household Operations | 1498.81 | 1653.65 | 2978.28 | 3370.48 | 3590.80 |
| 财产性收入 | Income from Properties | 38.89 | 47.65 | 100.95 | 126.95 | 148.40 |
| 转移性收入 | Income from Transfers | 143.49 | 172.48 | 283.88 | 388.99 | 473.20 |
| **平均每人年支出(元)** | **Per Capita Annual Expenditures (yuan)** | | | | | |
| 总支出(元) | Total Expenditure (yuan) | 2652.42 | 2923.60 | 5137.68 | 5915.67 | 6333.90 |
| 家庭经营费用支出 | Expenditure for Household Operations | 654.27 | 731.01 | 1432.69 | 1704.53 | 1700.10 |
| 购置生产性固定资产 | Purchase of Productive Fixed Assets | 63.90 | 85.50 | 147.17 | 161.58 | 201.00 |
| 税费支出 | Taxes and Fees | 95.52 | 78.70 | 11.93 | 11.59 | 10.10 |
| 生活消费支出 | Expenses on Household Consumption | 1670.13 | 1834.31 | 3223.85 | 3660.68 | 3993.50 |
| 现金支出(元) | Cash Expenditure (yuan) | 2140.37 | 2437.72 | 4533.13 | 5257.89 | 5694.80 |
| 家庭经营费用支出 | Expenditure for Household Operations | 544.49 | 617.41 | 1287.20 | 1550.99 | 1554.60 |
| 生活消费支出 | Expenses on Household Consumption | 1284.74 | 1467.62 | 2767.12 | 3159.40 | 3504.80 |
| **平均每人年纯收入(元)** | **Per Capita Annual Net Income (yuan)** | **2253.42** | **2475.63** | **4140.36** | **4760.62** | **5153.20** |
| 工资性收入 | Income from Wages and Salaries | 702.30 | 840.22 | 1596.22 | 1853.73 | 2061.30 |
| 家庭经营纯收入 | Income from Household Operations | 1427.27 | 1486.54 | 2193.67 | 2435.56 | 2526.80 |
| 财产性收入 | Income from Properties | 45.04 | 50.68 | 128.22 | 148.08 | 167.20 |
| 转移性收入 | Income from Transfers | 78.81 | 98.19 | 222.25 | 323.24 | 398.00 |

注：本表为农村住户抽样调查资料。

Note: Data from this table is obtained from the sample surveys on rural households.

# 消费品市场篇

CONSUMER GOODS MARKET

第 2 篇

# 2-1-1 历年社会消费品零售总额
# Total Retail Sales of Consumer Goods

| 年 份<br>Year | 社会消费品零售总额(亿元)<br>Total Retail Sales of Consumer Goods<br>(100 million yuan) | 社会消费品零售总额增长速度(%)<br>Growth Rate of Total Retail Sales of Consumer Goods (%) |
|---|---|---|
| 1952 | 276.8 | |
| 1963 | 604.5 | 0.1 |
| 1964 | 638.2 | 5.6 |
| 1965 | 670.3 | 5.0 |
| 1966 | 732.8 | 9.3 |
| 1967 | 770.5 | 5.1 |
| 1968 | 737.3 | -4.3 |
| 1969 | 801.5 | 8.7 |
| 1970 | 858.0 | 7.0 |
| 1971 | 929.2 | 8.3 |
| 1972 | 1023.3 | 10.1 |
| 1973 | 1106.7 | 8.2 |
| 1974 | 1163.6 | 5.1 |
| 1975 | 1271.1 | 9.2 |
| 1976 | 1339.4 | 5.4 |
| 1977 | 1432.8 | 7.0 |
| 1978 | 1558.6 | 8.8 |
| 1979 | 1800.0 | 15.5 |
| 1980 | 2140.0 | 18.9 |
| 1981 | 2350.0 | 9.8 |
| 1982 | 2570.0 | 9.4 |
| 1983 | 2849.4 | 10.9 |
| 1984 | 3376.4 | 18.5 |
| 1985 | 4305.0 | 27.5 |
| 1986 | 4950.0 | 15.0 |
| 1987 | 5820.0 | 17.6 |
| 1988 | 7440.0 | 27.8 |
| 1989 | 8101.4 | 8.9 |
| 1990 | 8300.1 | 2.5 |
| 1991 | 9415.6 | 13.4 |
| 1992 | 10993.7 | 16.8 |
| 1993 | 14270.4 | 29.8 |
| 1994 | 18622.9 | 30.5 |
| 1995 | 23613.8 | 26.8 |
| 1996 | 28360.2 | 20.1 |
| 1997 | 31252.9 | 10.2 |
| 1998 | 33378.1 | 6.8 |
| 1999 | 35647.9 | 6.8 |
| 2000 | 39105.7 | 9.7 |
| 2001 | 43055.4 | 10.1 |
| 2002 | 48135.9 | 11.8 |
| 2003 | 52516.3 | 9.1 |
| 2004 | 59501.0 | 13.3 |
| 2005 | 68352.6 | 14.9 |
| 2006 | 79145.2 | 15.8 |
| 2007 | 93571.6 | 18.2 |
| 2008 | 114830.1 | 22.7 |
| 2009 | 132678.4 | 15.5 |

注：1.社会消费品零售总额按当年价格计算。
2.1992年及以前为社会商品零售总额；1997年起社会消费品零售总额不含居民购买住房。
3.2005-2009年数据根据第二次经济普查资料进行修订(下同)。

a) figures in this table are at current prices.

b) Figures before 1992 refer to retail sales of commodities;Number of the retail sale of consumer goods excluded the denizen dwelling house since 1997.

c) Figures from 2005 to 2009 in this table are modified according to the Secondary National Economic Census. The same applies to the tables following.

# 2-1-2 各地区社会消费品零售总额
## Total Retail Sales of Consumer Goods by Region

单位：亿元

Unit:100 million yuan

| 地　区 | Region | 2005 | 2006 | 2007 | 2008 | 2009 |
|---|---|---|---|---|---|---|
| 北　京 | Beijing | 2911.7 | 3295.3 | 3835.2 | 4645.5 | 5309.9 |
| 天　津 | Tianjin | 1201.6 | 1383.1 | 1650.6 | 2078.7 | 2430.8 |
| 河　北 | Hebei | 2969.5 | 3435.7 | 4053.8 | 4991.1 | 5764.9 |
| 山　西 | Shanxi | 1410.7 | 1635.4 | 1953.3 | 2421.1 | 2809.0 |
| 内蒙古 | Inner Mongolia | 1358.1 | 1628.6 | 1964.0 | 2463.0 | 2855.3 |
| | | | | | | |
| 辽　宁 | Liaoning | 3014.4 | 3471.6 | 4097.8 | 5032.4 | 5812.6 |
| 吉　林 | Jilin | 1470.3 | 1697.6 | 2038.3 | 2549.2 | 2957.3 |
| 黑龙江 | Heilongjiang | 1773.8 | 2029.0 | 2386.2 | 2928.3 | 3401.8 |
| | | | | | | |
| 上　海 | Shanghai | 2979.5 | 3375.2 | 3873.3 | 4577.2 | 5173.2 |
| 江　苏 | Jiangsu | 5735.5 | 6706.2 | 7985.9 | 9905.1 | 11484.1 |
| 浙　江 | Zhejiang | 4645.9 | 5358.0 | 6271.3 | 7533.3 | 8622.3 |
| 安　徽 | Anhui | 1776.7 | 2056.5 | 2451.9 | 3045.2 | 3527.8 |
| 福　建 | Fujian | 2351.7 | 2717.6 | 3212.3 | 3866.7 | 4481.0 |
| 江　西 | Jiangxi | 1244.9 | 1448.2 | 1718.9 | 2142.0 | 2484.4 |
| 山　东 | Shandong | 6166.9 | 7217.1 | 8607.5 | 10658.8 | 12363.0 |
| | | | | | | |
| 河　南 | Henan | 3380.9 | 3932.6 | 4690.3 | 5815.4 | 6746.4 |
| 湖　北 | Hubei | 2985.9 | 3461.1 | 4115.8 | 5109.7 | 5928.4 |
| 湖　南 | Hunan | 2474.3 | 2869.4 | 3419.2 | 4222.6 | 4913.7 |
| 广　东 | Guangdong | 7915.5 | 9194.3 | 10731.3 | 12986.6 | 14891.8 |
| 广　西 | Guangxi | 1405.5 | 1620.3 | 1932.7 | 2395.8 | 2790.7 |
| 海　南 | Hainan | 270.8 | 313.4 | 370.9 | 463.2 | 537.5 |
| | | | | | | |
| 重　庆 | Chongqing | 1227.8 | 1431.5 | 1711.1 | 2147.1 | 2479.0 |
| 四　川 | Sichuan | 3003.5 | 3472.5 | 4105.6 | 4944.8 | 5758.7 |
| 贵　州 | Guizhou | 615.7 | 710.0 | 858.2 | 1075.2 | 1247.3 |
| 云　南 | Yunnan | 1041.3 | 1204.8 | 1422.5 | 1764.7 | 2051.1 |
| 西　藏 | Tibet | 73.2 | 90.0 | 112.6 | 130.0 | 156.6 |
| | | | | | | |
| 陕　西 | Shaanxi | 1331.3 | 1542.4 | 1837.3 | 2317.1 | 2699.7 |
| 甘　肃 | Gansu | 638.1 | 729.5 | 854.4 | 1023.6 | 1183.0 |
| 青　海 | Qinghai | 161.6 | 182.6 | 212.6 | 259.7 | 300.5 |
| 宁　夏 | Ningxia | 175.8 | 202.5 | 239.5 | 295.4 | 339.3 |
| 新　疆 | Xinjiang | 640.2 | 733.2 | 857.5 | 1041.5 | 1177.5 |

# 2-2 亿元以上商品交易市场基本情况

# Basic Statistics on Commodity Exchange Markets of Transaction Value over 100 Million Yuan

| 市场 | Market | 市场数量（个） Number of Markets (unit) | 摊位数（个） Number of Booths (unit) | 营业面积（万平方米） Operational Area (10000 sq.m) | 成交额（亿元） Turnover (100 million yuan) | 批发 Wholesale Value | 零售 Retail Value |
|---|---|---|---|---|---|---|---|
| **总计** | **Total** | **4687** | **2994781** | **23230.3** | **57963.8** | **48308.2** | **9655.5** |
| **综合市场** | **Integrated Markets** | **1280** | **1086242** | **5562.9** | **11741.2** | **8834.7** | **2906.5** |
| 生产资料综合市场 | Production Comprehensive Markets | 53 | 53386 | 807.2 | 1173.2 | 1107.9 | 65.3 |
| 工业消费品综合市场 | Industrial Consumable Comprehensive Markets | 286 | 396749 | 1883.6 | 3653.8 | 2722.2 | 931.7 |
| 农产品综合市场 | Farm Produce Comprehensive Markets | 657 | 396452 | 1493.6 | 4582.4 | 3218.1 | 1364.3 |
| 其他综合市场 | Other Comprehensive Markets | 284 | 239655 | 1378.6 | 2331.7 | 1786.5 | 545.2 |
| **专业市场** | **Special Markets** | **3407** | **1908539** | **17667.5** | **46222.6** | **39473.6** | **6749.1** |
| 生产资料市场 | Production Markets | 720 | 239943 | 5431.5 | 17461.5 | 16743.0 | 718.5 |
| 农业生产用具市场 | Agricultural Production Equipment Markets | 16 | 4562 | 139.0 | 123.0 | 123.0 | |
| 农用生产资料市场 | Agricultural Production Markets | 33 | 5973 | 80.4 | 155.0 | 153.7 | 1.4 |
| 煤炭市场 | Coal and Charcoal Markets | 14 | 1698 | 376.5 | 303.3 | 303.3 | |
| 木材市场 | Wood Markets | 56 | 16977 | 410.0 | 470.7 | 470.7 | |
| 建材市场 | Building Material Markets | 200 | 80016 | 1420.4 | 1549.4 | 890.9 | 658.5 |
| 化工材料及制品市场 | Chemical Materials and Products Markets | 38 | 12527 | 174.2 | 1880.8 | 1880.8 | |
| 金属材料市场 | Metal Materials Markets | 279 | 78940 | 2162.1 | 11411.4 | 11411.4 | |
| 机械设备市场 | Mechanical Equipments Markets | 41 | 17099 | 195.1 | 382.1 | 367.7 | 14.4 |
| 其他生产资料市场 | Others | 43 | 22151 | 473.8 | 1185.7 | 1141.5 | 44.2 |
| 农产品市场 | Farm Produce Markets | 946 | 520888 | 3711.5 | 9108.6 | 8522.3 | 586.3 |
| 粮油市场 | Grain and Oil Markets | 102 | 25452 | 378.1 | 1290.7 | 1244.3 | 46.4 |
| 肉禽蛋市场 | Meat, Poultry and Eggs Markets | 116 | 34507 | 255.2 | 707.1 | 623.3 | 83.8 |
| 水产品市场 | Aquatic Products Markets | 142 | 84564 | 340.6 | 1864.1 | 1689.3 | 174.8 |
| 蔬菜市场 | Vegetables Markets | 289 | 223538 | 1479.8 | 2509.2 | 2449.3 | 59.9 |
| 干鲜果品市场 | Dried and Fresh Melons and Fruits Markets | 136 | 62622 | 524.4 | 1404.6 | 1403.6 | 1.0 |
| 棉麻土畜、烟叶市场 | Cotton, Local & Livestock Products, and Tobacco Markets | 23 | 18742 | 329.0 | 436.8 | 435.6 | 1.2 |
| 其他农产品市场 | Others | 138 | 71463 | 404.3 | 895.9 | 676.8 | 219.1 |
| 食品、饮料及烟酒市场 | Food, Beverages, Tobacco and Liquor Markets | 140 | 67206 | 393.0 | 1184.3 | 1056.5 | 127.8 |
| 食品饮料市场 | Food and Beverages Markets | 57 | 32655 | 169.4 | 389.0 | 322.5 | 66.6 |
| 茶叶市场 | Tea Markets | 23 | 8978 | 68.6 | 155.3 | 130.6 | 24.7 |
| 烟酒市场 | Tobacco and Liquor Markets | 12 | 3440 | 24.9 | 126.2 | 110.3 | 15.9 |
| 其他食品饮料及烟酒市场 | Others | 48 | 22133 | 130.0 | 513.7 | 493.1 | 20.6 |
| 纺织、服装、鞋帽市场 | Textiles, Clothing, Shoes and Hats Markets | 531 | 603438 | 2277.8 | 8525.1 | 7677.1 | 848.0 |
| 布料及纺织品市场 | Cloth and Textiles Markets | 76 | 100854 | 660.3 | 3620.5 | 3548.2 | 72.3 |
| 服装市场 | Clothing Markets | 319 | 358604 | 1101.1 | 3430.6 | 2954.7 | 475.9 |
| 鞋帽市场 | Shoes and Hats Markets | 43 | 24477 | 125.9 | 338.7 | 332.0 | 6.6 |
| 其他纺织服装鞋帽市场 | Others | 93 | 119503 | 390.5 | 1135.3 | 842.2 | 293.1 |

2-2 续表 Continued

| 市 场 | Market | 市场数量（个）Number of Markets (unit) | 摊位数（个）Number of Booths (unit) | 营业面积（万平方米）Operational Area (10000 sq.m) | 成交额（亿元）Turnover (100 million yuan) | 批 发 Wholesale Value | 零 售 Retail Value |
|---|---|---|---|---|---|---|---|
| 日用品及文化用品市场 | Daily Use Articles and Cultural Goods Markets | 102 | 77400 | 312.3 | 868.7 | 761.4 | 107.3 |
| 小商品市场 | Merchandise Markets | 38 | 39741 | 120.3 | 269.6 | 249.4 | 20.2 |
| 箱包市场 | Luggage Markets | 5 | 5672 | 50.6 | 183.9 | 183.9 | |
| 玩具市场 | Toys Markets | 1 | 115 | 1.3 | 7.8 | 7.8 | |
| 文具市场 | Stationary Markets | 4 | 579 | 6.2 | 8.2 | 8.2 | |
| 图书、报刊杂志市场 | Books, Newspapers and Magazines Markets | 11 | 1811 | 10.2 | 30.1 | 17.6 | 12.5 |
| 音像制品及电子出版物市场 | Video Products and E-journal Markets | 4 | 924 | 4.0 | 11.8 | 2.5 | 9.3 |
| 体育用品市场 | Sports Markets | 1 | 80 | 0.7 | 1.2 | | 1.2 |
| 其他日用品及文化用品市场 | Others | 38 | 28478 | 119.0 | 356.2 | 292.0 | 64.2 |
| 黄金、珠宝、玉器等首饰市场 | Gold, Jeweller, Jade Markets | 15 | 6934 | 59.1 | 283.8 | 266.6 | 17.2 |
| 电器、通讯器材、电子设备市场 | Electrical Appliances, Communication Appliances and Electronical Appliances Markets | 151 | 63164 | 300.5 | 1011.9 | 436.6 | 575.3 |
| 家电市场 | Household Appliances Markets | 47 | 16816 | 135.8 | 320.7 | 235.2 | 85.5 |
| 通讯器材市场 | Communication Appliances Markets | 21 | 10982 | 31.1 | 92.2 | 51.1 | 41.2 |
| 照相、摄像器材市场 | Cameras and Video Equipments Markets | 1 | 150 | 0.4 | 1.8 | | 1.8 |
| 计算机及辅助设备市场 | Computer and Auxillary Equipments Markets | 71 | 26339 | 114.7 | 542.0 | 132.6 | 409.4 |
| 其他电器、通讯器材、电子设备市场 | Others | 11 | 8877 | 18.6 | 55.1 | 17.8 | 37.4 |
| 医药、医疗用品及器材市场 | Medicine, Medical Materials and Medical Instruments Markets | 24 | 21756 | 114.0 | 365.9 | 322.4 | 43.5 |
| 中药材市场 | Chinese Medicine Markets | 22 | 20968 | 107.2 | 334.3 | 290.8 | 43.5 |
| 其他医药、医疗用品及器材市场 | Others | 2 | 788 | 6.7 | 31.6 | 31.6 | |
| 家具、五金及装饰材料市场 | Furniture, Hardware and Decoration Materials Markets | 430 | 195537 | 3190.3 | 3109.3 | 1986.4 | 1122.9 |
| 家具市场 | Furniture Markets | 130 | 54350 | 1467.5 | 746.5 | 324.5 | 422.0 |
| 装饰材料市场 | Decoration Materials Markets | 168 | 65468 | 879.6 | 1057.7 | 618.3 | 439.4 |
| 灯具市场 | Lamps Markets | 11 | 5404 | 55.2 | 132.9 | 106.4 | 26.5 |
| 厨具、盥洗设备市场 | Kitchen Utensils, Washing Equipments Markets | 4 | 1120 | 10.5 | 16.0 | 14.5 | 1.5 |
| 五金材料市场 | Hardware Materials Markets | 71 | 41532 | 377.6 | 674.8 | 615.0 | 59.9 |
| 其他装修市场 | Others | 46 | 27663 | 399.9 | 481.4 | 307.7 | 173.7 |
| 汽车、摩托车及零配件市场 | Cars, Motorcycles and Spare Parts Markets | 257 | 63686 | 1044.4 | 3641.6 | 1177.9 | 2463.7 |
| 汽车市场 | Cars Markets | 169 | 33818 | 760.3 | 2848.8 | 546.6 | 2302.2 |
| 摩托车市场 | Motocycles Markets | 16 | 4837 | 35.4 | 108.0 | 86.7 | 21.3 |
| 机动车零配件市场 | Vehicle Spare Parts Markts | 72 | 25031 | 248.6 | 684.8 | 544.7 | 140.1 |
| 花、鸟、鱼、虫市场 | Flower, Bird, Fish and Insects Markets | 28 | 17761 | 610.7 | 234.9 | 212.4 | 22.5 |
| 花卉市场 | Flower Markets | 23 | 15277 | 602.7 | 223.2 | 209.0 | 14.1 |
| 鸟市场 | Bird Markets | | | | | | |
| 观赏鱼市场 | Fish Markets | 1 | 1000 | 1.7 | 2.0 | | 2.0 |
| 其他花鸟鱼虫市场 | Others | 4 | 1484 | 6.3 | 9.8 | 3.4 | 6.4 |
| 旧货市场 | Second Hand Markets | 25 | 8564 | 56.7 | 140.0 | 82.1 | 57.9 |
| 古玩、古董、字画市场 | Antiques,Calligraphy and Painting Markets | 1 | 630 | 0.3 | 1.4 | 1.4 | |
| 邮票、硬币市场 | Stamps and Coins Markets | | | | | | |
| 其他旧货市场 | Others | 24 | 7934 | 56.4 | 138.6 | 80.6 | 57.9 |
| 其他专业市场 | Others | 38 | 22262 | 165.7 | 287.2 | 228.8 | 58.4 |

# 2-3 亿元以上商品交易市场摊位分类情况

# Classification of Booths of Commodity Exchange Markets of Transaction Value over 100 Million Yuan

单位：亿元
Unit: 100 million yuan

| 类别 | Classification | 摊位数（个） Number of Booths (unit) | 成交额（亿元） Turnover (100 million yuan) | 批发 Wholesale Value | 零售 Retail Value |
|---|---|---|---|---|---|
| **总计** | **Total** | **2994781** | **57963.8** | **48308.2** | **9655.5** |
| 1.食品、饮料、烟酒类 | Food, Beverages, Tobacco and Liquor | 1022007 | 15260.0 | 12982.3 | 2277.6 |
| (1)食品类 | Food | 939457 | 14076.0 | 12002.7 | 2073.2 |
| #粮油类 | Grain and Oil | 77699 | 2010.6 | 1808.2 | 202.4 |
| 肉禽蛋类 | Meat,Poultry and Eggs | 126926 | 1930.5 | 1337.4 | 593.1 |
| 水产品类 | Aquatic Products | 140129 | 2744.3 | 2228.9 | 515.4 |
| 蔬菜类 | Vegetables | 407198 | 3851.1 | 3423.1 | 428.0 |
| 干鲜果品类 | Dried and Fresh Melons and Fruits | 138847 | 2669.5 | 2495.6 | 173.9 |
| (2)饮料类 | Beverages | 43110 | 582.4 | 482.2 | 100.2 |
| (3)烟酒类 | Tobacco and Liquor | 39440 | 601.6 | 497.4 | 104.2 |
| 2.服装鞋帽、针、纺织品类 | Clothing, Shoes, Hats and Textiles | 841627 | 9666.2 | 8430.0 | 1236.2 |
| (1)服装类 | Shoes and Hats | 507440 | 4132.9 | 3318.3 | 814.6 |
| (2)鞋帽类 | Footgear, Hats | 130740 | 1097.2 | 898.2 | 199.0 |
| (3)针、纺织品类 | Knitwear and Textiles | 203447 | 4436.2 | 4213.5 | 222.7 |
| 3.化妆品类 | Cosmetics | 28473 | 242.0 | 186.0 | 56.0 |
| 4.金银珠宝类 | Gold,Silver and Jewelry | 10872 | 315.2 | 276.9 | 38.3 |
| 5.日用品类 | Articles for Daily Use | 172059 | 1922.2 | 1577.1 | 345.1 |
| #洗涤用品类 | Washing Articles | 41548 | 394.6 | 329.4 | 65.2 |
| 儿童玩具类 | Children Toys | 26681 | 245.6 | 205.4 | 40.2 |
| 6.五金、电料类 | Hardware & Electrical Materials | 87562 | 1329.5 | 1135.7 | 193.9 |
| 7.体育、娱乐用品类 | Sports & Recreational Articles | 11424 | 144.7 | 110.9 | 33.8 |
| 8.书报杂志类 | Newspapers and Magazines | 4853 | 66.7 | 49.9 | 16.8 |
| 9.电子出版物及音像制品类 | E-journal and Video Products | 8218 | 143.2 | 108.8 | 34.4 |
| 10.家用电器和音像器材类 | Household Appliances and Video Equipments | 33497 | 632.3 | 460.4 | 171.9 |
| 11.中西药品类 | Traditional Chinese and Western Medicine | 24006 | 395.0 | 338.8 | 56.2 |
| #西药类 | Western Medicine | 1092 | 26.2 | 19.6 | 6.6 |
| 中草药及中成药类 | Traditional Chinese | 21650 | 343.8 | 297.1 | 46.7 |
| 12.文化办公用品类 | Cultural and Official Goods | 57085 | 947.0 | 471.7 | 475.3 |
| 13.家具类 | Furniture | 73803 | 1017.3 | 470.6 | 546.7 |
| 14.通讯器材类 | Communication Appliances | 19151 | 184.9 | 96.6 | 88.3 |
| 15.煤炭及制品类 | Coal and Related Products | 1997 | 317.0 | 315.0 | 2.0 |
| 16.木材及制品类 | Wood and Wooden Products | 29403 | 692.5 | 639.6 | 52.9 |
| 17.石油及制品类 | Petroleum and Related Products | 1269 | 899.1 | 897.5 | 1.6 |
| 18.化工材料及制品类 | Raw Chemical Materials and Relatedr Products | 28718 | 2196.1 | 2176.1 | 20.0 |
| #化肥类 | Fertilizer | 3385 | 86.7 | 79.5 | 7.1 |
| 19.金属材料类 | Metal Materials | 84322 | 11529.8 | 11480.6 | 49.1 |
| 20.建筑及装潢材料类 | Building and Decoration Materials | 175844 | 3240.1 | 2073.6 | 1166.5 |
| 21.机电产品及设备类 | Mechanical & Electrical Products | 42999 | 1031.9 | 969.6 | 62.3 |
| #农机类 | Agricultural Machinery | 4549 | 123.5 | 120.9 | 2.7 |
| 22.汽车类 | Automobile | 61339 | 3608.5 | 1172.0 | 2436.5 |
| 23.种子饲料类 | Seed and Feedstuff | 6786 | 88.7 | 84.6 | 4.1 |
| 24.棉麻类 | Cotton and Hemp | 5540 | 403.5 | 398.3 | 5.2 |
| 25.其他类 | Others | 161927 | 1687.2 | 1405.9 | 281.3 |

# 2-4 各地区亿元以上商品交易市场基本情况

## Basic Statistics on Commodity Exchange Markets of Transaction Value over 100 Million Yuan by Region

| 年份 Year | 地区 Region | 市场数量（个）Number of Markets (unit) | 摊位数（个）Number of Booths (unit) | 营业面积（万平方米）Operational Area (10000 sq.m) | 成交额（亿元）Turnover (100 million yuan) | 批发 Wholesale Value | 零售 Retail Value |
|---|---|---|---|---|---|---|---|
| 2000 | | 3087 | 2115115 | 8261.6 | 16358.9 | 11648.0 | 4710.9 |
| 2001 | | 3273 | 2200662 | 9397.3 | 17719.1 | 12562.5 | 5156.5 |
| 2002 | | 3258 | 2190814 | 10313.2 | 19840.0 | 15450.9 | 4389.2 |
| 2003 | | 3265 | 2148866 | 10984.0 | 21514.5 | 16832.6 | 4681.9 |
| 2004 | | 3365 | 2229818 | 12477.5 | 26102.7 | 21116.9 | 4985.8 |
| 2005 | | 3323 | 2248803 | 13140.8 | 30020.9 | 24544.2 | 5476.7 |
| 2006 | | 3876 | 2527987 | 18072.3 | 37137.5 | 29679.9 | 7457.5 |
| 2007 | | 4121 | 2681630 | 19814.6 | 44085.1 | 35871.5 | 8213.6 |
| 2008 | | 4567 | 2839070 | 21225.2 | 52458.0 | 43120.0 | 9337.9 |
| 2009 | | 4687 | 2994781 | 23230.3 | 57963.8 | 48308.2 | 9655.5 |
| 北京 | Beijing | 126 | 101518 | 1114.1 | 1914.4 | 1222.6 | 691.8 |
| 天津 | Tianjin | 86 | 54777 | 439.5 | 2016.3 | 1875.3 | 141.0 |
| 河北 | Hebei | 281 | 286813 | 2481.1 | 3508.0 | 3260.0 | 248.0 |
| 山西 | Shanxi | 42 | 28927 | 239.7 | 346.6 | 329.6 | 17.0 |
| 内蒙古 | Inner Mongolia | 66 | 35469 | 361.1 | 507.3 | 400.9 | 106.4 |
| 辽宁 | Liaoning | 225 | 179694 | 978.2 | 2686.7 | 2152.2 | 534.5 |
| 吉林 | Jilin | 68 | 58680 | 298.6 | 500.7 | 250.9 | 249.9 |
| 黑龙江 | Heilongjiang | 87 | 55751 | 311.3 | 731.2 | 590.3 | 141.0 |
| 上海 | Shanghai | 163 | 68714 | 799.1 | 4542.5 | 4009.4 | 533.1 |
| 江苏 | Jiangsu | 528 | 306038 | 2780.7 | 9225.9 | 7831.3 | 1394.7 |
| 浙江 | Zhejiang | 672 | 393213 | 2304.1 | 9652.3 | 7845.3 | 1807.0 |
| 安徽 | Anhui | 133 | 79956 | 714.5 | 1399.1 | 1220.8 | 178.3 |
| 福建 | Fujian | 155 | 53089 | 313.0 | 1193.7 | 850.5 | 343.2 |
| 江西 | Jiangxi | 88 | 59620 | 331.4 | 1047.6 | 918.0 | 129.6 |
| 山东 | Shandong | 536 | 340156 | 3343.3 | 5451.7 | 4757.5 | 694.2 |
| 河南 | Henan | 140 | 96946 | 749.8 | 1158.0 | 988.3 | 169.7 |
| 湖北 | Hubei | 136 | 72997 | 513.9 | 1173.4 | 852.2 | 321.2 |
| 湖南 | Hunan | 263 | 162019 | 807.4 | 1706.7 | 1160.9 | 545.8 |
| 广东 | Guangdong | 340 | 169977 | 1664.0 | 3765.4 | 3173.2 | 592.2 |
| 广西 | Guangxi | 87 | 57975 | 344.9 | 806.9 | 682.5 | 124.4 |
| 海南 | Hainan | 7 | 3875 | 5.5 | 15.9 | 3.1 | 12.8 |
| 重庆 | Chongqing | 107 | 68626 | 495.1 | 1582.7 | 1348.5 | 234.2 |
| 四川 | Sichuan | 90 | 90676 | 453.5 | 1015.5 | 880.2 | 135.4 |
| 贵州 | Guizhou | 31 | 20858 | 82.1 | 359.8 | 277.4 | 82.3 |
| 云南 | Yunnan | 52 | 24053 | 161.7 | 380.9 | 330.2 | 50.7 |
| 西藏 | Tibet | 1 | 800 | 1.9 | 7.0 | 7.0 | |
| 陕西 | Shaanxi | 42 | 30420 | 139.5 | 320.9 | 256.2 | 64.7 |
| 甘肃 | Gansu | 37 | 28167 | 193.8 | 276.4 | 242.9 | 33.4 |
| 青海 | Qinghai | 9 | 5900 | 46.2 | 28.4 | 25.4 | 3.0 |
| 宁夏 | Ningxia | 27 | 15473 | 316.9 | 155.3 | 142.0 | 13.3 |
| 新疆 | Xinjiang | 62 | 43604 | 444.3 | 486.6 | 424.1 | 62.5 |

# 批发和零售业篇

# WHOLESALE AND RETAIL TRADES

第 3 篇

# 3-1-1 限额以上批发和零售业企业基本情况

# Basic Conditions of Enterprises above Designated Size of Wholesale and Retail Trades

| 项 目 | Item | 法人单位数（个）Number of Corporation Enterprises (unit) | 年末从业人数（人）Engaged Persons at the Year-end (person) |
|---|---|---|---|
| **总 计** | **Total** | **95468** | **7489598** |
| **一、批发业** | **Wholesale Trade** | **52853** | **3122535** |
| #国有控股 | State-controlled Enterprises | 6638 | 1141722 |
| **(一)按登记注册类型分** | **by Type of Registration** | | |
| **1.内资企业** | **Domestic Funded Enterprises** | **50498** | **2801147** |
| 国有企业 | State-owned Enterprises | 3922 | 690946 |
| 集体企业 | Collective-owned Enterprises | 1101 | 77640 |
| 股份合作企业 | Cooperative Enterprises | 372 | 17810 |
| 联营企业 | Joint Ownership Enterprises | 130 | 7154 |
| 国有联营企业 | State Joint Ownership Enterprises | 51 | 2894 |
| 集体联营企业 | Collective Joint Ownership Enterprises | 17 | 445 |
| 国有与集体联营企业 | Joint State-collective Enterprises | 33 | 1140 |
| 其他联营企业 | Other Joint Ownership Enterprises | 29 | 2675 |
| 有限责任公司 | Limited Liability Corporations | 12381 | 740837 |
| 国有独资公司 | State Sole Funded Corporations | 458 | 55576 |
| 其他有限责任公司 | Other Limited Liability Corporations | 11923 | 685261 |
| 股份有限公司 | Share-holding Corporations Ltd. | 1533 | 342626 |
| 私营企业 | Private Enterprises | 30657 | 898077 |
| 私营独资企业 | Private-funded Enterprises | 1808 | 59395 |
| 私营合伙企业 | Private Partnership Enterprises | 464 | 15887 |
| 私营有限责任公司 | Private Limited Liability Corporations | 27205 | 773722 |
| 私营股份有限公司 | Private Share-holding Corporations Ltd. | 1180 | 49073 |
| 其他企业 | Other Enterprises | 402 | 26057 |
| **2.港、澳、台商投资企业** | **Enterprises with Funds from Hongkong, Macao and Taiwan** | **790** | **105718** |
| 合资经营企业 | Joint-venture Enterprises | 159 | 24424 |
| 合作经营企业 | Cooperative Enterprises | 17 | 3951 |
| 独资经营企业 | Enterprises with Sole Investment | 590 | 72737 |
| 投资股份有限公司 | Share-holding Corporations Ltd. with Investment | 24 | 4606 |
| **3.外商投资企业** | **Foreign Funded Enterprises** | **1565** | **215670** |
| 中外合资经营企业 | Joint-venture Enterprises | 283 | 42450 |
| 中外合作经营企业 | Cooperative Enterprises | 22 | 2781 |
| 外资企业 | Enterprises with Sole Foreign Investment | 1222 | 165223 |
| 外商投资股份有限公司 | Share-holding Corporations Ltd. with Foreign Investment | 38 | 5216 |

3-1-1 续表 1 Continued 1

| 项 目 | Item | 法人单位数（个） Number of Corporation Enterprises (unit) | 年末从业人数（人） Engaged Persons at the Year-end (person) |
|---|---|---|---|
| **(二)按国民经济行业分** | **by Sector** | | |
| 农畜产品批发 | Wholesale of Farm Produce and Livestock Products | 1931 | 136946 |
| 食品、饮料及烟草制品批发 | Wholesale of Food, Beverages and Tobaccos | 4281 | 651490 |
| 米、面制品及食用油批发 | Wholesale of Rice, Flour and Edible Oil | 807 | 54600 |
| 肉、禽、蛋及水产品批发 | Wholesale of Meal, Fowls, Eggs and Aquatic products | 436 | 44418 |
| 饮料及茶叶批发 | Wholesale of Beverages and Teas | 733 | 81685 |
| 烟草制品批发 | Wholesales of Tobaccos | 742 | 321454 |
| 纺织、服装及日用品批发 | Wholesale of Textiles, Garments and Daily Consumer Articles | 5210 | 343994 |
| 服装批发 | Wholesale of Garments | 1542 | 149099 |
| 鞋帽批发 | Wholesale of Shoes and Hats | 352 | 35906 |
| 文化、体育用品及器材批发 | Wholesale of Culture, Sports Appliances and Equipments | 1268 | 86504 |
| 文具用品批发 | Wholesale of Stationeries | 414 | 12381 |
| 体育用品批发 | Wholesale of Sporting goods | 116 | 9366 |
| 图书批发 | Wholesale of Books | 201 | 25391 |
| 医药及医疗器材批发 | Wholesale of Medicines and Medical Appliances | 3068 | 287407 |
| 西药批发 | Wholesale of Western medicine | 1860 | 183505 |
| 中药材及中成药批发 | Wholesale of Chinese traditional Medicine and Medicinal materials | 693 | 80036 |
| 矿产品、建材及化工产品批发 | Wholesale of Mineral Products, Building Materials and Chemical Products | 23599 | 957603 |
| 煤炭及制品批发 | Wholesale of Coal and Related Products | 3029 | 147162 |
| 石油及制品批发 | Wholesale of Petroleum and Related Products | 2352 | 372274 |
| 金属及金属矿批发 | Wholesale of Metal Materials | 9546 | 186113 |
| 建材批发 | Wholesale of Building Materials | 2337 | 70716 |
| 化肥批发 | Wholesale of Chemical Fertilizer | 1007 | 55068 |
| 农药批发 | Wholesale of Pesticides | 119 | 4971 |
| 机械设备、五金交电及电子产品批发 | Wholesale of Machinery, Hardware and Electronic Equipment | 10230 | 538877 |
| 汽车、摩托车及零配件批发 | Wholesale of Motor Vehicles, Motorcycles and Parts | 1838 | 84997 |
| 家用电器批发 | Wholesale of Household Electrical Appliances | 946 | 120290 |
| 计算机、软件及辅助设备批发 | Wholesale of Computer, Software and Assistant Appliances | 1368 | 51630 |
| 通讯及广播电视设备批发 | Wholesale of Communication, Radios and Televisions equipments | 457 | 52042 |
| 贸易经纪与代理 | Trade Broker and Agency | 859 | 35210 |
| 其他批发 | Other Wholesale not Classified Elsewhere | 2407 | 84504 |

3-1-1 续表 2 Continued 2

| 项 目 | Item | 法人单位数（个）Number of Corporation Eterprises (unit) | 年末从业人数（人）Engaged Persons at the Year-end (person) | 年末零售营业面积（平方米）Business area of Retail Trade at the Year-end (m²) |
|---|---|---|---|---|
| **二、零售业** | **Retail Trade** | **42615** | **4367063** | **227278583** |
| #国有控股 | State-controlled Enterprises | 4642 | 818381 | 47261450 |
| **(一)按登记注册类型分** | **by Type of Registration** | | | |
| **1.内资企业** | **Domestic Funded Enterprises** | **41313** | **3827945** | **202467745** |
| 国有企业 | State-owned Enterprises | 2834 | 295878 | 16022402 |
| 集体企业 | Collective-owned Enterprises | 2547 | 162066 | 6173613 |
| 股份合作企业 | Cooperative Enterprises | 503 | 42369 | 1623618 |
| 联营企业 | Joint Ownership Enterprises | 209 | 10185 | 548511 |
| 国有联营企业 | State Joint Ownership Enterprises | 74 | 5222 | 170661 |
| 集体联营企业 | Collective Joint Ownership Enterprises | 48 | 1765 | 147249 |
| 国有与集体联营企业 | Joint State-collective Enterprises | 52 | 1377 | 93886 |
| 其他联营企业 | Other Joint Ownership Enterprises | 35 | 1821 | 136715 |
| 有限责任公司 | Limited Liability Corporations | 10678 | 1378157 | 67722373 |
| 国有独资公司 | State Sole Funded Corporations | 198 | 22176 | 873321 |
| 其他有限责任公司 | Other Limited Liability Corporations | 10480 | 1355981 | 66849052 |
| 股份有限公司 | Share-holding Corporations Ltd. | 1702 | 525415 | 44402744 |
| 私营企业 | Private Enterprises | 22301 | 1369153 | 64172701 |
| 私营独资企业 | Private-funded Enterprises | 4636 | 174626 | 9041177 |
| 私营合伙企业 | Private Partnership Enterprises | 734 | 35594 | 1571037 |
| 私营有限责任公司 | Private Limited Liability Corporations | 15795 | 1069479 | 49525586 |
| 私营股份有限公司 | Private Share-holding Corporations Ltd. | 1136 | 89454 | 4034901 |
| 其他企业 | Other Enterprises | 539 | 44722 | 1801783 |
| **2.港、澳、台商投资企业** | **Enterprises with Funds from Hongkong, Macao and Taiwan** | **509** | **205967** | **9309847** |
| 合资经营企业 | Joint-venture Enterprises | 128 | 60390 | 3750714 |
| 合作经营企业 | Cooperative Enterprises | 22 | 19857 | 705659 |
| 独资经营企业 | Enterprises with Sole Investment | 337 | 120327 | 4562922 |
| 投资股份有限公司 | Share-holding Corporations Ltd. with Investment | 22 | 5393 | 290552 |
| **3.外商投资企业** | **Foreign Funded Enterprises** | **793** | **333151** | **15500991** |
| 中外合资经营企业 | Joint-venture Enterprises | 277 | 160391 | 8138887 |
| 中外合作经营企业 | Cooperative Enterprises | 47 | 20433 | 734809 |
| 外资企业 | Enterprises with Sole Foreign Investment | 436 | 142605 | 6212813 |
| 外商投资股份有限公司 | Share-holding Corporations Ltd. with Foreign Investment | 33 | 9722 | 414482 |

3-1-1 续表 3 Continued 3

| 项 目 | Item | 法人单位数（个）Number of Corporation Eterprises (unit) | 年末从业人数（人）Engaged Persons at the Year-end (person) | 年末零售营业面积（平方米）Business area of Retail Trade at the Year-end (㎡) |
|---|---|---|---|---|
| **(二)按国民经济行业分** | **by Sector** | | | |
| 综合零售 | Integrated Retail | 9214 | 2182122 | 115804705 |
| 百货零售 | Retail of General Merchandise | 4077 | 991153 | 65064732 |
| 超级市场零售 | Retail of Supermarkets | 3766 | 1064868 | 47226840 |
| 食品、饮料及烟草制品专门零售 | Retail of Food, Beverages and Tobaccos | 1858 | 155779 | 3648920 |
| 粮油零售 | Retail of Cereal and Oil | 314 | 31736 | 796830 |
| 肉、禽、蛋及水产品零售 | Retail of meat, poultry and eggs | 282 | 27976 | 550758 |
| 饮料及茶叶零售 | Wholesale of Books | 327 | 24471 | 762892 |
| 烟草制品零售 | Retail of Tobaccos | 271 | 15440 | 305531 |
| 纺织、服装及日用品专门零售 | Special Retail of Textiles, Garments and Daily Consumer Articles | 2481 | 260927 | 8494756 |
| 服装零售 | Retail of Garments | 1362 | 168799 | 6205436 |
| 文化、体育用品及器材专门零售 | Retail of Culture, Sports Appliances and Equipments | 2656 | 176411 | 4736278 |
| 体育用品零售 | Retail of Sporting Goods | 79 | 8073 | 219815 |
| 图书零售 | Retail of Books | 1528 | 116532 | 3578297 |
| 医药及医疗器材专门零售 | Retail of Medicines and Medical Appliances | 2484 | 288837 | 5614463 |
| 药品零售 | Retail of Medicines | 2186 | 277574 | 5449898 |
| 汽车、摩托车、燃料及零配件专门零售 | Retail of Motor Vehicles, Motorcycles, Fuel and Parts | 14531 | 783686 | 60607665 |
| 汽车零售 | Retail of Motor Vehicles | 9712 | 519738 | 32043844 |
| 机动车燃料零售 | Retail of Automotive Fuels | 3317 | 227081 | 26116237 |
| 家用电器及电子产品专门零售 | Special Retail of Household Electric Appliances and Electronic Products | 5536 | 344269 | 13975471 |
| 家用电器零售 | Retail of Household Electric Appliances | 2708 | 231453 | 12378002 |
| 计算机、软件及辅助设备零售 | Retail of Computer, Software and Assistant Appliances | 1800 | 56640 | 683921 |
| 通信设备零售 | Retail of Communication Equipments | 668 | 46627 | 764404 |
| 五金、家具及室内装修材料专门零售 | Special Retail of Hardware, Furniture and Decoration Materials | 1964 | 103513 | 10415526 |
| 无店铺及其他零售 | Non-shop and Other Retails | 1891 | 71519 | 3980799 |
| 邮购及电子销售 | Distribution of Post and E-commerce | 58 | 8894 | 58751 |
| **(三)按零售业态分** | **by Modes of Business Operation** | | | |
| 有店铺零售 | Store-based Retailing | 42267 | 4348403 | 227132453 |
| # 超市 | Supermarket | 4008 | 619080 | 24096035 |
| 大型超市 | Hypermarket | 1509 | 661043 | 33339702 |
| 百货店 | Department Store | 3819 | 780406 | 49836855 |
| 专业店 | Speciality Store | 18032 | 1180029 | 58920491 |
| 专卖店 | Exclusive Shop | 11513 | 702248 | 33606155 |
| 无店铺零售 | Non-Store Selling | 348 | 18660 | 146130 |

# 3-1-2 各地区限额以上批发业企业基本情况
## Basic Conditions of Enterprises above Designated Size of Wholesale Trade by Region

| 地　区 | Region | 批发业 Wholesale Trade | | # 国有控股 State-controlled Enterprises | |
|---|---|---|---|---|---|
| | | 法人单位数（个）Number of Corporation Enterprises (unit) | 年末从业人数（人）Engaged Persons at the Year-end (person) | 法人单位数（个）Number of Corporation Enterprises (unit) | 年末从业人数（人）Engaged Persons at the Year-end (person) |
| **全　国** | **National Total** | **52853** | **3122535** | **6638** | **1141722** |
| 北　京 | Beijing | 5907 | 272530 | 870 | 81738 |
| 天　津 | Tianjin | 2639 | 75831 | 321 | 25512 |
| 河　北 | Hebei | 805 | 82140 | 167 | 42300 |
| 山　西 | Shanxi | 668 | 94393 | 248 | 62883 |
| 内蒙古 | Inner Mongolia | 461 | 42829 | 92 | 18080 |
| 辽　宁 | Liaoning | 2058 | 80394 | 241 | 39486 |
| 吉　林 | Jilin | 293 | 40397 | 91 | 18912 |
| 黑龙江 | Heilongjiang | 737 | 49405 | 162 | 29872 |
| 上　海 | Shanghai | 4041 | 242863 | 418 | 45015 |
| 江　苏 | Jiangsu | 7005 | 296144 | 360 | 77891 |
| 浙　江 | Zhejiang | 6416 | 218180 | 372 | 40015 |
| 安　徽 | Anhui | 706 | 93131 | 181 | 50613 |
| 福　建 | Fujian | 1905 | 111856 | 252 | 46583 |
| 江　西 | Jiangxi | 318 | 43073 | 90 | 27335 |
| 山　东 | Shandong | 3866 | 259108 | 299 | 62852 |
| 河　南 | Henan | 1767 | 142369 | 329 | 68906 |
| 湖　北 | Hubei | 933 | 93825 | 190 | 54175 |
| 湖　南 | Hunan | 823 | 61846 | 209 | 29567 |
| 广　东 | Guangdong | 5991 | 358792 | 646 | 87353 |
| 广　西 | Guangxi | 685 | 44440 | 91 | 20890 |
| 海　南 | Hainan | 259 | 12186 | 25 | 1923 |
| 重　庆 | Chongqing | 1104 | 85729 | 174 | 35535 |
| 四　川 | Sichuan | 853 | 79856 | 170 | 32359 |
| 贵　州 | Guizhou | 283 | 38332 | 88 | 27710 |
| 云　南 | Yunnan | 824 | 73014 | 126 | 40055 |
| 西　藏 | Tibet | 14 | 2248 | 10 | 1051 |
| 陕　西 | Shaanxi | 331 | 43227 | 112 | 28876 |
| 甘　肃 | Gansu | 237 | 20543 | 67 | 9052 |
| 青　海 | Qinghai | 71 | 8009 | 18 | 5258 |
| 宁　夏 | Ningxia | 181 | 9781 | 30 | 4743 |
| 新　疆 | Xinjiang | 672 | 46064 | 189 | 25182 |

# 3-1-3 各地区限额以上批发业企业基本情况(按登记注册类型分)

# Basic Conditions of Enterprises above Designated Size of Wholesale Trade by Region and Type of Registration

| 地区 | Region | 内资企业 Domestic Funded Enterprises | | 国有企业 State-owned Enterprises | |
|---|---|---|---|---|---|
| | | 法人单位数(个) Number of Corporation Enterprises (unit) | 年末从业人数(人) Engaged Persons at the Year-end (person) | 法人单位数(个) Number of Corporation Enterprises (unit) | 年末从业人数(人) Engaged Persons at the Year-end (person) |
| **全国** | **National Total** | **50498** | **2801147** | **3922** | **690946** |
| 北京 | Beijing | 5614 | 209718 | 298 | 22976 |
| 天津 | Tianjin | 2358 | 65600 | 165 | 11964 |
| 河北 | Hebei | 801 | 81805 | 93 | 23347 |
| 山西 | Shanxi | 663 | 93677 | 195 | 55427 |
| 内蒙古 | Inner Mongolia | 458 | 42640 | 77 | 13944 |
| 辽宁 | Liaoning | 1985 | 77235 | 133 | 20423 |
| 吉林 | Jilin | 288 | 40026 | 78 | 14309 |
| 黑龙江 | Heilongjiang | 733 | 48858 | 118 | 24578 |
| 上海 | Shanghai | 3185 | 147293 | 183 | 14502 |
| 江苏 | Jiangsu | 6882 | 263912 | 208 | 32654 |
| 浙江 | Zhejiang | 6349 | 213261 | 176 | 20343 |
| 安徽 | Anhui | 693 | 81507 | 100 | 33257 |
| 福建 | Fujian | 1839 | 89998 | 184 | 25471 |
| 江西 | Jiangxi | 312 | 41634 | 61 | 18447 |
| 山东 | Shandong | 3813 | 249497 | 237 | 40117 |
| 河南 | Henan | 1759 | 141885 | 220 | 49829 |
| 湖北 | Hubei | 912 | 90878 | 150 | 48135 |
| 湖南 | Hunan | 811 | 60728 | 160 | 19213 |
| 广东 | Guangdong | 5612 | 309094 | 370 | 36665 |
| 广西 | Guangxi | 681 | 44065 | 58 | 12162 |
| 海南 | Hainan | 244 | 10121 | 21 | 1793 |
| 重庆 | Chongqing | 1083 | 82085 | 100 | 21021 |
| 四川 | Sichuan | 842 | 78079 | 112 | 22800 |
| 贵州 | Guizhou | 281 | 38155 | 65 | 26517 |
| 云南 | Yunnan | 811 | 71621 | 68 | 32541 |
| 西藏 | Tibet | 14 | 2248 | 8 | 902 |
| 陕西 | Shaanxi | 326 | 42812 | 86 | 19628 |
| 甘肃 | Gansu | 234 | 20381 | 46 | 6802 |
| 青海 | Qinghai | 70 | 7517 | 16 | 2240 |
| 宁夏 | Ningxia | 179 | 9306 | 26 | 2712 |
| 新疆 | Xinjiang | 666 | 45511 | 110 | 16227 |

| 地 区 | Region | 集体企业 Collective-owned Enterprises 法人单位数(个) Number of Corporation Enterprises (unit) | 集体企业 Collective-owned Enterprises 年末从业人数(人) Engaged Persons at the Year-end (person) | 股份合作企业 Cooperative Enterprises 法人单位数(个) Number of Corporation Enterprises (unit) | 股份合作企业 Cooperative Enterprises 年末从业人数(人) Engaged Persons at the Year-end (person) |
|---|---|---|---|---|---|
| **全 国** | **National Total** | **1101** | **77640** | **372** | **17810** |
| 北 京 | Beijing | 91 | 2566 | 76 | 2119 |
| 天 津 | Tianjin | 55 | 2671 | 15 | 793 |
| 河 北 | Hebei | 39 | 2325 | 12 | 1506 |
| 山 西 | Shanxi | 42 | 8489 | 12 | 351 |
| 内蒙古 | Inner Mongolia | 8 | 683 | 1 | 8 |
| 辽 宁 | Liaoning | 27 | 1443 | 12 | 224 |
| 吉 林 | Jilin | 2 | 25 | 1 | 13 |
| 黑龙江 | Heilongjiang | 14 | 1272 | 3 | 75 |
| 上 海 | Shanghai | 61 | 2978 | 15 | 388 |
| 江 苏 | Jiangsu | 70 | 4322 | 26 | 1588 |
| 浙 江 | Zhejiang | 48 | 1749 | 34 | 984 |
| 安 徽 | Anhui | 8 | 641 | 5 | 245 |
| 福 建 | Fujian | 23 | 750 | 7 | 207 |
| 江 西 | Jiangxi | 2 | 72 | 8 | 553 |
| 山 东 | Shandong | 118 | 11433 | 16 | 903 |
| 河 南 | Henan | 160 | 13436 | 8 | 343 |
| 湖 北 | Hubei | 15 | 927 | 26 | 1877 |
| 湖 南 | Hunan | 5 | 365 | 5 | 89 |
| 广 东 | Guangdong | 178 | 13363 | 46 | 1579 |
| 广 西 | Guangxi | 19 | 959 | 4 | 833 |
| 海 南 | Hainan | 2 | 49 | 1 | 28 |
| 重 庆 | Chongqing | 22 | 1645 | 11 | 1788 |
| 四 川 | Sichuan | 14 | 1238 | 7 | 723 |
| 贵 州 | Guizhou | 12 | 478 | 4 | 232 |
| 云 南 | Yunnan | 24 | 624 | 11 | 219 |
| 西 藏 | Tibet | | | | |
| 陕 西 | Shaanxi | 7 | 362 | 1 | 7 |
| 甘 肃 | Gansu | 7 | 461 | 4 | 130 |
| 青 海 | Qinghai | 2 | 70 | 1 | 5 |
| 宁 夏 | Ningxia | | | | |
| 新 疆 | Xinjiang | 26 | 2244 | | |

3-1-2 续表 2 Continued 2

| 地区 | Region | 联营企业 Joint Ownership Enterprises 法人单位数（个）Number of Corporation Enterprises (unit) | 联营企业 Joint Ownership Enterprises 年末从业人数（人）Engaged Persons at the Year-end (person) | 有限责任公司 Limited Liability Corporations 法人单位数（个）Number of Corporation Enterprises (unit) | 有限责任公司 Limited Liability Corporations 年末从业人数（人）Engaged Persons at the Year-end (person) |
|---|---|---|---|---|---|
| **全 国** | **National Total** | **130** | **7154** | **12381** | **740837** |
| 北 京 | Beijing | 6 | 160 | 1728 | 96040 |
| 天 津 | Tianjin | 8 | 144 | 357 | 15472 |
| 河 北 | Hebei | 1 | 27 | 298 | 20439 |
| 山 西 | Shanxi | | | 157 | 16182 |
| 内蒙古 | Inner Mongolia | 1 | 44 | 138 | 8633 |
| 辽 宁 | Liaoning | 1 | 23 | 456 | 15794 |
| 吉 林 | Jilin | | | 49 | 4105 |
| 黑龙江 | Heilongjiang | 1 | 20 | 203 | 11291 |
| 上 海 | Shanghai | 18 | 612 | 553 | 38935 |
| 江 苏 | Jiangsu | 9 | 338 | 819 | 54840 |
| 浙 江 | Zhejiang | 13 | 436 | 1491 | 70038 |
| 安 徽 | Anhui | 1 | 8 | 220 | 16614 |
| 福 建 | Fujian | 12 | 317 | 627 | 24475 |
| 江 西 | Jiangxi | | | 131 | 13310 |
| 山 东 | Shandong | 6 | 426 | 647 | 54176 |
| 河 南 | Henan | 3 | 486 | 528 | 29713 |
| 湖 北 | Hubei | 5 | 728 | 275 | 16210 |
| 湖 南 | Hunan | 3 | 638 | 186 | 15196 |
| 广 东 | Guangdong | 29 | 1868 | 1690 | 103941 |
| 广 西 | Guangxi | | | 134 | 7223 |
| 海 南 | Hainan | | | 144 | 5210 |
| 重 庆 | Chongqing | 4 | 466 | 407 | 25167 |
| 四 川 | Sichuan | 1 | 14 | 319 | 26922 |
| 贵 州 | Guizhou | | | 154 | 7656 |
| 云 南 | Yunnan | 5 | 161 | 179 | 12674 |
| 西 藏 | Tibet | | | 5 | 803 |
| 陕 西 | Shaanxi | 3 | 238 | 120 | 7413 |
| 甘 肃 | Gansu | | | 83 | 5028 |
| 青 海 | Qinghai | | | 27 | 1561 |
| 宁 夏 | Ningxia | | | 38 | 1198 |
| 新 疆 | Xinjiang | | | 218 | 14578 |

3-1-3 续表 3 Continued 3

| 地区 | Region | 股份有限公司 Share-holding Corporations Ltd. 法人单位数(个) Number of Corporation Enterprises (unit) | 股份有限公司 Share-holding Corporations Ltd. 年末从业人数(人) Engaged Persons at the Year-end (person) | 私营企业 Private Enterprises 法人单位数(个) Number of Corporation Enterprises (unit) | 私营企业 Private Enterprises 年末从业人数(人) Engaged Persons at the Year-end (person) |
|---|---|---|---|---|---|
| **全国** | **National Total** | **1533** | **342626** | **30657** | **898077** |
| 北京 | Beijing | 92 | 9464 | 3323 | 76393 |
| 天津 | Tianjin | 29 | 5830 | 1707 | 28489 |
| 河北 | Hebei | 64 | 20602 | 290 | 12948 |
| 山西 | Shanxi | 22 | 4547 | 233 | 8665 |
| 内蒙古 | Inner Mongolia | 27 | 7791 | 205 | 11522 |
| 辽宁 | Liaoning | 67 | 16579 | 1282 | 22579 |
| 吉林 | Jilin | 20 | 5920 | 135 | 15399 |
| 黑龙江 | Heilongjiang | 31 | 4077 | 363 | 7545 |
| 上海 | Shanghai | 51 | 20994 | 2292 | 67952 |
| 江苏 | Jiangsu | 131 | 47023 | 5534 | 120036 |
| 浙江 | Zhejiang | 157 | 17202 | 4410 | 100915 |
| 安徽 | Anhui | 54 | 14220 | 302 | 16381 |
| 福建 | Fujian | 39 | 9775 | 909 | 27750 |
| 江西 | Jiangxi | 26 | 5907 | 81 | 3105 |
| 山东 | Shandong | 115 | 32355 | 2610 | 103187 |
| 河南 | Henan | 105 | 16332 | 705 | 29013 |
| 湖北 | Hubei | 62 | 8563 | 377 | 14402 |
| 湖南 | Hunan | 39 | 5149 | 395 | 17882 |
| 广东 | Guangdong | 141 | 26537 | 3120 | 122589 |
| 广西 | Guangxi | 32 | 8469 | 427 | 14119 |
| 海南 | Hainan | 11 | 642 | 56 | 1868 |
| 重庆 | Chongqing | 45 | 11271 | 478 | 20043 |
| 四川 | Sichuan | 46 | 7164 | 336 | 18422 |
| 贵州 | Guizhou | 10 | 1907 | 36 | 1365 |
| 云南 | Yunnan | 38 | 7589 | 480 | 17582 |
| 西藏 | Tibet | | | 1 | 543 |
| 陕西 | Shaanxi | 28 | 11660 | 78 | 3034 |
| 甘肃 | Gansu | 17 | 4367 | 76 | 3560 |
| 青海 | Qinghai | 6 | 2918 | 18 | 723 |
| 宁夏 | Ningxia | 8 | 2616 | 107 | 2780 |
| 新疆 | Xinjiang | 20 | 5156 | 291 | 7286 |

3-1-3 续表 4 Continued 4

| 地 区 | Region | 港、澳、台商投资企业 Enterprises with Funds from Hongkong, Macao and Taiwan | | 外商投资企业 Foreign Funded Enterprises | |
|---|---|---|---|---|---|
| | | 法人单位数 (个) Number of Corporation Enterprises (unit) | 年末从业人数 (人) Engaged Persons at the Year-end (person) | 法人单位数 (个) Number of Corporation Enterprises (unit) | 年末从业人数 (人) Engaged Persons at the Year-end (person) |
| **全 国** | **National Total** | **790** | **105718** | **1565** | **215670** |
| 北 京 | Beijing | 84 | 11021 | 209 | 51791 |
| 天 津 | Tianjin | 88 | 1997 | 193 | 8234 |
| 河 北 | Hebei | 1 | 135 | 3 | 200 |
| 山 西 | Shanxi | 4 | 676 | 1 | 40 |
| 内蒙古 | Inner Mongolia | 1 | 72 | 2 | 117 |
| 辽 宁 | Liaoning | 13 | 1550 | 60 | 1609 |
| 吉 林 | Jilin | | | 5 | 371 |
| 黑龙江 | Heilongjiang | 2 | 481 | 2 | 66 |
| 上 海 | Shanghai | 218 | 24870 | 638 | 70700 |
| 江 苏 | Jiangsu | 49 | 7383 | 74 | 24849 |
| 浙 江 | Zhejiang | 27 | 2371 | 40 | 2548 |
| 安 徽 | Anhui | 8 | 8297 | 5 | 3327 |
| 福 建 | Fujian | 29 | 6787 | 37 | 15071 |
| 江 西 | Jiangxi | 1 | 88 | 5 | 1351 |
| 山 东 | Shandong | 11 | 5365 | 42 | 4246 |
| 河 南 | Henan | 4 | 290 | 4 | 194 |
| 湖 北 | Hubei | 8 | 1748 | 13 | 1199 |
| 湖 南 | Hunan | 5 | 796 | 7 | 322 |
| 广 东 | Guangdong | 195 | 26020 | 184 | 23678 |
| 广 西 | Guangxi | 3 | 308 | 1 | 67 |
| 海 南 | Hainan | 9 | 1227 | 6 | 838 |
| 重 庆 | Chongqing | 11 | 1985 | 10 | 1659 |
| 四 川 | Sichuan | 2 | 208 | 9 | 1569 |
| 贵 州 | Guizhou | 1 | 168 | 1 | 9 |
| 云 南 | Yunnan | 8 | 1037 | 5 | 356 |
| 西 藏 | Tibet | | | | |
| 陕 西 | Shaanxi | 2 | 289 | 3 | 126 |
| 甘 肃 | Gansu | 2 | 90 | 1 | 72 |
| 青 海 | Qinghai | | | 1 | 492 |
| 宁 夏 | Ningxia | | | 2 | 475 |
| 新 疆 | Xinjiang | 4 | 459 | 2 | 94 |

# 3-1-4 各地区限额以上批发业企业基本情况(按国民经济行业分)

## Basic Conditions of Enterprises above Designated Size of Wholesale Trade by Region and Sector

| 地区 | Region | 农畜产品批发 Wholesale of Farm Produce and Livestock Product | | 食品、饮料及烟草制品批发 Wholesale of Food, Beverages and Tobaccos | |
|---|---|---|---|---|---|
| | | 法人单位数（个） Number of Corporation Enterprises (unit) | 年末从业人数（人） Engaged Persons at the Year-end (person) | 法人单位数（个） Number of Corporation Enterprises (unit) | 年末从业人数（人） Engaged Persons at the Year-end (person) |
| **全国** | **National Total** | **1931** | **136946** | **4281** | **651490** |
| 北京 | Beijing | 94 | 5390 | 375 | 28353 |
| 天津 | Tianjin | 45 | 1595 | 103 | 8129 |
| 河北 | Hebei | 60 | 4155 | 74 | 17501 |
| 山西 | Shanxi | 20 | 1003 | 57 | 12256 |
| 内蒙古 | Inner Mongolia | 60 | 4244 | 53 | 12500 |
| 辽宁 | Liaoning | 101 | 3047 | 146 | 14636 |
| 吉林 | Jilin | 85 | 15713 | 41 | 7226 |
| 黑龙江 | Heilongjiang | 92 | 6808 | 58 | 10693 |
| 上海 | Shanghai | 27 | 1381 | 238 | 29172 |
| 江苏 | Jiangsu | 189 | 8352 | 336 | 33130 |
| 浙江 | Zhejiang | 71 | 2673 | 389 | 34838 |
| 安徽 | Anhui | 51 | 5364 | 108 | 27924 |
| 福建 | Fujian | 43 | 1398 | 178 | 25137 |
| 江西 | Jiangxi | 15 | 4184 | 45 | 16225 |
| 山东 | Shandong | 223 | 13055 | 400 | 59590 |
| 河南 | Henan | 223 | 18229 | 190 | 43144 |
| 湖北 | Hubei | 65 | 5692 | 112 | 25531 |
| 湖南 | Hunan | 44 | 2507 | 148 | 23190 |
| 广东 | Guangdong | 108 | 3470 | 536 | 71369 |
| 广西 | Guangxi | 15 | 1621 | 76 | 12243 |
| 海南 | Hainan | 2 | 27 | 28 | 2251 |
| 重庆 | Chongqing | 30 | 3146 | 142 | 24586 |
| 四川 | Sichuan | 31 | 3931 | 153 | 28301 |
| 贵州 | Guizhou | 4 | 195 | 39 | 23432 |
| 云南 | Yunnan | 27 | 3380 | 100 | 30915 |
| 西藏 | Tibet | 1 | 40 | 4 | 708 |
| 陕西 | Shaanxi | 11 | 874 | 30 | 12501 |
| 甘肃 | Gansu | 20 | 916 | 36 | 6987 |
| 青海 | Qinghai | | | 10 | 1226 |
| 宁夏 | Ningxia | 6 | 292 | 19 | 2483 |
| 新疆 | Xinjiang | 168 | 14264 | 57 | 5313 |

3-1-4 续表 1 Continued 1

| 地 区 | Region | 纺织、服装及日用品批发 Wholesale of Textiles, Garments and Daily Consumer Articles | | 文化、体育用品及器材批发 Wholesale of Culture, Sports Appliances and Equipments | |
|---|---|---|---|---|---|
| | | 法人单位数（个） Number of Corporation Enterprises (unit) | 年末从业人数（人） Engaged Persons at the Year-end (person) | 法人单位数（个） Number of Corporation Enterprises (unit) | 年末从业人数（人） Engaged Persons at the Year-end (person) |
| **全 国** | **National Total** | **5210** | **343994** | **1268** | **86504** |
| 北 京 | Beijing | 378 | 25683 | 334 | 19698 |
| 天 津 | Tianjin | 96 | 3837 | 35 | 1615 |
| 河 北 | Hebei | 21 | 2539 | 4 | 499 |
| 山 西 | Shanxi | 12 | 718 | 4 | 551 |
| 内 蒙 古 | Inner Mongolia | 5 | 3033 | 5 | 325 |
| 辽 宁 | Liaoning | 112 | 3700 | 29 | 975 |
| 吉 林 | Jilin | 4 | 83 | 3 | 189 |
| 黑 龙 江 | Heilongjiang | 40 | 2195 | 9 | 321 |
| 上 海 | Shanghai | 489 | 57228 | 107 | 7905 |
| 江 苏 | Jiangsu | 984 | 43386 | 88 | 6483 |
| 浙 江 | Zhejiang | 1442 | 52677 | 168 | 6024 |
| 安 徽 | Anhui | 48 | 7252 | 19 | 1253 |
| 福 建 | Fujian | 353 | 18166 | 40 | 1804 |
| 江 西 | Jiangxi | 24 | 567 | 4 | 419 |
| 山 东 | Shandong | 174 | 43578 | 46 | 6231 |
| 河 南 | Henan | 74 | 3886 | 27 | 1847 |
| 湖 北 | Hubei | 52 | 3014 | 14 | 1225 |
| 湖 南 | Hunan | 20 | 2483 | 23 | 1723 |
| 广 东 | Guangdong | 712 | 51668 | 227 | 20002 |
| 广 西 | Guangxi | 21 | 1516 | 14 | 839 |
| 海 南 | Hainan | 17 | 611 | 10 | 610 |
| 重 庆 | Chongqing | 36 | 6569 | 12 | 2041 |
| 四 川 | Sichuan | 37 | 5308 | 7 | 197 |
| 贵 州 | Guizhou | 4 | 228 | 9 | 473 |
| 云 南 | Yunnan | 18 | 551 | 11 | 885 |
| 西 藏 | Tibet | | | 1 | 88 |
| 陕 西 | Shaanxi | 14 | 2212 | 5 | 379 |
| 甘 肃 | Gansu | 6 | 549 | 3 | 426 |
| 青 海 | Qinghai | 2 | 110 | 1 | 509 |
| 宁 夏 | Ningxia | 2 | 50 | 4 | 170 |
| 新 疆 | Xinjiang | 13 | 597 | 5 | 798 |

3-1-4 续表 2 Continued 2

| 地 区 | Region | 医药及医疗器材批发 Wholesale of Medicines and Medical Appliances | | 矿产品、建材及化工产品批发 Wholesale of Mineral Products, Building Material and Chemical Products | |
|---|---|---|---|---|---|
| | | 法人单位数 (个) Number of Corporation Enterprises (unit) | 年末从业人数 (人) Engaged Persons at the Year-end (person) | 法人单位数 (个) Number of Corporation Enterprises (unit) | 年末从业人数 (人) Engaged Persons at the Year-end (person) |
| **全 国** | **National Total** | **3068** | **287407** | **23599** | **957603** |
| 北 京 | Beijing | 334 | 22262 | 1852 | 50908 |
| 天 津 | Tianjin | 66 | 8631 | 1498 | 28709 |
| 河 北 | Hebei | 80 | 9271 | 422 | 36815 |
| 山 西 | Shanxi | 37 | 6181 | 450 | 66552 |
| 内蒙古 | Inner Mongolia | 23 | 1870 | 243 | 17738 |
| 辽 宁 | Liaoning | 116 | 7420 | 1061 | 35013 |
| 吉 林 | Jilin | 48 | 2802 | 76 | 12978 |
| 黑龙江 | Heilongjiang | 56 | 4087 | 323 | 19053 |
| 上 海 | Shanghai | 143 | 21935 | 1707 | 48370 |
| 江 苏 | Jiangsu | 125 | 26055 | 3695 | 100125 |
| 浙 江 | Zhejiang | 189 | 16754 | 2890 | 60165 |
| 安 徽 | Anhui | 91 | 9566 | 216 | 30478 |
| 福 建 | Fujian | 83 | 7625 | 747 | 34163 |
| 江 西 | Jiangxi | 44 | 8369 | 106 | 8973 |
| 山 东 | Shandong | 147 | 16920 | 2206 | 84283 |
| 河 南 | Henan | 125 | 11379 | 777 | 48587 |
| 湖 北 | Hubei | 140 | 11278 | 323 | 33772 |
| 湖 南 | Hunan | 88 | 9170 | 292 | 11822 |
| 广 东 | Guangdong | 549 | 35964 | 2271 | 80809 |
| 广 西 | Guangxi | 42 | 3188 | 329 | 17218 |
| 海 南 | Hainan | 88 | 4814 | 69 | 2069 |
| 重 庆 | Chongqing | 94 | 7065 | 497 | 26157 |
| 四 川 | Sichuan | 150 | 14443 | 297 | 18433 |
| 贵 州 | Guizhou | 45 | 3936 | 129 | 7144 |
| 云 南 | Yunnan | 73 | 7853 | 435 | 21104 |
| 西 藏 | Tibet | 4 | 764 | 1 | 53 |
| 陕 西 | Shaanxi | 30 | 3799 | 180 | 20177 |
| 甘 肃 | Gansu | 21 | 1861 | 102 | 7448 |
| 青 海 | Qinghai | 10 | 377 | 40 | 5199 |
| 宁 夏 | Ningxia | 6 | 309 | 102 | 4863 |
| 新 疆 | Xinjiang | 21 | 1459 | 263 | 18425 |

3-1-4 续表 3 Continued 3

| 地 区 | Region | 机械设备、五金交电及电子产品批发 Wholesale of Machinery, Hardware and Electronic Equipment | | 贸易经纪与代理 Trade Broker and Agency | |
|---|---|---|---|---|---|
| | | 法人单位数 (个) Number of Corporation Enterprises (unit) | 年末从业人数 (人) Engaged Persons at the Year-end (person) | 法人单位数 (个) Number of Corporation Enterprises (unit) | 年末从业人数 (人) Engaged Persons at the Year-end (person) |
| **全 国** | **National Total** | **10230** | **538877** | **859** | **35210** |
| 北 京 | Beijing | 2245 | 108162 | 148 | 7868 |
| 天 津 | Tianjin | 491 | 17190 | 44 | 1139 |
| 河 北 | Hebei | 123 | 10250 | 7 | 193 |
| 山 西 | Shanxi | 67 | 6020 | 4 | 210 |
| 内蒙古 | Inner Mongolia | 60 | 2770 | 4 | 77 |
| 辽 宁 | Liaoning | 447 | 12966 | 4 | 1078 |
| 吉 林 | Jilin | 31 | 1292 | | |
| 黑龙江 | Heilongjiang | 124 | 4233 | 8 | 416 |
| 上 海 | Shanghai | 995 | 60067 | 141 | 6306 |
| 江 苏 | Jiangsu | 936 | 60176 | 115 | 2563 |
| 浙 江 | Zhejiang | 1016 | 39853 | 20 | 485 |
| 安 徽 | Anhui | 138 | 9799 | 4 | 99 |
| 福 建 | Fujian | 295 | 15703 | 42 | 2273 |
| 江 西 | Jiangxi | 59 | 3830 | 1 | 8 |
| 山 东 | Shandong | 464 | 26272 | 37 | 2416 |
| 河 南 | Henan | 263 | 11846 | 1 | 19 |
| 湖 北 | Hubei | 199 | 9668 | 9 | 2179 |
| 湖 南 | Hunan | 146 | 8065 | 17 | 747 |
| 广 东 | Guangdong | 1140 | 79214 | 234 | 6528 |
| 广 西 | Guangxi | 137 | 6745 | 5 | 88 |
| 海 南 | Hainan | 40 | 1663 | | |
| 重 庆 | Chongqing | 242 | 13843 | | |
| 四 川 | Sichuan | 136 | 8243 | 6 | 114 |
| 贵 州 | Guizhou | 42 | 2536 | | |
| 云 南 | Yunnan | 126 | 6605 | 1 | 85 |
| 西 藏 | Tibet | 3 | 595 | | |
| 陕 西 | Shaanxi | 54 | 3010 | 2 | 34 |
| 甘 肃 | Gansu | 44 | 2068 | 1 | 80 |
| 青 海 | Qinghai | 8 | 588 | | |
| 宁 夏 | Ningxia | 34 | 1287 | | |
| 新 疆 | Xinjiang | 125 | 4318 | 4 | 205 |

3-1-4 续表 4 Continued 4

| 地区 Region | | 其他批发 Other Wholesale not Classified Elsewhere | |
|---|---|---|---|
| | | 法人单位数（个） Number of Corporation Enterprises (unit) | 年末从业人数（人） Engaged Persons at the Year-end (person) |
| **全国** | **National Total** | **2407** | **84504** |
| 北京 | Beijing | 147 | 4206 |
| 天津 | Tianjin | 261 | 4986 |
| 河北 | Hebei | 14 | 917 |
| 山西 | Shanxi | 17 | 902 |
| 内蒙古 | Inner Mongolia | 8 | 272 |
| 辽宁 | Liaoning | 42 | 1559 |
| 吉林 | Jilin | 5 | 114 |
| 黑龙江 | Heilongjiang | 27 | 1599 |
| 上海 | Shanghai | 194 | 10499 |
| 江苏 | Jiangsu | 537 | 15874 |
| 浙江 | Zhejiang | 231 | 4711 |
| 安徽 | Anhui | 31 | 1396 |
| 福建 | Fujian | 124 | 5587 |
| 江西 | Jiangxi | 20 | 498 |
| 山东 | Shandong | 169 | 6763 |
| 河南 | Henan | 87 | 3432 |
| 湖北 | Hubei | 19 | 1466 |
| 湖南 | Hunan | 15 | 2139 |
| 广东 | Guangdong | 214 | 9768 |
| 广西 | Guangxi | 46 | 982 |
| 海南 | Hainan | 5 | 141 |
| 重庆 | Chongqing | 51 | 2322 |
| 四川 | Sichuan | 36 | 886 |
| 贵州 | Guizhou | 11 | 388 |
| 云南 | Yunnan | 33 | 1636 |
| 西藏 | Tibet | | |
| 陕西 | Shaanxi | 5 | 241 |
| 甘肃 | Gansu | 4 | 208 |
| 青海 | Qinghai | | |
| 宁夏 | Ningxia | 8 | 327 |
| 新疆 | Xinjiang | 16 | 685 |

# 3-1-5 各地区限额以上零售业企业基本情况

## Basic Conditions of Enterprises above Designated Size of Retail Trade by Region

| 地区 | Region | 零售业 Retail Trade 法人单位数(个) Number of Corporation Enterprises (unit) | 零售业 Retail Trade 年末从业人数(人) Engaged Persons at the Year-end (person) | # 国有控股 State-controlled Enterprises 法人单位数(个) Number of Corporation Enterprises (unit) | # 国有控股 State-controlled Enterprises 年末从业人数(人) Engaged Persons at the Year-end (person) |
|---|---|---|---|---|---|
| **全国** | **National Total** | **42615** | **4367063** | **4642** | **818381** |
| 北京 | Beijing | 3142 | 276765 | 396 | 69509 |
| 天津 | Tianjin | 680 | 77802 | 106 | 19198 |
| 河北 | Hebei | 1010 | 144980 | 174 | 22606 |
| 山西 | Shanxi | 845 | 107752 | 160 | 26022 |
| 内蒙古 | Inner Mongolia | 707 | 71963 | 58 | 12846 |
| 辽宁 | Liaoning | 1899 | 180341 | 177 | 47744 |
| 吉林 | Jilin | 552 | 50792 | 37 | 5679 |
| 黑龙江 | Heilongjiang | 539 | 82238 | 95 | 30384 |
| 上海 | Shanghai | 1422 | 274699 | 302 | 85638 |
| 江苏 | Jiangsu | 3962 | 390312 | 222 | 32268 |
| 浙江 | Zhejiang | 2574 | 234365 | 267 | 23981 |
| 安徽 | Anhui | 1148 | 124179 | 144 | 22740 |
| 福建 | Fujian | 1442 | 148455 | 135 | 19441 |
| 江西 | Jiangxi | 454 | 53332 | 103 | 10394 |
| 山东 | Shandong | 6160 | 492363 | 369 | 69992 |
| 河南 | Henan | 4115 | 273056 | 449 | 49485 |
| 湖北 | Hubei | 1190 | 194222 | 219 | 65437 |
| 湖南 | Hunan | 1333 | 133913 | 180 | 29520 |
| 广东 | Guangdong | 3585 | 403754 | 294 | 52287 |
| 广西 | Guangxi | 638 | 64786 | 106 | 13538 |
| 海南 | Hainan | 239 | 18100 | 13 | 4705 |
| 重庆 | Chongqing | 980 | 108459 | 76 | 24414 |
| 四川 | Sichuan | 1026 | 150014 | 84 | 30928 |
| 贵州 | Guizhou | 371 | 30806 | 69 | 6689 |
| 云南 | Yunnan | 688 | 71274 | 88 | 11798 |
| 西藏 | Tibet | 46 | 3664 | 13 | 1751 |
| 陕西 | Shaanxi | 896 | 114948 | 136 | 11830 |
| 甘肃 | Gansu | 282 | 31585 | 79 | 7676 |
| 青海 | Qinghai | 89 | 9447 | 4 | 949 |
| 宁夏 | Ningxia | 191 | 15171 | 27 | 2140 |
| 新疆 | Xinjiang | 410 | 33526 | 60 | 6792 |

# 3-1-6 各地区限额以上零售业企业基本情况(按登记注册类型分)

## Basic Conditions of Enterprises above Designated Size of Wholesale Trade by Region and Type of Registration

| 地区 | Region | 内资企业 Domestic Funded Enterprises | | 国有企业 State-owned Enterprises | |
|---|---|---|---|---|---|
| | | 法人单位数(个) Number of Corporation Enterprises (unit) | 年末从业人数(人) Engaged Persons at the Year-end (person) | 法人单位数(个) Number of Corporation Enterprises (unit) | 年末从业人数(人) Engaged Persons at the Year-end (person) |
| **全国** | **National Total** | **41313** | **3827945** | **2834** | **295878** |
| 北京 | Beijing | 3005 | 224870 | 137 | 11571 |
| 天津 | Tianjin | 629 | 61717 | 62 | 11713 |
| 河北 | Hebei | 1003 | 142714 | 154 | 14661 |
| 山西 | Shanxi | 839 | 105516 | 117 | 10258 |
| 内蒙古 | Inner Mongolia | 706 | 71933 | 39 | 10815 |
| 辽宁 | Liaoning | 1841 | 159593 | 109 | 9548 |
| 吉林 | Jilin | 543 | 47541 | 12 | 1336 |
| 黑龙江 | Heilongjiang | 532 | 75039 | 64 | 6882 |
| 上海 | Shanghai | 1263 | 206007 | 119 | 12252 |
| 江苏 | Jiangsu | 3843 | 291947 | 123 | 13229 |
| 浙江 | Zhejiang | 2494 | 212044 | 81 | 6178 |
| 安徽 | Anhui | 1116 | 114881 | 66 | 7139 |
| 福建 | Fujian | 1387 | 115122 | 65 | 5508 |
| 江西 | Jiangxi | 440 | 50621 | 87 | 4292 |
| 山东 | Shandong | 6089 | 476164 | 281 | 37747 |
| 河南 | Henan | 4085 | 266670 | 301 | 36850 |
| 湖北 | Hubei | 1153 | 180988 | 160 | 16500 |
| 湖南 | Hunan | 1307 | 120859 | 124 | 13082 |
| 广东 | Guangdong | 3343 | 314909 | 149 | 17703 |
| 广西 | Guangxi | 624 | 61952 | 84 | 6082 |
| 海南 | Hainan | 231 | 16615 | 7 | 652 |
| 重庆 | Chongqing | 955 | 92661 | 24 | 2293 |
| 四川 | Sichuan | 985 | 132355 | 37 | 10423 |
| 贵州 | Guizhou | 358 | 28164 | 52 | 4004 |
| 云南 | Yunnan | 669 | 64152 | 58 | 6412 |
| 西藏 | Tibet | 45 | 3646 | 10 | 1336 |
| 陕西 | Shaanxi | 873 | 102187 | 100 | 7091 |
| 甘肃 | Gansu | 280 | 30980 | 59 | 3348 |
| 青海 | Qinghai | 88 | 9400 | 5 | 1004 |
| 宁夏 | Ningxia | 190 | 15080 | 24 | 1899 |
| 新疆 | Xinjiang | 397 | 31618 | 44 | 4070 |

3-1-6 续表 1 Continued 1

| 地 区 | Region | 集体企业 Collective-owned Enterprises 法人单位数(个) Number of Corporation Enterprises (unit) | 集体企业 Collective-owned Enterprises 年末从业人数(人) Engaged Persons at the Year-end (person) | 股份合作企业 Cooperative Enterprises 法人单位数(个) Number of Corporation Enterprises (unit) | 股份合作企业 Cooperative Enterprises 年末从业人数(人) Engaged Persons at the Year-end (person) |
|---|---|---|---|---|---|
| **全 国** | **National Total** | **2547** | **162066** | **503** | **42369** |
| 北 京 | Beijing | 88 | 4089 | 71 | 1888 |
| 天 津 | Tianjin | 36 | 2640 | 10 | 1839 |
| 河 北 | Hebei | 71 | 5481 | 18 | 5387 |
| 山 西 | Shanxi | 47 | 5996 | 9 | 1121 |
| 内蒙古 | Inner Mongolia | 8 | 487 | 7 | 567 |
| 辽 宁 | Liaoning | 58 | 3421 | 20 | 428 |
| 吉 林 | Jilin | 34 | 870 | 7 | 2228 |
| 黑龙江 | Heilongjiang | 18 | 1172 | 14 | 394 |
| 上 海 | Shanghai | 53 | 3361 | 27 | 1044 |
| 江 苏 | Jiangsu | 110 | 5852 | 29 | 1600 |
| 浙 江 | Zhejiang | 65 | 3247 | 23 | 640 |
| 安 徽 | Anhui | 10 | 778 | 12 | 3029 |
| 福 建 | Fujian | 50 | 2343 | 3 | 116 |
| 江 西 | Jiangxi | 2 | 180 | 8 | 501 |
| 山 东 | Shandong | 427 | 37087 | 68 | 8032 |
| 河 南 | Henan | 1070 | 50539 | 36 | 2278 |
| 湖 北 | Hubei | 42 | 9652 | 15 | 2017 |
| 湖 南 | Hunan | 19 | 1229 | 13 | 886 |
| 广 东 | Guangdong | 208 | 17563 | 38 | 1699 |
| 广 西 | Guangxi | 21 | 921 | 4 | 479 |
| 海 南 | Hainan | 2 | 37 | 1 | 93 |
| 重 庆 | Chongqing | 16 | 331 | 17 | 1598 |
| 四 川 | Sichuan | 21 | 686 | 9 | 419 |
| 贵 州 | Guizhou | 4 | 192 | 2 | 89 |
| 云 南 | Yunnan | 16 | 558 | 17 | 658 |
| 西 藏 | Tibet | 1 | 218 | | |
| 陕 西 | Shaanxi | 38 | 2654 | 15 | 1894 |
| 甘 肃 | Gansu | 9 | 362 | 5 | 258 |
| 青 海 | Qinghai | | | 2 | 761 |
| 宁 夏 | Ningxia | 1 | 16 | 2 | 317 |
| 新 疆 | Xinjiang | 2 | 104 | 1 | 109 |

3-1-6 续表 2 Continued 2

| 地区 | Region | 联营企业 Joint Ownership Enterprises 法人单位数（个） Number of Corporation Enterprises (unit) | 联营企业 Joint Ownership Enterprises 年末从业人数（人） Engaged Persons at the Year-end (person) | 有限责任公司 Limited Liability Corporations 法人单位数（个） Number of Corporation Enterprises (unit) | 有限责任公司 Limited Liability Corporations 年末从业人数（人） Engaged Persons at the Year-end (person) |
|---|---|---|---|---|---|
| **全国** | **National Total** | **209** | **10185** | **10678** | **1378157** |
| 北京 | Beijing | 11 | 386 | 945 | 102088 |
| 天津 | Tianjin | 3 | 45 | 142 | 22153 |
| 河北 | Hebei | 1 | 52 | 296 | 47586 |
| 山西 | Shanxi | 1 | 45 | 221 | 21655 |
| 内蒙古 | Inner Mongolia | 1 | 53 | 207 | 19936 |
| 辽宁 | Liaoning | 4 | 212 | 481 | 63594 |
| 吉林 | Jilin | | | 163 | 16312 |
| 黑龙江 | Heilongjiang | 1 | 14 | 157 | 27299 |
| 上海 | Shanghai | 54 | 1104 | 378 | 103731 |
| 江苏 | Jiangsu | 13 | 1339 | 729 | 98521 |
| 浙江 | Zhejiang | 17 | 276 | 779 | 92314 |
| 安徽 | Anhui | 3 | 137 | 347 | 41191 |
| 福建 | Fujian | 10 | 279 | 402 | 50092 |
| 江西 | Jiangxi | | | 149 | 18324 |
| 山东 | Shandong | 20 | 1083 | 1032 | 148611 |
| 河南 | Henan | 13 | 955 | 755 | 78143 |
| 湖北 | Hubei | | | 339 | 48289 |
| 湖南 | Hunan | 6 | 445 | 177 | 23341 |
| 广东 | Guangdong | 39 | 3128 | 1125 | 120013 |
| 广西 | Guangxi | | | 181 | 20846 |
| 海南 | Hainan | 1 | 12 | 151 | 8483 |
| 重庆 | Chongqing | 3 | 54 | 316 | 35770 |
| 四川 | Sichuan | 5 | 375 | 319 | 55426 |
| 贵州 | Guizhou | | | 163 | 12068 |
| 云南 | Yunnan | 1 | 81 | 166 | 22906 |
| 西藏 | Tibet | | | 10 | 815 |
| 陕西 | Shaanxi | 1 | 65 | 286 | 47987 |
| 甘肃 | Gansu | | | 85 | 10610 |
| 青海 | Qinghai | 1 | 45 | 33 | 4422 |
| 宁夏 | Ningxia | | | 45 | 5592 |
| 新疆 | Xinjiang | | | 99 | 10039 |

3-1-6 续表 3 Continued 3

| 地 区 | Region | 股份有限公司 Share-holding Corporations Ltd. 法人单位数(个) Number of Corporation Enterprises (unit) | 股份有限公司 Share-holding Corporations Ltd. 年末从业人数(人) Engaged Persons at the Year-end (person) | 私营企业 Private Enterprises 法人单位数(个) Number of Corporation Enterprises (unit) | 私营企业 Private Enterprises 年末从业人数(人) Engaged Persons at the Year-end (person) |
|---|---|---|---|---|---|
| **全 国** | **National Total** | **1702** | **525415** | **22301** | **1369153** |
| 北 京 | Beijing | 76 | 39978 | 1677 | 64870 |
| 天 津 | Tianjin | 13 | 2492 | 354 | 20191 |
| 河 北 | Hebei | 62 | 20524 | 393 | 47699 |
| 山 西 | Shanxi | 55 | 20635 | 382 | 44449 |
| 内 蒙 古 | Inner Mongolia | 50 | 6507 | 386 | 32826 |
| 辽 宁 | Liaoning | 60 | 21491 | 1096 | 60330 |
| 吉 林 | Jilin | 35 | 7665 | 290 | 18820 |
| 黑 龙 江 | Heilongjiang | 35 | 18551 | 238 | 19002 |
| 上 海 | Shanghai | 37 | 37372 | 585 | 45800 |
| 江 苏 | Jiangsu | 132 | 26861 | 2643 | 140711 |
| 浙 江 | Zhejiang | 71 | 21333 | 1445 | 87417 |
| 安 徽 | Anhui | 42 | 11032 | 616 | 48433 |
| 福 建 | Fujian | 40 | 6639 | 795 | 49058 |
| 江 西 | Jiangxi | 25 | 9825 | 162 | 16981 |
| 山 东 | Shandong | 214 | 63470 | 3894 | 165320 |
| 河 南 | Henan | 195 | 22429 | 1587 | 72209 |
| 湖 北 | Hubei | 82 | 56284 | 504 | 47119 |
| 湖 南 | Hunan | 79 | 24311 | 864 | 55928 |
| 广 东 | Guangdong | 97 | 26522 | 1643 | 125843 |
| 广 西 | Guangxi | 35 | 10738 | 293 | 22180 |
| 海 南 | Hainan | 8 | 4371 | 57 | 2865 |
| 重 庆 | Chongqing | 42 | 12586 | 521 | 38931 |
| 四 川 | Sichuan | 67 | 20285 | 514 | 44291 |
| 贵 州 | Guizhou | 21 | 4371 | 114 | 7098 |
| 云 南 | Yunnan | 26 | 3919 | 384 | 29521 |
| 西 藏 | Tibet | 4 | 400 | 19 | 804 |
| 陕 西 | Shaanxi | 69 | 15226 | 345 | 26522 |
| 甘 肃 | Gansu | 16 | 5594 | 100 | 10335 |
| 青 海 | Qinghai | 8 | 1388 | 37 | 1664 |
| 宁 夏 | Ningxia | 4 | 1033 | 114 | 6223 |
| 新 疆 | Xinjiang | 2 | 1583 | 249 | 15713 |

3-1-6 续表 4 Continued 4

| 地区 Region | | 港、澳、台商投资企业 Enterprises with Funds from Hongkong, Macao and Taiwan | | 外商投资企业 Foreign Funded Enterprises | |
|---|---|---|---|---|---|
| | | 法人单位数（个） Number of Corporation Enterprises (unit) | 年末从业人数（人） Engaged Persons at the Year-end (person) | 法人单位数（个） Number of Corporation Enterprises (unit) | 年末从业人数（人） Engaged Persons at the Year-end (person) |
| **全　国** | **National Total** | **509** | **205967** | **793** | **333151** |
| 北　京 | Beijing | 42 | 11365 | 95 | 40530 |
| 天　津 | Tianjin | 19 | 8240 | 32 | 7845 |
| 河　北 | Hebei | | | 7 | 2266 |
| 山　西 | Shanxi | 3 | 1754 | 3 | 482 |
| 内蒙古 | Inner Mongolia | 1 | 30 | | |
| 辽　宁 | Liaoning | 26 | 7822 | 32 | 12926 |
| 吉　林 | Jilin | 4 | 1782 | 5 | 1469 |
| 黑龙江 | Heilongjiang | 3 | 722 | 4 | 6477 |
| 上　海 | Shanghai | 71 | 17206 | 88 | 51486 |
| 江　苏 | Jiangsu | 46 | 42206 | 73 | 56159 |
| 浙　江 | Zhejiang | 30 | 7698 | 50 | 14623 |
| 安　徽 | Anhui | 10 | 2062 | 22 | 7236 |
| 福　建 | Fujian | 17 | 18870 | 38 | 14463 |
| 江　西 | Jiangxi | 4 | 681 | 10 | 2030 |
| 山　东 | Shandong | 23 | 5095 | 48 | 11104 |
| 河　南 | Henan | 11 | 3720 | 19 | 2666 |
| 湖　北 | Hubei | 18 | 6028 | 19 | 7206 |
| 湖　南 | Hunan | 14 | 1832 | 12 | 8222 |
| 广　东 | Guangdong | 108 | 37195 | 134 | 51650 |
| 广　西 | Guangxi | 8 | 1072 | 6 | 1762 |
| 海　南 | Hainan | 3 | 218 | 5 | 1267 |
| 重　庆 | Chongqing | 8 | 10364 | 17 | 5434 |
| 四　川 | Sichuan | 15 | 5363 | 26 | 12296 |
| 贵　州 | Guizhou | 6 | 803 | 7 | 1839 |
| 云　南 | Yunnan | 9 | 1731 | 10 | 5391 |
| 西　藏 | Tibet | | | 1 | 18 |
| 陕　西 | Shaanxi | 6 | 8681 | 17 | 4080 |
| 甘　肃 | Gansu | | | 2 | 605 |
| 青　海 | Qinghai | | | 1 | 47 |
| 宁　夏 | Ningxia | | | 1 | 91 |
| 新　疆 | Xinjiang | 4 | 427 | 9 | 1481 |

## 3-1-7 各地区限额以上零售业企业基本情况(按国民经济行业分)

## Basic Conditions of Enterprises above Designated Size of Retail Trade by Region and Sector

| 地区 | Region | 综合零售 Integrated Retail | | 食品、饮料及烟草制品专门零售 Retail of Food, Beverages and Tobaccos | |
|---|---|---|---|---|---|
| | | 法人单位数(个) Number of Corporation Enterprises (unit) | 年末从业人数(人) Engaged Persons at the Year-end (person) | 法人单位数(个) Number of Corporation Enterprises (unit) | 年末从业人数(人) Engaged Persons at the Year-end (person) |
| **全国** | **National Total** | **9214** | **2182122** | **1858** | **155779** |
| 北京 | Beijing | 256 | 114328 | 120 | 13188 |
| 天津 | Tianjin | 99 | 34797 | 37 | 6601 |
| 河北 | Hebei | 322 | 94185 | 18 | 1269 |
| 山西 | Shanxi | 182 | 45626 | 34 | 5507 |
| 内蒙古 | Inner Mongolia | 108 | 28418 | 18 | 852 |
| 辽宁 | Liaoning | 267 | 104913 | 63 | 3003 |
| 吉林 | Jilin | 138 | 24553 | 30 | 2002 |
| 黑龙江 | Heilongjiang | 120 | 48352 | 10 | 647 |
| 上海 | Shanghai | 217 | 152072 | 91 | 8839 |
| 江苏 | Jiangsu | 757 | 219540 | 255 | 13518 |
| 浙江 | Zhejiang | 376 | 108604 | 60 | 5763 |
| 安徽 | Anhui | 398 | 77682 | 35 | 4183 |
| 福建 | Fujian | 299 | 61708 | 85 | 18582 |
| 江西 | Jiangxi | 113 | 27600 | 5 | 242 |
| 山东 | Shandong | 1460 | 266555 | 370 | 17825 |
| 河南 | Henan | 1702 | 137964 | 187 | 13456 |
| 湖北 | Hubei | 315 | 121092 | 68 | 6430 |
| 湖南 | Hunan | 379 | 63740 | 24 | 1473 |
| 广东 | Guangdong | 543 | 155623 | 122 | 8084 |
| 广西 | Guangxi | 113 | 27341 | 18 | 4520 |
| 海南 | Hainan | 27 | 3637 | 11 | 810 |
| 重庆 | Chongqing | 151 | 55095 | 48 | 2465 |
| 四川 | Sichuan | 253 | 74448 | 24 | 2556 |
| 贵州 | Guizhou | 56 | 9813 | 15 | 1008 |
| 云南 | Yunnan | 120 | 22120 | 44 | 4120 |
| 西藏 | Tibet | 6 | 1001 | 4 | 302 |
| 陕西 | Shaanxi | 266 | 64544 | 27 | 6379 |
| 甘肃 | Gansu | 61 | 15344 | 21 | 1335 |
| 青海 | Qinghai | 14 | 4050 | 1 | 15 |
| 宁夏 | Ningxia | 28 | 6095 | 6 | 532 |
| 新疆 | Xinjiang | 68 | 11282 | 7 | 273 |

3-1-7 续表 1 Continued 1

| 地 区 | Region | 纺织、服装及日用品专门零售 Special Retail of Textiles, Garments and Daily Consumer Articles | | 文化、体育用品及器材专门零售 Retail of Culture, Sports Appliances and Equipments | |
|---|---|---|---|---|---|
| | | 法人单位数（个） Number of Corporation Enterprises (unit) | 年末从业人数（人） Engaged Persons at the Year-end (person) | 法人单位数（个） Number of Corporation Enterprises (unit) | 年末从业人数（人） Engaged Persons at the Year-end (person) |
| **全 国** | **National Total** | **2481** | **260927** | **2656** | **176411** |
| 北 京 | Beijing | 275 | 29280 | 305 | 15375 |
| 天 津 | Tianjin | 48 | 4663 | 42 | 3440 |
| 河 北 | Hebei | 44 | 6877 | 117 | 5036 |
| 山 西 | Shanxi | 28 | 8066 | 84 | 4272 |
| 内蒙古 | Inner Mongolia | 33 | 4396 | 38 | 1249 |
| 辽 宁 | Liaoning | 125 | 9301 | 117 | 7749 |
| 吉 林 | Jilin | 40 | 4487 | 40 | 3005 |
| 黑龙江 | Heilongjiang | 28 | 3384 | 50 | 3604 |
| 上 海 | Shanghai | 158 | 28993 | 100 | 11191 |
| 江 苏 | Jiangsu | 194 | 10296 | 259 | 13393 |
| 浙 江 | Zhejiang | 98 | 11849 | 146 | 8958 |
| 安 徽 | Anhui | 51 | 3929 | 56 | 3975 |
| 福 建 | Fujian | 65 | 5535 | 41 | 6302 |
| 江 西 | Jiangxi | 9 | 1442 | 78 | 3407 |
| 山 东 | Shandong | 417 | 22613 | 257 | 12936 |
| 河 南 | Henan | 289 | 18634 | 176 | 13687 |
| 湖 北 | Hubei | 75 | 13234 | 89 | 5176 |
| 湖 南 | Hunan | 64 | 5783 | 125 | 5231 |
| 广 东 | Guangdong | 206 | 35962 | 155 | 13019 |
| 广 西 | Guangxi | 20 | 2012 | 50 | 2755 |
| 海 南 | Hainan | 8 | 1126 | 16 | 634 |
| 重 庆 | Chongqing | 59 | 6485 | 26 | 4396 |
| 四 川 | Sichuan | 37 | 5738 | 21 | 8889 |
| 贵 州 | Guizhou | 20 | 1804 | 42 | 1847 |
| 云 南 | Yunnan | 10 | 1638 | 45 | 7350 |
| 西 藏 | Tibet | 1 | 18 | 2 | 58 |
| 陕 西 | Shaanxi | 44 | 8078 | 85 | 4566 |
| 甘 肃 | Gansu | 3 | 337 | 48 | 1815 |
| 青 海 | Qinghai | 5 | 1175 | 2 | 192 |
| 宁 夏 | Ningxia | 3 | 545 | 22 | 743 |
| 新 疆 | Xinjiang | 24 | 3247 | 22 | 2161 |

3-1-7 续表 2 Continued 2

| 地区 | Region | 医药及医疗器材专门零售 Retail of Medicines and Medical Appliances 法人单位数（个）Number of Corporation Enterprises (unit) | 医药及医疗器材专门零售 年末从业人数（人）Engaged Persons at the Year-end (person) | 汽车、摩托车、燃料及零配件专门零售 Retail of Motor Vehicles, Motorcycles, Fuel and Parts 法人单位数（个）Number of Corporation Enterprises (unit) | 汽车、摩托车、燃料及零配件专门零售 年末从业人数（人）Engaged Persons at the Year-end (person) |
|---|---|---|---|---|---|
| **全　国** | **National Total** | **2484** | **288837** | **14531** | **783686** |
| 北　京 | Beijing | 248 | 13084 | 743 | 43616 |
| 天　津 | Tianjin | 24 | 1887 | 229 | 18439 |
| 河　北 | Hebei | 64 | 7138 | 304 | 18060 |
| 山　西 | Shanxi | 42 | 5370 | 356 | 30290 |
| 内蒙古 | Inner Mongolia | 38 | 2879 | 341 | 24326 |
| 辽　宁 | Liaoning | 122 | 16407 | 746 | 25934 |
| 吉　林 | Jilin | 32 | 3214 | 181 | 9123 |
| 黑龙江 | Heilongjiang | 40 | 9276 | 203 | 10588 |
| 上　海 | Shanghai | 82 | 12453 | 497 | 26252 |
| 江　苏 | Jiangsu | 249 | 26840 | 1403 | 55019 |
| 浙　江 | Zhejiang | 153 | 17701 | 1248 | 56145 |
| 安　徽 | Anhui | 71 | 7047 | 304 | 16720 |
| 福　建 | Fujian | 67 | 5794 | 579 | 31564 |
| 江　西 | Jiangxi | 28 | 5395 | 139 | 8958 |
| 山　东 | Shandong | 270 | 23466 | 1818 | 75851 |
| 河　南 | Henan | 193 | 23275 | 834 | 36519 |
| 湖　北 | Hubei | 91 | 9235 | 340 | 23827 |
| 湖　南 | Hunan | 92 | 14746 | 329 | 28807 |
| 广　东 | Guangdong | 183 | 26379 | 1647 | 108178 |
| 广　西 | Guangxi | 49 | 6944 | 236 | 14401 |
| 海　南 | Hainan | 6 | 837 | 106 | 8060 |
| 重　庆 | Chongqing | 90 | 8687 | 322 | 12677 |
| 四　川 | Sichuan | 53 | 6610 | 469 | 37944 |
| 贵　州 | Guizhou | 20 | 3057 | 147 | 9924 |
| 云　南 | Yunnan | 36 | 12610 | 324 | 17685 |
| 西　藏 | Tibet | | | 27 | 2086 |
| 陕　西 | Shaanxi | 59 | 7511 | 285 | 13414 |
| 甘　肃 | Gansu | 22 | 3878 | 80 | 6838 |
| 青　海 | Qinghai | 13 | 1413 | 41 | 1854 |
| 宁　夏 | Ningxia | 19 | 1869 | 78 | 3345 |
| 新　疆 | Xinjiang | 28 | 3835 | 175 | 7242 |

| 地区 | Region | 家用电器及电子产品专门零售 Special Retail of Household Electric Appliances and Electronic Products | | 五金、家具及室内装修材料专门零售 Special Retail of Hardware, Furniture and Decoration Materials | | 无店铺及其他零售 Non-shop and Other Retails | |
|---|---|---|---|---|---|---|---|
| | | 法人单位数（个） Number of Corporation Enterprises (unit) | 年末从业人数（人） Engaged Persons at the Year-end (person) | 法人单位数（个） Number of Corporation Enterprises (unit) | 年末从业人数（人） Engaged Persons at the Year-end (person) | 法人单位数（个） Number of Corporation Enterprises (unit) | 年末从业人数（人） Engaged Persons at the Year-end (person) |
| **全 国** | **National Total** | **5536** | **344269** | **1964** | **103513** | **1891** | **71519** |
| 北 京 | Beijing | 693 | 28489 | 165 | 8922 | 337 | 10483 |
| 天 津 | Tianjin | 71 | 4665 | 47 | 1773 | 83 | 1537 |
| 河 北 | Hebei | 99 | 9162 | 22 | 1797 | 20 | 1456 |
| 山 西 | Shanxi | 67 | 5239 | 31 | 1924 | 21 | 1458 |
| 内蒙古 | Inner Mongolia | 72 | 4993 | 32 | 3753 | 27 | 1097 |
| 辽 宁 | Liaoning | 271 | 9504 | 108 | 1915 | 80 | 1615 |
| 吉 林 | Jilin | 64 | 3746 | 13 | 432 | 14 | 230 |
| 黑龙江 | Heilongjiang | 66 | 5625 | 12 | 459 | 10 | 303 |
| 上 海 | Shanghai | 107 | 20336 | 77 | 8914 | 93 | 5649 |
| 江 苏 | Jiangsu | 530 | 42695 | 187 | 5316 | 128 | 3695 |
| 浙 江 | Zhejiang | 344 | 21004 | 51 | 1447 | 98 | 2894 |
| 安 徽 | Anhui | 178 | 8040 | 29 | 2157 | 26 | 446 |
| 福 建 | Fujian | 197 | 13974 | 49 | 1823 | 60 | 3173 |
| 江 西 | Jiangxi | 66 | 4753 | 11 | 1447 | 5 | 88 |
| 山 东 | Shandong | 740 | 33317 | 504 | 29829 | 324 | 9971 |
| 河 南 | Henan | 442 | 17907 | 185 | 7559 | 107 | 4055 |
| 湖 北 | Hubei | 161 | 11853 | 27 | 1531 | 24 | 1844 |
| 湖 南 | Hunan | 182 | 8482 | 72 | 2258 | 66 | 3393 |
| 广 东 | Guangdong | 381 | 38975 | 127 | 6764 | 221 | 10770 |
| 广 西 | Guangxi | 115 | 5001 | 10 | 204 | 27 | 1608 |
| 海 南 | Hainan | 45 | 2502 | 9 | 226 | 11 | 268 |
| 重 庆 | Chongqing | 153 | 10570 | 108 | 6644 | 23 | 1440 |
| 四 川 | Sichuan | 135 | 11501 | 24 | 1720 | 10 | 608 |
| 贵 州 | Guizhou | 53 | 2850 | 3 | 74 | 15 | 429 |
| 云 南 | Yunnan | 79 | 4422 | 6 | 264 | 24 | 1065 |
| 西 藏 | Tibet | 4 | 171 | | | 2 | 28 |
| 陕 西 | Shaanxi | 77 | 7392 | 43 | 2121 | 10 | 943 |
| 甘 肃 | Gansu | 36 | 1525 | 5 | 359 | 6 | 154 |
| 青 海 | Qinghai | 10 | 619 | | | 3 | 129 |
| 宁 夏 | Ningxia | 30 | 1577 | 2 | 95 | 3 | 370 |
| 新 疆 | Xinjiang | 68 | 3380 | 5 | 1786 | 13 | 320 |

# 3-2-1 限额以上批发和零售业企业商品购、销、存情况

| 项　目 | Item | 商品购进额 Total Purchases Value | # 进 口 Imports |
|---|---|---|---|
| **总　计** | **Total** | **1792029272** | **133079902** |
| **一、批发业** | **Wholesale Trade** | **1430086974** | **126991498** |
| #国有控股 | State-controlled Enterprises | 645872874 | 47060174 |
| **(一)按登记注册类型分** | **by Type of Registration** | | |
| **1.内资企业** | **Domestic Funded Enterprises** | **1292704830** | **92520802** |
| 国有企业 | State-owned Enterprises | 292728825 | 16990094 |
| 集体企业 | Collective-owned Enterprises | 25895419 | 1587458 |
| 股份合作企业 | Cooperative Enterprises | 5398272 | 505534 |
| 联营企业 | Joint Ownership Enterprises | 4131535 | 626324 |
| 国有联营企业 | State Joint Ownership Enterprises | 2014118 | 240830 |
| 集体联营企业 | Collective Joint Ownership Enterprises | 154446 | |
| 国有与集体联营企业 | Joint State-collective Enterprises | 1291954 | 334716 |
| 其他联营企业 | Other Joint Ownership Enterprises | 671017 | 50778 |
| 有限责任公司 | Limited Liability Corporations | 398730675 | 42751985 |
| 国有独资公司 | State Sole Funded Corporations | 51669140 | 8477277 |
| 其他有限责任公司 | Other Limited Liability Corporations | 347061536 | 34274708 |
| 股份有限公司 | Share-holding Corporations Ltd. | 203050383 | 8999164 |
| 私营企业 | Private Enterprises | 356311747 | 20797191 |
| 私营独资企业 | Private-funded Enterprises | 15107825 | 289031 |
| 私营合伙企业 | Private Partnership Enterprises | 3804894 | 168343 |
| 私营有限责任公司 | Private Limited Liability Corporations | 324635909 | 19791476 |
| 私营股份有限公司 | Private Share-holding Corporations Ltd. | 12763119 | 548341 |
| 其他企业 | Other Enterprises | 6457974 | 263053 |
| **2.港、澳、台商投资企业** | **Enterprises with Funds from Hongkong, Macao and Taiwan** | **33882136** | **5926725** |
| 合资经营企业 | Joint-venture Enterprises | 9066005 | 253835 |
| 合作经营企业 | Cooperative Enterprises | 476814 | 11099 |
| 独资经营企业 | Enterprises with Sole Investment | 22582614 | 5359517 |
| 投资股份有限公司 | Share-holding Corporations Ltd. with Investment | 1756703 | 302273 |
| **3.外商投资企业** | **Foreign Funded Enterprises** | **103500008** | **28543972** |
| 中外合资经营企业 | Joint-venture Enterprises | 29730424 | 2084957 |
| 中外合作经营企业 | Cooperative Enterprises | 336237 | 29253 |
| 外资企业 | Enterprises with Sole Foreign Investment | 72872785 | 26299010 |
| 外商投资股份有限公司 | Share-holding Corporations Ltd. with Foreign Investment | 560562 | 130753 |

## Total Purchases, Sales and Inventory of Enterprises above Designated Size of Wholesale and Retail Trades

单位：万元

Unit：10000 yuan

| 商品销售额<br>Total Sales Value | #出 口<br>Exports | 期末商品库存额<br>Inventory (year-end) |
|---:|---:|---:|
| **2011662023** | **111741201** | **160240150** |
| **1578346108** | **111519820** | **118483096** |
| 703068411 | 36424980 | 55259235 |
| | | |
| **1414292968** | **99783233** | **105879781** |
| 330180665 | 16540632 | 24810816 |
| 27549060 | 1452193 | 2903236 |
| 6081114 | 212912 | 464179 |
| 4332683 | 448205 | 310810 |
| 2157194 | 189582 | 178696 |
| 149949 | 33872 | 16964 |
| 1283460 | 101362 | 70303 |
| 742080 | 123389 | 44848 |
| 429688805 | 38931759 | 39110994 |
| 54195081 | 3432524 | 10146830 |
| 375493725 | 35499235 | 28964164 |
| 223029718 | 9770944 | 10968900 |
| 386310506 | 31954655 | 26826977 |
| 16532143 | 1025383 | 1169202 |
| 4266228 | 482945 | 264711 |
| 351511403 | 29171149 | 24309798 |
| 14000733 | 1275178 | 1083265 |
| 7120417 | 471934 | 483869 |
| **39760091** | **1504226** | **3406005** |
| | | |
| 10263011 | 205865 | 359104 |
| 593315 | 5952 | 8637 |
| 27092436 | 1291058 | 2690304 |
| 1811328 | 1352 | 347959 |
| | | |
| **124293049** | **10232361** | **9197311** |
| 30809457 | 1293916 | 1674658 |
| 413414 | 7068 | 73423 |
| 92375868 | 8872306 | 7404911 |
| 694311 | 59071 | 44319 |

3-2-1 续表 1

| 项　目 | Item | 商品购进额 Total Purchases Value | # 进口 Imports |
|---|---|---|---|
| **(二)按国民经济行业分** | **by Sector** | | |
| 农畜产品批发 | Wholesale of Farm Produce and Livestock Products | 28267653 | 3885776 |
| 食品、饮料及烟草制品批发 | Wholesale of Food, Beverages and Tobaccos | 122310810 | 3573263 |
| 米、面制品及食用油批发 | Wholesale of Rice, Flour and Edible Oil | 13776359 | 1913781 |
| 肉、禽、蛋及水产品批发 | Wholesale of Meal, Fowls, Eggs and Aquatic products | 5336191 | 259188 |
| 饮料及茶叶批发 | Wholesale of Beverages and Teas | 12704495 | 167874 |
| 烟草制品批发 | Wholesales of Tobaccos | 70659709 | 381153 |
| 纺织、服装及日用品批发 | Wholesale of Textiles, Garments and Daily Consumer Articles | 81648084 | 7028954 |
| 服装批发 | Wholesale of Garments | 28706158 | 2262521 |
| 鞋帽批发 | Wholesale of Shoes and Hats | 6421131 | 396607 |
| 文化、体育用品及器材批发 | Wholesale of Culture, Sports Appliances and Equipments | 18054158 | 1072070 |
| 文具用品批发 | Wholesale of Stationeries | 4825980 | 375703 |
| 体育用品批发 | Wholesale of Sporting goods | 2307975 | 288191 |
| 图书批发 | Wholesale of Books | 4003445 | 108486 |
| 医药及医疗器材批发 | Wholesale of Medicines and Medical Appliances | 61636554 | 4049990 |
| 西药批发 | Wholesale of Western medicine | 43455683 | 1352152 |
| 中药材及中成药批发 | Wholesale of Chinese traditional Medicine and Medicinal materials | 13645200 | 1063077 |
| 矿产品、建材及化工产品批发 | Wholesale of Mineral Products, Building Materials and Chemical Products | 840894105 | 61343647 |
| 煤炭及制品批发 | Wholesale of Coal and Related Products | 94783868 | 3102024 |
| 石油及制品批发 | Wholesale of Petroleum and Related Products | 279548750 | 8710496 |
| 金属及金属矿批发 | Wholesale of Metal Materials | 320871295 | 31539485 |
| 建材批发 | Wholesale of Building Materials | 41290190 | 3933958 |
| 化肥批发 | Wholesale of Chemical Fertilizer | 19697320 | 868619 |
| 农药批发 | Wholesale of Pesticides | 3707459 | 466731 |
| 机械设备、五金交电及电子产品批发 | Wholesale of Machinery, Hardware and Electronic Equipment | 217663498 | 34438455 |
| 汽车、摩托车及零配件批发 | Wholesale of Motor Vehicles, Motorcycles and Parts | 62753323 | 11311756 |
| 家用电器批发 | Wholesale of Household Electrical Appliances | 37511227 | 5028812 |
| 计算机、软件及辅助设备批发 | Wholesale of Computer, Software and Assistant Appliances | 24474450 | 4014650 |
| 通讯及广播电视设备批发 | Wholesale of Communication, Radios and Televisions equipments | 18737088 | 919852 |
| 贸易经纪与代理 | Trade Broker and Agency | 25565486 | 7743899 |
| 其他批发 | Other Wholesale not Classified Elsewhere | 34046627 | 3855445 |

3-2-1 Continued 1

单位：万元
Unit：10000 yuan

| 商品销售额 Total Sales Value | #出 口 Exports | 期末商品库存额 Inventory (year-end) |
|---|---|---|
| 30342765 | 1139617 | 9469336 |
| 153745602 | 4579858 | 15167798 |
| 14764609 | 1105837 | 4944452 |
| 6109471 | 1393757 | 282208 |
| 16770041 | 332858 | 1350582 |
| 93630284 | 590595 | 6315828 |
| 96650868 | 41481687 | 6337219 |
| 35119216 | 16877713 | 2216211 |
| 7906247 | 3893564 | 501264 |
| 19809994 | 1921669 | 2738894 |
| 5344765 | 425044 | 361906 |
| 2738396 | 543555 | 157959 |
| 4049548 | 30988 | 874418 |
| 68137087 | 1426927 | 6196137 |
| 47041738 | 952965 | 4052145 |
| 15466248 | 152349 | 1359296 |
| 888214195 | 19480993 | 53216674 |
| 104136519 | 1001398 | 5047252 |
| 293795982 | 1828784 | 13019689 |
| 333991095 | 7076158 | 22511310 |
| 43893004 | 3036661 | 3022438 |
| 21977438 | 326472 | 2969253 |
| 3782512 | 393397 | 729997 |
| 254037182 | 30429848 | 20365693 |
| 74592838 | 2775934 | 5668876 |
| 46531602 | 2385797 | 3848967 |
| 25707800 | 1781436 | 1516273 |
| 21489830 | 452849 | 1750323 |
| 28840209 | 7657856 | 2022797 |
| 38568206 | 3401365 | 2968548 |

| 项 目 | Item | 商品购进额 Total Purchases Value | # 进 口 Imports |
|---|---|---|---|
| **二、零售业** | **Retail Trade** | **361942298** | **6088404** |
| #国有控股 | State-controlled Enterprises | 80813087 | 566713 |
| **(一)按国民经济行业分** | **by Type of Registration** | | |
| **1.内资企业** | **Domestic Funded Enterprises** | **314854892** | **4219528** |
| 国有企业 | State-owned Enterprises | 25525141 | 215166 |
| 集体企业 | Collective-owned Enterprises | 7521954 | 39705 |
| 股份合作企业 | Cooperative Enterprises | 2437507 | 16838 |
| 联营企业 | Joint Ownership Enterprises | 1487804 | |
| 国有联营企业 | State Joint Ownership Enterprises | 847721 | |
| 集体联营企业 | Collective Joint Ownership Enterprises | 212899 | |
| 国有与集体联营企业 | Joint State-collective Enterprises | 267527 | |
| 其他联营企业 | Other Joint Ownership Enterprises | 159657 | |
| 有限责任公司 | Limited Liability Corporations | 115685917 | 1647032 |
| 国有独资公司 | State Sole Funded Corporations | 2075119 | 60222 |
| 其他有限责任公司 | Other Limited Liability Corporations | 113610798 | 1586809 |
| 股份有限公司 | Share-holding Corporations Ltd. | 51483327 | 134615 |
| 私营企业 | Private Enterprises | 108132047 | 2150184 |
| 私营独资企业 | Private-funded Enterprises | 10175994 | 182055 |
| 私营合伙企业 | Private Partnership Enterprises | 1752826 | 1832 |
| 私营有限责任公司 | Private Limited Liability Corporations | 90118094 | 1874193 |
| 私营股份有限公司 | Private Share-holding Corporations Ltd. | 6085133 | 92104 |
| 其他企业 | Other Enterprises | 2581195 | 15990 |
| **2.港、澳、台商投资企业** | **Enterprises with Funds from Hongkong, Macao and Taiwan** | **19141235** | **1110107** |
| 合资经营企业 | Joint-venture Enterprises | 5741141 | 464107 |
| 合作经营企业 | Cooperative Enterprises | 3142975 | |
| 独资经营企业 | Enterprises with Sole Investment | 9865665 | 646001 |
| 投资股份有限公司 | Share-holding Corporations Ltd. with Investment | 391455 | |
| **3.外商投资企业** | **Foreign Funded Enterprises** | **27946171** | **758769** |
| 中外合资经营企业 | Joint-venture Enterprises | 13346967 | 171514 |
| 中外合作经营企业 | Cooperative Enterprises | 2268837 | 58687 |
| 外资企业 | Enterprises with Sole Foreign Investment | 11496156 | 522946 |
| 外商投资股份有限公司 | Share-holding Corporations Ltd. with Foreign Investment | 834212 | 5622 |

3-2-1　Continued 2

单位：万元
Unit：10000 yuan

| 商品销售额<br>Total Sales<br>Value | #出　口<br>Exports | 期末商品库存额<br>Inventory<br>(year-end) |
|---|---|---|
| **433315915** | **221382** | **41757054** |
| 107808063 | 95465 | 8267116 |
| | | |
| **374756280** | **217904** | **37308282** |
| 31233959 | 70994 | 3010566 |
| 9404278 | 400 | 1471142 |
| 2873710 | 158 | 279373 |
| 1614396 | | 92086 |
| 911531 | | 40572 |
| 223485 | | 17090 |
| 298992 | | 16436 |
| 180389 | | 17988 |
| 132233156 | 23845 | 13983083 |
| 2321607 | | 255002 |
| 129911549 | 23845 | 13728081 |
| 70592949 | 43850 | 4634603 |
| 123203204 | 74873 | 13474946 |
| 11226080 | 156 | 1566576 |
| 2027454 | 367 | 231995 |
| 102012605 | 67029 | 10673557 |
| 7937065 | 7321 | 1002818 |
| 3600629 | 3786 | 362486 |
| **22467278** | **693** | **1709378** |
| | | |
| 7053885 | 364 | 361932 |
| 3047153 | | 154179 |
| 11839619 | 330 | 1170638 |
| 526621 | | 22629 |
| | | |
| **36092357** | **2784** | **2739393** |
| 18420854 | | 1325430 |
| 2787549 | 727 | 137310 |
| 13874206 | 1801 | 1206462 |
| 1009748 | 256 | 70191 |

| 项 目 | Item | 商品购进额 Total Purchases Value | # 进 口 Imports |
|---|---|---|---|
| **(二)按国民经济行业分** | **by Sector** | | |
| 综合零售 | Integrated Retail | 106736299 | 269620 |
| 百货零售 | Retail of General Merchandise | 54305133 | 191516 |
| 超级市场零售 | Retail of Supermarkets | 47865084 | 53724 |
| 食品、饮料及烟草制品专门零售 | Retail of Food, Beverages and Tobaccos | 6115934 | 113668 |
| 粮油零售 | Retail of Cereal and Oil | 952908 | 2701 |
| 肉、禽、蛋及水产品零售 | Retail of meat, poultry and eggs | 1186859 | |
| 饮料及茶叶零售 | Wholesale of Books | 824499 | 4345 |
| 烟草制品零售 | Retail of Tobaccos | 1386802 | 81232 |
| 纺织、服装及日用品专门零售 | Special Retail of Textiles, Garments and Daily Consumer Articles | 11622379 | 503236 |
| 服装零售 | Retail of Garments | 7449416 | 427267 |
| 文化、体育用品及器材专门零售 | Retail of Culture, Sports Appliances and Equipments | 10114581 | 220461 |
| 体育用品零售 | Retail of Sporting Goods | 479890 | 11181 |
| 图书零售 | Retail of Books | 5236974 | 44254 |
| 医药及医疗器材专门零售 | Retail of Medicines and Medical Appliances | 15734774 | 95551 |
| 药品零售 | Retail of Medicines | 14995753 | 13787 |
| 汽车、摩托车、燃料及零配件专门零售 | Retail of Motor Vehicles, Motorcycles Fuel and Parts | 166117890 | 4465311 |
| 汽车零售 | Retail of Motor Vehicles | 118959484 | 4412378 |
| 机动车燃料零售 | Retail of Automotive Fuels | 43261736 | 33429 |
| 家用电器及电子产品专门零售 | Special Retail of Household Electric Appliances and Electronic Products | 32691851 | 87872 |
| 家用电器零售 | Retail of Household Electric Appliances | 22470645 | 19857 |
| 计算机、软件及辅助设备零售 | Retail of Computer, Software and Assistant Appliances | 6281148 | 28795 |
| 通信设备零售 | Retail of Communication Equipments | 3088662 | 15479 |
| 五金、家具及室内装修材料专门零售 | Special Retail of Hardware, Furniture and Decoration Materials | 7090919 | 41280 |
| 无店铺及其他零售 | Non-shop and Other Retails | 5717672 | 291406 |
| 邮购及电子销售 | Distribution of Post and E-commerce | 1110049 | 6109 |
| **(三)按零售业态分** | **by Modes of Business Operation** | | |
| 有店铺零售 | Store-based Retailing | 359765108 | 6033161 |
| #超市 | Supermarket | 20613519 | 46229 |
| 大型超市 | Hypermarket | 34972838 | 21569 |
| 百货店 | Department Store | 45747336 | 298270 |
| 专业店 | Speciality Store | 127409058 | 1495636 |
| 专卖店 | Exclusive Shop | 108147411 | 3825764 |
| 无店铺零售 | Non-Store Selling | 2177190 | 55243 |

3-2-1 Continued 3

单位：万元
Unit：10000 yuan

| 商品销售额<br>Total Sales<br>Value | #出 口<br>Exports | 期末商品库存额<br>Inventory<br>(year-end) |
|---|---|---|
| 131641920 | 47598 | 12115032 |
| 69439173 | 46173 | 5124912 |
| 57013921 | 403 | 6021449 |
| 7283254 | 11299 | 1004678 |
| 963902 |  | 257891 |
| 1350951 | 9021 | 144233 |
| 1064002 | 2145 | 188283 |
| 1706479 |  | 181419 |
| 15519056 | 12545 | 2487420 |
| 9811106 | 3966 | 1582397 |
| 11095809 | 17517 | 3008147 |
| 634086 | 22 | 149140 |
| 5416538 | 2069 | 1443844 |
| 17454074 | 4406 | 2089014 |
| 16593255 | 3000 | 1982173 |
| 198216806 | 95116 | 14765294 |
| 130415818 | 82941 | 11177070 |
| 63469850 | 7605 | 2859409 |
| 36711892 | 18243 | 4415688 |
| 25407161 | 9655 | 2980411 |
| 6949546 | 4615 | 707550 |
| 3455675 |  | 581094 |
| 8363890 | 12204 | 1208897 |
| 7029214 | 2453 | 662883 |
| 1482026 | 907 | 130318 |
| 430630183 | 221316 | 41513309 |
| 23682655 | 296 | 3088461 |
| 41931267 | 84 | 4151318 |
| 57775667 | 44787 | 4732294 |
| 157182017 | 132251 | 14481274 |
| 121522916 | 25937 | 12019922 |
| 2685732 | 66 | 243745 |

# 3-2-2 各地区限额以上批发业企业商品购、销、存情况

# Total Purchases, Sales and Inventory of Enterprises above Designated Size of Wholesale Trade by Region

单位：万元

Unit: 10000 yuan

| 地　区 | Region | 商品购进额 Total Purchases Value | #进口 Imports | 商品销售额 Total Sales Value | #出口 Exports | 期末商品库存额 Inventery (year-end) |
|---|---|---|---|---|---|---|
| **全　国** | **National Total** | **1430086974** | **126991498** | **1578346108** | **111519820** | **118483096** |
| 北　京 | Beijing | 208681679 | 36509823 | 225580026 | 10722085 | 23834830 |
| 天　津 | Tianjin | 79735761 | 3232586 | 85995388 | 2319652 | 4872456 |
| 河　北 | Hebei | 22775426 | 352813 | 27306459 | 521508 | 1509907 |
| 山　西 | Shanxi | 23474219 | 1639633 | 27049526 | 549628 | 1416386 |
| 内蒙古 | Inner Mongolia | 13210173 | 1156246 | 14876266 | 280240 | 980427 |
| 辽　宁 | Liaoning | 58285300 | 2717559 | 64287099 | 1912266 | 3433665 |
| 吉　林 | Jilin | 9412992 | 181308 | 10493741 | 121191 | 942352 |
| 黑龙江 | Heilongjiang | 17716737 | 2654984 | 20283267 | 2507876 | 1566946 |
| 上　海 | Shanghai | 185532001 | 27409577 | 201708344 | 17526820 | 13196282 |
| 江　苏 | Jiangsu | 134604719 | 7913480 | 153647798 | 13598636 | 8372692 |
| 浙　江 | Zhejiang | 129543920 | 11886215 | 138879754 | 23000972 | 7110572 |
| 安　徽 | Anhui | 26689472 | 1470306 | 29370035 | 1165478 | 1587369 |
| 福　建 | Fujian | 43301307 | 4106638 | 46170603 | 8137419 | 4420138 |
| 江　西 | Jiangxi | 7764247 | 88613 | 10028029 | 384182 | 560308 |
| 山　东 | Shandong | 63379671 | 2986347 | 75844201 | 3593907 | 4912280 |
| 河　南 | Henan | 28692699 | 745719 | 30829838 | 1059274 | 9011097 |
| 湖　北 | Hubei | 37042611 | 1547877 | 42590220 | 1110658 | 2224318 |
| 湖　南 | Hunan | 18225872 | 334650 | 16438543 | 689042 | 1794457 |
| 广　东 | Guangdong | 178883321 | 16638614 | 185991254 | 18427903 | 10895957 |
| 广　西 | Guangxi | 14158040 | 193681 | 14639808 | 253585 | 1145371 |
| 海　南 | Hainan | 4610602 | 149984 | 5174519 | 141346 | 299043 |
| 重　庆 | Chongqing | 25613610 | 417048 | 28640178 | 554676 | 1653777 |
| 四　川 | Sichuan | 21350369 | 404909 | 25705616 | 855924 | 1932059 |
| 贵　州 | Guizhou | 5750695 | 60180 | 8257691 | 109118 | 804486 |
| 云　南 | Yunnan | 20969735 | 437985 | 25909973 | 780206 | 4704183 |
| 西　藏 | Tibet | 249850 | 17896 | 331607 | 4579 | 41533 |
| 陕　西 | Shaanxi | 16645908 | 326745 | 19562254 | 703986 | 940422 |
| 甘　肃 | Gansu | 11111454 | 31517 | 12057772 | 48441 | 1412894 |
| 青　海 | Qinghai | 1415078 | 12279 | 1842092 | 30454 | 123788 |
| 宁　夏 | Ningxia | 3242457 | 1479 | 3736067 | 61173 | 248663 |
| 新　疆 | Xinjiang | 18017054 | 1364807 | 25118141 | 347596 | 2534443 |

# 3-2-3 各地区限额以上批发业企业商品购、销、存情况
## (按登记注册类型分)
# Total Purchases, Sales and Inventory of Enterprises above Designated Size of Wholesale Trades by Region and Type of Registration

国有控股
State-controlled Enterprises

单位：万元
Unit：10000 yuan

| 地区 | Region | 商品购进额 Total Purchases Value | #进口 Imports | 商品销售额 Total Sales Value | #出口 Exports | 期末商品库存额 Inventory (year-end) |
|---|---|---|---|---|---|---|
| **全　国** | **National Total** | **645872874** | **47060174** | **703068411** | **36424980** | **55259235** |
| 北　京 | Beijing | 130413871 | 21756140 | 133229150 | 8320140 | 15380323 |
| 天　津 | Tianjin | 50721072 | 1051935 | 53251065 | 1278960 | 2448856 |
| 河　北 | Hebei | 10972677 | 28622 | 13200466 | 88948 | 557559 |
| 山　西 | Shanxi | 15685189 | 1583826 | 18410303 | 211625 | 725215 |
| 内蒙古 | Inner Mongolia | 5683004 | 124382 | 6939750 | 240078 | 539685 |
| 辽　宁 | Liaoning | 40357510 | 1739459 | 43443941 | 652233 | 2019830 |
| 吉　林 | Jilin | 6981361 | 109 | 7418144 | 3 | 581268 |
| 黑龙江 | Heilongjiang | 7868242 | 279258 | 9058161 | 36519 | 768630 |
| 上　海 | Shanghai | 69835201 | 5453381 | 72810140 | 6021483 | 4050200 |
| 江　苏 | Jiangsu | 28888372 | 1856917 | 33356130 | 5154323 | 2235134 |
| 浙　江 | Zhejiang | 27671762 | 1729668 | 31566740 | 3445594 | 1613875 |
| 安　徽 | Anhui | 15542819 | 1156863 | 17357530 | 393758 | 744027 |
| 福　建 | Fujian | 17432093 | 2139240 | 17839430 | 1671178 | 1839769 |
| 江　西 | Jiangxi | 4463986 | 42982 | 6145944 | 115904 | 374262 |
| 山　东 | Shandong | 17380202 | 1204918 | 22880035 | 770437 | 1709181 |
| 河　南 | Henan | 14616799 | 414422 | 15896079 | 562656 | 4679389 |
| 湖　北 | Hubei | 17296511 | 1130976 | 20114676 | 413759 | 1143539 |
| 湖　南 | Hunan | 11237593 | 288650 | 8489320 | 280015 | 1116095 |
| 广　东 | Guangdong | 75713190 | 3175019 | 73841829 | 5226943 | 3239405 |
| 广　西 | Guangxi | 7290076 | 13950 | 7088113 | 28658 | 516104 |
| 海　南 | Hainan | 1282702 | 5147 | 1482183 | 14436 | 69192 |
| 重　庆 | Chongqing | 8735120 | 333357 | 10371827 | 106059 | 681996 |
| 四　川 | Sichuan | 10664382 | 49384 | 13435638 | 385559 | 992461 |
| 贵　州 | Guizhou | 3697478 | 16686 | 6109510 | 86662 | 582298 |
| 云　南 | Yunnan | 11297971 | 221585 | 15357517 | 251863 | 3324672 |
| 西　藏 | Tibet | 200134 | 17896 | 265403 | 465 | 39794 |
| 陕　西 | Shaanxi | 10521210 | 166837 | 12834161 | 622796 | 552608 |
| 甘　肃 | Gansu | 8513825 | 3107 | 9130745 | 16807 | 1089094 |
| 青　海 | Qinghai | 923358 | | 1229991 | | 61392 |
| 宁　夏 | Ningxia | 1620411 | | 1925641 | 703 | 77161 |
| 新　疆 | Xinjiang | 12364754 | 1075458 | 18588851 | 26418 | 1506223 |

3-2-3 续表 1 Continued 1

内资企业
Domestic Funded Enterprises

单位：万元
Unit：10000 yuan

| 地区 | Region | 商品购进额 Total Purchases Value | #进口 Imports | 商品销售额 Total Sales Value | #出口 Exports | 期末商品库存额 Inventery (year-end) |
|---|---|---|---|---|---|---|
| **全国** | **National Total** | **1292704830** | **92520802** | **1414292968** | **99783233** | **105879781** |
| 北京 | Beijing | 168935602 | 26122683 | 173349712 | 9966347 | 19847065 |
| 天津 | Tianjin | 75132429 | 2307430 | 80418597 | 2175728 | 4145703 |
| 河北 | Hebei | 22580737 | 342611 | 27084502 | 521508 | 1503623 |
| 山西 | Shanxi | 23393505 | 1639633 | 26960010 | 531192 | 1402139 |
| 内蒙古 | Inner Mongolia | 13181331 | 1156246 | 14845849 | 280240 | 980160 |
| 辽宁 | Liaoning | 57375876 | 2516061 | 63147880 | 1837893 | 3353839 |
| 吉林 | Jilin | 9341240 | 181308 | 10414648 | 121191 | 835290 |
| 黑龙江 | Heilongjiang | 17532567 | 2583385 | 20041864 | 2507876 | 1566819 |
| 上海 | Shanghai | 133375982 | 9093258 | 140185985 | 9687841 | 8506025 |
| 江苏 | Jiangsu | 127253745 | 7621734 | 144283884 | 13476258 | 7776928 |
| 浙江 | Zhejiang | 128096636 | 11509887 | 137374409 | 22742274 | 6995781 |
| 安徽 | Anhui | 25106945 | 1466306 | 27667035 | 1159837 | 1552883 |
| 福建 | Fujian | 38863351 | 3991416 | 43214384 | 8005612 | 4150994 |
| 江西 | Jiangxi | 7542206 | 88613 | 9782961 | 332181 | 547904 |
| 山东 | Shandong | 61227432 | 2835798 | 73421758 | 3324631 | 4753008 |
| 河南 | Henan | 28552819 | 745719 | 30657790 | 1059274 | 8987075 |
| 湖北 | Hubei | 35968065 | 1512785 | 41262168 | 1100111 | 2067638 |
| 湖南 | Hunan | 17981772 | 334650 | 16183472 | 670384 | 1783601 |
| 广东 | Guangdong | 161051677 | 13094739 | 166257027 | 16436182 | 9491664 |
| 广西 | Guangxi | 14011532 | 193681 | 14492828 | 253585 | 1139224 |
| 海南 | Hainan | 4318826 | 108014 | 4801791 | 141346 | 271247 |
| 重庆 | Chongqing | 25260089 | 417048 | 28256645 | 526762 | 1614243 |
| 四川 | Sichuan | 20833191 | 404909 | 25055538 | 846734 | 1922609 |
| 贵州 | Guizhou | 5725480 | 60180 | 8228205 | 109118 | 804372 |
| 云南 | Yunnan | 20680575 | 437985 | 25659411 | 772902 | 4628454 |
| 西藏 | Tibet | 249850 | 17896 | 331607 | 4579 | 41533 |
| 陕西 | Shaanxi | 15479475 | 326745 | 18394422 | 703986 | 895322 |
| 甘肃 | Gansu | 11099427 | 31517 | 12044574 | 48441 | 1412015 |
| 青海 | Qinghai | 1415078 | 12279 | 1776122 | 30454 | 122894 |
| 宁夏 | Ningxia | 3225101 | 1479 | 3699022 | 61173 | 248305 |
| 新疆 | Xinjiang | 17912291 | 1364807 | 24998870 | 347596 | 2531426 |

3-2-3 续表 2 Continued 2

国有企业
State-owned Enterprises

单位：万元
Unit：10000 yuan

| 地　区 | Region | 商品购进额 Total Purchases Value | #进口 Imports | 商品销售额 Total Sales Value | #出口 Exports | 期末商品库存额 Inventery (year-end) |
|---|---|---|---|---|---|---|
| **全　国** | **National Total** | **292728825** | **16990094** | **330180665** | **16540632** | **24810816** |
| 北　京 | Beijing | 25076876 | 5840139 | 26553334 | 4224088 | 3024299 |
| 天　津 | Tianjin | 36187472 | 566163 | 37742469 | 298449 | 1685191 |
| 河　北 | Hebei | 6030064 | 27110 | 7332853 | 60180 | 312979 |
| 山　西 | Shanxi | 13314318 | 1558295 | 15587948 | 154417 | 644789 |
| 内蒙古 | Inner Mongolia | 2619497 | 124382 | 2983567 | 211888 | 451559 |
| 辽　宁 | Liaoning | 10683435 | 1509990 | 12174511 | 97257 | 1068048 |
| 吉　林 | Jilin | 4234237 | 109 | 4638475 | | 573204 |
| 黑龙江 | Heilongjiang | 6464704 | 170405 | 7508427 | 3331 | 603656 |
| 上　海 | Shanghai | 42943698 | 2134341 | 44340065 | 2171964 | 2311130 |
| 江　苏 | Jiangsu | 10931237 | 651669 | 14543262 | 2293971 | 1245695 |
| 浙　江 | Zhejiang | 11077548 | 104583 | 13332222 | 1156086 | 634069 |
| 安　徽 | Anhui | 7119055 | 76424 | 8055311 | 56008 | 384036 |
| 福　建 | Fujian | 7668579 | 305974 | 9661593 | 906014 | 486204 |
| 江　西 | Jiangxi | 2889888 | 7591 | 3386670 | 61362 | 259614 |
| 山　东 | Shandong | 10301319 | 850867 | 12338077 | 525634 | 581500 |
| 河　南 | Henan | 7479188 | 23449 | 8558791 | 115358 | 2131358 |
| 湖　北 | Hubei | 15995322 | 962412 | 18335346 | 304728 | 1069838 |
| 湖　南 | Hunan | 7176176 | 64344 | 5299716 | 83564 | 727699 |
| 广　东 | Guangdong | 23883562 | 1536955 | 25269684 | 2668901 | 1498139 |
| 广　西 | Guangxi | 2032828 | 8545 | 3208796 | 17344 | 224667 |
| 海　南 | Hainan | 1108693 | 5147 | 1305715 | 11911 | 61824 |
| 重　庆 | Chongqing | 4348500 | 136725 | 5641789 | 46744 | 389088 |
| 四　川 | Sichuan | 6768710 | 2057 | 8269348 | 143503 | 748969 |
| 贵　州 | Guizhou | 3107648 | 9904 | 5157859 | 83723 | 584168 |
| 云　南 | Yunnan | 7810341 | 213367 | 10291688 | 213254 | 1650771 |
| 西　藏 | Tibet | 172542 | 17896 | 239987 | 465 | 29489 |
| 陕　西 | Shaanxi | 6558849 | 55879 | 8490525 | 622182 | 321215 |
| 甘　肃 | Gansu | 1942715 | 3107 | 2516412 | 4160 | 123118 |
| 青　海 | Qinghai | 878986 | | 952663 | | 42072 |
| 宁　夏 | Ningxia | 454561 | | 600716 | 703 | 55848 |
| 新　疆 | Xinjiang | 5168279 | 22267 | 5862849 | 3446 | 886581 |

3-2-3 续表 3 Continued 3

集体企业
Collective-owned Enterprises

单位：万元
Unit：10000 yuan

| 地区 | Region | 商品购进额 Total Purchases Value | #进口 Imports | 商品销售额 Total Sales Value | #出口 Exports | 期末商品库存额 Inventery (year-end) |
|---|---|---|---|---|---|---|
| **全国** | **National Total** | **25895419** | **1587458** | **27549060** | **1452193** | **2903236** |
| 北京 | Beijing | 3027759 | 443022 | 3004441 | 236409 | 615294 |
| 天津 | Tianjin | 628292 | 74 | 681676 | 4703 | 36159 |
| 河北 | Hebei | 143422 | | 157402 | | 17939 |
| 山西 | Shanxi | 659501 | 2276 | 794794 | 12682 | 80057 |
| 内蒙古 | Inner Mongolia | 101826 | | 102601 | 22109 | 4711 |
| 辽宁 | Liaoning | 165068 | | 185277 | 4518 | 11272 |
| 吉林 | Jilin | 12363 | | 14885 | | 1239 |
| 黑龙江 | Heilongjiang | 1017538 | 4317 | 1159189 | 880 | 42232 |
| 上海 | Shanghai | 1399782 | 70076 | 1547240 | 111240 | 35873 |
| 江苏 | Jiangsu | 1267984 | 72366 | 1353592 | 35149 | 226497 |
| 浙江 | Zhejiang | 860876 | 40748 | 878414 | 109633 | 92192 |
| 安徽 | Anhui | 80780 | | 87367 | | 4925 |
| 福建 | Fujian | 194275 | 41 | 216952 | 19455 | 25007 |
| 江西 | Jiangxi | 5997 | | 8512 | | 2875 |
| 山东 | Shandong | 2511910 | 575047 | 2751120 | 583125 | 90595 |
| 河南 | Henan | 1081738 | | 1136530 | | 615066 |
| 湖北 | Hubei | 190141 | | 213842 | | 46988 |
| 湖南 | Hunan | 13944 | | 16286 | | 1062 |
| 广东 | Guangdong | 10262542 | 372304 | 10705404 | 277369 | 655231 |
| 广西 | Guangxi | 118539 | 1185 | 122498 | 730 | 7346 |
| 海南 | Hainan | 7375 | | 8555 | | 656 |
| 重庆 | Chongqing | 463383 | | 484782 | | 17625 |
| 四川 | Sichuan | 856813 | | 984957 | 31614 | 78162 |
| 贵州 | Guizhou | 140916 | | 142870 | | 12532 |
| 云南 | Yunnan | 106961 | 6002 | 117484 | 819 | 9764 |
| 西藏 | Tibet | | | | | |
| 陕西 | Shaanxi | 35143 | | 59746 | | 3204 |
| 甘肃 | Gansu | 62447 | | 70854 | 1757 | 6171 |
| 青海 | Qinghai | 11882 | | 11842 | | 1705 |
| 宁夏 | Ningxia | | | | | |
| 新疆 | Xinjiang | 466225 | | 529947 | | 160860 |

3-2-3 续表 4 Continued 4

股份合作企业
Cooperative Enterprises

单位：万元
Unit：10000 yuan

| 地区 | Region | 商品购进额 Total Purchases Value | #进口 Imports | 商品销售额 Total Sales Value | #出口 Exports | 期末商品库存额 Inventery (year-end) |
|---|---|---|---|---|---|---|
| **全国** | **National Total** | **5398272** | **505534** | **6081114** | **212912** | **464179** |
| 北京 | Beijing | 1009177 | 19465 | 1036279 | 11667 | 55183 |
| 天津 | Tianjin | 266662 | 4 | 286972 | 5528 | 8632 |
| 河北 | Hebei | 72460 | | 93466 | | 8753 |
| 山西 | Shanxi | 152132 | | 165609 | | 8487 |
| 内蒙古 | Inner Mongolia | 5649 | | 7294 | | 700 |
| 辽宁 | Liaoning | 33642 | | 44989 | | 2463 |
| 吉林 | Jilin | 6955 | | 8418 | | 20 |
| 黑龙江 | Heilongjiang | 26940 | | 26178 | | 2951 |
| 上海 | Shanghai | 409833 | 2528 | 401446 | 14334 | 35654 |
| 江苏 | Jiangsu | 303768 | 2116 | 327852 | 60591 | 17258 |
| 浙江 | Zhejiang | 436128 | 39874 | 471834 | 74779 | 12334 |
| 安徽 | Anhui | 111115 | | 117926 | | 11005 |
| 福建 | Fujian | 32592 | 9815 | 36365 | 2473 | 9555 |
| 江西 | Jiangxi | 98957 | | 106041 | | 4999 |
| 山东 | Shandong | 155651 | 11621 | 185771 | | 13951 |
| 河南 | Henan | 23188 | | 26417 | | 17038 |
| 湖北 | Hubei | 684095 | 12717 | 906227 | 17291 | 11695 |
| 湖南 | Hunan | 67530 | | 76153 | | 11835 |
| 广东 | Guangdong | 802206 | 400897 | 857797 | 18953 | 20430 |
| 广西 | Guangxi | 86697 | | 287567 | | 6583 |
| 海南 | Hainan | 514 | | 4353 | | 655 |
| 重庆 | Chongqing | 222112 | | 233662 | | 138205 |
| 四川 | Sichuan | 304160 | | 270364 | | 49340 |
| 贵州 | Guizhou | 20036 | 6496 | 23867 | 3424 | 6813 |
| 云南 | Yunnan | 37995 | 1 | 47730 | 3873 | 2934 |
| 西藏 | Tibet | | | | | |
| 陕西 | Shaanxi | 2234 | | 2134 | | 260 |
| 甘肃 | Gansu | 23818 | | 26395 | | 6075 |
| 青海 | Qinghai | 2025 | | 2009 | | 372 |
| 宁夏 | Ningxia | | | | | |
| 新疆 | Xinjiang | | | | | |

3-2-3 续表 5 Continued 5

联营企业
Joint Ownership Enterprises

单位：万元
Unit：10000 yuan

| 地区 | Region | 商品购进额 Total Purchases Value | #进口 Imports | 商品销售额 Total Sales Value | #出口 Exports | 期末商品库存额 Inventery (year-end) |
|---|---|---|---|---|---|---|
| **全国** | **National Total** | **4131535** | **626324** | **4332683** | **448205** | **310810** |
| 北京 | Beijing | 19395 | 6533 | 21405 | 5379 | 1979 |
| 天津 | Tianjin | 99071 | | 120637 | | 9174 |
| 河北 | Hebei | 23844 | | 24428 | | 196 |
| 山西 | Shanxi | | | | | |
| 内蒙古 | Inner Mongolia | 850 | | 4971 | | 2357 |
| 辽宁 | Liaoning | 3211 | | 3590 | | 948 |
| 吉林 | Jilin | | | | | |
| 黑龙江 | Heilongjiang | 108624 | 108624 | 112325 | | 1195 |
| 上海 | Shanghai | 1162261 | 328496 | 1165824 | 99906 | 67125 |
| 江苏 | Jiangsu | 155222 | 909 | 165593 | 25838 | 5647 |
| 浙江 | Zhejiang | 427413 | 46875 | 437717 | 130291 | 14387 |
| 安徽 | Anhui | 1754 | | 1796 | | 100 |
| 福建 | Fujian | 184871 | 10379 | 197589 | 35706 | 11056 |
| 江西 | Jiangxi | | | | | |
| 山东 | Shandong | 110077 | | 109145 | | 4020 |
| 河南 | Henan | 17060 | | 14216 | | 30232 |
| 湖北 | Hubei | 361336 | | 357297 | | 18112 |
| 湖南 | Hunan | 8102 | | 42038 | | 7673 |
| 广东 | Guangdong | 1127385 | 124407 | 1223787 | 143556 | 118585 |
| 广西 | Guangxi | | | | | |
| 海南 | Hainan | | | | | |
| 重庆 | Chongqing | 96642 | | 103177 | | 4630 |
| 四川 | Sichuan | 6900 | 101 | 7669 | 7530 | 1739 |
| 贵州 | Guizhou | | | | | |
| 云南 | Yunnan | 157716 | | 158948 | | 10888 |
| 西藏 | Tibet | | | | | |
| 陕西 | Shaanxi | 59803 | | 60530 | | 769 |
| 甘肃 | Gansu | | | | | |
| 青海 | Qinghai | | | | | |
| 宁夏 | Ningxia | | | | | |
| 新疆 | Xinjiang | | | | | |

3-2-3 续表 6 Continued 6

有限责任公司 单位：万元
Limited Liability Corporations Unit：10000 yuan

| 地 区 | Region | 商品购进额 Total Purchases Value | #进口 Imports | 商品销售额 Total Sales Value | #出口 Exports | 期末商品库存额 Inventery (year-end) |
|---|---|---|---|---|---|---|
| **全 国** | **National Total** | **398730675** | **42751985** | **429688805** | **38931759** | **39110994** |
| 北 京 | Beijing | 91403929 | 17034291 | 92493754 | 4172160 | 13189525 |
| 天 津 | Tianjin | 18150623 | 686300 | 19494766 | 946257 | 1005043 |
| 河 北 | Hebei | 7895925 | 208885 | 8313235 | 102277 | 461150 |
| 山 西 | Shanxi | 5408612 | 51277 | 6103753 | 198463 | 337829 |
| 内蒙古 | Inner Mongolia | 2734348 | 560932 | 2903870 | 30783 | 106651 |
| 辽 宁 | Liaoning | 9188550 | 359936 | 10472390 | 778496 | 990857 |
| 吉 林 | Jilin | 943030 | 168327 | 1119125 | 112292 | 66941 |
| 黑龙江 | Heilongjiang | 3962297 | 463333 | 4558553 | 1109752 | 301920 |
| 上 海 | Shanghai | 30943473 | 3626944 | 32625894 | 3611952 | 2698851 |
| 江 苏 | Jiangsu | 29129175 | 3887426 | 31809695 | 4715501 | 1414474 |
| 浙 江 | Zhejiang | 47503483 | 6000783 | 49919666 | 9576948 | 2766656 |
| 安 徽 | Anhui | 5491174 | 229452 | 6311947 | 343538 | 438511 |
| 福 建 | Fujian | 10797159 | 875403 | 11742318 | 2616324 | 1359028 |
| 江 西 | Jiangxi | 2702629 | 80323 | 3110766 | 146093 | 151869 |
| 山 东 | Shandong | 19619079 | 726662 | 24043062 | 1374131 | 1551335 |
| 河 南 | Henan | 9949119 | 405863 | 10551594 | 663917 | 3413522 |
| 湖 北 | Hubei | 4581342 | 200147 | 5182226 | 216790 | 384288 |
| 湖 南 | Hunan | 3375776 | 230843 | 4192850 | 277724 | 346602 |
| 广 东 | Guangdong | 53561924 | 5060312 | 58216790 | 6996242 | 3338482 |
| 广 西 | Guangxi | 3488021 | 50450 | 3844082 | 76290 | 177453 |
| 海 南 | Hainan | 2447406 | 92386 | 2657106 | 92886 | 142324 |
| 重 庆 | Chongqing | 7186330 | 234789 | 7827767 | 193733 | 506803 |
| 四 川 | Sichuan | 8047632 | 273044 | 10272927 | 297144 | 646109 |
| 贵 州 | Guizhou | 1753910 | 43781 | 1869985 | 21972 | 116443 |
| 云 南 | Yunnan | 5657130 | 70893 | 6148648 | 69256 | 2053330 |
| 西 藏 | Tibet | 74399 | | 85627 | 4114 | 11280 |
| 陕 西 | Shaanxi | 2659848 | 152847 | 2944750 | 71860 | 147603 |
| 甘 肃 | Gansu | 1556119 | 296 | 1725021 | 24249 | 212279 |
| 青 海 | Qinghai | 250458 | 12279 | 262474 | 25469 | 23543 |
| 宁 夏 | Ningxia | 587192 | | 701414 | 2030 | 56548 |
| 新 疆 | Xinjiang | 7680583 | 963784 | 8182750 | 63117 | 693747 |

股份有限公司
Share-holding Corporations Ltd.

单位：万元
Unit：10000 yuan

| 地　区 | Region | 商品购进额 Total Purchases Value | #进口 Imports | 商品销售额 Total Sales Value | #出口 Exports | 期末商品库存额 Inventery (year-end) |
|---|---|---|---|---|---|---|
| **全　国** | **National Total** | **203050383** | **8999164** | **223029718** | **9770944** | **10968900** |
| 北　京 | Beijing | 24615844 | 1217077 | 25106586 | 484297 | 793632 |
| 天　津 | Tianjin | 1016923 | 45729 | 1112876 | 308653 | 57359 |
| 河　北 | Hebei | 3789384 | 2621 | 5424733 | 100053 | 363065 |
| 山　西 | Shanxi | 330572 | 15998 | 397254 | 4900 | 15709 |
| 内蒙古 | Inner Mongolia | 5254376 | | 6121970 | 4357 | 283083 |
| 辽　宁 | Liaoning | 26684107 | 31669 | 28198535 | 323171 | 479620 |
| 吉　林 | Jilin | 2829718 | | 3041039 | 2417 | 61465 |
| 黑龙江 | Heilongjiang | 1191949 | 7680 | 1357365 | 475444 | 89621 |
| 上　海 | Shanghai | 13592653 | 1014313 | 14254301 | 901581 | 671013 |
| 江　苏 | Jiangsu | 16050731 | 1093408 | 20601129 | 2266407 | 1448492 |
| 浙　江 | Zhejiang | 12346968 | 1005436 | 13980128 | 1669353 | 635040 |
| 安　徽 | Anhui | 7533185 | 1049795 | 7976106 | 534135 | 270744 |
| 福　建 | Fujian | 7227291 | 1948216 | 7645053 | 801958 | 735150 |
| 江　西 | Jiangxi | 759717 | | 1842138 | 29089 | 72999 |
| 山　东 | Shandong | 5208109 | 44787 | 7985605 | 27384 | 596033 |
| 河　南 | Henan | 5056896 | 26461 | 5133455 | 77801 | 1102305 |
| 湖　北 | Hubei | 10294262 | 32787 | 11944658 | 73372 | 152840 |
| 湖　南 | Hunan | 2496004 | 5493 | 1575185 | 105730 | 235418 |
| 广　东 | Guangdong | 32910801 | 961175 | 28120813 | 1246656 | 538039 |
| 广　西 | Guangxi | 4103909 | 11694 | 2548517 | 47250 | 274737 |
| 海　南 | Hainan | 171879 | | 201414 | 7638 | 23886 |
| 重　庆 | Chongqing | 2422559 | 9429 | 2789405 | 69089 | 136453 |
| 四　川 | Sichuan | 1172271 | 2877 | 1219312 | 88728 | 59676 |
| 贵　州 | Guizhou | 505461 | | 819584 | | 67009 |
| 云　南 | Yunnan | 892268 | 6162 | 2372501 | 102751 | 83922 |
| 西　藏 | Tibet | | | | | |
| 陕　西 | Shaanxi | 4788559 | 105608 | 5298299 | 2063 | 329744 |
| 甘　肃 | Gansu | 6502275 | 26106 | 6690249 | | 967320 |
| 青　海 | Qinghai | 125664 | | 386536 | 4985 | 46698 |
| 宁　夏 | Ningxia | 1275196 | | 1470777 | | 29688 |
| 新　疆 | Xinjiang | 1900853 | 334643 | 7414195 | 11684 | 348142 |

3-2-3 续表 8 Continued 8

私营企业
Private Enterprises

单位：万元
Unit：10000 yuan

| 地 区 | Region | 商品购进额 Total Purchases Value | #进 口 Imports | 商品销售额 Total Sales Value | #出 口 Exports | 期末商品库存额 Inventery (year-end) |
|---|---|---|---|---|---|---|
| **全 国** | **National Total** | **356311747** | **20797191** | **386310506** | **31954655** | **26826977** |
| 北 京 | Beijing | 23782623 | 1562157 | 25133913 | 832348 | 2167153 |
| 天 津 | Tianjin | 18704246 | 1009161 | 20868735 | 608002 | 1337498 |
| 河 北 | Hebei | 4499449 | 103994 | 5630576 | 258998 | 305252 |
| 山 西 | Shanxi | 3516819 | 11788 | 3897404 | 160730 | 314426 |
| 内 蒙 古 | Inner Mongolia | 2445097 | 458649 | 2700732 | 11103 | 121644 |
| 辽 宁 | Liaoning | 10573700 | 614466 | 12013004 | 634451 | 797208 |
| 吉 林 | Jilin | 1306066 | 12872 | 1578561 | 6482 | 130980 |
| 黑 龙 江 | Heilongjiang | 4760515 | 1829026 | 5319827 | 918469 | 525245 |
| 上 海 | Shanghai | 42670238 | 1892075 | 45562421 | 2774085 | 2673250 |
| 江 苏 | Jiangsu | 68242223 | 1770751 | 74082570 | 3852985 | 3368212 |
| 浙 江 | Zhejiang | 54689267 | 4241561 | 57564291 | 9983060 | 2768613 |
| 安 徽 | Anhui | 4358410 | 110636 | 4657431 | 226157 | 434892 |
| 福 建 | Fujian | 12362664 | 803776 | 13251088 | 3499971 | 1493979 |
| 江 西 | Jiangxi | 1042355 | 700 | 1282602 | 95637 | 54162 |
| 山 东 | Shandong | 22083785 | 621400 | 24708091 | 799051 | 1858499 |
| 河 南 | Henan | 4790784 | 289947 | 5063869 | 202199 | 1620596 |
| 湖 北 | Hubei | 3847325 | 304723 | 4306142 | 487930 | 383716 |
| 湖 南 | Hunan | 4323686 | 33966 | 4739176 | 158409 | 400724 |
| 广 东 | Guangdong | 37993023 | 4636376 | 41299538 | 5080993 | 3278779 |
| 广 西 | Guangxi | 4106759 | 121807 | 4404154 | 111970 | 443531 |
| 海 南 | Hainan | 471999 | 2852 | 505290 | 19993 | 30999 |
| 重 庆 | Chongqing | 10384823 | 36105 | 11024364 | 217196 | 416864 |
| 四 川 | Sichuan | 3545636 | 126830 | 3866708 | 278216 | 329957 |
| 贵 州 | Guizhou | 197509 | | 214039 | | 17407 |
| 云 南 | Yunnan | 5989135 | 141561 | 6491251 | 382274 | 814857 |
| 西 藏 | Tibet | 2910 | | 5992 | | 764 |
| 陕 西 | Shaanxi | 875095 | 12412 | 1038156 | 7881 | 90592 |
| 甘 肃 | Gansu | 1005980 | 2009 | 1009987 | 18275 | 96423 |
| 青 海 | Qinghai | 146064 | | 160598 | | 8504 |
| 宁 夏 | Ningxia | 908152 | 1479 | 926115 | 58440 | 106221 |
| 新 疆 | Xinjiang | 2685414 | 44112 | 3003882 | 269350 | 436032 |

其他企业 单位：万元
Other Enterprises Unit：10000 yuan

| 地区 | Region | 商品购进额 Total Purchases Value | #进口 Imports | 商品销售额 Total Sales Value | #出口 Exports | 期末商品库存额 Inventery (year-end) |
|---|---|---|---|---|---|---|
| **全国** | **National Total** | **6457974** | **263053** | **7120417** | **471934** | **483869** |
| 北京 | Beijing | | | | | |
| 天津 | Tianjin | 79140 | | 110465 | 4136 | 6648 |
| 河北 | Hebei | 126189 | | 107809 | | 34289 |
| 山西 | Shanxi | 11552 | | 13247 | | 843 |
| 内蒙古 | Inner Mongolia | 19687 | 12283 | 20844 | | 9454 |
| 辽宁 | Liaoning | 44164 | | 55585 | | 3423 |
| 吉林 | Jilin | 8870 | | 14145 | | 1440 |
| 黑龙江 | Heilongjiang | | | | | |
| 上海 | Shanghai | 254045 | 24486 | 288794 | 2779 | 13131 |
| 江苏 | Jiangsu | 1173407 | 143088 | 1400192 | 225817 | 50654 |
| 浙江 | Zhejiang | 754953 | 30025 | 790139 | 42124 | 72490 |
| 安徽 | Anhui | 411471 | | 459151 | | 8671 |
| 福建 | Fujian | 395921 | 37811 | 463426 | 123710 | 31016 |
| 江西 | Jiangxi | 42663 | | 46232 | | 1385 |
| 山东 | Shandong | 1237503 | 5413 | 1300887 | 15307 | 57075 |
| 河南 | Henan | 154844 | | 172918 | | 56958 |
| 湖北 | Hubei | 14244 | | 16430 | | 162 |
| 湖南 | Hunan | 220554 | 5 | 242069 | 44957 | 52589 |
| 广东 | Guangdong | 510235 | 2312 | 563214 | 3512 | 43980 |
| 广西 | Guangxi | 74780 | | 77215 | | 4907 |
| 海南 | Hainan | 110961 | 7629 | 119359 | 8918 | 10903 |
| 重庆 | Chongqing | 135742 | | 151698 | | 4575 |
| 四川 | Sichuan | 131068 | | 164251 | | 8658 |
| 贵州 | Guizhou | | | | | |
| 云南 | Yunnan | 29029 | | 31161 | 675 | 1987 |
| 西藏 | Tibet | | | | | |
| 陕西 | Shaanxi | 499943 | | 500282 | | 1935 |
| 甘肃 | Gansu | 6072 | | 5657 | | 630 |
| 青海 | Qinghai | | | | | |
| 宁夏 | Ningxia | | | | | |
| 新疆 | Xinjiang | 10938 | | 5248 | | 6064 |

3-2-3 续表 10　Continued 10

港、澳、台商投资企业　　　　　　　　　　　　　　　　　　　　　　　　单位：万元
Enterprises with Funds from Hongkong, Macao and Taiwan　　　　　　　　　　Unit：10000 yuan

| 地　区 | Region | 商品购进额 Total Purchases Value | #进口 Imports | 商品销售额 Total Sales Value | #出口 Exports | 期末商品库存额 Inventery (year-end) |
|---|---|---|---|---|---|---|
| **全　国** | **National Total** | **33882136** | **5926725** | **39760091** | **1504226** | **3406005** |
| 北　京 | Beijing | 3904939 | 491602 | 4542041 | 30341 | 441572 |
| 天　津 | Tianjin | 1764380 | 313658 | 2030127 | 35360 | 243298 |
| 河　北 | Hebei | 4338 | | 7393 | | 11 |
| 山　西 | Shanxi | 77818 | | 85444 | 18437 | 13781 |
| 内蒙古 | Inner Mongolia | 12273 | | 12481 | | 208 |
| 辽　宁 | Liaoning | 328503 | 54985 | 439818 | 2620 | 22796 |
| 吉　林 | Jilin | | | | | |
| 黑龙江 | Heilongjiang | 24898 | | 70719 | | 105 |
| 上　海 | Shanghai | 11487818 | 2859098 | 13468714 | 1007915 | 1311547 |
| 江　苏 | Jiangsu | 4472536 | 167489 | 5628189 | 87331 | 253202 |
| 浙　江 | Zhejiang | 709720 | 242680 | 704171 | 66606 | 65950 |
| 安　徽 | Anhui | 376446 | | 438773 | 5642 | 16700 |
| 福　建 | Fujian | 1317524 | 80495 | 1757568 | 39298 | 108833 |
| 江　西 | Jiangxi | 29686 | | 32295 | | 454 |
| 山　东 | Shandong | 804600 | 54 | 857453 | 142399 | 45847 |
| 河　南 | Henan | 19914 | | 30114 | | 18344 |
| 湖　北 | Hubei | 478492 | | 620011 | | 50740 |
| 湖　南 | Hunan | 116175 | | 126250 | 18090 | 4771 |
| 广　东 | Guangdong | 6703640 | 1675458 | 7624429 | 47183 | 676643 |
| 广　西 | Guangxi | 109061 | | 109641 | | 2585 |
| 海　南 | Hainan | 241831 | 41207 | 275250 | | 25227 |
| 重　庆 | Chongqing | 157983 | | 164873 | | 27386 |
| 四　川 | Sichuan | 162277 | | 168881 | | 365 |
| 贵　州 | Guizhou | 12137 | | 15321 | | 112 |
| 云　南 | Yunnan | 215307 | | 177737 | 3006 | 72669 |
| 西　藏 | Tibet | | | | | |
| 陕　西 | Shaanxi | 243490 | | 253348 | | |
| 甘　肃 | Gansu | 9113 | | 9568 | | 377 |
| 青　海 | Qinghai | | | | | |
| 宁　夏 | Ningxia | | | | | |
| 新　疆 | Xinjiang | 97240 | | 109483 | | 2485 |

3-2-3 续表 11 Continued 11

外商投资企业 单位：万元
Foreign Funded Enterprises Unit：10000 yuan

| 地 区 | Region | 商品购进额 Total Purchases Value | #进口 Imports | 商品销售额 Total Sales Value | #出口 Exports | 期末商品库存额 Inventery (year-end) |
|---|---|---|---|---|---|---|
| **全 国** | **National Total** | **103500008** | **28543972** | **124293049** | **10232361** | **9197311** |
| 北 京 | Beijing | 35841138 | 9895538 | 47688272 | 725397 | 3546193 |
| 天 津 | Tianjin | 2838953 | 611498 | 3546665 | 108565 | 483454 |
| 河 北 | Hebei | 190351 | 10202 | 214565 | | 6273 |
| 山 西 | Shanxi | 2896 | | 4072 | | 467 |
| 内 蒙 古 | Inner Mongolia | 16569 | | 17935 | | 58 |
| 辽 宁 | Liaoning | 580921 | 146513 | 699402 | 71752 | 57030 |
| 吉 林 | Jilin | 71752 | | 79093 | | 107062 |
| 黑 龙 江 | Heilongjiang | 159272 | 71599 | 170684 | | 23 |
| 上 海 | Shanghai | 40668200 | 15457221 | 48053645 | 6831064 | 3378710 |
| 江 苏 | Jiangsu | 2878437 | 124257 | 3735724 | 35047 | 342563 |
| 浙 江 | Zhejiang | 737564 | 133648 | 801174 | 192092 | 48841 |
| 安 徽 | Anhui | 1206082 | 4000 | 1264228 | | 17786 |
| 福 建 | Fujian | 3120431 | 34728 | 1198652 | 92510 | 160311 |
| 江 西 | Jiangxi | 192355 | | 212773 | 52001 | 11951 |
| 山 东 | Shandong | 1347639 | 150495 | 1564991 | 126876 | 113426 |
| 河 南 | Henan | 119966 | | 141933 | | 5679 |
| 湖 北 | Hubei | 596054 | 35092 | 708042 | 10547 | 105941 |
| 湖 南 | Hunan | 127925 | | 128821 | 568 | 6085 |
| 广 东 | Guangdong | 11128003 | 1868417 | 12109798 | 1944538 | 727650 |
| 广 西 | Guangxi | 37447 | | 37339 | | 3562 |
| 海 南 | Hainan | 49946 | 764 | 97479 | | 2569 |
| 重 庆 | Chongqing | 195538 | | 218660 | 27914 | 12147 |
| 四 川 | Sichuan | 354902 | | 481197 | 9190 | 9085 |
| 贵 州 | Guizhou | 13077 | | 14166 | | 2 |
| 云 南 | Yunnan | 73854 | | 72826 | 4299 | 3061 |
| 西 藏 | Tibet | | | | | |
| 陕 西 | Shaanxi | 922943 | | 914485 | | 45099 |
| 甘 肃 | Gansu | 2915 | | 3630 | | 501 |
| 青 海 | Qinghai | | | 65970 | | 894 |
| 宁 夏 | Ningxia | 17356 | | 37045 | | 358 |
| 新 疆 | Xinjiang | 7522 | | 9787 | | 533 |

# 3-2-4 各地区限额以上批发业企业商品购、销、存情况 (按国民经济行业分)

# Total Purchases, Sales and Inventory of Enterprises above Designated Size of Wholesale Trade by Region and Sector

农畜产品批发
Wholesale of Farm Produce and Livestock Products

单位：万元
Unit：10000 yuan

| 地区 | Region | 商品购进额 Total Purchases Value | #进口 Imports | 商品销售额 Total Sales Value | #出口 Exports | 期末商品库存额 Inventery (year-end) |
|---|---|---|---|---|---|---|
| **全国** | **National Total** | **28267653** | **3885776** | **30342765** | **1139617** | **9469336** |
| 北京 | Beijing | 4099938 | 1904329 | 4169773 | 52217 | 1113029 |
| 天津 | Tianjin | 370582 | 17480 | 379165 | 23492 | 235658 |
| 河北 | Hebei | 672439 | 1248 | 723392 | | 92968 |
| 山西 | Shanxi | 117412 | | 118148 | 3257 | 68246 |
| 内蒙古 | Inner Mongolia | 1294033 | | 1173568 | 6847 | 302833 |
| 辽宁 | Liaoning | 1150178 | 24260 | 1258986 | 73668 | 174341 |
| 吉林 | Jilin | 1514058 | 105303 | 1614349 | 80191 | 345753 |
| 黑龙江 | Heilongjiang | 548040 | 10108 | 746442 | 15493 | 186171 |
| 上海 | Shanghai | 1101147 | 388742 | 1121020 | 98912 | 459045 |
| 江苏 | Jiangsu | 1573291 | 16199 | 1714102 | 53965 | 354432 |
| 浙江 | Zhejiang | 1048539 | 217352 | 1137159 | 249686 | 129144 |
| 安徽 | Anhui | 412940 | 3583 | 384193 | 25777 | 146524 |
| 福建 | Fujian | 442628 | 145497 | 547884 | 56996 | 595343 |
| 江西 | Jiangxi | 148587 | | 189555 | | 37871 |
| 山东 | Shandong | 2291683 | 60672 | 2599478 | 49704 | 203040 |
| 河南 | Henan | 2238486 | 201293 | 2200973 | 19433 | 1428552 |
| 湖北 | Hubei | 618363 | 10141 | 720095 | 8882 | 314959 |
| 湖南 | Hunan | 405721 | 6935 | 403825 | 20761 | 98309 |
| 广东 | Guangdong | 1778249 | 729228 | 1826512 | 189796 | 176412 |
| 广西 | Guangxi | 115676 | | 119816 | 20735 | 45022 |
| 海南 | Hainan | 18862 | | 20549 | 1269 | 3756 |
| 重庆 | Chongqing | 241688 | 13503 | 285123 | 25506 | 23045 |
| 四川 | Sichuan | 187221 | 1100 | 337991 | 35806 | 50083 |
| 贵州 | Guizhou | 13187 | | 16024 | | 7211 |
| 云南 | Yunnan | 1848974 | 25441 | 1904147 | 4434 | 1551806 |
| 西藏 | Tibet | 225 | | 4404 | 465 | 1657 |
| 陕西 | Shaanxi | 49621 | | 77363 | 8507 | 19905 |
| 甘肃 | Gansu | 89479 | | 108352 | 5674 | 32276 |
| 青海 | Qinghai | | | | | |
| 宁夏 | Ningxia | 11799 | | 14140 | | 4220 |
| 新疆 | Xinjiang | 3864608 | 3363 | 4426240 | 8146 | 1267728 |

3-2-4 续表 1 Continued 1

食品、饮料及烟草制品批发 单位：万元
Wholesale of Food, Beverages and Tobaccos Unit：10000 yuan

| 地区 | Region | 商品购进额 Total Purchases Value | #进口 Imports | 商品销售额 Total Sales Value | #出口 Exports | 期末商品库存额 Inventery (year-end) |
|---|---|---|---|---|---|---|
| **全国** | **National Total** | **122310810** | **3573263** | **153745602** | **4579858** | **15167798** |
| 北京 | Beijing | 8870848 | 1150925 | 9804427 | 491272 | 2849925 |
| 天津 | Tianjin | 2376398 | 49881 | 2721512 | 41514 | 310277 |
| 河北 | Hebei | 3787187 | 6684 | 4523815 | 18944 | 213835 |
| 山西 | Shanxi | 1964518 | | 2657406 | 27737 | 183266 |
| 内蒙古 | Inner Mongolia | 1523146 | | 1911674 | 42 | 121061 |
| 辽宁 | Liaoning | 2670040 | 106063 | 3594848 | 94433 | 468575 |
| 吉林 | Jilin | 1131316 | 109 | 1482029 | | 170193 |
| 黑龙江 | Heilongjiang | 1673966 | 195976 | 2211789 | 170725 | 247679 |
| 上海 | Shanghai | 8967013 | 705004 | 10425194 | 341772 | 1119816 |
| 江苏 | Jiangsu | 8027035 | 67174 | 10119578 | 298187 | 653604 |
| 浙江 | Zhejiang | 10889710 | 223136 | 13488922 | 686219 | 585768 |
| 安徽 | Anhui | 3727752 | 189067 | 4677483 | 146402 | 215655 |
| 福建 | Fujian | 7041502 | 207953 | 8067216 | 601022 | 385958 |
| 江西 | Jiangxi | 1913992 | | 2438129 | 4794 | 193237 |
| 山东 | Shandong | 8768361 | 153688 | 11467695 | 226336 | 632453 |
| 河南 | Henan | 4132884 | 17757 | 5302407 | 77580 | 1049478 |
| 湖北 | Hubei | 3613187 | 18408 | 4795372 | 49875 | 244824 |
| 湖南 | Hunan | 4689616 | 34003 | 5438250 | 67165 | 594152 |
| 广东 | Guangdong | 13371570 | 374417 | 16246397 | 841193 | 983943 |
| 广西 | Guangxi | 2056800 | 10749 | 2688494 | 22040 | 179263 |
| 海南 | Hainan | 1134189 | 5147 | 1336168 | 125 | 59932 |
| 重庆 | Chongqing | 3514131 | 6826 | 4694843 | 1588 | 363418 |
| 四川 | Sichuan | 4561659 | 9939 | 5964462 | 39926 | 661321 |
| 贵州 | Guizhou | 2312784 | 2138 | 3943997 | 67774 | 511812 |
| 云南 | Yunnan | 5908352 | 16250 | 8375245 | 198921 | 1711470 |
| 西藏 | Tibet | 167757 | 17896 | 236025 | | 25160 |
| 陕西 | Shaanxi | 1254206 | | 1989604 | | 123009 |
| 甘肃 | Gansu | 698897 | 247 | 1079548 | 168 | 77060 |
| 青海 | Qinghai | 444069 | | 518448 | | 17097 |
| 宁夏 | Ningxia | 261526 | | 399548 | | 44133 |
| 新疆 | Xinjiang | 856399 | 3829 | 1145079 | 64105 | 170427 |

3-2-4 续表 2 Continued 2

纺织、服装及日用品批发
Wholesale of Textiles, Garments and Daily Consumer Articles

单位：万元
Unit：10000 yuan

| 地区 | Region | 商品购进额 Total Purchases Value | #进口 Imports | 商品销售额 Total Sales Value | #出口 Exports | 期末商品库存额 Inventery (year-end) |
|---|---|---|---|---|---|---|
| **全国** | **National Total** | **81648084** | **7028954** | **96650868** | **41481687** | **6337219** |
| 北京 | Beijing | 3910580 | 618262 | 4246076 | 678302 | 547592 |
| 天津 | Tianjin | 1239334 | 85324 | 1426076 | 549824 | 75736 |
| 河北 | Hebei | 202608 | 3174 | 224803 | 54861 | 22230 |
| 山西 | Shanxi | 71387 | | 81747 | 33721 | 59682 |
| 内蒙古 | Inner Mongolia | 94134 | | 114166 | 3473 | 9381 |
| 辽宁 | Liaoning | 1003332 | 41707 | 1203042 | 529528 | 95926 |
| 吉林 | Jilin | 12585 | | 14482 | 3917 | 6588 |
| 黑龙江 | Heilongjiang | 2260482 | 295765 | 2549221 | 2130260 | 42994 |
| 上海 | Shanghai | 10198452 | 1579805 | 14375147 | 5024358 | 1603319 |
| 江苏 | Jiangsu | 13717943 | 1280081 | 18133840 | 7149088 | 1021036 |
| 浙江 | Zhejiang | 20009060 | 1359248 | 21240416 | 12322227 | 916328 |
| 安徽 | Anhui | 2118877 | 144368 | 2241401 | 322815 | 69858 |
| 福建 | Fujian | 7262291 | 428650 | 8166528 | 4453073 | 388826 |
| 江西 | Jiangxi | 178690 | 27298 | 216117 | 151220 | 14791 |
| 山东 | Shandong | 3691503 | 224849 | 4493621 | 417380 | 223928 |
| 河南 | Henan | 635319 | 25337 | 659784 | 219042 | 166660 |
| 湖北 | Hubei | 371629 | 34084 | 417206 | 165173 | 31144 |
| 湖南 | Hunan | 266623 | 5626 | 305686 | 126031 | 21764 |
| 广东 | Guangdong | 12516709 | 837888 | 14390085 | 6487868 | 827556 |
| 广西 | Guangxi | 154676 | 1506 | 172483 | 47062 | 14982 |
| 海南 | Hainan | 145005 | 18 | 150807 | 39019 | 6005 |
| 重庆 | Chongqing | 353060 | 54 | 375076 | 42058 | 41053 |
| 四川 | Sichuan | 771098 | 34063 | 871975 | 363298 | 65423 |
| 贵州 | Guizhou | 21006 | | 23224 | | 3614 |
| 云南 | Yunnan | 103061 | 167 | 162395 | 77435 | 5795 |
| 西藏 | Tibet | | | | | |
| 陕西 | Shaanxi | 144224 | 318 | 195476 | 13527 | 17045 |
| 甘肃 | Gansu | 28402 | | 32760 | 4147 | 7246 |
| 青海 | Qinghai | 5888 | | 7056 | 4985 | 1098 |
| 宁夏 | Ningxia | 81748 | | 71217 | 36825 | 14505 |
| 新疆 | Xinjiang | 78377 | 1360 | 88959 | 30376 | 15115 |

3-2-4 续表 3 Continued 3

文化、体育用品及器材批发
Wholesale of Culture, Sports Appliances and Equipments

单位：万元
Unit：10000 yuan

| 地 区 | Region | 商品购进额 Total Purchases Value | #进口 Imports | 商品销售额 Total Sales Value | #出口 Exports | 期末商品库存额 Inventory (year-end) |
|---|---|---|---|---|---|---|
| **全 国** | **National Total** | **18054158** | **1072070** | **19809994** | **1921669** | **2738894** |
| 北 京 | Beijing | 4008115 | 324396 | 4474792 | 262633 | 578841 |
| 天 津 | Tianjin | 235139 | 1561 | 267469 | 75947 | 40659 |
| 河 北 | Hebei | 187619 | | 165793 | 5298 | 23237 |
| 山 西 | Shanxi | 184370 | | 189375 | 27769 | 16064 |
| 内蒙古 | Inner Mongolia | 58307 | 34905 | 52285 | | 6834 |
| 辽 宁 | Liaoning | 140802 | 7735 | 161969 | 16835 | 28468 |
| 吉 林 | Jilin | 11204 | | 13380 | | 4729 |
| 黑龙江 | Heilongjiang | 111313 | | 98931 | | 22828 |
| 上 海 | Shanghai | 2926311 | 198170 | 3294807 | 148914 | 316370 |
| 江 苏 | Jiangsu | 1427930 | 5558 | 1509338 | 196168 | 176793 |
| 浙 江 | Zhejiang | 2127964 | 96309 | 2279901 | 501984 | 260492 |
| 安 徽 | Anhui | 292811 | 1848 | 302364 | 15348 | 40197 |
| 福 建 | Fujian | 240567 | 2683 | 263372 | 104634 | 23933 |
| 江 西 | Jiangxi | 109349 | | 127430 | | 28235 |
| 山 东 | Shandong | 1121025 | 10904 | 1323284 | 25554 | 103853 |
| 河 南 | Henan | 336557 | 26 | 379675 | 27467 | 84912 |
| 湖 北 | Hubei | 245385 | | 247815 | | 39256 |
| 湖 南 | Hunan | 214603 | | 309247 | 13875 | 78054 |
| 广 东 | Guangdong | 2862057 | 385940 | 3130041 | 483930 | 567811 |
| 广 西 | Guangxi | 162716 | | 159318 | 3223 | 11657 |
| 海 南 | Hainan | 80431 | | 98031 | 8318 | 14690 |
| 重 庆 | Chongqing | 169916 | | 147475 | | 52904 |
| 四 川 | Sichuan | 70390 | | 70208 | | 11569 |
| 贵 州 | Guizhou | 134274 | | 134081 | | 34091 |
| 云 南 | Yunnan | 214721 | 2035 | 238227 | | 111739 |
| 西 藏 | Tibet | 9485 | | 7340 | | 2145 |
| 陕 西 | Shaanxi | 116620 | | 105890 | 3699 | 14498 |
| 甘 肃 | Gansu | 74078 | | 74145 | | 13745 |
| 青 海 | Qinghai | 12139 | | 8599 | | 4725 |
| 宁 夏 | Ningxia | 21077 | | 21335 | | 2409 |
| 新 疆 | Xinjiang | 146883 | | 154077 | 73 | 23156 |

3-2-4 续表 4 Continued 4

医药及医疗器材批发 单位：万元

Wholesale of Medicines and Medical Appliances Unit：10000 yuan

| 地 区 | Region | 商品购进额 Total Purchases Value | #进 口 Imports | 商品销售额 Total Sales Value | #出 口 Exports | 期末商品库存额 Inventery (year-end) |
|---|---|---|---|---|---|---|
| **全 国** | **National Total** | **61636554** | **4049990** | **68137087** | **1426927** | **6196137** |
| 北 京 | Beijing | 6358722 | 1165823 | 6895094 | 150258 | 779350 |
| 天 津 | Tianjin | 2078226 | 58484 | 2226057 | 52264 | 156511 |
| 河 北 | Hebei | 1949400 | 1045 | 2145351 | 27961 | 150456 |
| 山 西 | Shanxi | 472862 | | 534960 | | 42606 |
| 内蒙古 | Inner Mongolia | 165297 | | 173274 | 48 | 15550 |
| 辽 宁 | Liaoning | 2000480 | 30886 | 2434733 | 4948 | 161397 |
| 吉 林 | Jilin | 410272 | 5951 | 478058 | | 83044 |
| 黑龙江 | Heilongjiang | 626926 | 11313 | 849351 | 3318 | 53021 |
| 上 海 | Shanghai | 6582053 | 1374967 | 7561803 | 268897 | 814003 |
| 江 苏 | Jiangsu | 3726387 | 29864 | 4187960 | 119587 | 263561 |
| 浙 江 | Zhejiang | 5127557 | 452445 | 5546093 | 285096 | 449978 |
| 安 徽 | Anhui | 3545093 | 4897 | 3662148 | 102333 | 219523 |
| 福 建 | Fujian | 1648569 | 16257 | 1864179 | 63662 | 129199 |
| 江 西 | Jiangxi | 1025713 | | 1119431 | 22818 | 56910 |
| 山 东 | Shandong | 3623485 | 15101 | 3821185 | 12537 | 324948 |
| 河 南 | Henan | 2274231 | 22266 | 2388017 | 988 | 348705 |
| 湖 北 | Hubei | 1998727 | 12362 | 2071148 | 48203 | 212336 |
| 湖 南 | Hunan | 1193466 | 2631 | 1552797 | 18 | 247414 |
| 广 东 | Guangdong | 8348064 | 623469 | 9280725 | 112072 | 926093 |
| 广 西 | Guangxi | 351900 | 490 | 425856 | 2821 | 34673 |
| 海 南 | Hainan | 790970 | 99286 | 983836 | 965 | 94958 |
| 重 庆 | Chongqing | 1737361 | 25385 | 1897296 | 98192 | 113330 |
| 四 川 | Sichuan | 2711444 | 91550 | 2939410 | 22353 | 232097 |
| 贵 州 | Guizhou | 452512 | | 483256 | | 49446 |
| 云 南 | Yunnan | 1323529 | 5431 | 1417300 | 23477 | 124903 |
| 西 藏 | Tibet | 47041 | | 61922 | 4114 | 1278 |
| 陕 西 | Shaanxi | 459695 | 89 | 502597 | | 46814 |
| 甘 肃 | Gansu | 299573 | | 300855 | | 23113 |
| 青 海 | Qinghai | 47021 | | 49720 | | 3947 |
| 宁 夏 | Ningxia | 30487 | | 31750 | | 2934 |
| 新 疆 | Xinjiang | 229490 | | 250927 | | 34038 |

3-2-4 续表 5 Continued 5

矿产品、建材及化工产品批发 单位：万元

Wholesale of Mineral Products, Building Materials and Chemical Products Unit：10000 yuan

| 地 区 | Region | 商品购进额 Total Purchases Value | #进 口 Imports | 商品销售额 Total Sales Value | #出 口 Exports | 期末商品库存额 Inventory (year-end) |
|---|---|---|---|---|---|---|
| **全 国** | **National Total** | **840894105** | **61343647** | **888214195** | **19480993** | **53216674** |
| 北 京 | Beijing | 117470736 | 16255904 | 118568450 | 2197595 | 11280752 |
| 天 津 | Tianjin | 64044244 | 1844226 | 67917549 | 883814 | 3008782 |
| 河 北 | Hebei | 13556279 | 332523 | 16174717 | 198452 | 674565 |
| 山 西 | Shanxi | 19772934 | 1616690 | 22390900 | 328049 | 953643 |
| 内蒙古 | Inner Mongolia | 9569323 | 1083226 | 10692302 | 46894 | 477485 |
| 辽 宁 | Liaoning | 46228030 | 1764297 | 49649120 | 471528 | 2026901 |
| 吉 林 | Jilin | 6113417 | 34829 | 6489910 | 27751 | 237300 |
| 黑龙江 | Heilongjiang | 10397986 | 1783153 | 11462236 | 128541 | 599593 |
| 上 海 | Shanghai | 105242834 | 8109960 | 108677762 | 2598695 | 4947900 |
| 江 苏 | Jiangsu | 82944673 | 5180744 | 87633212 | 2248987 | 3372796 |
| 浙 江 | Zhejiang | 71215590 | 8141670 | 74636719 | 3093271 | 3690354 |
| 安 徽 | Anhui | 11634420 | 886811 | 12786841 | 170023 | 520307 |
| 福 建 | Fujian | 19468420 | 2571934 | 19080249 | 1332007 | 2187294 |
| 江 西 | Jiangxi | 3137590 | 49903 | 4286257 | 91743 | 180380 |
| 山 东 | Shandong | 30711183 | 1369134 | 36198710 | 1484739 | 2342632 |
| 河 南 | Henan | 14680341 | 428047 | 15209061 | 494175 | 4196370 |
| 湖 北 | Hubei | 22310154 | 298905 | 25155254 | 425242 | 883729 |
| 湖 南 | Hunan | 9405243 | 205808 | 5976392 | 281329 | 587768 |
| 广 东 | Guangdong | 104425655 | 6490206 | 101751252 | 1938769 | 5135854 |
| 广 西 | Guangxi | 9635975 | 133236 | 9264733 | 33272 | 709357 |
| 海 南 | Hainan | 1668602 | 44042 | 1739111 | 38395 | 84340 |
| 重 庆 | Chongqing | 9354158 | 345635 | 10527881 | 104957 | 606287 |
| 四 川 | Sichuan | 10663148 | 257061 | 12716666 | 167538 | 735945 |
| 贵 州 | Guizhou | 2016011 | 41390 | 2828742 | 5444 | 132431 |
| 云 南 | Yunnan | 8377222 | 378577 | 10436513 | 241951 | 810876 |
| 西 藏 | Tibet | 11962 | | 5453 | | 7826 |
| 陕 西 | Shaanxi | 13184410 | 317296 | 15114713 | 309311 | 631816 |
| 甘 肃 | Gansu | 9086018 | 31270 | 9552313 | 37765 | 1096516 |
| 青 海 | Qinghai | 794227 | 12279 | 1144831 | 25469 | 87159 |
| 宁 夏 | Ningxia | 2516055 | | 2862738 | 23628 | 123060 |
| 新 疆 | Xinjiang | 11257267 | 1334892 | 17283610 | 51661 | 886658 |

机械设备、五金交电及电子产品批发
Wholesale of Machinery, Hardware and Electronic Equipment

单位：万元
Unit：10000 yuan

| 地区 | Region | 商品购进额 Total Purchases Value | #进口 Imports | 商品销售额 Total Sales Value | #出口 Exports | 期末商品库存额 Inventery (year-end) |
|---|---|---|---|---|---|---|
| **全国** | **National Total** | **217663498** | **34438455** | **254037182** | **30429848** | **20365693** |
| 北京 | Beijing | 55638345 | 11979142 | 68888685 | 5528450 | 5540568 |
| 天津 | Tianjin | 7149127 | 985760 | 8214389 | 263606 | 819283 |
| 河北 | Hebei | 2345063 | 6046 | 3226750 | 162501 | 324524 |
| 山西 | Shanxi | 736239 | | 823449 | 28940 | 57496 |
| 内蒙古 | Inner Mongolia | 449948 | 38062 | 664703 | 222074 | 44338 |
| 辽宁 | Liaoning | 4792107 | 739873 | 5581049 | 682422 | 442362 |
| 吉林 | Jilin | 189842 | 35115 | 365224 | 9332 | 92358 |
| 黑龙江 | Heilongjiang | 1452035 | 43731 | 1642102 | 41079 | 206211 |
| 上海 | Shanghai | 40424494 | 11555255 | 44711007 | 6696960 | 2698359 |
| 江苏 | Jiangsu | 13308900 | 1047849 | 19625596 | 2681932 | 2148119 |
| 浙江 | Zhejiang | 15708432 | 993933 | 16919112 | 5539696 | 930510 |
| 安徽 | Anhui | 4025154 | 239732 | 4368136 | 371227 | 262247 |
| 福建 | Fujian | 4004827 | 349279 | 4379867 | 539969 | 500709 |
| 江西 | Jiangxi | 844841 | | 957853 | 82437 | 44420 |
| 山东 | Shandong | 10691509 | 1050694 | 12977209 | 1217680 | 939527 |
| 河南 | Henan | 4016417 | 23143 | 4243262 | 136341 | 1590031 |
| 湖北 | Hubei | 3100519 | 205759 | 3674914 | 130056 | 263323 |
| 湖南 | Hunan | 1329793 | 49583 | 1477476 | 119839 | 142829 |
| 广东 | Guangdong | 26866173 | 5007784 | 29302034 | 4643841 | 1818904 |
| 广西 | Guangxi | 1238710 | 7112 | 1335313 | 49839 | 129955 |
| 海南 | Hainan | 738922 | 1492 | 811522 | 50958 | 33155 |
| 重庆 | Chongqing | 9710646 | 25645 | 10140077 | 282376 | 439950 |
| 四川 | Sichuan | 2206469 | 9869 | 2514192 | 195904 | 163672 |
| 贵州 | Guizhou | 727028 | 16653 | 755039 | 35901 | 51501 |
| 云南 | Yunnan | 1918230 | 9285 | 2030187 | 206952 | 251917 |
| 西藏 | Tibet | 13380 | | 16462 | | 3467 |
| 陕西 | Shaanxi | 1393678 | 9032 | 1524427 | 340933 | 82000 |
| 甘肃 | Gansu | 822618 | | 896503 | | 158940 |
| 青海 | Qinghai | 111734 | | 113438 | | 9762 |
| 宁夏 | Ningxia | 268857 | 1228 | 275746 | 720 | 49287 |
| 新疆 | Xinjiang | 1439464 | 7400 | 1581462 | 167883 | 125970 |

3-2-4 续表 7 Continued 7

贸易经纪与代理
Trade Broker and Agency

单位：万元
Unit：10000 yuan

| 地区 | Region | 商品购进额 Total Purchases Value | #进口 Imports | 商品销售额 Total Sales Value | #出口 Exports | 期末商品库存额 Inventery (year-end) |
|---|---|---|---|---|---|---|
| **全国** | **National Total** | **25565486** | **7743899** | **28840209** | **7657856** | **2022797** |
| 北京 | Beijing | 6746263 | 2883169 | 6798039 | 936526 | 877745 |
| 天津 | Tianjin | 443990 | 51473 | 563767 | 223036 | 51443 |
| 河北 | Hebei | 20781 | 2093 | 65077 | 50713 | 1460 |
| 山西 | Shanxi | 26948 | 22944 | 110393 | 100156 | 27914 |
| 内蒙古 | Inner Mongolia | 25489 | 54 | 26785 | 863 | 642 |
| 辽宁 | Liaoning | 103149 | | 111477 | 38617 | 20524 |
| 吉林 | Jilin | | | | | |
| 黑龙江 | Heilongjiang | 39374 | 14048 | 60190 | 15235 | 4275 |
| 上海 | Shanghai | 4036071 | 1897363 | 5026023 | 1413762 | 457829 |
| 江苏 | Jiangsu | 1891827 | 103251 | 2023411 | 649166 | 70321 |
| 浙江 | Zhejiang | 235856 | 24243 | 239422 | 199373 | 11688 |
| 安徽 | Anhui | 19758 | | 24335 | 9278 | 2118 |
| 福建 | Fujian | 1013706 | 72474 | 1162054 | 621120 | 40608 |
| 江西 | Jiangxi | 4651 | | 4651 | 4651 | 4 |
| 山东 | Shandong | 484648 | 37153 | 809926 | 111561 | 28090 |
| 河南 | Henan | 1961 | | 2265 | 2265 | 310 |
| 湖北 | Hubei | 4657197 | 968218 | 5105542 | 272967 | 227018 |
| 湖南 | Hunan | 98619 | | 337089 | 38931 | 4124 |
| 广东 | Guangdong | 5600564 | 1664784 | 6246657 | 2882517 | 180662 |
| 广西 | Guangxi | 26703 | 1087 | 28146 | 16332 | 1178 |
| 海南 | Hainan | | | | | |
| 重庆 | Chongqing | | | | | |
| 四川 | Sichuan | 38636 | 1291 | 39817 | 26778 | 2544 |
| 贵州 | Guizhou | | | | | |
| 云南 | Yunnan | 692 | 256 | 553 | | 559 |
| 西藏 | Tibet | | | | | |
| 陕西 | Shaanxi | 24893 | | 30155 | 28009 | 4959 |
| 甘肃 | Gansu | 169 | | 687 | 687 | 2940 |
| 青海 | Qinghai | | | | | |
| 宁夏 | Ningxia | | | | | |
| 新疆 | Xinjiang | 23543 | | 23749 | 15318 | 3844 |

3-2-4 续表 8 Continued 8

其他批发
Other Wholesale not Classified Elsewhere

单位：万元
Unit：10000 yuan

| 地 区 | Region | 商品购进额 Total Purchases Value | #进 口 Imports | 商品销售额 Total Sales Value | #出 口 Exports | 期末商品库存额 Inventery (year-end) |
|---|---|---|---|---|---|---|
| **全 国** | **National Total** | **34046627** | **3855445** | **38568206** | **3401365** | **2968548** |
| 北 京 | Beijing | 1578131 | 227874 | 1734690 | 424832 | 267028 |
| 天 津 | Tianjin | 1798722 | 138399 | 2279405 | 206156 | 174106 |
| 河 北 | Hebei | 54051 | | 56761 | 2777 | 6631 |
| 山 西 | Shanxi | 127549 | | 143149 | | 7470 |
| 内蒙古 | Inner Mongolia | 30496 | | 67509 | | 2302 |
| 辽 宁 | Liaoning | 197182 | 2738 | 291877 | 287 | 15171 |
| 吉 林 | Jilin | 30296 | | 36308 | | 2387 |
| 黑龙江 | Heilongjiang | 606614 | 300890 | 663006 | 3225 | 204175 |
| 上 海 | Shanghai | 6053627 | 1600311 | 6515581 | 934551 | 779641 |
| 江 苏 | Jiangsu | 7986732 | 182762 | 8700761 | 201556 | 312031 |
| 浙 江 | Zhejiang | 3181212 | 377880 | 3392011 | 123421 | 136311 |
| 安 徽 | Anhui | 912666 | | 923135 | 2277 | 110942 |
| 福 建 | Fujian | 2178798 | 311912 | 2639254 | 364937 | 168267 |
| 江 西 | Jiangxi | 400834 | 11412 | 688606 | 26520 | 4461 |
| 山 东 | Shandong | 1996274 | 64151 | 2153094 | 48418 | 113809 |
| 河 南 | Henan | 376504 | 27850 | 444395 | 81985 | 146081 |
| 湖 北 | Hubei | 127451 | | 402875 | 10262 | 7729 |
| 湖 南 | Hunan | 622190 | 30064 | 637782 | 21093 | 20043 |
| 广 东 | Guangdong | 3114281 | 524898 | 3817553 | 847918 | 278722 |
| 广 西 | Guangxi | 414883 | 39500 | 445650 | 57461 | 19282 |
| 海 南 | Hainan | 33621 | | 34496 | 2297 | 2208 |
| 重 庆 | Chongqing | 532648 | | 572407 | | 13789 |
| 四 川 | Sichuan | 140305 | 36 | 250895 | 4322 | 9406 |
| 贵 州 | Guizhou | 73893 | | 73328 | | 14381 |
| 云 南 | Yunnan | 1274954 | 544 | 1345406 | 27037 | 135118 |
| 西 藏 | Tibet | | | | | |
| 陕 西 | Shaanxi | 18561 | 9 | 22030 | | 377 |
| 甘 肃 | Gansu | 12221 | | 12609 | | 1058 |
| 青 海 | Qinghai | | | | | |
| 宁 夏 | Ningxia | 50910 | 251 | 59593 | | 8114 |
| 新 疆 | Xinjiang | 121021 | 13964 | 164038 | 10034 | 7508 |

# 3-2-5 各地区限额以上零售业企业商品购、销、存情况

# Total Purchases, Sales and Inventory of Enterprises above Designated Size of Retail Trade by Region

单位：万元

Unit: 10000 yuan

| 地区 | Region | 商品购进额 Total Purchases Value | #进口 Imports | 商品销售额 Total Sales Value | #出口 Exports | 期末商品库存额 Inventery (year-end) |
|---|---|---|---|---|---|---|
| **全国** | **National Total** | **361942298** | **6088404** | **433315915** | **221382** | **41757054** |
| 北京 | Beijing | 36932040 | 677941 | 41084585 | 29104 | 3549603 |
| 天津 | Tianjin | 9459877 | 198962 | 10968499 | 39 | 879178 |
| 河北 | Hebei | 8013958 | 24431 | 9398920 | | 882541 |
| 山西 | Shanxi | 6899287 | 83223 | 8681558 | | 856064 |
| 内蒙古 | Inner Mongolia | 6305483 | 25063 | 7352657 | | 584089 |
| 辽宁 | Liaoning | 13054103 | 284674 | 16764772 | 12826 | 1407917 |
| 吉林 | Jilin | 4385653 | 81561 | 5479615 | | 573008 |
| 黑龙江 | Heilongjiang | 5647324 | 26961 | 7738354 | | 678449 |
| 上海 | Shanghai | 26516241 | 776987 | 33358053 | 14534 | 3421534 |
| 江苏 | Jiangsu | 33052173 | 400951 | 39853235 | 21925 | 3077932 |
| 浙江 | Zhejiang | 29597446 | 666908 | 31976789 | 17041 | 2495424 |
| 安徽 | Anhui | 8474418 | 23410 | 9266964 | 2536 | 1115935 |
| 福建 | Fujian | 10942840 | 202036 | 13443735 | 2260 | 1083524 |
| 江西 | Jiangxi | 3588730 | 37750 | 4535025 | 2345 | 360487 |
| 山东 | Shandong | 33948577 | 75944 | 39511117 | 26893 | 4489485 |
| 河南 | Henan | 15195922 | 122252 | 16088978 | 1000 | 4565076 |
| 湖北 | Hubei | 12803154 | 124189 | 15170609 | | 1263608 |
| 湖南 | Hunan | 8480382 | 227262 | 13245058 | 806 | 857926 |
| 广东 | Guangdong | 35687225 | 1303079 | 46883807 | 79431 | 3733426 |
| 广西 | Guangxi | 4663280 | 37799 | 5683283 | 2209 | 512251 |
| 海南 | Hainan | 1340122 | 23526 | 2020072 | 273 | 161325 |
| 重庆 | Chongqing | 8895726 | 152849 | 10470930 | | 879578 |
| 四川 | Sichuan | 13931914 | 208778 | 15605345 | 3151 | 1322101 |
| 贵州 | Guizhou | 2788194 | 24059 | 3580161 | 939 | 286714 |
| 云南 | Yunnan | 5171902 | 193368 | 6638233 | 564 | 862271 |
| 西藏 | Tibet | 394398 | 1146 | 437133 | | 73353 |
| 陕西 | Shaanxi | 8321574 | 43152 | 9540744 | 3002 | 794492 |
| 甘肃 | Gansu | 2381806 | 128 | 2801204 | | 368824 |
| 青海 | Qinghai | 497008 | 920 | 597947 | | 60204 |
| 宁夏 | Ningxia | 1330044 | 10119 | 1448288 | | 172131 |
| 新疆 | Xinjiang | 3241499 | 28975 | 3690249 | 504 | 388608 |

# 3-2-6 各地区限额以上零售业企业商品购、销、存情况（按登记注册类型分）

# Total Purchases, Sales and Inventory of Enterprises above Designated Size of Retail Trade by Region and Type of Registration

国有控股

State-controlled Enterprises

单位：万元

Unit：10000 yuan

| 地区 | Region | 商品购进额 Total Purchases Value | #进口 Imports | 商品销售额 Total Sales Value | #出口 Exports | 期末商品库存额 Inventory (year-end) |
|---|---|---|---|---|---|---|
| **全国** | **National Total** | **80813087** | **566713** | **107808063** | **95465** | **8267116** |
| 北京 | Beijing | 11855313 | 197954 | 13199043 | 15455 | 894406 |
| 天津 | Tianjin | 4119182 | 41537 | 4479604 | | 195821 |
| 河北 | Hebei | 738952 | | 1232962 | | 103738 |
| 山西 | Shanxi | 2307901 | 2536 | 3404058 | | 277422 |
| 内蒙古 | Inner Mongolia | 2169418 | | 2912598 | | 155345 |
| 辽宁 | Liaoning | 3190727 | 1131 | 4154561 | | 244667 |
| 吉林 | Jilin | 1103624 | 1153 | 1601825 | | 61861 |
| 黑龙江 | Heilongjiang | 1811906 | 1766 | 2275517 | | 209976 |
| 上海 | Shanghai | 7131372 | 27819 | 8788653 | 1606 | 1063617 |
| 江苏 | Jiangsu | 2994113 | 660 | 3371960 | 3101 | 324217 |
| 浙江 | Zhejiang | 5695007 | 10631 | 6144026 | 8365 | 351405 |
| 安徽 | Anhui | 2155753 | | 2548731 | | 178840 |
| 福建 | Fujian | 1747683 | 2 | 3156988 | 677 | 130333 |
| 江西 | Jiangxi | 844434 | 10 | 1382409 | | 76795 |
| 山东 | Shandong | 4026961 | 1713 | 5147465 | | 373641 |
| 河南 | Henan | 2563952 | 23130 | 2772455 | | 982877 |
| 湖北 | Hubei | 5651631 | 283 | 7062056 | | 281436 |
| 湖南 | Hunan | 1390507 | 10080 | 5265548 | 300 | 200183 |
| 广东 | Guangdong | 6029656 | 200479 | 11721174 | 64002 | 603388 |
| 广西 | Guangxi | 1037788 | 1239 | 1622987 | 1960 | 125672 |
| 海南 | Hainan | 229041 | | 794632 | | 37944 |
| 重庆 | Chongqing | 2551368 | 39320 | 3081615 | | 255014 |
| 四川 | Sichuan | 4868188 | | 5355230 | | 506325 |
| 贵州 | Guizhou | 806803 | 118 | 1416558 | | 43115 |
| 云南 | Yunnan | 799573 | 5115 | 1456286 | | 121606 |
| 西藏 | Tibet | 249388 | 38 | 264067 | | 47664 |
| 陕西 | Shaanxi | 795149 | | 1014604 | | 103832 |
| 甘肃 | Gansu | 1150003 | | 1271187 | | 218273 |
| 青海 | Qinghai | 33601 | | 70309 | | 5871 |
| 宁夏 | Ningxia | 113851 | | 118723 | | 30736 |
| 新疆 | Xinjiang | 650246 | | 720233 | | 61094 |

3-2-6 续表 1 Continued 1

内资企业 单位：万元
Domestic Funded Enterprises Unit：10000 yuan

| 地 区 | Region | 商品购进额 Total Purchases Value | #进 口 Imports | 商品销售额 Total Sales Value | #出 口 Exports | 期末商品库存额 Inventery (year-end) |
|---|---|---|---|---|---|---|
| **全 国** | **National Total** | **314854892** | **4219528** | **374756280** | **217904** | **37308282** |
| 北 京 | Beijing | 30805980 | 431894 | 33881715 | 28966 | 3021948 |
| 天 津 | Tianjin | 8264413 | 174599 | 9525863 | | 747846 |
| 河 北 | Hebei | 7900525 | 24431 | 9267147 | | 840162 |
| 山 西 | Shanxi | 6861204 | 83223 | 8590493 | | 850988 |
| 内 蒙 古 | Inner Mongolia | 6302922 | 25063 | 7349760 | | 583879 |
| 辽 宁 | Liaoning | 11636997 | 159023 | 14935161 | 12826 | 1295787 |
| 吉 林 | Jilin | 4268569 | 59602 | 5159044 | | 559583 |
| 黑 龙 江 | Heilongjiang | 4879515 | 26961 | 6841409 | | 610781 |
| 上 海 | Shanghai | 18595963 | 363343 | 23348938 | 12407 | 2585263 |
| 江 苏 | Jiangsu | 26814880 | 322059 | 31388540 | 21845 | 2440660 |
| 浙 江 | Zhejiang | 26511047 | 460686 | 28548734 | 17041 | 2286729 |
| 安 徽 | Anhui | 7808936 | 23410 | 8594599 | 2536 | 1058189 |
| 福 建 | Fujian | 8824382 | 117649 | 10350322 | 2260 | 929014 |
| 江 西 | Jiangxi | 3394971 | 34121 | 4310388 | 2345 | 346166 |
| 山 东 | Shandong | 32657930 | 75674 | 37882115 | 26893 | 4396199 |
| 河 南 | Henan | 14286614 | 122252 | 15142772 | 1000 | 4493971 |
| 湖 北 | Hubei | 11747145 | 124189 | 14062763 | | 957262 |
| 湖 南 | Hunan | 7832810 | 180160 | 12507930 | 806 | 786195 |
| 广 东 | Guangdong | 28019474 | 854882 | 37009644 | 78338 | 3099427 |
| 广 西 | Guangxi | 4343069 | 13905 | 5340627 | 2209 | 490718 |
| 海 南 | Hainan | 1193526 | 22622 | 1854252 | 273 | 147664 |
| 重 庆 | Chongqing | 7370982 | 152551 | 8713918 | | 749734 |
| 四 川 | Sichuan | 12444086 | 192281 | 13770667 | 3151 | 1217223 |
| 贵 州 | Guizhou | 2561871 | 24010 | 3335351 | 939 | 270865 |
| 云 南 | Yunnan | 4483987 | 96168 | 5832058 | 564 | 773733 |
| 西 藏 | Tibet | 390905 | 1146 | 432407 | | 72959 |
| 陕 西 | Shaanxi | 7525598 | 42457 | 8620172 | 3002 | 733814 |
| 甘 肃 | Gansu | 2364023 | 128 | 2783109 | | 365144 |
| 青 海 | Qinghai | 497008 | 920 | 595096 | | 60204 |
| 宁 夏 | Ningxia | 1326827 | 10119 | 1442813 | | 172131 |
| 新 疆 | Xinjiang | 2938733 | | 3338473 | 504 | 364047 |

3-2-6 续表 2 Continued 2

国有企业
State-owned Enterprises

单位：万元
Unit：10000 yuan

| 地 区 | Region | 商品购进额 Total Purchases Value | #进 口 Imports | 商品销售额 Total Sales Value | #出 口 Exports | 期末商品库存额 Inventory (year-end) |
|---|---|---|---|---|---|---|
| **全 国** | **National Total** | **25525141** | **215166** | **31233959** | **70994** | **3010566** |
| 北 京 | Beijing | 1233017 | 126896 | 1392444 | 4483 | 118877 |
| 天 津 | Tianjin | 3145697 | 31599 | 3330414 | | 149326 |
| 河 北 | Hebei | 361834 | | 555331 | | 73537 |
| 山 西 | Shanxi | 608966 | 2533 | 791358 | | 85935 |
| 内蒙古 | Inner Mongolia | 1668416 | | 2590981 | | 102365 |
| 辽 宁 | Liaoning | 571689 | 977 | 729413 | | 79680 |
| 吉 林 | Jilin | 60371 | | 61585 | | 16427 |
| 黑龙江 | Heilongjiang | 687835 | | 703612 | | 113707 |
| 上 海 | Shanghai | 1506881 | 18136 | 1635390 | 1242 | 186221 |
| 江 苏 | Jiangsu | 907640 | 660 | 1000546 | 470 | 136306 |
| 浙 江 | Zhejiang | 775460 | | 857353 | | 96739 |
| 安 徽 | Anhui | 573989 | | 609119 | | 27920 |
| 福 建 | Fujian | 333893 | | 690642 | 677 | 18478 |
| 江 西 | Jiangxi | 220912 | 10 | 251760 | | 28502 |
| 山 东 | Shandong | 1529733 | 289 | 1714370 | | 237156 |
| 河 南 | Henan | 1186780 | 23130 | 1212237 | | 579991 |
| 湖 北 | Hubei | 1731566 | | 2180621 | | 73820 |
| 湖 南 | Hunan | 453785 | | 1642758 | 120 | 47397 |
| 广 东 | Guangdong | 2437225 | 10897 | 2797463 | 64002 | 210695 |
| 广 西 | Guangxi | 468888 | | 624591 | | 50532 |
| 海 南 | Hainan | 8696 | | 11950 | | 465 |
| 重 庆 | Chongqing | 438791 | | 532564 | | 93365 |
| 四 川 | Sichuan | 2227178 | | 2323355 | | 151146 |
| 贵 州 | Guizhou | 364090 | | 806847 | | 27594 |
| 云 南 | Yunnan | 451546 | | 467497 | | 82648 |
| 西 藏 | Tibet | 188027 | 38 | 182061 | | 46250 |
| 陕 西 | Shaanxi | 394853 | | 494183 | | 50929 |
| 甘 肃 | Gansu | 420450 | | 410213 | | 38976 |
| 青 海 | Qinghai | 34471 | | 71121 | | 6087 |
| 宁 夏 | Ningxia | 92428 | | 95659 | | 28562 |
| 新 疆 | Xinjiang | 440035 | | 466520 | | 50935 |

3-2-6 续表 3 Continued 3

集体企业
Collective-owned Enterprises

单位：万元
Unit：10000 yuan

| 地 区 | Region | 商品购进额 Total Purchases Value | #进口 Imports | 商品销售额 Total Sales Value | #出口 Exports | 期末商品库存额 Inventery (year-end) |
|---|---|---|---|---|---|---|
| **全 国** | **National Total** | **7521954** | **39705** | **9404278** | **400** | **1471142** |
| 北 京 | Beijing | 441937 | 23 | 465878 | | 26735 |
| 天 津 | Tianjin | 147309 | 915 | 159179 | | 11880 |
| 河 北 | Hebei | 218819 | | 275303 | | 28232 |
| 山 西 | Shanxi | 168532 | | 204428 | | 13534 |
| 内蒙古 | Inner Mongolia | 17201 | | 16491 | | 4447 |
| 辽 宁 | Liaoning | 130543 | | 151246 | | 10733 |
| 吉 林 | Jilin | 28150 | | 29508 | | 4391 |
| 黑龙江 | Heilongjiang | 47048 | | 46832 | | 15059 |
| 上 海 | Shanghai | 247007 | 165 | 300623 | | 21734 |
| 江 苏 | Jiangsu | 363113 | | 454031 | | 26933 |
| 浙 江 | Zhejiang | 430271 | 8694 | 459813 | | 32438 |
| 安 徽 | Anhui | 31923 | | 31694 | | 3245 |
| 福 建 | Fujian | 71010 | | 92210 | | 11344 |
| 江 西 | Jiangxi | 10415 | | 10804 | | 922 |
| 山 东 | Shandong | 1636221 | | 1873831 | | 133414 |
| 河 南 | Henan | 1779702 | 2253 | 1900513 | 400 | 933505 |
| 湖 北 | Hubei | 336541 | | 350497 | | 40846 |
| 湖 南 | Hunan | 46292 | | 49507 | | 4968 |
| 广 东 | Guangdong | 1089400 | 27654 | 2228933 | | 112830 |
| 广 西 | Guangxi | 52356 | | 55687 | | 4095 |
| 海 南 | Hainan | 2645 | | 2964 | | 21 |
| 重 庆 | Chongqing | 15061 | | 19021 | | 828 |
| 四 川 | Sichuan | 49635 | | 59225 | | 6263 |
| 贵 州 | Guizhou | 17489 | | 17211 | | 2774 |
| 云 南 | Yunnan | 34613 | | 37682 | | 2074 |
| 西 藏 | Tibet | 3323 | | 2225 | | 1098 |
| 陕 西 | Shaanxi | 82390 | | 85257 | | 12578 |
| 甘 肃 | Gansu | 17468 | | 17159 | | 3776 |
| 青 海 | Qinghai | | | | | |
| 宁 夏 | Ningxia | 2066 | | 2293 | | |
| 新 疆 | Xinjiang | 3478 | | 4235 | | 445 |

3-2-6 续表 4 Continued 4

股份合作企业
Cooperative Enterprises

单位：万元
Unit：10000 yuan

| 地 区 | Region | 商品购进额 Total Purchases Value | #进口 Imports | 商品销售额 Total Sales Value | #出口 Exports | 期末商品库存额 Inventery (year-end) |
|---|---|---|---|---|---|---|
| **全 国** | **National Total** | **2437507** | **16838** | **2873710** | **158** | **279373** |
| 北 京 | Beijing | 277378 | 208 | 294259 | | 20607 |
| 天 津 | Tianjin | 225079 | | 327754 | | 6234 |
| 河 北 | Hebei | 151949 | 16390 | 164940 | | 18946 |
| 山 西 | Shanxi | 9458 | | 19744 | | 2656 |
| 内蒙古 | Inner Mongolia | 63747 | | 62552 | | 4323 |
| 辽 宁 | Liaoning | 42027 | | 50938 | | 4441 |
| 吉 林 | Jilin | 31486 | | 25997 | | 15640 |
| 黑龙江 | Heilongjiang | 29455 | | 44207 | | 4538 |
| 上 海 | Shanghai | 223616 | | 231732 | | 14048 |
| 江 苏 | Jiangsu | 122632 | | 131588 | | 9370 |
| 浙 江 | Zhejiang | 63668 | | 72695 | | 4855 |
| 安 徽 | Anhui | 101093 | 240 | 124890 | | 13386 |
| 福 建 | Fujian | 6813 | | 7412 | | 823 |
| 江 西 | Jiangxi | 24183 | | 26794 | | 2844 |
| 山 东 | Shandong | 288195 | | 397295 | | 27413 |
| 河 南 | Henan | 79836 | | 87049 | | 55011 |
| 湖 北 | Hubei | 85819 | | 87696 | | 6380 |
| 湖 南 | Hunan | 96152 | | 94740 | | 6918 |
| 广 东 | Guangdong | 201798 | | 246268 | | 30285 |
| 广 西 | Guangxi | 8098 | | 16915 | | 1368 |
| 海 南 | Hainan | 9387 | | 9307 | | 1859 |
| 重 庆 | Chongqing | 78461 | | 111679 | | 5749 |
| 四 川 | Sichuan | 26351 | | 32094 | | 2026 |
| 贵 州 | Guizhou | 3704 | | 3108 | | 986 |
| 云 南 | Yunnan | 63777 | | 65184 | 158 | 7412 |
| 西 藏 | Tibet | | | | | |
| 陕 西 | Shaanxi | 84719 | | 94294 | | 4929 |
| 甘 肃 | Gansu | 5847 | | 5978 | | 868 |
| 青 海 | Qinghai | 13861 | | 16044 | | 3426 |
| 宁 夏 | Ningxia | 12998 | | 14263 | | 2034 |
| 新 疆 | Xinjiang | 5921 | | 6294 | | |

3-2-6 续表 5 Continued 5

联营企业
Joint Ownership Enterprises

单位：万元
Unit：10000 yuan

| 地区 | Region | 商品购进额 Total Purchases Value | #进口 Imports | 商品销售额 Total Sales Value | #出口 Exports | 期末商品库存额 Inventery (year-end) |
|---|---|---|---|---|---|---|
| **全国** | **National Total** | **1487804** | | **1614396** | | **92086** |
| 北京 | Beijing | 123074 | | 128254 | | 6159 |
| 天津 | Tianjin | 18428 | | 31338 | | 563 |
| 河北 | Hebei | 592 | | 899 | | 60 |
| 山西 | Shanxi | 14532 | | 14876 | | 53 |
| 内蒙古 | Inner Mongolia | 49549 | | 49490 | | 739 |
| 辽宁 | Liaoning | 25783 | | 20246 | | 7327 |
| 吉林 | Jilin | | | | | |
| 黑龙江 | Heilongjiang | 861 | | 1073 | | 47 |
| 上海 | Shanghai | 265054 | | 286262 | | 19236 |
| 江苏 | Jiangsu | 108240 | | 112397 | | 10258 |
| 浙江 | Zhejiang | 83406 | | 90990 | | 787 |
| 安徽 | Anhui | 5271 | | 6111 | | 299 |
| 福建 | Fujian | 66883 | | 74681 | | 1585 |
| 江西 | Jiangxi | | | | | |
| 山东 | Shandong | 54841 | | 66763 | | 4083 |
| 河南 | Henan | 15587 | | 19146 | | 5734 |
| 湖北 | Hubei | | | | | |
| 湖南 | Hunan | 297798 | | 304248 | | 16852 |
| 广东 | Guangdong | 228520 | | 256418 | | 12511 |
| 广西 | Guangxi | | | | | |
| 海南 | Hainan | 1181 | | 1632 | | 308 |
| 重庆 | Chongqing | 10989 | | 14879 | | 361 |
| 四川 | Sichuan | 100492 | | 116466 | | 4480 |
| 贵州 | Guizhou | | | | | |
| 云南 | Yunnan | 12922 | | 14303 | | 222 |
| 西藏 | Tibet | | | | | |
| 陕西 | Shaanxi | 1646 | | 1626 | | 20 |
| 甘肃 | Gansu | | | | | |
| 青海 | Qinghai | 2156 | | 2300 | | 401 |
| 宁夏 | Ningxia | | | | | |
| 新疆 | Xinjiang | | | | | |

3-2-6 续表 6　Continued 6

有限责任公司　　单位：万元
Limited Liability Corporations　　Unit：10000 yuan

| 地　区 | Region | 商品购进额 Total Purchases Value | #进口 Imports | 商品销售额 Total Sales Value | #出口 Exports | 期末商品库存额 Inventery (year-end) |
|---|---|---|---|---|---|---|
| **全　国** | **National Total** | **115685917** | **1647032** | **132233156** | **23845** | **13983083** |
| 北　京 | Beijing | 13448783 | 120549 | 14850366 | 2457 | 1322556 |
| 天　津 | Tianjin | 2561751 | 72848 | 3066314 | | 260710 |
| 河　北 | Hebei | 3226402 | | 3790136 | | 317362 |
| 山　西 | Shanxi | 1380039 | 5739 | 1567066 | | 155623 |
| 内蒙古 | Inner Mongolia | 1565112 | 23601 | 1653956 | | 158122 |
| 辽　宁 | Liaoning | 3927427 | 35937 | 5176343 | 451 | 513118 |
| 吉　林 | Jilin | 922113 | 12870 | 994763 | | 170769 |
| 黑龙江 | Heilongjiang | 1813763 | 25097 | 2578563 | | 228496 |
| 上　海 | Shanghai | 7917410 | 92595 | 10147589 | | 934810 |
| 江　苏 | Jiangsu | 7731032 | 66204 | 8952857 | | 759994 |
| 浙　江 | Zhejiang | 10883242 | 100613 | 11676572 | 2787 | 932078 |
| 安　徽 | Anhui | 3049918 | 9929 | 3233603 | | 383868 |
| 福　建 | Fujian | 3729934 | 74374 | 4196083 | | 478165 |
| 江　西 | Jiangxi | 1424756 | 34111 | 1634387 | 2345 | 134111 |
| 山　东 | Shandong | 10516638 | 40304 | 11646946 | 12031 | 2086416 |
| 河　南 | Henan | 4880251 | 45163 | 5136536 | 200 | 1021779 |
| 湖　北 | Hubei | 3382161 | 26935 | 3920089 | | 360591 |
| 湖　南 | Hunan | 2147912 | 73261 | 2314047 | 224 | 232502 |
| 广　东 | Guangdong | 11565630 | 453503 | 13248811 | 628 | 1425583 |
| 广　西 | Guangxi | 1731399 | 12823 | 1972521 | 1917 | 187306 |
| 海　南 | Hainan | 727289 | 15615 | 809518 | 273 | 76130 |
| 重　庆 | Chongqing | 3199017 | 152241 | 3849941 | | 307708 |
| 四　川 | Sichuan | 4616183 | 58463 | 5149556 | | 394252 |
| 贵　州 | Guizhou | 1243679 | 21593 | 1316366 | 27 | 145368 |
| 云　南 | Yunnan | 1503266 | 43745 | 1829392 | | 321314 |
| 西　藏 | Tibet | 46212 | | 61328 | | 8736 |
| 陕　西 | Shaanxi | 4029486 | 27285 | 4653213 | | 357956 |
| 甘　肃 | Gansu | 642636 | 128 | 747026 | | 68428 |
| 青　海 | Qinghai | 250372 | 920 | 288564 | | 22937 |
| 宁　夏 | Ningxia | 566886 | 587 | 578662 | | 54002 |
| 新　疆 | Xinjiang | 1055218 | | 1192041 | 504 | 162215 |

3-2-6 续表 7 Continued 7

股份有限公司 单位：万元

Share-holding Corporations Ltd. Unit：10000 yuan

| 地　区 | Region | 商品购进额 Total Purchases Value | #进口 Imports | 商品销售额 Total Sales Value | #出口 Exports | 期末商品库存额 Inventery (year-end) |
|---|---|---|---|---|---|---|
| **全　国** | **National Total** | **51483327** | **134615** | **70592949** | **43850** | **4634603** |
| 北　京 | Beijing | 6941855 | 31345 | 7781139 | 8622 | 520677 |
| 天　津 | Tianjin | 239611 | | 272736 | | 17968 |
| 河　北 | Hebei | 1965529 | | 2259928 | | 100601 |
| 山　西 | Shanxi | 1986199 | | 2887874 | | 223163 |
| 内蒙古 | Inner Mongolia | 613237 | 69 | 655556 | | 57561 |
| 辽　宁 | Liaoning | 2196701 | 926 | 2860332 | 8097 | 146356 |
| 吉　林 | Jilin | 1280792 | | 1920125 | | 78517 |
| 黑龙江 | Heilongjiang | 544724 | 1766 | 1147678 | | 46501 |
| 上　海 | Shanghai | 3292372 | 1164 | 3760578 | | 567947 |
| 江　苏 | Jiangsu | 3487679 | 28875 | 3990832 | 12975 | 207924 |
| 浙　江 | Zhejiang | 4182472 | | 4579805 | 12811 | 242416 |
| 安　徽 | Anhui | 1368958 | | 1734577 | | 118206 |
| 福　建 | Fujian | 836125 | 15 | 1066818 | | 38589 |
| 江　西 | Jiangxi | 684627 | | 1260090 | | 66963 |
| 山　东 | Shandong | 5577950 | | 6957616 | | 343183 |
| 河　南 | Henan | 1857162 | | 2062125 | | 529303 |
| 湖　北 | Hubei | 4258902 | 283 | 5294319 | | 226261 |
| 湖　南 | Hunan | 1187457 | 5080 | 3996720 | 92 | 133519 |
| 广　东 | Guangdong | 2274025 | 44923 | 6562740 | 962 | 100736 |
| 广　西 | Guangxi | 697793 | 561 | 1110511 | 293 | 90388 |
| 海　南 | Hainan | 236189 | 496 | 799088 | | 39060 |
| 重　庆 | Chongqing | 1282734 | | 1640523 | | 65858 |
| 四　川 | Sichuan | 2100419 | 3610 | 2398065 | | 336152 |
| 贵　州 | Guizhou | 340526 | 2016 | 524807 | | 25899 |
| 云　南 | Yunnan | 285179 | | 921473 | | 25904 |
| 西　藏 | Tibet | 60018 | | 83037 | | 3179 |
| 陕　西 | Shaanxi | 678266 | 13485 | 842437 | | 89019 |
| 甘　肃 | Gansu | 725695 | | 869815 | | 180174 |
| 青　海 | Qinghai | 43112 | | 56404 | | 4864 |
| 宁　夏 | Ningxia | 123219 | | 124411 | | 4690 |
| 新　疆 | Xinjiang | 133803 | | 170790 | | 3025 |

3-2-6 续表 8 Continued 8

私营企业
Private Enterprises

单位：万元
Unit：10000 yuan

| 地 区 | Region | 商品购进额 Total Purchases Value | #进口 Imports | 商品销售额 Total Sales Value | #出口 Exports | 期末商品库存额 Inventery (year-end) |
|---|---|---|---|---|---|---|
| **全 国** | **National Total** | **108132047** | **2150184** | **123203204** | **74873** | **13474946** |
| 北 京 | Beijing | 8339935 | 152873 | 8969375 | 13404 | 1006338 |
| 天 津 | Tianjin | 1878520 | 69237 | 2275837 | | 299144 |
| 河 北 | Hebei | 1933813 | 8040 | 2173721 | | 298565 |
| 山 西 | Shanxi | 2656884 | 74951 | 3065002 | | 362854 |
| 内 蒙 古 | Inner Mongolia | 2294349 | 1393 | 2262626 | | 254843 |
| 辽 宁 | Liaoning | 4699423 | 121182 | 5891048 | 4278 | 532457 |
| 吉 林 | Jilin | 1939364 | 46732 | 2118864 | | 273120 |
| 黑 龙 江 | Heilongjiang | 1729392 | 99 | 2251843 | | 197610 |
| 上 海 | Shanghai | 5063938 | 251284 | 6894807 | 11165 | 833754 |
| 江 苏 | Jiangsu | 13667763 | 226315 | 16272078 | 8401 | 1257558 |
| 浙 江 | Zhejiang | 9961269 | 351378 | 10654099 | 1444 | 967862 |
| 安 徽 | Anhui | 2509195 | 13239 | 2663289 | 2536 | 491975 |
| 福 建 | Fujian | 3631988 | 41318 | 4061742 | 1584 | 368788 |
| 江 西 | Jiangxi | 1001204 | | 1094141 | | 109892 |
| 山 东 | Shandong | 12702946 | 26486 | 14273491 | 11276 | 1424631 |
| 河 南 | Henan | 4332856 | 51506 | 4567869 | 200 | 1320259 |
| 湖 北 | Hubei | 1879079 | 96972 | 2142721 | | 243950 |
| 湖 南 | Hunan | 3394771 | 101274 | 3821491 | 370 | 326760 |
| 广 东 | Guangdong | 9973881 | 313212 | 11391562 | 12746 | 1184531 |
| 广 西 | Guangxi | 1324936 | 521 | 1499746 | | 155772 |
| 海 南 | Hainan | 197687 | 6511 | 208826 | | 27071 |
| 重 庆 | Chongqing | 2282531 | 310 | 2478451 | | 270724 |
| 四 川 | Sichuan | 3245183 | 130208 | 3603760 | 3151 | 316828 |
| 贵 州 | Guizhou | 590713 | 401 | 618524 | 911 | 67342 |
| 云 南 | Yunnan | 2122873 | 52424 | 2486375 | 406 | 332172 |
| 西 藏 | Tibet | 87755 | 1107 | 97765 | | 13558 |
| 陕 西 | Shaanxi | 2231559 | 1680 | 2423087 | 3002 | 216572 |
| 甘 肃 | Gansu | 494789 | | 674874 | | 68799 |
| 青 海 | Qinghai | 133949 | | 140074 | | 20948 |
| 宁 夏 | Ningxia | 529228 | 9531 | 627525 | | 82843 |
| 新 疆 | Xinjiang | 1300277 | | 1498594 | | 147428 |

其他企业
Other Enterprises

单位：万元
Unit：10000 yuan

| 地 区 | Region | 商品购进额 Total Purchases Value | #进口 Imports | 商品销售额 Total Sales Value | #出口 Exports | 期末商品库存额 Inventery (year-end) |
|---|---|---|---|---|---|---|
| **全 国** | **National Total** | **2581195** | **15990** | **3600629** | **3786** | **362486** |
| 北 京 | Beijing | | | | | |
| 天 津 | Tianjin | 48018 | | 62291 | | 2021 |
| 河 北 | Hebei | 41586 | | 46889 | | 2859 |
| 山 西 | Shanxi | 36594 | | 40144 | | 7172 |
| 内蒙古 | Inner Mongolia | 31311 | | 58107 | | 1480 |
| 辽 宁 | Liaoning | 43405 | | 55595 | | 1675 |
| 吉 林 | Jilin | 6294 | | 8201 | | 719 |
| 黑龙江 | Heilongjiang | 26437 | | 67601 | | 4822 |
| 上 海 | Shanghai | 79686 | | 91957 | | 7514 |
| 江 苏 | Jiangsu | 426782 | 6 | 474212 | | 32317 |
| 浙 江 | Zhejiang | 131259 | | 157409 | | 9555 |
| 安 徽 | Anhui | 168590 | 2 | 191316 | | 19289 |
| 福 建 | Fujian | 147737 | 1942 | 160735 | | 11243 |
| 江 西 | Jiangxi | 28875 | | 32412 | | 2932 |
| 山 东 | Shandong | 351407 | 8595 | 951804 | 3586 | 139901 |
| 河 南 | Henan | 154440 | 200 | 157297 | 200 | 48390 |
| 湖 北 | Hubei | 73079 | | 86819 | | 5415 |
| 湖 南 | Hunan | 208644 | 545 | 284419 | | 17198 |
| 广 东 | Guangdong | 248996 | 4692 | 277450 | | 22256 |
| 广 西 | Guangxi | 59600 | | 60657 | | 1258 |
| 海 南 | Hainan | 10453 | | 10968 | | 2751 |
| 重 庆 | Chongqing | 63399 | | 66859 | | 5140 |
| 四 川 | Sichuan | 78647 | | 88146 | | 6076 |
| 贵 州 | Guizhou | 1670 | | 48489 | | 901 |
| 云 南 | Yunnan | 9811 | | 10152 | | 1987 |
| 西 藏 | Tibet | 5570 | | 5991 | | 138 |
| 陕 西 | Shaanxi | 22679 | 7 | 26076 | | 1811 |
| 甘 肃 | Gansu | 57138 | | 58043 | | 4123 |
| 青 海 | Qinghai | 19088 | | 20589 | | 1542 |
| 宁 夏 | Ningxia | | | | | |
| 新 疆 | Xinjiang | | | | | |

港、澳、台商投资企业
Enterprises with Funds from Hong Kong, Macao and Taiwan

单位：万元
Unit：10000 yuan

| 地 区 | Region | 商品购进额 Total Purchases Value | #进口 Imports | 商品销售额 Total Sales Value | #出口 Exports | 期末商品库存额 Inventery (year-end) |
|---|---|---|---|---|---|---|
| **全 国** | **National Total** | **19141235** | **1110107** | **22467278** | **693** | **1709378** |
| 北 京 | Beijing | 1724537 | 136991 | 2008441 | | 105017 |
| 天 津 | Tianjin | 501476 | 2945 | 537740 | | 43814 |
| 河 北 | Hebei | | | | | |
| 山 西 | Shanxi | 18167 | | 66960 | | 2928 |
| 内蒙古 | Inner Mongolia | 2561 | | 2897 | | 210 |
| 辽 宁 | Liaoning | 581068 | 119772 | 787627 | | 37721 |
| 吉 林 | Jilin | 45207 | | 244038 | | 6408 |
| 黑龙江 | Heilongjiang | 94816 | | 121594 | | 3016 |
| 上 海 | Shanghai | 3851294 | 220034 | 4349508 | 612 | 336810 |
| 江 苏 | Jiangsu | 3035729 | 21503 | 3452461 | 80 | 294876 |
| 浙 江 | Zhejiang | 801233 | 48234 | 920430 | | 74831 |
| 安 徽 | Anhui | 132386 | | 144981 | | 13552 |
| 福 建 | Fujian | 827233 | 23534 | 793834 | | 79173 |
| 江 西 | Jiangxi | 16149 | | 18448 | | 1480 |
| 山 东 | Shandong | 246381 | 182 | 266612 | | 30474 |
| 河 南 | Henan | 503016 | | 530241 | | 32718 |
| 湖 北 | Hubei | 313970 | | 497645 | | 35304 |
| 湖 南 | Hunan | 198282 | 47102 | 243814 | | 28956 |
| 广 东 | Guangdong | 3457561 | 391164 | 4277858 | 1 | 333186 |
| 广 西 | Guangxi | 203188 | 23894 | 226957 | | 11713 |
| 海 南 | Hainan | 47451 | 904 | 49348 | | 5595 |
| 重 庆 | Chongqing | 1127362 | 254 | 1296311 | | 108626 |
| 四 川 | Sichuan | 506095 | | 608463 | | 37365 |
| 贵 州 | Guizhou | 99971 | | 111827 | | 7302 |
| 云 南 | Yunnan | 286491 | 55483 | 336364 | | 37029 |
| 西 藏 | Tibet | | | | | |
| 陕 西 | Shaanxi | 436900 | | 483979 | | 38165 |
| 甘 肃 | Gansu | | | | | |
| 青 海 | Qinghai | | | | | |
| 宁 夏 | Ningxia | | | | | |
| 新 疆 | Xinjiang | 82712 | 18113 | 88902 | | 3110 |

3-2-6 续表 11 Continued 11

外商投资企业
Foreign Funded Enterprises

单位：万元
Unit：10000 yuan

| 地区 | Region | 商品购进额 Total Purchases Value | #进口 Imports | 商品销售额 Total Sales Value | #出口 Exports | 期末商品库存额 Inventery (year-end) |
|---|---|---|---|---|---|---|
| **全国** | **National Total** | **27946171** | **758769** | **36092357** | **2784** | **2739393** |
| 北京 | Beijing | 4401524 | 109056 | 5194429 | 138 | 422638 |
| 天津 | Tianjin | 693988 | 21418 | 904897 | 39 | 87517 |
| 河北 | Hebei | 113434 | | 131773 | | 42380 |
| 山西 | Shanxi | 19916 | | 24105 | | 2147 |
| 内蒙古 | Inner Mongolia | | | | | |
| 辽宁 | Liaoning | 836037 | 5879 | 1041984 | | 74410 |
| 吉林 | Jilin | 71877 | 21960 | 76534 | | 7018 |
| 黑龙江 | Heilongjiang | 672992 | | 775351 | | 64652 |
| 上海 | Shanghai | 4068984 | 193610 | 5659607 | 1515 | 499461 |
| 江苏 | Jiangsu | 3201564 | 57389 | 5012234 | | 342396 |
| 浙江 | Zhejiang | 2285167 | 157989 | 2507625 | | 133864 |
| 安徽 | Anhui | 533095 | | 527383 | | 44194 |
| 福建 | Fujian | 1291225 | 60853 | 2299579 | | 75337 |
| 江西 | Jiangxi | 177611 | 3629 | 206189 | | 12841 |
| 山东 | Shandong | 1044266 | 88 | 1362389 | | 62813 |
| 河南 | Henan | 406292 | | 415965 | | 38386 |
| 湖北 | Hubei | 742039 | | 610202 | | 271043 |
| 湖南 | Hunan | 449289 | | 493315 | | 42775 |
| 广东 | Guangdong | 4210189 | 57033 | 5596305 | 1092 | 300812 |
| 广西 | Guangxi | 117023 | | 115699 | | 9820 |
| 海南 | Hainan | 99145 | | 116471 | | 8065 |
| 重庆 | Chongqing | 397382 | 45 | 460702 | | 21218 |
| 四川 | Sichuan | 981733 | 16497 | 1226214 | | 67513 |
| 贵州 | Guizhou | 126352 | 49 | 132982 | | 8547 |
| 云南 | Yunnan | 401425 | 41718 | 469810 | | 51510 |
| 西藏 | Tibet | 3493 | | 4726 | | 394 |
| 陕西 | Shaanxi | 359076 | 695 | 436593 | | 22513 |
| 甘肃 | Gansu | 17784 | | 18095 | | 3680 |
| 青海 | Qinghai | | | 2851 | | |
| 宁夏 | Ningxia | 3217 | | 5475 | | |
| 新疆 | Xinjiang | 220054 | 10863 | 262874 | | 21450 |

# 3-2-7 各地区限额以上零售业企业商品购、销、存情况（按国民经济行业分）

# Total Purchases, Sales and Inventory of Enterprises above Designated Size of Retail Trade by Region and Sector

综合零售
Integrated Retail

单位：万元
Unit：10000 yuan

| 地　区 | Region | 商品购进额 Total Purchases Value | #进口 Imports | 商品销售额 Total Sales Value | #出口 Exports | 期末商品库存额 Inventery (year-end) |
|---|---|---|---|---|---|---|
| **全　国** | **National Total** | **106736299** | **269620** | **131641920** | **47598** | **12115032** |
| 北　京 | Beijing | 9401195 | 84565 | 11265667 | 2406 | 771034 |
| 天　津 | Tianjin | 1981147 | 8336 | 2413894 | | 237023 |
| 河　北 | Hebei | 3741478 | | 4669360 | | 430465 |
| 山　西 | Shanxi | 1019837 | 3 | 1268286 | | 151817 |
| 内蒙古 | Inner Mongolia | 935740 | 2 | 990752 | | 140284 |
| 辽　宁 | Liaoning | 3765285 | 896 | 5628525 | 8097 | 443746 |
| 吉　林 | Jilin | 1768216 | 16 | 2569508 | | 178650 |
| 黑龙江 | Heilongjiang | 1428421 | 1766 | 2499115 | | 149453 |
| 上　海 | Shanghai | 11496526 | 77728 | 14666075 | | 984535 |
| 江　苏 | Jiangsu | 10812110 | 1230 | 14982642 | 18190 | 1301456 |
| 浙　江 | Zhejiang | 6723462 | 5462 | 7477012 | 8365 | 666669 |
| 安　徽 | Anhui | 3306803 | 127 | 3553642 | | 423781 |
| 福　建 | Fujian | 2374650 | 834 | 2856209 | 677 | 232907 |
| 江　西 | Jiangxi | 1106014 | | 1290125 | | 113840 |
| 山　东 | Shandong | 12854483 | 10700 | 14625363 | 8246 | 1375563 |
| 河　南 | Henan | 4560818 | 800 | 4840238 | 800 | 1476554 |
| 湖　北 | Hubei | 5964856 | 2488 | 6952118 | | 655818 |
| 湖　南 | Hunan | 2784081 | 22551 | 3016066 | 264 | 309621 |
| 广　东 | Guangdong | 8343839 | 38446 | 10917504 | 261 | 819183 |
| 广　西 | Guangxi | 1077842 | 478 | 1314975 | 293 | 147913 |
| 海　南 | Hainan | 166828 | 1650 | 188112 | | 25937 |
| 重　庆 | Chongqing | 2943043 | 45 | 3546704 | | 249750 |
| 四　川 | Sichuan | 2951554 | 10674 | 3608541 | | 245135 |
| 贵　州 | Guizhou | 513090 | | 576690 | | 52086 |
| 云　南 | Yunnan | 861723 | 817 | 1159755 | | 126067 |
| 西　藏 | Tibet | 11374 | | 25733 | | 3650 |
| 陕　西 | Shaanxi | 2461273 | 7 | 2936212 | | 265687 |
| 甘　肃 | Gansu | 388468 | | 565879 | | 55415 |
| 青　海 | Qinghai | 148246 | | 195400 | | 13883 |
| 宁　夏 | Ningxia | 367172 | | 393668 | | 29471 |
| 新　疆 | Xinjiang | 476728 | | 648150 | | 37644 |

3-2-7 续表 1 Continued 1

食品、饮料及烟草制品专门零售
Retail of Food, Beverages and Tobaccos

单位：万元
Unit：10000 yuan

| 地 区 | Region | 商品购进额 Total Purchases Value | #进 口 Imports | 商品销售额 Total Sales Value | #出 口 Exports | 期末商品库存额 Inventery (year-end) |
|---|---|---|---|---|---|---|
| **全 国** | **National Total** | **6115934** | **113668** | **7283254** | **11299** | **1004678** |
| 北 京 | Beijing | 375702 | 2336 | 507256 | | 57838 |
| 天 津 | Tianjin | 103401 | | 123012 | | 16823 |
| 河 北 | Hebei | 32693 | | 39937 | | 8853 |
| 山 西 | Shanxi | 205450 | | 257509 | | 18195 |
| 内蒙古 | Inner Mongolia | 44470 | | 58729 | | 10565 |
| 辽 宁 | Liaoning | 124804 | 1574 | 159518 | | 16917 |
| 吉 林 | Jilin | 95602 | | 113802 | | 19796 |
| 黑龙江 | Heilongjiang | 12330 | 4002 | 22984 | | 5015 |
| 上 海 | Shanghai | 515769 | 1145 | 595433 | | 46837 |
| 江 苏 | Jiangsu | 793903 | 655 | 899835 | 105 | 75728 |
| 浙 江 | Zhejiang | 310516 | 12840 | 352825 | | 30256 |
| 安 徽 | Anhui | 159388 | | 158067 | | 10499 |
| 福 建 | Fujian | 530114 | | 542083 | | 87036 |
| 江 西 | Jiangxi | 10800 | | 11785 | | 942 |
| 山 东 | Shandong | 865483 | 1424 | 1069565 | 9525 | 78657 |
| 河 南 | Henan | 479962 | | 500499 | | 224816 |
| 湖 北 | Hubei | 229914 | 20 | 277614 | | 25657 |
| 湖 南 | Hunan | 89751 | | 92843 | | 5999 |
| 广 东 | Guangdong | 414876 | 81015 | 546104 | 1 | 105612 |
| 广 西 | Guangxi | 44558 | 1800 | 59504 | 1667 | 9379 |
| 海 南 | Hainan | 29931 | 496 | 35272 | | 3004 |
| 重 庆 | Chongqing | 110217 | | 131012 | | 14587 |
| 四 川 | Sichuan | 113798 | | 139926 | | 18788 |
| 贵 州 | Guizhou | 54765 | | 64097 | | 5199 |
| 云 南 | Yunnan | 149146 | 5882 | 169992 | | 34225 |
| 西 藏 | Tibet | 43032 | | 43695 | | 6339 |
| 陕 西 | Shaanxi | 106506 | 480 | 197295 | | 50005 |
| 甘 肃 | Gansu | 48635 | | 86122 | | 11289 |
| 青 海 | Qinghai | 1043 | | 1241 | | 72 |
| 宁 夏 | Ningxia | 12585 | | 13394 | | 1452 |
| 新 疆 | Xinjiang | 6788 | | 12308 | | 4301 |

纺织、服装及日用品专门零售 单位：万元

Special Retail of Textiles, Garments and Daily Consumer Articles Unit：10000 yuan

| 地 区 | Region | 商品购进额 Total Purchases Value | #进口 Imports | 商品销售额 Total Sales Value | #出口 Exports | 期末商品库存额 Inventery (year-end) |
|---|---|---|---|---|---|---|
| **全 国** | **National Total** | **11622379** | **503236** | **15519056** | **12545** | **2487420** |
| 北 京 | Beijing | 1140963 | 50811 | 1618312 | 1621 | 327767 |
| 天 津 | Tianjin | 576841 | 499 | 1020000 | | 55586 |
| 河 北 | Hebei | 141787 | | 182720 | | 13742 |
| 山 西 | Shanxi | 140820 | | 186105 | | 37912 |
| 内蒙古 | Inner Mongolia | 124073 | | 136010 | | 18520 |
| 辽 宁 | Liaoning | 381535 | 977 | 591527 | 2966 | 97039 |
| 吉 林 | Jilin | 108006 | | 124381 | | 26372 |
| 黑龙江 | Heilongjiang | 140462 | | 150610 | | 24587 |
| 上 海 | Shanghai | 1631625 | 304854 | 2588966 | 4551 | 438157 |
| 江 苏 | Jiangsu | 531842 | 3015 | 668578 | 80 | 55534 |
| 浙 江 | Zhejiang | 664119 | 21865 | 749236 | | 155709 |
| 安 徽 | Anhui | 138829 | 394 | 161999 | | 40036 |
| 福 建 | Fujian | 226877 | | 282872 | | 33449 |
| 江 西 | Jiangxi | 62855 | | 70879 | | 11458 |
| 山 东 | Shandong | 1366442 | | 1627960 | 2499 | 105357 |
| 河 南 | Henan | 529092 | 1330 | 590209 | | 249265 |
| 湖 北 | Hubei | 339733 | 6916 | 454281 | | 75980 |
| 湖 南 | Hunan | 241037 | 5625 | 304059 | 100 | 49582 |
| 广 东 | Guangdong | 1731531 | 106590 | 2343026 | 728 | 426695 |
| 广 西 | Guangxi | 62604 | | 67173 | | 14096 |
| 海 南 | Hainan | 59359 | | 69855 | | 4413 |
| 重 庆 | Chongqing | 245943 | 310 | 303342 | | 44531 |
| 四 川 | Sichuan | 211642 | | 276524 | | 55934 |
| 贵 州 | Guizhou | 120502 | 49 | 140181 | | 13193 |
| 云 南 | Yunnan | 59297 | | 82163 | | 25756 |
| 西 藏 | Tibet | 3493 | | 4726 | | 394 |
| 陕 西 | Shaanxi | 429035 | | 476385 | | 37808 |
| 甘 肃 | Gansu | 5598 | | 5784 | | 152 |
| 青 海 | Qinghai | 11496 | | 15074 | | 2020 |
| 宁 夏 | Ningxia | 21400 | | 24309 | | 18783 |
| 新 疆 | Xinjiang | 173542 | | 201816 | | 27598 |

3-2-7 续表 3 Continued 3

文化、体育用品及器材专门零售　　单位：万元

Retail of Culture, Sports Appliances and Equipments　　Unit：10000 yuan

| 地 区 | Region | 商品购进额 Total Purchases Value | #进口 Imports | 商品销售额 Total Sales Value | #出口 Exports | 期末商品库存额 Inventery (year-end) |
|---|---|---|---|---|---|---|
| **全 国** | **National Total** | **10114581** | **220461** | **11095809** | **17517** | **3008147** |
| 北 京 | Beijing | 1505770 | 110493 | 1737312 | 3599 | 283382 |
| 天 津 | Tianjin | 111139 | | 138835 | | 34036 |
| 河 北 | Hebei | 162600 | | 156577 | | 56747 |
| 山 西 | Shanxi | 270976 | | 279679 | | 55380 |
| 内蒙古 | Inner Mongolia | 37841 | | 43580 | | 9317 |
| 辽 宁 | Liaoning | 297954 | 80 | 372449 | | 86130 |
| 吉 林 | Jilin | 81492 | 1153 | 76396 | | 34479 |
| 黑龙江 | Heilongjiang | 174090 | | 219258 | | 56884 |
| 上 海 | Shanghai | 1424276 | 76939 | 1617602 | 1862 | 655923 |
| 江 苏 | Jiangsu | 870690 | 299 | 999909 | 364 | 269401 |
| 浙 江 | Zhejiang | 644231 | | 675560 | | 209308 |
| 安 徽 | Anhui | 248975 | | 259102 | | 24427 |
| 福 建 | Fujian | 426613 | 26 | 456035 | | 87867 |
| 江 西 | Jiangxi | 215662 | 20520 | 232492 | 2345 | 27009 |
| 山 东 | Shandong | 728328 | 450 | 761681 | | 213284 |
| 河 南 | Henan | 352414 | | 363754 | | 113706 |
| 湖 北 | Hubei | 193623 | | 200389 | | 51452 |
| 湖 南 | Hunan | 322727 | | 338220 | 100 | 50938 |
| 广 东 | Guangdong | 390802 | 10274 | 460684 | 9248 | 137007 |
| 广 西 | Guangxi | 105091 | | 102771 | | 17820 |
| 海 南 | Hainan | 26507 | | 27540 | | 5314 |
| 重 庆 | Chongqing | 333439 | | 335902 | | 41060 |
| 四 川 | Sichuan | 399826 | | 433514 | | 261331 |
| 贵 州 | Guizhou | 71509 | | 81512 | | 19036 |
| 云 南 | Yunnan | 236386 | | 234812 | | 68110 |
| 西 藏 | Tibet | 3316 | | 5657 | | 2295 |
| 陕 西 | Shaanxi | 256454 | | 258031 | | 68978 |
| 甘 肃 | Gansu | 61731 | | 65425 | | 13402 |
| 青 海 | Qinghai | 2381 | | 2502 | | 416 |
| 宁 夏 | Ningxia | 24783 | 228 | 25065 | | 9170 |
| 新 疆 | Xinjiang | 132958 | | 133567 | | 44541 |

3-2-7 续表 4 Continued 4

医药及医疗器材专门零售 单位：万元

Retail of Medicines and Medical Appliances Unit：10000 yuan

| 地区 | Region | 商品购进额 Total Purchases Value | #进口 Imports | 商品销售额 Total Sales Value | #出口 Exports | 期末商品库存额 Inventery (year-end) |
|---|---|---|---|---|---|---|
| **全国** | **National Total** | **15734774** | **95551** | **17454074** | **4406** | **2089014** |
| 北京 | Beijing | 1735258 | 63303 | 1885192 | 1406 | 196610 |
| 天津 | Tianjin | 78262 | 3597 | 79701 | | 27714 |
| 河北 | Hebei | 201587 | | 240268 | | 40014 |
| 山西 | Shanxi | 253161 | | 277452 | | 33219 |
| 内蒙古 | Inner Mongolia | 86839 | | 104286 | | 17005 |
| 辽宁 | Liaoning | 475097 | 800 | 620821 | | 69302 |
| 吉林 | Jilin | 133833 | | 134390 | | 63624 |
| 黑龙江 | Heilongjiang | 619289 | | 737411 | | 65267 |
| 上海 | Shanghai | 615981 | 6430 | 722688 | | 128368 |
| 江苏 | Jiangsu | 2892436 | 4379 | 3099643 | 2633 | 226626 |
| 浙江 | Zhejiang | 1333083 | 16 | 1437477 | | 154760 |
| 安徽 | Anhui | 404482 | | 445646 | | 45932 |
| 福建 | Fujian | 257755 | 105 | 282968 | | 29054 |
| 江西 | Jiangxi | 236032 | | 272253 | | 28438 |
| 山东 | Shandong | 838596 | | 931170 | | 98673 |
| 河南 | Henan | 700612 | 802 | 685305 | 200 | 172305 |
| 湖北 | Hubei | 318628 | 570 | 368783 | | 74897 |
| 湖南 | Hunan | 542911 | | 603577 | | 52510 |
| 广东 | Guangdong | 1089201 | 12091 | 1261467 | | 173403 |
| 广西 | Guangxi | 493512 | | 547290 | | 59516 |
| 海南 | Hainan | 17429 | | 18003 | | 2392 |
| 重庆 | Chongqing | 956226 | | 1037381 | | 79712 |
| 四川 | Sichuan | 163897 | 38 | 188361 | | 27428 |
| 贵州 | Guizhou | 64593 | 118 | 69937 | | 16795 |
| 云南 | Yunnan | 218553 | | 310812 | 167 | 41079 |
| 西藏 | Tibet | | | | | |
| 陕西 | Shaanxi | 261542 | | 283419 | | 36290 |
| 甘肃 | Gansu | 70274 | | 80311 | | 10669 |
| 青海 | Qinghai | 33889 | | 37959 | | 7182 |
| 宁夏 | Ningxia | 144145 | 3304 | 160394 | | 16709 |
| 新疆 | Xinjiang | 497673 | | 529712 | | 93525 |

汽车、摩托车、燃料及零配件专门零售 单位：万元

Retail of Motor Vehicles, Motorcycles, Fuel and Parts Unit：10000 yuan

| 地区 | Region | 商品购进额 Total Purchases Value | #进口 Imports | 商品销售额 Total Sales Value | #出口 Exports | 期末商品库存额 Inventory (year-end) |
|---|---|---|---|---|---|---|
| **全国** | **National Total** | **166117890** | **4465311** | **198216806** | **95116** | **14765294** |
| 北京 | Beijing | 16591702 | 209075 | 17407697 | | 1023731 |
| 天津 | Tianjin | 5605525 | 169904 | 6063738 | | 414984 |
| 河北 | Hebei | 3043013 | 24431 | 3380892 | | 244968 |
| 山西 | Shanxi | 4433943 | 83220 | 5764854 | | 467491 |
| 内蒙古 | Inner Mongolia | 4448722 | 23670 | 5362741 | | 319168 |
| 辽宁 | Liaoning | 6567080 | 279710 | 7609097 | 1763 | 496605 |
| 吉林 | Jilin | 1814632 | 80281 | 2044076 | | 207555 |
| 黑龙江 | Heilongjiang | 2715256 | 21193 | 3385766 | | 307691 |
| 上海 | Shanghai | 7916733 | 263908 | 8596688 | 6904 | 537484 |
| 江苏 | Jiangsu | 11998022 | 384609 | 13657892 | 43 | 754736 |
| 浙江 | Zhejiang | 17379448 | 625588 | 18575561 | 8494 | 1034667 |
| 安徽 | Anhui | 3252720 | 22889 | 3667227 | 2536 | 281458 |
| 福建 | Fujian | 5401880 | 166939 | 7229692 | 1347 | 381341 |
| 江西 | Jiangxi | 1594557 | 17215 | 2271912 | | 144336 |
| 山东 | Shandong | 12156163 | 62667 | 14607811 | 3729 | 1901755 |
| 河南 | Henan | 6672930 | 118964 | 7088555 | | 1592354 |
| 湖北 | Hubei | 4229092 | 113343 | 5351455 | | 238650 |
| 湖南 | Hunan | 3287992 | 199078 | 7406812 | 162 | 301201 |
| 广东 | Guangdong | 19381493 | 946785 | 26391376 | 68232 | 1547865 |
| 广西 | Guangxi | 2408727 | 35520 | 3077104 | 249 | 211317 |
| 海南 | Hainan | 860527 | 17912 | 1477447 | | 86066 |
| 重庆 | Chongqing | 2647104 | 152495 | 2969239 | | 261703 |
| 四川 | Sichuan | 9036803 | 198066 | 9750360 | | 609748 |
| 贵州 | Guizhou | 1624949 | 21877 | 2309739 | 911 | 130429 |
| 云南 | Yunnan | 3230703 | 145769 | 4120770 | 243 | 489298 |
| 西藏 | Tibet | 325212 | 1146 | 339977 | | 58225 |
| 陕西 | Shaanxi | 3443483 | 42450 | 3859881 | | 240680 |
| 甘肃 | Gansu | 1696498 | 128 | 1824632 | | 262446 |
| 青海 | Qinghai | 230542 | 920 | 270276 | | 28043 |
| 宁夏 | Ningxia | 551949 | 6587 | 622607 | | 55393 |
| 新疆 | Xinjiang | 1570492 | 28975 | 1730932 | 504 | 133907 |

家用电器及电子产品专门零售
Special Retail of Household Electric Appliances and Electronic Products

单位：万元
Unit: 10000 yuan

| 地 区 | Region | 商品购进额 Total Purchases Value | #进口 Imports | 商品销售额 Total Sales Value | #出口 Exports | 期末商品库存额 Inventory (year-end) |
|---|---|---|---|---|---|---|
| **全 国** | **National Total** | **32691851** | **87872** | **36711892** | **18243** | **4415688** |
| 北 京 | Beijing | 4465003 | 45590 | 4507567 | 9131 | 545773 |
| 天 津 | Tianjin | 707136 | 2 | 760865 | | 64988 |
| 河 北 | Hebei | 592560 | | 620781 | | 73783 |
| 山 西 | Shanxi | 360953 | | 385282 | | 66595 |
| 内蒙古 | Inner Mongolia | 362588 | | 378605 | | 43453 |
| 辽 宁 | Liaoning | 1117402 | 200 | 1358674 | | 147708 |
| 吉 林 | Jilin | 303998 | | 331612 | | 33634 |
| 黑龙江 | Heilongjiang | 523833 | | 678880 | | 60609 |
| 上 海 | Shanghai | 1553776 | 1210 | 2881745 | | 510458 |
| 江 苏 | Jiangsu | 4406732 | 4502 | 4605019 | 510 | 336415 |
| 浙 江 | Zhejiang | 2130030 | 1137 | 2236252 | | 223304 |
| 安 徽 | Anhui | 768111 | | 791573 | | 242191 |
| 福 建 | Fujian | 1208357 | 9561 | 1268554 | | 130403 |
| 江 西 | Jiangxi | 287788 | 16 | 297144 | | 31765 |
| 山 东 | Shandong | 2522076 | 697 | 2831918 | 1400 | 318924 |
| 河 南 | Henan | 1436113 | 356 | 1502753 | | 462499 |
| 湖 北 | Hubei | 1215114 | 853 | 1227164 | | 127481 |
| 湖 南 | Hunan | 772921 | | 938305 | 88 | 65470 |
| 广 东 | Guangdong | 3429543 | 18264 | 3765879 | 962 | 427357 |
| 广 西 | Guangxi | 397853 | | 430599 | | 46292 |
| 海 南 | Hainan | 157952 | 3469 | 178188 | | 26614 |
| 重 庆 | Chongqing | 866963 | | 1213626 | | 103720 |
| 四 川 | Sichuan | 938515 | | 1054925 | 3151 | 89127 |
| 贵 州 | Guizhou | 285893 | 2016 | 283600 | | 43179 |
| 云 南 | Yunnan | 322041 | | 447380 | | 53222 |
| 西 藏 | Tibet | 6908 | | 15962 | | 2417 |
| 陕 西 | Shaanxi | 927430 | | 996821 | 3002 | 49713 |
| 甘 肃 | Gansu | 90569 | | 150100 | | 13196 |
| 青 海 | Qinghai | 58197 | | 64930 | | 5096 |
| 宁 夏 | Ningxia | 200587 | | 198263 | | 39505 |
| 新 疆 | Xinjiang | 274910 | | 308928 | | 30797 |

3-2-7 续表 7 Continued 7

五金、家具及室内装修材料专门零售
Special Retail of Hardware, Furniture and Decoration Materials

单位：万元
Unit：10000 yuan

| 地区 | Region | 商品购进额 Total Purchases Value | #进口 Imports | 商品销售额 Total Sales Value | #出口 Exports | 期末商品库存额 Inventery (year-end) |
|---|---|---|---|---|---|---|
| **全国** | **National Total** | **7090919** | **41280** | **8363890** | **12204** | **1208897** |
| 北京 | Beijing | 655369 | 20559 | 861025 | 8681 | 112072 |
| 天津 | Tianjin | 114111 | 2618 | 134055 | | 12945 |
| 河北 | Hebei | 52797 | | 59344 | | 8575 |
| 山西 | Shanxi | 72425 | | 81734 | | 9848 |
| 内蒙古 | Inner Mongolia | 162164 | | 175219 | | 15628 |
| 辽宁 | Liaoning | 211943 | 437 | 271343 | | 41584 |
| 吉林 | Jilin | 14950 | 111 | 16652 | | 3887 |
| 黑龙江 | Heilongjiang | 21916 | 0 | 25536 | | 4779 |
| 上海 | Shanghai | 609562 | 12282 | 727140 | 1218 | 67160 |
| 江苏 | Jiangsu | 513911 | 983 | 660879 | | 45104 |
| 浙江 | Zhejiang | 98211 | | 109479 | 182 | 14254 |
| 安徽 | Anhui | 160414 | | 171118 | | 41264 |
| 福建 | Fujian | 350955 | | 321626 | 237 | 84846 |
| 江西 | Jiangxi | 66157 | | 79331 | | 2387 |
| 山东 | Shandong | 1760671 | 7 | 2028961 | 1494 | 330503 |
| 河南 | Henan | 297089 | | 333932 | | 175988 |
| 湖北 | Hubei | 53229 | | 71713 | | 6424 |
| 湖南 | Hunan | 152866 | 7 | 165801 | 92 | 11243 |
| 广东 | Guangdong | 336979 | 4062 | 446209 | | 54718 |
| 广西 | Guangxi | 15056 | | 15781 | | 3108 |
| 海南 | Hainan | 8114 | | 8077 | 273 | 2684 |
| 重庆 | Chongqing | 746990 | | 868066 | | 81691 |
| 四川 | Sichuan | 87787 | | 110082 | | 13094 |
| 贵州 | Guizhou | 13503 | | 12994 | 27 | 1378 |
| 云南 | Yunnan | 14287 | | 17776 | | 3828 |
| 西藏 | Tibet | | | | | |
| 陕西 | Shaanxi | 399652 | 215 | 484900 | | 43932 |
| 甘肃 | Gansu | 5383 | | 6602 | | 505 |
| 青海 | Qinghai | | | | | |
| 宁夏 | Ningxia | 2696 | | 3334 | | 523 |
| 新疆 | Xinjiang | 91732 | | 95184 | | 14947 |

3-2-7 续表 8 Continued 8

无店铺及其他零售
Non-shop and Other Retails

单位：万元
Unit：10000 yuan

| 地 区 | Region | 商品购进额 Total Purchases Value | #进 口 Imports | 商品销售额 Total Sales Value | #出 口 Exports | 期末商品库存额 Inventery (year-end) |
|---|---|---|---|---|---|---|
| **全 国** | **National Total** | **5717672** | **291406** | **7029214** | **2453** | **662883** |
| 北 京 | Beijing | 1061080 | 91211 | 1294558 | 2262 | 231398 |
| 天 津 | Tianjin | 182314 | 14007 | 234398 | 39 | 15079 |
| 河 北 | Hebei | 45444 | | 49042 | | 5395 |
| 山 西 | Shanxi | 141722 | | 180657 | | 15607 |
| 内蒙古 | Inner Mongolia | 103046 | 1391 | 102736 | | 10151 |
| 辽 宁 | Liaoning | 113002 | | 152818 | | 8888 |
| 吉 林 | Jilin | 64926 | | 68798 | | 5012 |
| 黑龙江 | Heilongjiang | 11727 | | 18794 | | 4164 |
| 上 海 | Shanghai | 751993 | 32492 | 961718 | | 52613 |
| 江 苏 | Jiangsu | 232528 | 1279 | 278839 | | 12932 |
| 浙 江 | Zhejiang | 314347 | | 363386 | | 6498 |
| 安 徽 | Anhui | 34695 | | 58592 | | 6348 |
| 福 建 | Fujian | 165639 | 24571 | 203697 | | 16621 |
| 江 西 | Jiangxi | 8865 | | 9104 | | 312 |
| 山 东 | Shandong | 856335 | | 1026688 | | 66770 |
| 河 南 | Henan | 166892 | | 183732 | | 97589 |
| 湖 北 | Hubei | 258966 | | 267093 | | 7250 |
| 湖 南 | Hunan | 286096 | 1 | 379377 | | 11362 |
| 广 东 | Guangdong | 568961 | 85552 | 731559 | | 41586 |
| 广 西 | Guangxi | 58037 | | 68087 | | 2809 |
| 海 南 | Hainan | 13475 | | 17580 | | 4902 |
| 重 庆 | Chongqing | 45801 | | 65659 | | 2825 |
| 四 川 | Sichuan | 28094 | | 43113 | | 1517 |
| 贵 州 | Guizhou | 39392 | | 41412 | | 5421 |
| 云 南 | Yunnan | 79767 | 40901 | 94773 | 153 | 20687 |
| 西 藏 | Tibet | 1063 | | 1383 | | 33 |
| 陕 西 | Shaanxi | 36200 | | 47803 | | 1400 |
| 甘 肃 | Gansu | 14651 | | 16348 | | 1750 |
| 青 海 | Qinghai | 11214 | | 10566 | | 3492 |
| 宁 夏 | Ningxia | 4726 | | 7255 | | 1126 |
| 新 疆 | Xinjiang | 16676 | | 29653 | | 1348 |

# 3-2-8 限额以上批发和零售业商品销售类值

# Sale Values of Enterprises above Designated Size of Wholesale and Retail Trades by Category of Commodities

单位：万元

Unit: 10000 yuan

| 项　目 | Item | 合　计 Total Sale Value | | 批发额 Wholesale Value | | 零售额 Retail Value | |
|---|---|---|---|---|---|---|---|
| | | 2009 | 2008 | 2009 | 2008 | 2009 | 2008 |
| 1.粮油、食品、饮料、烟酒类 | Grain and Oil, Food, Beverages, Tobacco and Liquor | 221117163 | 194724304 | 163454762 | 145861315 | 57662401 | 48862989 |
| (1)粮油、食品类 | Grain and Oil, foods | 92867995 | 80035109 | 52448601 | 46038426 | 40419394 | 33996683 |
| #粮油类 | Grain and Oil | 31103725 | 25132144 | 22168406 | 17876602 | 8935319 | 7255542 |
| 肉禽蛋类 | Meat, Poultry and Eggs | 11667845 | 11073922 | 4535711 | 4496523 | 7132135 | 6577399 |
| (2)饮料类 | Beverages | 15152004 | 11403721 | 9344435 | 6737476 | 5807570 | 4666245 |
| (3)烟酒类 | Tobacco and Liquor | 113097164 | 103285474 | 101661727 | 93085413 | 11435437 | 10200061 |
| 2.服装、鞋帽、针纺织品类 | Clothing, Shoes, Hats and Textiles | 104909366 | 86259352 | 58685140 | 48504654 | 46224226 | 37754699 |
| (1)服装类 | Clothing | 63369642 | 52441219 | 30621432 | 25885709 | 32748210 | 26555510 |
| (2)鞋帽类 | Shoes and Hats | 17021116 | 13182725 | 8486328 | 6245439 | 8534788 | 6937286 |
| (3)针、纺织品类 | Knitwear and Textiles | 24518608 | 20635408 | 19577381 | 16373506 | 4941227 | 4261903 |
| 3.化妆品类 | Cosmetics | 11970533 | 9692885 | 4570702 | 3728064 | 7399831 | 5964822 |
| 4.金银珠宝类 | Gold, Silver and Jewellery | 13571343 | 9383633 | 5491671 | 3013538 | 8079672 | 6370094 |
| 5.日用品类 | Articles for Daily Use | 34519930 | 27112631 | 18597205 | 14637624 | 15922725 | 12475008 |
| #洗涤用品类 | Washing Articles | 8594397 | 6824170 | 4224585 | 3206321 | 4369812 | 3617849 |
| 儿童玩具类 | Children Toys | 1431493 | 1260008 | 586335 | 589765 | 845158 | 670243 |
| 6.五金、电料类 | Hardware and Electrical Materials | 10962849 | 9138811 | 8828902 | 7773489 | 2133948 | 1365322 |
| 7.体育、娱乐用品类 | Sports and Recreation Articles | 5955690 | 5372021 | 3592589 | 3374652 | 2363101 | 1997369 |
| 8.书报杂志类 | Newspapers and Magazines | 9742299 | 8822646 | 4363948 | 4086192 | 5378351 | 4736454 |
| 9.电子出版物及音像制品类 | E-journals and Video Products | 1469051 | 1246030 | 744232 | 613850 | 724819 | 632179 |
| 10.家用电器和音像器材类 | Household Appliances and Video Appliances | 69101531 | 56632086 | 37557828 | 29565682 | 31543703 | 27066404 |
| 11.中西药品类 | Traditional Chinese and Western Medicines | 80053952 | 56290573 | 57632027 | 38998321 | 22421924 | 17292252 |
| #西药类 | Western Medicines | 56921299 | 40789572 | 40830289 | 28060031 | 16091010 | 12729541 |
| 中草药及中成药类 | Traditional Chinese Medicines | 13663868 | 11054380 | 9505380 | 7516615 | 4158488 | 3537765 |
| 12.文化办公用品类 | Cultural and Offices Appliances | 39700820 | 27205768 | 31220464 | 20335716 | 8480357 | 6870052 |
| 13.家具类 | Furniture | 6558582 | 4858195 | 2243793 | 1994428 | 4314788 | 2863767 |
| 14.通讯器材类 | Communication Appliances | 30100836 | 26182451 | 23701391 | 19978811 | 6399445 | 6203640 |
| 15.煤炭及制品类 | Coal and Related Products | 92707702 | 66943850 | 91059436 | 65840570 | 1648266 | 1103280 |
| 16.木材及制品类 | Wood and Wooden Products | 4655094 | 3788450 | 4655094 | 3788450 | | |
| 17.石油及制品类 | Petroleum and Related Products | 353665564 | 351040900 | 275651384 | 280766100 | 78014181 | 70274800 |
| 18.化工材料及制品类 | Chemical Materials and Related Products | 94020209 | 75729397 | 94020209 | 75729397 | | |
| #化肥类 | Fertilizers | 20942720 | 19061355 | 20942720 | 19061355 | | |
| 19.金属材料类 | Metal Materials | 295557124 | 255555870 | 295557124 | 255555870 | | |
| 20.建筑及装潢材料类 | Building and Decoration Materials | 21397333 | 14876223 | 16945923 | 12485899 | 4451410 | 2390325 |
| 21.机电产品及设备类 | Mechanical and Electrical Products | 74312481 | 57670073 | 71332912 | 55192804 | 2979569 | 2477269 |
| #农机类 | Agricultural Machineries | 2219395 | 2052083 | 2219395 | 2052083 | | |
| 22.汽车类 | Automobiles | 187314835 | 120725139 | 71949719 | 49278779 | 115365116 | 71446360 |
| 23.种子饲料类 | Seeds and Feedstuff | 3848260 | 2405756 | 3848260 | 2405756 | | |
| 24.棉麻类 | Cotton, Hemp | 9081823 | 6882259 | 9058378 | 6882259 | 23446 | |
| 25.其他类 | Others | 75030113 | 80923279 | 67401713 | 73637923 | 7628401 | 7285356 |

# 3-2-9 各地区限额以上批发和零售业商品销售类值

## Sale Values of Enterprises above Designated Size of Wholesale and Retail Trades by Category of Commodities and Region

粮油、食品、饮料、烟酒类 单位：万元

Grain and Oil, Food, Beverages, Tobacco and Liquor Unit: 10000 yuan

| 地区 | Region | 合计 Total Sale Value | | 批发额 Wholesale Value | | 零售额 Retail Value | |
|---|---|---|---|---|---|---|---|
| | | 2009 | 2008 | 2009 | 2008 | 2009 | 2008 |
| **全国** | **National Total** | **221117163** | **194724304** | **163454762** | **145861315** | **57662401** | **48862989** |
| 北京 | Beijing | 15621485 | 14044395 | 11687461 | 10481229 | 3934024 | 3563166 |
| 天津 | Tianjin | 2813208 | 2329947 | 1934879 | 1661391 | 878329 | 668556 |
| 河北 | Hebei | 5010407 | 4192047 | 3631617 | 3069577 | 1378790 | 1122470 |
| 山西 | Shanxi | 3814305 | 3204365 | 3179358 | 2638318 | 634948 | 566047 |
| 内蒙古 | Inner Mongolia | 3101410 | 2440678 | 2443020 | 1999119 | 658390 | 441559 |
| 辽宁 | Liaoning | 6449734 | 6306498 | 4611193 | 4478826 | 1838541 | 1827672 |
| 吉林 | Jilin | 3222763 | 2513815 | 2422713 | 1895542 | 800050 | 618273 |
| 黑龙江 | Heilongjiang | 3217848 | 2704935 | 2525919 | 2108972 | 691929 | 595963 |
| 上海 | Shanghai | 20364179 | 27494765 | 11827987 | 19353605 | 8536192 | 8141160 |
| 江苏 | Jiangsu | 15854918 | 12486708 | 10483051 | 8166647 | 5371867 | 4320061 |
| 浙江 | Zhejiang | 19403738 | 16843523 | 15782549 | 13483168 | 3621190 | 3360355 |
| 安徽 | Anhui | 6270671 | 4917795 | 4741185 | 3722956 | 1529486 | 1194838 |
| 福建 | Fujian | 8416913 | 7152476 | 6458961 | 5643938 | 1957952 | 1508538 |
| 江西 | Jiangxi | 3351716 | 2627860 | 2803788 | 2154174 | 547928 | 473686 |
| 山东 | Shandong | 20990446 | 16493776 | 13287003 | 10512180 | 7703443 | 5981596 |
| 河南 | Henan | 8977987 | 7613059 | 6645714 | 5740795 | 2332273 | 1872264 |
| 湖北 | Hubei | 8062307 | 6408724 | 5289011 | 4010891 | 2773295 | 2397833 |
| 湖南 | Hunan | 7457978 | 5802548 | 6050129 | 4717692 | 1407848 | 1084856 |
| 广东 | Guangdong | 21702974 | 19623501 | 17147755 | 15463006 | 4555218 | 4160495 |
| 广西 | Guangxi | 3662209 | 3102716 | 3179262 | 2645387 | 482948 | 457329 |
| 海南 | Hainan | 1401243 | 1157775 | 1267225 | 1074841 | 134018 | 82934 |
| 重庆 | Chongqing | 6674852 | 4659586 | 5026480 | 3526846 | 1648372 | 1132740 |
| 四川 | Sichuan | 7271925 | 5600786 | 5802369 | 4485127 | 1469556 | 1115659 |
| 贵州 | Guizhou | 3327713 | 2637122 | 3023712 | 2431303 | 304001 | 205819 |
| 云南 | Yunnan | 6137256 | 5399667 | 5561588 | 4933814 | 575668 | 465853 |
| 西藏 | Tibet | 278372 | 299819 | 244915 | 294255 | 33457 | 5563 |
| 陕西 | Shaanxi | 3250770 | 2616185 | 2200749 | 1787667 | 1050021 | 828518 |
| 甘肃 | Gansu | 1433302 | 1130417 | 1123917 | 916876 | 309385 | 213541 |
| 青海 | Qinghai | 554653 | 475429 | 458191 | 388814 | 96462 | 86615 |
| 宁夏 | Ningxia | 564440 | 542462 | 435337 | 429834 | 129102 | 112628 |
| 新疆 | Xinjiang | 2455443 | 1900927 | 2177726 | 1644526 | 277717 | 256401 |

3-2-9 续表 1 Continued 1

粮油、食品类 单位：万元
Grain and Oil, Food Unit: 10000 yuan

| 地 区 | Region | 合 计 Total Sale Value | | 批发额 Wholesale Value | | 零售额 Retail Value | |
|---|---|---|---|---|---|---|---|
| | | 2009 | 2008 | 2009 | 2008 | 2009 | 2008 |
| **全 国** | **National Total** | **92867995** | **80035109** | **52448601** | **46038426** | **40419394** | **33996683** |
| 北 京 | Beijing | 10047246 | 9422347 | 7030250 | 6665760 | 3016996 | 2756587 |
| 天 津 | Tianjin | 1498175 | 1088343 | 896230 | 657950 | 601945 | 430393 |
| 河 北 | Hebei | 1778366 | 1394071 | 757884 | 557525 | 1020483 | 836546 |
| 山 西 | Shanxi | 819817 | 561537 | 379864 | 175841 | 439953 | 385696 |
| 内蒙古 | Inner Mongolia | 1362578 | 1087815 | 859662 | 731883 | 502916 | 355932 |
| 辽 宁 | Liaoning | 3562992 | 3577175 | 2171674 | 2155191 | 1391318 | 1421984 |
| 吉 林 | Jilin | 1855866 | 1260545 | 1245250 | 796685 | 610616 | 463860 |
| 黑龙江 | Heilongjiang | 1154679 | 995494 | 597445 | 532621 | 557234 | 462873 |
| 上 海 | Shanghai | 11763676 | 15243253 | 5776895 | 10054541 | 5986781 | 5188712 |
| 江 苏 | Jiangsu | 7380417 | 5477708 | 3923238 | 2572516 | 3457179 | 2905192 |
| 浙 江 | Zhejiang | 5918931 | 5102915 | 3344202 | 2706550 | 2574730 | 2396366 |
| 安 徽 | Anhui | 2239083 | 1661881 | 1179827 | 848645 | 1059256 | 813236 |
| 福 建 | Fujian | 3454844 | 3091811 | 2086630 | 2039841 | 1368214 | 1051970 |
| 江 西 | Jiangxi | 730317 | 583976 | 335609 | 252493 | 394708 | 331483 |
| 山 东 | Shandong | 10894451 | 7729765 | 5571627 | 3552140 | 5322824 | 4177625 |
| 河 南 | Henan | 2988584 | 2371009 | 1624327 | 1276562 | 1364257 | 1094447 |
| 湖 北 | Hubei | 3480047 | 2513651 | 1551337 | 857629 | 1928710 | 1656021 |
| 湖 南 | Hunan | 1630545 | 1367653 | 618116 | 605013 | 1012429 | 762640 |
| 广 东 | Guangdong | 9628439 | 8175845 | 6340725 | 5158140 | 3287714 | 3017706 |
| 广 西 | Guangxi | 1490266 | 1177626 | 1156620 | 864254 | 333646 | 313372 |
| 海 南 | Hainan | 284095 | 183377 | 191323 | 128448 | 92772 | 54929 |
| 重 庆 | Chongqing | 2608089 | 1592042 | 1300988 | 704154 | 1307101 | 887888 |
| 四 川 | Sichuan | 2417106 | 1530463 | 1411798 | 758213 | 1005308 | 772250 |
| 贵 州 | Guizhou | 222243 | 147047 | 101503 | 51366 | 120740 | 95681 |
| 云 南 | Yunnan | 1295940 | 1068838 | 916798 | 759660 | 379142 | 309178 |
| 西 藏 | Tibet | 2697 | 534 | | 262 | 2697 | 272 |
| 陕 西 | Shaanxi | 982595 | 660080 | 225809 | 67816 | 756786 | 592264 |
| 甘 肃 | Gansu | 277491 | 198611 | 114382 | 76603 | 163108 | 122008 |
| 青 海 | Qinghai | 67951 | 68026 | 2382 | 2370 | 65569 | 65656 |
| 宁 夏 | Ningxia | 150421 | 163607 | 59962 | 78425 | 90459 | 85182 |
| 新 疆 | Xinjiang | 880049 | 538064 | 676244 | 349329 | 203805 | 188735 |

3-2-9 续表 2 Continued 2

粮油类 单位：万元

Grain and Oil Unit: 10000 yuan

| 地区 | Region | 合计 Total Sale Value | | 批发额 Wholesale Value | | 零售额 Retail Value | |
|---|---|---|---|---|---|---|---|
| | | 2009 | 2008 | 2009 | 2008 | 2009 | 2008 |
| **全 国** | **National Total** | **31103725** | **25132144** | **22168406** | **17876602** | **8935319** | **7255542** |
| 北 京 | Beijing | 5188493 | 5261104 | 4751941 | 4801270 | 436552 | 459834 |
| 天 津 | Tianjin | 576693 | 468391 | 388163 | 314509 | 188531 | 153882 |
| 河 北 | Hebei | 661914 | 472980 | 445159 | 287237 | 216754 | 185743 |
| 山 西 | Shanxi | 367293 | 229920 | 216353 | 79045 | 150940 | 150875 |
| 内蒙古 | Inner Mongolia | 421767 | 361074 | 345637 | 291984 | 76130 | 69090 |
| 辽 宁 | Liaoning | 1791334 | 1555481 | 1455850 | 1278711 | 335484 | 276770 |
| 吉 林 | Jilin | 1214471 | 779764 | 1077856 | 692009 | 136615 | 87756 |
| 黑龙江 | Heilongjiang | 553422 | 565885 | 406736 | 432849 | 146686 | 133036 |
| 上 海 | Shanghai | 3328569 | 2390130 | 2187443 | 1588553 | 1141126 | 801577 |
| 江 苏 | Jiangsu | 2509590 | 1796465 | 1768677 | 1191281 | 740914 | 605183 |
| 浙 江 | Zhejiang | 1688149 | 1587286 | 1110294 | 1031615 | 577855 | 555671 |
| 安 徽 | Anhui | 546342 | 577005 | 316448 | 393717 | 229894 | 183288 |
| 福 建 | Fujian | 867828 | 923706 | 647931 | 726681 | 219897 | 197025 |
| 江 西 | Jiangxi | 313837 | 259964 | 204954 | 174755 | 108883 | 85210 |
| 山 东 | Shandong | 2870425 | 1462886 | 1624356 | 677974 | 1246069 | 784911 |
| 河 南 | Henan | 1247963 | 999208 | 900938 | 747073 | 347025 | 252135 |
| 湖 北 | Hubei | 766320 | 703579 | 386507 | 319261 | 379812 | 384318 |
| 湖 南 | Hunan | 558845 | 377284 | 269138 | 156040 | 289707 | 221244 |
| 广 东 | Guangdong | 2315500 | 1838472 | 1626435 | 1117066 | 689066 | 721406 |
| 广 西 | Guangxi | 201722 | 200686 | 141034 | 136400 | 60689 | 64286 |
| 海 南 | Hainan | 115277 | 139183 | 84153 | 119620 | 31124 | 19563 |
| 重 庆 | Chongqing | 785490 | 598981 | 461191 | 388064 | 324299 | 210917 |
| 四 川 | Sichuan | 549657 | 473553 | 309443 | 293398 | 240213 | 180155 |
| 贵 州 | Guizhou | 91521 | 58038 | 50817 | 23614 | 40703 | 34424 |
| 云 南 | Yunnan | 503787 | 434849 | 325086 | 289000 | 178701 | 145849 |
| 西 藏 | Tibet | 1437 | 534 | | 262 | 1437 | 272 |
| 陕 西 | Shaanxi | 367649 | 202996 | 108475 | 25436 | 259174 | 177559 |
| 甘 肃 | Gansu | 91126 | 53537 | 46871 | 26751 | 44255 | 26786 |
| 青 海 | Qinghai | 20808 | 18860 | | | 20808 | 18860 |
| 宁 夏 | Ningxia | 60040 | 64354 | 34889 | 44260 | 25151 | 20094 |
| 新 疆 | Xinjiang | 526459 | 275992 | 475632 | 228168 | 50827 | 47824 |

肉禽蛋类 单位：万元

Meat, Poultry and Eggs Unit: 10000 yuan

| 地 区 | Region | 合 计 Total Sale Value | | 批发额 Wholesale Value | | 零售额 Retail Value | |
|---|---|---|---|---|---|---|---|
| | | 2009 | 2008 | 2009 | 2008 | 2009 | 2008 |
| **全 国** | **National Total** | **11667845** | **11073922** | **4535711** | **4496523** | **7132135** | **6577399** |
| 北 京 | Beijing | 822769 | 734528 | 363900 | 280555 | 458869 | 453973 |
| 天 津 | Tianjin | 119427 | 135535 | 19844 | 40640 | 99583 | 94895 |
| 河 北 | Hebei | 197938 | 171572 | 26603 | 17886 | 171335 | 153685 |
| 山 西 | Shanxi | 95503 | 104647 | 9747 | 11347 | 85756 | 93300 |
| 内蒙古 | Inner Mongolia | 81186 | 45716 | 19661 | 2629 | 61525 | 43088 |
| 辽 宁 | Liaoning | 382774 | 402623 | 118714 | 61140 | 264060 | 341482 |
| 吉 林 | Jilin | 70875 | 63920 | 6010 | 585 | 64866 | 63334 |
| 黑龙江 | Heilongjiang | 118332 | 97802 | 402 | 442 | 117930 | 97361 |
| 上 海 | Shanghai | 1655094 | 1838485 | 502527 | 1098882 | 1152567 | 739603 |
| 江 苏 | Jiangsu | 1221070 | 904950 | 566779 | 289455 | 654290 | 615496 |
| 浙 江 | Zhejiang | 698390 | 705909 | 326855 | 245021 | 371536 | 460888 |
| 安 徽 | Anhui | 229522 | 181962 | 77206 | 39443 | 152316 | 142518 |
| 福 建 | Fujian | 370743 | 343653 | 105763 | 97308 | 264980 | 246344 |
| 江 西 | Jiangxi | 85520 | 70966 | 24675 | 21455 | 60845 | 49511 |
| 山 东 | Shandong | 1242757 | 1128577 | 352451 | 303836 | 890306 | 824741 |
| 河 南 | Henan | 571166 | 492588 | 211395 | 190369 | 359771 | 302219 |
| 湖 北 | Hubei | 517812 | 412309 | 115757 | 68415 | 402055 | 343895 |
| 湖 南 | Hunan | 211925 | 226264 | 32524 | 67495 | 179401 | 158769 |
| 广 东 | Guangdong | 1941610 | 1984237 | 1406647 | 1345725 | 534962 | 638513 |
| 广 西 | Guangxi | 100378 | 293884 | 58540 | 239792 | 41838 | 54092 |
| 海 南 | Hainan | 20539 | 21623 | | | 20539 | 21623 |
| 重 庆 | Chongqing | 282035 | 216867 | 54028 | 10052 | 228007 | 206815 |
| 四 川 | Sichuan | 261496 | 159881 | 93046 | 24519 | 168450 | 135362 |
| 贵 州 | Guizhou | 16274 | 15268 | 1 | | 16273 | 15268 |
| 云 南 | Yunnan | 80548 | 77694 | 23775 | 17499 | 56773 | 60195 |
| 西 藏 | Tibet | 326 | | | | 326 | |
| 陕 西 | Shaanxi | 165222 | 138587 | 68 | 737 | 165154 | 137850 |
| 甘 肃 | Gansu | 29895 | 27197 | 6265 | 6463 | 23630 | 20734 |
| 青 海 | Qinghai | 12496 | 11457 | | | 12496 | 11457 |
| 宁 夏 | Ningxia | 25636 | 27663 | 8073 | 9676 | 17563 | 17987 |
| 新 疆 | Xinjiang | 38590 | 37560 | 4456 | 5157 | 34134 | 32403 |

3-2-9 续表 4 Continued 4

饮料类
Beverages

单位：万元
Unit: 10000 yuan

| 地 区 | Region | 合 计 Total Sale Value | | 批发额 Wholesale Value | | 零售额 Retail Value | |
|---|---|---|---|---|---|---|---|
| | | 2009 | 2008 | 2009 | 2008 | 2009 | 2008 |
| **全 国** | **National Total** | **15152004** | **11403721** | **9344435** | **6737476** | **5807570** | **4666245** |
| 北 京 | Beijing | 1512514 | 1051106 | 1160386 | 731147 | 352128 | 319959 |
| 天 津 | Tianjin | 158778 | 193428 | 44616 | 93720 | 114162 | 99709 |
| 河 北 | Hebei | 170992 | 129400 | 28794 | 16881 | 142198 | 112519 |
| 山 西 | Shanxi | 175039 | 154687 | 76180 | 58245 | 98859 | 96442 |
| 内 蒙 古 | Inner Mongolia | 81394 | 61450 | 33549 | 40428 | 47846 | 21022 |
| 辽 宁 | Liaoning | 307379 | 327936 | 136642 | 165377 | 170737 | 162559 |
| 吉 林 | Jilin | 108538 | 78619 | 50547 | 27020 | 57992 | 51599 |
| 黑 龙 江 | Heilongjiang | 102063 | 71846 | 50063 | 27661 | 52000 | 44185 |
| 上 海 | Shanghai | 1221072 | 1721202 | 498935 | 1105255 | 722137 | 615947 |
| 江 苏 | Jiangsu | 1088803 | 655270 | 485615 | 251947 | 603188 | 403323 |
| 浙 江 | Zhejiang | 3785702 | 2406736 | 3381054 | 2035576 | 404648 | 371160 |
| 安 徽 | Anhui | 557535 | 205314 | 422638 | 96935 | 134897 | 108379 |
| 福 建 | Fujian | 818738 | 675168 | 484790 | 428529 | 333948 | 246640 |
| 江 西 | Jiangxi | 136287 | 117888 | 73893 | 66221 | 62395 | 51667 |
| 山 东 | Shandong | 933224 | 721401 | 273826 | 213028 | 659398 | 508373 |
| 河 南 | Henan | 383198 | 299955 | 42559 | 54708 | 340639 | 245247 |
| 湖 北 | Hubei | 465493 | 338113 | 190585 | 104395 | 274908 | 233718 |
| 湖 南 | Hunan | 394506 | 125339 | 239376 | 18140 | 155131 | 107199 |
| 广 东 | Guangdong | 1555387 | 1237384 | 1108008 | 840096 | 447379 | 389288 |
| 广 西 | Guangxi | 172879 | 137632 | 111141 | 79507 | 61739 | 58125 |
| 海 南 | Hainan | 28351 | 17253 | 10460 | 4371 | 17891 | 12882 |
| 重 庆 | Chongqing | 235093 | 151046 | 107815 | 61330 | 127278 | 89716 |
| 四 川 | Sichuan | 308487 | 151804 | 118829 | 28499 | 189657 | 123305 |
| 贵 州 | Guizhou | 49647 | 33629 | 32575 | 20783 | 17072 | 12846 |
| 云 南 | Yunnan | 114472 | 99087 | 59072 | 55515 | 55400 | 43572 |
| 西 藏 | Tibet | 2365 | 607 | 618 | | 1747 | 607 |
| 陕 西 | Shaanxi | 128677 | 121084 | 25884 | 35743 | 102793 | 85341 |
| 甘 肃 | Gansu | 22733 | 18619 | 5252 | 2620 | 17481 | 15999 |
| 青 海 | Qinghai | 15265 | 5777 | 8261 | | 7004 | 5777 |
| 宁 夏 | Ningxia | 53629 | 36370 | 39614 | 27777 | 14015 | 8593 |
| 新 疆 | Xinjiang | 63761 | 58571 | 42858 | 38023 | 20903 | 20548 |

3-2-9 续表 5 Continued 5

烟酒类 单位：万元

Tobacco and Liquor Unit: 10000 yuan

| 地 区 | Region | 合 计 Total Sale Value | | 批发额 Wholesale Value | | 零售额 Retail Value | |
|---|---|---|---|---|---|---|---|
| | | 2009 | 2008 | 2009 | 2008 | 2009 | 2008 |
| **全 国** | **National Total** | **113097164** | **103285474** | **101661727** | **93085413** | **11435437** | **10200061** |
| 北 京 | Beijing | 4061725 | 3570942 | 3496825 | 3084322 | 564900 | 486620 |
| 天 津 | Tianjin | 1156254 | 1048176 | 994032 | 909721 | 162222 | 138455 |
| 河 北 | Hebei | 3061049 | 2668576 | 2844939 | 2495171 | 216109 | 173405 |
| 山 西 | Shanxi | 2819450 | 2488140 | 2723313 | 2404231 | 96137 | 83909 |
| 内蒙古 | Inner Mongolia | 1657438 | 1291413 | 1549809 | 1226808 | 107628 | 64604 |
| 辽 宁 | Liaoning | 2579363 | 2401387 | 2302877 | 2158258 | 276486 | 243129 |
| 吉 林 | Jilin | 1258358 | 1174651 | 1126916 | 1071837 | 131442 | 102815 |
| 黑龙江 | Heilongjiang | 1961105 | 1637596 | 1878411 | 1548690 | 82695 | 88906 |
| 上 海 | Shanghai | 7379431 | 10530310 | 5552157 | 8193809 | 1827274 | 2336501 |
| 江 苏 | Jiangsu | 7385698 | 6353731 | 6074198 | 5342184 | 1311500 | 1011546 |
| 浙 江 | Zhejiang | 9699105 | 9333872 | 9057293 | 8741042 | 641811 | 592829 |
| 安 徽 | Anhui | 3474053 | 3050599 | 3138719 | 2777376 | 335334 | 273224 |
| 福 建 | Fujian | 4143330 | 3385497 | 3887541 | 3175568 | 255790 | 209929 |
| 江 西 | Jiangxi | 2485112 | 1925996 | 2394287 | 1835461 | 90825 | 90536 |
| 山 东 | Shandong | 9162771 | 8042611 | 7441550 | 6747013 | 1721221 | 1295598 |
| 河 南 | Henan | 5606206 | 4942095 | 4978828 | 4409525 | 627378 | 532570 |
| 湖 北 | Hubei | 4116767 | 3556960 | 3547089 | 3048867 | 569678 | 508094 |
| 湖 南 | Hunan | 5432926 | 4309556 | 5192638 | 4094539 | 240288 | 215017 |
| 广 东 | Guangdong | 10519148 | 10210272 | 9699023 | 9456770 | 820125 | 753502 |
| 广 西 | Guangxi | 1999064 | 1787458 | 1911502 | 1701626 | 87563 | 85832 |
| 海 南 | Hainan | 1088797 | 957145 | 1065442 | 942022 | 23355 | 15123 |
| 重 庆 | Chongqing | 3831670 | 2916498 | 3617677 | 2761361 | 213994 | 155137 |
| 四 川 | Sichuan | 4546333 | 3918518 | 4271741 | 3698415 | 274591 | 220103 |
| 贵 州 | Guizhou | 3055822 | 2456446 | 2889633 | 2359154 | 166189 | 97293 |
| 云 南 | Yunnan | 4726844 | 4231742 | 4585718 | 4118639 | 141126 | 113103 |
| 西 藏 | Tibet | 273311 | 298677 | 244297 | 293993 | 29014 | 4684 |
| 陕 西 | Shaanxi | 2139498 | 1835021 | 1949055 | 1684109 | 190443 | 150913 |
| 甘 肃 | Gansu | 1133079 | 913187 | 1004283 | 837653 | 128796 | 75534 |
| 青 海 | Qinghai | 471437 | 401626 | 447548 | 386444 | 23889 | 15181 |
| 宁 夏 | Ningxia | 360390 | 342485 | 335761 | 323632 | 24629 | 18853 |
| 新 疆 | Xinjiang | 1511633 | 1304292 | 1458624 | 1257174 | 53009 | 47118 |

3-2-9 续表 6 Continued 6

服装、鞋帽、针纺织品类 单位：万元

Clothing, Shoes, Hats and Textiles Unit: 10000 yuan

| 地 区 | Region | 合 计 Total Sale Value | | 批发额 Wholesale Value | | 零售额 Retail Value | |
|---|---|---|---|---|---|---|---|
| | | 2009 | 2008 | 2009 | 2008 | 2009 | 2008 |
| **全 国** | **National Total** | **104909366** | **86259352** | **58685140** | **48504654** | **46224226** | **37754699** |
| 北 京 | Beijing | 7606903 | 5794031 | 3564487 | 2591996 | 4042416 | 3202035 |
| 天 津 | Tianjin | 1541102 | 1457166 | 613245 | 678280 | 927857 | 778886 |
| 河 北 | Hebei | 1744792 | 1344665 | 177094 | 82381 | 1567699 | 1262284 |
| 山 西 | Shanxi | 665936 | 506409 | 57267 | 1760 | 608669 | 504650 |
| 内蒙古 | Inner Mongolia | 730041 | 503842 | 55179 | 5942 | 674862 | 497900 |
| 辽 宁 | Liaoning | 3262041 | 2891694 | 702636 | 590451 | 2559406 | 2301244 |
| 吉 林 | Jilin | 1068381 | 856209 | 6978 | 13968 | 1061404 | 842241 |
| 黑龙江 | Heilongjiang | 1291286 | 1027887 | 130010 | 75984 | 1161276 | 951904 |
| 上 海 | Shanghai | 12787867 | 12416016 | 8321941 | 7816083 | 4465926 | 4599933 |
| 江 苏 | Jiangsu | 15446112 | 12672572 | 11196284 | 9346524 | 4249828 | 3326048 |
| 浙 江 | Zhejiang | 16304973 | 13148472 | 13435646 | 10709871 | 2869328 | 2438601 |
| 安 徽 | Anhui | 1640802 | 1492340 | 735447 | 740067 | 905355 | 752272 |
| 福 建 | Fujian | 6910183 | 4634659 | 6069758 | 4010668 | 840425 | 623990 |
| 江 西 | Jiangxi | 594264 | 515754 | 198822 | 177082 | 395442 | 338672 |
| 山 东 | Shandong | 8403609 | 7056422 | 3495941 | 3116392 | 4907668 | 3940030 |
| 河 南 | Henan | 1911693 | 1545825 | 293490 | 279738 | 1618204 | 1266087 |
| 湖 北 | Hubei | 2420910 | 1997635 | 283227 | 176247 | 2137683 | 1821388 |
| 湖 南 | Hunan | 1608442 | 1266792 | 428952 | 386825 | 1179490 | 879968 |
| 广 东 | Guangdong | 11334350 | 9549851 | 7671204 | 6744509 | 3663146 | 2805342 |
| 广 西 | Guangxi | 548654 | 429920 | 79736 | 46609 | 468918 | 383311 |
| 海 南 | Hainan | 162551 | 102320 | 59453 | 32451 | 103098 | 69869 |
| 重 庆 | Chongqing | 1688719 | 1356076 | 234912 | 195117 | 1453807 | 1160959 |
| 四 川 | Sichuan | 2071630 | 1580265 | 491503 | 456810 | 1580126 | 1123455 |
| 贵 州 | Guizhou | 281576 | 179003 | 14947 | 77 | 266630 | 178927 |
| 云 南 | Yunnan | 461059 | 295028 | 86429 | 50077 | 374630 | 244951 |
| 西 藏 | Tibet | 8067 | 4492 | | | 8067 | 4492 |
| 陕 西 | Shaanxi | 1448609 | 821314 | 133137 | 46364 | 1315472 | 774949 |
| 甘 肃 | Gansu | 227106 | 190071 | 6825 | 12530 | 220281 | 177541 |
| 青 海 | Qinghai | 54174 | 58994 | 3684 | 22001 | 50490 | 36994 |
| 宁 夏 | Ningxia | 237122 | 199909 | 58749 | 46470 | 178373 | 153439 |
| 新 疆 | Xinjiang | 446414 | 363719 | 78160 | 51381 | 368254 | 312338 |

3-2-9 续表 7 Continued 7

服装类
Clothing

单位：万元
Unit: 10000 yuan

| 地 区 | Region | 合 计 Total Sale Value | | 批发额 Wholesale Value | | 零售额 Retail Value | |
|---|---|---|---|---|---|---|---|
| | | 2009 | 2008 | 2009 | 2008 | 2009 | 2008 |
| **全 国** | **National Total** | **63369642** | **52441219** | **30621432** | **25885709** | **32748210** | **26555510** |
| 北 京 | Beijing | 4721510 | 3585979 | 1711314 | 1255513 | 3010196 | 2330466 |
| 天 津 | Tianjin | 1086763 | 1069795 | 363781 | 478180 | 722982 | 591614 |
| 河 北 | Hebei | 1076701 | 841205 | 97517 | 51908 | 979184 | 789296 |
| 山 西 | Shanxi | 442285 | 327489 | 52762 | 558 | 389522 | 326930 |
| 内蒙古 | Inner Mongolia | 461081 | 330330 | 28475 | 732 | 432606 | 329598 |
| 辽 宁 | Liaoning | 2367660 | 2028581 | 508428 | 403725 | 1859232 | 1624855 |
| 吉 林 | Jilin | 706581 | 557539 | 4264 | 10973 | 702316 | 546566 |
| 黑龙江 | Heilongjiang | 875928 | 703642 | 25939 | 13506 | 849988 | 690136 |
| 上 海 | Shanghai | 8521995 | 8423657 | 4880220 | 4880961 | 3641775 | 3542696 |
| 江 苏 | Jiangsu | 8714155 | 6791811 | 5696269 | 4438258 | 3017886 | 2353553 |
| 浙 江 | Zhejiang | 7594989 | 6458881 | 5497966 | 4700378 | 2097024 | 1758503 |
| 安 徽 | Anhui | 926112 | 791836 | 341859 | 329993 | 584252 | 461843 |
| 福 建 | Fujian | 3363447 | 2180858 | 2814801 | 1762231 | 548646 | 418626 |
| 江 西 | Jiangxi | 384117 | 327239 | 149746 | 111956 | 234371 | 215284 |
| 山 东 | Shandong | 5209063 | 4420531 | 1956835 | 1789569 | 3252228 | 2630962 |
| 河 南 | Henan | 1242821 | 965955 | 146658 | 129434 | 1096164 | 836521 |
| 湖 北 | Hubei | 1714030 | 1375245 | 207991 | 124290 | 1506038 | 1250955 |
| 湖 南 | Hunan | 1045386 | 826635 | 299639 | 271091 | 745748 | 555543 |
| 广 东 | Guangdong | 7750076 | 6604401 | 5151402 | 4574129 | 2598675 | 2030272 |
| 广 西 | Guangxi | 374225 | 283059 | 55781 | 34314 | 318444 | 248745 |
| 海 南 | Hainan | 88121 | 75819 | 23931 | 26533 | 64190 | 49286 |
| 重 庆 | Chongqing | 1215812 | 969941 | 139095 | 102191 | 1076717 | 867750 |
| 四 川 | Sichuan | 1332004 | 1104250 | 316099 | 325477 | 1015905 | 778773 |
| 贵 州 | Guizhou | 216362 | 132729 | 13292 | 41 | 203071 | 132688 |
| 云 南 | Yunnan | 291708 | 195006 | 24512 | 11840 | 267197 | 183166 |
| 西 藏 | Tibet | 5293 | 2074 | | | 5293 | 2074 |
| 陕 西 | Shaanxi | 1033486 | 561069 | 80957 | 34153 | 952530 | 526916 |
| 甘 肃 | Gansu | 156795 | 131003 | 4526 | 4749 | 152268 | 126254 |
| 青 海 | Qinghai | 33162 | 23708 | 1360 | 1271 | 31803 | 22437 |
| 宁 夏 | Ningxia | 117793 | 98218 | 5741 | 2193 | 112052 | 96025 |
| 新 疆 | Xinjiang | 300181 | 252738 | 20272 | 15562 | 279908 | 237177 |

3-2-9 续表 8 Continued 8

鞋帽类 单位：万元

Shoes and Hats Unit: 10000 yuan

| 地 区 | Region | 合 计 Total Sale Value | | 批发额 Wholesale Value | | 零售额 Retail Value | |
|---|---|---|---|---|---|---|---|
| | | 2009 | 2008 | 2009 | 2008 | 2009 | 2008 |
| **全 国** | **National Total** | **17021116** | **13182725** | **8486328** | **6245439** | **8534788** | **6937286** |
| 北 京 | Beijing | 1570086 | 1075582 | 857880 | 488517 | 712206 | 587065 |
| 天 津 | Tianjin | 194144 | 165631 | 46541 | 35540 | 147603 | 130090 |
| 河 北 | Hebei | 362907 | 284990 | 15258 | 5818 | 347649 | 279172 |
| 山 西 | Shanxi | 123145 | 96062 | 3703 | 384 | 119442 | 95678 |
| 内蒙古 | Inner Mongolia | 165970 | 111015 | 14887 | | 151082 | 111015 |
| 辽 宁 | Liaoning | 573590 | 502147 | 99436 | 58781 | 474153 | 443366 |
| 吉 林 | Jilin | 190202 | 157243 | 126 | 39 | 190076 | 157204 |
| 黑龙江 | Heilongjiang | 333418 | 255283 | 93514 | 51712 | 239904 | 203572 |
| 上 海 | Shanghai | 1069304 | 994192 | 599834 | 401950 | 469470 | 592242 |
| 江 苏 | Jiangsu | 2214369 | 2123947 | 1433136 | 1521185 | 781233 | 602763 |
| 浙 江 | Zhejiang | 1958008 | 1478591 | 1472244 | 1067556 | 485765 | 411034 |
| 安 徽 | Anhui | 316223 | 292194 | 133752 | 134309 | 182472 | 157886 |
| 福 建 | Fujian | 2296214 | 1296368 | 2126069 | 1181860 | 170145 | 114508 |
| 江 西 | Jiangxi | 108433 | 81029 | 8734 | 7844 | 99699 | 73185 |
| 山 东 | Shandong | 1602992 | 1313714 | 587515 | 522035 | 1015477 | 791679 |
| 河 南 | Henan | 353431 | 266089 | 38394 | 18238 | 315038 | 247851 |
| 湖 北 | Hubei | 394399 | 353183 | 26179 | 9584 | 368220 | 343599 |
| 湖 南 | Hunan | 286713 | 220165 | 34737 | 31549 | 251976 | 188617 |
| 广 东 | Guangdong | 1540072 | 1184727 | 779449 | 659213 | 760622 | 525513 |
| 广 西 | Guangxi | 118912 | 92462 | 21320 | 9225 | 97592 | 83237 |
| 海 南 | Hainan | 16131 | 14026 | 76 | 457 | 16056 | 13569 |
| 重 庆 | Chongqing | 245513 | 198157 | 15632 | 11197 | 229881 | 186960 |
| 四 川 | Sichuan | 445809 | 270417 | 48374 | 18483 | 397435 | 251934 |
| 贵 州 | Guizhou | 46933 | 33406 | 536 | | 46397 | 33406 |
| 云 南 | Yunnan | 95046 | 41519 | 14721 | 2729 | 80325 | 38790 |
| 西 藏 | Tibet | 2017 | 1102 | | | 2017 | 1102 |
| 陕 西 | Shaanxi | 252376 | 161443 | 12174 | 4872 | 240202 | 156570 |
| 甘 肃 | Gansu | 38979 | 31328 | 454 | 1486 | 38525 | 29842 |
| 青 海 | Qinghai | 9804 | 6589 | | | 9804 | 6589 |
| 宁 夏 | Ningxia | 38076 | 33055 | 1179 | 878 | 36897 | 32177 |
| 新 疆 | Xinjiang | 57902 | 47070 | 476 | | 57425 | 47070 |

针、纺织品类
Knitwear and Textiles

单位：万元
Unit: 10000 yuan

| 地区 | Region | 合计 Total Sale Value 2009 | 2008 | 批发额 Wholesale Value 2009 | 2008 | 零售额 Retail Value 2009 | 2008 |
|---|---|---|---|---|---|---|---|
| **全国** | **National Total** | **24518608** | **20635408** | **19577381** | **16373506** | **4941227** | **4261903** |
| 北京 | Beijing | 1315308 | 1132470 | 995294 | 847966 | 320014 | 284504 |
| 天津 | Tianjin | 260194 | 221740 | 202923 | 164559 | 57271 | 57181 |
| 河北 | Hebei | 305184 | 218471 | 64318 | 24655 | 240866 | 193816 |
| 山西 | Shanxi | 100506 | 82859 | 802 | 817 | 99704 | 82041 |
| 内蒙古 | Inner Mongolia | 102990 | 62497 | 11816 | 5211 | 91174 | 57287 |
| 辽宁 | Liaoning | 320792 | 360967 | 94771 | 127945 | 226021 | 233022 |
| 吉林 | Jilin | 171599 | 141427 | 2588 | 2956 | 169011 | 138471 |
| 黑龙江 | Heilongjiang | 81940 | 68962 | 10557 | 10766 | 71383 | 58196 |
| 上海 | Shanghai | 3196569 | 2998167 | 2841887 | 2533172 | 354681 | 464995 |
| 江苏 | Jiangsu | 4517588 | 3756814 | 4066879 | 3387081 | 450709 | 369733 |
| 浙江 | Zhejiang | 6751976 | 5211001 | 6465436 | 4941937 | 286540 | 269064 |
| 安徽 | Anhui | 398467 | 408310 | 259836 | 275766 | 138631 | 132544 |
| 福建 | Fujian | 1250522 | 1157434 | 1128888 | 1066578 | 121634 | 90856 |
| 江西 | Jiangxi | 101714 | 107485 | 40343 | 57282 | 61371 | 50203 |
| 山东 | Shandong | 1591554 | 1322177 | 951592 | 804788 | 639963 | 517389 |
| 河南 | Henan | 315441 | 313781 | 108438 | 132066 | 207003 | 181715 |
| 湖北 | Hubei | 312482 | 269208 | 49057 | 42373 | 263425 | 226835 |
| 湖南 | Hunan | 276343 | 219992 | 94576 | 84185 | 181766 | 135807 |
| 广东 | Guangdong | 2044203 | 1760724 | 1740353 | 1511167 | 303850 | 249556 |
| 广西 | Guangxi | 55517 | 54399 | 2635 | 3070 | 52882 | 51329 |
| 海南 | Hainan | 58299 | 12475 | 35446 | 5461 | 22852 | 7014 |
| 重庆 | Chongqing | 227394 | 187978 | 80185 | 81729 | 147209 | 106249 |
| 四川 | Sichuan | 293816 | 205598 | 127030 | 112851 | 166786 | 92747 |
| 贵州 | Guizhou | 18281 | 12869 | 1119 | 35 | 17162 | 12833 |
| 云南 | Yunnan | 74304 | 58503 | 47196 | 35508 | 27108 | 22995 |
| 西藏 | Tibet | 757 | 1316 | | | 757 | 1316 |
| 陕西 | Shaanxi | 162746 | 98802 | 40006 | 7339 | 122740 | 91463 |
| 甘肃 | Gansu | 31332 | 27740 | 1844 | 6295 | 29488 | 21445 |
| 青海 | Qinghai | 11208 | 28697 | 2324 | 20730 | 8884 | 7967 |
| 宁夏 | Ningxia | 81253 | 68636 | 51829 | 43399 | 29423 | 25237 |
| 新疆 | Xinjiang | 88331 | 63911 | 57411 | 35819 | 30920 | 28092 |

3-2-9 续表 10 Continued 10

化妆品类
Cosmetics

单位：万元
Unit: 10000 yuan

| 地　区 | Region | 合　计 Total Sale Value | | 批发额 Wholesale Value | | 零售额 Retail Value | |
|---|---|---|---|---|---|---|---|
| | | 2009 | 2008 | 2009 | 2008 | 2009 | 2008 |
| **全　国** | **National Total** | **11970533** | **9692885** | **4570702** | **3728064** | **7399831** | **5964822** |
| 北　京 | Beijing | 1175994 | 879967 | 359057 | 272035 | 816937 | 607932 |
| 天　津 | Tianjin | 216472 | 200566 | 71497 | 50390 | 144975 | 150176 |
| 河　北 | Hebei | 227075 | 185544 | 26962 | 23029 | 200113 | 162515 |
| 山　西 | Shanxi | 64815 | 52766 | 490 | 459 | 64325 | 52307 |
| 内蒙古 | Inner Mongolia | 48300 | 33667 | 64 | 31 | 48236 | 33636 |
| 辽　宁 | Liaoning | 412336 | 276145 | 56367 | 7847 | 355968 | 268299 |
| 吉　林 | Jilin | 94751 | 81287 | 1132 | 592 | 93619 | 80695 |
| 黑龙江 | Heilongjiang | 145461 | 113679 | 20161 | 13506 | 125300 | 100174 |
| 上　海 | Shanghai | 2820814 | 2857087 | 1975762 | 2114444 | 845052 | 742643 |
| 江　苏 | Jiangsu | 1441936 | 726322 | 763451 | 145373 | 678485 | 580949 |
| 浙　江 | Zhejiang | 667956 | 569454 | 183396 | 149998 | 484561 | 419456 |
| 安　徽 | Anhui | 380951 | 581201 | 223989 | 453961 | 156962 | 127240 |
| 福　建 | Fujian | 164173 | 146238 | 9565 | 12207 | 154609 | 134031 |
| 江　西 | Jiangxi | 58755 | 44441 | 1971 | 2467 | 56783 | 41974 |
| 山　东 | Shandong | 676929 | 528603 | 105396 | 71989 | 571533 | 456615 |
| 河　南 | Henan | 257273 | 208349 | 5529 | 1225 | 251744 | 207124 |
| 湖　北 | Hubei | 479182 | 406595 | 73256 | 63770 | 405927 | 342825 |
| 湖　南 | Hunan | 170435 | 121735 | 1163 | 3893 | 169273 | 117843 |
| 广　东 | Guangdong | 1294131 | 779559 | 508563 | 193100 | 785568 | 586459 |
| 广　西 | Guangxi | 92945 | 75172 | 15143 | 11956 | 77802 | 63216 |
| 海　南 | Hainan | 29228 | 21682 | 3701 | 3772 | 25527 | 17910 |
| 重　庆 | Chongqing | 219555 | 180978 | 31997 | 25837 | 187558 | 155141 |
| 四　川 | Sichuan | 299336 | 189246 | 51197 | 23093 | 248139 | 166153 |
| 贵　州 | Guizhou | 30012 | 24250 | 70 | 26 | 29942 | 24224 |
| 云　南 | Yunnan | 109942 | 86576 | 17307 | 11241 | 92635 | 75335 |
| 西　藏 | Tibet | 3997 | 1701 | | | 3997 | 1701 |
| 陕　西 | Shaanxi | 234318 | 182271 | 39742 | 41257 | 194576 | 141014 |
| 甘　肃 | Gansu | 34267 | 28617 | 6601 | 5354 | 27667 | 23263 |
| 青　海 | Qinghai | 14880 | 9784 | | | 14880 | 9784 |
| 宁　夏 | Ningxia | 21755 | 18832 | 144 | 67 | 21611 | 18765 |
| 新　疆 | Xinjiang | 82557 | 80571 | 17031 | 25145 | 65526 | 55426 |

3-2-9 续表 11 Continued 11

金银珠宝类 单位：万元

Gold, Silver and Jewellery Unit: 10000 yuan

| 地区 | Region | 合计 Total Sale Value | | 批发额 Wholesale Value | | 零售额 Retail Value | |
|---|---|---|---|---|---|---|---|
| | | 2009 | 2008 | 2009 | 2008 | 2009 | 2008 |
| **全国** | **National Total** | **13571343** | **9383633** | **5491671** | **3013538** | **8079672** | **6370094** |
| 北京 | Beijing | 2962202 | 1467590 | 1763621 | 493145 | 1198581 | 974445 |
| 天津 | Tianjin | 187278 | 175514 | 10226 | 3501 | 177053 | 172013 |
| 河北 | Hebei | 237200 | 187355 | 337 | 76 | 236863 | 187279 |
| 山西 | Shanxi | 199808 | 162540 | 54041 | 5358 | 145767 | 157181 |
| 内蒙古 | Inner Mongolia | 72917 | 42715 | 7010 | | 65907 | 42715 |
| 辽宁 | Liaoning | 458401 | 382399 | 28458 | 34592 | 429943 | 347807 |
| 吉林 | Jilin | 105895 | 103430 | | | 105895 | 103430 |
| 黑龙江 | Heilongjiang | 145022 | 118638 | 3111 | 2636 | 141911 | 116002 |
| 上海 | Shanghai | 2169522 | 1575128 | 1314367 | 862664 | 855155 | 712464 |
| 江苏 | Jiangsu | 1298878 | 986450 | 314068 | 212019 | 984810 | 774431 |
| 浙江 | Zhejiang | 569970 | 339631 | 85089 | 6670 | 484881 | 332962 |
| 安徽 | Anhui | 250985 | 209787 | 62466 | 51438 | 188519 | 158349 |
| 福建 | Fujian | 201854 | 274774 | 46350 | 145210 | 155505 | 129564 |
| 江西 | Jiangxi | 73112 | 60419 | 3383 | 2367 | 69728 | 58051 |
| 山东 | Shandong | 1447641 | 958280 | 579598 | 398050 | 868043 | 560230 |
| 河南 | Henan | 188465 | 139727 | 1193 | 106 | 187272 | 139621 |
| 湖北 | Hubei | 304288 | 241763 | 18525 | 16682 | 285763 | 225082 |
| 湖南 | Hunan | 182765 | 130886 | 10155 | 2349 | 172610 | 128538 |
| 广东 | Guangdong | 1427435 | 918910 | 1044888 | 599308 | 382546 | 319601 |
| 广西 | Guangxi | 68828 | 59272 | 501 | 1369 | 68327 | 57903 |
| 海南 | Hainan | 27372 | 16533 | 8146 | 286 | 19226 | 16247 |
| 重庆 | Chongqing | 200816 | 142225 | 43722 | 9195 | 157095 | 133030 |
| 四川 | Sichuan | 168172 | 222816 | 8092 | 68139 | 160080 | 154677 |
| 贵州 | Guizhou | 30851 | 22890 | | | 30851 | 22890 |
| 云南 | Yunnan | 181866 | 168984 | 72565 | 87499 | 109301 | 81485 |
| 西藏 | Tibet | 3952 | 2708 | | | 3952 | 2708 |
| 陕西 | Shaanxi | 220959 | 134578 | 11746 | 10852 | 209213 | 123726 |
| 甘肃 | Gansu | 60286 | 45184 | | | 60286 | 45184 |
| 青海 | Qinghai | 8294 | 4369 | | | 8294 | 4369 |
| 宁夏 | Ningxia | 46223 | 42606 | 15 | 28 | 46208 | 42578 |
| 新疆 | Xinjiang | 70088 | 45533 | | | 70088 | 45533 |

3-2-9 续表 12 Continued 12

日用品类
Articles for Daily Use

单位：万元
Unit: 10000 yuan

| 地 区 | Region | 合 计 Total Sale Value | | 批发额 Wholesale Value | | 零售额 Retail Value | |
|---|---|---|---|---|---|---|---|
| | | 2009 | 2008 | 2009 | 2008 | 2009 | 2008 |
| **全 国** | **National Total** | **34519930** | **27112631** | **18597205** | **14637624** | **15922725** | **12475008** |
| 北 京 | Beijing | 2747457 | 2123054 | 1351925 | 913048 | 1395532 | 1210006 |
| 天 津 | Tianjin | 385815 | 335808 | 67236 | 73054 | 318579 | 262755 |
| 河 北 | Hebei | 491493 | 426463 | 90387 | 92865 | 401106 | 333599 |
| 山 西 | Shanxi | 135295 | 111722 | 12566 | 11311 | 122729 | 100411 |
| 内蒙古 | Inner Mongolia | 211972 | 155052 | 37571 | 24246 | 174402 | 130806 |
| 辽 宁 | Liaoning | 958258 | 689899 | 311225 | 152219 | 647033 | 537681 |
| 吉 林 | Jilin | 221406 | 183201 | 9657 | 1636 | 211749 | 181565 |
| 黑龙江 | Heilongjiang | 311368 | 259314 | 39859 | 36960 | 271509 | 222354 |
| 上 海 | Shanghai | 5895767 | 4603822 | 3703936 | 3003764 | 2191832 | 1600058 |
| 江 苏 | Jiangsu | 2283918 | 1961147 | 974055 | 873828 | 1309863 | 1087319 |
| 浙 江 | Zhejiang | 5072685 | 4017527 | 3974920 | 3064478 | 1097766 | 953050 |
| 安 徽 | Anhui | 1260850 | 820736 | 956421 | 579243 | 304428 | 241493 |
| 福 建 | Fujian | 1239189 | 1052319 | 801480 | 727130 | 437709 | 325188 |
| 江 西 | Jiangxi | 258028 | 232691 | 110518 | 109963 | 147510 | 122727 |
| 山 东 | Shandong | 2516617 | 1454720 | 587053 | 310804 | 1929564 | 1143916 |
| 河 南 | Henan | 796706 | 659196 | 141327 | 162442 | 655380 | 496754 |
| 湖 北 | Hubei | 869385 | 693696 | 211991 | 127203 | 657394 | 566493 |
| 湖 南 | Hunan | 502792 | 361880 | 112087 | 78554 | 390705 | 283326 |
| 广 东 | Guangdong | 5780767 | 5152770 | 4375950 | 3906388 | 1404817 | 1246382 |
| 广 西 | Guangxi | 350252 | 220182 | 165988 | 62700 | 184263 | 157482 |
| 海 南 | Hainan | 91124 | 43346 | 54445 | 21960 | 36679 | 21386 |
| 重 庆 | Chongqing | 630897 | 452230 | 183729 | 122033 | 447168 | 330198 |
| 四 川 | Sichuan | 572659 | 420634 | 132776 | 53677 | 439883 | 366957 |
| 贵 州 | Guizhou | 51144 | 35433 | 287 | 814 | 50857 | 34619 |
| 云 南 | Yunnan | 202953 | 134441 | 68580 | 32204 | 134373 | 102237 |
| 西 藏 | Tibet | 2500 | 31 | | | 2500 | 31 |
| 陕 西 | Shaanxi | 413118 | 312644 | 64530 | 65797 | 348588 | 246847 |
| 甘 肃 | Gansu | 77878 | 57369 | 23911 | 12475 | 53967 | 44894 |
| 青 海 | Qinghai | 24792 | 18675 | 2036 | | 22756 | 18675 |
| 宁 夏 | Ningxia | 51885 | 45856 | 4706 | 7843 | 47179 | 38013 |
| 新 疆 | Xinjiang | 110963 | 76773 | 26055 | 8986 | 84908 | 67788 |

洗涤用品类
Washing Articles

单位：万元
Unit: 10000 yuan

| 地 区 | Region | 合 计 Total Sale Value | | 批发额 Wholesale Value | | 零售额 Retail Value | |
|---|---|---|---|---|---|---|---|
| | | 2009 | 2008 | 2009 | 2008 | 2009 | 2008 |
| **全 国** | **National Total** | **8594397** | **6824170** | **4224585** | **3206321** | **4369812** | **3617849** |
| 北 京 | Beijing | 462854 | 408988 | 276374 | 237360 | 186480 | 171628 |
| 天 津 | Tianjin | 146733 | 114006 | 14433 | 17562 | 132300 | 96444 |
| 河 北 | Hebei | 169184 | 139602 | 27261 | 28874 | 141923 | 110728 |
| 山 西 | Shanxi | 68200 | 57448 | 7541 | 942 | 60659 | 56507 |
| 内蒙古 | Inner Mongolia | 30978 | 27337 | 7065 | 7079 | 23913 | 20259 |
| 辽 宁 | Liaoning | 232039 | 223557 | 69425 | 71379 | 162613 | 152178 |
| 吉 林 | Jilin | 35476 | 36186 | 1692 | 992 | 33784 | 35194 |
| 黑龙江 | Heilongjiang | 68786 | 62955 | 4774 | 15447 | 64012 | 47508 |
| 上 海 | Shanghai | 388474 | 520900 | 139066 | 271301 | 249409 | 249599 |
| 江 苏 | Jiangsu | 712875 | 548217 | 255790 | 180224 | 457085 | 367993 |
| 浙 江 | Zhejiang | 1264293 | 504301 | 941867 | 217758 | 322427 | 286543 |
| 安 徽 | Anhui | 412237 | 397764 | 325847 | 336771 | 86390 | 60994 |
| 福 建 | Fujian | 257468 | 214408 | 96301 | 71075 | 161166 | 143333 |
| 江 西 | Jiangxi | 100846 | 105120 | 38142 | 52361 | 62704 | 52759 |
| 山 东 | Shandong | 615030 | 439416 | 121967 | 81612 | 493063 | 357804 |
| 河 南 | Henan | 267776 | 228514 | 67840 | 71364 | 199936 | 157150 |
| 湖 北 | Hubei | 272532 | 207704 | 81292 | 42281 | 191240 | 165423 |
| 湖 南 | Hunan | 181393 | 149211 | 18661 | 18347 | 162732 | 130864 |
| 广 东 | Guangdong | 1946130 | 1759180 | 1420376 | 1330422 | 525754 | 428758 |
| 广 西 | Guangxi | 114181 | 75772 | 42225 | 17933 | 71956 | 57839 |
| 海 南 | Hainan | 51044 | 22294 | 35072 | 12224 | 15972 | 10070 |
| 重 庆 | Chongqing | 197881 | 149959 | 74835 | 50856 | 123046 | 99104 |
| 四 川 | Sichuan | 245012 | 158100 | 97305 | 18925 | 147708 | 139174 |
| 贵 州 | Guizhou | 28993 | 18244 | 282 | 193 | 28710 | 18051 |
| 云 南 | Yunnan | 75524 | 55826 | 4057 | 3767 | 71467 | 52059 |
| 西 藏 | Tibet | 549 | | | | 549 | |
| 陕 西 | Shaanxi | 167898 | 126884 | 44548 | 36076 | 123350 | 90808 |
| 甘 肃 | Gansu | 32016 | 26394 | 6896 | 6206 | 25120 | 20188 |
| 青 海 | Qinghai | 5842 | 2996 | 2036 | | 3805 | 2996 |
| 宁 夏 | Ningxia | 10846 | 10731 | 461 | 1208 | 10385 | 9523 |
| 新 疆 | Xinjiang | 31309 | 32158 | 1156 | 5784 | 30153 | 26374 |

3-2-9 续表 14 Continued 14

儿童玩具类
Children Toys

单位：万元
Unit: 10000 yuan

| 地 区 | Region | 合 计 Total Sale Value | | 批发额 Wholesale Value | | 零售额 Retail Value | |
|---|---|---|---|---|---|---|---|
| | | 2009 | 2008 | 2009 | 2008 | 2009 | 2008 |
| **全 国** | **National Total** | **1431493** | **1260008** | **586335** | **589765** | **845158** | **670243** |
| 北 京 | Beijing | 74729 | 70759 | 18992 | 21714 | 55737 | 49045 |
| 天 津 | Tianjin | 15271 | 23661 | 860 | 8761 | 14411 | 14901 |
| 河 北 | Hebei | 29379 | 22366 | 265 | 86 | 29114 | 22280 |
| 山 西 | Shanxi | 12716 | 12071 | 249 | 238 | 12467 | 11833 |
| 内 蒙 古 | Inner Mongolia | 3484 | 2653 | 32 | | 3452 | 2653 |
| 辽 宁 | Liaoning | 35106 | 28034 | 707 | 1072 | 34399 | 26962 |
| 吉 林 | Jilin | 7696 | 7357 | 830 | 630 | 6865 | 6728 |
| 黑 龙 江 | Heilongjiang | 5873 | 5049 | | | 5873 | 5049 |
| 上 海 | Shanghai | 126873 | 168900 | 70066 | 125283 | 56807 | 43617 |
| 江 苏 | Jiangsu | 218393 | 193150 | 142624 | 131331 | 75769 | 61819 |
| 浙 江 | Zhejiang | 155099 | 155427 | 98359 | 103967 | 56740 | 51460 |
| 安 徽 | Anhui | 22068 | 22830 | 5426 | 10437 | 16642 | 12393 |
| 福 建 | Fujian | 49665 | 50481 | 29733 | 32026 | 19932 | 18455 |
| 江 西 | Jiangxi | 16582 | 16170 | 34 | | 16548 | 16170 |
| 山 东 | Shandong | 136246 | 100228 | 24633 | 14891 | 111613 | 85336 |
| 河 南 | Henan | 44201 | 37203 | 1066 | 2719 | 43135 | 34484 |
| 湖 北 | Hubei | 36990 | 26509 | 3804 | 4381 | 33187 | 22128 |
| 湖 南 | Hunan | 31136 | 20997 | 1550 | 144 | 29587 | 20853 |
| 广 东 | Guangdong | 271988 | 206992 | 171487 | 124163 | 100501 | 82830 |
| 广 西 | Guangxi | 8524 | 6894 | 23 | 25 | 8501 | 6869 |
| 海 南 | Hainan | 2933 | 2336 | 95 | 268 | 2839 | 2068 |
| 重 庆 | Chongqing | 17971 | 18502 | 1358 | 4584 | 16613 | 13918 |
| 四 川 | Sichuan | 25120 | 21044 | 349 | 96 | 24772 | 20948 |
| 贵 州 | Guizhou | 4508 | 3269 | 1 | | 4507 | 3269 |
| 云 南 | Yunnan | 10353 | 7562 | 137 | 46 | 10216 | 7515 |
| 西 藏 | Tibet | 41 | | | | 41 | |
| 陕 西 | Shaanxi | 56875 | 19693 | 10345 | 719 | 46529 | 18974 |
| 甘 肃 | Gansu | 1494 | 1507 | | 9 | 1494 | 1498 |
| 青 海 | Qinghai | 345 | 234 | | | 345 | 234 |
| 宁 夏 | Ningxia | 1521 | 3525 | 356 | 2158 | 1165 | 1367 |
| 新 疆 | Xinjiang | 8311 | 4607 | 2954 | 20 | 5358 | 4587 |

3-2-9 续表 15 Continued 15

五金、电料类 单位：万元

Hardware and Electrical Materials Unit: 10000 yuan

| 地 区 | Region | 合 计 Total Sale Value | | 批发额 Wholesale Value | | 零售额 Retail Value | |
|---|---|---|---|---|---|---|---|
| | | 2009 | 2008 | 2009 | 2008 | 2009 | 2008 |
| **全 国** | **National Total** | **10962849** | **9138811** | **8828902** | **7773489** | **2133948** | **1365322** |
| 北 京 | Beijing | 605177 | 475257 | 479487 | 390925 | 125690 | 84332 |
| 天 津 | Tianjin | 466431 | 333134 | 434732 | 305415 | 31699 | 27719 |
| 河 北 | Hebei | 115659 | 123514 | 72700 | 89969 | 42959 | 33545 |
| 山 西 | Shanxi | 46248 | 25468 | 18794 | 3628 | 27453 | 21840 |
| 内蒙古 | Inner Mongolia | 32512 | 28868 | 7593 | 597 | 24919 | 28272 |
| 辽 宁 | Liaoning | 280983 | 242091 | 165662 | 137242 | 115321 | 104849 |
| 吉 林 | Jilin | 21923 | 8355 | 11199 | 956 | 10724 | 7399 |
| 黑龙江 | Heilongjiang | 31355 | 31053 | 6996 | 5149 | 24360 | 25904 |
| 上 海 | Shanghai | 1661250 | 1351152 | 1477558 | 1240590 | 183692 | 110562 |
| 江 苏 | Jiangsu | 1089388 | 793884 | 911849 | 695321 | 177540 | 98563 |
| 浙 江 | Zhejiang | 2638449 | 2630317 | 2523849 | 2551580 | 114600 | 78737 |
| 安 徽 | Anhui | 48739 | 47903 | 27710 | 33397 | 21029 | 14507 |
| 福 建 | Fujian | 326522 | 325594 | 257304 | 275436 | 69218 | 50158 |
| 江 西 | Jiangxi | 11597 | 15742 | 3819 | 8931 | 7778 | 6811 |
| 山 东 | Shandong | 992535 | 475260 | 486542 | 223871 | 505994 | 251388 |
| 河 南 | Henan | 340619 | 204099 | 135659 | 44409 | 204961 | 159690 |
| 湖 北 | Hubei | 89751 | 48291 | 40486 | 7934 | 49265 | 40357 |
| 湖 南 | Hunan | 48799 | 37426 | 13245 | 11753 | 35554 | 25673 |
| 广 东 | Guangdong | 1648637 | 1577474 | 1487223 | 1488321 | 161413 | 89153 |
| 广 西 | Guangxi | 30101 | 38471 | 17918 | 21450 | 12183 | 17021 |
| 海 南 | Hainan | 15006 | 9502 | 10526 | 7299 | 4481 | 2203 |
| 重 庆 | Chongqing | 106149 | 73745 | 59236 | 46109 | 46913 | 27636 |
| 四 川 | Sichuan | 59456 | 30376 | 31676 | 17360 | 27780 | 13016 |
| 贵 州 | Guizhou | 12088 | 13417 | 7878 | 11098 | 4211 | 2319 |
| 云 南 | Yunnan | 69331 | 63062 | 54137 | 53741 | 15195 | 9321 |
| 西 藏 | Tibet | 24 | 15 | | | 24 | 15 |
| 陕 西 | Shaanxi | 124838 | 73797 | 52745 | 48439 | 72094 | 25358 |
| 甘 肃 | Gansu | 4551 | 2943 | 1930 | 1083 | 2621 | 1860 |
| 青 海 | Qinghai | 8330 | 1471 | | | 8330 | 1471 |
| 宁 夏 | Ningxia | 4168 | 5201 | 2801 | 3870 | 1367 | 1331 |
| 新 疆 | Xinjiang | 32234 | 51930 | 27651 | 47619 | 4582 | 4311 |

3-2-9 续表 16 Continued 16

体育、娱乐用品类 单位：万元

Sports and Recreation Articles Unit: 10000 yuan

| 地 区 | Region | 合 计 Total Sale Value | | 批发额 Wholesale Value | | 零售额 Retail Value | |
|---|---|---|---|---|---|---|---|
| | | 2009 | 2008 | 2009 | 2008 | 2009 | 2008 |
| **全 国** | **National Total** | **5955690** | **5372021** | **3592589** | **3374652** | **2363101** | **1997369** |
| 北 京 | Beijing | 1795546 | 1661482 | 1272821 | 1253752 | 522726 | 407730 |
| 天 津 | Tianjin | 72835 | 72753 | 40179 | 36661 | 32656 | 36092 |
| 河 北 | Hebei | 56305 | 46730 | 3078 | 2189 | 53228 | 44541 |
| 山 西 | Shanxi | 50364 | 18817 | 27406 | | 22958 | 18817 |
| 内蒙古 | Inner Mongolia | 21134 | 11801 | 112 | 963 | 21022 | 10838 |
| 辽 宁 | Liaoning | 152942 | 76399 | 68564 | 7083 | 84378 | 69316 |
| 吉 林 | Jilin | 63437 | 46063 | 3 | 10 | 63434 | 46054 |
| 黑龙江 | Heilongjiang | 32874 | 35364 | 98 | 3457 | 32776 | 31908 |
| 上 海 | Shanghai | 677174 | 646539 | 437021 | 402528 | 240153 | 244011 |
| 江 苏 | Jiangsu | 585371 | 576083 | 347853 | 382554 | 237519 | 193529 |
| 浙 江 | Zhejiang | 278375 | 261289 | 173321 | 173632 | 105054 | 87657 |
| 安 徽 | Anhui | 68151 | 63835 | 31507 | 34021 | 36643 | 29814 |
| 福 建 | Fujian | 163330 | 134422 | 98791 | 81588 | 64540 | 52834 |
| 江 西 | Jiangxi | 5651 | 5275 | 25 | 140 | 5625 | 5135 |
| 山 东 | Shandong | 220132 | 179600 | 52343 | 32591 | 167789 | 147009 |
| 河 南 | Henan | 98923 | 54373 | 36985 | 2526 | 61938 | 51847 |
| 湖 北 | Hubei | 73439 | 91979 | 2681 | 5328 | 70758 | 86651 |
| 湖 南 | Hunan | 61016 | 49829 | 7359 | 5305 | 53656 | 44524 |
| 广 东 | Guangdong | 1164360 | 1030074 | 974642 | 876248 | 189718 | 153826 |
| 广 西 | Guangxi | 25516 | 27969 | 392 | 2036 | 25124 | 25933 |
| 海 南 | Hainan | 5371 | 4698 | 56 | 118 | 5315 | 4580 |
| 重 庆 | Chongqing | 55982 | 41654 | 3982 | 3125 | 52000 | 38528 |
| 四 川 | Sichuan | 72818 | 167030 | 4799 | 64129 | 68020 | 102901 |
| 贵 州 | Guizhou | 18101 | 6631 | 1529 | 585 | 16572 | 6046 |
| 云 南 | Yunnan | 17793 | 12201 | 1692 | 1751 | 16102 | 10450 |
| 西 藏 | Tibet | 8 | 12 | | | 8 | 12 |
| 陕 西 | Shaanxi | 92030 | 29818 | 4870 | 1996 | 87160 | 27822 |
| 甘 肃 | Gansu | 6329 | 5314 | 31 | 224 | 6298 | 5091 |
| 青 海 | Qinghai | 2074 | 1308 | | | 2074 | 1308 |
| 宁 夏 | Ningxia | 7606 | 6137 | 394 | 113 | 7212 | 6024 |
| 新 疆 | Xinjiang | 10703 | 6540 | 56 | | 10646 | 6540 |

3-2-9 续表 17 Continued 17

书报杂志类 | 单位：万元
Newspapers and Magazines | Unit: 10000 yuan

| 地 区 | Region | 合 计 Total Sale Value | | 批发额 Wholesale Value | | 零售额 Retail Value | |
|---|---|---|---|---|---|---|---|
| | | 2009 | 2008 | 2009 | 2008 | 2009 | 2008 |
| **全 国** | **National Total** | **9742299** | **8822646** | **4363948** | **4086192** | **5378351** | **4736454** |
| 北 京 | Beijing | 1070439 | 896879 | 435272 | 407020 | 635167 | 489859 |
| 天 津 | Tianjin | 78186 | 84424 | 31703 | 29743 | 46483 | 54681 |
| 河 北 | Hebei | 300721 | 250038 | 168281 | 137588 | 132439 | 112450 |
| 山 西 | Shanxi | 197084 | 147689 | 75680 | 43149 | 121403 | 104540 |
| 内蒙古 | Inner Mongolia | 44153 | 53058 | 6552 | 18974 | 37601 | 34084 |
| 辽 宁 | Liaoning | 173008 | 296746 | 58827 | 116838 | 114182 | 179907 |
| 吉 林 | Jilin | 99778 | 99558 | 36335 | 50934 | 63444 | 48623 |
| 黑龙江 | Heilongjiang | 125972 | 123653 | 54527 | 59237 | 71445 | 64416 |
| 上 海 | Shanghai | 323992 | 244178 | 133542 | 56954 | 190449 | 187224 |
| 江 苏 | Jiangsu | 870095 | 827550 | 351468 | 359106 | 518627 | 468444 |
| 浙 江 | Zhejiang | 589803 | 552521 | 242141 | 240782 | 347662 | 311739 |
| 安 徽 | Anhui | 428419 | 378986 | 195504 | 200119 | 232915 | 178866 |
| 福 建 | Fujian | 319802 | 292077 | 153434 | 148628 | 166368 | 143449 |
| 江 西 | Jiangxi | 322001 | 211296 | 142629 | 74734 | 179372 | 136563 |
| 山 东 | Shandong | 778663 | 687572 | 358721 | 314709 | 419942 | 372863 |
| 河 南 | Henan | 484022 | 477515 | 213055 | 214310 | 270967 | 263205 |
| 湖 北 | Hubei | 295849 | 268305 | 164823 | 147289 | 131025 | 121015 |
| 湖 南 | Hunan | 607899 | 512552 | 307264 | 253430 | 300634 | 259122 |
| 广 东 | Guangdong | 687007 | 743456 | 424386 | 492177 | 262621 | 251279 |
| 广 西 | Guangxi | 204535 | 191883 | 117173 | 115691 | 87362 | 76192 |
| 海 南 | Hainan | 77327 | 32308 | 56761 | 23163 | 20567 | 9145 |
| 重 庆 | Chongqing | 287947 | 245601 | 139625 | 121824 | 148322 | 123777 |
| 四 川 | Sichuan | 406012 | 370627 | 52799 | 46742 | 353213 | 323885 |
| 贵 州 | Guizhou | 137477 | 94483 | 103427 | 82033 | 34050 | 12450 |
| 云 南 | Yunnan | 227514 | 220194 | 113283 | 119850 | 114231 | 100344 |
| 西 藏 | Tibet | 9336 | 528 | 6999 | | 2337 | 528 |
| 陕 西 | Shaanxi | 259442 | 221138 | 77408 | 78606 | 182034 | 142532 |
| 甘 肃 | Gansu | 97568 | 66994 | 35683 | 8747 | 61885 | 58247 |
| 青 海 | Qinghai | 14824 | 12603 | 8747 | 8270 | 6077 | 4333 |
| 宁 夏 | Ningxia | 30368 | 30650 | 14756 | 15948 | 15613 | 14702 |
| 新 疆 | Xinjiang | 193057 | 187588 | 83142 | 99600 | 109915 | 87988 |

电子出版物及音像制品类　　　　　　　　　　　　　　　　　　　　　单位：万元
E-journals and Video Products　　　　　　　　　　　　　　　　　　Unit: 10000 yuan

| 地　区 | Region | 合　计 Total Sale Value | | 批发额 Wholesale Value | | 零售额 Retail Value | |
|---|---|---|---|---|---|---|---|
| | | 2009 | 2008 | 2009 | 2008 | 2009 | 2008 |
| **全　国** | **National Total** | **1469051** | **1246030** | **744232** | **613850** | **724819** | **632179** |
| 北　京 | Beijing | 464699 | 233197 | 258920 | 126595 | 205779 | 106602 |
| 天　津 | Tianjin | 44327 | 31327 | 34525 | 21411 | 9802 | 9916 |
| 河　北 | Hebei | 26806 | 15247 | 2491 | 465 | 24315 | 14782 |
| 山　西 | Shanxi | 12643 | 9717 | 6489 | 4138 | 6153 | 5579 |
| 内蒙古 | Inner Mongolia | 4985 | 4530 | 468 | | 4517 | 4530 |
| 辽　宁 | Liaoning | 45933 | 14715 | 27870 | 511 | 18063 | 14204 |
| 吉　林 | Jilin | 13290 | 29424 | | 10164 | 13290 | 19260 |
| 黑龙江 | Heilongjiang | 5731 | 7393 | 82 | 56 | 5650 | 7337 |
| 上　海 | Shanghai | 115982 | 169734 | 85294 | 45892 | 30689 | 123842 |
| 江　苏 | Jiangsu | 66714 | 55081 | 26203 | 24928 | 40511 | 30153 |
| 浙　江 | Zhejiang | 52396 | 197109 | 28111 | 175426 | 24285 | 21683 |
| 安　徽 | Anhui | 33949 | 13822 | 17791 | 2976 | 16158 | 10847 |
| 福　建 | Fujian | 12048 | 12538 | 3135 | 1169 | 8913 | 11369 |
| 江　西 | Jiangxi | 24601 | 19666 | 4 | 13 | 24596 | 19653 |
| 山　东 | Shandong | 73274 | 60540 | 6342 | 8705 | 66932 | 51835 |
| 河　南 | Henan | 29544 | 20145 | 8877 | 4571 | 20667 | 15574 |
| 湖　北 | Hubei | 13050 | 15666 | 3843 | 5744 | 9207 | 9922 |
| 湖　南 | Hunan | 32234 | 11413 | 14148 | 1844 | 18087 | 9570 |
| 广　东 | Guangdong | 172672 | 187578 | 115615 | 122103 | 57058 | 65476 |
| 广　西 | Guangxi | 8004 | 8396 | 2068 | 1281 | 5936 | 7115 |
| 海　南 | Hainan | 2357 | 1684 | 31 | | 2326 | 1684 |
| 重　庆 | Chongqing | 41829 | 22576 | 20971 | 10565 | 20858 | 12012 |
| 四　川 | Sichuan | 109246 | 66278 | 68835 | 36965 | 40411 | 29313 |
| 贵　州 | Guizhou | 4701 | 951 | 4086 | 301 | 615 | 650 |
| 云　南 | Yunnan | 11556 | 16097 | 6504 | 4150 | 5052 | 11947 |
| 西　藏 | Tibet | 99 | 62 | | | 99 | 62 |
| 陕　西 | Shaanxi | 23775 | 15653 | 1 | 2379 | 23775 | 13273 |
| 甘　肃 | Gansu | 18005 | 1361 | 4 | 28 | 18002 | 1333 |
| 青　海 | Qinghai | 491 | 385 | | | 491 | 385 |
| 宁　夏 | Ningxia | 1321 | 491 | 112 | | 1209 | 491 |
| 新　疆 | Xinjiang | 2789 | 3254 | 1415 | 1471 | 1375 | 1783 |

3-2-9 续表 19 Continued 19

家用电器和音像器材类 单位：万元

Household Appliances and Video Appliances Unit: 10000 yuan

| 地 区 | Region | 合 计 Total Sale Value | | 批发额 Wholesale Value | | 零售额 Retail Value | |
|---|---|---|---|---|---|---|---|
| | | 2009 | 2008 | 2009 | 2008 | 2009 | 2008 |
| **全 国** | **National Total** | **69101531** | **56632086** | **37557828** | **29565682** | **31543703** | **27066404** |
| 北 京 | Beijing | 3981860 | 3907266 | 2374643 | 2376004 | 1607217 | 1531262 |
| 天 津 | Tianjin | 866752 | 795888 | 265870 | 250916 | 600882 | 544972 |
| 河 北 | Hebei | 1153354 | 982713 | 167524 | 138987 | 985829 | 843726 |
| 山 西 | Shanxi | 744564 | 625144 | 329384 | 236378 | 415180 | 388766 |
| 内蒙古 | Inner Mongolia | 459090 | 382431 | 90222 | 64259 | 368868 | 318172 |
| 辽 宁 | Liaoning | 2436152 | 1768562 | 1098172 | 664886 | 1337980 | 1103676 |
| 吉 林 | Jilin | 634703 | 605177 | 132197 | 131888 | 502505 | 473290 |
| 黑龙江 | Heilongjiang | 814313 | 690643 | 251806 | 172165 | 562507 | 518478 |
| 上 海 | Shanghai | 5539713 | 4816005 | 2598739 | 2288487 | 2940974 | 2527518 |
| 江 苏 | Jiangsu | 10049321 | 8150585 | 6199123 | 5010780 | 3850198 | 3139805 |
| 浙 江 | Zhejiang | 5534205 | 4597404 | 3337176 | 2610767 | 2197028 | 1986637 |
| 安 徽 | Anhui | 2328221 | 2682861 | 1528859 | 1982728 | 799362 | 700133 |
| 福 建 | Fujian | 1678671 | 1310574 | 853213 | 508885 | 825458 | 801689 |
| 江 西 | Jiangxi | 1139338 | 717965 | 796878 | 396338 | 342460 | 321626 |
| 山 东 | Shandong | 5730653 | 4749301 | 2388576 | 2080782 | 3342077 | 2668519 |
| 河 南 | Henan | 2218730 | 1794362 | 867240 | 663465 | 1351490 | 1130897 |
| 湖 北 | Hubei | 1940536 | 1474656 | 742599 | 422338 | 1197936 | 1052319 |
| 湖 南 | Hunan | 2703786 | 1002928 | 1879232 | 441271 | 824554 | 561657 |
| 广 东 | Guangdong | 8373914 | 7362831 | 5177038 | 4467677 | 3196876 | 2895154 |
| 广 西 | Guangxi | 867946 | 702916 | 420379 | 321969 | 447567 | 380947 |
| 海 南 | Hainan | 207540 | 134036 | 94866 | 34937 | 112674 | 99099 |
| 重 庆 | Chongqing | 4712783 | 3153185 | 3568535 | 2270803 | 1144248 | 882382 |
| 四 川 | Sichuan | 1557084 | 1377922 | 609710 | 515449 | 947374 | 862474 |
| 贵 州 | Guizhou | 354638 | 247873 | 158992 | 112852 | 195646 | 135020 |
| 云 南 | Yunnan | 941128 | 955145 | 588779 | 643653 | 352349 | 311492 |
| 西 藏 | Tibet | 8607 | 617 | | | 8607 | 617 |
| 陕 西 | Shaanxi | 882276 | 563998 | 231444 | 70554 | 650832 | 493444 |
| 甘 肃 | Gansu | 697249 | 639073 | 589395 | 554427 | 107854 | 84646 |
| 青 海 | Qinghai | 41640 | 46697 | | 844 | 41640 | 45854 |
| 宁 夏 | Ningxia | 181088 | 132680 | 93300 | 54390 | 87787 | 78290 |
| 新 疆 | Xinjiang | 321681 | 260651 | 123936 | 76806 | 197745 | 183845 |

## 3-2-9 续表 20 Continued 20

中西药品类 单位：万元
Traditional Chinese and Western Medicines Unit: 10000 yuan

| 地区 | Region | 合计 Total Sale Value | | 批发额 Wholesale Value | | 零售额 Retail Value | |
|---|---|---|---|---|---|---|---|
| | | 2009 | 2008 | 2009 | 2008 | 2009 | 2008 |
| **全国** | **National Total** | **80053952** | **56290573** | **57632027** | **38998321** | **22421924** | **17292252** |
| 北京 | Beijing | 6646341 | 5056482 | 4135276 | 3376659 | 2511065 | 1679823 |
| 天津 | Tianjin | 2262134 | 2018124 | 1806739 | 1740899 | 455395 | 277225 |
| 河北 | Hebei | 2195818 | 1531849 | 1709161 | 1167166 | 486657 | 364683 |
| 山西 | Shanxi | 782564 | 430571 | 599404 | 281759 | 183160 | 148812 |
| 内蒙古 | Inner Mongolia | 657560 | 194722 | 569318 | 145853 | 88242 | 48868 |
| 辽宁 | Liaoning | 2872128 | 1801360 | 1921483 | 1188614 | 950645 | 612746 |
| 吉林 | Jilin | 576718 | 412950 | 427606 | 317596 | 149112 | 95354 |
| 黑龙江 | Heilongjiang | 1488637 | 939358 | 995172 | 545486 | 493465 | 393872 |
| 上海 | Shanghai | 8002923 | 5249255 | 6327511 | 3583705 | 1675412 | 1665550 |
| 江苏 | Jiangsu | 6745866 | 4255355 | 4253455 | 2282043 | 2492411 | 1973312 |
| 浙江 | Zhejiang | 6267808 | 5085630 | 3325955 | 2635589 | 2941853 | 2450041 |
| 安徽 | Anhui | 3837915 | 3006428 | 2894819 | 2256002 | 943096 | 750426 |
| 福建 | Fujian | 1863727 | 1429707 | 1414663 | 1089416 | 449063 | 340290 |
| 江西 | Jiangxi | 1356382 | 921476 | 1050180 | 707485 | 306202 | 213991 |
| 山东 | Shandong | 4549093 | 3060834 | 3028992 | 1794228 | 1520101 | 1266606 |
| 河南 | Henan | 2781322 | 2180507 | 2112870 | 1625799 | 668451 | 554708 |
| 湖北 | Hubei | 2307229 | 1626091 | 1967407 | 1382413 | 339822 | 243677 |
| 湖南 | Hunan | 3296407 | 1503989 | 2692908 | 999978 | 603499 | 504010 |
| 广东 | Guangdong | 9340289 | 7206667 | 7317605 | 5584609 | 2022683 | 1622057 |
| 广西 | Guangxi | 934208 | 629227 | 480893 | 272377 | 453315 | 356850 |
| 海南 | Hainan | 896291 | 372990 | 882172 | 365813 | 14120 | 7177 |
| 重庆 | Chongqing | 3023743 | 2217412 | 2114633 | 1607241 | 909110 | 610171 |
| 四川 | Sichuan | 2990671 | 1981982 | 2560075 | 1718836 | 430596 | 263146 |
| 贵州 | Guizhou | 516166 | 329703 | 444509 | 278928 | 71656 | 50776 |
| 云南 | Yunnan | 1653133 | 1318521 | 1359239 | 1073110 | 293894 | 245411 |
| 西藏 | Tibet | 67241 | 2854 | 61683 | 2731 | 5558 | 123 |
| 陕西 | Shaanxi | 797643 | 589986 | 506018 | 402541 | 291625 | 187445 |
| 甘肃 | Gansu | 349118 | 203248 | 288684 | 171430 | 60435 | 31818 |
| 青海 | Qinghai | 61979 | 33853 | 28698 | 6293 | 33281 | 27560 |
| 宁夏 | Ningxia | 186902 | 137797 | 52768 | 85428 | 134134 | 52369 |
| 新疆 | Xinjiang | 745997 | 561647 | 302132 | 308294 | 443865 | 253353 |

3-2-9 续表 21 Continued 21

西药类 单位：万元
Western Medicines Unit: 10000 yuan

| 地区 | Region | 合计 Total Sale Value | | 批发额 Wholesale Value | | 零售额 Retail Value | |
|---|---|---|---|---|---|---|---|
| | | 2009 | 2008 | 2009 | 2008 | 2009 | 2008 |
| **全国** | **National Total** | **56921299** | **40789572** | **40830289** | **28060031** | **16091010** | **12729541** |
| 北京 | Beijing | 4135084 | 3204585 | 2656376 | 2097327 | 1478709 | 1107258 |
| 天津 | Tianjin | 1322122 | 1376965 | 1103077 | 1182986 | 219046 | 193979 |
| 河北 | Hebei | 1776661 | 1312943 | 1404715 | 1017019 | 371946 | 295925 |
| 山西 | Shanxi | 538566 | 301942 | 406810 | 194439 | 131756 | 107503 |
| 内蒙古 | Inner Mongolia | 207404 | 91849 | 151610 | 69049 | 55794 | 22799 |
| 辽宁 | Liaoning | 1775618 | 1288592 | 1175228 | 862659 | 600389 | 425933 |
| 吉林 | Jilin | 337229 | 309761 | 247635 | 241398 | 89594 | 68363 |
| 黑龙江 | Heilongjiang | 930697 | 709596 | 515391 | 379388 | 415306 | 330208 |
| 上海 | Shanghai | 6600121 | 3716145 | 5534166 | 2641349 | 1065955 | 1074796 |
| 江苏 | Jiangsu | 5634325 | 3442726 | 3646132 | 1851733 | 1988193 | 1590993 |
| 浙江 | Zhejiang | 4690333 | 3901549 | 2384682 | 1975724 | 2305651 | 1925825 |
| 安徽 | Anhui | 2933079 | 2320390 | 2246187 | 1729798 | 686891 | 590592 |
| 福建 | Fujian | 1403988 | 1065656 | 1060945 | 799207 | 343043 | 266449 |
| 江西 | Jiangxi | 737303 | 530155 | 510732 | 371917 | 226572 | 158238 |
| 山东 | Shandong | 2966514 | 2019769 | 1947507 | 1133669 | 1019007 | 886101 |
| 河南 | Henan | 1836496 | 1456620 | 1445231 | 1102751 | 391265 | 353869 |
| 湖北 | Hubei | 1960017 | 1351167 | 1708990 | 1176145 | 251027 | 175022 |
| 湖南 | Hunan | 1477441 | 1097292 | 999361 | 744337 | 478080 | 352955 |
| 广东 | Guangdong | 6648369 | 5092761 | 5012209 | 3860118 | 1636161 | 1232643 |
| 广西 | Guangxi | 604229 | 438859 | 262343 | 169409 | 341886 | 269450 |
| 海南 | Hainan | 738469 | 326981 | 730933 | 322469 | 7536 | 4512 |
| 重庆 | Chongqing | 2147629 | 1504749 | 1420155 | 1001160 | 727475 | 503589 |
| 四川 | Sichuan | 2086698 | 1413371 | 1890207 | 1294577 | 196491 | 118794 |
| 贵州 | Guizhou | 329082 | 204883 | 276742 | 169029 | 52340 | 35854 |
| 云南 | Yunnan | 1401820 | 1105600 | 1152265 | 902578 | 249556 | 203022 |
| 西藏 | Tibet | 40317 | 2602 | 36426 | 2602 | 3891 | |
| 陕西 | Shaanxi | 558636 | 433827 | 344745 | 285787 | 213891 | 148039 |
| 甘肃 | Gansu | 293440 | 169999 | 253780 | 144743 | 39660 | 25256 |
| 青海 | Qinghai | 31717 | 23538 | 10293 | 6185 | 21423 | 17353 |
| 宁夏 | Ningxia | 147933 | 107226 | 39023 | 69951 | 108911 | 37275 |
| 新疆 | Xinjiang | 629961 | 467473 | 256395 | 260526 | 373566 | 206948 |

3-2-9 续表 22 Continued 22

中草药及中成药类
Traditional Chinese Medicines

单位：万元
Unit: 10000 yuan

| 地区 | Region | 合计 Total Sale Value 2009 | 合计 Total Sale Value 2008 | 批发额 Wholesale Value 2009 | 批发额 Wholesale Value 2008 | 零售额 Retail Value 2009 | 零售额 Retail Value 2008 |
|---|---|---|---|---|---|---|---|
| **全国** | **National Total** | **13663868** | **11054380** | **9505380** | **7516615** | **4158488** | **3537765** |
| 北京 | Beijing | 1101412 | 1021860 | 586849 | 604310 | 514563 | 417550 |
| 天津 | Tianjin | 599831 | 495309 | 507248 | 429272 | 92582 | 66038 |
| 河北 | Hebei | 231756 | 178938 | 148689 | 125577 | 83067 | 53361 |
| 山西 | Shanxi | 177998 | 118281 | 133517 | 81179 | 44481 | 37102 |
| 内蒙古 | Inner Mongolia | 402602 | 40976 | 385295 | 30353 | 17307 | 10623 |
| 辽宁 | Liaoning | 366537 | 250904 | 224044 | 152448 | 142494 | 98456 |
| 吉林 | Jilin | 176936 | 82196 | 139262 | 58715 | 37674 | 23481 |
| 黑龙江 | Heilongjiang | 346663 | 171065 | 277895 | 111277 | 68768 | 59787 |
| 上海 | Shanghai | 1025084 | 1416562 | 525262 | 846666 | 499822 | 569896 |
| 江苏 | Jiangsu | 999790 | 770257 | 539952 | 401373 | 459838 | 368884 |
| 浙江 | Zhejiang | 1237967 | 1003788 | 671795 | 533523 | 566173 | 470266 |
| 安徽 | Anhui | 659192 | 628260 | 509564 | 485107 | 149628 | 143153 |
| 福建 | Fujian | 170467 | 148373 | 115931 | 107282 | 54536 | 41091 |
| 江西 | Jiangxi | 593804 | 386232 | 515634 | 331448 | 78170 | 54784 |
| 山东 | Shandong | 664788 | 591433 | 348785 | 290982 | 316003 | 300452 |
| 河南 | Henan | 363306 | 312771 | 203733 | 170996 | 159573 | 141775 |
| 湖北 | Hubei | 242156 | 217338 | 179027 | 163773 | 63130 | 53565 |
| 湖南 | Hunan | 264298 | 191011 | 168319 | 106213 | 95979 | 84798 |
| 广东 | Guangdong | 2105769 | 1507836 | 1849722 | 1289131 | 256048 | 218705 |
| 广西 | Guangxi | 174216 | 142897 | 83158 | 65165 | 91059 | 77732 |
| 海南 | Hainan | 118899 | 27946 | 112574 | 25584 | 6325 | 2362 |
| 重庆 | Chongqing | 613091 | 502971 | 495003 | 428085 | 118088 | 74886 |
| 四川 | Sichuan | 450807 | 365008 | 405383 | 334976 | 45424 | 30032 |
| 贵州 | Guizhou | 93733 | 76739 | 80190 | 66625 | 13543 | 10114 |
| 云南 | Yunnan | 188747 | 177101 | 156481 | 148052 | 32266 | 29050 |
| 西藏 | Tibet | 13998 | 129 | 12633 | 129 | 1365 | |
| 陕西 | Shaanxi | 81222 | 74625 | 48595 | 50423 | 32627 | 24203 |
| 甘肃 | Gansu | 55336 | 26587 | 34904 | 20345 | 20432 | 6242 |
| 青海 | Qinghai | 8513 | 9924 | 222 | 109 | 8291 | 9815 |
| 宁夏 | Ningxia | 35176 | 29494 | 13364 | 15463 | 21812 | 14031 |
| 新疆 | Xinjiang | 99777 | 87569 | 32353 | 42038 | 67424 | 45531 |

3-2-9 续表 23 Continued 23

文化办公用品类 单位：万元

Cultural and Offices Appliances Unit: 10000 yuan

| 地　区 | Region | 合　计 Total Sale Value | | 批发额 Wholesale Value | | 零售额 Retail Value | |
|---|---|---|---|---|---|---|---|
| | | 2009 | 2008 | 2009 | 2008 | 2009 | 2008 |
| **全　国** | **National Total** | **39700820** | **27205768** | **31220464** | **20335716** | **8480357** | **6870052** |
| 北　京 | Beijing | 8047092 | 6165939 | 6326852 | 4844970 | 1720240 | 1320969 |
| 天　津 | Tianjin | 438731 | 366539 | 321836 | 281680 | 116896 | 84859 |
| 河　北 | Hebei | 170225 | 63828 | 81432 | 17175 | 88794 | 46653 |
| 山　西 | Shanxi | 103493 | 55480 | 72454 | 26627 | 31040 | 28853 |
| 内蒙古 | Inner Mongolia | 94857 | 90649 | 45168 | 44295 | 49689 | 46353 |
| 辽　宁 | Liaoning | 974027 | 858827 | 560500 | 539949 | 413527 | 318878 |
| 吉　林 | Jilin | 191255 | 145181 | 82541 | 52853 | 108714 | 92328 |
| 黑龙江 | Heilongjiang | 147157 | 77193 | 73721 | 11204 | 73436 | 65989 |
| 上　海 | Shanghai | 12770520 | 7543001 | 11777030 | 6662079 | 993490 | 880922 |
| 江　苏 | Jiangsu | 2238766 | 1741572 | 908148 | 678551 | 1330617 | 1063021 |
| 浙　江 | Zhejiang | 2635496 | 2009159 | 2188053 | 1678531 | 447443 | 330628 |
| 安　徽 | Anhui | 463461 | 292551 | 316353 | 188104 | 147108 | 104447 |
| 福　建 | Fujian | 649928 | 556477 | 369992 | 346745 | 279935 | 209732 |
| 江　西 | Jiangxi | 149648 | 155552 | 75505 | 71231 | 74143 | 84321 |
| 山　东 | Shandong | 2374052 | 783922 | 1752109 | 238822 | 621943 | 545100 |
| 河　南 | Henan | 453038 | 507829 | 230908 | 288873 | 222129 | 218956 |
| 湖　北 | Hubei | 966619 | 280533 | 844167 | 197033 | 122452 | 83500 |
| 湖　南 | Hunan | 695741 | 816451 | 552183 | 680882 | 143558 | 135568 |
| 广　东 | Guangdong | 3920605 | 2823954 | 3416421 | 2382428 | 504185 | 441526 |
| 广　西 | Guangxi | 233325 | 238167 | 119315 | 112524 | 114009 | 125643 |
| 海　南 | Hainan | 70445 | 59557 | 37248 | 34885 | 33198 | 24672 |
| 重　庆 | Chongqing | 363109 | 299263 | 142421 | 163510 | 220688 | 135753 |
| 四　川 | Sichuan | 414625 | 413607 | 317503 | 329161 | 97122 | 84447 |
| 贵　州 | Guizhou | 65415 | 33817 | 43526 | 21729 | 21889 | 12088 |
| 云　南 | Yunnan | 336702 | 254783 | 203201 | 139030 | 133500 | 115752 |
| 西　藏 | Tibet | 172 | 90 | | | 172 | 90 |
| 陕　西 | Shaanxi | 364513 | 272697 | 166824 | 139537 | 197690 | 133160 |
| 甘　肃 | Gansu | 76325 | 66307 | 34923 | 27503 | 41402 | 38804 |
| 青　海 | Qinghai | 13379 | 12111 | 533 | 2922 | 12846 | 9189 |
| 宁　夏 | Ningxia | 64009 | 75715 | 19159 | 38611 | 44850 | 37104 |
| 新　疆 | Xinjiang | 214089 | 145019 | 140438 | 94274 | 73650 | 50746 |

3-2-9 续表 24 Continued 24

家具类 Furniture

单位：万元 Unit: 10000 yuan

| 地区 | Region | 合计 Total Sale Value 2009 | 2008 | 批发额 Wholesale Value 2009 | 2008 | 零售额 Retail Value 2009 | 2008 |
|---|---|---|---|---|---|---|---|
| **全国** | **National Total** | **6558582** | **4858195** | **2243793** | **1994428** | **4314788** | **2863767** |
| 北京 | Beijing | 585505 | 328361 | 148082 | 98423 | 437424 | 229938 |
| 天津 | Tianjin | 70755 | 47616 | 51451 | 36138 | 19304 | 11478 |
| 河北 | Hebei | 33839 | 27035 | 1358 | 1666 | 32481 | 25369 |
| 山西 | Shanxi | 19165 | 6256 | | | 19165 | 6256 |
| 内蒙古 | Inner Mongolia | 77799 | 39780 | | | 77799 | 39780 |
| 辽宁 | Liaoning | 145182 | 99514 | 31311 | 7002 | 113871 | 92512 |
| 吉林 | Jilin | 124625 | 102192 | | | 124625 | 102192 |
| 黑龙江 | Heilongjiang | 17061 | 13527 | 411 | | 16650 | 13527 |
| 上海 | Shanghai | 396541 | 333921 | 189753 | 160034 | 206788 | 173887 |
| 江苏 | Jiangsu | 299630 | 197640 | 30426 | 31709 | 269204 | 165930 |
| 浙江 | Zhejiang | 387207 | 335256 | 337632 | 303677 | 49575 | 31579 |
| 安徽 | Anhui | 42442 | 14099 | 8161 | 6105 | 34282 | 7995 |
| 福建 | Fujian | 278699 | 216805 | 130019 | 123107 | 148681 | 93698 |
| 江西 | Jiangxi | 53114 | 23027 | 17109 | 8717 | 36004 | 14310 |
| 山东 | Shandong | 1478951 | 1195916 | 87353 | 156716 | 1391598 | 1039201 |
| 河南 | Henan | 247776 | 167002 | 24420 | 12593 | 223356 | 154409 |
| 湖北 | Hubei | 28494 | 19513 | 2532 | 6101 | 25962 | 13413 |
| 湖南 | Hunan | 135797 | 123386 | 22396 | 25056 | 113401 | 98330 |
| 广东 | Guangdong | 1182153 | 1092194 | 963146 | 921671 | 219007 | 170524 |
| 广西 | Guangxi | 7914 | 5053 | | 7 | 7914 | 5046 |
| 海南 | Hainan | 4718 | 4206 | 605 | 253 | 4113 | 3953 |
| 重庆 | Chongqing | 521941 | 243920 | 178224 | 72570 | 343717 | 171350 |
| 四川 | Sichuan | 61971 | 38778 | 4366 | 753 | 57605 | 38025 |
| 贵州 | Guizhou | 1409 | 684 | 111 | 137 | 1299 | 547 |
| 云南 | Yunnan | 11565 | 11360 | 240 | 2511 | 11325 | 8849 |
| 西藏 | Tibet | | 30 | | | | 30 |
| 陕西 | Shaanxi | 324436 | 146556 | 5050 | 546 | 319386 | 146010 |
| 甘肃 | Gansu | 4741 | 2872 | 1637 | 67 | 3104 | 2805 |
| 青海 | Qinghai | 50 | 215 | | 213 | 50 | 2 |
| 宁夏 | Ningxia | 3166 | 812 | | | 3166 | 812 |
| 新疆 | Xinjiang | 11938 | 20669 | 8003 | 18657 | 3936 | 2013 |

3-2-9 续表 25 Continued 25

通讯器材类 单位：万元

Communication Appliances Unit: 10000 yuan

| 地 区 | Region | 合 计 Total Sale Value | | 批发额 Wholesale Value | | 零售额 Retail Value | |
|---|---|---|---|---|---|---|---|
| | | 2009 | 2008 | 2009 | 2008 | 2009 | 2008 |
| **全 国** | **National Total** | **30100836** | **26182451** | **23701391** | **19978811** | **6399445** | **6203640** |
| 北 京 | Beijing | 10896007 | 10553071 | 9905665 | 9640143 | 990343 | 912928 |
| 天 津 | Tianjin | 255112 | 329200 | 104231 | 205798 | 150880 | 123401 |
| 河 北 | Hebei | 252719 | 224920 | 44189 | 63223 | 208529 | 161697 |
| 山 西 | Shanxi | 84629 | 75546 | 56301 | 60649 | 28328 | 14897 |
| 内蒙古 | Inner Mongolia | 55038 | 33043 | 23327 | 4375 | 31711 | 28668 |
| 辽 宁 | Liaoning | 674880 | 463688 | 363283 | 210454 | 311597 | 253234 |
| 吉 林 | Jilin | 145896 | 159944 | 31644 | 38354 | 114252 | 121590 |
| 黑龙江 | Heilongjiang | 214333 | 219553 | 100171 | 106097 | 114162 | 113456 |
| 上 海 | Shanghai | 2687182 | 2221741 | 2175414 | 1480013 | 511767 | 741728 |
| 江 苏 | Jiangsu | 1818299 | 1479422 | 1157621 | 793662 | 660678 | 685760 |
| 浙 江 | Zhejiang | 1059178 | 1223454 | 783869 | 937079 | 275308 | 286375 |
| 安 徽 | Anhui | 258225 | 240882 | 158501 | 144148 | 99723 | 96734 |
| 福 建 | Fujian | 774647 | 787902 | 607415 | 587894 | 167232 | 200008 |
| 江 西 | Jiangxi | 78601 | 103534 | 18843 | 38785 | 59759 | 64748 |
| 山 东 | Shandong | 796074 | 666255 | 97999 | 74170 | 698075 | 592086 |
| 河 南 | Henan | 298085 | 273333 | 87272 | 104259 | 210813 | 169074 |
| 湖 北 | Hubei | 132512 | 200921 | 29965 | 86531 | 102547 | 114391 |
| 湖 南 | Hunan | 250409 | 207583 | 90798 | 78328 | 159611 | 129255 |
| 广 东 | Guangdong | 5530755 | 5053419 | 4867502 | 4476301 | 663253 | 577117 |
| 广 西 | Guangxi | 184319 | 128843 | 102518 | 62392 | 81801 | 66451 |
| 海 南 | Hainan | 39761 | 16382 | 21894 | 5969 | 17868 | 10413 |
| 重 庆 | Chongqing | 2033400 | 274686 | 1836714 | 154399 | 196686 | 120286 |
| 四 川 | Sichuan | 989123 | 684918 | 797347 | 402818 | 191776 | 282100 |
| 贵 州 | Guizhou | 44161 | 43414 | 8517 | 8765 | 35644 | 34649 |
| 云 南 | Yunnan | 199294 | 144719 | 109608 | 74310 | 89686 | 70409 |
| 西 藏 | Tibet | 7123 | 83 | | | 7123 | 83 |
| 陕 西 | Shaanxi | 170215 | 187038 | 63439 | 89461 | 106776 | 97577 |
| 甘 肃 | Gansu | 34450 | 36194 | 7856 | 7485 | 26594 | 28709 |
| 青 海 | Qinghai | 491 | 682 | | | 491 | 682 |
| 宁 夏 | Ningxia | 42644 | 43072 | 13910 | 14529 | 28734 | 28543 |
| 新 疆 | Xinjiang | 93279 | 105008 | 35579 | 28421 | 57700 | 76588 |

煤炭及制品类
Coal and Related Products

单位：万元
Unit: 10000 yuan

| 地区 | Region | 合计 Total Sale Value | | 批发额 Wholesale Value | | 零售额 Retail Value | |
|---|---|---|---|---|---|---|---|
| | | 2009 | 2008 | 2009 | 2008 | 2009 | 2008 |
| **全国** | **National Total** | **92707702** | **66943850** | **91059436** | **65840570** | **1648266** | **1103280** |
| 北京 | Beijing | 23677097 | 14057297 | 23654366 | 14027505 | 22731 | 29792 |
| 天津 | Tianjin | 2867126 | 2171112 | 2794776 | 2122130 | 72350 | 48982 |
| 河北 | Hebei | 4221529 | 2378968 | 4219047 | 2377642 | 2482 | 1326 |
| 山西 | Shanxi | 13800554 | 12154556 | 13726834 | 12083509 | 73720 | 71047 |
| 内蒙古 | Inner Mongolia | 4961951 | 4646482 | 4899548 | 4614383 | 62403 | 32099 |
| 辽宁 | Liaoning | 1458268 | 728784 | 1417777 | 728219 | 40490 | 565 |
| 吉林 | Jilin | 51226 | 54067 | 48478 | 52197 | 2748 | 1870 |
| 黑龙江 | Heilongjiang | 346074 | 168353 | 341697 | 167998 | 4378 | 355 |
| 上海 | Shanghai | 4895786 | 3969850 | 4879966 | 3950470 | 15820 | 19380 |
| 江苏 | Jiangsu | 5152752 | 2761703 | 5086408 | 2749184 | 66344 | 12519 |
| 浙江 | Zhejiang | 4616883 | 3158670 | 4594420 | 3155092 | 22462 | 3578 |
| 安徽 | Anhui | 281948 | 152809 | 274508 | 149053 | 7440 | 3756 |
| 福建 | Fujian | 724213 | 548053 | 711997 | 532540 | 12216 | 15513 |
| 江西 | Jiangxi | 367027 | 358395 | 362843 | 358367 | 4184 | 27 |
| 山东 | Shandong | 5309951 | 3035594 | 4321663 | 2318289 | 988289 | 717305 |
| 河南 | Henan | 2835594 | 2146354 | 2711620 | 2059319 | 123973 | 87035 |
| 湖北 | Hubei | 1543625 | 346740 | 1535177 | 344475 | 8448 | 2265 |
| 湖南 | Hunan | 455357 | 49301 | 443083 | 35857 | 12274 | 13444 |
| 广东 | Guangdong | 7499579 | 7455332 | 7478918 | 7454680 | 20662 | 652 |
| 广西 | Guangxi | 624892 | 522711 | 622826 | 522045 | 2065 | 666 |
| 海南 | Hainan | 129516 | 27298 | 126405 | 27298 | 3111 | |
| 重庆 | Chongqing | 764790 | 452414 | 753915 | 450017 | 10875 | 2397 |
| 四川 | Sichuan | 578388 | 158136 | 571145 | 155258 | 7242 | 2878 |
| 贵州 | Guizhou | 343628 | 272726 | 342933 | 272726 | 694 | |
| 云南 | Yunnan | 512886 | 560931 | 510983 | 558546 | 1903 | 2385 |
| 西藏 | Tibet | | | | | | |
| 陕西 | Shaanxi | 4342438 | 4295527 | 4309290 | 4275786 | 33148 | 19740 |
| 甘肃 | Gansu | 83613 | 46460 | 74232 | 44883 | 9381 | 1576 |
| 青海 | Qinghai | 43671 | 5121 | 36225 | 45 | 7446 | 5076 |
| 宁夏 | Ningxia | 115597 | 125013 | 112515 | 123330 | 3082 | 1683 |
| 新疆 | Xinjiang | 101745 | 135094 | 95842 | 129727 | 5904 | 5367 |

木材及制品类
Wood and Wooden Products

单位：万元
Unit: 10000 yuan

| 地区 | Region | 合计 Total Sale Value | | 批发额 Wholesale Value | | 零售额 Retail Value | |
|---|---|---|---|---|---|---|---|
| | | 2009 | 2008 | 2009 | 2008 | 2009 | 2008 |
| **全国** | **National Total** | **4655094** | **3788450** | **4655094** | **3788450** | | |
| 北京 | Beijing | 234975 | 188162 | 234975 | 188162 | | |
| 天津 | Tianjin | 31827 | 19245 | 31827 | 19245 | | |
| 河北 | Hebei | 5902 | 3509 | 5902 | 3509 | | |
| 山西 | Shanxi | 52868 | 3171 | 52868 | 3171 | | |
| 内蒙古 | Inner Mongolia | | 161815 | | 161815 | | |
| 辽宁 | Liaoning | 13769 | 5075 | 13769 | 5075 | | |
| 吉林 | Jilin | 86 | 1170 | 86 | 1170 | | |
| 黑龙江 | Heilongjiang | 339778 | 284016 | 339778 | 284016 | | |
| 上海 | Shanghai | 1021912 | 507536 | 1021912 | 507536 | | |
| 江苏 | Jiangsu | 387098 | 193296 | 387098 | 193296 | | |
| 浙江 | Zhejiang | 599129 | 392865 | 599129 | 392865 | | |
| 安徽 | Anhui | 5591 | 68327 | 5591 | 68327 | | |
| 福建 | Fujian | 1139944 | 844556 | 1139944 | 844556 | | |
| 江西 | Jiangxi | 5217 | 3063 | 5217 | 3063 | | |
| 山东 | Shandong | 231113 | 331706 | 231113 | 331706 | | |
| 河南 | Henan | 116293 | 127704 | 116293 | 127704 | | |
| 湖北 | Hubei | 421 | 2393 | 421 | 2393 | | |
| 湖南 | Hunan | 6527 | 5798 | 6527 | 5798 | | |
| 广东 | Guangdong | 343351 | 501516 | 343351 | 501516 | | |
| 广西 | Guangxi | 13156 | 26181 | 13156 | 26181 | | |
| 海南 | Hainan | 370 | 4040 | 370 | 4040 | | |
| 重庆 | Chongqing | 61338 | 39826 | 61338 | 39826 | | |
| 四川 | Sichuan | 5227 | 30508 | 5227 | 30508 | | |
| 贵州 | Guizhou | | | | | | |
| 云南 | Yunnan | 38056 | 31764 | 38056 | 31764 | | |
| 西藏 | Tibet | | | | | | |
| 陕西 | Shaanxi | 248 | 291 | 248 | 291 | | |
| 甘肃 | Gansu | | | | | | |
| 青海 | Qinghai | | 1289 | | 1289 | | |
| 宁夏 | Ningxia | 347 | 385 | 347 | 385 | | |
| 新疆 | Xinjiang | 552 | 9242 | 552 | 9242 | | |

3-2-9 续表 28 Continued 28

石油及制品类 单位：万元

Petroleum and Related Products Unit: 10000 yuan

| 地区 | Region | 合计 Total Sale Value | | 批发额 Wholesale Value | | 零售额 Retail Value | |
|---|---|---|---|---|---|---|---|
| | | 2009 | 2008 | 2009 | 2008 | 2009 | 2008 |
| **全国** | **National Total** | **353665564** | **351040900** | **275651384** | **280766100** | **78014181** | **70274800** |
| 北京 | Beijing | 24677539 | 24239891 | 21416714 | 20846920 | 3260824 | 3392971 |
| 天津 | Tianjin | 27786547 | 27826130 | 25889364 | 26317881 | 1897183 | 1508249 |
| 河北 | Hebei | 6017418 | 5582324 | 4386883 | 3905933 | 1630536 | 1676390 |
| 山西 | Shanxi | 3707898 | 3531816 | 1302799 | 1176907 | 2405099 | 2354909 |
| 内蒙古 | Inner Mongolia | 5134237 | 3923086 | 2190916 | 1179931 | 2943321 | 2743155 |
| 辽宁 | Liaoning | 32325360 | 32986849 | 29954208 | 30610795 | 2371153 | 2376054 |
| 吉林 | Jilin | 4460546 | 4426619 | 2416633 | 2408850 | 2043913 | 2017769 |
| 黑龙江 | Heilongjiang | 5921173 | 5691741 | 4482023 | 4391647 | 1439150 | 1300094 |
| 上海 | Shanghai | 29581597 | 39562253 | 26901597 | 37262769 | 2680000 | 2299484 |
| 江苏 | Jiangsu | 17057232 | 13468685 | 11489851 | 9346718 | 5567381 | 4121967 |
| 浙江 | Zhejiang | 20485073 | 18099069 | 15916067 | 14217793 | 4569006 | 3881277 |
| 安徽 | Anhui | 4921472 | 3910001 | 3357061 | 2583359 | 1564411 | 1326642 |
| 福建 | Fujian | 5703920 | 5551263 | 2678291 | 2253003 | 3025629 | 3298260 |
| 江西 | Jiangxi | 3250404 | 2900322 | 1334377 | 1199776 | 1916027 | 1700546 |
| 山东 | Shandong | 15676399 | 12475526 | 8680070 | 7009940 | 6996328 | 5465586 |
| 河南 | Henan | 12198282 | 12879334 | 8782512 | 9472914 | 3415770 | 3406420 |
| 湖北 | Hubei | 21104954 | 18982766 | 18357986 | 17128390 | 2746968 | 1854376 |
| 湖南 | Hunan | 4643032 | 4731036 | 1488943 | 1883119 | 3154090 | 2847917 |
| 广东 | Guangdong | 58221297 | 59049987 | 48077625 | 48296951 | 10143672 | 10753037 |
| 广西 | Guangxi | 4030180 | 3882320 | 2317631 | 2222706 | 1712548 | 1659614 |
| 海南 | Hainan | 1181517 | 1319936 | 553998 | 723056 | 627519 | 596880 |
| 重庆 | Chongqing | 3246916 | 2322411 | 2227437 | 1651467 | 1019478 | 670944 |
| 四川 | Sichuan | 6075627 | 8583120 | 2975783 | 6165658 | 3099844 | 2417462 |
| 贵州 | Guizhou | 2000940 | 1622853 | 829158 | 571861 | 1171783 | 1050991 |
| 云南 | Yunnan | 3831642 | 3383262 | 2223178 | 2077187 | 1608464 | 1306075 |
| 西藏 | Tibet | 192415 | 170443 | 5338 | 8837 | 187077 | 161606 |
| 陕西 | Shaanxi | 6085838 | 7616463 | 4062254 | 6309244 | 2023584 | 1307219 |
| 甘肃 | Gansu | 9078977 | 8835195 | 7778120 | 7668029 | 1300857 | 1167166 |
| 青海 | Qinghai | 517638 | 412788 | 235723 | 217107 | 281915 | 195682 |
| 宁夏 | Ningxia | 1484502 | 902236 | 1215951 | 664817 | 268552 | 237419 |
| 新疆 | Xinjiang | 13064995 | 12171176 | 12122893 | 10992536 | 942102 | 1178640 |

3-2-9 续表 29 Continued 29

化工材料及制品类 单位：万元

Chemical Materials and Related Products Unit: 10000 yuan

| 地区 | Region | 合计 Total Sale Value | | 批发额 Wholesale Value | | 零售额 Retail Value | |
|---|---|---|---|---|---|---|---|
| | | 2009 | 2008 | 2009 | 2008 | 2009 | 2008 |
| **全国** | **National Total** | **94020209** | **75729397** | **94020209** | **75729397** | | |
| 北京 | Beijing | 14386641 | 14775950 | 14386641 | 14775950 | | |
| 天津 | Tianjin | 3424028 | 2554295 | 3424028 | 2554295 | | |
| 河北 | Hebei | 1139921 | 729797 | 1139921 | 729797 | | |
| 山西 | Shanxi | 654910 | 843504 | 654910 | 843504 | | |
| 内蒙古 | Inner Mongolia | 409088 | 368482 | 409088 | 368482 | | |
| 辽宁 | Liaoning | 3835665 | 1901159 | 3835665 | 1901159 | | |
| 吉林 | Jilin | 677648 | 189582 | 677648 | 189582 | | |
| 黑龙江 | Heilongjiang | 1424182 | 1777574 | 1424182 | 1777574 | | |
| 上海 | Shanghai | 10512311 | 7654339 | 10512311 | 7654339 | | |
| 江苏 | Jiangsu | 9158822 | 5630122 | 9158822 | 5630122 | | |
| 浙江 | Zhejiang | 13755403 | 11800307 | 13755403 | 11800307 | | |
| 安徽 | Anhui | 1145118 | 992991 | 1145118 | 992991 | | |
| 福建 | Fujian | 4574430 | 3516758 | 4574430 | 3516758 | | |
| 江西 | Jiangxi | 155583 | 330443 | 155583 | 330443 | | |
| 山东 | Shandong | 5811412 | 4180792 | 5811412 | 4180792 | | |
| 河南 | Henan | 1275337 | 1043864 | 1275337 | 1043864 | | |
| 湖北 | Hubei | 785105 | 627454 | 785105 | 627454 | | |
| 湖南 | Hunan | 459588 | 335742 | 459588 | 335742 | | |
| 广东 | Guangdong | 10069916 | 8068773 | 10069916 | 8068773 | | |
| 广西 | Guangxi | 567082 | 517730 | 567082 | 517730 | | |
| 海南 | Hainan | 815631 | 329117 | 815631 | 329117 | | |
| 重庆 | Chongqing | 1905087 | 1483189 | 1905087 | 1483189 | | |
| 四川 | Sichuan | 2237407 | 1562307 | 2237407 | 1562307 | | |
| 贵州 | Guizhou | 494523 | 549492 | 494523 | 549492 | | |
| 云南 | Yunnan | 1783481 | 1547430 | 1783481 | 1547430 | | |
| 西藏 | Tibet | 5958 | 7687 | 5958 | 7687 | | |
| 陕西 | Shaanxi | 544290 | 738080 | 544290 | 738080 | | |
| 甘肃 | Gansu | 254613 | 176749 | 254613 | 176749 | | |
| 青海 | Qinghai | 83458 | 76260 | 83458 | 76260 | | |
| 宁夏 | Ningxia | 110203 | 99492 | 110203 | 99492 | | |
| 新疆 | Xinjiang | 1563369 | 1319940 | 1563369 | 1319940 | | |

3-2-9 续表 30 Continued 30

化肥类
Fertilizers

单位：万元
Unit: 10000 yuan

| 地 区 | Region | 合 计 Total Sale Value | | 批发额 Wholesale Value | | 零售额 Retail Value | |
|---|---|---|---|---|---|---|---|
| | | 2009 | 2008 | 2009 | 2008 | 2009 | 2008 |
| **全 国** | **National Total** | **20942720** | **19061355** | **20942720** | **19061355** | | |
| 北 京 | Beijing | 5457467 | 6080790 | 5457467 | 6080790 | | |
| 天 津 | Tianjin | 74079 | 110043 | 74079 | 110043 | | |
| 河 北 | Hebei | 496286 | 368352 | 496286 | 368352 | | |
| 山 西 | Shanxi | 424551 | 518558 | 424551 | 518558 | | |
| 内蒙古 | Inner Mongolia | 146213 | 179270 | 146213 | 179270 | | |
| 辽 宁 | Liaoning | 1057754 | 262848 | 1057754 | 262848 | | |
| 吉 林 | Jilin | 118905 | 42192 | 118905 | 42192 | | |
| 黑龙江 | Heilongjiang | 928751 | 1143912 | 928751 | 1143912 | | |
| 上 海 | Shanghai | 195401 | 286769 | 195401 | 286769 | | |
| 江 苏 | Jiangsu | 1041800 | 661767 | 1041800 | 661767 | | |
| 浙 江 | Zhejiang | 913172 | 812393 | 913172 | 812393 | | |
| 安 徽 | Anhui | 579046 | 608506 | 579046 | 608506 | | |
| 福 建 | Fujian | 517548 | 382892 | 517548 | 382892 | | |
| 江 西 | Jiangxi | 93445 | 264847 | 93445 | 264847 | | |
| 山 东 | Shandong | 2704603 | 1684236 | 2704603 | 1684236 | | |
| 河 南 | Henan | 609121 | 593888 | 609121 | 593888 | | |
| 湖 北 | Hubei | 231175 | 274051 | 231175 | 274051 | | |
| 湖 南 | Hunan | 147965 | 144186 | 147965 | 144186 | | |
| 广 东 | Guangdong | 961608 | 985185 | 961608 | 985185 | | |
| 广 西 | Guangxi | 317402 | 391672 | 317402 | 391672 | | |
| 海 南 | Hainan | 149567 | 58819 | 149567 | 58819 | | |
| 重 庆 | Chongqing | 977120 | 867540 | 977120 | 867540 | | |
| 四 川 | Sichuan | 776025 | 575987 | 776025 | 575987 | | |
| 贵 州 | Guizhou | 112990 | 78385 | 112990 | 78385 | | |
| 云 南 | Yunnan | 643605 | 578626 | 643605 | 578626 | | |
| 西 藏 | Tibet | | | | | | |
| 陕 西 | Shaanxi | 10137 | 6334 | 10137 | 6334 | | |
| 甘 肃 | Gansu | 107907 | 94775 | 107907 | 94775 | | |
| 青 海 | Qinghai | 63425 | 54746 | 63425 | 54746 | | |
| 宁 夏 | Ningxia | 54564 | 65673 | 54564 | 65673 | | |
| 新 疆 | Xinjiang | 1031089 | 884115 | 1031089 | 884115 | | |

3-2-9 续表 31 Continued 31

金属材料类 单位：万元

Metal Materials Unit: 10000 yuan

| 地区 | Region | 合计 Total Sale Value | | 批发额 Wholesale Value | | 零售额 Retail Value | |
|---|---|---|---|---|---|---|---|
| | | 2009 | 2008 | 2009 | 2008 | 2009 | 2008 |
| **全国** | **National Total** | **295557124** | **255555870** | **295557124** | **255555870** | | |
| 北京 | Beijing | 53854027 | 51595736 | 53854027 | 51595736 | | |
| 天津 | Tianjin | 27156477 | 20773159 | 27156477 | 20773159 | | |
| 河北 | Hebei | 4236465 | 2419569 | 4236465 | 2419569 | | |
| 山西 | Shanxi | 3897250 | 3692752 | 3897250 | 3692752 | | |
| 内蒙古 | Inner Mongolia | 1051032 | 306657 | 1051032 | 306657 | | |
| 辽宁 | Liaoning | 9538610 | 9371611 | 9538610 | 9371611 | | |
| 吉林 | Jilin | 1182987 | 2328971 | 1182987 | 2328971 | | |
| 黑龙江 | Heilongjiang | 1319436 | 979822 | 1319436 | 979822 | | |
| 上海 | Shanghai | 37438939 | 34751623 | 37438939 | 34751623 | | |
| 江苏 | Jiangsu | 26981909 | 18705575 | 26981909 | 18705575 | | |
| 浙江 | Zhejiang | 36049339 | 33320415 | 36049339 | 33320415 | | |
| 安徽 | Anhui | 2970715 | 4044587 | 2970715 | 4044587 | | |
| 福建 | Fujian | 6682102 | 6302899 | 6682102 | 6302899 | | |
| 江西 | Jiangxi | 1173643 | 678304 | 1173643 | 678304 | | |
| 山东 | Shandong | 13143171 | 7918329 | 13143171 | 7918329 | | |
| 河南 | Henan | 3242157 | 2542714 | 3242157 | 2542714 | | |
| 湖北 | Hubei | 7735528 | 5430091 | 7735528 | 5430091 | | |
| 湖南 | Hunan | 2964742 | 1383866 | 2964742 | 1383866 | | |
| 广东 | Guangdong | 28045386 | 24935173 | 28045386 | 24935173 | | |
| 广西 | Guangxi | 3751978 | 2248014 | 3751978 | 2248014 | | |
| 海南 | Hainan | 195285 | 138589 | 195285 | 138589 | | |
| 重庆 | Chongqing | 4103012 | 3340800 | 4103012 | 3340800 | | |
| 四川 | Sichuan | 7234198 | 6029466 | 7234198 | 6029466 | | |
| 贵州 | Guizhou | 285405 | 206963 | 285405 | 206963 | | |
| 云南 | Yunnan | 4023997 | 5156915 | 4023997 | 5156915 | | |
| 西藏 | Tibet | | | | | | |
| 陕西 | Shaanxi | 2668276 | 2545125 | 2668276 | 2545125 | | |
| 甘肃 | Gansu | 1679095 | 2130283 | 1679095 | 2130283 | | |
| 青海 | Qinghai | 292492 | 196268 | 292492 | 196268 | | |
| 宁夏 | Ningxia | 672523 | 738864 | 672523 | 738864 | | |
| 新疆 | Xinjiang | 1986950 | 1342731 | 1986950 | 1342731 | | |

3-2-9 续表 32 Continued 32

建筑及装潢材料类
Building and Decoration Materials

单位：万元
Unit: 10000 yuan

| 地区 | Region | 合计 Total Sale Value | | 批发额 Wholesale Value | | 零售额 Retail Value | |
|---|---|---|---|---|---|---|---|
| | | 2009 | 2008 | 2009 | 2008 | 2009 | 2008 |
| **全国** | **National Total** | **21397333** | **14876223** | **16945923** | **12485899** | **4451410** | **2390325** |
| 北京 | Beijing | 3281614 | 2738305 | 3004055 | 2624443 | 277559 | 113862 |
| 天津 | Tianjin | 333001 | 128027 | 134669 | 49479 | 198332 | 78547 |
| 河北 | Hebei | 187722 | 38796 | 165380 | 26590 | 22342 | 12207 |
| 山西 | Shanxi | 175373 | 162363 | 117739 | 102094 | 57634 | 60269 |
| 内蒙古 | Inner Mongolia | 396844 | 149463 | 326273 | 108689 | 70571 | 40774 |
| 辽宁 | Liaoning | 419402 | 387522 | 315964 | 281935 | 103438 | 105586 |
| 吉林 | Jilin | 161508 | 135824 | 6841 | 15290 | 154667 | 120534 |
| 黑龙江 | Heilongjiang | 26302 | 39748 | 20155 | 32533 | 6147 | 7214 |
| 上海 | Shanghai | 2610705 | 2493222 | 2285850 | 2242162 | 324855 | 251060 |
| 江苏 | Jiangsu | 2250408 | 1217971 | 1768317 | 982990 | 482091 | 234981 |
| 浙江 | Zhejiang | 1801603 | 924673 | 1744879 | 883851 | 56725 | 40822 |
| 安徽 | Anhui | 252317 | 71865 | 171563 | 45592 | 80755 | 26273 |
| 福建 | Fujian | 1546692 | 869313 | 1318939 | 731351 | 227753 | 137962 |
| 江西 | Jiangxi | 100082 | 26852 | 72479 | 24718 | 27602 | 2134 |
| 山东 | Shandong | 1986674 | 1593008 | 823120 | 1028701 | 1163555 | 564307 |
| 河南 | Henan | 298843 | 140718 | 181461 | 84255 | 117382 | 56463 |
| 湖北 | Hubei | 181330 | 253428 | 90223 | 201920 | 91106 | 51508 |
| 湖南 | Hunan | 111023 | 24350 | 49577 | 5352 | 61446 | 18998 |
| 广东 | Guangdong | 2583478 | 2252865 | 2366383 | 2097750 | 217095 | 155115 |
| 广西 | Guangxi | 92555 | 25917 | 84632 | 19955 | 7923 | 5962 |
| 海南 | Hainan | 17360 | 10196 | 15544 | 10196 | 1816 | |
| 重庆 | Chongqing | 1041394 | 420628 | 734661 | 257894 | 306733 | 162734 |
| 四川 | Sichuan | 365720 | 72062 | 297912 | 40745 | 67808 | 31317 |
| 贵州 | Guizhou | 65117 | 44096 | 61819 | 43870 | 3298 | 226 |
| 云南 | Yunnan | 476602 | 327001 | 437854 | 291382 | 38749 | 35619 |
| 西藏 | Tibet | | | | | | |
| 陕西 | Shaanxi | 320006 | 87186 | 43316 | 20116 | 276691 | 67070 |
| 甘肃 | Gansu | 72854 | 59413 | 69281 | 55977 | 3573 | 3436 |
| 青海 | Qinghai | 578 | 314 | | 287 | 578 | 27 |
| 宁夏 | Ningxia | 32392 | 30645 | 31099 | 28784 | 1293 | 1861 |
| 新疆 | Xinjiang | 207836 | 150454 | 205940 | 146999 | 1896 | 3456 |

机电产品及设备类
Mechanical and Electrical Products

单位：万元
Unit: 10000 yuan

| 地 区 | Region | 合 计 Total Sale Value | | 批发额 Wholesale Value | | 零售额 Retail Value | |
|---|---|---|---|---|---|---|---|
| | | 2009 | 2008 | 2009 | 2008 | 2009 | 2008 |
| **全 国** | **National Total** | **74312481** | **57670073** | **71332912** | **55192804** | **2979569** | **2477269** |
| 北 京 | Beijing | 16684532 | 14107262 | 16215139 | 13772216 | 469393 | 335046 |
| 天 津 | Tianjin | 1207212 | 1122164 | 1179834 | 1101168 | 27379 | 20996 |
| 河 北 | Hebei | 434713 | 449516 | 398223 | 418363 | 36491 | 31153 |
| 山 西 | Shanxi | 416774 | 166290 | 379758 | 125823 | 37016 | 40467 |
| 内蒙古 | Inner Mongolia | 501173 | 190633 | 432163 | 145591 | 69010 | 45042 |
| 辽 宁 | Liaoning | 2213462 | 1360403 | 2142212 | 1283591 | 71250 | 76812 |
| 吉 林 | Jilin | 130511 | 117138 | 116722 | 104380 | 13789 | 12758 |
| 黑龙江 | Heilongjiang | 329535 | 262712 | 300775 | 252594 | 28760 | 10118 |
| 上 海 | Shanghai | 16235461 | 10109044 | 16092747 | 10047187 | 142714 | 61857 |
| 江 苏 | Jiangsu | 6007071 | 5064694 | 5639043 | 4825676 | 368028 | 239019 |
| 浙 江 | Zhejiang | 5534392 | 5218629 | 5435753 | 5157483 | 98639 | 61146 |
| 安 徽 | Anhui | 1336894 | 1190965 | 1304652 | 1175339 | 32242 | 15626 |
| 福 建 | Fujian | 2219504 | 1931665 | 2042896 | 1822990 | 176608 | 108675 |
| 江 西 | Jiangxi | 238659 | 134122 | 234598 | 134122 | 4061 | |
| 山 东 | Shandong | 4581797 | 3988622 | 3916338 | 3273232 | 665459 | 715389 |
| 河 南 | Henan | 1183808 | 1026251 | 1015499 | 911139 | 168309 | 115112 |
| 湖 北 | Hubei | 1253049 | 694299 | 1219877 | 674449 | 33172 | 19850 |
| 湖 南 | Hunan | 318545 | 288656 | 253114 | 246239 | 65431 | 42417 |
| 广 东 | Guangdong | 7133552 | 6583131 | 6934434 | 6219410 | 199118 | 363722 |
| 广 西 | Guangxi | 477838 | 409401 | 445604 | 391085 | 32235 | 18316 |
| 海 南 | Hainan | 85857 | 36906 | 68816 | 34215 | 17042 | 2691 |
| 重 庆 | Chongqing | 2117975 | 1212188 | 2055155 | 1188068 | 62820 | 24120 |
| 四 川 | Sichuan | 735467 | 405323 | 700781 | 380430 | 34686 | 24893 |
| 贵 州 | Guizhou | 136787 | 77479 | 122359 | 71314 | 14429 | 6165 |
| 云 南 | Yunnan | 856673 | 734683 | 799344 | 690932 | 57329 | 43751 |
| 西 藏 | Tibet | 14233 | 5227 | 4408 | 125 | 9825 | 5102 |
| 陕 西 | Shaanxi | 636217 | 244099 | 613224 | 239184 | 22993 | 4916 |
| 甘 肃 | Gansu | 159461 | 70768 | 156359 | 67525 | 3102 | 3243 |
| 青 海 | Qinghai | 78047 | 45090 | 77264 | 40775 | 782 | 4316 |
| 宁 夏 | Ningxia | 181080 | 83949 | 172658 | 74289 | 8422 | 9660 |
| 新 疆 | Xinjiang | 872202 | 338765 | 863167 | 323872 | 9035 | 14893 |

农机类
Agricultural Machineries

单位：万元
Unit: 10000 yuan

| 地区 | Region | 合计 Total Sale Value | | 批发额 Wholesale Value | | 零售额 Retail Value | |
|---|---|---|---|---|---|---|---|
| | | 2009 | 2008 | 2009 | 2008 | 2009 | 2008 |
| **全国** | **National Total** | **2219395** | **2052083** | **2219395** | **2052083** | | |
| 北京 | Beijing | 78430 | 66322 | 78430 | 66322 | | |
| 天津 | Tianjin | 12279 | 7858 | 12279 | 7858 | | |
| 河北 | Hebei | 55766 | 46130 | 55766 | 46130 | | |
| 山西 | Shanxi | 78685 | 59856 | 78685 | 59856 | | |
| 内蒙古 | Inner Mongolia | 62259 | 33146 | 62259 | 33146 | | |
| 辽宁 | Liaoning | 185606 | 242685 | 185606 | 242685 | | |
| 吉林 | Jilin | 530 | 2375 | 530 | 2375 | | |
| 黑龙江 | Heilongjiang | 203233 | 152038 | 203233 | 152038 | | |
| 上海 | Shanghai | 88927 | 60751 | 88927 | 60751 | | |
| 江苏 | Jiangsu | 332631 | 307897 | 332631 | 307897 | | |
| 浙江 | Zhejiang | 87740 | 60054 | 87740 | 60054 | | |
| 安徽 | Anhui | 42738 | 60655 | 42738 | 60655 | | |
| 福建 | Fujian | 17620 | 7344 | 17620 | 7344 | | |
| 江西 | Jiangxi | 27239 | 11551 | 27239 | 11551 | | |
| 山东 | Shandong | 318822 | 318584 | 318822 | 318584 | | |
| 河南 | Henan | 161150 | 231171 | 161150 | 231171 | | |
| 湖北 | Hubei | 12815 | 19713 | 12815 | 19713 | | |
| 湖南 | Hunan | 20266 | 877 | 20266 | 877 | | |
| 广东 | Guangdong | 75797 | 28713 | 75797 | 28713 | | |
| 广西 | Guangxi | 19759 | 48886 | 19759 | 48886 | | |
| 海南 | Hainan | 2345 | 1768 | 2345 | 1768 | | |
| 重庆 | Chongqing | 30947 | 1756 | 30947 | 1756 | | |
| 四川 | Sichuan | 25621 | 82303 | 25621 | 82303 | | |
| 贵州 | Guizhou | 18495 | 4143 | 18495 | 4143 | | |
| 云南 | Yunnan | 45703 | 41890 | 45703 | 41890 | | |
| 西藏 | Tibet | | | | | | |
| 陕西 | Shaanxi | 17938 | 18850 | 17938 | 18850 | | |
| 甘肃 | Gansu | 22506 | 20694 | 22506 | 20694 | | |
| 青海 | Qinghai | 40601 | 14438 | 40601 | 14438 | | |
| 宁夏 | Ningxia | 36720 | 19096 | 36720 | 19096 | | |
| 新疆 | Xinjiang | 96231 | 80542 | 96231 | 80542 | | |

3-2-9 续表 35 Continued 35

汽车类　　　　单位：万元

Automobiles　　　　Unit: 10000 yuan

| 地　区 | Region | 合计 Total Sale Value 2009 | 2008 | 批发额 Wholesale Value 2009 | 2008 | 零售额 Retail Value 2009 | 2008 |
|---|---|---|---|---|---|---|---|
| **全　国** | **National Total** | **187314835** | **120725139** | **71949719** | **49278779** | **115365116** | **71446360** |
| 北　京 | Beijing | 37441576 | 26796021 | 25696223 | 18898260 | 11745353 | 7897761 |
| 天　津 | Tianjin | 3998921 | 3704184 | 1934397 | 2205576 | 2064524 | 1498608 |
| 河　北 | Hebei | 5327226 | 3213181 | 2482287 | 2031084 | 2844939 | 1182097 |
| 山　西 | Shanxi | 2555773 | 1867609 | 250825 | 312874 | 2304947 | 1554734 |
| 内蒙古 | Inner Mongolia | 2148200 | 1407589 | 300672 | 225535 | 1847527 | 1182054 |
| 辽　宁 | Liaoning | 5765141 | 4034048 | 1364808 | 1185260 | 4400332 | 2848788 |
| 吉　林 | Jilin | 1880193 | 1348253 | 143725 | 89016 | 1736468 | 1259237 |
| 黑龙江 | Heilongjiang | 2098600 | 950764 | 406655 | 208562 | 1691944 | 742202 |
| 上　海 | Shanghai | 17992734 | 13187558 | 13058335 | 8987560 | 4934399 | 4199998 |
| 江　苏 | Jiangsu | 12170914 | 6987823 | 897811 | 542985 | 11273103 | 6444838 |
| 浙　江 | Zhejiang | 16522732 | 9990864 | 3908708 | 2614134 | 12614023 | 7376730 |
| 安　徽 | Anhui | 3072850 | 1675927 | 1205107 | 461124 | 1867744 | 1214803 |
| 福　建 | Fujian | 4479759 | 3175468 | 627866 | 514596 | 3851894 | 2660873 |
| 江　西 | Jiangxi | 1508900 | 926655 | 366021 | 255328 | 1142878 | 671327 |
| 山　东 | Shandong | 13912427 | 7330012 | 3256320 | 1045882 | 10656107 | 6284130 |
| 河　南 | Henan | 5433075 | 2849077 | 1318950 | 508484 | 4114125 | 2340593 |
| 湖　北 | Hubei | 4183422 | 2654493 | 1694964 | 1052691 | 2488458 | 1601803 |
| 湖　南 | Hunan | 3279342 | 1947820 | 545301 | 349816 | 2734041 | 1598004 |
| 广　东 | Guangdong | 19122445 | 12936077 | 6367226 | 4075284 | 12755220 | 8860793 |
| 广　西 | Guangxi | 2186979 | 1437117 | 407090 | 303527 | 1779889 | 1133590 |
| 海　南 | Hainan | 1085660 | 925118 | 544938 | 610310 | 540722 | 314808 |
| 重　庆 | Chongqing | 4274595 | 2727245 | 1810468 | 1053692 | 2464127 | 1673553 |
| 四　川 | Sichuan | 5516511 | 2668207 | 711943 | 219288 | 4804568 | 2448919 |
| 贵　州 | Guizhou | 1407444 | 348574 | 487880 | 39734 | 919564 | 308840 |
| 云　南 | Yunnan | 2773833 | 1599034 | 498729 | 370417 | 2275104 | 1228617 |
| 西　藏 | Tibet | 136890 | 37646 | | | 136890 | 37646 |
| 陕　西 | Shaanxi | 3733385 | 1846929 | 739599 | 478439 | 2993786 | 1368490 |
| 甘　肃 | Gansu | 776523 | 453349 | 186281 | 94500 | 590242 | 358849 |
| 青　海 | Qinghai | 164899 | 147113 | 38289 | 50011 | 126610 | 97102 |
| 宁　夏 | Ningxia | 604541 | 381688 | 222445 | 180799 | 382096 | 200889 |
| 新　疆 | Xinjiang | 1759349 | 1169694 | 475858 | 314011 | 1283491 | 855683 |

3-2-9 续表 36 Continued 36

种子饲料类　　　　单位：万元

Seeds and Feedstuff　　　　Unit: 10000 yuan

| 地区 | Region | 合计 Total Sale Value | | 批发额 Wholesale Value | | 零售额 Retail Value | |
|---|---|---|---|---|---|---|---|
| | | 2009 | 2008 | 2009 | 2008 | 2009 | 2008 |
| **全国** | **National Total** | **3848260** | **2405756** | **3848260** | **2405756** | | |
| 北京 | Beijing | 430745 | 331484 | 430745 | 331484 | | |
| 天津 | Tianjin | 34354 | 18381 | 34354 | 18381 | | |
| 河北 | Hebei | 36045 | 30681 | 36045 | 30681 | | |
| 山西 | Shanxi | 18864 | 381 | 18864 | 381 | | |
| 内蒙古 | Inner Mongolia | 36644 | 16980 | 36644 | 16980 | | |
| 辽宁 | Liaoning | 213921 | 119556 | 213921 | 119556 | | |
| 吉林 | Jilin | 26170 | 17454 | 26170 | 17454 | | |
| 黑龙江 | Heilongjiang | 37717 | 51778 | 37717 | 51778 | | |
| 上海 | Shanghai | 331761 | 171838 | 331761 | 171838 | | |
| 江苏 | Jiangsu | 124262 | 72117 | 124262 | 72117 | | |
| 浙江 | Zhejiang | 197689 | 147123 | 197689 | 147123 | | |
| 安徽 | Anhui | 140039 | 117452 | 140039 | 117452 | | |
| 福建 | Fujian | 295381 | 212502 | 295381 | 212502 | | |
| 江西 | Jiangxi | 9737 | 5526 | 9737 | 5526 | | |
| 山东 | Shandong | 539151 | 423787 | 539151 | 423787 | | |
| 河南 | Henan | 408753 | 106941 | 408753 | 106941 | | |
| 湖北 | Hubei | 47592 | 65313 | 47592 | 65313 | | |
| 湖南 | Hunan | 34794 | 25390 | 34794 | 25390 | | |
| 广东 | Guangdong | 423870 | 267292 | 423870 | 267292 | | |
| 广西 | Guangxi | 7903 | 7944 | 7903 | 7944 | | |
| 海南 | Hainan | 16971 | 15859 | 16971 | 15859 | | |
| 重庆 | Chongqing | 23264 | 48020 | 23264 | 48020 | | |
| 四川 | Sichuan | 171575 | 19051 | 171575 | 19051 | | |
| 贵州 | Guizhou | 7032 | 9932 | 7032 | 9932 | | |
| 云南 | Yunnan | 72684 | 9352 | 72684 | 9352 | | |
| 西藏 | Tibet | | | | | | |
| 陕西 | Shaanxi | 2487 | | 2487 | | | |
| 甘肃 | Gansu | 24980 | 2325 | 24980 | 2325 | | |
| 青海 | Qinghai | | | | | | |
| 宁夏 | Ningxia | 430 | | 430 | | | |
| 新疆 | Xinjiang | 133444 | 91299 | 133444 | 91299 | | |

3-2-9 续表 37 Continued 37

棉麻类 单位：万元

Cotton, Hemp Unit: 10000 yuan

| 地 区 | Region | 合 计 Total Sale Value | | 批发额 Wholesale Value | | 零售额 Retail Value | |
|---|---|---|---|---|---|---|---|
| | | 2009 | 2008 | 2009 | 2008 | 2009 | 2008 |
| **全 国** | **National Total** | **9081823** | **6882259** | **9058378** | **6882259** | **23446** | |
| 北 京 | Beijing | 970241 | 1044775 | 970241 | 1044775 | | |
| 天 津 | Tianjin | 146587 | 134972 | 146196 | 134972 | 391 | |
| 河 北 | Hebei | 240657 | 130875 | 240657 | 130875 | | |
| 山 西 | Shanxi | | 806 | | 806 | | |
| 内 蒙 古 | Inner Mongolia | | | | | | |
| 辽 宁 | Liaoning | 16868 | 19718 | 16727 | 19718 | 141 | |
| 吉 林 | Jilin | 46 | 4169 | 45 | 4169 | 1 | |
| 黑 龙 江 | Heilongjiang | 1279 | 2489 | 1116 | 2489 | 163 | |
| 上 海 | Shanghai | 118039 | 141107 | 118039 | 141107 | | |
| 江 苏 | Jiangsu | 379764 | 238587 | 379764 | 238587 | | |
| 浙 江 | Zhejiang | 523152 | 473603 | 523152 | 473603 | | |
| 安 徽 | Anhui | 31660 | 74617 | 31660 | 74617 | | |
| 福 建 | Fujian | 29065 | 34527 | 29029 | 34527 | 36 | |
| 江 西 | Jiangxi | 18472 | 4475 | 18472 | 4475 | | |
| 山 东 | Shandong | 923360 | 599261 | 903241 | 599261 | 20119 | |
| 河 南 | Henan | 388676 | 334259 | 388676 | 334259 | | |
| 湖 北 | Hubei | 1000453 | 458852 | 1000015 | 458852 | 438 | |
| 湖 南 | Hunan | 219311 | 25861 | 219271 | 25861 | 40 | |
| 广 东 | Guangdong | 163406 | 97276 | 163343 | 97276 | 62 | |
| 广 西 | Guangxi | 13826 | 342 | 13683 | 342 | 143 | |
| 海 南 | Hainan | | | | | | |
| 重 庆 | Chongqing | 37574 | 25871 | 36936 | 25871 | 639 | |
| 四 川 | Sichuan | 96213 | 84952 | 96166 | 84952 | 47 | |
| 贵 州 | Guizhou | 322 | | 13 | | 309 | |
| 云 南 | Yunnan | 8066 | 1022 | 7158 | 1022 | 907 | |
| 西 藏 | Tibet | | | | | | |
| 陕 西 | Shaanxi | 19794 | 6895 | 19794 | 6895 | | |
| 甘 肃 | Gansu | 26573 | 26570 | 26564 | 26570 | 9 | |
| 青 海 | Qinghai | | | | | | |
| 宁 夏 | Ningxia | | | | | | |
| 新 疆 | Xinjiang | 3708421 | 2916380 | 3708421 | 2916380 | | |

3-2-9 续表 38 Continued 38

其他类

Others

单位：万元

Unit: 10000 yuan

| 地　区 | Region | 合　计 Total Sale Value | | 批发额 Wholesale Value | | 零售额 Retail Value | |
|---|---|---|---|---|---|---|---|
| | | 2009 | 2008 | 2009 | 2008 | 2009 | 2008 |
| **全　国** | **National Total** | **75030113** | **80923279** | **67401713** | **73637923** | **7628401** | **7285356** |
| 北　京 | Beijing | 7594871 | 9255959 | 6996685 | 8621755 | 598186 | 634204 |
| 天　津 | Tianjin | 5233889 | 5834575 | 4796331 | 5546449 | 437558 | 288126 |
| 河　北 | Hebei | 188101 | 136823 | 141597 | 113101 | 46504 | 23722 |
| 山　西 | Shanxi | 686241 | 661566 | 394584 | 502687 | 291658 | 158880 |
| 内蒙古 | Inner Mongolia | 148959 | 104914 | 80955 | 58643 | 68004 | 46271 |
| 辽　宁 | Liaoning | 2390008 | 2020314 | 2277822 | 1857199 | 112186 | 163115 |
| 吉　林 | Jilin | 145719 | 209184 | 90303 | 95926 | 55415 | 113258 |
| 黑龙江 | Heilongjiang | 780350 | 538883 | 616510 | 423391 | 163841 | 115491 |
| 上　海 | Shanghai | 13972544 | 22648524 | 13182554 | 21499965 | 789990 | 1148559 |
| 江　苏 | Jiangsu | 7025539 | 4865020 | 6531387 | 4450358 | 494152 | 414662 |
| 浙　江 | Zhejiang | 6176180 | 6790979 | 5964053 | 6651442 | 212127 | 139537 |
| 安　徽 | Anhui | 2061958 | 1162087 | 1978994 | 1132763 | 82964 | 29324 |
| 福　建 | Fujian | 3703678 | 4120869 | 3258715 | 3641679 | 444963 | 479189 |
| 江　西 | Jiangxi | 811180 | 503498 | 769808 | 469639 | 41371 | 33860 |
| 山　东 | Shandong | 3906048 | 3093613 | 2779937 | 1981216 | 1126112 | 1112397 |
| 河　南 | Henan | 1314429 | 2179171 | 988898 | 1917614 | 325531 | 261557 |
| 湖　北 | Hubei | 555736 | 381163 | 412281 | 241720 | 143455 | 139443 |
| 湖　南 | Hunan | 1167714 | 613584 | 800967 | 346774 | 366747 | 266811 |
| 广　东 | Guangdong | 7050774 | 6216043 | 6013964 | 5105014 | 1036810 | 1111029 |
| 广　西 | Guangxi | 658319 | 515981 | 554426 | 421285 | 103893 | 94696 |
| 海　南 | Hainan | 114734 | 113563 | 78828 | 99835 | 35906 | 13728 |
| 重　庆 | Chongqing | 1016644 | 975061 | 801158 | 811148 | 215486 | 163913 |
| 四　川 | Sichuan | 1178631 | 903153 | 1046961 | 831623 | 131670 | 71531 |
| 贵　州 | Guizhou | 1135103 | 871231 | 1075941 | 834042 | 59162 | 37189 |
| 云　南 | Yunnan | 5468146 | 4700249 | 5377371 | 4638778 | 90775 | 61471 |
| 西　藏 | Tibet | 8829 | 13545 | 2380 | 5467 | 6449 | 8078 |
| 陕　西 | Shaanxi | 104565 | 146565 | 17728 | 77310 | 86837 | 69254 |
| 甘　肃 | Gansu | 45636 | 82770 | 29645 | 56205 | 15991 | 26565 |
| 青　海 | Qinghai | 1917 | 85363 | 618 | 62052 | 1300 | 23311 |
| 宁　夏 | Ningxia | 74841 | 84060 | 71766 | 76005 | 3075 | 8055 |
| 新　疆 | Xinjiang | 308832 | 1094969 | 268546 | 1068839 | 40286 | 26131 |

# 3-3-1 限额以上批发和零售业企业年末资产负债

| 项　目 | Item | 流动资产合计 Total Working Capitals | #存货 Stock | 固定资产原价 Original Value of Fixed Assets |
|---|---|---|---|---|
| **总　计** | **Total** | **638010843** | **132854531** | **108927319** |
| **一、批发业** | **Wholesale Trade** | **509439153** | **102269303** | **59574225** |
| #国有控股 | State-controlled Enterprises | 208890352 | 48968145 | 34892357 |
| **(一)按登记注册类型** | **by Type of Registration** | | | |
| **1.内资企业** | **Domestic Funded Enterprises** | **450151823** | **90323338** | **55778750** |
| 国有企业 | State-owned Enterprises | 96668698 | 22858184 | 19454799 |
| 集体企业 | Collective-owned Enterprises | 8396417 | 2431089 | 1413244 |
| 股份合作企业 | Cooperative Enterprises | 1372717 | 270834 | 248116 |
| 联营企业 | Joint Ownership Enterprises | 1871366 | 312130 | 114163 |
| 国有联营企业 | State Joint Ownership Enterprises | 992972 | 129580 | 66497 |
| 集体联营企业 | Collective Joint Ownership Enterprises | 120761 | 22827 | 2647 |
| 国有与集体联营企业 | Joint State-collective Enterprises | 275335 | 112930 | 19423 |
| 其他联营企业 | Other Joint Ownership Enterprises | 482297 | 46793 | 25596 |
| 有限责任公司 | Limited Liability Corporations | 164998015 | 32923537 | 12486112 |
| 国有独资公司 | State Sole Funded Corporations | 27115718 | 9364248 | 2009777 |
| 其他有限责任公司 | Other Limited Liability Corporations | 137882297 | 23559289 | 10476335 |
| 股份有限公司 | Share-holding Corporations Ltd. | 48004855 | 9498916 | 11457409 |
| 私营企业 | Private Enterprises | 126553040 | 21645789 | 10341677 |
| 私营独资企业 | Private-funded Enterprises | 3274720 | 659818 | 846266 |
| 私营合伙企业 | Private Partnership Enterprises | 1077451 | 187444 | 111353 |
| 私营有限责任公司 | Private Limited Liability Corporations | 117012627 | 19979066 | 8730353 |
| 私营股份有限公司 | Private Share-holding Corporations Ltd. | 5188242 | 819461 | 653704 |
| 其他企业 | Other Enterprises | 2286716 | 382860 | 263231 |
| **2.港、澳、台商投资企业** | **Enterprises with Funds from Hongkong, Macao and Taiwan** | **14196453** | **3306062** | **918901** |
| 合资经营企业 | Joint-venture Enterprises | 2337270 | 394448 | 268647 |
| 合作经营企业 | Cooperative Enterprises | 106218 | 8281 | 24046 |
| 独资经营企业 | Enterprises with Sole Investment | 10675872 | 2620326 | 467202 |
| 投资股份有限公司 | Share-holding Corporations Ltd.with Investment | 1077092 | 283008 | 159006 |
| **3.外商投资企业** | **Foreign Funded Enterprises** | **45090878** | **8639904** | **2876574** |
| 中外合资经营企业 | Joint-venture Enterprises | 7342348 | 1470479 | 710207 |
| 中外合作经营企业 | Cooperative Enterprises | 193644 | 54399 | 55244 |
| 外资企业 | Enterprises with Sole Foreign Investment | 37205557 | 7067994 | 1951826 |
| 外商投资股份有限公司 | Share-holding Corporations Ltd. with Foreign Investment | 349329 | 47032 | 159297 |

# Assets and Liabilities of Enterprises above Designated Size of Wholesale and Retail Trades at the Year-end

单位：万元
Unit:10000 yuan

| 累计折旧 Accumulated Depreciation | #本年折旧 Current Year Depreciation | 资产总计 Total Assets | 负债合计 Total Liabilities | 所有者权益合计 Total Owners' Equities | 实收资本 Paicl-up Capitals | #国家资本 State-owned Capitals | # 港澳台资本 Capitals from Hongkong, Macao and Taiwan | # 外商资本 Foreign Capitals |
|---|---|---|---|---|---|---|---|---|
| **33834611** | **7337898** | **853387246** | **600537123** | **252477042** | **164645723** | **37157755** | **5254081** | **13272280** |
| **19159938** | **4197667** | **658158678** | **463375356** | **194457829** | **125732667** | **30832684** | **2847397** | **9666365** |
| 11432334 | 2180239 | 294277860 | 187828001 | 106124366 | 46027219 | 30407672 | 146637 | 606891 |
| | | | | | | | | |
| **17796127** | **3777815** | **583802982** | **414758505** | **168718984** | **112843840** | **30477897** | **213693** | **516580** |
| 6696503 | 1322152 | 131855380 | 80683713 | 51171667 | 17528916 | 14793050 | | 460 |
| 509726 | 80012 | 11152567 | 7961952 | 3190616 | 933345 | 89611 | 8255 | 1158 |
| 72836 | 23181 | 1866202 | 1339438 | 526764 | 337812 | 45059 | 104 | 536 |
| 45124 | 16236 | 2081574 | 1684806 | 396768 | 211240 | 98308 | | 263 |
| 32535 | 12568 | 1098049 | 896912 | 201137 | 101449 | 80206 | | |
| 1409 | 129 | 128632 | 111241 | 17391 | 11708 | | | |
| 5544 | 1831 | 315123 | 253177 | 61946 | 39975 | 17602 | | |
| 5636 | 1708 | 539770 | 423476 | 116294 | 58108 | 500 | | 263 |
| 4087661 | 895110 | 207562301 | 159402641 | 48159660 | 29345965 | 6233253 | 35655 | 100153 |
| 654536 | 106135 | 39166830 | 28392995 | 10773835 | 4176365 | 2679536 | | 337 |
| 3433125 | 788976 | 168395471 | 131009647 | 37385824 | 25169600 | 3553717 | 35655 | 99816 |
| 3351547 | 611588 | 76597149 | 43808315 | 32463341 | 15843720 | 9149015 | 131981 | 379988 |
| 2958499 | 808302 | 149594377 | 117898812 | 31695565 | 47414635 | 49187 | 37647 | 32345 |
| 204900 | 49882 | 4622725 | 2873718 | 1749006 | 1198517 | 2231 | 18541 | |
| 37917 | 10284 | 1277852 | 957829 | 320022 | 231847 | 417 | | |
| 2547682 | 710757 | 137116189 | 109178689 | 27937500 | 44589349 | 40832 | 18772 | 32138 |
| 168000 | 37379 | 6577612 | 4888576 | 1689036 | 1394922 | 5708 | 333 | 207 |
| 74231 | 21233 | 3093433 | 1978828 | 1114605 | 1228207 | 20412 | 50 | 1677 |
| **297244** | **96932** | **17075317** | **11782466** | **5292851** | **2884134** | **56956** | **2504350** | **75613** |
| | | | | | | | | |
| 83812 | 22243 | 3082822 | 2039514 | 1043308 | 619787 | 56746 | 318734 | 21896 |
| 6903 | 1281 | 140384 | 56600 | 83785 | 32576 | 160 | 28890 | 641 |
| 161039 | 62875 | 12458503 | 8892255 | 3566249 | 2107519 | 50 | 2054071 | 47348 |
| 45490 | 10532 | 1393607 | 794098 | 599510 | 124253 | | 102655 | 5728 |
| **1066567** | **322921** | **57280379** | **36834385** | **20445994** | **10004693** | **297832** | **129355** | **9074172** |
| 245586 | 56141 | 8737024 | 6713424 | 2023600 | 1287411 | 229095 | 34260 | 601726 |
| 21607 | 7951 | 257634 | 196370 | 61264 | 126481 | 1500 | 3609 | 91631 |
| 760328 | 250151 | 47651454 | 29568852 | 18082601 | 8436075 | 2537 | 89056 | 8319951 |
| 39046 | 8678 | 634267 | 355738 | 278529 | 154726 | 64700 | 2430 | 60865 |

| 项 目 | Item | 流动资产合计 Total Working Capitals | #存货 Stock | 固定资产原价 Original Value of Fixed Assets |
|---|---|---|---|---|
| **(二)按国民经济行业分** | **by Sector** | | | |
| 农畜产品批发 | Wholesale of Farm Produce and Livestock Products | 21325358 | 8916860 | 3487905 |
| 食品、饮料及烟草制品批发 | Wholesale of Food, Beverages and Tobaccos | 51923347 | 14085348 | 12132540 |
| 米、面制品及食用油批发 | Wholesale of Rice, Flour and Edible Oil | 10199147 | 5171003 | 1392489 |
| 肉、禽、蛋及水产品批发 | Wholesale of Meal, Fowls, Eggs and Aquatic products | 1502059 | 274089 | 694552 |
| 饮料及茶叶批发 | Wholesale of Beverages and Teas | 5793560 | 1208985 | 532767 |
| 烟草制品批发 | Wholesales of Tobaccos | 26505134 | 5782757 | 7685387 |
| 纺织、服装及日用品批发 | Wholesale of Textiles, Garments and Daily Consumer Articles | 34227792 | 5800186 | 3539737 |
| 服装批发 | Wholesale of Garments | 11792540 | 2109915 | 1305531 |
| 鞋帽批发 | Wholesale of Shoes and Hats | 2321390 | 405671 | 236452 |
| 文化、体育用品及器材批发 | Wholesale of Culture, Sports Appliances and Equipments | 9153031 | 2513848 | 1435882 |
| 文具用品批发 | Wholesale of Stationeries | 2350314 | 335059 | 148800 |
| 体育用品批发 | Wholesale of Sporting goods | 1126410 | 169426 | 106613 |
| 图书批发 | Wholesale of Books | 2317045 | 673612 | 756313 |
| 医药及医疗器材批发 | Wholesale of Medicines and Medical Appliances | 24921775 | 5276475 | 2065377 |
| 西药批发 | Wholesale of Western medicine | 16394767 | 3482801 | 1401435 |
| 中药材及中成药批发 | Wholesale of Chinese traditional Medicine and Medicinal materials | 6005465 | 1229708 | 439655 |
| 矿产品、建材及化工产品批发 | Wholesale of Mineral Products, Building Materials and Chemical Products | 234891156 | 43624915 | 29102341 |
| 煤炭及制品批发 | Wholesale of Coal and Related Products | 31000302 | 3342822 | 3136205 |
| 石油及制品批发 | Wholesale of Petroleum and Related Products | 44410010 | 11053961 | 17260494 |
| 金属及金属矿批发 | Wholesale of Metal Materials | 106048292 | 18574517 | 4204646 |
| 建材批发 | Wholesale of Building Materials | 16857715 | 2417382 | 1493732 |
| 化肥批发 | Wholesale of Chemical Fertilizer | 9735618 | 2877812 | 862674 |
| 农药批发 | Wholesale of Pesticides | 1709475 | 718127 | 112427 |
| 机械设备、五金交电及电子产品批发 | Wholesale of Machinery, Hardware and Electronic Equipment | 99650928 | 17414495 | 5713271 |
| 汽车、摩托车及零配件批发 | Wholesale of Motor Vehicles, Motorcycles and Parts | 22426092 | 4645932 | 1185914 |
| 家用电器批发 | Wholesale of Household Electrical Appliances | 17962343 | 3330681 | 435025 |
| 计算机、软件及辅助设备批发 | Wholesale of Computer, Software and Assistant Appliances | 7368774 | 1168326 | 235538 |
| 通讯及广播电视设备批发 | Wholesale of Communication, Radios and Televisions equipments | 10458695 | 1482483 | 761072 |
| 贸易经纪与代理 | Trade Broker and Agency | 20252735 | 2089345 | 696873 |
| 其他批发 | Other Wholesale not Classified Elsewhere | 13093031 | 2547831 | 1400299 |

3-3-1 Continued 1

单位：万元

Unit:10000 yuan

| 累计折旧 Accumulated Depreciation | #本年折旧 Current Year Depreciation | 资产总计 Total Assets | 负债合计 Total Liabilities | 所有者权益合计 Total Owners' Equities | 实收资本 Paicl-up Capitals | #国家资本 State-owned Capitals | # 港澳台资本 Capitals from Hongkong, Macao and Taiwan | # 外商资本 Foreign Capitals |
|---|---|---|---|---|---|---|---|---|
| 1075084 | 156807 | 33464028 | 24150450 | 9313578 | 4166294 | 2191551 | 9601 | 167323 |
| 4511174 | 873786 | 68495193 | 32927195 | 35567998 | 6946639 | 3411871 | 177813 | 458972 |
| 401449 | 60117 | 12435569 | 10558163 | 1877406 | 1216731 | 637912 | 31015 | 43598 |
| 231118 | 37530 | 2510005 | 1603850 | 906155 | 610160 | 233149 | 5268 | 4307 |
| 209708 | 42986 | 7412244 | 5641813 | 1770431 | 847415 | 85138 | 77448 | 167775 |
| 3091078 | 622533 | 34794497 | 7351315 | 27443182 | 1938730 | 1684794 | | |
| 1164031 | 281066 | 43185639 | 30385303 | 12800336 | 9771405 | 1251582 | 554178 | 808929 |
| 468933 | 124499 | 14650201 | 10323351 | 4326850 | 2238974 | 513630 | 205860 | 186307 |
| 67905 | 16492 | 3317856 | 2073990 | 1243867 | 469737 | 75587 | 107886 | 49731 |
| 402072 | 78091 | 12266251 | 8101312 | 4164939 | 4321265 | 1038213 | 173081 | 164059 |
| 42189 | 11428 | 2742877 | 2071299 | 671578 | 450301 | 55727 | 30592 | 98522 |
| 33447 | 8791 | 1366993 | 1010162 | 356830 | 150392 | 2125 | 45504 | 37491 |
| 196084 | 34713 | 4011833 | 2214172 | 1797661 | 930696 | 750762 | | 6326 |
| 704965 | 151917 | 30518027 | 22605343 | 7912684 | 4640797 | 1125204 | 121032 | 201662 |
| 466068 | 87214 | 20680804 | 15188652 | 5492152 | 2992387 | 677299 | 78425 | 82701 |
| 148262 | 34131 | 7017939 | 5395774 | 1622165 | 1232193 | 391828 | 31835 | 24611 |
| 8712936 | 1997096 | 309483945 | 223493087 | 85665365 | 63693789 | 19311810 | 789960 | 2478343 |
| 1029278 | 397186 | 41654568 | 26524008 | 15130560 | 6997981 | 1638330 | 5809 | 394661 |
| 5189436 | 986477 | 72589643 | 44843751 | 27420399 | 19130890 | 11278872 | 98519 | 403005 |
| 1196273 | 317218 | 127511607 | 101541727 | 25969880 | 25091173 | 5102925 | 388222 | 202993 |
| 374263 | 74886 | 21855137 | 16290022 | 5565115 | 3629679 | 526399 | 170733 | 72053 |
| 260257 | 42380 | 12389891 | 9058540 | 3331350 | 1761011 | 175645 | 4922 | 765767 |
| 35128 | 3126 | 2028699 | 1659861 | 368838 | 163028 | 15534 | 199 | 41043 |
| 1875798 | 492379 | 120311646 | 90736245 | 29575401 | 19068131 | 1319861 | 770842 | 4937549 |
| 332678 | 109268 | 27611416 | 20809657 | 6801759 | 3746949 | 300911 | 161236 | 1554212 |
| 158833 | 39494 | 20110112 | 16886631 | 3223481 | 2175557 | 96912 | 55748 | 1243942 |
| 89907 | 29440 | 7980799 | 6200263 | 1780536 | 1396525 | 21324 | 174885 | 267617 |
| 257290 | 63420 | 13219868 | 7741451 | 5478417 | 3851444 | 151684 | 53456 | 766899 |
| 239125 | 42505 | 24436957 | 19359887 | 5077070 | 10616971 | 827165 | 95738 | 201749 |
| 474753 | 124022 | 15996992 | 11616534 | 4380458 | 2507375 | 355428 | 155152 | 247779 |

| 项　目 | Item | 流动资产合计 Total Working Capitals | #存货 Stock | 固定资产原价 Original Value of Fixed Assets |
|---|---|---|---|---|
| **二、零售业** | **Retail Trade** | **128571689** | **30585228** | **49353094** |
| #国有控股 | State-controlled Enterprises | 24900121 | 5557509 | 15687462 |
| **(一)按登记注册类型** | **by Type of Registration** | | | |
| **1.内资企业** | **Domestic Funded Enterprises** | **109923162** | **26829140** | **41367917** |
| 国有企业 | State-owned Enterprises | 6288281 | 1680601 | 4699936 |
| 集体企业 | Collective-owned Enterprises | 2395976 | 531749 | 1310296 |
| 股份合作企业 | Cooperative Enterprises | 854309 | 202010 | 413520 |
| 联营企业 | Joint Ownership Enterprises | 294442 | 71309 | 118005 |
| 国有联营企业 | State Joint Ownership Enterprises | 185509 | 38000 | 63710 |
| 集体联营企业 | Collective Joint Ownership Enterprises | 30894 | 8467 | 15637 |
| 国有与集体联营企业 | Joint State-collective Enterprises | 28919 | 8424 | 22769 |
| 其他联营企业 | Other Joint Ownership Enterprises | 49120 | 16418 | 15889 |
| 有限责任公司 | Limited Liability Corporations | 40276877 | 9977961 | 12729016 |
| 国有独资公司 | State Sole Funded Corporations | 735984 | 208040 | 494432 |
| 其他有限责任公司 | Other Limited Liability Corporations | 39540893 | 9769921 | 12234584 |
| 股份有限公司 | Share-holding Corporations Ltd. | 19534321 | 3599051 | 11043765 |
| 私营企业 | Private Enterprises | 39201033 | 10444321 | 10606191 |
| 私营独资企业 | Private-funded Enterprises | 2789431 | 942914 | 1505004 |
| 私营合伙企业 | Private Partnership Enterprises | 437100 | 163959 | 235184 |
| 私营有限责任公司 | Private Limited Liability Corporations | 32822081 | 8718380 | 8198158 |
| 私营股份有限公司 | Private Share-holding Corporations Ltd. | 3152421 | 619068 | 667845 |
| 其他企业 | Other Enterprises | 1077925 | 322138 | 447188 |
| **2.港、澳、台商投资企业** | **Enterprises with Funds from Hongkong, Macao and Taiwan** | **7370744** | **1448877** | **2935120** |
| 合资经营企业 | Joint-venture Enterprises | 2562036 | 328672 | 1247337 |
| 合作经营企业 | Cooperative Enterprises | 797473 | 70403 | 131540 |
| 独资经营企业 | Enterprises with Sole Investment | 3733971 | 1015382 | 1416425 |
| 投资股份有限公司 | Share-holding Corporations Ltd.with Investment | 277265 | 34421 | 139819 |
| **3.外商投资企业** | **Foreign Funded Enterprises** | **11277783** | **2307210** | **5050058** |
| 中外合资经营企业 | Joint-venture Enterprises | 4218472 | 1044453 | 2392054 |
| 中外合作经营企业 | Cooperative Enterprises | 818043 | 109532 | 355578 |
| 外资企业 | Enterprises with Sole Foreign Investment | 5961222 | 1089801 | 2203022 |
| 外商投资股份有限公司 | Share-holding Corporations Ltd. with Foreign Investment | 280046 | 63425 | 99404 |

单位：万元
Unit:10000 yuan

| 累计折旧 Accumulated Depreciation | #本年折旧 Current Year Depreciation | 资产总计 Total Assets | 负债合计 Total Liabilities | 所有者权益合计 Total Owners' Equities | 实收资本 Paicl-up Capitals | #国家资本 State-owned Capitals | #港澳台资本 Capitals from Hongkong, Macao and Taiwan | #外商资本 Foreign Capitals |
|---|---|---|---|---|---|---|---|---|
| **14674674** | **3140231** | **195228568** | **137161767** | **58019213** | **38913056** | **6325070** | **2406684** | **3605915** |
| 4610830 | 831162 | 46049503 | 26368668 | 19633248 | 8166189 | 6118442 | 119646 | 47361 |
| **11852548** | **2498732** | **167094395** | **116790135** | **50256672** | **32091607** | **6181917** | **155185** | **65444** |
| 1438200 | 300509 | 11890270 | 7590132 | 4288897 | 2468197 | 2040119 | | |
| 385455 | 76216 | 3725237 | 2555693 | 1169544 | 641252 | 19222 | 190 | 1200 |
| 97355 | 16842 | 1356720 | 995693 | 361027 | 250909 | 8467 | 1213 | 1742 |
| 50830 | 11340 | 412567 | 271285 | 141282 | 73759 | 28687 | 100 | 160 |
| 25294 | 4855 | 254297 | 173952 | 80345 | 34299 | 22871 | | 160 |
| 5676 | 1169 | 49421 | 27314 | 22107 | 16576 | 108 | | |
| 11692 | 4353 | 47252 | 24415 | 22837 | 12264 | 4071 | | |
| 8168 | 964 | 61597 | 45604 | 15993 | 10619 | 1637 | 100 | |
| 3771175 | 833009 | 57113013 | 43550200 | 13562813 | 9988979 | 1510703 | 41711 | 39956 |
| 157922 | 23478 | 1401608 | 853425 | 548183 | 277110 | 254570 | | |
| 3613253 | 809532 | 55711405 | 42696775 | 13014631 | 9711870 | 1256133 | 41711 | 39956 |
| 3159866 | 508820 | 37661879 | 20843305 | 16782227 | 5826448 | 2508032 | 85945 | 15695 |
| 2841011 | 728478 | 53227135 | 39785488 | 13441646 | 12340841 | 35972 | 11290 | 6691 |
| 333175 | 79036 | 4545706 | 2604489 | 1941217 | 1344882 | 2588 | 40 | 1000 |
| 52284 | 13639 | 728443 | 404824 | 323619 | 245506 | 136 | | |
| 2281372 | 593699 | 43868383 | 33604647 | 10263736 | 10006972 | 31702 | 11250 | 5691 |
| 174180 | 40104 | 4084602 | 3171528 | 913074 | 743482 | 1546 | | |
| 108656 | 23519 | 1707574 | 1198339 | 509235 | 501222 | 30715 | 14736 | |
| **924483** | **230542** | **10800763** | **7688089** | **3112674** | **2300458** | **52088** | **1897544** | **35591** |
| 417492 | 78084 | 4001093 | 2642720 | 1358373 | 868611 | 46554 | 576349 | 1758 |
| 55653 | 7015 | 961194 | 676812 | 284382 | 157486 | 5534 | 85248 | 4873 |
| 422181 | 137917 | 5346506 | 4004017 | 1342489 | 1175193 | | 1140175 | 28960 |
| 29158 | 7527 | 491969 | 364540 | 127429 | 99169 | | 95771 | |
| **1897643** | **410957** | **17333411** | **12683544** | **4649867** | **4520991** | **91065** | **353956** | **3504879** |
| 923355 | 195450 | 6688893 | 4887768 | 1801125 | 1718420 | 69435 | 53910 | 1101065 |
| 181291 | 25846 | 1113083 | 798232 | 314851 | 319652 | 967 | 64798 | 228108 |
| 732679 | 178861 | 9080555 | 6687273 | 2393283 | 2353333 | 4634 | 229127 | 2087090 |
| 60319 | 10800 | 450880 | 310271 | 140609 | 129585 | 16030 | 6121 | 88616 |

| 项 目 | Item | 流动资产合计 Total Working Capitals | #存货 Stock | 固定资产原价 Original Value of Fixed Assets |
|---|---|---|---|---|
| **(二)按国民经济行业** | **by Sector** | | | |
| 综合零售 | Integrated Retail | 40833187 | 8917065 | 24030884 |
| 百货零售 | Retail of General Merchandise | 22846198 | 3862474 | 15144821 |
| 超级市场零售 | Retail of Supermarkets | 16811943 | 4718879 | 8202832 |
| 食品、饮料及烟草制品专门零售 | Retail of Food, Beverages and Tobaccos | 2521752 | 825635 | 1305063 |
| 粮油零售 | Retail of Cereal and Oil | 490591 | 230024 | 248065 |
| 肉、禽、蛋及水产品零售 | Retail of meat, poultry and eggs | 390661 | 116159 | 258334 |
| 饮料及茶叶零售 | Wholesale of Books | 418161 | 150994 | 264743 |
| 烟草制品零售 | Retail of Tobaccos | 567786 | 157833 | 179136 |
| 纺织、服装及日用品专门零售 | Special Retail of Textiles, Garments and Daily Consumer Articles | 6083155 | 2038212 | 1992265 |
| 服装零售 | Retail of Garments | 3902578 | 1263453 | 1380332 |
| 文化、体育用品及器材专门零售 | Retail of Culture, Sports Appliances and Equipments | 5501115 | 1970808 | 2512274 |
| 体育用品零售 | Retail of Sporting Goods | 249794 | 96986 | 81992 |
| 图书零售 | Retail of Books | 3080763 | 838344 | 1989601 |
| 医药及医疗器材专门零售 | Retail of Medicines and Medical Appliances | 6468002 | 1709860 | 1208848 |
| 药品零售 | Retail of Medicines | 6112908 | 1621971 | 1171986 |
| 汽车、摩托车、燃料及零配件专门零售 | Retail of Motor Vehicles, Motorcycles, Fuel and Parts | 45627794 | 10606320 | 14080270 |
| 汽车零售 | Retail of Motor Vehicles | 35854883 | 8478945 | 6713363 |
| 机动车燃料零售 | Retail of Automotive Fuels | 8410441 | 1671720 | 7034113 |
| 家用电器及电子产品专门零售 | Special Retail of Household Electric Appliances and Electronic Products | 15745921 | 3096662 | 1598355 |
| 家用电器零售 | Retail of Household Electric Appliances | 12411470 | 2115881 | 1113689 |
| 计算机、软件及辅助设备零售 | Retail of Computer, Software and Assistant Appliances | 1910580 | 506761 | 203499 |
| 通信设备零售 | Retail of Communication Equipments | 1029412 | 357949 | 241816 |
| 五金、家具及室内装修材料专门零售 | Special Retail of Hardware, Furniture and Decoration Materials | 2894091 | 881432 | 1417925 |
| 无店铺及其他零售 | Non-shop and Other Retails | 2896673 | 539234 | 1207211 |
| 邮购及电子销售 | Distribution of Post and E-commerce | 610139 | 127989 | 52903 |
| **(三)按零售业态分** | **by Modes of Business Operation** | | | |
| 有店铺零售 | Store-based Retailing | 127524329 | 30368197 | 49260617 |
| # 超市 | Supermarket | 6680876 | 2346666 | 3496786 |
| 大型超市 | Hypermarket | 13047195 | 3278553 | 5990626 |
| 百货店 | Department Store | 19541356 | 3152871 | 12467549 |
| 专业店 | Speciality Store | 45675478 | 10361195 | 14620256 |
| 专卖店 | Exclusive Shop | 33887703 | 9007319 | 7815000 |
| 无店铺零售 | Non-Store Selling | 1047360 | 217031 | 92477 |

3-3-1 Continued 3

单位：万元
Unit:10000 yuan

| 累计折旧 Accumulated Depreciation | #本年折旧 Current Year Depreciation | 资产总计 Total Assets | 负债合计 Total Liabilities | 所有者权益合计 Total Owners' Equities | 实收资本 Paicl-up Capitals | #国家资本 State-owned Capitals | # 港澳台资本 Capitals from Hongkong, Macao and Taiwan | # 外商资本 Foreign Capitals |
|---|---|---|---|---|---|---|---|---|
| 7449540 | 1408961 | 71481472 | 52676190 | 18805282 | 11860308 | 1249402 | 1341886 | 2046712 |
| 4375080 | 749345 | 42849940 | 29964989 | 12884951 | 7009935 | 953826 | 754651 | 749887 |
| 2829297 | 615135 | 26736407 | 21298633 | 5437774 | 4303960 | 199802 | 574961 | 1196464 |
| 371332 | 67538 | 4092826 | 2387164 | 1705661 | 927233 | 239590 | 39604 | 13723 |
| 72054 | 8527 | 781802 | 564427 | 217375 | 142850 | 82888 | 467 | 742 |
| 70201 | 10215 | 725570 | 469247 | 256323 | 217589 | 22294 | | 50 |
| 65593 | 14064 | 684370 | 441571 | 242799 | 154719 | 6391 | 16083 | 1717 |
| 65821 | 11360 | 836332 | 291059 | 545273 | 146853 | 94413 | 100 | |
| 521452 | 143268 | 8740858 | 6238283 | 2502575 | 2004451 | 142468 | 369392 | 380808 |
| 311799 | 87249 | 5707247 | 4456814 | 1250433 | 1218081 | 50573 | 271721 | 241493 |
| 780036 | 123433 | 8471139 | 4828454 | 3642685 | 1787227 | 826193 | 126870 | 141147 |
| 16025 | 4688 | 370393 | 247470 | 122923 | 105624 | 3141 | 26163 | 33872 |
| 620094 | 80579 | 5352573 | 2811011 | 2541562 | 941436 | 730344 | 44235 | 1643 |
| 400814 | 78174 | 8184283 | 6144644 | 2039639 | 1584594 | 306240 | 14965 | 12341 |
| 387184 | 74204 | 7787488 | 5830477 | 1957011 | 1425242 | 304320 | 14768 | 11883 |
| 3910251 | 926649 | 66009189 | 44361566 | 21600035 | 14669299 | 3300292 | 357727 | 322545 |
| 1837157 | 543599 | 46320624 | 35593458 | 10727166 | 9419363 | 366200 | 311465 | 136446 |
| 1982480 | 361754 | 17918425 | 7541960 | 10328877 | 4338423 | 2923476 | 10542 | 172618 |
| 433703 | 110266 | 19242639 | 14389270 | 4853369 | 3430666 | 43584 | 8105 | 249374 |
| 263938 | 75335 | 15138176 | 11680865 | 3457611 | 2189205 | 19831 | 4149 | 193965 |
| 76814 | 18870 | 2363776 | 1476772 | 887004 | 754950 | 18455 | 2546 | 43172 |
| 79377 | 12276 | 1291749 | 915870 | 375879 | 345397 | 4898 | 733 | 2610 |
| 400872 | 138711 | 4538198 | 3036377 | 1501821 | 1401874 | 64158 | 37295 | 270960 |
| 406674 | 143230 | 4467965 | 3099819 | 1368146 | 1247405 | 153144 | 110840 | 168305 |
| 20635 | 6956 | 685076 | 725121 | -40045 | 109446 | 22880 | 1868 | 38038 |
| 14639224 | 3127447 | 194052017 | 136074618 | 57929812 | 38628168 | 6300059 | 2367653 | 3563868 |
| 1104333 | 219199 | 11152950 | 8184515 | 2968435 | 2227556 | 181578 | 293131 | 122168 |
| 2097313 | 492984 | 20145362 | 16203889 | 3941473 | 2971631 | 109764 | 355959 | 1134106 |
| 3655406 | 603921 | 36159574 | 24845944 | 11313630 | 5929840 | 893432 | 675774 | 480279 |
| 4270233 | 935327 | 66732481 | 42309567 | 24375327 | 13902629 | 3517351 | 324523 | 906967 |
| 2161714 | 599835 | 45386391 | 33457494 | 11928897 | 10355665 | 1194360 | 568108 | 437064 |
| 35449 | 12784 | 1176551 | 1087150 | 89402 | 284888 | 25011 | 39031 | 42047 |

# 3-3-2 各地区限额以上批发业企业年末资产负债

## Assets and Liabilities of Enterprises above Designated Size of Wholesale Trade by Region at the Year-end

单位：万元

Unit: 10000 yuan

| 地 区 | Region | 资产总计 Total Assets | #流动资产合计 Total Working Capitals | #固定资产合计 Total Fixed Assets | 负债合计 Total Liabilities | 所有者权益合计 Total Owners' Equities |
|---|---|---|---|---|---|---|
| **全 国** | **National Total** | **658158678** | **509439153** | **42910816** | **463375356** | **194457829** |
| 北 京 | Beijing | 151392522 | 108913815 | 4969203 | 98786465 | 52606057 |
| 天 津 | Tianjin | 25219195 | 21280461 | 1247272 | 19198994 | 6020201 |
| 河 北 | Hebei | 11210241 | 8494653 | 1235029 | 7546257 | 3429757 |
| 山 西 | Shanxi | 12934222 | 9571117 | 1350604 | 9920838 | 3013383 |
| 内蒙古 | Inner Mongolia | 4564079 | 3171536 | 773679 | 3236422 | 1327657 |
| 辽 宁 | Liaoning | 20037332 | 15694679 | 1490876 | 14864638 | 5081429 |
| 吉 林 | Jilin | 3488684 | 2478767 | 499891 | 2478013 | 1010671 |
| 黑龙江 | Heilongjiang | 6956665 | 5925988 | 596102 | 5393172 | 1563493 |
| 上 海 | Shanghai | 66159449 | 53725636 | 2487380 | 45858804 | 20300645 |
| 江 苏 | Jiangsu | 51138541 | 41703296 | 3558143 | 37560085 | 13578456 |
| 浙 江 | Zhejiang | 62365666 | 49606767 | 3185394 | 46585268 | 15780398 |
| 安 徽 | Anhui | 11839946 | 9381107 | 1262880 | 8484142 | 3355804 |
| 福 建 | Fujian | 22993416 | 16846612 | 1209474 | 14214282 | 8779133 |
| 江 西 | Jiangxi | 3449109 | 2421483 | 510790 | 2126877 | 1322232 |
| 山 东 | Shandong | 31096834 | 23429340 | 3693630 | 23224933 | 7871901 |
| 河 南 | Henan | 11421088 | 8740394 | 1395889 | 8291894 | 3129194 |
| 湖 北 | Hubei | 13236216 | 10100333 | 1573875 | 9856856 | 3379361 |
| 湖 南 | Hunan | 7076326 | 4706354 | 782438 | 4229426 | 2846900 |
| 广 东 | Guangdong | 72924364 | 59468472 | 4610866 | 55522527 | 17401837 |
| 广 西 | Guangxi | 5819401 | 4594985 | 506271 | 4062321 | 1757079 |
| 海 南 | Hainan | 2320472 | 1854633 | 173221 | 1312174 | 1008298 |
| 重 庆 | Chongqing | 8101930 | 6445752 | 854004 | 5867022 | 2234908 |
| 四 川 | Sichuan | 9755872 | 7665585 | 787030 | 6658347 | 3097526 |
| 贵 州 | Guizhou | 4345813 | 3461172 | 378943 | 2693024 | 1652789 |
| 云 南 | Yunnan | 15944069 | 12619129 | 1376626 | 9854824 | 6089245 |
| 西 藏 | Tibet | 208834 | 98848 | 38791 | 93552 | 115282 |
| 陕 西 | Shaanxi | 5856085 | 4417700 | 526265 | 3965515 | 1890570 |
| 甘 肃 | Gansu | 5223962 | 4192917 | 478847 | 3491658 | 1732304 |
| 青 海 | Qinghai | 901824 | 579179 | 152601 | 455015 | 446810 |
| 宁 夏 | Ningxia | 1218826 | 967100 | 122008 | 777294 | 441532 |
| 新 疆 | Xinjiang | 8957698 | 6881346 | 1082797 | 6764719 | 2192979 |

# 3-3-3 各地区限额以上批发业企业年末资产负债(按登记注册类型分)

## Assets and Liabilities of Enterprises above Designated Size of Wholesale Trade by Region and Type of Registration at the Year-end

国有控股
State-controlled Enterprises

单位：万元
Unit: 10000 yuan

| 地区 | Region | 资产总计 Total Assets | #流动资产合计 Total Working Capitals | #固定资产合计 Total Fixed Assets | 负债合计 Total Liabilities | 所有者权益合计 Total Owners' Equities |
|---|---|---|---|---|---|---|
| **全国** | **National Total** | **294277860** | **208890352** | **25066913** | **187828001** | **106124366** |
| 北京 | Beijing | 100243840 | 69196105 | 3248255 | 64681653 | 35562187 |
| 天津 | Tianjin | 11878704 | 9909185 | 759162 | 9201821 | 2676884 |
| 河北 | Hebei | 4719184 | 3156911 | 829456 | 2326063 | 2158894 |
| 山西 | Shanxi | 8947717 | 6740507 | 978067 | 6744548 | 2203168 |
| 内蒙古 | Inner Mongolia | 1593570 | 1141673 | 265519 | 1151584 | 441986 |
| 辽宁 | Liaoning | 10455403 | 7583872 | 915890 | 7136051 | 3228086 |
| 吉林 | Jilin | 2218837 | 1569228 | 354721 | 1665344 | 553493 |
| 黑龙江 | Heilongjiang | 2890236 | 2286661 | 421357 | 1952526 | 937710 |
| 上海 | Shanghai | 19902355 | 14334736 | 929105 | 12448811 | 7453544 |
| 江苏 | Jiangsu | 14301634 | 10327043 | 1713934 | 8100511 | 6201123 |
| 浙江 | Zhejiang | 10571169 | 7636235 | 1007391 | 5640856 | 4930313 |
| 安徽 | Anhui | 7143439 | 5459863 | 931827 | 4604465 | 2538974 |
| 福建 | Fujian | 9561515 | 5886517 | 697988 | 4818783 | 4742732 |
| 江西 | Jiangxi | 1944727 | 1219416 | 424650 | 962378 | 982349 |
| 山东 | Shandong | 11081286 | 7308941 | 1726863 | 7795777 | 3285510 |
| 河南 | Henan | 5979736 | 4368342 | 904417 | 4018945 | 1960791 |
| 湖北 | Hubei | 6260559 | 4194586 | 1221454 | 4170129 | 2090430 |
| 湖南 | Hunan | 3683837 | 2175968 | 487711 | 1689816 | 1994021 |
| 广东 | Guangdong | 25580846 | 18389539 | 2723234 | 17848486 | 7732360 |
| 广西 | Guangxi | 2026515 | 1259835 | 404163 | 1024672 | 1001843 |
| 海南 | Hainan | 418786 | 283903 | 77054 | 111424 | 307361 |
| 重庆 | Chongqing | 3589801 | 2605281 | 553909 | 2263960 | 1325840 |
| 四川 | Sichuan | 4499513 | 3273023 | 465246 | 2637029 | 1862484 |
| 贵州 | Guizhou | 3318191 | 2580940 | 322876 | 1889133 | 1429058 |
| 云南 | Yunnan | 10280179 | 7783934 | 1094061 | 5335686 | 4944492 |
| 西藏 | Tibet | 156275 | 60304 | 27873 | 57488 | 98786 |
| 陕西 | Shaanxi | 3179779 | 2288706 | 322175 | 1986302 | 1193477 |
| 甘肃 | Gansu | 2506320 | 1946224 | 404004 | 1300110 | 1206210 |
| 青海 | Qinghai | 467599 | 283430 | 132188 | 192734 | 274865 |
| 宁夏 | Ningxia | 270403 | 168423 | 67268 | 107734 | 162670 |
| 新疆 | Xinjiang | 4605908 | 3471021 | 655096 | 3963182 | 642727 |

3-3-3 续表 1 Continued 1

内资企业 Domestic Funded Enterprises　　　　单位：万元 Unit: 10000 yuan

| 地区 | Region | 资产总计 Total Assets | #流动资产合计 Total Working Capitals | #固定资产合计 Total Fixed Assets | 负债合计 Total Liabilities | 所有者权益合计 Total Owners' Equities |
|---|---|---|---|---|---|---|
| **全国** | **National Total** | **583802982** | **450151823** | **40353366** | **414758505** | **168718984** |
| 北京 | Beijing | 123044470 | 88924309 | 4099543 | 82879410 | 40165059 |
| 天津 | Tianjin | 22920175 | 19198271 | 1139235 | 17566464 | 5353711 |
| 河北 | Hebei | 11055177 | 8345063 | 1230064 | 7407275 | 3413675 |
| 山西 | Shanxi | 12906401 | 9552452 | 1344291 | 9903569 | 3002832 |
| 内蒙古 | Inner Mongolia | 4560233 | 3167732 | 773636 | 3233594 | 1326639 |
| 辽宁 | Liaoning | 19482086 | 15269366 | 1482076 | 14581932 | 4808889 |
| 吉林 | Jilin | 3411049 | 2414889 | 495115 | 2441921 | 969127 |
| 黑龙江 | Heilongjiang | 6921101 | 5890788 | 595738 | 5357527 | 1563574 |
| 上海 | Shanghai | 42706028 | 33356328 | 1930857 | 28937530 | 13768498 |
| 江苏 | Jiangsu | 47457057 | 38598572 | 3410418 | 35051797 | 12405261 |
| 浙江 | Zhejiang | 61611418 | 49016088 | 3098716 | 46053069 | 15558349 |
| 安徽 | Anhui | 11452305 | 9099327 | 1232299 | 8132538 | 3319768 |
| 福建 | Fujian | 21162817 | 15667058 | 1053511 | 13220320 | 7942497 |
| 江西 | Jiangxi | 3379232 | 2364013 | 504305 | 2070502 | 1308730 |
| 山东 | Shandong | 30084704 | 22496641 | 3639366 | 22425497 | 7659207 |
| 河南 | Henan | 11373784 | 8693912 | 1395453 | 8254063 | 3119721 |
| 湖北 | Hubei | 12876585 | 9807222 | 1525115 | 9604589 | 3271995 |
| 湖南 | Hunan | 7010780 | 4657955 | 771239 | 4175161 | 2835619 |
| 广东 | Guangdong | 63544097 | 51142575 | 4259274 | 48339912 | 15204186 |
| 广西 | Guangxi | 5672911 | 4537881 | 500225 | 3976379 | 1696531 |
| 海南 | Hainan | 2074753 | 1644702 | 163846 | 1208881 | 865872 |
| 重庆 | Chongqing | 7921835 | 6321866 | 840581 | 5722048 | 2199787 |
| 四川 | Sichuan | 9703276 | 7620031 | 782850 | 6588407 | 3114869 |
| 贵州 | Guizhou | 4333746 | 3455748 | 376981 | 2691420 | 1642326 |
| 云南 | Yunnan | 15869558 | 12556886 | 1370546 | 9801987 | 6067571 |
| 西藏 | Tibet | 208834 | 98848 | 38791 | 93552 | 115282 |
| 陕西 | Shaanxi | 5343105 | 4054653 | 472325 | 3618785 | 1724320 |
| 甘肃 | Gansu | 5204150 | 4173816 | 478689 | 3472198 | 1731951 |
| 青海 | Qinghai | 836677 | 549854 | 152601 | 408994 | 427683 |
| 宁夏 | Ningxia | 1163845 | 921127 | 116008 | 760418 | 403428 |
| 新疆 | Xinjiang | 8510795 | 6553851 | 1079674 | 6778768 | 1732027 |

3-3-3 续表 2 Continued 2

国有企业 单位：万元

State-owned Enterprises Unit: 10000 yuan

| 地区 | Region | 资产总计 Total Assets | #流动资产合计 Total Working Capitals | #固定资产合计 Total Fixed Assets | 负债合计 Total Liabilities | 所有者权益合计 Total Owners' Equities |
|---|---|---|---|---|---|---|
| **全国** | **National Total** | **131855380** | **96668698** | **13792744** | **80683713** | **51171667** |
| 北京 | Beijing | 22691179 | 15104874 | 1351407 | 14967633 | 7723546 |
| 天津 | Tianjin | 6975596 | 5520769 | 652946 | 5216541 | 1759055 |
| 河北 | Hebei | 2582456 | 1698447 | 402932 | 1097272 | 1485185 |
| 山西 | Shanxi | 7947882 | 6010123 | 904011 | 6064459 | 1883422 |
| 内蒙古 | Inner Mongolia | 1426552 | 1051703 | 222873 | 924724 | 501828 |
| 辽宁 | Liaoning | 4604156 | 3335926 | 524924 | 2972860 | 1631296 |
| 吉林 | Jilin | 1924129 | 1485379 | 305330 | 1371869 | 552261 |
| 黑龙江 | Heilongjiang | 2116462 | 1625348 | 348339 | 1339797 | 776666 |
| 上海 | Shanghai | 10527993 | 8172545 | 379450 | 6934951 | 3593042 |
| 江苏 | Jiangsu | 7864739 | 6152090 | 762295 | 3809182 | 4055557 |
| 浙江 | Zhejiang | 5347705 | 4085760 | 513984 | 2174445 | 3173259 |
| 安徽 | Anhui | 3767573 | 2884196 | 616020 | 2110072 | 1657501 |
| 福建 | Fujian | 4761810 | 2834241 | 464922 | 1611211 | 3150599 |
| 江西 | Jiangxi | 1156662 | 751263 | 234972 | 521664 | 634997 |
| 山东 | Shandong | 4896870 | 3898194 | 555181 | 3258274 | 1638596 |
| 河南 | Henan | 4223100 | 3505062 | 441715 | 2933617 | 1289483 |
| 湖北 | Hubei | 5969934 | 4132243 | 1063006 | 3983552 | 1986381 |
| 湖南 | Hunan | 2112184 | 1234815 | 355320 | 629796 | 1482388 |
| 广东 | Guangdong | 9391142 | 7086654 | 714190 | 7562731 | 1828411 |
| 广西 | Guangxi | 1081667 | 705826 | 183459 | 475478 | 606189 |
| 海南 | Hainan | 374272 | 261943 | 59778 | 99599 | 274673 |
| 重庆 | Chongqing | 1873693 | 1319756 | 342848 | 991505 | 882188 |
| 四川 | Sichuan | 2682647 | 1990397 | 335141 | 1199355 | 1483292 |
| 贵州 | Guizhou | 3002673 | 2365789 | 279695 | 1657013 | 1345661 |
| 云南 | Yunnan | 6051391 | 4936732 | 743378 | 2664163 | 3387229 |
| 西藏 | Tibet | 122019 | 35599 | 23177 | 39876 | 82143 |
| 陕西 | Shaanxi | 2538945 | 1876109 | 244789 | 1391838 | 1147108 |
| 甘肃 | Gansu | 796706 | 464708 | 211198 | 411021 | 385685 |
| 青海 | Qinghai | 291111 | 199412 | 56583 | 84723 | 206388 |
| 宁夏 | Ningxia | 263810 | 191998 | 47662 | 90830 | 172981 |
| 新疆 | Xinjiang | 2488324 | 1750798 | 451218 | 2093664 | 394661 |

3-3-3 续表 3 Continued 3

集体企业
Collective-owned Enterprises

单位：万元
Unit: 10000 yuan

| 地 区 | Region | 资产总计 Total Assets | #流动资产合计 Total Working Capitals | #固定资产合计 Total Fixed Assets | 负债合计 Total Liabilities | 所有者权益合计 Total Owners' Equities |
|---|---|---|---|---|---|---|
| **全 国** | **National Total** | **11152567** | **8396417** | **1070726** | **7961952** | **3190616** |
| 北 京 | Beijing | 1388307 | 1242532 | 28207 | 1153823 | 234484 |
| 天 津 | Tianjin | 238387 | 189294 | 13659 | 163942 | 74445 |
| 河 北 | Hebei | 156275 | 125823 | 17147 | 130749 | 25526 |
| 山 西 | Shanxi | 414029 | 245197 | 78689 | 265478 | 148552 |
| 内蒙古 | Inner Mongolia | 37056 | 21596 | 2492 | 12430 | 24626 |
| 辽 宁 | Liaoning | 148122 | 132775 | 3448 | 137782 | 10340 |
| 吉 林 | Jilin | 8918 | 5592 | 144 | 5180 | 3738 |
| 黑龙江 | Heilongjiang | 733246 | 675949 | 34707 | 12612 | 720634 |
| 上 海 | Shanghai | 403332 | 313706 | 20958 | 293943 | 109389 |
| 江 苏 | Jiangsu | 617742 | 466436 | 49500 | 533219 | 84523 |
| 浙 江 | Zhejiang | 577137 | 421757 | 19916 | 390696 | 186441 |
| 安 徽 | Anhui | 30484 | 27041 | 2437 | 27684 | 2800 |
| 福 建 | Fujian | 95874 | 86922 | 3416 | 76135 | 19739 |
| 江 西 | Jiangxi | 4456 | 4133 | 260 | 4218 | 238 |
| 山 东 | Shandong | 1355513 | 1160551 | 78083 | 1222877 | 132637 |
| 河 南 | Henan | 382315 | 259849 | 86398 | 305490 | 76825 |
| 湖 北 | Hubei | 205258 | 172970 | 14859 | 180084 | 25175 |
| 湖 南 | Hunan | 6757 | 4503 | 1874 | 2738 | 4020 |
| 广 东 | Guangdong | 2742097 | 1598208 | 444216 | 1710771 | 1031326 |
| 广 西 | Guangxi | 29805 | 22752 | 4432 | 23778 | 6027 |
| 海 南 | Hainan | 2577 | 1666 | 459 | 976 | 1601 |
| 重 庆 | Chongqing | 176334 | 159299 | 8802 | 150656 | 25679 |
| 四 川 | Sichuan | 657408 | 502329 | 57094 | 510413 | 146995 |
| 贵 州 | Guizhou | 78309 | 62996 | 6487 | 73843 | 4466 |
| 云 南 | Yunnan | 40430 | 31092 | 6676 | 33446 | 6985 |
| 西 藏 | Tibet | | | | | |
| 陕 西 | Shaanxi | 68715 | 34904 | 5614 | 69502 | -787 |
| 甘 肃 | Gansu | 69887 | 56633 | 8971 | 59211 | 10675 |
| 青 海 | Qinghai | 6985 | 6125 | 860 | 5492 | 1494 |
| 宁 夏 | Ningxia | | | | | |
| 新 疆 | Xinjiang | 476813 | 363789 | 70923 | 404786 | 72027 |

3-3-3 续表 4 Continued 4

股份合作企业
Cooperative Enterprises

单位：万元
Unit: 10000 yuan

| 地区 | Region | 资产总计 Total Assets | #流动资产合计 Total Working Capitals | #固定资产合计 Total Fixed Assets | 负债合计 Total Liabilities | 所有者权益合计 Total Owners' Equities |
|---|---|---|---|---|---|---|
| **全 国** | **National Total** | **1866202** | **1372717** | **217640** | **1339438** | **526764** |
| 北 京 | Beijing | 339258 | 236396 | 84773 | 268950 | 70308 |
| 天 津 | Tianjin | 48155 | 44057 | 2546 | 36868 | 11287 |
| 河 北 | Hebei | 61776 | 29400 | 12009 | 51860 | 9916 |
| 山 西 | Shanxi | 54739 | 36127 | 5130 | 46877 | 7862 |
| 内蒙古 | Inner Mongolia | 921 | 921 | | 650 | 271 |
| 辽 宁 | Liaoning | 16562 | 10670 | 5739 | 6779 | 9784 |
| 吉 林 | Jilin | 3256 | 3250 | 6 | 2927 | 328 |
| 黑龙江 | Heilongjiang | 17196 | 13857 | 2759 | 1093 | 16103 |
| 上 海 | Shanghai | 148279 | 116124 | 2176 | 86737 | 61541 |
| 江 苏 | Jiangsu | 78192 | 59664 | 11925 | 53403 | 24789 |
| 浙 江 | Zhejiang | 133417 | 109283 | 11319 | 99305 | 34111 |
| 安 徽 | Anhui | 46956 | 39936 | 2845 | 40271 | 6685 |
| 福 建 | Fujian | 20666 | 17219 | 2717 | 13545 | 7121 |
| 江 西 | Jiangxi | 22982 | 12148 | 8355 | 22870 | 113 |
| 山 东 | Shandong | 64086 | 46101 | 11048 | 43508 | 20578 |
| 河 南 | Henan | 8494 | 4028 | 3775 | 3399 | 5095 |
| 湖 北 | Hubei | 149404 | 133414 | 6838 | 117981 | 31423 |
| 湖 南 | Hunan | 74293 | 24515 | 472 | 62500 | 11794 |
| 广 东 | Guangdong | 385873 | 291776 | 15373 | 240471 | 145403 |
| 广 西 | Guangxi | 36652 | 9027 | 17264 | 13011 | 23642 |
| 海 南 | Hainan | 1762 | 1289 | 127 | 1549 | 213 |
| 重 庆 | Chongqing | 102617 | 94808 | 3659 | 97557 | 5060 |
| 四 川 | Sichuan | 15383 | 12082 | 438 | 6020 | 9363 |
| 贵 州 | Guizhou | 10791 | 8100 | 2385 | 5468 | 5324 |
| 云 南 | Yunnan | 13597 | 8753 | 3042 | 8454 | 5143 |
| 西 藏 | Tibet | | | | | |
| 陕 西 | Shaanxi | 800 | 795 | 5 | 197 | 603 |
| 甘 肃 | Gansu | 8910 | 7887 | 911 | 6099 | 2812 |
| 青 海 | Qinghai | 1186 | 1093 | 7 | 1094 | 92 |
| 宁 夏 | Ningxia | | | | | |
| 新 疆 | Xinjiang | | | | | |

3-3-3 续表 5 Continued 5

联营企业
Joint Ownership Enterprises

单位：万元
Unit: 10000 yuan

| 地 区 | Region | 资产总计 Total Assets | #流动资产合计 Total Working Capitals | #固定资产合计 Total Fixed Assets | 负债合计 Total Liabilities | 所有者权益合计 Total Owners' Equities |
|---|---|---|---|---|---|---|
| **全 国** | **National Total** | **2081574** | **1871366** | **74482** | **1684806** | **396768** |
| 北 京 | Beijing | 13023 | 9601 | 3039 | 10137 | 2886 |
| 天 津 | Tianjin | 52047 | 43385 | 2372 | 41747 | 10300 |
| 河 北 | Hebei | 2221 | 2033 | 188 | 1025 | 1195 |
| 山 西 | Shanxi | | | | | |
| 内蒙古 | Inner Mongolia | 3731 | 3115 | 616 | 2906 | 825 |
| 辽 宁 | Liaoning | 5972 | 5597 | 369 | 5405 | 567 |
| 吉 林 | Jilin | | | | | |
| 黑龙江 | Heilongjiang | 535977 | 533697 | 208 | 517875 | 18102 |
| 上 海 | Shanghai | 249589 | 232794 | 9661 | 182806 | 66783 |
| 江 苏 | Jiangsu | 61593 | 55161 | 4172 | 42264 | 19330 |
| 浙 江 | Zhejiang | 167484 | 155016 | 5882 | 129498 | 37986 |
| 安 徽 | Anhui | 177 | 71 | 106 | 82 | 95 |
| 福 建 | Fujian | 49233 | 46678 | 1691 | 37411 | 11822 |
| 江 西 | Jiangxi | | | | | |
| 山 东 | Shandong | 16373 | 11136 | 4182 | 11801 | 4572 |
| 河 南 | Henan | 18303 | 13705 | 2973 | 19873 | -1570 |
| 湖 北 | Hubei | 166268 | 164047 | 1116 | 155631 | 10637 |
| 湖 南 | Hunan | 43865 | 39203 | 1386 | 23730 | 20135 |
| 广 东 | Guangdong | 545255 | 472606 | 19855 | 417816 | 127439 |
| 广 西 | Guangxi | | | | | |
| 海 南 | Hainan | | | | | |
| 重 庆 | Chongqing | 32337 | 11509 | 9809 | 15843 | 16495 |
| 四 川 | Sichuan | 4099 | 3975 | | 3807 | 293 |
| 贵 州 | Guizhou | | | | | |
| 云 南 | Yunnan | 46908 | 41853 | 1785 | 31667 | 15240 |
| 西 藏 | Tibet | | | | | |
| 陕 西 | Shaanxi | 67120 | 26184 | 5075 | 33482 | 33638 |
| 甘 肃 | Gansu | | | | | |
| 青 海 | Qinghai | | | | | |
| 宁 夏 | Ningxia | | | | | |
| 新 疆 | Xinjiang | | | | | |

3-3-3 续表 6 Continued 6

有限责任公司
Limited Liability Corporations

单位：万元
Unit: 10000 yuan

| 地 区 | Region | 资产总计 Total Assets | #流动资产合计 Total Working Capitals | #固定资产合计 Total Fixed Assets | 负债合计 Total Liabilities | 所有者权益合计 Total Owners' Equities |
|---|---|---|---|---|---|---|
| **全 国** | **National Total** | **207562301** | **164998015** | **8981933** | **159402641** | **48159660** |
| 北 京 | Beijing | 69079195 | 52160968 | 2110326 | 51683469 | 17395726 |
| 天 津 | Tianjin | 6558051 | 5757625 | 184018 | 5316097 | 1241954 |
| 河 北 | Hebei | 3159860 | 2549134 | 238137 | 2536676 | 623184 |
| 山 西 | Shanxi | 2238855 | 1634559 | 164493 | 1644873 | 593983 |
| 内蒙古 | Inner Mongolia | 1042772 | 790440 | 121405 | 680653 | 362119 |
| 辽 宁 | Liaoning | 6327987 | 5125747 | 328606 | 5411622 | 916365 |
| 吉 林 | Jilin | 508078 | 405974 | 51301 | 450442 | 57637 |
| 黑龙江 | Heilongjiang | 1677751 | 1453459 | 97534 | 1491222 | 186529 |
| 上 海 | Shanghai | 11554129 | 8969823 | 441839 | 7760452 | 3793677 |
| 江 苏 | Jiangsu | 10268597 | 8556556 | 729149 | 8223877 | 2044720 |
| 浙 江 | Zhejiang | 21785392 | 17051108 | 949327 | 17026026 | 4759366 |
| 安 徽 | Anhui | 2608766 | 2233664 | 138679 | 1997412 | 611355 |
| 福 建 | Fujian | 5460710 | 4462446 | 209422 | 3979133 | 1481577 |
| 江 西 | Jiangxi | 1336785 | 1159348 | 79657 | 1005528 | 331258 |
| 山 东 | Shandong | 10973851 | 8610261 | 562058 | 9154804 | 1819048 |
| 河 南 | Henan | 3166688 | 2611580 | 187155 | 2551856 | 614832 |
| 湖 北 | Hubei | 3094748 | 2597354 | 121605 | 2564858 | 529890 |
| 湖 南 | Hunan | 2053738 | 1438844 | 150661 | 1395555 | 658183 |
| 广 东 | Guangdong | 22142944 | 18895794 | 989031 | 17402673 | 4740271 |
| 广 西 | Guangxi | 1495180 | 1339826 | 44469 | 1247054 | 248127 |
| 海 南 | Hainan | 1140714 | 995687 | 62903 | 835498 | 305216 |
| 重 庆 | Chongqing | 2748768 | 2355587 | 158713 | 2178008 | 570760 |
| 四 川 | Sichuan | 4178014 | 3317533 | 203841 | 3183132 | 994882 |
| 贵 州 | Guizhou | 902885 | 764034 | 51250 | 701314 | 201572 |
| 云 南 | Yunnan | 5446077 | 4139385 | 169214 | 3788040 | 1658037 |
| 西 藏 | Tibet | 72067 | 59017 | 6008 | 49635 | 22432 |
| 陕 西 | Shaanxi | 1171232 | 977364 | 61720 | 942244 | 228988 |
| 甘 肃 | Gansu | 1543740 | 1449593 | 47774 | 1308437 | 235303 |
| 青 海 | Qinghai | 204145 | 138266 | 12531 | 114098 | 90047 |
| 宁 夏 | Ningxia | 274074 | 234013 | 21139 | 225581 | 48493 |
| 新 疆 | Xinjiang | 3346507 | 2763029 | 287969 | 2552375 | 794131 |

股份有限公司
Share-holding Corporations Ltd.

单位：万元
Unit: 10000 yuan

| 地 区 | Region | 资产总计 Total Assets | #流动资产合计 Total Working Capitals | #固定资产合计 Total Fixed Assets | 负债合计 Total Liabilities | 所有者权益合计 Total Owners' Equities |
|---|---|---|---|---|---|---|
| **全 国** | **National Total** | **76597149** | **48004855** | **8278804** | **43808315** | **32463341** |
| 北 京 | Beijing | 18509309 | 10503944 | 178072 | 6138349 | 12370960 |
| 天 津 | Tianjin | 255046 | 202430 | 14874 | 207239 | 47807 |
| 河 北 | Hebei | 2789613 | 1949763 | 419151 | 1835424 | 719962 |
| 山 西 | Shanxi | 258427 | 150163 | 48801 | 165947 | 92481 |
| 内 蒙 古 | Inner Mongolia | 877320 | 457111 | 286202 | 790797 | 86523 |
| 辽 宁 | Liaoning | 3973874 | 2847869 | 361960 | 2500958 | 1381651 |
| 吉 林 | Jilin | 398281 | 145912 | 75732 | 264454 | 133828 |
| 黑 龙 江 | Heilongjiang | 434668 | 357201 | 37611 | 260788 | 173881 |
| 上 海 | Shanghai | 4649587 | 2585800 | 414718 | 2505930 | 2143657 |
| 江 苏 | Jiangsu | 6929979 | 5095624 | 742335 | 4827867 | 2102112 |
| 浙 江 | Zhejiang | 5570425 | 3314693 | 483615 | 3539749 | 2030676 |
| 安 徽 | Anhui | 2840284 | 2108609 | 311788 | 2197163 | 643122 |
| 福 建 | Fujian | 4581823 | 2942270 | 153006 | 3071363 | 1510460 |
| 江 西 | Jiangxi | 462673 | 179586 | 162432 | 258108 | 204565 |
| 山 东 | Shandong | 4300985 | 2358090 | 1181632 | 2766146 | 1534839 |
| 河 南 | Henan | 1439619 | 590928 | 454754 | 854269 | 585350 |
| 湖 北 | Hubei | 875691 | 529642 | 209877 | 614785 | 260907 |
| 湖 南 | Hunan | 942252 | 602605 | 87859 | 745485 | 196768 |
| 广 东 | Guangdong | 9501512 | 6400495 | 1376462 | 5814279 | 3687233 |
| 广 西 | Guangxi | 808220 | 459204 | 194389 | 478069 | 330151 |
| 海 南 | Hainan | 211169 | 124236 | 18526 | 101204 | 109965 |
| 重 庆 | Chongqing | 817768 | 505450 | 187344 | 513275 | 304493 |
| 四 川 | Sichuan | 272975 | 175141 | 53067 | 228837 | 44137 |
| 贵 州 | Guizhou | 252538 | 172954 | 34792 | 190679 | 61859 |
| 云 南 | Yunnan | 843449 | 379488 | 303825 | 418795 | 424654 |
| 西 藏 | Tibet | | | | | |
| 陕 西 | Shaanxi | 921070 | 683002 | 81957 | 743943 | 177127 |
| 甘 肃 | Gansu | 1664623 | 1405129 | 183745 | 829768 | 834855 |
| 青 海 | Qinghai | 269849 | 155851 | 75317 | 162622 | 107227 |
| 宁 夏 | Ningxia | 70210 | 26918 | 26101 | 26220 | 43990 |
| 新 疆 | Xinjiang | 873908 | 594748 | 118863 | 755806 | 118102 |

3-3-3 续表 8 Continued 8

私营企业 单位：万元
Private Enterprises Unit: 10000 yuan

| 地区 | Region | 资产总计 Total Assets | #流动资产合计 Total Working Capitals | #固定资产合计 Total Fixed Assets | 负债合计 Total Liabilities | 所有者权益合计 Total Owners' Equities |
|---|---|---|---|---|---|---|
| **全国** | **National Total** | **149594377** | **126553040** | **7723612** | **117898812** | **31695565** |
| 北京 | Beijing | 11024199 | 9665995 | 343718 | 8657049 | 2367150 |
| 天津 | Tianjin | 8441959 | 7351917 | 268257 | 6541410 | 1900548 |
| 河北 | Hebei | 2240564 | 1953465 | 136891 | 1709515 | 531049 |
| 山西 | Shanxi | 1988022 | 1471896 | 143109 | 1711553 | 276469 |
| 内蒙古 | Inner Mongolia | 1123343 | 794306 | 140048 | 804429 | 318914 |
| 辽宁 | Liaoning | 4368758 | 3782834 | 254178 | 3516059 | 852699 |
| 吉林 | Jilin | 557797 | 362303 | 61774 | 339826 | 217971 |
| 黑龙江 | Heilongjiang | 1405801 | 1231278 | 74582 | 1734142 | -328340 |
| 上海 | Shanghai | 14985817 | 12819342 | 653896 | 11055125 | 3930693 |
| 江苏 | Jiangsu | 20924272 | 17555554 | 1081489 | 16886829 | 4037443 |
| 浙江 | Zhejiang | 27732322 | 23629059 | 1106540 | 22504806 | 5227516 |
| 安徽 | Anhui | 2137275 | 1785831 | 159835 | 1740810 | 396465 |
| 福建 | Fujian | 5877987 | 5058099 | 213319 | 4318383 | 1559604 |
| 江西 | Jiangxi | 381986 | 245347 | 18560 | 248158 | 133828 |
| 山东 | Shandong | 8270072 | 6278297 | 1181151 | 5851826 | 2418246 |
| 河南 | Henan | 2037140 | 1627355 | 208136 | 1494718 | 542421 |
| 湖北 | Hubei | 2410344 | 2072730 | 107700 | 1983702 | 426642 |
| 湖南 | Hunan | 1599904 | 1188792 | 136915 | 1188133 | 411771 |
| 广东 | Guangdong | 18564866 | 16190987 | 689298 | 14985010 | 3579856 |
| 广西 | Guangxi | 2187873 | 1974606 | 55164 | 1713968 | 473905 |
| 海南 | Hainan | 252435 | 200040 | 8901 | 132950 | 119485 |
| 重庆 | Chongqing | 2147298 | 1857928 | 124568 | 1761749 | 385549 |
| 四川 | Sichuan | 1835945 | 1568251 | 128205 | 1436107 | 399838 |
| 贵州 | Guizhou | 86550 | 81875 | 2373 | 63104 | 23446 |
| 云南 | Yunnan | 3419079 | 3012437 | 141868 | 2851915 | 567164 |
| 西藏 | Tibet | 14748 | 4233 | 9605 | 4041 | 10707 |
| 陕西 | Shaanxi | 522746 | 407939 | 69269 | 381149 | 141598 |
| 甘肃 | Gansu | 1119250 | 788840 | 26081 | 857357 | 261893 |
| 青海 | Qinghai | 63400 | 49107 | 7303 | 40965 | 22436 |
| 宁夏 | Ningxia | 555752 | 468197 | 21106 | 417787 | 137964 |
| 新疆 | Xinjiang | 1316875 | 1074202 | 149774 | 966239 | 350637 |

3-3-3 续表 9 Continued 9

其他企业
Other Enterprises

单位：万元
Unit: 10000 yuan

| 地 区 | Region | 资产总计 Total Assets | #流动资产合计 Total Working Capitals | #固定资产合计 Total Fixed Assets | 负债合计 Total Liabilities | 所有者权益合计 Total Owners' Equities |
|---|---|---|---|---|---|---|
| **全 国** | **National Total** | **3093433** | **2286716** | **213425** | **1978828** | **1114605** |
| 北 京 | Beijing | | | | | |
| 天 津 | Tianjin | 350935 | 88794 | 562 | 42620 | 308315 |
| 河 北 | Hebei | 62413 | 36999 | 3610 | 44754 | 17659 |
| 山 西 | Shanxi | 4446 | 4388 | 58 | 4382 | 64 |
| 内蒙古 | Inner Mongolia | 48539 | 48539 | 1 | 17005 | 31534 |
| 辽 宁 | Liaoning | 36655 | 27948 | 2852 | 30468 | 6187 |
| 吉 林 | Jilin | 10589 | 6480 | 830 | 7225 | 3365 |
| 黑龙江 | Heilongjiang | | | | | |
| 上 海 | Shanghai | 187302 | 146194 | 8160 | 117586 | 69716 |
| 江 苏 | Jiangsu | 711943 | 657489 | 29554 | 675157 | 36787 |
| 浙 江 | Zhejiang | 297537 | 249412 | 8133 | 188544 | 108994 |
| 安 徽 | Anhui | 20790 | 19979 | 589 | 19044 | 1746 |
| 福 建 | Fujian | 314716 | 219183 | 5018 | 113139 | 201576 |
| 江 西 | Jiangxi | 13688 | 12187 | 68 | 9956 | 3732 |
| 山 东 | Shandong | 206955 | 134012 | 66031 | 116263 | 90692 |
| 河 南 | Henan | 98125 | 81405 | 10547 | 90841 | 7284 |
| 湖 北 | Hubei | 4937 | 4822 | 115 | 3996 | 941 |
| 湖 南 | Hunan | 177786 | 124680 | 36752 | 127225 | 50561 |
| 广 东 | Guangdong | 270408 | 206057 | 10851 | 206160 | 64248 |
| 广 西 | Guangxi | 33513 | 26641 | 1048 | 25022 | 8491 |
| 海 南 | Hainan | 91824 | 59842 | 13151 | 37105 | 54719 |
| 重 庆 | Chongqing | 23021 | 17529 | 4838 | 13456 | 9564 |
| 四 川 | Sichuan | 56805 | 50322 | 5064 | 20736 | 36069 |
| 贵 州 | Guizhou | | | | | |
| 云 南 | Yunnan | 8627 | 7148 | 760 | 5508 | 3120 |
| 西 藏 | Tibet | | | | | |
| 陕 西 | Shaanxi | 52477 | 48356 | 3898 | 56432 | -3955 |
| 甘 肃 | Gansu | 1035 | 1026 | 8 | 306 | 729 |
| 青 海 | Qinghai | | | | | |
| 宁 夏 | Ningxia | | | | | |
| 新 疆 | Xinjiang | 8368 | 7286 | 927 | 5899 | 2468 |

### 3-3-3 续表 10 Continued 10

港、澳、台商投资企业 单位：万元

Enterprises with Funds from Hong Kong,Macao and Taiwan Unit: 10000 yuan

| 地 区 | Region | 资产总计 Total Assets | #流动资产合计 Total Working Capitals | #固定资产合计 Total Fixed Assets | 负债合计 Total Liabilities | 所有者权益合计 Total Owners' Equities |
|---|---|---|---|---|---|---|
| **全 国** | **National Total** | **17075317** | **14196453** | **633523** | **11782466** | **5292851** |
| 北 京 | Beijing | 2538247 | 2041412 | 89767 | 1700942 | 837305 |
| 天 津 | Tianjin | 819680 | 738455 | 28206 | 588010 | 231671 |
| 河 北 | Hebei | 1612 | 991 | 126 | 1689 | -77 |
| 山 西 | Shanxi | 11732 | 10859 | 98 | 9507 | 2225 |
| 内蒙古 | Inner Mongolia | 1027 | 1022 | 6 | 912 | 115 |
| 辽 宁 | Liaoning | 127269 | 122526 | 2820 | 94554 | 32716 |
| 吉 林 | Jilin | | | | | |
| 黑龙江 | Heilongjiang | 4986 | 4717 | 269 | 5672 | -687 |
| 上 海 | Shanghai | 5216648 | 4513379 | 118349 | 3753720 | 1462928 |
| 江 苏 | Jiangsu | 1987063 | 1561106 | 64669 | 1384277 | 602787 |
| 浙 江 | Zhejiang | 483190 | 348216 | 66959 | 330017 | 153173 |
| 安 徽 | Anhui | 202092 | 106901 | 27103 | 94782 | 107310 |
| 福 建 | Fujian | 808597 | 661067 | 44344 | 462408 | 346190 |
| 江 西 | Jiangxi | 322 | | 17 | | 322 |
| 山 东 | Shandong | 274694 | 229601 | 24858 | 142030 | 132663 |
| 河 南 | Henan | 1983 | 1877 | 103 | 3065 | -1081 |
| 湖 北 | Hubei | 133824 | 85014 | 43765 | 94678 | 39147 |
| 湖 南 | Hunan | 24134 | 21450 | 498 | 19519 | 4615 |
| 广 东 | Guangdong | 3558486 | 3098321 | 103215 | 2787848 | 770638 |
| 广 西 | Guangxi | 129205 | 45526 | 5245 | 75210 | 53995 |
| 海 南 | Hainan | 124030 | 123244 | 661 | 84672 | 39358 |
| 重 庆 | Chongqing | 74327 | 65247 | 3032 | 73684 | 643 |
| 四 川 | Sichuan | 14887 | 14416 | 264 | 16784 | -1896 |
| 贵 州 | Guizhou | 10034 | 3391 | 1961 | 1592 | 8443 |
| 云 南 | Yunnan | 56174 | 44797 | 5389 | 39207 | 16966 |
| 西 藏 | Tibet | | | | | |
| 陕 西 | Shaanxi | 13417 | 13056 | 240 | 15061 | -1644 |
| 甘 肃 | Gansu | 18392 | 17714 | 126 | 18254 | 138 |
| 青 海 | Qinghai | | | | | |
| 宁 夏 | Ningxia | | | | | |
| 新 疆 | Xinjiang | 439264 | 322148 | 1434 | -15626 | 454890 |

3-3-3 续表 11 Continued 11

外商投资企业 单位：万元

Foreign Funded Enterprises Unit: 10000 yuan

| 地 区 | Region | 资产总计 Total Assets | #流动资产合计 Total Working Capitals | #固定资产合计 Total Fixed Assets | 负债合计 Total Liabilities | 所有者权益合计 Total Owners' Equities |
|---|---|---|---|---|---|---|
| **全 国** | **National Total** | **57280379** | **45090878** | **1923927** | **36834385** | **20445994** |
| 北 京 | Beijing | 25809805 | 17948094 | 779893 | 14206112 | 11603693 |
| 天 津 | Tianjin | 1479339 | 1343736 | 79832 | 1044520 | 434819 |
| 河 北 | Hebei | 153452 | 148599 | 4840 | 137293 | 16159 |
| 山 西 | Shanxi | 16089 | 7806 | 6215 | 7763 | 8327 |
| 内 蒙 古 | Inner Mongolia | 2819 | 2782 | 37 | 1916 | 903 |
| 辽 宁 | Liaoning | 427977 | 302787 | 5980 | 188152 | 239824 |
| 吉 林 | Jilin | 77636 | 63878 | 4776 | 36092 | 41544 |
| 黑 龙 江 | Heilongjiang | 30578 | 30483 | 95 | 29973 | 605 |
| 上 海 | Shanghai | 18236774 | 15855929 | 438175 | 13167555 | 5069219 |
| 江 苏 | Jiangsu | 1694420 | 1543617 | 83056 | 1124012 | 570409 |
| 浙 江 | Zhejiang | 271058 | 242463 | 19719 | 202181 | 68876 |
| 安 徽 | Anhui | 185549 | 174879 | 3478 | 256823 | -71274 |
| 福 建 | Fujian | 1022001 | 518487 | 111619 | 531555 | 490446 |
| 江 西 | Jiangxi | 69555 | 57471 | 6468 | 56376 | 13180 |
| 山 东 | Shandong | 737436 | 703098 | 29406 | 657406 | 80030 |
| 河 南 | Henan | 45321 | 44605 | 333 | 34766 | 10555 |
| 湖 北 | Hubei | 225807 | 208097 | 4996 | 157589 | 68219 |
| 湖 南 | Hunan | 41412 | 26948 | 10702 | 34746 | 6667 |
| 广 东 | Guangdong | 5821780 | 5227576 | 248377 | 4394767 | 1427013 |
| 广 西 | Guangxi | 17285 | 11578 | 801 | 10732 | 6553 |
| 海 南 | Hainan | 121689 | 86687 | 8714 | 18621 | 103068 |
| 重 庆 | Chongqing | 105768 | 58639 | 10391 | 71290 | 34477 |
| 四 川 | Sichuan | 37709 | 31138 | 3916 | 53156 | -15447 |
| 贵 州 | Guizhou | 2033 | 2033 | | 12 | 2021 |
| 云 南 | Yunnan | 18338 | 17446 | 691 | 13630 | 4708 |
| 西 藏 | Tibet | | | | | |
| 陕 西 | Shaanxi | 499563 | 349991 | 53700 | 331669 | 167894 |
| 甘 肃 | Gansu | 1420 | 1388 | 32 | 1206 | 214 |
| 青 海 | Qinghai | 65148 | 29325 | | 46021 | 19126 |
| 宁 夏 | Ningxia | 54980 | 45974 | 6000 | 16876 | 38104 |
| 新 疆 | Xinjiang | 7639 | 5346 | 1688 | 1577 | 6062 |

# 3-3-4 各地区限额以上批发业企业年末资产负债(按国民经济行业分)

## Assets and Liabilities of Enterprises above Designated Size of Wholesale Trade by Region and Sector at the Year-end

农畜产品批发 单位：万元

Wholesale of Farm Produce and Livestock Products Unit: 10000 yuan

| 地区 | Region | 资产总计 Total Assets | #流动资产合计 Total Working Capitals | #固定资产合计 Total Fixed Assets | 负债合计 Total Liabilities | 所有者权益合计 Total Owners' Equities |
|---|---|---|---|---|---|---|
| **全国** | **National Total** | **33464028** | **21325358** | **3056988** | **24150450** | **9313578** |
| 北京 | Beijing | 11411278 | 4232882 | 828535 | 6147398 | 5263879 |
| 天津 | Tianjin | 472296 | 405305 | 50508 | 306464 | 165833 |
| 河北 | Hebei | 404524 | 279937 | 74150 | 297414 | 107109 |
| 山西 | Shanxi | 135051 | 101529 | 21033 | 103750 | 31300 |
| 内蒙古 | Inner Mongolia | 641377 | 488043 | 78330 | 533960 | 107416 |
| 辽宁 | Liaoning | 1322940 | 966862 | 138663 | 1190675 | 132265 |
| 吉林 | Jilin | 1018878 | 739693 | 192768 | 852583 | 166295 |
| 黑龙江 | Heilongjiang | 734881 | 576989 | 117796 | 713646 | 21235 |
| 上海 | Shanghai | 1380745 | 891266 | 32068 | 901314 | 479431 |
| 江苏 | Jiangsu | 1051607 | 757469 | 162496 | 841471 | 210136 |
| 浙江 | Zhejiang | 1244143 | 774230 | 63381 | 873155 | 370988 |
| 安徽 | Anhui | 340031 | 227209 | 51317 | 226621 | 113410 |
| 福建 | Fujian | 459361 | 394180 | 26817 | 345455 | 113906 |
| 江西 | Jiangxi | 184310 | 119252 | 40775 | 187386 | -3075 |
| 山东 | Shandong | 1509256 | 1075120 | 195403 | 1116704 | 392552 |
| 河南 | Henan | 2901388 | 2431804 | 221980 | 2561603 | 339785 |
| 湖北 | Hubei | 804707 | 691610 | 81021 | 722749 | 81958 |
| 湖南 | Hunan | 352113 | 240291 | 47594 | 238542 | 113571 |
| 广东 | Guangdong | 1057604 | 785352 | 76942 | 882133 | 175471 |
| 广西 | Guangxi | 102134 | 74487 | 16273 | 74829 | 27306 |
| 海南 | Hainan | 34776 | 21334 | 1424 | 8632 | 26143 |
| 重庆 | Chongqing | 108747 | 57580 | 33520 | 56893 | 51853 |
| 四川 | Sichuan | 206343 | 153211 | 33051 | 164651 | 41692 |
| 贵州 | Guizhou | 9358 | 6740 | 2371 | 7752 | 1607 |
| 云南 | Yunnan | 1818663 | 1776334 | 30468 | 1680641 | 138023 |
| 西藏 | Tibet | 6722 | 3689 | 2778 | 6373 | 349 |
| 陕西 | Shaanxi | 150357 | 96095 | 22816 | 146481 | 3876 |
| 甘肃 | Gansu | 144835 | 122636 | 19143 | 132304 | 12531 |
| 青海 | Xinjiang | | | | | |
| 宁夏 | Ningxia | 16861 | 12342 | 4514 | 14240 | 2621 |
| 新疆 | Xinjiang | 3438743 | 2821889 | 389054 | 2814631 | 624113 |

食品、饮料及烟草制品批发
Wholesale of Food, Beverages and Tobaccos

单位：万元
Unit: 10000 yuan

| 地 区 | Region | 资产总计 Total Assets | #流动资产合计 Total Working Capitals | #固定资产合计 Total Fixed Assets | 负债合计 Total Liabilities | 所有者权益合计 Total Owners' Equities |
|---|---|---|---|---|---|---|
| **全 国** | **National Total** | **68495193** | **51923347** | **7913958** | **32927195** | **35567998** |
| 北 京 | Beijing | 7279924 | 6121790 | 319826 | 5458093 | 1821831 |
| 天 津 | Tianjin | 1272468 | 1032664 | 105409 | 777130 | 495338 |
| 河 北 | Hebei | 1531807 | 1090026 | 149815 | 420087 | 1111720 |
| 山 西 | Shanxi | 866066 | 585434 | 217151 | 228598 | 637468 |
| 内蒙古 | Inner Mongolia | 785684 | 514238 | 132042 | 372796 | 412888 |
| 辽 宁 | Liaoning | 1816024 | 1438776 | 224607 | 792645 | 1023378 |
| 吉 林 | Jilin | 632353 | 447486 | 127356 | 232586 | 399768 |
| 黑龙江 | Heilongjiang | 818241 | 607259 | 138452 | 387323 | 430919 |
| 上 海 | Shanghai | 4209581 | 3520327 | 266806 | 2833498 | 1376082 |
| 江 苏 | Jiangsu | 5073059 | 3999186 | 591688 | 1827672 | 3245387 |
| 浙 江 | Zhejiang | 6031895 | 4262694 | 617465 | 3039053 | 2992843 |
| 安 徽 | Anhui | 2038104 | 1671148 | 213458 | 729915 | 1308189 |
| 福 建 | Fujian | 3287960 | 2049121 | 307826 | 987335 | 2300624 |
| 江 西 | Jiangxi | 1081168 | 727562 | 191052 | 362579 | 718590 |
| 山 东 | Shandong | 3705729 | 2766438 | 614472 | 1799995 | 1905734 |
| 河 南 | Henan | 1745904 | 1272569 | 292358 | 724885 | 1021020 |
| 湖 北 | Hubei | 1879735 | 1405799 | 319815 | 850634 | 1029101 |
| 湖 南 | Hunan | 2229619 | 1279833 | 372355 | 647231 | 1582388 |
| 广 东 | Guangdong | 5906783 | 4397912 | 659728 | 3168710 | 2738073 |
| 广 西 | Guangxi | 1505423 | 1127465 | 124760 | 904443 | 600980 |
| 海 南 | Hainan | 494525 | 390070 | 50148 | 211646 | 282879 |
| 重 庆 | Chongqing | 1495788 | 1080885 | 249402 | 783309 | 712480 |
| 四 川 | Sichuan | 2491079 | 1917000 | 343773 | 957612 | 1533467 |
| 贵 州 | Guizhou | 2367830 | 1989896 | 205675 | 1180699 | 1187131 |
| 云 南 | Yunnan | 5717627 | 4689626 | 673841 | 2434070 | 3283557 |
| 西 藏 | Tibet | 103063 | 23124 | 18290 | 18573 | 84490 |
| 陕 西 | Shaanxi | 637472 | 416924 | 156493 | 161359 | 476113 |
| 甘 肃 | Gansu | 512435 | 368796 | 76827 | 167222 | 345213 |
| 青 海 | Xinjiang | 206804 | 167852 | 20557 | 35115 | 171689 |
| 宁 夏 | Ningxia | 221985 | 172491 | 35505 | 54171 | 167814 |
| 新 疆 | Xinjiang | 549059 | 388961 | 97008 | 378213 | 170846 |

3-3-4 续表 2 Continued 2

纺织、服装及日用品批发 单位：万元

Wholesale of Textiles, Garments and Daily Consumer Articles Unit: 10000 yuan

| 地 区 | Region | 资产总计 Total Assets | #流动资产合计 Total Working Capitals | #固定资产合计 Total Fixed Assets | 负债合计 Total Liabilities | 所有者权益合计 Total Owners' Equities |
|---|---|---|---|---|---|---|
| **全 国** | **National Total** | **43185639** | **34227792** | **2486901** | **30385303** | **12800336** |
| 北 京 | Beijing | 2597586 | 1911898 | 172343 | 1633669 | 963916 |
| 天 津 | Tianjin | 459555 | 398094 | 27009 | 292172 | 167383 |
| 河 北 | Hebei | 92753 | 74470 | 9802 | 54377 | 38376 |
| 山 西 | Shanxi | 31435 | 28234 | 985 | 17646 | 13789 |
| 内蒙古 | Inner Mongolia | 39929 | 14399 | 23217 | 33534 | 6395 |
| 辽 宁 | Liaoning | 1014816 | 432878 | 35741 | 299476 | 715340 |
| 吉 林 | Jilin | 15098 | 10791 | 1004 | 11679 | 3419 |
| 黑龙江 | Heilongjiang | 192488 | 143564 | 25554 | 167952 | 24535 |
| 上 海 | Shanghai | 7565930 | 5717995 | 469797 | 4563607 | 3002324 |
| 江 苏 | Jiangsu | 8390449 | 6832053 | 430714 | 6124848 | 2265601 |
| 浙 江 | Zhejiang | 10311446 | 8505116 | 494665 | 7982896 | 2328551 |
| 安 徽 | Anhui | 729284 | 542049 | 74328 | 662811 | 66472 |
| 福 建 | Fujian | 3393494 | 2678025 | 155672 | 2333165 | 1060330 |
| 江 西 | Jiangxi | 79501 | 69927 | 3318 | 59446 | 20056 |
| 山 东 | Shandong | 1400022 | 1017940 | 145278 | 995204 | 404818 |
| 河 南 | Henan | 225892 | 193285 | 21949 | 191405 | 34488 |
| 湖 北 | Hubei | 164140 | 140028 | 9540 | 133847 | 30293 |
| 湖 南 | Hunan | 142611 | 119039 | 15229 | 86524 | 56088 |
| 广 东 | Guangdong | 5486680 | 4704757 | 316945 | 4174876 | 1311804 |
| 广 西 | Guangxi | 98636 | 87694 | 2088 | 58265 | 40371 |
| 海 南 | Hainan | 46660 | 41829 | 2801 | 41198 | 5462 |
| 重 庆 | Chongqing | 111949 | 86132 | 12462 | 71592 | 40357 |
| 四 川 | Sichuan | 241253 | 194759 | 18768 | 167214 | 74039 |
| 贵 州 | Guizhou | 5642 | 5536 | 81 | 4528 | 1114 |
| 云 南 | Yunnan | 77829 | 73509 | 2407 | 49687 | 28142 |
| 西 藏 | Tibet | | | | | |
| 陕 西 | Shaanxi | 91658 | 77172 | 8279 | 74917 | 16741 |
| 甘 肃 | Gansu | 18761 | 12888 | 4236 | 13021 | 5740 |
| 青 海 | Xinjiang | 45982 | 25497 | 986 | 10085 | 35897 |
| 宁 夏 | Ningxia | 82083 | 57365 | 1184 | 50311 | 31772 |
| 新 疆 | Xinjiang | 32076 | 30869 | 519 | 25352 | 6724 |

3-3-4 续表 3 Continued 3

文化、体育用品及器材批发 单位：万元

Wholesale of Culture, Sports Appliances and Equipments Unit: 10000 yuan

| 地 区 | Region | 资产总计 Total Assets | #流动资产合计 Total Working Capitals | #固定资产合计 Total Fixed Assets | 负债合计 Total Liabilities | 所有者权益合计 Total Owners' Equities |
|---|---|---|---|---|---|---|
| **全 国** | **National Total** | **12266251** | **9153031** | **1108763** | **8101312** | **4164939** |
| 北 京 | Beijing | 2795824 | 2259684 | 204924 | 1851847 | 943977 |
| 天 津 | Tianjin | 173842 | 104342 | 18247 | 137088 | 36754 |
| 河 北 | Hebei | 103335 | 60886 | 17437 | 70305 | 33030 |
| 山 西 | Shanxi | 102420 | 79749 | 4450 | 72779 | 29641 |
| 内蒙古 | Inner Mongolia | 47720 | 23774 | 18407 | 18080 | 29640 |
| 辽 宁 | Liaoning | 114789 | 93922 | 11990 | 83388 | 31402 |
| 吉 林 | Jilin | 12081 | 8952 | 1550 | 8748 | 3333 |
| 黑龙江 | Heilongjiang | 37199 | 31148 | 2234 | 44826 | -7627 |
| 上 海 | Shanghai | 1473390 | 1232104 | 70133 | 1083607 | 389783 |
| 江 苏 | Jiangsu | 965968 | 632183 | 100230 | 570338 | 395630 |
| 浙 江 | Zhejiang | 1508218 | 1060524 | 105164 | 966418 | 541800 |
| 安 徽 | Anhui | 253370 | 139978 | 14427 | 106845 | 146525 |
| 福 建 | Fujian | 162646 | 129664 | 16126 | 94649 | 67997 |
| 江 西 | Jiangxi | 83079 | 45170 | 14112 | 46977 | 36102 |
| 山 东 | Shandong | 410047 | 256968 | 77657 | 306364 | 103682 |
| 河 南 | Henan | 211852 | 136015 | 60045 | 141152 | 70700 |
| 湖 北 | Hubei | 163070 | 98469 | 32587 | 107214 | 55856 |
| 湖 南 | Hunan | 321823 | 160627 | 18917 | 138180 | 183644 |
| 广 东 | Guangdong | 2191738 | 1773378 | 152321 | 1520280 | 671458 |
| 广 西 | Guangxi | 130302 | 93909 | 20112 | 82878 | 47425 |
| 海 南 | Hainan | 82751 | 49833 | 12996 | 35263 | 47488 |
| 重 庆 | Chongqing | 121386 | 117206 | 1943 | 108210 | 13175 |
| 四 川 | Sichuan | 36630 | 35715 | 610 | 31437 | 5194 |
| 贵 州 | Guizhou | 181128 | 166666 | 14175 | 159241 | 21887 |
| 云 南 | Yunnan | 279712 | 180822 | 47388 | 135874 | 143838 |
| 西 藏 | Tibet | 5773 | 3562 | 2211 | 3620 | 2154 |
| 陕 西 | Shaanxi | 100963 | 48232 | 7731 | 45338 | 55625 |
| 甘 肃 | Gansu | 68175 | 41501 | 26355 | 46787 | 21388 |
| 青 海 | Xinjiang | 15996 | 10425 | 5352 | 11847 | 4149 |
| 宁 夏 | Ningxia | 16103 | 12326 | 2584 | 11881 | 4222 |
| 新 疆 | Xinjiang | 94921 | 65298 | 26349 | 59853 | 35069 |

3-3-4 续表 4 Continued 4

医药及医疗器材批发 单位：万元

Wholesale of Medicines and Medical Appliances Unit: 10000 yuan

| 地 区 | Region | 资产总计 Total Assets | #流动资产合计 Total Working Capitals | #固定资产合计 Total Fixed Assets | 负债合计 Total Liabilities | 所有者权益合计 Total Owners' Equities |
|---|---|---|---|---|---|---|
| **全 国** | **National Total** | **30518027** | **24921775** | **1424421** | **22605343** | **7912684** |
| 北 京 | Beijing | 3599457 | 2928339 | 123436 | 2500844 | 1098613 |
| 天 津 | Tianjin | 814663 | 721308 | 23068 | 609899 | 204764 |
| 河 北 | Hebei | 759667 | 681087 | 31580 | 753337 | 6330 |
| 山 西 | Shanxi | 252408 | 217708 | 17076 | 296104 | -43696 |
| 内蒙古 | Inner Mongolia | 92846 | 52954 | 17432 | 61907 | 30938 |
| 辽 宁 | Liaoning | 1140693 | 984161 | 78597 | 844541 | 296151 |
| 吉 林 | Jilin | 284289 | 248928 | 20042 | 243759 | 40529 |
| 黑龙江 | Heilongjiang | 273905 | 261647 | 6102 | 201856 | 72049 |
| 上 海 | Shanghai | 4470404 | 3002676 | 158940 | 2496591 | 1973813 |
| 江 苏 | Jiangsu | 1781747 | 1526549 | 99081 | 1526621 | 255126 |
| 浙 江 | Zhejiang | 2163838 | 1850245 | 118797 | 1698755 | 465083 |
| 安 徽 | Anhui | 987451 | 852253 | 76573 | 865766 | 121685 |
| 福 建 | Fujian | 808938 | 689389 | 50491 | 585254 | 223683 |
| 江 西 | Jiangxi | 423946 | 329405 | 27560 | 289684 | 134262 |
| 山 东 | Shandong | 1514690 | 1348515 | 82037 | 1337690 | 177000 |
| 河 南 | Henan | 749417 | 694182 | 32100 | 628019 | 121398 |
| 湖 北 | Hubei | 1270317 | 1009587 | 58161 | 951191 | 319126 |
| 湖 南 | Hunan | 653774 | 532473 | 51643 | 517411 | 136364 |
| 广 东 | Guangdong | 4243883 | 3417760 | 131296 | 3012901 | 1230982 |
| 广 西 | Guangxi | 202348 | 182763 | 9573 | 162576 | 39772 |
| 海 南 | Hainan | 697789 | 595223 | 13531 | 387471 | 310319 |
| 重 庆 | Chongqing | 723481 | 594333 | 47636 | 534766 | 188716 |
| 四 川 | Sichuan | 1242073 | 1059949 | 66155 | 1030981 | 211092 |
| 贵 州 | Guizhou | 259136 | 203041 | 21826 | 199503 | 59634 |
| 云 南 | Yunnan | 577210 | 489984 | 31201 | 421181 | 156029 |
| 西 藏 | Tibet | 44084 | 38967 | 1612 | 39412 | 4672 |
| 陕 西 | Shaanxi | 180304 | 140106 | 9925 | 156544 | 23761 |
| 甘 肃 | Gansu | 145502 | 131427 | 6220 | 129652 | 15850 |
| 青 海 | Xinjiang | 26375 | 24844 | 742 | 18860 | 7515 |
| 宁 夏 | Ningxia | 11904 | 10095 | 1310 | 10635 | 1269 |
| 新 疆 | Xinjiang | 121491 | 101879 | 10680 | 91634 | 29856 |

3-3-4 续表 5 Continued 5

矿产品、建材及化工产品批发 单位：万元

Wholesale of Mineral Products, Building Materials and Chemical Products Unit: 10000 yuan

| 地 区 | Region | 资产总计 Total Assets | #流动资产合计 Total Working Capitals | #固定资产合计 Total Fixed Assets | 负债合计 Total Liabilities | 所有者权益合计 Total Owners' Equities |
|---|---|---|---|---|---|---|
| **全 国** | **National Total** | **309483945** | **234891156** | **21321011** | **223493087** | **85665365** |
| 北 京 | Beijing | 65675342 | 47534698 | 1555044 | 42237546 | 23437797 |
| 天 津 | Tianjin | 17123549 | 14396113 | 804990 | 13199354 | 3924195 |
| 河 北 | Hebei | 6449647 | 4817017 | 862272 | 4404172 | 1811248 |
| 山 西 | Shanxi | 11053416 | 8168696 | 1030547 | 8824917 | 2228499 |
| 内 蒙 古 | Inner Mongolia | 2639692 | 1816573 | 475122 | 1968376 | 671316 |
| 辽 宁 | Liaoning | 11555548 | 9152832 | 901986 | 9218446 | 2245837 |
| 吉 林 | Jilin | 1387819 | 940148 | 142430 | 1046393 | 341426 |
| 黑 龙 江 | Heilongjiang | 4187449 | 3700707 | 256017 | 2647254 | 1540195 |
| 上 海 | Shanghai | 25651141 | 20623442 | 1004123 | 17895438 | 7755703 |
| 江 苏 | Jiangsu | 22652367 | 17988628 | 1598893 | 17495409 | 5156958 |
| 浙 江 | Zhejiang | 32158232 | 25629413 | 1378163 | 25124204 | 7034029 |
| 安 徽 | Anhui | 5289733 | 3901469 | 764739 | 3868163 | 1421570 |
| 福 建 | Fujian | 10803380 | 7536999 | 455869 | 7111417 | 3691964 |
| 江 西 | Jiangxi | 1044427 | 610542 | 218773 | 668887 | 375541 |
| 山 东 | Shandong | 14223999 | 10221642 | 2200831 | 10371154 | 3852844 |
| 河 南 | Henan | 3956876 | 2576355 | 701187 | 2648692 | 1308184 |
| 湖 北 | Hubei | 5568354 | 3820661 | 989123 | 4294864 | 1273491 |
| 湖 南 | Hunan | 2276851 | 1517589 | 215773 | 1750620 | 526231 |
| 广 东 | Guangdong | 35222622 | 27698445 | 2732122 | 27406274 | 7816348 |
| 广 西 | Guangxi | 2913669 | 2220683 | 313293 | 2077316 | 836353 |
| 海 南 | Hainan | 729717 | 539995 | 87981 | 444898 | 284819 |
| 重 庆 | Chongqing | 3001631 | 2169686 | 444176 | 2036560 | 965071 |
| 四 川 | Sichuan | 4544269 | 3443610 | 258441 | 3526319 | 1017951 |
| 贵 州 | Guizhou | 1250134 | 838132 | 117729 | 924475 | 325659 |
| 云 南 | Yunnan | 5897740 | 4073060 | 521987 | 4017770 | 1879970 |
| 西 藏 | Tibet | 28630 | 20660 | 3149 | 16960 | 11670 |
| 陕 西 | Shaanxi | 4043842 | 3042525 | 290337 | 2775440 | 1268402 |
| 甘 肃 | Gansu | 3138323 | 2356966 | 332434 | 1920379 | 1217945 |
| 青 海 | Xinjiang | 554278 | 303809 | 120700 | 334144 | 220134 |
| 宁 夏 | Ningxia | 701408 | 556650 | 67422 | 500517 | 200891 |
| 新 疆 | Xinjiang | 3759860 | 2673414 | 475362 | 2736731 | 1023129 |

3-3-4 续表 6 Continued 6

机械设备、五金交电及电子产品批发 单位：万元

Wholesale of Machinery, Hardware and Electronic Equipment Unit: 10000 yuan

| 地 区 | Region | 资产总计 Total Assets | #流动资产合计 Total Working Capitals | #固定资产合计 Total Fixed Assets | 负债合计 Total Liabilities | 所有者权益合计 Total Owners' Equities |
|---|---|---|---|---|---|---|
| **全 国** | **National Total** | **120311646** | **99650928** | **4090626** | **90736245** | **29575401** |
| 北 京 | Beijing | 41206227 | 30750605 | 1372103 | 26254686 | 14951541 |
| 天 津 | Tianjin | 3671358 | 3137810 | 149238 | 2965685 | 705673 |
| 河 北 | Hebei | 1791352 | 1424013 | 84331 | 1485841 | 305511 |
| 山 西 | Shanxi | 342421 | 265359 | 42997 | 261880 | 80542 |
| 内蒙古 | Inner Mongolia | 259635 | 210642 | 26584 | 204667 | 54967 |
| 辽 宁 | Liaoning | 2940773 | 2512326 | 88381 | 2350692 | 590081 |
| 吉 林 | Jilin | 126791 | 74479 | 12798 | 76334 | 50457 |
| 黑龙江 | Heilongjiang | 503772 | 426820 | 38434 | 1110866 | -607094 |
| 上 海 | Shanghai | 15791346 | 13854026 | 328091 | 11864241 | 3927105 |
| 江 苏 | Jiangsu | 8483443 | 7547863 | 396294 | 6947855 | 1535588 |
| 浙 江 | Zhejiang | 7940604 | 6616260 | 367622 | 6069399 | 1871205 |
| 安 徽 | Anhui | 2005004 | 1870179 | 60440 | 1851797 | 153208 |
| 福 建 | Fujian | 2314002 | 2010774 | 90900 | 1654814 | 659188 |
| 江 西 | Jiangxi | 425516 | 397391 | 13383 | 388394 | 37123 |
| 山 东 | Shandong | 7258863 | 5910474 | 245311 | 6552196 | 706667 |
| 河 南 | Henan | 1426644 | 1289003 | 43785 | 1255247 | 171397 |
| 湖 北 | Hubei | 1442279 | 1278373 | 34012 | 1242773 | 199506 |
| 湖 南 | Hunan | 548400 | 426309 | 40602 | 430505 | 117895 |
| 广 东 | Guangdong | 13372819 | 11960812 | 352847 | 10623285 | 2749534 |
| 广 西 | Guangxi | 747511 | 698300 | 15425 | 603149 | 144362 |
| 海 南 | Hainan | 219729 | 205154 | 3411 | 176027 | 43703 |
| 重 庆 | Chongqing | 2454443 | 2272121 | 53591 | 2218995 | 235448 |
| 四 川 | Sichuan | 880713 | 774114 | 57360 | 705356 | 175357 |
| 贵 州 | Guizhou | 237831 | 228131 | 5996 | 193682 | 44149 |
| 云 南 | Yunnan | 1121536 | 960070 | 33715 | 901455 | 220081 |
| 西 藏 | Tibet | 20562 | 8848 | 10750 | 8614 | 11948 |
| 陕 西 | Shaanxi | 632314 | 579084 | 30017 | 590458 | 41855 |
| 甘 肃 | Gansu | 1111391 | 1079804 | 9248 | 990416 | 120975 |
| 青 海 | Xinjiang | 52390 | 46752 | 4265 | 44964 | 7427 |
| 宁 夏 | Ningxia | 128476 | 116827 | 6385 | 110614 | 17862 |
| 新 疆 | Xinjiang | 853500 | 718210 | 72309 | 601359 | 252141 |

3-3-4 续表 7 Continued 7

贸易经纪与代理
Trade Broker and Agency

单位：万元
Unit: 10000 yuan

| 地 区 | Region | 资产总计 Total Assets | #流动资产合计 Total Working Capitals | #固定资产合计 Total Fixed Assets | 负债合计 Total Liabilities | 所有者权益合计 Total Owners' Equities |
|---|---|---|---|---|---|---|
| **全 国** | **National Total** | **24436957** | **20252735** | **538713** | **19359887** | **5077070** |
| 北 京 | Beijing | 14559362 | 11581200 | 272133 | 11157006 | 3402357 |
| 天 津 | Tianjin | 205674 | 159161 | 17447 | 160272 | 45403 |
| 河 北 | Hebei | 23998 | 21417 | 600 | 14017 | 9980 |
| 山 西 | Shanxi | 99221 | 82636 | 10993 | 74643 | 24578 |
| 内蒙古 | Inner Mongolia | 10940 | 9668 | 1272 | 8768 | 2172 |
| 辽 宁 | Liaoning | 52217 | 50151 | 753 | 26292 | 25925 |
| 吉 林 | Jilin | | | | | |
| 黑龙江 | Heilongjiang | 18839 | 15492 | 1097 | 10081 | 8758 |
| 上 海 | Shanghai | 2071648 | 1863075 | 53364 | 1617156 | 454492 |
| 江 苏 | Jiangsu | 550441 | 483065 | 22331 | 429127 | 121314 |
| 浙 江 | Zhejiang | 118875 | 110189 | 4475 | 100792 | 18083 |
| 安 徽 | Anhui | 5998 | 5127 | 677 | 4233 | 1765 |
| 福 建 | Fujian | 432406 | 362658 | 33978 | 333948 | 98457 |
| 江 西 | Jiangxi | 1075 | 1072 | 3 | 1040 | 35 |
| 山 东 | Shandong | 430743 | 347667 | 26486 | 353479 | 77264 |
| 河 南 | Henan | 498 | 458 | 29 | 231 | 267 |
| 湖 北 | Hubei | 1845444 | 1603124 | 18351 | 1486389 | 359055 |
| 湖 南 | Hunan | 279956 | 264186 | 6084 | 267113 | 12843 |
| 广 东 | Guangdong | 3579144 | 3159643 | 59249 | 3180182 | 398962 |
| 广 西 | Guangxi | 7294 | 7222 | 32 | 5607 | 1687 |
| 海 南 | Hainan | | | | | |
| 重 庆 | Chongqing | | | | | |
| 四 川 | Sichuan | 29887 | 25707 | 2772 | 18321 | 11566 |
| 贵 州 | Guizhou | | | | | |
| 云 南 | Yunnan | 6938 | 1258 | 1362 | 7366 | -428 |
| 西 藏 | Tibet | | | | | |
| 陕 西 | Shaanxi | 13631 | 13206 | 83 | 12592 | 1039 |
| 甘 肃 | Gansu | 76644 | 73799 | 1845 | 81798 | -5154 |
| 青 海 | Xinjiang | | | | | |
| 宁 夏 | Ningxia | | | | | |
| 新 疆 | Xinjiang | 16087 | 11556 | 3297 | 9436 | 6651 |

3-3-4 续表 8 Continued 8

其他批发
Other Wholesale not Classified Elsewhere

单位：万元
Unit: 10000 yuan

| 地 区 | Region | 资产总计 Total Assets | #流动资产合计 Total Working Capitals | #固定资产原价 Original Value of Fixed Assets | 负债合计 Total Liabilities | 所有者权益合计 Total Owners' Equities |
|---|---|---|---|---|---|---|
| **全 国** | **National Total** | **15996992** | **13093031** | **969434** | **11616534** | **4380458** |
| 北 京 | Beijing | 2267523 | 1592721 | 120859 | 1545377 | 722146 |
| 天 津 | Tianjin | 1025790 | 925665 | 51357 | 750930 | 274860 |
| 河 北 | Hebei | 53159 | 45801 | 5042 | 46707 | 6452 |
| 山 西 | Shanxi | 51784 | 41772 | 5371 | 40521 | 11263 |
| 内蒙古 | Inner Mongolia | 46257 | 41245 | 1273 | 34333 | 11924 |
| 辽 宁 | Liaoning | 79533 | 62772 | 10159 | 58483 | 21050 |
| 吉 林 | Jilin | 11375 | 8291 | 1944 | 5930 | 5445 |
| 黑龙江 | Heilongjiang | 189891 | 162363 | 10415 | 109369 | 80522 |
| 上 海 | Shanghai | 3545265 | 3020726 | 104059 | 2603352 | 941913 |
| 江 苏 | Jiangsu | 2189459 | 1936300 | 156417 | 1796744 | 392716 |
| 浙 江 | Zhejiang | 888415 | 798097 | 35663 | 730597 | 157818 |
| 安 徽 | Anhui | 190971 | 171696 | 6921 | 167991 | 22981 |
| 福 建 | Fujian | 1331229 | 995801 | 71795 | 768246 | 562983 |
| 江 西 | Jiangxi | 126086 | 121164 | 1815 | 122487 | 3600 |
| 山 东 | Shandong | 643486 | 484576 | 106156 | 392146 | 251341 |
| 河 南 | Henan | 202617 | 146725 | 22455 | 140661 | 61956 |
| 湖 北 | Hubei | 98169 | 52682 | 31266 | 67195 | 30974 |
| 湖 南 | Hunan | 271177 | 166007 | 14241 | 153301 | 117877 |
| 广 东 | Guangdong | 1863092 | 1570414 | 129415 | 1553886 | 309207 |
| 广 西 | Guangxi | 112084 | 102463 | 4716 | 93260 | 18824 |
| 海 南 | Hainan | 14526 | 11193 | 929 | 7040 | 7486 |
| 重 庆 | Chongqing | 84506 | 67809 | 11273 | 56698 | 27808 |
| 四 川 | Sichuan | 83625 | 61520 | 6100 | 56455 | 27170 |
| 贵 州 | Guizhou | 34754 | 23032 | 11091 | 23145 | 11610 |
| 云 南 | Yunnan | 446814 | 374465 | 34258 | 206782 | 240032 |
| 西 藏 | Tibet | | | | | |
| 陕 西 | Shaanxi | 5543 | 4357 | 583 | 2385 | 3159 |
| 甘 肃 | Gansu | 7895 | 5100 | 2541 | 10079 | -2184 |
| 青 海 | Xinjiang | | | | | |
| 宁 夏 | Ningxia | 40004 | 29005 | 3103 | 24924 | 15080 |
| 新 疆 | Xinjiang | 91961 | 69270 | 8219 | 47512 | 44450 |

# 3-3-5 各地区限额以上零售业企业年末资产负债

# Assets and Liabilities of Enterprises above Designated Size of Retail Trade by Region at the Year-end

单位：万元

Unit: 10000 yuan

| 地区 | Region | 资产总计 Total Assets | #流动资产合计 Total Working Capitals | #固定资产合计 Original Value of Fixed Assets | 负债合计 Total Liabilities | 所有者权益合计 Total Owners' Equities |
|---|---|---|---|---|---|---|
| **全国** | **National Total** | **195228568** | **128571689** | **36478520** | **137161767** | **58019213** |
| 北京 | Beijing | 20421883 | 14234149 | 2671584 | 14698583 | 5723300 |
| 天津 | Tianjin | 4262441 | 2697598 | 954100 | 2987334 | 1275107 |
| 河北 | Hebei | 4494921 | 2818847 | 1121057 | 3491821 | 1003101 |
| 山西 | Shanxi | 3844608 | 2414603 | 888832 | 2906018 | 938590 |
| 内蒙古 | Inner Mongolia | 2882273 | 1744367 | 592062 | 2030170 | 852103 |
| 辽宁 | Liaoning | 8236869 | 5321059 | 1713316 | 5960967 | 2258357 |
| 吉林 | Jilin | 2539219 | 1419336 | 720523 | 1840726 | 698493 |
| 黑龙江 | Heilongjiang | 3043335 | 2120359 | 685595 | 2401953 | 641382 |
| 上海 | Shanghai | 16373683 | 10693143 | 2558710 | 11087863 | 5285820 |
| 江苏 | Jiangsu | 18287314 | 11980128 | 3169229 | 13368646 | 4918669 |
| 浙江 | Zhejiang | 14248802 | 9660538 | 2370666 | 10700286 | 3548516 |
| 安徽 | Anhui | 4411198 | 3008944 | 899575 | 3255381 | 1155817 |
| 福建 | Fujian | 5767761 | 4130621 | 854656 | 3772667 | 1995094 |
| 江西 | Jiangxi | 2013966 | 1228454 | 505719 | 1354661 | 659305 |
| 山东 | Shandong | 19420854 | 12856825 | 4067685 | 12518677 | 6902176 |
| 河南 | Henan | 6518765 | 4343648 | 1320271 | 4883235 | 1635530 |
| 湖北 | Hubei | 6520383 | 3781058 | 1622037 | 4577619 | 1942764 |
| 湖南 | Hunan | 5170970 | 2769772 | 1237587 | 3024018 | 2146952 |
| 广东 | Guangdong | 20149646 | 14111488 | 3082853 | 13886698 | 6244144 |
| 广西 | Guangxi | 2353739 | 1584381 | 446223 | 1626250 | 716248 |
| 海南 | Hainan | 797534 | 475643 | 236156 | 461175 | 336359 |
| 重庆 | Chongqing | 3720303 | 2490126 | 756447 | 2561655 | 1158648 |
| 四川 | Sichuan | 6215288 | 4081504 | 1125064 | 4297276 | 1918013 |
| 贵州 | Guizhou | 1653781 | 997660 | 302812 | 1306659 | 347122 |
| 云南 | Yunnan | 3413343 | 2271751 | 662975 | 2279917 | 1133426 |
| 西藏 | Tibet | 169572 | 96107 | 52658 | 92104 | 77469 |
| 陕西 | Shaanxi | 4272225 | 2640279 | 1084368 | 3074045 | 1198179 |
| 甘肃 | Gansu | 1165903 | 699269 | 239265 | 823041 | 342862 |
| 青海 | Qinghai | 313184 | 212392 | 66701 | 214842 | 98343 |
| 宁夏 | Ningxia | 789332 | 520818 | 152860 | 554778 | 234553 |
| 新疆 | Xinjiang | 1755477 | 1166825 | 316935 | 1122703 | 632773 |

# 3-3-6 各地区限额以上零售业企业年末资产负债(按登记注册类型分)

## Assets and Liabilities of Enterprises above Designated Size of Retail Trade by Region and Type of Registration at the Year-end

国有控股　　　　　　　　　　　　　　　　　　　　　　单位：万元

State-controlled Enterprises　　　　　　　　　　　　　　Unit: 10000 yuan

| 地区 | Region | 资产总计 Total Assets | #流动资产合计 Total Working Capitals | #固定资产合计 Total Fixed Assets | 负债合计 Total Liabilities | 所有者权益合计 Total Owners' Equities |
|---|---|---|---|---|---|---|
| **全　国** | **National Total** | **46049503** | **24900121** | **11716221** | **26368668** | **19633248** |
| 北　京 | Beijing | 5989931 | 3432018 | 1288833 | 3491168 | 2498762 |
| 天　津 | Tianjin | 1519860 | 643500 | 556446 | 848549 | 671311 |
| 河　北 | Hebei | 843641 | 435399 | 272548 | 672704 | 170937 |
| 山　西 | Shanxi | 1057225 | 445411 | 408076 | 708576 | 348649 |
| 内蒙古 | Inner Mongolia | 463048 | 191774 | 168244 | 408621 | 54427 |
| 辽　宁 | Liaoning | 1705461 | 845624 | 446470 | 1025551 | 662367 |
| 吉　林 | Jilin | 427952 | 151453 | 204808 | 280848 | 147104 |
| 黑龙江 | Heilongjiang | 1010317 | 744054 | 241098 | 801223 | 209093 |
| 上　海 | Shanghai | 5095855 | 2425956 | 1111274 | 2676025 | 2419830 |
| 江　苏 | Jiangsu | 1846071 | 1059648 | 341399 | 1447200 | 398871 |
| 浙　江 | Zhejiang | 1969555 | 1052894 | 490369 | 1061234 | 908321 |
| 安　徽 | Anhui | 1203649 | 728240 | 306356 | 771765 | 431884 |
| 福　建 | Fujian | 776097 | 434879 | 161521 | 329943 | 446154 |
| 江　西 | Jiangxi | 459077 | 229334 | 189210 | 235345 | 223732 |
| 山　东 | Shandong | 4504536 | 3481165 | 603901 | 1966107 | 2538429 |
| 河　南 | Henan | 900958 | 397877 | 337803 | 672781 | 228176 |
| 湖　北 | Hubei | 2346125 | 1125128 | 787984 | 1568204 | 777921 |
| 湖　南 | Hunan | 1912653 | 577148 | 627609 | 941919 | 970734 |
| 广　东 | Guangdong | 5527472 | 3240119 | 1322076 | 2720404 | 2788265 |
| 广　西 | Guangxi | 581107 | 257999 | 242781 | 314918 | 254948 |
| 海　南 | Hainan | 228612 | 54745 | 124554 | 57666 | 170946 |
| 重　庆 | Chongqing | 1097625 | 748299 | 246069 | 768817 | 328808 |
| 四　川 | Sichuan | 2075322 | 1114693 | 463659 | 1192482 | 882839 |
| 贵　州 | Guizhou | 562512 | 125589 | 162717 | 367192 | 195320 |
| 云　南 | Yunnan | 610379 | 204770 | 254513 | 245568 | 364811 |
| 西　藏 | Tibet | 70478 | 23626 | 36227 | 22363 | 48116 |
| 陕　西 | Shaanxi | 437745 | 313229 | 79274 | 310769 | 126977 |
| 甘　肃 | Gansu | 268828 | 125892 | 78848 | 148129 | 120699 |
| 青　海 | Qinghai | 19920 | 9947 | 7542 | 12772 | 7148 |
| 宁　夏 | Ningxia | 69227 | 48442 | 18891 | 50583 | 18644 |
| 新　疆 | Xinjiang | 468268 | 231270 | 135121 | 249244 | 219024 |

内资企业
Domestic Funded Enterprises

单位：万元
Unit: 10000 yuan

| 地 区 | Region | 资产总计 Total Assets | #流动资产合计 Total Working Capitals | #固定资产合计 Total Fixed Assets | 负债合计 Total Liabilities | 所有者权益合计 Total Owners' Equities |
|---|---|---|---|---|---|---|
| **全 国** | **National Total** | **167094395** | **109923162** | **31085688** | **116790135** | **50256672** |
| 北 京 | Beijing | 16528964 | 11421666 | 2201736 | 11545236 | 4983728 |
| 天 津 | Tianjin | 3596903 | 2200604 | 851509 | 2488778 | 1108126 |
| 河 北 | Hebei | 4407470 | 2752158 | 1103942 | 3418992 | 988479 |
| 山 西 | Shanxi | 3796146 | 2395464 | 862694 | 2871892 | 924253 |
| 内 蒙 古 | Inner Mongolia | 2880196 | 1743208 | 591222 | 2027546 | 852650 |
| 辽 宁 | Liaoning | 6772836 | 4371050 | 1378763 | 5012257 | 1743035 |
| 吉 林 | Jilin | 2223986 | 1276210 | 616047 | 1578010 | 645976 |
| 黑 龙 江 | Heilongjiang | 2763190 | 1914864 | 636497 | 2162226 | 600964 |
| 上 海 | Shanghai | 11771395 | 7340867 | 1694082 | 7663632 | 4107763 |
| 江 苏 | Jiangsu | 14621289 | 9566104 | 2412629 | 10750451 | 3870838 |
| 浙 江 | Zhejiang | 12762450 | 8734662 | 2028345 | 9629440 | 3133011 |
| 安 徽 | Anhui | 4071782 | 2802599 | 779915 | 2974794 | 1096988 |
| 福 建 | Fujian | 4789958 | 3519131 | 672031 | 3162099 | 1627860 |
| 江 西 | Jiangxi | 1924408 | 1165565 | 490629 | 1299100 | 625308 |
| 山 东 | Shandong | 18683610 | 12400180 | 3847147 | 12000423 | 6683187 |
| 河 南 | Henan | 5967583 | 3989302 | 1190402 | 4453057 | 1514526 |
| 湖 北 | Hubei | 5524023 | 3254444 | 1363379 | 3908593 | 1615430 |
| 湖 南 | Hunan | 4851084 | 2591354 | 1155181 | 2843050 | 2008034 |
| 广 东 | Guangdong | 15365178 | 11106334 | 2320560 | 10512838 | 4833537 |
| 广 西 | Guangxi | 2238022 | 1508919 | 421795 | 1553032 | 673749 |
| 海 南 | Hainan | 729328 | 427676 | 218441 | 422253 | 307075 |
| 重 庆 | Chongqing | 3128998 | 2067510 | 631731 | 2139349 | 989649 |
| 四 川 | Sichuan | 5365202 | 3562852 | 953554 | 3767123 | 1598079 |
| 贵 州 | Guizhou | 1531574 | 918281 | 273393 | 1203988 | 327586 |
| 云 南 | Yunnan | 3017336 | 1959214 | 610473 | 2026222 | 991115 |
| 西 藏 | Tibet | 168893 | 95503 | 52606 | 91474 | 77419 |
| 陕 西 | Shaanxi | 3742724 | 2330473 | 988743 | 2669708 | 1073016 |
| 甘 肃 | Gansu | 1149486 | 688386 | 233743 | 808502 | 340983 |
| 青 海 | Qinghai | 306992 | 212392 | 62851 | 211098 | 95893 |
| 宁 夏 | Ningxia | 784847 | 518852 | 150810 | 553693 | 231153 |
| 新 疆 | Xinjiang | 1628545 | 1087339 | 290841 | 1041279 | 587266 |

3-3-6 续表 2 Continued 2

国有企业 单位：万元
State-owned Enterprises Unit: 10000 yuan

| 地 区 | Region | 资产总计 Total Assets | #流动资产合计 Total Working Capitals | #固定资产合计 Total Fixed Assets | 负债合计 Total Liabilities | 所有者权益合计 Total Owners' Equities |
|---|---|---|---|---|---|---|
| **全 国** | **National Total** | **11890270** | **6288281** | **3408243** | **7590132** | **4288897** |
| 北 京 | Beijing | 817376 | 518097 | 197932 | 469300 | 348076 |
| 天 津 | Tianjin | 853307 | 306970 | 316369 | 425215 | 428092 |
| 河 北 | Hebei | 413015 | 223996 | 142754 | 331813 | 81202 |
| 山 西 | Shanxi | 229599 | 111884 | 87908 | 173725 | 55874 |
| 内蒙古 | Inner Mongolia | 353271 | 150956 | 126616 | 335320 | 17951 |
| 辽 宁 | Liaoning | 307116 | 163210 | 108825 | 252354 | 54763 |
| 吉 林 | Jilin | 35000 | 20728 | 10765 | 26507 | 8493 |
| 黑龙江 | Heilongjiang | 339821 | 294595 | 38807 | 264815 | 75007 |
| 上 海 | Shanghai | 814831 | 461312 | 187236 | 525365 | 289467 |
| 江 苏 | Jiangsu | 631647 | 394510 | 131798 | 464513 | 167134 |
| 浙 江 | Zhejiang | 490562 | 239987 | 83945 | 252652 | 237911 |
| 安 徽 | Anhui | 334598 | 225851 | 73581 | 241230 | 93368 |
| 福 建 | Fujian | 171251 | 110735 | 33695 | 98807 | 72445 |
| 江 西 | Jiangxi | 163791 | 95434 | 42320 | 72059 | 91732 |
| 山 东 | Shandong | 806446 | 452463 | 266074 | 559403 | 247043 |
| 河 南 | Henan | 522686 | 257410 | 193031 | 378125 | 144561 |
| 湖 北 | Hubei | 529806 | 172730 | 300080 | 296028 | 233778 |
| 湖 南 | Hunan | 493565 | 177983 | 200115 | 239850 | 253715 |
| 广 东 | Guangdong | 1175394 | 771818 | 181855 | 767338 | 408056 |
| 广 西 | Guangxi | 232202 | 119999 | 74439 | 126551 | 94410 |
| 海 南 | Hainan | 7312 | 2766 | 3487 | 3217 | 4095 |
| 重 庆 | Chongqing | 159746 | 125555 | 18213 | 123511 | 36236 |
| 四 川 | Sichuan | 777648 | 314726 | 212500 | 443879 | 333769 |
| 贵 州 | Guizhou | 328099 | 85678 | 91185 | 218921 | 109179 |
| 云 南 | Yunnan | 205437 | 83577 | 64743 | 112234 | 93202 |
| 西 藏 | Tibet | 57687 | 20634 | 30110 | 19072 | 38615 |
| 陕 西 | Shaanxi | 237029 | 160125 | 47217 | 148908 | 88121 |
| 甘 肃 | Gansu | 128037 | 68672 | 45836 | 65275 | 62762 |
| 青 海 | Qinghai | 20298 | 10304 | 7560 | 13154 | 7144 |
| 宁 夏 | Ningxia | 59702 | 40075 | 17945 | 41154 | 18548 |
| 新 疆 | Xinjiang | 193990 | 105502 | 71300 | 99840 | 94150 |

3-3-6 续表 3 Continued 3

集体企业 | 单位：万元
Collective-owned Enterprises | Unit: 10000 yuan

| 地区 | Region | 资产总计 Total Assets | #流动资产合计 Total Working Capitals | #固定资产合计 Total Fixed Assets | 负债合计 Total Liabilities | 所有者权益合计 Total Owners' Equities |
|---|---|---|---|---|---|---|
| **全国** | **National Total** | **3725237** | **2395976** | **951698** | **2555693** | **1169544** |
| 北京 | Beijing | 269135 | 197637 | 49146 | 218220 | 50915 |
| 天津 | Tianjin | 56811 | 46510 | 6992 | 43301 | 13509 |
| 河北 | Hebei | 105424 | 72465 | 23393 | 81851 | 23573 |
| 山西 | Shanxi | 99121 | 68135 | 22940 | 74602 | 24519 |
| 内蒙古 | Inner Mongolia | 8270 | 5386 | 996 | 7626 | 644 |
| 辽宁 | Liaoning | 76075 | 40184 | 15043 | 47473 | 28602 |
| 吉林 | Jilin | 12012 | 4668 | 5419 | 8065 | 3947 |
| 黑龙江 | Heilongjiang | 25220 | 13753 | 9434 | 23009 | 2211 |
| 上海 | Shanghai | 152312 | 80827 | 49356 | 78641 | 73671 |
| 江苏 | Jiangsu | 121900 | 67910 | 41695 | 81396 | 40504 |
| 浙江 | Zhejiang | 152381 | 106196 | 31868 | 113202 | 39179 |
| 安徽 | Anhui | 8593 | 4376 | 3052 | 5810 | 2782 |
| 福建 | Fujian | 39378 | 19398 | 16514 | 18613 | 20765 |
| 江西 | Jiangxi | 3651 | 1473 | 466 | 1149 | 2502 |
| 山东 | Shandong | 599532 | 337129 | 202602 | 371094 | 228438 |
| 河南 | Henan | 588114 | 340598 | 144860 | 460526 | 127588 |
| 湖北 | Hubei | 216696 | 139173 | 57736 | 166329 | 50366 |
| 湖南 | Hunan | 18961 | 10663 | 6643 | 14670 | 4291 |
| 广东 | Guangdong | 1055976 | 764102 | 235912 | 656999 | 398976 |
| 广西 | Guangxi | 18504 | 10724 | 4004 | 17388 | 1116 |
| 海南 | Hainan | 373 | 267 | 40 | 295 | 78 |
| 重庆 | Chongqing | 3546 | 1942 | 1085 | 1414 | 2132 |
| 四川 | Sichuan | 16569 | 11934 | 3040 | 10072 | 6497 |
| 贵州 | Guizhou | 10618 | 8566 | 858 | 4263 | 6354 |
| 云南 | Yunnan | 15652 | 10722 | 3221 | 10953 | 4699 |
| 西藏 | Tibet | 8298 | 4631 | 3667 | 7699 | 599 |
| 陕西 | Shaanxi | 33257 | 19561 | 10516 | 24699 | 8558 |
| 甘肃 | Gansu | 7307 | 5700 | 1024 | 5031 | 2277 |
| 青海 | Qinghai | | | | | |
| 宁夏 | Ningxia | 96 | 89 | 7 | 138 | -42 |
| 新疆 | Xinjiang | 1458 | 1258 | 170 | 1165 | 293 |

3-3-6 续表 4 Continued 4

股份合作企业 单位：万元

Cooperative Enterprises Unit: 10000 yuan

| 地 区 | Region | 资产总计 Total Assets | #流动资产合计 Total Working Capitals | #固定资产合计 Total Fixed Assets | 负债合计 Total Liabilities | 所有者权益合计 Total Owners' Equities |
|---|---|---|---|---|---|---|
| **全 国** | **National Total** | **1356720** | **854309** | **333139** | **995693** | **361027** |
| 北 京 | Beijing | 178779 | 146080 | 20913 | 171921 | 6858 |
| 天 津 | Tianjin | 264236 | 91759 | 137527 | 195670 | 68566 |
| 河 北 | Hebei | 60043 | 43210 | 11472 | 45488 | 14555 |
| 山 西 | Shanxi | 18714 | 9536 | 4739 | 14619 | 4095 |
| 内蒙古 | Inner Mongolia | 21547 | 16871 | 1460 | 15768 | 5779 |
| 辽 宁 | Liaoning | 14881 | 11059 | 1112 | 10406 | 4474 |
| 吉 林 | Jilin | 18297 | 7415 | 5816 | 11199 | 7097 |
| 黑龙江 | Heilongjiang | 22925 | 15006 | 6733 | 17314 | 5611 |
| 上 海 | Shanghai | 64136 | 49985 | 6348 | 33154 | 30981 |
| 江 苏 | Jiangsu | 46303 | 31164 | 10136 | 33155 | 13148 |
| 浙 江 | Zhejiang | 28463 | 23770 | 1588 | 24435 | 4029 |
| 安 徽 | Anhui | 29335 | 23303 | 2880 | 23127 | 6209 |
| 福 建 | Fujian | 4750 | 1982 | 1267 | 2694 | 2057 |
| 江 西 | Jiangxi | 8770 | 7632 | 1017 | 5167 | 3604 |
| 山 东 | Shandong | 198847 | 113550 | 56933 | 124549 | 74298 |
| 河 南 | Henan | 63386 | 31140 | 9850 | 30139 | 33247 |
| 湖 北 | Hubei | 46936 | 38382 | 3727 | 39874 | 7062 |
| 湖 南 | Hunan | 30505 | 22090 | 5400 | 22721 | 7784 |
| 广 东 | Guangdong | 115267 | 108538 | 3301 | 100828 | 14439 |
| 广 西 | Guangxi | 3762 | 2867 | 686 | 1974 | 1788 |
| 海 南 | Hainan | 3306 | 2947 | 281 | 2591 | 715 |
| 重 庆 | Chongqing | 27696 | 14266 | 9909 | 10772 | 16923 |
| 四 川 | Sichuan | 9319 | 5265 | 897 | 6498 | 2821 |
| 贵 州 | Guizhou | 762 | 653 | 98 | 517 | 245 |
| 云 南 | Yunnan | 19931 | 9085 | 7074 | 14412 | 5519 |
| 西 藏 | Tibet | | | | | |
| 陕 西 | Shaanxi | 27997 | 13231 | 10799 | 14282 | 13715 |
| 甘 肃 | Gansu | 3942 | 1368 | 1523 | 2189 | 1753 |
| 青 海 | Qinghai | 12781 | 6951 | 3862 | 7134 | 5647 |
| 宁 夏 | Ningxia | 8947 | 3915 | 5031 | 11679 | -2732 |
| 新 疆 | Xinjiang | 2159 | 1290 | 763 | 1418 | 741 |

3-3-6 续表 5 Continued 5

联营企业 单位：万元

Joint Ownership Enterprises Unit: 10000 yuan

| 地 区 | Region | 资产总计 Total Assets | #流动资产合计 Total Working Capitals | #固定资产合计 Total Fixed Assets | 负债合计 Total Liabilities | 所有者权益合计 Total Owners' Equities |
|---|---|---|---|---|---|---|
| **全 国** | **National Total** | **412567** | **294442** | **69348** | **271285** | **141282** |
| 北 京 | Beijing | 26609 | 21416 | 2965 | 15533 | 11076 |
| 天 津 | Tianjin | 2014 | 1536 | 378 | 576 | 1439 |
| 河 北 | Hebei | 211 | 127 | 83 | 204 | 7 |
| 山 西 | Shanxi | 2344 | 1735 | 546 | 1844 | 500 |
| 内蒙古 | Inner Mongolia | 8954 | 8746 | 208 | 7936 | 1018 |
| 辽 宁 | Liaoning | 5530 | 4556 | 968 | 1456 | 4074 |
| 吉 林 | Jilin | | | | | |
| 黑龙江 | Heilongjiang | 253 | 157 | 32 | 128 | 125 |
| 上 海 | Shanghai | 54634 | 41223 | 12252 | 25525 | 29109 |
| 江 苏 | Jiangsu | 32334 | 22524 | 5251 | 25281 | 7053 |
| 浙 江 | Zhejiang | 8383 | 4464 | 1916 | 2121 | 6262 |
| 安 徽 | Anhui | 1564 | 1003 | 241 | 988 | 576 |
| 福 建 | Fujian | 10381 | 7027 | 1679 | 1729 | 8653 |
| 江 西 | Jiangxi | | | | | |
| 山 东 | Shandong | 18867 | 3962 | 8182 | 9213 | 9654 |
| 河 南 | Henan | 9386 | 6950 | 1599 | 9704 | -318 |
| 湖 北 | Hubei | | | | | |
| 湖 南 | Hunan | 120823 | 94473 | 15549 | 95390 | 25433 |
| 广 东 | Guangdong | 69182 | 52688 | 8427 | 41519 | 27663 |
| 广 西 | Guangxi | | | | | |
| 海 南 | Hainan | 1245 | 858 | 52 | 858 | 387 |
| 重 庆 | Chongqing | 1992 | 1305 | 656 | 538 | 1454 |
| 四 川 | Sichuan | 30718 | 13264 | 7937 | 26030 | 4689 |
| 贵 州 | Guizhou | | | | | |
| 云 南 | Yunnan | 2743 | 2355 | 100 | 2204 | 539 |
| 西 藏 | Tibet | | | | | |
| 陕 西 | Shaanxi | 2450 | 2450 | | 1413 | 1037 |
| 甘 肃 | Gansu | | | | | |
| 青 海 | Qinghai | 1951 | 1624 | 327 | 1096 | 856 |
| 宁 夏 | Ningxia | | | | | |
| 新 疆 | Xinjiang | | | | | |

3-3-6 续表 6 Continued 6

有限责任公司
Limited Liability Corporations

单位：万元
Unit: 10000 yuan

| 地区 | Region | 资产总计 Total Assets | #流动资产合计 Total Working Capitals | #固定资产合计 Total Fixed Assets | 负债合计 Total Liabilities | 所有者权益合计 Total Owners' Equities |
|---|---|---|---|---|---|---|
| **全国** | **National Total** | **57113013** | **40276877** | **9463016** | **43550200** | **13562813** |
| 北京 | Beijing | 6532989 | 4966072 | 797527 | 5024257 | 1508732 |
| 天津 | Tianjin | 1115858 | 823187 | 138479 | 867986 | 247872 |
| 河北 | Hebei | 1730496 | 1046038 | 446133 | 1356803 | 373693 |
| 山西 | Shanxi | 818525 | 591002 | 138091 | 664939 | 153587 |
| 内蒙古 | Inner Mongolia | 907468 | 553142 | 112616 | 672527 | 234941 |
| 辽宁 | Liaoning | 2268198 | 1478549 | 509863 | 1752556 | 515641 |
| 吉林 | Jilin | 566038 | 339614 | 141386 | 442896 | 123142 |
| 黑龙江 | Heilongjiang | 1159051 | 773739 | 277837 | 938048 | 221003 |
| 上海 | Shanghai | 3598177 | 2547846 | 530866 | 2662847 | 935330 |
| 江苏 | Jiangsu | 3722067 | 2409423 | 723858 | 2987983 | 734084 |
| 浙江 | Zhejiang | 5521213 | 3906972 | 777556 | 4258329 | 1262884 |
| 安徽 | Anhui | 1600575 | 1091412 | 337071 | 1207165 | 393410 |
| 福建 | Fujian | 2156695 | 1630256 | 299913 | 1473877 | 682819 |
| 江西 | Jiangxi | 818628 | 585524 | 110912 | 626303 | 192325 |
| 山东 | Shandong | 4808928 | 3193964 | 1048176 | 3658848 | 1150080 |
| 河南 | Henan | 2192261 | 1659012 | 299314 | 1840171 | 352091 |
| 湖北 | Hubei | 1673325 | 1185070 | 263190 | 1301826 | 371500 |
| 湖南 | Hunan | 1143438 | 680203 | 255488 | 826894 | 316545 |
| 广东 | Guangdong | 5141043 | 4070093 | 522696 | 3883164 | 1257879 |
| 广西 | Guangxi | 936091 | 668548 | 114442 | 664170 | 271920 |
| 海南 | Hainan | 393281 | 290781 | 77142 | 282226 | 111055 |
| 重庆 | Chongqing | 1533111 | 1049468 | 293166 | 1095170 | 437941 |
| 四川 | Sichuan | 2052007 | 1639653 | 228861 | 1676872 | 375135 |
| 贵州 | Guizhou | 535293 | 419204 | 71972 | 441245 | 94048 |
| 云南 | Yunnan | 1118739 | 767412 | 194295 | 780353 | 338386 |
| 西藏 | Tibet | 31834 | 24167 | 5029 | 19021 | 12813 |
| 陕西 | Shaanxi | 1753599 | 1002350 | 543152 | 1263554 | 490045 |
| 甘肃 | Gansu | 333706 | 220623 | 43427 | 268712 | 64994 |
| 青海 | Qinghai | 157522 | 100296 | 36322 | 110921 | 46601 |
| 宁夏 | Ningxia | 243757 | 169075 | 44143 | 166465 | 77293 |
| 新疆 | Xinjiang | 549102 | 394187 | 80095 | 334076 | 215026 |

3-3-6 续表 7 Continued 7

股份有限公司
Share-holding Corporations Ltd.

单位：万元
Unit: 10000 yuan

| 地　区 | Region | 资产总计 Total Assets | #流动资产合计 Total Working Capitals | #固定资产合计 Total Fixed Assets | 负债合计 Total Liabilities | 所有者权益合计 Total Owners' Equities |
|---|---|---|---|---|---|---|
| **全　国** | **National Total** | **37661879** | **19534321** | **8330360** | **20843305** | **16782227** |
| 北　京 | Beijing | 5194002 | 2507272 | 870445 | 2769201 | 2424800 |
| 天　津 | Tianjin | 257505 | 130155 | 91686 | 138966 | 118539 |
| 河　北 | Hebei | 1100767 | 664282 | 279453 | 909839 | 190928 |
| 山　西 | Shanxi | 942770 | 381962 | 336435 | 601688 | 341082 |
| 内蒙古 | Inner Mongolia | 246096 | 115897 | 82839 | 196305 | 49791 |
| 辽　宁 | Liaoning | 1223956 | 625535 | 253736 | 714434 | 491978 |
| 吉　林 | Jilin | 616537 | 203094 | 284698 | 443605 | 172932 |
| 黑龙江 | Heilongjiang | 496984 | 258249 | 185512 | 346708 | 150276 |
| 上　海 | Shanghai | 3806775 | 1446569 | 716832 | 1715298 | 2091477 |
| 江　苏 | Jiangsu | 3253048 | 1909313 | 401415 | 1965791 | 1287257 |
| 浙　江 | Zhejiang | 1762956 | 873746 | 426952 | 1064225 | 698731 |
| 安　徽 | Anhui | 679562 | 430454 | 118633 | 430990 | 248572 |
| 福　建 | Fujian | 576189 | 286689 | 104396 | 310734 | 265454 |
| 江　西 | Jiangxi | 375874 | 150907 | 179593 | 238084 | 137791 |
| 山　东 | Shandong | 6022113 | 4354671 | 705536 | 3193095 | 2829018 |
| 河　南 | Henan | 534096 | 217559 | 190928 | 335060 | 199036 |
| 湖　北 | Hubei | 1950690 | 949271 | 558922 | 1316117 | 634573 |
| 湖　南 | Hunan | 1489279 | 544282 | 381803 | 563716 | 925563 |
| 广　东 | Guangdong | 3044260 | 1492383 | 938976 | 1321014 | 1704443 |
| 广　西 | Guangxi | 348284 | 143727 | 154684 | 184980 | 163304 |
| 海　南 | Hainan | 228838 | 56947 | 123190 | 60741 | 168097 |
| 重　庆 | Chongqing | 533600 | 335475 | 146128 | 370737 | 162863 |
| 四　川 | Sichuan | 1081020 | 600731 | 237143 | 555627 | 525393 |
| 贵　州 | Guizhou | 274146 | 84452 | 68356 | 186487 | 87658 |
| 云　南 | Yunnan | 358664 | 89200 | 175326 | 120676 | 237988 |
| 西　藏 | Tibet | 19932 | 8894 | 7280 | 5941 | 13991 |
| 陕　西 | Shaanxi | 636935 | 412079 | 151475 | 408644 | 228291 |
| 甘　肃 | Gansu | 238852 | 80823 | 97854 | 180425 | 58427 |
| 青　海 | Qinghai | 43166 | 35781 | 4672 | 34320 | 8846 |
| 宁　夏 | Ningxia | 107700 | 51083 | 11919 | 42780 | 64920 |
| 新　疆 | Xinjiang | 217286 | 92843 | 43545 | 117078 | 100208 |

3-3-6 续表 8 Continued 8

私营企业
Private Enterprises

单位：万元
Unit: 10000 yuan

| 地区 | Region | 资产总计 Total Assets | #流动资产合计 Total Working Capitals | #固定资产合计 Total Fixed Assets | 负债合计 Total Liabilities | 所有者权益合计 Total Owners' Equities |
|---|---|---|---|---|---|---|
| **全国** | **National Total** | **53227135** | **39201033** | **8154315** | **39785488** | **13441646** |
| 北京 | Beijing | 3510075 | 3065093 | 262808 | 2876802 | 633272 |
| 天津 | Tianjin | 1015861 | 774765 | 156265 | 786227 | 229634 |
| 河北 | Hebei | 976398 | 693104 | 193126 | 677971 | 298428 |
| 山西 | Shanxi | 1650432 | 1216476 | 256937 | 1310543 | 339889 |
| 内蒙古 | Inner Mongolia | 1289415 | 876105 | 247571 | 772637 | 516778 |
| 辽宁 | Liaoning | 2858595 | 2043817 | 480697 | 2213041 | 645553 |
| 吉林 | Jilin | 971666 | 697225 | 167560 | 633751 | 337916 |
| 黑龙江 | Heilongjiang | 710781 | 553086 | 116759 | 564517 | 146264 |
| 上海 | Shanghai | 3245450 | 2685754 | 187449 | 2583998 | 661452 |
| 江苏 | Jiangsu | 6639331 | 4599338 | 1072962 | 5040178 | 1599152 |
| 浙江 | Zhejiang | 4742567 | 3533427 | 699409 | 3867148 | 875420 |
| 安徽 | Anhui | 1343860 | 979937 | 232841 | 1005405 | 338455 |
| 福建 | Fujian | 1708057 | 1363542 | 204019 | 1155752 | 552306 |
| 江西 | Jiangxi | 534071 | 314052 | 147656 | 342212 | 191858 |
| 山东 | Shandong | 5751193 | 3725290 | 1409472 | 3920042 | 1831151 |
| 河南 | Henan | 1959700 | 1435193 | 315218 | 1331293 | 628408 |
| 湖北 | Hubei | 1076492 | 754365 | 167641 | 776389 | 300103 |
| 湖南 | Hunan | 1388681 | 913994 | 283706 | 920902 | 467778 |
| 广东 | Guangdong | 4642084 | 3758511 | 414830 | 3624637 | 1017447 |
| 广西 | Guangxi | 646914 | 511486 | 73343 | 513653 | 133261 |
| 海南 | Hainan | 90469 | 68673 | 14189 | 68893 | 21576 |
| 重庆 | Chongqing | 841844 | 525361 | 150523 | 522267 | 319577 |
| 四川 | Sichuan | 1378308 | 961892 | 259727 | 1034671 | 343637 |
| 贵州 | Guizhou | 363043 | 313526 | 29013 | 333241 | 29802 |
| 云南 | Yunnan | 1293353 | 994956 | 164811 | 983191 | 310162 |
| 西藏 | Tibet | 50565 | 36876 | 6458 | 39360 | 11205 |
| 陕西 | Shaanxi | 1040466 | 715136 | 221850 | 801418 | 239049 |
| 甘肃 | Gansu | 415076 | 292468 | 41859 | 268072 | 147003 |
| 青海 | Qinghai | 63195 | 50712 | 8885 | 38098 | 25097 |
| 宁夏 | Ningxia | 364645 | 254616 | 71764 | 291477 | 73168 |
| 新疆 | Xinjiang | 664551 | 492258 | 94968 | 487702 | 176848 |

其他企业 单位：万元
Other Enterprises Unit: 10000 yuan

| 地　区 | Region | 资产总计 Total Assets | #流动资产合计 Total Working Capitals | #固定资产合计 Total Fixed Assets | 负债合计 Total Liabilities | 所有者权益合计 Total Owners' Equities |
|---|---|---|---|---|---|---|
| **全　国** | **National Total** | **1707574** | **1077925** | **375569** | **1198339** | **509235** |
| 北　京 | Beijing | | | | | |
| 天　津 | Tianjin | 31312 | 25723 | 3811 | 30836 | 476 |
| 河　北 | Hebei | 21116 | 8936 | 7527 | 15023 | 6093 |
| 山　西 | Shanxi | 34642 | 14735 | 15098 | 29934 | 4709 |
| 内蒙古 | Inner Mongolia | 45175 | 16106 | 18916 | 19427 | 25749 |
| 辽　宁 | Liaoning | 18486 | 4141 | 8519 | 20537 | -2051 |
| 吉　林 | Jilin | 4436 | 3466 | 404 | 11987 | -7551 |
| 黑龙江 | Heilongjiang | 8155 | 6280 | 1383 | 7687 | 467 |
| 上　海 | Shanghai | 35082 | 27351 | 3743 | 38805 | -3723 |
| 江　苏 | Jiangsu | 174660 | 131921 | 25515 | 152154 | 22505 |
| 浙　江 | Zhejiang | 55926 | 46101 | 5111 | 47330 | 8596 |
| 安　徽 | Anhui | 73694 | 46262 | 11617 | 60078 | 13616 |
| 福　建 | Fujian | 123257 | 99502 | 10548 | 99895 | 23362 |
| 江　西 | Jiangxi | 19623 | 10543 | 8665 | 14126 | 5497 |
| 山　东 | Shandong | 477684 | 219152 | 150172 | 164179 | 313505 |
| 河　南 | Henan | 97955 | 41441 | 35601 | 68040 | 29915 |
| 湖　北 | Hubei | 30078 | 15453 | 12084 | 12031 | 18047 |
| 湖　南 | Hunan | 165831 | 147666 | 6477 | 158907 | 6925 |
| 广　东 | Guangdong | 121972 | 88202 | 14564 | 117340 | 4632 |
| 广　西 | Guangxi | 52265 | 51568 | 198 | 44316 | 7949 |
| 海　南 | Hainan | 4504 | 4437 | 61 | 3433 | 1071 |
| 重　庆 | Chongqing | 27463 | 14140 | 12050 | 14939 | 12524 |
| 四　川 | Sichuan | 19614 | 15387 | 3450 | 13476 | 6139 |
| 贵　州 | Guizhou | 19613 | 6203 | 11911 | 19314 | 299 |
| 云　南 | Yunnan | 2819 | 1906 | 904 | 2199 | 620 |
| 西　藏 | Tibet | 577 | 302 | 63 | 381 | 196 |
| 陕　西 | Shaanxi | 10990 | 5543 | 3734 | 6791 | 4199 |
| 甘　肃 | Gansu | 22566 | 18734 | 2221 | 18798 | 3768 |
| 青　海 | Qinghai | 8080 | 6724 | 1224 | 6377 | 1703 |
| 宁　夏 | Ningxia | | | | | |
| 新　疆 | Xinjiang | | | | | |

港、澳、台商投资企业　　　　单位：万元

Enterprises with Funds from Hong Kong, Macao and Taiwan　　　　Unit: 10000 yuan

| 地　区 | Region | 资产总计 Total Assets | #流动资产合计 Total Working Capitals | #固定资产合计 Total Fixed Assets | 负债合计 Total Liabilities | 所有者权益合计 Total Owners' Equities |
|---|---|---|---|---|---|---|
| **全　国** | **National Total** | **10800763** | **7370744** | **2057914** | **7688089** | **3112674** |
| 北　京 | Beijing | 601764 | 493643 | 75690 | 441815 | 159949 |
| 天　津 | Tianjin | 346523 | 290095 | 25802 | 308152 | 38371 |
| 河　北 | Hebei | | | | | |
| 山　西 | Shanxi | 40407 | 15334 | 23702 | 27876 | 12531 |
| 内蒙古 | Inner Mongolia | 2078 | 1158 | 840 | 2624 | -547 |
| 辽　宁 | Liaoning | 916579 | 685434 | 156123 | 614283 | 302296 |
| 吉　林 | Jilin | 227974 | 115523 | 62081 | 194517 | 33457 |
| 黑龙江 | Heilongjiang | 38610 | 26158 | 3517 | 21768 | 16842 |
| 上　海 | Shanghai | 1655238 | 1220319 | 345655 | 1162359 | 492878 |
| 江　苏 | Jiangsu | 1313506 | 874920 | 324021 | 1061588 | 251918 |
| 浙　江 | Zhejiang | 386905 | 206245 | 114769 | 277570 | 109335 |
| 安　徽 | Anhui | 66745 | 48799 | 15255 | 49048 | 17697 |
| 福　建 | Fujian | 464322 | 246555 | 107931 | 247028 | 217294 |
| 江　西 | Jiangxi | 9818 | 6153 | 524 | 6480 | 3338 |
| 山　东 | Shandong | 132588 | 78298 | 46001 | 88276 | 44312 |
| 河　南 | Henan | 394505 | 245016 | 97317 | 298603 | 95902 |
| 湖　北 | Hubei | 331266 | 194271 | 87690 | 221100 | 110166 |
| 湖　南 | Hunan | 101646 | 62923 | 21808 | 56703 | 44944 |
| 广　东 | Guangdong | 2305928 | 1607879 | 304445 | 1604366 | 701561 |
| 广　西 | Guangxi | 69681 | 49642 | 9624 | 37306 | 32374 |
| 海　南 | Hainan | 15803 | 12970 | 2182 | 10163 | 5640 |
| 重　庆 | Chongqing | 425726 | 314592 | 90505 | 328977 | 96749 |
| 四　川 | Sichuan | 304392 | 141783 | 65514 | 174973 | 129419 |
| 贵　州 | Guizhou | 43203 | 28449 | 2650 | 29500 | 13703 |
| 云　南 | Yunnan | 192047 | 168332 | 7652 | 113610 | 78438 |
| 西　藏 | Tibet | | | | | |
| 陕　西 | Shaanxi | 387070 | 220170 | 58751 | 292156 | 94914 |
| 甘　肃 | Gansu | | | | | |
| 青　海 | Qinghai | | | | | |
| 宁　夏 | Ningxia | | | | | |
| 新　疆 | Xinjiang | 26442 | 16082 | 7867 | 17249 | 9193 |

3-3-6 续表 11 Continued 11

外商投资企业
Foreign Funded Enterprises

单位：万元
Unit: 10000 yuan

| 地区 | Region | 资产总计 Total Assets | #流动资产合计 Total Working Capitals | #固定资产合计 Total Fixed Assets | 负债合计 Total Liabilities | 所有者权益合计 Total Owners' Equities |
|---|---|---|---|---|---|---|
| **全国** | **National Total** | **17333411** | **11277783** | **3334918** | **12683544** | **4649867** |
| 北京 | Beijing | 3291155 | 2318840 | 394158 | 2711532 | 579623 |
| 天津 | Tianjin | 319014 | 206899 | 76789 | 190404 | 128611 |
| 河北 | Hebei | 87451 | 66690 | 17116 | 72829 | 14622 |
| 山西 | Shanxi | 8055 | 3805 | 2436 | 6250 | 1805 |
| 内蒙古 | Inner Mongolia | | | | | |
| 辽宁 | Liaoning | 547454 | 264574 | 178430 | 334427 | 213027 |
| 吉林 | Jilin | 87260 | 27603 | 42395 | 68199 | 19060 |
| 黑龙江 | Heilongjiang | 241535 | 179336 | 45581 | 217959 | 23577 |
| 上海 | Shanghai | 2947050 | 2131957 | 518974 | 2261872 | 685178 |
| 江苏 | Jiangsu | 2352520 | 1539104 | 432579 | 1556607 | 795913 |
| 浙江 | Zhejiang | 1099446 | 719632 | 227552 | 793276 | 306170 |
| 安徽 | Anhui | 272671 | 157546 | 104406 | 231539 | 41132 |
| 福建 | Fujian | 513480 | 364934 | 74694 | 363540 | 149941 |
| 江西 | Jiangxi | 79740 | 56736 | 14566 | 49081 | 30659 |
| 山东 | Shandong | 604656 | 378347 | 174538 | 429979 | 174678 |
| 河南 | Henan | 156677 | 109330 | 32553 | 131575 | 25102 |
| 湖北 | Hubei | 665094 | 332344 | 170967 | 447926 | 217169 |
| 湖南 | Hunan | 218241 | 115495 | 60599 | 124266 | 93975 |
| 广东 | Guangdong | 2478540 | 1397275 | 457848 | 1769494 | 709046 |
| 广西 | Guangxi | 46036 | 25819 | 14804 | 35912 | 10124 |
| 海南 | Hainan | 52403 | 34998 | 15533 | 28760 | 23644 |
| 重庆 | Chongqing | 165578 | 108025 | 34212 | 93329 | 72250 |
| 四川 | Sichuan | 545694 | 376869 | 105995 | 355180 | 190515 |
| 贵州 | Guizhou | 79005 | 50930 | 26770 | 73172 | 5833 |
| 云南 | Yunnan | 203960 | 144206 | 44851 | 140086 | 63874 |
| 西藏 | Tibet | 679 | 604 | 52 | 629 | 50 |
| 陕西 | Shaanxi | 142431 | 89636 | 36874 | 112181 | 30250 |
| 甘肃 | Gansu | 16418 | 10882 | 5522 | 14539 | 1879 |
| 青海 | Qinghai | 6193 | | 3851 | 3743 | 2450 |
| 宁夏 | Ningxia | 4485 | 1966 | 2050 | 1085 | 3400 |
| 新疆 | Xinjiang | 100489 | 63404 | 18227 | 64175 | 36314 |

# 3-3-7 各地区限额以上零售业企业年末资产负债(按国民经济行业分)

## Assets and Liabilities of Enterprises above Designated Size of Retail Trade by Region and Sector at the Year-end

综合零售
Integrated Retail

单位：万元
Unit: 10000 yuan

| 地区 | Region | 资产总计 Total Assets | #流动资产合计 Total Working Capitals | #固定资产合计 Total Fixed Assets | 负债合计 Total Liabilities | 所有者权益合计 Total Owners' Equities |
|---|---|---|---|---|---|---|
| **全国** | **National Total** | **71481472** | **40833187** | **17474305** | **52676190** | **18805282** |
| 北京 | Beijing | 7630356 | 4672534 | 1150548 | 5303228 | 2327129 |
| 天津 | Tianjin | 1610194 | 879094 | 497219 | 1241971 | 368223 |
| 河北 | Hebei | 2331555 | 1271959 | 736920 | 1854644 | 476911 |
| 山西 | Shanxi | 959171 | 556182 | 219814 | 831828 | 127344 |
| 内蒙古 | Inner Mongolia | 630886 | 348146 | 171939 | 432789 | 198096 |
| 辽宁 | Liaoning | 3567787 | 1889570 | 1043914 | 2565892 | 1001896 |
| 吉林 | Jilin | 1186637 | 487672 | 525527 | 867619 | 319018 |
| 黑龙江 | Heilongjiang | 1155474 | 583190 | 444020 | 908093 | 247381 |
| 上海 | Shanghai | 7949749 | 4299421 | 1626790 | 5508315 | 2441435 |
| 江苏 | Jiangsu | 7482434 | 4314906 | 1850503 | 5795066 | 1687368 |
| 浙江 | Zhejiang | 4999400 | 2956222 | 1175968 | 3993734 | 1005666 |
| 安徽 | Anhui | 1829113 | 1101309 | 503134 | 1396164 | 432949 |
| 福建 | Fujian | 1451627 | 903451 | 321853 | 1001575 | 450052 |
| 江西 | Jiangxi | 738565 | 372432 | 220430 | 518493 | 220072 |
| 山东 | Shandong | 7071125 | 4172309 | 1901677 | 5275069 | 1796056 |
| 河南 | Henan | 2348857 | 1372152 | 604057 | 1923479 | 425378 |
| 湖北 | Hubei | 3373048 | 1731678 | 938532 | 2380038 | 993010 |
| 湖南 | Hunan | 1636648 | 895548 | 492216 | 969616 | 667031 |
| 广东 | Guangdong | 5842490 | 3606887 | 998726 | 4355034 | 1487456 |
| 广西 | Guangxi | 658386 | 359371 | 192563 | 457522 | 200864 |
| 海南 | Hainan | 116187 | 80223 | 26352 | 86725 | 29462 |
| 重庆 | Chongqing | 1201897 | 740746 | 345570 | 858204 | 343692 |
| 四川 | Sichuan | 1667628 | 1055085 | 376469 | 1318027 | 349601 |
| 贵州 | Guizhou | 264892 | 155668 | 81694 | 230860 | 34032 |
| 云南 | Yunnan | 757187 | 462693 | 182044 | 530927 | 226260 |
| 西藏 | Tibet | 22525 | 17476 | 4753 | 17051 | 5473 |
| 陕西 | Shaanxi | 1752594 | 937595 | 498183 | 1236439 | 516155 |
| 甘肃 | Gansu | 427003 | 197274 | 122653 | 296547 | 130456 |
| 青海 | Qinghai | 96615 | 52734 | 36793 | 70547 | 26068 |
| 宁夏 | Ningxia | 291732 | 126582 | 86623 | 161889 | 129843 |
| 新疆 | Xinjiang | 429711 | 233081 | 96823 | 288806 | 140904 |

食品、饮料及烟草制品专门零售
Retail of Food, Beverages and Tobaccos

单位：万元
Unit: 10000 yuan

| 地 区 | Region | 资产总计 Total Assets | #流动资产合计 Total Working Capitals | #固定资产合计 Total Fixed Assets | 负债合计 Total Liabilities | 所有者权益合计 Total Owners' Equities |
|---|---|---|---|---|---|---|
| **全 国** | **National Total** | **4092826** | **2521752** | **988526** | **2387164** | **1705661** |
| 北 京 | Beijing | 545905 | 353174 | 119592 | 333133 | 212772 |
| 天 津 | Tianjin | 81880 | 39540 | 25467 | 33265 | 48615 |
| 河 北 | Hebei | 37052 | 22578 | 8266 | 30302 | 6750 |
| 山 西 | Shanxi | 129361 | 62494 | 49569 | 93721 | 35640 |
| 内蒙古 | Inner Mongolia | 58854 | 31907 | 12728 | 35565 | 23289 |
| 辽 宁 | Liaoning | 62333 | 27768 | 21891 | 36983 | 25350 |
| 吉 林 | Jilin | 70780 | 48249 | 15413 | 42377 | 28403 |
| 黑龙江 | Heilongjiang | 20272 | 9740 | 9793 | 10888 | 9385 |
| 上 海 | Shanghai | 287471 | 178764 | 72686 | 181669 | 105802 |
| 江 苏 | Jiangsu | 336141 | 229666 | 53817 | 195261 | 140880 |
| 浙 江 | Zhejiang | 174233 | 100025 | 35473 | 83604 | 90629 |
| 安 徽 | Anhui | 87518 | 53508 | 24623 | 68199 | 19318 |
| 福 建 | Fujian | 236781 | 174104 | 39527 | 120967 | 115814 |
| 江 西 | Jiangxi | 3714 | 3188 | 378 | 1432 | 2282 |
| 山 东 | Shandong | 534430 | 289471 | 178404 | 315077 | 219354 |
| 河 南 | Henan | 162647 | 93594 | 48161 | 116133 | 46514 |
| 湖 北 | Hubei | 103240 | 54989 | 37060 | 50248 | 52992 |
| 湖 南 | Hunan | 61876 | 28130 | 22684 | 31470 | 30406 |
| 广 东 | Guangdong | 484526 | 359968 | 32467 | 212524 | 272002 |
| 广 西 | Guangxi | 27869 | 18763 | 4699 | 19455 | 8414 |
| 海 南 | Hainan | 12215 | 7712 | 2866 | 6995 | 5220 |
| 重 庆 | Chongqing | 59378 | 25621 | 24869 | 30722 | 28656 |
| 四 川 | Sichuan | 60044 | 42830 | 13704 | 41721 | 18323 |
| 贵 州 | Guizhou | 29651 | 23041 | 6397 | 14207 | 15444 |
| 云 南 | Yunnan | 124312 | 79571 | 20579 | 74808 | 49504 |
| 西 藏 | Tibet | 14171 | 7479 | 4644 | 6499 | 7672 |
| 陕 西 | Shaanxi | 226533 | 114538 | 87557 | 159233 | 67300 |
| 甘 肃 | Gansu | 33555 | 25178 | 6028 | 22120 | 11435 |
| 青 海 | Qinghai | 204 | 157 | 47 | 56 | 148 |
| 宁 夏 | Ningxia | 15744 | 9143 | 6131 | 9624 | 6121 |
| 新 疆 | Xinjiang | 10138 | 6863 | 3006 | 8911 | 1227 |

3-3-7 续表 2 Continued 2

纺织、服装及日用品专门零售 单位：万元

Special Retail of Textiles, Garments and Daily Consumer Articles Unit: 10000 yuan

| 地区 | Region | 资产总计 Total Assets | #流动资产合计 Total Working Capitals | #固定资产合计 Total Fixed Assets | 负债合计 Total Liabilities | 所有者权益合计 Total Owners' Equities |
|---|---|---|---|---|---|---|
| **全国** | **National Total** | **8740858** | **6083155** | **1518277** | **6238283** | **2502575** |
| 北京 | Beijing | 1080165 | 699985 | 100691 | 769166 | 310999 |
| 天津 | Tianjin | 284631 | 255416 | 13166 | 258940 | 25691 |
| 河北 | Hebei | 149321 | 42676 | 67541 | 111529 | 37792 |
| 山西 | Shanxi | 109252 | 62724 | 37656 | 96782 | 12470 |
| 内蒙古 | Inner Mongolia | 47140 | 22456 | 16478 | 32756 | 14385 |
| 辽宁 | Liaoning | 351700 | 233331 | 63767 | 242484 | 109216 |
| 吉林 | Jilin | 95546 | 50121 | 27086 | 90619 | 4927 |
| 黑龙江 | Heilongjiang | 97192 | 43772 | 47735 | 70623 | 26570 |
| 上海 | Shanghai | 1759230 | 1358284 | 265508 | 1033957 | 725273 |
| 江苏 | Jiangsu | 335244 | 196992 | 89428 | 240922 | 94322 |
| 浙江 | Zhejiang | 583250 | 410666 | 34264 | 491361 | 91889 |
| 安徽 | Anhui | 96650 | 70980 | 9474 | 73499 | 23150 |
| 福建 | Fujian | 130281 | 112655 | 8944 | 78740 | 51541 |
| 江西 | Jiangxi | 33330 | 19922 | 2125 | 23064 | 10266 |
| 山东 | Shandong | 430921 | 254607 | 144788 | 273400 | 157520 |
| 河南 | Henan | 223063 | 140027 | 46242 | 182495 | 40568 |
| 湖北 | Hubei | 245408 | 153766 | 34867 | 181153 | 64256 |
| 湖南 | Hunan | 108870 | 80114 | 13683 | 68574 | 40296 |
| 广东 | Guangdong | 1409262 | 1194001 | 108800 | 966671 | 442591 |
| 广西 | Guangxi | 28126 | 23857 | 2186 | 24969 | 3157 |
| 海南 | Hainan | 82259 | 37916 | 42953 | 62427 | 19831 |
| 重庆 | Chongqing | 130788 | 72440 | 38404 | 109556 | 21232 |
| 四川 | Sichuan | 132157 | 90116 | 19434 | 89896 | 42261 |
| 贵州 | Guizhou | 55736 | 45450 | 5036 | 44461 | 11275 |
| 云南 | Yunnan | 95682 | 59742 | 23453 | 54748 | 40934 |
| 西藏 | Tibet | 679 | 604 | 52 | 629 | 50 |
| 陕西 | Shaanxi | 456489 | 223599 | 214990 | 409941 | 46548 |
| 甘肃 | Gansu | 6087 | 3340 | 554 | 4569 | 1518 |
| 青海 | Qinghai | 29406 | 22249 | 5327 | 23885 | 5521 |
| 宁夏 | Ningxia | 13696 | 5839 | 7628 | 7673 | 6023 |
| 新疆 | Xinjiang | 139300 | 95508 | 26021 | 118794 | 20506 |

3-3-7 续表 3 Continued 3

文化、体育用品及器材专门零售 单位：万元

Retail of Culture, Sports Appliances and Equipments Unit: 10000 yuan

| 地区 | Region | 资产总计 Total Assets | #流动资产合计 Total Working Capitals | #固定资产合计 Total Fixed Assets | 负债合计 Total Liabilities | 所有者权益合计 Total Owners' Equities |
|---|---|---|---|---|---|---|
| **全国** | **National Total** | **8471139** | **5501115** | **1879377** | **4828454** | **3642685** |
| 北京 | Beijing | 997880 | 767050 | 141839 | 673646 | 324234 |
| 天津 | Tianjin | 124654 | 89593 | 26889 | 77928 | 46726 |
| 河北 | Hebei | 205529 | 115644 | 67613 | 124449 | 81081 |
| 山西 | Shanxi | 169217 | 104593 | 35913 | 103202 | 66015 |
| 内蒙古 | Inner Mongolia | 52127 | 16762 | 17237 | 38168 | 13959 |
| 辽宁 | Liaoning | 255837 | 175947 | 59571 | 197882 | 57955 |
| 吉林 | Jilin | 67615 | 43492 | 16374 | 41807 | 25808 |
| 黑龙江 | Heilongjiang | 103921 | 80388 | 21414 | 77046 | 26876 |
| 上海 | Shanghai | 820465 | 638839 | 115881 | 529873 | 290592 |
| 江苏 | Jiangsu | 735209 | 498650 | 109811 | 434904 | 300305 |
| 浙江 | Zhejiang | 689912 | 416503 | 156841 | 367135 | 322777 |
| 安徽 | Anhui | 170967 | 97013 | 48632 | 44260 | 126707 |
| 福建 | Fujian | 370823 | 269091 | 66005 | 192545 | 178278 |
| 江西 | Jiangxi | 178959 | 95406 | 57092 | 61399 | 117560 |
| 山东 | Shandong | 544140 | 290879 | 183400 | 332878 | 211262 |
| 河南 | Henan | 257911 | 134825 | 93746 | 118279 | 139632 |
| 湖北 | Hubei | 213895 | 96509 | 84616 | 120963 | 92933 |
| 湖南 | Hunan | 250578 | 117051 | 68942 | 98476 | 152102 |
| 广东 | Guangdong | 448177 | 303515 | 89656 | 277711 | 170466 |
| 广西 | Guangxi | 121167 | 51537 | 49657 | 64938 | 56229 |
| 海南 | Hainan | 24005 | 8055 | 14629 | 14922 | 9083 |
| 重庆 | Chongqing | 241898 | 160463 | 50947 | 153653 | 88245 |
| 四川 | Sichuan | 643397 | 411096 | 101089 | 219269 | 424128 |
| 贵州 | Guizhou | 102274 | 59234 | 24160 | 66736 | 35538 |
| 云南 | Yunnan | 256839 | 188998 | 58443 | 151575 | 105264 |
| 西藏 | Tibet | 9147 | 7465 | 1589 | 3605 | 5542 |
| 陕西 | Shaanxi | 194766 | 131890 | 39784 | 118195 | 76571 |
| 甘肃 | Gansu | 61979 | 34762 | 25069 | 36143 | 25836 |
| 青海 | Qinghai | 3935 | 1649 | 1626 | 2885 | 1050 |
| 宁夏 | Ningxia | 22055 | 14334 | 7291 | 15978 | 6077 |
| 新疆 | Xinjiang | 131863 | 79884 | 43625 | 68007 | 63856 |

医药及医疗器材专门零售
Retail of Medicines and Medical Appliances

单位：万元
Unit: 10000 yuan

| 地 区 | Region | 资产总计 Total Assets | #流动资产合计 Total Working Capitals | #固定资产合计 Total Fixed Assets | 负债合计 Total Liabilities | 所有者权益合计 Total Owners' Equities |
|---|---|---|---|---|---|---|
| **全 国** | **National Total** | **8184283** | **6468002** | **848512** | **6144644** | **2039639** |
| 北 京 | Beijing | 899255 | 747391 | 56271 | 669018 | 230237 |
| 天 津 | Tianjin | 86392 | 67205 | 11246 | 55293 | 31099 |
| 河 北 | Hebei | 136482 | 103602 | 15917 | 101132 | 35350 |
| 山 西 | Shanxi | 136339 | 115920 | 7499 | 110566 | 25773 |
| 内蒙古 | Inner Mongolia | 47640 | 36353 | 8580 | 36837 | 10802 |
| 辽 宁 | Liaoning | 311771 | 244297 | 33179 | 229681 | 82090 |
| 吉 林 | Jilin | 89338 | 65807 | 17792 | 68209 | 21129 |
| 黑龙江 | Heilongjiang | 272664 | 199751 | 37394 | 235090 | 37574 |
| 上 海 | Shanghai | 264330 | 201585 | 40426 | 160161 | 104170 |
| 江 苏 | Jiangsu | 1330663 | 1055752 | 108478 | 1063856 | 266807 |
| 浙 江 | Zhejiang | 599433 | 498381 | 61791 | 481069 | 118365 |
| 安 徽 | Anhui | 238918 | 196263 | 23919 | 193810 | 45108 |
| 福 建 | Fujian | 171207 | 124303 | 15829 | 110984 | 60223 |
| 江 西 | Jiangxi | 127030 | 92526 | 30011 | 107496 | 19534 |
| 山 东 | Shandong | 422177 | 293787 | 89506 | 341489 | 80688 |
| 河 南 | Henan | 252005 | 186295 | 41503 | 189525 | 62479 |
| 湖 北 | Hubei | 328317 | 256048 | 29181 | 206969 | 121348 |
| 湖 南 | Hunan | 322461 | 240267 | 47375 | 197632 | 124829 |
| 广 东 | Guangdong | 604847 | 522788 | 33470 | 443982 | 160865 |
| 广 西 | Guangxi | 261210 | 225165 | 15036 | 224679 | 36531 |
| 海 南 | Hainan | 8511 | 8122 | 270 | 4941 | 3571 |
| 重 庆 | Chongqing | 359840 | 275594 | 47503 | 259932 | 99907 |
| 四 川 | Sichuan | 105628 | 79860 | 10875 | 65577 | 40051 |
| 贵 州 | Guizhou | 39313 | 34566 | 3538 | 33309 | 6005 |
| 云 南 | Yunnan | 149134 | 115879 | 12678 | 95968 | 53166 |
| 西 藏 | Tibet | | | | | |
| 陕 西 | Shaanxi | 175766 | 139548 | 13690 | 151671 | 24094 |
| 甘 肃 | Gansu | 93417 | 38693 | 7544 | 49635 | 43782 |
| 青 海 | Qinghai | 39179 | 34398 | 2231 | 24765 | 14414 |
| 宁 夏 | Ningxia | 80884 | 68836 | 7030 | 70243 | 10642 |
| 新 疆 | Xinjiang | 230134 | 199017 | 18749 | 161126 | 69008 |

汽车、摩托车、燃料及零配件专门零售 单位：万元

Retail of Motor Vehicles, Motorcycles, Fuel and Parts Unit: 10000 yuan

| 地区 | Region | 资产总计 Total Assets | #流动资产合计 Total Working Capitals | #固定资产合计 Total Fixed Assets | 负债合计 Total Liabilities | 所有者权益合计 Total Owners' Equities |
|---|---|---|---|---|---|---|
| **全　国** | **National Total** | **66009189** | **45627794** | **10666024** | **44361566** | **21600035** |
| 北　京 | Beijing | 4807214 | 3384650 | 877886 | 3389356 | 1417858 |
| 天　津 | Tianjin | 1544760 | 917901 | 332074 | 932286 | 612474 |
| 河　北 | Hebei | 1334908 | 1020735 | 184235 | 1053975 | 280933 |
| 山　西 | Shanxi | 1927481 | 1192221 | 487250 | 1331547 | 595934 |
| 内蒙古 | Inner Mongolia | 1521390 | 953510 | 311452 | 1166222 | 355168 |
| 辽　宁 | Liaoning | 2867547 | 2135560 | 398926 | 2075053 | 774950 |
| 吉　林 | Jilin | 830991 | 580180 | 86597 | 583859 | 247133 |
| 黑龙江 | Heilongjiang | 1095390 | 957857 | 88775 | 877943 | 217447 |
| 上　海 | Shanghai | 2522681 | 1752461 | 246150 | 1478314 | 1044367 |
| 江　苏 | Jiangsu | 4356032 | 3049082 | 644680 | 3193172 | 1162860 |
| 浙　江 | Zhejiang | 5820752 | 4166052 | 763162 | 4213282 | 1607470 |
| 安　徽 | Anhui | 1490372 | 1075840 | 235728 | 1103542 | 386829 |
| 福　建 | Fujian | 1981754 | 1486969 | 228272 | 1280369 | 701385 |
| 江　西 | Jiangxi | 656969 | 432809 | 173159 | 425516 | 231453 |
| 山　东 | Shandong | 7680622 | 5776504 | 899699 | 4313071 | 3367552 |
| 河　南 | Henan | 2310322 | 1718075 | 338998 | 1678560 | 631762 |
| 湖　北 | Hubei | 1526790 | 949683 | 347677 | 1098486 | 428304 |
| 湖　南 | Hunan | 2206916 | 1025984 | 508731 | 1253964 | 952951 |
| 广　东 | Guangdong | 9090770 | 6299355 | 1594789 | 5846692 | 3225275 |
| 广　西 | Guangxi | 1014040 | 697754 | 168571 | 654534 | 348264 |
| 海　南 | Hainan | 430305 | 222752 | 140781 | 186777 | 243528 |
| 重　庆 | Chongqing | 1054331 | 755656 | 145336 | 739439 | 314892 |
| 四　川 | Sichuan | 2750457 | 1701247 | 523542 | 1844780 | 905677 |
| 贵　州 | Guizhou | 938892 | 474936 | 174841 | 723187 | 215705 |
| 云　南 | Yunnan | 1781579 | 1153394 | 346835 | 1203737 | 577842 |
| 西　藏 | Tibet | 111523 | 58418 | 41214 | 55696 | 55827 |
| 陕　西 | Shaanxi | 998457 | 727190 | 169481 | 709731 | 288726 |
| 甘　肃 | Gansu | 440848 | 314634 | 68848 | 338913 | 101936 |
| 青　海 | Qinghai | 104202 | 77897 | 17326 | 66231 | 37971 |
| 宁　夏 | Ningxia | 248100 | 193884 | 29602 | 196370 | 51730 |
| 新　疆 | Xinjiang | 562798 | 374606 | 91409 | 346961 | 215837 |

3-3-7 续表 6 Continued 6

家用电器及电子产品专门零售 单位：万元

Special Retail of Household Electric Appliances and Electronic Products Unit: 10000 yuan

| 地 区 | Region | 资产总计 Total Assets | #流动资产合计 Total Working Capitals | #固定资产合计 Total Fixed Assets | 负债合计 Total Liabilities | 所有者权益合计 Total Owners' Equities |
|---|---|---|---|---|---|---|
| **全 国** | **National Total** | **19242639** | **15745921** | **1216269** | **14389270** | **4853369** |
| 北 京 | Beijing | 2807356 | 2269239 | 55120 | 2094512 | 712844 |
| 天 津 | Tianjin | 353596 | 310484 | 30638 | 273879 | 79717 |
| 河 北 | Hebei | 237058 | 201964 | 21612 | 173946 | 63112 |
| 山 西 | Shanxi | 248115 | 208635 | 17310 | 214652 | 33463 |
| 内蒙古 | Inner Mongolia | 300622 | 167842 | 14577 | 228756 | 71866 |
| 辽 宁 | Liaoning | 620434 | 520819 | 27864 | 462630 | 157805 |
| 吉 林 | Jilin | 163363 | 122277 | 23567 | 120982 | 42381 |
| 黑龙江 | Heilongjiang | 259254 | 226759 | 20551 | 196225 | 63029 |
| 上 海 | Shanghai | 1721696 | 1525739 | 50699 | 1407334 | 314362 |
| 江 苏 | Jiangsu | 3153681 | 2311721 | 163094 | 2051280 | 1102401 |
| 浙 江 | Zhejiang | 1090574 | 944890 | 70253 | 856523 | 234051 |
| 安 徽 | Anhui | 350975 | 302102 | 23583 | 267887 | 83088 |
| 福 建 | Fujian | 791347 | 721229 | 30783 | 626017 | 165330 |
| 江 西 | Jiangxi | 250370 | 196719 | 16125 | 201465 | 48905 |
| 山 东 | Shandong | 1345507 | 955105 | 285365 | 967913 | 377595 |
| 河 南 | Henan | 718397 | 575151 | 64095 | 544540 | 173857 |
| 湖 北 | Hubei | 619930 | 502947 | 81563 | 474416 | 145514 |
| 湖 南 | Hunan | 352482 | 276397 | 45497 | 269780 | 82701 |
| 广 东 | Guangdong | 1492048 | 1354135 | 38148 | 1190021 | 302026 |
| 广 西 | Guangxi | 202539 | 183697 | 5498 | 157325 | 45215 |
| 海 南 | Hainan | 101489 | 94632 | 5076 | 83783 | 17706 |
| 重 庆 | Chongqing | 379863 | 289720 | 23992 | 260431 | 119433 |
| 四 川 | Sichuan | 661612 | 588473 | 50587 | 554328 | 107284 |
| 贵 州 | Guizhou | 186554 | 174706 | 2630 | 168083 | 18470 |
| 云 南 | Yunnan | 159790 | 143795 | 8407 | 102555 | 57235 |
| 西 藏 | Tibet | 10131 | 4308 | 55 | 8518 | 1614 |
| 陕 西 | Shaanxi | 276995 | 251852 | 12823 | 173926 | 103069 |
| 甘 肃 | Gansu | 85954 | 76145 | 3724 | 64741 | 21213 |
| 青 海 | Qinghai | 33014 | 19889 | 2885 | 22408 | 10606 |
| 宁 夏 | Ningxia | 106889 | 97459 | 4331 | 86674 | 20216 |
| 新 疆 | Xinjiang | 161005 | 126894 | 15819 | 83741 | 77264 |

3-3-7 续表 7 Continued 7

五金、家具及室内装修材料专门零售 单位：万元
Special Retail of Hardware, Furniture and Decoration Materials Unit: 10000 yuan

| 地 区 | Region | 资产总计 Total Assets | #流动资产合计 Total Working Capitals | #固定资产合计 Total Fixed Assets | 负债合计 Total Liabilities | 所有者权益合计 Total Owners' Equities |
|---|---|---|---|---|---|---|
| **全 国** | **National Total** | **4538198** | **2894091** | **1064892** | **3036377** | **1501821** |
| 北 京 | Beijing | 716336 | 522466 | 103775 | 609216 | 107120 |
| 天 津 | Tianjin | 55307 | 40944 | 7063 | 41053 | 14254 |
| 河 北 | Hebei | 30590 | 18599 | 8162 | 23569 | 7021 |
| 山 西 | Shanxi | 35895 | 16334 | 9761 | 21453 | 14442 |
| 内蒙古 | Inner Mongolia | 161761 | 128562 | 30536 | 17448 | 144313 |
| 辽 宁 | Liaoning | 123030 | 54479 | 44936 | 105666 | 17364 |
| 吉 林 | Jilin | 17692 | 9557 | 5146 | 10948 | 6744 |
| 黑龙江 | Heilongjiang | 29318 | 11515 | 13452 | 18432 | 10886 |
| 上 海 | Shanghai | 371890 | 281363 | 57874 | 287313 | 84578 |
| 江 苏 | Jiangsu | 407263 | 244969 | 95095 | 303873 | 103390 |
| 浙 江 | Zhejiang | 136413 | 92235 | 29036 | 126836 | 9577 |
| 安 徽 | Anhui | 132271 | 100308 | 28327 | 101837 | 30434 |
| 福 建 | Fujian | 121693 | 92204 | 16044 | 74398 | 47295 |
| 江 西 | Jiangxi | 19035 | 12436 | 4872 | 13217 | 5818 |
| 山 东 | Shandong | 905485 | 537035 | 270261 | 420861 | 484624 |
| 河 南 | Henan | 142645 | 64727 | 54397 | 67680 | 74966 |
| 湖 北 | Hubei | 36205 | 20019 | 14757 | 31743 | 4462 |
| 湖 南 | Hunan | 73362 | 29077 | 18673 | 41560 | 31801 |
| 广 东 | Guangdong | 399396 | 249409 | 99577 | 336599 | 62797 |
| 广 西 | Guangxi | 8927 | 6516 | 1570 | 4923 | 4005 |
| 海 南 | Hainan | 5259 | 4862 | 366 | 3846 | 1413 |
| 重 庆 | Chongqing | 267620 | 154183 | 71886 | 136439 | 131181 |
| 四 川 | Sichuan | 72164 | 38745 | 20646 | 77975 | -5810 |
| 贵 州 | Guizhou | 11797 | 11730 | 67 | 10480 | 1317 |
| 云 南 | Yunnan | 13979 | 11420 | 1272 | 8007 | 5972 |
| 西 藏 | Tibet | | | | | |
| 陕 西 | Shaanxi | 169130 | 96472 | 45393 | 97759 | 71371 |
| 甘 肃 | Gansu | 6907 | 3047 | 1842 | 4681 | 2226 |
| 青 海 | Qinghai | | | | | |
| 宁 夏 | Ningxia | 3969 | 1976 | 1676 | 4168 | -198 |
| 新 疆 | Xinjiang | 62859 | 38901 | 8430 | 34401 | 28459 |

3-3-7 续表 8 Continued 8

无店铺及其他零售　　单位：万元

Non-shop and Other Retails　　Unit: 10000 yuan

| 地　区 | Region | 资产总计 Total Assets | #流动资产合计 Total Working Capitals | #固定资产合计 Total Fixed Assets | 负债合计 Total Liabilities | 所有者权益合计 Total Owners' Equities |
|---|---|---|---|---|---|---|
| **全　国** | **National Total** | **4467965** | **2896673** | **822338** | **3099819** | **1368146** |
| 北　京 | Beijing | 937415 | 817661 | 65861 | 857308 | 80107 |
| 天　津 | Tianjin | 121028 | 97421 | 10338 | 72718 | 48310 |
| 河　北 | Hebei | 32427 | 21091 | 10792 | 18276 | 14151 |
| 山　西 | Shanxi | 129776 | 95499 | 24061 | 102268 | 27508 |
| 内蒙古 | Inner Mongolia | 61855 | 38828 | 8535 | 41630 | 20225 |
| 辽　宁 | Liaoning | 76429 | 39288 | 19269 | 44697 | 31733 |
| 吉　林 | Jilin | 17257 | 11982 | 3022 | 14306 | 2950 |
| 黑龙江 | Heilongjiang | 9850 | 7387 | 2462 | 7615 | 2235 |
| 上　海 | Shanghai | 676170 | 456688 | 82696 | 500928 | 175242 |
| 江　苏 | Jiangsu | 150648 | 78390 | 54324 | 90311 | 60337 |
| 浙　江 | Zhejiang | 154836 | 75564 | 43879 | 86742 | 68093 |
| 安　徽 | Anhui | 14415 | 11621 | 2156 | 6181 | 8234 |
| 福　建 | Fujian | 512248 | 246616 | 127399 | 287071 | 225177 |
| 江　西 | Jiangxi | 5994 | 3015 | 1528 | 2579 | 3416 |
| 山　东 | Shandong | 486446 | 287129 | 114586 | 278920 | 207525 |
| 河　南 | Henan | 102919 | 58801 | 29072 | 62545 | 40374 |
| 湖　北 | Hubei | 73549 | 15419 | 53784 | 33604 | 39945 |
| 湖　南 | Hunan | 157779 | 77005 | 19787 | 92946 | 64834 |
| 广　东 | Guangdong | 378132 | 221430 | 87220 | 257464 | 120667 |
| 广　西 | Guangxi | 31474 | 17721 | 6443 | 17906 | 13568 |
| 海　南 | Hainan | 17305 | 11370 | 2865 | 10760 | 6546 |
| 重　庆 | Chongqing | 24688 | 15703 | 7940 | 13279 | 11409 |
| 四　川 | Sichuan | 122203 | 74054 | 8717 | 85705 | 36498 |
| 贵　州 | Guizhou | 24673 | 18330 | 4449 | 15337 | 9337 |
| 云　南 | Yunnan | 74841 | 56259 | 9265 | 57593 | 17249 |
| 西　藏 | Tibet | 1396 | 358 | 351 | 105 | 1292 |
| 陕　西 | Shaanxi | 21495 | 17596 | 2467 | 17150 | 4345 |
| 甘　肃 | Gansu | 10154 | 6196 | 3004 | 5692 | 4461 |
| 青　海 | Qinghai | 6630 | 3418 | 467 | 4066 | 2565 |
| 宁　夏 | Ningxia | 6263 | 2766 | 2549 | 2161 | 4101 |
| 新　疆 | Xinjiang | 27670 | 12071 | 13053 | 11958 | 15712 |

# 3-4-1 限额以上批发和零售业企业损益及分配

| 项　目 | Item | 主营业务收入 Revenue from Principal Business | 主营业务成本 Cost of Principal Business |
|---|---|---|---|
| **总　计** | **Total** | **1815540161** | **1659200202** |
| **一、批发业** | **Wholesale Trade** | **1429540160** | **1319306765** |
| #国有控股 | State-controlledEnterprises | 636090053 | 588383236 |
| **(一)按登记注册类型** | **by Type of Registration** | | |
| **1.内资企业** | **Domestic Funded Enterprises** | **1280453301** | **1191250974** |
| 国有企业 | State-owned Enterprises | 298611401 | 268232579 |
| 集体企业 | Collective-owned Enterprises | 25213089 | 23902198 |
| 股份合作企业 | Cooperative Enterprises | 5579824 | 5317466 |
| 联营企业 | Joint Ownership Enterprises | 4021615 | 3760190 |
| 国有联营企业 | State Joint Ownership Enterprises | 1990852 | 1834653 |
| 集体联营企业 | Collective Joint Ownership Enterprises | 145629 | 138272 |
| 国有与集体联营企业 | Joint State-collective Enterprises | 1178372 | 1146602 |
| 其他联营企业 | Other Joint Ownership Enterprises | 706764 | 640662 |
| 有限责任公司 | Limited Liability Corporations | 389222368 | 367500525 |
| 国有独资公司 | State Sole Funded Corporations | 47160014 | 44770038 |
| 其他有限责任公司 | Other Limited Liability Corporations | 342062354 | 322730487 |
| 股份有限公司 | Share-holding Corporations Ltd. | 202998410 | 190428506 |
| 私营企业 | Private Enterprises | 348138708 | 326038123 |
| 私营独资企业 | Private-funded Enterprises | 15532255 | 14086532 |
| 私营合伙企业 | Private Partnership Enterprises | 3981235 | 3592479 |
| 私营有限责任公司 | Private Limited Liability Corporations | 315724621 | 296367744 |
| 私营股份有限公司 | Private Share-holding Corporations Ltd. | 12900596 | 11991368 |
| 其他企业 | Other Enterprises | 6667886 | 6071388 |
| **2.港、澳、台商投资企业** | **Enterprises with Funds from Hongkong, Macao and Taiwan** | **35548483** | **30777626** |
| 合资经营企业 | Joint-venture Enterprises | 9121774 | 8443014 |
| 合作经营企业 | Cooperative Enterprises | 524864 | 465816 |
| 独资经营企业 | Enterprises with Sole Investment | 24337030 | 20532517 |
| 投资股份有限公司 | Share-holding Corporations Ltd. with Investment | 1564815 | 1336279 |
| **3.外商投资企业** | **Foreign Funded Enterprises** | **113538376** | **97278166** |
| 中外合资经营企业 | Joint-venture Enterprises | 30569910 | 28112969 |
| 中外合作经营企业 | Cooperative Enterprises | 395491 | 304609 |
| 外资企业 | Enterprises with Sole Foreign Investment | 81898944 | 68341633 |
| 外商投资股份有限公司 | Share-holding Corporations Ltd. with Foreign Investment | 674031 | 518954 |

# Income and Distribution of Enterprises above Designated Size of Wholesale and Retail Trades

单位：万元

Unit：10000 yuan

| 主营业务税金及附加 Taxes and Other Charges on Principal Business | 主营业务利润 Profits from Principal Business | 其他业务利润 Profits from Other Business | 营业费用 Business Expenses | 管理费用 Administrative Expenses | #税金 Taxes |
|---|---|---|---|---|---|
| **7185664** | **148578705** | **9876804** | **62982518** | **35901707** | **1464470** |
| **5223183** | **106721904** | **4000255** | **40985902** | **22986637** | **881616** |
| 3130896 | 48242057 | 1476544 | 12954808 | 9520378 | 415937 |
| | | | | | |
| **5105838** | **85900326** | **2742839** | **29756189** | **18372419** | **785177** |
| 2585243 | 26801382 | 663808 | 5841685 | 6306167 | 264499 |
| 82731 | 1095576 | 349059 | 725006 | 337785 | 19294 |
| 9051 | 246772 | 11358 | 117016 | 69582 | 3483 |
| 15343 | 243182 | 7461 | 78740 | 59461 | 1684 |
| 13231 | 142735 | 3318 | 38912 | 29282 | 745 |
| 113 | 5938 | 223 | 2820 | 2195 | 165 |
| 796 | 35316 | 1943 | 16030 | 10040 | 223 |
| 1203 | 59194 | 1978 | 20977 | 17944 | 552 |
| 1210080 | 20378947 | 955959 | 9279364 | 4835015 | 193485 |
| 144665 | 2181104 | 89002 | 644360 | 725513 | 25677 |
| 1065416 | 18197843 | 866957 | 8635003 | 4109502 | 167808 |
| 303982 | 16185380 | 178331 | 4685259 | 1658338 | 87642 |
| 873357 | 20410554 | 569721 | 8813503 | 5010582 | 209958 |
| 117459 | 1269931 | 5993 | 363471 | 253794 | 20151 |
| 16562 | 328032 | 1598 | 113912 | 70100 | 3731 |
| 691514 | 17991051 | 537800 | 7978463 | 4465714 | 177968 |
| 47823 | 821540 | 24330 | 357658 | 220975 | 8108 |
| 26051 | 538533 | 7142 | 215617 | 95489 | 5133 |
| **18861** | **4685838** | **205027** | **2291677** | **1048646** | **16017** |
| | | | | | |
| 3854 | 640434 | 15515 | 290521 | 131766 | 3649 |
| 2246 | 57186 | 403 | 14035 | 6370 | 60 |
| 11756 | 3761202 | 186657 | 1904899 | 843406 | 11688 |
| 1006 | 227017 | 2451 | 82222 | 67105 | 619 |
| **98484** | **16135740** | **1052389** | **8938037** | **3565572** | **80423** |
| 31756 | 2413992 | 39822 | 1520363 | 309110 | 15559 |
| 103 | 90779 | 2138 | 53136 | 14565 | 334 |
| 64498 | 13478019 | 1006211 | 7279264 | 3219811 | 63187 |
| 2127 | 152950 | 4219 | 85273 | 22086 | 1343 |

| 项 目 | Item | #差旅费 Travel Allowance | #工会经费 Trade Unions Funds |
|---|---|---|---|
| **总 计** | **Total** | **1264216** | **256670** |
| **一、批发业** | **Wholesale Trade** | **937637** | **165953** |
| #国有控股 | State-controlled Enterprises | 229469 | 92399 |
| **(一)按登记注册类型** | **by Type of Registration** | | |
| **1.内资企业** | **Domestic Funded Enterprises** | **740340** | **151886** |
| 国有企业 | State-owned Enterprises | 135630 | 67817 |
| 集体企业 | Collective-owned Enterprises | 12102 | 3586 |
| 股份合作企业 | Cooperative Enterprises | 2670 | 1326 |
| 联营企业 | Joint Ownership Enterprises | 3013 | 532 |
| 国有联营企业 | State Joint Ownership Enterprises | 1041 | 302 |
| 集体联营企业 | Collective Joint Ownership Enterprises | 122 | 40 |
| 国有与集体联营企业 | Joint State-collective Enterprises | 936 | 125 |
| 其他联营企业 | Other Joint Ownership Enterprises | 915 | 65 |
| 有限责任公司 | Limited Liability Corporations | 203344 | 32989 |
| 国有独资公司 | State Sole Funded Corporations | 18211 | 5932 |
| 其他有限责任公司 | Other Limited Liability Corporations | 185133 | 27057 |
| 股份有限公司 | Share-holding Corporations Ltd. | 47951 | 14082 |
| 私营企业 | Private Enterprises | 329354 | 30433 |
| 私营独资企业 | Private-funded Enterprises | 15876 | 2502 |
| 私营合伙企业 | Private Partnership Enterprises | 4978 | 533 |
| 私营有限责任公司 | Private Limited Liability Corporations | 296646 | 26228 |
| 私营股份有限公司 | Private Share-holding Corporations Ltd. | 11854 | 1170 |
| 其他企业 | Other Enterprises | 6277 | 1120 |
| **2.港、澳、台商投资企业** | **Enterprises with Funds from Hongkong, Macao and Taiwan** | **42660** | **1694** |
| 合资经营企业 | Joint-venture Enterprises | 7820 | 378 |
| 合作经营企业 | Cooperative Enterprises | 148 | 1 |
| 独资经营企业 | Enterprises with Sole Investment | 31143 | 1142 |
| 投资股份有限公司 | Share-holding Corporations Ltd. with Investment | 3549 | 173 |
| **3.外商投资企业** | **Foreign Funded Enterprises** | **154636** | **12373** |
| 中外合资经营企业 | Joint-venture Enterprises | 13486 | 1476 |
| 中外合作经营企业 | Cooperative Enterprises | 286 | 25 |
| 外资企业 | Enterprises with Sole Foreign Investment | 138878 | 10752 |
| 外商投资股份有限公司 | Share-holding Corporations Ltd. with Foreign Investment | 1986 | 120 |

单位：万元
Unit：10000 yuan

| 财务费用 Financial Expense | #利息支出 Interest Expense | 营业利润 Operating Profit | 利润总额 Total Profit | 应交所得税 Income Tax Payable | 劳动、失业保险费 Unemployment Insurance | 住房公积金和住房补贴 Housing Fund and Housing Allowance |
|---|---|---|---|---|---|---|
| **6276058** | **3933130** | **53173531** | **54777625** | **10819395** | **751957** | **1116213** |
| **4288000** | **2833918** | **40864878** | **43491879** | **8641604** | **465231** | **810625** |
| 1476947 | 1110128 | 22802341 | 24299531 | 5162773 | 214600 | 514973 |
| **3994927** | **2717963** | **34678464** | **36119315** | **7201252** | **342254** | **666831** |
| 560944 | 381339 | 15287364 | 16389905 | 3692304 | 150336 | 362840 |
| 112046 | 99548 | 358884 | 529861 | 56342 | 6758 | 11037 |
| 11719 | 10295 | 55213 | 73744 | 12944 | 1367 | 1205 |
| 7780 | 4000 | 120041 | 129118 | 25337 | 724 | 1676 |
| 540 | -916 | 77323 | 83892 | 17437 | 545 | 1369 |
| 815 | 480 | 2817 | 4732 | 655 | 25 | 29 |
| 4260 | 3710 | 14068 | 12867 | 2615 | 107 | 177 |
| 2165 | 726 | 25833 | 27626 | 4630 | 47 | 102 |
| 1529579 | 1145984 | 6782011 | 7467393 | 1659521 | 92232 | 158435 |
| 322691 | 288041 | 1030090 | 1359273 | 299369 | 17402 | 29508 |
| 1206888 | 857943 | 5751921 | 6108121 | 1360151 | 74830 | 128927 |
| 382847 | 267575 | 5406771 | 5468159 | 795040 | 32065 | 70927 |
| 1369707 | 799943 | 6434657 | 5877433 | 940942 | 57989 | 59108 |
| 68114 | 26901 | 636715 | 664666 | 101961 | 2976 | 2502 |
| 15950 | 7104 | 152737 | 133080 | 20249 | 1122 | 369 |
| 1235752 | 737160 | 5447928 | 4832063 | 762355 | 46267 | 54111 |
| 49891 | 28778 | 197277 | 247624 | 56378 | 7624 | 2126 |
| 20305 | 9279 | 233524 | 183701 | 18823 | 783 | 1603 |
| **50895** | **19444** | **1553125** | **1569013** | **339813** | **79916** | **23582** |
| 15786 | 8024 | 245030 | 227038 | 39197 | 1237 | 3942 |
| 283 | 211 | 38277 | 38756 | 5976 | 56 | 160 |
| 41077 | 18450 | 1186078 | 1214021 | 274328 | 78209 | 18024 |
| -6251 | -7241 | 83740 | 89199 | 20312 | 414 | 1456 |
| **242178** | **96511** | **4633289** | **5803551** | **1100539** | **43060** | **120212** |
| 55126 | 33843 | 572313 | 570361 | 125016 | 4742 | 10773 |
| 1961 | 1750 | 23394 | 29457 | 8157 | 176 | 867 |
| 179524 | 56172 | 3993248 | 5150899 | 959268 | 37862 | 106717 |
| 5567 | 4746 | 44334 | 52834 | 8098 | 280 | 1854 |

| 项　目 | Item | 主营业务收入 Revenue from Principal Business | 主营业务成本 Cost of Principal Business |
|---|---|---|---|
| **(二)按国民经济行业分** | **by Sector** | | |
| 农畜产品批发 | Wholesale of Farm Produce and Livestock Products | 28530340 | 26561352 |
| 食品、饮料及烟草制品批发 | Wholesale of Food, Beverages and Tobaccos | 139404089 | 111544528 |
| 米、面制品及食用油批发 | Wholesale of Rice, Flour and Edible Oil | 13903047 | 12954190 |
| 肉、禽、蛋及水产品批发 | Wholesale of Meal, Fowls, Eggs and Aquatic products | 5832767 | 5164850 |
| 饮料及茶叶批发 | Wholesale of Beverages and Teas | 15026921 | 11553852 |
| 烟草制品批发 | Wholesales of Tobaccos | 84036147 | 64123111 |
| 纺织、服装及日用品批发 | Wholesale of Textiles, Garments and Daily Consumer Articles | 90495224 | 79706517 |
| 服装批发 | Wholesale of Garments | 33262318 | 29367650 |
| 鞋帽批发 | Wholesale of Shoes and Hats | 7385139 | 6145325 |
| 文化、体育用品及器材批发 | Wholesale of Culture, Sports Appliances and Equipments | 17849702 | 15938987 |
| 文具用品批发 | Wholesale of Stationeries | 4885625 | 4605013 |
| 体育用品批发 | Wholesale of Sporting goods | 2454085 | 2008224 |
| 图书批发 | Wholesale of Books | 3387756 | 2949193 |
| 医药及医疗器材批发 | Wholesale of Medicines and Medical Appliances | 61291128 | 55992481 |
| 西药批发 | Wholesale of Western medicine | 42473240 | 39346963 |
| 中药材及中成药批发 | Wholesale of Chinese traditional Medicine and Medicinal materials | 13753741 | 12415994 |
| 矿产品、建材及化工产品批发 | Wholesale of Mineral Products, Building Materials and Chemical Products | 799961182 | 761346184 |
| 煤炭及制品批发 | Wholesale of Coal and Related Products | 95792294 | 88013345 |
| 石油及制品批发 | Wholesale of Petroleum and Related Products | 267332643 | 253663209 |
| 金属及金属矿批发 | Wholesale of Metal Materials | 292400853 | 282829231 |
| 建材批发 | Wholesale of Building Materials | 40370026 | 38355312 |
| 化肥批发 | Wholesale of Chemical Fertilizer | 21479930 | 20746659 |
| 农药批发 | Wholesale of Pesticides | 3726743 | 3577265 |
| 机械设备、五金交电及电子产品批发 | Wholesale of Machinery, Hardware and Electronic Equipment | 229100641 | 209020018 |
| 汽车、摩托车及零配件批发 | Wholesale of Motor Vehicles, Motorcycles and Parts | 67749436 | 62556499 |
| 家用电器批发 | Wholesale of Household Electrical Appliances | | |
| 计算机、软件及辅助设备批发 | Wholesale of Computer, Software and | 38559242 | 35465947 |
| | Assistant Appliances | 22651486 | 21535827 |
| 通讯及广播电视设备批发 | Wholesale of Communication, Radios and Televisions equipments | 19382570 | 16582528 |
| 贸易经纪与代理 | Trade Broker and Agency | 27360665 | 25747704 |
| 其他批发 | Other Wholesale not Classified Elsewhere | 35547190 | 33448996 |

单位：万元

Unit：10000 yuan

| 主营业务税金及附加 Taxes and Other Charges on Principal Business | 主营业务利润 Profits from Principal Business | 其他业务利润 Profits from Other Business | 营业费用 Business Expenses | 管理费用 Administrative Expenses | #税金 Taxes |
|---|---|---|---|---|---|
| 73489 | 1832629 | 136737 | 705025 | 662085 | 26509 |
| 2706865 | 24718995 | 452344 | 6119275 | 5723634 | 164160 |
| 21560 | 897965 | 66323 | 606344 | 272776 | 10035 |
| 27950 | 637149 | 34982 | 185667 | 195391 | 6128 |
| 73037 | 3348805 | 37737 | 1637323 | 363502 | 12561 |
| 2483694 | 17234133 | 208821 | 2225291 | 4188484 | 106082 |
| 138866 | 10551514 | 236960 | 5406492 | 2316159 | 79152 |
| 47751 | 3835855 | 73728 | 1702217 | 890556 | 43649 |
| 6987 | 1230989 | 46602 | 487327 | 375215 | 4813 |
| 40147 | 1832853 | 103185 | 866207 | 566568 | 17153 |
| 3951 | 271300 | 23235 | 159731 | 81194 | 3993 |
| 1300 | 442532 | 1958 | 228053 | 97344 | 1618 |
| 9312 | 412492 | 39531 | 181065 | 186143 | 6833 |
| 102519 | 5029776 | 212699 | 2699498 | 1303718 | 47505 |
| 65638 | 2931401 | 90036 | 1589472 | 763339 | 30147 |
| 25842 | 1276254 | 37042 | 665470 | 300875 | 9698 |
| 1573782 | 39508312 | 1247422 | 13734860 | 6505131 | 369694 |
| 393393 | 6765987 | 140289 | 2170007 | 1074890 | 65853 |
| 229759 | 17335604 | 520824 | 5625878 | 1397449 | 114607 |
| 629698 | 8436239 | 307031 | 2869070 | 1987580 | 104142 |
| 114681 | 1774100 | 105544 | 748744 | 445224 | 22836 |
| 70927 | 539937 | 26339 | 444860 | 217750 | 12976 |
| 1857 | 142207 | 1254 | 95934 | 33537 | 1330 |
| 323710 | 19949944 | 1342502 | 9876292 | 4817273 | 135428 |
| 59215 | 5241594 | 169598 | 2847526 | 705377 | 36402 |
| 55150 | 3361432 | 242889 | 2546711 | 635015 | 19512 |
| 41492 | 1020176 | 51025 | 545159 | 297025 | 8713 |
| 29941 | 2745418 | 367917 | 893025 | 908162 | 12585 |
| 45282 | 1541929 | 136625 | 677374 | 459136 | 14491 |
| 218524 | 1755952 | 131782 | 900880 | 632933 | 27525 |

| 项　目 | Item | #差旅费 Travel Allowance | #工会经费 Trade Unions Funds |
|---|---|---|---|
| **(二)按国民经济行业** | **by Sector** | | |
| 农畜产品批发 | Wholesale of Farm Produce and Livestock Products | 22816 | 4180 |
| 食品、饮料及烟草制品批发 | Wholesale of Food, Beverages and Tobaccos | 115884 | 60614 |
| 米、面制品及食用油批发 | Wholesale of Rice, Flour and Edible Oil | 9123 | 1996 |
| 肉、禽、蛋及水产品批发 | Wholesale of Meal, Fowls, Eggs and Aquatic products | 4300 | 2611 |
| 饮料及茶叶批发 | Wholesale of Beverages and Teas | 14164 | 2877 |
| 烟草制品批发 | Wholesales of Tobaccos | 64074 | 48400 |
| 纺织、服装及日用品批发 | Wholesale of Textiles, Garments and Daily Consumer Articles | 109240 | 10630 |
| 服装批发 | Wholesale of Garments | 40981 | 3321 |
| 鞋帽批发 | Wholesale of Shoes and Hats | 11564 | 534 |
| 文化、体育用品及器材批发 | Wholesale of Culture, Sports Appliances and Equipments | 23759 | 2847 |
| 文具用品批发 | Wholesale of Stationeries | 4382 | 381 |
| 体育用品批发 | Wholesale of Sporting goods | 5725 | 246 |
| 图书批发 | Wholesale of Books | 4119 | 1317 |
| 医药及医疗器材批发 | Wholesale of Medicines and Medical Appliances | 88462 | 24205 |
| 西药批发 | Wholesale of Western medicine | 48025 | 12333 |
| 中药材及中成药批发 | Wholesale of Chinese traditional Medicine and Medicinal materials | 19209 | 10972 |
| 矿产品、建材及化工产品批发 | Wholesale of Mineral Products, Building Materials and Chemical Products | 286840 | 34730 |
| 煤炭及制品批发 | Wholesale of Coal and Related Products | 39673 | 5553 |
| 石油及制品批发 | Wholesale of Petroleum and Related Products | 48611 | 10928 |
| 金属及金属矿批发 | Wholesale of Metal Materials | 93847 | 7812 |
| 建材批发 | Wholesale of Building Materials | 19635 | 3468 |
| 化肥批发 | Wholesale of Chemical Fertilizer | 11064 | 1739 |
| 农药批发 | Wholesale of Pesticides | 5242 | 93 |
| 机械设备、五金交电及电子产品批发 | Wholesale of Machinery, Hardware and Electronic Equipment | 245271 | 21744 |
| 汽车、摩托车及零配件批发 | Wholesale of Motor Vehicles, Motorcycles and Parts | 41661 | 2713 |
| 家用电器批发 | Wholesale of Household Electrical Appliances | | |
| 计算机、软件及辅助设备批发 | Wholesale of Computer, Software and | 37202 | 5745 |
| | Assistant Appliances | 17165 | 1059 |
| 通讯及广播电视设备批发 | Wholesale of Communication, Radios and Televisions equipments | 26704 | 2796 |
| 贸易经纪与代理 | Trade Broker and Agency | 18513 | 2550 |
| 其他批发 | Other Wholesale not Classified Elsewhere | 26854 | 4453 |

3-4-1 Continued 3

单位：万元

Unit：10000 yuan

| 财务费用 Financial Expense | #利息支出 Interest Expense | 营业利润 Operating Profit | 利润总额 Total Profit | 应交所得税 Income Tax Payable | 劳动、失业保险费 Unemployment Insurance | 住房公积金和住房补贴 Housing Fund and Housing Allowance |
|---|---|---|---|---|---|---|
| 455841 | 383928 | 478766 | 889342 | 126575 | 8320 | 14690 |
| 123937 | 46943 | 13420857 | 14193547 | 3352768 | 143641 | 323832 |
| 123388 | 99699 | 74543 | 278748 | 46295 | 8256 | 8952 |
| 47318 | 28577 | 113656 | 132521 | 24880 | 3429 | 3593 |
| 21808 | 9904 | 1462532 | 1456837 | 312258 | 7164 | 7478 |
| -168100 | -161921 | 11139385 | 11690494 | 2848193 | 113271 | 276721 |
| 294007 | 179634 | 2930792 | 3152772 | 605110 | 22792 | 55115 |
| 81671 | 56294 | 1310209 | 1401733 | 253214 | 8146 | 19383 |
| 22505 | 11119 | 393909 | 403027 | 94105 | 1686 | 4133 |
| 59944 | 35811 | 479456 | 538521 | 106806 | 9851 | 23590 |
| 15091 | 9489 | 41064 | 46370 | 9952 | 1211 | 1818 |
| 17171 | 6473 | 103325 | 116706 | 30574 | 793 | 2221 |
| -1972 | -3023 | 104955 | 112250 | 15875 | 4934 | 8289 |
| 195697 | 132372 | 1232242 | 1233302 | 267967 | 29955 | 40992 |
| 138455 | 94841 | 655032 | 663895 | 156440 | 22200 | 27664 |
| 45091 | 31045 | 342494 | 317225 | 62272 | 5210 | 5727 |
| 2473446 | 1677904 | 14681550 | 14119024 | 2448510 | 99345 | 181217 |
| 208600 | 107827 | 4215083 | 4219615 | 431184 | 17874 | 20075 |
| 506318 | 412030 | 5512896 | 5186551 | 1081800 | 31801 | 85865 |
| 1110577 | 712301 | 3002766 | 2566781 | 463548 | 25871 | 31685 |
| 176095 | 122668 | 591413 | 561949 | 124488 | 5089 | 8033 |
| 138464 | 114682 | -102700 | 79745 | 93717 | 3852 | 5796 |
| 25099 | 20369 | -8912 | 20748 | 4310 | 609 | 803 |
| 453173 | 210910 | 6554576 | 7656748 | 1404853 | 136500 | 135284 |
| 146178 | 59599 | 1796912 | 1837238 | 450067 | 8162 | 17590 |
| 19870 | 16468 | 479558 | 653226 | 109668 | 6395 | 18522 |
| 19128 | 7581 | 244064 | 238289 | 39148 | 3999 | 9877 |
| 57538 | 31167 | 1309356 | 1861251 | 213043 | 8979 | 19697 |
| 116068 | 84462 | 614485 | 816289 | 139835 | 6120 | 16818 |
| 115888 | 81954 | 472155 | 892334 | 189180 | 8707 | 19088 |

3-4-1 续表 4

| 项 目 | Item | 主营业务收入 Revenue from Principal Business | 主营业务成本 Cost of Principal Business |
|---|---|---|---|
| **二、零售业** | **Retail Trade** | **386000001** | **339893437** |
| #国有控股 | State-controlled Enterprises | 92229380 | 80938989 |
| **(一)按登记注册类型** | **by Type of Registration** | | |
| **1.内资企业** | **Domestic Funded Enterprises** | **336140637** | **297830127** |
| 国有企业 | State-owned Enterprises | 28159707 | 24803476 |
| 集体企业 | Collective-owned Enterprises | 8668003 | 7518533 |
| 股份合作企业 | Cooperative Enterprises | 2553444 | 2232249 |
| 联营企业 | Joint Ownership Enterprises | 1475199 | 1333961 |
| 国有联营企业 | State Joint Ownership Enterprises | 833093 | 765332 |
| 集体联营企业 | Collective Joint Ownership Enterprises | 212385 | 180096 |
| 国有与集体联营企业 | Joint State-collective Enterprises | 276617 | 251523 |
| 其他联营企业 | Other Joint Ownership Enterprises | 153103 | 137011 |
| 有限责任公司 | Limited Liability Corporations | 118219656 | 104684158 |
| 国有独资公司 | State Sole Funded Corporations | 2045169 | 1774171 |
| 其他有限责任公司 | Other Limited Liability Corporations | 116174488 | 102909988 |
| 股份有限公司 | Share-holding Corporations Ltd. | 60946628 | 53581498 |
| 私营企业 | Private Enterprises | 112844260 | 100769174 |
| 私营独资企业 | Private-funded Enterprises | 10670618 | 9071613 |
| 私营合伙企业 | Private Partnership Enterprises | 1923764 | 1648055 |
| 私营有限责任公司 | Private Limited Liability Corporations | 93321037 | 83859183 |
| 私营股份有限公司 | Private Share-holding Corporations Ltd. | 6928842 | 6190323 |
| 其他企业 | Other Enterprises | 3273739 | 2907079 |
| **2.港、澳、台商投资企业** | **Enterprises with Funds from Hongkong, Macao and Taiwan** | **19633227** | **16701908** |
| 合资经营企业 | Joint-venture Enterprises | 6127706 | 5156088 |
| 合作经营企业 | Cooperative Enterprises | 2504944 | 2361547 |
| 独资经营企业 | Enterprises with Sole Investment | 10549082 | 8802818 |
| 投资股份有限公司 | Share-holding Corporations Ltd. with Investment | 451494 | 381455 |
| **3.外商投资企业** | **Foreign Funded Enterprises** | **30226138** | **25361402** |
| 中外合资经营企业 | Joint-venture Enterprises | 14738937 | 12701580 |
| 中外合作经营企业 | Cooperative Enterprises | 2437467 | 2022483 |
| 外资企业 | Enterprises with Sole Foreign Investment | 12185475 | 9904016 |
| 外商投资股份有限公司 | Share-holding Corporations Ltd. with Foreign Investment | 864259 | 733323 |

单位：万元
Unit：10000 yuan

| 主营业务税金及附加<br>Taxes and Other Charges on Principal Business | 主营业务利润<br>Profits from Principal Business | 其他业务利润<br>Profits from Other Business | 营业费用<br>Business Expenses | 管理费用<br>Administrative Expenses | #税金<br>Taxes |
|---|---|---|---|---|---|
| **1962481** | **41856801** | **5876549** | **21996616** | **12915070** | **582854** |
| 441065 | 10219299 | 915026 | 4533657 | 2903445 | 119306 |
| | | | | | |
| **1737370** | **34445907** | **4144731** | **16816789** | **10627910** | **519081** |
| 186420 | 2748765 | 200697 | 1254683 | 887863 | 40070 |
| 79032 | 1041313 | 70609 | 366695 | 263387 | 17823 |
| 13998 | 295959 | 31796 | 104453 | 116422 | 5404 |
| 4458 | 122224 | 9406 | 57224 | 28183 | 1186 |
| 1598 | 51311 | 3950 | 33735 | 12874 | 525 |
| 1512 | 30639 | 113 | 8086 | 2955 | 282 |
| 671 | 24859 | 1461 | 8007 | 5391 | 192 |
| 677 | 15415 | 3883 | 7396 | 6963 | 187 |
| 554466 | 12159138 | 1971449 | 6785791 | 3954343 | 197161 |
| 10544 | 254456 | 35231 | 124401 | 99438 | 4843 |
| 543922 | 11904682 | 1936218 | 6661390 | 3854905 | 192318 |
| 244020 | 6752067 | 782402 | 2892003 | 1852507 | 82477 |
| 632242 | 11003078 | 1038922 | 5194132 | 3402243 | 169184 |
| 150848 | 1395045 | 52169 | 378600 | 340585 | 27323 |
| 20682 | 242761 | 12433 | 83023 | 55787 | 4468 |
| 421541 | 8689775 | 859976 | 4404362 | 2816549 | 127400 |
| 39171 | 675497 | 114344 | 327947 | 189321 | 9993 |
| 22735 | 323363 | 39450 | 161808 | 122962 | 5776 |
| **49186** | **2800994** | **655033** | **1713109** | **945433** | **29901** |
| | | | | | |
| 22473 | 930713 | 232795 | 544066 | 255622 | 18686 |
| 1680 | 110842 | 138540 | 67491 | 82309 | 429 |
| 21338 | 1693589 | 265947 | 1061503 | 592153 | 10101 |
| 3694 | 65850 | 17752 | 40048 | 15350 | 686 |
| **175925** | **4609900** | **1076784** | **3466719** | **1341727** | **33871** |
| 127162 | 1952645 | 521403 | 1530398 | 524683 | 11088 |
| 3080 | 411705 | 86179 | 282675 | 91960 | 8663 |
| 42098 | 2119973 | 448056 | 1577956 | 668700 | 12711 |
| 3585 | 125578 | 21146 | 75690 | 56385 | 1409 |

| 项　目 | Item | #差旅费 Travel Allowance | #工会经费 Trade Unions Funds |
|---|---|---|---|
| **二、零售业** | **Retail Trade** | **326579** | **90717** |
| #国有控股 | State-controlled Enterprises | 58720 | 27814 |
| **(一)按登记注册类型** | **by Type of Registration** | | |
| **1.内资企业** | **Domestic Funded Enterprises** | **274669** | **81470** |
| 国有企业 | State-owned Enterprises | 18548 | 9457 |
| 集体企业 | Collective-owned Enterprises | 6700 | 2283 |
| 股份合作企业 | Cooperative Enterprises | 2474 | 804 |
| 联营企业 | Joint Ownership Enterprises | 385 | 146 |
| 国有联营企业 | State Joint Ownership Enterprises | 151 | 71 |
| 集体联营企业 | Collective Joint Ownership Enterprises | 101 | 30 |
| 国有与集体联营企业 | Joint State-collective Enterprises | 68 | 25 |
| 其他联营企业 | Other Joint Ownership Enterprises | 66 | 20 |
| 有限责任公司 | Limited Liability Corporations | 84124 | 22729 |
| 国有独资公司 | State Sole Funded Corporations | 1654 | 1140 |
| 其他有限责任公司 | Other Limited Liability Corporations | 82470 | 21589 |
| 股份有限公司 | Share-holding Corporations Ltd. | 36795 | 17416 |
| 私营企业 | Private Enterprises | 122966 | 27767 |
| 私营独资企业 | Private-funded Enterprises | 16000 | 3380 |
| 私营合伙企业 | Private Partnership Enterprises | 3316 | 2355 |
| 私营有限责任公司 | Private Limited Liability Corporations | 97596 | 20537 |
| 私营股份有限公司 | Private Share-holding Corporations Ltd. | 6053 | 1496 |
| 其他企业 | Other Enterprises | 2677 | 869 |
| **2.港、澳、台商投资企业** | **Enterprises with Funds from Hongkong, Macao and Taiwan** | **20349** | **3921** |
| 合资经营企业 | Joint-venture Enterprises | 3859 | 2551 |
| 合作经营企业 | Cooperative Enterprises | 2924 | 355 |
| 独资经营企业 | Enterprises with Sole Investment | 13426 | 941 |
| 投资股份有限公司 | Share-holding Corporations Ltd. with Investment | 140 | 75 |
| **3.外商投资企业** | **Foreign Funded Enterprises** | **31562** | **5325** |
| 中外合资经营企业 | Joint-venture Enterprises | 16145 | 2651 |
| 中外合作经营企业 | Cooperative Enterprises | 1897 | 511 |
| 外资企业 | Enterprises with Sole Foreign Investment | 12565 | 1892 |
| 外商投资股份有限公司 | Share-holding Corporations Ltd. with Foreign Investment | 955 | 272 |

单位：万元

Unit：10000 yuan

| 财务费用 Financial Expense | #利息支出 Interest Expense | 营业利润 Operating Profit | 利润总额 Total Profit | 应交所得税 Income Tax Payable | 劳动、失业保险费 Unemployment Insurance | 住房公积金和住房补贴 Housing Fund and Housing Allowance |
|---|---|---|---|---|---|---|
| **1988058** | **1099211** | **12308653** | **11285746** | **2177791** | **286726** | **305588** |
| 283728 | 150679 | 3658858 | 3414035 | 521504 | 95582 | 120542 |
| | | | | | | |
| **1809734** | **1046239** | **10700737** | **9753206** | **1737757** | **250538** | **233409** |
| 69355 | 39187 | 836933 | 853079 | 135835 | 52567 | 40802 |
| 37488 | 16754 | 435923 | 392479 | 43043 | 5323 | 5069 |
| 19845 | 12231 | 92669 | 85734 | 9438 | 1671 | 2517 |
| 4775 | 672 | 56151 | 45631 | 9663 | 438 | 503 |
| 2356 | 236 | 20535 | 21041 | 4978 | 129 | 254 |
| 1824 | 223 | 17863 | 7260 | 935 | 52 | 61 |
| 334 | 202 | 13050 | 13072 | 2510 | 66 | 90 |
| 261 | 11 | 4703 | 4258 | 1240 | 191 | 99 |
| 611891 | 324556 | 3192834 | 3180278 | 681807 | 88029 | 84459 |
| 5185 | 4913 | 72974 | 105164 | 18524 | 4357 | 4689 |
| 606706 | 319643 | 3119860 | 3075114 | 663284 | 83672 | 79771 |
| 365178 | 268134 | 2745335 | 2425538 | 352347 | 38713 | 66327 |
| 686530 | 378502 | 3225760 | 2675183 | 493243 | 61242 | 31891 |
| 70118 | 28399 | 684487 | 620758 | 84963 | 5724 | 2206 |
| 14493 | 4610 | 112754 | 95887 | 13720 | 3655 | 611 |
| 560245 | 323851 | 2180743 | 1774114 | 360139 | 48951 | 27238 |
| 41673 | 21643 | 247776 | 184423 | 34422 | 2912 | 1836 |
| 14673 | 6202 | 115131 | 95285 | 12381 | 2556 | 1841 |
| **64091** | **19959** | **839295** | **884451** | **207891** | **10182** | **23808** |
| | | | | | | |
| 15972 | 4437 | 371209 | 390795 | 73070 | 4360 | 10730 |
| 6256 | 1220 | 140648 | 143005 | 33496 | 1065 | 557 |
| 31272 | 4601 | 311031 | 303332 | 97177 | 4575 | 12279 |
| 10591 | 9701 | 16408 | 47319 | 4148 | 182 | 241 |
| **114232** | **33014** | **768621** | **648089** | **232143** | **26006** | **48372** |
| 38857 | 5342 | 331899 | 371755 | 99323 | 14623 | 23012 |
| 4679 | 783 | 119441 | 112364 | 26542 | 884 | 2977 |
| 66037 | 25174 | 311547 | 164938 | 99784 | 9527 | 20310 |
| 4660 | 1714 | 5735 | -968 | 6494 | 972 | 2073 |

| 项　目 | Item | 主营业务收入 Revenue from Principal Business | 主营业务成本 Cost of Principal Business |
|---|---|---|---|
| **(二)按国民经济行业分** | **by Sector** | | |
| 综合零售 | Integrated Retail | 113370618 | 96974428 |
| 百货零售 | Retail of General Merchandise | 58984757 | 49578218 |
| 超级市场零售 | Retail of Supermarkets | 49563923 | 43326587 |
| 食品、饮料及烟草制品专门零售 | Retail of Food, Beverages and Tobaccos | 6794803 | 5581426 |
| 粮油零售 | Retail of Cereal and Oil | 936073 | 844274 |
| 肉、禽、蛋及水产品零售 | Retail of meat, poultry and eggs | 1236579 | 1080755 |
| 饮料及茶叶零售 | Wholesale of Books | 988689 | 767953 |
| 烟草制品零售 | Retail of Tobaccos | 1565617 | 1263257 |
| 纺织、服装及日用品专门零售 | Special Retail of Textiles, Garments and Daily Consumer Articles | 14159527 | 10420111 |
| 服装零售 | Retail of Garments | 8765594 | 6502377 |
| 文化、体育用品及器材专门零售 | Retail of Culture, Sports Appliances and Equipments | 9823852 | 7782222 |
| 体育用品零售 | Retail of Sporting Goods | 576974 | 468705 |
| 图书零售 | Retail of Books | 4666765 | 3481003 |
| 医药及医疗器材专门零售 | Retail of Medicines and Medical Appliances | 15445726 | 13380960 |
| 药品零售 | Retail of Medicines | 14676769 | 12736201 |
| 汽车、摩托车、燃料及零配件专门零售 | Retail of Motor Vehicles, Motorcycles Fuel and Parts | 179718456 | 165238034 |
| 汽车零售 | Retail of Motor Vehicles | 120214131 | 111929048 |
| 机动车燃料零售 | Retail of Automotive Fuels | 55482119 | 49695114 |
| 家用电器及电子产品专门零售 | Special Retail of Household Electric Appliances and Electronic Products | 32476700 | 29074216 |
| 家用电器零售 | Retail of Household Electric Appliances | 22201596 | 19814099 |
| 计算机、软件及辅助设备零售 | Retail of Computer, Software and Assistant Appliances | 6246976 | 5701200 |
| 通信设备零售 | Retail of Communication Equipments | 3184753 | 2808520 |
| 五金、家具及室内装修材料专门零售 | Special Retail of Hardware, Furniture and Decoration Materials | 7609013 | 5917040 |
| 无店铺及其他零售 | Non-shop and Other Retails | 6601307 | 5525000 |
| 邮购及电子销售 | Distribution of Post and E-commerce | 1299501 | 1062716 |
| **(三)按零售业态分** | **by Modes of Business Operation** | | |
| 有店铺零售 | Store-based Retailing | 383597751 | 337892592 |
| # 超市 | Supermarket | 21221689 | 18258623 |
| 大型超市 | Hypermarket | 36110659 | 31665079 |
| 百货店 | Department Store | 49473099 | 41374331 |
| 专业店 | Speciality Store | 139941943 | 124391526 |
| 专卖店 | Exclusive Shop | 111428949 | 100927586 |
| 无店铺零售 | Non-Store Selling | 2402251 | 2000845 |

单位：万元
Unit：10000 yuan

| 主营业务税金及附加 Taxes and Other Charges on Principal Business | 主营业务利润 Profits from Principal Business | 其他业务利润 Profits from Other Business | 营业费用 Business Expenses | 管理费用 Administrative Expenses | #税金 Taxes |
|---|---|---|---|---|---|
| 811826 | 14830281 | 4025806 | 9605416 | 5617379 | 228014 |
| 444521 | 8544570 | 1660435 | 3926087 | 3563998 | 151279 |
| 319835 | 5628437 | 2262850 | 5244070 | 1860148 | 65926 |
| 91888 | 1106798 | 75527 | 489948 | 304064 | 15387 |
| 10746 | 74755 | 11144 | 48094 | 39028 | 1995 |
| 13832 | 135187 | 7948 | 49513 | 43205 | 3795 |
| 8029 | 209237 | 5745 | 104309 | 46039 | 2249 |
| 23484 | 275411 | 22036 | 71765 | 72158 | 2691 |
| 92195 | 3591335 | 145478 | 1889076 | 848484 | 32478 |
| 60274 | 2175336 | 99627 | 1121178 | 542228 | 21368 |
| 95390 | 1865214 | 128157 | 870614 | 770136 | 27859 |
| 1661 | 106370 | 5280 | 65023 | 36541 | 1010 |
| 30478 | 1090857 | 90862 | 486336 | 518706 | 21585 |
| 71099 | 1890662 | 83239 | 938028 | 605946 | 21732 |
| 68325 | 1774948 | 78667 | 882170 | 557118 | 20652 |
| 510123 | 13020509 | 467191 | 5012143 | 3020989 | 189643 |
| 309975 | 7524467 | 400395 | 2904037 | 2285331 | 140645 |
| 178532 | 5139832 | 50575 | 1972872 | 635047 | 43164 |
| 132743 | 3081361 | 780957 | 2025100 | 856762 | 31540 |
| 93265 | 2221185 | 669394 | 1558953 | 529992 | 19552 |
| 20176 | 432548 | 38884 | 216115 | 176600 | 6386 |
| 15852 | 345469 | 67869 | 211210 | 112704 | 4513 |
| 117362 | 1532106 | 122260 | 664959 | 553357 | 16552 |
| 39855 | 938535 | 47935 | 501333 | 337953 | 19650 |
| 4681 | 197370 | -1009 | 175124 | 81655 | 7723 |
| 1954707 | 41498507 | 5862662 | 21707550 | 12771388 | 574354 |
| 135872 | 2641952 | 580515 | 1978306 | 790707 | 40615 |
| 257509 | 3996768 | 1738267 | 3784521 | 1356380 | 31045 |
| 404141 | 7319379 | 1401814 | 3333717 | 3002336 | 143005 |
| 624855 | 14042210 | 1161898 | 6400012 | 3717753 | 191333 |
| 330832 | 9700824 | 454794 | 4400158 | 2464971 | 116065 |
| 7774 | 358294 | 13886 | 289066 | 143682 | 8500 |

| 项 目 | Item | #差旅费 Travel Allowance | #工会经费 Trade Unions Funds |
|---|---|---|---|
| **(二)按国民经济行业分** | **by Sector** | | |
| 综合零售 | Integrated Retail | 84814 | 37201 |
| 百货零售 | Retail of General Merchandise | 45312 | 22314 |
| 超级市场零售 | Retail of Supermarkets | 35075 | 13563 |
| 食品、饮料及烟草制品专门零售 | Retail of Food, Beverages and Tobaccos | 8443 | 3356 |
| 粮油零售 | Retail of Cereal and Oil | 1213 | 659 |
| 肉、禽、蛋及水产品零售 | Retail of meat, poultry and eggs | 1159 | 379 |
| 饮料及茶叶零售 | Wholesale of Books | 2287 | 350 |
| 烟草制品零售 | Retail of Tobaccos | 1197 | 749 |
| 纺织、服装及日用品专门零售 | Special Retail of Textiles, Garments and Daily Consumer Articles | 32351 | 5247 |
| 服装零售 | Retail of Garments | 16105 | 1899 |
| 文化、体育用品及器材专门零售 | Retail of Culture, Sports Appliances and Equipments | 17699 | 7265 |
| 体育用品零售 | Retail of Sporting Goods | 1289 | 499 |
| 图书零售 | Retail of Books | 10068 | 5664 |
| 医药及医疗器材专门零售 | Retail of Medicines and Medical Appliances | 29406 | 5013 |
| 药品零售 | Retail of Medicines | 23552 | 4807 |
| 汽车、摩托车、燃料及零配件专门零售 | Retail of Motor Vehicles, Motorcycles Fuel and Parts | 103773 | 18324 |
| 汽车零售 | Retail of Motor Vehicles | 77590 | 8961 |
| 机动车燃料零售 | Retail of Automotive Fuels | 21678 | 8709 |
| 家用电器及电子产品专门零售 | Special Retail of Household Electric Appliances and Electronic Products | 25727 | 4704 |
| 家用电器零售 | Retail of Household Electric Appliances | 10791 | 2619 |
| 计算机、软件及辅助设备零售 | Retail of Computer, Software and Assistant Appliances | 8862 | 1245 |
| 通信设备零售 | Retail of Communication Equipments | 2988 | 597 |
| 五金、家具及室内装修材料专门零售 | Special Retail of Hardware, Furniture and Decoration Materials | 11157 | 3083 |
| 无店铺及其他零售 | Non-shop and Other Retails | 13210 | 6523 |
| 邮购及电子销售 | Distribution of Post and E-commerce | 1101 | 94 |
| **(三)按零售业态分** | **by Modes of Business Operation** | | |
| 有店铺零售 | Store-based Retailing | 321621 | 90471 |
| # 超市 | Supermarket | 19904 | 7745 |
| 大型超市 | Hypermarket | 23866 | 8714 |
| 百货店 | Department Store | 40536 | 19067 |
| 专业店 | Speciality Store | 120636 | 35183 |
| 专卖店 | Exclusive Shop | 89891 | 13666 |
| 无店铺零售 | Non-Store Selling | 4959 | 247 |

单位：万元
Unit：10000 yuan

| 财务费用 Financial Expense | #利息支出 Interest Expense | 营业利润 Operating Profit | 利润总额 Total Profit | 应交所得税 Income Tax Payable | 劳动、失业保险费 Unemployment Insurance | 住房公积金和住房补贴 Housing Fund and Housing Allowance |
|---|---|---|---|---|---|---|
| 683494 | 357605 | 3675971 | 3760064 | 866966 | 113908 | 138812 |
| 483309 | 285117 | 2664751 | 2614985 | 579115 | 62508 | 84429 |
| 180874 | 62889 | 892970 | 1044245 | 264751 | 44606 | 50248 |
| 40527 | 26085 | 390042 | 436138 | 75252 | 9423 | 9193 |
| 10314 | 6908 | -2638 | 23923 | 2289 | 1999 | 1180 |
| 9519 | 6816 | 45381 | 45546 | 4795 | 889 | 672 |
| 11596 | 8068 | 56114 | 55582 | 10538 | 1314 | 1300 |
| 746 | 1579 | 167299 | 190057 | 33449 | 1853 | 2607 |
| 97985 | 47436 | 958779 | 830263 | 194674 | 17574 | 19694 |
| 59590 | 35258 | 574376 | 524686 | 138294 | 11282 | 13278 |
| 38731 | 15883 | 374063 | 343671 | 66480 | 21806 | 35342 |
| 5340 | 3380 | 4545 | 6628 | 2848 | 538 | 865 |
| 4685 | -3046 | 221792 | 214415 | 28976 | 16205 | 27546 |
| 126073 | 99404 | 374675 | 357392 | 71941 | 24298 | 15760 |
| 123359 | 97829 | 354081 | 337101 | 67863 | 23024 | 15056 |
| 758113 | 467951 | 5014700 | 4352049 | 642486 | 66820 | 54314 |
| 643797 | 409882 | 2444684 | 2100460 | 363527 | 26358 | 21130 |
| 96460 | 49475 | 2447769 | 2135374 | 260618 | 38980 | 32237 |
| 99819 | 29811 | 1013265 | 787432 | 160154 | 21341 | 17431 |
| 62533 | 11604 | 831011 | 678427 | 134438 | 15710 | 12981 |
| 19024 | 8577 | 91294 | 58794 | 14220 | 3070 | 2948 |
| 17056 | 9378 | 77971 | 43383 | 9274 | 1937 | 1076 |
| 110377 | 41659 | 321886 | 257852 | 55855 | 4991 | 7138 |
| 32939 | 13378 | 185272 | 160885 | 43983 | 6565 | 7904 |
| 7822 | 5987 | -15880 | -32295 | 1658 | 1869 | 1974 |
| 1978443 | 1093701 | 12327157 | 11320788 | 2172937 | 284451 | 302619 |
| 97098 | 55496 | 471380 | 425557 | 112523 | 19447 | 18300 |
| 125031 | 28981 | 714256 | 695860 | 205124 | 34643 | 34803 |
| 389603 | 219458 | 2367489 | 2482471 | 518206 | 58085 | 77400 |
| 537052 | 286602 | 4846428 | 4163775 | 661461 | 111468 | 108292 |
| 607178 | 384306 | 3014561 | 2775073 | 528497 | 41731 | 40399 |
| 9615 | 5510 | -18504 | -35042 | 4854 | 2275 | 2969 |

# 3-4-2 各地区限额以上批发业企业损益及分配

| 地 区 | Region | 主营业务收入 Revenue from Principal Business | 主营业务成本 Cost of Principal Business | 主营业务税金及附加 Taxes and Other Charges on Principal Business | 主营业务利润 Profits from Principal Business | 其他业务利润 Profits from Other Business | 营业费用 Business Expenses | 管理费用 Administrative Expense |
|---|---|---|---|---|---|---|---|---|
| **全 国** | **National Total** | **1429540160** | **1319306765** | **5223183** | **106721904** | **4000255** | **40985902** | **22986637** |
| 北 京 | Beijing | 196214502 | 181564735 | 260193 | 14389567 | 1212273 | 6537464 | 4092351 |
| 天 津 | Tianjin | 75824048 | 73167499 | 85397 | 2507983 | 97180 | 1003709 | 581838 |
| 河 北 | Hebei | 25592725 | 23887292 | 110600 | 1446280 | 40520 | 710982 | 367782 |
| 山 西 | Shanxi | 26136656 | 24461637 | 128825 | 1612333 | 88561 | 523107 | 526705 |
| 内蒙古 | Inner Mongolia | 14834444 | 12641728 | 145660 | 1965142 | 7336 | 381608 | 215745 |
| 辽 宁 | Liaoning | 57013858 | 53874431 | 150394 | 2795637 | 96870 | 1448374 | 604713 |
| 吉 林 | Jilin | 10161443 | 9322677 | 56685 | 742186 | 7796 | 265427 | 136705 |
| 黑龙江 | Heilongjiang | 18194226 | 15887128 | 114764 | 1661852 | 27946 | 624534 | 266934 |
| 上 海 | Shanghai | 182360185 | 169277773 | 165082 | 13192394 | 562579 | 7062446 | 2809942 |
| 江 苏 | Jiangsu | 137053599 | 125005030 | 785647 | 10809829 | 205141 | 3545758 | 2224098 |
| 浙 江 | Zhejiang | 123637298 | 116636951 | 341704 | 6651384 | 258795 | 2844242 | 1657884 |
| 安 徽 | Anhui | 25094901 | 22968675 | 147756 | 1931752 | 58330 | 975347 | 425725 |
| 福 建 | Fujian | 43671467 | 40665422 | 149013 | 2845965 | 63359 | 1099622 | 664337 |
| 江 西 | Jiangxi | 9265355 | 8061074 | 106982 | 980754 | 3666 | 312274 | 183236 |
| 山 东 | Shandong | 76631163 | 69538265 | 395687 | 11650610 | 65862 | 2010210 | 1339042 |
| 河 南 | Henan | 28241436 | 25339733 | 361235 | 2540467 | 36757 | 729775 | 668109 |
| 湖 北 | Hubei | 37640191 | 34413737 | 148005 | 2728800 | 49911 | 760695 | 544151 |
| 湖 南 | Hunan | 15681663 | 13217441 | 168540 | 1479658 | 19029 | 556443 | 524228 |
| 广 东 | Guangdong | 168891825 | 157913700 | 376981 | 10576783 | 767963 | 4549823 | 2391499 |
| 广 西 | Guangxi | 13207720 | 12052614 | 70403 | 1030985 | 21719 | 354168 | 250379 |
| 海 南 | Hainan | 4915627 | 4371228 | 25630 | 436227 | 13041 | 204678 | 91571 |
| 重 庆 | Chongqing | 26051992 | 23880085 | 176134 | 1920047 | 51081 | 893168 | 437605 |
| 四 川 | Sichuan | 23786293 | 21716246 | 231400 | 1834269 | 59695 | 643163 | 453214 |
| 贵 州 | Guizhou | 7602470 | 5840787 | 100302 | 1557028 | 39819 | 436542 | 289437 |
| 云 南 | Yunnan | 23643766 | 20993783 | 130851 | 2533367 | 61079 | 900770 | 534754 |
| 西 藏 | Tibet | 327481 | 226428 | 5025 | 96027 | 114 | 31541 | 16143 |
| 陕 西 | Shaanxi | 18714298 | 15879275 | 176793 | 2316100 | 18062 | 421144 | 249210 |
| 甘 肃 | Gansu | 11740339 | 10732404 | 37484 | 970451 | 24181 | 442412 | 134123 |
| 青 海 | Qinghai | 1761753 | 1600983 | 10080 | 132175 | 2574 | 46721 | 39941 |
| 宁 夏 | Ningxia | 3037268 | 2805345 | 15204 | 196713 | 5702 | 78422 | 43622 |
| 新 疆 | Xinjiang | 22610170 | 21362659 | 44728 | 1189138 | 33316 | 591332 | 221616 |

# Income and Distribution of Enterprises above Designated Size of Wholesale Trades by Region

单位：万元
Unit：10000 yuan

| | | | 财务费用 Financial Expense | | 营业利润 Operating Profit | 利润总额 Total Profit | 应交所得税 Income Tax Payable | 劳动、失业保险费 Unemployment Insurance | 住房公积金和住房补贴 Housing Fund and Housing Allowance |
|---|---|---|---|---|---|---|---|---|---|
| #税金 Taxes | #差旅费 Travel Allowance | #工会经费 Trade Unions Funds | | #利息支出 Interest Expense | | | | | |
| **881616** | **937637** | **165953** | **4288000** | **2833918** | **40864878** | **43491879** | **8641604** | **465231** | **810625** |
| | | | | | | | | | |
| 98682 | 176761 | 16770 | 623442 | 431245 | 6105846 | 7679405 | 1494925 | 136773 | 129798 |
| 19345 | 18151 | 2134 | 205561 | 129947 | 910128 | 975349 | 257604 | 8819 | 18038 |
| 13735 | 11411 | 2625 | 70321 | 44886 | 415907 | 485205 | 118012 | 12369 | 14210 |
| 24154 | 15740 | 3208 | 96619 | 59072 | 600161 | 667432 | 195440 | 9991 | 12110 |
| 16716 | 7859 | 1977 | 65590 | 31574 | 1469492 | 1229066 | 76002 | 5653 | 6970 |
| | | | | | | | | | |
| 28509 | 24039 | 4848 | 177737 | 123176 | 747317 | 955589 | 172975 | 9751 | 27344 |
| 5559 | 5011 | 1362 | 65847 | 61164 | 293904 | 375101 | 49696 | 2525 | 9825 |
| 21971 | 8313 | 1610 | 58436 | 46224 | 714708 | 565472 | 131486 | 7875 | 14823 |
| | | | | | | | | | |
| 77591 | 124439 | 10987 | 304783 | 142244 | 3587774 | 4174877 | 924272 | 38190 | 81322 |
| 87063 | 88695 | 7850 | 405832 | 243773 | 5203728 | 4377159 | 818215 | 35593 | 53446 |
| 70962 | 80698 | 9818 | 514112 | 397806 | 1809642 | 2562861 | 619676 | 23424 | 46354 |
| 22836 | 13457 | 3253 | 41793 | 20958 | 658427 | 712481 | 177388 | 7266 | 19925 |
| 23301 | 28850 | 4059 | 119969 | 67066 | 1059478 | 1218115 | 270219 | 7302 | 22857 |
| 7323 | 7559 | 2213 | 13422 | 7678 | 471980 | 475219 | 101225 | 3322 | 6078 |
| 65001 | 56279 | 8015 | 325872 | 164290 | 3025737 | 3020978 | 517920 | 24392 | 58956 |
| | | | | | | | | | |
| 27814 | 21511 | 7558 | 113859 | 73265 | 793764 | 888644 | 220392 | 16477 | 24392 |
| 37672 | 16269 | 4620 | 90327 | 63859 | 1219206 | 1258575 | 310573 | 9748 | 21176 |
| 25048 | 19776 | 13143 | 59655 | 29230 | 1172682 | 761435 | 149084 | 10034 | 15167 |
| 97525 | 118212 | 32380 | 512646 | 401422 | 3997039 | 3975124 | 801319 | 35688 | 73900 |
| 10459 | 9558 | 2132 | 51880 | 39979 | 410964 | 322122 | 82352 | 3748 | 12114 |
| 2667 | 6667 | 728 | 4937 | 5427 | 183787 | 202723 | 35361 | 2243 | 2687 |
| | | | | | | | | | |
| 21762 | 21750 | 5126 | 44454 | 13997 | 645069 | 644318 | 99766 | 11496 | 20477 |
| 13628 | 17622 | 3840 | 70896 | 54499 | 718071 | 844717 | 203989 | 11496 | 16916 |
| 11098 | 4998 | 2938 | 187 | -4982 | 981240 | 1053811 | 260638 | 7622 | 38055 |
| 22289 | 13158 | 6512 | 37141 | 31809 | 1153585 | 1385273 | 358763 | 10898 | 29455 |
| 67 | 751 | 148 | 856 | 633 | 47653 | 21542 | 3299 | 31 | 1025 |
| | | | | | | | | | |
| 10179 | 5678 | 2412 | 44645 | 25755 | 1638078 | 1683279 | 87797 | 3188 | 14681 |
| 2558 | 3786 | 905 | 59662 | 45746 | 358435 | 351263 | 36610 | 2279 | 4968 |
| 1321 | 1291 | 313 | 6076 | 4117 | 48967 | 59194 | 13082 | 883 | 1253 |
| 2606 | 1458 | 450 | 9917 | 6635 | 74298 | 89250 | 14747 | 887 | 1594 |
| 12178 | 7892 | 2021 | 91527 | 71428 | 347816 | 476304 | 38778 | 5270 | 10713 |

# 3-4-3 各地区限额以上批发业企业损益及分配(按登记注册类型分)

国有控股

State-controlled Enterprises

| 地区 | Region | 主营业务收入 Revenue from Principal Business | 主营业务成本 Cost of Principal Business | 主营业务税金及附加 Taxes and Other Charges on Principal Business | 主营业务利润 Profits from Principal Business | 其他业务利润 Profits from Other Business | 营业费用 Business Expenses | 管理费用 Administrative Expense |
|---|---|---|---|---|---|---|---|---|
| **全国** | **National Total** | **636090053** | **588383236** | **3130896** | **48242057** | **1476544** | **12954808** | **9520378** |
| 北京 | Beijing | 117668065 | 111916992 | 171676 | 5579398 | 315394 | 2066050 | 1412987 |
| 天津 | Tianjin | 46239512 | 45075850 | 49599 | 1088922 | 40678 | 287020 | 216127 |
| 河北 | Hebei | 11823624 | 10766255 | 98124 | 900192 | 12607 | 328764 | 231465 |
| 山西 | Shanxi | 17702130 | 16108664 | 110184 | 1165629 | 68914 | 284910 | 391190 |
| 内蒙古 | Inner Mongolia | 6848261 | 5644304 | 96945 | 1108344 | 2267 | 134494 | 94008 |
| 辽宁 | Liaoning | 37817431 | 36041936 | 102805 | 1632688 | 11462 | 875779 | 287787 |
| 吉林 | Jilin | 7184683 | 6662771 | 31848 | 472359 | 2490 | 171575 | 81518 |
| 黑龙江 | Heilongjiang | 7995360 | 6838425 | 60439 | 813947 | 11809 | 270929 | 155446 |
| 上海 | Shanghai | 65080246 | 63053267 | 77850 | 2170229 | 102234 | 715678 | 492500 |
| 江苏 | Jiangsu | 30428732 | 27408131 | 201888 | 2757789 | 45520 | 765988 | 551598 |
| 浙江 | Zhejiang | 27065440 | 24657241 | 224993 | 2181687 | 74244 | 450156 | 498109 |
| 安徽 | Anhui | 14263056 | 12934153 | 109551 | 1208986 | 34317 | 375274 | 269155 |
| 福建 | Fujian | 18013963 | 16519081 | 112362 | 1378615 | 25132 | 411611 | 315915 |
| 江西 | Jiangxi | 5601741 | 4791907 | 70262 | 654478 | 1341 | 165753 | 133778 |
| 山东 | Shandong | 26752278 | 24279825 | 175340 | 7336800 | 13232 | 632325 | 541454 |
| 河南 | Henan | 14556774 | 12644594 | 227420 | 1684760 | 20644 | 409265 | 504950 |
| 湖北 | Hubei | 17537611 | 16052668 | 107083 | 1540205 | 24733 | 433679 | 353612 |
| 湖南 | Hunan | 8126172 | 6591637 | 128659 | 917316 | 9036 | 299428 | 355591 |
| 广东 | Guangdong | 65838296 | 61942150 | 243871 | 3661852 | 481008 | 1065166 | 800244 |
| 广西 | Guangxi | 6377707 | 5605665 | 54662 | 680622 | 6785 | 182342 | 156210 |
| 海南 | Hainan | 1326543 | 1127988 | 19919 | 115618 | 3052 | 26240 | 37012 |
| 重庆 | Chongqing | 9306471 | 8294781 | 91595 | 897498 | 15896 | 305460 | 254888 |
| 四川 | Sichuan | 12274649 | 10955380 | 142124 | 1202194 | 34329 | 276317 | 292829 |
| 贵州 | Guizhou | 5625055 | 4034473 | 75600 | 1417548 | 36401 | 360532 | 239972 |
| 云南 | Yunnan | 14061927 | 12038674 | 107416 | 1933318 | 40570 | 593707 | 392657 |
| 西藏 | Tibet | 261276 | 192746 | 4446 | 64085 | 114 | 6382 | 15534 |
| 陕西 | Shaanxi | 12212826 | 9939354 | 153988 | 1990666 | 11079 | 243670 | 185119 |
| 甘肃 | Gansu | 8927075 | 8224912 | 30798 | 671365 | 12360 | 356706 | 95739 |
| 青海 | Qinghai | 1160046 | 1053706 | 7798 | 90826 | 1138 | 26976 | 25337 |
| 宁夏 | Ningxia | 1447999 | 1318334 | 7084 | 102582 | 1836 | 35865 | 17636 |
| 新疆 | Xinjiang | 16565103 | 15667370 | 34569 | 821543 | 15924 | 396769 | 120013 |

# Income and Distribution of Enterprises above Designated Size of Wholesale Trades by Region and Type of Registration

单位：万元

Unit：10000 yuan

| #税金 Taxes | #差旅费 Travel Allowance | #工会经费 Trade Unions Funds | 财务费用 Financial Expense | #利息支出 Interest Expense | 营业利润 Operating Profit | 利润总额 Total Profit | 应交所得税 Income Tax Payable | 劳动、失业保险费 Unemployment Insurance | 住房公积金和住房补贴 Housing Fund and Housing Allowance |
|---|---|---|---|---|---|---|---|---|---|
| **415937** | **229469** | **92399** | **1476947** | **1110128** | **22802341** | **24299531** | **5162773** | **214600** | **514973** |
| 57891 | 44038 | 9461 | 411696 | 315679 | 3539783 | 4009836 | 838382 | 34862 | 60012 |
| 8066 | 4912 | 1526 | 126375 | 94721 | 538005 | 611039 | 154814 | 3383 | 10062 |
| 8203 | 4261 | 2086 | 21303 | 13411 | 353791 | 346096 | 92283 | 9122 | 12242 |
| 18231 | 11311 | 2514 | 65691 | 36081 | 526019 | 576487 | 159169 | 3996 | 10618 |
| 6958 | 2351 | 1329 | 23778 | 20017 | 888755 | 836481 | 37420 | 2847 | 5371 |
| 14878 | 6304 | 3278 | 62122 | 43687 | 397943 | 613376 | 120941 | 6670 | 23141 |
| 3110 | 1226 | 924 | 50050 | 48459 | 163953 | 237264 | 26715 | 1683 | 8183 |
| 14546 | 2227 | 1244 | 19849 | 17419 | 351803 | 321829 | 74683 | 7060 | 13844 |
| 17850 | 12580 | 4122 | 50392 | 35433 | 1022960 | 1322345 | 277506 | 11124 | 17024 |
| 44178 | 19219 | 3690 | 52895 | 59145 | 1517164 | 1557142 | 384207 | 9820 | 18525 |
| 14166 | 9758 | 5131 | 18676 | 11569 | 1301411 | 1406067 | 384649 | 10370 | 20921 |
| 10912 | 5464 | 2474 | 13219 | 1314 | 603949 | 633569 | 154629 | 4879 | 14920 |
| 9766 | 6615 | 2935 | 37098 | 16949 | 673560 | 718299 | 175092 | 5010 | 15890 |
| 5253 | 3359 | 1524 | 6857 | 4307 | 321524 | 342979 | 85677 | 2999 | 5771 |
| 21874 | 8412 | 4515 | 61063 | 26574 | 1045881 | 1040628 | 239758 | 13015 | 44312 |
| 16404 | 9906 | 6054 | 73431 | 49620 | 589110 | 690556 | 185578 | 14987 | 22219 |
| 24359 | 6458 | 3237 | 35784 | 27105 | 580265 | 628148 | 156083 | 7014 | 16412 |
| 11924 | 9792 | 4660 | 22800 | 12872 | 741740 | 616508 | 127535 | 6887 | 13268 |
| 38486 | 21333 | 10730 | 167148 | 160451 | 2087982 | 1933232 | 451881 | 13060 | 47383 |
| 5298 | 3293 | 1683 | 11292 | 7003 | 345743 | 227713 | 66821 | 2339 | 10299 |
| 1475 | 585 | 375 | -160 | 1174 | 71080 | 73245 | 14124 | 1368 | 1919 |
| 11723 | 10158 | 3296 | 19122 | 4790 | 340123 | 356176 | 65808 | 7799 | 16646 |
| 7303 | 6699 | 2748 | 31538 | 30907 | 619968 | 694994 | 168701 | 8844 | 15013 |
| 9271 | 2690 | 2658 | -7060 | -8976 | 959040 | 1017727 | 251863 | 6585 | 35464 |
| 16492 | 6613 | 5329 | -11568 | -5588 | 1029001 | 1216695 | 325405 | 9628 | 27002 |
| 65 | 736 | 148 | 643 | 528 | 41640 | 15805 | 2491 | 31 | 1025 |
| 6782 | 2733 | 1981 | 18276 | 11724 | 1558630 | 1594515 | 69975 | 2845 | 12839 |
| 1471 | 1860 | 761 | 30834 | 22352 | 200447 | 193788 | 29960 | 1816 | 4170 |
| 876 | 751 | 255 | 2134 | 2047 | 37835 | 40182 | 9378 | 141 | 894 |
| 925 | 340 | 204 | 1406 | 784 | 53712 | 58547 | 7159 | 723 | 1177 |
| 7202 | 3486 | 1530 | 60263 | 48572 | 299527 | 368265 | 24087 | 3696 | 8408 |

内资企业

Domestic Funded Enterprises

| 地 区 | Region | 主营业务收入 Revenue from Principal Business | 主营业务成本 Cost of Principal Business | 主营业务税金及附加 Taxes and Other Charges on Principal Business | 主营业务利润 Profits from Principal Business | 其他业务利润 Profits from Other Business | 营业费用 Business Expenses | 管理费用 Administrative Expense |
|---|---|---|---|---|---|---|---|---|
| **全 国** | **National Total** | **1280453301** | **1191250974** | **5105838** | **85900326** | **2742839** | **29756189** | **18372419** |
| 北 京 | Beijing | 153173585 | 145393480 | 223835 | 7556263 | 469108 | 3210894 | 2248651 |
| 天 津 | Tianjin | 70913381 | 68772766 | 80363 | 1998320 | 72950 | 761896 | 461704 |
| 河 北 | Hebei | 25391118 | 23695623 | 110600 | 1436342 | 40508 | 707821 | 363827 |
| 山 西 | Shanxi | 26047751 | 24379269 | 128680 | 1605936 | 86783 | 520113 | 521887 |
| 内 蒙 古 | Inner Mongolia | 14804880 | 12615012 | 145642 | 1962313 | 7314 | 380311 | 215452 |
| 辽 宁 | Liaoning | 55950613 | 52945992 | 150124 | 2690031 | 91802 | 1394710 | 576359 |
| 吉 林 | Jilin | 10084060 | 9260281 | 53456 | 729669 | 7796 | 264378 | 135448 |
| 黑 龙 江 | Heilongjiang | 17977010 | 15692853 | 111188 | 1642487 | 27911 | 612798 | 266730 |
| 上 海 | Shanghai | 123791883 | 118672808 | 146314 | 5250568 | 217462 | 2158077 | 1308781 |
| 江 苏 | Jiangsu | 128940620 | 118702353 | 778939 | 9022480 | 160315 | 2780508 | 1749777 |
| 浙 江 | Zhejiang | 122254933 | 115370556 | 340672 | 6536446 | 255543 | 2790319 | 1626694 |
| 安 徽 | Anhui | 23594952 | 21879828 | 147745 | 1521394 | 50764 | 594208 | 387583 |
| 福 建 | Fujian | 39037290 | 36650905 | 145773 | 2229752 | 59321 | 891587 | 558886 |
| 江 西 | Jiangxi | 9039414 | 7856462 | 106933 | 959478 | 3618 | 294927 | 180435 |
| 山 东 | Shandong | 74331521 | 67479528 | 393005 | 11416336 | 64380 | 1874092 | 1308853 |
| 河 南 | Henan | 28091066 | 25208771 | 360994 | 2521300 | 36664 | 717290 | 666638 |
| 湖 北 | Hubei | 36438370 | 33311290 | 147722 | 2629671 | 46972 | 702744 | 515585 |
| 湖 南 | Hunan | 15416045 | 12996584 | 168311 | 1450440 | 18910 | 543458 | 520876 |
| 广 东 | Guangdong | 150821470 | 141670700 | 364701 | 8781995 | 701726 | 3635617 | 2035350 |
| 广 西 | Guangxi | 13074715 | 11926219 | 70401 | 1024378 | 21213 | 349819 | 248518 |
| 海 南 | Hainan | 4576534 | 4120696 | 25565 | 347821 | 7098 | 173251 | 82937 |
| 重 庆 | Chongqing | 25677242 | 23552196 | 175633 | 1874581 | 50561 | 872730 | 429765 |
| 四 川 | Sichuan | 23234519 | 21220553 | 208966 | 1802934 | 59670 | 605367 | 448496 |
| 贵 州 | Guizhou | 7576899 | 5817858 | 100302 | 1554385 | 39767 | 435495 | 288993 |
| 云 南 | Yunnan | 23404106 | 20781378 | 130737 | 2506226 | 60790 | 885965 | 528160 |
| 西 藏 | Tibet | 327481 | 226428 | 5025 | 96027 | 114 | 31541 | 16143 |
| 陕 西 | Shaanxi | 17547306 | 14739716 | 176725 | 2288735 | 18008 | 411825 | 246608 |
| 甘 肃 | Gansu | 11726682 | 10720112 | 37484 | 969086 | 24181 | 441976 | 133255 |
| 青 海 | Qinghai | 1695782 | 1541454 | 10074 | 125739 | 2574 | 46176 | 38697 |
| 宁 夏 | Ningxia | 3005605 | 2785893 | 15204 | 184503 | 5702 | 75258 | 42452 |
| 新 疆 | Xinjiang | 22506470 | 21263412 | 44725 | 1184689 | 33315 | 591040 | 218879 |

单位：万元
Unit：10000 yuan

| #税金 Taxes | #差旅费 Travel Allowance | #工会经费 Trade Unions Funds | 财务费用 Financial Expense | | 营业利润 Operating Profit | 利润总额 Total Profit | 应交所得税 Income Tax Payable | 劳动、失业保险费 Unemployment Insurance | 住房公积金和住房补贴 Housing Fund and Housing Allowance |
|---|---|---|---|---|---|---|---|---|---|
| | | | | #利息支出 Interest Expense | | | | | |
| **785177** | **740340** | **151886** | **3994927** | **2717963** | **34678464** | **36119315** | **7201252** | **342254** | **666831** |
| 68795 | 99467 | 10177 | 550683 | 417594 | 3582111 | 4161373 | 908991 | 46118 | 73605 |
| 17213 | 11962 | 1918 | 196119 | 130143 | 735554 | 822430 | 213545 | 6989 | 14300 |
| 13643 | 11198 | 2600 | 69356 | 43903 | 414038 | 483049 | 117940 | 12358 | 14184 |
| 24135 | 15569 | 3201 | 96483 | 58941 | 599799 | 667141 | 195408 | 9969 | 12106 |
| 16644 | 7841 | 1970 | 65587 | 31572 | 1468235 | 1227872 | 75984 | 5617 | 6968 |
| 28042 | 21766 | 4690 | 177230 | 123824 | 713741 | 920258 | 164758 | 9460 | 26284 |
| 5548 | 4966 | 1356 | 65806 | 61137 | 281881 | 363832 | 48363 | 2513 | 9812 |
| 21837 | 8293 | 1605 | 58264 | 46224 | 707419 | 559169 | 129231 | 7872 | 14823 |
| 35924 | 52313 | 6327 | 185061 | 88297 | 1825307 | 2268681 | 478910 | 23001 | 32511 |
| 84065 | 81146 | 7607 | 383021 | 235331 | 4629798 | 3818109 | 679344 | 26402 | 38316 |
| 70289 | 79601 | 9687 | 508693 | 392709 | 1781957 | 2522560 | 613587 | 23186 | 45653 |
| 21168 | 11937 | 3054 | 40823 | 20131 | 659616 | 714449 | 174658 | 6801 | 17930 |
| 21033 | 26123 | 3794 | 109802 | 61889 | 762518 | 910794 | 201176 | 6914 | 21013 |
| 7228 | 7284 | 2196 | 13597 | 7884 | 470626 | 473058 | 100798 | 3298 | 5957 |
| 63449 | 55446 | 7978 | 326983 | 164273 | 2952175 | 2946415 | 509421 | 23834 | 58286 |
| 27716 | 21342 | 7548 | 113958 | 73375 | 788005 | 882925 | 219697 | 16455 | 24336 |
| 37174 | 15342 | 4493 | 89222 | 63125 | 1206304 | 1242191 | 305306 | 9658 | 20153 |
| 24973 | 19616 | 13020 | 59392 | 29239 | 1144729 | 754818 | 148205 | 9956 | 15032 |
| 86721 | 96820 | 31327 | 466436 | 370180 | 3435498 | 3334747 | 693097 | 32524 | 62816 |
| 10422 | 9551 | 2132 | 51134 | 39798 | 410806 | 321918 | 82352 | 3747 | 12112 |
| 2512 | 6106 | 706 | 4365 | 5279 | 129958 | 142092 | 26928 | 2165 | 2443 |
| 21342 | 21454 | 5097 | 42610 | 13170 | 631061 | 643331 | 98964 | 11153 | 20210 |
| 13557 | 17446 | 3822 | 70894 | 54576 | 728915 | 855314 | 203584 | 11468 | 16782 |
| 11082 | 4990 | 2938 | 190 | -4978 | 980032 | 1052606 | 260451 | 7615 | 38055 |
| 22239 | 12579 | 6471 | 36371 | 31244 | 1148325 | 1379531 | 357754 | 10763 | 29362 |
| 67 | 751 | 148 | 856 | 633 | 47653 | 21542 | 3299 | 31 | 1025 |
| 9926 | 5521 | 2395 | 40166 | 25852 | 1627057 | 1672103 | 87287 | 3149 | 14504 |
| 2556 | 3747 | 902 | 59647 | 45746 | 358389 | 351233 | 36588 | 2277 | 4955 |
| 1321 | 1291 | 313 | 6052 | 4117 | 48967 | 54358 | 12356 | 883 | 1032 |
| 2457 | 1073 | 402 | 9829 | 6546 | 66511 | 81449 | 14747 | 865 | 1591 |
| 12099 | 7802 | 2011 | 96295 | 76211 | 341479 | 469966 | 38523 | 5213 | 10679 |

国有企业
State-owned Enterprises

| 地 区 | Region | 主营业务收入 Revenue from Principal Business | 主营业务成本 Cost of Principal Business | 主营业务税金及附加 Taxes and Other Charges on Principal Business | 主营业务利润 Profits from Principal Business | 其他业务利润 Profits from Other Business | 营业费用 Business Expenses | 管理费用 Administr-ative Expense |
|---|---|---|---|---|---|---|---|---|
| **全 国** | **National Total** | **298611401** | **268232579** | **2585243** | **26801382** | **663808** | **5841685** | **6306167** |
| 北 京 | Beijing | 25044271 | 23027949 | 62402 | 1953920 | 75758 | 607747 | 430370 |
| 天 津 | Tianjin | 32654161 | 31876258 | 37296 | 728304 | 29673 | 111508 | 127314 |
| 河 北 | Hebei | 6441449 | 5714397 | 91650 | 614833 | 11548 | 144203 | 181618 |
| 山 西 | Shanxi | 15124683 | 13647664 | 99579 | 1062954 | 66614 | 235093 | 352528 |
| 内蒙古 | Inner Mongolia | 2940609 | 2424945 | 52163 | 441172 | 2867 | 100045 | 94231 |
| 辽 宁 | Liaoning | 10654308 | 9845108 | 85563 | 703992 | 9893 | 146737 | 182594 |
| 吉 林 | Jilin | 4407512 | 3970986 | 42242 | 375738 | 3364 | 97389 | 89093 |
| 黑龙江 | Heilongjiang | 6699722 | 5695060 | 55607 | 697998 | 10474 | 214065 | 134916 |
| 上 海 | Shanghai | 39319262 | 38411016 | 35605 | 1087574 | 43016 | 217859 | 222082 |
| 江 苏 | Jiangsu | 13072150 | 11038979 | 183279 | 1801356 | 16674 | 290449 | 336345 |
| 浙 江 | Zhejiang | 11712350 | 9977041 | 208213 | 1525575 | 45726 | 149595 | 320011 |
| 安 徽 | Anhui | 7517987 | 6554296 | 88313 | 880025 | 27561 | 221325 | 190569 |
| 福 建 | Fujian | 8304414 | 7362690 | 101404 | 839448 | 21279 | 178199 | 236709 |
| 江 西 | Jiangxi | 3162686 | 2600211 | 56130 | 425282 | 709 | 73117 | 107237 |
| 山 东 | Shandong | 11447719 | 9962733 | 150081 | 1316186 | 14684 | 257330 | 356244 |
| 河 南 | Henan | 7878314 | 6464693 | 186737 | 1226884 | 14776 | 226686 | 403776 |
| 湖 北 | Hubei | 15872247 | 14441629 | 115301 | 1474645 | 23297 | 372521 | 346604 |
| 湖 南 | Hunan | 4928350 | 3753112 | 122236 | 757235 | 7112 | 174943 | 271390 |
| 广 东 | Guangdong | 22956289 | 21696988 | 101542 | 1152761 | 133722 | 369248 | 352046 |
| 广 西 | Guangxi | 2914220 | 2515593 | 46953 | 332521 | 6999 | 89527 | 108589 |
| 海 南 | Hainan | 1171070 | 976487 | 18904 | 112660 | 699 | 23321 | 36196 |
| 重 庆 | Chongqing | 5045486 | 4268443 | 94082 | 652816 | 9633 | 144902 | 235241 |
| 四 川 | Sichuan | 7661327 | 6532282 | 133324 | 998886 | 12196 | 196734 | 249410 |
| 贵 州 | Guizhou | 4669760 | 3130547 | 77475 | 1363854 | 36192 | 332370 | 240292 |
| 云 南 | Yunnan | 9589298 | 7806611 | 104493 | 1674202 | 21457 | 446433 | 314325 |
| 西 藏 | Tibet | 238652 | 167621 | 3740 | 67291 | 95 | 4274 | 13847 |
| 陕 西 | Shaanxi | 8086172 | 6111964 | 156823 | 1816250 | 6799 | 159655 | 185119 |
| 甘 肃 | Gansu | 2329443 | 1993571 | 31554 | 304319 | 2958 | 73896 | 70266 |
| 青 海 | Qinghai | 879146 | 800527 | 8631 | 62272 | 246 | 13187 | 16219 |
| 宁 夏 | Ningxia | 528208 | 433317 | 11174 | 83719 | 1524 | 16536 | 21704 |
| 新 疆 | Xinjiang | 5360140 | 5029864 | 22749 | 266711 | 6265 | 152792 | 79283 |

单位：万元
Unit：10000 yuan

| | | | 财务费用 Financial Expense | | 营业利润 Operating Profit | 利润总额 Total Profit | 应交所得税 Income Tax Payable | 劳动、失业保险费 Unemployment Insurance | 住房公积金和住房补贴 Housing Fund and Housing Allowance |
|---|---|---|---|---|---|---|---|---|---|
| #税金 Taxes | #差旅费 Travel Allowance | #工会经费 Trade Unions Funds | | #利息支出 Interest Expense | | | | | |
| **264499** | **135630** | **67817** | **560944** | **381339** | **15287364** | **16389905** | **3692304** | **150336** | **362840** |
| 14045 | 9388 | 3251 | 76079 | 45299 | 1201852 | 1403214 | 279411 | 8926 | 19447 |
| 4378 | 2755 | 983 | 72021 | 57532 | 467590 | 506882 | 130101 | 2178 | 6635 |
| 5221 | 2779 | 1837 | 8277 | 4063 | 305238 | 329388 | 81443 | 7505 | 10316 |
| 16946 | 9965 | 2170 | 60749 | 31904 | 513054 | 551793 | 157574 | 3753 | 9305 |
| 4142 | 2293 | 1465 | 20293 | 18217 | 222116 | 197176 | 44717 | 1460 | 5039 |
| 8740 | 3058 | 1731 | 15992 | 6326 | 326317 | 407215 | 100041 | 4948 | 14401 |
| 2915 | 1332 | 1059 | 48624 | 47394 | 135505 | 226682 | 37352 | 1645 | 7820 |
| 13513 | 1702 | 1161 | 14234 | 12732 | 312087 | 297461 | 70232 | 6629 | 11995 |
| 11011 | 4927 | 1804 | 18500 | 13650 | 672150 | 807307 | 176100 | 5870 | 6852 |
| 34929 | 14790 | 2694 | -1263 | 12267 | 1220020 | 1207744 | 297835 | 7187 | 10408 |
| 8045 | 4742 | 3359 | -22224 | -23800 | 1124748 | 1156352 | 315702 | 7305 | 12544 |
| 5636 | 3254 | 1954 | -9643 | -13154 | 500816 | 523240 | 127243 | 4058 | 11421 |
| 7051 | 4793 | 2403 | -1494 | -432 | 451769 | 460475 | 126525 | 4435 | 11632 |
| 3055 | 2500 | 1205 | 5598 | 3244 | 241821 | 264566 | 62741 | 2663 | 3968 |
| 10283 | 6522 | 3241 | 31243 | 16714 | 698675 | 715176 | 170712 | 10210 | 35936 |
| 11999 | 8160 | 5497 | 52588 | 32951 | 488193 | 576920 | 148730 | 10831 | 19741 |
| 21722 | 5672 | 3050 | 33511 | 25382 | 580763 | 633658 | 162241 | 7100 | 15553 |
| 9742 | 7723 | 3812 | 7013 | 1067 | 606502 | 570627 | 117178 | 6031 | 10844 |
| 15259 | 10669 | 6172 | 76523 | 58006 | 507148 | 428710 | 133109 | 5123 | 19475 |
| 3731 | 1846 | 1319 | 5015 | 3833 | 144839 | 153214 | 38377 | 1994 | 7998 |
| 1371 | 489 | 363 | -171 | 1178 | 69723 | 71884 | 13790 | 1362 | 1844 |
| 9603 | 7034 | 3127 | 4175 | -753 | 280780 | 309613 | 58897 | 7307 | 12824 |
| 5858 | 5413 | 2470 | 10046 | 5787 | 541403 | 611136 | 147966 | 8100 | 12618 |
| 8455 | 2574 | 2717 | -8693 | -10546 | 933131 | 994210 | 247007 | 7171 | 37239 |
| 13562 | 4350 | 4750 | -17664 | -10753 | 960387 | 1147342 | 313402 | 9116 | 24434 |
| 53 | 623 | 128 | 308 | 195 | 48957 | 16167 | 2436 | 28 | 908 |
| 5823 | 2480 | 1972 | 11142 | 6462 | 1468671 | 1501776 | 67605 | 2048 | 11641 |
| 1232 | 881 | 664 | 7917 | -13 | 155199 | 161255 | 31701 | 1805 | 3598 |
| 468 | 321 | 134 | 1556 | 1466 | 31881 | 35836 | 9606 | 80 | 449 |
| 453 | 377 | 237 | 208 | -203 | 47338 | 49185 | 12183 | 721 | 1025 |
| 5261 | 2220 | 1091 | 40484 | 35324 | 28695 | 73704 | 10350 | 2749 | 4932 |

集体企业
Collective-owned Enterprises

| 地区 | Region | 主营业务收入 Revenue from Principal Business | 主营业务成本 Cost of Principal Business | 主营业务税金及附加 Taxes and Other Charges on Principal Business | 主营业务利润 Profits from Principal Business | 其他业务利润 Profits from Other Business | 营业费用 Business Expenses | 管理费用 Administr-ative Expense |
|---|---|---|---|---|---|---|---|---|
| **全国** | **National Total** | **25213089** | **23902198** | **82731** | **1095576** | **349059** | **725006** | **337785** |
| 北京 | Beijing | 2894880 | 2839852 | 483 | 54546 | 1029 | 50014 | 13918 |
| 天津 | Tianjin | 631682 | 598983 | 3947 | 28690 | 1630 | 5187 | 12752 |
| 河北 | Hebei | 133459 | 122812 | 341 | 10306 | 2225 | 6068 | 4914 |
| 山西 | Shanxi | 800196 | 715328 | 2046 | 83473 | 3230 | 40714 | 29405 |
| 内蒙古 | Inner Mongolia | 103091 | 89565 | 1176 | 11627 | | 2410 | 2065 |
| 辽宁 | Liaoning | 174048 | 149213 | 1753 | 23083 | 370 | 6920 | 10071 |
| 吉林 | Jilin | 14885 | 13339 | | 1546 | | 793 | 297 |
| 黑龙江 | Heilongjiang | 1010747 | 830236 | 23449 | 52993 | -107 | 18978 | 9284 |
| 上海 | Shanghai | 1461057 | 1391400 | 2386 | 67272 | 4914 | 53413 | 18253 |
| 江苏 | Jiangsu | 1206740 | 1214399 | 5865 | -27554 | 2430 | 26013 | 19423 |
| 浙江 | Zhejiang | 796595 | 788065 | 3008 | 5522 | 3176 | 13019 | 11565 |
| 安徽 | Anhui | 79642 | 70961 | 45 | 10565 | 271 | 501 | 633 |
| 福建 | Fujian | 200165 | 190567 | 397 | 8054 | 1057 | 3367 | 5091 |
| 江西 | Jiangxi | 8512 | 8205 | 41 | 266 | | 29 | 93 |
| 山东 | Shandong | 2717320 | 2466668 | 13087 | 234652 | 2370 | 54555 | 62177 |
| 河南 | Henan | 1069694 | 997634 | 10114 | 61947 | 1831 | 14915 | 11663 |
| 湖北 | Hubei | 202148 | 198285 | 176 | 3689 | 357 | 1949 | 5948 |
| 湖南 | Hunan | 16723 | 11196 | 108 | 2447 | 12 | 1455 | 1499 |
| 广东 | Guangdong | 9308848 | 8907677 | 8234 | 385812 | 313165 | 382009 | 75219 |
| 广西 | Guangxi | 115106 | 108843 | 740 | 5470 | 353 | 2415 | 2065 |
| 海南 | Hainan | 8729 | 8160 | | 569 | | 311 | 127 |
| 重庆 | Chongqing | 422297 | 406433 | 931 | 14805 | 3991 | 8542 | 2906 |
| 四川 | Sichuan | 954114 | 927749 | 2649 | 23716 | 3224 | 12613 | 17798 |
| 贵州 | Guizhou | 138757 | 136887 | 95 | 1049 | 603 | 2450 | 2426 |
| 云南 | Yunnan | 106032 | 100908 | 191 | 4736 | 303 | 3168 | 2196 |
| 西藏 | Tibet | | | | | | | |
| 陕西 | Shaanxi | 53427 | 49758 | 72 | 3597 | 697 | 1305 | 1652 |
| 甘肃 | Gansu | 69627 | 63915 | 999 | 4713 | 296 | 3403 | 1344 |
| 青海 | Qinghai | 11844 | 11178 | 134 | 533 | 11 | 129 | 202 |
| 宁夏 | Ningxia | | | | | | | |
| 新疆 | Xinjiang | 502723 | 483982 | 264 | 17457 | 1622 | 8363 | 12801 |

3-4-3 Continued 3

单位：万元
Unit：10000 yuan

| #税金 Taxes | #差旅费 Travel Allowance | #工会经费 Trade Unions Funds | 财务费用 Financial Expense | #利息支出 Interest Expense | 营业利润 Operating Profit | 利润总额 Total Profit | 应交所得税 Income Tax Payable | 劳动、失业保险费 Unemployment Insurance | 住房公积金和住房补贴 Housing Fund and Housing Allowance |
|---|---|---|---|---|---|---|---|---|---|
| **19294** | **12102** | **3586** | **112046** | **99548** | **358884** | **529861** | **56342** | **6758** | **11037** |
| 489 | 572 | 23 | 14072 | 12914 | -22120 | 1809 | 548 | 167 | 394 |
| 288 | 78 | 79 | 674 | 816 | 11919 | 14524 | 3638 | 493 | 853 |
| 120 | 185 | 79 | 448 | 173 | 1259 | 2017 | 669 | 233 | 170 |
| 1174 | 276 | 158 | 1555 | 558 | 17091 | 12759 | 2793 | 618 | 683 |
| 274 | 47 | 10 | 143 | 93 | 7754 | 2249 | 34 | 15 | 2 |
| 87 | 130 | 11 | 2525 | 2313 | 1762 | 2099 | 813 | 33 | 55 |
| 11 | 4 | 1 | 333 | | 123 | 123 | | | |
| 700 | 280 | 23 | 11763 | 11229 | 5778 | 13483 | 2374 | 59 | 459 |
| 856 | 914 | 110 | 3128 | 1794 | -2608 | 4956 | 2644 | 2127 | 649 |
| 1346 | 341 | 140 | 11412 | 5241 | -70493 | 10492 | 2277 | 537 | 498 |
| 444 | 598 | 65 | 7790 | 6116 | -23213 | 25147 | 2208 | 99 | 152 |
| 33 | 10 | 3 | 155 | 128 | 9575 | 8643 | 27 | 4 | 16 |
| 174 | 157 | 49 | 120 | 40 | 1680 | 3300 | 361 | 154 | 280 |
| 3 | 14 | | 5 | 5 | 140 | 8 | 2 | | |
| 2460 | 1712 | 437 | 3583 | 10351 | 107812 | 98866 | 5632 | 467 | 979 |
| 1009 | 465 | 109 | 2581 | 1184 | 27703 | 19635 | 2923 | 296 | 250 |
| 122 | 174 | 20 | 853 | 706 | -4678 | -904 | 13 | 75 | 160 |
| 53 | 53 | 38 | 19 | | 2447 | 1819 | 247 | 10 | 18 |
| 7535 | 4689 | 1828 | 35346 | 32137 | 294179 | 284073 | 25934 | 939 | 4535 |
| 213 | 166 | 18 | 293 | 263 | 1395 | 1764 | 95 | 48 | 22 |
| 11 | 1 | 1 | 2 | 3 | 145 | 305 | 61 | 2 | |
| 70 | 84 | 7 | 835 | 101 | 6638 | 6471 | 864 | 90 | 104 |
| 660 | 633 | 86 | 6796 | 6253 | -10267 | 11346 | 1537 | 77 | 353 |
| 62 | 141 | 27 | 536 | 460 | -3266 | 457 | 88 | 19 | 44 |
| 84 | 36 | 9 | 509 | 479 | -765 | 141 | 30 | 17 | 75 |
| 62 | 20 | 3 | 141 | 23 | 1197 | 1284 | 149 | 15 | 22 |
| 191 | 198 | 11 | 397 | 347 | -136 | 286 | 104 | 27 | 51 |
| 10 | | 2 | 101 | 101 | 111 | 100 | 3 | 1 | 1 |
| 753 | 128 | 242 | 5931 | 5723 | -2279 | 2611 | 275 | 137 | 214 |

股份合作企业
Cooperative Enterprises

| 地　区 | Region | 主营业务收入 Revenue from Principal Business | 主营业务成本 Cost of Principal Business | 主营业务税金及附加 Taxes and Other Charges on Principal Business | 主营业务利润 Profits from Principal Business | 其他业务利润 Profits from Other Business | 营业费用 Business Expenses | 管理费用 Administrative Expense |
|---|---|---|---|---|---|---|---|---|
| **全　国** | **National Total** | **5579824** | **5317466** | **9051** | **246772** | **11358** | **117016** | **69582** |
| 北　京 | Beijing | 890872 | 868208 | 583 | 22082 | 1997 | 16342 | 12146 |
| 天　津 | Tianjin | 267386 | 256436 | 250 | 10145 | 471 | 9440 | 2352 |
| 河　北 | Hebei | 91400 | 81919 | 71 | 5011 | 192 | 3036 | 2530 |
| 山　西 | Shanxi | 140828 | 136466 | 286 | 17570 | -116 | 3881 | 910 |
| 内蒙古 | Inner Mongolia | 7294 | 6272 | 21 | 1001 | 12 | 2 | 28 |
| 辽　宁 | Liaoning | 39069 | 33833 | 210 | 4922 | | 782 | 607 |
| 吉　林 | Jilin | 8418 | 8430 | | -12 | | | 40 |
| 黑龙江 | Heilongjiang | 24494 | 19584 | 375 | 848 | | 437 | 237 |
| 上　海 | Shanghai | 399807 | 389899 | 239 | 9669 | 4687 | 5542 | 7282 |
| 江　苏 | Jiangsu | 304023 | 281772 | 1695 | 20556 | 200 | 8021 | 3925 |
| 浙　江 | Zhejiang | 431765 | 414487 | 926 | 16352 | 168 | 6965 | 5279 |
| 安　徽 | Anhui | 105288 | 103588 | 43 | 1495 | 12 | 649 | 704 |
| 福　建 | Fujian | 34517 | 33109 | 17 | 1390 | | 697 | 447 |
| 江　西 | Jiangxi | 100772 | 96113 | 133 | 4530 | 41 | 2068 | 1564 |
| 山　东 | Shandong | 167963 | 160853 | 512 | 6467 | -73 | 2094 | 2878 |
| 河　南 | Henan | 26578 | 21981 | 478 | 4119 | 46 | 479 | 1154 |
| 湖　北 | Hubei | 789792 | 747666 | 882 | 41302 | 532 | 22274 | 6472 |
| 湖　南 | Hunan | 75682 | 66983 | 274 | 8064 | 208 | 1843 | 1403 |
| 广　东 | Guangdong | 823885 | 790548 | 1258 | 31834 | 1511 | 10828 | 12665 |
| 广　西 | Guangxi | 246427 | 224716 | 229 | 19519 | -69 | 7809 | 1059 |
| 海　南 | Hainan | 4353 | 3885 | | 468 | 24 | 403 | 66 |
| 重　庆 | Chongqing | 229532 | 218202 | 100 | 5438 | 90 | 8090 | 2159 |
| 四　川 | Sichuan | 270358 | 261346 | 282 | 8730 | 702 | 2314 | 2004 |
| 贵　州 | Guizhou | 24024 | 22515 | 125 | 1077 | 499 | 603 | 404 |
| 云　南 | Yunnan | 44588 | 39444 | 54 | 2805 | 32 | 1365 | 942 |
| 西　藏 | Tibet | | | | | | | |
| 陕　西 | Shaanxi | 2134 | 2007 | 6 | 24 | 35 | 94 | 3 |
| 甘　肃 | Gansu | 26568 | 25246 | 2 | 1320 | 157 | 926 | 316 |
| 青　海 | Qinghai | 2009 | 1962 | | 46 | | 34 | 8 |
| 宁　夏 | Ningxia | | | | | | | |
| 新　疆 | Xinjiang | | | | | | | |

3-4-3 Continued 4

单位：万元
Unit：10000 yuan

| | | | 财务费用 Financial Expense | | 营业利润 Operating Profit | 利润总额 Total Profit | 应交所得税 Income Tax Payable | 劳动、失业保险费 Unemployment Insurance | 住房公积金和住房补贴 Housing Fund and Housing Allowance |
|---|---|---|---|---|---|---|---|---|---|
| #税金 Taxes | #差旅费 Travel Allowance | #工会经费 Trade Unions Funds | | #利息支出 Interest Expense | | | | | |
| **3483** | **2670** | **1326** | **11719** | **10295** | **55213** | **73744** | **12944** | **1367** | **1205** |
| | | | | | | | | | |
| 585 | 509 | 31 | 4772 | 4244 | -8917 | -8756 | 486 | 122 | 143 |
| 50 | 40 | 16 | 367 | -81 | -989 | -2700 | 140 | 20 | 76 |
| 85 | 137 | 4 | 260 | 248 | -346 | -117 | 241 | 61 | 35 |
| 46 | 65 | 49 | 68 | 53 | -602 | -780 | | 1 | |
| 21 | 6 | 1 | | | 982 | 982 | 8 | 4 | |
| | | | | | | | | | |
| 41 | 135 | 17 | 219 | 69 | 2601 | 2469 | 31 | 5 | 5 |
| 3 | | 1 | | | -52 | -47 | | | |
| 21 | 7 | 1 | 8 | 7 | 223 | 306 | 50 | | 1 |
| | | | | | | | | | |
| 80 | 64 | 89 | -7 | -80 | 1539 | 7690 | 1222 | 655 | 86 |
| 110 | 300 | 19 | 1474 | 1188 | 7360 | 7907 | 1079 | 31 | 69 |
| 333 | 210 | 17 | 2558 | 2231 | 2889 | 3045 | 721 | 51 | 180 |
| 98 | 27 | 2 | 264 | 188 | 362 | 297 | 31 | 20 | 2 |
| 85 | 30 | 2 | 138 | 87 | 108 | 47 | 58 | 6 | 6 |
| 63 | 21 | 1 | 115 | 41 | 949 | 549 | 189 | 3 | 3 |
| 326 | 25 | | 422 | 188 | 1125 | 1400 | 206 | 18 | 12 |
| | | | | | | | | | |
| 39 | 15 | 2 | 66 | 46 | 2045 | 1334 | 329 | 19 | 23 |
| 636 | 139 | 24 | 249 | 55 | 12953 | 14770 | 1553 | 57 | 163 |
| 21 | 4 | 6 | 448 | 1 | 4760 | 1509 | 81 | 12 | 22 |
| 546 | 754 | 975 | -1448 | 334 | 11336 | 27131 | 2487 | 143 | 199 |
| 128 | 47 | 21 | 46 | -1 | 10465 | 10326 | 2600 | 18 | 141 |
| | | | 24 | | | | | 1 | |
| | | | | | | | | | |
| 51 | 41 | 23 | 445 | 433 | 629 | 429 | 84 | 93 | 22 |
| 16 | 19 | 7 | 707 | 677 | 4407 | 4408 | 978 | 7 | |
| 45 | 26 | 13 | 157 | 37 | 533 | 596 | 95 | 1 | 6 |
| 39 | 19 | 5 | 169 | 134 | 754 | 750 | 235 | 6 | 8 |
| | | | | | | | | | |
| | | | | | 58 | 58 | 15 | | |
| 14 | 28 | 2 | 140 | 140 | 95 | 138 | 26 | 14 | 3 |
| 1 | 1 | | 58 | 58 | -53 | 4 | 1 | | 2 |

联营企业
Joint Ownership Enterprises

| 地区 | Region | 主营业务收入 Revenue from Principal Business | 主营业务成本 Cost of Principal Business | 主营业务税金及附加 Taxes and Other Charges on Principal Business | 主营业务利润 Profits from Principal Business | 其他业务利润 Profits from Other Business | 营业费用 Business Expenses | 管理费用 Administrative Expense |
|---|---|---|---|---|---|---|---|---|
| **全国** | **National Total** | **4021615** | **3760190** | **15343** | **243182** | **7461** | **78740** | **59461** |
| 北京 | Beijing | 19139 | 18252 | 17 | 870 | 727 | 395 | 1195 |
| 天津 | Tianjin | 106734 | 99606 | 113 | 6476 | 253 | 4967 | 1410 |
| 河北 | Hebei | 20879 | 20379 | 40 | 460 | 570 | 517 | 298 |
| 山西 | Shanxi | | | | | | | |
| 内蒙古 | Inner Mongolia | 4971 | 4737 | 5 | 229 | | 588 | 65 |
| 辽宁 | Liaoning | 3069 | 2744 | 18 | 306 | | 202 | 365 |
| 吉林 | Jilin | | | | | | | |
| 黑龙江 | Heilongjiang | 96004 | 84484 | 116 | 11404 | | 11607 | 427 |
| 上海 | Shanghai | 1062876 | 1023157 | 2124 | 37596 | 1861 | 11234 | 7742 |
| 江苏 | Jiangsu | 153179 | 143098 | 230 | 9783 | 166 | 3985 | 1422 |
| 浙江 | Zhejiang | 401161 | 376045 | 545 | 24571 | 30 | 5967 | 3867 |
| 安徽 | Anhui | 1535 | 1499 | | 36 | | 22 | 11 |
| 福建 | Fujian | 182384 | 176531 | 225 | 5465 | 65 | 3521 | 2628 |
| 江西 | Jiangxi | | | | | | | |
| 山东 | Shandong | 105220 | 104970 | 175 | 3991 | 3 | 4858 | 1956 |
| 河南 | Henan | 13961 | 13273 | 108 | 580 | | 598 | 1404 |
| 湖北 | Hubei | 314634 | 299540 | 231 | 14863 | 6 | 6086 | 2055 |
| 湖南 | Hunan | 41626 | 28472 | 175 | 6990 | | 4082 | 1833 |
| 广东 | Guangdong | 1198531 | 1090957 | 8813 | 98702 | 1830 | 15866 | 27623 |
| 广西 | Guangxi | | | | | | | |
| 海南 | Hainan | | | | | | | |
| 重庆 | Chongqing | 79511 | 75936 | 684 | 2891 | 256 | 1156 | 790 |
| 四川 | Sichuan | 7669 | 6998 | 3 | 669 | 3 | 678 | 17 |
| 贵州 | Guizhou | | | | | | | |
| 云南 | Yunnan | 148593 | 143127 | 58 | 5409 | 631 | 1928 | 1237 |
| 西藏 | Tibet | | | | | | | |
| 陕西 | Shaanxi | 59940 | 46385 | 1662 | 11894 | 1062 | 483 | 3115 |
| 甘肃 | Gansu | | | | | | | |
| 青海 | Qinghai | | | | | | | |
| 宁夏 | Ningxia | | | | | | | |
| 新疆 | Xinjiang | | | | | | | |

3-4-3 Continued 5

单位：万元
Unit：10000 yuan

| | | | 财务费用 Financial Expense | | 营业利润 Operating Profit | 利润总额 Total Profit | 应交所得税 Income Tax Payable | 劳动、失业保险费 Unemployment Insurance | 住房公积金和住房补贴 Housing Fund and Housing Allowance |
|---|---|---|---|---|---|---|---|---|---|
| #税金 Taxes | #差旅费 Travel Allowance | #工会经费 Trade Unions Funds | | #利息支出 Interest Expense | | | | | |
| **1684** | **3013** | **532** | **7780** | **4000** | **120041** | **129118** | **25337** | **724** | **1676** |
| 35 | 19 | 1 | 13 | 12 | 109 | 74 | 13 | 8 | 17 |
| 29 | 56 | 5 | 763 | 414 | 91 | 512 | 285 | 14 | 15 |
| 10 | 15 | 2 | -4 | -5 | 219 | 54 | 6 | 1 | 9 |
| 2 | 5 | 2 | 101 | 101 | -523 | 17 | | 1 | |
| | | | 56 | 56 | -318 | -318 | 1 | 2 | 10 |
| 46 | 40 | | -4142 | -4142 | 3512 | 4098 | 1025 | | |
| 212 | 755 | 142 | 1078 | 618 | 19403 | 19890 | 4894 | 80 | 203 |
| 32 | 163 | 9 | 506 | 491 | 4106 | 5128 | 504 | 43 | 56 |
| 101 | 237 | 18 | 1560 | 991 | 14341 | 14934 | 3517 | 67 | 141 |
| | 1 | | 1 | 1 | 1 | 1 | | | 1 |
| 70 | 206 | 13 | 452 | 393 | -1063 | 1021 | 85 | 11 | 58 |
| 151 | 29 | 32 | 325 | 225 | 4382 | 4329 | 53 | 9 | 19 |
| 3 | 12 | 3 | 402 | 402 | -1823 | 469 | 81 | 11 | |
| 159 | 125 | 23 | -26 | -130 | 6753 | 6998 | 1491 | 5 | 51 |
| 43 | 55 | 39 | 295 | 109 | 6739 | 5621 | 451 | 13 | 37 |
| 684 | 968 | 177 | 5498 | 4030 | 51602 | 52183 | 11492 | 108 | 714 |
| 25 | 105 | 7 | 411 | 2 | 790 | 2392 | 155 | 8 | 37 |
| | | | -10 | -10 | -13 | -3 | | 1 | 2 |
| 52 | 60 | 9 | 352 | 326 | 2522 | 2504 | 505 | 46 | 36 |
| 32 | 163 | 51 | 148 | 115 | 9211 | 9211 | 777 | 297 | 271 |

有限责任公司
Limited Liability Corporations

| 地区 | Region | 主营业务收入 Revenue from Principal Business | 主营业务成本 Cost of Principal Business | 主营业务税金及附加 Taxes and Other Charges on Principal Business | 主营业务利润 Profits from Principal Business | 其他业务利润 Profits from Other Business | 营业费用 Business Expenses | 管理费用 Administrative Expense |
|---|---|---|---|---|---|---|---|---|
| **全国** | **National Total** | **389222368** | **367500525** | **1210080** | **20378947** | **955959** | **9279364** | **4835015** |
| 北京 | Beijing | 81031972 | 77343000 | 107490 | 3581481 | 276093 | 1614104 | 1106497 |
| 天津 | Tianjin | 17516839 | 16959815 | 15449 | 514294 | 17245 | 245036 | 128810 |
| 河北 | Hebei | 7807470 | 7437832 | 9314 | 287868 | 14536 | 219217 | 72194 |
| 山西 | Shanxi | 5864860 | 5973072 | 18235 | 262259 | 12660 | 142615 | 83529 |
| 内蒙古 | Inner Mongolia | 2944326 | 2589712 | 7039 | 314581 | 813 | 87496 | 40149 |
| 辽宁 | Liaoning | 9600597 | 9085364 | 20786 | 454297 | 9646 | 173180 | 118207 |
| 吉林 | Jilin | 1108361 | 1019771 | 6118 | 81484 | 3264 | 48592 | 18798 |
| 黑龙江 | Heilongjiang | 4126672 | 3671569 | 13019 | 328617 | 6554 | 162710 | 66767 |
| 上海 | Shanghai | 29630140 | 28030198 | 71742 | 1572833 | 86319 | 709183 | 381133 |
| 江苏 | Jiangsu | 28478738 | 26501173 | 313054 | 1597877 | 67807 | 711043 | 311288 |
| 浙江 | Zhejiang | 45173343 | 43076747 | 52629 | 2043552 | 102689 | 1141003 | 478973 |
| 安徽 | Anhui | 5679658 | 5372845 | 27879 | 228304 | 12092 | 114305 | 90393 |
| 福建 | Fujian | 10691977 | 10145384 | 12974 | 528377 | 13614 | 280222 | 133382 |
| 江西 | Jiangxi | 2867667 | 2545919 | 37123 | 312903 | 1600 | 150296 | 49145 |
| 山东 | Shandong | 22398207 | 20682750 | 82930 | 1590050 | 34000 | 579828 | 325568 |
| 河南 | Henan | 9590952 | 9030386 | 76260 | 484305 | 15280 | 212137 | 91717 |
| 湖北 | Hubei | 4754558 | 4428936 | 10066 | 312959 | 18350 | 115435 | 68775 |
| 湖南 | Hunan | 3982356 | 3553280 | 8370 | 240700 | 3978 | 130834 | 87232 |
| 广东 | Guangdong | 53203902 | 49840533 | 165225 | 3262389 | 153154 | 1224224 | 634842 |
| 广西 | Guangxi | 3466773 | 3239241 | 13971 | 210452 | 1135 | 60588 | 49207 |
| 海南 | Hainan | 2606520 | 2427149 | 2986 | 176653 | 2647 | 113846 | 28478 |
| 重庆 | Chongqing | 7201567 | 6702531 | 28662 | 450719 | 8368 | 235744 | 82275 |
| 四川 | Sichuan | 9435977 | 8921716 | 60050 | 445933 | 33874 | 212021 | 116777 |
| 贵州 | Guizhou | 1754062 | 1612067 | 4331 | 135439 | 1367 | 69507 | 35703 |
| 云南 | Yunnan | 5531801 | 5172605 | 12949 | 345928 | 23157 | 188666 | 95269 |
| 西藏 | Tibet | 82836 | 53423 | 1281 | 28133 | 19 | 27226 | 2217 |
| 陕西 | Shaanxi | 2724209 | 2537280 | 12995 | 161194 | 5010 | 93570 | 31186 |
| 甘肃 | Gansu | 1617973 | 1530080 | 1999 | 85894 | 8362 | 46560 | 13687 |
| 青海 | Qinghai | 261833 | 233076 | 698 | 22947 | 1145 | 12235 | 8620 |
| 宁夏 | Ningxia | 614188 | 598203 | 884 | 15238 | 2292 | 13189 | 6444 |
| 新疆 | Xinjiang | 7472036 | 7184868 | 13573 | 301287 | 18891 | 144753 | 77757 |

3-4-3 Continued 6

单位：万元

Unit：10000 yuan

| #税金 Taxes | #差旅费 Travel Allowance | #工会经费 Trade Unions Funds | 财务费用 Financial Expense | #利息支出 Interest Expense | 营业利润 Operating Profit | 利润总额 Total Profit | 应交所得税 Income Tax Payable | 劳动、失业保险费 Unemployment Insurance | 住房公积金和住房补贴 Housing Fund and Housing Allowance |
|---|---|---|---|---|---|---|---|---|---|
| **193485** | **203344** | **32989** | **1529579** | **1145984** | **6782011** | **7467393** | **1659521** | **92232** | **158435** |
| 35523 | 46899 | 5246 | 455293 | 377434 | 1365724 | 1673300 | 469374 | 30504 | 43007 |
| 5047 | 3223 | 663 | 68775 | 43361 | 129961 | 173297 | 44630 | 1506 | 4874 |
| 3224 | 2791 | 303 | 28859 | 21345 | 31230 | 50565 | 16843 | 1517 | 1416 |
| 3192 | 2748 | 505 | 14830 | 10833 | 49011 | 66043 | 14257 | 588 | 1661 |
| 2909 | 1833 | 238 | 4577 | 2510 | 202884 | 63841 | 8849 | 1349 | 217 |
| 5736 | 5205 | 692 | 53236 | 36426 | 119747 | 126710 | 26077 | 1317 | 3089 |
| 649 | 1095 | 155 | 8205 | 7622 | 12871 | 27563 | 6696 | 207 | 306 |
| 3317 | 3196 | 230 | 23310 | 18666 | 91772 | 72837 | 17752 | 581 | 672 |
| 9307 | 13917 | 2424 | 37191 | 21855 | 534968 | 700459 | 145211 | 6349 | 11990 |
| 9793 | 11636 | 1450 | 84005 | 63539 | 680294 | 497093 | 104109 | 5290 | 8530 |
| 23637 | 23076 | 3937 | 172006 | 129066 | 375988 | 646100 | 145851 | 6416 | 13629 |
| 3983 | 2800 | 653 | 16753 | 14912 | 100539 | 120138 | 31858 | 1700 | 3247 |
| 5768 | 9181 | 736 | 36175 | 28814 | 97224 | 144745 | 34887 | 1068 | 4951 |
| 1229 | 3123 | 817 | -426 | -1218 | 114915 | 95607 | 21953 | 408 | 1036 |
| 13559 | 11221 | 1928 | 130350 | 64246 | 610046 | 673151 | 133035 | 8611 | 15955 |
| 4322 | 5405 | 660 | 18339 | 11748 | 66475 | 76538 | 19760 | 1159 | 1653 |
| 7161 | 3511 | 594 | 30882 | 23281 | 77355 | 60274 | 11355 | 989 | 1582 |
| 3833 | 3190 | 1593 | 12579 | 4444 | 192924 | 82422 | 9534 | 1079 | 2499 |
| 29176 | 22755 | 5949 | 187118 | 154664 | 1330691 | 1379085 | 253509 | 13044 | 23591 |
| 2522 | 1359 | 403 | 19638 | 17831 | 84269 | 98692 | 21298 | 850 | 2357 |
| 689 | 3146 | 202 | 2323 | 2136 | 34206 | 42805 | 7798 | 545 | 427 |
| 3057 | 6159 | 756 | 18360 | 7955 | 131735 | 133899 | 19121 | 1253 | 2057 |
| 3852 | 6542 | 765 | 34994 | 33127 | 119278 | 160881 | 35230 | 2122 | 2535 |
| 1825 | 1878 | 141 | 5061 | 4168 | 29196 | 32152 | 8442 | 353 | 619 |
| 4388 | 2468 | 1147 | 17312 | 12642 | 89449 | 112569 | 21787 | 864 | 3254 |
| 14 | 128 | 20 | 447 | 438 | -1685 | 4993 | 863 | 3 | 117 |
| 1430 | 1338 | 195 | 10278 | 5416 | 36252 | 38284 | 4594 | 164 | 744 |
| 403 | 654 | 47 | 5725 | 3459 | 28285 | 9786 | 3012 | 67 | 143 |
| 241 | 359 | 38 | 745 | 401 | 6883 | 7548 | 1893 | 749 | 142 |
| 322 | 132 | 52 | 2267 | 1969 | -4315 | -958 | 789 | 29 | 39 |
| 3379 | 2378 | 451 | 30374 | 22897 | 43840 | 96980 | 19157 | 1555 | 2100 |

股份有限公司
Share-holding Corporations Ltd.

| 地 区 | Region | 主营业务收入 Revenue from Principal Business | 主营业务成本 Cost of Principal Business | 主营业务税金及附加 Taxes and Other Charges on Principal Business | 主营业务利润 Profits from Principal Business | 其他业务利润 Profits from Other Business | 营业费用 Business Expenses | 管理费用 Administrative Expense |
|---|---|---|---|---|---|---|---|---|
| **全 国** | **National Total** | **202998410** | **190428506** | **303982** | **16185380** | **178331** | **4685259** | **1658338** |
| 北 京 | Beijing | 21431959 | 20717204 | 26101 | 688654 | 39364 | 229291 | 190921 |
| 天 津 | Tianjin | 750368 | 694075 | 2905 | 52742 | 2212 | 27661 | 13910 |
| 河 北 | Hebei | 5015902 | 4661170 | 4466 | 305630 | 6391 | 192690 | 54195 |
| 山 西 | Shanxi | 402187 | 376400 | 1722 | 22424 | 1080 | 11423 | 13979 |
| 内蒙古 | Inner Mongolia | 6070277 | 5196850 | 60850 | 836240 | 1328 | 63985 | 31257 |
| 辽 宁 | Liaoning | 24370139 | 23530617 | 10615 | 802460 | -544 | 684022 | 76399 |
| 吉 林 | Jilin | 2959408 | 2787361 | 2103 | 168386 | -41 | 83848 | 4117 |
| 黑龙江 | Heilongjiang | 1199522 | 1078509 | 4204 | 111520 | 2153 | 55226 | 9446 |
| 上 海 | Shanghai | 13113133 | 12495388 | 8570 | 609174 | 18077 | 259384 | 140026 |
| 江 苏 | Jiangsu | 18657058 | 17563832 | 23125 | 992944 | 19864 | 456611 | 182907 |
| 浙 江 | Zhejiang | 11490868 | 10708951 | 13920 | 767996 | 35213 | 379334 | 167380 |
| 安 徽 | Anhui | 5611228 | 5374933 | 6251 | 213985 | 4532 | 135649 | 49977 |
| 福 建 | Fujian | 7210955 | 6887692 | 12379 | 309940 | 9165 | 157009 | 41650 |
| 江 西 | Jiangxi | 1633446 | 1505314 | 1795 | 96039 | -152 | 47400 | 11586 |
| 山 东 | Shandong | 12763177 | 11848161 | 11859 | 5968118 | -4385 | 336301 | 129917 |
| 河 南 | Henan | 4600798 | 4210523 | 30628 | 359647 | -2092 | 132447 | 88690 |
| 湖 北 | Hubei | 10435249 | 9363489 | 14033 | 562149 | 1286 | 75277 | 29662 |
| 湖 南 | Hunan | 1585656 | 1395785 | 3541 | 76850 | 1627 | 71481 | 42647 |
| 广 东 | Guangdong | 24875616 | 23621691 | 23853 | 1231134 | 12886 | 300860 | 207907 |
| 广 西 | Guangxi | 2336995 | 2051833 | 3252 | 262679 | 2965 | 77118 | 32778 |
| 海 南 | Hainan | 189960 | 160144 | 1345 | 12841 | 2189 | 12427 | 4371 |
| 重 庆 | Chongqing | 2510349 | 2359363 | 4037 | 150839 | 1426 | 105734 | 15228 |
| 四 川 | Sichuan | 1104575 | 1027753 | 1409 | 73973 | 456 | 54138 | 5500 |
| 贵 州 | Guizhou | 794448 | 736537 | 17946 | 37772 | 955 | 19693 | 6667 |
| 云 南 | Yunnan | 2190840 | 2043716 | 2751 | 165509 | 7138 | 88612 | 39491 |
| 西 藏 | Tibet | | | | | | | |
| 陕 西 | Shaanxi | 5136569 | 4569410 | 3132 | 235867 | 1593 | 105806 | 11274 |
| 甘 肃 | Gansu | 6672114 | 6137438 | 1123 | 533553 | 11072 | 289393 | 33722 |
| 青 海 | Qinghai | 385071 | 351877 | 385 | 32811 | 918 | 16211 | 10914 |
| 宁 夏 | Ningxia | 1050103 | 980628 | 395 | 49081 | 429 | 23255 | 2069 |
| 新 疆 | Xinjiang | 6450442 | 5991862 | 5285 | 454423 | 1226 | 192972 | 9749 |

3-4-3 Continued 7

单位：万元
Unit：10000 yuan

| #税金 Taxes | #差旅费 Travel Allowance | #工会经费 Trade Unions Funds | 财务费用 Financial Expense | #利息支出 Interest Expense | 营业利润 Operating Profit | 利润总额 Total Profit | 应交所得税 Income Tax Payable | 劳动、失业保险费 Unemployment Insurance | 住房公积金和住房补贴 Housing Fund and Housing Allowance |
|---|---|---|---|---|---|---|---|---|---|
| **87642** | **47951** | **14082** | **382847** | **267575** | **5406771** | **5468159** | **795040** | **32065** | **70927** |
| | | | | | | | | | |
| 10884 | 5068 | 1135 | -43265 | -49088 | 935480 | 941793 | 110316 | 1790 | 5184 |
| 301 | 457 | 134 | 1824 | 1432 | 12237 | 15695 | 1953 | 106 | 616 |
| 2968 | 2300 | 174 | 9649 | 5323 | 64957 | 85339 | 13425 | 2671 | 1702 |
| 433 | 556 | 175 | 889 | 621 | -1553 | 1128 | 1180 | 76 | 402 |
| 4880 | 1517 | 52 | 29010 | 2838 | 753508 | 713902 | 7127 | 1808 | 1436 |
| | | | | | | | | | |
| 5279 | 2619 | 1581 | 34656 | 31639 | 31106 | 145231 | 9703 | 1456 | 7229 |
| 754 | 70 | 9 | 1886 | 1178 | 80007 | 63749 | 33 | 234 | 1543 |
| 930 | 476 | 30 | 2399 | 660 | 51905 | 29783 | 2555 | 478 | 1621 |
| | | | | | | | | | |
| 2320 | 2243 | 790 | 22862 | 8575 | 210851 | 251395 | 51225 | 2888 | 6440 |
| 10389 | 4505 | 692 | 28348 | 34121 | 446586 | 491301 | 76151 | 2859 | 5486 |
| 5892 | 4596 | 1059 | 79269 | 79608 | 86214 | 188802 | 53221 | 2908 | 5830 |
| 5025 | 1851 | 267 | 24116 | 13892 | 24354 | 31856 | 7462 | 483 | 2295 |
| 1211 | 627 | 154 | 27284 | 7480 | 121182 | 170573 | 18775 | 386 | 2907 |
| 1873 | 763 | 134 | 2471 | 2374 | 28712 | 26816 | 10424 | 185 | 924 |
| 8977 | 2342 | 754 | 10464 | 4536 | 398330 | 366714 | 60481 | 953 | 2767 |
| | | | | | | | | | |
| 3992 | 1706 | 717 | 16877 | 12655 | 81949 | 89933 | 30591 | 3571 | 1712 |
| 2650 | 1070 | 214 | 316 | 422 | 497877 | 496307 | 121342 | 431 | 917 |
| 1447 | 974 | 716 | 15754 | 14139 | 59893 | -3283 | 5782 | 384 | 720 |
| 7345 | 5504 | 3820 | 38882 | 33460 | 657707 | 628972 | 157371 | 5336 | 7434 |
| 933 | 1014 | 185 | 6650 | 5091 | 150347 | 24688 | 16170 | 268 | 1325 |
| 94 | 599 | 75 | 1737 | 1394 | 12577 | 13980 | 2474 | 83 | 128 |
| | | | | | | | | | |
| 2224 | 2234 | 189 | 8515 | 3778 | 21210 | 16369 | 2319 | 564 | 3263 |
| 585 | 525 | 97 | 2694 | 1753 | 11922 | 10719 | 2323 | 236 | 734 |
| 576 | 137 | 27 | 1724 | 733 | 18815 | 23093 | 4367 | 61 | 136 |
| 1455 | 1714 | 301 | 7416 | 5837 | 38965 | 43097 | 9615 | 476 | 1271 |
| | | | | | | | | | |
| 1544 | 525 | 149 | 13453 | 12945 | 118946 | 128207 | 12567 | 533 | 1651 |
| 368 | 966 | 147 | 22767 | 22361 | 198744 | 166564 | 748 | 316 | 1157 |
| 566 | 475 | 130 | 2567 | 1863 | 5438 | 8298 | 674 | 52 | 439 |
| 570 | 32 | 37 | 737 | 402 | 27000 | 29942 | 101 | 34 | 458 |
| 1180 | 488 | 138 | 10866 | 5554 | 261507 | 267196 | 4567 | 442 | 3201 |

私营企业
Private Enterprises

| 地 区 | Region | 主营业务收入 Revenue from Principal Business | 主营业务成本 Cost of Principal Business | 主营业务税金及附加 Taxes and Other Charges on Principal Business | 主营业务利润 Profits from Principal Business | 其他业务利润 Profits from Other Business | 营业费用 Business Expenses | 管理费用 Administr-ative Expense |
|---|---|---|---|---|---|---|---|---|
| **全 国** | **National Total** | **348138708** | **326038123** | **873357** | **20410554** | **569721** | **8813503** | **5010582** |
| 北 京 | Beijing | 21860492 | 20579015 | 26759 | 1254710 | 74141 | 693001 | 493604 |
| 天 津 | Tianjin | 18882311 | 18187414 | 20337 | 654432 | 21285 | 356548 | 173718 |
| 河 北 | Hebei | 5782309 | 5569590 | 4577 | 201650 | 4643 | 134418 | 46953 |
| 山 西 | Shanxi | 3702905 | 3519105 | 6811 | 156399 | 3315 | 86017 | 41367 |
| 内蒙古 | Inner Mongolia | 2713471 | 2283355 | 24343 | 356241 | 2294 | 125699 | 47524 |
| 辽 宁 | Liaoning | 11058746 | 10253662 | 30923 | 689335 | 72437 | 375757 | 186033 |
| 吉 林 | Jilin | 1571330 | 1447533 | 2930 | 101305 | 1209 | 33502 | 21631 |
| 黑龙江 | Heilongjiang | 4819848 | 4313411 | 14418 | 439107 | 8837 | 149774 | 45655 |
| 上 海 | Shanghai | 38518780 | 36662270 | 25312 | 1849438 | 56969 | 893050 | 525866 |
| 江 苏 | Jiangsu | 65804753 | 60827780 | 250065 | 4508298 | 51927 | 1243767 | 876879 |
| 浙 江 | Zhejiang | 51562025 | 49363059 | 60915 | 2132728 | 67620 | 1087105 | 633639 |
| 安 徽 | Anhui | 4194331 | 4003026 | 25144 | 180451 | 6229 | 116341 | 54564 |
| 福 建 | Fujian | 12000478 | 11466401 | 18025 | 513951 | 13767 | 259540 | 132698 |
| 江 西 | Jiangxi | 1226787 | 1064319 | 11687 | 117318 | 1419 | 19436 | 10330 |
| 山 东 | Shandong | 23441559 | 21134418 | 124941 | 2134880 | 17703 | 580020 | 418212 |
| 河 南 | Henan | 4749400 | 4327860 | 54042 | 367498 | 6338 | 125444 | 63176 |
| 湖 北 | Hubei | 4057103 | 3819523 | 7020 | 219657 | 3114 | 109152 | 55694 |
| 湖 南 | Hunan | 4516114 | 3979015 | 29920 | 320578 | 5740 | 147197 | 106272 |
| 广 东 | Guangdong | 37941464 | 35254971 | 55205 | 2576808 | 84753 | 1312042 | 716350 |
| 广 西 | Guangxi | 3924676 | 3719943 | 5152 | 189362 | 9464 | 109354 | 53503 |
| 海 南 | Hainan | 489074 | 447270 | 2237 | 35496 | 1358 | 19033 | 10812 |
| 重 庆 | Chongqing | 10039596 | 9393846 | 45264 | 581522 | 26682 | 366237 | 87371 |
| 四 川 | Sichuan | 3642390 | 3417199 | 7334 | 222344 | 9159 | 121798 | 49317 |
| 贵 州 | Guizhou | 195848 | 179305 | 330 | 15195 | 151 | 10872 | 3501 |
| 云 南 | Yunnan | 5761583 | 5445939 | 10200 | 305338 | 7998 | 154346 | 74093 |
| 西 藏 | Tibet | 5992 | 5384 | 5 | 604 | | 42 | 79 |
| 陕 西 | Shaanxi | 984573 | 924060 | 1827 | 58686 | 2812 | 37713 | 13576 |
| 甘 肃 | Gansu | 1005300 | 964522 | 1805 | 38973 | 1336 | 27486 | 13921 |
| 青 海 | Qinghai | 155878 | 142834 | 226 | 7131 | 253 | 4380 | 2734 |
| 宁 夏 | Ningxia | 813107 | 773746 | 2752 | 36466 | 1457 | 22278 | 12234 |
| 新 疆 | Xinjiang | 2716485 | 2568348 | 2854 | 144654 | 5312 | 92157 | 39276 |

3-4-3 Continued 8

单位：万元
Unit：10000 yuan

| #税金 Taxes | #差旅费 Travel Allowance | #工会经费 Trade Unions Funds | 财务费用 Financial Expense | #利息支出 Interest Expense | 营业利润 Operating Profit | 利润总额 Total Profit | 应交所得税 Income Tax Payable | 劳动、失业保险费 Unemployment Insurance | 住房公积金和住房补贴 Housing Fund and Housing Allowance |
|---|---|---|---|---|---|---|---|---|---|
| **209958** | **329354** | **30433** | **1369707** | **799943** | **6434657** | **5877433** | **940942** | **57989** | **59108** |
| 7234 | 37011 | 491 | 43719 | 26780 | 109983 | 149939 | 48843 | 4600 | 5413 |
| 6972 | 5264 | 39 | 51725 | 26612 | 113808 | 113322 | 32567 | 2671 | 1226 |
| 1910 | 2972 | 181 | 21793 | 12680 | 9365 | 13483 | 4695 | 341 | 471 |
| 2343 | 1934 | 144 | 18340 | 14969 | 22532 | 35931 | 19604 | 4934 | 55 |
| 4407 | 2140 | 203 | 11467 | 7817 | 280507 | 248698 | 15249 | 982 | 275 |
| 8090 | 10524 | 653 | 70138 | 46625 | 230963 | 235452 | 27981 | 1698 | 1489 |
| 1158 | 2441 | 129 | 6574 | 4941 | 54119 | 46442 | 4263 | 420 | 141 |
| 3310 | 2593 | 160 | 10692 | 7070 | 242144 | 141201 | 35244 | 125 | 75 |
| 11820 | 29012 | 946 | 101064 | 40998 | 386430 | 474782 | 96883 | 4940 | 6153 |
| 26918 | 48589 | 2570 | 255062 | 117429 | 2282855 | 1554925 | 194357 | 10288 | 13029 |
| 31728 | 45767 | 1224 | 264766 | 196677 | 195964 | 483483 | 91137 | 6287 | 13088 |
| 6298 | 3966 | 173 | 9059 | 4132 | 23633 | 29935 | 8020 | 531 | 944 |
| 6148 | 10725 | 429 | 46540 | 25586 | 83930 | 121878 | 19816 | 819 | 1101 |
| 994 | 805 | 38 | 5839 | 3445 | 84009 | 85232 | 5469 | 25 | 27 |
| 26846 | 32590 | 1351 | 147015 | 66165 | 1042815 | 1002329 | 136011 | 3523 | 2551 |
| 6044 | 5018 | 535 | 21533 | 13227 | 119702 | 112768 | 16513 | 535 | 895 |
| 4724 | 4642 | 568 | 23335 | 13402 | 33340 | 31148 | 7306 | 1002 | 1728 |
| 9510 | 7129 | 6422 | 22314 | 8920 | 235479 | 88499 | 13535 | 2348 | 816 |
| 25024 | 50918 | 12281 | 121214 | 86589 | 571929 | 523726 | 107525 | 7744 | 6812 |
| 2856 | 5061 | 181 | 19253 | 12668 | 18837 | 32870 | 3672 | 556 | 255 |
| 292 | 1572 | 35 | 148 | 313 | 11092 | 11934 | 2672 | 155 | 1 |
| 6174 | 5257 | 885 | 9729 | 1600 | 180921 | 167157 | 16915 | 1800 | 1665 |
| 2473 | 4103 | 315 | 15533 | 6987 | 46326 | 41212 | 11648 | 880 | 280 |
| 119 | 234 | 14 | 1406 | 170 | 1624 | 2099 | 452 | 11 | 11 |
| 2646 | 3908 | 239 | 28208 | 22515 | 56763 | 72908 | 12062 | 235 | 281 |
|  |  |  | 101 |  | 382 | 382 |  |  |  |
| 902 | 903 | 22 | 4181 | 876 | 6208 | 7299 | 1477 | 80 | 24 |
| 346 | 1021 | 32 | 22701 | 19452 | -23799 | 13204 | 996 | 49 |  |
| 35 | 136 | 9 | 1025 | 228 | 4707 | 2573 | 180 | 1 |  |
| 1112 | 532 | 76 | 6617 | 4378 | -3512 | 3280 | 1675 | 81 | 70 |
| 1527 | 2586 | 89 | 8617 | 6694 | 9601 | 29343 | 4175 | 329 | 232 |

3-4-3 续表 9

其他企业

Other EnterprisesOther Enterprises

| 地区 | Region | 主营业务收入 Revenue from Principal Business | 主营业务成本 Cost of Principal Business | 主营业务税金及附加 Taxes and Other Charges on Principal Business | 主营业务利润 Profits from Principal Business | 其他业务利润 Profits from Other Business | 营业费用 Business Expenses | 管理费用 Administrative Expense |
|---|---|---|---|---|---|---|---|---|
| **全国** | **National Total** | **6667886** | **6071388** | **26051** | **538533** | **7142** | **215617** | **95489** |
| 北京 | Beijing | | | | | | | |
| 天津 | Tianjin | 103900 | 100179 | 65 | 3237 | 183 | 1549 | 1439 |
| 河北 | Hebei | 98251 | 87524 | 142 | 10585 | 403 | 7673 | 1126 |
| 山西 | Shanxi | 12093 | 11234 | 1 | 858 | | 371 | 168 |
| 内蒙古 | Inner Mongolia | 20844 | 19577 | 45 | 1222 | | 85 | 133 |
| 辽宁 | Liaoning | 50639 | 45452 | 257 | 11638 | | 7109 | 2083 |
| 吉林 | Jilin | 14145 | 12862 | 63 | 1221 | | 254 | 1472 |
| 黑龙江 | Heilongjiang | | | | | | | |
| 上海 | Shanghai | 286828 | 269480 | 337 | 17012 | 1618 | 8413 | 6397 |
| 江苏 | Jiangsu | 1263979 | 1131320 | 1626 | 119221 | 1247 | 40619 | 17589 |
| 浙江 | Zhejiang | 686826 | 666161 | 516 | 20150 | 924 | 7330 | 5980 |
| 安徽 | Anhui | 405283 | 398679 | 70 | 6534 | 67 | 5416 | 732 |
| 福建 | Fujian | 412400 | 388531 | 353 | 23127 | 375 | 9033 | 6281 |
| 江西 | Jiangxi | 39544 | 36381 | 24 | 3139 | | 2582 | 480 |
| 山东 | Shandong | 1290357 | 1118976 | 9419 | 161993 | 77 | 59107 | 11900 |
| 河南 | Henan | 161368 | 142421 | 2627 | 16319 | 487 | 4583 | 5058 |
| 湖北 | Hubei | 12639 | 12222 | 12 | 405 | 31 | 51 | 375 |
| 湖南 | Hunan | 269539 | 208741 | 3688 | 37577 | 234 | 11623 | 8600 |
| 广东 | Guangdong | 512934 | 467335 | 570 | 42557 | 706 | 20540 | 8698 |
| 广西 | Guangxi | 70519 | 66050 | 103 | 4375 | 366 | 3010 | 1317 |
| 海南 | Hainan | 106829 | 97602 | 93 | 9135 | 181 | 3911 | 2888 |
| 重庆 | Chongqing | 148905 | 127441 | 1874 | 15552 | 115 | 2323 | 3795 |
| 四川 | Sichuan | 158109 | 125510 | 3916 | 28683 | 56 | 5071 | 7673 |
| 贵州 | Guizhou | | | | | | | |
| 云南 | Yunnan | 31371 | 29029 | 42 | 2300 | 75 | 1448 | 608 |
| 西藏 | Tibet | | | | | | | |
| 陕西 | Shaanxi | 500282 | 498853 | 207 | 1222 | | 13200 | 683 |
| 甘肃 | Gansu | 5657 | 5341 | 3 | 313 | | 312 | |
| 青海 | Qinghai | | | | | | | |
| 宁夏 | Ningxia | | | | | | | |
| 新疆 | Xinjiang | 4644 | 4488 | | 156 | | 3 | 14 |

3-4-3 Continued 9

单位：万元

Unit：10000 yuan

| #税金 Taxes | #差旅费 Travel Allowance | #工会经费 Trade Unions Funds | 财务费用 Financial Expense | #利息支出 Interest Expense | 营业利润 Operating Profit | 利润总额 Total Profit | 应交所得税 Income Tax Payable | 劳动、失业保险费 Unemployment Insurance | 住房公积金和住房补贴 Housing Fund and Housing Allowance |
|---|---|---|---|---|---|---|---|---|---|
| **5133** | **6277** | **1120** | **20305** | **9279** | **233524** | **183701** | **18823** | **783** | **1603** |
| 148 | 89 | | -30 | 58 | 936 | 899 | 232 | 2 | 5 |
| 106 | 20 | 19 | 74 | 77 | 2116 | 2320 | 618 | 28 | 65 |
| 1 | 25 | | 52 | 4 | 267 | 267 | 2 | | |
| 10 | | | -3 | -3 | 1007 | 1007 | | | |
| 71 | 95 | 6 | 408 | 371 | 1563 | 1400 | 112 | 4 | 7 |
| 58 | 25 | 2 | 185 | 2 | -690 | -679 | 18 | 7 | 2 |
| 318 | 481 | 22 | 1245 | 886 | 2575 | 2203 | 731 | 92 | 138 |
| 549 | 821 | 33 | 3476 | 1055 | 59071 | 43521 | 3032 | 167 | 242 |
| 111 | 373 | 9 | 2969 | 1820 | 5027 | 4698 | 1231 | 52 | 89 |
| 94 | 30 | 3 | 118 | 33 | 335 | 339 | 17 | 5 | 5 |
| 528 | 405 | 9 | 586 | -80 | 7689 | 8755 | 669 | 35 | 78 |
| 10 | 59 | 1 | -4 | -6 | 80 | 281 | 21 | 14 | |
| 847 | 1006 | 236 | 3582 | 1847 | 88991 | 84451 | 3291 | 44 | 66 |
| 309 | 562 | 24 | 1571 | 1162 | 3762 | 5329 | 770 | 33 | 61 |
| 1 | 8 | | 71 | 6 | 61 | -61 | 5 | | |
| 324 | 488 | 394 | 970 | 560 | 35985 | 7601 | 1397 | 79 | 77 |
| 1155 | 564 | 125 | 3302 | 961 | 10905 | 10868 | 1668 | 89 | 57 |
| 40 | 58 | 5 | 239 | 114 | 653 | 365 | 141 | 13 | 15 |
| 56 | 299 | 31 | 301 | 256 | 2216 | 1184 | 133 | 18 | 44 |
| 140 | 540 | 104 | 140 | 54 | 8357 | 7000 | 611 | 38 | 238 |
| 113 | 212 | 84 | 135 | 2 | 15860 | 15616 | 3903 | 46 | 260 |
| 14 | 25 | 12 | 69 | 65 | 251 | 221 | 119 | 3 | 2 |
| 132 | 91 | 2 | 824 | 15 | -13485 | -14015 | 103 | 13 | 151 |
| | | | | | 1 | 1 | | 1 | 2 |
| | 2 | | 24 | 20 | 115 | 134 | | | |

港、澳、台商投资企业

Enterprises with Funds from Hong Kong, Macao and Taiwan

| 地 区 | Region | 主营业务收入 Revenue from Principal Business | 主营业务成本 Cost of Principal Business | 主营业务税金及附加 Taxes and Other Charges on Principal Business | 主营业务利润 Profits from Principal Business | 其他业务利润 Profits from Other Business | 营业费用 Business Expenses | 管理费用 Administrative Expense |
|---|---|---|---|---|---|---|---|---|
| **全 国** | **National Total** | **35548483** | **30777626** | **18861** | **4685838** | **205027** | **2291677** | **1048646** |
| 北 京 | Beijing | 3737302 | 3130938 | 1877 | 604486 | 17510 | 352379 | 132568 |
| 天 津 | Tianjin | 1792001 | 1633906 | 1070 | 154650 | 2606 | 47959 | 28866 |
| 河 北 | Hebei | 6319 | 4737 | | 1582 | | 920 | 668 |
| 山 西 | Shanxi | 85444 | 79539 | 144 | 5767 | 66 | 2274 | 3531 |
| 内蒙古 | Inner Mongolia | 12481 | 11233 | 6 | 1243 | 22 | 19 | 58 |
| 辽 宁 | Liaoning | 381687 | 332232 | 67 | 20658 | 4 | 18425 | 5960 |
| 吉 林 | Jilin | | | | | | | |
| 黑龙江 | Heilongjiang | 60444 | 56122 | 805 | 3517 | 35 | 4213 | 73 |
| 上 海 | Shanghai | 12504099 | 10807400 | 2707 | 1693992 | 114797 | 970708 | 344985 |
| 江 苏 | Jiangsu | 4689521 | 3900122 | 4320 | 776165 | 32751 | 192125 | 275800 |
| 浙 江 | Zhejiang | 626166 | 580884 | 740 | 44542 | 1015 | 19870 | 11354 |
| 安 徽 | Anhui | 418413 | 351654 | 6 | 66455 | 6381 | 47208 | 10421 |
| 福 建 | Fujian | 1504989 | 1201972 | 879 | 301930 | -3181 | 104896 | 41204 |
| 江 西 | Jiangxi | 27793 | 25373 | | 2420 | | 2279 | 1 |
| 山 东 | Shandong | 797908 | 725673 | 2259 | 66822 | 770 | 30848 | 9048 |
| 河 南 | Henan | 29299 | 26726 | 241 | 2332 | 1 | 1743 | 303 |
| 湖 北 | Hubei | 574204 | 547721 | -32 | 26553 | 2595 | 20681 | 3302 |
| 湖 南 | Hunan | 126318 | 92516 | 39 | 23032 | 1 | 8436 | 2203 |
| 广 东 | Guangdong | 6997108 | 6189394 | 3526 | 795502 | 28230 | 409260 | 160095 |
| 广 西 | Guangxi | 91696 | 87725 | 2 | 3969 | 500 | 2691 | 1730 |
| 海 南 | Hainan | 239812 | 201400 | 16 | 38305 | 464 | 21738 | 3702 |
| 重 庆 | Chongqing | 154317 | 143657 | 114 | 9845 | 209 | 7570 | 2442 |
| 四 川 | Sichuan | 146067 | 138348 | 29 | 5378 | | 4780 | 394 |
| 贵 州 | Guizhou | 13464 | 11751 | | 1713 | 52 | 768 | 444 |
| 云 南 | Yunnan | 173036 | 152181 | 1 | 20855 | 201 | 11121 | 5522 |
| 西 藏 | Tibet | | | | | | | |
| 陕 西 | Shaanxi | 253348 | 243490 | 48 | 9810 | | 8537 | 703 |
| 甘 肃 | Gansu | 10028 | 9337 | | 691 | | 84 | 788 |
| 青 海 | Qinghai | | | | | | | |
| 宁 夏 | Ningxia | | | | | | | |
| 新 疆 | Xinjiang | 95222 | 91596 | | 3626 | | 145 | 2484 |

3-4-3 Continued 10

单位：万元

Unit：10000 yuan

| #税金 Taxes | #差旅费 Travel Allowance | #工会经费 Trade Unions Funds | 财务费用 Financial Expense | #利息支出 Interest Expense | 营业利润 Operating Profit | 利润总额 Total Profit | 应交所得税 Income Tax Payable | 劳动、失业保险费 Unemployment Insurance | 住房公积金和住房补贴 Housing Fund and Housing Allowance |
|---|---|---|---|---|---|---|---|---|---|
| **16017** | **42660** | **1694** | **50895** | **19444** | **1553125** | **1569013** | **339813** | **79916** | **23582** |
| 1969 | 6538 | 243 | 7237 | 6920 | 155340 | 166403 | 37073 | 74433 | 4298 |
| 358 | 1418 | 103 | 1546 | -589 | 80075 | 78053 | 21459 | 345 | 589 |
| 2 | 55 | 11 | 6 | | -13 | -19 | | 3 | |
| 19 | 69 | 7 | 5 | | 159 | 166 | | | |
| 41 | 12 | | 3 | 2 | 1186 | 1186 | 18 | 35 | |
| 66 | 435 | 68 | -425 | -774 | 1772 | 2180 | 1581 | 32 | 238 |
| 58 | | | 17 | | -751 | -1769 | 63 | 3 | |
| 5855 | 14666 | 762 | 13039 | -13 | 480057 | 461536 | 107075 | 2953 | 8922 |
| 1417 | 5481 | 91 | 11829 | 1602 | 327041 | 290880 | 62702 | 435 | 3174 |
| 360 | 465 | 92 | 4710 | 4926 | 9649 | 21363 | 1679 | 118 | 376 |
| 474 | 353 | 11 | 1107 | 1015 | 14888 | 14018 | 2548 | 192 | 312 |
| 816 | 1054 | 4 | 1421 | -288 | 151589 | 161869 | 33835 | 105 | 437 |
| | | | 6 | | 134 | 134 | 6 | | |
| 77 | 126 | 5 | -873 | 219 | 30990 | 31511 | 3767 | 37 | 169 |
| 53 | 105 | | 1 | | 640 | 634 | 47 | 3 | 8 |
| 217 | 657 | 55 | 2445 | 2347 | 4333 | 4409 | 686 | 53 | 297 |
| 48 | 37 | | 93 | -42 | 23032 | 2037 | 410 | 51 | 36 |
| 3643 | 9970 | 170 | 11116 | 7839 | 251741 | 311755 | 62098 | 810 | 4247 |
| 37 | 7 | | 749 | 183 | -702 | -670 | | | 2 |
| 99 | 417 | 4 | 881 | 458 | 12562 | 13717 | 3492 | 43 | 56 |
| 248 | 96 | 14 | 317 | 101 | -1947 | -1891 | 57 | 27 | 51 |
| 2 | 27 | | 4 | | 512 | 589 | | 15 | 96 |
| 16 | 8 | | -4 | -4 | 556 | 556 | 187 | 7 | |
| 36 | 447 | 33 | 461 | 371 | 3953 | 4039 | 700 | 130 | 85 |
| 43 | 117 | 13 | -23 | -29 | 594 | 599 | 240 | 30 | 151 |
| 2 | 34 | | 14 | | -196 | -204 | 3 | 2 | 7 |
| 63 | 66 | 9 | -4787 | -4801 | 5932 | 5932 | 87 | 55 | 33 |

外商投资企业
Foreign Funded Enterprises

| 地区 | Region | 主营业务收入 Revenue from Principal Business | 主营业务成本 Cost of Principal Business | 主营业务税金及附加 Taxes and Other Charges on Principal Business | 主营业务利润 Profits from Principal Business | 其他业务利润 Profits from Other Business | 营业费用 Business Expenses | 管理费用 Administrative Expense |
|---|---|---|---|---|---|---|---|---|
| **全国** | **National Total** | **113538376** | **97278166** | **98484** | **16135740** | **1052389** | **8938037** | **3565572** |
| 北京 | Beijing | 39303616 | 33040317 | 34480 | 6228819 | 725655 | 2974192 | 1711132 |
| 天津 | Tianjin | 3118666 | 2760827 | 3965 | 355013 | 21624 | 193855 | 91267 |
| 河北 | Hebei | 195289 | 186932 | | 8357 | 12 | 2241 | 3287 |
| 山西 | Shanxi | 3461 | 2830 | 2 | 629 | 1712 | 720 | 1287 |
| 内蒙古 | Inner Mongolia | 17082 | 15483 | 12 | 1587 | | 1279 | 235 |
| 辽宁 | Liaoning | 681558 | 596206 | 203 | 84949 | 5064 | 35240 | 22394 |
| 吉林 | Jilin | 77383 | 62396 | 3229 | 12517 | | 1049 | 1257 |
| 黑龙江 | Heilongjiang | 156772 | 138154 | 2771 | 15847 | | 7523 | 130 |
| 上海 | Shanghai | 46064204 | 39797566 | 16061 | 6247834 | 230321 | 3933660 | 1156176 |
| 江苏 | Jiangsu | 3423458 | 2402556 | 2388 | 1011184 | 12075 | 573125 | 198522 |
| 浙江 | Zhejiang | 756199 | 685511 | 293 | 70396 | 2237 | 34053 | 19836 |
| 安徽 | Anhui | 1081536 | 737193 | 5 | 343903 | 1185 | 333931 | 27721 |
| 福建 | Fujian | 3129189 | 2812545 | 2361 | 314283 | 7219 | 103139 | 64247 |
| 江西 | Jiangxi | 198149 | 179240 | 49 | 18856 | 49 | 15067 | 2800 |
| 山东 | Shandong | 1501734 | 1333064 | 423 | 167452 | 712 | 105269 | 21142 |
| 河南 | Henan | 121072 | 104236 | | 16836 | 93 | 10743 | 1168 |
| 湖北 | Hubei | 627618 | 554726 | 316 | 72576 | 344 | 37271 | 25264 |
| 湖南 | Hunan | 139299 | 128342 | 190 | 6186 | 119 | 4550 | 1148 |
| 广东 | Guangdong | 11073248 | 10053606 | 8755 | 999286 | 38007 | 504946 | 196054 |
| 广西 | Guangxi | 41308 | 38670 | | 2638 | 6 | 1658 | 131 |
| 海南 | Hainan | 99282 | 49133 | 49 | 50101 | 5479 | 9689 | 4932 |
| 重庆 | Chongqing | 220433 | 184232 | 387 | 35621 | 312 | 12869 | 5398 |
| 四川 | Sichuan | 405708 | 357346 | 22404 | 25958 | 25 | 33016 | 4325 |
| 贵州 | Guizhou | 12107 | 11177 | | 930 | | 278 | |
| 云南 | Yunnan | 66624 | 60224 | 113 | 6286 | 87 | 3684 | 1073 |
| 西藏 | Tibet | | | | | | | |
| 陕西 | Shaanxi | 913644 | 896069 | 20 | 17556 | 54 | 782 | 1899 |
| 甘肃 | Gansu | 3630 | 2956 | | 674 | | 352 | 80 |
| 青海 | Qinghai | 65970 | 59529 | 6 | 6435 | | 546 | 1243 |
| 宁夏 | Ningxia | 31662 | 19452 | | 12211 | | 3164 | 1171 |
| 新疆 | Xinjiang | 8478 | 7651 | 3 | 823 | | 147 | 253 |

3-4-3 Continued 11

单位：万元
Unit：10000 yuan

| #税金 Taxes | #差旅费 Travel Allowance | #工会经费 Trade Unions Funds | 财务费用 Financial Expense | #利息支出 Interest Expense | 营业利润 Operating Profit | 利润总额 Total Profit | 应交所得税 Income Tax Payable | 劳动、失业保险费 Unemployment Insurance | 住房公积金和住房补贴 Housing Fund and Housing Allowance |
|---|---|---|---|---|---|---|---|---|---|
| **80423** | **154636** | **12373** | **242178** | **96511** | **4633289** | **5803551** | **1100539** | **43060** | **120212** |
| | | | | | | | | | |
| 27918 | 70756 | 6350 | 65523 | 6732 | 2368395 | 3351629 | 548860 | 16221 | 51894 |
| 1774 | 4771 | 113 | 7896 | 392 | 94499 | 74867 | 22599 | 1485 | 3149 |
| 89 | 157 | 14 | 959 | 983 | 1882 | 2174 | 72 | 8 | 26 |
| 1 | 102 | 1 | 131 | 131 | 204 | 125 | 31 | 22 | 4 |
| 31 | 6 | 7 | 1 | 1 | 72 | 8 | | 1 | 2 |
| | | | | | | | | | |
| 400 | 1838 | 90 | 932 | 125 | 31804 | 33151 | 6636 | 258 | 823 |
| 11 | 45 | 6 | 40 | 27 | 12022 | 11268 | 1333 | 12 | 14 |
| 75 | 19 | 5 | 154 | | 8040 | 8072 | 2192 | | |
| | | | | | | | | | |
| 35812 | 57460 | 3898 | 106683 | 53960 | 1282410 | 1444660 | 338288 | 12236 | 39888 |
| 1581 | 2068 | 152 | 10983 | 6839 | 246888 | 268169 | 76169 | 8756 | 11956 |
| 313 | 632 | 39 | 709 | 171 | 18036 | 18937 | 4410 | 120 | 326 |
| 1194 | 1167 | 188 | -137 | -188 | -16077 | -15987 | 182 | 272 | 1683 |
| 1452 | 1672 | 260 | 8746 | 5465 | 145370 | 145452 | 35207 | 284 | 1407 |
| 95 | 276 | 17 | -182 | -206 | 1219 | 2027 | 421 | 24 | 121 |
| 1476 | 706 | 33 | -238 | -202 | 42572 | 43052 | 4732 | 521 | 501 |
| | | | | | | | | | |
| 45 | 64 | 10 | -100 | -110 | 5118 | 5084 | 648 | 19 | 48 |
| 281 | 271 | 73 | -1341 | -1613 | 8569 | 11975 | 4582 | 37 | 726 |
| 28 | 123 | 123 | 170 | 33 | 4921 | 4580 | 469 | 27 | 99 |
| 7161 | 11422 | 884 | 35093 | 23403 | 309801 | 328622 | 46125 | 2354 | 6838 |
| | | | -3 | -3 | 860 | 874 | | | |
| 55 | 145 | 18 | -309 | -311 | 41267 | 46914 | 4941 | 35 | 188 |
| | | | | | | | | | |
| 172 | 201 | 15 | 1528 | 726 | 15955 | 2878 | 745 | 315 | 216 |
| 70 | 148 | 17 | -2 | -76 | -11356 | -11186 | 405 | 13 | 38 |
| | | | | | 652 | 649 | | | |
| 14 | 132 | 8 | 309 | 194 | 1307 | 1703 | 308 | 4 | 8 |
| | | | | | | | | | |
| | | | | | | | | | |
| 210 | 40 | 4 | 4502 | -69 | 10427 | 10577 | 270 | 10 | 26 |
| 1 | 6 | 3 | | | 242 | 234 | 20 | | 6 |
| | | | 25 | | | 4836 | 725 | | 221 |
| 149 | 385 | 48 | 89 | 89 | 7787 | 7801 | | 22 | 2 |
| 17 | 24 | 1 | 18 | 18 | 405 | 406 | 167 | 2 | 1 |

# 3-4-4 各地区限额以上批发业企业损益及分配(按国民经济行业分)

农畜产品批发
Wholesale of Farm Produce and Livestock Products

| 地区 | Region | 主营业务收入 Revenue from Principal Business | 主营业务成本 Cost of Principal Business | 主营业务税金及附加 Taxes and Other Charges on Principal Business | 主营业务利润 Profits from Principal Business | 其他业务利润 Profits from Other Business | 营业费用 Business Expenses | 管理费用 Administrative Expense |
|---|---|---|---|---|---|---|---|---|
| **全国** | **National Total** | **28530340** | **26561352** | **73489** | **1832629** | **136737** | **705025** | **662085** |
| 北京 | Beijing | 3796774 | 3560497 | 4459 | 231818 | 8509 | 91137 | 168143 |
| 天津 | Tianjin | 372535 | 378135 | 92 | -6340 | 4691 | 6044 | 9003 |
| 河北 | Hebei | 698050 | 668026 | 139 | 27852 | 2531 | 23636 | 13059 |
| 山西 | Shanxi | 113102 | 101158 | 138 | 7198 | 68 | 3767 | 3581 |
| 内蒙古 | Inner Mongolia | 1169720 | 987740 | 3630 | 168897 | 443 | 19121 | 15471 |
| 辽宁 | Liaoning | 1210654 | 1114514 | 2845 | 93645 | 3189 | 44498 | 22172 |
| 吉林 | Jilin | 1611853 | 1543189 | 3265 | 63118 | 4019 | 52248 | 28382 |
| 黑龙江 | Heilongjiang | 698441 | 608685 | 6723 | 82089 | 9254 | 30315 | 21706 |
| 上海 | Shanghai | 1070953 | 1049694 | 676 | 20584 | 5564 | 18415 | 17021 |
| 江苏 | Jiangsu | 1615090 | 1482093 | 4802 | 126394 | 7012 | 36746 | 35449 |
| 浙江 | Zhejiang | 1045366 | 999960 | 434 | 44973 | 20214 | 17442 | 26853 |
| 安徽 | Anhui | 369971 | 337053 | 864 | 29674 | 1211 | 19726 | 18979 |
| 福建 | Fujian | 539606 | 512281 | 261 | 26950 | 565 | 16414 | 8541 |
| 江西 | Jiangxi | 178870 | 168876 | 47 | 6051 | 524 | 5412 | 6207 |
| 山东 | Shandong | 2468316 | 2209706 | 11570 | 238411 | 4378 | 52163 | 44027 |
| 河南 | Henan | 2101884 | 1929203 | 19905 | 152776 | 4895 | 52602 | 51051 |
| 湖北 | Hubei | 669243 | 618511 | 1297 | 45531 | 1533 | 19447 | 16525 |
| 湖南 | Hunan | 394267 | 314694 | 3620 | 52889 | 1274 | 20036 | 14180 |
| 广东 | Guangdong | 1713626 | 1651915 | 565 | 61143 | 42430 | 26893 | 30708 |
| 广西 | Guangxi | 118371 | 116313 | 23 | 1989 | 49 | 3565 | 3334 |
| 海南 | Hainan | 20738 | 17777 | 2 | 2958 | 5 | 638 | 712 |
| 重庆 | Chongqing | 272103 | 238342 | 3159 | 27716 | 1101 | 8293 | 9481 |
| 四川 | Sichuan | 304004 | 286806 | 219 | 15537 | 1766 | 6011 | 7532 |
| 贵州 | Guizhou | 15221 | 14528 | 39 | 166 | 34 | 225 | 713 |
| 云南 | Yunnan | 1638629 | 1584599 | 755 | 53274 | 2435 | 31500 | 13056 |
| 西藏 | Tibet | 4404 | 3802 | | 601 | | 95 | 329 |
| 陕西 | Shaanxi | 68951 | 62365 | 311 | 4246 | 748 | 1478 | 2175 |
| 甘肃 | Gansu | 108022 | 102253 | 12 | 5757 | 403 | 3325 | 2357 |
| 青海 | Qinghai | | | | | | | |
| 宁夏 | Ningxia | 13873 | 13306 | 3 | 563 | 162 | 690 | 633 |
| 新疆 | Xinjiang | 4127706 | 3885331 | 3632 | 246170 | 7732 | 93146 | 70705 |

# Income and Distribution of Enterprises above Designated Size of Wholesale Trade by Region and Sector

单位：万元

Unit：10000 yuan

| #税金<br>Taxes | #差旅费<br>Travel Allowance | #工会经费<br>Trade Unions Funds | 财务费用<br>Financial Expense | #利息支出<br>Interest Expense | 营业利润<br>Operating Profit | 利润总额<br>Total Profit | 应交所得税<br>Income Tax Payable | 劳动、失业保险费<br>Unemploy-ment Insurance | 住房公积金和住房补贴<br>Housing Fund and Housing Allowance |
|---|---|---|---|---|---|---|---|---|---|
| **26509** | **22816** | **4180** | **455841** | **383928** | **478766** | **889342** | **126575** | **8320** | **14690** |
| 4097 | 5099 | 590 | 97516 | 88613 | 180291 | 322589 | 40571 | 982 | 3310 |
| 67 | 276 | 30 | 7994 | 7069 | -24459 | 7453 | 246 | 189 | 406 |
| 873 | 887 | 57 | 7382 | 6556 | -13675 | -247 | 549 | 460 | 245 |
| 36 | 81 | 9 | 2500 | 2303 | -2397 | 2370 | 6 | 161 | 321 |
| 799 | 393 | 68 | 20146 | 19790 | 119927 | 18246 | 1399 | 268 | 66 |
| 1085 | 998 | 139 | 20447 | 13799 | 10731 | 24388 | 998 | 214 | 291 |
| 986 | 832 | 239 | 33087 | 31997 | -44012 | 41592 | 7168 | 210 | 438 |
| 825 | 465 | 154 | 16917 | 16228 | 22214 | 9397 | 865 | 462 | 165 |
| 268 | 518 | 194 | 933 | -349 | -10221 | 20202 | 29634 | 73 | 315 |
| 999 | 1530 | 146 | 13135 | 10696 | 49677 | 29296 | 4470 | 1058 | 1124 |
| 1345 | 733 | 168 | 20550 | 18906 | 2723 | 27180 | 4625 | 285 | 586 |
| 1530 | 557 | 232 | 3669 | 3306 | -6457 | 10241 | 1171 | 221 | 360 |
| 345 | 481 | 82 | 8363 | 8086 | -5482 | 19783 | 3495 | 62 | 269 |
| 1 | 127 | 21 | 1362 | 1354 | -4792 | 3246 | 83 | 26 | 8 |
| 2268 | 1915 | 368 | 25923 | 18619 | 123200 | 138096 | 10503 | 379 | 473 |
| 2317 | 2339 | 431 | 57267 | 42738 | -22028 | 56970 | 8195 | 601 | 747 |
| 1025 | 371 | 119 | 14274 | 12035 | 8834 | 12997 | 442 | 191 | 248 |
| 790 | 421 | 234 | 6774 | 3366 | 35731 | 7341 | 582 | 167 | 302 |
| 1487 | 1414 | 106 | 23440 | 18990 | 24056 | 39747 | 2244 | 177 | 400 |
| 31 | 125 | 14 | 815 | 629 | -2867 | 1154 | 132 | 122 | 74 |
| 26 | 11 |  | -20 | 62 | 1634 | 1707 | 7 | 20 |  |
| 870 | 548 | 138 | 3773 | 1440 | 7390 | 13999 | 2030 | 1023 | 1036 |
| 488 | 488 | 50 | 4238 | 3456 | -475 | 3028 | 146 | 63 | 156 |
| 36 | 24 | 1 | 194 | 191 | -650 | 359 | 21 | 1 |  |
| 880 | 158 | 152 | 1263 | 1170 | 9904 | 11327 | 1033 | 21 | 860 |
|  |  |  | 14 |  | 163 | 148 |  | 3 | 20 |
| 38 | 60 | 7 | 1730 | 1722 | 631 | 843 | 181 | 13 | 11 |
| 248 | 162 | 17 | 2711 | 2592 | -2233 | -399 | 94 | 42 | 101 |
| 1 | 27 | 5 | 223 | 98 | -741 | -18 |  | 6 | 23 |
| 2749 | 1778 | 413 | 59224 | 48467 | 22150 | 66310 | 5686 | 823 | 2335 |

食品、饮料及烟草制品批发
Wholesale of Food, Beverages and Tobaccos

| 地区 | Region | 主营业务收入 Revenue from Principal Business | 主营业务成本 Cost of Principal Business | 主营业务税金及附加 Taxes and Other Charges on Principal Business | 主营业务利润 Profits from Principal Business | 其他业务利润 Profits from Other Business | 营业费用 Business Expenses | 管理费用 Administr-ative Expense |
|---|---|---|---|---|---|---|---|---|
| **全国** | **National Total** | **139404089** | **111544528** | **2706865** | **24718995** | **452344** | **6119275** | **5723634** |
| 北京 | Beijing | 8341491 | 7343518 | 55229 | 942744 | 36202 | 529392 | 212348 |
| 天津 | Tianjin | 2473498 | 2160077 | 32800 | 272635 | 2292 | 69488 | 75833 |
| 河北 | Hebei | 3947383 | 3280682 | 89738 | 558375 | 9198 | 106528 | 154983 |
| 山西 | Shanxi | 2402328 | 1867710 | 72099 | 458967 | 2567 | 53676 | 124714 |
| 内蒙古 | Inner Mongolia | 1870334 | 1410495 | 55972 | 387935 | 1594 | 69991 | 97385 |
| 辽宁 | Liaoning | 3205044 | 2609728 | 81291 | 507950 | 3675 | 95489 | 136231 |
| 吉林 | Jilin | 1382394 | 1094218 | 41094 | 280845 | 2055 | 29590 | 69842 |
| 黑龙江 | Heilongjiang | 1950212 | 1505969 | 52487 | 451616 | 1530 | 76360 | 110426 |
| 上海 | Shanghai | 9427955 | 7872543 | 62729 | 1492682 | 57319 | 839145 | 288539 |
| 江苏 | Jiangsu | 9087342 | 7126757 | 181835 | 1682504 | 26794 | 299665 | 306764 |
| 浙江 | Zhejiang | 12159049 | 9945769 | 217956 | 1995350 | 38133 | 422455 | 371103 |
| 安徽 | Anhui | 4256531 | 3370008 | 103553 | 786251 | 9361 | 141395 | 180565 |
| 福建 | Fujian | 7092230 | 6187757 | 99064 | 804562 | 15869 | 183773 | 188880 |
| 江西 | Jiangxi | 2342344 | 1683785 | 84151 | 496596 | 1540 | 75180 | 109146 |
| 山东 | Shandong | 10750454 | 8416324 | 217978 | 2074465 | 16167 | 552037 | 478544 |
| 河南 | Henan | 4897092 | 3692165 | 162143 | 1042785 | 6539 | 201873 | 349544 |
| 湖北 | Hubei | 4363752 | 3356942 | 104219 | 1110633 | 20006 | 205076 | 257327 |
| 湖南 | Hunan | 5065052 | 3813540 | 120997 | 794412 | 5179 | 216157 | 281570 |
| 广东 | Guangdong | 14764644 | 12153107 | 233654 | 2360700 | 106326 | 669780 | 480081 |
| 广西 | Guangxi | 2512237 | 2041183 | 57985 | 398921 | 6943 | 72511 | 125291 |
| 海南 | Hainan | 1200177 | 1004239 | 18812 | 114016 | 1173 | 13963 | 36703 |
| 重庆 | Chongqing | 4238078 | 3424187 | 96864 | 685786 | 7067 | 146260 | 233950 |
| 四川 | Sichuan | 5490565 | 4272284 | 141360 | 1077601 | 10073 | 228587 | 257796 |
| 贵州 | Guizhou | 3624858 | 2240797 | 75371 | 1307740 | 34151 | 212958 | 216804 |
| 云南 | Yunnan | 7667470 | 5854806 | 104429 | 1703902 | 20249 | 448535 | 299252 |
| 西藏 | Tibet | 233230 | 161919 | 4433 | 66877 | 25 | 3624 | 13650 |
| 陕西 | Shaanxi | 1820049 | 1359143 | 62599 | 397782 | 2853 | 70068 | 118316 |
| 甘肃 | Gansu | 1030595 | 758784 | 31163 | 240648 | 3478 | 36736 | 68659 |
| 青海 | Qinghai | 447021 | 381755 | 8420 | 54002 | 221 | 5009 | 14471 |
| 宁夏 | Ningxia | 345032 | 256906 | 10415 | 77711 | 1240 | 9814 | 17616 |
| 新疆 | Xinjiang | 1015651 | 897431 | 26027 | 92004 | 2525 | 34160 | 47303 |

单位：万元

Unit：10000 yuan

| #税金 Taxes | #差旅费 Travel Allowance | #工会经费 Trade Unions Funds | 财务费用 Financial Expense | #利息支出 Interest Expense | 营业利润 Operating Profit | 利润总额 Total Profit | 应交所得税 Income Tax Payable | 劳动、失业保险费 Unemployment Insurance | 住房公积金和住房补贴 Housing Fund and Housing Allowance |
|---|---|---|---|---|---|---|---|---|---|
| **164160** | **115884** | **60614** | **123937** | **46943** | **13420857** | **14193547** | **3352768** | **143641** | **323832** |
| 6522 | 6752 | 1697 | 13062 | 9870 | 301262 | 437152 | 86494 | 4970 | 8304 |
| 1019 | 692 | 678 | 6605 | 39 | 131408 | 143868 | 38451 | 1146 | 3139 |
| 3241 | 1987 | 1672 | 4439 | 1539 | 309052 | 330286 | 83864 | 5845 | 9011 |
| 3301 | 1750 | 1013 | 1270 | 553 | 288462 | 295611 | 74412 | 2145 | 4975 |
| 3540 | 2301 | 1434 | 3920 | 1293 | 220435 | 209829 | 49883 | 1272 | 3987 |
| 3420 | 1675 | 1663 | 1498 | -99 | 216048 | 299436 | 72843 | 3391 | 7353 |
| 1415 | 994 | 730 | 7763 | 7623 | 155870 | 179447 | 36088 | 1038 | 5334 |
| 2895 | 899 | 825 | 579 | 125 | 238096 | 231662 | 50253 | 4817 | 7269 |
| 10861 | 6549 | 1647 | 21335 | 13692 | 400983 | 507309 | 106767 | 7095 | 6896 |
| 8821 | 9768 | 1996 | -5676 | 410 | 1201015 | 1199223 | 287764 | 6696 | 8980 |
| 9049 | 6901 | 4322 | -7578 | -8333 | 1149180 | 1202078 | 336500 | 7163 | 12036 |
| 3805 | 3433 | 1704 | -15258 | -12937 | 495548 | 508097 | 126144 | 4548 | 11013 |
| 5820 | 5893 | 1957 | 5259 | 8191 | 444047 | 509549 | 113983 | 3426 | 8344 |
| 2672 | 2286 | 1202 | 838 | -1257 | 313443 | 314769 | 78226 | 2606 | 4206 |
| 14434 | 9322 | 4473 | 45797 | 13983 | 1026473 | 1028690 | 224171 | 14455 | 43723 |
| 9540 | 4141 | 4373 | 10425 | 2412 | 467056 | 479129 | 122556 | 9565 | 17696 |
| 9548 | 3281 | 2321 | -6821 | -12096 | 453964 | 513127 | 141485 | 6435 | 10327 |
| 9415 | 8438 | 3265 | 347 | -3509 | 641821 | 576818 | 118895 | 6224 | 11481 |
| 12969 | 12194 | 5733 | 20062 | 18038 | 1389438 | 1383116 | 299334 | 11718 | 28782 |
| 3561 | 2109 | 1480 | 18009 | 15761 | 191670 | 211582 | 51134 | 1607 | 9257 |
| 1383 | 473 | 353 | -181 | 1075 | 68625 | 76108 | 14783 | 1391 | 1907 |
| 8816 | 7510 | 3164 | 3650 | -822 | 315621 | 323682 | 58549 | 7214 | 13022 |
| 4955 | 6049 | 2683 | 11991 | 8920 | 584387 | 648199 | 166791 | 8425 | 11844 |
| 5523 | 2157 | 2483 | -7941 | -9542 | 921492 | 982241 | 244606 | 6729 | 35744 |
| 12138 | 4206 | 4530 | -18980 | -11037 | 1003496 | 1128270 | 258430 | 8920 | 23165 |
| 65 | 709 | 137 | 93 | | 49535 | 16307 | 2466 | 8 | 913 |
| 2447 | 1084 | 1549 | 1872 | 11 | 208811 | 211641 | 49545 | 1523 | 8383 |
| 1084 | 738 | 615 | 860 | -1771 | 137870 | 138096 | 32494 | 1795 | 3544 |
| 333 | 97 | 127 | 1309 | 1295 | 35030 | 35848 | 9596 | 78 | 437 |
| 430 | 556 | 235 | 481 | 432 | 51420 | 52683 | 11118 | 702 | 753 |
| 1141 | 942 | 555 | 4909 | 3081 | 9301 | 19695 | 5146 | 700 | 2008 |

3-4-4 续表 2

纺织、服装及日用品批发
Wholesale of Textiles, Garments and Daily Consumer Articles

| 地区 | Region | 主营业务收入 Revenue from Principal Business | 主营业务成本 Cost of Principal Business | 主营业务税金及附加 Taxes and Other Charges on Principal Business | 主营业务利润 Profits from Principal Business | 其他业务利润 Profits from Other Business | 营业费用 Business Expenses | 管理费用 Administr-ative Expense |
|---|---|---|---|---|---|---|---|---|
| **全国** | **National Total** | **90495224** | **79706517** | **138866** | **10551514** | **236960** | **5406492** | **2316159** |
| 北京 | Beijing | 3745433 | 3304228 | 5614 | 435592 | 34608 | 267109 | 141016 |
| 天津 | Tianjin | 1389561 | 1238611 | 675 | 143348 | 3332 | 62141 | 26903 |
| 河北 | Hebei | 213854 | 196847 | 257 | 16782 | 283 | 9552 | 5775 |
| 山西 | Shanxi | 82871 | 75440 | 421 | 6982 | 128 | 4253 | 2235 |
| 内蒙古 | Inner Mongolia | 112842 | 87591 | 2948 | 22243 | 217 | 3891 | 5443 |
| 辽宁 | Liaoning | 1128795 | 997060 | 1825 | 103475 | 5409 | 44318 | 38878 |
| 吉林 | Jilin | 13300 | 11790 | 70 | 1440 | | 869 | 490 |
| 黑龙江 | Heilongjiang | 2439111 | 2209821 | 5935 | 223276 | 11838 | 116502 | 19807 |
| 上海 | Shanghai | 13500470 | 10306624 | 15287 | 3201874 | 62400 | 2013577 | 542047 |
| 江苏 | Jiangsu | 16726133 | 14525663 | 49314 | 2120721 | 20767 | 679429 | 629721 |
| 浙江 | Zhejiang | 20156185 | 18833025 | 19027 | 1304733 | 37872 | 638638 | 337830 |
| 安徽 | Anhui | 1950173 | 1542438 | 975 | 396042 | 3148 | 355549 | 43503 |
| 福建 | Fujian | 7652848 | 7064915 | 4641 | 583001 | 3497 | 263092 | 106767 |
| 江西 | Jiangxi | 208233 | 198650 | 508 | 7711 | 34 | 5494 | 2847 |
| 山东 | Shandong | 4415292 | 3905673 | 4394 | 502543 | 6445 | 176594 | 56915 |
| 河南 | Henan | 599126 | 554193 | 5367 | 39567 | 1168 | 19617 | 10222 |
| 湖北 | Hubei | 394979 | 363253 | 620 | 30886 | 1636 | 23603 | 8396 |
| 湖南 | Hunan | 305159 | 257195 | 730 | 30198 | 1110 | 14272 | 6707 |
| 广东 | Guangdong | 13456125 | 12249349 | 15720 | 1165528 | 35093 | 590419 | 289920 |
| 广西 | Guangxi | 152590 | 135168 | 295 | 18466 | 1985 | 6556 | 3350 |
| 海南 | Hainan | 150822 | 143470 | 96 | 7256 | 193 | 5015 | 1700 |
| 重庆 | Chongqing | 361388 | 326278 | 1296 | 32747 | 926 | 17333 | 8207 |
| 四川 | Sichuan | 797402 | 722947 | 1407 | 72310 | 3693 | 43246 | 15486 |
| 贵州 | Guizhou | 19850 | 18035 | 25 | 1790 | 61 | 857 | 841 |
| 云南 | Yunnan | 157980 | 111880 | 797 | 45303 | 590 | 30933 | 1463 |
| 西藏 | Tibet | | | | | | | |
| 陕西 | Shaanxi | 184334 | 160775 | 523 | 23036 | 1329 | 8841 | 5091 |
| 甘肃 | Gansu | 32141 | 27991 | 42 | 4108 | | 1396 | 1906 |
| 青海 | Qinghai | 7691 | 7099 | 2 | 591 | 178 | 86 | 519 |
| 宁夏 | Ningxia | 61069 | 55717 | 6 | 5347 | -959 | 788 | 658 |
| 新疆 | Xinjiang | 79466 | 74794 | 52 | 4620 | -21 | 2524 | 1517 |

单位：万元
Unit：10000 yuan

| | | | 财务费用 Financial Expense | | 营业利润 Operating Profit | 利润总额 Total Profit | 应交所得税 Income Tax Payable | 劳动、失业保险费 Unemploy-ment Insurance | 住房公积金和住房补贴 Housing Fund and Housing Allowance |
|---|---|---|---|---|---|---|---|---|---|
| #税金 Taxes | #差旅费 Travel Allowance | #工会经费 Trade Unions Funds | | #利息支出 Interest Expense | | | | | |
| **79152** | **109240** | **10630** | **294007** | **179634** | **2930792** | **3152772** | **605110** | **22792** | **55115** |
| 3093 | 6153 | 649 | 10701 | 5998 | 61733 | 92049 | 22549 | 1657 | 4637 |
| 546 | 611 | 239 | 4100 | 2894 | 59732 | 65554 | 15067 | 394 | 1043 |
| 74 | 286 | 39 | 948 | 181 | 789 | 1033 | 395 | 49 | 97 |
| 71 | 71 | 10 | 165 | 111 | 989 | 891 | 183 | | |
| 115 | 38 | 21 | 1170 | 1046 | 12617 | 10128 | 238 | 348 | |
| 932 | 1937 | 123 | 2179 | -895 | 28126 | 112565 | 2114 | 355 | 747 |
| 16 | 4 | 1 | 29 | 10 | 53 | 53 | 3 | | 2 |
| 1720 | 903 | 19 | 8707 | 5854 | 89366 | 72467 | 16003 | 18 | 38 |
| 6375 | 27882 | 2661 | 35757 | 12886 | 674636 | 753762 | 174926 | 6110 | 17040 |
| 31400 | 20969 | 1834 | 62791 | 41354 | 832253 | 798487 | 171622 | 3995 | 11018 |
| 14939 | 19387 | 1646 | 106909 | 70351 | 277957 | 357468 | 63290 | 3977 | 7531 |
| 2192 | 2422 | 248 | 3257 | 1481 | -798 | 3692 | 1833 | 397 | 2731 |
| 3524 | 6823 | 297 | 13647 | 8442 | 203341 | 178799 | 48779 | 617 | 1366 |
| 77 | 365 | 18 | 798 | 704 | -1101 | -149 | 60 | 6 | 50 |
| 1922 | 4637 | 209 | 15402 | 9167 | 262970 | 269457 | 14199 | 775 | 1250 |
| 594 | 840 | 56 | 2188 | 1745 | 2910 | 4188 | 883 | 176 | 158 |
| 591 | 533 | 55 | 734 | 227 | 1701 | 1369 | 1205 | 195 | 212 |
| 206 | 299 | 475 | 999 | 381 | 25825 | 9876 | 1230 | 205 | 394 |
| 9348 | 13028 | 1787 | 18861 | 15050 | 331834 | 353593 | 62017 | 2856 | 6171 |
| 120 | 106 | 2 | 112 | 43 | 12684 | 12517 | 87 | 104 | 13 |
| 28 | 166 | 9 | 103 | 77 | 631 | 821 | 178 | 10 | 28 |
| 261 | 325 | 92 | 963 | 375 | 8140 | 4598 | 468 | 170 | 131 |
| 354 | 711 | 83 | 1722 | 1454 | 16204 | 16489 | 3351 | 279 | 312 |
| 26 | 54 | | 35 | 34 | 118 | 98 | 32 | 5 | |
| 134 | 45 | 15 | 93 | 68 | 13404 | 13713 | 2159 | 7 | 7 |
| 376 | 256 | 25 | 255 | 150 | 10175 | 10652 | 466 | 63 | 107 |
| 61 | 265 | 14 | 296 | 74 | 509 | 510 | 108 | 10 | 7 |
| 23 | 16 | | 704 | 4 | 867 | 3193 | 545 | 3 | 2 |
| 18 | 17 | 2 | 289 | 289 | 2654 | 4267 | 1007 | 1 | 7 |
| 18 | 93 | 3 | 95 | 82 | 473 | 634 | 116 | 13 | 16 |

文化、体育用品及器材批发

Wholesale of Culture, Sports Appliances and Equipments

| 地区 | Region | 主营业务收入 Revenue from Principal Business | 主营业务成本 Cost of Principal Business | 主营业务税金及附加 Taxes and Other Charges on Principal Business | 主营业务利润 Profits from Principal Business | 其他业务利润 Profits from Other Business | 营业费用 Business Expenses | 管理费用 Administrative Expense |
|---|---|---|---|---|---|---|---|---|
| **全国** | **National Total** | **17849702** | **15938987** | **40147** | **1832853** | **103185** | **866207** | **566568** |
| 北京 | Beijing | 4010962 | 3402171 | 9964 | 598827 | 24838 | 297504 | 164458 |
| 天津 | Tianjin | 235028 | 212969 | 192 | 19301 | 581 | 16278 | 8753 |
| 河北 | Hebei | 101671 | 92866 | 522 | 8283 | | 2938 | 5169 |
| 山西 | Shanxi | 154255 | 142419 | 169 | 11667 | 40 | 5069 | 5664 |
| 内蒙古 | Inner Mongolia | 47298 | 43391 | 105 | 3802 | 866 | 1360 | 1971 |
| 辽宁 | Liaoning | 146125 | 130650 | 355 | 12998 | 1912 | 9133 | 6269 |
| 吉林 | Jilin | 11741 | 9999 | 42 | 1700 | 262 | 538 | 637 |
| 黑龙江 | Heilongjiang | 76465 | 71108 | 154 | 5204 | 11 | 1800 | 2704 |
| 上海 | Shanghai | 3154558 | 2878709 | 6442 | 269408 | 25070 | 151106 | 79333 |
| 江苏 | Jiangsu | 1324763 | 1183379 | 3921 | 133678 | 1742 | 63535 | 37949 |
| 浙江 | Zhejiang | 2062418 | 1934834 | 3020 | 124237 | 5874 | 55753 | 36779 |
| 安徽 | Anhui | 222388 | 198114 | 672 | 23940 | 2739 | 10743 | 6437 |
| 福建 | Fujian | 249658 | 230498 | 234 | 18631 | 673 | 11491 | 8391 |
| 江西 | Jiangxi | 116416 | 98911 | 243 | 17263 | | 4998 | 6610 |
| 山东 | Shandong | 1183517 | 1071502 | 4007 | 107270 | 431 | 25727 | 20418 |
| 河南 | Henan | 333466 | 302613 | 508 | 30346 | 2833 | 12130 | 11603 |
| 湖北 | Hubei | 185464 | 166189 | 729 | 17804 | 1361 | 6804 | 7951 |
| 湖南 | Hunan | 306701 | 262950 | 2179 | 18128 | 117 | 12374 | 12898 |
| 广东 | Guangdong | 2867842 | 2592135 | 4571 | 267677 | 29973 | 126209 | 97482 |
| 广西 | Guangxi | 137068 | 117639 | 391 | 18884 | 405 | 9489 | 5208 |
| 海南 | Hainan | 86642 | 77943 | 113 | 8586 | 120 | 3366 | 2578 |
| 重庆 | Chongqing | 149429 | 133157 | 233 | 16001 | 482 | 6936 | 2906 |
| 四川 | Sichuan | 63739 | 62010 | 69 | 1660 | 124 | 1097 | 615 |
| 贵州 | Guizhou | 98964 | 90198 | 55 | 8710 | 330 | 3587 | 3869 |
| 云南 | Yunnan | 202104 | 144177 | 865 | 57062 | 914 | 14242 | 13473 |
| 西藏 | Tibet | 5611 | 4986 | 8 | 617 | | 410 | 325 |
| 陕西 | Shaanxi | 103767 | 94490 | 149 | 9128 | | 3589 | 4314 |
| 甘肃 | Gansu | 52063 | 44731 | 58 | 7274 | 7 | 2490 | 3884 |
| 青海 | Qinghai | 8599 | 5378 | 23 | 3197 | 213 | 1366 | 1465 |
| 宁夏 | Ningxia | 18623 | 16757 | 28 | 1838 | 161 | 538 | 1029 |
| 新疆 | Xinjiang | 132359 | 122115 | 127 | 9737 | 1106 | 3608 | 5430 |

单位：万元
Unit：10000 yuan

| #税金 Taxes | #差旅费 Travel Allowance | #工会经费 Trade Unions Funds | 财务费用 Financial Expense | #利息支出 Interest Expense | 营业利润 Operating Profit | 利润总额 Total Profit | 应交所得税 Income Tax Payable | 劳动、失业保险费 Unemployment Insurance | 住房公积金和住房补贴 Housing Fund and Housing Allowance |
|---|---|---|---|---|---|---|---|---|---|
| **17153** | **23759** | **2847** | **59944** | **35811** | **479456** | **538521** | **106806** | **9851** | **23590** |
| 2645 | 7396 | 694 | 6593 | 5304 | 150433 | 180765 | 49670 | 2233 | 5454 |
| 457 | 687 | 54 | 3924 | 3854 | -6575 | -5928 | 263 | 167 | 339 |
| 149 | 19 | 47 | 3 | -1 | 173 | 548 | | 623 | 227 |
| 165 | 81 | 56 | 45 | 45 | 886 | 824 | 122 | 44 | 217 |
| 158 | 85 | 4 | 72 | 11 | 1266 | 1901 | 12 | 57 | 104 |
| 263 | 215 | 54 | 527 | 276 | 1029 | 2621 | 210 | 64 | 229 |
| 28 | 62 | 8 | -17 | -21 | 804 | 829 | 202 | 10 | 17 |
| 78 | 74 | 21 | 39 | 26 | 672 | 769 | 31 | 23 | 157 |
| 1872 | 4265 | 285 | 15724 | 11195 | 48316 | 75505 | 12003 | 1143 | 7246 |
| 1232 | 1202 | 132 | 1397 | -323 | 35000 | 36595 | 4872 | 387 | 1331 |
| 1796 | 2570 | 198 | 3926 | 726 | 33915 | 29559 | 5675 | 796 | 770 |
| 271 | 129 | 58 | -476 | -592 | 11683 | 9803 | 1253 | 45 | 267 |
| 417 | 306 | 18 | 631 | 279 | -913 | 1270 | 351 | 40 | 131 |
| 190 | 74 | 42 | 529 | 529 | 5133 | 6461 | 984 | 22 | 114 |
| 808 | 926 | 144 | 3194 | 2049 | 58852 | 48290 | 1823 | 237 | 837 |
| 1215 | 198 | 66 | 1256 | 1146 | 8190 | 9112 | 2170 | 189 | 256 |
| 377 | 199 | 41 | -189 | -228 | 4536 | 4332 | 339 | 97 | 407 |
| 330 | 314 | 129 | 215 | -611 | 16016 | 10847 | 272 | 249 | 229 |
| 2793 | 3950 | 480 | 18809 | 9699 | 62670 | 69801 | 16413 | 1828 | 2364 |
| 280 | 193 | 48 | -22 | -56 | 4677 | 4994 | 1322 | 645 | 220 |
| 19 | 115 | 35 | 39 | -12 | 2723 | 2724 | 441 | 36 | 51 |
| 22 | 106 | 60 | 215 | 23 | 6471 | 6819 | 665 | 106 | 102 |
| 34 | 18 | 4 | 43 | -37 | 36 | 105 | 112 | 10 | |
| 286 | 83 | 21 | 15 | -1 | 1593 | 3759 | 298 | 102 | 562 |
| 361 | 196 | 23 | 3587 | 2833 | 26675 | 30798 | 6208 | 36 | 145 |
| | | | -4 | -4 | -115 | 22 | 22 | | 6 |
| 293 | 55 | 30 | -302 | -334 | 1527 | 1591 | 604 | 11 | 1338 |
| 165 | 49 | 20 | 31 | 31 | 876 | 576 | 11 | 6 | 126 |
| 25 | 60 | 23 | -31 | -31 | 611 | 131 | 8 | 18 | 132 |
| 48 | 51 | 9 | 158 | 28 | 121 | 273 | 89 | 28 | 50 |
| 377 | 83 | 45 | 16 | 10 | 2181 | 2830 | 141 | 601 | 162 |

医药及医疗器材批发
Wholesale of Medicines and Medical Appliances

| 地 区 | Region | 主营业务收入 Revenue from Principal Business | 主营业务成本 Cost of Principal Business | 主营业务税金及附加 Taxes and Other Charges on Principal Business | 主营业务利润 Profits from Principal Business | 其他业务利润 Profits from Other Business | 营业费用 Business Expenses | 管理费用 Administr-ative Expense |
|---|---|---|---|---|---|---|---|---|
| **全 国** | **National Total** | **61291128** | **55992481** | **102519** | **5029776** | **212699** | **2699498** | **1303718** |
| 北 京 | Beijing | 5961668 | 5334789 | 10295 | 616585 | 56205 | 337474 | 171036 |
| 天 津 | Tianjin | 1594519 | 1476456 | 2170 | 114062 | 2120 | 42878 | 39297 |
| 河 北 | Hebei | 1952472 | 1854771 | 1297 | 77727 | 1618 | 43490 | 22349 |
| 山 西 | Shanxi | 515122 | 477574 | 612 | 34681 | 357 | 22687 | 10825 |
| 内蒙古 | Inner Mongolia | 174640 | 154230 | 1620 | 17903 | 51 | 5241 | 5430 |
| 辽 宁 | Liaoning | 2167517 | 2010594 | 2491 | 135451 | 1440 | 54145 | 42533 |
| 吉 林 | Jilin | 469366 | 421552 | 944 | 45902 | 123 | 28366 | 9381 |
| 黑龙江 | Heilongjiang | 736186 | 665341 | 1114 | 54272 | 588 | 29741 | 15858 |
| 上 海 | Shanghai | 7477442 | 6744665 | 7334 | 763916 | 38341 | 349966 | 211291 |
| 江 苏 | Jiangsu | 3755870 | 3124850 | 7195 | 614705 | 3616 | 454969 | 92562 |
| 浙 江 | Zhejiang | 4869227 | 4521883 | 7136 | 340208 | 15635 | 173531 | 92071 |
| 安 徽 | Anhui | 3236887 | 3159320 | 2537 | 72339 | 2843 | 34147 | 31420 |
| 福 建 | Fujian | 1616530 | 1527491 | 1959 | 84330 | 4471 | 33143 | 28938 |
| 江 西 | Jiangxi | 1041600 | 882309 | 2204 | 145660 | 1170 | 113664 | 18288 |
| 山 东 | Shandong | 3485333 | 3285858 | 4407 | 188569 | 5046 | 80209 | 59703 |
| 河 南 | Henan | 2123737 | 2021384 | 16411 | 85942 | 2003 | 29761 | 26452 |
| 湖 北 | Hubei | 1872668 | 1755185 | 3794 | 108829 | 13233 | 54617 | 38823 |
| 湖 南 | Hunan | 1458180 | 1305075 | 2921 | 73852 | 2213 | 62889 | 34802 |
| 广 东 | Guangdong | 8315775 | 7496476 | 11662 | 796276 | 41934 | 426633 | 192054 |
| 广 西 | Guangxi | 384072 | 356072 | 754 | 25615 | 845 | 10514 | 10987 |
| 海 南 | Hainan | 957174 | 755573 | 2692 | 180215 | 6280 | 79645 | 26898 |
| 重 庆 | Chongqing | 1694771 | 1583372 | 2478 | 113620 | 4424 | 49267 | 26205 |
| 四 川 | Sichuan | 2629035 | 2500881 | 3655 | 122898 | 5567 | 59181 | 39818 |
| 贵 州 | Guizhou | 443308 | 410170 | 975 | 28572 | 337 | 13074 | 12189 |
| 云 南 | Yunnan | 1241485 | 1146219 | 1486 | 93779 | 1374 | 54851 | 22703 |
| 西 藏 | Tibet | 61922 | 29941 | 576 | 31405 | 89 | 25117 | 818 |
| 陕 西 | Shaanxi | 453924 | 425878 | 1035 | 27012 | 331 | 16662 | 8064 |
| 甘 肃 | Gansu | 300724 | 290340 | 190 | 10194 | 55 | 4976 | 4242 |
| 青 海 | Qinghai | 48248 | 41558 | 326 | 6458 | | 2431 | 1985 |
| 宁 夏 | Ningxia | 28458 | 26604 | 14 | 1840 | | 780 | 687 |
| 新 疆 | Xinjiang | 223272 | 206073 | 238 | 16963 | 393 | 5448 | 6011 |

3-4-4 Continued 4

单位：万元
Unit：10000 yuan

| #税金 Taxes | #差旅费 Travel Allowance | #工会经费 Trade Unions Funds | 财务费用 Financial Expense | #利息支出 Interest Expense | 营业利润 Operating Profit | 利润总额 Total Profit | 应交所得税 Income Tax Payable | 劳动、失业保险费 Unemployment Insurance | 住房公积金和住房补贴 Housing Fund and Housing Allowance |
|---|---|---|---|---|---|---|---|---|---|
| **47505** | **88462** | **24205** | **195697** | **132372** | **1232242** | **1233302** | **267967** | **29955** | **40992** |
| 2325 | 10578 | 1017 | 13900 | 11079 | 183986 | 183757 | 42498 | 2431 | 6858 |
| 686 | 1372 | 128 | 6455 | 5740 | 34217 | 35055 | 9172 | 416 | 956 |
| 979 | 1167 | 127 | 5892 | 3499 | -30857 | -27295 | 3254 | 1455 | 641 |
| 716 | 501 | 28 | 1475 | 931 | 2510 | 3877 | 1461 | 46 | 72 |
| 341 | 248 | 18 | 218 | 110 | 8286 | 6946 | 113 | 80 | |
| 1434 | 2407 | 323 | 8359 | 6097 | 41978 | 39011 | 8917 | 331 | 504 |
| 219 | 1772 | 60 | 1005 | 688 | 9873 | 9611 | 820 | 329 | 87 |
| 834 | 1654 | 76 | 721 | 399 | 9260 | 4661 | 900 | 87 | 181 |
| 11628 | 9573 | 635 | 24610 | 4117 | 216390 | 232481 | 52784 | 3564 | 7967 |
| 1919 | 4371 | 375 | 8580 | 5797 | 83148 | 62639 | 16194 | 9607 | 10333 |
| 2903 | 7497 | 583 | 22428 | 20168 | 68482 | 88032 | 18518 | 3163 | 2645 |
| 1525 | 2050 | 160 | 4364 | 3569 | 10113 | 11159 | 2676 | 479 | 592 |
| 1336 | 1169 | 229 | 10512 | 9252 | 19069 | 17756 | 4927 | 370 | 826 |
| 634 | 2228 | 110 | 2129 | 1795 | 15934 | 15588 | 3631 | 305 | 123 |
| 2054 | 3031 | 267 | 11722 | 6331 | 39844 | 46018 | 10090 | 315 | 1399 |
| 1501 | 2955 | 776 | 4266 | 1905 | 21885 | 21449 | 4890 | 272 | 225 |
| 2037 | 2386 | 468 | 9362 | 8012 | 20477 | 28415 | 4883 | 299 | 926 |
| 1672 | 1331 | 130 | 6293 | 3204 | 47761 | 23228 | 3739 | 400 | 275 |
| 7646 | 18385 | 17557 | 29312 | 24788 | 215114 | 198502 | 44635 | 2468 | 4789 |
| 367 | 1950 | 75 | 1791 | 1269 | 4392 | 4582 | 314 | 287 | 67 |
| 365 | 3399 | 177 | 2246 | 1527 | 96973 | 105120 | 15557 | 273 | 218 |
| 1052 | 1824 | 222 | 3324 | 1449 | 57887 | 59277 | 4118 | 603 | 261 |
| 1579 | 3373 | 234 | 8608 | 3888 | 21099 | 18002 | 4121 | 1369 | 276 |
| 340 | 570 | 44 | 2532 | 1559 | 4979 | 8916 | 2268 | 73 | 132 |
| 808 | 1767 | 216 | 3041 | 3197 | 14559 | 21111 | 4555 | 111 | 306 |
| 2 | 21 | 2 | 235 | 227 | 5376 | 5096 | 808 | 4 | 5 |
| 287 | 181 | 99 | 730 | 404 | 1689 | 1972 | 498 | 105 | 224 |
| 50 | 272 | 11 | 974 | 912 | 57 | 472 | 225 | 7 | 20 |
| 43 | 96 | 1 | 173 | 64 | 1894 | 790 | 343 | 575 | 3 |
| 16 | 18 | 23 | 78 | 66 | 299 | 303 | 34 | 12 | 20 |
| 210 | 318 | 36 | 362 | 332 | 5569 | 6774 | 1028 | 123 | 64 |

矿产品、建材及化工产品批发
Wholesale of Mineral Products, Building Materials and Chemical Products

| 地 区 | Region | 主营业务收入 Revenue from Principal Business | 主营业务成本 Cost of Principal Business | 主营业务税金及附加 Taxes and Other Charges on Principal Business | 主营业务利润 Profits from Principal Business | 其他业务利润 Profits from Other Business | 营业费用 Business Expenses | 管理费用 Administr-ative Expense |
|---|---|---|---|---|---|---|---|---|
| **全 国** | **National Total** | **799961182** | **761346184** | **1573782** | **39508312** | **1247422** | **13734860** | **6505131** |
| 北 京 | Beijing | 102960205 | 100424640 | 85532 | 2450033 | 141144 | 1118541 | 786109 |
| 天 津 | Tianjin | 59889545 | 58533903 | 35966 | 1292627 | 47190 | 446230 | 258674 |
| 河 北 | Hebei | 15395237 | 14677023 | 15360 | 643781 | 13917 | 419707 | 133799 |
| 山 西 | Shanxi | 21791544 | 20395831 | 48761 | 1026448 | 84147 | 396342 | 352559 |
| 内蒙古 | Inner Mongolia | 10694912 | 9321323 | 78882 | 1251838 | 3135 | 261686 | 79398 |
| 辽 宁 | Liaoning | 43626888 | 41884062 | 48276 | 1611804 | 72284 | 1060978 | 254101 |
| 吉 林 | Jilin | 6270907 | 5907575 | 6734 | 311192 | 1159 | 142683 | 19231 |
| 黑龙江 | Heilongjiang | 10177818 | 8982340 | 36282 | 670851 | 1394 | 287960 | 53987 |
| 上 海 | Shanghai | 94710610 | 91786308 | 45262 | 2880124 | 139156 | 1040227 | 662647 |
| 江 苏 | Jiangsu | 77540886 | 72439624 | 435100 | 4453999 | 80303 | 1255580 | 741181 |
| 浙 江 | Zhejiang | 64513594 | 62387347 | 46651 | 2071412 | 94650 | 1083525 | 518406 |
| 安 徽 | Anhui | 10391498 | 9829856 | 17463 | 554274 | 5322 | 296355 | 92716 |
| 福 建 | Fujian | 18940952 | 18067183 | 23419 | 849475 | 16764 | 406729 | 171684 |
| 江 西 | Jiangxi | 3839036 | 3543084 | 14883 | 274674 | -264 | 74784 | 26885 |
| 山 东 | Shandong | 39363285 | 36543109 | 110951 | 7730392 | 13862 | 828642 | 477517 |
| 河 南 | Henan | 13991698 | 12913831 | 130718 | 947149 | 11519 | 274402 | 166613 |
| 湖 北 | Hubei | 22327433 | 20611109 | 29425 | 1142129 | 7297 | 346500 | 153021 |
| 湖 南 | Hunan | 5785730 | 5211391 | 30010 | 313608 | 6015 | 144273 | 120729 |
| 广 东 | Guangdong | 91128396 | 87418199 | 59894 | 3696108 | 386751 | 1557843 | 752362 |
| 广 西 | Guangxi | 8272056 | 7751564 | 8264 | 478266 | 7029 | 203940 | 74391 |
| 海 南 | Hainan | 1664350 | 1609289 | 1830 | 52492 | 2038 | 38969 | 14610 |
| 重 庆 | Chongqing | 9795472 | 9174013 | 44826 | 531378 | 11420 | 278806 | 91952 |
| 四 川 | Sichuan | 11882032 | 11437302 | 45370 | 405398 | 32957 | 210046 | 99909 |
| 贵 州 | Guizhou | 2577284 | 2305343 | 22826 | 152163 | 3776 | 172280 | 45242 |
| 云 南 | Yunnan | 9635219 | 9219190 | 17882 | 416968 | 24331 | 256895 | 126713 |
| 西 藏 | Tibet | 5453 | 10373 | 3 | -4924 | | 1681 | 599 |
| 陕 西 | Shaanxi | 14568952 | 12340467 | 111017 | 1777892 | 10772 | 271772 | 88581 |
| 甘 肃 | Gansu | 9374966 | 8722904 | 5188 | 646874 | 12247 | 375706 | 45133 |
| 青 海 | Qinghai | 1137457 | 1059979 | 1258 | 64015 | 1736 | 33500 | 19664 |
| 宁 夏 | Ningxia | 2269427 | 2156630 | 4132 | 88456 | 2859 | 54353 | 13460 |
| 新 疆 | Xinjiang | 15438342 | 14681392 | 11619 | 727420 | 12513 | 393924 | 63261 |

单位：万元
Unit：10000 yuan

| #税金 Taxes | #差旅费 Travel Allowance | #工会经费 Trade Unions Funds | 财务费用 Financial Expense | #利息支出 Interest Expense | 营业利润 Operating Profit | 利润总额 Total Profit | 应交所得税 Income Tax Payable | 劳动、失业保险费 Unemployment Insurance | 住房公积金和住房补贴 Housing Fund and Housing Allowance |
|---|---|---|---|---|---|---|---|---|---|
| **369694** | **286840** | **34730** | **2473446** | **1677904** | **14681550** | **14119024** | **2448510** | **99345** | **181217** |
| 36037 | 37298 | 3482 | 269227 | 211874 | 1390334 | 1552443 | 377766 | 21754 | 25461 |
| 12109 | 7982 | 646 | 146439 | 95938 | 532451 | 538519 | 140508 | 3778 | 5832 |
| 7344 | 4881 | 584 | 44601 | 28516 | 120025 | 90527 | 18910 | 2664 | 3002 |
| 18834 | 12334 | 2019 | 89030 | 53771 | 306156 | 356614 | 117394 | 7165 | 6407 |
| 10746 | 3972 | 371 | 37655 | 8181 | 1027107 | 951551 | 22373 | 3459 | 2714 |
| 17255 | 10221 | 1909 | 128964 | 100823 | 360171 | 374198 | 67647 | 3920 | 15774 |
| 2476 | 926 | 288 | 23519 | 20885 | 149451 | 125859 | 3486 | 826 | 3881 |
| 13539 | 2340 | 294 | 28233 | 22824 | 301781 | 197670 | 50258 | 2176 | 6286 |
| 22250 | 27524 | 1959 | 132178 | 77321 | 1192341 | 1380963 | 283275 | 6959 | 13345 |
| 28605 | 30894 | 2069 | 272098 | 141442 | 2360634 | 1496507 | 226874 | 8435 | 12337 |
| 27766 | 24900 | 1944 | 292882 | 242878 | 261057 | 638422 | 132959 | 4554 | 9385 |
| 7894 | 2766 | 599 | 39220 | 22551 | 152942 | 152295 | 34113 | 1256 | 4000 |
| 7018 | 6453 | 748 | 58848 | 19051 | 256268 | 285703 | 62960 | 1184 | 3927 |
| 2787 | 1306 | 230 | 6102 | 3809 | 137723 | 122399 | 15216 | 272 | 1410 |
| 34180 | 29249 | 2066 | 176237 | 96531 | 1217369 | 1138557 | 184108 | 6038 | 7810 |
| 10519 | 6135 | 1362 | 34295 | 22611 | 274745 | 274418 | 70311 | 5113 | 4398 |
| 17450 | 6084 | 1068 | 51645 | 38924 | 630254 | 617316 | 147067 | 1530 | 5750 |
| 9510 | 5129 | 3719 | 36871 | 22320 | 246232 | 83798 | 16026 | 1955 | 1589 |
| 41456 | 34623 | 3885 | 333473 | 249487 | 1342900 | 1191470 | 261339 | 6377 | 19340 |
| 5187 | 2838 | 438 | 30181 | 21990 | 180188 | 61385 | 25633 | 647 | 2211 |
| 705 | 1442 | 88 | 1446 | 1444 | 11977 | 13804 | 3746 | 263 | 448 |
| 6687 | 7850 | 968 | 29327 | 14478 | 165828 | 145913 | 20865 | 1914 | 5172 |
| 4740 | 4777 | 543 | 40114 | 35420 | 78456 | 124462 | 21979 | 678 | 3537 |
| 3893 | 1579 | 323 | 3634 | 2354 | 36948 | 41943 | 9238 | 600 | 1520 |
| 5905 | 4250 | 1122 | 42610 | 31227 | 33386 | 116736 | 72564 | 1200 | 3112 |
|  | 21 | 9 | 333 | 333 | -7536 | -456 |  | 3 | 54 |
| 5110 | 2857 | 638 | 39832 | 24413 | 1409625 | 1451588 | 35186 | 1333 | 4342 |
| 774 | 1726 | 192 | 51427 | 41638 | 186856 | 196375 | 1743 | 363 | 985 |
| 869 | 1009 | 163 | 3121 | 2730 | 10547 | 18918 | 2474 | 199 | 675 |
| 1393 | 487 | 131 | 7451 | 5255 | 19769 | 27852 | 1475 | 96 | 711 |
| 6657 | 2987 | 874 | 22454 | 16887 | 295565 | 351275 | 21017 | 2636 | 5803 |

机械设备、五金交电及电子产品批发
Wholesale of Machinery, Hardware and Electronic Equipment

| 地区 | Region | 主营业务收入 Revenue from Principal Business | 主营业务成本 Cost of Principal Business | 主营业务税金及附加 Taxes and Other Charges on Principal Business | 主营业务利润 Profits from Principal Business | 其他业务利润 Profits from Other Business | 营业费用 Business Expenses | 管理费用 Administrative Expense |
|---|---|---|---|---|---|---|---|---|
| **全国** | **National Total** | **229100641** | **209020018** | **323710** | **19949944** | **1342502** | **9876292** | **4817273** |
| 北京 | Beijing | 58746513 | 50239040 | 64518 | 8442948 | 798619 | 3589649 | 2181674 |
| 天津 | Tianjin | 7290570 | 6758866 | 7159 | 512279 | 33698 | 281715 | 112881 |
| 河北 | Hebei | 3174742 | 3015388 | 3052 | 106089 | 10998 | 99508 | 29158 |
| 山西 | Shanxi | 803179 | 1147036 | 1820 | 51467 | 1123 | 31676 | 19827 |
| 内蒙古 | Inner Mongolia | 668251 | 560328 | 2029 | 99378 | 1029 | 15824 | 8757 |
| 辽宁 | Liaoning | 5151266 | 4768512 | 9901 | 317691 | 8478 | 130684 | 96215 |
| 吉林 | Jilin | 366675 | 301592 | 4098 | 35997 | 179 | 10466 | 8512 |
| 黑龙江 | Heilongjiang | 1464425 | 1295192 | 6197 | 85071 | 3236 | 40465 | 31766 |
| 上海 | Shanghai | 41983065 | 38608936 | 18236 | 3568084 | 145639 | 2136950 | 717938 |
| 江苏 | Jiangsu | 17484256 | 16214217 | 33208 | 1186974 | 45676 | 596758 | 270495 |
| 浙江 | Zhejiang | 15509056 | 14632575 | 16083 | 858576 | 42754 | 419973 | 248729 |
| 安徽 | Anhui | 3821576 | 3660630 | 8099 | 158065 | 33440 | 113768 | 45848 |
| 福建 | Fujian | 3911803 | 3635637 | 5557 | 267273 | 18666 | 112835 | 90419 |
| 江西 | Jiangxi | 870092 | 787530 | 962 | 50876 | 613 | 31154 | 11255 |
| 山东 | Shandong | 12136217 | 11476445 | 18721 | 639690 | 15922 | 228306 | 168641 |
| 河南 | Henan | 3782065 | 3559590 | 21106 | 201368 | 6704 | 126504 | 44446 |
| 湖北 | Hubei | 3323538 | 3127201 | 4892 | 188183 | 2705 | 80734 | 35268 |
| 湖南 | Hunan | 1456880 | 1231436 | 4738 | 143400 | 3048 | 62613 | 35010 |
| 广东 | Guangdong | 27051640 | 25142478 | 34741 | 1862453 | 106477 | 989885 | 439829 |
| 广西 | Guangxi | 1195488 | 1107232 | 2065 | 82275 | 3140 | 39683 | 21756 |
| 海南 | Hainan | 801229 | 729984 | 1902 | 69344 | 3217 | 61624 | 7510 |
| 重庆 | Chongqing | 9044607 | 8531885 | 22397 | 492267 | 24696 | 380494 | 59250 |
| 四川 | Sichuan | 2339888 | 2161438 | 25090 | 146045 | 4788 | 87768 | 27624 |
| 贵州 | Guizhou | 759392 | 703852 | 826 | 54344 | 740 | 31653 | 7298 |
| 云南 | Yunnan | 1883611 | 1775964 | 2192 | 105455 | 6917 | 52474 | 36844 |
| 西藏 | Tibet | 16862 | 15406 | 5 | 1451 | | 613 | 422 |
| 陕西 | Shaanxi | 1462293 | 1391503 | 1003 | 69787 | 1992 | 44748 | 21056 |
| 甘肃 | Gansu | 829348 | 774543 | 802 | 54003 | 7822 | 16329 | 7598 |
| 青海 | Qinghai | 112738 | 105214 | 51 | 3911 | 226 | 4328 | 1838 |
| 宁夏 | Ningxia | 245413 | 229268 | 159 | 15941 | 1948 | 10984 | 7675 |
| 新疆 | Xinjiang | 1413965 | 1331100 | 2103 | 79258 | 8015 | 46130 | 21732 |

3-4-4 Continued 6

单位：万元

Unit：10000 yuan

| #税金<br>Taxes | #差旅费<br>Travel Allowance | #工会经费<br>Trade Unions Funds | 财务费用<br>Financial Expense | #利息支出<br>Interest Expense | 营业利润<br>Operating Profit | 利润总额<br>Total Profit | 应交所得税<br>Income Tax Payable | 劳动、失业保险费<br>Unemployment Insurance | 住房公积金和住房补贴<br>Housing Fund and Housing Allowance |
|---|---|---|---|---|---|---|---|---|---|
| **135428** | **245271** | **21744** | **453173** | **210910** | **6554576** | **7656748** | **1404853** | **136500** | **135284** |
| 37876 | 94162 | 7408 | 143204 | 32016 | 3454470 | 4316792 | 777615 | 99338 | 65786 |
| 3204 | 4187 | 253 | 21243 | 8708 | 146755 | 163941 | 45088 | 1617 | 4793 |
| 1026 | 1901 | 94 | 6839 | 4427 | 30364 | 89051 | 10722 | 1234 | 896 |
| 668 | 619 | 20 | 1698 | 982 | 1607 | 3595 | 1162 | 183 | 45 |
| 854 | 703 | 53 | 2417 | 1166 | 73102 | 24207 | 784 | 144 | 91 |
| 3413 | 5987 | 382 | 16071 | 3810 | 91137 | 98046 | 17986 | 1413 | 2295 |
| 413 | 386 | 36 | 459 | -18 | 20793 | 16485 | 1620 | 112 | 62 |
| 1567 | 1555 | 86 | 2775 | 564 | 11774 | 10833 | 3595 | 97 | 256 |
| 19071 | 37230 | 2397 | 60706 | 16093 | 798129 | 898280 | 192450 | 8924 | 20648 |
| 7328 | 13303 | 906 | 22267 | 30503 | 398553 | 461902 | 61361 | 4240 | 6137 |
| 10284 | 17609 | 885 | 52392 | 32963 | 181797 | 223179 | 52883 | 3210 | 13016 |
| 5015 | 2000 | 221 | 4214 | 2009 | 31889 | 36959 | 9379 | 293 | 840 |
| 2299 | 5475 | 237 | 7405 | 2986 | 78679 | 107742 | 16980 | 653 | 2017 |
| 685 | 1053 | 571 | 514 | 268 | 9656 | 12068 | 2600 | 31 | 129 |
| 7432 | 6213 | 367 | 34976 | 14155 | 236358 | 231341 | 56569 | 1760 | 2833 |
| 1678 | 4396 | 410 | 1900 | -877 | 27990 | 29603 | 7698 | 317 | 684 |
| 3388 | 2927 | 351 | 8446 | 5412 | 67457 | 47014 | 10083 | 759 | 2178 |
| 1442 | 2506 | 4048 | 4457 | 2779 | 119894 | 27707 | 5821 | 378 | 425 |
| 16823 | 28690 | 1807 | 42203 | 48169 | 531528 | 624106 | 90432 | 9239 | 9354 |
| 1022 | 1987 | 56 | 240 | -139 | 26395 | 26701 | 3328 | 267 | 162 |
| 129 | 1027 | 61 | 1027 | 992 | 2444 | 2473 | 617 | 242 | 36 |
| 3703 | 3290 | 436 | 2141 | -3093 | 80320 | 79288 | 12371 | 423 | 686 |
| 1003 | 1966 | 222 | 2778 | 1077 | 37882 | 30422 | 6201 | 626 | 536 |
| 811 | 455 | 36 | 1491 | 231 | 16009 | 15564 | 3941 | 83 | 53 |
| 1076 | 2242 | 196 | 4930 | 3825 | 22561 | 27900 | 5110 | 421 | 614 |
|  |  |  | 186 | 77 | 230 | 425 | 4 | 13 | 27 |
| 1551 | 1100 | 56 | 434 | -670 | 4031 | 3422 | 938 | 130 | 240 |
| 176 | 568 | 37 | 1286 | 195 | 36612 | 17730 | 1929 | 50 | 183 |
| 29 | 13 |  | 800 | 55 | 18 | 314 | 116 | 11 | 5 |
| 625 | 229 | 38 | 425 | 270 | -1630 | 433 | 350 | 41 | 23 |
| 839 | 1493 | 72 | 3250 | 1976 | 17772 | 29227 | 5124 | 253 | 234 |

贸易经纪与代理

Trade Broker and Agency

| 地区 | Region | 主营业务收入 Revenue from Principal Business | 主营业务成本 Cost of Principal Business | 主营业务税金及附加 Taxes and Other Charges on Principal Business | 主营业务利润 Profits from Principal Business | 其他业务利润 Profits from Other Business | 营业费用 Business Expenses | 管理费用 Administr-ative Expense |
|---|---|---|---|---|---|---|---|---|
| **全国** | **National Total** | **27360665** | **25747704** | **45282** | **1541929** | **136625** | **677374** | **459136** |
| 北京 | Beijing | 7020546 | 6465404 | 18736 | 536406 | 90723 | 196507 | 192152 |
| 天津 | Tianjin | 515286 | 477522 | 448 | 35647 | 1020 | 19934 | 14335 |
| 河北 | Hebei | 61339 | 56745 | 40 | 4554 | 110 | 3124 | 929 |
| 山西 | Shanxi | 132978 | 120436 | 4387 | 8156 | 110 | 3412 | 3450 |
| 内蒙古 | Inner Mongolia | 24701 | 22500 | 70 | 2132 | | 1012 | 454 |
| 辽宁 | Liaoning | 99159 | 92354 | 15 | 6790 | 10 | 3796 | 2783 |
| 吉林 | Jilin | | | | | | | |
| 黑龙江 | Heilongjiang | 53653 | 46976 | 380 | 4297 | 114 | 1944 | 1437 |
| 上海 | Shanghai | 4740701 | 4310389 | 2697 | 427616 | 28508 | 267321 | 112430 |
| 江苏 | Jiangsu | 1864659 | 1738239 | 6355 | 114842 | 788 | 37391 | 25031 |
| 浙江 | Zhejiang | 238427 | 221396 | 363 | 19121 | 816 | 6632 | 4999 |
| 安徽 | Anhui | 23094 | 21686 | 596 | 1113 | 157 | 445 | 303 |
| 福建 | Fujian | 1132337 | 1084462 | 714 | 45462 | 397 | 18653 | 10590 |
| 江西 | Jiangxi | 4156 | 4044 | | 112 | | 100 | 12 |
| 山东 | Shandong | 803750 | 741034 | 1069 | 58752 | 1882 | 20271 | 8626 |
| 河南 | Henan | 2067 | 2017 | | 50 | | 19 | 41 |
| 湖北 | Hubei | 4120262 | 4053178 | 1850 | 65234 | 2141 | 10969 | 21291 |
| 湖南 | Hunan | 342360 | 315922 | 1283 | 11970 | | 6090 | 5601 |
| 广东 | Guangdong | 6056659 | 5858505 | 6006 | 190369 | 9439 | 72473 | 52259 |
| 广西 | Guangxi | 28146 | 26881 | 6 | 1206 | 1 | 943 | 231 |
| 海南 | Hainan | | | | | | | |
| 重庆 | Chongqing | | | | | | | |
| 四川 | Sichuan | 36009 | 34307 | 26 | 1676 | 276 | 1630 | 811 |
| 贵州 | Guizhou | | | | | | | |
| 云南 | Yunnan | 553 | 598 | | -46 | | -5 | 240 |
| 西藏 | Tibet | | | | | | | |
| 陕西 | Shaanxi | 30155 | 26139 | 98 | 3917 | 39 | 3241 | 241 |
| 甘肃 | Gansu | 687 | 347 | | 340 | | 184 | 219 |
| 青海 | Qinghai | | | | | | | |
| 宁夏 | Ningxia | | | | | | | |
| 新疆 | Xinjiang | 28984 | 26626 | 141 | 2216 | 94 | 1289 | 670 |

3-4-4 Continued 7

单位：万元
Unit：10000 yuan

| #税金 Taxes | #差旅费 Travel Allowance | #工会经费 Trade Unions Funds | 财务费用 Financial Expense | #利息支出 Interest Expense | 营业利润 Operating Profit | 利润总额 Total Profit | 应交所得税 Income Tax Payable | 劳动、失业保险费 Unemployment Insurance | 住房公积金和住房补贴 Housing Fund and Housing Allowance |
|---|---|---|---|---|---|---|---|---|---|
| **14491** | **18513** | **2550** | **116068** | **84462** | **614485** | **816289** | **139835** | **6120** | **16818** |
| 4557 | 7092 | 993 | 60333 | 56173 | 353918 | 527924 | 80655 | 2809 | 8436 |
| 183 | 272 | 72 | 254 | -399 | 3705 | 4282 | 1096 | 85 | 716 |
| 15 | 162 | | 133 | 120 | 479 | 502 | 97 | 4 | 64 |
| 121 | 93 | 18 | 173 | 134 | 1231 | 2479 | 304 | 195 | 41 |
| 43 | 57 | | -12 | -21 | 661 | 518 | 92 | 1 | |
| 34 | 178 | 57 | -765 | -788 | 2110 | 2130 | 230 | 10 | 63 |
| 5 | 179 | 8 | 24 | 10 | 1062 | 1330 | 110 | 10 | 16 |
| 1398 | 4771 | 310 | 10738 | 4039 | 65688 | 77944 | 18894 | 1462 | 3589 |
| 645 | 1502 | 99 | 6887 | 2862 | 44861 | 25844 | 3382 | 303 | 688 |
| 164 | 250 | 2 | 937 | 376 | 4935 | 5720 | 563 | 12 | 30 |
| 31 | | | 58 | 46 | 738 | 478 | 73 | 1 | 14 |
| 717 | 455 | 62 | 3996 | 1922 | 7942 | 17072 | 2898 | 70 | 343 |
| | 1 | | 1 | | | | | | |
| 336 | 148 | 18 | 6993 | -163 | 23273 | 44698 | 9848 | 131 | 334 |
| 1 | 2 | | | | -9 | -4 | | | |
| 2997 | 385 | 174 | 10996 | 10922 | 25186 | 24298 | 4696 | 181 | 1069 |
| 798 | 549 | 462 | 1731 | 586 | 11766 | 7337 | 1069 | 172 | 36 |
| 2316 | 2267 | 260 | 11336 | 6438 | 69119 | 75482 | 15643 | 624 | 1170 |
| 41 | 17 | | 125 | 90 | -37 | 25 | | 11 | |
| 12 | 53 | 4 | -59 | -64 | -429 | -84 | 1 | 4 | 199 |
| 31 | | 5 | -21 | -21 | -260 | -244 | | 4 | 3 |
| 35 | 13 | | 17 | 6 | 457 | 457 | 140 | 3 | 7 |
| | 7 | | 2062 | 2062 | -2125 | -2125 | | | |
| 13 | 59 | 5 | 133 | 133 | 218 | 229 | 42 | 31 | 2 |

其他批发
Other Wholesale not Classified Elsewhere

| 地　区 | Region | 主营业务收入 Revenue from Principal Business | 主营业务成本 Cost of Principal Business | 主营业务税金及附加 Taxes and Other Charges on Principal Business | 主营业务利润 Profits from Principal Business | 其他业务利润 Profits from Other Business | 营业费用 Business Expenses | 管理费用 Administrative Expense |
|---|---|---|---|---|---|---|---|---|
| **全　国** | **National Total** | **35547190** | **33448996** | **218524** | **1755952** | **131782** | **900880** | **632933** |
| 北　京 | Beijing | 1630910 | 1490449 | 5846 | 134615 | 21425 | 110151 | 75415 |
| 天　津 | Tianjin | 2063507 | 1930960 | 5894 | 124425 | 2256 | 59002 | 36158 |
| 河　北 | Hebei | 47977 | 44944 | 197 | 2836 | 1866 | 2498 | 2561 |
| 山　西 | Shanxi | 141278 | 134034 | 420 | 6768 | 21 | 2226 | 3849 |
| 内蒙古 | Inner Mongolia | 71746 | 54131 | 402 | 11016 | 1 | 3483 | 1438 |
| 辽　宁 | Liaoning | 278410 | 266957 | 3395 | 5835 | 473 | 5334 | 5531 |
| 吉　林 | Jilin | 35207 | 32762 | 439 | 1992 | | 666 | 231 |
| 黑龙江 | Heilongjiang | 597917 | 501695 | 5493 | 85177 | -19 | 39448 | 9243 |
| 上　海 | Shanghai | 6294432 | 5719906 | 6419 | 568107 | 60584 | 245740 | 178697 |
| 江　苏 | Jiangsu | 7654601 | 7170208 | 63917 | 376012 | 18444 | 121685 | 84946 |
| 浙　江 | Zhejiang | 3083978 | 3160163 | 31035 | -107224 | 2847 | 26293 | 21113 |
| 安　徽 | Anhui | 822783 | 849571 | 12998 | -89945 | 109 | 3219 | 5955 |
| 福　建 | Fujian | 2535503 | 2355199 | 13166 | 166282 | 2457 | 53492 | 50126 |
| 江　西 | Jiangxi | 664609 | 693885 | 3986 | -18189 | 49 | 1487 | 1986 |
| 山　东 | Shandong | 2025000 | 1888615 | 22590 | 110520 | 1729 | 46261 | 24652 |
| 河　南 | Henan | 410301 | 364738 | 5078 | 40485 | 1097 | 12869 | 8138 |
| 湖　北 | Hubei | 382853 | 362170 | 1179 | 19571 | 1 | 12945 | 5549 |
| 湖　南 | Hunan | 567334 | 505239 | 2062 | 41202 | 73 | 17739 | 12731 |
| 广　东 | Guangdong | 3537118 | 3351537 | 10168 | 176531 | 9539 | 89689 | 56805 |
| 广　西 | Guangxi | 407690 | 400563 | 621 | 5363 | 1323 | 6968 | 5831 |
| 海　南 | Hainan | 34496 | 32952 | 184 | 1361 | 14 | 1458 | 859 |
| 重　庆 | Chongqing | 496146 | 468850 | 4881 | 20533 | 965 | 5780 | 5655 |
| 四　川 | Sichuan | 243620 | 238271 | 14204 | -8855 | 449 | 5598 | 3624 |
| 贵　州 | Guizhou | 63594 | 57863 | 185 | 3543 | 390 | 1908 | 2482 |
| 云　南 | Yunnan | 1216715 | 1156351 | 2446 | 57670 | 4270 | 11344 | 21010 |
| 西　藏 | Tibet | | | | | | | |
| 陕　西 | Shaanxi | 21873 | 18515 | 58 | 3300 | | 745 | 1373 |
| 甘　肃 | Gansu | 11795 | 10513 | 29 | 1254 | 170 | 1271 | 125 |
| 青　海 | Qinghai | | | | | | | |
| 宁　夏 | Ningxia | 55373 | 50158 | 447 | 5017 | 290 | 475 | 1865 |
| 新　疆 | Xinjiang | 150425 | 137798 | 788 | 10753 | 959 | 11105 | 4987 |

单位：万元
Unit：10000 yuan

| #税金 Taxes | #差旅费 Travel Allowance | #工会经费 Trade Unions Funds | 财务费用 Financial Expense | #利息支出 Interest Expense | 营业利润 Operating Profit | 利润总额 Total Profit | 应交所得税 Income Tax Payable | 劳动、失业保险费 Unemployment Insurance | 住房公积金和住房补贴 Housing Fund and Housing Allowance |
|---|---|---|---|---|---|---|---|---|---|
| **27525** | **26854** | **4453** | **115888** | **81954** | **472155** | **892334** | **189180** | **8707** | **19088** |
| 1529 | 2231 | 241 | 8907 | 10319 | 29420 | 65934 | 17106 | 601 | 1552 |
| 1073 | 2072 | 33 | 8547 | 6103 | 32895 | 22606 | 7713 | 1027 | 815 |
| 34 | 121 | 5 | 86 | 49 | -443 | 800 | 222 | 36 | 27 |
| 243 | 210 | 37 | 263 | 243 | 719 | 1173 | 396 | 53 | 33 |
| 122 | 63 | 8 | 6 | | 6091 | 5740 | 1108 | 26 | 8 |
| 675 | 420 | 198 | 457 | 153 | -4012 | 3195 | 2030 | 54 | 88 |
| 6 | 34 | 1 | 2 | | 1073 | 1224 | 309 | 1 | 4 |
| 508 | 244 | 128 | 442 | 194 | 40483 | 36681 | 9474 | 186 | 455 |
| 3868 | 6127 | 898 | 2801 | 3250 | 201513 | 228432 | 53541 | 2860 | 4277 |
| 6115 | 5157 | 293 | 24352 | 11032 | 198587 | 266666 | 41676 | 872 | 1499 |
| 2715 | 851 | 72 | 21666 | 19771 | -170404 | -8778 | 4664 | 264 | 355 |
| 573 | 100 | 30 | 2746 | 1525 | -37229 | -20242 | 746 | 27 | 108 |
| 1824 | 1794 | 429 | 11309 | 8858 | 56528 | 80444 | 15846 | 883 | 5634 |
| 278 | 120 | 19 | 1150 | 477 | -4018 | 838 | 425 | 53 | 38 |
| 1568 | 837 | 104 | 5627 | 3618 | 37398 | 75832 | 6609 | 302 | 296 |
| 451 | 507 | 84 | 2264 | 1585 | 13024 | 13780 | 3689 | 245 | 228 |
| 261 | 105 | 24 | 1880 | 653 | 6799 | 9708 | 155 | 59 | 60 |
| 886 | 791 | 682 | 1968 | 714 | 27636 | 14483 | 1450 | 286 | 436 |
| 2687 | 3660 | 766 | 15150 | 10764 | 30380 | 39308 | 9262 | 402 | 1530 |
| -150 | 233 | 21 | 628 | 390 | -6137 | -817 | 403 | 58 | 110 |
| 14 | 34 | 4 | 279 | 262 | -1220 | -33 | 33 | 8 | |
| 352 | 298 | 47 | 1063 | 146 | 3411 | 10742 | 701 | 45 | 67 |
| 465 | 187 | 17 | 1462 | 386 | -19090 | 4095 | 1288 | 43 | 56 |
| 185 | 77 | 30 | 229 | 192 | 750 | 931 | 234 | 32 | 44 |
| 955 | 295 | 254 | 618 | 549 | 29861 | 35661 | 8704 | 180 | 1244 |
| 41 | 73 | 8 | 76 | 52 | 1132 | 1113 | 238 | 8 | 29 |
| | | | 14 | 14 | 13 | 29 | 7 | 7 | 2 |
| 75 | 75 | 6 | 813 | 197 | 2405 | 3458 | 674 | 3 | 7 |
| 174 | 140 | 17 | 1084 | 458 | -5410 | -668 | 478 | 88 | 89 |

# 3-4-5 各地区限额以上零售业企业损益及分配

| 地　区 | Region | 主营业务收入 Revenue from Principal Business | 主营业务成本 Cost of Principal Business | 主营业务税金及附加 Taxes and Other Charges on Principal Business | 主营业务利润 Profits from Principal Business | 其他业务利润 Profits from Other Business | 营业费用 Business Expenses | 管理费用 Administrative Expense |
|---|---|---|---|---|---|---|---|---|
| **全　国** | **National Total** | **386000001** | **339893437** | **1962481** | **41856801** | **5876549** | **21996616** | **12915070** |
| 北　京 | Beijing | 35508701 | 31562389 | 99286 | 3846796 | 911862 | 2617214 | 1342132 |
| 天　津 | Tianjin | 9576307 | 8534422 | 19066 | 984653 | 168482 | 566272 | 269555 |
| 河　北 | Hebei | 8073377 | 7357665 | 25306 | 669583 | 152797 | 368546 | 341662 |
| 山　西 | Shanxi | 8190449 | 7417318 | 22414 | 651867 | 66559 | 364634 | 200741 |
| 内蒙古 | Inner Mongolia | 7055866 | 5998010 | 30661 | 971070 | 43382 | 276288 | 163282 |
| 辽　宁 | Liaoning | 14841855 | 13201124 | 109537 | 1563075 | 149894 | 673983 | 653989 |
| 吉　林 | Jilin | 4631294 | 4083659 | 27031 | 428977 | 63986 | 159139 | 191032 |
| 黑龙江 | Heilongjiang | 6688798 | 5431903 | 129260 | 1005567 | 87935 | 357989 | 335497 |
| 上　海 | Shanghai | 29330196 | 25418089 | 89498 | 3832847 | 877161 | 2607815 | 1333491 |
| 江　苏 | Jiangsu | 35022153 | 31035960 | 146684 | 3613403 | 583019 | 1888143 | 1209073 |
| 浙　江 | Zhejiang | 28080245 | 25684496 | 74702 | 2319683 | 452518 | 1405006 | 757531 |
| 安　徽 | Anhui | 8257724 | 7447079 | 31715 | 739838 | 76588 | 417974 | 270441 |
| 福　建 | Fujian | 10251743 | 9136703 | 38729 | 1033531 | 112881 | 643814 | 263522 |
| 江　西 | Jiangxi | 4142782 | 3613082 | 18780 | 460268 | 31213 | 204514 | 117398 |
| 山　东 | Shandong | 36974356 | 32517034 | 240870 | 4025572 | 305828 | 1421145 | 1272270 |
| 河　南 | Henan | 14947825 | 13369673 | 183576 | 1394576 | 165639 | 552501 | 403517 |
| 湖　北 | Hubei | 12394119 | 10915549 | 59968 | 1332283 | 206812 | 730612 | 408567 |
| 湖　南 | Hunan | 12371484 | 10586670 | 74159 | 1004101 | 71372 | 644552 | 393248 |
| 广　东 | Guangdong | 42115555 | 36257883 | 127841 | 5647366 | 713591 | 2945930 | 1162295 |
| 广　西 | Guangxi | 5098588 | 4544738 | 19591 | 566923 | 64374 | 281009 | 153980 |
| 海　南 | Hainan | 1987240 | 1796821 | 3984 | 185253 | 20501 | 98689 | 57795 |
| 重　庆 | Chongqing | 9430980 | 7859861 | 86063 | 1354580 | 105380 | 605368 | 505444 |
| 四　川 | Sichuan | 14378819 | 12930383 | 162134 | 1364654 | 150812 | 786124 | 349891 |
| 贵　州 | Guizhou | 3345466 | 2906243 | 8442 | 312361 | 28794 | 165672 | 78187 |
| 云　南 | Yunnan | 6189666 | 5489255 | 14983 | 674368 | 58185 | 358323 | 177670 |
| 西　藏 | Tibet | 439205 | 371571 | 2085 | 64887 | 709 | 19478 | 13085 |
| 陕　西 | Shaanxi | 8883714 | 7499997 | 87775 | 1004440 | 128749 | 434573 | 259466 |
| 甘　肃 | Gansu | 2702839 | 2413246 | 12154 | 277440 | 16427 | 128391 | 58712 |
| 青　海 | Qinghai | 573385 | 517034 | 1339 | 54130 | 7777 | 29021 | 20582 |
| 宁　夏 | Ningxia | 1254867 | 1124938 | 4351 | 127669 | 9098 | 60983 | 36222 |
| 新　疆 | Xinjiang | 3260406 | 2870642 | 10498 | 345042 | 44226 | 182916 | 114791 |

# Income and Distribution of Enterprises above Designated Size of Retail Trade by Region

单位：万元

Unit：10000 yuan

| #税金 Taxes | #差旅费 Travel Allowance | #工会经费 Trade Unions Funds | 财务费用 Financial Expense | #利息支出 Interest Expense | 营业利润 Operating Profit | 利润总额 Total Profit | 应交所得税 Income Tax Payable | 劳动、失业保险费 Unemployment Insurance | 住房公积金和住房补贴 Housing Fund and Housing Allowance |
|---|---|---|---|---|---|---|---|---|---|
| **582854** | **326579** | **90717** | **1988058** | **1099211** | **12308653** | **11285746** | **2177791** | **286726** | **305588** |
| 26576 | 30673 | 7636 | 155829 | 89171 | 713155 | 733482 | 230590 | 24618 | 50214 |
| 12473 | 4232 | 1334 | 38919 | 24938 | 351618 | 372980 | 98315 | 4500 | 11757 |
| 26652 | 5988 | 1815 | 45396 | 27252 | 83920 | 87845 | 27651 | 15911 | 4804 |
| 10257 | 5099 | 1096 | 66982 | 27375 | 120990 | 129182 | 20378 | 3522 | 3132 |
| 16494 | 7425 | 1105 | 33423 | 20891 | 474863 | 340492 | 27586 | 3941 | 3350 |
| 27223 | 11415 | 3819 | 90775 | 44338 | 379850 | 359643 | 78102 | 11914 | 15247 |
| 8749 | 3533 | 1026 | 28847 | 19818 | 128801 | 111840 | 21157 | 2423 | 2061 |
| 14711 | 8117 | 2164 | 31871 | 18132 | 298624 | 123095 | 33625 | 5460 | 9114 |
| 28156 | 32496 | 4619 | 138754 | 52661 | 670872 | 763394 | 225209 | 20902 | 33921 |
| 36881 | 23594 | 5127 | 169377 | 86711 | 1099029 | 1112311 | 231422 | 38900 | 29797 |
| 31456 | 18787 | 4038 | 144630 | 107504 | 463230 | 525308 | 145447 | 17654 | 19718 |
| 11762 | 6967 | 1726 | 41380 | 26670 | 187870 | 164287 | 29552 | 4774 | 5635 |
| 11826 | 9368 | 1940 | 52123 | 25083 | 251569 | 272284 | 57236 | 6219 | 11635 |
| 6563 | 3907 | 724 | 23598 | 13097 | 158951 | 127400 | 21137 | 3548 | 2378 |
| 101783 | 34537 | 7599 | 271022 | 160234 | 1506540 | 1444829 | 202386 | 18965 | 17702 |
| 28378 | 17294 | 4125 | 56722 | 24069 | 527956 | 388380 | 77060 | 6671 | 4587 |
| 28246 | 11640 | 4384 | 57591 | 33996 | 385055 | 340572 | 73209 | 8463 | 7739 |
| 22976 | 15626 | 8310 | 55954 | 14267 | 641415 | 416667 | 63125 | 9181 | 8581 |
| 56391 | 32283 | 16908 | 194110 | 125010 | 2142665 | 1693106 | 238102 | 18057 | 26797 |
| 8658 | 3821 | 1131 | 18979 | 13139 | 128057 | 176466 | 29521 | 6118 | 4609 |
| 1544 | 2230 | 652 | 5662 | 4106 | 45835 | 46302 | 7283 | 864 | 659 |
| 15747 | 10326 | 1927 | 80245 | 23723 | 302879 | 276762 | 45642 | 5360 | 6109 |
| 13549 | 7400 | 2450 | 51617 | 27767 | 340221 | 407645 | 57345 | 10036 | 9070 |
| 4363 | 2773 | 474 | 16824 | 11116 | 86724 | 90313 | 12046 | 1407 | 1564 |
| 6431 | 4994 | 1624 | 34253 | 26692 | 159344 | 165140 | 30505 | 1982 | 3446 |
| 189 | 345 | 41 | 1293 | 867 | 35787 | 37611 | 3257 | 84 | 667 |
| 14213 | 5114 | 1272 | 44914 | 29365 | 386079 | 353190 | 49097 | 2550 | 6132 |
| 2686 | 1384 | 373 | 13453 | 7785 | 93311 | 68748 | 10046 | 26357 | 1655 |
| 1156 | 490 | 126 | 2239 | 1709 | 12806 | 15241 | 2563 | 966 | 339 |
| 2050 | 956 | 481 | 6844 | 3552 | 38152 | 38949 | 7317 | 329 | 869 |
| 4714 | 3768 | 673 | 14437 | 8176 | 92486 | 102276 | 21880 | 5052 | 2301 |

# 3-4-6 各地区限额以上零售业企业损益及分配(按登记注册类型分)

国有控股

State-controlled Enterprises

| 地区 | Region | 主营业务收入 Revenue from Principal Business | 主营业务成本 Cost of Principal Business | 主营业务税金及附加 Taxes and Other Charges on Principal Business | 主营业务利润 Profits from Principal Business | 其他业务利润 Profits from Other Business | 营业费用 Business Expenses | 管理费用 Administrative Expense |
|---|---|---|---|---|---|---|---|---|
| **全国** | **National Total** | **92229380** | **80938989** | **441065** | **10219299** | **915026** | **4533657** | **2903445** |
| 北京 | Beijing | 11364175 | 10160032 | 44387 | 1159756 | 173488 | 625634 | 409758 |
| 天津 | Tianjin | 3777523 | 3478843 | 5618 | 293607 | 34590 | 148692 | 110813 |
| 河北 | Hebei | 929076 | 821409 | 5111 | 101294 | 29950 | 57472 | 76051 |
| 山西 | Shanxi | 3081222 | 2809929 | 6142 | 246820 | 5205 | 146901 | 44561 |
| 内蒙古 | Inner Mongolia | 2649343 | 2274395 | 6140 | 328030 | 4734 | 130121 | 23201 |
| 辽宁 | Liaoning | 3682880 | 3203605 | 32995 | 433624 | 17471 | 176544 | 189239 |
| 吉林 | Jilin | 922954 | 825838 | 4951 | 90592 | 3030 | 18216 | 44986 |
| 黑龙江 | Heilongjiang | 1824474 | 1412932 | 89613 | 321084 | 27118 | 88279 | 84795 |
| 上海 | Shanghai | 7529885 | 6593851 | 38578 | 909290 | 160476 | 525610 | 364997 |
| 江苏 | Jiangsu | 2944543 | 2554153 | 12542 | 359400 | 36215 | 176684 | 130104 |
| 浙江 | Zhejiang | 5324652 | 4919488 | 11424 | 393739 | 34682 | 183223 | 110577 |
| 安徽 | Anhui | 2213109 | 1982270 | 8679 | 214753 | 23966 | 91662 | 72772 |
| 福建 | Fujian | 1317702 | 1173608 | 3055 | 140745 | 10802 | 76706 | 39472 |
| 江西 | Jiangxi | 1287370 | 1077685 | 3014 | 180733 | 2540 | 49440 | 39622 |
| 山东 | Shandong | 4667330 | 4082959 | 17285 | 557618 | 54542 | 214948 | 167045 |
| 河南 | Henan | 2534718 | 2283952 | 18814 | 231951 | 11775 | 92711 | 77416 |
| 湖北 | Hubei | 4995638 | 4388208 | 30279 | 538165 | 127707 | 318158 | 160275 |
| 湖南 | Hunan | 4962047 | 4285540 | 23992 | 382435 | 13901 | 217130 | 140119 |
| 广东 | Guangdong | 10491457 | 8770081 | 30578 | 1662007 | 52047 | 436778 | 194070 |
| 广西 | Guangxi | 1436989 | 1292399 | 5146 | 219672 | 11527 | 75275 | 47023 |
| 海南 | Hainan | 790755 | 722487 | 1343 | 66198 | 645 | 29931 | 12510 |
| 重庆 | Chongqing | 2539964 | 2268595 | 11218 | 262673 | 29558 | 145298 | 86546 |
| 四川 | Sichuan | 4929495 | 4458426 | 13043 | 454408 | 17024 | 224873 | 109244 |
| 贵州 | Guizhou | 1350087 | 1132034 | 1871 | 129861 | 5459 | 48441 | 20236 |
| 云南 | Yunnan | 1420835 | 1242359 | 2479 | 168568 | 6291 | 95107 | 33106 |
| 西藏 | Tibet | 263932 | 206445 | 1649 | 55745 | 351 | 14513 | 7281 |
| 陕西 | Shaanxi | 962050 | 710947 | 4075 | 95164 | 5082 | 37295 | 44228 |
| 甘肃 | Gansu | 1215941 | 1095787 | 2877 | 117277 | 3868 | 42670 | 19224 |
| 青海 | Qinghai | 68693 | 61978 | 126 | 7189 | 1387 | 3087 | 1967 |
| 宁夏 | Ningxia | 102750 | 92489 | 430 | 9830 | 1208 | 6390 | 5366 |
| 新疆 | Xinjiang | 647789 | 556266 | 3610 | 87075 | 8389 | 35872 | 36841 |

# Income and distribution of Enterprises above Designated Size of Retail Trade by Region and Type of Registration

单位：万元
Unit：10000 yuan

| #税金 Taxes | #差旅费 Travel Allowance | #工会经费 Trade Unions Funds | 财务费用 Financial Expense | #利息支出 Interest Expense | 营业利润 Operating Profit | 利润总额 Total Profit | 应交所得税 Income Tax Payable | 劳动、失业保险费 Unemployment Insurance | 住房公积金和住房补贴 Housing Fund and Housing Allowance |
|---|---|---|---|---|---|---|---|---|---|
| **119306** | **58720** | **27814** | **283728** | **150679** | **3658858** | **3414035** | **521504** | **95582** | **120542** |
| 11449 | 4031 | 4744 | 29506 | 15577 | 360504 | 391442 | 87244 | 8219 | 24113 |
| 4443 | 1733 | 969 | 19997 | 15998 | 54396 | 58416 | 13573 | 1890 | 5850 |
| 2602 | 1124 | 555 | 4822 | 2472 | -6366 | -2903 | 3946 | 4045 | 1964 |
| 2715 | 1125 | 452 | 8924 | 6522 | 65837 | 74703 | 6998 | 2469 | 2051 |
| 2725 | 856 | 172 | 7431 | 4456 | 94822 | 76343 | 9205 | 1103 | 2053 |
| 7796 | 1933 | 1221 | 7103 | 1379 | 125488 | 113677 | 18659 | 3686 | 7723 |
| 1641 | 452 | 130 | 2143 | 1568 | 30130 | 29497 | 5901 | 244 | 701 |
| 4612 | 5154 | 504 | 11506 | 3252 | 53663 | 66329 | 18289 | 3572 | 2917 |
| 5285 | 3833 | 2086 | 30506 | 13932 | 189571 | 216498 | 50757 | 6890 | 10075 |
| 4205 | 3113 | 1147 | 18354 | 13807 | 89773 | 66845 | 16981 | 3946 | 5700 |
| 5970 | 1603 | 1031 | 5445 | 3375 | 127918 | 146264 | 29475 | 2243 | 6313 |
| 2336 | 1253 | 651 | 7361 | 4080 | 92463 | 81191 | 9435 | 1663 | 3468 |
| 1948 | 972 | 470 | 1710 | 85 | 34678 | 35946 | 10697 | 2227 | 2423 |
| 1221 | 1699 | 423 | 2440 | 530 | 91779 | 57247 | 11085 | 1602 | 1166 |
| 8862 | 3327 | 1192 | 29997 | 22408 | 202210 | 232156 | 27411 | 2814 | 6578 |
| 5606 | 2136 | 1037 | 5244 | 1946 | 62913 | 75034 | 18649 | 3590 | 2521 |
| 10057 | 5712 | 1681 | 18611 | 13414 | 181353 | 153876 | 33336 | 2832 | 3325 |
| 3703 | 5893 | 1570 | 20342 | 1104 | 280676 | 186689 | 20594 | 3441 | 4780 |
| 12264 | 3292 | 4036 | 13933 | 5385 | 1070738 | 848443 | 66463 | 5070 | 9499 |
| 2648 | 716 | 503 | 3521 | 2362 | 34092 | 80575 | 11394 | 1985 | 2362 |
| 625 | 192 | 78 | 251 | 142 | 24725 | 24519 | 2370 | 137 | 453 |
| 3545 | 2456 | 480 | 13412 | 4516 | 48890 | 48277 | 11484 | 1246 | 1610 |
| 4195 | 1925 | 1177 | 9415 | 4783 | 127802 | 145924 | 14068 | 1664 | 4930 |
| 1235 | 559 | 183 | 1873 | 1436 | 60183 | 58633 | 3943 | 710 | 1153 |
| 1328 | 934 | 429 | 3777 | 2984 | 31146 | 29534 | 5959 | 668 | 1481 |
| 22 | 241 | 26 | 310 | 243 | 34086 | 34032 | 2892 | 81 | 639 |
| 1413 | 1047 | 297 | 963 | 438 | 14945 | 15697 | 2525 | 578 | 1555 |
| 838 | 269 | 151 | 1853 | 1547 | 57398 | 38120 | 3241 | 25981 | 1393 |
| 65 | 48 | 3 | 126 | 63 | 2829 | 1587 | 100 | 19 | 84 |
| 240 | 144 | 74 | 449 | 251 | -1166 | 247 | 184 | 62 | 367 |
| 1714 | 948 | 341 | 2403 | 628 | 21385 | 29196 | 4650 | 908 | 1297 |

内资企业
Domestic Funded Enterprises

| 地 区 | Region | 主营业务收入 Revenue from Principal Business | 主营业务成本 Cost of Principal Business | 主营业务税金及附加 Taxes and Other Charges on Principal Business | 主营业务利润 Profits from Principal Business | 其他业务利润 Profits from Other Business | 营业费用 Business Expenses | 管理费用 Administrative Expense |
|---|---|---|---|---|---|---|---|---|
| **全 国** | **National Total** | **336140637** | **297830127** | **1737370** | **34445907** | **4144731** | **16816789** | **10627910** |
| 北 京 | Beijing | 29382626 | 26400273 | 93663 | 2888460 | 672150 | 1882112 | 988587 |
| 天 津 | Tianjin | 8305549 | 7474580 | 16347 | 790609 | 118190 | 380649 | 218126 |
| 河 北 | Hebei | 7952593 | 7249488 | 25236 | 657068 | 148356 | 353671 | 338396 |
| 山 西 | Shanxi | 8100287 | 7348995 | 22341 | 630102 | 66259 | 350153 | 196821 |
| 内蒙古 | Inner Mongolia | 7052969 | 5995658 | 30657 | 970529 | 43382 | 275877 | 162918 |
| 辽 宁 | Liaoning | 13113829 | 11748559 | 104309 | 1292623 | 110409 | 524896 | 545926 |
| 吉 林 | Jilin | 4310170 | 3817422 | 25216 | 376916 | 60195 | 139054 | 171980 |
| 黑龙江 | Heilongjiang | 5909921 | 4839258 | 123423 | 825173 | 77433 | 319452 | 288047 |
| 上 海 | Shanghai | 20404025 | 18096953 | 79563 | 2233833 | 423588 | 1485439 | 762473 |
| 江 苏 | Jiangsu | 27710840 | 24572341 | 132367 | 2802322 | 341982 | 1293633 | 934097 |
| 浙 江 | Zhejiang | 25133391 | 23066702 | 69671 | 1995655 | 377818 | 1189788 | 658267 |
| 安 徽 | Anhui | 7672370 | 6944018 | 30997 | 657026 | 59417 | 360815 | 243212 |
| 福 建 | Fujian | 8813964 | 7929776 | 36074 | 839777 | 97555 | 488191 | 221032 |
| 江 西 | Jiangxi | 3946988 | 3450817 | 18075 | 429805 | 27938 | 183930 | 109490 |
| 山 东 | Shandong | 35580697 | 31293198 | 235666 | 3861078 | 251735 | 1310813 | 1197111 |
| 河 南 | Henan | 14143205 | 12658748 | 180641 | 1303816 | 130864 | 515349 | 365056 |
| 湖 北 | Hubei | 11426246 | 10129918 | 57129 | 1153096 | 184983 | 627737 | 362585 |
| 湖 南 | Hunan | 11717890 | 10063861 | 72116 | 948226 | 45610 | 571287 | 361115 |
| 广 东 | Guangdong | 33648948 | 29173949 | 102762 | 4289083 | 396374 | 1944951 | 868710 |
| 广 西 | Guangxi | 4776437 | 4273351 | 18809 | 522426 | 60820 | 261570 | 141821 |
| 海 南 | Hainan | 1822409 | 1657701 | 3911 | 159610 | 15450 | 78561 | 53348 |
| 重 庆 | Chongqing | 7946832 | 6657968 | 78990 | 1159007 | 67961 | 460020 | 468310 |
| 四 川 | Sichuan | 12718057 | 11539058 | 46511 | 1117192 | 122863 | 630355 | 280961 |
| 贵 州 | Guizhou | 3131516 | 2729555 | 7609 | 278991 | 24345 | 139786 | 71216 |
| 云 南 | Yunnan | 5498013 | 4912287 | 13972 | 560694 | 42625 | 294755 | 155852 |
| 西 藏 | Tibet | 435166 | 368407 | 2085 | 64011 | 658 | 18783 | 13051 |
| 陕 西 | Shaanxi | 8012681 | 6778327 | 81663 | 867944 | 103360 | 351756 | 227592 |
| 甘 肃 | Gansu | 2684744 | 2396219 | 12126 | 276400 | 16169 | 127754 | 58573 |
| 青 海 | Qinghai | 570534 | 515071 | 1288 | 53291 | 7777 | 28726 | 20338 |
| 宁 夏 | Ningxia | 1249803 | 1121467 | 4351 | 126077 | 9098 | 60330 | 35913 |
| 新 疆 | Xinjiang | 2967938 | 2626205 | 9804 | 315071 | 39367 | 166597 | 106988 |

单位：万元
Unit：10000 yuan

| #税金 Taxes | #差旅费 Travel Allowance | #工会经费 Trade Unions Funds | 财务费用 Financial Expense | #利息支出 Interest Expense | 营业利润 Operating Profit | 利润总额 Total Profit | 应交所得税 Income Tax Payable | 劳动、失业保险费 Unemployment Insurance | 住房公积金和住房补贴 Housing Fund and Housing Allowance |
|---|---|---|---|---|---|---|---|---|---|
| **519081** | **274669** | **81470** | **1809734** | **1046239** | **10700737** | **9753206** | **1737757** | **250538** | **233409** |
| | | | | | | | | | |
| 22215 | 23299 | 5434 | 122274 | 75959 | 635206 | 666194 | 186594 | 18366 | 36020 |
| 11638 | 3168 | 1293 | 37365 | 24458 | 317828 | 338174 | 88522 | 3940 | 8964 |
| 26564 | 5955 | 1805 | 45196 | 27164 | 84193 | 86177 | 27300 | 15658 | 4594 |
| 9952 | 5014 | 1080 | 66477 | 27022 | 117647 | 125761 | 20047 | 3413 | 2810 |
| 16390 | 7425 | 1105 | 33058 | 20526 | 475097 | 340723 | 27586 | 3941 | 3350 |
| | | | | | | | | | |
| 23819 | 10316 | 3368 | 84200 | 42854 | 331831 | 315951 | 58982 | 10650 | 12124 |
| 7785 | 3355 | 939 | 23847 | 15997 | 117086 | 100082 | 17546 | 2379 | 1951 |
| 14024 | 3411 | 1937 | 30153 | 16691 | 275214 | 104600 | 27917 | 2571 | 8213 |
| | | | | | | | | | |
| 15479 | 15136 | 3899 | 85877 | 42867 | 364556 | 453843 | 111701 | 15949 | 19190 |
| 32990 | 20148 | 4605 | 170293 | 96626 | 888723 | 884813 | 179587 | 32454 | 22522 |
| 27559 | 16990 | 3601 | 127309 | 94253 | 399456 | 455443 | 124251 | 15434 | 16126 |
| 10941 | 6743 | 1648 | 40576 | 26279 | 171623 | 145547 | 25347 | 4571 | 4723 |
| 10817 | 8765 | 1518 | 44528 | 27790 | 198639 | 184875 | 46925 | 4957 | 8438 |
| 6556 | 3865 | 708 | 23062 | 13211 | 151675 | 118638 | 19424 | 3516 | 2358 |
| 99510 | 33153 | 7401 | 268187 | 158753 | 1475722 | 1414997 | 191133 | 18235 | 16135 |
| | | | | | | | | | |
| 27333 | 16519 | 3877 | 56664 | 25165 | 480785 | 340978 | 64038 | 6495 | 4150 |
| 25423 | 10947 | 4078 | 54642 | 34043 | 335915 | 293147 | 62625 | 7597 | 6607 |
| 22077 | 14558 | 7963 | 54772 | 13882 | 612554 | 392440 | 57497 | 8203 | 7913 |
| 38884 | 25150 | 15303 | 168899 | 113255 | 1774054 | 1475452 | 169587 | 15185 | 16055 |
| 8214 | 3650 | 1038 | 17932 | 12765 | 110606 | 158770 | 26256 | 5487 | 4094 |
| 1413 | 1858 | 355 | 5186 | 3925 | 40196 | 40942 | 6190 | 826 | 574 |
| | | | | | | | | | |
| 13314 | 9904 | 1665 | 81624 | 25893 | 247831 | 221110 | 35475 | 4050 | 4377 |
| 12452 | 6848 | 2227 | 43164 | 23451 | 289463 | 332786 | 44946 | 8870 | 7219 |
| 3727 | 2586 | 449 | 17236 | 11552 | 79998 | 82070 | 10285 | 1327 | 1424 |
| 5968 | 4467 | 1399 | 31807 | 24888 | 117942 | 119679 | 23245 | 1590 | 2619 |
| 178 | 345 | 39 | 1283 | 867 | 35600 | 37426 | 3142 | 83 | 662 |
| | | | | | | | | | |
| 13617 | 4717 | 1130 | 39024 | 25709 | 344499 | 308922 | 42193 | 2187 | 5352 |
| 2683 | 1379 | 372 | 12648 | 7780 | 93595 | 68031 | 9992 | 26357 | 1653 |
| 1156 | 486 | 123 | 2160 | 1630 | 11699 | 14133 | 2563 | 966 | 339 |
| 2033 | 945 | 477 | 6782 | 3492 | 38152 | 38384 | 7261 | 326 | 863 |
| 4373 | 3568 | 636 | 13512 | 7494 | 83357 | 93121 | 19604 | 4957 | 1991 |

3-4-6 续表 2

国有企业

State-owned Enterprises

| 地 区 | Region | 主营业务收入 Revenue from Principal Business | 主营业务成本 Cost of Principal Business | 主营业务税金及附加 Taxes and Other Charges on Principal Business | 主营业务利润 Profits from Principal Business | 其他业务利润 Profits from Other Business | 营业费用 Business Expenses | 管理费用 Administrative Expense |
|---|---|---|---|---|---|---|---|---|
| **全 国** | **National Total** | **28159707** | **24803476** | **186420** | **2748765** | **200697** | **1254683** | **887863** |
| 北 京 | Beijing | 1246409 | 1097269 | 3858 | 145282 | 27503 | 60566 | 77024 |
| 天 津 | Tianjin | 2846854 | 2657118 | 2186 | 187533 | 6680 | 115271 | 41529 |
| 河 北 | Hebei | 416976 | 360795 | 1819 | 53253 | 18010 | 24432 | 45748 |
| 山 西 | Shanxi | 760783 | 687033 | 3551 | 62040 | 4197 | 38686 | 16214 |
| 内蒙古 | Inner Mongolia | 2343388 | 2020226 | 4766 | 195995 | 1541 | 108555 | 17805 |
| 辽 宁 | Liaoning | 632160 | 549665 | 2774 | 54058 | 3211 | 28109 | 26309 |
| 吉 林 | Jilin | 59345 | 48131 | 823 | 10391 | 299 | 1849 | 6119 |
| 黑龙江 | Heilongjiang | 624271 | 460790 | 81663 | 80972 | 2198 | 22031 | 14131 |
| 上 海 | Shanghai | 1486325 | 1274576 | 7523 | 204226 | 48045 | 98584 | 106129 |
| 江 苏 | Jiangsu | 883564 | 753509 | 4750 | 116509 | 12341 | 62468 | 43978 |
| 浙 江 | Zhejiang | 742976 | 673609 | 1966 | 67402 | 7032 | 28396 | 25051 |
| 安 徽 | Anhui | 569160 | 509966 | 2292 | 55257 | 2073 | 26055 | 14254 |
| 福 建 | Fujian | 332488 | 305275 | 830 | 26041 | 3527 | 16833 | 8609 |
| 江 西 | Jiangxi | 227417 | 169743 | 1701 | 53234 | 1632 | 13476 | 23618 |
| 山 东 | Shandong | 1557874 | 1343531 | 8727 | 200952 | 12807 | 73431 | 91528 |
| 河 南 | Henan | 1143410 | 1008726 | 14632 | 120053 | 8026 | 47023 | 51833 |
| 湖 北 | Hubei | 2031056 | 1849915 | 8553 | 145282 | 2982 | 67796 | 41909 |
| 湖 南 | Hunan | 1532655 | 1308209 | 10829 | 134396 | 1310 | 74432 | 43825 |
| 广 东 | Guangdong | 2751013 | 2454145 | 5632 | 278862 | 12593 | 81591 | 60137 |
| 广 西 | Guangxi | 542253 | 495237 | 1283 | 40875 | 4575 | 29826 | 13419 |
| 海 南 | Hainan | 11668 | 9113 | 204 | 1623 | 74 | 909 | 1134 |
| 重 庆 | Chongqing | 453462 | 421818 | 2830 | 31333 | 2746 | 22178 | 5250 |
| 四 川 | Sichuan | 2118051 | 1972994 | 3282 | 141649 | 3984 | 76001 | 23954 |
| 贵 州 | Guizhou | 778940 | 634492 | 1060 | 87361 | 1997 | 28241 | 12286 |
| 云 南 | Yunnan | 440542 | 384686 | 1312 | 54079 | 1842 | 29136 | 12494 |
| 西 藏 | Tibet | 182061 | 143669 | 1475 | 36917 | 121 | 11787 | 5545 |
| 陕 西 | Shaanxi | 473364 | 347809 | 2901 | 57842 | 2662 | 18941 | 27455 |
| 甘 肃 | Gansu | 416479 | 367894 | 1778 | 46807 | 624 | 17228 | 9359 |
| 青 海 | Qinghai | 69471 | 62660 | 127 | 7284 | 1396 | 3181 | 1985 |
| 宁 夏 | Ningxia | 82326 | 73587 | 425 | 8315 | 1185 | 5620 | 4744 |
| 新 疆 | Xinjiang | 402966 | 357287 | 872 | 42944 | 3483 | 22051 | 14488 |

3-4-6 Continued 2

单位：万元
Unit：10000 yuan

| #税金 Taxes | #差旅费 Travel Allowance | #工会经费 Trade Unions Funds | 财务费用 Financial Expense | #利息支出 Interest Expense | 营业利润 Operating Profit | 利润总额 Total Profit | 应交所得税 Income Tax Payable | 劳动、失业保险费 Unemploy-ment Insurance | 住房公积金和住房补贴 Housing Fund and Housing Allowance |
|---|---|---|---|---|---|---|---|---|---|
| **40070** | **18548** | **9457** | **69355** | **39187** | **836933** | **853079** | **135835** | **52567** | **40802** |
| 2194 | 674 | 721 | 781 | -5 | 42052 | 55250 | 12161 | 1252 | 4673 |
| 2210 | 962 | 507 | 6291 | 6154 | 28937 | 29105 | 10128 | 1123 | 3301 |
| 1179 | 889 | 384 | -19 | -352 | 1498 | 5002 | 2497 | 3686 | 1304 |
| 1107 | 321 | 245 | 1078 | 449 | 14413 | 12842 | 1593 | 1840 | 820 |
| 2034 | 735 | 127 | 6455 | 3796 | 65867 | 58925 | 4962 | 774 | 1596 |
| 898 | 298 | 189 | 1850 | 1393 | 13084 | 5232 | 2010 | 723 | 1296 |
| 531 | 57 | 27 | 59 | 11 | 2589 | 1429 | 309 | 94 | 185 |
| 604 | 212 | 100 | 1223 | 660 | 15744 | 25318 | 7317 | 222 | 310 |
| 990 | 1210 | 569 | 2982 | -1058 | 44576 | 48128 | 10441 | 2888 | 2606 |
| 1405 | 850 | 430 | 3338 | 1849 | 25692 | 17840 | 4792 | 932 | 1722 |
| 1404 | 431 | 283 | 687 | 318 | 19605 | 20240 | 4428 | 600 | 1478 |
| 451 | 312 | 139 | 1214 | 580 | 15465 | 9323 | 1085 | 160 | 608 |
| 347 | 142 | 89 | 770 | 507 | 4146 | 7074 | 1662 | 216 | 405 |
| 950 | 507 | 263 | 1360 | 230 | 16310 | 10101 | 408 | 388 | 680 |
| 5254 | 2213 | 943 | 8539 | 4093 | 42291 | 52646 | 10560 | 1392 | 3721 |
| 3988 | 1560 | 815 | 2930 | 1634 | 22288 | 27433 | 3710 | 2567 | 1763 |
| 1802 | 1186 | 232 | 1963 | 1039 | 46179 | 50634 | 6546 | 606 | 1286 |
| 3109 | 1196 | 715 | 5750 | 672 | 94230 | 82485 | 5170 | 1725 | 2651 |
| 3442 | 1151 | 1188 | 8659 | 6733 | 154966 | 166026 | 25553 | 2110 | 3034 |
| 1048 | 298 | 208 | 1561 | 1329 | 3558 | 5608 | 2160 | 870 | 863 |
| 1 | 9 | 5 | 5 | 3 | 219 | 348 | 5 | 8 | 14 |
| 393 | 264 | 33 | 2142 | 1638 | 5016 | 5153 | 464 | 111 | 185 |
| 1316 | 982 | 281 | 4456 | 4178 | 40902 | 46578 | 8859 | 569 | 1222 |
| 828 | 397 | 131 | 505 | 393 | 50944 | 49499 | 1090 | 300 | 958 |
| 478 | 324 | 251 | 1604 | 1226 | 2565 | 3457 | 852 | 523 | 862 |
| 13 | 154 | 16 | 312 | 246 | 19394 | 19203 | 661 | 49 | 424 |
| 767 | 489 | 206 | 1105 | 794 | 10762 | 8576 | 1356 | 300 | 896 |
| 346 | 224 | 115 | 740 | 562 | 20104 | 16140 | 1594 | 25738 | 676 |
| 82 | 49 | 3 | 126 | 63 | 2820 | 1580 | 100 | 19 | 85 |
| 215 | 119 | 70 | 354 | 247 | -1219 | 263 | 153 | 59 | 361 |
| 685 | 332 | 172 | 536 | -193 | 11936 | 11644 | 3211 | 723 | 819 |

集体企业
Collective-owned Enterprises

| 地　区 | Region | 主营业务收入 Revenue from Principal Business | 主营业务成本 Cost of Principal Business | 主营业务税金及附加 Taxes and Other Charges on Principal Business | 主营业务利润 Profits from Principal Business | 其他业务利润 Profits from Other Business | 营业费用 Business Expenses | 管理费用 Administrative Expense |
|---|---|---|---|---|---|---|---|---|
| **全　国** | **National Total** | **8668003** | **7518533** | **79032** | **1041313** | **70609** | **366695** | **263387** |
| 北　京 | Beijing | 374367 | 316258 | 2180 | 55929 | 12733 | 42199 | 20110 |
| 天　津 | Tianjin | 133298 | 118425 | 286 | 11950 | 1655 | 9289 | 4273 |
| 河　北 | Hebei | 260028 | 240579 | 1008 | 17905 | 767 | 7272 | 6883 |
| 山　西 | Shanxi | 194282 | 163680 | 1225 | 24934 | 760 | 4178 | 7630 |
| 内蒙古 | Inner Mongolia | 16491 | 14926 | 72 | 1493 | 60 | 649 | 887 |
| 辽　宁 | Liaoning | 132757 | 107982 | 1871 | 17849 | 403 | 7638 | 5577 |
| 吉　林 | Jilin | 29710 | 23329 | 230 | 6150 | | 1464 | 1612 |
| 黑龙江 | Heilongjiang | 39392 | 33896 | 536 | 4560 | 281 | 1822 | 1234 |
| 上　海 | Shanghai | 325137 | 288662 | 2727 | 33748 | 6849 | 16650 | 15829 |
| 江　苏 | Jiangsu | 423144 | 359523 | 3721 | 57814 | 648 | 16034 | 17594 |
| 浙　江 | Zhejiang | 404518 | 377441 | 836 | 26079 | 4741 | 11639 | 12315 |
| 安　徽 | Anhui | 31433 | 26852 | 292 | 2801 | 217 | 1385 | 1474 |
| 福　建 | Fujian | 88098 | 76757 | 243 | 10416 | 356 | 5051 | 4187 |
| 江　西 | Jiangxi | 10804 | 7310 | 52 | 483 | 108 | 326 | 111 |
| 山　东 | Shandong | 1764745 | 1497318 | 19409 | 246840 | 5633 | 58233 | 72062 |
| 河　南 | Henan | 1865209 | 1672868 | 33795 | 158546 | 2769 | 37103 | 29292 |
| 湖　北 | Hubei | 296148 | 270307 | 1911 | 23689 | 4758 | 9933 | 15286 |
| 湖　南 | Hunan | 48402 | 41927 | 335 | 3037 | 641 | 1959 | 2370 |
| 广　东 | Guangdong | 1939148 | 1624477 | 6097 | 304167 | 24687 | 122115 | 33733 |
| 广　西 | Guangxi | 53819 | 46894 | 620 | 6161 | 6 | 1904 | 1897 |
| 海　南 | Hainan | 2964 | 2722 | 5 | 237 | | 75 | 128 |
| 重　庆 | Chongqing | 18501 | 15100 | 424 | 2967 | 11 | 723 | 638 |
| 四　川 | Sichuan | 58455 | 51009 | 321 | 7118 | 27 | 3147 | 2102 |
| 贵　州 | Guizhou | 15187 | 11366 | 89 | 3464 | 12 | 455 | 398 |
| 云　南 | Yunnan | 36046 | 33129 | 133 | 4297 | 128 | 2173 | 1673 |
| 西　藏 | Tibet | 2225 | 1830 | 41 | 354 | | 150 | 40 |
| 陕　西 | Shaanxi | 82185 | 74050 | 533 | 6775 | 2353 | 2710 | 3028 |
| 甘　肃 | Gansu | 15737 | 14849 | 20 | 868 | 6 | 375 | 466 |
| 青　海 | Qinghai | | | | | | | |
| 宁　夏 | Ningxia | 1960 | 1878 | 4 | 78 | | 22 | 47 |
| 新　疆 | Xinjiang | 3816 | 3191 | 16 | 609 | | 25 | 511 |

3-4-6 Continued 3

单位：万元

Unit：10000 yuan

| #税金 Taxes | #差旅费 Travel Allowance | #工会经费 Trade Unions Funds | 财务费用 Financial Expense | #利息支出 Interest Expense | 营业利润 Operating Profit | 利润总额 Total Profit | 应交所得税 Income Tax Payable | 劳动、失业保险费 Unemployment Insurance | 住房公积金和住房补贴 Housing Fund and Housing Allowance |
|---|---|---|---|---|---|---|---|---|---|
| **17823** | **6700** | **2283** | **37488** | **16754** | **435923** | **392479** | **43043** | **5323** | **5069** |
| | | | | | | | | | |
| 576 | 193 | 104 | 2466 | 1281 | 3998 | 4352 | 1242 | 340 | 743 |
| 26 | 20 | 15 | 236 | 188 | 4111 | 2291 | 970 | 102 | 287 |
| 610 | 201 | 57 | 1543 | 778 | 3977 | 1217 | 295 | 372 | 85 |
| 308 | 61 | 20 | 641 | 235 | 1954 | 1407 | 205 | 86 | 132 |
| 89 | 3 | 1 | 112 | 65 | 642 | 580 | 54 | 11 | 2 |
| | | | | | | | | | |
| 785 | 214 | 147 | 777 | 180 | 8049 | 8173 | 4164 | 88 | 99 |
| 52 | 17 | 3 | 67 | 39 | 3008 | 1525 | 17 | 7 | 8 |
| 61 | 25 | 10 | 346 | 321 | 1615 | 667 | 246 | 7 | 20 |
| | | | | | | | | | |
| 583 | 164 | 106 | 485 | 155 | 7633 | 10822 | 2751 | 291 | 484 |
| 496 | 238 | 108 | 2352 | 741 | 25980 | 16295 | 3161 | 455 | 235 |
| 773 | 157 | 95 | 333 | 76 | 6534 | 8013 | 1841 | 397 | 328 |
| 186 | 11 | 3 | 176 | 122 | 1047 | 1067 | 55 | 39 | 6 |
| 165 | 155 | 25 | 527 | 133 | 1689 | 1768 | 228 | 139 | 74 |
| 4 | | | 3 | | 484 | -147 | | | |
| 5596 | 2245 | 465 | 12629 | 5687 | 107468 | 96163 | 11627 | 1121 | 736 |
| | | | | | | | | | |
| 3691 | 1784 | 680 | 5380 | 2086 | 70050 | 53556 | 5121 | 606 | 356 |
| 733 | 188 | 71 | 3259 | 2032 | 1617 | 1071 | 657 | 548 | 412 |
| 278 | 55 | 32 | 247 | 130 | 1566 | 995 | 106 | 51 | 48 |
| 2100 | 621 | 252 | 4103 | 1750 | 172041 | 169849 | 7996 | 468 | 688 |
| 125 | 121 | 20 | 602 | 80 | 1766 | 1852 | 80 | 36 | 48 |
| 1 | 8 | 1 | | | 33 | 35 | 7 | 2 | |
| | | | | | | | | | |
| 87 | 59 | 7 | 168 | 38 | 1449 | 1269 | 113 | 11 | 9 |
| 320 | 9 | 10 | 366 | 68 | 1287 | 1788 | 265 | 26 | 67 |
| 7 | 47 | 7 | 189 | 183 | 2503 | 2524 | 675 | 2 | 14 |
| 23 | 44 | 19 | 132 | 128 | 1982 | 1576 | 459 | 15 | 37 |
| | 12 | 1 | 35 | 35 | 129 | 474 | | | |
| | | | | | | | | | |
| 138 | 35 | 17 | 188 | 108 | 3323 | 3165 | 676 | 69 | 131 |
| 7 | 7 | 3 | 119 | 111 | -86 | 35 | 11 | 32 | 10 |
| | | | | | | | | | |
| 1 | 2 | 1 | 5 | 1 | 5 | 2 | | | 1 |
| 3 | 3 | 3 | 4 | 4 | 71 | 94 | 23 | 3 | 12 |

3-4-6 续表 4

股份合作企业
Cooperative Enterprises

| 地 区 | Region | 主营业务收入 Revenue from Principal Business | 主营业务成本 Cost of Principal Business | 主营业务税金及附加 Taxes and Other Charges on Principal Business | 主营业务利润 Profits from Principal Business | 其他业务利润 Profits from Other Business | 营业费用 Business Expenses | 管理费用 Administrative Expense |
|---|---|---|---|---|---|---|---|---|
| **全 国** | **National Total** | **2553444** | **2232249** | **13998** | **295959** | **31796** | **104453** | **116422** |
| 北 京 | Beijing | 255833 | 239028 | 304 | 16500 | 2202 | 8730 | 7868 |
| 天 津 | Tianjin | 237564 | 199312 | 1256 | 36911 | 14976 | 1101 | 28991 |
| 河 北 | Hebei | 146531 | 132069 | 502 | 13961 | 1177 | 4000 | 8928 |
| 山 西 | Shanxi | 17982 | 14496 | 154 | 3313 | -113 | 2270 | 1427 |
| 内蒙古 | Inner Mongolia | 62527 | 49461 | 138 | 12928 | 112 | 1074 | 729 |
| 辽 宁 | Liaoning | 43853 | 41288 | 324 | 722 | 18 | 725 | 1569 |
| 吉 林 | Jilin | 25588 | 20890 | 290 | 4408 | -7 | 1013 | 1012 |
| 黑龙江 | Heilongjiang | 39877 | 34440 | 144 | 5295 | 836 | 1965 | 2560 |
| 上 海 | Shanghai | 196961 | 177990 | 555 | 18625 | 1013 | 5372 | 5488 |
| 江 苏 | Jiangsu | 120185 | 102935 | 323 | 16887 | 1114 | 4228 | 5875 |
| 浙 江 | Zhejiang | 66524 | 59733 | 274 | 6339 | 90 | 3419 | 1394 |
| 安 徽 | Anhui | 120121 | 112313 | 475 | 6921 | 63 | 5707 | 2446 |
| 福 建 | Fujian | 6413 | 5828 | 28 | 557 | 25 | 278 | 212 |
| 江 西 | Jiangxi | 26661 | 22344 | 335 | 3983 | 360 | 1260 | 694 |
| 山 东 | Shandong | 360923 | 316835 | 2103 | 41185 | 4627 | 16694 | 16834 |
| 河 南 | Henan | 86167 | 74510 | 2370 | 9286 | 215 | 2880 | 1204 |
| 湖 北 | Hubei | 84308 | 76303 | 272 | 7304 | 524 | 3596 | 2418 |
| 湖 南 | Hunan | 93561 | 81678 | 360 | 6748 | 77 | 5254 | 2659 |
| 广 东 | Guangdong | 217588 | 181678 | 397 | 33687 | 1569 | 17002 | 5199 |
| 广 西 | Guangxi | 14424 | 12643 | 43 | 1738 | 111 | 869 | 527 |
| 海 南 | Hainan | 9307 | 8852 | 4 | 451 | 57 | | 422 |
| 重 庆 | Chongqing | 103977 | 71960 | 1960 | 29250 | | 8090 | 10098 |
| 四 川 | Sichuan | 29622 | 27247 | 53 | 2622 | 62 | 1260 | 701 |
| 贵 州 | Guizhou | 3092 | 2653 | 3 | 273 | 12 | 56 | 52 |
| 云 南 | Yunnan | 56509 | 52132 | 100 | 3744 | 124 | 2067 | 2326 |
| 西 藏 | Tibet | | | | | | | |
| 陕 西 | Shaanxi | 94060 | 83966 | 1043 | 9051 | | 2981 | 2038 |
| 甘 肃 | Gansu | 5935 | 5171 | 33 | 731 | 40 | 530 | 320 |
| 青 海 | Qinghai | 13411 | 11204 | 50 | 2157 | 336 | 984 | 1037 |
| 宁 夏 | Ningxia | 10377 | 10043 | 100 | 233 | 1474 | 884 | 535 |
| 新 疆 | Xinjiang | 3565 | 3248 | 5 | 147 | 702 | 165 | 864 |

3-4-6 Continued 4

单位：万元

Unit：10000 yuan

| #税金<br>Taxes | #差旅费<br>Travel Allowance | #工会经费<br>Trade Unions Funds | 财务费用<br>Financial Expense | #利息支出<br>Interest Expense | 营业利润<br>Operating Profit | 利润总额<br>Total Profit | 应交所得税<br>Income Tax Payable | 劳动、失业保险费<br>Unemployment Insurance | 住房公积金和住房补贴<br>Housing Fund and Housing Allowance |
|---|---|---|---|---|---|---|---|---|---|
| **5404** | **2474** | **804** | **19845** | **12231** | **92669** | **85734** | **9438** | **1671** | **2517** |
| 274 | 176 | 12 | 1140 | 938 | 946 | 1114 | 854 | 96 | 173 |
| 1469 | 258 | 214 | 7650 | 5756 | 14211 | 14534 | 144 | 271 | 991 |
| 91 | 154 | 5 | 562 | 522 | 1648 | 1581 | 200 | 142 | 15 |
| 213 | 56 | 69 | 495 | 444 | -792 | -230 | 8 | 2 | 33 |
| 167 | 90 | 7 | 46 | 15 | 11208 | 10696 | 456 | 113 | 9 |
| 34 | 22 | 3 | 127 | 65 | -962 | 727 | 277 | 7 | 11 |
| 212 | 141 | 34 | 307 | 81 | 2069 | 425 | 82 | 27 | 5 |
| 116 | 23 | 18 | 68 | 10 | 1585 | 1421 | 24 | 86 | 60 |
| 28 | 134 | 55 | 314 | 253 | 8465 | 10923 | 2116 | 153 | 218 |
| 215 | 115 | 8 | 1037 | 527 | 6951 | 6088 | 625 | 160 | 24 |
| 162 | 32 | 4 | 161 | 65 | 1947 | 2031 | 481 | 17 | 44 |
| 36 | 74 | 15 | 191 | 141 | 359 | 375 | 81 | 28 | 21 |
| 10 |  | 1 | 9 | 2 | 83 | 102 | 26 | 2 | 7 |
| 41 | 8 |  | 49 | 40 | 2360 | 2278 | 512 | 8 | 1 |
| 690 | 376 | 29 | 1812 | 485 | 11065 | 8633 | 986 | 171 | 485 |
| 185 | 153 | 37 | 547 | 119 | 1847 | 1940 | 273 | 45 | 18 |
| 301 | 109 | 86 | 393 | 287 | 2559 | 3008 | 213 | 87 | 54 |
| 258 | 55 | 52 | 750 | 330 | 3108 | 1476 | 471 | 54 | 74 |
| 126 | 72 | 5 | 580 | 128 | 12369 | 7980 | 462 | 59 | 63 |
| 1 | 7 | 4 | 17 | 13 | 643 | -80 | 22 | 3 | 46 |
| 5 | 14 |  | 89 | 1 | -2 | -5 |  | 1 |  |
| 412 | 157 | 51 | 2204 | 729 | 9090 | 5682 | 435 | 69 | 49 |
| 18 | 14 | 4 | 209 | 55 | 515 | 542 | 100 | 2 | 5 |
| 11 | 3 | 3 | 5 | 4 | 217 | 227 | 51 |  |  |
| 60 | 29 | 33 | 246 | 214 | -741 | 276 | 45 | 20 | 12 |
| 154 | 175 | 24 | 500 | 469 | 1594 | 3510 | 368 | 16 | 12 |
| 19 | 6 | 6 | 21 | 15 | -100 | 8 | 2 | 7 | 18 |
| 34 | 24 | 4 | 13 | 2 | 460 | 415 | 54 | 10 | 13 |
| 53 |  | 11 | 311 | 309 | -23 | -11 | 53 | 8 | 5 |
| 11 | 1 | 11 | -7 | -8 | -8 | 67 | 17 | 9 | 51 |

联营企业
Joint Ownership Enterprises

| 地区 | Region | 主营业务收入 Revenue from Principal Business | 主营业务成本 Cost of Principal Business | 主营业务税金及附加 Taxes and Other Charges on Principal Business | 主营业务利润 Profits from Principal Business | 其他业务利润 Profits from Other Business | 营业费用 Business Expenses | 管理费用 Administr-ative Expense |
|---|---|---|---|---|---|---|---|---|
| **全国** | **National Total** | **1475199** | **1333961** | **4458** | **122224** | **9406** | **57224** | **28183** |
| 北京 | Beijing | 110123 | 102482 | 127 | 7514 | 9 | 4584 | 934 |
| 天津 | Tianjin | 14420 | 13737 | 28 | 1218 | 1 | 102 | 291 |
| 河北 | Hebei | 770 | 681 | 1 | 88 | | 56 | 24 |
| 山西 | Shanxi | 14876 | 14532 | 5 | 338 | | 99 | 154 |
| 内蒙古 | Inner Mongolia | 49490 | 39060 | 23 | 10408 | | | 192 |
| 辽宁 | Liaoning | 19018 | 17629 | 270 | 1118 | 28 | 306 | 186 |
| 吉林 | Jilin | | | | | | | |
| 黑龙江 | Heilongjiang | 917 | 879 | 1 | 37 | | 21 | 15 |
| 上海 | Shanghai | 262375 | 242443 | 451 | 19539 | 2457 | 8041 | 4972 |
| 江苏 | Jiangsu | 99267 | 90188 | 192 | 8886 | 3081 | 5487 | 5957 |
| 浙江 | Zhejiang | 77957 | 72396 | 97 | 5464 | 5 | 1686 | 231 |
| 安徽 | Anhui | 5633 | 4676 | 12 | 611 | | 305 | 368 |
| 福建 | Fujian | 70408 | 66208 | 67 | 4133 | | 805 | 541 |
| 江西 | Jiangxi | | | | | | | |
| 山东 | Shandong | 67407 | 55514 | 1474 | 10389 | 52 | 2530 | 1500 |
| 河南 | Henan | 18416 | 16248 | 198 | 1970 | 15 | 1149 | 730 |
| 湖北 | Hubei | | | | | | | |
| 湖南 | Hunan | 263094 | 243383 | 581 | 4319 | 886 | 9279 | 4873 |
| 广东 | Guangdong | 252750 | 212771 | 487 | 39492 | 2815 | 20108 | 5268 |
| 广西 | Guangxi | | | | | | | |
| 海南 | Hainan | 1631 | 1539 | 8 | 84 | 6 | 17 | 59 |
| 重庆 | Chongqing | 13325 | 11811 | 247 | 1266 | | 681 | 353 |
| 四川 | Sichuan | 115095 | 110937 | 99 | 4059 | 16 | 1188 | 1284 |
| 贵州 | Guizhou | | | | | | | |
| 云南 | Yunnan | 14303 | 13249 | 35 | 1019 | 35 | 548 | 182 |
| 西藏 | Tibet | | | | | | | |
| 陕西 | Shaanxi | 1626 | 1460 | 17 | 149 | | 113 | 28 |
| 甘肃 | Gansu | | | | | | | |
| 青海 | Qinghai | 2300 | 2138 | 38 | 124 | | 120 | 43 |
| 宁夏 | Ningxia | | | | | | | |
| 新疆 | Xinjiang | | | | | | | |

3-4-6 Continued 5

单位：万元
Unit：10000 yuan

| #税金 Taxes | #差旅费 Travel Allowance | #工会经费 Trade Unions Funds | 财务费用 Financial Expense | #利息支出 Interest Expense | 营业利润 Operating Profit | 利润总额 Total Profit | 应交所得税 Income Tax Payable | 劳动、失业保险费 Unemployment Insurance | 住房公积金和住房补贴 Housing Fund and Housing Allowance |
|---|---|---|---|---|---|---|---|---|---|
| **1186** | **385** | **146** | **4775** | **672** | **56151** | **45631** | **9663** | **438** | **503** |
| 56 | 31 | 7 | 280 | -20 | 1725 | 2067 | 462 | 32 | 53 |
| 11 | 4 | 1 | -1 | -2 | 842 | 910 | 221 | 1 | 4 |
| 1 | | | | | 8 | 6 | 2 | | |
| 13 | 6 | | 106 | 106 | -21 | | | | |
| 49 | 4 | 2 | | | 10216 | 216 | | | |
| 4 | 1 | 1 | 2 | 1 | 652 | 583 | 194 | 6 | 7 |
| | | | | | 1 | 1 | | | |
| 138 | 81 | 27 | 3 | -18 | 8984 | 9165 | 2320 | 69 | 130 |
| 124 | 54 | 14 | 93 | -6 | 431 | 372 | 376 | 172 | 44 |
| 73 | 4 | 2 | 39 | 26 | 3514 | 3507 | 879 | 7 | 28 |
| 9 | 1 | 1 | | | 387 | 311 | 6 | 1 | 3 |
| 40 | 4 | 3 | 487 | 17 | 2302 | 2708 | 679 | 8 | 16 |
| 169 | 33 | 21 | 395 | 110 | 6015 | 6072 | 470 | 21 | 11 |
| 111 | 7 | 3 | 41 | 1 | -67 | 481 | 137 | 1 | |
| 84 | 33 | 21 | 1363 | 20 | 3713 | 3583 | 826 | 46 | 146 |
| 148 | 75 | 30 | 1688 | 183 | 15264 | 13332 | 2489 | 64 | 42 |
| 1 | 2 | 1 | | | 14 | 14 | 3 | 1 | |
| 23 | 18 | 2 | 54 | 50 | 480 | 480 | 121 | 3 | 11 |
| 87 | 23 | 11 | 144 | 129 | 1460 | 1557 | 470 | 8 | 10 |
| 10 | 6 | | 81 | 73 | 243 | 240 | | | |
| | | | | | 32 | 32 | 8 | | |
| 38 | | | | | -39 | -5 | | | |

有限责任公司
Limited Liability Corporations

| 地区 | Region | 主营业务收入 Revenue from Principal Business | 主营业务成本 Cost of Principal Business | 主营业务税金及附加 Taxes and Other Charges on Principal Business | 主营业务利润 Profits from Principal Business | 其他业务利润 Profits from Other Business | 营业费用 Business Expenses | 管理费用 Administrative Expense |
|---|---|---|---|---|---|---|---|---|
| **全　国** | **National Total** | **118219656** | **104684158** | **554466** | **12159138** | **1971449** | **6785791** | **3954343** |
| 北　京 | Beijing | 12890374 | 11608543 | 38709 | 1243122 | 324440 | 835081 | 415882 |
| 天　津 | Tianjin | 2708563 | 2300281 | 5007 | 377054 | 64727 | 136453 | 74933 |
| 河　北 | Hebei | 3265138 | 2989029 | 8241 | 258480 | 61948 | 152278 | 131794 |
| 山　西 | Shanxi | 1508642 | 1380149 | 3409 | 106687 | 12521 | 58800 | 49114 |
| 内蒙古 | Inner Mongolia | 1625084 | 1396565 | 9460 | 213058 | 16157 | 64241 | 55981 |
| 辽　宁 | Liaoning | 4416537 | 3862385 | 36905 | 427531 | 47368 | 204220 | 186012 |
| 吉　林 | Jilin | 938269 | 834565 | 5436 | 92433 | 22005 | 50422 | 48818 |
| 黑龙江 | Heilongjiang | 2159625 | 1751533 | 17433 | 328704 | 48493 | 150186 | 134000 |
| 上　海 | Shanghai | 8680369 | 7691383 | 37055 | 958709 | 220652 | 712255 | 287419 |
| 江　苏 | Jiangsu | 7897397 | 6983383 | 30215 | 834474 | 146166 | 494356 | 247963 |
| 浙　江 | Zhejiang | 10196427 | 9264508 | 31267 | 900689 | 203796 | 597507 | 268666 |
| 安　徽 | Anhui | 2882902 | 2580071 | 15394 | 268815 | 25690 | 151549 | 90277 |
| 福　建 | Fujian | 3696917 | 3319384 | 17499 | 355041 | 55915 | 219200 | 93313 |
| 江　西 | Jiangxi | 1466965 | 1320705 | 5724 | 120270 | 13419 | 72191 | 38046 |
| 山　东 | Shandong | 10760608 | 9647581 | 47876 | 957572 | 89107 | 427948 | 365470 |
| 河　南 | Henan | 4725196 | 4309630 | 40551 | 375016 | 90464 | 218819 | 142161 |
| 湖　北 | Hubei | 3576424 | 3240751 | 13692 | 313217 | 44445 | 171648 | 95992 |
| 湖　南 | Hunan | 2173634 | 1826405 | 12947 | 180679 | 17634 | 118046 | 92979 |
| 广　东 | Guangdong | 12117673 | 10599845 | 39920 | 1433814 | 204528 | 783091 | 322607 |
| 广　西 | Guangxi | 1771718 | 1578075 | 8918 | 171340 | 29999 | 117736 | 47332 |
| 海　南 | Hainan | 781764 | 709777 | 2035 | 70180 | 12703 | 35232 | 31950 |
| 重　庆 | Chongqing | 3476682 | 2737868 | 35479 | 683134 | 34294 | 242727 | 341311 |
| 四　川 | Sichuan | 4729922 | 4246659 | 18495 | 446562 | 77981 | 282169 | 102921 |
| 贵　州 | Guizhou | 1226158 | 1116952 | 3788 | 97793 | 9724 | 59117 | 31856 |
| 云　南 | Yunnan | 1720784 | 1508099 | 5728 | 206822 | 18398 | 91059 | 64654 |
| 西　藏 | Tibet | 62922 | 58167 | 227 | 3452 | 308 | 2194 | 3793 |
| 陕　西 | Shaanxi | 4197964 | 3556478 | 53825 | 452909 | 53708 | 188198 | 118137 |
| 甘　肃 | Gansu | 729201 | 657906 | 3275 | 68020 | 7642 | 41053 | 17324 |
| 青　海 | Qinghai | 270303 | 241493 | 602 | 27101 | 3680 | 15239 | 10519 |
| 宁　夏 | Ningxia | 499348 | 439944 | 1599 | 59785 | 3976 | 28500 | 11879 |
| 新　疆 | Xinjiang | 1066150 | 926046 | 3758 | 126678 | 9565 | 64279 | 31241 |

3-4-6 Continued 6

单位：万元
Unit：10000 yuan

| #税金 Taxes | #差旅费 Travel Allowance | #工会经费 Trade Unions Funds | 财务费用 Financial Expense | #利息支出 Interest Expense | 营业利润 Operating Profit | 利润总额 Total Profit | 应交所得税 Income Tax Payable | 劳动、失业保险费 Unemployment Insurance | 住房公积金和住房补贴 Housing Fund and Housing Allowance |
|---|---|---|---|---|---|---|---|---|---|
| **197161** | **84124** | **22729** | **611891** | **324556** | **3192834** | **3180278** | **681807** | **88029** | **84459** |
| 8390 | 7645 | 2401 | 65581 | 41122 | 276097 | 281140 | 94391 | 9478 | 17916 |
| 4500 | 912 | 312 | 10777 | 5230 | 250108 | 271682 | 67880 | 1257 | 2416 |
| 19751 | 2042 | 762 | 13739 | 8320 | 32080 | 39587 | 12906 | 8223 | 1794 |
| 1523 | 1153 | 320 | 10080 | 6003 | 188 | 8867 | 2302 | 596 | 532 |
| 5125 | 1691 | 429 | 9123 | 5164 | 102731 | 89491 | 8603 | 748 | 338 |
| 8621 | 3069 | 1261 | 26936 | 14534 | 69158 | 76729 | 22544 | 4797 | 3558 |
| 1556 | 920 | 219 | 6210 | 4184 | 14553 | 14145 | 2389 | 818 | 498 |
| 5937 | 1126 | 687 | 15522 | 5783 | 99437 | 34589 | 12497 | 742 | 1787 |
| 8933 | 5996 | 2003 | 28028 | 10652 | 151657 | 147491 | 49841 | 6950 | 8504 |
| 7990 | 4657 | 1283 | 35646 | 22314 | 238087 | 221394 | 53802 | 9426 | 7764 |
| 12067 | 7088 | 1769 | 46780 | 32103 | 196856 | 224752 | 56692 | 7024 | 7986 |
| 4173 | 1862 | 612 | 14844 | 7454 | 59918 | 47388 | 11998 | 2216 | 1827 |
| 4862 | 3341 | 808 | 17646 | 11283 | 85327 | 89451 | 23928 | 2761 | 2673 |
| 2605 | 1924 | 143 | 8248 | 2807 | 18206 | 15858 | 4268 | 861 | 419 |
| 48812 | 6634 | 1828 | 66271 | 35218 | 254411 | 260318 | 38628 | 6019 | 4620 |
| 6825 | 4601 | 1012 | 18365 | 9164 | 53935 | 38502 | 16531 | 2089 | 1117 |
| 6713 | 2776 | 975 | 13754 | 5079 | 85567 | 97779 | 19227 | 3229 | 2172 |
| 3658 | 3185 | 947 | 15007 | 3805 | 113210 | 82776 | 12915 | 1555 | 882 |
| 9500 | 6691 | 1487 | 49264 | 27981 | 490642 | 501658 | 68202 | 6080 | 5115 |
| 2879 | 1387 | 314 | 7294 | 4691 | 48989 | 59666 | 12729 | 1110 | 1359 |
| 566 | 1222 | 206 | 4141 | 3278 | 12421 | 13282 | 3126 | 485 | 99 |
| 4872 | 4459 | 651 | 58651 | 15044 | 89150 | 83900 | 12199 | 1866 | 2525 |
| 3811 | 2707 | 661 | 19494 | 9820 | 121075 | 147834 | 21517 | 6339 | 2143 |
| 1250 | 1110 | 168 | 6648 | 4356 | 11074 | 13866 | 4140 | 318 | 144 |
| 2073 | 1412 | 466 | 14141 | 10898 | 58702 | 60465 | 10715 | 445 | 1112 |
| 53 | 88 | 14 | 321 | 145 | 548 | 1759 | 149 | 2 | 42 |
| 6446 | 2294 | 509 | 18608 | 11829 | 175671 | 168716 | 19224 | 1306 | 3871 |
| 452 | 484 | 75 | 3759 | 1973 | 13527 | 12555 | 2662 | 300 | 252 |
| 611 | 164 | 70 | 844 | 603 | 5698 | 9320 | 1360 | 597 | 195 |
| 789 | 305 | 181 | 1576 | 1055 | 20001 | 19872 | 4080 | 128 | 318 |
| 1818 | 1180 | 159 | 4594 | 2667 | 43813 | 45449 | 10361 | 265 | 481 |

股份有限公司
Share-holding Corporations Ltd.

| 地 区 | Region | 主营业务收入 Revenue from Principal Business | 主营业务成本 Cost of Principal Business | 主营业务税金及附加 Taxes and Other Charges on Principal Business | 主营业务利润 Profits from Principal Business | 其他业务利润 Profits from Other Business | 营业费用 Business Expenses | 管理费用 Administrative Expense |
|---|---|---|---|---|---|---|---|---|
| **全 国** | **National Total** | **60946628** | **53581498** | **244020** | **6752067** | **782402** | **2892003** | **1852507** |
| 北 京 | Beijing | 6690217 | 5992136 | 29903 | 668178 | 194677 | 427338 | 171161 |
| 天 津 | Tianjin | 221184 | 196603 | 1620 | 22964 | 3198 | 20971 | 14406 |
| 河 北 | Hebei | 1777361 | 1626771 | 8444 | 138147 | 44126 | 72371 | 83413 |
| 山 西 | Shanxi | 2601024 | 2351516 | 5671 | 215418 | 20465 | 128712 | 33123 |
| 内蒙古 | Inner Mongolia | 645368 | 556780 | 2017 | 165259 | 3844 | 31642 | 17877 |
| 辽 宁 | Liaoning | 2540767 | 2241456 | 11806 | 281061 | 8491 | 107037 | 123664 |
| 吉 林 | Jilin | 1174586 | 1040032 | 6326 | 114650 | 21577 | 25285 | 55318 |
| 黑龙江 | Heilongjiang | 914030 | 765532 | 10116 | 138382 | 21011 | 48669 | 68547 |
| 上 海 | Shanghai | 3239058 | 2847916 | 16460 | 374682 | 33887 | 202547 | 148488 |
| 江 苏 | Jiangsu | 3409354 | 2958648 | 18254 | 355785 | 46500 | 114539 | 157707 |
| 浙 江 | Zhejiang | 4095122 | 3792773 | 11416 | 290933 | 37810 | 141958 | 80446 |
| 安 徽 | Anhui | 1470905 | 1356187 | 3283 | 111424 | 14115 | 42629 | 33855 |
| 福 建 | Fujian | 848410 | 754884 | 3375 | 89500 | 8739 | 55041 | 15090 |
| 江 西 | Jiangxi | 1177485 | 1004804 | 2570 | 145244 | 4265 | 47250 | 18803 |
| 山 东 | Shandong | 6679712 | 5940939 | 23460 | 689517 | 80381 | 262760 | 201563 |
| 河 南 | Henan | 1870791 | 1701891 | 12074 | 156826 | 8965 | 58524 | 42500 |
| 湖 北 | Hubei | 3281763 | 2815830 | 16666 | 434455 | 125861 | 262420 | 139577 |
| 湖 南 | Hunan | 3741990 | 3262910 | 14313 | 271825 | 16645 | 162270 | 96006 |
| 广 东 | Guangdong | 5690843 | 4613814 | 15478 | 1050119 | 13234 | 240006 | 87110 |
| 广 西 | Guangxi | 1010388 | 896905 | 4035 | 191863 | 11530 | 47921 | 38658 |
| 海 南 | Hainan | 797743 | 728888 | 1229 | 67626 | 1318 | 30193 | 13055 |
| 重 庆 | Chongqing | 1417108 | 1266207 | 7197 | 141144 | 18219 | 75165 | 44286 |
| 四 川 | Sichuan | 2222219 | 1971984 | 7357 | 244758 | 11824 | 126763 | 75660 |
| 贵 州 | Guizhou | 483202 | 400243 | 709 | 41571 | 5244 | 22157 | 7744 |
| 云 南 | Yunnan | 913428 | 810172 | 789 | 95103 | 2158 | 54250 | 14822 |
| 西 藏 | Tibet | 83037 | 64737 | 166 | 18040 | 243 | 2412 | 1473 |
| 陕 西 | Shaanxi | 802234 | 622114 | 3066 | 95525 | 14999 | 29565 | 32851 |
| 甘 肃 | Gansu | 813105 | 725995 | 2392 | 84718 | 2993 | 32569 | 10518 |
| 青 海 | Qinghai | 54168 | 48172 | 203 | 5757 | 2045 | 4649 | 2784 |
| 宁 夏 | Ningxia | 108631 | 89593 | 1268 | 17770 | | 6805 | 3231 |
| 新 疆 | Xinjiang | 171399 | 135069 | 2359 | 33825 | 4041 | 7588 | 18770 |

3-4-6 Continued 7

单位：万元

Unit：10000 yuan

| #税金 Taxes | #差旅费 Travel Allowance | #工会经费 Trade Unions Funds | 财务费用 Financial Expense | #利息支出 Interest Expense | 营业利润 Operating Profit | 利润总额 Total Profit | 应交所得税 Income Tax Payable | 劳动、失业保险费 Unemployment Insurance | 住房公积金和住房补贴 Housing Fund and Housing Allowance |
|---|---|---|---|---|---|---|---|---|---|
| **82477** | **36795** | **17416** | **365178** | **268134** | **2745335** | **2425538** | **352347** | **38713** | **66327** |
| 6478 | 2757 | 1896 | 26806 | 17533 | 263870 | 271303 | 51502 | 3766 | 8983 |
| 327 | 91 | 67 | 2461 | 2359 | -3806 | -1454 | 277 | 180 | 767 |
| 3153 | 753 | 421 | 15426 | 11720 | 14859 | 19233 | 6134 | 2015 | 1067 |
| 2218 | 1237 | 122 | 10430 | 7063 | 71514 | 74995 | 8620 | 266 | 1054 |
| 1325 | 726 | 59 | 3415 | 3022 | 36673 | 14481 | 4552 | 429 | 670 |
| 5572 | 1270 | 750 | 9488 | 5003 | 83818 | 86783 | 9381 | 2538 | 4567 |
| 2628 | 584 | 186 | 6574 | 5780 | 49497 | 39211 | 7773 | 405 | 834 |
| 2598 | 541 | 602 | 6332 | 5110 | 36418 | 34276 | 6073 | 720 | 5642 |
| 1697 | 2046 | 828 | 33608 | 23528 | 64841 | 142740 | 15381 | 2110 | 4350 |
| 6401 | 2540 | 1103 | 29075 | 14806 | 157758 | 155731 | 36701 | 8618 | 6462 |
| 2893 | 1316 | 495 | 15217 | 13280 | 91312 | 103500 | 29950 | 1616 | 3811 |
| 1538 | 969 | 237 | 5914 | 4570 | 60244 | 57417 | 4169 | 963 | 1798 |
| 1224 | 316 | 54 | 5375 | 3410 | 24002 | 26208 | 7685 | 246 | 4592 |
| 1274 | 662 | 216 | 4470 | 3387 | 78872 | 49358 | 10899 | 2022 | 1165 |
| 8589 | 3914 | 1484 | 77076 | 67430 | 290770 | 301652 | 28126 | 1676 | 3112 |
| 2895 | 1164 | 299 | 6443 | 3088 | 54633 | 60437 | 15909 | 450 | 626 |
| 8691 | 4374 | 1380 | 16607 | 14117 | 149115 | 99046 | 28379 | 2017 | 2289 |
| 4244 | 5618 | 2749 | 7279 | 274 | 204422 | 122099 | 21048 | 2633 | 2431 |
| 6957 | 2128 | 2643 | 55763 | 47901 | 711433 | 465607 | 20308 | 1789 | 4362 |
| 2009 | 509 | 283 | 2675 | 1507 | 34439 | 67121 | 7369 | 1181 | 1353 |
| 639 | 274 | 82 | 304 | 179 | 25401 | 25109 | 2481 | 135 | 412 |
| 2027 | 454 | 200 | 5759 | 1086 | 34757 | 29877 | 9562 | 414 | 354 |
| 2411 | 783 | 747 | 2806 | -227 | 53172 | 61459 | 1884 | 1082 | 3326 |
| 692 | 162 | 68 | 1880 | 1234 | 9050 | 9797 | 2742 | 498 | 232 |
| 623 | 295 | 98 | 1841 | 1396 | 25277 | 22224 | 4553 | 55 | 334 |
| 9 | 48 | 5 | 36 | -4 | 14457 | 14659 | 2196 | 31 | 191 |
| 1384 | 627 | 139 | 7087 | 5984 | 41533 | 15376 | 2712 | 258 | 344 |
| 850 | 53 | 8 | 2923 | 2462 | 41700 | 23744 | 2299 | 152 | 674 |
| 144 | 82 | 17 | 783 | 723 | -327 | -461 | 255 | 326 | 46 |
| 249 | 1 | 22 | -269 | -270 | 15576 | 15423 | 2025 | 5 | 36 |
| 736 | 503 | 159 | 1596 | 683 | 10056 | 18588 | 1401 | 118 | 445 |

3-4-6 续表 8

私营企业
Private Enterprises

| 地 区 | Region | 主营业务收入 Revenue from Principal Business | 主营业务成本 Cost of Principal Business | 主营业务税金及附加 Taxes and Other Charges on Principal Business | 主营业务利润 Profits from Principal Business | 其他业务利润 Profits from Other Business | 营业费用 Business Expenses | 管理费用 Administr-ative Expense |
|---|---|---|---|---|---|---|---|---|
| **全 国** | **National Total** | **112844260** | **100769174** | **632242** | **11003078** | **1038922** | **5194132** | **3402243** |
| 北 京 | Beijing | 7815303 | 7044558 | 18581 | 751934 | 110587 | 503614 | 295608 |
| 天 津 | Tianjin | 2089685 | 1940876 | 5856 | 147336 | 23400 | 90757 | 53163 |
| 河 北 | Hebei | 2039962 | 1858167 | 5087 | 170940 | 21467 | 90382 | 59776 |
| 山 西 | Shanxi | 2960754 | 2699767 | 8044 | 214445 | 28290 | 115629 | 87315 |
| 内蒙古 | Inner Mongolia | 2258372 | 1879584 | 14072 | 358407 | 16074 | 68049 | 66949 |
| 辽 宁 | Liaoning | 5280656 | 4888125 | 47955 | 505411 | 50891 | 176484 | 201162 |
| 吉 林 | Jilin | 2074653 | 1844582 | 12072 | 146797 | 16284 | 56807 | 58609 |
| 黑龙江 | Heilongjiang | 2065050 | 1740799 | 12276 | 253108 | 4596 | 92032 | 65870 |
| 上 海 | Shanghai | 6133785 | 5509644 | 14353 | 609065 | 108238 | 430124 | 187498 |
| 江 苏 | Jiangsu | 14448201 | 12937399 | 73515 | 1372302 | 128000 | 573527 | 443851 |
| 浙 江 | Zhejiang | 9411327 | 8696211 | 23584 | 690472 | 123896 | 400962 | 267450 |
| 安 徽 | Anhui | 2420850 | 2196770 | 8833 | 198642 | 14920 | 122967 | 68718 |
| 福 建 | Fujian | 3623038 | 3267109 | 13608 | 340613 | 28524 | 185154 | 95376 |
| 江 西 | Jiangxi | 1008109 | 898623 | 7625 | 104398 | 8024 | 48201 | 27940 |
| 山 东 | Shandong | 13527001 | 11722224 | 127522 | 1627581 | 51909 | 436343 | 423332 |
| 河 南 | Henan | 4278282 | 3740875 | 75453 | 461953 | 20056 | 144602 | 91453 |
| 湖 北 | Hubei | 2061866 | 1799168 | 10554 | 217584 | 6353 | 109095 | 64046 |
| 湖 南 | Hunan | 3625296 | 3081809 | 31870 | 340292 | 8371 | 189911 | 113128 |
| 广 东 | Guangdong | 10431484 | 9267583 | 34015 | 1121529 | 132083 | 663144 | 349488 |
| 广 西 | Guangxi | 1334099 | 1197401 | 3801 | 107019 | 11472 | 60376 | 38498 |
| 海 南 | Hainan | 206365 | 186982 | 418 | 18679 | 1285 | 11490 | 6248 |
| 重 庆 | Chongqing | 2399160 | 2076071 | 30378 | 262962 | 10937 | 107824 | 63590 |
| 四 川 | Sichuan | 3367942 | 3085487 | 16740 | 266557 | 28802 | 137612 | 73383 |
| 贵 州 | Guizhou | 581638 | 526945 | 1563 | 42666 | 5816 | 24709 | 15799 |
| 云 南 | Yunnan | 2305672 | 2100609 | 5866 | 195119 | 19941 | 115522 | 59242 |
| 西 藏 | Tibet | 98931 | 94100 | 172 | 5167 | -14 | 2240 | 2114 |
| 陕 西 | Shaanxi | 2335206 | 2071914 | 19882 | 240601 | 29633 | 107784 | 43036 |
| 甘 肃 | Gansu | 654077 | 577937 | 4565 | 71575 | 4748 | 33943 | 19390 |
| 青 海 | Qinghai | 140291 | 130071 | 230 | 9162 | 301 | 3858 | 3622 |
| 宁 夏 | Ningxia | 547162 | 506422 | 956 | 39895 | 2464 | 18500 | 15477 |
| 新 疆 | Xinjiang | 1320043 | 1201364 | 2794 | 110869 | 21576 | 72491 | 41114 |

3-4-6 Continued 8

单位：万元
Unit：10000 yuan

| #税金 Taxes | #差旅费 Travel Allowance | #工会经费 Trade Unions Funds | 财务费用 Financial Expense | #利息支出 Interest Expense | 营业利润 Operating Profit | 利润总额 Total Profit | 应交所得税 Income Tax Payable | 劳动、失业保险费 Unemployment Insurance | 住房公积金和住房补贴 Housing Fund and Housing Allowance |
|---|---|---|---|---|---|---|---|---|---|
| **169184** | **122966** | **27767** | **686530** | **378502** | **3225760** | **2675183** | **493243** | **61242** | **31891** |
| 4246 | 11823 | 294 | 25221 | 15111 | 46518 | 50968 | 25981 | 3403 | 3480 |
| 3085 | 917 | 178 | 9650 | 4498 | 21774 | 19193 | 8560 | 981 | 1088 |
| 1749 | 1891 | 176 | 13672 | 6069 | 29947 | 19223 | 5094 | 1208 | 293 |
| 4414 | 2153 | 295 | 42698 | 12722 | 30512 | 27989 | 7256 | 340 | 239 |
| 7460 | 4115 | 474 | 13686 | 8397 | 233264 | 154722 | 8864 | 1800 | 736 |
| 7859 | 5400 | 1012 | 44996 | 21676 | 154892 | 134671 | 19688 | 2475 | 2576 |
| 2805 | 1633 | 458 | 10595 | 5869 | 45987 | 43860 | 6967 | 1010 | 411 |
| 4370 | 1476 | 245 | 6613 | 4809 | 110746 | 7960 | 1668 | 302 | 257 |
| 2958 | 5425 | 273 | 19795 | 9441 | 79892 | 86006 | 27755 | 3177 | 2682 |
| 15993 | 11370 | 1634 | 95885 | 54581 | 425440 | 459793 | 78910 | 12326 | 5791 |
| 10122 | 7917 | 950 | 63602 | 47994 | 78392 | 92152 | 29672 | 5750 | 2400 |
| 4029 | 3396 | 624 | 17665 | 12956 | 30526 | 25401 | 7793 | 1117 | 395 |
| 4060 | 4623 | 526 | 18461 | 11332 | 78210 | 54500 | 12027 | 1535 | 641 |
| 1679 | 707 | 86 | 8890 | 6714 | 34670 | 40576 | 3313 | 230 | 94 |
| 28407 | 17263 | 2541 | 98853 | 44671 | 728696 | 650742 | 96529 | 7518 | 2949 |
| 9270 | 6723 | 990 | 21505 | 8895 | 271293 | 154632 | 22081 | 737 | 270 |
| 7150 | 2121 | 1221 | 18350 | 11218 | 46162 | 37873 | 7185 | 899 | 394 |
| 10143 | 4351 | 3320 | 24687 | 9301 | 186531 | 95642 | 16417 | 2075 | 1641 |
| 16246 | 14307 | 9662 | 48085 | 28378 | 207760 | 145328 | 43310 | 4473 | 2708 |
| 2086 | 1311 | 209 | 5795 | 5174 | 19072 | 22401 | 3893 | 2284 | 421 |
| 180 | 318 | 59 | 620 | 443 | 1995 | 2078 | 553 | 193 | 49 |
| 5242 | 4392 | 701 | 12012 | 7018 | 105183 | 92582 | 12314 | 1498 | 1151 |
| 4422 | 2283 | 509 | 15464 | 9256 | 70263 | 72641 | 11700 | 840 | 446 |
| 786 | 858 | 64 | 7339 | 4852 | 6080 | 6023 | 1535 | 203 | 76 |
| 2692 | 2351 | 527 | 13714 | 10952 | 29910 | 31426 | 6621 | 528 | 255 |
| 103 | 43 | 4 | 580 | 447 | 1075 | 1332 | 135 | 1 | 6 |
| 4574 | 1005 | 225 | 11465 | 6504 | 108975 | 107416 | 17731 | 235 | 98 |
| 983 | 569 | 164 | 4784 | 2594 | 18208 | 15289 | 3356 | 123 | 20 |
| 225 | 157 | 22 | 258 | 141 | 2488 | 2650 | 795 | 15 | |
| 727 | 519 | 193 | 4805 | 2150 | 3813 | 2834 | 951 | 126 | 142 |
| 1119 | 1550 | 133 | 6789 | 4340 | 17488 | 17279 | 4591 | 3840 | 182 |

3-4-6 续表 9

其他企业
Other Enterprises

| 地　区 | Region | 主营业务收入 Revenue from Principal Business | 主营业务成本 Cost of Principal Business | 主营业务税金及附加 Taxes and Other Charges on Principal Business | 主营业务利润 Profits from Principal Business | 其他业务利润 Profits from Other Business | 营业费用 Business Expenses | 管理费用 Administr-ative Expense |
|---|---|---|---|---|---|---|---|---|
| **全　国** | **National Total** | **3273739** | **2907079** | **22735** | **323363** | **39450** | **161808** | **122962** |
| 北　京 | Beijing | | | | | | | |
| 天　津 | Tianjin | 53981 | 48228 | 109 | 5644 | 3553 | 6704 | 540 |
| 河　北 | Hebei | 45827 | 41397 | 135 | 4295 | 862 | 2879 | 1829 |
| 山　西 | Shanxi | 41944 | 37822 | 282 | 2927 | 139 | 1780 | 1844 |
| 内蒙古 | Inner Mongolia | 52249 | 39057 | 110 | 12983 | 5595 | 1668 | 2498 |
| 辽　宁 | Liaoning | 48081 | 40029 | 2404 | 4873 | | 377 | 1446 |
| 吉　林 | Jilin | 8019 | 5894 | 39 | 2087 | 38 | 2215 | 493 |
| 黑龙江 | Heilongjiang | 66760 | 51389 | 1255 | 14116 | 18 | 2727 | 1691 |
| 上　海 | Shanghai | 80017 | 64340 | 438 | 15239 | 2447 | 11866 | 6650 |
| 江　苏 | Jiangsu | 429729 | 386756 | 1398 | 39665 | 4132 | 22994 | 11172 |
| 浙　江 | Zhejiang | 138540 | 130032 | 232 | 8276 | 447 | 4221 | 2714 |
| 安　徽 | Anhui | 171367 | 157182 | 418 | 12557 | 2340 | 10218 | 31819 |
| 福　建 | Fujian | 148193 | 134330 | 424 | 13475 | 469 | 5830 | 3704 |
| 江　西 | Jiangxi | 29547 | 27288 | 68 | 2192 | 130 | 1228 | 278 |
| 山　东 | Shandong | 862426 | 769257 | 5095 | 87042 | 7219 | 32874 | 24822 |
| 河　南 | Henan | 155734 | 134001 | 1568 | 20165 | 353 | 5250 | 5884 |
| 湖　北 | Hubei | 94681 | 77644 | 5483 | 11565 | 60 | 3249 | 3359 |
| 湖　南 | Hunan | 239257 | 217540 | 881 | 6931 | 46 | 10136 | 5275 |
| 广　东 | Guangdong | 248449 | 219637 | 736 | 27414 | 4865 | 17895 | 5169 |
| 广　西 | Guangxi | 49737 | 46197 | 109 | 3431 | 3127 | 2938 | 1490 |
| 海　南 | Hainan | 10968 | 9828 | 7 | 730 | 7 | 646 | 351 |
| 重　庆 | Chongqing | 64618 | 57133 | 475 | 6952 | 1754 | 2632 | 2784 |
| 四　川 | Sichuan | 76753 | 72741 | 163 | 3867 | 167 | 2216 | 957 |
| 贵　州 | Guizhou | 43299 | 36905 | 398 | 5865 | 1541 | 5051 | 3081 |
| 云　南 | Yunnan | 10730 | 10211 | 8 | 511 | | | 459 |
| 西　藏 | Tibet | 5991 | 5904 | 4 | 82 | | | 86 |
| 陕　西 | Shaanxi | 26042 | 20536 | 396 | 5093 | 6 | 1464 | 1019 |
| 甘　肃 | Gansu | 50211 | 46467 | 63 | 3681 | 116 | 2055 | 1197 |
| 青　海 | Qinghai | 20589 | 19334 | 38 | 1705 | 18 | 695 | 349 |
| 宁　夏 | Ningxia | | | | | | | |
| 新　疆 | Xinjiang | | | | | | | |

3-4-6 Continued 9

单位：万元

Unit：10000 yuan

| | | | 财务费用 Financial Expense | | 营业利润 Operating Profit | 利润总额 Total Profit | 应交所得税 Income Tax Payable | 劳动、失业保险费 Unemployment Insurance | 住房公积金和住房补贴 Housing Fund and Housing Allowance |
|---|---|---|---|---|---|---|---|---|---|
| #税金 Taxes | #差旅费 Travel Allowance | #工会经费 Trade Unions Funds | | #利息支出 Interest Expense | | | | | |
| **5776** | **2677** | **869** | **14673** | **6202** | **115131** | **95285** | **12381** | **2556** | **1841** |
| 10 | 3 | | 301 | 275 | 1652 | 1912 | 342 | 26 | 111 |
| 32 | 25 | 1 | 274 | 106 | 175 | 328 | 171 | 12 | 36 |
| 156 | 27 | 9 | 949 | | -121 | -110 | 63 | 284 | |
| 141 | 61 | 6 | 221 | 68 | 14495 | 11612 | 96 | 66 | |
| 46 | 43 | 7 | 24 | 3 | 3140 | 3054 | 723 | 16 | 10 |
| 1 | 4 | 11 | 35 | 33 | -618 | -514 | 10 | 18 | 12 |
| 338 | 9 | 274 | 49 | | 9668 | 367 | 93 | 492 | 139 |
| 152 | 80 | 40 | 662 | -86 | -1493 | -1432 | 1095 | 311 | 217 |
| 366 | 323 | 24 | 2869 | 1813 | 8386 | 7299 | 1220 | 366 | 479 |
| 65 | 45 | 4 | 491 | 391 | 1297 | 1250 | 309 | 23 | 51 |
| 520 | 119 | 17 | 573 | 456 | 3676 | 4264 | 161 | 47 | 64 |
| 109 | 184 | 12 | 1252 | 1105 | 2880 | 3064 | 690 | 51 | 31 |
| 3 | 58 | | 42 | 32 | 773 | 614 | 22 | 6 | |
| 1994 | 476 | 91 | 2614 | 1060 | 35006 | 38771 | 4207 | 317 | 502 |
| 368 | 527 | 41 | 1452 | 179 | 6806 | 3998 | 276 | | |
| 34 | 194 | 112 | 317 | 272 | 4717 | 3736 | 418 | 211 | 2 |
| 303 | 66 | 127 | -311 | -870 | 5776 | 3385 | 543 | 63 | 40 |
| 364 | 105 | 37 | 756 | 202 | 9580 | 5673 | 1267 | 143 | 42 |
| 66 | 17 | 1 | -11 | -29 | 2140 | 2202 | 4 | 3 | 4 |
| 20 | 12 | 1 | 27 | 21 | 115 | 81 | 15 | 2 | |
| 258 | 99 | 19 | 634 | 290 | 2708 | 2170 | 269 | 78 | 93 |
| 67 | 48 | 4 | 225 | 171 | 791 | 389 | 150 | 4 | 1 |
| 153 | 8 | 8 | 671 | 529 | 132 | 134 | 51 | 7 | |
| 8 | 7 | 4 | 48 | | 4 | 15 | | 3 | 7 |
| | | | | -1 | -4 | | 1 | | |
| 155 | 92 | 11 | 71 | 21 | 2609 | 2130 | 118 | 3 | |
| 26 | 36 | 1 | 302 | 64 | 242 | 260 | 68 | 4 | 2 |
| 21 | 10 | 7 | 136 | 99 | 598 | 634 | | | |

港、澳、台商投资企业

Enterprises with Funds from Hong Kong,Macao and Taiwan

| 地区 | Region | 主营业务收入 Revenue from Principal Business | 主营业务成本 Cost of Principal Business | 主营业务税金及附加 Taxes and Other Charges on Principal Business | 主营业务利润 Profits from Principal Business | 其他业务利润 Profits from Other Business | 营业费用 Business Expenses | 管理费用 Administr-ative Expense |
|---|---|---|---|---|---|---|---|---|
| **全国** | **National Total** | **19633227** | **16701908** | **49186** | **2800994** | **655033** | **1713109** | **945433** |
| 北京 | Beijing | 1732419 | 1481942 | 2763 | 247713 | 35526 | 149789 | 110975 |
| 天津 | Tianjin | 481630 | 415473 | 2161 | 63997 | 28020 | 76634 | 22462 |
| 河北 | Hebei | | | | | | | |
| 山西 | Shanxi | 65343 | 48682 | 62 | 16599 | 160 | 11270 | 3514 |
| 内蒙古 | Inner Mongolia | 2897 | 2352 | 4 | 541 | | 411 | 364 |
| 辽宁 | Liaoning | 806428 | 678757 | 2450 | 125441 | 8635 | 46231 | 46454 |
| 吉林 | Jilin | 246041 | 203694 | 1556 | 39918 | 1010 | 8679 | 13162 |
| 黑龙江 | Heilongjiang | 111757 | 83620 | 1490 | 26647 | 937 | 4175 | 12489 |
| 上海 | Shanghai | 3811295 | 3160385 | 3280 | 647629 | 182224 | 350970 | 229763 |
| 江苏 | Jiangsu | 2973073 | 2619337 | 3110 | 345102 | 83838 | 198828 | 154582 |
| 浙江 | Zhejiang | 809655 | 721755 | 561 | 87339 | 15580 | 48236 | 40448 |
| 安徽 | Anhui | 128943 | 112150 | 89 | 16603 | 4062 | 9103 | 6355 |
| 福建 | Fujian | 634476 | 544664 | 1281 | 57657 | 2800 | 60977 | 13369 |
| 江西 | Jiangxi | 15373 | 12574 | 438 | 2361 | 37 | 989 | 1069 |
| 山东 | Shandong | 252478 | 218259 | 473 | 33715 | 3293 | 17148 | 7737 |
| 河南 | Henan | 442844 | 379658 | 1365 | 61822 | 29738 | 15413 | 31265 |
| 湖北 | Hubei | 457239 | 372386 | 1839 | 82798 | 5904 | 41352 | 23233 |
| 湖南 | Hunan | 222394 | 175488 | 304 | 19919 | 3693 | 26923 | 9895 |
| 广东 | Guangdong | 3668073 | 3077380 | 14385 | 570925 | 179085 | 407865 | 153898 |
| 广西 | Guangxi | 222419 | 190872 | 671 | 25659 | 2480 | 12446 | 4771 |
| 海南 | Hainan | 52030 | 45016 | | 7014 | 82 | 3464 | 1259 |
| 重庆 | Chongqing | 1044560 | 912705 | 6254 | 125048 | 27506 | 102758 | 13787 |
| 四川 | Sichuan | 556974 | 486044 | 2485 | 63863 | 14958 | 40325 | 14349 |
| 贵州 | Guizhou | 96715 | 81954 | 356 | 13087 | 2741 | 9524 | 3169 |
| 云南 | Yunnan | 263703 | 225037 | 245 | 38422 | 3600 | 16707 | 8306 |
| 西藏 | Tibet | | | | | | | |
| 陕西 | Shaanxi | 456901 | 384295 | 1384 | 71222 | 18122 | 47058 | 16089 |
| 甘肃 | Gansu | | | | | | | |
| 青海 | Qinghai | | | | | | | |
| 宁夏 | Ningxia | | | | | | | |
| 新疆 | Xinjiang | 77568 | 67431 | 182 | 9956 | 1004 | 5836 | 2670 |

3-4-6 Continued 10

单位：万元

Unit：10000 yuan

| #税金 Taxes | #差旅费 Travel Allowance | #工会经费 Trade Unions Funds | 财务费用 Financial Expense | #利息支出 Interest Expense | 营业利润 Operating Profit | 利润总额 Total Profit | 应交所得税 Income Tax Payable | 劳动、失业保险费 Unemployment Insurance | 住房公积金和住房补贴 Housing Fund and Housing Allowance |
|---|---|---|---|---|---|---|---|---|---|
| **29901** | **20349** | **3921** | **64091** | **19959** | **839295** | **884451** | **207891** | **10182** | **23808** |
| 1059 | 2107 | 1044 | 6051 | 1086 | 16998 | 16992 | 10773 | 1343 | 2636 |
| 227 | 339 | 2 | -125 | -283 | 4644 | 4491 | 1937 | 234 | 1174 |
| | | | | | | | | | |
| 280 | 70 | 14 | 379 | 282 | 1781 | 1827 | 215 | 95 | 272 |
| 104 | | | 365 | 365 | -234 | -231 | | | |
| | | | | | | | | | |
| 1858 | 473 | 118 | 1766 | -1700 | 41395 | 42003 | 11937 | 346 | 799 |
| 507 | 103 | 59 | 3020 | 2839 | 16067 | 15876 | 3312 | 29 | 38 |
| 54 | 35 | 5 | 130 | 102 | 10954 | 5934 | 1907 | 20 | 12 |
| | | | | | | | | | |
| 1691 | 8237 | 300 | 15220 | 6522 | 233900 | 229760 | 70882 | 1758 | 4459 |
| 1759 | 1759 | 104 | 8296 | -1682 | 76033 | 67864 | 15432 | 708 | 3440 |
| 1810 | 551 | 241 | 4870 | 3076 | 9958 | 12153 | 4435 | 289 | 794 |
| 330 | 100 | 16 | -151 | -189 | 5371 | 7505 | 1249 | 34 | 79 |
| 416 | 276 | 214 | 1290 | -658 | 30843 | 33518 | 5238 | 955 | 504 |
| | 5 | 3 | 444 | 24 | 64 | 150 | 2 | 1 | 4 |
| 342 | 313 | 17 | 1028 | 706 | 9049 | 9622 | 1383 | 329 | 263 |
| | | | | | | | | | |
| 901 | 584 | 158 | -36 | -941 | 44700 | 44267 | 11383 | 53 | 205 |
| 1598 | 409 | 102 | 1614 | -836 | 23245 | 23192 | 7923 | 164 | 384 |
| 118 | 425 | 87 | 783 | 690 | 11108 | 6820 | 1074 | 688 | 236 |
| 13683 | 3302 | 1014 | 10604 | 5004 | 184910 | 230540 | 37509 | 1455 | 6232 |
| 198 | 91 | 26 | 214 | 149 | 12750 | 13105 | 2136 | 30 | 212 |
| 12 | 21 | 12 | 268 | 141 | 2105 | 2031 | 258 | 5 | 23 |
| | | | | | | | | | |
| 1556 | 174 | 149 | -1668 | -1974 | 38054 | 38695 | 5663 | 1106 | 1301 |
| 729 | 286 | 100 | 4655 | 3478 | 21339 | 25440 | 5988 | 197 | 308 |
| 151 | 96 | 12 | -454 | -460 | 3856 | 4522 | 787 | 18 | 44 |
| 141 | 212 | 36 | 716 | 602 | 16293 | 19397 | 3310 | 100 | 76 |
| | | | | | | | | | |
| 301 | 280 | 71 | 4607 | 3607 | 21861 | 27068 | 2983 | 196 | 266 |
| | | | | | | | | | |
| 76 | 99 | 17 | 204 | 10 | 2250 | 1910 | 176 | 31 | 26 |

外商投资企业
Foreign Funded Enterprises

| 地 区 | Region | 主营业务收入 Revenue from Principal Business | 主营业务成本 Cost of Principal Business | 主营业务税金及附加 Taxes and Other Charges on Principal Business | 主营业务利润 Profits from Principal Business | 其他业务利润 Profits from Other Business | 营业费用 Business Expenses | 管理费用 Administr-ative Expense |
|---|---|---|---|---|---|---|---|---|
| **全 国** | **National Total** | **30226138** | **25361402** | **175925** | **4609900** | **1076784** | **3466719** | **1341727** |
| 北 京 | Beijing | 4393656 | 3680173 | 2860 | 710623 | 204186 | 585313 | 242571 |
| 天 津 | Tianjin | 789128 | 644369 | 559 | 130047 | 22271 | 108990 | 28968 |
| 河 北 | Hebei | 120784 | 108177 | 70 | 12515 | 4441 | 14875 | 3266 |
| 山 西 | Shanxi | 24819 | 19641 | 12 | 5166 | 141 | 3212 | 407 |
| 内蒙古 | Inner Mongolia | | | | | | | |
| 辽 宁 | Liaoning | 921598 | 773808 | 2778 | 145012 | 30850 | 102856 | 61609 |
| 吉 林 | Jilin | 75083 | 62544 | 259 | 12143 | 2781 | 11407 | 5889 |
| 黑龙江 | Heilongjiang | 667120 | 509025 | 4347 | 153747 | 9565 | 34363 | 34962 |
| 上 海 | Shanghai | 5114876 | 4160751 | 6655 | 951385 | 271350 | 771406 | 341255 |
| 江 苏 | Jiangsu | 4338239 | 3844282 | 11208 | 465979 | 157199 | 395682 | 120394 |
| 浙 江 | Zhejiang | 2137199 | 1896040 | 4470 | 236690 | 59120 | 166981 | 58817 |
| 安 徽 | Anhui | 456411 | 390912 | 629 | 66210 | 13109 | 48056 | 20874 |
| 福 建 | Fujian | 803303 | 662263 | 1375 | 136097 | 12526 | 94645 | 29122 |
| 江 西 | Jiangxi | 180421 | 149692 | 266 | 28103 | 3239 | 19595 | 6838 |
| 山 东 | Shandong | 1141181 | 1005577 | 4731 | 130780 | 50801 | 93184 | 67422 |
| 河 南 | Henan | 361776 | 331267 | 1571 | 28938 | 5037 | 21739 | 7196 |
| 湖 北 | Hubei | 510635 | 413245 | 1000 | 96390 | 15925 | 61523 | 22749 |
| 湖 南 | Hunan | 431200 | 347321 | 1739 | 35956 | 22069 | 46342 | 22238 |
| 广 东 | Guangdong | 4798535 | 4006553 | 10694 | 787358 | 138133 | 593114 | 139688 |
| 广 西 | Guangxi | 99732 | 80515 | 112 | 18838 | 1074 | 6993 | 7387 |
| 海 南 | Hainan | 112800 | 94103 | 73 | 18629 | 4969 | 16663 | 3188 |
| 重 庆 | Chongqing | 439588 | 289189 | 819 | 70526 | 9912 | 42591 | 23348 |
| 四 川 | Sichuan | 1103788 | 905281 | 113139 | 183600 | 12990 | 115445 | 54582 |
| 贵 州 | Guizhou | 117235 | 94734 | 477 | 20283 | 1708 | 16361 | 3803 |
| 云 南 | Yunnan | 427950 | 351932 | 766 | 75252 | 11960 | 46862 | 13512 |
| 西 藏 | Tibet | 4040 | 3164 | | 875 | 51 | 695 | 35 |
| 陕 西 | Shaanxi | 414132 | 337376 | 4728 | 65274 | 7267 | 35759 | 15785 |
| 甘 肃 | Gansu | 18095 | 17027 | 28 | 1040 | 258 | 638 | 140 |
| 青 海 | Qinghai | 2851 | 1963 | 50 | 838 | | 295 | 244 |
| 宁 夏 | Ningxia | 5063 | 3471 | | 1592 | | 653 | 309 |
| 新 疆 | Xinjiang | 214901 | 177007 | 513 | 20015 | 3855 | 10483 | 5133 |

3-4-6 Continued 11

单位：万元
Unit：10000 yuan

| #税金 Taxes | #差旅费 Travel Allowance | #工会经费 Trade Unions Funds | 财务费用 Financial Expense | #利息支出 Interest Expense | 营业利润 Operating Profit | 利润总额 Total Profit | 应交所得税 Income Tax Payable | 劳动、失业保险费 Unemployment Insurance | 住房公积金和住房补贴 Housing Fund and Housing Allowance |
|---|---|---|---|---|---|---|---|---|---|
| **33871** | **31562** | **5325** | **114232** | **33014** | **768621** | **648089** | **232143** | **26006** | **48372** |
| 3303 | 5267 | 1158 | 27504 | 12126 | 60951 | 50297 | 33224 | 4909 | 11558 |
| 608 | 726 | 39 | 1679 | 762 | 29146 | 30315 | 7856 | 326 | 1619 |
| 87 | 33 | 10 | 200 | 88 | -273 | 1668 | 351 | 253 | 209 |
| 25 | 15 | 2 | 126 | 72 | 1563 | 1594 | 116 | 14 | 49 |
| 1547 | 626 | 333 | 4808 | 3184 | 6624 | 1689 | 7183 | 918 | 2324 |
| 457 | 75 | 28 | 1981 | 981 | -4352 | -4117 | 299 | 16 | 72 |
| 633 | 4670 | 222 | 1588 | 1339 | 12457 | 12561 | 3801 | 2869 | 889 |
| 10987 | 9123 | 420 | 37657 | 3272 | 72417 | 79791 | 42626 | 3195 | 10272 |
| 2132 | 1687 | 418 | -9212 | -8233 | 134273 | 159634 | 36404 | 5738 | 3836 |
| 2087 | 1246 | 196 | 12451 | 10175 | 53816 | 57711 | 16761 | 1931 | 2798 |
| 491 | 124 | 62 | 954 | 580 | 10876 | 11235 | 2956 | 169 | 834 |
| 593 | 326 | 207 | 6305 | -2049 | 22087 | 53891 | 5074 | 307 | 2693 |
| 6 | 37 | 12 | 92 | -139 | 7212 | 8612 | 1712 | 32 | 16 |
| 1931 | 1072 | 181 | 1806 | 775 | 21769 | 20210 | 9870 | 402 | 1304 |
| 144 | 191 | 90 | 94 | -155 | 2471 | 3143 | 1640 | 123 | 232 |
| 1226 | 284 | 204 | 1335 | 789 | 25895 | 24234 | 2661 | 702 | 748 |
| 781 | 643 | 261 | 399 | -304 | 17753 | 17407 | 4553 | 289 | 432 |
| 3825 | 3831 | 591 | 14607 | 6751 | 183701 | -12886 | 31006 | 1417 | 4490 |
| 246 | 80 | 67 | 833 | 225 | 4702 | 4590 | 1129 | 602 | 303 |
| 120 | 351 | 285 | 208 | 40 | 3533 | 3329 | 835 | 33 | 63 |
| 877 | 248 | 113 | 288 | -196 | 16994 | 16957 | 4503 | 204 | 431 |
| 368 | 266 | 123 | 3798 | 839 | 29418 | 49419 | 6411 | 969 | 1543 |
| 485 | 91 | 13 | 41 | 24 | 2871 | 3721 | 975 | 62 | 97 |
| 323 | 315 | 189 | 1731 | 1203 | 25108 | 26064 | 3950 | 293 | 751 |
| 11 |  | 2 | 9 |  | 187 | 185 | 116 | 1 | 4 |
| 295 | 116 | 71 | 1283 | 50 | 19720 | 17200 | 3921 | 167 | 514 |
| 3 | 5 | 2 | 805 | 5 | -284 | 718 | 55 | 1 | 2 |
|  | 5 | 3 | 79 | 79 | 1108 | 1108 |  |  |  |
| 17 | 11 | 4 | 62 | 60 |  | 565 | 57 | 3 | 6 |
| 265 | 100 | 20 | 721 | 672 | 6879 | 7245 | 2100 | 64 | 284 |

# 3-4-7 各地区限额以上零售业企业损益及分配(按国民经济行业分)

综合零售

Integrated Retail

| 地　区 | Region | 主营业务收入 Revenue from Principal Business | 主营业务成本 Cost of Principal Business | 主营业务税金及附加 Taxes and Other Charges on Principal Business | 主营业务利润 Profits from Principal Business | 其他业务利润 Profits from Other Business | 营业费用 Business Expenses | 管理费用 Administrative Expense |
|---|---|---|---|---|---|---|---|---|
| **全　国** | **National Total** | **113370618** | **96974428** | **811826** | **14830281** | **4025806** | **9605416** | **5617379** |
| 北　京 | Beijing | 9594664 | 8081818 | 52875 | 1459972 | 601753 | 1115113 | 560077 |
| 天　津 | Tianjin | 2052191 | 1771299 | 9250 | 250188 | 115485 | 266925 | 121911 |
| 河　北 | Hebei | 3626383 | 3234889 | 17992 | 359916 | 123879 | 220221 | 226891 |
| 山　西 | Shanxi | 1162325 | 976800 | 7257 | 149654 | 43272 | 87015 | 57300 |
| 内蒙古 | Inner Mongolia | 975702 | 801218 | 7744 | 165684 | 19878 | 37444 | 45985 |
| 辽　宁 | Liaoning | 4911907 | 4120299 | 42462 | 704564 | 119868 | 304113 | 389209 |
| 吉　林 | Jilin | 1783034 | 1549333 | 16025 | 198906 | 47415 | 63546 | 108970 |
| 黑龙江 | Heilongjiang | 1986373 | 1609324 | 24153 | 347354 | 64501 | 176601 | 153520 |
| 上　海 | Shanghai | 12486013 | 10849105 | 41266 | 1595319 | 631857 | 1225579 | 636863 |
| 江　苏 | Jiangsu | 13008080 | 11218806 | 71219 | 1609358 | 405364 | 987815 | 615819 |
| 浙　江 | Zhejiang | 6567516 | 5764209 | 31824 | 771132 | 303696 | 620502 | 303993 |
| 安　徽 | Anhui | 3072755 | 2708073 | 14187 | 337361 | 61031 | 211281 | 165599 |
| 福　建 | Fujian | 2506227 | 2077723 | 13663 | 372333 | 56712 | 291979 | 75537 |
| 江　西 | Jiangxi | 1154195 | 979974 | 8655 | 151875 | 19408 | 93568 | 41490 |
| 山　东 | Shandong | 13353980 | 11645218 | 82321 | 1607724 | 239993 | 684360 | 585108 |
| 河　南 | Henan | 4580015 | 4020165 | 67647 | 492203 | 120777 | 218615 | 180381 |
| 湖　北 | Hubei | 4751344 | 3990694 | 32827 | 676153 | 167603 | 401582 | 229179 |
| 湖　南 | Hunan | 2819327 | 2292839 | 23409 | 253983 | 50550 | 212106 | 142091 |
| 广　东 | Guangdong | 9349306 | 7859386 | 49963 | 1437239 | 445263 | 1163642 | 388456 |
| 广　西 | Guangxi | 1152970 | 947221 | 6760 | 171415 | 42895 | 106261 | 62586 |
| 海　南 | Hainan | 181459 | 153253 | 556 | 27535 | 11495 | 25163 | 10401 |
| 重　庆 | Chongqing | 3089246 | 2645119 | 18362 | 382868 | 67887 | 262218 | 102346 |
| 四　川 | Sichuan | 3239824 | 2754140 | 124478 | 451485 | 92655 | 328476 | 130610 |
| 贵　州 | Guizhou | 541654 | 458550 | 3318 | 62780 | 15255 | 48945 | 24555 |
| 云　南 | Yunnan | 1009949 | 842178 | 3666 | 164766 | 23860 | 84358 | 53167 |
| 西　藏 | Tibet | 26204 | 21925 | 340 | 2409 | 38 | 1762 | 2996 |
| 陕　西 | Shaanxi | 2753470 | 2234383 | 24739 | 374774 | 91063 | 230700 | 113711 |
| 甘　肃 | Gansu | 532029 | 438262 | 5847 | 87920 | 7867 | 44614 | 25594 |
| 青　海 | Qinghai | 179269 | 157185 | 761 | 21171 | 6829 | 13648 | 9219 |
| 宁　夏 | Ningxia | 337902 | 281172 | 2840 | 55970 | 2504 | 23337 | 11794 |
| 新　疆 | Xinjiang | 585307 | 489871 | 5423 | 86273 | 25154 | 53923 | 42023 |

# Income and Distribution of Enterprises above Designated Size of Retail Trade by Region and Sector

单位：万元

Unit：10000 yuan

| #税金 Taxes | #差旅费 Travel Allowance | #工会经费 Trade Unions Funds | 财务费用 Financial Expense | #利息支出 Interest Expense | 营业利润 Operating Profit | 利润总额 Total Profit | 应交所得税 Income Tax Payable | 劳动、失业保险费 Unemployment Insurance | 住房公积金和住房补贴 Housing Fund and Housing Allowance |
|---|---|---|---|---|---|---|---|---|---|
| **228014** | **84814** | **37201** | **683494** | **357605** | **3675971** | **3760064** | **866966** | **113908** | **138812** |
| 12127 | 6443 | 5061 | 60283 | 33240 | 338706 | 343657 | 100294 | 9231 | 23925 |
| 5916 | 1184 | 575 | 18716 | 13815 | 8857 | 18357 | 7228 | 2016 | 5904 |
| 22200 | 2188 | 1274 | 23452 | 14065 | 25710 | 37353 | 13463 | 11850 | 2786 |
| 3656 | 1327 | 239 | 32604 | 9882 | 21915 | 18310 | 5665 | 586 | 354 |
| 3303 | 1331 | 189 | 6722 | 3988 | 98789 | 59085 | 6201 | 1309 | 587 |
| 13058 | 3814 | 2287 | 39732 | 19864 | 133488 | 140880 | 32977 | 6097 | 8877 |
| 4954 | 1017 | 441 | 17554 | 13302 | 61079 | 50220 | 11880 | 1415 | 1186 |
| 6490 | 1370 | 1183 | 17852 | 7941 | 54179 | 40424 | 14570 | 1533 | 7247 |
| 13838 | 10441 | 2540 | 61638 | 17118 | 344011 | 487920 | 115668 | 8785 | 15825 |
| 17094 | 6112 | 2430 | 51704 | 19412 | 439733 | 516689 | 113307 | 17141 | 16614 |
| 10638 | 3838 | 1577 | 42896 | 28899 | 107772 | 143314 | 53039 | 10499 | 9027 |
| 5480 | 2176 | 770 | 17449 | 8986 | 80221 | 78467 | 16573 | 2679 | 2814 |
| 3525 | 1311 | 683 | 19412 | 11460 | 96959 | 112714 | 20357 | 1926 | 3343 |
| 3495 | 427 | 134 | 13446 | 7348 | 30047 | 35778 | 5408 | 1639 | 955 |
| 27407 | 12203 | 3866 | 108853 | 74120 | 546843 | 540719 | 92836 | 8875 | 7002 |
| 12638 | 5367 | 1838 | 20154 | 8853 | 167045 | 152123 | 30045 | 2319 | 1681 |
| 11188 | 5799 | 3033 | 29155 | 20823 | 198503 | 148246 | 40993 | 3549 | 3337 |
| 7693 | 4045 | 2760 | 16780 | 3534 | 140621 | 113761 | 23668 | 2648 | 2582 |
| 20166 | 5574 | 2583 | 25877 | 8952 | 321419 | 223078 | 82575 | 6132 | 11271 |
| 2762 | 999 | 449 | 5992 | 3082 | 43024 | 38564 | 6585 | 3131 | 1576 |
| 282 | 549 | 308 | 864 | 465 | 2764 | 2635 | 658 | 75 | 90 |
| 4313 | 2020 | 605 | 3831 | 208 | 102076 | 98167 | 15923 | 2275 | 2228 |
| 3044 | 1016 | 675 | 15191 | 6991 | 79093 | 115352 | 17446 | 1551 | 2985 |
| 1324 | 548 | 125 | 3764 | 3340 | 6103 | 9469 | 2090 | 363 | 269 |
| 1268 | 732 | 446 | 5060 | 3507 | 51403 | 58330 | 10317 | 307 | 1091 |
| 38 | 28 | 9 | 128 | 36 | 332 | 1185 | 126 | | |
| 5548 | 1614 | 597 | 13966 | 9169 | 104705 | 95264 | 12761 | 1315 | 3879 |
| 1386 | 335 | 59 | 5418 | 2764 | 20162 | 21041 | 4512 | 210 | 55 |
| 616 | 128 | 68 | 653 | 451 | 5718 | 4677 | 328 | 588 | 182 |
| 873 | 104 | 90 | 1197 | 363 | 28132 | 27878 | 4847 | 95 | 230 |
| 1698 | 778 | 287 | 3154 | 1626 | 16563 | 26406 | 4629 | 3769 | 911 |

3-4-7 续表 1

食品、饮料及烟草制品专门零售
Retail of Food, Beverages and Tobaccos

| 地区 | Region | 主营业务收入 Revenue from Principal Business | 主营业务成本 Cost of Principal Business | 主营业务税金及附加 Taxes and Other Charges on Principal Business | 主营业务利润 Profits from Principal Business | 其他业务利润 Profits from Other Business | 营业费用 Business Expenses | 管理费用 Administrative Expense |
|---|---|---|---|---|---|---|---|---|
| **全国** | **National Total** | **6794803** | **5581426** | **91888** | **1106798** | **75527** | **489948** | **304064** |
| 北京 | Beijing | 502547 | 381073 | 4304 | 117170 | 11761 | 79090 | 26775 |
| 天津 | Tianjin | 115566 | 83101 | 690 | 31774 | 1088 | 11306 | 12218 |
| 河北 | Hebei | 37573 | 34442 | 91 | 3025 | 328 | 2062 | 1725 |
| 山西 | Shanxi | 258175 | 227744 | 882 | 25779 | 1270 | 16115 | 9547 |
| 内蒙古 | Inner Mongolia | 58257 | 50943 | 549 | 6429 | | 1809 | 2743 |
| 辽宁 | Liaoning | 140667 | 121831 | 19039 | 16694 | 290 | 6031 | 6669 |
| 吉林 | Jilin | 112833 | 93237 | 380 | 17110 | 171 | 7393 | 6159 |
| 黑龙江 | Heilongjiang | 19246 | 12695 | 345 | 6206 | 91 | 922 | 2279 |
| 上海 | Shanghai | 546999 | 451292 | 7347 | 88420 | 17604 | 50899 | 37705 |
| 江苏 | Jiangsu | 803039 | 672397 | 4721 | 118783 | 6844 | 46893 | 27778 |
| 浙江 | Zhejiang | 310617 | 263262 | 1006 | 46349 | 3523 | 23141 | 14803 |
| 安徽 | Anhui | 145382 | 125554 | 647 | 13222 | 507 | 12562 | 5884 |
| 福建 | Fujian | 495445 | 412117 | 7872 | 74813 | 2856 | 38620 | 14893 |
| 江西 | Jiangxi | 11371 | 9875 | 43 | 1428 | | 761 | 352 |
| 山东 | Shandong | 992612 | 833978 | 11384 | 146329 | 3644 | 40622 | 38358 |
| 河南 | Henan | 485533 | 424543 | 8736 | 52253 | 2481 | 18419 | 12956 |
| 湖北 | Hubei | 281807 | 226656 | 5105 | 48114 | 1143 | 17620 | 11171 |
| 湖南 | Hunan | 90986 | 70120 | 811 | 14123 | 782 | 4258 | 5783 |
| 广东 | Guangdong | 482662 | 356662 | 2454 | 121824 | 15739 | 44288 | 29308 |
| 广西 | Guangxi | 54530 | 39349 | 401 | 13797 | 366 | 10644 | 3026 |
| 海南 | Hainan | 33263 | 29284 | 207 | 3772 | -88 | 3179 | 1013 |
| 重庆 | Chongqing | 128028 | 113727 | 1059 | 14186 | 680 | 5493 | 5540 |
| 四川 | Sichuan | 126234 | 104677 | 2021 | 19536 | 750 | 6133 | 3835 |
| 贵州 | Guizhou | 58109 | 45623 | 219 | 11563 | 173 | 4386 | 1929 |
| 云南 | Yunnan | 160049 | 131666 | 856 | 27599 | 2359 | 17169 | 8938 |
| 西藏 | Tibet | 43561 | 37828 | 1194 | 4539 | 243 | 980 | 2572 |
| 陕西 | Shaanxi | 192792 | 135904 | 9289 | 47161 | -43 | 13779 | 6008 |
| 甘肃 | Gansu | 80835 | 67693 | 197 | 12946 | 676 | 3895 | 2733 |
| 青海 | Qinghai | 1241 | 1082 | 2 | 96 | | 62 | 93 |
| 宁夏 | Ningxia | 13210 | 12770 | 27 | 413 | 120 | 603 | 667 |
| 新疆 | Xinjiang | 11636 | 10305 | 11 | 1348 | 172 | 819 | 604 |

单位：万元
Unit：10000 yuan

| #税金 Taxes | #差旅费 Travel Allowance | #工会经费 Trade Unions Funds | 财务费用 Financial Expense | #利息支出 Interest Expense | 营业利润 Operating Profit | 利润总额 Total Profit | 应交所得税 Income Tax Payable | 劳动、失业保险费 Unemployment Insurance | 住房公积金和住房补贴 Housing Fund and Housing Allowance |
|---|---|---|---|---|---|---|---|---|---|
| **15387** | **8443** | **3356** | **40527** | **26085** | **390042** | **436138** | **75252** | **9423** | **9193** |
| 1340 | 332 | 308 | 2555 | 1894 | 20704 | 30410 | 8424 | 855 | 1148 |
| 184 | 91 | 115 | 205 | 99 | 9132 | 10946 | 2155 | 213 | 549 |
| 31 | 43 | 11 | 175 | 62 | -587 | 110 | 45 | 35 | 16 |
| 425 | 144 | 104 | 1267 | 1091 | 2859 | 4903 | 827 | 1533 | 436 |
| 166 | 111 | 19 | 705 | 638 | 1255 | 1947 | 111 | 48 | 20 |
| 186 | 139 | 66 | 434 | 208 | 4369 | 5438 | 1057 | 167 | 113 |
| 207 | 132 | 25 | 303 | 178 | 2679 | 2852 | 645 | 174 | 46 |
| 157 | 29 | 14 | 186 | 152 | 2919 | 4124 | 982 | 12 | 39 |
| 891 | 450 | 364 | 1467 | 263 | 15956 | 20732 | 4728 | 1398 | 1399 |
| 1477 | 883 | 176 | 3545 | 1302 | 58147 | 58946 | 10777 | 1027 | 719 |
| 872 | 335 | 103 | 1188 | 908 | 10682 | 11645 | 3681 | 404 | 470 |
| 268 | 127 | 36 | 1526 | 1309 | 1096 | 2276 | 389 | 150 | 88 |
| 682 | 778 | 112 | 1400 | 710 | 23895 | 26400 | 4505 | 194 | 387 |
| 62 | 14 | 5 | 33 | 26 | 308 | 254 | 25 | 6 | 17 |
| 3457 | 1483 | 281 | 9268 | 4983 | 60548 | 58598 | 8484 | 845 | 705 |
| 1325 | 551 | 233 | 2271 | 1079 | 19167 | 18689 | 2245 | 917 | 236 |
| 794 | 384 | 106 | 756 | 362 | 26280 | 23916 | 3441 | 320 | 407 |
| 206 | 157 | 138 | 2520 | 672 | 7496 | 4511 | 961 | 96 | 121 |
| 684 | 731 | 618 | -828 | 820 | 74211 | 92546 | 14484 | 415 | 973 |
| 150 | 285 | 33 | 218 | 71 | -179 | 2191 | 244 | 29 | 201 |
| 3 | 40 | 10 | 89 | 34 | -597 | 847 | 276 | 12 | 55 |
| 358 | 232 | 52 | 834 | 456 | 5130 | 4806 | 593 | 87 | 90 |
| 238 | 59 | 122 | 959 | 773 | 9360 | 10932 | 1629 | 52 | 91 |
| 222 | 92 | 19 | 209 | 168 | 5474 | 5088 | 1634 | 18 | 66 |
| 319 | 229 | 177 | 1973 | 1696 | 2023 | 5025 | 1004 | 198 | 554 |
| 11 | 149 | 18 | 60 |  | 1171 | 929 | 230 | 23 | 107 |
| 498 | 325 | 36 | 5991 | 5551 | 21408 | 22857 | 541 | 72 | 29 |
| 62 | 61 | 25 | 1006 | 388 | 5989 | 3847 | 1054 | 62 | 79 |
|  | 6 |  | -1 | -1 | 4 | 4 | 1 |  |  |
| 14 | 25 | 6 | 175 | 165 | -913 | 276 | 79 | 17 | 16 |
| 19 | 27 | 5 | 39 | 29 | 58 | 92 | 6 | 44 | 21 |

纺织、服装及日用品专门零售
Special Retail of Textiles, Garments and Daily Consumer Articles

| 地 区 | Region | 主营业务收入 Revenue from Principal Business | 主营业务成本 Cost of Principal Business | 主营业务税金及附加 Taxes and Other Charges on Principal Business | 主营业务利润 Profits from Principal Business | 其他业务利润 Profits from Other Business | 营业费用 Business Expenses | 管理费用 Administr-ative Expense |
|---|---|---|---|---|---|---|---|---|
| **全 国** | **National Total** | **14159527** | **10420111** | **92195** | **3591335** | **145478** | **1889076** | **848484** |
| 北 京 | Beijing | 1377090 | 1005104 | 4502 | 367484 | 26588 | 287825 | 105672 |
| 天 津 | Tianjin | 861812 | 580326 | 652 | 284046 | 4172 | 45060 | 16091 |
| 河 北 | Hebei | 156434 | 131676 | 1028 | 23207 | 3311 | 11582 | 13510 |
| 山 西 | Shanxi | 181580 | 153281 | 2055 | 20235 | 4796 | 16062 | 11533 |
| 内蒙古 | Inner Mongolia | 130158 | 103416 | 2163 | 23481 | 332 | 5147 | 5212 |
| 辽 宁 | Liaoning | 517448 | 431051 | 3199 | 85650 | 5061 | 40816 | 27911 |
| 吉 林 | Jilin | 122013 | 96491 | 2902 | 23459 | 3882 | 7542 | 13705 |
| 黑龙江 | Heilongjiang | 132018 | 108452 | 1321 | 22092 | 934 | 2980 | 9211 |
| 上 海 | Shanghai | 2418376 | 1519004 | 3999 | 894652 | 25379 | 544220 | 216779 |
| 江 苏 | Jiangsu | 612032 | 502912 | 2661 | 102968 | 13392 | 58286 | 27935 |
| 浙 江 | Zhejiang | 631957 | 519162 | 2540 | 110090 | 10014 | 69620 | 37646 |
| 安 徽 | Anhui | 144175 | 115813 | 613 | 27637 | 1242 | 17846 | 7698 |
| 福 建 | Fujian | 257333 | 197812 | 1079 | 58408 | 2767 | 31612 | 14124 |
| 江 西 | Jiangxi | 65028 | 54008 | 527 | 10624 | 286 | 8859 | 1266 |
| 山 东 | Shandong | 1561472 | 1298413 | 19979 | 239030 | 3147 | 51904 | 81563 |
| 河 南 | Henan | 546656 | 463027 | 10453 | 73177 | 5834 | 31597 | 27082 |
| 湖 北 | Hubei | 432825 | 317946 | 2384 | 109192 | 2175 | 65102 | 14889 |
| 湖 南 | Hunan | 271525 | 206102 | 2591 | 47569 | 1515 | 32003 | 11676 |
| 广 东 | Guangdong | 2194429 | 1470089 | 11168 | 707718 | 15893 | 402021 | 111943 |
| 广 西 | Guangxi | 58349 | 43334 | 4109 | 10906 | 311 | 10991 | 2655 |
| 海 南 | Hainan | 72252 | 54504 | 522 | 17226 | 877 | 5368 | 6458 |
| 重 庆 | Chongqing | 298452 | 219310 | 2926 | 59603 | 989 | 24980 | 18156 |
| 四 川 | Sichuan | 254274 | 202826 | 875 | 47565 | 2653 | 29258 | 12833 |
| 贵 州 | Guizhou | 121634 | 97124 | 652 | 21875 | 3313 | 16568 | 4323 |
| 云 南 | Yunnan | 70602 | 54446 | 298 | 15858 | 649 | 13273 | 2543 |
| 西 藏 | Tibet | 4040 | 3164 | | 875 | 51 | 695 | 35 |
| 陕 西 | Shaanxi | 459475 | 302092 | 5807 | 151605 | 1779 | 33425 | 33693 |
| 甘 肃 | Gansu | 8353 | 7853 | 20 | 480 | | 180 | 54 |
| 青 海 | Qinghai | 12419 | 9492 | 52 | 2875 | -48 | 1632 | 2154 |
| 宁 夏 | Ningxia | 20498 | 17254 | 253 | 2991 | 704 | 2228 | 1016 |
| 新 疆 | Xinjiang | 164819 | 134629 | 863 | 28756 | 3481 | 20396 | 9120 |

单位：万元
Unit：10000 yuan

| #税金 Taxes | #差旅费 Travel Allowance | #工会经费 Trade Unions Funds | 财务费用 Financial Expense | #利息支出 Interest Expense | 营业利润 Operating Profit | 利润总额 Total Profit | 应交所得税 Income Tax Payable | 劳动、失业保险费 Unemployment Insurance | 住房公积金和住房补贴 Housing Fund and Housing Allowance |
|---|---|---|---|---|---|---|---|---|---|
| **32478** | **32351** | **5247** | **97985** | **47436** | **958779** | **830263** | **194674** | **17574** | **19694** |
| 1390 | 2648 | 234 | 11643 | 4598 | 8186 | 6943 | 12344 | 2490 | 3645 |
| 3046 | 408 | 28 | 1858 | 1329 | 229902 | 241313 | 58077 | 418 | 585 |
| 570 | 367 | 58 | 2318 | 1665 | 70 | 597 | 759 | 919 | 160 |
| 410 | 105 | 33 | 1853 | 1344 | 191 | 2046 | 400 | 137 | 44 |
| 1009 | 178 | 15 | 451 | 109 | 13630 | 10230 | 1066 | 148 | 24 |
| 1015 | 665 | 95 | 7361 | 2815 | 15712 | 10663 | 3001 | 411 | 304 |
| 739 | 263 | 141 | 1808 | 1255 | 3239 | 400 | 209 | 30 | 156 |
| 536 | 139 | 15 | 1492 | 1042 | 9285 | 1244 | 233 | 227 | 2 |
| 1406 | 11882 | 273 | 12419 | 4473 | 146619 | 145503 | 40887 | 3074 | 4921 |
| 543 | 700 | 102 | 3838 | 1028 | 28089 | 23353 | 5254 | 632 | 671 |
| 1483 | 2131 | 237 | 10710 | 8071 | 5714 | 7843 | 3891 | 453 | 524 |
| 683 | 305 | 102 | 475 | 241 | 2994 | 2072 | 1026 | 69 | 49 |
| 445 | 711 | 205 | 1732 | 693 | 13735 | 14296 | 2266 | 222 | 3993 |
| 157 | 12 | 13 | 365 | 228 | 453 | 458 | 270 | 15 | 27 |
| 4146 | 2065 | 348 | 7992 | 2758 | 98453 | 96626 | 11259 | 854 | 659 |
| 1703 | 827 | 168 | 2443 | 786 | 16360 | 8602 | 3297 | 333 | 176 |
| 2058 | 577 | 164 | 1872 | -49 | 34491 | 21173 | 1716 | 290 | 275 |
| 677 | 417 | 377 | 2134 | 1093 | 17621 | 7470 | 1421 | 445 | 264 |
| 5600 | 4727 | 2131 | 9434 | 4023 | 205671 | 124685 | 26660 | 952 | 2406 |
| 385 | 98 | 10 | -105 | -157 | -2324 | 704 | 269 | 64 | 105 |
| 88 | 100 | 30 | 2079 | 1994 | 4199 | 4268 | 757 | 227 | 32 |
| 1596 | 803 | 181 | 4469 | 2860 | 12610 | 10395 | 1463 | 205 | 145 |
| 337 | 1236 | 139 | 1241 | 427 | 6939 | 6927 | 1812 | 4252 | 180 |
| 180 | 82 | 8 | 233 | 134 | 4503 | 4684 | 879 | 49 | 41 |
| 228 | 142 | 21 | 1683 | 1587 | -992 | -971 | 394 | 94 | 21 |
| 11 |  | 2 | 9 |  | 187 | 185 | 116 | 1 | 4 |
| 1605 | 230 | 43 | 2421 | 798 | 83839 | 79453 | 14076 | 163 | 107 |
| 2 | 23 | 1 | 9 | 5 | 237 | 51 | 22 | 2 | 3 |
| 68 | 16 | 27 | 727 | 670 | -1687 | -1902 | 35 | 328 | 77 |
| 86 | 19 | 24 | 270 | 242 | 181 | 365 | 95 | 13 | 36 |
| 278 | 481 | 23 | 2753 | 1373 | 670 | 587 | 720 | 57 | 60 |

文化，体育用品及器材专门零售
Retail of Culture, Sports Appliances and Equipments

| 地 区 | Region | 主营业务收入 Revenue from Principal Business | 主营业务成本 Cost of Principal Business | 主营业务税金及附加 Taxes and Other Charges on Principal Business | 主营业务利润 Profits from Principal Business | 其他业务利润 Profits from Other Business | 营业费用 Business Expenses | 管理费用 Administrative Expense |
|---|---|---|---|---|---|---|---|---|
| **全 国** | **National Total** | **9823852** | **7782222** | **95390** | **1865214** | **128157** | **870614** | **770136** |
| 北 京 | Beijing | 1555909 | 1336174 | 4336 | 215399 | 10460 | 107139 | 88914 |
| 天 津 | Tianjin | 117894 | 96761 | 1139 | 17676 | 4306 | 14419 | 11638 |
| 河 北 | Hebei | 140601 | 105803 | 707 | 33674 | 3822 | 8793 | 21651 |
| 山 西 | Shanxi | 266104 | 221657 | 2908 | 33721 | 1312 | 19790 | 9776 |
| 内蒙古 | Inner Mongolia | 42925 | 32746 | 712 | 9660 | 1124 | 1957 | 4461 |
| 辽 宁 | Liaoning | 329135 | 250077 | 6309 | 68995 | 3464 | 20267 | 26809 |
| 吉 林 | Jilin | 71687 | 53159 | 697 | 17842 | 790 | 5464 | 7848 |
| 黑龙江 | Heilongjiang | 193158 | 163515 | 1320 | 28166 | 2576 | 13351 | 11446 |
| 上 海 | Shanghai | 1495610 | 1220694 | 18017 | 256899 | 20262 | 170123 | 74764 |
| 江 苏 | Jiangsu | 878649 | 675466 | 11994 | 177307 | 9765 | 83330 | 59331 |
| 浙 江 | Zhejiang | 574370 | 451271 | 9880 | 113319 | 9334 | 51006 | 41489 |
| 安 徽 | Anhui | 227663 | 170315 | 883 | 50582 | 1968 | 22771 | 16644 |
| 福 建 | Fujian | 378638 | 314429 | 2425 | 61708 | 4191 | 28394 | 24109 |
| 江 西 | Jiangxi | 209420 | 155455 | 2170 | 49684 | 1851 | 13631 | 23212 |
| 山 东 | Shandong | 669647 | 532604 | 8198 | 128666 | 7152 | 40014 | 60410 |
| 河 南 | Henan | 330597 | 260143 | 4949 | 65504 | 5685 | 25800 | 32021 |
| 湖 北 | Hubei | 181565 | 143359 | 1394 | 34669 | 2132 | 13776 | 19892 |
| 湖 南 | Hunan | 320654 | 243176 | 2961 | 46905 | 1338 | 22204 | 27906 |
| 广 东 | Guangdong | 421322 | 320639 | 3584 | 96432 | 14853 | 61118 | 50080 |
| 广 西 | Guangxi | 93123 | 72180 | 730 | 18912 | 3055 | 9929 | 11967 |
| 海 南 | Hainan | 24686 | 20941 | 99 | 2698 | 269 | 1882 | 1907 |
| 重 庆 | Chongqing | 169440 | 116563 | 1087 | 51392 | 2682 | 26278 | 17998 |
| 四 川 | Sichuan | 395653 | 258295 | 3467 | 133091 | 4767 | 48187 | 53303 |
| 贵 州 | Guizhou | 73242 | 60594 | 358 | 11833 | 1380 | 7047 | 7648 |
| 云 南 | Yunnan | 210424 | 158583 | 1259 | 50073 | 4691 | 18897 | 21593 |
| 西 藏 | Tibet | 5657 | 5237 | 11 | 410 | 233 | 168 | 393 |
| 陕 西 | Shaanxi | 243891 | 192109 | 2144 | 41064 | 1958 | 18761 | 20114 |
| 甘 肃 | Gansu | 61751 | 47454 | 727 | 13571 | 630 | 4275 | 6777 |
| 青 海 | Qinghai | 2496 | 1931 | 23 | 1142 | 242 | 325 | 325 |
| 宁 夏 | Ningxia | 21640 | 17189 | 132 | 4319 | 683 | 2144 | 2557 |
| 新 疆 | Xinjiang | 116302 | 83704 | 770 | 29905 | 1185 | 9377 | 13156 |

3-4-7 Continued 3

单位：万元
Unit：10000 yuan

| #税金 Taxes | #差旅费 Travel Allowance | #工会经费 Trade Unions Funds | 财务费用 Financial Expense | | 营业利润 Operating Profit | 利润总额 Total Profit | 应交所得税 Income Tax Payable | 劳动、失业保险费 Unemployment Insurance | 住房公积金和住房补贴 Housing Fund and Housing Allowance |
|---|---|---|---|---|---|---|---|---|---|
| | | | | #利息支出 Interest Expense | | | | | |
| **27859** | **17699** | **7265** | **38731** | **15883** | **374063** | **343671** | **66480** | **21806** | **35342** |
| 1515 | 2130 | 581 | 1543 | -342 | 31595 | 41658 | 11022 | 1838 | 4677 |
| 289 | 103 | 99 | 91 | -89 | -44 | -858 | 623 | 876 | 985 |
| 724 | 281 | 220 | 127 | -143 | 7035 | 7780 | 1760 | 1436 | 739 |
| 578 | 321 | 233 | 1264 | 158 | 6493 | 5983 | 1383 | 321 | 572 |
| 271 | 133 | 45 | 74 | 26 | 4070 | 3281 | 380 | 162 | 181 |
| 1223 | 456 | 280 | 2893 | 1935 | 27740 | 7375 | 888 | 656 | 913 |
| 239 | 242 | 61 | 522 | 224 | 5028 | 4273 | 283 | 197 | 191 |
| 503 | 166 | 481 | 1091 | 764 | 5093 | 5304 | 548 | 296 | 367 |
| 605 | 2318 | 190 | 8056 | 5571 | 24217 | 21059 | 11890 | 1415 | 3070 |
| 1839 | 1589 | 484 | 2451 | 672 | 49513 | 46032 | 9005 | 1072 | 3151 |
| 1906 | 895 | 365 | 3691 | 1749 | 21340 | 21605 | 2412 | 1016 | 2053 |
| 458 | 375 | 285 | -221 | -345 | 16510 | 14254 | 231 | 536 | 1312 |
| 997 | 774 | 296 | 124 | -358 | 13279 | 12016 | 4550 | 1811 | 1249 |
| 890 | 576 | 266 | 1326 | 197 | 14248 | 10956 | 864 | 406 | 746 |
| 3261 | 1362 | 415 | 3810 | 1322 | 33664 | 31653 | 7173 | 2053 | 3695 |
| 2570 | 958 | 472 | 887 | 359 | 11452 | 9596 | 2325 | 1360 | 914 |
| 1627 | 632 | 160 | 966 | 579 | 5796 | 6153 | 888 | 400 | 661 |
| 2013 | 720 | 489 | 1504 | 299 | 23508 | 19041 | 1705 | 562 | 1218 |
| 1560 | 1122 | 507 | 2539 | 1150 | -64 | 4575 | 2257 | 2654 | 1810 |
| 633 | 188 | 148 | 500 | 436 | 418 | 1645 | 245 | 541 | 624 |
| 15 | 44 | 11 | 223 | 212 | -471 | -438 | 13 | 18 | 41 |
| 706 | 349 | 73 | 2798 | 449 | 7000 | 6732 | 150 | 195 | 809 |
| 745 | 71 | 503 | -2177 | -2585 | 39096 | 39226 | 887 | 359 | 1446 |
| 506 | 223 | 52 | 658 | 343 | -1091 | -1100 | 261 | 219 | 664 |
| 677 | 436 | 214 | 3181 | 2989 | 11415 | 9219 | 1053 | 554 | 859 |
| | | | 37 | -1 | 45 | 74 | 8 | 1 | 17 |
| 816 | 773 | 142 | 501 | 293 | 3192 | 5551 | 668 | 432 | 1309 |
| 221 | 137 | 81 | 140 | 72 | 3009 | 578 | 29 | 262 | 314 |
| | 7 | | 22 | 22 | 142 | 155 | 11 | | |
| 91 | 64 | 24 | 235 | 156 | 76 | 75 | 52 | 28 | 176 |
| 382 | 256 | 87 | -125 | -231 | 10758 | 10220 | 2918 | 129 | 580 |

医药及医疗器材专门零售
Retail of Medicines and Medical Appliances

| 地　区 | Region | 主营业务收入 Revenue from Principal Business | 主营业务成本 Cost of Principal Business | 主营业务税金及附加 Taxes and Other Charges on Principal Business | 主营业务利润 Profits from Principal Business | 其他业务利润 Profits from Other Business | 营业费用 Business Expenses | 管理费用 Administr-ative Expense |
|---|---|---|---|---|---|---|---|---|
| **全　国** | **National Total** | **15445726** | **13380960** | **71099** | **1890662** | **83239** | **938028** | **605946** |
| 北　京 | Beijing | 1624956 | 1447055 | 3160 | 174511 | 15016 | 89649 | 66299 |
| 天　津 | Tianjin | 75944 | 66725 | 323 | 8370 | 1932 | 7094 | 2946 |
| 河　北 | Hebei | 219852 | 194989 | 443 | 24420 | 367 | 13136 | 10895 |
| 山　西 | Shanxi | 244339 | 216486 | 466 | 25307 | 1161 | 12935 | 10648 |
| 内蒙古 | Inner Mongolia | 103379 | 78581 | 2023 | 20748 | 294 | 8408 | 6706 |
| 辽　宁 | Liaoning | 548755 | 455315 | 9484 | 87828 | 1898 | 49037 | 25039 |
| 吉　林 | Jilin | 131975 | 107684 | 908 | 23097 | 68 | 8864 | 6124 |
| 黑龙江 | Heilongjiang | 633447 | 482151 | 1635 | 149661 | 225 | 12936 | 37999 |
| 上　海 | Shanghai | 684534 | 568888 | 1839 | 113265 | 7333 | 64295 | 40709 |
| 江　苏 | Jiangsu | 2677958 | 2436174 | 9762 | 212978 | 11869 | 102462 | 76902 |
| 浙　江 | Zhejiang | 1246129 | 1109482 | 2862 | 133785 | 7739 | 66815 | 43083 |
| 安　徽 | Anhui | 399285 | 362322 | 1150 | 33826 | 1111 | 19448 | 9766 |
| 福　建 | Fujian | 252323 | 223483 | 1074 | 26770 | 1004 | 15493 | 8471 |
| 江　西 | Jiangxi | 236647 | 205451 | 759 | 28270 | 832 | 13411 | 12622 |
| 山　东 | Shandong | 850564 | 725641 | 6293 | 117916 | 879 | 42175 | 41811 |
| 河　南 | Henan | 642040 | 577833 | 7288 | 56920 | 1228 | 21876 | 15536 |
| 湖　北 | Hubei | 341424 | 291182 | 1406 | 47625 | 1910 | 23477 | 17265 |
| 湖　南 | Hunan | 547590 | 438612 | 6109 | 41288 | 2593 | 51283 | 22539 |
| 广　东 | Guangdong | 1078348 | 875737 | 3217 | 197490 | 13555 | 133594 | 43409 |
| 广　西 | Guangxi | 490138 | 441251 | 995 | 43933 | 2281 | 23247 | 16500 |
| 海　南 | Hainan | 15464 | 11602 | 60 | 3802 | | 2796 | 767 |
| 重　庆 | Chongqing | 913420 | 816307 | 5213 | 90837 | 3379 | 30347 | 31844 |
| 四　川 | Sichuan | 177843 | 143633 | 853 | 33175 | 340 | 17345 | 8991 |
| 贵　州 | Guizhou | 63320 | 49290 | 281 | 12999 | 5 | 8858 | 4049 |
| 云　南 | Yunnan | 286326 | 208214 | 1457 | 76065 | 2722 | 50952 | 15121 |
| 西　藏 | Tibet | | | | | | | |
| 陕　西 | Shaanxi | 248577 | 213886 | 876 | 33131 | 1303 | 14814 | 10031 |
| 甘　肃 | Gansu | 79753 | 66176 | 226 | 13351 | -24 | 10948 | 2116 |
| 青　海 | Qinghai | 34452 | 29525 | 83 | 4768 | 144 | 2774 | 1878 |
| 宁　夏 | Ningxia | 139085 | 125389 | 190 | 13506 | 224 | 7218 | 4322 |
| 新　疆 | Xinjiang | 457861 | 411898 | 664 | 41025 | 1849 | 12343 | 11559 |

3-4-7 Continued 4

单位：万元
Unit：10000 yuan

| #税金 Taxes | #差旅费 Travel Allowance | #工会经费 Trade Unions Funds | 财务费用 Financial Expense | #利息支出 Interest Expense | 营业利润 Operating Profit | 利润总额 Total Profit | 应交所得税 Income Tax Payable | 劳动、失业保险费 Unemploy-ment Insurance | 住房公积金和住房补贴 Housing Fund and Housing Allowance |
|---|---|---|---|---|---|---|---|---|---|
| **21732** | **29406** | **5013** | **126073** | **99404** | **374675** | **357392** | **71941** | **24298** | **15760** |
| 852 | 3045 | 394 | 9309 | 7443 | 26662 | 28808 | 7815 | 1008 | 2454 |
| 154 | 110 | 19 | 665 | 588 | 123 | 944 | 378 | 47 | 168 |
| 345 | 613 | 35 | 1361 | 721 | -603 | 281 | 429 | 414 | 109 |
| 212 | 336 | 114 | 1345 | 1068 | 2058 | 1642 | 436 | 395 | 171 |
| 332 | 218 | 49 | 237 | 142 | 7007 | 3845 | 268 | 84 | 105 |
| 783 | 684 | 161 | 1916 | 1333 | 15355 | 14133 | 2858 | 2019 | 937 |
| 227 | 225 | 52 | 593 | 433 | 7791 | 7639 | 896 | 108 | 39 |
| 693 | 4854 | 189 | 2514 | 2350 | 16579 | 16853 | 4380 | 3000 | 514 |
| 357 | 1079 | 366 | 1474 | 554 | 14120 | 17957 | 3882 | 1308 | 1596 |
| 2332 | 2746 | 544 | 18173 | 12381 | 47781 | 41117 | 9155 | 4453 | 2214 |
| 1294 | 1012 | 323 | 5968 | 5103 | 26026 | 27135 | 7644 | 1236 | 1991 |
| 568 | 1136 | 110 | 2127 | 1706 | 6750 | 4066 | 905 | 424 | 320 |
| 362 | 246 | 78 | 1655 | 857 | 3380 | 6264 | 616 | 161 | 216 |
| 243 | 907 | 117 | 1395 | 585 | 2167 | 2467 | 53 | 1229 | 178 |
| 2316 | 1033 | 282 | 6285 | 3595 | 30036 | 27746 | 3933 | 1157 | 764 |
| 1019 | 942 | 196 | 2540 | 1325 | 15513 | 13426 | 1483 | 439 | 200 |
| 3453 | 866 | 112 | 1276 | 896 | 10812 | 11741 | 1774 | 1838 | 840 |
| 1081 | 1898 | 363 | 3225 | 1450 | 26827 | 20685 | 3493 | 949 | 386 |
| 1229 | 3295 | 325 | 51030 | 50191 | 33734 | 34636 | 6878 | 852 | 811 |
| 645 | 329 | 204 | 2977 | 2575 | 7807 | 8175 | 2498 | 1268 | 499 |
| 85 | 59 | 20 | 65 |  | 175 | -96 | 2 | 20 |  |
| 1401 | 1866 | 250 | 5245 | 1435 | 27718 | 19100 | 3707 | 916 | 621 |
| 231 | 252 | 59 | 823 | 302 | 6718 | 2257 | 465 | 217 | 56 |
| 11 | 115 | 7 | 120 | 57 | 587 | 1015 | 182 | 36 | 8 |
| 440 | 634 | 376 | 1399 | 947 | 11948 | 11653 | 1816 | 285 | 41 |
| 235 | 421 | 104 | 227 | -74 | 7598 | 8964 | 965 | 158 | 131 |
| 144 | 68 | 11 | 238 | 82 | 25 | 422 | 55 | 70 | 29 |
| 95 | 51 | 3 | 128 | 47 | 208 | 3981 | 1044 | 18 | 8 |
| 187 | 168 | 99 | 591 | 288 | 1599 | 1566 | 358 | 95 | 293 |
| 404 | 198 | 52 | 1176 | 1027 | 18177 | 18970 | 3576 | 97 | 61 |

汽车、摩托车、燃料及零配件专门零售

Retail of Motor Vehicles, Motorcycles, Fuel and Parts

| 地 区 | Region | 主营业务收入 Revenue from Principal Business | 主营业务成本 Cost of Principal Business | 主营业务税金及附加 Taxes and Other Charges on Principal Business | 主营业务利润 Profits from Principal Business | 其他业务利润 Profits from Other Business | 营业费用 Business Expenses | 管理费用 Administrative Expense |
|---|---|---|---|---|---|---|---|---|
| **全 国** | **National Total** | **179718456** | **165238034** | **510123** | **13020509** | **467191** | **5012143** | **3020989** |
| 北 京 | Beijing | 15184462 | 14297530 | 15541 | 871391 | 75479 | 434124 | 263306 |
| 天 津 | Tianjin | 5371577 | 5041048 | 3833 | 310282 | 8722 | 156870 | 75477 |
| 河 北 | Hebei | 3213317 | 3036738 | 3266 | 168452 | 7112 | 73649 | 46819 |
| 山 西 | Shanxi | 5447562 | 5074786 | 6923 | 337228 | 3962 | 183478 | 79802 |
| 内蒙古 | Inner Mongolia | 5093773 | 4374455 | 15323 | 654011 | 12666 | 196445 | 80387 |
| 辽 宁 | Liaoning | 6790223 | 6390577 | 11248 | 450061 | 6780 | 172086 | 124523 |
| 吉 林 | Jilin | 2009368 | 1859252 | 3954 | 110881 | 4650 | 44127 | 37553 |
| 黑龙江 | Heilongjiang | 3069601 | 2535808 | 98664 | 330556 | 2786 | 98466 | 77765 |
| 上 海 | Shanghai | 7895255 | 7470154 | 7317 | 426619 | 26596 | 199433 | 143115 |
| 江 苏 | Jiangsu | 12192982 | 11255627 | 24719 | 859502 | 56813 | 313906 | 249292 |
| 浙 江 | Zhejiang | 16382331 | 15452534 | 20109 | 908799 | 55047 | 377972 | 252149 |
| 安 徽 | Anhui | 3366081 | 3146641 | 6756 | 203726 | 3125 | 83289 | 44768 |
| 福 建 | Fujian | 4759321 | 4464363 | 6430 | 283215 | 12256 | 134199 | 77936 |
| 江 西 | Jiangxi | 2097751 | 1884943 | 3789 | 179711 | 1466 | 55900 | 27320 |
| 山 东 | Shandong | 13962369 | 12721498 | 48042 | 1061917 | 15292 | 333760 | 300066 |
| 河 南 | Henan | 6490604 | 5972956 | 60051 | 457597 | 7619 | 157223 | 92168 |
| 湖 北 | Hubei | 4972516 | 4640987 | 10571 | 300781 | 860 | 129823 | 79818 |
| 湖 南 | Hunan | 6960333 | 6210063 | 24624 | 464627 | 3638 | 228004 | 138278 |
| 广 东 | Guangdong | 24061626 | 21435404 | 40280 | 2523615 | 88970 | 738728 | 406201 |
| 广 西 | Guangxi | 2786610 | 2590763 | 5302 | 264442 | 7936 | 93014 | 42572 |
| 海 南 | Hainan | 1464378 | 1349970 | 2117 | 111580 | 3886 | 48927 | 28079 |
| 重 庆 | Chongqing | 2830325 | 2613206 | 18559 | 204766 | 8642 | 75479 | 49887 |
| 四 川 | Sichuan | 9129587 | 8529330 | 21374 | 572813 | 24482 | 282576 | 109918 |
| 贵 州 | Guizhou | 2180101 | 1916456 | 2857 | 168570 | 2622 | 62656 | 29053 |
| 云 南 | Yunnan | 3953885 | 3647871 | 5439 | 289909 | 12550 | 141169 | 62642 |
| 西 藏 | Tibet | 342400 | 286885 | 523 | 56177 | 144 | 15525 | 6561 |
| 陕 西 | Shaanxi | 3584929 | 3217426 | 36642 | 172997 | 5216 | 63098 | 40922 |
| 甘 肃 | Gansu | 1769821 | 1630332 | 3625 | 135864 | 3776 | 54688 | 17986 |
| 青 海 | Qinghai | 270693 | 252194 | 293 | 17695 | 303 | 6404 | 5537 |
| 宁 夏 | Ningxia | 547488 | 514317 | 496 | 32686 | 1175 | 15579 | 10313 |
| 新 疆 | Xinjiang | 1537189 | 1423920 | 1457 | 90040 | 2622 | 41549 | 20779 |

3-4-7 Continued 5

单位：万元

Unit：10000 yuan

| #税金 Taxes | #差旅费 Travel Allowance | #工会经费 Trade Unions Funds | 财务费用 Financial Expense | #利息支出 Interest Expense | 营业利润 Operating Profit | 利润总额 Total Profit | 应交所得税 Income Tax Payable | 劳动、失业保险费 Unemployment Insurance | 住房公积金和住房补贴 Housing Fund and Housing Allowance |
|---|---|---|---|---|---|---|---|---|---|
| **189643** | **103773** | **18324** | **758113** | **467951** | **5014700** | **4352049** | **642486** | **66820** | **54314** |
| 5490 | 5154 | 673 | 47819 | 32572 | 205936 | 216365 | 56587 | 3378 | 6214 |
| 2180 | 1692 | 494 | 13823 | 7464 | 88345 | 87386 | 25050 | 672 | 2641 |
| 2215 | 1827 | 123 | 15176 | 9506 | 42416 | 35226 | 9331 | 718 | 561 |
| 4054 | 2352 | 278 | 25922 | 12215 | 73131 | 83057 | 8406 | 380 | 1333 |
| 9771 | 4465 | 531 | 23183 | 14586 | 295606 | 218279 | 15516 | 1727 | 2286 |
| 8683 | 4142 | 658 | 30863 | 13602 | 147902 | 165529 | 30149 | 1910 | 3166 |
| 2025 | 1408 | 268 | 6628 | 3759 | 37207 | 35893 | 6285 | 394 | 380 |
| 4490 | 1271 | 219 | 7510 | 5273 | 164302 | 41873 | 10071 | 193 | 772 |
| 1904 | 3745 | 564 | 35014 | 21096 | 75652 | 61567 | 26877 | 2398 | 3294 |
| 9963 | 8139 | 871 | 67046 | 41413 | 311409 | 289833 | 44304 | 5797 | 2456 |
| 12528 | 8558 | 1128 | 71365 | 57218 | 261093 | 283594 | 66967 | 2520 | 3876 |
| 3440 | 2120 | 305 | 15970 | 11735 | 55125 | 52467 | 6614 | 539 | 691 |
| 4224 | 3259 | 344 | 22501 | 14591 | 65601 | 65980 | 17427 | 1359 | 997 |
| 1183 | 1269 | 148 | 5767 | 4330 | 95545 | 62086 | 14120 | 209 | 413 |
| 48627 | 10670 | 1293 | 97554 | 58959 | 397521 | 369829 | 37092 | 2685 | 2998 |
| 5644 | 5831 | 708 | 21670 | 9469 | 215984 | 127794 | 29171 | 520 | 709 |
| 6154 | 2348 | 433 | 23320 | 13290 | 75552 | 96397 | 15420 | 1162 | 1059 |
| 8080 | 7185 | 1521 | 24977 | 6381 | 338780 | 204433 | 24771 | 3409 | 3381 |
| 21295 | 11818 | 5118 | 84310 | 49709 | 1373519 | 1101494 | 83376 | 5002 | 6593 |
| 3124 | 1514 | 186 | 8180 | 6395 | 67909 | 115019 | 17986 | 929 | 1302 |
| 959 | 849 | 196 | 2066 | 1291 | 37858 | 37096 | 5055 | 390 | 433 |
| 3853 | 2649 | 393 | 17982 | 13214 | 78657 | 73233 | 14157 | 926 | 1556 |
| 8261 | 4107 | 785 | 30039 | 19908 | 178414 | 211983 | 30906 | 1970 | 3915 |
| 1745 | 1352 | 239 | 10593 | 6577 | 65510 | 65244 | 5596 | 629 | 353 |
| 3194 | 2301 | 257 | 18274 | 13847 | 70898 | 68797 | 13262 | 266 | 651 |
| 77 | 151 | 10 | 1053 | 833 | 33800 | 35080 | 2755 | 59 | 537 |
| 3866 | 1364 | 229 | 14442 | 8051 | 58951 | 66094 | 13006 | 156 | 321 |
| 671 | 582 | 76 | 5848 | 4203 | 61118 | 39242 | 3695 | 25717 | 1090 |
| 225 | 246 | 21 | 554 | 411 | 7117 | 7010 | 1119 | 18 | 35 |
| 616 | 367 | 158 | 3047 | 1854 | 4353 | 4459 | 1062 | 42 | 26 |
| 1105 | 1040 | 98 | 5615 | 4201 | 29489 | 29711 | 6355 | 748 | 276 |

家用电器及电子产品专门零售

Special Retail of Household Electric Appliances and Electronic Products

| 地 区 | Region | 主营业务收入 Revenue from Principal Business | 主营业务成本 Cost of Principal Business | 主营业务税金及附加 Taxes and Other Charges on Principal Business | 主营业务利润 Profits from Principal Business | 其他业务利润 Profits from Other Business | 营业费用 Business Expenses | 管理费用 Administrative Expense |
|---|---|---|---|---|---|---|---|---|
| **全 国** | **National Total** | **32476700** | **29074216** | **132743** | **3081361** | **780957** | **2025100** | **856762** |
| 北 京 | Beijing | 3894535 | 3572081 | 6671 | 315783 | 130121 | 254042 | 125073 |
| 天 津 | Tianjin | 631082 | 587021 | 2090 | 42522 | 30152 | 41870 | 15113 |
| 河 北 | Hebei | 572764 | 526205 | 1107 | 44082 | 13343 | 32338 | 13002 |
| 山 西 | Shanxi | 365462 | 332078 | 693 | 23732 | 9634 | 20374 | 10913 |
| 内蒙古 | Inner Mongolia | 377658 | 327594 | 1062 | 47884 | 6922 | 15639 | 6780 |
| 辽 宁 | Liaoning | 1226847 | 1117257 | 11742 | 102866 | 11346 | 54281 | 30630 |
| 吉 林 | Jilin | 314718 | 281340 | 1831 | 30707 | 6983 | 20120 | 8289 |
| 黑龙江 | Heilongjiang | 611674 | 485186 | 1469 | 114309 | 16380 | 46901 | 40835 |
| 上 海 | Shanghai | 2284311 | 2099347 | 3818 | 181146 | 104604 | 174724 | 55001 |
| 江 苏 | Jiangsu | 4008319 | 3562635 | 17132 | 410359 | 62616 | 239629 | 111549 |
| 浙 江 | Zhejiang | 1943947 | 1746689 | 5396 | 191841 | 58441 | 167147 | 47917 |
| 安 徽 | Anhui | 693926 | 636712 | 1920 | 52180 | 7019 | 44754 | 14762 |
| 福 建 | Fujian | 1109265 | 1020119 | 3829 | 84673 | 30113 | 73722 | 26590 |
| 江 西 | Jiangxi | 283523 | 255489 | 1452 | 23586 | 7366 | 15611 | 8992 |
| 山 东 | Shandong | 2651431 | 2305801 | 22815 | 314219 | 26890 | 123155 | 75730 |
| 河 南 | Henan | 1373641 | 1228853 | 14655 | 130132 | 20838 | 62671 | 27622 |
| 湖 北 | Hubei | 1083288 | 982460 | 4778 | 91331 | 25386 | 53883 | 30832 |
| 湖 南 | Hunan | 850382 | 730770 | 4747 | 74610 | 8961 | 48480 | 24441 |
| 广 东 | Guangdong | 3427810 | 3062395 | 10771 | 351508 | 96487 | 265896 | 73182 |
| 广 西 | Guangxi | 381638 | 342114 | 893 | 31994 | 7201 | 20793 | 10866 |
| 海 南 | Hainan | 169897 | 156534 | 350 | 13606 | 3961 | 8432 | 7914 |
| 重 庆 | Chongqing | 1108505 | 920078 | 4805 | 109695 | 20358 | 67932 | 21795 |
| 四 川 | Sichuan | 915154 | 833021 | 2698 | 79440 | 23909 | 57379 | 17986 |
| 贵 州 | Guizhou | 254313 | 229770 | 668 | 19578 | 6086 | 15308 | 5416 |
| 云 南 | Yunnan | 385022 | 351892 | 1048 | 32083 | 10451 | 24448 | 8156 |
| 西 藏 | Tibet | 15962 | 15470 | 8 | 253 | | 241 | 479 |
| 陕 西 | Shaanxi | 885691 | 767910 | 2608 | 112070 | 18907 | 40774 | 18247 |
| 甘 肃 | Gansu | 148394 | 137312 | 601 | 10480 | 3164 | 6710 | 2563 |
| 青 海 | Qinghai | 63366 | 57134 | 117 | 5467 | 307 | 3658 | 1064 |
| 宁 夏 | Ningxia | 165852 | 149573 | 382 | 15897 | 3641 | 8703 | 4690 |
| 新 疆 | Xinjiang | 278327 | 253377 | 587 | 23327 | 9371 | 15489 | 10336 |

3-4-7 Continued 6

单位：万元

Unit：10000 yuan

| #税金 Taxes | #差旅费 Travel Allowance | #工会经费 Trade Unions Funds | 财务费用 Financial Expense | #利息支出 Interest Expense | 营业利润 Operating Profit | 利润总额 Total Profit | 应交所得税 Income Tax Payable | 劳动、失业保险费 Unemployment Insurance | 住房公积金和住房补贴 Housing Fund and Housing Allowance |
|---|---|---|---|---|---|---|---|---|---|
| **31540** | **25727** | **4704** | **99819** | **29811** | **1013265** | **787432** | **160154** | **21341** | **17431** |
| 1007 | 5140 | 105 | 5619 | -4336 | 65667 | 68890 | 22730 | 3000 | 3763 |
| 539 | 159 | 1 | 1571 | 521 | 13578 | 11797 | 3606 | 99 | 461 |
| 240 | 566 | 35 | 2125 | 1070 | 10984 | 6252 | 1523 | 297 | 283 |
| 653 | 200 | 23 | 1495 | 709 | 6226 | 5377 | 1015 | 99 | 109 |
| 695 | 408 | 45 | 1133 | 685 | 32031 | 27491 | 2672 | 346 | 126 |
| 1063 | 711 | 166 | 4190 | 2128 | 38693 | 28316 | 5496 | 402 | 529 |
| 240 | 135 | 35 | 1198 | 644 | 9510 | 9012 | 782 | 54 | 60 |
| 1709 | 226 | 41 | 1060 | 455 | 46348 | 13579 | 2737 | 147 | 77 |
| 1328 | 754 | 41 | 9409 | 2200 | 46617 | 23660 | 12584 | 505 | 1463 |
| 2443 | 2429 | 370 | 15317 | 4721 | 127276 | 109102 | 30110 | 8283 | 3176 |
| 1653 | 1564 | 221 | 5987 | 2959 | 29097 | 27112 | 6347 | 1302 | 1147 |
| 689 | 629 | 104 | 2993 | 2102 | 15589 | 1082 | 2459 | 310 | 281 |
| 588 | 792 | 96 | 2510 | 831 | 13617 | 14113 | 3813 | 414 | 956 |
| 500 | 572 | 39 | 1191 | 338 | 5591 | 4920 | 261 | 29 | 39 |
| 4659 | 2301 | 353 | 13654 | 6593 | 144882 | 122634 | 15765 | 1090 | 942 |
| 2055 | 2243 | 231 | 4324 | 1225 | 49896 | 31301 | 5164 | 228 | 271 |
| 1906 | 795 | 337 | -376 | -2187 | 35890 | 36829 | 8501 | 414 | 712 |
| 1788 | 426 | 1184 | 1371 | -276 | 48315 | 20424 | 4314 | 341 | 285 |
| 3003 | 1940 | 538 | 9989 | 3619 | 102459 | 82240 | 11417 | 1470 | 1559 |
| 803 | 327 | 74 | 1132 | 671 | 8715 | 7596 | 1065 | 98 | 83 |
| 94 | 494 | 67 | 240 | 91 | 1008 | 1022 | 281 | 98 | 2 |
| 1661 | 942 | 195 | 4817 | 2147 | 37590 | 30656 | 3931 | 401 | 301 |
| 353 | 372 | 112 | 3219 | 1447 | 24787 | 24319 | 3605 | 1350 | 144 |
| 218 | 245 | 13 | 1122 | 459 | 5036 | 5079 | 1285 | 60 | 135 |
| 196 | 336 | 51 | 680 | 205 | 9259 | 9550 | 1825 | 85 | 118 |
| 45 | 16 |  | 4 |  | 62 | 49 | 7 |  |  |
| 767 | 236 | 82 | 1631 | 232 | 67775 | 48764 | 4231 | 200 | 188 |
| 28 | 145 | 13 | 504 | 193 | 3867 | 4244 | 514 | 14 | 33 |
| 140 | 36 | 7 | 133 | 89 | 1179 | 1271 | 12 | 14 | 18 |
| 152 | 186 | 66 | 1219 | 426 | 4935 | 4355 | 781 | 29 | 15 |
| 329 | 402 | 65 | 360 | -148 | 6787 | 6399 | 1322 | 164 | 159 |

3-4-7 续表 7

五金、家具及室内装修材料专门零售

Special Retail of Hardware, Furniture and Decoration Materials

| 地区 | Region | 主营业务收入 Revenue from Principal Business | 主营业务成本 Cost of Principal Business | 主营业务税金及附加 Taxes and Other Charges on Principal Business | 主营业务利润 Profits from Principal Business | 其他业务利润 Profits from Other Business | 营业费用 Business Expenses | 管理费用 Administrative Expense |
|---|---|---|---|---|---|---|---|---|
| **全国** | **National Total** | **7609013** | **5917040** | **117362** | **1532106** | **122260** | **664959** | **553357** |
| 北京 | Beijing | 611638 | 456599 | 2933 | 152106 | 31587 | 115901 | 39471 |
| 天津 | Tianjin | 124408 | 104282 | 594 | 18549 | 1997 | 11300 | 7253 |
| 河北 | Hebei | 58801 | 50035 | 532 | 8235 | 398 | 4381 | 2417 |
| 山西 | Shanxi | 81279 | 60227 | 579 | 17873 | 743 | 969 | 2765 |
| 内蒙古 | Inner Mongolia | 171155 | 140293 | 784 | 29898 | 1758 | 5161 | 6835 |
| 辽宁 | Liaoning | 240973 | 206371 | 5272 | 26990 | 878 | 16040 | 16674 |
| 吉林 | Jilin | 16652 | 11972 | 231 | 4448 | 27 | 1325 | 1565 |
| 黑龙江 | Heilongjiang | 24421 | 20451 | 251 | 3591 | 438 | 2438 | 1735 |
| 上海 | Shanghai | 623033 | 510538 | 2814 | 109681 | 34991 | 104175 | 42437 |
| 江苏 | Jiangsu | 590064 | 501456 | 3174 | 84520 | 10541 | 36135 | 28005 |
| 浙江 | Zhejiang | 98048 | 85501 | 436 | 12110 | 3470 | 9949 | 5452 |
| 安徽 | Anhui | 153497 | 131645 | 5358 | 16589 | 584 | 4608 | 3757 |
| 福建 | Fujian | 287561 | 257685 | 1218 | 28557 | 453 | 10987 | 8834 |
| 江西 | Jiangxi | 76540 | 62048 | 1260 | 13011 | | 2631 | 1510 |
| 山东 | Shandong | 1964111 | 1639399 | 32556 | 272439 | 2945 | 64647 | 55163 |
| 河南 | Henan | 324740 | 271359 | 7153 | 46228 | 798 | 10307 | 9359 |
| 湖北 | Hubei | 72043 | 60170 | 381 | 10410 | 2110 | 10385 | 2711 |
| 湖南 | Hunan | 160790 | 125981 | 2436 | 22247 | 1678 | 11054 | 6450 |
| 广东 | Guangdong | 390774 | 291759 | 3185 | 95317 | 16867 | 73353 | 28485 |
| 广西 | Guangxi | 14462 | 13168 | 60 | 1080 | 202 | 433 | 866 |
| 海南 | Hainan | 8082 | 6822 | 12 | 1248 | 3 | 817 | 398 |
| 重庆 | Chongqing | 828545 | 364161 | 33519 | 428659 | 642 | 105128 | 255051 |
| 四川 | Sichuan | 97162 | 70268 | 6134 | 20761 | 1179 | 15860 | 8108 |
| 贵州 | Guizhou | 11654 | 11216 | 18 | 420 | 2 | 176 | 158 |
| 云南 | Yunnan | 17778 | 14274 | 66 | 3437 | 228 | 2825 | 852 |
| 西藏 | Tibet | | | | | | | |
| 陕西 | Shaanxi | 469766 | 398587 | 5346 | 64504 | 7344 | 14738 | 13183 |
| 甘肃 | Gansu | 6602 | 5105 | 468 | 1030 | 325 | 2705 | 468 |
| 青海 | Qinghai | | | | | | | |
| 宁夏 | Ningxia | 2849 | 2310 | 6 | 533 | | 230 | 241 |
| 新疆 | Xinjiang | 81583 | 43358 | 589 | 37637 | 72 | 26302 | 3156 |

3-4-7 Continued 7

单位：万元

Unit：10000 yuan

| #税金 Taxes | #差旅费 Travel Allowance | #工会经费 Trade Unions Funds | 财务费用 Financial Expense | #利息支出 Interest Expense | 营业利润 Operating Profit | 利润总额 Total Profit | 应交所得税 Income Tax Payable | 劳动、失业保险费 Unemploy-ment Insurance | 住房公积金和住房补贴 Housing Fund and Housing Allowance |
|---|---|---|---|---|---|---|---|---|---|
| **16552** | **11157** | **3083** | **110377** | **41659** | **321886** | **257852** | **55855** | **4991** | **7138** |
| | | | | | | | | | |
| 1590 | 1289 | 207 | 10753 | 8928 | 18429 | 16460 | 6864 | 689 | 1635 |
| 67 | 182 | 3 | 907 | 538 | -972 | -665 | 307 | 140 | 352 |
| 297 | 54 | 8 | 520 | 202 | 1315 | 1360 | 88 | 100 | 2 |
| 139 | 73 | 19 | 345 | 281 | 1178 | 920 | 188 | 19 | 7 |
| 579 | 333 | 140 | 554 | 466 | 17247 | 12946 | 851 | 92 | 3 |
| | | | | | | | | | |
| 671 | 463 | 80 | 3052 | 2311 | -6005 | -14573 | 1330 | 87 | 296 |
| 24 | 67 | 1 | 102 | 20 | 1465 | 813 | 83 | 50 | 1 |
| 108 | 34 | 16 | 158 | 150 | -284 | -508 | 21 | 13 | 13 |
| | | | | | | | | | |
| 675 | 902 | 177 | 7476 | 1438 | -9415 | -27801 | 3548 | 814 | 1529 |
| 625 | 659 | 82 | 6792 | 5380 | 24532 | 16147 | 7230 | 330 | 579 |
| 649 | 197 | 8 | 1779 | 1606 | -1567 | -1677 | 252 | 49 | 115 |
| 130 | 35 | 4 | 910 | 829 | 7972 | 8229 | 923 | 46 | 26 |
| 563 | 773 | 57 | 1470 | 1243 | 7937 | 6148 | 1153 | 43 | 65 |
| 25 | 23 | 1 | 57 | 27 | 9033 | 8924 | 90 | 2 | |
| 3743 | 2085 | 593 | 17615 | 4692 | 135577 | 129568 | 16189 | 886 | 410 |
| | | | | | | | | | |
| 1027 | 336 | 117 | 1527 | 536 | 25260 | 19020 | 2261 | 138 | 201 |
| 759 | 128 | 8 | 276 | 75 | -414 | -2196 | 126 | 448 | 405 |
| 677 | 380 | 958 | 1118 | 431 | 14916 | 10716 | 1382 | 143 | 159 |
| 1190 | 1119 | 293 | 6408 | 4096 | 5832 | 16954 | 2281 | 216 | 490 |
| 33 | 35 | 4 | 66 | 66 | 27 | 22 | 44 | 27 | 33 |
| 1 | 13 | 2 | 17 | | 19 | 18 | 12 | 7 | |
| | | | | | | | | | |
| 1731 | 1137 | 90 | 40106 | 2877 | 29607 | 31244 | 5409 | 279 | 247 |
| 165 | 97 | 20 | 1621 | 185 | -3650 | -5468 | 298 | 268 | 200 |
| | 18 | | 66 | -3 | 22 | 22 | 4 | 1 | |
| 10 | 44 | 8 | 34 | 13 | -47 | 130 | 72 | 9 | 4 |
| | | | | | | | | | |
| 834 | 128 | 32 | 5511 | 5158 | 38514 | 25246 | 2821 | 46 | 129 |
| 102 | 25 | 102 | 192 | 65 | -2009 | -1584 | 138 | 13 | 29 |
| | | | | | | | | | |
| 26 | 14 | 3 | 67 | 57 | -4 | -5 | 21 | 2 | |
| 115 | 514 | 53 | 876 | -8 | 7373 | 7443 | 1867 | 36 | 211 |

3-4-7 续表 8

无店铺及其他零售
Non-shop and Other Retails

| 地　区 | Region | 主营业务收入 Revenue from Principal Business | 主营业务成本 Cost of Principal Business | 主营业务税金及附加 Taxes and Other Charges on Principal Business | 主营业务利润 Profits from Principal Business | 其他业务利润 Profits from Other Business | 营业费用 Business Expenses | 管理费用 Administrative Expense |
|---|---|---|---|---|---|---|---|---|
| **全　国** | **National Total** | **6601307** | **5525000** | **39855** | **938535** | **47935** | **501333** | **337953** |
| 北　京 | Beijing | 1162900 | 984955 | 4964 | 172982 | 9098 | 134332 | 66547 |
| 天　津 | Tianjin | 225834 | 203859 | 495 | 21246 | 629 | 11427 | 6909 |
| 河　北 | Hebei | 47652 | 42889 | 142 | 4571 | 239 | 2385 | 4753 |
| 山　西 | Shanxi | 183623 | 154259 | 652 | 18339 | 410 | 7897 | 8459 |
| 内蒙古 | Inner Mongolia | 102859 | 88765 | 302 | 13276 | 409 | 4280 | 4174 |
| 辽　宁 | Liaoning | 135901 | 108347 | 781 | 19428 | 309 | 11312 | 6525 |
| 吉　林 | Jilin | 69014 | 31192 | 102 | 2527 | 1 | 757 | 820 |
| 黑龙江 | Heilongjiang | 18862 | 14322 | 103 | 3632 | 4 | 3395 | 709 |
| 上　海 | Shanghai | 896065 | 729068 | 3080 | 166846 | 8536 | 74369 | 86118 |
| 江　苏 | Jiangsu | 251029 | 210485 | 1301 | 37629 | 5815 | 19687 | 12462 |
| 浙　江 | Zhejiang | 325330 | 292387 | 648 | 32258 | 1254 | 18854 | 10999 |
| 安　徽 | Anhui | 54961 | 50005 | 202 | 4716 | | 1417 | 1563 |
| 福　建 | Fujian | 205630 | 168972 | 1140 | 43055 | 2529 | 18809 | 13028 |
| 江　西 | Jiangxi | 8307 | 5839 | 125 | 2080 | 4 | 141 | 635 |
| 山　东 | Shandong | 968170 | 814482 | 9283 | 137334 | 5886 | 40509 | 34060 |
| 河　南 | Henan | 174000 | 150794 | 2644 | 20562 | 379 | 5993 | 6391 |
| 湖　北 | Hubei | 277307 | 262097 | 1123 | 14009 | 3494 | 14963 | 2810 |
| 湖　南 | Hunan | 349898 | 269008 | 6473 | 38750 | 317 | 35160 | 14086 |
| 广　东 | Guangdong | 709279 | 585811 | 3220 | 116223 | 5964 | 63290 | 31232 |
| 广　西 | Guangxi | 66768 | 55358 | 341 | 10445 | 126 | 5699 | 2942 |
| 海　南 | Hainan | 17759 | 13913 | 61 | 3785 | 100 | 2124 | 859 |
| 重　庆 | Chongqing | 65020 | 51391 | 533 | 12574 | 121 | 7515 | 2828 |
| 四　川 | Sichuan | 43087 | 34194 | 235 | 6790 | 77 | 911 | 4308 |
| 贵　州 | Guizhou | 41440 | 37620 | 70 | 2745 | -43 | 1728 | 1057 |
| 云　南 | Yunnan | 95631 | 80132 | 892 | 14578 | 674 | 5233 | 4657 |
| 西　藏 | Tibet | 1383 | 1062 | 9 | 224 | | 106 | 51 |
| 陕　西 | Shaanxi | 45124 | 37700 | 325 | 7135 | 1221 | 4485 | 3559 |
| 甘　肃 | Gansu | 15301 | 13060 | 444 | 1797 | 13 | 378 | 423 |
| 青　海 | Qinghai | 9452 | 8493 | 8 | 917 | | 519 | 312 |
| 宁　夏 | Ningxia | 6342 | 4964 | 25 | 1353 | 49 | 942 | 622 |
| 新　疆 | Xinjiang | 27381 | 19579 | 136 | 6733 | 320 | 2718 | 4059 |

单位：万元

Unit：10000 yuan

| #税金 Taxes | #差旅费 Travel Allowance | #工会经费 Trade Unions Funds | 财务费用 Financial Expense | #利息支出 Interest Expense | 营业利润 Operating Profit | 利润总额 Total Profit | 应交所得税 Income Tax Payable | 劳动、失业保险费 Unemploy-ment Insurance | 住房公积金和住房补贴 Housing Fund and Housing Allowance |
|---|---|---|---|---|---|---|---|---|---|
| **19650** | **13210** | **6523** | **32939** | **13378** | **185272** | **160885** | **43983** | **6565** | **7904** |
| 1266 | 4492 | 75 | 6305 | 5175 | -2730 | -19709 | 4511 | 2131 | 2754 |
| 98 | 303 | 1 | 1083 | 673 | 2698 | 3760 | 891 | 18 | 113 |
| 31 | 50 | 51 | 142 | 103 | -2420 | -1112 | 254 | 142 | 149 |
| 132 | 242 | 54 | 886 | 627 | 6940 | 6945 | 2057 | 53 | 107 |
| 369 | 247 | 73 | 365 | 251 | 5229 | 3388 | 521 | 25 | 19 |
| 543 | 341 | 27 | 333 | 142 | 2597 | 1882 | 346 | 164 | 113 |
| 95 | 44 | 2 | 140 | 3 | 803 | 739 | 93 | 1 | 2 |
| 26 | 28 | 5 | 8 | 4 | 204 | 202 | 84 | 40 | 84 |
| 7154 | 926 | 104 | 1800 | -53 | 13095 | 12798 | 5145 | 1206 | 824 |
| 566 | 337 | 68 | 512 | 403 | 12550 | 11091 | 2281 | 166 | 217 |
| 433 | 257 | 77 | 1044 | 991 | 3073 | 4736 | 1214 | 177 | 516 |
| 47 | 64 | 10 | 153 | 107 | 1614 | 1373 | 432 | 22 | 56 |
| 440 | 724 | 69 | 1320 | -4944 | 13168 | 14354 | 2550 | 90 | 430 |
| 9 | 109 | 1 | 18 | 18 | 1560 | 1557 | 46 | 14 | 4 |
| 4166 | 1336 | 168 | 5992 | 3213 | 59016 | 67457 | 9655 | 520 | 528 |
| 397 | 240 | 162 | 909 | 439 | 7280 | 7838 | 1070 | 417 | 199 |
| 308 | 112 | 9 | 346 | 208 | -1855 | -1688 | 350 | 41 | 44 |
| 683 | 399 | 502 | 2324 | 683 | 23331 | 15627 | 1410 | 588 | 185 |
| 1665 | 1957 | 4796 | 5350 | 2450 | 25882 | 12898 | 8173 | 365 | 885 |
| 125 | 48 | 24 | 19 | 1 | 2660 | 2550 | 585 | 31 | 187 |
| 17 | 84 | 9 | 21 | 20 | 880 | 949 | 230 | 17 | 7 |
| 129 | 328 | 88 | 162 | 76 | 2492 | 2428 | 309 | 76 | 113 |
| 174 | 190 | 35 | 701 | 320 | -538 | 2118 | 298 | 17 | 53 |
| 156 | 98 | 11 | 60 | 41 | 580 | 812 | 117 | 33 | 28 |
| 98 | 141 | 75 | 1969 | 1902 | 3436 | 3407 | 763 | 183 | 107 |
| 7 | 2 | 2 | 1 | -1 | 190 | 110 | 16 | | 1 |
| 45 | 24 | 8 | 223 | 189 | 98 | 996 | 28 | 7 | 39 |
| 71 | 8 | 5 | 97 | 13 | 912 | 906 | 27 | 7 | 23 |
| 13 | 1 | | 21 | 20 | 126 | 46 | 15 | | 18 |
| 6 | 9 | 11 | 44 | 1 | -206 | -19 | 23 | 9 | 78 |
| 385 | 71 | 5 | 589 | 307 | 2609 | 2448 | 487 | 9 | 22 |

# 3-5-1 限额以上批发和零售业企业工资福利及增值税

# Wages, Welfarism and VAT of Enterprises above Designated Size of Wholesale and Retail Trades

单位：万元

Unit:10000 yuan

| 项　目 | Item | 本年应付工资总额 Total Accrued Wages of Current Year | 本年应付福利费总额 Total Accrued Welfarism of Current Year | 本年应交增值税 Current Year VAT Payable |
|---|---|---|---|---|
| **总　计** | **Total** | **21672127** | **1486630** | **28699418** |
| **一、批发业** | **Wholesale Trade** | **12650650** | **925199** | **20512579** |
| #国有控股 | State-controlled Enterprises | 5544205 | 448589 | 9246811 |
| **(一)按登记注册类型分** | **by Type of Registration** | | | |
| **1.内资企业** | **Domestic Funded Enterprises** | **10051042** | **722461** | **17216544** |
| 国有企业 | State-owned Enterprises | 3510982 | 302292 | 5857988 |
| 集体企业 | Collective-owned Enterprises | 227778 | 14443 | 382767 |
| 股份合作企业 | Cooperative Enterprises | 39937 | 3313 | 103495 |
| 联营企业 | Joint Ownership Enterprises | 35886 | 2222 | 59717 |
| 国有联营企业 | State Joint Ownership Enterprises | 20877 | 1201 | 44923 |
| 集体联营企业 | Collective Joint Ownership Enterprises | 664 | 43 | 478 |
| 国有与集体联营企业 | Joint State-collective Enterprises | 5173 | 475 | 5692 |
| 其他联营企业 | Other Joint Ownership Enterprises | 9173 | 504 | 8624 |
| 有限责任公司 | Limited Liability Corporations | 2843137 | 174289 | 4284949 |
| 国有独资公司 | State Sole Funded Corporations | 350148 | 26464 | 349064 |
| 其他有限责任公司 | Other Limited Liability Corporations | 2492988 | 147825 | 3935885 |
| 股份有限公司 | Share-holding Corporations Ltd. | 1080563 | 84682 | 2193605 |
| 私营企业 | Private Enterprises | 2245068 | 137970 | 4272378 |
| 私营独资企业 | Private-funded Enterprises | 109874 | 9227 | 340022 |
| 私营合伙企业 | Private Partnership Enterprises | 35262 | 2123 | 63758 |
| 私营有限责任公司 | Private Limited Liability Corporations | 1992925 | 120186 | 3654835 |
| 私营股份有限公司 | Private Share-holding Corporations Ltd. | 107007 | 6435 | 213762 |
| 其他企业 | Other Enterprises | 67692 | 3250 | 61644 |
| **2.港、澳、台商投资企业** | **Enterprises with Funds from Hongkong, Macao and Taiwan** | **556693** | **37048** | **721571** |
| 合资经营企业 | Joint-venture Enterprises | 98977 | 5351 | 107711 |
| 合作经营企业 | Cooperative Enterprises | 10394 | 356 | 18494 |
| 独资经营企业 | Enterprises with Sole Investment | 421042 | 28468 | 552040 |
| 投资股份有限公司 | Share-holding Corporations Ltd. with Investment | 26281 | 2872 | 43325 |
| **3.外商投资企业** | **Foreign Funded Enterprises** | **2042915** | **165690** | **2574464** |
| 中外合资经营企业 | Joint-venture Enterprises | 213677 | 12858 | 394565 |
| 中外合作经营企业 | Cooperative Enterprises | 13017 | 793 | 13540 |
| 外资企业 | Enterprises with Sole Foreign Investment | 1788012 | 150128 | 2143864 |
| 外商投资股份有限公司 | Share-holding Corporations Ltd. with Foreign Investment | 28209 | 1911 | 22495 |

3-5-1 续表 1 Continued 1

单位：万元
Unit:10000 yuan

| 项　目 | Item | 本年应付工资总额 Total Accrued Wages of Current Year | 本年应付福利费总额 Total Accrued Welfarism of Current Year | 本年应交增值税 Current Year VAT Payable |
|---|---|---|---|---|
| **(二)按国民经济行业分** | **by Sector** | | | |
| 农畜产品批发 | Wholesale of Farm Produce and Livestock Products | 298591 | 20967 | 174975 |
| 食品、饮料及烟草制品批发 | Wholesale of Food, Beverages and Tobaccos | 3269982 | 271886 | 4449465 |
| 米、面制品及食用油批发 | Wholesale of Rice, Flour and Edible Oil | 146828 | 10414 | 126544 |
| 肉、禽、蛋及水产品批发 | Wholesale of Meal, Fowls, Eggs and Aquatic products | 104999 | 5638 | 91803 |
| 饮料及茶叶批发 | Wholesale of Beverages and Teas | 293077 | 14752 | 515896 |
| 烟草制品批发 | Wholesales of Tobaccos | 2258944 | 201198 | 3261980 |
| 纺织、服装及日用品批发 | Wholesale of Textiles, Garments and Daily Consumer Articles | 1394247 | 82867 | 1510926 |
| 服装批发 | Wholesale of Garments | 549167 | 29144 | 431403 |
| 鞋帽批发 | Wholesale of Shoes and Hats | 123888 | 10047 | 170468 |
| 文化、体育用品及器材批发 | Wholesale of Culture, Sports Appliances and Equipments | 338986 | 20926 | 300143 |
| 文具用品批发 | Wholesale of Stationeries | 41783 | 2972 | 57158 |
| 体育用品批发 | Wholesale of Sporting goods | 43923 | 3274 | 67193 |
| 图书批发 | Wholesale of Books | 100262 | 7039 | 54775 |
| 医药及医疗器材批发 | Wholesale of Medicines and Medical Appliances | 858582 | 55540 | 1014366 |
| 西药批发 | Wholesale of Western medicine | 499747 | 34036 | 585691 |
| 中药材及中成药批发 | Wholesale of Chinese traditional Medicine and Medicinal materials | 212185 | 12888 | 293889 |
| 矿产品、建材及化工产品批发 | Wholesale of Mineral Products, Building Materials and Chemical Products | 3218859 | 246502 | 7424775 |
| 煤炭及制品批发 | Wholesale of Coal and Related Products | 435651 | 27288 | 1384593 |
| 石油及制品批发 | Wholesale of Petroleum and Related Products | 1174055 | 103416 | 2924034 |
| 金属及金属矿批发 | Wholesale of Metal Materials | 708757 | 49143 | 1722460 |
| 建材批发 | Wholesale of Building Materials | 264900 | 17170 | 325983 |
| 化肥批发 | Wholesale of Chemical Fertilizer | 111328 | 11052 | 296398 |
| 农药批发 | Wholesale of Pesticides | 17550 | 694 | 4613 |
| 机械设备、五金交电及电子产品批发 | Wholesale of Machinery, Hardware and Electronic Equipment | 2710851 | 190099 | 3650152 |
| 汽车、摩托车及零配件批发 | Wholesale of Motor Vehicles, Motorcycles and Parts | 373896 | 28172 | 1257358 |
| 家用电器批发 | Wholesale of Household Electrical Appliances | | | |
| 计算机、软件及辅助设备批发 | Wholesale of Computer, Software and | 490322 | 27659 | 723648 |
| | Assistant Appliances | 205258 | 11051 | 196433 |
| 通讯及广播电视设备批发 | Wholesale of Communication, Radios and Televisions equipments | 395592 | 28398 | 381969 |
| 贸易经纪与代理 | Trade Broker and Agency | 242654 | 18162 | 411060 |
| 其他批发 | Other Wholesale not Classified Elsewhere | 317897 | 18250 | 1576717 |

3-5-1 续表 2 Continued 2

单位：万元
Unit:10000 yuan

| 项 目 | Item | 本年应付工资总额 Total Accrued Wages of Current Year | 本年应付福利费总额 Total Accrued Welfarism of Current Year | 本年应交增值税 Current Year VAT Payable |
|---|---|---|---|---|
| **二、零售业** | **Retail Trade** | **9021477** | **561431** | **8186840** |
| #国有控股 | State-controlled Enterprises | 1957284 | 138054 | 1922442 |
| **(一)按登记注册类型** | **by Type of Registration** | | | |
| **1.内资企业** | **Domestic Funded Enterprises** | **7402574** | **465135** | **6581742** |
| 国有企业 | State-owned Enterprises | 650679 | 53477 | 592390 |
| 集体企业 | Collective-owned Enterprises | 226411 | 14916 | 171060 |
| 股份合作企业 | Cooperative Enterprises | 72411 | 3481 | 45952 |
| 联营企业 | Joint Ownership Enterprises | 22026 | 1204 | 26624 |
| 国有联营企业 | State Joint Ownership Enterprises | 10903 | 443 | 16766 |
| 集体联营企业 | Collective Joint Ownership Enterprises | 2763 | 285 | 2810 |
| 国有与集体联营企业 | Joint State-collective Enterprises | 3933 | 200 | 4731 |
| 其他联营企业 | Other Joint Ownership Enterprises | 4427 | 277 | 2317 |
| 有限责任公司 | Limited Liability Corporations | 2769962 | 157538 | 2369434 |
| 国有独资公司 | State Sole Funded Corporations | 64204 | 4293 | 41253 |
| 其他有限责任公司 | Other Limited Liability Corporations | 2705758 | 153246 | 2328181 |
| 股份有限公司 | Share-holding Corporations Ltd. | 1134490 | 78217 | 1312121 |
| 私营企业 | Private Enterprises | 2448116 | 150396 | 1965585 |
| 私营独资企业 | Private-funded Enterprises | 237913 | 15700 | 196837 |
| 私营合伙企业 | Private Partnership Enterprises | 45293 | 2282 | 27341 |
| 私营有限责任公司 | Private Limited Liability Corporations | 2007478 | 122251 | 1556878 |
| 私营股份有限公司 | Private Share-holding Corporations Ltd. | 157431 | 10164 | 184529 |
| 其他企业 | Other Enterprises | 78480 | 5905 | 98577 |
| **2.港、澳、台商投资企业** | **Enterprises with Funds from Hongkong, Macao and Taiwan** | **556471** | **33252** | **781210** |
| 合资经营企业 | Joint-venture Enterprises | 176628 | 9577 | 347717 |
| 合作经营企业 | Cooperative Enterprises | 36313 | 3277 | 42961 |
| 独资经营企业 | Enterprises with Sole Investment | 331989 | 18581 | 382382 |
| 投资股份有限公司 | Share-holding Corporations Ltd. with Investment | 11541 | 1817 | 8150 |
| **3.外商投资企业** | **Foreign Funded Enterprises** | **1062431** | **63044** | **823888** |
| 中外合资经营企业 | Joint-venture Enterprises | 408520 | 27105 | 378331 |
| 中外合作经营企业 | Cooperative Enterprises | 61695 | 5765 | 83412 |
| 外资企业 | Enterprises with Sole Foreign Investment | 562761 | 27504 | 341311 |
| 外商投资股份有限公司 | Share-holding Corporations Ltd. with Foreign Investment | 29456 | 2669 | 20833 |

3-5-1 续表 3 Continued 3

单位：万元

Unit:10000 yuan

| 项　目 | Item | 本年应付工资总额 Total Accrued Wages of Current Year | 本年应付福利费总额 Total Accrued Welfarism of Current Year | 本年应交增值税 Current Year VAT Payable |
|---|---|---|---|---|
| **(二)按国民经济行业分** | **by Sector** | | | |
| 综合零售 | Integrated Retail | 3845564 | 225768 | 3062369 |
| 百货零售 | Retail of General Merchandise | 1840400 | 115594 | 1937928 |
| 超级市场零售 | Retail of Supermarkets | 1802279 | 101862 | 1032690 |
| 食品、饮料及烟草制品专门零售 | Retail of Food, Beverages and Tobaccos | 288557 | 14671 | 163058 |
| 粮油零售 | Retail of Cereal and Oil | 31679 | 1227 | 12743 |
| 肉、禽、蛋及水产品零售 | Retail of meat, poultry and eggs | 40985 | 1900 | 14146 |
| 饮料及茶叶零售 | Wholesale of Books | 43075 | 3146 | 30219 |
| 烟草制品零售 | Retail of Tobaccos | 54398 | 3675 | 36942 |
| 纺织、服装及日用品专门零售 | Special Retail of Textiles, Garments and Daily Consumer Articles | 601347 | 26919 | 515834 |
| 服装零售 | Retail of Garments | 365968 | 13994 | 297072 |
| 文化、体育用品及器材专门零售 | Retail of Culture, Sports Appliances and Equipments | 616895 | 36225 | 265455 |
| 体育用品零售 | Retail of Sporting Goods | 22643 | 1119 | 18800 |
| 图书零售 | Retail of Books | 340227 | 27310 | 147935 |
| 医药及医疗器材专门零售 | Retail of Medicines and Medical Appliances | 534091 | 32594 | 311796 |
| 药品零售 | Retail of Medicines | 508136 | 30977 | 290589 |
| 汽车、摩托车、燃料及零配件专门零售 | Retail of Motor Vehicles, Motorcycles Fuel and Parts | 1985456 | 152723 | 2950151 |
| 汽车零售 | Retail of Motor Vehicles | 1402101 | 100001 | 1871596 |
| 机动车燃料零售 | Retail of Automotive Fuels | 514174 | 47912 | 1000353 |
| 家用电器及电子产品专门零售 | Special Retail of Household Electric Appliances and Electronic Products | 741873 | 41269 | 608510 |
| 家用电器零售 | Retail of Household Electric Appliances | 486031 | 26623 | 473912 |
| 计算机、软件及辅助设备零售 | Retail of Computer, Software and Assistant Appliances | 135266 | 7890 | 72733 |
| 通信设备零售 | Retail of Communication Equipments | 95747 | 5237 | 48255 |
| 五金、家具及室内装修材料专门零售 | Special Retail of Hardware, Furniture and Decoration Materials | 215051 | 19865 | 151318 |
| 无店铺及其他零售 | Non-shop and Other Retails | 192642 | 11396 | 158349 |
| 邮购及电子销售 | Distribution of Post and E-commerce | 36347 | 1303 | 40371 |
| **(三)按零售业态分** | **by Modes of Business Operation** | | | |
| 有店铺零售 | Store-based Retailing | 8956384 | 557917 | 8120500 |
| # 超市 | Supermarket | 882849 | 43627 | 429305 |
| 大型超市 | Hypermarket | 1218823 | 75890 | 865446 |
| 百货店 | Department Store | 1515279 | 93778 | 1630100 |
| 专业店 | Speciality Store | 2673206 | 183393 | 2570559 |
| 专卖店 | Exclusive Shop | 1909007 | 114691 | 2045215 |
| 无店铺零售 | Non-Store Selling | 65092 | 3514 | 66340 |

# 3-5-2 各地区限额以上批发业企业工资福利及增值税

# Wages,Welfarism and VAT of Enterprises above Designated Size of Wholesale Trade by Region

单位：万元

Unit:10000 yuan

| 地区 | Region | 批发业 Wholesale Trade | | | # 国有控股 State-controlled Enterprises | | |
|---|---|---|---|---|---|---|---|
| | | 本年应付工资总额 Total Accrued Wages of Current Year | 本年应付福利费总额 Total Accrued Welfarism of Current Year | 本年应交增值税 Current Year VAT Payable | 本年应付工资总额 Total Accrued Wages of Current Year | 本年应付福利费总额 Total Accrued Welfarism of Current Year | 本年应交增值税 Current Year VAT Payable |
| **全国** | **National Total** | **12650650** | **925199** | **20512579** | **5544205** | **448589** | **9246811** |
| 北京 | Beijing | 2031619 | 140780 | 2089278 | 772634 | 48782 | 677021 |
| 天津 | Tianjin | 304454 | 15380 | 916574 | 129276 | 8735 | 390080 |
| 河北 | Hebei | 226463 | 10489 | 289454 | 136523 | 6813 | 172691 |
| 山西 | Shanxi | 261522 | 15602 | 499988 | 194870 | 11945 | 360941 |
| 内蒙古 | Inner Mongolia | 136319 | 13857 | 518736 | 69620 | 8113 | 331594 |
| 辽宁 | Liaoning | 272255 | 19149 | 530624 | 174951 | 12305 | 306309 |
| 吉林 | Jilin | 113661 | 7402 | 217266 | 79974 | 5738 | 125541 |
| 黑龙江 | Heilongjiang | 190936 | 15930 | 710064 | 122047 | 8799 | 396439 |
| 上海 | Shanghai | 1607528 | 119705 | 2170476 | 274470 | 15020 | 436780 |
| 江苏 | Jiangsu | 998661 | 91844 | 1963818 | 283481 | 27789 | 456253 |
| 浙江 | Zhejiang | 892764 | 55885 | 989181 | 287486 | 28593 | 151745 |
| 安徽 | Anhui | 286024 | 23335 | 587847 | 150039 | 13651 | 342887 |
| 福建 | Fujian | 408505 | 20977 | 543764 | 221995 | 12491 | 256152 |
| 江西 | Jiangxi | 137720 | 11795 | 270746 | 97047 | 8424 | 117016 |
| 山东 | Shandong | 639805 | 43147 | 1198467 | 241359 | 19420 | 459507 |
| 河南 | Henan | 381514 | 27991 | 369377 | 267017 | 23048 | 240464 |
| 湖北 | Hubei | 296415 | 53568 | 658561 | 201534 | 38675 | 338319 |
| 湖南 | Hunan | 238697 | 24047 | 455923 | 146336 | 15669 | 252355 |
| 广东 | Guangdong | 1492675 | 91147 | 2210707 | 521816 | 41897 | 953808 |
| 广西 | Guangxi | 147175 | 13260 | 223528 | 92907 | 10311 | 142173 |
| 海南 | Hainan | 50239 | 3120 | 83174 | 18794 | 1434 | 26199 |
| 重庆 | Chongqing | 292498 | 19903 | 474375 | 183049 | 14693 | 328333 |
| 四川 | Sichuan | 286165 | 19534 | 348493 | 179878 | 14699 | 239514 |
| 贵州 | Guizhou | 168495 | 13360 | 330165 | 139693 | 11278 | 295963 |
| 云南 | Yunnan | 339988 | 22012 | 472227 | 250237 | 17882 | 344657 |
| 西藏 | Tibet | 6875 | 316 | 9959 | 3218 | 265 | 4515 |
| 陕西 | Shaanxi | 164051 | 9690 | 364214 | 124876 | 6744 | 307019 |
| 甘肃 | Gansu | 73918 | 5093 | 531464 | 46393 | 3988 | 376214 |
| 青海 | Qinghai | 26749 | 2058 | 24225 | 19729 | 975 | 16012 |
| 宁夏 | Ningxia | 29036 | 2120 | 149323 | 13726 | 1037 | 128335 |
| 新疆 | Xinjiang | 147923 | 12705 | 310580 | 99231 | 9375 | 271977 |

# 3-5-3 各地区限额以上批发业企业工资福利及增值税(按登记注册类型分)

## Wages,Welfarism and VAT of Enterprises above Designated Size of Wholesale Trade by Region and Type of Registration

单位：万元
Unit:10000 yuan

| 地区 | Region | 内资企业 Domestic Funded Enterprises | | | 国有企业 State-owned Enterprises | | |
|---|---|---|---|---|---|---|---|
| | | 本年应付工资总额 Total Accrued Wages of Current Year | 本年应付福利费总额 Total Accrued Welfarism of Current Year | 本年应交增值税 Current Year VAT Payable | 本年应付工资总额 Total Accrued Wages of Current Year | 本年应付福利费总额 Total Accrued Welfarism of Current Year | 本年应交增值税 Current Year VAT Payable |
| **全国** | **National Total** | **10051042** | **722461** | **17216544** | **3510982** | **302292** | **5857988** |
| 北京 | Beijing | 1181587 | 67734 | 946893 | 251753 | 13396 | 89839 |
| 天津 | Tianjin | 234387 | 11490 | 716188 | 78978 | 4914 | 258629 |
| 河北 | Hebei | 225446 | 10364 | 288553 | 99558 | 4664 | 124897 |
| 山西 | Shanxi | 259694 | 15550 | 499097 | 176081 | 10438 | 311312 |
| 内蒙古 | Inner Mongolia | 135358 | 13817 | 515627 | 61622 | 8186 | 120580 |
| 辽宁 | Liaoning | 257624 | 18201 | 514199 | 96712 | 6048 | 194761 |
| 吉林 | Jilin | 111154 | 7340 | 216925 | 70161 | 4434 | 127611 |
| 黑龙江 | Heilongjiang | 189344 | 15905 | 702366 | 105392 | 8001 | 293913 |
| 上海 | Shanghai | 651399 | 39966 | 1115416 | 112631 | 6508 | 227623 |
| 江苏 | Jiangsu | 821082 | 72022 | 1760523 | 155326 | 15056 | 275434 |
| 浙江 | Zhejiang | 872242 | 55515 | 981051 | 170707 | 19258 | 281970 |
| 安徽 | Anhui | 220564 | 19248 | 526362 | 100502 | 10646 | 259089 |
| 福建 | Fujian | 336070 | 18116 | 452561 | 127189 | 5616 | 159193 |
| 江西 | Jiangxi | 132619 | 11310 | 268829 | 69376 | 6124 | 77042 |
| 山东 | Shandong | 612426 | 41722 | 1167267 | 160723 | 12384 | 271106 |
| 河南 | Henan | 380109 | 27827 | 368535 | 222703 | 18927 | 166822 |
| 湖北 | Hubei | 285454 | 53035 | 636111 | 181866 | 45322 | 298521 |
| 湖南 | Hunan | 231553 | 23427 | 450002 | 101438 | 11304 | 218321 |
| 广东 | Guangdong | 1215157 | 78567 | 1807495 | 205352 | 16653 | 438553 |
| 广西 | Guangxi | 145552 | 13133 | 222481 | 66235 | 6881 | 72849 |
| 海南 | Hainan | 43659 | 2940 | 67395 | 18076 | 1371 | 20734 |
| 重庆 | Chongqing | 285476 | 19800 | 470180 | 144738 | 11530 | 203112 |
| 四川 | Sichuan | 278963 | 19264 | 343456 | 144251 | 11936 | 208291 |
| 贵州 | Guizhou | 168042 | 13303 | 328245 | 139949 | 11820 | 234952 |
| 云南 | Yunnan | 335234 | 21846 | 465121 | 221800 | 14809 | 319541 |
| 西藏 | Tibet | 6875 | 316 | 9959 | 2278 | 151 | 1461 |
| 陕西 | Shaanxi | 161273 | 9272 | 362577 | 101796 | 5020 | 207876 |
| 甘肃 | Gansu | 73479 | 5073 | 531276 | 39030 | 3231 | 184015 |
| 青海 | Qinghai | 25274 | 1896 | 24215 | 10526 | 520 | 12711 |
| 宁夏 | Ningxia | 26766 | 1803 | 147594 | 13671 | 1125 | 20897 |
| 新疆 | Xinjiang | 147184 | 12658 | 310044 | 60564 | 6018 | 176332 |

3-5-3 续表 1 Continued 1

单位：万元
Unit:10000 yuan

| 地区 | Region | 集体企业 Collective-owned Enterprises | | | 股份合作企业 Cooperative Enterprises | | |
|---|---|---|---|---|---|---|---|
| | | 本年应付工资总额 Total Accrued Wages of Current Year | 本年应付福利费总额 Total Accrued Welfarism of Current Year | 本年应交增值税 Current Year VAT Payable | 本年应付工资总额 Total Accrued Wages of Current Year | 本年应付福利费总额 Total Accrued Welfarism of Current Year | 本年应交增值税 Current Year VAT Payable |
| **全国** | **National Total** | **227778** | **14443** | **382767** | **39937** | **3313** | **103495** |
| 北京 | Beijing | 7845 | 229 | 1607 | 5393 | 270 | 4114 |
| 天津 | Tianjin | 8197 | 349 | 18223 | 2008 | 44 | 19079 |
| 河北 | Hebei | 3422 | 243 | 2068 | 1269 | 222 | 827 |
| 山西 | Shanxi | 17141 | 1115 | 48658 | 456 | 25 | 4945 |
| 内蒙古 | Inner Mongolia | 1114 | 33 | 1187 | 23 | 4 | 6 |
| 辽宁 | Liaoning | 2145 | 175 | 5458 | 336 | 962 | 450 |
| 吉林 | Jilin | 56 | 4 | 1 | 31 | | 4 |
| 黑龙江 | Heilongjiang | 6369 | 599 | 107627 | 152 | 5 | 1671 |
| 上海 | Shanghai | 14481 | 449 | 15697 | 1245 | 63 | 1537 |
| 江苏 | Jiangsu | 8734 | 834 | 26066 | 4926 | 329 | 5743 |
| 浙江 | Zhejiang | 5964 | 310 | 30751 | 2388 | 324 | 2437 |
| 安徽 | Anhui | 1082 | 76 | 1518 | 325 | 45 | 262 |
| 福建 | Fujian | 2850 | 115 | 1680 | 338 | 7 | 138 |
| 江西 | Jiangxi | 70 | 7 | 418 | 1356 | 61 | 375 |
| 山东 | Shandong | 24901 | 1815 | 27134 | 1040 | 13 | 1197 |
| 河南 | Henan | 16638 | 463 | 10503 | 446 | 8 | 249 |
| 湖北 | Hubei | 1333 | 65 | 1080 | 8842 | 415 | 7998 |
| 湖南 | Hunan | 690 | 45 | 549 | 227 | 10 | 225 |
| 广东 | Guangdong | 88593 | 6380 | 67670 | 4701 | 199 | 9496 |
| 广西 | Guangxi | 1447 | 130 | 1307 | 1126 | 152 | 41048 |
| 海南 | Hainan | 91 | 1 | | 44 | | |
| 重庆 | Chongqing | 2867 | 48 | 5649 | 1358 | 112 | 538 |
| 四川 | Sichuan | 3352 | 328 | 2682 | 649 | 8 | 85 |
| 贵州 | Guizhou | 1292 | 54 | 784 | 414 | | 528 |
| 云南 | Yunnan | 983 | 45 | 1696 | 503 | 33 | 510 |
| 西藏 | Tibet | | | | | | |
| 陕西 | Shaanxi | 630 | 89 | 532 | 8 | | 12 |
| 甘肃 | Gansu | 874 | 66 | 211 | 324 | 4 | 20 |
| 青海 | Qinghai | 149 | | 56 | 12 | | 1 |
| 宁夏 | Ningxia | | | | | | |
| 新疆 | Xinjiang | 4471 | 378 | 1955 | | | |

3-5-3 续表 2 Continued 2

单位：万元
Unit:10000 yuan

| 地区 | Region | 联营企业 Joint Ownership Enterprises | | | 有限责任公司 Limited Liability Corporations | | |
|---|---|---|---|---|---|---|---|
| | | 本年应付工资总额 Total Accrued Wages of Current Year | 本年应付福利费总额 Total Accrued Welfarism of Current Year | 本年应交增值税 Current Year VAT Payable | 本年应付工资总额 Total Accrued Wages of Current Year | 本年应付福利费总额 Total Accrued Welfarism of Current Year | 本年应交增值税 Current Year VAT Payable |
| **全　国** | **National Total** | **35886** | **2222** | **59717** | **2843137** | **174289** | **4284949** |
| 北　京 | Beijing | 438 | 12 | 709 | 600287 | 34409 | 482298 |
| 天　津 | Tianjin | 357 | 36 | 749 | 66398 | 4092 | 241663 |
| 河　北 | Hebei | 213 | | 76 | 42845 | 1860 | 71172 |
| 山　西 | Shanxi | | | | 38287 | 2632 | 81931 |
| 内蒙古 | Inner Mongolia | 108 | | -148 | 19027 | 898 | 35340 |
| 辽　宁 | Liaoning | 69 | 5 | 29 | 50380 | 3136 | 84939 |
| 吉　林 | Jilin | | | | 7179 | 688 | 6876 |
| 黑龙江 | Heilongjiang | 50 | | 333 | 36178 | 2754 | 142986 |
| 上　海 | Shanghai | 5649 | 462 | 28183 | 213954 | 12486 | 305338 |
| 江　苏 | Jiangsu | 1289 | 119 | 2424 | 191876 | 15317 | 383590 |
| 浙　江 | Zhejiang | 1990 | 226 | 1576 | 342645 | 14835 | 333795 |
| 安　徽 | Anhui | 11 | 2 | | 47778 | 3816 | 108154 |
| 福　建 | Fujian | 1030 | 93 | 866 | 77752 | 4050 | 100858 |
| 江　西 | Jiangxi | | | | 41816 | 3371 | 128786 |
| 山　东 | Shandong | 1599 | 205 | 495 | 164235 | 10475 | 355254 |
| 河　南 | Henan | 1260 | | 65 | 57975 | 3350 | 92604 |
| 湖　北 | Hubei | 2051 | 9 | 2694 | 41159 | 3525 | 57392 |
| 湖　南 | Hunan | 2238 | 16 | 1386 | 53645 | 4484 | 82744 |
| 广　东 | Guangdong | 13856 | 926 | 18485 | 410407 | 26489 | 629790 |
| 广　西 | Guangxi | | | | 27912 | 2886 | 45539 |
| 海　南 | Hainan | | | | 17465 | 884 | 36953 |
| 重　庆 | Chongqing | 1066 | 60 | 523 | 59262 | 2785 | 73649 |
| 四　川 | Sichuan | 52 | 2 | 16 | 73286 | 3939 | 74054 |
| 贵　州 | Guizhou | | | | 19127 | 1104 | 20539 |
| 云　南 | Yunnan | 506 | 38 | -34 | 55048 | 3671 | 60868 |
| 西　藏 | Tibet | | | | 4318 | 152 | 8497 |
| 陕　西 | Shaanxi | 2055 | 14 | 1289 | 16280 | 1246 | 33793 |
| 甘　肃 | Gansu | | | | 12502 | 388 | 143982 |
| 青　海 | Qinghai | | | | 3434 | 751 | 2751 |
| 宁　夏 | Ningxia | | | | 2835 | 143 | 7071 |
| 新　疆 | Xinjiang | | | | 47847 | 3674 | 51746 |

3-5-3 续表 3 Continued 3

单位：万元
Unit:10000 yuan

| 地区 | Region | 股份有限公司 Share-holding Corporations Ltd. | | | 私营企业 Private Enterprises | | |
|---|---|---|---|---|---|---|---|
| | | 本年应付工资总额 Total Accrued Wages of Current Year | 本年应付福利费总额 Total Accrued Welfarism of Current Year | 本年应交增值税 Current Year VAT Payable | 本年应付工资总额 Total Accrued Wages of Current Year | 本年应付福利费总额 Total Accrued Welfarism of Current Year | 本年应交增值税 Current Year VAT Payable |
| **全　国** | **National Total** | **1080563** | **84682** | **2193605** | **2245068** | **137970** | **4272378** |
| 北　京 | Beijing | 80149 | 8052 | 116954 | 235723 | 11367 | 251371 |
| 天　津 | Tianjin | 10390 | 475 | 5083 | 67390 | 1579 | 172236 |
| 河　北 | Hebei | 38595 | 2164 | 48277 | 38616 | 1134 | 35760 |
| 山　西 | Shanxi | 11406 | 313 | 9500 | 16256 | 1028 | 42712 |
| 内蒙古 | Inner Mongolia | 23019 | 1642 | 272727 | 30353 | 3054 | 85438 |
| 辽　宁 | Liaoning | 59342 | 5144 | 87739 | 48062 | 2713 | 137154 |
| 吉　林 | Jilin | 18320 | 1504 | 12645 | 15158 | 677 | 69691 |
| 黑龙江 | Heilongjiang | 19385 | 2860 | 53365 | 21818 | 1686 | 102470 |
| 上　海 | Shanghai | 90982 | 6031 | 93260 | 209399 | 13951 | 441152 |
| 江　苏 | Jiangsu | 113078 | 9708 | 185187 | 337289 | 30240 | 873313 |
| 浙　江 | Zhejiang | 81586 | 6579 | -140755 | 262600 | 13858 | 467973 |
| 安　徽 | Anhui | 38917 | 2863 | 57259 | 31771 | 1779 | 99387 |
| 福　建 | Fujian | 55988 | 4927 | 83658 | 66785 | 3176 | 102379 |
| 江　西 | Jiangxi | 12755 | 1143 | 27435 | 6414 | 594 | 34441 |
| 山　东 | Shandong | 75432 | 4080 | 158147 | 174849 | 12339 | 347005 |
| 河　南 | Henan | 34038 | 3110 | 39507 | 43155 | 1912 | 57223 |
| 湖　北 | Hubei | 21784 | 1396 | 153324 | 28327 | 2302 | 115000 |
| 湖　南 | Hunan | 20054 | 1937 | 14399 | 43408 | 4761 | 128319 |
| 广　东 | Guangdong | 105504 | 6395 | 203743 | 378277 | 21182 | 430722 |
| 广　西 | Guangxi | 18630 | 1774 | 19224 | 29547 | 1261 | 41534 |
| 海　南 | Hainan | 1986 | 318 | 1269 | 4441 | 254 | 7401 |
| 重　庆 | Chongqing | 32823 | 3100 | 101711 | 41032 | 2027 | 82866 |
| 四　川 | Sichuan | 14290 | 1055 | 13752 | 37603 | 1753 | 39548 |
| 贵　州 | Guizhou | 4769 | 264 | 64203 | 2491 | 61 | 7239 |
| 云　南 | Yunnan | 16917 | 1760 | 21490 | 38761 | 1437 | 60603 |
| 西　藏 | Tibet | | | | 280 | 13 | 1 |
| 陕　西 | Shaanxi | 33369 | 2551 | 110386 | 6026 | 247 | 8207 |
| 甘　肃 | Gansu | 13734 | 1157 | 195460 | 6934 | 223 | 7558 |
| 青　海 | Qinghai | 9860 | 576 | 3752 | 1293 | 49 | 4944 |
| 宁　夏 | Ningxia | 4684 | 293 | 112328 | 5576 | 242 | 7297 |
| 新　疆 | Xinjiang | 18778 | 1514 | 68576 | 15438 | 1074 | 11436 |

3-5-3 续表 4 Continued 4

单位：万元
Unit:10000 yuan

| 地 区 | Region | 港、澳、台商投资企业 Enterprises with Funds from Hong Kong, Macao and Taiwan | | | 外商投资企业 Foreign Funded Enterprises | | |
|---|---|---|---|---|---|---|---|
| | | 本年应付工资总额 Total Accrued Wages of Current Year | 本年应付福利费总额 Total Accrued Welfarism of Current Year | 本年应交增值税 Current Year VAT Payable | 本年应付工资总额 Total Accrued Wages of Current Year | 本年应付福利费总额 Total Accrued Welfarism of Current Year | 本年应交增值税 Current Year VAT Payable |
| **全 国** | **National Total** | **556693** | **37048** | **721571** | **2042915** | **165690** | **2574464** |
| 北 京 | Beijing | 73035 | 6105 | 87509 | 776998 | 66941 | 1054877 |
| 天 津 | Tianjin | 16352 | 1401 | 36647 | 53715 | 2488 | 163740 |
| 河 北 | Hebei | 539 | | 329 | 478 | 125 | 573 |
| 山 西 | Shanxi | 1629 | 31 | 825 | 200 | 21 | 66 |
| 内蒙古 | Inner Mongolia | 121 | 21 | 154 | 840 | 19 | 2956 |
| 辽 宁 | Liaoning | 5551 | 316 | 3591 | 9080 | 632 | 12834 |
| 吉 林 | Jilin | | | | 2507 | 62 | 341 |
| 黑龙江 | Heilongjiang | 1457 | 26 | 4743 | 136 | | 2955 |
| 上 海 | Shanghai | 179814 | 12229 | 204876 | 776315 | 67510 | 850184 |
| 江 苏 | Jiangsu | 55039 | 8596 | 123916 | 122540 | 11226 | 79378 |
| 浙 江 | Zhejiang | 7397 | 153 | 3325 | 13125 | 217 | 4805 |
| 安 徽 | Anhui | 17909 | 1484 | 6451 | 47551 | 2603 | 55034 |
| 福 建 | Fujian | 20329 | 337 | 41279 | 52106 | 2524 | 49924 |
| 江 西 | Jiangxi | 925 | | 406 | 4176 | 485 | 1511 |
| 山 东 | Shandong | 12900 | 427 | 13713 | 14480 | 998 | 17488 |
| 河 南 | Henan | 600 | 80 | 306 | 805 | 84 | 536 |
| 湖 北 | Hubei | 5246 | 337 | 4423 | 5716 | 196 | 18027 |
| 湖 南 | Hunan | 5523 | 475 | 3606 | 1621 | 143 | 2314 |
| 广 东 | Guangdong | 135679 | 4079 | 168396 | 141840 | 8501 | 234816 |
| 广 西 | Guangxi | 1186 | 77 | 18 | 436 | 50 | 1029 |
| 海 南 | Hainan | 3356 | 169 | 6132 | 3224 | 11 | 9648 |
| 重 庆 | Chongqing | 3077 | 33 | 1280 | 3945 | 69 | 2915 |
| 四 川 | Sichuan | 1645 | 11 | 54 | 5557 | 260 | 4983 |
| 贵 州 | Guizhou | 426 | 57 | 1746 | 27 | | 174 |
| 云 南 | Yunnan | 3853 | 145 | 6049 | 901 | 21 | 1057 |
| 西 藏 | Tibet | | | | | | |
| 陕 西 | Shaanxi | 2288 | 401 | 1250 | 490 | 17 | 387 |
| 甘 肃 | Gansu | 297 | 20 | 94 | 142 | | 94 |
| 青 海 | Qinghai | | | | 1475 | 162 | 10 |
| 宁 夏 | Ningxia | | | | 2270 | 318 | 1729 |
| 新 疆 | Xinjiang | 518 | 39 | 456 | 221 | 8 | 80 |

# 3-5-4 各地区限额以上批发企业工资福利及增值税(按国民经济行业分)

## Wages,Welfarism and VAT of Enterprises above Designated Size of Wholesale Trade by Region and Sector

单位：万元
Unit:10000 yuan

| 地区 | Region | 农畜产品批发 Wholesale of Farm Produce and Livestock Product | | | 食品、饮料及烟草制品批发 Wholesale of Food, Beverages and Tobaccos | | |
|---|---|---|---|---|---|---|---|
| | | 本年应付工资总额 Total Accrued Wages of Current Year | 本年应付福利费总额 Total Accrued Welfarism of Current Year | 本年应交增值税 Current Year VAT Payable | 本年应付工资总额 Total Accrued Wages of Current Year | 本年应付福利费总额 Total Accrued Welfarism of Current Year | 本年应交增值税 Current Year VAT Payable |
| **全国** | **National Total** | **298591** | **20967** | **174975** | **3269982** | **271886** | **4449465** |
| 北京 | Beijing | 56502 | 2005 | -1190 | 153696 | 8111 | 148598 |
| 天津 | Tianjin | 3736 | 121 | 927 | 47196 | 3422 | 69295 |
| 河北 | Hebei | 5896 | 258 | 860 | 81131 | 2832 | 108100 |
| 山西 | Shanxi | 1646 | 49 | 475 | 56855 | 5464 | 100964 |
| 内蒙古 | Inner Mongolia | 7238 | 271 | 11933 | 58272 | 7793 | 67092 |
| 辽宁 | Liaoning | 6503 | 1293 | 8339 | 74485 | 3834 | 94528 |
| 吉林 | Jilin | 16364 | 924 | 11616 | 42919 | 2685 | 48205 |
| 黑龙江 | Heilongjiang | 19905 | 2380 | 25837 | 55273 | 3517 | 81000 |
| 上海 | Shanghai | 5680 | 749 | 1061 | 158533 | 9415 | 219119 |
| 江苏 | Jiangsu | 16174 | 1449 | 8952 | 133869 | 11678 | 307208 |
| 浙江 | Zhejiang | 11062 | 757 | 2323 | 220920 | 19597 | 333343 |
| 安徽 | Anhui | 8317 | 552 | 7201 | 105364 | 9695 | 156585 |
| 福建 | Fujian | 4067 | 405 | 1230 | 105481 | 5630 | 142614 |
| 江西 | Jiangxi | 4574 | 361 | 788 | 72546 | 6142 | 93962 |
| 山东 | Shandong | 21062 | 1828 | 21150 | 221516 | 16381 | 389741 |
| 河南 | Henan | 25551 | 2082 | 15854 | 211336 | 17091 | 172687 |
| 湖北 | Hubei | 8769 | 880 | 3375 | 110690 | 33281 | 163916 |
| 湖南 | Hunan | 6423 | 501 | 5243 | 128876 | 13912 | 216969 |
| 广东 | Guangdong | 12225 | 655 | 18088 | 314037 | 23446 | 416414 |
| 广西 | Guangxi | 2482 | 272 | 2585 | 74103 | 7654 | 81064 |
| 海南 | Hainan | 181 | 2 | 26 | 18686 | 1433 | 21718 |
| 重庆 | Chongqing | 5164 | 561 | 6033 | 148684 | 11315 | 109702 |
| 四川 | Sichuan | 4228 | 38 | 2171 | 157906 | 11664 | 205932 |
| 贵州 | Guizhou | 230 | 7 | 317 | 126396 | 10936 | 222830 |
| 云南 | Yunnan | 8809 | 272 | 4077 | 222359 | 13318 | 313204 |
| 西藏 | Tibet | 136 | 10 | 514 | 1974 | 172 | 3926 |
| 陕西 | Shaanxi | 850 | 73 | 2334 | 77427 | 2954 | 70623 |
| 甘肃 | Gansu | 1527 | 29 | 129 | 39143 | 3227 | 39870 |
| 青海 | Qinghai | | | | 8316 | 519 | 11508 |
| 宁夏 | Ningxia | 447 | 24 | 33 | 11960 | 1147 | 21452 |
| 新疆 | Xinjiang | 32843 | 2160 | 12694 | 30034 | 3620 | 17299 |

3-5-4 续表 1 Continued 1

单位：万元
Unit:10000 yuan

| 地区 | Region | 纺织、服装及日用品批发 Wholesale of Textiles, Garments and Daily Consumer Articles | | | 文化、体育用品及器材批发 Wholesale of Culture, Sports Appliances and Equipments | | |
|---|---|---|---|---|---|---|---|
| | | 本年应付工资总额 Total Accrued Wages of Current Year | 本年应付福利费总额 Total Accrued Welfarism of Current Year | 本年应交增值税 Current Year VAT Payable | 本年应付工资总额 Total Accrued Wages of Current Year | 本年应付福利费总额 Total Accrued Welfarism of Current Year | 本年应交增值税 Current Year VAT Payable |
| **全国** | **National Total** | **1394247** | **82867** | **1510926** | **338986** | **20926** | **300143** |
| 北京 | Beijing | 104283 | 4472 | 45514 | 93196 | 5660 | 77475 |
| 天津 | Tianjin | 20606 | 267 | 16040 | 5042 | 141 | 2724 |
| 河北 | Hebei | 5776 | 180 | 1880 | 2432 | 309 | 631 |
| 山西 | Shanxi | 1396 | 48 | 928 | 2798 | 77 | 1140 |
| 内蒙古 | Inner Mongolia | 6560 | 473 | 437 | 1107 | 83 | 415 |
| 辽宁 | Liaoning | 13510 | 436 | 7861 | 2931 | 270 | 1120 |
| 吉林 | Jilin | 168 | 35 | 76 | 400 | 53 | 413 |
| 黑龙江 | Heilongjiang | 9338 | 859 | 28659 | 1077 | 30 | 3421 |
| 上海 | Shanghai | 344058 | 22434 | 443378 | 44805 | 3444 | 59537 |
| 江苏 | Jiangsu | 240132 | 28518 | 247974 | 24164 | 1527 | 15898 |
| 浙江 | Zhejiang | 197579 | 7458 | 97496 | 19805 | 1301 | 11924 |
| 安徽 | Anhui | 58466 | 3104 | 65364 | 4064 | 338 | 2758 |
| 福建 | Fujian | 54691 | 1977 | 61946 | 5662 | 103 | 3686 |
| 江西 | Jiangxi | 2053 | 75 | 4069 | 2410 | 212 | 1293 |
| 山东 | Shandong | 82002 | 1808 | 102574 | 13755 | 1474 | 20327 |
| 河南 | Henan | 6441 | 214 | 3369 | 4547 | 213 | 3352 |
| 湖北 | Hubei | 6121 | 165 | 6347 | 5037 | 485 | 4011 |
| 湖南 | Hunan | 7581 | 343 | 3578 | 7453 | 475 | 8421 |
| 广东 | Guangdong | 194044 | 8226 | 339709 | 74930 | 3060 | 63208 |
| 广西 | Guangxi | 3186 | 107 | 2572 | 2779 | 227 | 4317 |
| 海南 | Hainan | 1232 | 72 | 1598 | 1801 | 117 | 2044 |
| 重庆 | Chongqing | 11807 | 258 | 6249 | 3046 | 87 | 2079 |
| 四川 | Sichuan | 12972 | 318 | 11261 | 375 | 589 | 893 |
| 贵州 | Guizhou | 477 | | 197 | 3004 | 43 | 1233 |
| 云南 | Yunnan | 1155 | 370 | 7868 | 6090 | 19 | 4080 |
| 西藏 | Tibet | | | | 145 | 4 | 66 |
| 陕西 | Shaanxi | 5298 | 504 | 2729 | 423 | 57 | 1439 |
| 甘肃 | Gansu | 1412 | 84 | 187 | 1687 | 137 | 573 |
| 青海 | Qinghai | 259 | | 12 | 1195 | 4 | 239 |
| 宁夏 | Ningxia | 95 | 29 | 395 | 591 | 87 | 157 |
| 新疆 | Xinjiang | 1552 | 34 | 658 | 2236 | 300 | 1272 |

3-5-4 续表 2 Continued 2

单位：万元
Unit:10000 yuan

| 地区 | Region | 医药及医疗器材批发 Wholesale of Medicines and Medical Appliances | | | 矿产品、建材及化工产品批发 Wholesale of Mineral Products, Building Material and Chemical Products | | |
|---|---|---|---|---|---|---|---|
| | | 本年应付工资总额 Total Accrued Wages of Current Year | 本年应付福利费总额 Total Accrued Welfarism of Current Year | 本年应交增值税 Current Year VAT Payable | 本年应付工资总额 Total Accrued Wages of Current Year | 本年应付福利费总额 Total Accrued Welfarism of Current Year | 本年应交增值税 Current Year VAT Payable |
| **全国** | **National Total** | **858582** | **55540** | **1014366** | **3218859** | **246502** | **7424775** |
| 北京 | Beijing | 129743 | 6316 | 69055 | 369031 | 30421 | 293402 |
| 天津 | Tianjin | 18451 | 2071 | 34166 | 110075 | 4616 | 501978 |
| 河北 | Hebei | 15309 | 896 | 12921 | 89933 | 5137 | 134190 |
| 山西 | Shanxi | 8720 | 699 | 6148 | 171253 | 8296 | 373233 |
| 内蒙古 | Inner Mongolia | 3000 | 42 | 1808 | 48731 | 3789 | 389193 |
| 辽宁 | Liaoning | 16271 | 592 | 33649 | 115341 | 9775 | 300840 |
| 吉林 | Jilin | 6612 | 294 | 3379 | 44450 | 3149 | 96513 |
| 黑龙江 | Heilongjiang | 10792 | 366 | 28377 | 72575 | 6568 | 453860 |
| 上海 | Shanghai | 121604 | 8675 | 126374 | 318721 | 23110 | 585129 |
| 江苏 | Jiangsu | 67249 | 5700 | 78685 | 264069 | 24209 | 592128 |
| 浙江 | Zhejiang | 59305 | 3360 | 51458 | 227833 | 14895 | 62650 |
| 安徽 | Anhui | 17706 | 1387 | 26226 | 61833 | 6757 | 181151 |
| 福建 | Fujian | 19686 | 1209 | 13628 | 127349 | 8588 | 161118 |
| 江西 | Jiangxi | 23296 | 2364 | 27394 | 20745 | 2120 | 34947 |
| 山东 | Shandong | 32881 | 1661 | 33850 | 174884 | 14804 | 458138 |
| 河南 | Henan | 18691 | 548 | 18096 | 79356 | 6431 | 112745 |
| 湖北 | Hubei | 24344 | 2032 | 49838 | 94531 | 10206 | 320044 |
| 湖南 | Hunan | 17162 | 1329 | 35931 | 38192 | 3991 | 125505 |
| 广东 | Guangdong | 138106 | 9535 | 245842 | 365875 | 26529 | 633021 |
| 广西 | Guangxi | 5802 | 520 | 6722 | 39926 | 3720 | 96085 |
| 海南 | Hainan | 14612 | 856 | 31161 | 8289 | 449 | 15386 |
| 重庆 | Chongqing | 16276 | 981 | 12250 | 66951 | 5482 | 248690 |
| 四川 | Sichuan | 31181 | 1827 | 22044 | 53209 | 3761 | 74738 |
| 贵州 | Guizhou | 7007 | 286 | 6085 | 23843 | 1765 | 90855 |
| 云南 | Yunnan | 17909 | 1107 | 23650 | 52941 | 4581 | 75093 |
| 西藏 | Tibet | 3671 | 38 | 5446 | 385 | 51 | 6 |
| 陕西 | Shaanxi | 5228 | 296 | 3593 | 65316 | 4830 | 271830 |
| 甘肃 | Gansu | 3169 | 109 | 1731 | 21917 | 1382 | 352168 |
| 青海 | Qinghai | 609 | 72 | 799 | 15189 | 1330 | 7516 |
| 宁夏 | Ningxia | 557 | 93 | 165 | 11770 | 581 | 123562 |
| 新疆 | Xinjiang | 3636 | 281 | 3901 | 64348 | 5178 | 259062 |

3-5-4 续表 3 Continued 3

单位：万元
Unit:10000 yuan

| 地　区 | Region | 机械设备、五金交电及电子产品批发 Wholesale of Machinery, Hardware and Electronic Equipment | | | 贸易经纪与代理 Trade Broker and Agency | | |
|---|---|---|---|---|---|---|---|
| | | 本年应付工资总额 Total Accrued Wages of Current Year | 本年应付福利费总额 Total Accrued Welfarism of Current Year | 本年应交增值税 Current Year VAT Payable | 本年应付工资总额 Total Accrued Wages of Current Year | 本年应付福利费总额 Total Accrued Welfarism of Current Year | 本年应交增值税 Current Year VAT Payable |
| **全　国** | **National Total** | **2710851** | **190099** | **3650152** | **242654** | **18162** | **411060** |
| 北　京 | Beijing | 999477 | 77056 | 1254435 | 98457 | 5431 | 143719 |
| 天　津 | Tianjin | 71890 | 4178 | 230005 | 8182 | 87 | 2379 |
| 河　北 | Hebei | 24154 | 726 | 30088 | 478 | 1 | 292 |
| 山　西 | Shanxi | 16393 | 848 | 10224 | 1180 | 7 | 4613 |
| 内蒙古 | Inner Mongolia | 10412 | 1367 | 47447 | 166 | 6 | 86 |
| 辽　宁 | Liaoning | 38123 | 2706 | 67677 | 2644 | 47 | 109 |
| 吉　林 | Jilin | 2453 | 241 | 56625 | | | |
| 黑龙江 | Heilongjiang | 12869 | 1809 | 61332 | 1252 | 10 | 2095 |
| 上　海 | Shanghai | 461606 | 43756 | 533146 | 62795 | 3301 | 110751 |
| 江　苏 | Jiangsu | 201991 | 13317 | 174988 | 9559 | 1525 | 58275 |
| 浙　江 | Zhejiang | 144505 | 7902 | 112893 | 1193 | 72 | 56 |
| 安　徽 | Anhui | 26705 | 1263 | 49322 | 331 | 83 | 3316 |
| 福　建 | Fujian | 54099 | 2335 | 40130 | 7356 | 195 | 11772 |
| 江　西 | Jiangxi | 10492 | 419 | 5573 | 16 | 1 | 3 |
| 山　东 | Shandong | 76960 | 4034 | 98604 | 5636 | 422 | 2864 |
| 河　南 | Henan | 29993 | 1066 | 35409 | 13 | | |
| 湖　北 | Hubei | 32074 | 1949 | 60631 | 11446 | 4338 | 40209 |
| 湖　南 | Hunan | 23598 | 2208 | 42233 | 2251 | 614 | 2596 |
| 广　东 | Guangdong | 333027 | 16072 | 431796 | 28142 | 1979 | 27655 |
| 广　西 | Guangxi | 16493 | 647 | 23483 | 220 | | 64 |
| 海　南 | Hainan | 5049 | 165 | 9402 | | | |
| 重　庆 | Chongqing | 36908 | 1080 | 71744 | | | |
| 四　川 | Sichuan | 23742 | 1267 | 15844 | 482 | 3 | 99 |
| 贵　州 | Guizhou | 6548 | 232 | 7365 | | | |
| 云　南 | Yunnan | 22169 | 1286 | 20200 | 184 | | |
| 西　藏 | Tibet | 563 | 41 | 2 | | | |
| 陕　西 | Shaanxi | 8895 | 919 | 11092 | 133 | | 31 |
| 甘　肃 | Gansu | 4644 | 114 | 136508 | 58 | | 5 |
| 青　海 | Qinghai | 1181 | 132 | 4151 | | | |
| 宁　夏 | Ningxia | 2890 | 107 | 765 | | | |
| 新　疆 | Xinjiang | 10948 | 856 | 7039 | 482 | 40 | 72 |

3-5-4 续表 4 Continued 4

单位：万元
Unit:10000 yuan

| 地 区 | Region | 其他批发 Other Wholesale not Classified Elsewhere<br>本年应付工资总额 Total Accrued Wages of Current Year | 本年应付福利费总额 Total Accrued Welfarism of Current Year | 本年应交增值税 Current Year VAT Payable |
|---|---|---|---|---|
| **全 国** | **National Total** | **317897** | **18250** | **1576717** |
| 北 京 | Beijing | 27234 | 1309 | 58270 |
| 天 津 | Tianjin | 19276 | 478 | 59059 |
| 河 北 | Hebei | 1353 | 149 | 492 |
| 山 西 | Shanxi | 1282 | 115 | 2262 |
| 内蒙古 | Inner Mongolia | 833 | 32 | 327 |
| 辽 宁 | Liaoning | 2449 | 194 | 16502 |
| 吉 林 | Jilin | 295 | 21 | 441 |
| 黑龙江 | Heilongjiang | 7856 | 392 | 25483 |
| 上 海 | Shanghai | 89726 | 4822 | 91982 |
| 江 苏 | Jiangsu | 41455 | 3920 | 479712 |
| 浙 江 | Zhejiang | 10564 | 542 | 317040 |
| 安 徽 | Anhui | 3239 | 155 | 95925 |
| 福 建 | Fujian | 30114 | 534 | 107639 |
| 江 西 | Jiangxi | 1589 | 101 | 102718 |
| 山 东 | Shandong | 11110 | 735 | 71220 |
| 河 南 | Henan | 5586 | 344 | 7866 |
| 湖 北 | Hubei | 3404 | 231 | 10192 |
| 湖 南 | Hunan | 7161 | 674 | 15448 |
| 广 东 | Guangdong | 32289 | 1645 | 34975 |
| 广 西 | Guangxi | 2184 | 113 | 6637 |
| 海 南 | Hainan | 390 | 27 | 1839 |
| 重 庆 | Chongqing | 3663 | 138 | 17629 |
| 四 川 | Sichuan | 2071 | 68 | 15511 |
| 贵 州 | Guizhou | 991 | 91 | 1281 |
| 云 南 | Yunnan | 8372 | 1059 | 24057 |
| 西 藏 | Tibet | | | |
| 陕 西 | Shaanxi | 480 | 57 | 543 |
| 甘 肃 | Gansu | 361 | 12 | 294 |
| 青 海 | Qinghai | | | |
| 宁 夏 | Ningxia | 727 | 53 | 2794 |
| 新 疆 | Xinjiang | 1844 | 236 | 8583 |

# 3-5-5 各地区限额以上零售企业工资福利及增值税

## Wages,Welfarism and VAT of Enterprises above Designated Size of Retail Trade by Region

单位：万元

Unit:10000 yuan

| 地区 | Region | 零售业 Retail Trade | | | 国有控股 State-controlled Enterprises | | |
|---|---|---|---|---|---|---|---|
| | | 本年应付工资总额 Total Accrued Wages of Current Year | 本年应付福利费总额 Total Accrued Welfarism of Current Year | 本年应交增值税 Current Year VAT Payable | 本年应付工资总额 Total Accrued Wages of Current Year | 本年应付福利费总额 Total Accrued Welfarism of Current Year | 本年应交增值税 Current Year VAT Payable |
| **全　国** | **National Total** | **9021477** | **561431** | **8186840** | **1957284** | **138054** | **1922442** |
| 北　京 | Beijing | 1024969 | 55775 | 631048 | 285752 | 19541 | 189831 |
| 天　津 | Tianjin | 199536 | 6335 | 180407 | 65615 | 2684 | 34661 |
| 河　北 | Hebei | 203207 | 11081 | 117164 | 34562 | 3105 | 15974 |
| 山　西 | Shanxi | 144151 | 8952 | 119102 | 40896 | 3744 | 27065 |
| 内蒙古 | Inner Mongolia | 138626 | 7648 | 132029 | 30800 | 2843 | 71277 |
| 辽　宁 | Liaoning | 305713 | 17455 | 261525 | 99443 | 5603 | 63178 |
| 吉　林 | Jilin | 87214 | 6276 | 66193 | 13181 | 847 | 11370 |
| 黑龙江 | Heilongjiang | 192766 | 13285 | 398705 | 68677 | 4089 | 174322 |
| 上　海 | Shanghai | 802511 | 40871 | 678502 | 202641 | 11770 | 163147 |
| 江　苏 | Jiangsu | 905914 | 76407 | 619933 | 92792 | 8243 | 46978 |
| 浙　江 | Zhejiang | 552181 | 29653 | 446691 | 78882 | 7380 | 63263 |
| 安　徽 | Anhui | 187365 | 13995 | 149254 | 48324 | 5122 | 44558 |
| 福　建 | Fujian | 261065 | 13590 | 223086 | 36979 | 1967 | 26768 |
| 江　西 | Jiangxi | 83907 | 5825 | 72043 | 27652 | 2135 | 17868 |
| 山　东 | Shandong | 739158 | 50173 | 742417 | 107250 | 6559 | 78507 |
| 河　南 | Henan | 360691 | 16062 | 319821 | 61199 | 4106 | 102883 |
| 湖　北 | Hubei | 299708 | 23599 | 340489 | 125640 | 9662 | 117883 |
| 湖　南 | Hunan | 258449 | 23177 | 196017 | 70849 | 6217 | 67754 |
| 广　东 | Guangdong | 1068885 | 69633 | 1144515 | 166650 | 9225 | 278890 |
| 广　西 | Guangxi | 128131 | 9513 | 115397 | 31037 | 3601 | 24118 |
| 海　南 | Hainan | 34249 | 1966 | 42837 | 6180 | 658 | 11783 |
| 重　庆 | Chongqing | 192735 | 9826 | 148271 | 49476 | 2625 | 45155 |
| 四　川 | Sichuan | 288059 | 18022 | 323428 | 85591 | 6918 | 105441 |
| 贵　州 | Guizhou | 54036 | 4444 | 62068 | 14515 | 1575 | 25561 |
| 云　南 | Yunnan | 151449 | 7145 | 161504 | 33414 | 1643 | 24454 |
| 西　藏 | Tibet | 9777 | 378 | 12224 | 6470 | 349 | 10680 |
| 陕　西 | Shaanxi | 173318 | 11199 | 309292 | 24854 | 2163 | 49241 |
| 甘　肃 | Gansu | 46610 | 2463 | 50969 | 16772 | 1271 | 12574 |
| 青　海 | Qinghai | 15362 | 395 | 8435 | 1538 | 45 | 343 |
| 宁　夏 | Ningxia | 28617 | 1600 | 18794 | 5082 | 504 | 2019 |
| 新　疆 | Xinjiang | 83119 | 4689 | 94682 | 24570 | 1864 | 14897 |

# 3-5-6 各地区限额以上零售企业工资福利及增值税(按登记注册类型分)

## Wages,Welfarism and VAT of Enterprises above Designated Size of Retail Trade by Region and Type of Registration

单位：万元
Unit:10000 yuan

| 地 区 | Region | 内资企业 Domestic Funded Enterprises | | | 国有企业 State-owned Enterprises | | |
|---|---|---|---|---|---|---|---|
| | | 本年应付工资总额 Total Accrued Wages of Current Year | 本年应付福利费总额 Total Accrued Welfarism of Current Year | 本年应交增值税 Current Year VAT Payable | 本年应付工资总额 Total Accrued Wages of Current Year | 本年应付福利费总额 Total Accrued Welfarism of Current Year | 本年应交增值税 Current Year VAT Payable |
| **全 国** | **National Total** | **7402574** | **465135** | **6581742** | **650679** | **53477** | **592390** |
| 北 京 | Beijing | 717449 | 40224 | 458951 | 48025 | 2980 | 21972 |
| 天 津 | Tianjin | 153017 | 5244 | 141233 | 36098 | 1751 | 16643 |
| 河 北 | Hebei | 199246 | 10875 | 115334 | 22677 | 2126 | 8037 |
| 山 西 | Shanxi | 138981 | 8039 | 114687 | 14014 | 1072 | 8804 |
| 内蒙古 | Inner Mongolia | 138559 | 7648 | 132004 | 25186 | 2273 | 52334 |
| 辽 宁 | Liaoning | 258555 | 14932 | 201686 | 16044 | 1178 | 8989 |
| 吉 林 | Jilin | 80441 | 5687 | 58704 | 3271 | 309 | 2262 |
| 黑龙江 | Heilongjiang | 176877 | 11226 | 339850 | 13066 | 724 | 54973 |
| 上 海 | Shanghai | 508849 | 25252 | 421711 | 45321 | 3849 | 32480 |
| 江 苏 | Jiangsu | 675148 | 63880 | 484394 | 35057 | 3389 | 15037 |
| 浙 江 | Zhejiang | 489665 | 25684 | 393294 | 19830 | 1362 | 8986 |
| 安 徽 | Anhui | 171806 | 13059 | 135820 | 12266 | 1159 | 9344 |
| 福 建 | Fujian | 202624 | 10516 | 186146 | 8755 | 474 | 6382 |
| 江 西 | Jiangxi | 79910 | 5676 | 65439 | 13571 | 1456 | 6148 |
| 山 东 | Shandong | 709328 | 48730 | 702344 | 59413 | 3039 | 30765 |
| 河 南 | Henan | 345506 | 15310 | 292713 | 45516 | 2792 | 15814 |
| 湖 北 | Hubei | 275798 | 20882 | 304480 | 32542 | 6163 | 43248 |
| 湖 南 | Hunan | 228722 | 19595 | 180878 | 30772 | 2995 | 21480 |
| 广 东 | Guangdong | 784847 | 47075 | 752580 | 56425 | 3539 | 84055 |
| 广 西 | Guangxi | 120022 | 8884 | 106129 | 12525 | 1544 | 6658 |
| 海 南 | Hainan | 30852 | 1803 | 39680 | 813 | 126 | 583 |
| 重 庆 | Chongqing | 154165 | 9568 | 119187 | 4257 | 261 | 14544 |
| 四 川 | Sichuan | 249488 | 15184 | 253800 | 25012 | 2958 | 35198 |
| 贵 州 | Guizhou | 48731 | 3931 | 56231 | 8198 | 664 | 12535 |
| 云 南 | Yunnan | 133714 | 6578 | 140141 | 15760 | 797 | 6528 |
| 西 藏 | Tibet | 9733 | 371 | 12059 | 4496 | 296 | 9803 |
| 陕 西 | Shaanxi | 152819 | 10414 | 207853 | 14243 | 1181 | 43502 |
| 甘 肃 | Gansu | 45996 | 2463 | 50954 | 7325 | 663 | 6561 |
| 青 海 | Qinghai | 15237 | 395 | 8363 | 1579 | 45 | 360 |
| 宁 夏 | Ningxia | 28382 | 1582 | 18569 | 4732 | 477 | 1953 |
| 新 疆 | Xinjiang | 78110 | 4429 | 86531 | 13893 | 1837 | 6415 |

3-5-6 续表 1 Continued 1

单位：万元
Unit:10000 yuan

| 地 区 | Region | 集体企业 Collective-owned Enterprises | | | 股份合作企业 Cooperative Enterprises | | |
|---|---|---|---|---|---|---|---|
| | | 本年应付工资总额 Total Accrued Wages of Current Year | 本年应付福利费总额 Total Accrued Welfarism of Current Year | 本年应交增值税 Current Year VAT Payable | 本年应付工资总额 Total Accrued Wages of Current Year | 本年应付福利费总额 Total Accrued Welfarism of Current Year | 本年应交增值税 Current Year VAT Payable |
| **全 国** | **National Total** | **226411** | **14916** | **171060** | **72411** | **3481** | **45952** |
| 北 京 | Beijing | 11595 | 469 | 8482 | 4760 | 241 | 1990 |
| 天 津 | Tianjin | 4904 | 70 | 2762 | 10889 | 361 | 6651 |
| 河 北 | Hebei | 5052 | 223 | 1692 | 5242 | 239 | 1487 |
| 山 西 | Shanxi | 6523 | 376 | 1616 | 1516 | 18 | 626 |
| 内蒙古 | Inner Mongolia | 435 | 64 | 108 | 1150 | 90 | 111 |
| 辽 宁 | Liaoning | 4682 | 470 | 2253 | 617 | 27 | 943 |
| 吉 林 | Jilin | 600 | 59 | 195 | 2609 | 223 | 366 |
| 黑龙江 | Heilongjiang | 1920 | 27 | 2266 | 1131 | 88 | 2069 |
| 上 海 | Shanghai | 10869 | 791 | 17240 | 3766 | 427 | 5614 |
| 江 苏 | Jiangsu | 10348 | 1029 | 6044 | 2859 | 189 | 2000 |
| 浙 江 | Zhejiang | 7310 | 490 | 4243 | 1459 | 44 | 869 |
| 安 徽 | Anhui | 771 | 84 | 222 | 2087 | 132 | 1266 |
| 福 建 | Fujian | 3503 | 110 | 1567 | 182 | 5 | 92 |
| 江 西 | Jiangxi | 270 | 50 | 2560 | 665 | 12 | 144 |
| 山 东 | Shandong | 47534 | 4576 | 32611 | 11383 | 394 | 8583 |
| 河 南 | Henan | 52973 | 1804 | 45806 | 2506 | 115 | 658 |
| 湖 北 | Hubei | 8052 | 381 | 3273 | 2837 | 130 | 3048 |
| 湖 南 | Hunan | 1604 | 117 | 1986 | 1678 | 76 | 1364 |
| 广 东 | Guangdong | 39247 | 3061 | 30668 | 3745 | 162 | 2833 |
| 广 西 | Guangxi | 971 | 105 | 221 | 798 | 40 | 435 |
| 海 南 | Hainan | 60 | 8 | 53 | 157 | 1 | 39 |
| 重 庆 | Chongqing | 402 | 85 | 345 | 3762 | 117 | 2201 |
| 四 川 | Sichuan | 1389 | 151 | 968 | 854 | 22 | 783 |
| 贵 州 | Guizhou | 271 | 28 | 764 | 188 | | 37 |
| 云 南 | Yunnan | 1315 | 63 | 798 | 791 | 88 | 280 |
| 西 藏 | Tibet | 198 | | 41 | | | |
| 陕 西 | Shaanxi | 2910 | 199 | 2024 | 2407 | 21 | 747 |
| 甘 肃 | Gansu | 507 | 22 | 120 | 400 | 49 | 71 |
| 青 海 | Qinghai | | | | 889 | 120 | 414 |
| 宁 夏 | Ningxia | 24 | | 34 | 539 | | 191 |
| 新 疆 | Xinjiang | 171 | 5 | 101 | 545 | 50 | 40 |

3-5-6 续表 2 Continued 2

单位：万元

Unit:10000 yuan

| 地 区 | Region | 联营企业 Joint Ownership Enterprises | | | 有限责任公司 Limited Liability Corporations | | |
|---|---|---|---|---|---|---|---|
| | | 本年应付工资总额 Total Accrued Wages of Current Year | 本年应付福利费总额 Total Accrued Welfarism of Current Year | 本年应交增值税 Current Year VAT Payable | 本年应付工资总额 Total Accrued Wages of Current Year | 本年应付福利费总额 Total Accrued Welfarism of Current Year | 本年应交增值税 Current Year VAT Payable |
| **全 国** | **National Total** | **22026** | **1204** | **26624** | **2769962** | **157538** | **2369434** |
| 北 京 | Beijing | 1148 | 32 | 1253 | 325478 | 16515 | 195183 |
| 天 津 | Tianjin | 115 | 9 | 276 | 51836 | 801 | 67433 |
| 河 北 | Hebei | 30 | | 13 | 76788 | 3824 | 50476 |
| 山 西 | Shanxi | 68 | | 54 | 31253 | 1543 | 26001 |
| 内蒙古 | Inner Mongolia | 90 | | 214 | 34349 | 1710 | 25252 |
| 辽 宁 | Liaoning | 394 | 62 | 786 | 90696 | 5095 | 82802 |
| 吉 林 | Jilin | | | | 26839 | 1788 | 10512 |
| 黑龙江 | Heilongjiang | 25 | | 8 | 70793 | 3656 | 151498 |
| 上 海 | Shanghai | 3821 | 189 | 2956 | 244931 | 9429 | 178099 |
| 江 苏 | Jiangsu | 3623 | 167 | 1176 | 220118 | 19256 | 133802 |
| 浙 江 | Zhejiang | 663 | 18 | 767 | 224150 | 12161 | 179501 |
| 安 徽 | Anhui | 195 | 3 | 66 | 68935 | 6809 | 65842 |
| 福 建 | Fujian | 613 | 49 | 2118 | 86172 | 4915 | 75416 |
| 江 西 | Jiangxi | | | | 27555 | 1482 | 14346 |
| 山 东 | Shandong | 1199 | 154 | 2041 | 215215 | 13597 | 156922 |
| 河 南 | Henan | 713 | 10 | 125 | 107705 | 5021 | 69231 |
| 湖 北 | Hubei | | | | 68338 | 4782 | 99269 |
| 湖 南 | Hunan | 1042 | 37 | 3421 | 50567 | 3918 | 40539 |
| 广 东 | Guangdong | 6880 | 414 | 8654 | 316362 | 16360 | 283865 |
| 广 西 | Guangxi | | | | 47385 | 3339 | 47362 |
| 海 南 | Hainan | 28 | 2 | 55 | 18763 | 771 | 24516 |
| 重 庆 | Chongqing | 126 | 14 | 1411 | 62343 | 4610 | 46578 |
| 四 川 | Sichuan | 814 | 23 | 887 | 102205 | 4800 | 85918 |
| 贵 州 | Guizhou | | | | 21343 | 1218 | 18847 |
| 云 南 | Yunnan | 289 | 20 | 287 | 48413 | 2594 | 65216 |
| 西 藏 | Tibet | | | | 1844 | 41 | 1538 |
| 陕 西 | Shaanxi | 90 | | 17 | 74460 | 4755 | 121598 |
| 甘 肃 | Gansu | | | | 13366 | 467 | 15353 |
| 青 海 | Qinghai | 61 | | 38 | 7394 | 118 | 4684 |
| 宁 夏 | Ningxia | | | | 11226 | 510 | 8911 |
| 新 疆 | Xinjiang | | | | 23142 | 1656 | 22929 |

3-5-6 续表 3 Continued 3

单位：万元
Unit:10000 yuan

| 地区 | Region | 股份有限公司 Share-holding Corporations Ltd. 本年应付工资总额 Total Accrued Wages of Current Year | 本年应付福利费总额 Total Accrued Welfarism of Current Year | 本年应交增值税 Current Year VAT Payable | 私营企业 Private Enterprises 本年应付工资总额 Total Accrued Wages of Current Year | 本年应付福利费总额 Total Accrued Welfarism of Current Year | 本年应交增值税 Current Year VAT Payable |
|---|---|---|---|---|---|---|---|
| **全　国** | **National Total** | **1134490** | **78217** | **1312121** | **2448116** | **150396** | **1965585** |
| 北　京 | Beijing | 142728 | 11699 | 109945 | 183715 | 8290 | 120126 |
| 天　津 | Tianjin | 7810 | 474 | 4060 | 39895 | 1746 | 42395 |
| 河　北 | Hebei | 36378 | 2585 | 22834 | 51625 | 1827 | 29127 |
| 山　西 | Shanxi | 30910 | 2503 | 24432 | 53749 | 2488 | 53036 |
| 内蒙古 | Inner Mongolia | 14482 | 948 | 23774 | 61563 | 2399 | 29659 |
| 辽　宁 | Liaoning | 54984 | 3028 | 34413 | 90443 | 5045 | 70861 |
| 吉　林 | Jilin | 15228 | 933 | 13547 | 31168 | 2364 | 31443 |
| 黑龙江 | Heilongjiang | 31012 | 1288 | 65929 | 48936 | 4494 | 36798 |
| 上　海 | Shanghai | 70307 | 5310 | 75106 | 123622 | 5123 | 105516 |
| 江　苏 | Jiangsu | 85094 | 7385 | 54707 | 308705 | 31155 | 265416 |
| 浙　江 | Zhejiang | 58053 | 3957 | 93232 | 176255 | 7488 | 104202 |
| 安　徽 | Anhui | 19159 | 1147 | 24624 | 63684 | 3570 | 33243 |
| 福　建 | Fujian | 14494 | 1398 | 10064 | 85690 | 3458 | 88619 |
| 江　西 | Jiangxi | 17000 | 1239 | 25342 | 20301 | 1287 | 16683 |
| 山　东 | Shandong | 109581 | 7711 | 194740 | 249381 | 18066 | 261171 |
| 河　南 | Henan | 30901 | 1794 | 88284 | 100902 | 3648 | 47093 |
| 湖　北 | Hubei | 102787 | 5864 | 73323 | 59252 | 3420 | 82016 |
| 湖　南 | Hunan | 51352 | 4164 | 50530 | 88964 | 8136 | 58924 |
| 广　东 | Guangdong | 69367 | 3822 | 144214 | 287682 | 19133 | 194905 |
| 广　西 | Guangxi | 22811 | 1805 | 17918 | 34813 | 1898 | 33032 |
| 海　南 | Hainan | 5833 | 573 | 11680 | 5047 | 315 | 2695 |
| 重　庆 | Chongqing | 25685 | 241 | 19566 | 56037 | 4104 | 33976 |
| 四　川 | Sichuan | 53920 | 3394 | 58058 | 64505 | 3815 | 71370 |
| 贵　州 | Guizhou | 7234 | 1158 | 12494 | 10958 | 812 | 10070 |
| 云　南 | Yunnan | 11615 | 676 | 23741 | 55325 | 2340 | 43285 |
| 西　藏 | Tibet | 1639 | 24 | 152 | 1401 | 10 | 482 |
| 陕　西 | Shaanxi | 19947 | 1927 | 14359 | 37883 | 2295 | 25286 |
| 甘　肃 | Gansu | 11291 | 725 | 7941 | 12448 | 533 | 20451 |
| 青　海 | Qinghai | 2135 | 75 | 1202 | 2700 | 38 | 1093 |
| 宁　夏 | Ningxia | 2561 | 252 | 3864 | 9299 | 343 | 3616 |
| 新　疆 | Xinjiang | 8192 | 122 | 8047 | 32168 | 758 | 49000 |

3-5-6 续表 4 Continued 4

单位：万元
Unit:10000 yuan

| 地区 | Region | 港、澳、台商投资企业 Enterprises with Funds from Hong Kong, Macao and Taiwan | | | 外商投资企业 Foreign Funded Enterprises | | |
|---|---|---|---|---|---|---|---|
| | | 本年应付工资总额 Total Accrued Wages of Current Year | 本年应付福利费总额 Total Accrued Welfarism of Current Year | 本年应交增值税 Current Year VAT Payable | 本年应付工资总额 Total Accrued Wages of Current Year | 本年应付福利费总额 Total Accrued Welfarism of Current Year | 本年应交增值税 Current Year VAT Payable |
| **全国** | **National Total** | **556471** | **33252** | **781210** | **1062431** | **63044** | **823888** |
| 北京 | Beijing | 52149 | 2145 | 50177 | 255371 | 13405 | 121920 |
| 天津 | Tianjin | 23943 | 106 | 8735 | 22577 | 986 | 30439 |
| 河北 | Hebei | | | | 3961 | 207 | 1830 |
| 山西 | Shanxi | 4592 | 903 | 3508 | 577 | 10 | 908 |
| 内蒙古 | Inner Mongolia | 67 | | 25 | | | |
| 辽宁 | Liaoning | 17695 | 234 | 39190 | 29464 | 2289 | 20649 |
| 吉林 | Jilin | 4130 | 380 | 6400 | 2644 | 209 | 1090 |
| 黑龙江 | Heilongjiang | 1794 | 815 | 7972 | 14095 | 1244 | 50884 |
| 上海 | Shanghai | 78652 | 5231 | 125669 | 215010 | 10389 | 131122 |
| 江苏 | Jiangsu | 94012 | 7210 | 54946 | 136755 | 5317 | 80593 |
| 浙江 | Zhejiang | 21564 | 852 | 13502 | 40952 | 3116 | 39896 |
| 安徽 | Anhui | 3060 | 327 | 2716 | 12499 | 609 | 10718 |
| 福建 | Fujian | 34179 | 1785 | 9991 | 24262 | 1289 | 26949 |
| 江西 | Jiangxi | 513 | | 376 | 3484 | 149 | 6228 |
| 山东 | Shandong | 5775 | 304 | 4022 | 24056 | 1138 | 36051 |
| 河南 | Henan | 9169 | 470 | 23125 | 6016 | 282 | 3983 |
| 湖北 | Hubei | 9106 | 873 | 15581 | 14804 | 1844 | 20428 |
| 湖南 | Hunan | 11608 | 1183 | 5128 | 18120 | 2399 | 10010 |
| 广东 | Guangdong | 115969 | 8136 | 266450 | 168068 | 14422 | 125485 |
| 广西 | Guangxi | 3665 | 158 | 5554 | 4445 | 471 | 3714 |
| 海南 | Hainan | 835 | 4 | 583 | 2563 | 159 | 2573 |
| 重庆 | Chongqing | 29551 | 67 | 22511 | 9019 | 192 | 6573 |
| 四川 | Sichuan | 11227 | 1695 | 11790 | 27344 | 1144 | 57838 |
| 贵州 | Guizhou | 1844 | 58 | 2083 | 3461 | 455 | 3754 |
| 云南 | Yunnan | 5728 | 48 | 5940 | 12007 | 519 | 15423 |
| 西藏 | Tibet | | | | 44 | 6 | 166 |
| 陕西 | Shaanxi | 14180 | 151 | 90405 | 6320 | 634 | 11034 |
| 甘肃 | Gansu | | | | 615 | | 15 |
| 青海 | Qinghai | | | | 125 | | 72 |
| 宁夏 | Ningxia | | | | 235 | 19 | 225 |
| 新疆 | Xinjiang | 1468 | 119 | 4832 | 3541 | 141 | 3319 |

# 3-5-7 各地区限额以上零售企业工资福利及增值税(按国民经济行业分)

## Wages,Welfarism and VAT of Enterprises above Designated Size of Retail Trade by Region and Sector

单位：万元
Unit:10000 yuan

| 地区 | Region | 综合零售 Integrated Retail | | | 食品、饮料及烟草制品专门零售 Retail of Food, Beverages and Tobaccos | | |
|---|---|---|---|---|---|---|---|
| | | 本年应付工资总额 Total Accrued Wages of Current Year | 本年应付福利费总额 Total Accrued Welfarism of Current Year | 本年应交增值税 Current Year VAT Payable | 本年应付工资总额 Total Accrued Wages of Current Year | 本年应付福利费总额 Total Accrued Welfarism of Current Year | 本年应交增值税 Current Year VAT Payable |
| **全　国** | **National Total** | **3845564** | **225768** | **3062369** | **288557** | **14671** | **163058** |
| 北　京 | Beijing | 354448 | 26722 | 246547 | 37153 | 937 | 18872 |
| 天　津 | Tianjin | 92720 | 2409 | 40234 | 13562 | 260 | 6986 |
| 河　北 | Hebei | 122369 | 7209 | 56189 | 1470 | 88 | 544 |
| 山　西 | Shanxi | 47956 | 1811 | 32336 | 8970 | 1051 | 5314 |
| 内蒙古 | Inner Mongolia | 47309 | 1863 | 13986 | 1574 | 56 | 496 |
| 辽　宁 | Liaoning | 157821 | 7837 | 103870 | 5480 | 305 | 3629 |
| 吉　林 | Jilin | 38671 | 3132 | 28108 | 4501 | 241 | 3604 |
| 黑龙江 | Heilongjiang | 104369 | 5734 | 172141 | 1510 | 77 | 566 |
| 上　海 | Shanghai | 364101 | 15329 | 314990 | 32109 | 1926 | 19774 |
| 江　苏 | Jiangsu | 462992 | 35371 | 277042 | 25818 | 1995 | 18424 |
| 浙　江 | Zhejiang | 216565 | 10782 | 154729 | 12886 | 605 | 5675 |
| 安　徽 | Anhui | 97504 | 7392 | 55631 | 6462 | 234 | 2140 |
| 福　建 | Fujian | 103259 | 4889 | 72720 | 14520 | 769 | 9947 |
| 江　西 | Jiangxi | 30131 | 1821 | 25560 | 378 | 22 | 91 |
| 山　东 | Shandong | 357799 | 22082 | 236690 | 27915 | 1762 | 24520 |
| 河　南 | Henan | 161491 | 6496 | 142483 | 17177 | 575 | 4998 |
| 湖　北 | Hubei | 159443 | 9799 | 117252 | 10479 | 374 | 7660 |
| 湖　南 | Hunan | 106377 | 11449 | 56044 | 3337 | 258 | 3076 |
| 广　东 | Guangdong | 377024 | 22511 | 381143 | 24023 | 1074 | 6719 |
| 广　西 | Guangxi | 48616 | 3402 | 37016 | 6226 | 218 | 2196 |
| 海　南 | Hainan | 6588 | 232 | 3231 | 1103 | 131 | 733 |
| 重　庆 | Chongqing | 93013 | 2522 | 51639 | 3413 | 151 | 1881 |
| 四　川 | Sichuan | 102683 | 5672 | 103319 | 3935 | 147 | 2713 |
| 贵　州 | Guizhou | 13080 | 1122 | 13362 | 1975 | 277 | 2590 |
| 云　南 | Yunnan | 37584 | 2076 | 48543 | 11130 | 311 | 2249 |
| 西　藏 | Tibet | 1151 | | 648 | 1259 | 120 | 1286 |
| 陕　西 | Shaanxi | 82707 | 3939 | 214167 | 6494 | 493 | 4603 |
| 甘　肃 | Gansu | 16501 | 633 | 29493 | 2255 | 146 | 1574 |
| 青　海 | Qinghai | 6478 | 237 | 4128 | 40 | | 14 |
| 宁　夏 | Ningxia | 9232 | 547 | 9495 | 662 | 4 | 92 |
| 新　疆 | Xinjiang | 25584 | 749 | 19636 | 742 | 65 | 94 |

3-5-7 续表 1 Continued 1

单位：万元
Unit:10000 yuan

| 地区 | Region | 纺织、服装及日用品专门零售 Special Retail of Textiles, Garments and DailyConsumer Articles | | | 文化、体育用品及器材专门零售 Retail of Culture, Sports Appliances and Equipments | | |
|---|---|---|---|---|---|---|---|
| | | 本年应付工资总额 Total Accrued Wages of Current Year | 本年应付福利费总额 Total Accrued Welfarism of Current Year | 本年应交增值税 Current Year VAT Payable | 本年应付工资总额 Total Accrued Wages of Current Year | 本年应付福利费总额 Total Accrued Welfarism of Current Year | 本年应交增值税 Current Year VAT Payable |
| **全国** | **National Total** | **601347** | **26919** | **515834** | **616895** | **36225** | **265455** |
| 北京 | Beijing | 89032 | 2440 | 57894 | 166926 | 2980 | 24621 |
| 天津 | Tianjin | 11166 | 135 | 48845 | 9935 | 402 | 3899 |
| 河北 | Hebei | 6223 | 424 | 4261 | 10195 | 617 | 3749 |
| 山西 | Shanxi | 7369 | 289 | 8250 | 10056 | 722 | 5845 |
| 内蒙古 | Inner Mongolia | 6508 | 448 | 1388 | 2968 | 137 | 1013 |
| 辽宁 | Liaoning | 17019 | 434 | 11372 | 15977 | 1371 | 5121 |
| 吉林 | Jilin | 6809 | 196 | 2393 | 5284 | 387 | 1642 |
| 黑龙江 | Heilongjiang | 6419 | 168 | 24569 | 7039 | 186 | 4288 |
| 上海 | Shanghai | 123526 | 5320 | 117691 | 50232 | 3605 | 36075 |
| 江苏 | Jiangsu | 22785 | 1490 | 14363 | 46870 | 3757 | 23961 |
| 浙江 | Zhejiang | 25947 | 546 | 14328 | 28384 | 2399 | 14441 |
| 安徽 | Anhui | 5677 | 279 | 3225 | 12992 | 1383 | 4893 |
| 福建 | Fujian | 10518 | 348 | 5995 | 19344 | 330 | 13006 |
| 江西 | Jiangxi | 2597 | 104 | 1360 | 12873 | 1449 | 5164 |
| 山东 | Shandong | 29458 | 2448 | 24458 | 35723 | 2383 | 27625 |
| 河南 | Henan | 21507 | 675 | 8343 | 22825 | 1596 | 8788 |
| 湖北 | Hubei | 19603 | 997 | 13590 | 10714 | 1268 | 5953 |
| 湖南 | Hunan | 13842 | 1396 | 5801 | 14306 | 1811 | 6999 |
| 广东 | Guangdong | 118908 | 7065 | 108909 | 41219 | 2456 | 13769 |
| 广西 | Guangxi | 3092 | 24 | 1231 | 7942 | 674 | 3115 |
| 海南 | Hainan | 3486 | 81 | 3326 | 1354 | 188 | 565 |
| 重庆 | Chongqing | 9603 | 331 | 4699 | 10051 | 1230 | 2254 |
| 四川 | Sichuan | 9507 | 409 | 13110 | 23804 | 709 | 20553 |
| 贵州 | Guizhou | 3225 | 123 | 3530 | 4490 | 269 | 2956 |
| 云南 | Yunnan | 4449 | 50 | 1151 | 16984 | 1173 | 14007 |
| 西藏 | Tibet | 44 | 6 | 166 | 233 | 12 | 41 |
| 陕西 | Shaanxi | 13138 | 498 | 7083 | 14194 | 1039 | 4622 |
| 甘肃 | Gansu | 440 | 1 | 48 | 4554 | 414 | 1251 |
| 青海 | Qinghai | 1410 | 28 | 337 | 275 | | 137 |
| 宁夏 | Ningxia | 1665 | 70 | 767 | 1823 | 176 | 626 |
| 新疆 | Xinjiang | 6376 | 96 | 3353 | 7331 | 1104 | 4477 |

3-5-7 续表 2 Continued 2

单位：万元
Unit:10000 yuan

| 地区 | Region | 医药及医疗器材专门零售 Retail of Medicines and Medical Appliances | | | 汽车、摩托车、燃料及零配件专门零售 Retail of Motor Vehicles, Motorcycles, Fuel and Parts | | |
|---|---|---|---|---|---|---|---|
| | | 本年应付工资总额 Total Accrued Wages of Current Year | 本年应付福利费总额 Total Accrued Welfarism of Current Year | 本年应交增值税 Current Year VAT Payable | 本年应付工资总额 Total Accrued Wages of Current Year | 本年应付福利费总额 Total Accrued Welfarism of Current Year | 本年应交增值税 Current Year VAT Payable |
| **全国** | **National Total** | **534091** | **32594** | **311796** | **1985456** | **152723** | **2950151** |
| 北京 | Beijing | 44540 | 2882 | 27992 | 162303 | 11366 | 158395 |
| 天津 | Tianjin | 3099 | 102 | 1981 | 49034 | 2093 | 62134 |
| 河北 | Hebei | 8383 | 368 | 4209 | 36202 | 1459 | 38793 |
| 山西 | Shanxi | 6986 | 279 | 3722 | 49868 | 3933 | 56390 |
| 内蒙古 | Inner Mongolia | 5043 | 90 | 2366 | 57942 | 4149 | 102996 |
| 辽宁 | Liaoning | 26199 | 1396 | 12561 | 58041 | 4462 | 97336 |
| 吉林 | Jilin | 4110 | 186 | 3949 | 20828 | 1601 | 22969 |
| 黑龙江 | Heilongjiang | 16976 | 2038 | 42263 | 36588 | 3893 | 121177 |
| 上海 | Shanghai | 33672 | 2412 | 16715 | 79080 | 5700 | 93798 |
| 江苏 | Jiangsu | 70501 | 6258 | 32116 | 145368 | 15529 | 149898 |
| 浙江 | Zhejiang | 39810 | 2345 | 19931 | 170358 | 10944 | 199729 |
| 安徽 | Anhui | 10998 | 753 | 4642 | 33177 | 2879 | 67780 |
| 福建 | Fujian | 8053 | 416 | 4725 | 65626 | 4637 | 82989 |
| 江西 | Jiangxi | 11282 | 624 | 4290 | 19553 | 1324 | 32221 |
| 山东 | Shandong | 29774 | 1931 | 16716 | 147616 | 10091 | 300561 |
| 河南 | Henan | 27329 | 897 | 5547 | 70408 | 4288 | 125064 |
| 湖北 | Hubei | 13835 | 1055 | 12328 | 56925 | 7615 | 150841 |
| 湖南 | Hunan | 23538 | 1666 | 10052 | 66089 | 4405 | 94262 |
| 广东 | Guangdong | 53261 | 3305 | 31527 | 316773 | 25246 | 517526 |
| 广西 | Guangxi | 13080 | 990 | 9650 | 37099 | 3497 | 53682 |
| 海南 | Hainan | 1086 | 77 | 628 | 15114 | 972 | 29258 |
| 重庆 | Chongqing | 17106 | 649 | 13516 | 29446 | 2524 | 48740 |
| 四川 | Sichuan | 10251 | 304 | 4018 | 113074 | 9883 | 135522 |
| 贵州 | Guizhou | 4253 | 76 | 1455 | 20770 | 1793 | 34562 |
| 云南 | Yunnan | 24804 | 318 | 11410 | 45608 | 2704 | 70176 |
| 西藏 | Tibet | | | | 6722 | 227 | 10013 |
| 陕西 | Shaanxi | 8145 | 259 | 4181 | 28615 | 2848 | 51941 |
| 甘肃 | Gansu | 3895 | 46 | 1440 | 15991 | 971 | 14270 |
| 青海 | Qinghai | 1876 | 38 | 443 | 3871 | 26 | 2062 |
| 宁夏 | Ningxia | 4064 | 390 | 1888 | 7302 | 224 | 3808 |
| 新疆 | Xinjiang | 8142 | 445 | 5538 | 20067 | 1441 | 21258 |

3-5-7 续表 3 Continued 3

单位：万元
Unit:10000 yuan

| 地区 | Region | 家用电器及电子产品专门零售 Special Retail of Household Electric Appliances and Electronic Products | | | 五金、家具及室内装修材料专门零售 Special Retail of Hardware, Furniture and Decoration Materials | | |
|---|---|---|---|---|---|---|---|
| | | 本年应付工资总额 Total Accrued Wages of Current Year | 本年应付福利费总额 Total Accrued Welfarism of Current Year | 本年应交增值税 Current Year VAT Payable | 本年应付工资总额 Total Accrued Wages of Current Year | 本年应付福利费总额 Total Accrued Welfarism of Current Year | 本年应交增值税 Current Year VAT Payable |
| **全　国** | **National Total** | **741873** | **41269** | **608510** | **215051** | **19865** | **151318** |
| 北　京 | Beijing | 93317 | 3934 | 45558 | 29717 | 2523 | 20968 |
| 天　津 | Tianjin | 10767 | 771 | 7691 | 5487 | 93 | 3163 |
| 河　北 | Hebei | 12638 | 695 | 6774 | 2201 | 148 | 425 |
| 山　西 | Shanxi | 7176 | 365 | 4444 | 1718 | 55 | 493 |
| 内蒙古 | Inner Mongolia | 7526 | 419 | 7803 | 7970 | 397 | 767 |
| 辽　宁 | Liaoning | 17046 | 943 | 21281 | 4154 | 560 | 3363 |
| 吉　林 | Jilin | 5612 | 482 | 2648 | 971 | 23 | 577 |
| 黑龙江 | Heilongjiang | 17466 | 1108 | 32631 | 1874 | 45 | 515 |
| 上　海 | Shanghai | 66543 | 1326 | 28728 | 31679 | 3813 | 24092 |
| 江　苏 | Jiangsu | 109318 | 9788 | 90086 | 13223 | 1418 | 9779 |
| 浙　江 | Zhejiang | 47404 | 1334 | 32844 | 3379 | 139 | 1590 |
| 安　徽 | Anhui | 15865 | 794 | 8144 | 3650 | 118 | 1945 |
| 福　建 | Fujian | 27253 | 1423 | 22985 | 3580 | 192 | 2894 |
| 江　西 | Jiangxi | 6061 | 416 | 2695 | 939 | 54 | 583 |
| 山　东 | Shandong | 53236 | 3780 | 60083 | 38041 | 4275 | 29644 |
| 河　南 | Henan | 25236 | 940 | 16652 | 9747 | 295 | 5204 |
| 湖　北 | Hubei | 22335 | 1603 | 25299 | 2903 | 507 | 5952 |
| 湖　南 | Hunan | 16659 | 1145 | 8631 | 4465 | 443 | 2542 |
| 广　东 | Guangdong | 89722 | 4993 | 51715 | 23027 | 1756 | 13788 |
| 广　西 | Guangxi | 8704 | 492 | 6835 | 421 | 16 | 279 |
| 海　南 | Hainan | 4596 | 247 | 4576 | 329 | 11 | 93 |
| 重　庆 | Chongqing | 16353 | 370 | 16696 | 11140 | 1918 | 8152 |
| 四　川 | Sichuan | 19069 | 657 | 41442 | 3930 | 123 | 1851 |
| 贵　州 | Guizhou | 5126 | 698 | 3131 | 127 | | 66 |
| 云　南 | Yunnan | 7928 | 399 | 7918 | 346 | 59 | 631 |
| 西　藏 | Tibet | 291 | | 47 | | | |
| 陕　西 | Shaanxi | 14086 | 1613 | 14694 | 3568 | 290 | 6717 |
| 甘　肃 | Gansu | 2126 | 216 | 1861 | 430 | 9 | 111 |
| 青　海 | Qinghai | 1178 | 65 | 1105 | | | |
| 宁　夏 | Ningxia | 2921 | 83 | 1821 | 164 | | 61 |
| 新　疆 | Xinjiang | 8318 | 173 | 31696 | 5874 | 587 | 5074 |

## 3-5-7 续表 4 Continued 4

单位：万元
Unit:10000 yuan

| 地区 | Region | 无店铺及其他零售 Non-shop and Other Retails<br>本年应付工资总额 Total Accrued Wages of Current Year | 本年应付福利费总额 Total Accrued Welfarism of Current Year | 本年应交增值税 Current Year VAT Payable |
|---|---|---|---|---|
| **全国** | **National Total** | **192642** | **11396** | **158349** |
| 北京 | Beijing | 47535 | 1992 | 30200 |
| 天津 | Tianjin | 3767 | 70 | 5474 |
| 河北 | Hebei | 3526 | 74 | 2220 |
| 山西 | Shanxi | 4052 | 447 | 2310 |
| 内蒙古 | Inner Mongolia | 1786 | 89 | 1215 |
| 辽宁 | Liaoning | 3977 | 148 | 2993 |
| 吉林 | Jilin | 429 | 28 | 304 |
| 黑龙江 | Heilongjiang | 525 | 36 | 557 |
| 上海 | Shanghai | 21568 | 1441 | 26640 |
| 江苏 | Jiangsu | 9038 | 801 | 4263 |
| 浙江 | Zhejiang | 7449 | 557 | 3426 |
| 安徽 | Anhui | 1041 | 162 | 853 |
| 福建 | Fujian | 8912 | 586 | 7825 |
| 江西 | Jiangxi | 93 | 13 | 79 |
| 山东 | Shandong | 19597 | 1420 | 22120 |
| 河南 | Henan | 4972 | 300 | 2743 |
| 湖北 | Hubei | 3473 | 382 | 1614 |
| 湖南 | Hunan | 9837 | 605 | 8611 |
| 广东 | Guangdong | 24926 | 1227 | 19420 |
| 广西 | Guangxi | 2952 | 200 | 1394 |
| 海南 | Hainan | 594 | 26 | 426 |
| 重庆 | Chongqing | 2611 | 133 | 694 |
| 四川 | Sichuan | 1807 | 119 | 901 |
| 贵州 | Guizhou | 990 | 88 | 416 |
| 云南 | Yunnan | 2615 | 56 | 5420 |
| 西藏 | Tibet | 77 | 12 | 24 |
| 陕西 | Shaanxi | 2371 | 221 | 1285 |
| 甘肃 | Gansu | 417 | 27 | 920 |
| 青海 | Qinghai | 235 | 2 | 210 |
| 宁夏 | Ningxia | 784 | 106 | 237 |
| 新疆 | Xinjiang | 686 | 29 | 3557 |

## 3-6-1 限额以上批发和零售业产业活动单位和个体经营户基本情况

## Basic Conditions of Establishments and Getihus above Designated Size of Wholesale and Retail Trades

| 项　目 | Item | 单位数（个） Number of Units (unit) | 年末从业人数（人） Engaged Persons the Year-end (person) |
|---|---|---|---|
| **总　计** | **Total** | **9478** | **250726** |
| **一、批发业** | **Wholesale Trade** | **1470** | **57680** |
| **(一)按登记注册类型分** | **by Type of Registration** | | |
| **1.内资企业** | **Domestic Funded Enterprises** | **265** | **21921** |
| 国有企业 | State-owned Enterprises | 92 | 6750 |
| 集体企业 | Collective-owned Enterprises | 14 | 1903 |
| 股份合作企业 | Cooperative Enterprises | 3 | 42 |
| 联营企业 | Joint Ownership Enterprises | | |
| 国有联营企业 | State Joint Ownership Enterprises | | |
| 集体联营企业 | Collective Joint Ownership Enterprises | | |
| 国有与集体联营企业 | Joint State-collective Enterprises | | |
| 其他联营企业 | Other Joint Ownership Enterprises | | |
| 有限责任公司 | Limited Liability Corporations | 68 | 4511 |
| 国有独资公司 | State Sole Funded Corporations | 8 | 216 |
| 其他有限责任公司 | Other Limited Liability Corporations | 60 | 4295 |
| 股份有限公司 | Share-holding Corporations Ltd. | 36 | 3521 |
| 私营企业 | Private Enterprises | 48 | 5025 |
| 私营独资企业 | Private-funded Enterprises | 6 | 355 |
| 私营合伙企业 | Private Partnership Enterprises | 1 | 12 |
| 私营有限责任公司 | Private Limited Liability Corporations | 34 | 3771 |
| 私营股份有限公司 | Private Share-holding Corporations Ltd. | 7 | 887 |
| 其他企业 | Other Enterprises | 4 | 169 |
| **2.港、澳、台商投资企业** | **Enterprises with Funds from Hongkong, Macao and Taiwan** | **38** | **4097** |
| 合资经营企业 | Joint-venture Enterprises | 9 | 321 |
| 合作经营企业 | Cooperative Enterprises | | |
| 独资经营企业 | Enterprises with Sole Investment | 21 | 2947 |
| 投资股份有限公司 | Share-holding Corporations Ltd. with Investment | 8 | 829 |
| **3.外商投资企业** | **Foreign Funded Enterprises** | **83** | **8639** |
| 中外合资经营企业 | Joint-venture Enterprises | 32 | 2005 |
| 中外合作经营企业 | Cooperative Enterprises | 3 | 994 |
| 外资企业 | Enterprises with Sole Foreign Investment | 40 | 4787 |
| 外商投资股份有限公司 | Share-holding Corporations Ltd. with Foreign Investment | 8 | 853 |
| **4.个体经营户** | **Getihus** | **1084** | **23023** |

3-6-1 续表 1 Continued 1

| 项　目 | Item | 单位数 (个) Number of Units (unit) | 年末从业人数 (人) Engaged Persons the Year-end (person) |
|---|---|---|---|
| **(二)按国民经济行业分** | **by Sector** | | |
| 农畜产品批发 | Wholesale of Farm Produce and Livestock Products | 131 | 3326 |
| 食品、饮料及烟草制品批发 | Wholesale of Food, Beverages and Tobaccos | 425 | 22137 |
| 米、面制品及食用油批发 | Wholesale of Rice, Flour and Edible Oil | 30 | 2720 |
| 肉、禽、蛋及水产品批发 | Wholesale of Meal, Fowls, Eggs and Aquatic products | 128 | 8469 |
| 饮料及茶叶批发 | Wholesale of Beverages and Teas | 43 | 2335 |
| 烟草制品批发 | Wholesales of Tobaccos | | |
| 纺织、服装及日用品批发 | Wholesale of Textiles, Garments and Daily Consumer Articles | 238 | 6779 |
| 服装批发 | Wholesale of Garments | 66 | 2108 |
| 鞋帽批发 | Wholesale of Shoes and Hats | 4 | 702 |
| 文化、体育用品及器材批发 | Wholesale of Culture, Sports Appliances and Equipments | 20 | 2597 |
| 文具用品批发 | Wholesale of Stationeries | 2 | 369 |
| 体育用品批发 | Wholesale of Sporting goods | 1 | 21 |
| 图书批发 | Wholesale of Books | 2 | 18 |
| 医药及医疗器材批发 | Wholesale of Medicines and Medical Appliances | 4 | 213 |
| 西药批发 | Wholesale of Western medicine | 1 | 101 |
| 中药材及中成药批发 | Wholesale of Chinese traditional Medicine and Medicinal materials | 3 | 112 |
| 矿产品、建材及化工产品批发 | Wholesale of Mineral Products, Building Materials and Chemical Products | 440 | 11013 |
| 煤炭及制品批发 | Wholesale of Coal and Related Products | 32 | 1307 |
| 石油及制品批发 | Wholesale of Petroleum and Related Products | 20 | 2617 |
| 金属及金属矿批发 | Wholesale of Metal Materials | 65 | 1942 |
| 建材批发 | Wholesale of Building Materials | 177 | 2943 |
| 化肥批发 | Wholesale of Chemical Fertilizer | 51 | 1209 |
| 农药批发 | Wholesale of Pesticides | 2 | 10 |
| 机械设备、五金交电及电子产品批发 | Wholesale of Machinery, Hardware and Electronic Equipment | 121 | 7867 |
| 汽车、摩托车及零配件批发 | Wholesale of Motor Vehicles, Motorcycles and Parts | 15 | 2275 |
| 家用电器批发 | Wholesale of Household Electrical Appliances | 46 | 3403 |
| 计算机、软件及辅助设备批发 | Wholesale of Computer, Software and Assistant Appliances | 4 | 134 |
| 通讯及广播电视设备批发 | Wholesale of Communication, Radios and Televisions equipments | 4 | 74 |
| 贸易经纪与代理 | Trade Broker and Agency | 5 | 43 |
| 其他批发 | Other Wholesale not Classified Elsewhere | 86 | 3705 |

3-6-1 续表 2 Continued 2

| 项 目 | Item | 单位数（个）Number of Units (unit) | 年末从业人数（人）Engaged Persons the Year-end (person) | 零售业营业面积（平方米）Business area of Retail Trade at the Year-end (m²) |
|---|---|---|---|---|
| **二、零售业** | **Retail Trade** | **8008** | **193046** | **6595710** |
| **(一)按登记注册类型分** | **by Type of Registration** | | | |
| **1.内资企业** | **Domestic Funded Enterprises** | **558** | **50008** | **1242079** |
| 国有企业 | State-owned Enterprises | 190 | 27060 | 286212 |
| 集体企业 | Collective-owned Enterprises | 24 | 1305 | 30677 |
| 股份合作企业 | Cooperative Enterprises | 4 | 94 | 7886 |
| 联营企业 | Joint Ownership Enterprises | 1 | 16 | 2000 |
| 国有联营企业 | State Joint Ownership Enterprises | 1 | 16 | 2000 |
| 集体联营企业 | Collective Joint Ownership Enterprises | | | |
| 国有与集体联营企业 | Joint State-collective Enterprises | | | |
| 其他联营企业 | Other Joint Ownership Enterprises | | | |
| 有限责任公司 | Limited Liability Corporations | 109 | 7229 | 271716 |
| 国有独资公司 | State Sole Funded Corporations | 3 | 165 | 2807 |
| 其他有限责任公司 | Other Limited Liability Corporations | 106 | 7064 | 268909 |
| 股份有限公司 | Share-holding Corporations Ltd. | 42 | 4335 | 93639 |
| 私营企业 | Private Enterprises | 166 | 8195 | 503236 |
| 私营独资企业 | Private-funded Enterprises | 21 | 549 | 20993 |
| 私营合伙企业 | Private Partnership Enterprises | 8 | 1131 | 11560 |
| 私营有限责任公司 | Private Limited Liability Corporations | 127 | 6022 | 450170 |
| 私营股份有限公司 | Private Share-holding Corporations Ltd. | 10 | 493 | 20513 |
| 其他企业 | Other Enterprises | 22 | 1774 | 46713 |
| **2.港、澳、台商投资企业** | **Enterprises with Funds from Hongkong, Macao and Taiwan** | **89** | **7459** | **212490** |
| 合资经营企业 | Joint-venture Enterprises | 28 | 3486 | 154796 |
| 合作经营企业 | Cooperative Enterprises | 4 | 122 | 5242 |
| 独资经营企业 | Enterprises with Sole Investment | 57 | 3851 | 52452 |
| 投资股份有限公司 | Share-holding Corporations Ltd. with Investment | | | |
| **3.外商投资企业** | **Foreign Funded Enterprises** | **142** | **10190** | **351239** |
| 中外合资经营企业 | Joint-venture Enterprises | 28 | 3085 | 143463 |
| 中外合作经营企业 | Cooperative Enterprises | 7 | 768 | 20487 |
| 外资企业 | Enterprises with Sole Foreign Investment | 96 | 5374 | 181069 |
| 外商投资股份有限公司 | Share-holding Corporations Ltd. with Foreign Investment | 11 | 963 | 6220 |
| **4.个体经营户** | **Getihus** | **7219** | **125389** | **4789902** |

| 项 目 | Item | 单位数(个) Number of Units (unit) | 年末从业人数(人) Engaged Persons the Year-end (person) | 零售业营业面积(平方米) Business area of Retail Trade at the Year-end (㎡) |
|---|---|---|---|---|
| **(二)按国民经济行业分** | **by Sector** | | | |
| 综合零售 | Integrated Retail | 1728 | 62253 | 2627041 |
| 百货零售 | Retail of General Merchandise | 743 | 26692 | 1277693 |
| 超级市场零售 | Retail of Supermarkets | 630 | 29664 | 1094357 |
| 食品、饮料及烟草制品专门零售 | Retail of Food, Beverages and Tobaccos | 754 | 15113 | 305772 |
| 粮油零售 | Retail of Cereal and Oil | 89 | 797 | 29341 |
| 肉、禽、蛋及水产品零售 | Retail of meat, poultry and eggs | 116 | 2670 | 29631 |
| 饮料及茶叶零售 | Wholesale of Books | 157 | 2964 | 74136 |
| 烟草制品零售 | Retail of Tobaccos | 81 | 516 | 16198 |
| 纺织、服装及日用品专门零售 | Special Retail of Textiles, Garments and Daily Consumer Articles | 1488 | 26443 | 817788 |
| 服装零售 | Retail of Garments | 896 | 18266 | 559363 |
| 文化、体育用品及器材专门零售 | Retail of Culture, Sports Appliances and Equipments | 469 | 21217 | 207227 |
| 体育用品零售 | Retail of Sporting Goods | 21 | 228 | 4144 |
| 图书零售 | Retail of Books | 28 | 2968 | 35276 |
| 医药及医疗器材专门零售 | Retail of Medicines and Medical Appliances | 542 | 15704 | 117829 |
| 药品零售 | Retail of Medicines | 534 | 15400 | 115820 |
| 汽车、摩托车、燃料及零配件专门零售 | Retail of Motor Vehicles, Motorcycles, Fuel and Parts | 600 | 8962 | 454887 |
| 汽车零售 | Retail of Motor Vehicles | 108 | 2825 | 141942 |
| 机动车燃料零售 | Retail of Automotive Fuels | 197 | 2836 | 200578 |
| 家用电器及电子产品专门零售 | Special Retail of Household Electric Appliances and Electronic Products | 794 | 12669 | 426229 |
| 家用电器零售 | Retail of Household Electric Appliances | 573 | 7717 | 324795 |
| 计算机、软件及辅助设备零售 | Retail of Computer, Software and Assistant Appliances | 72 | 1831 | 42965 |
| 通信设备零售 | Retail of Communication Equipments | 118 | 1879 | 47367 |
| 五金、家具及室内装修材料专门零售 | Special Retail of Hardware, Furniture and Decoration Materials | 1356 | 19415 | 1362540 |
| 无店铺及其他零售 | Non-shop and Other Retails | 277 | 11270 | 276397 |
| 邮购及电子销售 | Distribution of Post and E-commerce | | | |
| **(三)按零售业态分** | **by Modes of Business Operation** | | | |
| 有店铺零售 | Store-based Retailing | 7997 | 192008 | 6569224 |
| # 超市 | Supermarket | 1162 | 34052 | 1309126 |
| 大型超市 | Hypermarket | 113 | 11277 | 526217 |
| 百货店 | Department Store | 455 | 12591 | 589835 |
| 专业店 | Speciality Store | 3222 | 71089 | 2022930 |
| 专卖店 | Exclusive Shop | 1996 | 40499 | 998950 |
| 无店铺零售 | Non-Store Selling | 11 | 1038 | 26486 |

# 3-6-2 各地区限额以上批发和零售业产业活动单位和个体经营户基本情况

## Basic Conditions of Establishments and Getihus above Designated Size of Wholesale and Retail Trades by Region

| 地区 | Region | 批发业 Wholesale Trade | | 零售业 Retail Trade | |
|---|---|---|---|---|---|
| | | 单位数（个）Number of Units (unit) | 年末从业人数（人）Engaged Persons at the Year-end (person) | 单位数（个）Number of Units (unit) | 年末从业人数（人）Engaged Persons at the Year-end (person) |
| **全国** | **National Total** | **1470** | **57680** | **8008** | **193046** |
| 北京 | Beijing | 64 | 2896 | 207 | 7173 |
| 天津 | Tianjin | 4 | 172 | 60 | 2221 |
| 河北 | Hebei | 10 | 553 | 45 | 3299 |
| 山西 | Shanxi | 3 | 134 | 26 | 1285 |
| 内蒙古 | Inner Mongolia | 10 | 355 | 128 | 3082 |
| 辽宁 | Liaoning | 46 | 2962 | 486 | 6646 |
| 吉林 | Jilin | 3 | 2205 | 61 | 4205 |
| 黑龙江 | Heilongjiang | 51 | 1172 | 165 | 2025 |
| 上海 | Shanghai | 1 | 60 | 3 | 138 |
| 江苏 | Jiangsu | 538 | 11174 | 1574 | 36197 |
| 浙江 | Zhejiang | 77 | 9197 | 296 | 7557 |
| 安徽 | Anhui | 4 | 55 | 205 | 4166 |
| 福建 | Fujian | 19 | 2005 | 146 | 8558 |
| 江西 | Jiangxi | 3 | 106 | 12 | 993 |
| 山东 | Shandong | 168 | 4814 | 1039 | 25747 |
| 河南 | Henan | 69 | 3289 | 685 | 15587 |
| 湖北 | Hubei | 6 | 100 | 194 | 15611 |
| 湖南 | Hunan | 32 | 1541 | 258 | 6839 |
| 广东 | Guangdong | 52 | 643 | 1522 | 11843 |
| 广西 | Guangxi | 35 | 2656 | 22 | 1146 |
| 海南 | Hainan | | | 6 | 148 |
| 重庆 | Chongqing | 149 | 5633 | 543 | 12096 |
| 四川 | Sichuan | 22 | 401 | 76 | 2867 |
| 贵州 | Guizhou | 9 | 834 | 16 | 2340 |
| 云南 | Yunnan | 18 | 834 | 37 | 1506 |
| 西藏 | Tibet | | | | |
| 陕西 | Shaanxi | 10 | 342 | 147 | 7287 |
| 甘肃 | Gansu | 9 | 596 | 2 | 155 |
| 青海 | Qinghai | | | 1 | 60 |
| 宁夏 | Ningxia | 4 | 41 | 21 | 684 |
| 新疆 | Xinjiang | 54 | 2910 | 25 | 1585 |

# 3-6-3 限额以上批发和零售业产业活动单位和个体经营户商品购、销、存总额

# Total Purchases、Sales and Inventory of Establishments and Getihus above Designated Size of Wholesale and Retail Trades

单位：万元
Unit: 10000 yuan

| 项目 | Item | 商品购进额 Total Purchases Value | #进口 Imports | 商品销售额 Total Sales Value | #出口 Exports | 期末商品库存额 Inventory (year-end) |
|---|---|---|---|---|---|---|
| **总计** | **Total** | **24399347** | **156937** | **27950921** | **273171** | **2788741** |
| **一、批发业** | **Wholesale Trade** | **14951547** | **151522** | **16761817** | **271424** | **1063361** |
| **(一)按登记注册类型分** | **by Type of Registration** | | | | | |
| **1.内资企业** | **Domestic Funded Enterprises** | **9656398** | **143641** | **10609331** | **268875** | **559121** |
| 国有企业 | State-owned Enterprises | 5393169 | 135856 | 5904914 | 40139 | 309546 |
| 集体企业 | Collective-owned Enterprises | 192979 | | 217465 | | 79096 |
| 股份合作企业 | Cooperative Enterprises | 4650 | | 5739 | | 466 |
| 联营企业 | Joint Ownership Enterprises | | | | | |
| 国有联营企业 | State Joint Ownership Enterprises | | | | | |
| 集体联营企业 | Collective Joint Ownership Enterprises | | | | | |
| 国有与集体联营企业 | Joint State-collective Enterprises | | | | | |
| 其他联营企业 | Other Joint Ownership Enterprises | | | | | |
| 有限责任公司 | Limited Liability Corporations | 888787 | 7785 | 986443 | 12870 | 38700 |
| 国有独资公司 | State Sole Funded Corporations | 42454 | 7785 | 61186 | | 2083 |
| 其他有限责任公司 | Other Limited Liability Corporations | 846332 | | 925257 | 12870 | 36617 |
| 股份有限公司 | Share-holding Corporations Ltd. | 2301908 | | 2472320 | | 87930 |
| 私营企业 | Private Enterprises | 859033 | | 996883 | 215867 | 40687 |
| 私营独资企业 | Private-funded Enterprises | 52629 | | 72880 | | 1983 |
| 私营合伙企业 | Private Partnership Enterprises | 4262 | | 4673 | | 60 |
| 私营有限责任公司 | Private Limited Liability Corporations | 708730 | | 815595 | 182632 | 34473 |
| 私营股份有限公司 | Private Share-holding Corporations Ltd. | 93411 | | 103735 | 33234 | 4172 |
| 其他企业 | Other Enterprises | 15872 | | 25568 | | 2695 |
| **2.港、澳、台商投资企业** | **Enterprises with Funds from Hongkong, Macao and Taiwan** | **210501** | **842** | **363822** | | **25413** |
| 合资经营企业 | Joint-venture Enterprises | 54540 | | 66742 | | 9082 |
| 合作经营企业 | Cooperative Enterprises | | | | | |
| 独资经营企业 | Enterprises with Sole Investment | 128301 | 842 | 231042 | | 11939 |
| 投资股份有限公司 | Share-holding Corporations Ltd. with Investment | 27660 | | 66038 | | 4393 |
| **3.外商投资企业** | **Foreign Funded Enterprises** | **1270049** | **6389** | **1588614** | **1833** | **104091** |
| 中外合资经营企业 | Joint-venture Enterprises | 670786 | 5727 | 760688 | 1833 | 24646 |
| 中外合作经营企业 | Cooperative Enterprises | 19338 | | 54052 | | 3786 |
| 外资企业 | Enterprises with Sole Foreign Investment | 513177 | 663 | 685302 | | 31271 |
| 外商投资股份有限公司 | Share-holding Corporations Ltd. with Foreign Investment | 66749 | | 88572 | | 44387 |
| **4.个体经营户** | **Getihus** | **3814599** | **650** | **4200049** | **716** | **374737** |

3-6-3 续表 1 Continued 1

单位：万元
Unit: 10000 yuan

| 项 目 | Item | 商品购进额 Total Purchases Value | #进口 Imports | 商品销售额 Total Sales Value | #出口 Exports | 期末商品库存额 Inventory (year-end) |
|---|---|---|---|---|---|---|
| **(二)按国民经济行业分** | **by Sector** | | | | | |
| 农畜产品批发 | Wholesale of Farm Produce and Livestock Products | 506037 | | 554128 | 5390 | 63643 |
| 食品、饮料及烟草制品批发 | Wholesale of Food, Beverages and Tobaccos | 2251181 | 3902 | 2806913 | 6633 | 159389 |
| 米、面制品及食用油批发 | Wholesale of Rice, Flour and Edible Oil | 192060 | | 214693 | | 15509 |
| 肉、禽、蛋及水产品批发 | Wholesale of Meal, Fowls, Eggs and Aquatic products | 840946 | 3902 | 1009872 | 6633 | 64328 |
| 饮料及茶叶批发 | Wholesale of Beverages and Teas | 346658 | | 440799 | | 13320 |
| 烟草制品批发 | Wholesales of Tobaccos | | | | | |
| 纺织、服装及日用品批发 | Wholesale of Textiles, Garments and Daily Consumer Articles | 1041999 | | 1190640 | 5263 | 112924 |
| 服装批发 | Wholesale of Garments | 422329 | | 464448 | | 48900 |
| 鞋帽批发 | Wholesale of Shoes and Hats | 74077 | | 154587 | | 7595 |
| 文化、体育用品及器材批发 | Wholesale of Culture, Sports Appliances and Equipments | 1431680 | | 1504000 | | 59680 |
| 文具用品批发 | Wholesale of Stationeries | 1367489 | | 1413028 | | 40273 |
| 体育用品批发 | Wholesale of Sporting goods | 2325 | | 2776 | | 210 |
| 图书批发 | Wholesale of Books | 10128 | | 5248 | | 7350 |
| 医药及医疗器材批发 | Wholesale of Medicines and Medical Appliances | 23912 | | 27689 | | 996 |
| 西药批发 | Wholesale of Western medicine | 6000 | | 8485 | | 3 |
| 中药材及中成药批发 | Wholesale of Chinese traditional Medicine an Medicinal materials | 17912 | | 19205 | | 993 |
| 矿产品、建材及化工产品批发 | Wholesale of Mineral Products, Building Materials and Chemical Products | 7082260 | 144338 | 7713141 | 40139 | 505976 |
| 煤炭及制品批发 | Wholesale of Coal and Related Products | 2940185 | | 3108038 | | 37127 |
| 石油及制品批发 | Wholesale of Petroleum and Related Products | 751557 | 13668 | 694297 | 8675 | 170707 |
| 金属及金属矿批发 | Wholesale of Metal Materials | 1986857 | 45529 | 2016917 | 31463 | 97692 |
| 建材批发 | Wholesale of Building Materials | 932363 | 82577 | 1395092 | | 143113 |
| 化肥批发 | Wholesale of Chemical Fertilizer | 246743 | | 233017 | | 48257 |
| 农药批发 | Wholesale of Pesticides | 4165 | | 4752 | | 283 |
| 机械设备、五金交电及电子产品批发 | Wholesale of Machinery, Hardware and Electronic Equipment | 2085160 | 2440 | 2361740 | 211067 | 87006 |
| 汽车、摩托车及零配件批发 | Wholesale of Motor Vehicles, Motorcycles and Parts | 852750 | | 971175 | 176000 | 12929 |
| 家用电器批发 | Wholesale of Household Electrical Appliance | 555368 | 615 | 693462 | | 15677 |
| 计算机、软件及辅助设备批发 | Wholesale of Computer, Software and Assistant Appliances | 226576 | | 207885 | | 30601 |
| 通讯及广播电视设备批发 | Wholesale of Communication, Radios and Televisions equipments | 5785 | | 6616 | | 83 |
| 贸易经纪与代理 | Trade Broker and Agency | 11323 | | 12317 | 2217 | 1041 |
| 其他批发 | Other Wholesale not Classified Elsewhere | 517995 | 842 | 591247 | 716 | 72707 |

3-6-3 续表 2 Continued 2

单位：万元
Unit: 10000 yuan

| 项目 | Item | 商品购进额 Total Purchases Value | #进口 Imports | 商品销售额 Total Sales Value | #出口 Exports | 期末商品库存额 Inventory (year-end) |
|---|---|---|---|---|---|---|
| **二、零售业** | **Retail Trade** | **9447800** | **5416** | **11189104** | **1747** | **1725380** |
| **(一)按登记注册类型分** | **by Type of Registration** | | | | | |
| **1.内资企业** | **Domestic Funded Enterprises** | **2374848** | **4256** | **3015782** | | **392977** |
| 国有企业 | State-owned Enterprises | 825945 | 3916 | 1045663 | | 134722 |
| 集体企业 | Collective-owned Enterprises | 78301 | | 104439 | | 17027 |
| 股份合作企业 | Cooperative Enterprises | 7009 | | 14005 | | 1005 |
| 联营企业 | Joint Ownership Enterprises | 4252 | | 4786 | | 61 |
| 国有联营企业 | State Joint Ownership Enterprises | 4252 | | 4786 | | 61 |
| 集体联营企业 | Collective Joint Ownership Enterprises | | | | | |
| 国有与集体联营企业 | Joint State-collective Enterprises | | | | | |
| 其他联营企业 | Other Joint Ownership Enterprises | | | | | |
| 有限责任公司 | Limited Liability Corporations | 577013 | | 763961 | | 151208 |
| 国有独资公司 | State Sole Funded Corporations | 22411 | | 17102 | | 7128 |
| 其他有限责任公司 | Other Limited Liability Corporations | 554602 | | 746859 | | 144080 |
| 股份有限公司 | Share-holding Corporations Ltd. | 277252 | | 369409 | | 33892 |
| 私营企业 | Private Enterprises | 549552 | 341 | 648821 | | 46964 |
| 私营独资企业 | Private-funded Enterprises | 30851 | 45 | 33624 | | 4634 |
| 私营合伙企业 | Private Partnership Enterprises | 37677 | | 41594 | | 2149 |
| 私营有限责任公司 | Private Limited Liability Corporations | 459337 | 296 | 549000 | | 35763 |
| 私营股份有限公司 | Private Share-holding Corporations Ltd. | 21688 | | 24603 | | 4418 |
| 其他企业 | Other Enterprises | 55523 | | 64698 | | 8099 |
| **2.港、澳、台商投资企业** | **Enterprises with Funds from Hongkong, Macao and Taiwan** | **683770** | | **864251** | | **98933** |
| 合资经营企业 | Joint-venture Enterprises | 565124 | | 713342 | | 79742 |
| 合作经营企业 | Cooperative Enterprises | 6126 | | 7578 | | 371 |
| 独资经营企业 | Enterprises with Sole Investment | 112520 | | 143331 | | 18820 |
| 投资股份有限公司 | Share-holding Corporations Ltd. with Investmen | | | | | |
| **3.外商投资企业** | **Foreign Funded Enterprises** | **787871** | **119** | **1068957** | **22** | **82430** |
| 中外合资经营企业 | Joint-venture Enterprises | 324141 | 119 | 404476 | | 35342 |
| 中外合作经营企业 | Cooperative Enterprises | 74723 | | 92132 | | 1906 |
| 外资企业 | Enterprises with Sole Foreign Investment | 378153 | | 556225 | 22 | 42451 |
| 外商投资股份有限公司 | Share-holding Corporations Ltd. with Foreign Investment | 10854 | | 16123 | | 2732 |
| **4.个体经营户** | **Getihus** | **5601311** | **1041** | **6240114** | **1724** | **1151040** |

3-6-3 续表 3 Continued 3

单位：万元
Unit：10000 yuan

| 项　　目 | Item | 商品购进额 Total Purchases Value | #进口 Imports | 商品销售额 Total Sales Value | #出口 Exports | 期末商品库存额 Inventory (year-end) |
|---|---|---|---|---|---|---|
| **(二)按国民经济行业分** | **by Sector** | | | | | |
| 综合零售 | Integrated Retail | 2428365 | 101 | 2865079 | | 478381 |
| 百货零售 | Retail of General Merchandise | 1206908 | 100 | 1527845 | | 248519 |
| 超级市场零售 | Retail of Supermarkets | 848025 | 1 | 925699 | | 164422 |
| 食品、饮料及烟草制品专门零售 | Retail of Food, Beverages and Tobaccos | 861840 | 3556 | 1024186 | | 75457 |
| 粮油零售 | Retail of Cereal and Oil | 62627 | | 77504 | | 6652 |
| 肉、禽、蛋及水产品零售 | Retail of meat, poultry and eggs | 121425 | | 133328 | | 20064 |
| 饮料及茶叶零售 | Wholesale of Books | 113981 | | 131658 | | 9833 |
| 烟草制品零售 | Retail of Tobaccos | 48949 | 3556 | 49856 | | 5984 |
| 纺织、服装及日用品专门零售 | Special Retail of Textiles, Garments and Daily Consumer Articles | 1243602 | 859 | 1521937 | 22 | 238590 |
| 服装零售 | Retail of Garments | 716134 | 740 | 833474 | | 145092 |
| 文化、体育用品及器材专门零售 | Retail of Culture, Sports Appliances and Equipments | 592750 | | 722992 | | 205107 |
| 体育用品零售 | Retail of Sporting Goods | 12729 | | 14298 | | 2597 |
| 图书零售 | Retail of Books | 123067 | | 83726 | | 60604 |
| 医药及医疗器材专门零售 | Retail of Medicines and Medical Appliances | 635029 | 3 | 831566 | | 155666 |
| 药品零售 | Retail of Medicines | 629738 | 3 | 825101 | | 154568 |
| 汽车、摩托车、燃料及零配件专门零售 | Retail of Motor Vehicles, Motorcycles Fuel and Parts | 1159761 | | 1258505 | 23 | 163460 |
| 汽车零售 | Retail of Motor Vehicles | 650929 | | 665263 | 23 | 70489 |
| 机动车燃料零售 | Retail of Automotive Fuels | 338705 | | 395963 | | 47624 |
| 家用电器及电子产品专门零售 | Special Retail of Household Electric Appliances and Electronic Products | 584896 | 296 | 672393 | 186 | 110541 |
| 家用电器零售 | Retail of Household Electric Appliances | 407248 | 296 | 424582 | | 83230 |
| 计算机、软件及辅助设备零售 | Retail of Computer, Software and Assistant Appliances | 69633 | | 75592 | | 9764 |
| 通信设备零售 | Retail of Communication Equipments | 68796 | | 102223 | 186 | 13039 |
| 五金、家具及室内装修材料专门零售 | Special Retail of Hardware, Furniture and Decoration Materials | 1623083 | 242 | 1862480 | 1516 | 232862 |
| 无店铺及其他零售 | Non-shop and Other Retails | 318475 | 360 | 429967 | | 65316 |
| 邮购及电子销售 | Distribution of Post and E-commerce | | | | | |
| **(三)按零售业态分** | **by Modes of Business Operation** | | | | | |
| 有店铺零售 | Store-based Retailing | 9364351 | 5416 | 11114260 | 1747 | 1718824 |
| #超市 | Supermarket | 1045929 | 101 | 1104697 | | 241824 |
| 大型超市 | Hypermarket | 433765 | | 494709 | | 52045 |
| 百货店 | Department Store | 554357 | | 592582 | | 159627 |
| 专业店 | Speciality Store | 3514238 | 675 | 4054955 | 1512 | 551423 |
| 专卖店 | Exclusive Shop | 2419960 | 1039 | 3145728 | 213 | 464397 |
| 无店铺零售 | Non-Store Selling | 83449 | | 74845 | | 6556 |

# 3-6-4 各地区限额以上批发业产业活动单位和个体经营户商品购、销、存情况

# Total Purchases, Sales and Inventory of Establishments and Getihus above Designated Size of Wholesale Trade by Region

单位：万元
Unit: 10000 yuan

| 地区 | Region | 商品购进额 Total Purchases Value | #进口 Imports | 商品销售额 Total Sales Value | #出口 Exports | 期末商品库存额 Inventery (year-end) |
|---|---|---|---|---|---|---|
| **全国** | **National Total** | **14951547** | **151522** | **16761817** | **271424** | **1063361** |
| 北京 | Beijing | 625247 | 842 | 715183 | | 59384 |
| 天津 | Tianjin | 105258 | 13018 | 18259 | 8675 | 90535 |
| 河北 | Hebei | 2603093 | | 2725245 | 5263 | 6038 |
| 山西 | Shanxi | 16445 | | 17284 | | 1221 |
| 内蒙古 | Inner Mongolia | 431532 | | 794820 | | 4462 |
| 辽宁 | Liaoning | 411793 | 2487 | 506539 | 1833 | 45419 |
| 吉林 | Jilin | 17799 | | 40401 | | 322 |
| 黑龙江 | Heilongjiang | 602627 | | 769740 | | 65358 |
| 上海 | Shanghai | 14627 | | 12584 | | 2528 |
| 江苏 | Jiangsu | 1918953 | | 2140737 | 7349 | 168822 |
| 浙江 | Zhejiang | 2239228 | 86479 | 2490251 | | 81184 |
| 安徽 | Anhui | 7360 | | 6597 | | 1271 |
| 福建 | Fujian | 191156 | | 251922 | | 6157 |
| 江西 | Jiangxi | 6104 | | 5049 | | 1297 |
| 山东 | Shandong | 2202425 | | 2332732 | | 110865 |
| 河南 | Henan | 367056 | | 380976 | | 150487 |
| 湖北 | Hubei | 7367 | | 7487 | | 452 |
| 湖南 | Hunan | 302520 | 650 | 314526 | | 7982 |
| 广东 | Guangdong | 249451 | 2516 | 270342 | | 30340 |
| 广西 | Guangxi | 443957 | 45529 | 524973 | 31463 | 36983 |
| 海南 | Hainan | | | | | |
| 重庆 | Chongqing | 965270 | | 1129616 | 176000 | 29898 |
| 四川 | Sichuan | 57659 | | 70139 | | 14613 |
| 贵州 | Guizhou | 94669 | | 101423 | | 44332 |
| 云南 | Yunnan | 190892 | | 207350 | | 10320 |
| 西藏 | Tibet | | | | | |
| 陕西 | Shaanxi | 30735 | | 32899 | | 2938 |
| 甘肃 | Gansu | 89571 | | 92296 | | 8752 |
| 青海 | Qinghai | | | | | |
| 宁夏 | Ningxia | 8781 | | 35944 | | 2630 |
| 新疆 | Xinjiang | 749973 | | 766504 | 40841 | 78772 |

# 3-6-5 各地区限额以上零售业产业活动单位和个体经营户商品购、销、存情况

# Total Purchases, Sales and Inventory of Establishments and Getihus above Designated Size of Retail Trade by Region

单位：万元

Unit: 10000 yuan

| 地区 | Region | 商品购进额 Total Purchases Value | #进口 Imports | 商品销售额 Total Sales Value | #出口 Exports | 期末商品库存额 Inventery (year-end) |
|---|---|---|---|---|---|---|
| **全国** | **National Total** | **9447800** | **5416** | **11189104** | **1747** | **1725380** |
| 北京 | Beijing | 628456 | 656 | 771956 | | 119342 |
| 天津 | Tianjin | 54160 | | 203044 | | 99601 |
| 河北 | Hebei | 43139 | | 42299 | | 8425 |
| 山西 | Shanxi | 24268 | | 24393 | | 5157 |
| 内蒙古 | Inner Mongolia | 162114 | | 178466 | | 28031 |
| 辽宁 | Liaoning | 325890 | 3556 | 401353 | | 117591 |
| 吉林 | Jilin | 79327 | | 86289 | | 18956 |
| 黑龙江 | Heilongjiang | 100013 | | 100978 | | 17057 |
| 上海 | Shanghai | 38142 | | 40000 | | 635 |
| 江苏 | Jiangsu | 2079193 | 103 | 2456728 | 1362 | 271765 |
| 浙江 | Zhejiang | 1093870 | 859 | 1367998 | 172 | 109692 |
| 安徽 | Anhui | 139169 | | 144339 | | 32509 |
| 福建 | Fujian | 392587 | 46 | 438129 | | 32193 |
| 江西 | Jiangxi | 25194 | | 30719 | | 9020 |
| 山东 | Shandong | 1142502 | 196 | 1382667 | | 147670 |
| 河南 | Henan | 593028 | | 626094 | | 398841 |
| 湖北 | Hubei | 469019 | | 522886 | | 64819 |
| 湖南 | Hunan | 220529 | | 210168 | 213 | 46161 |
| 广东 | Guangdong | 823053 | | 980115 | | 50903 |
| 广西 | Guangxi | 35192 | | 41799 | | 3473 |
| 海南 | Hainan | 3560 | | 3646 | | 216 |
| 重庆 | Chongqing | 424016 | | 520110 | | 76461 |
| 四川 | Sichuan | 92250 | | 96054 | | 14193 |
| 贵州 | Guizhou | 94998 | | 127971 | | 9368 |
| 云南 | Yunnan | 88571 | | 96957 | | 11537 |
| 西藏 | Tibet | | | | | |
| 陕西 | Shaanxi | 148533 | | 157303 | | 18350 |
| 甘肃 | Gansu | 15014 | | 18499 | | 633 |
| 青海 | Qinghai | 12000 | | 12750 | | 225 |
| 宁夏 | Ningxia | 18729 | | 17050 | | 3818 |
| 新疆 | Xinjiang | 81285 | | 88346 | | 8740 |

# 3-7-1 按业态分连锁零售企业基本情况
## Basic Conditions of Chain Retail Enterprises by Business Categories

| 业态 | Business Categories | 门店总数（个）Number of Stores (unit) | | 年末零售营业面积（万平方米）Operating Area (10000 sq.m) | | 年末从业人数（万人）Engaged Persons (10000 persons) | |
|---|---|---|---|---|---|---|---|
| | | 2009 | 2008 | 2009 | 2008 | 2009 | 2008 |
| **总计** | **Total** | **175677** | **166981** | **11809.2** | **10877.1** | **210.9** | **200.6** |
| 便利店 | Convenience Store | 15779 | 16178 | 144.3 | 128.5 | 9.3 | 9.2 |
| 折扣店 | Discount Store | 859 | 783 | 24.3 | 22.3 | 0.8 | 0.8 |
| 超市 | Supermarket | 33224 | 31157 | 1924.9 | 1704.2 | 48.9 | 48.1 |
| 大型超市 | Hypermarket | 2493 | 2292 | 1844.8 | 1632.4 | 32.7 | 31.2 |
| 仓储会员店 | Warehouse Club | 179 | 173 | 54.8 | 52.2 | 1.5 | 1.6 |
| 百货店 | Department Store | 5304 | 5109 | 1338.4 | 1152.0 | 23.9 | 20.2 |
| 专业店 | Specialty Store | 82704 | 77887 | 6075.3 | 5791.2 | 75.3 | 72.2 |
| #加油站 | Gas Station | 29345 | 28202 | 4295.2 | 4136.5 | 26.0 | 25.6 |
| 专卖店 | Franchised Store | 24075 | 22462 | 247.1 | 222.2 | 16.1 | 14.1 |
| 家居建材商店 | Building Material Store | 102 | 114 | 79.3 | 95.2 | 0.9 | 1.2 |
| 厂家直销中心 | Factory Outlets Center | 410 | 407 | 3.2 | 3.0 | 0.1 | 0.1 |
| 其他 | Other Store | 10548 | 10419 | 72.7 | 73.9 | 1.6 | 1.9 |

3-7-1 续表 Continued

| 业态 | Business Categories | 商品销售额（亿元）Total Sales Value (100 million yuan) | | #零售额 Retail Value | |
|---|---|---|---|---|---|
| | | 2009 | 2008 | 2009 | 2008 |
| **总计** | **Total** | **22240.0** | **20801.0** | **15860.3** | **15111.5** |
| 便利店 | Convenience Store | 269.8 | 268.5 | 232.1 | 237.6 |
| 折扣店 | Discount Store | 37.2 | 33.1 | 37.1 | 33.0 |
| 超市 | Supermarket | 2569.5 | 2359.3 | 2159.7 | 1987.2 |
| 大型超市 | Hypermarket | 2443.5 | 2235.4 | 2116.3 | 1918.5 |
| 仓储会员店 | Warehouse Club | 142.5 | 142.6 | 137.1 | 135.9 |
| 百货店 | Department Store | 2498.3 | 2109.7 | 2176.2 | 1812.8 |
| 专业店 | Specialty Store | 13373.9 | 12841.6 | 8400.4 | 8427.7 |
| #加油站 | Gas Station | 8996.2 | 8863.5 | 5511.4 | 5829.7 |
| 专卖店 | Franchised Store | 697.3 | 594.1 | 469.3 | 431.0 |
| 家居建材商店 | Building Material Store | 63.3 | 67.8 | 52.1 | 56.4 |
| 厂家直销中心 | Factory Outlets Center | 1.5 | 1.4 | 1.2 | 1.0 |
| 其他 | Other Store | 143.0 | 147.6 | 78.8 | 70.4 |

# 3-7-2 按登记注册类型分连锁零售企业基本情况

## Basic Conditions of Chain Retail Enterprises by Status of Registration

| 项目 | Item | 门店总数（个）Number of Stores (unit) | | 年末零售营业面积（万平方）Operating Area (10000 sq.m) | | 年末从业人数（万人）Engaged Persons (10000 persons) | |
|---|---|---|---|---|---|---|---|
| | | 2009 | 2008 | 2009 | 2008 | 2009 | 2008 |
| **合　计** | **Total** | **175677** | **166981** | **11809.2** | **10877.1** | **210.9** | **200.6** |
| **内资企业** | **Domestic Funded Enterprises** | **158920** | **150826** | **10075.5** | **9366.7** | **166.3** | **159.1** |
| 国有企业 | State-owned Enterprises | 20988 | 20784 | 833.2 | 774.1 | 11.5 | 11.0 |
| 集体企业 | Collective-owned Enterprises | 2952 | 2949 | 179.1 | 170.0 | 2.5 | 2.4 |
| 股份合作企业 | Cooperative Enterprises | 934 | 872 | 28.5 | 18.9 | 1.0 | 1.0 |
| 联营企业 | Joint Ownership Enterprises | 564 | 549 | 5.4 | 5.4 | 0.5 | 0.5 |
| 国有联营企业 | State Joint Ownership Enterprises | 365 | 348 | 2.9 | 2.9 | 0.2 | 0.2 |
| 集体联营企业 | Collective Joint Ownership Enterprises | | | | | | |
| 国有与集体联营企业 | Joint State-collective Enterprises | 4 | 5 | 0.1 | 0.1 | 0.0 | 0.0 |
| 其他联营企业 | Other Joint Ownership Enterprises | 195 | 196 | 2.4 | 2.4 | 0.3 | 0.3 |
| 有限责任公司 | Limited Liability Corporations | 55888 | 53112 | 2395.6 | 2267.8 | 53.2 | 52.7 |
| 国有独资公司 | State Sole Funded Corporations | 233 | 223 | 6.1 | 6.3 | 0.4 | 0.3 |
| 其他有限责任公司 | Other Limited Liability Corporations | 55655 | 52889 | 2389.6 | 2261.5 | 52.8 | 52.4 |
| 股份有限公司 | Share-holding Corporations Ltd. | 44710 | 43017 | 5553.4 | 5174.2 | 67.0 | 62.4 |
| 私营企业 | Private Enterprises | 32518 | 29194 | 1064.1 | 947.1 | 30.2 | 28.7 |
| 私营独资企业 | Private-funded Enterprises | 2095 | 1638 | 41.6 | 33.7 | 1.6 | 1.4 |
| 私营合伙企业 | Private Partnership Enterprises | 230 | 244 | 19.6 | 18.4 | 0.5 | 0.5 |
| 私营有限责任公司 | Private Limited Liability Corporations | 26422 | 24005 | 904.3 | 805.5 | 25.1 | 24.2 |
| 私营股份有限公司 | Private Share-holding Corporations Ltd. | 3771 | 3307 | 98.7 | 89.5 | 3.0 | 2.6 |
| 其他企业 | Other Enterprises | 366 | 349 | 16.2 | 9.2 | 0.4 | 0.4 |
| **港、澳、台商投资企业** | **Enterprises with Funds from Hong Kong, Macao and Taiwan** | **3132** | **2823** | **616.7** | **495.9** | **14.9** | **12.8** |
| 合资经营企业 | Joint-venture Enterprises | 1973 | 1788 | 148.3 | 132.4 | 3.6 | 3.4 |
| 合作经营企业 | Cooperative Enterprises | 243 | 224 | 272.5 | 209.5 | 5.8 | 4.9 |
| 独资经营企业 | Enterprises with Sole Investment | 893 | 792 | 183.8 | 142.5 | 5.4 | 4.4 |
| 投资股份有限公司 | Share-holding Corporations Ltd. with Investment | 23 | 19 | 12.1 | 11.4 | 0.0 | 0.0 |
| **外商投资企业** | **Foreign Funded Enterprises** | **13625** | **13332** | **1117.0** | **1014.5** | **29.8** | **28.8** |
| 中外合资经营企业 | Joint-venture Enterprises | 4317 | 4312 | 700.5 | 643.9 | 15.9 | 16.1 |
| 中外合作经营企业 | Cooperative Enterprises | 1711 | 1310 | 64.5 | 61.3 | 5.5 | 4.5 |
| 外资企业 | Enterprises with Sole Foreign Investment | 7579 | 7698 | 339.9 | 305.0 | 8.2 | 8.0 |
| 外商投资股份有限公司 | Share-holding Corporations Ltd.with Foreign Investment | 18 | 12 | 12.1 | 4.3 | 0.1 | 0.1 |

3-7-2 续表 Continued

| 项 目 | Item | 商品销售额（亿元）Total Sales Value (100 million yuan) | | #零售额 Retail Value | |
|---|---|---|---|---|---|
| | | 2009 | 2008 | 2009 | 2008 |
| **合 计** | **Total** | **22240.0** | **20801.0** | **15860.3** | **15111.5** |
| **内资企业** | **Domestic Funded Enterprises** | **18602.7** | **17478.6** | **12671.4** | **12245.6** |
| 国有企业 | State-owned Enterprises | 2400.4 | 2200.4 | 1681.9 | 1549.3 |
| 集体企业 | Collective-owned Enterprises | 509.3 | 503.1 | 313.1 | 394.7 |
| 股份合作企业 | Cooperative Enterprises | 56.5 | 54.0 | 34.4 | 32.4 |
| 联营企业 | Joint Ownership Enterprises | 31.4 | 28.9 | 30.5 | 28.1 |
| 国有联营企业 | State Joint Ownership Enterprises | 5.6 | 5.4 | 5.6 | 5.4 |
| 集体联营企业 | Collective Joint Ownership Enterprises | | | | |
| 国有与集体联营企业 | Joint State-collective Enterprises | 0.1 | 0.1 | 0.1 | 0.1 |
| 其他联营企业 | Other Joint Ownership Enterprises | 25.7 | 23.5 | 24.8 | 22.6 |
| 有限责任公司 | Limited Liability Corporations | 3189.3 | 3012.4 | 2557.5 | 2429.5 |
| 国有独资公司 | State Sole Funded Corporations | 60.7 | 40.0 | 9.4 | 9.4 |
| 其他有限责任公司 | Other Limited Liability Corporations | 3128.6 | 2972.4 | 2548.1 | 2420.1 |
| 股份有限公司 | Share-holding Corporations Ltd. | 11033.9 | 10456.6 | 6836.3 | 6714.5 |
| 私营企业 | Private Enterprises | 1368.4 | 1210.2 | 1205.1 | 1084.5 |
| 私营独资企业 | Private-funded Enterprises | 69.6 | 62.5 | 64.3 | 58.9 |
| 私营合伙企业 | Private Partnership Enterprises | 18.9 | 16.2 | 18.9 | 16.2 |
| 私营有限责任公司 | Private Limited Liability Corporations | 1056.6 | 920.5 | 914.1 | 807.9 |
| 私营股份有限公司 | Private Share-holding Corporations Ltd. | 223.4 | 211.0 | 207.8 | 201.4 |
| 其他企业 | Other Enterprises | 13.4 | 13.0 | 12.7 | 12.7 |
| **港、澳、台商投资企业** | **Enterprises with Funds from Hong Kong, Macao and Taiwan** | **1317.3** | **1105.7** | **1209.4** | **1005.3** |
| 合资经营企业 | Joint-venture Enterprises | 421.2 | 378.2 | 375.9 | 341.3 |
| 合作经营企业 | Cooperative Enterprises | 489.0 | 414.6 | 489.0 | 414.6 |
| 独资经营企业 | Enterprises with Sole Investment | 405.8 | 311.1 | 343.2 | 247.6 |
| 投资股份有限公司 | Share-holding Corporations Ltd. with Investment | 1.3 | 1.8 | 1.3 | 1.8 |
| **外商投资企业** | **Foreign Funded Enterprises** | **2319.9** | **2216.7** | **1979.4** | **1860.6** |
| 中外合资经营企业 | Joint-venture Enterprises | 1359.9 | 1320.1 | 1161.9 | 1123.3 |
| 中外合作经营企业 | Cooperative Enterprises | 211.6 | 197.1 | 124.6 | 111.4 |
| 外资企业 | Enterprises with Sole Foreign Investment | 735.7 | 693.9 | 680.5 | 621.0 |
| 外商投资股份有限公司 | Share-holding Corporations Ltd.with Foreign Investment | 12.8 | 5.6 | 12.4 | 4.9 |

# 3-7-3 按行业分连锁零售企业基本情况

## Basic Conditions of Chain Retail Enterprises by Sector

| 项目 | Item | 门店总数(个) Number of Stores (unit) | | 年末零售营业面积(万平方米) Operating Area (10000 sq.m) | | 年末从业人数(万人) Engaged Persons (10000 persons) | |
|---|---|---|---|---|---|---|---|
| | | 2009 | 2008 | 2009 | 2008 | 2009 | 2008 |
| **总计** | **Total** | **175677** | **166981** | **11809.2** | **10877.1** | **210.9** | **200.6** |
| **一、批发业** | **Wholesale Trade** | **42675** | **40575** | **2472.0** | **2336.9** | **19.6** | **18.9** |
| 农畜产品批发 | Wholesale of Farm Produce and Livestock Products | 2363 | 2304 | 38.8 | 37.8 | 0.5 | 0.6 |
| 食品、饮料及烟草制品专门批发 | Wholesale of Food, Beverages and Tobaccos | 3701 | 2963 | 18.2 | 15.6 | 2.6 | 2.0 |
| 纺织、服装及日用品批发 | Wholesale of Textiles, Garments and Daily Consumer Articles | 4632 | 4233 | 22.0 | 18.0 | 1.9 | 1.7 |
| 文化、体育用品及器材批发 | Wholesale of Culture, Sports Appliances and Equipments | 22 | 21 | 1.5 | 1.7 | 0.1 | 0.1 |
| 医药及医疗器材批发 | Wholesale of Medicines and Medical Appliances | 2675 | 2689 | 14.2 | 10.9 | 1.0 | 1.0 |
| 矿产品、建材及化工产品批发 | Wholesale of Mineral Products, Building Materials and Chemical Products | 26847 | 26347 | 2313.6 | 2199.5 | 12.5 | 12.5 |
| 机械设备、五金交电及电子产品批发 | Wholesale of Machinery, Hardware and Electronic Equipment | 231 | 207 | 5.8 | 4.8 | 0.4 | 0.4 |
| 贸易经济及代理 | Trade Broker and Agency | | | | | | |
| 其他批发 | Other Wholesale not Classified Elsewhere | 2204 | 1811 | 58.0 | 48.6 | 0.6 | 0.6 |
| **二、零售业** | **Retail Trade** | **133002** | **126406** | **9337.2** | **8540.2** | **191.3** | **181.7** |
| 综合零售 | Integrated Retail | 56568 | 54337 | 5670.7 | 4986.0 | 125.5 | 118.4 |
| 食品、饮料及烟草制品专门零售 | Retail of Food, Beverages and Tobaccos | 9105 | 7902 | 78.9 | 72.8 | 5.3 | 4.9 |
| 纺织、服装及日用品专门零售 | Special Retail of Textiles, Garments and Daily | 11192 | 10785 | 92.6 | 84.3 | 8.9 | 7.9 |
| 文化、体育用品及器材专门零售 | Retail of Culture, Sports Appliances and Equipments | 2093 | 2123 | 148.1 | 146.7 | 4.3 | 4.4 |
| 医药及医疗器材专门零售 | Retail of Medicines and Medical Appliances | 30543 | 28365 | 335.8 | 293.9 | 17.0 | 15.0 |
| 汽车、摩托车、燃料及零配件专门零售 | Retail of Motor Vehicles, Motorcycles, Fuel and Parts | 19583 | 18881 | 2211.6 | 2152.4 | 16.6 | 16.0 |
| 家用电器及电子产品专门零售 | Special Retail of Household Electric Appliances and Electronic Products | 2949 | 3062 | 667.8 | 653.2 | 11.9 | 13.1 |
| 五金、家具及室内装修材料专门零售 | Special Retail of Hardware, Furniture and Decoration Materials | 147 | 160 | 93.6 | 113.3 | 1.3 | 1.5 |
| 无店铺及其他零售 | Non-shop and Other Retails | 822 | 791 | 38.2 | 37.7 | 0.5 | 0.5 |

3-7-3　续表　Continued

| 项　目 | Item | 商品销售额(亿元) Total Sales Value (100 million yuan) | | #零售额 Retail Value | |
|---|---|---|---|---|---|
| | | 2009 | 2008 | 2009 | 2008 |
| **总　计** | **Total** | **22240.0** | **20801.0** | **15860.3** | **15111.5** |
| **一、批发业** | **Wholesale Trade** | **4326.8** | **4349.7** | **2082.9** | **2492.1** |
| 农畜产品批发 | Wholesale of Farm Produce and Livestock Products | 65.3 | 66.1 | 38.0 | 36.4 |
| 食品、饮料及烟草制品专门批发 | Wholesale of Food, Beverages and Tobaccos | 316.5 | 251.9 | 42.0 | 34.8 |
| 纺织、服装及日用品批发 | Wholesale of Textiles, Garments and Daily Consumer Articles | 56.6 | 48.3 | 39.1 | 31.8 |
| 文化、体育用品及器材批发 | Wholesale of Culture, Sports Appliances and Equipments | 10.6 | 17.0 | 0.8 | 1.0 |
| 医药及医疗器材批发 | Wholesale of Medicines and Medical Appliances | 35.1 | 23.0 | 13.1 | 7.7 |
| 矿产品、建材及化工产品批发 | Wholesale of Mineral Products, Building Materials and Chemical Products | 3728.0 | 3813.1 | 1908.7 | 2330.5 |
| 机械设备、五金交电及电子产品批发 | Wholesale of Machinery, Hardware and Electronic Equipment | 22.1 | 19.8 | 10.1 | 15.4 |
| 贸易经济及代理 | Trade Broker and Agency | | | | |
| 其他批发 | Other Wholesale not Classified Elsewhere | 92.5 | 110.5 | 31.0 | 34.4 |
| **二、零售业** | **Retail Trade** | **17913.2** | **16451.4** | **13777.4** | **12619.4** |
| 综合零售 | Integrated Retail | 9111.9 | 8112.4 | 7424.9 | 6567.6 |
| 食品、饮料及烟草制品专门零售 | Retail of Food, Beverages and Tobaccos | 253.5 | 208.8 | 158.5 | 148.4 |
| 纺织、服装及日用品专门零售 | Special Retail of Textiles, Garments and Daily | 222.8 | 211.4 | 160.5 | 149.2 |
| 文化、体育用品及器材专门零售 | Retail of Culture, Sports Appliances and Equipments | 351.3 | 341.8 | 228.8 | 218.5 |
| 医药及医疗器材专门零售 | Retail of Medicines and Medical Appliances | 417.9 | 354.5 | 371.3 | 315.7 |
| 汽车、摩托车、燃料及零配件专门零售 | Retail of Motor Vehicles, Motorcycles, Fuel and Parts | 5879.6 | 5610.6 | 3911.3 | 3768.8 |
| 家用电器及电子产品专门零售 | Special Retail of Household Electric Appliances and Electronic Products | 1517.7 | 1484.8 | 1390.3 | 1349.1 |
| 五金、家具及室内装修材料专门零售 | Special Retail of Hardware, Furniture and Decoration Materials | 82.9 | 88.4 | 66.8 | 70.3 |
| 无店铺及其他零售 | Non-shop and Other Retails | 75.6 | 38.6 | 64.9 | 31.8 |

# 3-7-4 各地区连锁零售企业基本情况

## Basic Conditions of Chain Retail Enterprises by Region

| 年 份 Year | 地 区 Region | 门店总数（个）Number of Stores (unit) | 年末零售营业面积（万平方米）Operating Area (10000 sq.m) | 年末从业人数（万人）Engaged Persons (10000 persons) | 商品销售额（亿元）Total Sales Value (100 million yuan) | #零售额 Retail Value |
|---|---|---|---|---|---|---|
| 2004 | | 77631 | 7202.6 | 128.2 | 8393.6 | 6163.1 |
| 2005 | | 105684 | 8687.5 | 160.1 | 12587.8 | 8569.5 |
| 2006 | | 128924 | 8979.0 | 187.1 | 14952.2 | 10764.8 |
| 2007 | | 145366 | 10044.0 | 186.2 | 17754.3 | 13066.8 |
| 2008 | | 168502 | 10197.8 | 197.1 | 20466.5 | 14369.7 |
| 2009 | | 175677 | 11809.2 | 210.88 | 22240.0 | 15860.3 |
| 北 京 | Beijing | 6767 | 543.8 | 13.05 | 1593.6 | 1244.6 |
| 天 津 | Tianjin | 1742 | 245.8 | 3.10 | 439.5 | 414.3 |
| 河 北 | Hebei | 5528 | 554.7 | 5.55 | 707.2 | 367.7 |
| 山 西 | Shanxi | 2031 | 116.0 | 3.20 | 209.3 | 179.4 |
| 内蒙古 | Inner Mongolia | 1743 | 33.7 | 1.34 | 360.2 | 346.2 |
| 辽 宁 | Liaoning | 5228 | 239.1 | 5.34 | 525.9 | 308.7 |
| 吉 林 | Jilin | 790 | 60.0 | 0.92 | 87.3 | 82.8 |
| 黑龙江 | Heilongjiang | 937 | 45.2 | 1.60 | 134.7 | 125.4 |
| 上 海 | Shanghai | 17332 | 794.7 | 28.22 | 2722.5 | 2024.2 |
| 江 苏 | Jiangsu | 16172 | 1565.2 | 32.58 | 3587.8 | 2374.0 |
| 浙 江 | Zhejiang | 21941 | 965.4 | 14.20 | 1491.5 | 950.0 |
| 安 徽 | Anhui | 7622 | 318.8 | 7.16 | 804.3 | 549.8 |
| 福 建 | Fujian | 2814 | 370.9 | 5.66 | 535.6 | 476.5 |
| 江 西 | Jiangxi | 2270 | 170.6 | 3.20 | 390.3 | 251.3 |
| 山 东 | Shandong | 9610 | 1256.7 | 13.77 | 1736.7 | 1269.9 |
| 河 南 | Henan | 8249 | 483.5 | 6.41 | 474.9 | 345.8 |
| 湖 北 | Hubei | 5449 | 485.4 | 9.41 | 762.0 | 593.2 |
| 湖 南 | Hunan | 3719 | 374.5 | 5.80 | 583.7 | 529.0 |
| 广 东 | Guangdong | 22088 | 1781.6 | 26.00 | 2962.7 | 2140.7 |
| 广 西 | Guangxi | 2847 | 257.1 | 2.51 | 339.6 | 177.7 |
| 海 南 | Hainan | 112 | 2.4 | 0.08 | 1.7 | 1.2 |
| 重 庆 | Chongqing | 9735 | 296.1 | 7.15 | 483.8 | 353.6 |
| 四 川 | Sichuan | 4770 | 178.1 | 5.20 | 303.4 | 197.9 |
| 贵 州 | Guizhou | 583 | 10.8 | 0.43 | 13.8 | 13.3 |
| 云 南 | Yunnan | 10392 | 174.9 | 3.07 | 286.0 | 158.3 |
| 西 藏 | Tibet | 12 | 0.3 | 0.01 | 0.4 | 0.4 |
| 陕 西 | Shaanxi | 571 | 76.4 | 2.05 | 160.0 | 81.3 |
| 甘 肃 | Gansu | 858 | 81.7 | 0.86 | 179.4 | 128.1 |
| 青 海 | Qinghai | 99 | 14.6 | 0.41 | 11.9 | 11.9 |
| 宁 夏 | Ningxia | 1305 | 24.0 | 0.56 | 36.6 | 30.8 |
| 新 疆 | Xinjiang | 2361 | 287.1 | 2.08 | 313.8 | 132.5 |

3-7-4 续表 Continued

| 年 份 Year | 地 区 Region | 商品购进总额（亿元） Total Purchases Value (100 million yuan) | 统一配送商品购进额（亿元） Centralized Purchase and Delivery (100 million yuan) | 自有配送中心配送商品购进额 Self Centralized Purchase and Delivery | 非自有配送中心配送商品购进额 Non-self Centralized Purchase and Delivery |
|---|---|---|---|---|---|
| 2004 | | 7130.1 | 5545.6 | 4481.7 | 1063.9 |
| 2005 | | 10734.6 | 8409.4 | 6696.1 | 1251.8 |
| 2006 | | 13447.4 | 10565.7 | 7729.7 | 1384.0 |
| 2007 | | 15917.0 | 12542.4 | 9057.0 | 1707.3 |
| 2008 | | 17193.1 | 13782.1 | 8654.9 | 3118.8 |
| 2009 | | 19343.7 | 14723.1 | 9616.9 | 2647.2 |
| 北 京 | Beijing | 1387.2 | 633.8 | 258.9 | 92.7 |
| 天 津 | Tianjin | 435.4 | 351.6 | 41.7 | 272.5 |
| 河 北 | Hebei | 568.2 | 380.8 | 315.5 | 4.8 |
| 山 西 | Shanxi | 198.1 | 122.5 | 40.2 | 1.1 |
| 内蒙古 | Inner Mongolia | 361.4 | 360.9 | 322.6 | 0.9 |
| 辽 宁 | Liaoning | 464.8 | 317.5 | 148.8 | 80.5 |
| 吉 林 | Jilin | 90.5 | 73.0 | 67.9 | 4.4 |
| 黑龙江 | Heilongjiang | 133.4 | 122.2 | 87.7 | 0.7 |
| 上 海 | Shanghai | 1998.3 | 1246.1 | 698.2 | 339.2 |
| 江 苏 | Jiangsu | 3351.6 | 3116.6 | 2827.5 | 72.9 |
| 浙 江 | Zhejiang | 1350.7 | 1265.1 | 1108.9 | 105.9 |
| 安 徽 | Anhui | 803.9 | 333.0 | 138.3 | 5.2 |
| 福 建 | Fujian | 442.0 | 352.7 | 160.4 | 67.1 |
| 江 西 | Jiangxi | 211.4 | 142.0 | 33.8 | |
| 山 东 | Shandong | 1544.2 | 1080.9 | 942.7 | 33.9 |
| 河 南 | Henan | 423.0 | 311.8 | 216.0 | 8.1 |
| 湖 北 | Hubei | 679.2 | 527.7 | 437.4 | 49.9 |
| 湖 南 | Hunan | 551.2 | 504.5 | 300.0 | 4.5 |
| 广 东 | Guangdong | 2677.2 | 2233.8 | 609.4 | 1397.7 |
| 广 西 | Guangxi | 189.5 | 79.4 | 37.4 | 6.9 |
| 海 南 | Hainan | 1.5 | 1.2 | 0.1 | |
| 重 庆 | Chongqing | 396.0 | 275.4 | 209.0 | 30.8 |
| 四 川 | Sichuan | 273.9 | 218.9 | 161.0 | 7.4 |
| 贵 州 | Guizhou | 15.2 | 4.9 | 1.2 | 0.1 |
| 云 南 | Yunnan | 172.6 | 166.2 | 52.4 | 5.3 |
| 西 藏 | Tibet | 0.5 | 0.5 | | |
| 陕 西 | Shaanxi | 134.3 | 92.2 | 59.3 | 23.0 |
| 甘 肃 | Gansu | 148.1 | 92.9 | 11.4 | 0.5 |
| 青 海 | Qinghai | 8.4 | 6.4 | 0.4 | |
| 宁 夏 | Ningxia | 36.5 | 29.0 | 14.8 | 4.0 |
| 新 疆 | Xinjiang | 295.5 | 279.5 | 113.9 | 27.2 |

# 住宿和餐饮业篇

## HOTELS AND CATERING SERVICES

第 4 篇

# 4-1-1 限额以上住宿和餐饮业企业基本情况

## Basic Conditions of Enterprises above Designated Size of Hotels and Catering Services

| 项　目 | Item | 法人单位数（个）Number of Corporation Enterprises (unit) | 年末从业人数（人）Engaged Persons at the Year-end (person) | 年末餐饮营业面积（平方米）Business area of Catering Services at the Year-end (m²) |
|---|---|---|---|---|
| **总　计** | **Total** | **35192** | **4006540** | **60938927** |
| **一、住宿业** | **Hotels** | **14498** | **2000484** | **23081091** |
| **(一)按登记注册类型分** | **by Type of Registration** | | | |
| #国有控股 | State-controlled Enterprises | 3997 | 642751 | 6681208 |
| **1.内资企业** | **Domestic Funded Enterprises** | **13503** | **1723154** | **20067550** |
| 国有企业 | State-owned Enterprises | 3164 | 459057 | 5122145 |
| 集体企业 | Collective-owned Enterprises | 660 | 65421 | 711221 |
| 股份合作企业 | Cooperative Enterprises | 183 | 20584 | 315512 |
| 联营企业 | Joint Ownership Enterprises | 74 | 10069 | 119163 |
| 国有联营企业 | State Joint Ownership Enterprises | 34 | 5398 | 34188 |
| 集体联营企业 | Collective Joint Ownership Enterprises | 10 | 1103 | 48980 |
| 国有与集体联营企业 | Joint State-collective Enterprises | 16 | 2454 | 22888 |
| 其他联营企业 | Other Joint Ownership Enterprises | 14 | 1114 | 13107 |
| 有限责任公司 | Limited Liability Corporations | 3158 | 500950 | 5578950 |
| 国有独资公司 | State Sole Funded Corporations | 120 | 22834 | 169039 |
| 其他有限责任公司 | Other Limited Liability Corporations | 3038 | 478116 | 5409911 |
| 股份有限公司 | Share-holding Corporations Ltd. | 479 | 71576 | 862441 |
| 私营企业 | Private Enterprises | 5528 | 566292 | 7094096 |
| 私营独资企业 | Private-funded Enterprises | 1540 | 118292 | 1711410 |
| 私营合伙企业 | Private Partnership Enterprises | 386 | 29949 | 360439 |
| 私营有限责任公司 | Private Limited Liability Corporations | 3279 | 383248 | 4567336 |
| 私营股份有限公司 | Private Share-holding Corporations Ltd. | 323 | 34803 | 454911 |
| 其他企业 | Other Enterprises | 257 | 29205 | 264022 |
| **2.港、澳、台商投资企业** | **Enterprises with Funds from Hongkong, Macao and Taiwan** | **560** | **161736** | **1351181** |
| 合资经营企业 | Joint-venture Enterprises | 278 | 86043 | 746369 |
| 合作经营企业 | Cooperative Enterprises | 74 | 23428 | 170087 |
| 独资经营企业 | Enterprises with Sole Investment | 187 | 47032 | 404107 |
| 投资股份有限公司 | Share-holding Corporations Ltd. with Investment | 21 | 5233 | 30618 |
| **3.外商投资企业** | **Foreign Funded Enterprises** | **435** | **115594** | **1662360** |
| 中外合资经营企业 | Joint-venture Enterprises | 193 | 55170 | 577138 |
| 中外合作经营企业 | Cooperative Enterprises | 63 | 18123 | 188726 |
| 外资企业 | Enterprises with Sole Foreign Investment | 162 | 38990 | 868404 |
| 外商投资股份有限公司 | Share-holding Corporations Ltd. with Foreign Investment | 17 | 3311 | 28092 |
| **(二)按国民经济行业分** | **by Sector** | | | |
| 旅游饭店 | Tourist Hotel | 10477 | 1682668 | 19396861 |
| 一般旅馆 | Fonda | 3616 | 277076 | 3287935 |
| 其他住宿服务 | Others | 405 | 40740 | 396295 |

4-1-1 续表 Continued

| 项 目 | Item | 法人单位数（个）Number of Corporation Enterprises (unit) | 年末从业人数（人）Engaged Persons at the Year-end (person) | 年末餐饮营业面积（平方米）Business area of Catering Services at the Year-end (㎡) |
|---|---|---|---|---|
| **二、餐饮业** | **Catering Services** | **20694** | **2006056** | **37857836** |
| **(一)按登记注册类型分** | **by Type of Registration** | | | |
| #国有控股 | State-controlled Enterprises | 797 | 104456 | 2066534 |
| **1.内资企业** | **Domestic Funded Enterprises** | **19507** | **1597952** | **33509395** |
| 国有企业 | State-owned Enterprises | 608 | 68047 | 1096016 |
| 集体企业 | Collective-owned Enterprises | 445 | 29177 | 575498 |
| 股份合作企业 | Cooperative Enterprises | 294 | 20683 | 412671 |
| 联营企业 | Joint Ownership Enterprises | 25 | 1850 | 34465 |
| 国有联营企业 | State Joint Ownership Enterprises | | | |
| 集体联营企业 | Collective Joint Ownership Enterprises | 4 | 311 | 8020 |
| 国有与集体联营企业 | Joint State-collective Enterprises | 1 | 145 | 4546 |
| 其他联营企业 | Other Joint Ownership Enterprises | 20 | 1394 | 21899 |
| 有限责任公司 | Limited Liability Corporations | 2790 | 322869 | 6542510 |
| 国有独资公司 | State Sole Funded Corporations | 21 | 1730 | 39393 |
| 其他有限责任公司 | Other Limited Liability Corporations | 2769 | 321139 | 6503117 |
| 股份有限公司 | Share-holding Corporations Ltd. | 409 | 56242 | 1430801 |
| 私营企业 | Private Enterprises | 14262 | 1058090 | 22583893 |
| 私营独资企业 | Private-funded Enterprises | 5516 | 276004 | 6466260 |
| 私营合伙企业 | Private Partnership Enterprises | 815 | 51423 | 1116719 |
| 私营有限责任公司 | Private Limited Liability Corporations | 7327 | 674556 | 13823145 |
| 私营股份有限公司 | Private Share-holding Corporations Ltd. | 604 | 56107 | 1177769 |
| 其他企业 | Other Enterprises | 674 | 40994 | 833541 |
| **2.港、澳、台商投资企业** | **Enterprises with Funds from Hongkong, Macao and Taiwan** | **587** | **123041** | **1676853** |
| 合资经营企业 | Joint-venture Enterprises | 172 | 27385 | 513044 |
| 合作经营企业 | Cooperative Enterprises | 34 | 7629 | 91885 |
| 独资经营企业 | Enterprises with Sole Investment | 364 | 66792 | 920684 |
| 投资股份有限公司 | Share-holding Corporations Ltd. with Investment | 17 | 21235 | 151240 |
| **3.外商投资企业** | **Foreign Funded Enterprises** | **600** | **285063** | **2671588** |
| 中外合资经营企业 | Joint-venture Enterprises | 168 | 58797 | 650564 |
| 中外合作经营企业 | Cooperative Enterprises | 48 | 14089 | 149145 |
| 外资企业 | Enterprises with Sole Foreign Investment | 358 | 203767 | 1766591 |
| 外商投资股份有限公司 | Share-holding Corporations Ltd. with Foreign Investment | 26 | 8410 | 105288 |
| **(二)按国民经济行业分** | **by Sector** | | | |
| 正餐服务 | Dinner | 19282 | 1612177 | 33581921 |
| 快餐服务 | Snack | 765 | 317892 | 2894884 |
| 饮料及冷饮服务 | Beverage and Cold Drink | 165 | 11346 | 312123 |
| 其他餐饮服务 | Others | 482 | 64641 | 1068908 |

# 4-1-2 各地区限额以上住宿业企业基本情况

## Basic Conditions of Enterprises above Designated Size of Hotels by Region

| 地 区 | Region | 住宿业 Hotels | | #国有控股 State-controlled Enterprises | |
|---|---|---|---|---|---|
| | | 法人单位数（个） Number of Corporation Enterprises (unit) | 年末从业人数（人） Engaged Persons at the Year-end (person) | 法人单位数（个） Number of Corporation Enterprises (unit) | 年末从业人数（人） Engaged Persons at the Year-end (person) |
| **全 国** | **National Total** | **14498** | **2000484** | **3997** | **642751** |
| 北 京 | Beijing | 1253 | 166266 | 570 | 88871 |
| 天 津 | Tianjin | 211 | 24414 | 78 | 10574 |
| 河 北 | Hebei | 427 | 63449 | 172 | 28032 |
| 山 西 | Shanxi | 327 | 53930 | 108 | 16479 |
| 内蒙古 | Inner Mongolia | 311 | 33951 | 72 | 9644 |
| 辽 宁 | Liaoning | 475 | 55568 | 130 | 17500 |
| 吉 林 | Jilin | 223 | 22993 | 75 | 9044 |
| 黑龙江 | Heilongjiang | 206 | 24582 | 86 | 11082 |
| 上 海 | Shanghai | 565 | 87111 | 179 | 38870 |
| 江 苏 | Jiangsu | 916 | 120352 | 211 | 35865 |
| 浙 江 | Zhejiang | 1123 | 156138 | 187 | 32079 |
| 安 徽 | Anhui | 373 | 46419 | 109 | 15862 |
| 福 建 | Fujian | 467 | 73264 | 114 | 18175 |
| 江 西 | Jiangxi | 288 | 34596 | 84 | 10432 |
| 山 东 | Shandong | 888 | 109290 | 218 | 39580 |
| 河 南 | Henan | 900 | 92910 | 187 | 28452 |
| 湖 北 | Hubei | 476 | 59089 | 113 | 16425 |
| 湖 南 | Hunan | 614 | 83829 | 141 | 25266 |
| 广 东 | Guangdong | 1512 | 298969 | 285 | 56010 |
| 广 西 | Guangxi | 349 | 44831 | 97 | 13533 |
| 海 南 | Hainan | 266 | 46955 | 57 | 11535 |
| 重 庆 | Chongqing | 256 | 36586 | 52 | 9144 |
| 四 川 | Sichuan | 555 | 71180 | 151 | 22941 |
| 贵 州 | Guizhou | 181 | 20064 | 55 | 6924 |
| 云 南 | Yunnan | 373 | 46830 | 133 | 17949 |
| 西 藏 | Tibet | 43 | 4557 | 22 | 2823 |
| 陕 西 | Shaanxi | 441 | 59987 | 124 | 20716 |
| 甘 肃 | Gansu | 161 | 21982 | 64 | 9501 |
| 青 海 | Qinghai | 58 | 7199 | 16 | 2906 |
| 宁 夏 | Ningxia | 56 | 6965 | 15 | 2242 |
| 新 疆 | Xinjiang | 204 | 26228 | 92 | 14295 |

# 4-1-3 各地区限额以上住宿业企业基本情况(按登记注册类型分)

## Basic Conditions of Enterprises above Designated Size of Hotels by Region and Type of Registration

| 地 区 | Region | 内资企业 Domestic Funded Enterprises | | 国有企业 State-owned Enterprises | |
|---|---|---|---|---|---|
| | | 法人单位数(个) Number of Corporation Enterprises (unit) | 年末从业人数(人) Engaged Persons at the Year-end (person) | 法人单位数(个) Number of Corporation Enterprises (unit) | 年末从业人数(人) Engaged Persons at the Year-end (person) |
| **全 国** | **National Total** | **13503** | **1723154** | **3164** | **459057** |
| 北 京 | Beijing | 1180 | 137338 | 379 | 49117 |
| 天 津 | Tianjin | 191 | 21806 | 64 | 7845 |
| 河 北 | Hebei | 414 | 60990 | 154 | 24150 |
| 山 西 | Shanxi | 320 | 52418 | 105 | 14884 |
| 内蒙古 | Inner Mongolia | 304 | 31894 | 64 | 7972 |
| 辽 宁 | Liaoning | 401 | 39199 | 105 | 12107 |
| 吉 林 | Jilin | 211 | 20809 | 69 | 8531 |
| 黑龙江 | Heilongjiang | 195 | 22262 | 78 | 9840 |
| 上 海 | Shanghai | 513 | 69912 | 120 | 21579 |
| 江 苏 | Jiangsu | 847 | 106034 | 166 | 26324 |
| 浙 江 | Zhejiang | 1065 | 136698 | 130 | 18590 |
| 安 徽 | Anhui | 352 | 41895 | 73 | 9029 |
| 福 建 | Fujian | 387 | 54036 | 93 | 14110 |
| 江 西 | Jiangxi | 267 | 31525 | 71 | 8685 |
| 山 东 | Shandong | 845 | 100616 | 206 | 36727 |
| 河 南 | Henan | 876 | 86033 | 167 | 24946 |
| 湖 北 | Hubei | 456 | 53359 | 107 | 15076 |
| 湖 南 | Hunan | 587 | 77510 | 110 | 16292 |
| 广 东 | Guangdong | 1293 | 226878 | 206 | 34564 |
| 广 西 | Guangxi | 320 | 36635 | 77 | 10470 |
| 海 南 | Hainan | 235 | 36016 | 43 | 7284 |
| 重 庆 | Chongqing | 248 | 33169 | 34 | 5881 |
| 四 川 | Sichuan | 538 | 65924 | 110 | 16020 |
| 贵 州 | Guizhou | 176 | 18709 | 50 | 5456 |
| 云 南 | Yunnan | 349 | 42220 | 93 | 10758 |
| 西 藏 | Tibet | 42 | 4457 | 21 | 2550 |
| 陕 西 | Shaanxi | 423 | 54894 | 107 | 16898 |
| 甘 肃 | Gansu | 158 | 21303 | 61 | 9247 |
| 青 海 | Qinghai | 55 | 6502 | 13 | 2350 |
| 宁 夏 | Ningxia | 55 | 6725 | 10 | 1433 |
| 新 疆 | Xinjiang | 200 | 25388 | 78 | 10342 |

| 地区 | Region | 集体企业 Collective-owned Enterprises 法人单位数(个) Number of Corporation Enterprises (unit) | 集体企业 Collective-owned Enterprises 年末从业人数(人) Engaged Persons at the Year-end (person) | 股份合作企业 Cooperative Enterprises 法人单位数(个) Number of Corporation Enterprises (unit) | 股份合作企业 Cooperative Enterprises 年末从业人数(人) Engaged Persons at the Year-end (person) |
|---|---|---|---|---|---|
| **全国** | **National Total** | **660** | **65421** | **183** | **20584** |
| 北京 | Beijing | 69 | 6223 | 36 | 2967 |
| 天津 | Tianjin | 15 | 1228 | | |
| 河北 | Hebei | 27 | 3071 | 7 | 728 |
| 山西 | Shanxi | 18 | 2355 | 3 | 631 |
| 内蒙古 | Inner Mongolia | 8 | 694 | 5 | 553 |
| 辽宁 | Liaoning | 28 | 1938 | 2 | 62 |
| 吉林 | Jilin | 10 | 616 | 3 | 90 |
| 黑龙江 | Heilongjiang | 3 | 149 | 2 | 362 |
| 上海 | Shanghai | 27 | 3312 | 2 | 206 |
| 江苏 | Jiangsu | 46 | 3822 | 5 | 285 |
| 浙江 | Zhejiang | 48 | 5528 | 8 | 587 |
| 安徽 | Anhui | 10 | 714 | 7 | 647 |
| 福建 | Fujian | 13 | 894 | 10 | 1188 |
| 江西 | Jiangxi | 5 | 502 | 10 | 1240 |
| 山东 | Shandong | 53 | 5446 | 8 | 896 |
| 河南 | Henan | 55 | 4898 | 7 | 534 |
| 湖北 | Hubei | 21 | 2172 | 11 | 1599 |
| 湖南 | Hunan | 18 | 2062 | 12 | 3046 |
| 广东 | Guangdong | 90 | 10486 | 9 | 1054 |
| 广西 | Guangxi | 10 | 926 | 2 | 367 |
| 海南 | Hainan | 6 | 397 | 4 | 543 |
| 重庆 | Chongqing | 9 | 702 | 2 | 112 |
| 四川 | Sichuan | 13 | 1462 | 10 | 1082 |
| 贵州 | Guizhou | 3 | 169 | 3 | 185 |
| 云南 | Yunnan | 22 | 2001 | 4 | 394 |
| 西藏 | Tibet | 3 | 116 | 1 | 160 |
| 陕西 | Shaanxi | 16 | 1689 | 9 | 813 |
| 甘肃 | Gansu | 5 | 635 | | |
| 青海 | Qinghai | 6 | 519 | 1 | 253 |
| 宁夏 | Ningxia | | | | |
| 新疆 | Xinjiang | 3 | 695 | | |

4-1-3 续表 2 Continued 2

| 地区 | Region | 联营企业 Joint Ownership Enterprises | | 有限责任公司 Limited Liability Corporations | |
|---|---|---|---|---|---|
| | | 法人单位数(个) Number of Corporation Enterprises (unit) | 年末从业人数(人) Engaged Persons at the Year-end (person) | 法人单位数(个) Number of Corporation Enterprises (unit) | 年末从业人数(人) Engaged Persons at the Year-end (person) |
| **全 国** | **National Total** | **74** | **10069** | **3158** | **500950** |
| 北 京 | Beijing | 5 | 528 | 374 | 53972 |
| 天 津 | Tianjin | | | 39 | 6011 |
| 河 北 | Hebei | 3 | 475 | 81 | 14241 |
| 山 西 | Shanxi | | | 48 | 8802 |
| 内蒙古 | Inner Mongolia | 1 | 19 | 52 | 8120 |
| 辽 宁 | Liaoning | 1 | 44 | 95 | 11620 |
| 吉 林 | Jilin | 1 | 281 | 30 | 3565 |
| 黑龙江 | Heilongjiang | 1 | 23 | 40 | 4039 |
| 上 海 | Shanghai | 4 | 729 | 112 | 21476 |
| 江 苏 | Jiangsu | 6 | 653 | 176 | 25320 |
| 浙 江 | Zhejiang | 4 | 643 | 289 | 44835 |
| 安 徽 | Anhui | 1 | 24 | 96 | 14682 |
| 福 建 | Fujian | 5 | 1763 | 78 | 12015 |
| 江 西 | Jiangxi | | | 60 | 9306 |
| 山 东 | Shandong | 1 | 10 | 168 | 26817 |
| 河 南 | Henan | 4 | 274 | 132 | 18918 |
| 湖 北 | Hubei | 2 | 440 | 103 | 12676 |
| 湖 南 | Hunan | 5 | 263 | 104 | 17477 |
| 广 东 | Guangdong | 15 | 1958 | 376 | 80065 |
| 广 西 | Guangxi | 2 | 263 | 65 | 7040 |
| 海 南 | Hainan | 3 | 136 | 93 | 17142 |
| 重 庆 | Chongqing | | | 70 | 14058 |
| 四 川 | Sichuan | 5 | 509 | 125 | 16621 |
| 贵 州 | Guizhou | | | 46 | 6237 |
| 云 南 | Yunnan | 4 | 970 | 74 | 11688 |
| 西 藏 | Tibet | | | 2 | 358 |
| 陕 西 | Shaanxi | | | 111 | 16248 |
| 甘 肃 | Gansu | | | 38 | 6323 |
| 青 海 | Qinghai | | | 5 | 932 |
| 宁 夏 | Ningxia | | | 16 | 1999 |
| 新 疆 | Xinjiang | 1 | 64 | 60 | 8347 |

4-1-3 续表 3 Continued 3

| 地区 | Region | 股份有限公司 Share-holding Corporations Ltd. 法人单位数(个) Number of Corporation Enterprises (unit) | 股份有限公司 Share-holding Corporations Ltd. 年末从业人数(人) Engaged Persons at the Year-end (person) | 私营企业 Private Enterprises 法人单位数(个) Number of Corporation Enterprises (unit) | 私营企业 Private Enterprises 年末从业人数(人) Engaged Persons at the Year-end (person) |
|---|---|---|---|---|---|
| **全　国** | **National Total** | **479** | **71576** | **5528** | **566292** |
| 北　京 | Beijing | 24 | 4245 | 293 | 20286 |
| 天　津 | Tianjin | 3 | 197 | 64 | 5915 |
| 河　北 | Hebei | 12 | 1548 | 126 | 16234 |
| 山　西 | Shanxi | 8 | 1452 | 134 | 23546 |
| 内蒙古 | Inner Mongolia | 15 | 1094 | 151 | 12571 |
| 辽　宁 | Liaoning | 6 | 818 | 161 | 12565 |
| 吉　林 | Jilin | 9 | 711 | 85 | 6119 |
| 黑龙江 | Heilongjiang | 11 | 3446 | 56 | 4227 |
| 上　海 | Shanghai | 10 | 1343 | 232 | 20030 |
| 江　苏 | Jiangsu | 24 | 4350 | 408 | 43886 |
| 浙　江 | Zhejiang | 24 | 6383 | 552 | 59101 |
| 安　徽 | Anhui | 26 | 3174 | 131 | 12519 |
| 福　建 | Fujian | 8 | 1041 | 172 | 21320 |
| 江　西 | Jiangxi | 13 | 1325 | 105 | 10233 |
| 山　东 | Shandong | 39 | 5389 | 342 | 23232 |
| 河　南 | Henan | 45 | 4723 | 432 | 28807 |
| 湖　北 | Hubei | 19 | 2504 | 187 | 18336 |
| 湖　南 | Hunan | 39 | 7755 | 285 | 29533 |
| 广　东 | Guangdong | 23 | 5231 | 552 | 90423 |
| 广　西 | Guangxi | 16 | 1917 | 142 | 14614 |
| 海　南 | Hainan | 18 | 3018 | 55 | 5831 |
| 重　庆 | Chongqing | 9 | 805 | 110 | 10983 |
| 四　川 | Sichuan | 30 | 3771 | 233 | 24769 |
| 贵　州 | Guizhou | 3 | 388 | 67 | 6058 |
| 云　南 | Yunnan | 16 | 2140 | 127 | 12721 |
| 西　藏 | Tibet | 1 | 90 | 14 | 1183 |
| 陕　西 | Shaanxi | 21 | 2021 | 149 | 15387 |
| 甘　肃 | Gansu | 4 | 363 | 50 | 4735 |
| 青　海 | Qinghai | | | 29 | 2229 |
| 宁　夏 | Ningxia | | | 29 | 3293 |
| 新　疆 | Xinjiang | 3 | 334 | 55 | 5606 |

| 地区 | Region | 港、澳、台商投资企业 Enterprises with Funds from Hongkong, Macao and Taiwan 法人单位数(个) Number of Corporation Enterprises (unit) | 港、澳、台商投资企业 年末从业人数(人) Engaged Persons at the Year-end (person) | 外商投资企业 Foreign Funded Enterprises 法人单位数(个) Number of Corporation Enterprises (unit) | 外商投资企业 年末从业人数(人) Engaged Persons at the Year-end (person) |
|---|---|---|---|---|---|
| **全国** | **National Total** | **560** | **161736** | **435** | **115594** |
| 北京 | Beijing | 42 | 19313 | 31 | 9615 |
| 天津 | Tianjin | 7 | 961 | 13 | 1647 |
| 河北 | Hebei | 7 | 1243 | 6 | 1216 |
| 山西 | Shanxi | 5 | 999 | 2 | 513 |
| 内蒙古 | Inner Mongolia | 2 | 936 | 5 | 1121 |
| 辽宁 | Liaoning | 39 | 10370 | 35 | 5999 |
| 吉林 | Jilin | 5 | 914 | 7 | 1270 |
| 黑龙江 | Heilongjiang | 9 | 1665 | 2 | 655 |
| 上海 | Shanghai | 25 | 10034 | 27 | 7165 |
| 江苏 | Jiangsu | 27 | 5909 | 42 | 8409 |
| 浙江 | Zhejiang | 31 | 12391 | 27 | 7049 |
| 安徽 | Anhui | 11 | 2008 | 10 | 2516 |
| 福建 | Fujian | 44 | 10531 | 36 | 8697 |
| 江西 | Jiangxi | 10 | 1382 | 11 | 1689 |
| 山东 | Shandong | 26 | 5313 | 17 | 3361 |
| 河南 | Henan | 18 | 5831 | 6 | 1046 |
| 湖北 | Hubei | 14 | 4357 | 6 | 1373 |
| 湖南 | Hunan | 20 | 5049 | 7 | 1270 |
| 广东 | Guangdong | 136 | 40618 | 83 | 31473 |
| 广西 | Guangxi | 24 | 6849 | 5 | 1347 |
| 海南 | Hainan | 10 | 2731 | 21 | 8208 |
| 重庆 | Chongqing | 5 | 1474 | 3 | 1943 |
| 四川 | Sichuan | 12 | 3712 | 5 | 1544 |
| 贵州 | Guizhou | 4 | 1044 | 1 | 311 |
| 云南 | Yunnan | 11 | 2737 | 13 | 1873 |
| 西藏 | Tibet | 1 | 100 | | |
| 陕西 | Shaanxi | 9 | 1972 | 9 | 3121 |
| 甘肃 | Gansu | 1 | 158 | 2 | 521 |
| 青海 | Qinghai | 1 | 295 | 2 | 402 |
| 宁夏 | Ningxia | | | 1 | 240 |
| 新疆 | Xinjiang | 4 | 840 | | |

# 4-1-4 各地区限额以上住宿业企业基本情况(按国民经济行业分)

## Basic Conditions of Enterprises above Designated Size of Hotels by Region and Sector

| 地区 | Region | 旅游饭店 Tourist Hotel | | 一般旅馆 Fonda | | 其他住宿服务 Others | |
|---|---|---|---|---|---|---|---|
| | | 法人单位数(个) Number of Corporation Enterprises (unit) | 年末从业人数(人) Engaged Persons at the Year-end (person) | 法人单位数(个) Number of Corporation Enterprises (unit) | 年末从业人数(人) Engaged Persons at the Year-end (person) | 法人单位数(个) Number of Corporation Enterprises (unit) | 年末从业人数(人) Engaged Persons at the Year-end (person) |
| **全国** | **National Total** | **10477** | **1682668** | **3616** | **277076** | **405** | **40740** |
| 北京 | Beijing | 760 | 135109 | 444 | 27788 | 49 | 3369 |
| 天津 | Tianjin | 93 | 14167 | 91 | 7356 | 27 | 2891 |
| 河北 | Hebei | 305 | 48546 | 111 | 12320 | 11 | 2583 |
| 山西 | Shanxi | 205 | 39690 | 110 | 12361 | 12 | 1879 |
| 内蒙古 | Inner Mongolia | 212 | 25672 | 91 | 7768 | 8 | 511 |
| 辽宁 | Liaoning | 368 | 50190 | 102 | 4893 | 5 | 485 |
| 吉林 | Jilin | 187 | 20547 | 29 | 1574 | 7 | 872 |
| 黑龙江 | Heilongjiang | 154 | 19218 | 42 | 4989 | 10 | 375 |
| 上海 | Shanghai | 344 | 71648 | 203 | 13900 | 18 | 1563 |
| 江苏 | Jiangsu | 698 | 106918 | 195 | 10687 | 23 | 2747 |
| 浙江 | Zhejiang | 866 | 138492 | 252 | 17067 | 5 | 579 |
| 安徽 | Anhui | 316 | 40030 | 53 | 6007 | 4 | 382 |
| 福建 | Fujian | 373 | 65124 | 80 | 6564 | 14 | 1576 |
| 江西 | Jiangxi | 218 | 28115 | 67 | 6259 | 3 | 222 |
| 山东 | Shandong | 623 | 92500 | 254 | 16028 | 11 | 762 |
| 河南 | Henan | 520 | 67788 | 357 | 23778 | 23 | 1344 |
| 湖北 | Hubei | 336 | 47005 | 123 | 9767 | 17 | 2317 |
| 湖南 | Hunan | 420 | 69434 | 168 | 12267 | 26 | 2128 |
| 广东 | Guangdong | 1171 | 261422 | 292 | 32037 | 49 | 5510 |
| 广西 | Guangxi | 273 | 38441 | 67 | 5667 | 9 | 723 |
| 海南 | Hainan | 250 | 46044 | 16 | 911 | | |
| 重庆 | Chongqing | 175 | 30124 | 61 | 4620 | 20 | 1842 |
| 四川 | Sichuan | 416 | 60942 | 123 | 8056 | 16 | 2182 |
| 贵州 | Guizhou | 136 | 16651 | 39 | 2835 | 6 | 578 |
| 云南 | Yunnan | 310 | 40751 | 56 | 5571 | 7 | 508 |
| 西藏 | Tibet | 43 | 4557 | | | | |
| 陕西 | Shaanxi | 306 | 47728 | 117 | 10235 | 18 | 2024 |
| 甘肃 | Gansu | 127 | 18924 | 29 | 2375 | 5 | 683 |
| 青海 | Qinghai | 49 | 6636 | 7 | 458 | 2 | 105 |
| 宁夏 | Ningxia | 48 | 6240 | 8 | 725 | | |
| 新疆 | Xinjiang | 175 | 24015 | 29 | 2213 | | |

# 4-1-5 各地区限额以上餐饮业企业基本情况
# Basic Conditions of Enterprises above Designated Size of Catering Services by Region

| 地区 | Region | 餐饮业 Catering Services | | #国有控股 State-controlled Enterprises | |
|---|---|---|---|---|---|
| | | 法人单位数（个）Number of Corporation Enterprises (unit) | 年末从业人数（人）Engaged Persons at the Year-end (person) | 法人单位数（个）Number of Corporation Enterprises (unit) | 年末从业人数（人）Engaged Persons at the Year-end (person) |
| **全　国** | **National Total** | **20694** | **2006056** | **797** | **104456** |
| 北　京 | Beijing | 2264 | 210386 | 117 | 16562 |
| 天　津 | Tianjin | 361 | 45384 | 21 | 1820 |
| 河　北 | Hebei | 265 | 31000 | 20 | 2940 |
| 山　西 | Shanxi | 311 | 45919 | 26 | 3745 |
| 内蒙古 | Inner Mongolia | 404 | 36874 | 17 | 2246 |
| 辽　宁 | Liaoning | 697 | 56037 | 18 | 2005 |
| 吉　林 | Jilin | 189 | 14026 | 15 | 2581 |
| 黑龙江 | Heilongjiang | 224 | 17715 | 13 | 1625 |
| 上　海 | Shanghai | 1323 | 176162 | 37 | 6568 |
| 江　苏 | Jiangsu | 1505 | 156124 | 58 | 5597 |
| 浙　江 | Zhejiang | 878 | 105744 | 23 | 4855 |
| 安　徽 | Anhui | 499 | 42138 | 23 | 2091 |
| 福　建 | Fujian | 542 | 62773 | 21 | 3113 |
| 江　西 | Jiangxi | 266 | 26089 | 6 | 631 |
| 山　东 | Shandong | 3239 | 186503 | 140 | 16471 |
| 河　南 | Henan | 1622 | 82857 | 33 | 2095 |
| 湖　北 | Hubei | 657 | 70700 | 27 | 2479 |
| 湖　南 | Hunan | 550 | 53427 | 20 | 2347 |
| 广　东 | Guangdong | 2131 | 293698 | 59 | 8008 |
| 广　西 | Guangxi | 181 | 19034 | 12 | 1083 |
| 海　南 | Hainan | 84 | 7980 | 3 | 182 |
| 重　庆 | Chongqing | 686 | 57403 | 18 | 2158 |
| 四　川 | Sichuan | 683 | 79041 | 16 | 2032 |
| 贵　州 | Guizhou | 110 | 10108 | 4 | 506 |
| 云　南 | Yunnan | 132 | 14729 | 11 | 1704 |
| 西　藏 | Tibet | 6 | 410 | | |
| 陕　西 | Shaanxi | 595 | 70745 | 25 | 7123 |
| 甘　肃 | Gansu | 133 | 14645 | 1 | 117 |
| 青　海 | Qinghai | 29 | 3626 | 3 | 299 |
| 宁　夏 | Ningxia | 72 | 8364 | 3 | 609 |
| 新　疆 | Xinjiang | 56 | 6415 | 7 | 864 |

# 4-1-6 各地区限额以上餐饮业企业基本情况(按登记注册类型分)

## Basic Conditions of Enterprises above Designated Size of Catering Services by Region and Type of Registration

| 地区 | Region | 内资企业 Domestic Funded Enterprises | | 国有企业 State-owned Enterprises | |
|---|---|---|---|---|---|
| | | 法人单位数(个) Number of Corporation Enterprises (unit) | 年末从业人数(人) Engaged Persons at the Year-end (person) | 法人单位数(个) Number of Corporation Enterprises (unit) | 年末从业人数(人) Engaged Persons at the Year-end (person) |
| **全国** | **National Total** | **19507** | **1597952** | **608** | **68047** |
| 北京 | Beijing | 2094 | 160591 | 43 | 3246 |
| 天津 | Tianjin | 317 | 25397 | 12 | 726 |
| 河北 | Hebei | 260 | 30535 | 21 | 3004 |
| 山西 | Shanxi | 302 | 42535 | 30 | 3671 |
| 内蒙古 | Inner Mongolia | 395 | 35877 | 15 | 1789 |
| 辽宁 | Liaoning | 609 | 34104 | 14 | 1570 |
| 吉林 | Jilin | 184 | 13711 | 12 | 2402 |
| 黑龙江 | Heilongjiang | 177 | 13211 | 10 | 1505 |
| 上海 | Shanghai | 1136 | 102318 | 20 | 1938 |
| 江苏 | Jiangsu | 1418 | 116590 | 49 | 4022 |
| 浙江 | Zhejiang | 846 | 83699 | 16 | 2084 |
| 安徽 | Anhui | 490 | 40162 | 18 | 1928 |
| 福建 | Fujian | 483 | 48234 | 22 | 3123 |
| 江西 | Jiangxi | 250 | 21900 | 5 | 559 |
| 山东 | Shandong | 3188 | 170050 | 134 | 15522 |
| 河南 | Henan | 1607 | 77957 | 26 | 1679 |
| 湖北 | Hubei | 631 | 60340 | 21 | 1819 |
| 湖南 | Hunan | 532 | 44368 | 17 | 1817 |
| 广东 | Guangdong | 1900 | 215569 | 36 | 5577 |
| 广西 | Guangxi | 176 | 15776 | 13 | 1170 |
| 海南 | Hainan | 77 | 7354 | 3 | 182 |
| 重庆 | Chongqing | 677 | 51103 | 11 | 850 |
| 四川 | Sichuan | 665 | 69584 | 14 | 1643 |
| 贵州 | Guizhou | 105 | 9865 | 4 | 552 |
| 云南 | Yunnan | 124 | 11622 | 7 | 564 |
| 西藏 | Tibet | 6 | 410 | | |
| 陕西 | Shaanxi | 574 | 64219 | 25 | 3837 |
| 甘肃 | Gansu | 131 | 13753 | 1 | 117 |
| 青海 | Qinghai | 28 | 3519 | 2 | 237 |
| 宁夏 | Ningxia | 71 | 8027 | 1 | 85 |
| 新疆 | Xinjiang | 54 | 5572 | 6 | 829 |

4-1-6 续表 1 Continued 1

| 地 区 | Region | 集体企业 Collective-owned Enterprises 法人单位数(个) Number of Corporation Enterprises (unit) | 集体企业 Collective-owned Enterprises 年末从业人数(人) Engaged Persons at the Year-end (person) | 股份合作企业 Cooperative Enterprises 法人单位数(个) Number of Corporation Enterprises (unit) | 股份合作企业 Cooperative Enterprises 年末从业人数(人) Engaged Persons at the Year-end (person) |
|---|---|---|---|---|---|
| **全 国** | **National Total** | **445** | **29177** | **294** | **20683** |
| 北 京 | Beijing | 57 | 2833 | 97 | 3695 |
| 天 津 | Tianjin | 8 | 310 | 1 | 65 |
| 河 北 | Hebei | 7 | 615 | 7 | 555 |
| 山 西 | Shanxi | 10 | 1129 | 1 | 132 |
| 内蒙古 | Inner Mongolia | 1 | 80 | 5 | 472 |
| 辽 宁 | Liaoning | 17 | 590 | 4 | 90 |
| 吉 林 | Jilin | 9 | 509 | 1 | 154 |
| 黑龙江 | Heilongjiang | 2 | 106 | 2 | 60 |
| 上 海 | Shanghai | 26 | 1869 | 11 | 977 |
| 江 苏 | Jiangsu | 23 | 1429 | 8 | 938 |
| 浙 江 | Zhejiang | 5 | 292 | 12 | 1378 |
| 安 徽 | Anhui | 9 | 632 | 4 | 300 |
| 福 建 | Fujian | 9 | 463 | 1 | 103 |
| 江 西 | Jiangxi | | | 5 | 417 |
| 山 东 | Shandong | 73 | 4208 | 22 | 1392 |
| 河 南 | Henan | 31 | 1638 | 5 | 506 |
| 湖 北 | Hubei | 9 | 565 | 5 | 369 |
| 湖 南 | Hunan | 4 | 153 | 4 | 478 |
| 广 东 | Guangdong | 88 | 7748 | 44 | 3567 |
| 广 西 | Guangxi | 7 | 309 | 5 | 218 |
| 海 南 | Hainan | 1 | 135 | | |
| 重 庆 | Chongqing | 14 | 804 | 22 | 769 |
| 四 川 | Sichuan | 11 | 761 | 10 | 2419 |
| 贵 州 | Guizhou | | | | |
| 云 南 | Yunnan | 6 | 375 | 4 | 300 |
| 西 藏 | Tibet | | | | |
| 陕 西 | Shaanxi | 14 | 1246 | 12 | 1070 |
| 甘 肃 | Gansu | 2 | 273 | 1 | 169 |
| 青 海 | Qinghai | | | | |
| 宁 夏 | Ningxia | 1 | 51 | 1 | 90 |
| 新 疆 | Xinjiang | 1 | 54 | | |

4-1-6 续表 2 Continued 2

| 地区 | Region | 联营企业 Joint Ownership Enterprises 法人单位数(个) Number of Corporation Enterprises (unit) | 联营企业 年末从业人数(人) Engaged Persons at the Year-end (person) | 有限责任公司 Limited Liability Corporations 法人单位数(个) Number of Corporation Enterprises (unit) | 有限责任公司 年末从业人数(人) Engaged Persons at the Year-end (person) |
|---|---|---|---|---|---|
| **全国** | **National Total** | **25** | **1850** | **2790** | **322869** |
| 北京 | Beijing | 2 | 43 | 500 | 48160 |
| 天津 | Tianjin | | | 56 | 6684 |
| 河北 | Hebei | 1 | 80 | 49 | 5156 |
| 山西 | Shanxi | | | 44 | 8259 |
| 内蒙古 | Inner Mongolia | 1 | 82 | 81 | 8264 |
| 辽宁 | Liaoning | | | 56 | 4821 |
| 吉林 | Jilin | | | 22 | 2234 |
| 黑龙江 | Heilongjiang | | | 12 | 1322 |
| 上海 | Shanghai | 5 | 318 | 81 | 12226 |
| 江苏 | Jiangsu | 1 | 134 | 148 | 18751 |
| 浙江 | Zhejiang | | | 118 | 12441 |
| 安徽 | Anhui | | | 75 | 6300 |
| 福建 | Fujian | | | 54 | 6223 |
| 江西 | Jiangxi | 1 | 28 | 31 | 2586 |
| 山东 | Shandong | 4 | 231 | 289 | 23121 |
| 河南 | Henan | 2 | 79 | 168 | 14301 |
| 湖北 | Hubei | | | 137 | 19054 |
| 湖南 | Hunan | 5 | 364 | 65 | 8360 |
| 广东 | Guangdong | 3 | 491 | 262 | 45299 |
| 广西 | Guangxi | | | 25 | 2580 |
| 海南 | Hainan | | | 31 | 2446 |
| 重庆 | Chongqing | | | 95 | 17268 |
| 四川 | Sichuan | | | 138 | 15940 |
| 贵州 | Guizhou | | | 30 | 2810 |
| 云南 | Yunnan | | | 20 | 2750 |
| 西藏 | Tibet | | | 3 | 114 |
| 陕西 | Shaanxi | | | 152 | 19951 |
| 甘肃 | Gansu | | | 29 | 2728 |
| 青海 | Qinghai | | | 4 | 456 |
| 宁夏 | Ningxia | | | 11 | 1573 |
| 新疆 | Xinjiang | | | 4 | 688 |

4-1-6 续表 3 Continued 3

| 地区 | Region | 股份有限公司 Share-holding Corporations Ltd. | | 私营企业 Private Enterprises | |
|---|---|---|---|---|---|
| | | 法人单位数（个） Number of Corporation Enterprises (unit) | 年末从业人数（人） Engaged Persons at the Year-end (person) | 法人单位数（个） Number of Corporation Enterprises (unit) | 年末从业人数（人） Engaged Persons at the Year-end (person) |
| **全国** | **National Total** | **409** | **56242** | **14262** | **1058090** |
| 北京 | Beijing | 62 | 9219 | 1331 | 93317 |
| 天津 | Tianjin | 5 | 600 | 224 | 16227 |
| 河北 | Hebei | 12 | 1262 | 156 | 19191 |
| 山西 | Shanxi | 13 | 2822 | 199 | 24868 |
| 内蒙古 | Inner Mongolia | 14 | 1715 | 257 | 21714 |
| 辽宁 | Liaoning | 6 | 1040 | 506 | 25795 |
| 吉林 | Jilin | 10 | 608 | 126 | 7484 |
| 黑龙江 | Heilongjiang | 6 | 233 | 135 | 9459 |
| 上海 | Shanghai | 6 | 722 | 978 | 83444 |
| 江苏 | Jiangsu | 27 | 2528 | 1133 | 86711 |
| 浙江 | Zhejiang | 10 | 3271 | 677 | 63407 |
| 安徽 | Anhui | 12 | 1285 | 364 | 29241 |
| 福建 | Fujian | 5 | 443 | 375 | 36513 |
| 江西 | Jiangxi | 3 | 372 | 190 | 17077 |
| 山东 | Shandong | 62 | 9331 | 2391 | 107913 |
| 河南 | Henan | 35 | 2043 | 1265 | 54374 |
| 湖北 | Hubei | 13 | 2582 | 432 | 34974 |
| 湖南 | Hunan | 15 | 1851 | 388 | 28843 |
| 广东 | Guangdong | 18 | 2699 | 1357 | 143375 |
| 广西 | Guangxi | 3 | 258 | 120 | 11076 |
| 海南 | Hainan | 6 | 709 | 32 | 3220 |
| 重庆 | Chongqing | 7 | 2252 | 481 | 27186 |
| 四川 | Sichuan | 33 | 2818 | 450 | 45425 |
| 贵州 | Guizhou | | | 65 | 5987 |
| 云南 | Yunnan | 2 | 84 | 83 | 7421 |
| 西藏 | Tibet | | | 3 | 296 |
| 陕西 | Shaanxi | 18 | 4917 | 340 | 31681 |
| 甘肃 | Gansu | 6 | 578 | 83 | 9226 |
| 青海 | Qinghai | | | 21 | 2416 |
| 宁夏 | Ningxia | | | 57 | 6228 |
| 新疆 | Xinjiang | | | 43 | 4001 |

4-1-6 续表 4 Continued 4

| 地区 | Region | 港、澳、台商投资企业 Enterprises with Funds from Hongkong, Macao and Taiwan 法人单位数(个) Number of Corporation Enterprises (unit) | 港、澳、台商投资企业 年末从业人数(人) Engaged Persons at the Year-end (person) | 外商投资企业 Foreign Funded Enterprises 法人单位数(个) Number of Corporation Enterprises (unit) | 外商投资企业 年末从业人数(人) Engaged Persons at the Year-end (person) |
|---|---|---|---|---|---|
| **全国** | **National Total** | **587** | **123041** | **600** | **285063** |
| 北京 | Beijing | 70 | 16171 | 100 | 33624 |
| 天津 | Tianjin | 20 | 1505 | 24 | 18482 |
| 河北 | Hebei | 4 | 365 | 1 | 100 |
| 山西 | Shanxi | 3 | 462 | 6 | 2922 |
| 内蒙古 | Inner Mongolia | 3 | 250 | 6 | 747 |
| 辽宁 | Liaoning | 35 | 3699 | 53 | 18234 |
| 吉林 | Jilin | | | 5 | 315 |
| 黑龙江 | Heilongjiang | 19 | 1772 | 28 | 2732 |
| 上海 | Shanghai | 83 | 36039 | 104 | 37805 |
| 江苏 | Jiangsu | 49 | 7838 | 38 | 31696 |
| 浙江 | Zhejiang | 15 | 1242 | 17 | 20803 |
| 安徽 | Anhui | 5 | 1575 | 4 | 401 |
| 福建 | Fujian | 35 | 6980 | 24 | 7559 |
| 江西 | Jiangxi | 9 | 1177 | 7 | 3012 |
| 山东 | Shandong | 21 | 2964 | 30 | 13489 |
| 河南 | Henan | 6 | 421 | 9 | 4479 |
| 湖北 | Hubei | 14 | 2205 | 12 | 8155 |
| 湖南 | Hunan | 10 | 946 | 8 | 8113 |
| 广东 | Guangdong | 152 | 26826 | 79 | 51303 |
| 广西 | Guangxi | 4 | 1245 | 1 | 2013 |
| 海南 | Hainan | 4 | 422 | 3 | 204 |
| 重庆 | Chongqing | 5 | 640 | 4 | 5660 |
| 四川 | Sichuan | 7 | 3299 | 11 | 6158 |
| 贵州 | Guizhou | 2 | 151 | 3 | 92 |
| 云南 | Yunnan | 4 | 788 | 4 | 2319 |
| 西藏 | Tibet | | | | |
| 陕西 | Shaanxi | 7 | 3903 | 14 | 2623 |
| 甘肃 | Gansu | 1 | 156 | 1 | 736 |
| 青海 | Qinghai | | | 1 | 107 |
| 宁夏 | Ningxia | | | 1 | 337 |
| 新疆 | Xinjiang | | | 2 | 843 |

# 4-1-7 各地区限额以上餐饮业企业基本情况(按国民经济行业分)

## Basic Conditions of Enterprises above Designated Size of Catering Services by Region and Sector

| 地 区 | Region | 正餐服务 Dinner | | 快餐服务 Snack | |
|---|---|---|---|---|---|
| | | 法人单位数(个) Number of Corporation Enterprises (unit) | 年末从业人数(人) Engaged Persons at the Year-end (person) | 法人单位数(个) Number of Corporation Enterprises (unit) | 年末从业人数(人) Engaged Persons at the Year-end (person) |
| **全 国** | **National Total** | **19282** | **1612177** | **765** | **317892** |
| 北 京 | Beijing | 2004 | 168859 | 148 | 33141 |
| 天 津 | Tianjin | 327 | 26226 | 21 | 18356 |
| 河 北 | Hebei | 260 | 30504 | 5 | 496 |
| 山 西 | Shanxi | 300 | 42468 | 6 | 2683 |
| 内蒙古 | Inner Mongolia | 400 | 36472 | 3 | 362 |
| 辽 宁 | Liaoning | 648 | 36791 | 28 | 16913 |
| 吉 林 | Jilin | 185 | 13924 | 3 | 46 |
| 黑龙江 | Heilongjiang | 217 | 16675 | 6 | 840 |
| 上 海 | Shanghai | 1197 | 118565 | 48 | 44101 |
| 江 苏 | Jiangsu | 1382 | 109008 | 58 | 35857 |
| 浙 江 | Zhejiang | 786 | 78901 | 39 | 22468 |
| 安 徽 | Anhui | 479 | 39553 | 11 | 2248 |
| 福 建 | Fujian | 506 | 52015 | 19 | 9701 |
| 江 西 | Jiangxi | 251 | 22493 | 10 | 3328 |
| 山 东 | Shandong | 3136 | 169205 | 78 | 15837 |
| 河 南 | Henan | 1484 | 74881 | 102 | 6389 |
| 湖 北 | Hubei | 631 | 61158 | 9 | 7949 |
| 湖 南 | Hunan | 523 | 44397 | 10 | 8051 |
| 广 东 | Guangdong | 1954 | 215726 | 99 | 65451 |
| 广 西 | Guangxi | 169 | 15058 | 6 | 3157 |
| 海 南 | Hainan | 79 | 7664 | 2 | 224 |
| 重 庆 | Chongqing | 649 | 52632 | 12 | 3975 |
| 四 川 | Sichuan | 636 | 60599 | 10 | 8092 |
| 贵 州 | Guizhou | 102 | 9669 | 6 | 288 |
| 云 南 | Yunnan | 123 | 11024 | 4 | 2567 |
| 西 藏 | Tibet | 5 | 327 | 1 | 83 |
| 陕 西 | Shaanxi | 573 | 66771 | 11 | 3101 |
| 甘 肃 | Gansu | 125 | 13353 | 4 | 1042 |
| 青 海 | Qinghai | 28 | 3563 | 1 | 63 |
| 宁 夏 | Ningxia | 70 | 8183 | 2 | 181 |
| 新 疆 | Xinjiang | 53 | 5513 | 3 | 902 |

4-1-7 续表 Continued

| 地区 | Region | 饮料及冷饮服务 Beverage and Cold Drink 法人单位数(个) Number of Corporation Enterprises (unit) | 饮料及冷饮服务 Beverage and Cold Drink 年末从业人数(人) Engaged Persons at the Year-end (person) | 其他餐饮服务 Others 法人单位数(个) Number of Corporation Enterprises (unit) | 其他餐饮服务 Others 年末从业人数(人) Engaged Persons at the Year-end (person) |
|---|---|---|---|---|---|
| **全 国** | **National Total** | **165** | **11346** | **482** | **64641** |
| 北 京 | Beijing | 39 | 1914 | 73 | 6472 |
| 天 津 | Tianjin | 2 | 135 | 11 | 667 |
| 河 北 | Hebei | | | | |
| 山 西 | Shanxi | | | 5 | 768 |
| 内蒙古 | Inner Mongolia | | | 1 | 40 |
| 辽 宁 | Liaoning | 7 | 312 | 14 | 2021 |
| 吉 林 | Jilin | | | 1 | 56 |
| 黑龙江 | Heilongjiang | | | 1 | 200 |
| 上 海 | Shanghai | 17 | 2647 | 61 | 10849 |
| 江 苏 | Jiangsu | 17 | 475 | 48 | 10784 |
| 浙 江 | Zhejiang | 24 | 1935 | 29 | 2440 |
| 安 徽 | Anhui | 5 | 140 | 4 | 197 |
| 福 建 | Fujian | 4 | 139 | 13 | 918 |
| 江 西 | Jiangxi | 4 | 143 | 1 | 125 |
| 山 东 | Shandong | 3 | 129 | 22 | 1332 |
| 河 南 | Henan | 4 | 127 | 32 | 1460 |
| 湖 北 | Hubei | 2 | 67 | 15 | 1526 |
| 湖 南 | Hunan | 8 | 502 | 9 | 477 |
| 广 东 | Guangdong | 16 | 1947 | 62 | 10574 |
| 广 西 | Guangxi | 1 | 40 | 5 | 779 |
| 海 南 | Hainan | 1 | 32 | 2 | 60 |
| 重 庆 | Chongqing | 3 | 71 | 22 | 725 |
| 四 川 | Sichuan | 8 | 591 | 29 | 9759 |
| 贵 州 | Guizhou | | | 2 | 151 |
| 云 南 | Yunnan | | | 5 | 1138 |
| 西 藏 | Tibet | | | | |
| 陕 西 | Shaanxi | | | 11 | 873 |
| 甘 肃 | Gansu | | | 4 | 250 |
| 青 海 | Qinghai | | | | |
| 宁 夏 | Ningxia | | | | |
| 新 疆 | Xinjiang | | | | |

# 4-2-1 限额以上住宿和餐饮业企业经营情况

| 项　目 | Item | 营业额 Business Revenue | 客房收入 from Hotel Rooms |
|---|---|---|---|
| **总　计** | **Total** | **49470599** | **11621494** |
| **一、住宿业** | **Hotels** | **22606997** | **10411940** |
| **(一)按登记注册类型分** | **by Type of Registration** | | |
| #国有控股 | State-controlled Enterprises | 7625758 | 3440231 |
| **1.内资企业** | **Domestic Funded Enterprises** | **18344977** | **8383372** |
| 国有企业 | State-owned Enterprises | 4994648 | 2249594 |
| 集体企业 | Collective-owned Enterprises | 639389 | 266530 |
| 股份合作企业 | Cooperative Enterprises | 185589 | 90863 |
| 联营企业 | Joint Ownership Enterprises | 110315 | 50909 |
| 国有联营企业 | State Joint Ownership Enterprises | 59018 | 29058 |
| 集体联营企业 | Collective Joint Ownership Enterprises | 9602 | 3778 |
| 国有与集体联营企业 | Joint State-collective Enterprises | 30740 | 13438 |
| 其他联营企业 | Other Joint Ownership Enterprises | 10955 | 4635 |
| 有限责任公司 | Limited Liability Corporations | 5584162 | 2576542 |
| 国有独资公司 | State Sole Funded Corporations | 274837 | 134935 |
| 其他有限责任公司 | Other Limited Liability Corporations | 5309326 | 2441607 |
| 股份有限公司 | Share-holding Corporations Ltd. | 846910 | 371463 |
| 私营企业 | Private Enterprises | 5690790 | 2635688 |
| 私营独资企业 | Private-funded Enterprises | 1097032 | 480968 |
| 私营合伙企业 | Private Partnership Enterprises | 285831 | 134314 |
| 私营有限责任公司 | Private Limited Liability Corporations | 3998519 | 1866372 |
| 私营股份有限公司 | Private Share-holding Corporations Ltd. | 309408 | 154033 |
| 其他企业 | Other Enterprises | 293175 | 141782 |
| **2.港、澳、台商投资企业** | **Enterprises with Funds from Hongkong, Macao and Taiwan** | **2344680** | **1100409** |
| 合资经营企业 | Joint-venture Enterprises | 1294066 | 622351 |
| 合作经营企业 | Cooperative Enterprises | 377835 | 167617 |
| 独资经营企业 | Enterprises with Sole Investment | 615401 | 285777 |
| 投资股份有限公司 | Share-holding Corporations Ltd. with Investment | 57379 | 24664 |
| **3.外商投资企业** | **Foreign Funded Enterprises** | **1917340** | **928160** |
| 中外合资经营企业 | Joint-venture Enterprises | 935161 | 439196 |
| 中外合作经营企业 | Cooperative Enterprises | 301140 | 133386 |
| 外资企业 | Enterprises with Sole Foreign Investment | 630575 | 330737 |
| 外商投资股份有限公司 | Share-holding Corporations Ltd. with Foreign Investment | 50463 | 24840 |
| **(二)按国民经济行业分** | **by Sector** | | |
| 旅游饭店 | Tourist Hotel | 19330702 | 8562879 |
| 一般旅馆 | Fonda | 2895959 | 1658300 |
| 其他住宿服务 | Others | 380336 | 190761 |

## Business of Enterprises above Designated Size of Hotels and Catering Services

单位：万元

Unit：10000 yuan

| 餐费收入 from Meals | 商品销售收入 from Commodities | 其他收入 Others | 客房数（间） Hotel Rooms (unit) | 床位数（个） Hotel Beds (unit) | 餐位数（位） Seats for meal (unit) |
|---|---|---|---|---|---|
| **33730864** | **1379099** | **2739143** | **2319367** | **4067700** | **15859705** |
| **9317793** | **619443** | **2257821** | **2016684** | **3514658** | **6008077** |
| | | | | | |
| 3027312 | 229467 | 928748 | 595088 | 1066935 | 1887282 |
| **7699402** | **513811** | **1748392** | **1770116** | **3128763** | **5405370** |
| 2049070 | 144553 | 551430 | 431469 | 787681 | 1480092 |
| 283976 | 18473 | 70410 | 64880 | 121331 | 201009 |
| 71794 | 6386 | 16547 | 22192 | 45784 | 63198 |
| 43057 | 2167 | 14182 | 9218 | 16507 | 28415 |
| 22421 | 519 | 7021 | 4915 | 8571 | 13454 |
| 4160 | 227 | 1438 | 1054 | 1886 | 4863 |
| 12930 | 1258 | 3114 | 2346 | 4425 | 6524 |
| 3547 | 162 | 2611 | 903 | 1625 | 3574 |
| 2281088 | 140434 | 586099 | 518693 | 893147 | 1453490 |
| 99086 | 9428 | 31388 | 23158 | 41019 | 52486 |
| 2182002 | 131005 | 554711 | 495535 | 852128 | 1401004 |
| 347159 | 43883 | 84405 | 70267 | 126274 | 206987 |
| 2503042 | 148747 | 403313 | 623397 | 1086784 | 1891470 |
| 508687 | 38323 | 69055 | 130034 | 238576 | 480537 |
| 127797 | 9503 | 14217 | 33378 | 58875 | 104487 |
| 1736440 | 95734 | 299972 | 422298 | 722405 | 1186524 |
| 130119 | 5188 | 20068 | 37687 | 66928 | 119922 |
| 120217 | 9169 | 22007 | 30000 | 51255 | 80709 |
| **918171** | **59319** | **266782** | **136280** | **218193** | **359166** |
| | | | | | |
| 508863 | 18377 | 144475 | 71024 | 112009 | 179178 |
| 138909 | 25683 | 45626 | 18469 | 30398 | 49226 |
| 247567 | 14941 | 67117 | 42306 | 68669 | 118466 |
| 22833 | 318 | 9565 | 4481 | 7117 | 12296 |
| **700220** | **46312** | **242647** | **110288** | **167702** | **243541** |
| 339520 | 15376 | 141069 | 43716 | 70022 | 119171 |
| 130131 | 10299 | 27324 | 14183 | 22605 | 33857 |
| 208981 | 20007 | 70849 | 48677 | 68971 | 81251 |
| 21589 | 630 | 3405 | 3712 | 6104 | 9262 |
| | | | | | |
| 8247429 | 539133 | 1981261 | 1591083 | 2776722 | 5085477 |
| 934509 | 70283 | 232867 | 383021 | 656859 | 820574 |
| 135855 | 10027 | 43693 | 42580 | 81077 | 102026 |

| 项　目 | Item | 营业额 Business Revenue | 客房收入 from Hotel Rooms |
|---|---|---|---|
| **二、餐饮业** | **Catering Services** | **26863602** | **1209553** |
| **(一)按登记注册类型分** | **by Type of Registration** | | |
| #国有控股 | State-controlled Enterprises | 1188376 | 175354 |
| **1.内资企业** | **Domestic Funded Enterprises** | **20163643** | **1150555** |
| 国有企业 | State-owned Enterprises | 671807 | 146407 |
| 集体企业 | Collective-owned Enterprises | 330797 | 31473 |
| 股份合作企业 | Cooperative Enterprises | 257425 | 22015 |
| 联营企业 | Joint Ownership Enterprises | 18968 | 605 |
| 国有联营企业 | State Joint Ownership Enterprises | | |
| 集体联营企业 | Collective Joint Ownership Enterprises | 2456 | 193 |
| 国有与集体联营企业 | Joint State-collective Enterprises | 1038 | |
| 其他联营企业 | Other Joint Ownership Enterprises | 15475 | 413 |
| 有限责任公司 | Limited Liability Corporations | 4031915 | 255405 |
| 国有独资公司 | State Sole Funded Corporations | 17336 | 1575 |
| 其他有限责任公司 | Other Limited Liability Corporations | 4014579 | 253830 |
| 股份有限公司 | Share-holding Corporations Ltd. | 805195 | 51876 |
| 私营企业 | Private Enterprises | 13544901 | 610128 |
| 私营独资企业 | Private-funded Enterprises | 3681902 | 172724 |
| 私营合伙企业 | Private Partnership Enterprises | 626020 | 35226 |
| 私营有限责任公司 | Private Limited Liability Corporations | 8460768 | 359082 |
| 私营股份有限公司 | Private Share-holding Corporations Ltd. | 776211 | 43096 |
| 其他企业 | Other Enterprises | 502635 | 32645 |
| **2.港、澳、台商投资企业** | **Enterprises with Funds from Hongkong, Macao and Taiwan** | **2082433** | **33982** |
| 合资经营企业 | Joint-venture Enterprises | 457143 | 15842 |
| 合作经营企业 | Cooperative Enterprises | 142112 | 674 |
| 独资经营企业 | Enterprises with Sole Investment | 1223128 | 16154 |
| 投资股份有限公司 | Share-holding Corporations Ltd. with Investment | 260049 | 1312 |
| **3.外商投资企业** | **Foreign Funded Enterprises** | **4617526** | **25016** |
| 中外合资经营企业 | Joint-venture Enterprises | 1099838 | 9987 |
| 中外合作经营企业 | Cooperative Enterprises | 232371 | 3502 |
| 外资企业 | Enterprises with Sole Foreign Investment | 3151133 | 9512 |
| 外商投资股份有限公司 | Share-holding Corporations Ltd. with Foreign Investment | 134184 | 2015 |
| **(二)按国民经济行业分** | **by Sector** | | |
| 正餐服务 | Restaurant | 20650984 | 1182331 |
| 快餐服务 | Snack Counter | 5010624 | 5822 |
| 饮料及冷饮服务 | Beverage and Cold Drink | 260027 | 468 |
| 其他餐饮服务 | Others | 941967 | 20933 |

单位：万元

Unit: 10000 yuan

| 餐费收入 from Meals | 商品销售收入 from Commodities | 其他收入 Others | 客房数（间） Hotel Rooms (unit) | 床位数（个） Hotel Beds (unit) | 餐位数（位） Seats for meal (unit) |
|---|---|---|---|---|---|
| **24413071** | **759656** | **481321** | **302683** | **553042** | **9851628** |
| 894811 | 53472 | 64739 | 39127 | 74137 | 491622 |
| **17927237** | **691656** | **394196** | **289188** | **530894** | **8470537** |
| 462393 | 33756 | 29252 | 33370 | 63800 | 319375 |
| 273469 | 11691 | 14164 | 9018 | 17524 | 158439 |
| 218116 | 9189 | 8106 | 5318 | 10107 | 103846 |
| 18018 | 287 | 59 | 243 | 425 | 8072 |
| 2129 | 115 | 19 | 75 | 130 | 2108 |
| 1038 | | | | | 800 |
| 14851 | 172 | 40 | 168 | 295 | 5164 |
| 3477758 | 149987 | 148765 | 60774 | 112405 | 1542281 |
| 14382 | 534 | 846 | 551 | 1135 | 7140 |
| 3463377 | 149453 | 147919 | 60223 | 111270 | 1535141 |
| 692503 | 36987 | 23829 | 11783 | 20745 | 298889 |
| 12340558 | 430857 | 163359 | 160890 | 291356 | 5815636 |
| 3311310 | 165824 | 32045 | 46306 | 87493 | 1802953 |
| 565219 | 18631 | 6944 | 9419 | 17244 | 356237 |
| 7765507 | 230065 | 106115 | 95048 | 168654 | 3383182 |
| 698522 | 16338 | 18255 | 10117 | 17965 | 273264 |
| 444422 | 18904 | 6663 | 7792 | 14532 | 223999 |
| **1964140** | **41550** | **42761** | **7688** | **12427** | **476692** |
| 396689 | 18051 | 26561 | 3697 | 6096 | 115706 |
| 131282 | 6624 | 3533 | 120 | 260 | 19786 |
| 1178792 | 16266 | 11916 | 3601 | 5606 | 293486 |
| 257376 | 609 | 752 | 270 | 465 | 47714 |
| **4521695** | **26450** | **44365** | **5807** | **9721** | **904399** |
| 1066525 | 10527 | 12800 | 2909 | 4729 | 200570 |
| 210398 | 2192 | 16279 | 677 | 1334 | 43513 |
| 3117374 | 10185 | 14062 | 1790 | 2882 | 638148 |
| 127398 | 3546 | 1225 | 431 | 776 | 22168 |
| 18367500 | 710307 | 390846 | 296472 | 542452 | 8357976 |
| 4953346 | 17534 | 33922 | 1764 | 3228 | 1080087 |
| 245645 | 10141 | 3773 | 96 | 213 | 64782 |
| 846581 | 21674 | 52780 | 4351 | 7149 | 348783 |

# 4-2-2 各地区限额以上住宿业企业经营情况

## Business of Enterprises above Designated Size of Hotels by Region

单位：万元
Unit: 10000 yuan

| 地区 | Region | 营业额 Business Revenue | 客房收入 from Hotel Rooms | 餐费收入 from Meals | 商品销售收入 from Commodities | 其他收入 Others |
|---|---|---|---|---|---|---|
| **全国** | **National Total** | **22606997** | **10411940** | **9317793** | **619443** | **2257821** |
| 北京 | Beijing | 2620849 | 1279685 | 800056 | 66722 | 474386 |
| 天津 | Tianjin | 279163 | 141019 | 97418 | 6726 | 34000 |
| 河北 | Hebei | 528554 | 208439 | 266390 | 9999 | 43727 |
| 山西 | Shanxi | 415199 | 172511 | 199723 | 15702 | 27263 |
| 内蒙古 | Inner Mongolia | 320857 | 142554 | 153287 | 11352 | 13665 |
| 辽宁 | Liaoning | 724739 | 346083 | 307251 | 12883 | 58522 |
| 吉林 | Jilin | 238787 | 105381 | 110564 | 5469 | 17372 |
| 黑龙江 | Heilongjiang | 248167 | 122671 | 105105 | 9071 | 11319 |
| 上海 | Shanghai | 1580975 | 809076 | 529635 | 25573 | 216690 |
| 江苏 | Jiangsu | 1562829 | 653385 | 731966 | 58607 | 118871 |
| 浙江 | Zhejiang | 2077141 | 886656 | 1014662 | 32245 | 143577 |
| 安徽 | Anhui | 436941 | 186806 | 201793 | 17825 | 30517 |
| 福建 | Fujian | 783241 | 322823 | 370855 | 25715 | 63849 |
| 江西 | Jiangxi | 290521 | 155479 | 106089 | 13324 | 15629 |
| 山东 | Shandong | 1261459 | 480642 | 640879 | 63668 | 76270 |
| 河南 | Henan | 858313 | 388629 | 364680 | 42733 | 62272 |
| 湖北 | Hubei | 478273 | 246548 | 185296 | 12035 | 34395 |
| 湖南 | Hunan | 863361 | 425690 | 359088 | 19707 | 58876 |
| 广东 | Guangdong | 3322725 | 1455818 | 1353735 | 59640 | 453532 |
| 广西 | Guangxi | 387591 | 188275 | 154681 | 17452 | 27183 |
| 海南 | Hainan | 556052 | 345241 | 160914 | 4434 | 45464 |
| 重庆 | Chongqing | 386762 | 158715 | 182760 | 12676 | 32612 |
| 四川 | Sichuan | 765579 | 387509 | 281441 | 21167 | 75462 |
| 贵州 | Guizhou | 169100 | 96466 | 59597 | 4890 | 8147 |
| 云南 | Yunnan | 399407 | 216609 | 131130 | 9204 | 42464 |
| 西藏 | Tibet | 33450 | 19019 | 9881 | 939 | 3611 |
| 陕西 | Shaanxi | 522093 | 239011 | 235273 | 20256 | 27553 |
| 甘肃 | Gansu | 151357 | 79895 | 55169 | 3553 | 12740 |
| 青海 | Qinghai | 53570 | 31990 | 17393 | 605 | 3581 |
| 宁夏 | Ningxia | 55299 | 26272 | 21851 | 3293 | 3884 |
| 新疆 | Xinjiang | 234646 | 93043 | 109234 | 11980 | 20389 |

# 4-2-3 各地区限额以上住宿业企业经营情况(按登记注册类型分)

## Business of Enterprises above Designated Size of Hotels by Region and Type of Registration

国有控股

State-controlled Enterprises

| 地区 | Region | 营业额 Business Revenue | 客房收入 from Hotel Rooms | 餐费收入 from Meals | 商品销售收入 from Commodities | 其他收入 Others |
|---|---|---|---|---|---|---|
| **全国** | **National Total** | **7625758** | **3440231** | **3027312** | **229467** | **928748** |
| 北京 | Beijing | 1377730 | 635409 | 444175 | 28509 | 269637 |
| 天津 | Tianjin | 121979 | 57587 | 45798 | 4081 | 14513 |
| 河北 | Hebei | 258987 | 101647 | 133155 | 5059 | 19126 |
| 山西 | Shanxi | 138315 | 69264 | 59823 | 1347 | 7881 |
| 内蒙古 | Inner Mongolia | 89117 | 37468 | 45719 | 1958 | 3972 |
| 辽宁 | Liaoning | 221712 | 100035 | 100030 | 4683 | 16964 |
| 吉林 | Jilin | 92823 | 39339 | 47158 | 843 | 5483 |
| 黑龙江 | Heilongjiang | 107103 | 48193 | 47655 | 4894 | 6361 |
| 上海 | Shanghai | 681128 | 293879 | 239627 | 12516 | 135106 |
| 江苏 | Jiangsu | 480679 | 181967 | 223230 | 34181 | 41301 |
| 浙江 | Zhejiang | 453349 | 206404 | 198984 | 9941 | 38020 |
| 安徽 | Anhui | 162208 | 74458 | 67530 | 9618 | 10601 |
| 福建 | Fujian | 203756 | 94326 | 92421 | 1337 | 15671 |
| 江西 | Jiangxi | 92299 | 48753 | 33012 | 6325 | 4208 |
| 山东 | Shandong | 444876 | 170040 | 211081 | 19624 | 44131 |
| 河南 | Henan | 255257 | 113420 | 105439 | 17354 | 19045 |
| 湖北 | Hubei | 139659 | 70110 | 53406 | 4600 | 11543 |
| 湖南 | Hunan | 285530 | 127398 | 123303 | 9773 | 25055 |
| 广东 | Guangdong | 752482 | 350793 | 278586 | 7631 | 115472 |
| 广西 | Guangxi | 125009 | 55990 | 51359 | 7732 | 9928 |
| 海南 | Hainan | 189015 | 119510 | 51982 | 3230 | 14293 |
| 重庆 | Chongqing | 81877 | 32267 | 36941 | 2865 | 9805 |
| 四川 | Sichuan | 225635 | 111136 | 83592 | 4452 | 26455 |
| 贵州 | Guizhou | 62867 | 32746 | 23928 | 2512 | 3681 |
| 云南 | Yunnan | 164530 | 79650 | 56468 | 6110 | 22302 |
| 西藏 | Tibet | 21014 | 11984 | 5937 | 193 | 2900 |
| 陕西 | Shaanxi | 161197 | 69340 | 71876 | 7447 | 12534 |
| 甘肃 | Gansu | 71792 | 37373 | 23520 | 2201 | 8698 |
| 青海 | Qinghai | 19927 | 12708 | 5442 | 511 | 1266 |
| 宁夏 | Ningxia | 22887 | 10610 | 8826 | 767 | 2685 |
| 新疆 | Xinjiang | 121020 | 46425 | 57308 | 7175 | 10112 |

4-2-3 续表 1 Continued 1

内资企业 单位：万元

Domestic Funded Enterprises Unit: 10000 yuan

| 地 区 | Region | 营业额 Business Revenue | 客房收入 from Hotel Rooms | 餐费收入 from Meals | 商品销售收入 from Commodities | 其他收入 Others |
|---|---|---|---|---|---|---|
| **全 国** | **National Total** | **18344977** | **8383372** | **7699402** | **513811** | **1748392** |
| 北 京 | Beijing | 1893745 | 951446 | 594605 | 38309 | 309385 |
| 天 津 | Tianjin | 239633 | 120195 | 84092 | 6410 | 28936 |
| 河 北 | Hebei | 498760 | 195908 | 253168 | 9671 | 40014 |
| 山 西 | Shanxi | 398892 | 165534 | 192119 | 15596 | 25643 |
| 内蒙古 | Inner Mongolia | 284749 | 132282 | 138283 | 3741 | 10444 |
| 辽 宁 | Liaoning | 487076 | 232658 | 210536 | 8210 | 35672 |
| 吉 林 | Jilin | 199413 | 89604 | 93387 | 5288 | 11134 |
| 黑龙江 | Heilongjiang | 211517 | 106375 | 88289 | 7385 | 9468 |
| 上 海 | Shanghai | 1199973 | 609887 | 389415 | 18882 | 181789 |
| 江 苏 | Jiangsu | 1358404 | 555702 | 641603 | 56139 | 104960 |
| 浙 江 | Zhejiang | 1762775 | 752477 | 858308 | 30355 | 121635 |
| 安 徽 | Anhui | 386684 | 165456 | 179513 | 15651 | 26064 |
| 福 建 | Fujian | 519582 | 217895 | 246733 | 12350 | 42605 |
| 江 西 | Jiangxi | 261518 | 139206 | 96002 | 12500 | 13810 |
| 山 东 | Shandong | 1147409 | 427817 | 591424 | 59568 | 68600 |
| 河 南 | Henan | 784286 | 357136 | 337227 | 38705 | 51218 |
| 湖 北 | Hubei | 416096 | 215583 | 161943 | 11402 | 27169 |
| 湖 南 | Hunan | 797693 | 391256 | 333511 | 18499 | 54426 |
| 广 东 | Guangdong | 2348719 | 980974 | 994792 | 42582 | 330371 |
| 广 西 | Guangxi | 308934 | 150183 | 120823 | 14163 | 23765 |
| 海 南 | Hainan | 381830 | 234202 | 111174 | 3906 | 32548 |
| 重 庆 | Chongqing | 334957 | 135595 | 161134 | 11500 | 26728 |
| 四 川 | Sichuan | 669843 | 337799 | 248273 | 20369 | 63402 |
| 贵 州 | Guizhou | 155226 | 88757 | 53866 | 4743 | 7859 |
| 云 南 | Yunnan | 345556 | 187885 | 112883 | 8924 | 35864 |
| 西 藏 | Tibet | 31990 | 18197 | 9286 | 939 | 3569 |
| 陕 西 | Shaanxi | 447679 | 201552 | 204899 | 18667 | 22560 |
| 甘 肃 | Gansu | 145663 | 76927 | 52746 | 3553 | 12438 |
| 青 海 | Qinghai | 47727 | 29447 | 14192 | 605 | 3484 |
| 宁 夏 | Ningxia | 53069 | 25585 | 20340 | 3260 | 3884 |
| 新 疆 | Xinjiang | 225582 | 89852 | 104838 | 11942 | 18950 |

国有企业
State-owned Enterprises

单位：万元
Unit：10000 yuan

| 地区 | Region | 营业额 Business Revenue | 客房收入 from Hotel Rooms | 餐费收入 from Meals | 商品销售收入 from Commodities | 其他收入 Others |
|---|---|---|---|---|---|---|
| **全 国** | **National Total** | **4994648** | **2249594** | **2049070** | **144553** | **551430** |
| 北 京 | Beijing | 636081 | 304600 | 210828 | 14782 | 105872 |
| 天 津 | Tianjin | 76125 | 36237 | 30165 | 538 | 9185 |
| 河 北 | Hebei | 211793 | 85461 | 106228 | 4405 | 15699 |
| 山 西 | Shanxi | 114755 | 56262 | 50352 | 1656 | 6485 |
| 内蒙古 | Inner Mongolia | 74591 | 31090 | 39263 | 1355 | 2883 |
| 辽 宁 | Liaoning | 140260 | 61314 | 65665 | 1937 | 11344 |
| 吉 林 | Jilin | 82557 | 34940 | 42329 | 1049 | 4240 |
| 黑龙江 | Heilongjiang | 91764 | 40661 | 43288 | 3784 | 4032 |
| 上 海 | Shanghai | 373238 | 153620 | 127456 | 7345 | 84818 |
| 江 苏 | Jiangsu | 315764 | 124769 | 153888 | 10908 | 26199 |
| 浙 江 | Zhejiang | 262587 | 118291 | 113359 | 5850 | 25088 |
| 安 徽 | Anhui | 80470 | 33516 | 34782 | 5538 | 6634 |
| 福 建 | Fujian | 155078 | 71998 | 71247 | 640 | 11193 |
| 江 西 | Jiangxi | 76844 | 41417 | 27178 | 4920 | 3329 |
| 山 东 | Shandong | 423534 | 163244 | 197752 | 19482 | 43056 |
| 河 南 | Henan | 219945 | 94125 | 95127 | 14721 | 15972 |
| 湖 北 | Hubei | 124319 | 63431 | 49547 | 3771 | 7571 |
| 湖 南 | Hunan | 172346 | 80600 | 74279 | 5430 | 12036 |
| 广 东 | Guangdong | 450987 | 205704 | 170713 | 5291 | 69279 |
| 广 西 | Guangxi | 98960 | 42199 | 41961 | 7263 | 7537 |
| 海 南 | Hainan | 114965 | 71342 | 29383 | 3041 | 11199 |
| 重 庆 | Chongqing | 51899 | 20678 | 22592 | 1862 | 6767 |
| 四 川 | Sichuan | 164051 | 78586 | 63479 | 2572 | 19414 |
| 贵 州 | Guizhou | 48138 | 25691 | 17869 | 1359 | 3219 |
| 云 南 | Yunnan | 94260 | 47853 | 31133 | 2748 | 12527 |
| 西 藏 | Tibet | 19079 | 11549 | 5333 | 193 | 2005 |
| 陕 西 | Shaanxi | 138199 | 60320 | 62384 | 6598 | 8896 |
| 甘 肃 | Gansu | 70783 | 35893 | 24402 | 2466 | 8021 |
| 青 海 | Qinghai | 16065 | 10628 | 4240 | 476 | 722 |
| 宁 夏 | Ningxia | 16280 | 7940 | 6547 | 184 | 1610 |
| 新 疆 | Xinjiang | 78934 | 35636 | 36305 | 2391 | 4602 |

4-2-3 续表 3 Continued 3

集体企业
Collective-owned Enterprises

单位：万元
Unit：10000 yuan

| 地 区 | Region | 营业额 Business Revenue | 客房收入 from Hotel Rooms | 餐费收入 from Meals | 商品销售收入 from Commodities | 其他收入 Others |
|---|---|---|---|---|---|---|
| **全 国** | **National Total** | **639389** | **266530** | **283976** | **18473** | **70410** |
| 北 京 | Beijing | 75045 | 37058 | 17427 | 2181 | 18379 |
| 天 津 | Tianjin | 10599 | 4959 | 3173 | 241 | 2226 |
| 河 北 | Hebei | 20161 | 8252 | 10341 | 850 | 719 |
| 山 西 | Shanxi | 14233 | 6063 | 7476 | 206 | 488 |
| 内蒙古 | Inner Mongolia | 5008 | 2742 | 2194 | 54 | 19 |
| 辽 宁 | Liaoning | 23839 | 11402 | 11186 | 473 | 778 |
| 吉 林 | Jilin | 3787 | 1711 | 1873 | 63 | 141 |
| 黑龙江 | Heilongjiang | 1214 | 937 | 234 | 15 | 29 |
| 上 海 | Shanghai | 38340 | 11441 | 19918 | 1675 | 5306 |
| 江 苏 | Jiangsu | 42043 | 17187 | 18659 | 2408 | 3789 |
| 浙 江 | Zhejiang | 71858 | 34557 | 28888 | 654 | 7758 |
| 安 徽 | Anhui | 5186 | 2520 | 2281 | 222 | 163 |
| 福 建 | Fujian | 15116 | 5135 | 8465 | 81 | 1435 |
| 江 西 | Jiangxi | 3365 | 1485 | 1858 | 10 | 12 |
| 山 东 | Shandong | 75589 | 18710 | 51684 | 3113 | 2081 |
| 河 南 | Henan | 36073 | 14480 | 16465 | 1460 | 3668 |
| 湖 北 | Hubei | 21669 | 9255 | 9944 | 393 | 2078 |
| 湖 南 | Hunan | 23328 | 9991 | 12170 | 277 | 891 |
| 广 东 | Guangdong | 86769 | 37245 | 33073 | 1925 | 14526 |
| 广 西 | Guangxi | 6523 | 2871 | 2471 | 151 | 1030 |
| 海 南 | Hainan | 3314 | 1752 | 1359 | | 202 |
| 重 庆 | Chongqing | 6090 | 2583 | 3075 | 36 | 396 |
| 四 川 | Sichuan | 12473 | 5122 | 5710 | 640 | 1001 |
| 贵 州 | Guizhou | 1528 | 623 | 568 | 200 | 136 |
| 云 南 | Yunnan | 12935 | 7920 | 3736 | 58 | 1221 |
| 西 藏 | Tibet | 919 | 500 | 223 | | 196 |
| 陕 西 | Shaanxi | 10828 | 4377 | 5304 | 844 | 304 |
| 甘 肃 | Gansu | 2355 | 1711 | 551 | | 92 |
| 青 海 | Qinghai | 4898 | 2696 | 1547 | 27 | 628 |
| 宁 夏 | Ningxia | | | | | |
| 新 疆 | Xinjiang | 4305 | 1246 | 2123 | 218 | 717 |

4-2-3 续表 4 Continued 4

股份合作企业
Cooperative Enterprises

单位：万元
Unit：10000 yuan

| 地区 | Region | 营业额 Business Revenue | 客房收入 from Hotel Rooms | 餐费收入 from Meals | 商品销售收入 from Commodities | 其他收入 Others |
|---|---|---|---|---|---|---|
| **全国** | **National Total** | **185589** | **90863** | **71794** | **6386** | **16547** |
| 北京 | Beijing | 33131 | 17897 | 7943 | 705 | 6585 |
| 天津 | Tianjin | | | | | |
| 河北 | Hebei | 5798 | 2641 | 2602 | 1 | 556 |
| 山西 | Shanxi | 7719 | 4370 | 3214 | 9 | 126 |
| 内蒙古 | Inner Mongolia | 6959 | 3107 | 3725 | | 127 |
| 辽宁 | Liaoning | 1346 | 283 | 1063 | | |
| 吉林 | Jilin | 2199 | 483 | 1640 | 42 | 34 |
| 黑龙江 | Heilongjiang | 4966 | 1238 | 1309 | 1223 | 1195 |
| 上海 | Shanghai | 2749 | 1093 | 1026 | 33 | 597 |
| 江苏 | Jiangsu | 3170 | 1198 | 1476 | 82 | 413 |
| 浙江 | Zhejiang | 8043 | 4420 | 3000 | 34 | 589 |
| 安徽 | Anhui | 7389 | 4651 | 2527 | | 211 |
| 福建 | Fujian | 11209 | 3125 | 5813 | 1437 | 835 |
| 江西 | Jiangxi | 8179 | 4482 | 3248 | 382 | 67 |
| 山东 | Shandong | 5469 | 2319 | 2588 | 530 | 32 |
| 河南 | Henan | 3900 | 2172 | 1519 | 180 | 29 |
| 湖北 | Hubei | 12285 | 7490 | 3532 | 298 | 965 |
| 湖南 | Hunan | 25048 | 12350 | 9907 | 277 | 2514 |
| 广东 | Guangdong | 10725 | 3223 | 6540 | 811 | 151 |
| 广西 | Guangxi | 2044 | 1012 | 908 | | 123 |
| 海南 | Hainan | 3571 | 2247 | 949 | 100 | 275 |
| 重庆 | Chongqing | 1349 | 935 | 414 | | |
| 四川 | Sichuan | 8168 | 4069 | 3571 | 153 | 376 |
| 贵州 | Guizhou | 1476 | 1238 | 197 | 7 | 34 |
| 云南 | Yunnan | 1880 | 1384 | 410 | 36 | 51 |
| 西藏 | Tibet | 458 | 192 | 172 | | 94 |
| 陕西 | Shaanxi | 4352 | 2240 | 1973 | 47 | 93 |
| 甘肃 | Gansu | | | | | |
| 青海 | Qinghai | 2008 | 1005 | 527 | | 476 |
| 宁夏 | Ningxia | | | | | |
| 新疆 | Xinjiang | | | | | |

4-2-3 续表 5 Continued 5

联营企业
Joint Ownership Enterprises

单位：万元
Unit：10000 yuan

| 地 区 | Region | 营业额 Business Revenue | 客房收入 from Hotel Rooms | 餐费收入 from Meals | 商品销售收入 from Commodities | 其他收入 Others |
|---|---|---|---|---|---|---|
| **全 国** | **National Total** | **110315** | **50909** | **43057** | **2167** | **14182** |
| 北 京 | Beijing | 4836 | 2239 | 1773 | 1 | 823 |
| 天 津 | Tianjin | | | | | |
| 河 北 | Hebei | 3144 | 1116 | 1676 | 14 | 339 |
| 山 西 | Shanxi | | | | | |
| 内蒙古 | Inner Mongolia | 213 | 109 | 102 | | 1 |
| 辽 宁 | Liaoning | 557 | 170 | 153 | 15 | 219 |
| 吉 林 | Jilin | 2882 | 821 | 530 | 231 | 1300 |
| 黑龙江 | Heilongjiang | 405 | 95 | 310 | | |
| 上 海 | Shanghai | 8499 | 3125 | 3531 | 375 | 1468 |
| 江 苏 | Jiangsu | 10269 | 3090 | 5315 | 1075 | 788 |
| 浙 江 | Zhejiang | 6386 | 3274 | 2848 | 9 | 255 |
| 安 徽 | Anhui | 91 | 54 | 33 | | 4 |
| 福 建 | Fujian | 24939 | 11732 | 11067 | | 2140 |
| 江 西 | Jiangxi | | | | | |
| 山 东 | Shandong | 188 | 132 | 28 | | 28 |
| 河 南 | Henan | 3065 | 1698 | 1058 | 140 | 169 |
| 湖 北 | Hubei | 4490 | 1702 | 628 | 124 | 2036 |
| 湖 南 | Hunan | 2114 | 1012 | 1093 | 9 | |
| 广 东 | Guangdong | 21535 | 11339 | 7040 | 99 | 3056 |
| 广 西 | Guangxi | 2894 | 1310 | 1486 | | 99 |
| 海 南 | Hainan | 982 | 533 | 301 | 7 | 141 |
| 重 庆 | Chongqing | | | | | |
| 四 川 | Sichuan | 3981 | 2678 | 1208 | 68 | 27 |
| 贵 州 | Guizhou | | | | | |
| 云 南 | Yunnan | 8618 | 4505 | 2839 | | 1274 |
| 西 藏 | Tibet | | | | | |
| 陕 西 | Shaanxi | | | | | |
| 甘 肃 | Gansu | | | | | |
| 青 海 | Qinghai | | | | | |
| 宁 夏 | Ningxia | | | | | |
| 新 疆 | Xinjiang | 228 | 175 | 37 | | 16 |

4-2-3 续表 6 Continued 6

有限责任公司
Limited Liability Corporations

单位：万元
Unit：10000 yuan

| 地区 | Region | 营业额 Business Revenue | 客房收入 from Hotel Rooms | 餐费收入 from Meals | 商品销售收入 from Commodities | 其他收入 Others |
|---|---|---|---|---|---|---|
| **全国** | **National Total** | **5584162** | **2576542** | **2281088** | **140434** | **586099** |
| 北京 | Beijing | 781296 | 389445 | 248171 | 13906 | 129774 |
| 天津 | Tianjin | 73970 | 36837 | 24044 | 4168 | 8921 |
| 河北 | Hebei | 122283 | 48713 | 58975 | 2226 | 12368 |
| 山西 | Shanxi | 79598 | 31326 | 40704 | 3652 | 3916 |
| 内蒙古 | Inner Mongolia | 81215 | 38313 | 38850 | 971 | 3082 |
| 辽宁 | Liaoning | 154394 | 74981 | 63671 | 2994 | 12749 |
| 吉林 | Jilin | 33412 | 14230 | 17052 | 388 | 1743 |
| 黑龙江 | Heilongjiang | 47407 | 26060 | 18115 | 782 | 2450 |
| 上海 | Shanghai | 407776 | 197468 | 140346 | 4970 | 64993 |
| 江苏 | Jiangsu | 337681 | 146199 | 149706 | 7241 | 34535 |
| 浙江 | Zhejiang | 575416 | 245192 | 284882 | 10202 | 35141 |
| 安徽 | Anhui | 143762 | 56560 | 69799 | 6333 | 11071 |
| 福建 | Fujian | 102840 | 51966 | 39877 | 1233 | 9764 |
| 江西 | Jiangxi | 82637 | 43674 | 31129 | 2949 | 4886 |
| 山东 | Shandong | 277539 | 103389 | 146340 | 15000 | 12810 |
| 河南 | Henan | 169448 | 79896 | 67876 | 8036 | 13640 |
| 湖北 | Hubei | 104113 | 60109 | 35453 | 2601 | 5950 |
| 湖南 | Hunan | 168865 | 82948 | 68501 | 4096 | 13321 |
| 广东 | Guangdong | 836889 | 356381 | 342650 | 18682 | 119175 |
| 广西 | Guangxi | 56170 | 27042 | 20774 | 1537 | 6817 |
| 海南 | Hainan | 162621 | 100077 | 51066 | 325 | 11153 |
| 重庆 | Chongqing | 137343 | 54968 | 67133 | 4383 | 10860 |
| 四川 | Sichuan | 183103 | 91497 | 64582 | 6658 | 20366 |
| 贵州 | Guizhou | 56986 | 32091 | 20406 | 1570 | 2919 |
| 云南 | Yunnan | 113033 | 57793 | 41876 | 3332 | 10032 |
| 西藏 | Tibet | 2452 | 662 | 753 | | 1038 |
| 陕西 | Shaanxi | 138884 | 67323 | 60832 | 4373 | 6356 |
| 甘肃 | Gansu | 42432 | 23499 | 15096 | 333 | 3504 |
| 青海 | Qinghai | 6414 | 3385 | 1993 | | 1036 |
| 宁夏 | Ningxia | 13963 | 6076 | 5147 | 1262 | 1478 |
| 新疆 | Xinjiang | 90222 | 28446 | 45290 | 6235 | 10252 |

4-2-3 续表 7 Continued 7

股份有限公司
Share-holding Corporations Ltd

单位：万元
Unit：10000 yuan

| 地 区 | Region | 营业额 Business Revenue | 客房收入 from Hotel Rooms | 餐费收入 from Meals | 商品销售收入 from Commodities | 其他收入 Others |
|---|---|---|---|---|---|---|
| **全 国** | **National Total** | **846910** | **371463** | **347159** | **43883** | **84405** |
| 北 京 | Beijing | 79931 | 34476 | 26517 | 1590 | 17349 |
| 天 津 | Tianjin | 2788 | 1615 | 661 | | 512 |
| 河 北 | Hebei | 16744 | 6744 | 9174 | 86 | 739 |
| 山 西 | Shanxi | 11032 | 4444 | 4928 | 604 | 1056 |
| 内 蒙 古 | Inner Mongolia | 10572 | 6030 | 4397 | 68 | 77 |
| 辽 宁 | Liaoning | 11358 | 7514 | 3842 | | 3 |
| 吉 林 | Jilin | 8847 | 4522 | 3161 | 721 | 443 |
| 黑 龙 江 | Heilongjiang | 27726 | 16244 | 10740 | 174 | 568 |
| 上 海 | Shanghai | 17754 | 9190 | 5893 | 629 | 2043 |
| 江 苏 | Jiangsu | 83154 | 26427 | 26058 | 22452 | 8217 |
| 浙 江 | Zhejiang | 87865 | 34407 | 44801 | 2327 | 6330 |
| 安 徽 | Anhui | 33921 | 18647 | 12680 | 620 | 1975 |
| 福 建 | Fujian | 8663 | 3005 | 4426 | 90 | 1142 |
| 江 西 | Jiangxi | 10363 | 6140 | 2658 | 1027 | 538 |
| 山 东 | Shandong | 69169 | 20710 | 38378 | 5357 | 4724 |
| 河 南 | Henan | 52716 | 22314 | 23059 | 2188 | 5154 |
| 湖 北 | Hubei | 20912 | 10031 | 8988 | 505 | 1387 |
| 湖 南 | Hunan | 104341 | 50265 | 44431 | 782 | 8863 |
| 广 东 | Guangdong | 55843 | 18805 | 25305 | 1344 | 10389 |
| 广 西 | Guangxi | 12982 | 7045 | 4161 | 283 | 1493 |
| 海 南 | Hainan | 32982 | 17375 | 10530 | 211 | 4867 |
| 重 庆 | Chongqing | 11445 | 4537 | 5556 | 944 | 408 |
| 四 川 | Sichuan | 31331 | 16043 | 11639 | 734 | 2915 |
| 贵 州 | Guizhou | 2717 | 1689 | 768 | 143 | 117 |
| 云 南 | Yunnan | 16987 | 11373 | 4645 | 111 | 859 |
| 西 藏 | Tibet | 694 | 271 | 423 | | |
| 陕 西 | Shaanxi | 19628 | 9042 | 7717 | 883 | 1986 |
| 甘 肃 | Gansu | 2017 | 1415 | 546 | 11 | 45 |
| 青 海 | Qinghai | | | | | |
| 宁 夏 | Ningxia | | | | | |
| 新 疆 | Xinjiang | 2428 | 1143 | 1078 | | 207 |

4-2-3 续表 8 Continued 8

私营企业
Private Enterprises

单位：万元
Unit：10000 yuan

| 地 区 | Region | 营业额 Business Revenue | 客房收入 from Hotel Rooms | 餐费收入 from Meals | 商品销售收入 from Commodities | 其他收入 Others |
|---|---|---|---|---|---|---|
| **全 国** | **National Total** | **5690790** | **2635688** | **2503042** | **148747** | **403313** |
| 北 京 | Beijing | 283425 | 165730 | 81946 | 5144 | 30604 |
| 天 津 | Tianjin | 68121 | 35501 | 23846 | 1213 | 7562 |
| 河 北 | Hebei | 115561 | 41364 | 62592 | 2079 | 9526 |
| 山 西 | Shanxi | 167159 | 62089 | 83535 | 8856 | 12679 |
| 内 蒙 古 | Inner Mongolia | 100136 | 48631 | 46084 | 1293 | 4128 |
| 辽 宁 | Liaoning | 154153 | 75994 | 64851 | 2728 | 10580 |
| 吉 林 | Jilin | 56353 | 28648 | 21736 | 2748 | 3220 |
| 黑 龙 江 | Heilongjiang | 36425 | 20642 | 13388 | 1201 | 1194 |
| 上 海 | Shanghai | 319072 | 213778 | 80176 | 3854 | 21264 |
| 江 苏 | Jiangsu | 543631 | 227160 | 276545 | 10212 | 29714 |
| 浙 江 | Zhejiang | 737827 | 306119 | 374680 | 11115 | 45913 |
| 安 徽 | Anhui | 104858 | 45260 | 51952 | 2656 | 4990 |
| 福 建 | Fujian | 188723 | 65971 | 100439 | 8869 | 13445 |
| 江 西 | Jiangxi | 78460 | 41234 | 29044 | 3203 | 4979 |
| 山 东 | Shandong | 270893 | 110552 | 140521 | 15019 | 4801 |
| 河 南 | Henan | 269936 | 126546 | 121381 | 10546 | 11463 |
| 湖 北 | Hubei | 123736 | 60717 | 52459 | 3396 | 7164 |
| 湖 南 | Hunan | 290629 | 147081 | 120625 | 7480 | 15443 |
| 广 东 | Guangdong | 859351 | 338815 | 396751 | 13784 | 110001 |
| 广 西 | Guangxi | 121096 | 63863 | 47268 | 4929 | 5036 |
| 海 南 | Hainan | 49001 | 32898 | 13327 | 198 | 2579 |
| 重 庆 | Chongqing | 117275 | 48588 | 56490 | 3978 | 8220 |
| 四 川 | Sichuan | 253753 | 131154 | 94945 | 8962 | 18692 |
| 贵 州 | Guizhou | 42479 | 26209 | 13397 | 1460 | 1412 |
| 云 南 | Yunnan | 85846 | 50911 | 24791 | 1745 | 8400 |
| 西 藏 | Tibet | 8389 | 5022 | 2383 | 746 | 237 |
| 陕 西 | Shaanxi | 127228 | 54982 | 61880 | 5610 | 4757 |
| 甘 肃 | Gansu | 28078 | 14408 | 12150 | 743 | 777 |
| 青 海 | Qinghai | 16907 | 11047 | 5209 | 67 | 584 |
| 宁 夏 | Ningxia | 22826 | 11569 | 8647 | 1814 | 796 |
| 新 疆 | Xinjiang | 49464 | 23206 | 20004 | 3098 | 3156 |

## 4-2-3 续表 9 Continued 9

其他企业 单位：万元

Other Enterprises Unit：10000 yuan

| 地　区 | Region | 营业额 Business Revenue | 客房收入 from Hotel Rooms | 餐费收入 from Meals | 商品销售收入 from Commodities | 其他收入 Others |
|---|---|---|---|---|---|---|
| **全　国** | **National Total** | **293175** | **141782** | **120217** | **9169** | **22007** |
| 北　京 | Beijing | | | | | |
| 天　津 | Tianjin | 8029 | 5047 | 2202 | 250 | 530 |
| 河　北 | Hebei | 3276 | 1618 | 1580 | 10 | 69 |
| 山　西 | Shanxi | 4397 | 980 | 1911 | 613 | 893 |
| 内蒙古 | Inner Mongolia | 6057 | 2259 | 3669 | | 128 |
| 辽　宁 | Liaoning | 1170 | 1001 | 106 | 64 | |
| 吉　林 | Jilin | 9376 | 4249 | 5067 | 47 | 13 |
| 黑龙江 | Heilongjiang | 1610 | 498 | 906 | 206 | |
| 上　海 | Shanghai | 32544 | 20172 | 11069 | 2 | 1301 |
| 江　苏 | Jiangsu | 22692 | 9672 | 9955 | 1760 | 1305 |
| 浙　江 | Zhejiang | 12793 | 6217 | 5849 | 166 | 560 |
| 安　徽 | Anhui | 11006 | 4250 | 5459 | 281 | 1016 |
| 福　建 | Fujian | 13013 | 4964 | 5399 | | 2651 |
| 江　西 | Jiangxi | 1671 | 775 | 887 | 9 | |
| 山　东 | Shandong | 25028 | 8762 | 14132 | 1066 | 1068 |
| 河　南 | Henan | 29204 | 15906 | 10741 | 1435 | 1122 |
| 湖　北 | Hubei | 4572 | 2848 | 1393 | 314 | 18 |
| 湖　南 | Hunan | 11023 | 7011 | 2505 | 149 | 1358 |
| 广　东 | Guangdong | 26621 | 9460 | 12720 | 646 | 3796 |
| 广　西 | Guangxi | 8264 | 4840 | 1794 | | 1630 |
| 海　南 | Hainan | 14394 | 7978 | 4260 | 25 | 2131 |
| 重　庆 | Chongqing | 9556 | 3308 | 5874 | 297 | 78 |
| 四　川 | Sichuan | 12985 | 8650 | 3139 | 584 | 612 |
| 贵　州 | Guizhou | 1903 | 1216 | 660 | 6 | 22 |
| 云　南 | Yunnan | 11997 | 6147 | 3453 | 896 | 1501 |
| 西　藏 | Tibet | | | | | |
| 陕　西 | Shaanxi | 8560 | 3270 | 4811 | 312 | 167 |
| 甘　肃 | Gansu | | | | | |
| 青　海 | Qinghai | 1436 | 688 | 676 | 34 | 38 |
| 宁　夏 | Ningxia | | | | | |
| 新　疆 | Xinjiang | | | | | |

港、澳、台商投资企业
Enterprises with Funds from Hong Kong, Macao & Taiwan

单位：万元
Unit：10000 yuan

| 地区 | Region | 营业额 Business Revenue | 客房收入 from Hotel Rooms | 餐费收入 from Meals | 商品销售收入 from Commodities | 其他收入 Others |
|---|---|---|---|---|---|---|
| **全国** | **National Total** | **2344680** | **1100409** | **918171** | **59319** | **266782** |
| 北京 | Beijing | 465355 | 223572 | 136969 | 27180 | 77635 |
| 天津 | Tianjin | 9973 | 5334 | 2755 | 174 | 1710 |
| 河北 | Hebei | 14066 | 4434 | 6032 | 228 | 3372 |
| 山西 | Shanxi | 11407 | 4400 | 5369 | 106 | 1532 |
| 内蒙古 | Inner Mongolia | 15484 | 5669 | 7072 | 425 | 2318 |
| 辽宁 | Liaoning | 158931 | 74792 | 66821 | 2391 | 14927 |
| 吉林 | Jilin | 11381 | 3822 | 6924 | 71 | 564 |
| 黑龙江 | Heilongjiang | 16639 | 7982 | 6891 | 709 | 1057 |
| 上海 | Shanghai | 191852 | 105159 | 64705 | 168 | 21820 |
| 江苏 | Jiangsu | 85150 | 38406 | 40749 | 613 | 5382 |
| 浙江 | Zhejiang | 215890 | 92049 | 106555 | 1260 | 16026 |
| 安徽 | Anhui | 26524 | 11744 | 12041 | 863 | 1876 |
| 福建 | Fujian | 118084 | 49529 | 59979 | 1607 | 6968 |
| 江西 | Jiangxi | 10850 | 6259 | 4351 | 11 | 229 |
| 山东 | Shandong | 80080 | 35790 | 33783 | 3895 | 6612 |
| 河南 | Henan | 64809 | 26099 | 24598 | 3709 | 10403 |
| 湖北 | Hubei | 43253 | 22008 | 15176 | 314 | 5754 |
| 湖南 | Hunan | 50837 | 25288 | 20068 | 1208 | 4274 |
| 广东 | Guangdong | 502680 | 227549 | 201089 | 9435 | 64607 |
| 广西 | Guangxi | 57635 | 26965 | 25136 | 3261 | 2274 |
| 海南 | Hainan | 37815 | 23849 | 11566 | 165 | 2235 |
| 重庆 | Chongqing | 19688 | 10997 | 7030 | 143 | 1518 |
| 四川 | Sichuan | 57119 | 31953 | 20296 | 92 | 4778 |
| 贵州 | Guizhou | 10681 | 6134 | 4185 | 146 | 216 |
| 云南 | Yunnan | 29264 | 14516 | 10524 | 106 | 4119 |
| 西藏 | Tibet | 1460 | 822 | 596 |  | 42 |
| 陕西 | Shaanxi | 24916 | 10727 | 10112 | 1000 | 3077 |
| 甘肃 | Gansu | 1092 | 772 | 308 |  | 13 |
| 青海 | Qinghai | 2701 | 598 | 2098 |  | 6 |
| 宁夏 | Ningxia |  |  |  |  |  |
| 新疆 | Xinjiang | 9065 | 3191 | 4396 | 38 | 1439 |

4-2-3 续表 11 Continued 11

外商投资企业 单位：万元

Foreign Funded Enterprises Unit：10000 yuan

| 地 区 | Region | 营业额 Business Revenue | 客房收入 from Hotel Rooms | 餐费收入 from Meals | 商品销售收入 from Commodities | 其他收入 Others |
|---|---|---|---|---|---|---|
| **全 国** | **National Total** | **1917340** | **928160** | **700220** | **46312** | **242647** |
| 北 京 | Beijing | 261749 | 104668 | 68482 | 1233 | 87366 |
| 天 津 | Tianjin | 29557 | 15490 | 10571 | 142 | 3355 |
| 河 北 | Hebei | 15728 | 8097 | 7189 | 100 | 341 |
| 山 西 | Shanxi | 4900 | 2577 | 2235 | | 88 |
| 内 蒙 古 | Inner Mongolia | 20624 | 4602 | 7932 | 7187 | 903 |
| 辽 宁 | Liaoning | 78732 | 38633 | 29894 | 2282 | 7924 |
| 吉 林 | Jilin | 27992 | 11955 | 10253 | 110 | 5674 |
| 黑 龙 江 | Heilongjiang | 20011 | 8314 | 9926 | 977 | 794 |
| 上 海 | Shanghai | 189150 | 94030 | 75516 | 6523 | 13082 |
| 江 苏 | Jiangsu | 119275 | 59277 | 49614 | 1855 | 8528 |
| 浙 江 | Zhejiang | 98476 | 42131 | 49800 | 630 | 5916 |
| 安 徽 | Anhui | 23734 | 9605 | 10240 | 1312 | 2577 |
| 福 建 | Fujian | 145575 | 55399 | 64143 | 11759 | 14275 |
| 江 西 | Jiangxi | 18152 | 10014 | 5736 | 813 | 1589 |
| 山 东 | Shandong | 33971 | 17034 | 15673 | 206 | 1058 |
| 河 南 | Henan | 9218 | 5394 | 2855 | 319 | 651 |
| 湖 北 | Hubei | 18924 | 8957 | 8176 | 319 | 1472 |
| 湖 南 | Hunan | 14831 | 9146 | 5509 | | 176 |
| 广 东 | Guangdong | 471327 | 247295 | 157854 | 7623 | 58554 |
| 广 西 | Guangxi | 21023 | 11127 | 8723 | 28 | 1145 |
| 海 南 | Hainan | 136406 | 87189 | 38173 | 363 | 10681 |
| 重 庆 | Chongqing | 32117 | 12123 | 14595 | 1033 | 4365 |
| 四 川 | Sichuan | 38617 | 17758 | 12872 | 705 | 7282 |
| 贵 州 | Guizhou | 3193 | 1576 | 1546 | | 72 |
| 云 南 | Yunnan | 24586 | 14209 | 7723 | 174 | 2480 |
| 西 藏 | Tibet | | | | | |
| 陕 西 | Shaanxi | 49498 | 26732 | 20261 | 589 | 1917 |
| 甘 肃 | Gansu | 4602 | 2196 | 2115 | | 290 |
| 青 海 | Qinghai | 3141 | 1945 | 1104 | | 92 |
| 宁 夏 | Ningxia | 2231 | 687 | 1511 | 33 | |
| 新 疆 | Xinjiang | | | | | |

# 4-2-4 各地区限额以上住宿业企业经营情况(按国民经济行业分)

## Business of Enterprises above Designated Size of Hotels by Region and Sector

旅游饭店
Tourist Hotel

单位：万元
Unit：10000 yuan

| 地区 | Region | 营业额 Business Revenue | 客房收入 from Hotel Rooms | 餐费收入 from Meals | 商品销售收入 from Commodities | 其他收入 Others |
|---|---|---|---|---|---|---|
| **全国** | **National Total** | **19330702** | **8562879** | **8247429** | **539133** | **1981261** |
| 北京 | Beijing | 2199174 | 1001819 | 717965 | 58896 | 420494 |
| 天津 | Tianjin | 169922 | 81244 | 64969 | 5148 | 18561 |
| 河北 | Hebei | 413599 | 164792 | 209657 | 7611 | 31539 |
| 山西 | Shanxi | 323487 | 131710 | 157443 | 12921 | 21413 |
| 内蒙古 | Inner Mongolia | 248065 | 103748 | 122486 | 9855 | 11977 |
| 辽宁 | Liaoning | 650453 | 304662 | 280909 | 11641 | 53242 |
| 吉林 | Jilin | 210626 | 90011 | 98655 | 5312 | 16649 |
| 黑龙江 | Heilongjiang | 207373 | 98556 | 90303 | 7855 | 10660 |
| 上海 | Shanghai | 1315134 | 630909 | 477355 | 21066 | 185805 |
| 江苏 | Jiangsu | 1392806 | 555956 | 674255 | 54799 | 107796 |
| 浙江 | Zhejiang | 1875332 | 762074 | 950447 | 30523 | 132288 |
| 安徽 | Anhui | 382854 | 162547 | 176621 | 16383 | 27304 |
| 福建 | Fujian | 710579 | 286153 | 340843 | 25280 | 58303 |
| 江西 | Jiangxi | 240217 | 125621 | 89602 | 10725 | 14269 |
| 山东 | Shandong | 1069927 | 391456 | 554383 | 53292 | 70795 |
| 河南 | Henan | 617658 | 265164 | 268377 | 32149 | 51968 |
| 湖北 | Hubei | 386828 | 199874 | 151067 | 8144 | 27743 |
| 湖南 | Hunan | 730578 | 348512 | 313138 | 15705 | 53224 |
| 广东 | Guangdong | 2919397 | 1213723 | 1257247 | 54795 | 393632 |
| 广西 | Guangxi | 338314 | 160815 | 136535 | 16677 | 24287 |
| 海南 | Hainan | 547758 | 341125 | 157524 | 4386 | 44723 |
| 重庆 | Chongqing | 313624 | 124315 | 150690 | 10553 | 28067 |
| 四川 | Sichuan | 662956 | 327505 | 251883 | 17800 | 65769 |
| 贵州 | Guizhou | 137485 | 76052 | 50522 | 4456 | 6455 |
| 云南 | Yunnan | 357843 | 195072 | 118179 | 6960 | 37631 |
| 西藏 | Tibet | 33450 | 19019 | 9881 | 939 | 3611 |
| 陕西 | Shaanxi | 424816 | 193818 | 189293 | 17209 | 24497 |
| 甘肃 | Gansu | 131612 | 68279 | 48772 | 2937 | 11624 |
| 青海 | Qinghai | 49026 | 29588 | 15411 | 605 | 3422 |
| 宁夏 | Ningxia | 50716 | 24694 | 19377 | 2823 | 3821 |
| 新疆 | Xinjiang | 219096 | 84068 | 103644 | 11689 | 19696 |

4-2-4 续表 1 Continued 1

一般旅馆
Fonda

单位：万元
Unit：10000 yuan

| 地　区 | Region | 营业额 Business Revenue | 客房收入 from Hotel Rooms | 餐费收入 from Meals | 商品销售收入 from Commodities | 其他收入 Others |
|---|---|---|---|---|---|---|
| **全　国** | **National Total** | **2895959** | **1658300** | **934509** | **70283** | **232867** |
| 北　京 | Beijing | 380766 | 256506 | 72902 | 7059 | 44300 |
| 天　津 | Tianjin | 79322 | 44284 | 23090 | 1224 | 10725 |
| 河　北 | Hebei | 93615 | 35814 | 48508 | 2195 | 7098 |
| 山　西 | Shanxi | 78547 | 33649 | 38308 | 2346 | 4244 |
| 内蒙古 | Inner Mongolia | 68024 | 36091 | 29149 | 1296 | 1488 |
| 辽　宁 | Liaoning | 68537 | 37202 | 25097 | 1242 | 4997 |
| 吉　林 | Jilin | 13776 | 8336 | 5091 | 158 | 191 |
| 黑龙江 | Heilongjiang | 36249 | 22002 | 12505 | 1086 | 657 |
| 上　海 | Shanghai | 244882 | 162842 | 47490 | 4378 | 30172 |
| 江　苏 | Jiangsu | 141141 | 85699 | 42804 | 3511 | 9127 |
| 浙　江 | Zhejiang | 195574 | 121582 | 61285 | 1706 | 11001 |
| 安　徽 | Anhui | 51047 | 22816 | 24024 | 1271 | 2936 |
| 福　建 | Fujian | 60218 | 30416 | 25344 | 409 | 4050 |
| 江　西 | Jiangxi | 48802 | 29005 | 15883 | 2564 | 1350 |
| 山　东 | Shandong | 183125 | 84787 | 83080 | 9789 | 5469 |
| 河　南 | Henan | 228575 | 116076 | 92945 | 9626 | 9928 |
| 湖　北 | Hubei | 79721 | 41227 | 28954 | 3663 | 5876 |
| 湖　南 | Hunan | 116280 | 67785 | 40477 | 3397 | 4621 |
| 广　东 | Guangdong | 354644 | 218568 | 79610 | 3779 | 52686 |
| 广　西 | Guangxi | 45044 | 24523 | 17270 | 733 | 2517 |
| 海　南 | Hainan | 8294 | 4115 | 3390 | 48 | 741 |
| 重　庆 | Chongqing | 54403 | 25817 | 23594 | 1000 | 3992 |
| 四　川 | Sichuan | 81251 | 51757 | 22623 | 2063 | 4808 |
| 贵　州 | Guizhou | 26714 | 17195 | 7459 | 427 | 1633 |
| 云　南 | Yunnan | 38266 | 19828 | 11768 | 2025 | 4646 |
| 西　藏 | Tibet | | | | | |
| 陕　西 | Shaanxi | 78705 | 37761 | 37357 | 1948 | 1639 |
| 甘　肃 | Gansu | 16549 | 10121 | 4788 | 581 | 1059 |
| 青　海 | Qinghai | 3756 | 1945 | 1652 | | 159 |
| 宁　夏 | Ningxia | 4584 | 1577 | 2474 | 469 | 63 |
| 新　疆 | Xinjiang | 15550 | 8975 | 5589 | 292 | 694 |

4-2-4 续表 2 Continued 2

其他住宿服务　　　　　　　　　　　　　　　　　　　　单位：万元
Others　　　　　　　　　　　　　　　　　　　　　　Unit：10000 yuan

| 地　区 | Region | 营业额 Business Revenue | 客房收入 from Hotel Rooms | 餐费收入 from Meals | 商品销售收入 from Commodities | 其他收入 Others |
|---|---|---|---|---|---|---|
| **全　国** | **National Total** | **380336** | **190761** | **135855** | **10027** | **43693** |
| 北　京 | Beijing | 40910 | 21360 | 9190 | 767 | 9593 |
| 天　津 | Tianjin | 29918 | 15490 | 9359 | 354 | 4715 |
| 河　北 | Hebei | 21340 | 7833 | 8225 | 193 | 5090 |
| 山　西 | Shanxi | 13165 | 7153 | 3972 | 434 | 1606 |
| 内蒙古 | Inner Mongolia | 4768 | 2715 | 1652 | 201 | 201 |
| 辽　宁 | Liaoning | 5748 | 4219 | 1246 | | 284 |
| 吉　林 | Jilin | 14385 | 7034 | 6818 | | 532 |
| 黑龙江 | Heilongjiang | 4544 | 2114 | 2298 | 130 | 3 |
| 上　海 | Shanghai | 20959 | 15325 | 4791 | 129 | 714 |
| 江　苏 | Jiangsu | 28882 | 11730 | 14907 | 297 | 1948 |
| 浙　江 | Zhejiang | 6235 | 3001 | 2930 | 17 | 288 |
| 安　徽 | Anhui | 3040 | 1443 | 1148 | 171 | 277 |
| 福　建 | Fujian | 12444 | 6254 | 4668 | 26 | 1496 |
| 江　西 | Jiangxi | 1502 | 854 | 604 | 34 | 9 |
| 山　东 | Shandong | 8408 | 4399 | 3416 | 587 | 5 |
| 河　南 | Henan | 12081 | 7390 | 3358 | 958 | 375 |
| 湖　北 | Hubei | 11725 | 5447 | 5275 | 228 | 775 |
| 湖　南 | Hunan | 16504 | 9394 | 5474 | 605 | 1031 |
| 广　东 | Guangdong | 48684 | 23526 | 16878 | 1066 | 7214 |
| 广　西 | Guangxi | 4234 | 2937 | 876 | 41 | 379 |
| 海　南 | Hainan | | | | | |
| 重　庆 | Chongqing | 18735 | 8583 | 8476 | 1124 | 553 |
| 四　川 | Sichuan | 21372 | 8248 | 6935 | 1303 | 4886 |
| 贵　州 | Guizhou | 4901 | 3219 | 1616 | 6 | 59 |
| 云　南 | Yunnan | 3298 | 1709 | 1183 | 219 | 187 |
| 西　藏 | Tibet | | | | | |
| 陕　西 | Shaanxi | 18572 | 7432 | 8623 | 1100 | 1417 |
| 甘　肃 | Gansu | 3196 | 1495 | 1608 | 36 | 57 |
| 青　海 | Qinghai | 788 | 458 | 330 | | |
| 宁　夏 | Ningxia | | | | | |
| 新　疆 | Xinjiang | | | | | |

# 4-2-5 各地区限额以上餐饮业企业经营情况

## Business of Enterprises above Designated Size of Catering Services by Region

单位：万元
Unit：10000 yuan

| 地区 | Region | 营业额 Business Revenue | 客房收入 from Hotel Rooms | 餐费收入 from Meals | 商品销售收入 from Commodities | 其他收入 Others |
|---|---|---|---|---|---|---|
| **全　国** | **National Total** | **26863602** | **1209553** | **24413071** | **759656** | **481321** |
| 北　京 | Beijing | 3417222 | 23333 | 3260701 | 49097 | 84092 |
| 天　津 | Tianjin | 625870 | 8640 | 599295 | 3602 | 14332 |
| 河　北 | Hebei | 265189 | 23146 | 229045 | 8137 | 4861 |
| 山　西 | Shanxi | 449494 | 56420 | 372275 | 13975 | 6824 |
| 内蒙古 | Inner Mongolia | 410865 | 52765 | 349067 | 5959 | 3074 |
| 辽　宁 | Liaoning | 932754 | 34092 | 871013 | 14777 | 12872 |
| 吉　林 | Jilin | 182062 | 25297 | 148290 | 3729 | 4746 |
| 黑龙江 | Heilongjiang | 274403 | 5749 | 235597 | 30898 | 2160 |
| 上　海 | Shanghai | 2925575 | 28818 | 2823368 | 24450 | 48940 |
| 江　苏 | Jiangsu | 2052354 | 145710 | 1818727 | 53005 | 34912 |
| 浙　江 | Zhejiang | 1664940 | 69700 | 1538828 | 19783 | 36628 |
| 安　徽 | Anhui | 411779 | 33700 | 335713 | 34471 | 7894 |
| 福　建 | Fujian | 805195 | 31736 | 741312 | 24247 | 7900 |
| 江　西 | Jiangxi | 247278 | 12224 | 203587 | 30678 | 789 |
| 山　东 | Shandong | 2625601 | 184641 | 2233631 | 181169 | 26160 |
| 河　南 | Henan | 987424 | 64116 | 858094 | 40447 | 24767 |
| 湖　北 | Hubei | 813882 | 58042 | 727001 | 21630 | 7209 |
| 湖　南 | Hunan | 652961 | 56519 | 574781 | 14103 | 7558 |
| 广　东 | Guangdong | 3844007 | 103461 | 3634792 | 47335 | 58420 |
| 广　西 | Guangxi | 176261 | 10791 | 159385 | 3620 | 2465 |
| 海　南 | Hainan | 84409 | 1586 | 81516 | 760 | 547 |
| 重　庆 | Chongqing | 737068 | 30924 | 660000 | 30703 | 15441 |
| 四　川 | Sichuan | 942304 | 39963 | 843871 | 33699 | 24771 |
| 贵　州 | Guizhou | 94521 | 4116 | 86024 | 3342 | 1040 |
| 云　南 | Yunnan | 170035 | 8092 | 149382 | 7547 | 5015 |
| 西　藏 | Tibet | 4467 | 66 | 4402 | | |
| 陕　西 | Shaanxi | 761018 | 74116 | 607247 | 47093 | 32561 |
| 甘　肃 | Gansu | 127892 | 4679 | 118341 | 3775 | 1097 |
| 青　海 | Qinghai | 26482 | 2403 | 23840 | 128 | 111 |
| 宁　夏 | Ningxia | 80433 | 11074 | 60912 | 5382 | 3066 |
| 新　疆 | Xinjiang | 69860 | 3636 | 63038 | 2115 | 1071 |

# 4-2-6 各地区限额以上餐饮业企业经营情况(按登记注册类型分)

# Business of Enterprises above Designated Size of Catering Services by Region and Type of Registration

国有控股
State-controlled Enterprises

单位：万元
Unit：10000 yuan

| 地区 | Region | 营业额 Business Revenue | 客房收入 from Hotel Rooms | 餐费收入 from Meals | 商品销售收入 from Commodities | 其他收入 Others |
|---|---|---|---|---|---|---|
| **全国** | **National Total** | **1188376** | **175354** | **894811** | **53472** | **64739** |
| 北京 | Beijing | 255116 | 3390 | 228508 | 5566 | 17652 |
| 天津 | Tianjin | 25715 | 484 | 17472 | 1066 | 6693 |
| 河北 | Hebei | 24501 | 2996 | 18820 | 1654 | 1030 |
| 山西 | Shanxi | 35786 | 13086 | 20479 | 1115 | 1105 |
| 内蒙古 | Inner Mongolia | 17835 | 5196 | 11429 | 439 | 771 |
| 辽宁 | Liaoning | 17337 | 6964 | 9833 | 18 | 522 |
| 吉林 | Jilin | 36002 | 9335 | 24478 | 359 | 1831 |
| 黑龙江 | Heilongjiang | 9867 | 2480 | 6407 | 503 | 477 |
| 上海 | Shanghai | 98734 | 2213 | 94158 | 208 | 2155 |
| 江苏 | Jiangsu | 67073 | 11638 | 46419 | 3718 | 5299 |
| 浙江 | Zhejiang | 59545 | 4210 | 52932 | 1180 | 1223 |
| 安徽 | Anhui | 18071 | 4668 | 11314 | 1326 | 763 |
| 福建 | Fujian | 30116 | 4884 | 22329 | 2605 | 298 |
| 江西 | Jiangxi | 4601 | 1175 | 3305 | 119 | 2 |
| 山东 | Shandong | 171507 | 36601 | 116142 | 13465 | 5300 |
| 河南 | Henan | 18840 | 4326 | 12693 | 589 | 1232 |
| 湖北 | Hubei | 36745 | 14220 | 21199 | 1019 | 307 |
| 湖南 | Hunan | 18786 | 4734 | 13319 | 274 | 460 |
| 广东 | Guangdong | 89663 | 11900 | 69685 | 2617 | 5462 |
| 广西 | Guangxi | 6994 | 1320 | 5181 | 441 | 52 |
| 海南 | Hainan | 1376 | 269 | 1058 | | 49 |
| 重庆 | Chongqing | 23943 | 6256 | 14841 | 875 | 1971 |
| 四川 | Sichuan | 17390 | 3820 | 11687 | 1183 | 699 |
| 贵州 | Guizhou | 2512 | 891 | 1507 | 45 | 69 |
| 云南 | Yunnan | 18049 | 555 | 11903 | 3751 | 1840 |
| 西藏 | Tibet | | | | | |
| 陕西 | Shaanxi | 68675 | 13191 | 39657 | 8574 | 7253 |
| 甘肃 | Gansu | 727 | 103 | 621 | | 3 |
| 青海 | Qinghai | 2546 | 916 | 1470 | 82 | 78 |
| 宁夏 | Ningxia | 4238 | 1467 | 2692 | 16 | 64 |
| 新疆 | Xinjiang | 6090 | 2069 | 3276 | 666 | 79 |

4-2-6 续表 1 Continued 1

内资企业
Domestic Funded Enterprises

单位：万元
Unit：10000 yuan

| 地区 | Region | 营业额 Business Revenue | 客房收入 from Hotel Rooms | 餐费收入 from Meals | 商品销售收入 from Commodities | 其他收入 Others |
|---|---|---|---|---|---|---|
| **全国** | **National Total** | **20163643** | **1150555** | **17927237** | **691656** | **394196** |
| 北京 | Beijing | 2241061 | 22928 | 2130958 | 36327 | 50848 |
| 天津 | Tianjin | 327186 | 7814 | 302359 | 2853 | 14160 |
| 河北 | Hebei | 259937 | 22724 | 224215 | 8137 | 4861 |
| 山西 | Shanxi | 386334 | 55927 | 309617 | 13975 | 6815 |
| 内蒙古 | Inner Mongolia | 400209 | 52765 | 338411 | 5959 | 3074 |
| 辽宁 | Liaoning | 505011 | 29377 | 456862 | 10814 | 7958 |
| 吉林 | Jilin | 179375 | 25297 | 145626 | 3707 | 4746 |
| 黑龙江 | Heilongjiang | 168810 | 5625 | 143202 | 17861 | 2122 |
| 上海 | Shanghai | 1755894 | 23824 | 1669890 | 23986 | 38195 |
| 江苏 | Jiangsu | 1526178 | 129606 | 1313700 | 50248 | 32624 |
| 浙江 | Zhejiang | 1297272 | 68683 | 1178888 | 17087 | 32614 |
| 安徽 | Anhui | 384180 | 33581 | 308370 | 34334 | 7894 |
| 福建 | Fujian | 570226 | 27281 | 518214 | 19870 | 4861 |
| 江西 | Jiangxi | 193450 | 12130 | 152830 | 27707 | 783 |
| 山东 | Shandong | 2413475 | 178042 | 2030621 | 179531 | 25282 |
| 河南 | Henan | 911295 | 64116 | 791648 | 36404 | 19127 |
| 湖北 | Hubei | 636004 | 56268 | 551629 | 21039 | 7068 |
| 湖南 | Hunan | 541334 | 54493 | 466253 | 13767 | 6822 |
| 广东 | Guangdong | 2593428 | 91080 | 2422799 | 35235 | 44314 |
| 广西 | Guangxi | 129662 | 10791 | 112786 | 3620 | 2465 |
| 海南 | Hainan | 76174 | 1586 | 73504 | 760 | 324 |
| 重庆 | Chongqing | 700452 | 30924 | 623534 | 30703 | 15291 |
| 四川 | Sichuan | 811988 | 39077 | 715038 | 33446 | 24427 |
| 贵州 | Guizhou | 90954 | 4001 | 82777 | 3342 | 833 |
| 云南 | Yunnan | 119157 | 8092 | 102741 | 5585 | 2739 |
| 西藏 | Tibet | 4467 | 66 | 4402 | | |
| 陕西 | Shaanxi | 674819 | 72768 | 529487 | 43960 | 28604 |
| 甘肃 | Gansu | 110034 | 4679 | 100484 | 3775 | 1097 |
| 青海 | Qinghai | 25924 | 2302 | 23383 | 128 | 111 |
| 宁夏 | Ningxia | 76406 | 11074 | 56885 | 5382 | 3066 |
| 新疆 | Xinjiang | 52948 | 3636 | 46126 | 2115 | 1071 |

4-2-6 续表 2 Continued 2

国有企业
State-controlled Enterprises

单位：万元
Unit：10000 yuan

| 地 区 | Region | 营业额 Business Revenue | 客房收入 from Hotel Rooms | 餐费收入 from Meals | 商品销售收入 from Commodities | 其他收入 Others |
|---|---|---|---|---|---|---|
| **全 国** | **National Total** | **671807** | **146407** | **462393** | **33756** | **29252** |
| 北 京 | Beijing | 36355 | 730 | 31853 | 867 | 2905 |
| 天 津 | Tianjin | 7380 | 84 | 6321 | 910 | 65 |
| 河 北 | Hebei | 24971 | 3146 | 19100 | 1674 | 1050 |
| 山 西 | Shanxi | 27461 | 8675 | 16634 | 1144 | 1008 |
| 内蒙古 | Inner Mongolia | 14005 | 4286 | 8579 | 439 | 701 |
| 辽 宁 | Liaoning | 15019 | 6014 | 8619 | 18 | 368 |
| 吉 林 | Jilin | 34246 | 9613 | 22540 | 359 | 1734 |
| 黑龙江 | Heilongjiang | 8582 | 2296 | 5478 | 347 | 462 |
| 上 海 | Shanghai | 29003 | 778 | 27127 | | 1099 |
| 江 苏 | Jiangsu | 48459 | 8991 | 32993 | 3096 | 3379 |
| 浙 江 | Zhejiang | 25396 | 2655 | 21550 | 1146 | 45 |
| 安 徽 | Anhui | 15053 | 4675 | 8387 | 1309 | 683 |
| 福 建 | Fujian | 31467 | 4958 | 23608 | 2605 | 297 |
| 江 西 | Jiangxi | 3274 | 859 | 2294 | 119 | 2 |
| 山 东 | Shandong | 158251 | 36950 | 102895 | 13441 | 4966 |
| 河 南 | Henan | 15949 | 4117 | 10268 | 333 | 1232 |
| 湖 北 | Hubei | 27210 | 10389 | 15841 | 523 | 457 |
| 湖 南 | Hunan | 13869 | 4734 | 8619 | 57 | 460 |
| 广 东 | Guangdong | 58297 | 10207 | 42932 | 551 | 4607 |
| 广 西 | Guangxi | 7443 | 1448 | 5332 | 600 | 64 |
| 海 南 | Hainan | 1376 | 269 | 1058 | | 49 |
| 重 庆 | Chongqing | 7898 | 1196 | 6144 | 536 | 22 |
| 四 川 | Sichuan | 14908 | 4136 | 9079 | 1022 | 671 |
| 贵 州 | Guizhou | 4842 | 891 | 3841 | 45 | 65 |
| 云 南 | Yunnan | 4079 | 555 | 3335 | 115 | 73 |
| 西 藏 | Tibet | | | | | |
| 陕 西 | Shaanxi | 29471 | 10623 | 13828 | 2407 | 2612 |
| 甘 肃 | Gansu | 727 | 103 | 621 | | 3 |
| 青 海 | Qinghai | 2279 | 916 | 1203 | 82 | 78 |
| 宁 夏 | Ningxia | 110 | 46 | 47 | | 17 |
| 新 疆 | Xinjiang | 4429 | 2069 | 2270 | 11 | 79 |

集体企业
Collective-owned Enterprises

单位：万元
Unit：10000 yuan

| 地 区 | Region | 营业额 Business Revenue | 客房收入 from Hotel Rooms | 餐费收入 from Meals | 商品销售收入 from Commodities | 其他收入 Others |
|---|---|---|---|---|---|---|
| **全 国** | **National Total** | **330797** | **31473** | **273469** | **11691** | **14164** |
| 北 京 | Beijing | 32466 | 67 | 31223 | 468 | 709 |
| 天 津 | Tianjin | 3861 | 246 | 2443 | 113 | 1059 |
| 河 北 | Hebei | 3864 | 1040 | 2603 | 148 | 74 |
| 山 西 | Shanxi | 7129 | 1456 | 4535 | 550 | 589 |
| 内 蒙 古 | Inner Mongolia | 344 | 77 | 267 | | |
| 辽 宁 | Liaoning | 11032 | 1474 | 9109 | 321 | 129 |
| 吉 林 | Jilin | 5206 | 747 | 4328 | | 131 |
| 黑 龙 江 | Heilongjiang | 771 | | 704 | 67 | |
| 上 海 | Shanghai | 21154 | 402 | 19075 | | 1677 |
| 江 苏 | Jiangsu | 18848 | 3093 | 14826 | 201 | 728 |
| 浙 江 | Zhejiang | 2871 | 545 | 2247 | | 79 |
| 安 徽 | Anhui | 5569 | 100 | 4973 | 467 | 29 |
| 福 建 | Fujian | 4340 | 353 | 3577 | 360 | 50 |
| 江 西 | Jiangxi | | | | | |
| 山 东 | Shandong | 45274 | 4891 | 37513 | 2759 | 110 |
| 河 南 | Henan | 22706 | 3539 | 17550 | 1355 | 262 |
| 湖 北 | Hubei | 3626 | 811 | 2538 | 188 | 89 |
| 湖 南 | Hunan | 1522 | 542 | 800 | 164 | 16 |
| 广 东 | Guangdong | 103005 | 5243 | 88991 | 2084 | 6689 |
| 广 西 | Guangxi | 2302 | 273 | 1948 | 68 | 13 |
| 海 南 | Hainan | 1146 | | 1146 | | |
| 重 庆 | Chongqing | 10014 | 2228 | 6729 | 692 | 365 |
| 四 川 | Sichuan | 8283 | 1415 | 5100 | 756 | 1012 |
| 贵 州 | Guizhou | | | | | |
| 云 南 | Yunnan | 2974 | 424 | 2313 | 3 | 234 |
| 西 藏 | Tibet | | | | | |
| 陕 西 | Shaanxi | 10021 | 2098 | 6907 | 893 | 123 |
| 甘 肃 | Gansu | 1779 | 177 | 1602 | | |
| 青 海 | Qinghai | | | | | |
| 宁 夏 | Ningxia | 372 | 116 | 220 | 36 | |
| 新 疆 | Xinjiang | 320 | 117 | 204 | | |

4-2-6 续表 4 Continued 4

股份合作企业
Cooperative Enterprises

单位：万元
Unit：10000 yuan

| 地区 | Region | 营业额 Business Revenue | 客房收入 from Hotel Rooms | 餐费收入 from Meals | 商品销售收入 from Commodities | 其他收入 Others |
|---|---|---|---|---|---|---|
| **全国** | **National Total** | **257425** | **22015** | **218116** | **9189** | **8106** |
| 北京 | Beijing | 49883 | 242 | 49018 | 265 | 359 |
| 天津 | Tianjin | 1138 | | 1138 | | |
| 河北 | Hebei | 4279 | 85 | 3978 | 181 | 35 |
| 山西 | Shanxi | 927 | | 927 | | |
| 内蒙古 | Inner Mongolia | 3363 | 649 | 2654 | 60 | |
| 辽宁 | Liaoning | 1220 | | 1220 | | |
| 吉林 | Jilin | 1729 | | 1729 | | |
| 黑龙江 | Heilongjiang | 838 | 84 | 663 | 89 | 3 |
| 上海 | Shanghai | 12081 | 1105 | 10864 | 71 | 41 |
| 江苏 | Jiangsu | 12616 | 2917 | 8943 | 387 | 370 |
| 浙江 | Zhejiang | 15703 | 1240 | 14164 | 253 | 46 |
| 安徽 | Anhui | 3079 | 439 | 2640 | | 1 |
| 福建 | Fujian | 707 | 314 | 352 | | 41 |
| 江西 | Jiangxi | 4018 | 583 | 2918 | 516 | |
| 山东 | Shandong | 17517 | 3375 | 12614 | 1528 | |
| 河南 | Henan | 4796 | 966 | 3364 | 120 | 345 |
| 湖北 | Hubei | 3793 | 785 | 2957 | 32 | 20 |
| 湖南 | Hunan | 10359 | 1165 | 9194 | | |
| 广东 | Guangdong | 47746 | 682 | 46460 | 78 | 527 |
| 广西 | Guangxi | 1945 | 15 | 1893 | 36 | |
| 海南 | Hainan | | | | | |
| 重庆 | Chongqing | 10008 | 960 | 8744 | 249 | 56 |
| 四川 | Sichuan | 32842 | 2802 | 19476 | 4823 | 5741 |
| 贵州 | Guizhou | | | | | |
| 云南 | Yunnan | 2271 | 461 | 1805 | 6 | |
| 西藏 | Tibet | | | | | |
| 陕西 | Shaanxi | 13432 | 2903 | 9579 | 425 | 524 |
| 甘肃 | Gansu | 655 | 244 | 410 | | |
| 青海 | Qinghai | | | | | |
| 宁夏 | Ningxia | 482 | | 413 | 69 | |
| 新疆 | Xinjiang | | | | | |

4-2-6 续表 5 Continued 5

联营企业
Joint Ownership Enterprises

单位：万元
Unit：10000 yuan

| 地　区 | Region | 营业额 Business Revenue | 客房收入 from Hotel Rooms | 餐费收入 from Meals | 商品销售收入 from Commodities | 其他收入 Others |
|---|---|---|---|---|---|---|
| **全　国** | **National Total** | **18968** | **605** | **18018** | **287** | **59** |
| 北　京 | Beijing | 691 | | 633 | 58 | |
| 天　津 | Tianjin | | | | | |
| 河　北 | Hebei | 581 | | 581 | | |
| 山　西 | Shanxi | | | | | |
| 内蒙古 | Inner Mongolia | 480 | 200 | 210 | 70 | |
| 辽　宁 | Liaoning | | | | | |
| 吉　林 | Jilin | | | | | |
| 黑龙江 | Heilongjiang | | | | | |
| 上　海 | Shanghai | 3499 | | 3459 | | 40 |
| 江　苏 | Jiangsu | 947 | | 947 | | |
| 浙　江 | Zhejiang | | | | | |
| 安　徽 | Anhui | | | | | |
| 福　建 | Fujian | | | | | |
| 江　西 | Jiangxi | 264 | | 264 | | |
| 山　东 | Shandong | 2520 | 315 | 2071 | 115 | 19 |
| 河　南 | Henan | 571 | | 527 | 44 | |
| 湖　北 | Hubei | | | | | |
| 湖　南 | Hunan | 4283 | 90 | 4192 | | |
| 广　东 | Guangdong | 5133 | | 5133 | | |
| 广　西 | Guangxi | | | | | |
| 海　南 | Hainan | | | | | |
| 重　庆 | Chongqing | | | | | |
| 四　川 | Sichuan | | | | | |
| 贵　州 | Guizhou | | | | | |
| 云　南 | Yunnan | | | | | |
| 西　藏 | Tibet | | | | | |
| 陕　西 | Shaanxi | | | | | |
| 甘　肃 | Gansu | | | | | |
| 青　海 | Qinghai | | | | | |
| 宁　夏 | Ningxia | | | | | |
| 新　疆 | Xinjiang | | | | | |

有限责任公司
Limited Liability Corporations

单位：万元
Unit：10000 yuan

| 地 区 | Region | 营业额 Business Revenue | 客房收入 from Hotel Rooms | 餐费收入 from Meals | 商品销售收入 from Commodities | 其他收入 Others |
|---|---|---|---|---|---|---|
| **全 国** | **National Total** | **4031915** | **255405** | **3477758** | **149987** | **148765** |
| 北 京 | Beijing | 676357 | 6261 | 624574 | 16094 | 29429 |
| 天 津 | Tianjin | 101201 | 3825 | 86811 | 1226 | 9339 |
| 河 北 | Hebei | 44941 | 2617 | 40536 | 1480 | 308 |
| 山 西 | Shanxi | 68246 | 12463 | 54019 | 615 | 1149 |
| 内蒙古 | Inner Mongolia | 70356 | 12457 | 56268 | 796 | 835 |
| 辽 宁 | Liaoning | 54661 | 2432 | 50876 | 181 | 1173 |
| 吉 林 | Jilin | 25386 | 3921 | 19703 | 164 | 1598 |
| 黑龙江 | Heilongjiang | 10371 | 815 | 8409 | 973 | 174 |
| 上 海 | Shanghai | 411248 | 2580 | 366686 | 23273 | 18709 |
| 江 苏 | Jiangsu | 225876 | 29316 | 176275 | 11108 | 9178 |
| 浙 江 | Zhejiang | 222168 | 16503 | 180218 | 8368 | 17080 |
| 安 徽 | Anhui | 61389 | 11278 | 44428 | 3517 | 2166 |
| 福 建 | Fujian | 68112 | 4549 | 62299 | 218 | 1046 |
| 江 西 | Jiangxi | 25659 | 1631 | 20310 | 3585 | 134 |
| 山 东 | Shandong | 219689 | 28370 | 172457 | 14122 | 4740 |
| 河 南 | Henan | 150659 | 16035 | 119233 | 6822 | 8569 |
| 湖 北 | Hubei | 191738 | 15631 | 170992 | 3314 | 1801 |
| 湖 南 | Hunan | 92317 | 6671 | 84260 | 1099 | 287 |
| 广 东 | Guangdong | 529034 | 21331 | 480628 | 16654 | 10422 |
| 广 西 | Guangxi | 24101 | 1536 | 21432 | 262 | 871 |
| 海 南 | Hainan | 26996 | 150 | 26609 | 181 | 55 |
| 重 庆 | Chongqing | 197957 | 12009 | 170010 | 8013 | 7926 |
| 四 川 | Sichuan | 192704 | 7871 | 173376 | 6084 | 5372 |
| 贵 州 | Guizhou | 27109 | 135 | 24904 | 1761 | 309 |
| 云 南 | Yunnan | 31136 | 4414 | 21053 | 4010 | 1660 |
| 西 藏 | Tibet | 1834 | 66 | 1768 | | |
| 陕 西 | Shaanxi | 229438 | 26456 | 176283 | 12837 | 13863 |
| 甘 肃 | Gansu | 28185 | 213 | 26346 | 1616 | 9 |
| 青 海 | Qinghai | 2432 | 66 | 2332 | | 34 |
| 宁 夏 | Ningxia | 13190 | 3218 | 8690 | 881 | 401 |
| 新 疆 | Xinjiang | 7425 | 588 | 5976 | 734 | 128 |

股份有限公司
Share-holding Corporations Ltd.

单位：万元
Unit：10000 yuan

| 地区 | Region | 营业额 Business Revenue | 客房收入 from Hotel Rooms | 餐费收入 from Meals | 商品销售收入 from Commodities | 其他收入 Others |
|---|---|---|---|---|---|---|
| **全国** | **National Total** | **805195** | **51876** | **692503** | **36987** | **23829** |
| 北京 | Beijing | 172933 | | 164484 | 630 | 7820 |
| 天津 | Tianjin | 10041 | | 9758 | 6 | 277 |
| 河北 | Hebei | 9502 | 1038 | 8407 | | 57 |
| 山西 | Shanxi | 18029 | 2048 | 15195 | 428 | 359 |
| 内蒙古 | Inner Mongolia | 83791 | 1945 | 81735 | | 111 |
| 辽宁 | Liaoning | 21289 | 3064 | 16693 | | 1532 |
| 吉林 | Jilin | 7631 | 467 | 6815 | 303 | 47 |
| 黑龙江 | Heilongjiang | 3603 | | 3451 | 152 | |
| 上海 | Shanghai | 12350 | | 11487 | | 863 |
| 江苏 | Jiangsu | 28508 | 2186 | 25135 | 1032 | 156 |
| 浙江 | Zhejiang | 41637 | 237 | 40627 | | 773 |
| 安徽 | Anhui | 9761 | 1597 | 7781 | 255 | 127 |
| 福建 | Fujian | 5132 | 881 | 4126 | | 125 |
| 江西 | Jiangxi | 2500 | 292 | 1452 | 755 | |
| 山东 | Shandong | 136306 | 20556 | 90771 | 21929 | 3049 |
| 河南 | Henan | 18824 | 758 | 17330 | 736 | |
| 湖北 | Hubei | 27664 | 1477 | 24788 | 1374 | 26 |
| 湖南 | Hunan | 15066 | 3024 | 11144 | 765 | 133 |
| 广东 | Guangdong | 31987 | 544 | 30177 | 93 | 1173 |
| 广西 | Guangxi | 1908 | 220 | 1688 | | |
| 海南 | Hainan | 6479 | 184 | 6251 | 44 | 1 |
| 重庆 | Chongqing | 42081 | 554 | 40998 | 248 | 281 |
| 四川 | Sichuan | 44496 | 4976 | 35775 | 1630 | 2115 |
| 贵州 | Guizhou | | | | | |
| 云南 | Yunnan | 631 | | 631 | | |
| 西藏 | Tibet | | | | | |
| 陕西 | Shaanxi | 47538 | 5395 | 30732 | 6606 | 4805 |
| 甘肃 | Gansu | 5511 | 435 | 5075 | | 1 |
| 青海 | Qinghai | | | | | |
| 宁夏 | Ningxia | | | | | |
| 新疆 | Xinjiang | | | | | |

4-2-6 续表 8 Continued 8

私营企业
Private Enterprises

单位：万元
Unit：10000 yuan

| 地　区 | Region | 营业额 Business Revenue | 客房收入 from Hotel Rooms | 餐费收入 from Meals | 商品销售收入 from Commodities | 其他收入 Others |
|---|---|---|---|---|---|---|
| **全　国** | **National Total** | **13544901** | **610128** | **12340558** | **430857** | **163359** |
| 北　京 | Beijing | 1271351 | 15628 | 1228149 | 17946 | 9628 |
| 天　津 | Tianjin | 197702 | 3655 | 190435 | 599 | 3013 |
| 河　北 | Hebei | 165375 | 14052 | 143538 | 4448 | 3338 |
| 山　西 | Shanxi | 252995 | 29940 | 208132 | 11238 | 3685 |
| 内蒙古 | Inner Mongolia | 210372 | 30004 | 174487 | 4538 | 1343 |
| 辽　宁 | Liaoning | 399864 | 16387 | 368516 | 10252 | 4709 |
| 吉　林 | Jilin | 103022 | 10222 | 88890 | 2673 | 1236 |
| 黑龙江 | Heilongjiang | 135870 | 1690 | 117598 | 15277 | 1306 |
| 上　海 | Shanghai | 1254104 | 15332 | 1222599 | 642 | 15532 |
| 江　苏 | Jiangsu | 1156928 | 80928 | 1023250 | 34250 | 18501 |
| 浙　江 | Zhejiang | 978025 | 47423 | 909515 | 7265 | 13821 |
| 安　徽 | Anhui | 284571 | 14577 | 237160 | 28629 | 4205 |
| 福　建 | Fujian | 445970 | 15868 | 410424 | 16566 | 3112 |
| 江　西 | Jiangxi | 149261 | 8610 | 119106 | 21018 | 528 |
| 山　东 | Shandong | 1707213 | 73327 | 1505658 | 116174 | 12054 |
| 河　南 | Henan | 661962 | 37880 | 590051 | 25572 | 8460 |
| 湖　北 | Hubei | 374158 | 25974 | 328502 | 15249 | 4433 |
| 湖　南 | Hunan | 380682 | 35318 | 328403 | 11212 | 5718 |
| 广　东 | Guangdong | 1732238 | 52450 | 1643709 | 15528 | 20550 |
| 广　西 | Guangxi | 90325 | 7092 | 79091 | 2655 | 1488 |
| 海　南 | Hainan | 34073 | 983 | 32336 | 535 | 219 |
| 重　庆 | Chongqing | 395930 | 12777 | 358351 | 18543 | 6260 |
| 四　川 | Sichuan | 510615 | 17404 | 464945 | 18856 | 9409 |
| 贵　州 | Guizhou | 54864 | 2867 | 50147 | 1416 | 433 |
| 云　南 | Yunnan | 77499 | 2238 | 73050 | 1444 | 768 |
| 西　藏 | Tibet | 2633 | | 2633 | | |
| 陕　西 | Shaanxi | 329227 | 24493 | 279044 | 20512 | 5178 |
| 甘　肃 | Gansu | 67779 | 3102 | 61745 | 2009 | 923 |
| 青　海 | Qinghai | 17268 | 1321 | 15902 | 46 | |
| 宁　夏 | Ningxia | 62252 | 7693 | 47515 | 4396 | 2648 |
| 新　疆 | Xinjiang | 40774 | 862 | 37676 | 1371 | 865 |

4-2-6 续表 9 Continued 9

其他企业
Other Enterprises

单位：万元
Unit：10000 yuan

| 地区 | Region | 营业额 Business Revenue | 客房收入 from Hotel Rooms | 餐费收入 from Meals | 商品销售收入 from Commodities | 其他收入 Others |
|---|---|---|---|---|---|---|
| **全国** | **National Total** | **502635** | **32645** | **444422** | **18904** | **6663** |
| 北京 | Beijing | 1024 | | 1024 | | |
| 天津 | Tianjin | 5864 | 3 | 5453 | | 408 |
| 河北 | Hebei | 6425 | 746 | 5473 | 205 | |
| 山西 | Shanxi | 11547 | 1346 | 10176 | | 26 |
| 内蒙古 | Inner Mongolia | 17498 | 3147 | 14212 | 56 | 84 |
| 辽宁 | Liaoning | 1927 | 5 | 1831 | 43 | 48 |
| 吉林 | Jilin | 2154 | 327 | 1620 | 207 | |
| 黑龙江 | Heilongjiang | 8774 | 741 | 6899 | 957 | 177 |
| 上海 | Shanghai | 12456 | 3627 | 8594 | | 234 |
| 江苏 | Jiangsu | 33996 | 2176 | 31332 | 175 | 313 |
| 浙江 | Zhejiang | 11473 | 80 | 10568 | 55 | 771 |
| 安徽 | Anhui | 4757 | 916 | 3000 | 158 | 683 |
| 福建 | Fujian | 14499 | 359 | 13828 | 121 | 191 |
| 江西 | Jiangxi | 8475 | 156 | 6486 | 1714 | 119 |
| 山东 | Shandong | 126707 | 10258 | 106642 | 9463 | 344 |
| 河南 | Henan | 35829 | 822 | 33326 | 1423 | 259 |
| 湖北 | Hubei | 7814 | 1202 | 6012 | 359 | 242 |
| 湖南 | Hunan | 23236 | 2919 | 19639 | 471 | 208 |
| 广东 | Guangdong | 85988 | 624 | 84770 | 248 | 346 |
| 广西 | Guangxi | 1640 | 207 | 1403 | | 30 |
| 海南 | Hainan | 6105 | | 6105 | | |
| 重庆 | Chongqing | 36565 | 1200 | 32560 | 2423 | 383 |
| 四川 | Sichuan | 8140 | 474 | 7286 | 274 | 106 |
| 贵州 | Guizhou | 4139 | 108 | 3886 | 119 | 26 |
| 云南 | Yunnan | 567 | | 555 | 8 | 4 |
| 西藏 | Tibet | | | | | |
| 陕西 | Shaanxi | 15693 | 800 | 13114 | 279 | 1500 |
| 甘肃 | Gansu | 5399 | 405 | 4685 | 149 | 161 |
| 青海 | Qinghai | 3946 | | 3946 | | |
| 宁夏 | Ningxia | | | | | |
| 新疆 | Xinjiang | | | | | |

4-2-6 续表 10 Continue 10

港、澳、台商投资企业 单位：万元
Enterprises with Funds from Hongkong Macao and Taiwan Unit：10000 yuan

| 地 区 | Region | 营业额 Business Revenue | 客房收入 from Hotel Rooms | 餐费收入 from Meals | 商品销售收入 from Commodities | 其他收入 Others |
|---|---|---|---|---|---|---|
| **全 国** | **National Total** | **2082433** | **33982** | **1964140** | **41550** | **42761** |
| 北 京 | Beijing | 371185 | | 344219 | 7733 | 19233 |
| 天 津 | Tianjin | 25029 | | 24280 | 749 | |
| 河 北 | Hebei | 4549 | 422 | 4127 | | |
| 山 西 | Shanxi | 1844 | 493 | 1343 | | 8 |
| 内蒙古 | Inner Mongolia | 2883 | | 2883 | | |
| 辽 宁 | Liaoning | 68825 | 3273 | 58688 | 2813 | 4051 |
| 吉 林 | Jilin | | | | | |
| 黑龙江 | Heilongjiang | 47727 | | 42763 | 4954 | 11 |
| 上 海 | Shanghai | 567170 | | 563814 | 20 | 3336 |
| 江 苏 | Jiangsu | 102875 | 9205 | 91204 | 1118 | 1349 |
| 浙 江 | Zhejiang | 17567 | 564 | 16319 | 417 | 267 |
| 安 徽 | Anhui | 23688 | 119 | 23507 | 62 | |
| 福 建 | Fujian | 126415 | 2606 | 119124 | 3254 | 1431 |
| 江 西 | Jiangxi | 14691 | | 12366 | 2325 | |
| 山 东 | Shandong | 35323 | 3652 | 29871 | 1251 | 549 |
| 河 南 | Henan | 6393 | | 3633 | 154 | 2606 |
| 湖 北 | Hubei | 28062 | 706 | 26996 | 332 | 28 |
| 湖 南 | Hunan | 11054 | 2026 | 8071 | 224 | 733 |
| 广 东 | Guangdong | 466432 | 9211 | 438398 | 11568 | 7254 |
| 广 西 | Guangxi | 14808 | | 14808 | | |
| 海 南 | Hainan | 5775 | | 5553 | | 223 |
| 重 庆 | Chongqing | 7725 | | 7725 | | |
| 四 川 | Sichuan | 50394 | 621 | 49292 | 252 | 228 |
| 贵 州 | Guizhou | 852 | 115 | 531 | | 206 |
| 云 南 | Yunnan | 16313 | | 13325 | 1962 | 1027 |
| 西 藏 | Tibet | | | | | |
| 陕 西 | Shaanxi | 64418 | 970 | 60865 | 2363 | 220 |
| 甘 肃 | Gansu | 437 | | 437 | | |
| 青 海 | Qinghai | | | | | |
| 宁 夏 | Ningxia | | | | | |
| 新 疆 | Xinjiang | | | | | |

4-2-6 续表 11 Continued 11

外商投资企业 单位：万元

Foreign Funded Enterprises Unit：10000 yuan

| 地 区 | Region | 营业额 Business Revenue | 客房收入 from Hotel Rooms | 餐费收入 from Meals | 商品销售收入 from Commodities | 其他收入 Others |
|---|---|---|---|---|---|---|
| **全 国** | **National Total** | **4617526** | **25016** | **4521695** | **26450** | **44365** |
| 北 京 | Beijing | 804976 | 405 | 785524 | 5037 | 14011 |
| 天 津 | Tianjin | 273655 | 827 | 272656 | | 172 |
| 河 北 | Hebei | 703 | | 703 | | |
| 山 西 | Shanxi | 61316 | | 61316 | | |
| 内蒙古 | Inner Mongolia | 7773 | | 7773 | | |
| 辽 宁 | Liaoning | 358918 | 1442 | 355463 | 1150 | 863 |
| 吉 林 | Jilin | 2686 | | 2664 | 22 | |
| 黑龙江 | Heilongjiang | 57866 | 123 | 49632 | 8084 | 27 |
| 上 海 | Shanghai | 602511 | 4994 | 589663 | 445 | 7409 |
| 江 苏 | Jiangsu | 423301 | 6899 | 413824 | 1639 | 939 |
| 浙 江 | Zhejiang | 350101 | 453 | 343622 | 2280 | 3747 |
| 安 徽 | Anhui | 3912 | | 3837 | 75 | |
| 福 建 | Fujian | 108554 | 1849 | 103974 | 1123 | 1607 |
| 江 西 | Jiangxi | 39137 | 94 | 38390 | 647 | 6 |
| 山 东 | Shandong | 176802 | 2948 | 173139 | 386 | 329 |
| 河 南 | Henan | 69737 | | 62813 | 3889 | 3035 |
| 湖 北 | Hubei | 149816 | 1068 | 148376 | 259 | 113 |
| 湖 南 | Hunan | 100573 | | 100458 | 112 | 3 |
| 广 东 | Guangdong | 784148 | 3169 | 773595 | 532 | 6852 |
| 广 西 | Guangxi | 31790 | | 31790 | | |
| 海 南 | Hainan | 2459 | | 2459 | | |
| 重 庆 | Chongqing | 28891 | | 28741 | | 150 |
| 四 川 | Sichuan | 79923 | 265 | 79542 | | 116 |
| 贵 州 | Guizhou | 2715 | | 2715 | | |
| 云 南 | Yunnan | 34565 | | 33315 | | 1250 |
| 西 藏 | Tibet | | | | | |
| 陕 西 | Shaanxi | 21782 | 379 | 16895 | 771 | 3737 |
| 甘 肃 | Gansu | 17420 | | 17420 | | |
| 青 海 | Qinghai | 558 | 101 | 457 | | |
| 宁 夏 | Ningxia | 4027 | | 4027 | | |
| 新 疆 | Xinjiang | 16912 | | 16912 | | |

# 4-2-7 各地区限额以上餐饮业企业经营情况(按国民经济行业分)

## Business of Enterprises above Designated Size of Catering Services by Region and Sector

正餐服务业
Dinner

单位：万元
Unit：10000 yuan

| 地　区 | Region | 营业额 Business Revenue | 客房收入 from Hotel Rooms | 餐费收入 from Meals | 商品销售收入 from Commodities | 其他收入 Others |
|---|---|---|---|---|---|---|
| **全　国** | **National Total** | **20650984** | **1182331** | **18367500** | **710307** | **390846** |
| 北　京 | Beijing | 2546636 | 23042 | 2425933 | 39388 | 58273 |
| 天　津 | Tianjin | 333988 | 8559 | 316720 | 2679 | 6030 |
| 河　北 | Hebei | 261458 | 23132 | 226292 | 7612 | 4423 |
| 山　西 | Shanxi | 392755 | 55377 | 316838 | 13843 | 6697 |
| 内蒙古 | Inner Mongolia | 407627 | 52468 | 346126 | 5959 | 3074 |
| 辽　宁 | Liaoning | 558898 | 33623 | 501723 | 13889 | 9663 |
| 吉　林 | Jilin | 180195 | 25256 | 146524 | 3670 | 4746 |
| 黑龙江 | Heilongjiang | 257617 | 5749 | 218864 | 30845 | 2160 |
| 上　海 | Shanghai | 1971973 | 22624 | 1909111 | 24432 | 15806 |
| 江　苏 | Jiangsu | 1446232 | 143307 | 1220645 | 47847 | 34432 |
| 浙　江 | Zhejiang | 1235048 | 68814 | 1115453 | 17220 | 33562 |
| 安　徽 | Anhui | 380927 | 33700 | 305553 | 34322 | 7352 |
| 福　建 | Fujian | 632066 | 30201 | 573650 | 21578 | 6637 |
| 江　西 | Jiangxi | 199090 | 12224 | 155872 | 30302 | 692 |
| 山　东 | Shandong | 2381374 | 182667 | 1996505 | 176219 | 25984 |
| 河　南 | Henan | 879716 | 60912 | 760819 | 36317 | 21668 |
| 湖　北 | Hubei | 646079 | 54139 | 564336 | 20823 | 6780 |
| 湖　南 | Hunan | 536089 | 55718 | 460916 | 12145 | 7311 |
| 广　东 | Guangdong | 2659545 | 101496 | 2461755 | 41085 | 55210 |
| 广　西 | Guangxi | 125411 | 10564 | 108860 | 3531 | 2456 |
| 海　南 | Hainan | 79837 | 1586 | 76944 | 760 | 547 |
| 重　庆 | Chongqing | 653039 | 30560 | 577555 | 29955 | 14969 |
| 四　川 | Sichuan | 710128 | 39839 | 613349 | 32917 | 24024 |
| 贵　州 | Guizhou | 89493 | 3818 | 81480 | 3331 | 864 |
| 云　南 | Yunnan | 116792 | 7631 | 102187 | 4246 | 2728 |
| 西　藏 | Tibet | 4131 | 66 | 4065 | | |
| 陕　西 | Shaanxi | 700600 | 73466 | 553069 | 44650 | 29416 |
| 甘　肃 | Gansu | 106933 | 4679 | 97383 | 3775 | 1097 |
| 青　海 | Qinghai | 26264 | 2403 | 23622 | 128 | 111 |
| 宁　夏 | Ningxia | 79524 | 11074 | 60002 | 5382 | 3066 |
| 新　疆 | Xinjiang | 51518 | 3636 | 45351 | 1460 | 1071 |

4-2-7 续表 1 Continued 1

快餐服务业 Snack

单位：万元 Unit：10000 yuan

| 地 区 | Region | 营业额 Business Revenue | 客房收入 from Hotel Rooms | 餐费收入 from Meals | 商品销售收入 from Commodities | 其他收入 Others |
|---|---|---|---|---|---|---|
| **全 国** | **National Total** | **5010624** | **5822** | **4953346** | **17534** | **33922** |
| 北 京 | Beijing | 727206 | | 707377 | 4396 | 15434 |
| 天 津 | Tianjin | 274833 | | 274393 | 95 | 345 |
| 河 北 | Hebei | 3730 | 14 | 2753 | 525 | 438 |
| 山 西 | Shanxi | 52733 | 450 | 52252 | 6 | 26 |
| 内蒙古 | Inner Mongolia | 2601 | 297 | 2304 | | |
| 辽 宁 | Liaoning | 353011 | | 352837 | 173 | |
| 吉 林 | Jilin | 1518 | | 1459 | 59 | |
| 黑龙江 | Heilongjiang | 11342 | | 11298 | 44 | |
| 上 海 | Shanghai | 579397 | 1105 | 569496 | | 8796 |
| 江 苏 | Jiangsu | 480083 | 539 | 478875 | 451 | 218 |
| 浙 江 | Zhejiang | 365609 | 110 | 364258 | 212 | 1031 |
| 安 徽 | Anhui | 28092 | | 27969 | 124 | |
| 福 建 | Fujian | 153452 | | 152284 | | 1167 |
| 江 西 | Jiangxi | 44396 | | 43923 | 376 | 97 |
| 山 东 | Shandong | 225120 | 981 | 221708 | 2269 | 162 |
| 河 南 | Henan | 80539 | 556 | 76062 | 3873 | 48 |
| 湖 北 | Hubei | 147550 | | 147545 | | 5 |
| 湖 南 | Hunan | 98836 | | 97650 | 1186 | |
| 广 东 | Guangdong | 1011088 | 1136 | 1006815 | 1366 | 1772 |
| 广 西 | Guangxi | 46483 | 226 | 46158 | 90 | 9 |
| 海 南 | Hainan | 3262 | | 3262 | | |
| 重 庆 | Chongqing | 67326 | | 67326 | | |
| 四 川 | Sichuan | 114384 | | 114219 | 136 | 29 |
| 贵 州 | Guizhou | 4082 | | 3896 | 11 | 176 |
| 云 南 | Yunnan | 39602 | | 38575 | | 1027 |
| 西 藏 | Tibet | 337 | | 337 | | |
| 陕 西 | Shaanxi | 55138 | 410 | 50097 | 1488 | 3144 |
| 甘 肃 | Gansu | 19405 | | 19405 | | |
| 青 海 | Qinghai | 218 | | 218 | | |
| 宁 夏 | Ningxia | 910 | | 910 | | |
| 新 疆 | Xinjiang | 18342 | | 17687 | 655 | |

4-2-7 续表 2 Continued 2

饮料及冷饮服务业
Beverage and Cold Drink

单位：万元
Unit：10000 yuan

| 地　区 | Region | 营业额 Business Revenue | 客房收入 from Hotel Rooms | 餐费收入 from Meals | 商品销售收入 from Commodities | 其他收入 Others |
|---|---|---|---|---|---|---|
| **全　国** | **National Total** | **260027** | **468** | **245645** | **10141** | **3773** |
| 北　京 | Beijing | 50176 | 38 | 43855 | 4414 | 1868 |
| 天　津 | Tianjin | 3643 | | 2894 | 749 | |
| 河　北 | Hebei | | | | | |
| 山　西 | Shanxi | | | | | |
| 内蒙古 | Inner Mongolia | | | | | |
| 辽　宁 | Liaoning | 4369 | | 4011 | 358 | |
| 吉　林 | Jilin | | | | | |
| 黑龙江 | Heilongjiang | | | | | |
| 上　海 | Shanghai | 94886 | | 94849 | | 37 |
| 江　苏 | Jiangsu | 6120 | | 5819 | 301 | |
| 浙　江 | Zhejiang | 36093 | | 32286 | 2337 | 1470 |
| 安　徽 | Anhui | 1203 | | 1199 | 5 | |
| 福　建 | Fujian | 3222 | | 3206 | | 17 |
| 江　西 | Jiangxi | 2558 | | 2558 | | |
| 山　东 | Shandong | 3580 | | 2668 | 912 | |
| 河　南 | Henan | 1248 | | 1228 | 20 | |
| 湖　北 | Hubei | 745 | | 714 | | 32 |
| 湖　南 | Hunan | 10876 | | 10876 | | |
| 广　东 | Guangdong | 32471 | 429 | 31135 | 904 | 2 |
| 广　西 | Guangxi | 211 | | 211 | | |
| 海　南 | Hainan | 327 | | 327 | | |
| 重　庆 | Chongqing | 1061 | | 1024 | 37 | |
| 四　川 | Sichuan | 7238 | | 6786 | 104 | 348 |
| 贵　州 | Guizhou | | | | | |
| 云　南 | Yunnan | | | | | |
| 西　藏 | Tibet | | | | | |
| 陕　西 | Shaanxi | | | | | |
| 甘　肃 | Gansu | | | | | |
| 青　海 | Qinghai | | | | | |
| 宁　夏 | Ningxia | | | | | |
| 新　疆 | Xinjiang | | | | | |

4-2-7 续表 3 Continued 3

其他餐饮服务业
Others

单位：万元
Unit：10000 yuan

| 地　区 | Region | 营业额 Business Revenue | 客房收入 from Hotel Rooms | 餐费收入 from Meals | 商品销售收入 from Commodities | 其他收入 Others |
|---|---|---|---|---|---|---|
| **全　国** | **National Total** | **941967** | **20933** | **846581** | **21674** | **52780** |
| 北　京 | Beijing | 93204 | 252 | 83536 | 899 | 8517 |
| 天　津 | Tianjin | 13406 | 82 | 5288 | 79 | 7957 |
| 河　北 | Hebei | | | | | |
| 山　西 | Shanxi | 4007 | 594 | 3186 | 126 | 101 |
| 内蒙古 | Inner Mongolia | 637 | | 637 | | |
| 辽　宁 | Liaoning | 16477 | 469 | 12441 | 358 | 3209 |
| 吉　林 | Jilin | 349 | 41 | 308 | | |
| 黑龙江 | Heilongjiang | 5444 | | 5434 | 9 | |
| 上　海 | Shanghai | 279319 | 5089 | 249912 | 18 | 24301 |
| 江　苏 | Jiangsu | 119918 | 1863 | 113388 | 4405 | 262 |
| 浙　江 | Zhejiang | 28188 | 777 | 26831 | 15 | 566 |
| 安　徽 | Anhui | 1556 | | 993 | 21 | 542 |
| 福　建 | Fujian | 16455 | 1536 | 12172 | 2669 | 79 |
| 江　西 | Jiangxi | 1234 | | 1234 | | |
| 山　东 | Shandong | 15526 | 994 | 12749 | 1769 | 15 |
| 河　南 | Henan | 25921 | 2648 | 19985 | 236 | 3052 |
| 湖　北 | Hubei | 19508 | 3902 | 14406 | 807 | 392 |
| 湖　南 | Hunan | 7160 | 801 | 5340 | 772 | 247 |
| 广　东 | Guangdong | 140904 | 400 | 135087 | 3980 | 1436 |
| 广　西 | Guangxi | 4155 | | 4155 | | |
| 海　南 | Hainan | 983 | | 983 | | |
| 重　庆 | Chongqing | 15642 | 363 | 14094 | 712 | 473 |
| 四　川 | Sichuan | 110554 | 125 | 109518 | 542 | 370 |
| 贵　州 | Guizhou | 946 | 298 | 648 | | |
| 云　南 | Yunnan | 13642 | 461 | 8620 | 3301 | 1260 |
| 西　藏 | Tibet | | | | | |
| 陕　西 | Shaanxi | 5280 | 241 | 4081 | 956 | 1 |
| 甘　肃 | Gansu | 1554 | | 1554 | | |
| 青　海 | Qinghai | | | | | |
| 宁　夏 | Ningxia | | | | | |
| 新　疆 | Xinjiang | | | | | |

# 4-3-1 限额以上住宿和餐饮业企业年末资产负债

## Assets and Liabilities of Enterprises above Designated Size of Hotels and Catering Services at the Year-end

| 项目 | Item | 流动资产合计 Total Working Capitals | #存货 Stock | 固定资产原价 Original Value of Fixed Assets |
|---|---|---|---|---|
| **总计** | **Total** | **27745492** | **2245520** | **63758543** |
| **一、住宿业** | **Hotels** | **18748384** | **1217268** | **52449870** |
| #国有控股 | State-controlled Enterprises | 5550473 | 336846 | 21539908 |
| **(一)按登记注册类型分** | **by Type of Registration** | | | |
| **1.内资企业** | **Domestic Funded Enterprises** | **14183109** | **989779** | **38399116** |
| 国有企业 | State-owned Enterprises | 3261871 | 250227 | 13389311 |
| 集体企业 | Collective-owned Enterprises | 376567 | 29894 | 1304387 |
| 股份合作企业 | Cooperative Enterprises | 96115 | 9540 | 409126 |
| 联营企业 | Joint Ownership Enterprises | 74806 | 4551 | 293191 |
| 国有联营企业 | State Joint Ownership Enterprises | 44787 | 2215 | 168425 |
| 集体联营企业 | Collective Joint Ownership Enterprises | 3928 | 519 | 19323 |
| 国有与集体联营企业 | Joint State-collective Enterprises | 20475 | 1215 | 83888 |
| 其他联营企业 | Other Joint Ownership Enterprises | 5616 | 601 | 21555 |
| 有限责任公司 | Limited Liability Corporations | 4922762 | 332717 | 12140149 |
| 国有独资公司 | State Sole Funded Corporations | 153337 | 10049 | 922459 |
| 其他有限责任公司 | Other Limited Liability Corporations | 4769426 | 322668 | 11217691 |
| 股份有限公司 | Share-holding Corporations Ltd. | 845828 | 34426 | 1819865 |
| 私营企业 | Private Enterprises | 4407493 | 314222 | 8704236 |
| 私营独资企业 | Private-funded Enterprises | 644174 | 61972 | 1544681 |
| 私营合伙企业 | Private Partnership Enterprises | 161805 | 13313 | 331054 |
| 私营有限责任公司 | Private Limited Liability Corporations | 3338125 | 221344 | 6289788 |
| 私营股份有限公司 | Private Share-holding Corporations Ltd. | 263389 | 17593 | 538712 |
| 其他企业 | Other Enterprises | 197666 | 14202 | 338851 |
| **2.港、澳、台商投资企业** | **Enterprises with Funds from Hongkong, Macao and Taiwan** | **2605374** | **109117** | **8451658** |
| 合资经营企业 | Joint-venture Enterprises | 1368524 | 66755 | 4705198 |
| 合作经营企业 | Cooperative Enterprises | 501420 | 12276 | 1182067 |
| 独资经营企业 | Enterprises with Sole Investment | 674610 | 27397 | 2383832 |
| 投资股份有限公司 | Share-holding Corporations Ltd. with Investment | 60819 | 2689 | 180562 |
| **3.外商投资企业** | **Foreign Funded Enterprises** | **1959902** | **118373** | **5599095** |
| 中外合资经营企业 | Joint-venture Enterprises | 908550 | 48802 | 2462211 |
| 中外合作经营企业 | Cooperative Enterprises | 236661 | 34358 | 1069028 |
| 外资企业 | Enterprises with Sole Foreign Investment | 793876 | 33308 | 1946558 |
| 外商投资股份有限公司 | Share-holding Corporations Ltd. with Foreign Investment | 20816 | 1905 | 121298 |
| **(二)按国民经济行业分** | **by Sector** | | | |
| 旅游饭店 | Tourist Hotel | 16457824 | 1030635 | 47640450 |
| 一般旅馆 | Fonda | 2066958 | 167204 | 4170070 |
| 其他住宿服务 | Others | 223602 | 19429 | 639350 |

4-3-1 续表 1

| 项　　目 | Item | 累计折旧 Accumulated Depreciation | #本年折旧 Current Year Depreciation |
|---|---|---|---|
| **总　　计** | **Total** | **22242670** | **3987340** |
| **一、住宿业** | **Hotels** | **18672193** | **3152583** |
| #国有控股 | State-controlled Enterprises | 8134996 | 1214888 |
| **(一)按登记注册类型分** | **by Type of Registration** | | |
| **1.内资企业** | **Domestic Funded Enterprises** | **12646043** | **2219608** |
| 国有企业 | State-owned Enterprises | 4839376 | 735233 |
| 集体企业 | Collective-owned Enterprises | 509834 | 79440 |
| 股份合作企业 | Cooperative Enterprises | 113745 | 24343 |
| 联营企业 | Joint Ownership Enterprises | 128112 | 21514 |
| 国有联营企业 | State Joint Ownership Enterprises | 84759 | 11546 |
| 集体联营企业 | Collective Joint Ownership Enterprises | 6574 | 815 |
| 国有与集体联营企业 | Joint State-collective Enterprises | 32104 | 7300 |
| 其他联营企业 | Other Joint Ownership Enterprises | 4676 | 1853 |
| 有限责任公司 | Limited Liability Corporations | 3930898 | 727071 |
| 国有独资公司 | State Sole Funded Corporations | 339946 | 45110 |
| 其他有限责任公司 | Other Limited Liability Corporations | 3590952 | 681961 |
| 股份有限公司 | Share-holding Corporations Ltd. | 643985 | 86786 |
| 私营企业 | Private Enterprises | 2366223 | 525427 |
| 私营独资企业 | Private-funded Enterprises | 355147 | 85335 |
| 私营合伙企业 | Private Partnership Enterprises | 75949 | 19378 |
| 私营有限责任公司 | Private Limited Liability Corporations | 1806342 | 388052 |
| 私营股份有限公司 | Private Share-holding Corporations Ltd. | 128785 | 32663 |
| 其他企业 | Other Enterprises | 113871 | 19794 |
| **2.港、澳、台商投资企业** | **Enterprises with Funds from Hongkong, Macao and Taiwan** | **3631342** | **603035** |
| 合资经营企业 | Joint-venture Enterprises | 2267622 | 288279 |
| 合作经营企业 | Cooperative Enterprises | 536222 | 158155 |
| 独资经营企业 | Enterprises with Sole Investment | 747303 | 148315 |
| 投资股份有限公司 | Share-holding Corporations Ltd. with Investment | 80194 | 8287 |
| **3.外商投资企业** | **Foreign Funded Enterprises** | **2394808** | **329940** |
| 中外合资经营企业 | Joint-venture Enterprises | 1177237 | 137165 |
| 中外合作经营企业 | Cooperative Enterprises | 470036 | 41174 |
| 外资企业 | Enterprises with Sole Foreign Investment | 709451 | 143568 |
| 外商投资股份有限公司 | Share-holding Corporations Ltd. with Foreign Investment | 38084 | 8033 |
| **(二)按国民经济行业分** | **by Sector** | | |
| 旅游饭店 | Tourist Hotel | 17357311 | 2866603 |
| 一般旅馆 | Fonda | 1132749 | 246808 |
| 其他住宿服务 | Others | 182133 | 39172 |

单位：万元
Unit:10000 yuan

| 资产合计<br>Total Assets | 负债合计<br>Total Liabilities | 所有者权益合计<br>Total Owners' Equities | 实收资本<br>Paicl-up Capitals | #国家资本<br>State-owned Capitals | #港澳台资本<br>Capitals from Hongkong, Macao and Taiwan | #外商资本<br>Foreign Capitals |
|---|---|---|---|---|---|---|
| **89377665** | **60278743** | **29101984** | **33123376** | **9756455** | **3526648** | **2574007** |
| **67238565** | **45968833** | **21272524** | **25217553** | **9109294** | **2890666** | **1890067** |
| 24353848 | 13544431 | 10812208 | 10559472 | 8720177 | 164237 | 96550 |
| | | | | | | |
| **51527232** | **33665525** | **17863084** | **18749470** | **8482483** | **37548** | **16776** |
| 14873168 | 8263299 | 6611246 | 6322359 | 5807106 | 8193 | 4441 |
| 1461952 | 977766 | 484186 | 525917 | 27843 | | |
| 491530 | 322540 | 168991 | 174501 | 32136 | | 10 |
| 303265 | 175988 | 127277 | 122621 | 80694 | | |
| 163289 | 85246 | 78043 | 71727 | 67567 | | |
| 21916 | 18453 | 3463 | 11579 | | | |
| 93512 | 58605 | 34907 | 31103 | 10227 | | |
| 24548 | 13683 | 10865 | 8212 | 2901 | | |
| 17287466 | 11596977 | 5690489 | 6487324 | 2189040 | 8558 | 7844 |
| 1145270 | 619976 | 525294 | 484514 | 378908 | | |
| 16142196 | 10977001 | 5165196 | 6002810 | 1810133 | 8558 | 7844 |
| 2583014 | 1570813 | 1012201 | 881185 | 291198 | 3700 | 1900 |
| 13987412 | 10412044 | 3575368 | 4070229 | 16783 | 8098 | 2581 |
| 2232283 | 1290148 | 942135 | 872100 | 6573 | 1041 | 2 |
| 524730 | 307901 | 216830 | 159447 | 230 | | |
| 10380419 | 8169872 | 2210548 | 2795965 | 9885 | 6577 | 2579 |
| 849980 | 644124 | 205856 | 242717 | 95 | 480 | |
| 539424 | 346099 | 193325 | 165334 | 37683 | 9000 | |
| **9485588** | **7760027** | **1725561** | **3813964** | **360519** | **2620911** | **165809** |
| | | | | | | |
| 5046164 | 4246312 | 799852 | 1907412 | 285252 | 1049245 | 75133 |
| 1372786 | 1223059 | 149727 | 523647 | 57704 | 359452 | 20921 |
| 2844067 | 2112918 | 731149 | 1258707 | 3313 | 1117649 | 61972 |
| 222571 | 177738 | 44832 | 124198 | 14250 | 94565 | 7783 |
| **6225746** | **4543281** | **1683879** | **2654120** | **266292** | **232207** | **1707482** |
| 2607326 | 1831238 | 776089 | 1069857 | 219968 | 115176 | 471612 |
| 1023064 | 998129 | 26348 | 373991 | 42652 | 52120 | 129780 |
| 2457048 | 1617229 | 839819 | 1164193 | 1812 | 63481 | 1066063 |
| 138308 | 96684 | 41624 | 46079 | 1860 | 1430 | 40028 |
| | | | | | | |
| 59779810 | 41244508 | 18538468 | 22221102 | 8404264 | 2704336 | 1645326 |
| 6579796 | 4124653 | 2455143 | 2620247 | 616770 | 171499 | 224887 |
| 878959 | 599672 | 278912 | 376204 | 88261 | 14830 | 19854 |

| 项　目 | Item | 流动资产合　计 Working Assets | #存 货 Stock | 固定资产原　价 Original Value of Fixed Assets |
|---|---|---|---|---|
| **二、餐饮业** | **Catering Services** | **8997108** | **1028252** | **11308673** |
| #国有控股 | State-controlled Enterprises | 585314 | 50940 | 1301991 |
| **(一)按登记注册类型分** | **by Type of Registration** | | | |
| **1.内资企业** | **Domestic Funded Enterprises** | **7480429** | **850069** | **9082573** |
| 国有企业 | State-owned Enterprises | 292115 | 31247 | 876159 |
| 集体企业 | Collective-owned Enterprises | 106788 | 13803 | 193270 |
| 股份合作企业 | Cooperative Enterprises | 121171 | 10727 | 134141 |
| 联营企业 | Joint Ownership Enterprises | 5858 | 502 | 7907 |
| 国有联营企业 | State Joint Ownership Enterprises | | | |
| 集体联营企业 | Collective Joint Ownership Enterprises | 513 | 104 | 517 |
| 国有与集体联营企业 | Joint State-collective Enterprises | 162 | 41 | 374 |
| 其他联营企业 | Other Joint Ownership Enterprises | 5184 | 357 | 7016 |
| 有限责任公司 | Limited Liability Corporations | 1819067 | 170018 | 2218861 |
| 国有独资公司 | State Sole Funded Corporations | 7887 | 1308 | 2505 |
| 其他有限责任公司 | Other Limited Liability Corporations | 1811179 | 168710 | 2216355 |
| 股份有限公司 | Share-holding Corporations Ltd. | 473159 | 36881 | 470636 |
| 私营企业 | Private Enterprises | 4525754 | 570058 | 4944040 |
| 私营独资企业 | Private-funded Enterprises | 811046 | 118274 | 1518702 |
| 私营合伙企业 | Private Partnership Enterprises | 132371 | 18594 | 214511 |
| 私营有限责任公司 | Private Limited Liability Corporations | 3339538 | 404327 | 2946279 |
| 私营股份有限公司 | Private Share-holding Corporations Ltd. | 242800 | 28864 | 264549 |
| 其他企业 | Other Enterprises | 136517 | 16833 | 237559 |
| **2.港、澳、台商投资企业** | **Enterprises with Funds from Hongkong, Macao and Taiwan** | **734378** | **64936** | **858745** |
| 合资经营企业 | Joint-venture Enterprises | 211003 | 15316 | 221337 |
| 合作经营企业 | Cooperative Enterprises | 42443 | 5583 | 59641 |
| 独资经营企业 | Enterprises with Sole Investment | 441865 | 37979 | 518211 |
| 投资股份有限公司 | Share-holding Corporations Ltd. with Investment | 39067 | 6057 | 59557 |
| **3.外商投资企业** | **Foreign Funded Enterprises** | **782301** | **113248** | **1367356** |
| 中外合资经营企业 | Joint-venture Enterprises | 193290 | 27501 | 326965 |
| 中外合作经营企业 | Cooperative Enterprises | 52195 | 4784 | 150365 |
| 外资企业 | Enterprises with Sole Foreign Investment | 497215 | 77140 | 842941 |
| 外商投资股份有限公司 | Share-holding Corporations Ltd. with Foreign Investment | 39602 | 3823 | 47085 |
| **(二)按国民经济行业分** | **by Sector** | | | |
| 正餐服务 | Dinner | 7883562 | 873831 | 9723115 |
| 快餐服务 | Snack | 740614 | 115497 | 1205751 |
| 饮料及冷饮服务 | Beverage and Cold Drink | 81492 | 7667 | 72807 |
| 其他餐饮服务 | Others | 291439 | 31256 | 307000 |

4-3-1 Continued 2

单位：万元
Unit:10000 yuan

| 累计折旧 Accumulation Depreciation | #本年折旧 Current Year Depreciation | 资产合计 Total Assets | 负债合计 Total liabilities | 所有者权益合计 Total Owners' Equities | 实收资本 Paid-up Capitals | #国家资本 State-owned Capitals | #港澳台资本 Capitals from Hongkong, Macao and Taiwan | #外商资本 Foreign Capitals |
|---|---|---|---|---|---|---|---|---|
| **3570477** | **834757** | **22139099** | **14309910** | **7829461** | **7905823** | **647161** | **635982** | **683940** |
| 404868 | 71395 | 1971493 | 1039637 | 931857 | 688369 | 575365 | 6978 | 2033 |
| | | | | | | | | |
| **2635898** | **639287** | **18070554** | **11697594** | **6372946** | **6343814** | **608744** | **9979** | **15278** |
| 280215 | 36415 | 1133296 | 626650 | 506645 | 481407 | 443741 | 1258 | |
| 58575 | 11892 | 308449 | 190345 | 118104 | 114536 | 1667 | | |
| 44067 | 7231 | 321841 | 194733 | 127109 | 104345 | 1611 | | 65 |
| 3215 | 468 | 12062 | 9445 | 2617 | 3653 | 406 | | |
| | | | | | | | | |
| 182 | 46 | 1541 | 1004 | 537 | 298 | | | |
| 196 | 38 | 522 | 468 | 54 | 206 | 206 | | |
| 2837 | 385 | 9999 | 7973 | 2026 | 3150 | 200 | | |
| 636020 | 163940 | 4519262 | 3131190 | 1388054 | 1580695 | 127414 | 5835 | 6378 |
| 1020 | 227 | 12917 | 8641 | 4276 | 5993 | 4159 | | |
| 635000 | 163713 | 4506345 | 3122549 | 1383779 | 1574702 | 123255 | 5835 | 6378 |
| 146805 | 28574 | 1160146 | 552731 | 607415 | 272216 | 21170 | 644 | |
| 1407727 | 376524 | 10238657 | 6791255 | 3447407 | 3656149 | 5796 | 1696 | 8475 |
| 370267 | 90702 | 2437027 | 1148441 | 1288586 | 1043725 | 3376 | 340 | 500 |
| 52385 | 14872 | 359951 | 181099 | 178852 | 166314 | 200 | 185 | |
| 915756 | 251078 | 6916111 | 5121553 | 1794559 | 2300810 | 1395 | 1171 | 7635 |
| 69319 | 19873 | 525568 | 340163 | 185410 | 145300 | 825 | | 339 |
| 59274 | 14244 | 376841 | 201245 | 175596 | 130814 | 6940 | 547 | 360 |
| **344943** | **59466** | **1608587** | **1041653** | **567219** | **720478** | **30671** | **587311** | **5849** |
| | | | | | | | | |
| 83483 | 16717 | 449373 | 319091 | 130282 | 220140 | 11457 | 122634 | 2588 |
| 24985 | 6321 | 101620 | 59440 | 42180 | 57139 | 8733 | 42928 | |
| 205004 | 34891 | 950107 | 621135 | 329256 | 401537 | | 392518 | 3261 |
| 31471 | 1536 | 107487 | 41987 | 65500 | 41661 | 10482 | 29231 | |
| **589636** | **136005** | **2459959** | **1570663** | **889295** | **841531** | **7746** | **38692** | **662813** |
| 150382 | 35492 | 599065 | 344684 | 254381 | 200822 | 7746 | 12651 | 85580 |
| 71725 | 9292 | 187949 | 147295 | 40655 | 81520 | | 16580 | 58342 |
| 349246 | 88649 | 1584520 | 1020218 | 564302 | 514226 | | 9461 | 497092 |
| 18283 | 2572 | 88425 | 58466 | 29958 | 44963 | | | 21798 |
| | | | | | | | | |
| 2885349 | 681294 | 19032955 | 12440050 | 6592892 | 6858089 | 611777 | 439747 | 302802 |
| 528344 | 116419 | 2336873 | 1435518 | 901640 | 761870 | 13326 | 127425 | 329647 |
| 32213 | 6048 | 148664 | 77459 | 71206 | 69473 | 1136 | 34021 | 13891 |
| 124571 | 30996 | 620608 | 356884 | 263724 | 216390 | 20923 | 34789 | 37601 |

# 4-3-2 各地区限额以上住宿和餐饮业企业年末资产负债

## Assets and Liabilities of Enterprises above Designated Size of Hotels and Catering Services by Region at the Year-end

单位：万元

Unit: 10000 yuan

| 地 区 | Region | 资产总计 Total Assets | #流动资产合计 Total Working Capitals | #固定资产合计 Total Fixed Assets | 负债合计 Total Liabilities | 所有者权益合计 Total Owners' Equities |
|---|---|---|---|---|---|---|
| **全 国** | **National Total** | **89377665** | **27745492** | **43765637** | **60278743** | **29101984** |
| 北 京 | Beijing | 11943708 | 3824994 | 5800467 | 8740135 | 3203573 |
| 天 津 | Tianjin | 1473617 | 536046 | 601733 | 1043297 | 433401 |
| 河 北 | Hebei | 1929478 | 468278 | 1183082 | 1305798 | 623680 |
| 山 西 | Shanxi | 1647657 | 524495 | 809015 | 1183127 | 464531 |
| 内蒙古 | Inner Mongolia | 1326249 | 357557 | 712795 | 741229 | 585020 |
| 辽 宁 | Liaoning | 3144876 | 843295 | 1841589 | 2180750 | 964126 |
| 吉 林 | Jilin | 1042227 | 198320 | 679302 | 565812 | 476415 |
| 黑龙江 | Heilongjiang | 740936 | 186116 | 454068 | 442675 | 298262 |
| 上 海 | Shanghai | 6655893 | 2227879 | 2896739 | 4444496 | 2211398 |
| 江 苏 | Jiangsu | 6459672 | 1893446 | 2813031 | 4445394 | 2014260 |
| 浙 江 | Zhejiang | 7540130 | 2666138 | 3269516 | 5424945 | 2115185 |
| 安 徽 | Anhui | 1866694 | 643751 | 894747 | 1227633 | 639061 |
| 福 建 | Fujian | 2489757 | 831381 | 1184562 | 1453651 | 1036106 |
| 江 西 | Jiangxi | 1129022 | 359807 | 557728 | 669630 | 459392 |
| 山 东 | Shandong | 5524672 | 1708483 | 2947304 | 3221424 | 2303247 |
| 河 南 | Henan | 2543008 | 846641 | 1201732 | 1639013 | 903996 |
| 湖 北 | Hubei | 2185410 | 520049 | 1185073 | 1506463 | 678947 |
| 湖 南 | Hunan | 3007093 | 678860 | 1584986 | 1850171 | 1156923 |
| 广 东 | Guangdong | 12068432 | 4227307 | 5321130 | 8577664 | 3490768 |
| 广 西 | Guangxi | 1269643 | 334944 | 656717 | 893123 | 376520 |
| 海 南 | Hainan | 1973862 | 620719 | 928003 | 1346107 | 627755 |
| 重 庆 | Chongqing | 1597607 | 538011 | 723857 | 1008774 | 588833 |
| 四 川 | Sichuan | 3212559 | 872842 | 1743595 | 2183943 | 1028616 |
| 贵 州 | Guizhou | 512710 | 146740 | 281807 | 342654 | 170057 |
| 云 南 | Yunnan | 1706645 | 452464 | 949058 | 984005 | 722639 |
| 西 藏 | Tibet | 200777 | 26026 | 138578 | 87438 | 113339 |
| 陕 西 | Shaanxi | 2163067 | 684879 | 1096990 | 1552403 | 610664 |
| 甘 肃 | Gansu | 599053 | 154356 | 344820 | 331614 | 267440 |
| 青 海 | Qinghai | 270069 | 77135 | 148560 | 127452 | 142617 |
| 宁 夏 | Ningxia | 295796 | 96248 | 225961 | 211754 | 84043 |
| 新 疆 | Xinjiang | 857344 | 198286 | 589092 | 546171 | 311173 |

# 4-3-3 各地区限额以上住宿业企业年末资产负债

# Assets and Liabilities of Enterprises above Designated Size of Hotels by Region at the Year-end

单位：万元

Unit: 10000 yuan

| 地区 | Region | 资产总计 Total Assets | #流动资产合计 Total Working Capitals | #固定资产合计 Total Fixed Assets | 负债合计 Total Liabilities | 所有者权益合计 Total Owners' Equities |
|---|---|---|---|---|---|---|
| **全国** | **National Total** | **67238565** | **18748384** | **35571631** | **45968833** | **21272524** |
| 北京 | Beijing | 9515891 | 2562546 | 5238664 | 6921347 | 2594544 |
| 天津 | Tianjin | 933585 | 292510 | 463628 | 705089 | 231286 |
| 河北 | Hebei | 1675504 | 369561 | 1065086 | 1120655 | 554849 |
| 山西 | Shanxi | 1100470 | 293064 | 582834 | 780223 | 320247 |
| 内蒙古 | Inner Mongolia | 791243 | 188383 | 491474 | 441417 | 349826 |
| 辽宁 | Liaoning | 2202819 | 569186 | 1321535 | 1588011 | 614808 |
| 吉林 | Jilin | 757434 | 151889 | 498633 | 451401 | 306032 |
| 黑龙江 | Heilongjiang | 597692 | 122131 | 400549 | 370492 | 227199 |
| 上海 | Shanghai | 4801672 | 1208371 | 2509072 | 3069770 | 1731902 |
| 江苏 | Jiangsu | 4621279 | 1189641 | 2106964 | 3113966 | 1507313 |
| 浙江 | Zhejiang | 6017246 | 1975764 | 2817829 | 4304752 | 1712494 |
| 安徽 | Anhui | 1354501 | 431387 | 700046 | 887007 | 467494 |
| 福建 | Fujian | 1962030 | 631440 | 979806 | 1162598 | 799432 |
| 江西 | Jiangxi | 918117 | 278343 | 473183 | 574786 | 343332 |
| 山东 | Shandong | 3020782 | 851007 | 1797904 | 1811060 | 1209722 |
| 河南 | Henan | 1817052 | 554100 | 903134 | 1253284 | 563768 |
| 湖北 | Hubei | 1415561 | 296075 | 811383 | 984711 | 430850 |
| 湖南 | Hunan | 2449897 | 535179 | 1334787 | 1575598 | 874298 |
| 广东 | Guangdong | 9712975 | 3201990 | 4519357 | 7023441 | 2689535 |
| 广西 | Guangxi | 1147190 | 288349 | 612903 | 820290 | 326900 |
| 海南 | Hainan | 1893679 | 576317 | 902347 | 1293724 | 599955 |
| 重庆 | Chongqing | 1061744 | 328672 | 515563 | 704411 | 357334 |
| 四川 | Sichuan | 2267512 | 537921 | 1361961 | 1598548 | 668963 |
| 贵州 | Guizhou | 409757 | 102158 | 241874 | 284650 | 125107 |
| 云南 | Yunnan | 1506044 | 363417 | 883250 | 859082 | 646962 |
| 西藏 | Tibet | 198904 | 25486 | 137989 | 86102 | 112801 |
| 陕西 | Shaanxi | 1426501 | 417099 | 779494 | 1189625 | 236876 |
| 甘肃 | Gansu | 482824 | 113974 | 289209 | 259880 | 222943 |
| 青海 | Qinghai | 226033 | 65767 | 121645 | 102030 | 124002 |
| 宁夏 | Ningxia | 174868 | 45943 | 169063 | 123461 | 51407 |
| 新疆 | Xinjiang | 777764 | 180719 | 540465 | 507422 | 270343 |

# 4-3-4 各地区限额以上住宿业企业年末资产负债(按登记注册类型分)

## Assets and Liabilities of Enterprises above Designated Size of Hotels by Region and Type of Registration at the Year-end

国有控股 单位：万元

State-controlled Enterprises Unit: 10000 yuan

| 地　区 | Region | 资产总计 Total Assets | #流动资产合计 Total Working Capitals | #固定资产合计 Total Fixed Assets | 负债合计 Total Liabilities | 所有者权益合计 Total Owners' Equities |
|---|---|---|---|---|---|---|
| **全　国** | **National Total** | **24353848** | **5550473** | **14088822** | **13544431** | **10812208** |
| 北　京 | Beijing | 4734645 | 926792 | 2807103 | 2601861 | 2132784 |
| 天　津 | Tianjin | 412424 | 93181 | 242435 | 324516 | 90700 |
| 河　北 | Hebei | 883203 | 163636 | 617618 | 518274 | 364929 |
| 山　西 | Shanxi | 363112 | 75456 | 249270 | 220398 | 142714 |
| 内蒙古 | Inner Mongolia | 253990 | 42355 | 166771 | 111931 | 142059 |
| 辽　宁 | Liaoning | 642092 | 119076 | 413990 | 338792 | 303301 |
| 吉　林 | Jilin | 257744 | 46487 | 181476 | 174134 | 83609 |
| 黑龙江 | Heilongjiang | 267370 | 48334 | 185153 | 137190 | 130181 |
| 上　海 | Shanghai | 2433768 | 514477 | 1264272 | 1027534 | 1406234 |
| 江　苏 | Jiangsu | 1630354 | 356965 | 770484 | 804041 | 826313 |
| 浙　江 | Zhejiang | 1342064 | 458602 | 611050 | 830241 | 511823 |
| 安　徽 | Anhui | 454604 | 123138 | 272044 | 289339 | 165265 |
| 福　建 | Fujian | 494002 | 121230 | 277453 | 207238 | 286763 |
| 江　西 | Jiangxi | 298879 | 60717 | 169947 | 158022 | 140856 |
| 山　东 | Shandong | 1363412 | 376263 | 858330 | 697554 | 665858 |
| 河　南 | Henan | 553529 | 140275 | 341441 | 348583 | 204946 |
| 湖　北 | Hubei | 420663 | 82954 | 261630 | 304079 | 116584 |
| 湖　南 | Hunan | 1019410 | 211713 | 586204 | 652873 | 366537 |
| 广　东 | Guangdong | 2268966 | 666699 | 1157026 | 1284897 | 984069 |
| 广　西 | Guangxi | 447186 | 82584 | 252830 | 301458 | 145728 |
| 海　南 | Hainan | 706169 | 139765 | 406967 | 486733 | 219436 |
| 重　庆 | Chongqing | 278318 | 48997 | 130801 | 116284 | 162033 |
| 四　川 | Sichuan | 726287 | 185728 | 447541 | 443511 | 282776 |
| 贵　州 | Guizhou | 134959 | 29480 | 87509 | 85262 | 49697 |
| 云　南 | Yunnan | 593766 | 133809 | 366153 | 272860 | 320906 |
| 西　藏 | Tibet | 119295 | 19435 | 80600 | 41683 | 77612 |
| 陕　西 | Shaanxi | 432352 | 106471 | 233806 | 351313 | 81038 |
| 甘　肃 | Gansu | 219158 | 44417 | 148254 | 108942 | 110216 |
| 青　海 | Qinghai | 86398 | 19912 | 56142 | 35698 | 50701 |
| 宁　夏 | Ningxia | 63819 | 25310 | 102574 | 48119 | 15700 |
| 新　疆 | Xinjiang | 451913 | 86215 | 341949 | 221072 | 230841 |

4-3-4 续表 1 Continued 1

内资企业 单位：万元

Domestic Funded Enterprises Unit: 10000 yuan

| 地 区 | Region | 资产总计 Total Assets | #流动资产合计 Total Working Capitals | #固定资产合计 Total Fixed Assets | 负债合计 Total Liabilities | 所有者权益合计 Total Owners' Equities |
|---|---|---|---|---|---|---|
| **全 国** | **National Total** | **51527232** | **14183109** | **27294588** | **33665525** | **17863084** |
| 北 京 | Beijing | 6550528 | 1654104 | 3821901 | 4676579 | 1873949 |
| 天 津 | Tianjin | 756969 | 238563 | 349955 | 568890 | 189456 |
| 河 北 | Hebei | 1588860 | 347320 | 1014756 | 1015029 | 573832 |
| 山 西 | Shanxi | 1048389 | 280070 | 545697 | 749246 | 299143 |
| 内蒙古 | Inner Mongolia | 630500 | 160656 | 367974 | 324630 | 305870 |
| 辽 宁 | Liaoning | 1370237 | 351317 | 824118 | 869438 | 500799 |
| 吉 林 | Jilin | 633614 | 130697 | 409479 | 364795 | 268819 |
| 黑龙江 | Heilongjiang | 444916 | 96927 | 292614 | 259801 | 185115 |
| 上 海 | Shanghai | 3807453 | 1013147 | 1868634 | 2092276 | 1715177 |
| 江 苏 | Jiangsu | 3877382 | 1031656 | 1715444 | 2513804 | 1363578 |
| 浙 江 | Zhejiang | 4690367 | 1550095 | 2104529 | 3381358 | 1309009 |
| 安 徽 | Anhui | 1182486 | 377550 | 603459 | 758220 | 424266 |
| 福 建 | Fujian | 1171847 | 337593 | 600836 | 551303 | 620544 |
| 江 西 | Jiangxi | 828563 | 257476 | 426690 | 529501 | 299062 |
| 山 东 | Shandong | 2667370 | 780865 | 1556651 | 1509126 | 1158244 |
| 河 南 | Henan | 1504740 | 421400 | 790941 | 986717 | 518023 |
| 湖 北 | Hubei | 1216053 | 256663 | 700773 | 805622 | 410431 |
| 湖 南 | Hunan | 2076718 | 461897 | 1134559 | 1298764 | 777954 |
| 广 东 | Guangdong | 5913478 | 1903487 | 2774556 | 4266811 | 1646667 |
| 广 西 | Guangxi | 846342 | 225053 | 421926 | 541778 | 304564 |
| 海 南 | Hainan | 1410084 | 422757 | 677611 | 953341 | 456742 |
| 重 庆 | Chongqing | 839208 | 255464 | 399110 | 527287 | 311921 |
| 四 川 | Sichuan | 1941301 | 471528 | 1132751 | 1270362 | 670939 |
| 贵 州 | Guizhou | 379146 | 98612 | 223093 | 261716 | 117429 |
| 云 南 | Yunnan | 1252128 | 298058 | 746242 | 696781 | 555348 |
| 西 藏 | Tibet | 197486 | 24953 | 137989 | 85217 | 112268 |
| 陕 西 | Shaanxi | 1190369 | 362127 | 626241 | 910357 | 280012 |
| 甘 肃 | Gansu | 453663 | 109791 | 264824 | 241574 | 212088 |
| 青 海 | Qinghai | 164374 | 51559 | 91793 | 89515 | 74860 |
| 宁 夏 | Ningxia | 169707 | 44396 | 168174 | 120822 | 48885 |
| 新 疆 | Xinjiang | 722956 | 167330 | 501273 | 444866 | 278091 |

4-3-4 续表 2 Continued 2

国有企业 State-owned Enterprises

单位：万元 Unit: 10000 yuan

| 地区 | Region | 资产总计 Total Assets | #流动资产合计 Total Working Capitals | #固定资产合计 Total Fixed Assets | 负债合计 Total Liabilities | 所有者权益合计 Total Owners' Equities |
|---|---|---|---|---|---|---|
| **全国** | **National Total** | **14873168** | **3261871** | **9019870** | **8263299** | **6611246** |
| 北京 | Beijing | 2141687 | 396880 | 1425150 | 1204228 | 937460 |
| 天津 | Tianjin | 193261 | 33277 | 130156 | 176758 | 17881 |
| 河北 | Hebei | 715961 | 138214 | 483320 | 461360 | 254602 |
| 山西 | Shanxi | 288854 | 71969 | 177569 | 166388 | 122466 |
| 内蒙古 | Inner Mongolia | 199395 | 30743 | 124190 | 74185 | 125210 |
| 辽宁 | Liaoning | 345314 | 67923 | 242921 | 170599 | 174715 |
| 吉林 | Jilin | 224204 | 37475 | 155563 | 138535 | 85669 |
| 黑龙江 | Heilongjiang | 229295 | 40371 | 157276 | 86218 | 143076 |
| 上海 | Shanghai | 1382442 | 275685 | 690195 | 695379 | 687063 |
| 江苏 | Jiangsu | 1167846 | 219478 | 560225 | 572444 | 595402 |
| 浙江 | Zhejiang | 509653 | 136028 | 290086 | 253397 | 256256 |
| 安徽 | Anhui | 223137 | 60911 | 134122 | 133642 | 89495 |
| 福建 | Fujian | 410980 | 94795 | 233901 | 136044 | 274936 |
| 江西 | Jiangxi | 248426 | 46921 | 138584 | 127538 | 120888 |
| 山东 | Shandong | 1246987 | 370067 | 770374 | 625903 | 621084 |
| 河南 | Henan | 483999 | 122303 | 306314 | 303798 | 180201 |
| 湖北 | Hubei | 354636 | 84066 | 220558 | 262418 | 92218 |
| 湖南 | Hunan | 430881 | 64748 | 306908 | 247889 | 182992 |
| 广东 | Guangdong | 1185971 | 380196 | 607895 | 733273 | 452698 |
| 广西 | Guangxi | 317137 | 49418 | 189854 | 181344 | 135793 |
| 海南 | Hainan | 404001 | 50176 | 234122 | 319628 | 84373 |
| 重庆 | Chongqing | 108190 | 27413 | 67139 | 60239 | 47951 |
| 四川 | Sichuan | 536116 | 139746 | 324987 | 320838 | 215278 |
| 贵州 | Guizhou | 106879 | 21779 | 72842 | 54501 | 52378 |
| 云南 | Yunnan | 339846 | 68996 | 216671 | 141901 | 197945 |
| 西藏 | Tibet | 106566 | 18239 | 71653 | 40275 | 66292 |
| 陕西 | Shaanxi | 374724 | 79291 | 210811 | 261899 | 112825 |
| 甘肃 | Gansu | 185974 | 45084 | 116218 | 106688 | 79286 |
| 青海 | Qinghai | 80764 | 17679 | 52800 | 32816 | 47948 |
| 宁夏 | Ningxia | 43897 | 21239 | 88354 | 42024 | 1873 |
| 新疆 | Xinjiang | 286147 | 50762 | 219114 | 131154 | 154993 |

## 4-3-4 续表 3 Continued 3

集体企业 单位：万元

Collective-owned Enterprises Unit: 10000 yuan

| 地　区 | Region | 资产总计 Total Assets | #流动资产合计 Total Working Capitals | #固定资产合计 Total Fixed Assets | 负债合计 Total Liabilities | 所有者权益合计 Total Owners' Equities |
|---|---|---|---|---|---|---|
| **全　国** | **National Total** | **1461952** | **376567** | **874100** | **977766** | **484186** |
| 北　京 | Beijing | 291396 | 66639 | 193464 | 198995 | 92401 |
| 天　津 | Tianjin | 46013 | 5895 | 23162 | 31120 | 14893 |
| 河　北 | Hebei | 45485 | 8503 | 28557 | 19462 | 26022 |
| 山　西 | Shanxi | 41692 | 11574 | 25766 | 35591 | 6101 |
| 内蒙古 | Inner Mongolia | 8291 | 1508 | 5085 | 3949 | 4342 |
| 辽　宁 | Liaoning | 33612 | 8883 | 23365 | 19557 | 14056 |
| 吉　林 | Jilin | 6752 | 1386 | 4430 | 4686 | 2066 |
| 黑龙江 | Heilongjiang | 1870 | 1180 | 690 | 2080 | -209 |
| 上　海 | Shanghai | 80807 | 20454 | 53542 | 62757 | 18049 |
| 江　苏 | Jiangsu | 96882 | 36194 | 48050 | 59178 | 37704 |
| 浙　江 | Zhejiang | 168155 | 38551 | 102688 | 119485 | 48671 |
| 安　徽 | Anhui | 17298 | 3446 | 11292 | 15088 | 2211 |
| 福　建 | Fujian | 19622 | 6455 | 9136 | 11467 | 8155 |
| 江　西 | Jiangxi | 2342 | 1264 | 805 | 1485 | 857 |
| 山　东 | Shandong | 117138 | 31308 | 71048 | 53606 | 63532 |
| 河　南 | Henan | 83705 | 26582 | 42004 | 64443 | 19262 |
| 湖　北 | Hubei | 48244 | 8631 | 35011 | 26135 | 22109 |
| 湖　南 | Hunan | 37524 | 16417 | 14204 | 24519 | 13004 |
| 广　东 | Guangdong | 152484 | 44833 | 76310 | 92599 | 59885 |
| 广　西 | Guangxi | 14737 | 2136 | 11729 | 8689 | 6048 |
| 海　南 | Hainan | 12701 | 932 | 10079 | 3697 | 9004 |
| 重　庆 | Chongqing | 11158 | 2053 | 8787 | 8513 | 2645 |
| 四　川 | Sichuan | 30357 | 9357 | 15379 | 16903 | 13454 |
| 贵　州 | Guizhou | 1400 | 586 | 494 | 1402 | -2 |
| 云　南 | Yunnan | 20533 | 6377 | 10249 | 13018 | 7516 |
| 西　藏 | Tibet | 8112 | 417 | 5031 | 3967 | 4145 |
| 陕　西 | Shaanxi | 38770 | 10804 | 24991 | 48374 | -9604 |
| 甘　肃 | Gansu | 13312 | 1934 | 9997 | 11453 | 1858 |
| 青　海 | Qinghai | 3670 | 882 | 2316 | 2904 | 766 |
| 宁　夏 | Ningxia | | | | | |
| 新　疆 | Xinjiang | 7890 | 1389 | 6439 | 12645 | -4755 |

4-3-4 续表 4 Continued 4

股份合作企业 单位：万元

Cooperative Enterprises Unit: 10000 yuan

| 地 区 | Region | 资产总计 Total Assets | #流动资产合计 Total Working Capitals | #固定资产合计 Total Fixed Assets | 负债合计 Total Liabilities | 所有者权益合计 Total Owners' Equities |
|---|---|---|---|---|---|---|
| **全 国** | **National Total** | **491530** | **96115** | **311960** | **322540** | **168991** |
| 北 京 | Beijing | 77355 | 21534 | 46456 | 46677 | 30678 |
| 天 津 | Tianjin | | | | | |
| 河 北 | Hebei | 10752 | 3319 | 6937 | 9150 | 1602 |
| 山 西 | Shanxi | 9547 | 973 | 5367 | 4081 | 5466 |
| 内蒙古 | Inner Mongolia | 11858 | 2834 | 7582 | 5677 | 6182 |
| 辽 宁 | Liaoning | 2086 | 1601 | 410 | 1775 | 311 |
| 吉 林 | Jilin | 2774 | 312 | 2462 | 448 | 2326 |
| 黑龙江 | Heilongjiang | 17089 | 6464 | 9589 | 17685 | -596 |
| 上 海 | Shanghai | 4489 | 2555 | 1931 | 764 | 3725 |
| 江 苏 | Jiangsu | 6980 | 3769 | 2326 | 5497 | 1483 |
| 浙 江 | Zhejiang | 10733 | 2135 | 6165 | 6578 | 4154 |
| 安 徽 | Anhui | 23409 | 3176 | 16541 | 19925 | 3484 |
| 福 建 | Fujian | 45136 | 4691 | 14922 | 27559 | 17577 |
| 江 西 | Jiangxi | 31548 | 9639 | 20838 | 22784 | 8764 |
| 山 东 | Shandong | 16066 | 4751 | 8773 | 8288 | 7778 |
| 河 南 | Henan | 8799 | 1562 | 4214 | 5543 | 3256 |
| 湖 北 | Hubei | 48155 | 3619 | 35141 | 27556 | 20599 |
| 湖 南 | Hunan | 80391 | 6311 | 62897 | 64793 | 15598 |
| 广 东 | Guangdong | 7706 | 2617 | 2920 | 3811 | 3894 |
| 广 西 | Guangxi | 5836 | 1724 | 4113 | 4388 | 1449 |
| 海 南 | Hainan | 20587 | 1115 | 17896 | 12688 | 7899 |
| 重 庆 | Chongqing | 3301 | 875 | 2244 | 2127 | 1174 |
| 四 川 | Sichuan | 18963 | 3618 | 12630 | 9380 | 9584 |
| 贵 州 | Guizhou | 1569 | 918 | 651 | 647 | 923 |
| 云 南 | Yunnan | 7895 | 1226 | 5763 | 2195 | 5700 |
| 西 藏 | Tibet | 5725 | 187 | 5537 | 7083 | -1359 |
| 陕 西 | Shaanxi | 11315 | 3166 | 7630 | 4216 | 7099 |
| 甘 肃 | Gansu | | | | | |
| 青 海 | Qinghai | 1466 | 1425 | 26 | 1225 | 242 |
| 宁 夏 | Ningxia | | | | | |
| 新 疆 | Xinjiang | | | | | |

4-3-4 续表 5 Continued 5

联营企业
Joint Ownership Enterprises

单位：万元
Unit: 10000 yuan

| 地 区 | Region | 资产总计 Total Assets | #流动资产合计 Total Working Capitals | #固定资产合计 Total Fixed Assets | 负债合计 Total Liabilities | 所有者权益合计 Total Owners' Equities |
|---|---|---|---|---|---|---|
| **全 国** | **National Total** | **303265** | **74806** | **166886** | **175988** | **127277** |
| 北 京 | Beijing | 10630 | 4252 | 4327 | 7174 | 3456 |
| 天 津 | Tianjin | | | | | |
| 河 北 | Hebei | 10953 | 1025 | 9878 | 2103 | 8849 |
| 山 西 | Shanxi | | | | | |
| 内蒙古 | Inner Mongolia | 450 | 184 | 266 | 120 | 330 |
| 辽 宁 | Liaoning | 169 | 112 | 57 | 820 | -651 |
| 吉 林 | Jilin | 19532 | 9333 | 10138 | 17767 | 1765 |
| 黑龙江 | Heilongjiang | 619 | | 91 | | 619 |
| 上 海 | Shanghai | 39654 | 2531 | 32938 | 37688 | 1967 |
| 江 苏 | Jiangsu | 11792 | 3597 | 6539 | 13976 | -2184 |
| 浙 江 | Zhejiang | 10671 | 3441 | 5405 | 5431 | 5240 |
| 安 徽 | Anhui | 819 | 26 | 792 | 1289 | -470 |
| 福 建 | Fujian | 55270 | 16644 | 35237 | 14581 | 40689 |
| 江 西 | Jiangxi | | | | | |
| 山 东 | Shandong | 176 | 61 | 59 | 213 | -38 |
| 河 南 | Henan | 8691 | 996 | 7676 | 4496 | 4195 |
| 湖 北 | Hubei | 12840 | 1990 | 10108 | 6588 | 6253 |
| 湖 南 | Hunan | 1820 | 311 | 1358 | 860 | 960 |
| 广 东 | Guangdong | 81746 | 18557 | 33858 | 34134 | 47612 |
| 广 西 | Guangxi | 17301 | 2069 | 166 | 15094 | 2207 |
| 海 南 | Hainan | 2365 | 141 | 1385 | 1464 | 901 |
| 重 庆 | Chongqing | | | | | |
| 四 川 | Sichuan | 7008 | 2335 | 3944 | 6409 | 599 |
| 贵 州 | Guizhou | | | | | |
| 云 南 | Yunnan | 8170 | 5801 | 1475 | 4725 | 3445 |
| 西 藏 | Tibet | | | | | |
| 陕 西 | Shaanxi | | | | | |
| 甘 肃 | Gansu | | | | | |
| 青 海 | Qinghai | | | | | |
| 宁 夏 | Ningxia | | | | | |
| 新 疆 | Xinjiang | 2590 | 1400 | 1190 | 1056 | 1533 |

4-3-4 续表 6 Continued 6

有限责任公司
Limited Liability Corporations

单位：万元
Unit: 10000 yuan

| 地 区 | Region | 资产总计 Total Assets | #流动资产合计 Total Working Capitals | #固定资产合计 Total Fixed Assets | 负债合计 Total Liabilities | 所有者权益合计 Total Owners' Equities |
|---|---|---|---|---|---|---|
| **全 国** | **National Total** | **17287466** | **4922762** | **8842652** | **11596977** | **5690489** |
| 北 京 | Beijing | 3111721 | 764586 | 1779368 | 2272355 | 839366 |
| 天 津 | Tianjin | 260746 | 82986 | 108992 | 164941 | 95806 |
| 河 北 | Hebei | 436713 | 99774 | 277947 | 222090 | 214622 |
| 山 西 | Shanxi | 188260 | 40254 | 120356 | 148694 | 39566 |
| 内蒙古 | Inner Mongolia | 176462 | 47412 | 111708 | 111879 | 64584 |
| 辽 宁 | Liaoning | 472700 | 121822 | 256878 | 313246 | 159454 |
| 吉 林 | Jilin | 145587 | 30640 | 89012 | 101341 | 44246 |
| 黑龙江 | Heilongjiang | 67066 | 14122 | 41546 | 54890 | 12176 |
| 上 海 | Shanghai | 1386647 | 361171 | 707624 | 561320 | 825327 |
| 江 苏 | Jiangsu | 964202 | 248869 | 450736 | 644566 | 319636 |
| 浙 江 | Zhejiang | 1752706 | 544592 | 782653 | 1213604 | 539102 |
| 安 徽 | Anhui | 471881 | 171132 | 188639 | 283795 | 188086 |
| 福 建 | Fujian | 253161 | 93080 | 123305 | 144765 | 108396 |
| 江 西 | Jiangxi | 287786 | 115243 | 131083 | 219284 | 68502 |
| 山 东 | Shandong | 694414 | 201152 | 391171 | 469983 | 224430 |
| 河 南 | Henan | 367651 | 101890 | 173059 | 292797 | 74854 |
| 湖 北 | Hubei | 265974 | 63628 | 149769 | 181135 | 84839 |
| 湖 南 | Hunan | 508382 | 101028 | 298837 | 360706 | 147677 |
| 广 东 | Guangdong | 2405168 | 818424 | 1090893 | 1803819 | 601349 |
| 广 西 | Guangxi | 163524 | 52580 | 74019 | 103441 | 60083 |
| 海 南 | Hainan | 592572 | 222588 | 274734 | 373977 | 218595 |
| 重 庆 | Chongqing | 430496 | 102725 | 184670 | 283533 | 146963 |
| 四 川 | Sichuan | 494223 | 110866 | 259411 | 301532 | 192692 |
| 贵 州 | Guizhou | 148812 | 43225 | 78690 | 137690 | 11122 |
| 云 南 | Yunnan | 354596 | 90148 | 222976 | 221467 | 133129 |
| 西 藏 | Tibet | 15454 | 1256 | 11295 | 2384 | 13070 |
| 陕 西 | Shaanxi | 356087 | 134916 | 166222 | 309051 | 47036 |
| 甘 肃 | Gansu | 171625 | 38821 | 90900 | 76050 | 95575 |
| 青 海 | Qinghai | 22668 | 14671 | 4205 | 20011 | 2657 |
| 宁 夏 | Ningxia | 37659 | 8452 | 23032 | 15723 | 21936 |
| 新 疆 | Xinjiang | 282526 | 80712 | 178925 | 186912 | 95614 |

股份有限公司 单位：万元

Share-holding Corporations Ltd. Unit: 10000 yuan

| 地 区 | Region | 资产总计 Total Assets | #流动资产合计 Total Working Capitals | #固定资产合计 Total Fixed Assets | 负债合计 Total Liabilities | 所有者权益合计 Total Owners' Equities |
|---|---|---|---|---|---|---|
| **全 国** | **National Total** | **2583014** | **845828** | **1203700** | **1570813** | **1012201** |
| 北 京 | Beijing | 301305 | 150122 | 115161 | 267931 | 33373 |
| 天 津 | Tianjin | 2066 | 1214 | 198 | 1295 | 772 |
| 河 北 | Hebei | 36340 | 5016 | 28517 | 32773 | 3567 |
| 山 西 | Shanxi | 39055 | 4337 | 18812 | 47400 | -8345 |
| 内蒙古 | Inner Mongolia | 19432 | 8242 | 9920 | 11443 | 7990 |
| 辽 宁 | Liaoning | 25644 | 5979 | 19380 | 7687 | 17957 |
| 吉 林 | Jilin | 17098 | 5411 | 7177 | 6846 | 10252 |
| 黑龙江 | Heilongjiang | 42883 | 7640 | 34158 | 27911 | 14972 |
| 上 海 | Shanghai | 74710 | 10284 | 38717 | 30317 | 44393 |
| 江 苏 | Jiangsu | 219302 | 70401 | 74413 | 79889 | 139413 |
| 浙 江 | Zhejiang | 179645 | 75117 | 87298 | 97568 | 82077 |
| 安 徽 | Anhui | 124282 | 35496 | 79003 | 90773 | 33510 |
| 福 建 | Fujian | 19652 | 10820 | 7957 | 10134 | 9518 |
| 江 西 | Jiangxi | 33142 | 7045 | 22469 | 16231 | 16911 |
| 山 东 | Shandong | 139163 | 45829 | 74277 | 94261 | 44901 |
| 河 南 | Henan | 89212 | 33093 | 44069 | 40921 | 48290 |
| 湖 北 | Hubei | 49781 | 9860 | 20442 | 19745 | 30036 |
| 湖 南 | Hunan | 463325 | 141001 | 156693 | 251215 | 212110 |
| 广 东 | Guangdong | 144897 | 33323 | 71198 | 55485 | 89412 |
| 广 西 | Guangxi | 80832 | 27813 | 47057 | 72110 | 8722 |
| 海 南 | Hainan | 202557 | 94842 | 74696 | 130275 | 72282 |
| 重 庆 | Chongqing | 17887 | 9738 | 7287 | 8108 | 9779 |
| 四 川 | Sichuan | 112605 | 22972 | 63218 | 78714 | 33891 |
| 贵 州 | Guizhou | 11405 | 686 | 10719 | 9739 | 1666 |
| 云 南 | Yunnan | 58073 | 9209 | 40735 | 35244 | 22829 |
| 西 藏 | Tibet | 4778 | 598 | 3612 | 1254 | 3524 |
| 陕 西 | Shaanxi | 48299 | 14701 | 30528 | 25908 | 22391 |
| 甘 肃 | Gansu | 9736 | 894 | 7853 | 7660 | 2076 |
| 青 海 | Qinghai | | | | | |
| 宁 夏 | Ningxia | | | | | |
| 新 疆 | Xinjiang | 15909 | 4145 | 8140 | 11978 | 3931 |

私营企业
Private Enterprises

单位：万元
Unit: 10000 yuan

| 地 区 | Region | 资产总计 Total Assets | #流动资产合计 Total Working Capitals | #固定资产合计 Total Fixed Assets | 负债合计 Total Liabilities | 所有者权益合计 Total Owners' Equities |
|---|---|---|---|---|---|---|
| **全 国** | **National Total** | **13987412** | **4407493** | **6630047** | **10412044** | **3575368** |
| 北 京 | Beijing | 616434 | 250091 | 257976 | 679220 | -62786 |
| 天 津 | Tianjin | 247816 | 111815 | 85231 | 186604 | 61212 |
| 河 北 | Hebei | 327086 | 90994 | 176713 | 262386 | 64700 |
| 山 西 | Shanxi | 476538 | 149608 | 195745 | 344902 | 131635 |
| 内 蒙 古 | Inner Mongolia | 203923 | 66891 | 102456 | 109510 | 94413 |
| 辽 宁 | Liaoning | 487536 | 143517 | 279413 | 355008 | 132528 |
| 吉 林 | Jilin | 198155 | 41806 | 127456 | 90006 | 108149 |
| 黑 龙 江 | Heilongjiang | 81854 | 26948 | 45226 | 69409 | 12445 |
| 上 海 | Shanghai | 817967 | 327216 | 336732 | 692049 | 125917 |
| 江 苏 | Jiangsu | 1386552 | 441524 | 564259 | 1123975 | 262578 |
| 浙 江 | Zhejiang | 2035235 | 741430 | 818656 | 1669388 | 365847 |
| 安 徽 | Anhui | 293129 | 94606 | 156969 | 197369 | 95760 |
| 福 建 | Fujian | 333752 | 108580 | 146533 | 181037 | 152715 |
| 江 西 | Jiangxi | 222238 | 76629 | 110756 | 141464 | 80773 |
| 山 东 | Shandong | 425176 | 113441 | 233083 | 233387 | 191789 |
| 河 南 | Henan | 429970 | 121889 | 201194 | 258486 | 171484 |
| 湖 北 | Hubei | 431387 | 82925 | 227330 | 280339 | 151049 |
| 湖 南 | Hunan | 533954 | 129107 | 287733 | 341458 | 192497 |
| 广 东 | Guangdong | 1897224 | 586502 | 875925 | 1502638 | 394586 |
| 广 西 | Guangxi | 223781 | 82688 | 79116 | 153699 | 70082 |
| 海 南 | Hainan | 160438 | 47817 | 57024 | 97844 | 62594 |
| 重 庆 | Chongqing | 249903 | 111907 | 111989 | 162931 | 86972 |
| 四 川 | Sichuan | 712975 | 167629 | 441796 | 520253 | 192722 |
| 贵 州 | Guizhou | 108431 | 31135 | 59443 | 57396 | 51035 |
| 云 南 | Yunnan | 391450 | 89465 | 224588 | 233056 | 158394 |
| 西 藏 | Tibet | 56851 | 4256 | 40861 | 30255 | 26596 |
| 陕 西 | Shaanxi | 295669 | 84032 | 171628 | 203109 | 92560 |
| 甘 肃 | Gansu | 73017 | 23058 | 39856 | 39723 | 33294 |
| 青 海 | Qinghai | 52927 | 16363 | 30107 | 30949 | 21979 |
| 宁 夏 | Ningxia | 88151 | 14705 | 56788 | 63075 | 25076 |
| 新 疆 | Xinjiang | 127894 | 28922 | 87466 | 101120 | 26774 |

4-3-4 续表 9 Continued 9

其他企业
Other Enterprises

单位：万元
Unit: 10000 yuan

| 地 区 | Region | 资产总计 Total Assets | #流动资产合计 Total Working Capitals | #固定资产合计 Total Fixed Assets | 负债合计 Total Liabilities | 所有者权益合计 Total Owners' Equities |
|---|---|---|---|---|---|---|
| **全 国** | **National Total** | **539424** | **197666** | **245372** | **346099** | **193325** |
| 北 京 | Beijing | | | | | |
| 天 津 | Tianjin | 7066 | 3378 | 2217 | 8173 | -1107 |
| 河 北 | Hebei | 5572 | 475 | 2886 | 5704 | -133 |
| 山 西 | Shanxi | 4443 | 1355 | 2082 | 2190 | 2253 |
| 内 蒙 古 | Inner Mongolia | 10689 | 2842 | 6768 | 7869 | 2821 |
| 辽 宁 | Liaoning | 3176 | 1480 | 1694 | 746 | 2430 |
| 吉 林 | Jilin | 19512 | 4334 | 13241 | 5168 | 14345 |
| 黑 龙 江 | Heilongjiang | 4241 | 202 | 4039 | 1608 | 2632 |
| 上 海 | Shanghai | 20737 | 13252 | 6956 | 12002 | 8735 |
| 江 苏 | Jiangsu | 23826 | 7825 | 8895 | 14279 | 9546 |
| 浙 江 | Zhejiang | 23569 | 8800 | 11577 | 15907 | 7662 |
| 安 徽 | Anhui | 28530 | 8758 | 16101 | 16339 | 12191 |
| 福 建 | Fujian | 34275 | 2529 | 29846 | 25717 | 8558 |
| 江 西 | Jiangxi | 3081 | 735 | 2155 | 715 | 2366 |
| 山 东 | Shandong | 28251 | 14257 | 7866 | 23484 | 4767 |
| 河 南 | Henan | 32712 | 13085 | 12412 | 16232 | 16480 |
| 湖 北 | Hubei | 5036 | 1945 | 2415 | 1707 | 3329 |
| 湖 南 | Hunan | 20442 | 2975 | 5929 | 7325 | 13117 |
| 广 东 | Guangdong | 38283 | 19034 | 15557 | 41053 | -2770 |
| 广 西 | Guangxi | 23193 | 6625 | 13874 | 3014 | 20179 |
| 海 南 | Hainan | 14864 | 5146 | 7674 | 13770 | 1094 |
| 重 庆 | Chongqing | 18274 | 753 | 16994 | 1837 | 16438 |
| 四 川 | Sichuan | 29054 | 15005 | 11387 | 16335 | 12719 |
| 贵 州 | Guizhou | 650 | 282 | 254 | 342 | 308 |
| 云 南 | Yunnan | 71565 | 26836 | 23785 | 45175 | 26391 |
| 西 藏 | Tibet | | | | | |
| 陕 西 | Shaanxi | 65506 | 35217 | 14431 | 57801 | 7705 |
| 甘 肃 | Gansu | | | | | |
| 青 海 | Qinghai | 2878 | 540 | 2339 | 1610 | 1268 |
| 宁 夏 | Ningxia | | | | | |
| 新 疆 | Xinjiang | | | | | |

4-3-4 续表 10 Continued 10

港、澳、台商投资企业 单位：万元

Enterprises with Funds from Hongkong,Macao and Taiwan Unit: 10000 yuan

| 地　区 | Region | 资产总计 Total Assets | #流动资产合计 Total Working Capitals | #固定资产合计 Total Fixed Assets | 负债合计 Total Liabilities | 所有者权益合计 Total Owners' Equities |
|---|---|---|---|---|---|---|
| **全　国** | **National Total** | **9485588** | **2605374** | **5013966** | **7760027** | **1725561** |
| 北　京 | Beijing | 1947652 | 497949 | 920382 | 1465226 | 482426 |
| 天　津 | Tianjin | 106064 | 24886 | 76253 | 78975 | 27089 |
| 河　北 | Hebei | 67544 | 13804 | 40649 | 91221 | -23677 |
| 山　西 | Shanxi | 37636 | 8379 | 27640 | 22776 | 14860 |
| 内蒙古 | Inner Mongolia | 77917 | 9285 | 62381 | 52181 | 25736 |
| 辽　宁 | Liaoning | 571847 | 159936 | 323973 | 411743 | 160104 |
| 吉　林 | Jilin | 38549 | 9355 | 24083 | 32295 | 6254 |
| 黑龙江 | Heilongjiang | 112306 | 18783 | 82105 | 92685 | 19620 |
| 上　海 | Shanghai | 667612 | 117963 | 430606 | 715371 | -47759 |
| 江　苏 | Jiangsu | 278755 | 73815 | 139058 | 265832 | 12923 |
| 浙　江 | Zhejiang | 985126 | 342757 | 524887 | 657244 | 327883 |
| 安　徽 | Anhui | 113025 | 44299 | 54474 | 77621 | 35404 |
| 福　建 | Fujian | 361216 | 117273 | 181208 | 324426 | 36790 |
| 江　西 | Jiangxi | 43131 | 9441 | 22323 | 20152 | 22979 |
| 山　东 | Shandong | 276455 | 56744 | 185172 | 241158 | 35297 |
| 河　南 | Henan | 263616 | 116343 | 80141 | 222759 | 40858 |
| 湖　北 | Hubei | 128904 | 28798 | 58744 | 128570 | 335 |
| 湖　南 | Hunan | 228572 | 57178 | 116558 | 165012 | 63560 |
| 广　东 | Guangdong | 2200608 | 652513 | 1113891 | 1799821 | 400787 |
| 广　西 | Guangxi | 252934 | 57931 | 152190 | 252128 | 806 |
| 海　南 | Hainan | 144495 | 25786 | 67826 | 106177 | 38318 |
| 重　庆 | Chongqing | 95538 | 29182 | 50112 | 73668 | 21870 |
| 四　川 | Sichuan | 168898 | 50159 | 99858 | 221425 | -52527 |
| 贵　州 | Guizhou | 21228 | 2957 | 17817 | 15628 | 5600 |
| 云　南 | Yunnan | 130739 | 36456 | 64730 | 96241 | 34498 |
| 西　藏 | Tibet | 1418 | 533 | | 885 | 533 |
| 陕　西 | Shaanxi | 98678 | 26370 | 50965 | 62952 | 35726 |
| 甘　肃 | Gansu | 7235 | 2505 | 4294 | 2300 | 4935 |
| 青　海 | Qinghai | 3083 | 608 | 2455 | 1000 | 2083 |
| 宁　夏 | Ningxia | | | | | |
| 新　疆 | Xinjiang | 54808 | 13389 | 39192 | 62556 | -7748 |

4-3-4 续表 11 Continued 11

外商投资企业 单位：万元

Foreign Funded Enterprises Unit: 10000 yuan

| 地区 | Region | 资产总计 Total Assets | #流动资产合计 Total Working Capitals | #固定资产合计 Total Fixed Assets | 负债合计 Total Liabilities | 所有者权益合计 Total Owners' Equities |
|---|---|---|---|---|---|---|
| **全国** | **National Total** | **6225746** | **1959902** | **3263077** | **4543281** | **1683879** |
| 北京 | Beijing | 1017711 | 410493 | 496382 | 779542 | 238169 |
| 天津 | Tianjin | 70552 | 29060 | 37420 | 57224 | 14742 |
| 河北 | Hebei | 19099 | 8438 | 9681 | 14405 | 4694 |
| 山西 | Shanxi | 14446 | 4615 | 9497 | 8201 | 6245 |
| 内蒙古 | Inner Mongolia | 82825 | 18442 | 61120 | 64606 | 18219 |
| 辽宁 | Liaoning | 260735 | 57933 | 173445 | 306830 | -46095 |
| 吉林 | Jilin | 85271 | 11837 | 65072 | 54312 | 30960 |
| 黑龙江 | Heilongjiang | 40470 | 6422 | 25830 | 18006 | 22464 |
| 上海 | Shanghai | 326608 | 77261 | 209832 | 262124 | 64484 |
| 江苏 | Jiangsu | 465142 | 84171 | 252463 | 334330 | 130812 |
| 浙江 | Zhejiang | 341753 | 82913 | 188413 | 266151 | 75602 |
| 安徽 | Anhui | 58991 | 9538 | 42113 | 51167 | 7824 |
| 福建 | Fujian | 428967 | 176573 | 197762 | 286869 | 142098 |
| 江西 | Jiangxi | 46424 | 11426 | 24171 | 25133 | 21292 |
| 山东 | Shandong | 76958 | 13398 | 56081 | 60776 | 16181 |
| 河南 | Henan | 48695 | 16357 | 32053 | 43809 | 4887 |
| 湖北 | Hubei | 70603 | 10614 | 51867 | 50519 | 20084 |
| 湖南 | Hunan | 144606 | 16104 | 83669 | 111822 | 32784 |
| 广东 | Guangdong | 1598889 | 645990 | 630910 | 956808 | 642081 |
| 广西 | Guangxi | 47914 | 5365 | 38787 | 26384 | 21530 |
| 海南 | Hainan | 339100 | 127773 | 156910 | 234205 | 104895 |
| 重庆 | Chongqing | 126998 | 44026 | 66342 | 103455 | 23543 |
| 四川 | Sichuan | 157312 | 16234 | 129352 | 106761 | 50551 |
| 贵州 | Guizhou | 9383 | 589 | 964 | 7305 | 2078 |
| 云南 | Yunnan | 123177 | 28903 | 72278 | 66061 | 57117 |
| 西藏 | Tibet | | | | | |
| 陕西 | Shaanxi | 137454 | 28603 | 102289 | 216315 | -78862 |
| 甘肃 | Gansu | 21927 | 1679 | 20091 | 16006 | 5920 |
| 青海 | Qinghai | 58576 | 13601 | 27398 | 11516 | 47059 |
| 宁夏 | Ningxia | 5161 | 1547 | 889 | 2639 | 2522 |
| 新疆 | Xinjiang | | | | | |

# 4-3-5 各地区限额以上住宿业企业年末资产负债(按国民经济行业分)

## Assets and Liabilities of Enterprises above Designated Size of Hotels by Region and Sector at the Year-end

旅游饭店
Tourist Hotel

单位：万元
Unit: 10000 yuan

| 地区 | Region | 资产总计 Total Assets | #流动资产合计 Total Working Capitals | #固定资产合计 Total Fixed Assets | 负债合计 Total Liabilities | 所有者权益合计 Total Owners' Equities |
|---|---|---|---|---|---|---|
| **全国** | **National Total** | **59779810** | **16457824** | **31912875** | **41244508** | **18538468** |
| 北京 | Beijing | 8370941 | 2137890 | 4803127 | 6246285 | 2124657 |
| 天津 | Tianjin | 644353 | 235930 | 273851 | 456052 | 191467 |
| 河北 | Hebei | 1333609 | 276676 | 857234 | 934689 | 398921 |
| 山西 | Shanxi | 896983 | 219340 | 490318 | 644255 | 252728 |
| 内蒙古 | Inner Mongolia | 639058 | 145461 | 395560 | 345601 | 293458 |
| 辽宁 | Liaoning | 2013685 | 523499 | 1201152 | 1473630 | 540054 |
| 吉林 | Jilin | 730961 | 146084 | 482213 | 433949 | 297012 |
| 黑龙江 | Heilongjiang | 536389 | 110941 | 360792 | 341590 | 194799 |
| 上海 | Shanghai | 4261821 | 1075164 | 2357412 | 2624084 | 1637737 |
| 江苏 | Jiangsu | 4328582 | 1088511 | 1980010 | 2901114 | 1427468 |
| 浙江 | Zhejiang | 5443307 | 1827804 | 2518715 | 3884011 | 1559296 |
| 安徽 | Anhui | 1199802 | 383197 | 621265 | 797139 | 402663 |
| 福建 | Fujian | 1848112 | 586616 | 931891 | 1090201 | 757911 |
| 江西 | Jiangxi | 727480 | 210111 | 365647 | 457323 | 270158 |
| 山东 | Shandong | 2648413 | 750680 | 1565353 | 1579183 | 1069230 |
| 河南 | Henan | 1458915 | 443465 | 709965 | 1034384 | 424530 |
| 湖北 | Hubei | 1233469 | 253795 | 708171 | 867290 | 366179 |
| 湖南 | Hunan | 2239480 | 485240 | 1218701 | 1457068 | 782412 |
| 广东 | Guangdong | 8653480 | 2776462 | 4064559 | 6425620 | 2227860 |
| 广西 | Guangxi | 1009787 | 239272 | 554382 | 724189 | 285598 |
| 海南 | Hainan | 1869696 | 572995 | 883432 | 1288503 | 581193 |
| 重庆 | Chongqing | 951101 | 297545 | 461036 | 623752 | 327349 |
| 四川 | Sichuan | 2044681 | 484442 | 1231428 | 1482830 | 561851 |
| 贵州 | Guizhou | 361837 | 87274 | 215620 | 264568 | 97270 |
| 云南 | Yunnan | 1372526 | 342357 | 793011 | 766548 | 605978 |
| 西藏 | Tibet | 198904 | 25486 | 137989 | 86102 | 112801 |
| 陕西 | Shaanxi | 1215159 | 356554 | 677474 | 1080721 | 134438 |
| 甘肃 | Gansu | 429681 | 96316 | 260620 | 234632 | 195050 |
| 青海 | Qinghai | 215992 | 63959 | 115052 | 97325 | 118668 |
| 宁夏 | Ningxia | 162833 | 43748 | 161121 | 118820 | 44013 |
| 新疆 | Xinjiang | 738773 | 171011 | 515780 | 483052 | 255722 |

4-3-5 续表 1 Continued 1

一般旅馆 单位：万元

Fonda Unit: 10000 yuan

| 地 区 | Region | 资产总计 Total Assets | #流动资产合计 Total Working Capitals | #固定资产合计 Total Fixed Assets | 负债合计 Total Liabilities | 所有者权益合计 Total Owners' Equities |
|---|---|---|---|---|---|---|
| **全 国** | **National Total** | **6579796** | **2066958** | **3168321** | **4124653** | **2455143** |
| 北 京 | Beijing | 980519 | 393321 | 333031 | 571247 | 409272 |
| 天 津 | Tianjin | 214039 | 43671 | 131660 | 188279 | 25760 |
| 河 北 | Hebei | 298060 | 80821 | 181193 | 149787 | 148273 |
| 山 西 | Shanxi | 176589 | 67459 | 83977 | 121858 | 54731 |
| 内蒙古 | Inner Mongolia | 137670 | 41551 | 83446 | 84775 | 52895 |
| 辽 宁 | Liaoning | 142929 | 37570 | 87013 | 86799 | 56130 |
| 吉 林 | Jilin | 21635 | 3802 | 14407 | 11688 | 9947 |
| 黑龙江 | Heilongjiang | 52884 | 8931 | 34414 | 21907 | 30977 |
| 上 海 | Shanghai | 495111 | 123488 | 139256 | 408300 | 86811 |
| 江 苏 | Jiangsu | 250295 | 90290 | 104465 | 172035 | 78261 |
| 浙 江 | Zhejiang | 569597 | 145765 | 297915 | 417341 | 152255 |
| 安 徽 | Anhui | 147854 | 45051 | 75075 | 86797 | 61057 |
| 福 建 | Fujian | 82105 | 34709 | 29463 | 48993 | 33112 |
| 江 西 | Jiangxi | 186109 | 66286 | 105675 | 115339 | 70771 |
| 山 东 | Shandong | 351869 | 93943 | 220473 | 208727 | 143142 |
| 河 南 | Henan | 340859 | 106037 | 186662 | 211194 | 129665 |
| 湖 北 | Hubei | 157318 | 32253 | 90277 | 94946 | 62372 |
| 湖 南 | Hunan | 182174 | 37610 | 104912 | 100836 | 81338 |
| 广 东 | Guangdong | 954506 | 389914 | 408315 | 529149 | 425357 |
| 广 西 | Guangxi | 125000 | 47453 | 51593 | 88011 | 36989 |
| 海 南 | Hainan | 23983 | 3321 | 18916 | 5221 | 18762 |
| 重 庆 | Chongqing | 84688 | 17524 | 46442 | 61860 | 22828 |
| 四 川 | Sichuan | 167986 | 41907 | 101236 | 86303 | 81683 |
| 贵 州 | Guizhou | 44033 | 13103 | 24319 | 19030 | 25002 |
| 云 南 | Yunnan | 123269 | 18721 | 83452 | 86866 | 36404 |
| 西 藏 | Tibet | | | | | |
| 陕 西 | Shaanxi | 168660 | 54012 | 73480 | 91501 | 77159 |
| 甘 肃 | Gansu | 41956 | 15081 | 20207 | 22371 | 19586 |
| 青 海 | Qinghai | 7075 | 1464 | 4421 | 4484 | 2591 |
| 宁 夏 | Ningxia | 12035 | 2195 | 7942 | 4640 | 7395 |
| 新 疆 | Xinjiang | 38991 | 9707 | 24685 | 24370 | 14621 |

4-3-5 续表 2 Continued 2

其他住宿服务 单位：万元

Others Unit: 10000 yuan

| 地 区 | Region | 资产总计 Total Assets | #流动资产合计 Total Working Capitals | #固定资产合计 Total Fixed Assets | 负债合计 Total Liabilities | 所有者权益合计 Total Owners' Equities |
|---|---|---|---|---|---|---|
| **全 国** | **National Total** | **878959** | **223602** | **490435** | **599672** | **278912** |
| 北 京 | Beijing | 164431 | 31336 | 102506 | 103815 | 60616 |
| 天 津 | Tianjin | 75193 | 12909 | 58117 | 60759 | 14059 |
| 河 北 | Hebei | 43835 | 12065 | 26660 | 36179 | 7655 |
| 山 西 | Shanxi | 26899 | 6264 | 8539 | 14110 | 12789 |
| 内 蒙 古 | Inner Mongolia | 14515 | 1371 | 12468 | 11042 | 3473 |
| 辽 宁 | Liaoning | 46205 | 8117 | 33371 | 27582 | 18624 |
| 吉 林 | Jilin | 4838 | 2002 | 2014 | 5765 | -927 |
| 黑 龙 江 | Heilongjiang | 8419 | 2259 | 5343 | 6996 | 1423 |
| 上 海 | Shanghai | 44741 | 9719 | 12404 | 37387 | 7354 |
| 江 苏 | Jiangsu | 42401 | 10840 | 22489 | 40817 | 1584 |
| 浙 江 | Zhejiang | 4342 | 2195 | 1199 | 3400 | 942 |
| 安 徽 | Anhui | 6845 | 3139 | 3707 | 3071 | 3774 |
| 福 建 | Fujian | 31813 | 10114 | 18452 | 23404 | 8409 |
| 江 西 | Jiangxi | 4528 | 1946 | 1862 | 2124 | 2403 |
| 山 东 | Shandong | 20501 | 6384 | 12078 | 23151 | -2650 |
| 河 南 | Henan | 17278 | 4598 | 6507 | 7706 | 9573 |
| 湖 北 | Hubei | 24774 | 10027 | 12936 | 22475 | 2299 |
| 湖 南 | Hunan | 28244 | 12330 | 11174 | 17695 | 10549 |
| 广 东 | Guangdong | 104989 | 35614 | 46484 | 68671 | 36318 |
| 广 西 | Guangxi | 12403 | 1623 | 6929 | 8090 | 4313 |
| 海 南 | Hainan | | | | | |
| 重 庆 | Chongqing | 25955 | 13603 | 8086 | 18799 | 7156 |
| 四 川 | Sichuan | 54844 | 11573 | 29297 | 29415 | 25429 |
| 贵 州 | Guizhou | 3887 | 1781 | 1935 | 1052 | 2835 |
| 云 南 | Yunnan | 10249 | 2339 | 6787 | 5668 | 4581 |
| 西 藏 | Tibet | | | | | |
| 陕 西 | Shaanxi | 42682 | 6533 | 28540 | 17403 | 25279 |
| 甘 肃 | Gansu | 11186 | 2577 | 8382 | 2878 | 8308 |
| 青 海 | Qinghai | 2965 | 344 | 2172 | 222 | 2743 |
| 宁 夏 | Ningxia | | | | | |
| 新 疆 | Xinjiang | | | | | |

# 4-3-6 各地区限额以上餐饮业企业年末资产负债

## Assets and Liabilitiest of Enterprises above Designated Size of Catering Services by Region at the Year-end

单位：万元

Unit: 10000 yuan

| 地区 | Region | 资产总计 Total Assets | #流动资产合计 Total Working Capitals | #固定资产合计 Total Fixed Assets | 负债合计 Total Liabilities | 所有者权益合计 Total Owners' Equities |
|---|---|---|---|---|---|---|
| **全 国** | **National Total** | **22139099** | **8997108** | **8194006** | **14309910** | **7829461** |
| 北 京 | Beijing | 2427817 | 1262448 | 561802 | 1818789 | 609029 |
| 天 津 | Tianjin | 540033 | 243536 | 138105 | 338207 | 202115 |
| 河 北 | Hebei | 253975 | 98716 | 117996 | 185143 | 68831 |
| 山 西 | Shanxi | 547187 | 231431 | 226181 | 402903 | 144284 |
| 内蒙古 | Inner Mongolia | 535006 | 169175 | 221321 | 299812 | 235194 |
| 辽 宁 | Liaoning | 942057 | 274109 | 520053 | 592739 | 349318 |
| 吉 林 | Jilin | 284793 | 46431 | 180669 | 114411 | 170382 |
| 黑龙江 | Heilongjiang | 143245 | 63985 | 53520 | 72183 | 71062 |
| 上 海 | Shanghai | 1854221 | 1019508 | 387667 | 1374725 | 479496 |
| 江 苏 | Jiangsu | 1838393 | 703805 | 706067 | 1331428 | 506947 |
| 浙 江 | Zhejiang | 1522884 | 690374 | 451687 | 1120193 | 402691 |
| 安 徽 | Anhui | 512193 | 212364 | 194701 | 340626 | 171567 |
| 福 建 | Fujian | 527728 | 199942 | 204756 | 291053 | 236675 |
| 江 西 | Jiangxi | 210905 | 81465 | 84545 | 94845 | 116060 |
| 山 东 | Shandong | 2503889 | 857476 | 1149401 | 1410364 | 1093526 |
| 河 南 | Henan | 725957 | 292541 | 298598 | 385729 | 340228 |
| 湖 北 | Hubei | 769849 | 223975 | 373690 | 521752 | 248097 |
| 湖 南 | Hunan | 557197 | 143680 | 250200 | 274572 | 282625 |
| 广 东 | Guangdong | 2355457 | 1025318 | 801773 | 1554223 | 801234 |
| 广 西 | Guangxi | 122453 | 46596 | 43814 | 72833 | 49620 |
| 海 南 | Hainan | 80183 | 44403 | 25656 | 52384 | 27800 |
| 重 庆 | Chongqing | 535863 | 209339 | 208294 | 304363 | 231499 |
| 四 川 | Sichuan | 945048 | 334921 | 381634 | 585395 | 359653 |
| 贵 州 | Guizhou | 102954 | 44582 | 39932 | 58004 | 44950 |
| 云 南 | Yunnan | 200601 | 89047 | 65809 | 124923 | 75677 |
| 西 藏 | Tibet | 1874 | 539 | 589 | 1336 | 538 |
| 陕 西 | Shaanxi | 736567 | 267781 | 317496 | 362779 | 373788 |
| 甘 肃 | Gansu | 116230 | 40381 | 55611 | 71733 | 44496 |
| 青 海 | Qinghai | 44036 | 11368 | 26915 | 25422 | 18615 |
| 宁 夏 | Ningxia | 120928 | 50306 | 56899 | 88293 | 32635 |
| 新 疆 | Xinjiang | 79580 | 17568 | 48626 | 38749 | 40830 |

# 4-3-7 各地区限额以上餐饮业企业年末资产负债(按登记注册类型分)

## Assets and Liabilities of Enterprises above Designated Size of Catering Services by Region and Type of Registration at the Year-end

国有控股　　　　单位：万元

State-controlled Enterprises　　　　Unit: 10000 yuan

| 地　区 | Region | 资产总计 Total Assets | #流动资产合计 Total Working Capitals | #固定资产合计 Total Fixed Assets | 负债合计 Total Liabilities | 所有者权益合计 Total Owners' Equities |
|---|---|---|---|---|---|---|
| **全　国** | **National Total** | **1971493** | **585314** | **970381** | **1039637** | **931857** |
| 北　京 | Beijing | 346535 | 141886 | 122615 | 209675 | 136860 |
| 天　津 | Tianjin | 27641 | 11108 | 7204 | 20280 | 7361 |
| 河　北 | Hebei | 22050 | 5499 | 12325 | 34607 | -12556 |
| 山　西 | Shanxi | 58182 | 16656 | 35220 | 49199 | 8983 |
| 内蒙古 | Inner Mongolia | 40649 | 8845 | 30631 | 22861 | 17789 |
| 辽　宁 | Liaoning | 121061 | 12804 | 97400 | 56711 | 64351 |
| 吉　林 | Jilin | 64580 | 7167 | 38025 | 21655 | 42925 |
| 黑龙江 | Heilongjiang | 5283 | 466 | 3915 | 4546 | 737 |
| 上　海 | Shanghai | 89189 | 60605 | 10324 | 36806 | 52383 |
| 江　苏 | Jiangsu | 84412 | 33553 | 37280 | 50034 | 34378 |
| 浙　江 | Zhejiang | 96366 | 35545 | 26935 | 31448 | 64918 |
| 安　徽 | Anhui | 37560 | 10248 | 21226 | 29463 | 8098 |
| 福　建 | Fujian | 42558 | 14112 | 25598 | 25877 | 16681 |
| 江　西 | Jiangxi | 5619 | 2626 | 2990 | 2036 | 3583 |
| 山　东 | Shandong | 355594 | 82427 | 175367 | 190340 | 165254 |
| 河　南 | Henan | 23606 | 12636 | 8436 | 8115 | 15491 |
| 湖　北 | Hubei | 94230 | 12164 | 65470 | 38950 | 55280 |
| 湖　南 | Hunan | 46058 | 6824 | 30434 | 29835 | 16223 |
| 广　东 | Guangdong | 105607 | 40774 | 37265 | 52376 | 53231 |
| 广　西 | Guangxi | 9636 | 3214 | 5011 | 6843 | 2793 |
| 海　南 | Hainan | 2653 | 525 | 2079 | 1236 | 1417 |
| 重　庆 | Chongqing | 31383 | 7204 | 17611 | 21198 | 10185 |
| 四　川 | Sichuan | 34510 | 7421 | 25057 | 8959 | 25550 |
| 贵　州 | Guizhou | 2280 | 631 | 1624 | 1581 | 699 |
| 云　南 | Yunnan | 20776 | 14280 | 4790 | 9585 | 11191 |
| 西　藏 | Tibet | | | | | |
| 陕　西 | Shaanxi | 141850 | 28949 | 73282 | 50812 | 91038 |
| 甘　肃 | Gansu | 1087 | 214 | 850 | 386 | 701 |
| 青　海 | Qinghai | 6964 | 956 | 4280 | 7006 | -42 |
| 宁　夏 | Ningxia | 17242 | 1808 | 15016 | 14802 | 2440 |
| 新　疆 | Xinjiang | 36333 | 4170 | 32124 | 2418 | 33915 |

4-3-7 续表 1 Continued 1

内资企业 单位：万元

Domestic Funded Enterprises Unit: 10000 yuan

| 地 区 | Region | 资产总计 Total Assets | #流动资产合计 Total Working Capitals | #固定资产合计 Total Fixed Assets | 负债合计 Total Liabilities | 所有者权益合计 Total Owners' Equities |
|---|---|---|---|---|---|---|
| **全 国** | **National Total** | **18070554** | **7480429** | **6862114** | **11697594** | **6372946** |
| 北 京 | Beijing | 1773448 | 956530 | 426242 | 1379885 | 393563 |
| 天 津 | Tianjin | 419135 | 210968 | 106187 | 267664 | 151476 |
| 河 北 | Hebei | 250419 | 95576 | 117629 | 184477 | 65942 |
| 山 西 | Shanxi | 514073 | 222204 | 217724 | 381962 | 132111 |
| 内 蒙 古 | Inner Mongolia | 530990 | 166796 | 220561 | 297144 | 233846 |
| 辽 宁 | Liaoning | 692851 | 199142 | 395770 | 427387 | 265464 |
| 吉 林 | Jilin | 283862 | 46191 | 179989 | 113942 | 169920 |
| 黑 龙 江 | Heilongjiang | 110856 | 47947 | 45291 | 52990 | 57866 |
| 上 海 | Shanghai | 1160104 | 698125 | 166995 | 872645 | 287458 |
| 江 苏 | Jiangsu | 1475501 | 595007 | 560510 | 1095782 | 379701 |
| 浙 江 | Zhejiang | 1375195 | 645533 | 410493 | 1025057 | 350138 |
| 安 徽 | Anhui | 498228 | 209641 | 188860 | 329602 | 168626 |
| 福 建 | Fujian | 336578 | 138797 | 136428 | 156377 | 180201 |
| 江 西 | Jiangxi | 180162 | 71026 | 74252 | 79141 | 101021 |
| 山 东 | Shandong | 2281815 | 786758 | 1059944 | 1263182 | 1018633 |
| 河 南 | Henan | 644737 | 265042 | 269130 | 339217 | 305520 |
| 湖 北 | Hubei | 676841 | 206212 | 339921 | 448586 | 228255 |
| 湖 南 | Hunan | 513432 | 131511 | 227775 | 247900 | 265532 |
| 广 东 | Guangdong | 1526091 | 719164 | 530361 | 1087061 | 439030 |
| 广 西 | Guangxi | 100971 | 42530 | 37456 | 59648 | 41323 |
| 海 南 | Hainan | 75384 | 40560 | 24784 | 48551 | 26834 |
| 重 庆 | Chongqing | 501993 | 196883 | 201108 | 288394 | 213599 |
| 四 川 | Sichuan | 869589 | 318088 | 352863 | 528728 | 340861 |
| 贵 州 | Guizhou | 98787 | 43507 | 37224 | 56022 | 42765 |
| 云 南 | Yunnan | 170329 | 75156 | 59365 | 113265 | 57064 |
| 西 藏 | Tibet | 1874 | 539 | 589 | 1336 | 538 |
| 陕 西 | Shaanxi | 663155 | 233535 | 296501 | 336706 | 326449 |
| 甘 肃 | Gansu | 111199 | 39200 | 52478 | 69808 | 41391 |
| 青 海 | Qinghai | 43943 | 11300 | 26890 | 25374 | 18570 |
| 宁 夏 | Ningxia | 114442 | 49636 | 51211 | 83370 | 31071 |
| 新 疆 | Xinjiang | 74571 | 17323 | 47586 | 36391 | 38179 |

国有企业 单位：万元

State-owned Enterprises Unit: 10000 yuan

| 地区 | Region | 资产总计 Total Assets | #流动资产合计 Total Working Capitals | #固定资产合计 Total Fixed Assets | 负债合计 Total Liabilities | 所有者权益合计 Total Owners' Equities |
|---|---|---|---|---|---|---|
| **全国** | **National Total** | **1133296** | **292115** | **621504** | **626650** | **506645** |
| 北京 | Beijing | 36953 | 21211 | 9089 | 20700 | 16254 |
| 天津 | Tianjin | 9602 | 4274 | 1714 | 4735 | 4868 |
| 河北 | Hebei | 22701 | 5673 | 12801 | 35114 | -12413 |
| 山西 | Shanxi | 29374 | 9746 | 13247 | 19274 | 10101 |
| 内蒙古 | Inner Mongolia | 32432 | 4995 | 26473 | 14201 | 18231 |
| 辽宁 | Liaoning | 43259 | 10552 | 29720 | 41369 | 1890 |
| 吉林 | Jilin | 66151 | 8195 | 39175 | 21377 | 44774 |
| 黑龙江 | Heilongjiang | 4238 | 154 | 3495 | 3372 | 866 |
| 上海 | Shanghai | 11452 | 9530 | 1194 | 12274 | -822 |
| 江苏 | Jiangsu | 53500 | 18467 | 24240 | 36319 | 17181 |
| 浙江 | Zhejiang | 26092 | 9111 | 11068 | 10998 | 15094 |
| 安徽 | Anhui | 37460 | 8466 | 25662 | 31578 | 5882 |
| 福建 | Fujian | 37772 | 14338 | 20835 | 25676 | 12096 |
| 江西 | Jiangxi | 4108 | 1268 | 2837 | 1013 | 3095 |
| 山东 | Shandong | 322449 | 70462 | 159476 | 179691 | 142758 |
| 河南 | Henan | 20767 | 11810 | 6716 | 7232 | 13534 |
| 湖北 | Hubei | 41373 | 6530 | 28516 | 29269 | 12105 |
| 湖南 | Hunan | 42178 | 6127 | 29686 | 26599 | 15579 |
| 广东 | Guangdong | 92276 | 32518 | 34096 | 43030 | 49246 |
| 广西 | Guangxi | 11364 | 3826 | 6127 | 8103 | 3261 |
| 海南 | Hainan | 2653 | 525 | 2079 | 1236 | 1417 |
| 重庆 | Chongqing | 13682 | 3071 | 5600 | 8968 | 4713 |
| 四川 | Sichuan | 24037 | 6334 | 16265 | 5246 | 18791 |
| 贵州 | Guizhou | 5667 | 3357 | 1839 | 2915 | 2753 |
| 云南 | Yunnan | 3977 | 1818 | 2158 | 2505 | 1472 |
| 西藏 | Tibet | | | | | |
| 陕西 | Shaanxi | 90165 | 14428 | 67296 | 23385 | 66780 |
| 甘肃 | Gansu | 1087 | 214 | 850 | 386 | 701 |
| 青海 | Qinghai | 6944 | 936 | 4280 | 6408 | 536 |
| 宁夏 | Ningxia | 3587 | 292 | 2877 | 1522 | 2066 |
| 新疆 | Xinjiang | 35995 | 3888 | 32093 | 2158 | 33838 |

4-3-7 续表 3 Continued 3

集体企业
Collective-owned Enterprises

单位：万元
Unit: 10000 yuan

| 地 区 | Region | 资产总计 Total Assets | #流动资产合计 Total Working Capitals | #固定资产合计 Total Fixed Assets | 负债合计 Total Liabilities | 所有者权益合计 Total Owners' Equities |
|---|---|---|---|---|---|---|
| **全 国** | **National Total** | **308449** | **106788** | **142898** | **190345** | **118104** |
| 北 京 | Beijing | 25938 | 15028 | 7550 | 17487 | 8452 |
| 天 津 | Tianjin | 4658 | 954 | 3609 | 1920 | 2738 |
| 河 北 | Hebei | 3045 | 1396 | 1232 | 1535 | 1510 |
| 山 西 | Shanxi | 11735 | 3262 | 7493 | 5455 | 6280 |
| 内蒙古 | Inner Mongolia | 1196 | 297 | 725 | 861 | 335 |
| 辽 宁 | Liaoning | 5446 | 2525 | 2230 | 2792 | 2655 |
| 吉 林 | Jilin | 3894 | 886 | 2307 | 2857 | 1037 |
| 黑龙江 | Heilongjiang | 801 | 720 | 82 | 275 | 527 |
| 上 海 | Shanghai | 15072 | 7163 | 5941 | 10841 | 4231 |
| 江 苏 | Jiangsu | 30010 | 6311 | 20696 | 22495 | 7516 |
| 浙 江 | Zhejiang | 533 | 480 | 52 | 1534 | -1001 |
| 安 徽 | Anhui | 3760 | 2077 | 1289 | 3013 | 747 |
| 福 建 | Fujian | 3782 | 1048 | 2701 | 1194 | 2589 |
| 江 西 | Jiangxi | | | | | |
| 山 东 | Shandong | 93498 | 22413 | 41038 | 51638 | 41860 |
| 河 南 | Henan | 16427 | 5753 | 9052 | 8948 | 7479 |
| 湖 北 | Hubei | 8349 | 1898 | 6075 | 8486 | -137 |
| 湖 南 | Hunan | 4548 | 345 | 4174 | 808 | 3741 |
| 广 东 | Guangdong | 41297 | 21858 | 11477 | 26717 | 14581 |
| 广 西 | Guangxi | 1385 | 250 | 602 | 1033 | 352 |
| 海 南 | Hainan | 1565 | 653 | 514 | 45 | 1519 |
| 重 庆 | Chongqing | 10255 | 3797 | 4469 | 9019 | 1237 |
| 四 川 | Sichuan | 7624 | 2491 | 4325 | 2093 | 5531 |
| 贵 州 | Guizhou | | | | | |
| 云 南 | Yunnan | 5968 | 1625 | 2489 | 5041 | 927 |
| 西 藏 | Tibet | | | | | |
| 陕 西 | Shaanxi | 5772 | 3041 | 2268 | 3689 | 2083 |
| 甘 肃 | Gansu | 1750 | 400 | 488 | 423 | 1327 |
| 青 海 | Qinghai | | | | | |
| 宁 夏 | Ningxia | 57 | 50 | 7 | 67 | -10 |
| 新 疆 | Xinjiang | 84 | 67 | 17 | 83 | 1 |

股份合作企业
Cooperative Enterprises

单位：万元
Unit: 10000 yuan

| 地区 | Region | 资产总计 Total Assets | #流动资产合计 Total Working Capitals | #固定资产合计 Total Fixed Assets | 负债合计 Total Liabilities | 所有者权益合计 Total Owners' Equities |
|---|---|---|---|---|---|---|
| **全国** | **National Total** | **321841** | **121171** | **120163** | **194733** | **127109** |
| 北京 | Beijing | 17846 | 10948 | 4714 | 15003 | 2843 |
| 天津 | Tianjin | 340 | 104 | 33 | 290 | 50 |
| 河北 | Hebei | 2546 | 1551 | 611 | 1002 | 1544 |
| 山西 | Shanxi | 243 | 63 | 74 | 346 | -103 |
| 内蒙古 | Inner Mongolia | 8648 | 1118 | 6450 | 4202 | 4447 |
| 辽宁 | Liaoning | 640 | 289 | 251 | 221 | 418 |
| 吉林 | Jilin | 941 | 291 | 298 | 758 | 183 |
| 黑龙江 | Heilongjiang | 382 | 92 | 290 | 85 | 297 |
| 上海 | Shanghai | 14788 | 9819 | 1099 | 9357 | 5431 |
| 江苏 | Jiangsu | 9972 | 5022 | 4221 | 8202 | 1770 |
| 浙江 | Zhejiang | 22610 | 10454 | 5415 | 15130 | 7479 |
| 安徽 | Anhui | 6237 | 4486 | 1405 | 5565 | 672 |
| 福建 | Fujian | 856 | 216 | 105 | 275 | 582 |
| 江西 | Jiangxi | 4930 | 4688 | 241 | 2103 | 2827 |
| 山东 | Shandong | 18453 | 5986 | 10829 | 6782 | 11671 |
| 河南 | Henan | 2708 | 419 | 876 | 971 | 1737 |
| 湖北 | Hubei | 4239 | 675 | 2103 | 4822 | -583 |
| 湖南 | Hunan | 3726 | 818 | 1203 | 1708 | 2018 |
| 广东 | Guangdong | 11273 | 6875 | 2088 | 9077 | 2196 |
| 广西 | Guangxi | 2582 | 1433 | 1086 | 528 | 2054 |
| 海南 | Hainan | | | | | |
| 重庆 | Chongqing | 4975 | 958 | 2946 | 3074 | 1901 |
| 四川 | Sichuan | 151063 | 47051 | 57158 | 89238 | 61825 |
| 贵州 | Guizhou | | | | | |
| 云南 | Yunnan | 6180 | 1602 | 3392 | 5434 | 746 |
| 西藏 | Tibet | | | | | |
| 陕西 | Shaanxi | 17315 | 4587 | 6964 | 4458 | 12857 |
| 甘肃 | Gansu | 7772 | 1439 | 6265 | 5864 | 1908 |
| 青海 | Qinghai | | | | | |
| 宁夏 | Ningxia | 576 | 188 | 49 | 238 | 338 |
| 新疆 | Xinjiang | | | | | |

4-3-7 续表 5 Continued 5

联营企业

Joint Ownership Enterprises

单位：万元

Unit: 10000 yuan

| 地 区 | Region | 资产总计 Total Assets | #流动资产合计 Total Working Capitals | #固定资产合计 Total Fixed Assets | 负债合计 Total Liabilities | 所有者权益合计 Total Owners' Equities |
|---|---|---|---|---|---|---|
| **全 国** | **National Total** | **12062** | **5858** | **4751** | **9445** | **2617** |
| 北 京 | Beijing | 357 | 94 | 62 | 281 | 76 |
| 天 津 | Tianjin | | | | | |
| 河 北 | Hebei | 571 | 515 | 31 | 523 | 48 |
| 山 西 | Shanxi | | | | | |
| 内蒙古 | Inner Mongolia | 1189 | 123 | 1066 | 1065 | 124 |
| 辽 宁 | Liaoning | | | | | |
| 吉 林 | Jilin | | | | | |
| 黑龙江 | Heilongjiang | | | | | |
| 上 海 | Shanghai | 980 | 825 | 41 | 738 | 242 |
| 江 苏 | Jiangsu | 137 | 135 | 2 | 107 | 30 |
| 浙 江 | Zhejiang | | | | | |
| 安 徽 | Anhui | | | | | |
| 福 建 | Fujian | | | | | |
| 江 西 | Jiangxi | 200 | 130 | 37 | | 200 |
| 山 东 | Shandong | 1541 | 384 | 461 | 970 | 572 |
| 河 南 | Henan | 221 | 8 | 212 | 36 | 185 |
| 湖 北 | Hubei | | | | | |
| 湖 南 | Hunan | 4843 | 1700 | 2782 | 3569 | 1274 |
| 广 东 | Guangdong | 2023 | 1944 | 58 | 2156 | -133 |
| 广 西 | Guangxi | | | | | |
| 海 南 | Hainan | | | | | |
| 重 庆 | Chongqing | | | | | |
| 四 川 | Sichuan | | | | | |
| 贵 州 | Guizhou | | | | | |
| 云 南 | Yunnan | | | | | |
| 西 藏 | Tibet | | | | | |
| 陕 西 | Shaanxi | | | | | |
| 甘 肃 | Gansu | | | | | |
| 青 海 | Qinghai | | | | | |
| 宁 夏 | Ningxia | | | | | |
| 新 疆 | Xinjiang | | | | | |

有限责任公司
Limited Liability Corporations

单位：万元
Unit: 10000 yuan

| 地 区 | Region | 资产总计 Total Assets | #流动资产合计 Total Working Capitals | #固定资产合计 Total Fixed Assets | 负债合计 Total Liabilities | 所有者权益合计 Total Owners' Equities |
|---|---|---|---|---|---|---|
| **全 国** | **National Total** | **4519262** | **1819067** | **1700482** | **3131190** | **1388054** |
| 北 京 | Beijing | 633424 | 294333 | 205748 | 514087 | 119337 |
| 天 津 | Tianjin | 144234 | 74318 | 31795 | 93824 | 50409 |
| 河 北 | Hebei | 31887 | 11577 | 13525 | 22371 | 9516 |
| 山 西 | Shanxi | 116507 | 37428 | 66939 | 102231 | 14276 |
| 内蒙古 | Inner Mongolia | 140148 | 41265 | 48948 | 89110 | 51038 |
| 辽 宁 | Liaoning | 214627 | 34668 | 144255 | 125765 | 88862 |
| 吉 林 | Jilin | 66942 | 7390 | 51326 | 16203 | 50739 |
| 黑龙江 | Heilongjiang | 14762 | 5369 | 9197 | 7854 | 6908 |
| 上 海 | Shanghai | 307813 | 149213 | 36922 | 187002 | 120812 |
| 江 苏 | Jiangsu | 293197 | 122059 | 108991 | 208570 | 84610 |
| 浙 江 | Zhejiang | 300928 | 109670 | 122732 | 239977 | 60951 |
| 安 徽 | Anhui | 108635 | 33069 | 47017 | 68682 | 39953 |
| 福 建 | Fujian | 55849 | 25436 | 22851 | 28305 | 27544 |
| 江 西 | Jiangxi | 35876 | 15225 | 14817 | 23049 | 12827 |
| 山 东 | Shandong | 321517 | 116290 | 141525 | 228294 | 93223 |
| 河 南 | Henan | 184736 | 99399 | 58218 | 136265 | 48471 |
| 湖 北 | Hubei | 249841 | 66548 | 136802 | 148564 | 101277 |
| 湖 南 | Hunan | 67566 | 30830 | 22045 | 45541 | 22025 |
| 广 东 | Guangdong | 397743 | 188489 | 118998 | 292325 | 105418 |
| 广 西 | Guangxi | 10509 | 4722 | 2918 | 8004 | 2505 |
| 海 南 | Hainan | 27754 | 14059 | 8313 | 18689 | 9065 |
| 重 庆 | Chongqing | 252658 | 100763 | 85148 | 163394 | 89264 |
| 四 川 | Sichuan | 186205 | 86827 | 50530 | 133966 | 52239 |
| 贵 州 | Guizhou | 26431 | 15576 | 4748 | 19974 | 6457 |
| 云 南 | Yunnan | 56852 | 27661 | 23377 | 39769 | 17084 |
| 西 藏 | Tibet | 302 | 89 | 149 | 209 | 94 |
| 陕 西 | Shaanxi | 193888 | 81876 | 80235 | 115051 | 78837 |
| 甘 肃 | Gansu | 21503 | 6493 | 12368 | 11801 | 9702 |
| 青 海 | Qinghai | 9810 | 3387 | 6171 | 5207 | 4602 |
| 宁 夏 | Ningxia | 40320 | 12454 | 22406 | 31460 | 8860 |
| 新 疆 | Xinjiang | 6799 | 2583 | 1470 | 5648 | 1152 |

股份有限公司
Share-holding Corporations Ltd.

单位：万元
Unit: 10000 yuan

| 地 区 | Region | 资产总计 Total Assets | #流动资产合计 Total Working Capitals | #固定资产合计 Total Fixed Assets | 负债合计 Total Liabilities | 所有者权益合计 Total Owners' Equities |
|---|---|---|---|---|---|---|
| **全 国** | **National Total** | **1160146** | **473159** | **350406** | **552731** | **607415** |
| 北 京 | Beijing | 257975 | 152032 | 44510 | 67459 | 190516 |
| 天 津 | Tianjin | 44829 | 33414 | 5459 | 32670 | 12159 |
| 河 北 | Hebei | 11837 | 6403 | 3736 | 8575 | 3263 |
| 山 西 | Shanxi | 36729 | 23493 | 6193 | 35762 | 967 |
| 内蒙古 | Inner Mongolia | 58915 | 27912 | 19996 | 37055 | 21860 |
| 辽 宁 | Liaoning | 36384 | 5303 | 22968 | 22018 | 14366 |
| 吉 林 | Jilin | 9322 | 5187 | 2649 | 4503 | 4820 |
| 黑龙江 | Heilongjiang | 3364 | 587 | 1601 | 2144 | 1220 |
| 上 海 | Shanghai | 8906 | 6295 | 865 | 4493 | 4413 |
| 江 苏 | Jiangsu | 27405 | 9163 | 11548 | 18069 | 9337 |
| 浙 江 | Zhejiang | 71367 | 29491 | 14643 | 21461 | 49906 |
| 安 徽 | Anhui | 9582 | 3881 | 4951 | 5197 | 4385 |
| 福 建 | Fujian | 5171 | 1809 | 833 | 747 | 4425 |
| 江 西 | Jiangxi | 1886 | 1384 | 473 | 535 | 1351 |
| 山 东 | Shandong | 236865 | 80956 | 76222 | 163161 | 73704 |
| 河 南 | Henan | 12297 | 4930 | 5061 | 6847 | 5450 |
| 湖 北 | Hubei | 18649 | 5398 | 8430 | 16729 | 1920 |
| 湖 南 | Hunan | 84918 | 7694 | 11728 | 14206 | 70712 |
| 广 东 | Guangdong | 11565 | 4671 | 4326 | 8012 | 3553 |
| 广 西 | Guangxi | 4379 | 1155 | 3225 | 1539 | 2840 |
| 海 南 | Hainan | 9383 | 4225 | 3829 | 5171 | 4211 |
| 重 庆 | Chongqing | 15716 | 9357 | 5475 | 5262 | 10454 |
| 四 川 | Sichuan | 97168 | 27774 | 61137 | 33948 | 63220 |
| 贵 州 | Guizhou | | | | | |
| 云 南 | Yunnan | 371 | 148 | 200 | 203 | 168 |
| 西 藏 | Tibet | | | | | |
| 陕 西 | Shaanxi | 80431 | 17846 | 29412 | 34347 | 46084 |
| 甘 肃 | Gansu | 4733 | 2652 | 940 | 2620 | 2113 |
| 青 海 | Qinghai | | | | | |
| 宁 夏 | Ningxia | | | | | |
| 新 疆 | Xinjiang | | | | | |

4-3-7 续表 8 Continued 8

私营企业 单位：万元

Private Enterprises Unit: 10000 yuan

| 地 区 | Region | 资产总计 Total Assets | #流动资产合计 Total Working Capitals | #固定资产合计 Total Fixed Assets | 负债合计 Total Liabilities | 所有者权益合计 Total Owners' Equities |
|---|---|---|---|---|---|---|
| **全 国** | **National Total** | **10238657** | **4525754** | **3733457** | **6791255** | **3447407** |
| 北 京 | Beijing | 800815 | 462774 | 154540 | 744812 | 56002 |
| 天 津 | Tianjin | 198635 | 93844 | 55615 | 122522 | 76117 |
| 河 北 | Hebei | 166000 | 62710 | 81567 | 111319 | 54680 |
| 山 西 | Shanxi | 309838 | 143620 | 119098 | 216667 | 93170 |
| 内 蒙 古 | Inner Mongolia | 261193 | 86450 | 103082 | 132140 | 129053 |
| 辽 宁 | Liaoning | 389183 | 145173 | 193796 | 232479 | 156705 |
| 吉 林 | Jilin | 134923 | 24082 | 82939 | 66745 | 68179 |
| 黑 龙 江 | Heilongjiang | 79342 | 39199 | 24518 | 33850 | 45492 |
| 上 海 | Shanghai | 791419 | 511525 | 116019 | 638546 | 152873 |
| 江 苏 | Jiangsu | 1033048 | 423735 | 376274 | 786429 | 246620 |
| 浙 江 | Zhejiang | 936832 | 476964 | 249720 | 725615 | 211216 |
| 安 徽 | Anhui | 317607 | 144676 | 106596 | 209755 | 107851 |
| 福 建 | Fujian | 221708 | 92983 | 81067 | 96557 | 125151 |
| 江 西 | Jiangxi | 128226 | 47146 | 52828 | 51455 | 76771 |
| 山 东 | Shandong | 1211127 | 457228 | 594685 | 592915 | 618212 |
| 河 南 | Henan | 391556 | 135996 | 182167 | 172819 | 218737 |
| 湖 北 | Hubei | 339600 | 122806 | 146021 | 229239 | 110361 |
| 湖 南 | Hunan | 282807 | 78130 | 144640 | 145951 | 136856 |
| 广 东 | Guangdong | 945399 | 453226 | 348185 | 691057 | 254341 |
| 广 西 | Guangxi | 69278 | 30841 | 22819 | 39962 | 29316 |
| 海 南 | Hainan | 30144 | 19269 | 8013 | 20063 | 10080 |
| 重 庆 | Chongqing | 188262 | 74472 | 87785 | 93979 | 94284 |
| 四 川 | Sichuan | 391852 | 145165 | 155768 | 257349 | 134503 |
| 贵 州 | Guizhou | 64352 | 23335 | 29829 | 32473 | 31879 |
| 云 南 | Yunnan | 96849 | 42256 | 27665 | 60282 | 36567 |
| 西 藏 | Tibet | 1572 | 451 | 440 | 1127 | 445 |
| 陕 西 | Shaanxi | 261271 | 107948 | 103983 | 150182 | 111089 |
| 甘 肃 | Gansu | 67494 | 25604 | 27623 | 43070 | 24425 |
| 青 海 | Qinghai | 26735 | 6712 | 16299 | 13309 | 13425 |
| 宁 夏 | Ningxia | 69901 | 36652 | 25873 | 50084 | 19817 |
| 新 疆 | Xinjiang | 31692 | 10784 | 14006 | 28503 | 3189 |

其他企业 单位：万元
Other Enterprises Unit: 10000 yuan

| 地 区 | Region | 资产总计 Total Assets | #流动资产合计 Total Working Capitals | #固定资产合计 Total Fixed Assets | 负债合计 Total Liabilities | 所有者权益合计 Total Owners' Equities |
|---|---|---|---|---|---|---|
| **全 国** | **National Total** | **376841** | **136517** | **188454** | **201245** | **175596** |
| 北 京 | Beijing | 140 | 111 | 30 | 56 | 84 |
| 天 津 | Tianjin | 16838 | 4061 | 7962 | 11703 | 5135 |
| 河 北 | Hebei | 11833 | 5750 | 4127 | 4039 | 7795 |
| 山 西 | Shanxi | 9648 | 4593 | 4681 | 2228 | 7420 |
| 内 蒙 古 | Inner Mongolia | 27269 | 4636 | 13821 | 18510 | 8759 |
| 辽 宁 | Liaoning | 3312 | 632 | 2550 | 2744 | 568 |
| 吉 林 | Jilin | 1689 | 160 | 1296 | 1500 | 189 |
| 黑 龙 江 | Heilongjiang | 7966 | 1827 | 6110 | 5410 | 2556 |
| 上 海 | Shanghai | 9674 | 3755 | 4914 | 9395 | 279 |
| 江 苏 | Jiangsu | 28231 | 10115 | 14539 | 15593 | 12638 |
| 浙 江 | Zhejiang | 16833 | 9365 | 6865 | 10341 | 6492 |
| 安 徽 | Anhui | 14946 | 12986 | 1941 | 5811 | 9135 |
| 福 建 | Fujian | 11439 | 2967 | 8036 | 3625 | 7815 |
| 江 西 | Jiangxi | 4937 | 1185 | 3020 | 986 | 3951 |
| 山 东 | Shandong | 76367 | 33040 | 35708 | 39733 | 36633 |
| 河 南 | Henan | 16026 | 6728 | 6827 | 6098 | 9928 |
| 湖 北 | Hubei | 14790 | 2357 | 11975 | 11478 | 3312 |
| 湖 南 | Hunan | 22846 | 5866 | 11518 | 9518 | 13328 |
| 广 东 | Guangdong | 24516 | 9585 | 11134 | 14687 | 9828 |
| 广 西 | Guangxi | 1474 | 303 | 681 | 479 | 995 |
| 海 南 | Hainan | 3886 | 1828 | 2036 | 3346 | 540 |
| 重 庆 | Chongqing | 16444 | 4466 | 9687 | 4699 | 11745 |
| 四 川 | Sichuan | 11640 | 2445 | 7680 | 6888 | 4752 |
| 贵 州 | Guizhou | 2337 | 1240 | 808 | 661 | 1676 |
| 云 南 | Yunnan | 132 | 47 | 85 | 32 | 100 |
| 西 藏 | Tibet | | | | | |
| 陕 西 | Shaanxi | 14313 | 3810 | 6342 | 5593 | 8720 |
| 甘 肃 | Gansu | 6860 | 2397 | 3944 | 5644 | 1216 |
| 青 海 | Qinghai | 455 | 265 | 140 | 448 | 6 |
| 宁 夏 | Ningxia | | | | | |
| 新 疆 | Xinjiang | | | | | |

4-3-7 续表 10 Continued 10

港、澳、台商投资企业
Enterprises with Funds from Hongkong,Macao and Taiwan

单位：万元
Unit: 10000 yuan

| 地　区 | Region | 资产总计 Total Assets | #流动资产合计 Total Working Capitals | #固定资产合计 Total Fixed Assets | 负债合计 Total Liabilities | 所有者权益合计 Total Owners' Equities |
|---|---|---|---|---|---|---|
| **全　国** | **National Total** | **1608587** | **734378** | **526236** | **1041653** | **567219** |
| 北　京 | Beijing | 242803 | 134515 | 42226 | 217314 | 25489 |
| 天　津 | Tianjin | 13291 | 6604 | 2024 | 10817 | 2759 |
| 河　北 | Hebei | 3385 | 2999 | 338 | 647 | 2739 |
| 山　西 | Shanxi | 10056 | 3410 | 2580 | 8366 | 1691 |
| 内蒙古 | Inner Mongolia | 1452 | 879 | 367 | 1108 | 345 |
| 辽　宁 | Liaoning | 70945 | 23878 | 42258 | 48071 | 22874 |
| 吉　林 | Jilin | | | | | |
| 黑龙江 | Heilongjiang | 12973 | 6881 | 2760 | 6130 | 6842 |
| 上　海 | Shanghai | 296921 | 141975 | 88348 | 172861 | 124060 |
| 江　苏 | Jiangsu | 138420 | 46727 | 71015 | 75154 | 63266 |
| 浙　江 | Zhejiang | 11531 | 7169 | 2352 | 11481 | 51 |
| 安　徽 | Anhui | 12388 | 2387 | 5465 | 10090 | 2298 |
| 福　建 | Fujian | 104756 | 42275 | 35675 | 78915 | 25841 |
| 江　西 | Jiangxi | 15632 | 7258 | 3422 | 10316 | 5316 |
| 山　东 | Shandong | 104902 | 49287 | 41286 | 66839 | 38063 |
| 河　南 | Henan | 28254 | 16119 | 10260 | 7488 | 20766 |
| 湖　北 | Hubei | 21126 | 8693 | 7180 | 15163 | 5963 |
| 湖　南 | Hunan | 7358 | 2909 | 3447 | 2799 | 4559 |
| 广　东 | Guangdong | 399594 | 189972 | 126938 | 229274 | 170320 |
| 广　西 | Guangxi | 10447 | 2516 | 3237 | 8391 | 2056 |
| 海　南 | Hainan | 3468 | 2985 | 410 | 2837 | 631 |
| 重　庆 | Chongqing | 8720 | 2770 | 3135 | 6570 | 2149 |
| 四　川 | Sichuan | 34984 | 6708 | 16789 | 34264 | 719 |
| 贵　州 | Guizhou | 3366 | 1075 | 2292 | 1630 | 1737 |
| 云　南 | Yunnan | 11330 | 4641 | 3355 | 5721 | 5609 |
| 西　藏 | Tibet | | | | | |
| 陕　西 | Shaanxi | 40405 | 19668 | 9075 | 9406 | 30999 |
| 甘　肃 | Gansu | 82 | 80 | 2 | 2 | 80 |
| 青　海 | Qinghai | | | | | |
| 宁　夏 | Ningxia | | | | | |
| 新　疆 | Xinjiang | | | | | |

4-3-7 续表 11 Continued 11

外商投资企业
Foreign Funded Enterprises

单位：万元
Unit: 10000 yuan

| 地　区 | Region | 资产总计 Total Assets | #流动资产合计 Total Working Capitals | #固定资产合计 Total Fixed Assets | 负债合计 Total Liabilities | 所有者权益合计 Total Owners' Equities |
|---|---|---|---|---|---|---|
| **全　国** | **National Total** | **2459959** | **782301** | **805656** | **1570663** | **889295** |
| 北　京 | Beijing | 411567 | 171403 | 93334 | 221590 | 189977 |
| 天　津 | Tianjin | 107607 | 25964 | 29894 | 59726 | 47881 |
| 河　北 | Hebei | 170 | 141 | 29 | 20 | 150 |
| 山　西 | Shanxi | 23058 | 5817 | 5877 | 12576 | 10482 |
| 内蒙古 | Inner Mongolia | 2563 | 1499 | 393 | 1560 | 1003 |
| 辽　宁 | Liaoning | 178262 | 51089 | 82026 | 117282 | 60980 |
| 吉　林 | Jilin | 930 | 240 | 681 | 468 | 462 |
| 黑龙江 | Heilongjiang | 19416 | 9158 | 5469 | 13062 | 6354 |
| 上　海 | Shanghai | 397196 | 179407 | 132324 | 329219 | 67977 |
| 江　苏 | Jiangsu | 224473 | 62071 | 74542 | 160492 | 63981 |
| 浙　江 | Zhejiang | 136158 | 37673 | 38841 | 83655 | 52503 |
| 安　徽 | Anhui | 1578 | 336 | 376 | 934 | 643 |
| 福　建 | Fujian | 86394 | 18870 | 32653 | 55761 | 30633 |
| 江　西 | Jiangxi | 15111 | 3181 | 6872 | 5387 | 9723 |
| 山　东 | Shandong | 117173 | 21430 | 48170 | 80343 | 36830 |
| 河　南 | Henan | 52966 | 11381 | 19208 | 39024 | 13942 |
| 湖　北 | Hubei | 71883 | 9069 | 26589 | 58004 | 13879 |
| 湖　南 | Hunan | 36407 | 9260 | 18978 | 23873 | 12533 |
| 广　东 | Guangdong | 429772 | 116182 | 144474 | 237889 | 191884 |
| 广　西 | Guangxi | 11036 | 1550 | 3121 | 4795 | 6241 |
| 海　南 | Hainan | 1331 | 858 | 461 | 996 | 335 |
| 重　庆 | Chongqing | 25150 | 9685 | 4051 | 9399 | 15751 |
| 四　川 | Sichuan | 40476 | 10126 | 11983 | 22403 | 18073 |
| 贵　州 | Guizhou | 800 |  | 416 | 352 | 448 |
| 云　南 | Yunnan | 18942 | 9251 | 3089 | 5937 | 13005 |
| 西　藏 | Tibet |  |  |  |  |  |
| 陕　西 | Shaanxi | 33007 | 14578 | 11920 | 16666 | 16340 |
| 甘　肃 | Gansu | 4949 | 1101 | 3131 | 1923 | 3026 |
| 青　海 | Qinghai | 93 | 68 | 25 | 48 | 45 |
| 宁　夏 | Ningxia | 6487 | 670 | 5688 | 4923 | 1564 |
| 新　疆 | Xinjiang | 5009 | 245 | 1041 | 2358 | 2651 |

## 4-3-8 各地区限额以上餐饮业企业年末资产负债(按国民经济行业)

## Assets and Liabilities of Enterprises above Designated Size of Catering Services by Region and Sector at the Year-end

正餐服务　　　　　　　　　　　　　　　　　　　　　　　　　　单位：万元

Dinner　　　　　　　　　　　　　　　　　　　　　　　　　　Unit: 10000 yuan

| 地　区 | Region | 资产总计 Total Assets | #流动资产合计 Total Working Capitals | #固定资产合计 Total Fixed Assets | 负债合计 Total Liabilities | 所有者权益合计 Total Owners' Equities |
|---|---|---|---|---|---|---|
| **全　国** | **National Total** | **19032955** | **7883562** | **7268981** | **12440050** | **6592892** |
| 北　京 | Beijing | 1987195 | 1047444 | 453018 | 1548047 | 439149 |
| 天　津 | Tianjin | 407067 | 209850 | 103268 | 275119 | 131953 |
| 河　北 | Hebei | 250633 | 97648 | 115819 | 182179 | 68455 |
| 山　西 | Shanxi | 513258 | 222768 | 215865 | 386801 | 126456 |
| 内蒙古 | Inner Mongolia | 532855 | 168118 | 220587 | 298547 | 234309 |
| 辽　宁 | Liaoning | 778776 | 233175 | 441706 | 499055 | 279721 |
| 吉　林 | Jilin | 282977 | 45811 | 179495 | 113479 | 169498 |
| 黑龙江 | Heilongjiang | 134853 | 61180 | 51084 | 66230 | 68623 |
| 上　海 | Shanghai | 1392503 | 830975 | 247213 | 992001 | 400502 |
| 江　苏 | Jiangsu | 1564395 | 602765 | 639925 | 1146924 | 417453 |
| 浙　江 | Zhejiang | 1343867 | 625089 | 403522 | 1012875 | 330992 |
| 安　徽 | Anhui | 492951 | 206942 | 187447 | 324630 | 168322 |
| 福　建 | Fujian | 428324 | 174278 | 174103 | 215571 | 212753 |
| 江　西 | Jiangxi | 193296 | 76880 | 77216 | 88294 | 105002 |
| 山　东 | Shandong | 2367953 | 824863 | 1099117 | 1326004 | 1041949 |
| 河　南 | Henan | 678131 | 282349 | 279865 | 361510 | 316621 |
| 湖　北 | Hubei | 694774 | 211818 | 350399 | 465038 | 229737 |
| 湖　南 | Hunan | 509040 | 132612 | 225365 | 247399 | 261641 |
| 广　东 | Guangdong | 1678135 | 775606 | 618962 | 1241752 | 436383 |
| 广　西 | Guangxi | 100344 | 41733 | 36965 | 59138 | 41206 |
| 海　南 | Hainan | 78087 | 42915 | 25196 | 51264 | 26822 |
| 重　庆 | Chongqing | 499808 | 193841 | 196468 | 287947 | 211860 |
| 四　川 | Sichuan | 829153 | 300022 | 345109 | 521858 | 307296 |
| 贵　州 | Guizhou | 97184 | 42626 | 36562 | 55720 | 41464 |
| 云　南 | Yunnan | 162235 | 72086 | 55387 | 106855 | 55380 |
| 西　藏 | Tibet | 1486 | 408 | 333 | 1106 | 381 |
| 陕　西 | Shaanxi | 688495 | 244900 | 306532 | 347350 | 341145 |
| 甘　肃 | Gansu | 107501 | 37217 | 51387 | 67852 | 39649 |
| 青　海 | Qinghai | 43449 | 10786 | 26911 | 25327 | 18123 |
| 宁　夏 | Ningxia | 120085 | 49951 | 56579 | 87837 | 32248 |
| 新　疆 | Xinjiang | 74147 | 16909 | 47576 | 36345 | 37802 |

快餐服务
Snack

单位：万元
Unit: 10000 yuan

| 地　区 | Region | 资产总计 Total Assets | #流动资产合计 Total Working Capitals | #固定资产合计 Total Fixed Assets | 负债合计 Total Liabilities | 所有者权益合计 Total Owners' Equities |
|---|---|---|---|---|---|---|
| **全　国** | **National Total** | **2336873** | **740614** | **696070** | **1435518** | **901640** |
| 北　京 | Beijing | 344437 | 154344 | 85293 | 201223 | 143215 |
| 天　津 | Tianjin | 110132 | 26328 | 31490 | 56609 | 53807 |
| 河　北 | Hebei | 3341 | 1068 | 2177 | 2965 | 377 |
| 山　西 | Shanxi | 22023 | 4935 | 5703 | 8357 | 13667 |
| 内蒙古 | Inner Mongolia | 1580 | 562 | 725 | 658 | 923 |
| 辽　宁 | Liaoning | 141779 | 29850 | 72888 | 82540 | 59239 |
| 吉　林 | Jilin | 787 | 190 | 575 | 309 | 478 |
| 黑龙江 | Heilongjiang | 5857 | 1484 | 2125 | 4600 | 1257 |
| 上　海 | Shanghai | 283732 | 131674 | 61822 | 250917 | 32815 |
| 江　苏 | Jiangsu | 205520 | 60821 | 52226 | 144317 | 61203 |
| 浙　江 | Zhejiang | 128095 | 32369 | 37297 | 81449 | 46646 |
| 安　徽 | Anhui | 16224 | 4815 | 5556 | 13189 | 3036 |
| 福　建 | Fujian | 72799 | 13730 | 22125 | 57513 | 15286 |
| 江　西 | Jiangxi | 14525 | 2697 | 6707 | 5038 | 9487 |
| 山　东 | Shandong | 117035 | 25223 | 40385 | 68535 | 48501 |
| 河　南 | Henan | 37530 | 6260 | 15677 | 19194 | 18336 |
| 湖　北 | Hubei | 62002 | 7224 | 21199 | 49175 | 12827 |
| 湖　南 | Hunan | 37424 | 8795 | 20835 | 23376 | 14048 |
| 广　东 | Guangdong | 544950 | 167934 | 151666 | 266058 | 278892 |
| 广　西 | Guangxi | 20942 | 4057 | 6560 | 12884 | 8058 |
| 海　南 | Hainan | 1612 | 1315 | 291 | 1079 | 533 |
| 重　庆 | Chongqing | 27923 | 12842 | 8809 | 13406 | 14516 |
| 四　川 | Sichuan | 54605 | 10268 | 20684 | 40987 | 13618 |
| 贵　州 | Guizhou | 4090 | 1637 | 2069 | 1686 | 2404 |
| 云　南 | Yunnan | 18654 | 4324 | 6151 | 9281 | 9373 |
| 西　藏 | Tibet | 387 | 132 | 255 | 230 | 158 |
| 陕　西 | Shaanxi | 45073 | 21701 | 9925 | 13976 | 31097 |
| 甘　肃 | Gansu | 6951 | 2442 | 3481 | 3014 | 3937 |
| 青　海 | Qinghai | 587 | 582 | 5 | 95 | 492 |
| 宁　夏 | Ningxia | 843 | 355 | 320 | 456 | 387 |
| 新　疆 | Xinjiang | 5433 | 658 | 1051 | 2404 | 3029 |

4-3-8 续表 2 Continued 2

饮料及冷饮服务
Beverage and Cold Drink

单位：万元
Unit: 10000 yuan

| 地 区 | Region | 资产总计 Total Assets | #流动资产合计 Total Working Capitals | #固定资产合计 Total Fixed Assets | 负债合计 Total Liabilities | 所有者权益合计 Total Owners' Equities |
|---|---|---|---|---|---|---|
| **全 国** | **National Total** | **148664** | **81492** | **40993** | **77459** | **71206** |
| 北 京 | Beijing | 35690 | 23209 | 7980 | 19738 | 15952 |
| 天 津 | Tianjin | 99 | 96 | | 50 | 49 |
| 河 北 | Hebei | | | | | |
| 山 西 | Shanxi | | | | | |
| 内蒙古 | Inner Mongolia | | | | | |
| 辽 宁 | Liaoning | 2454 | 1157 | 1055 | 895 | 1559 |
| 吉 林 | Jilin | | | | | |
| 黑龙江 | Heilongjiang | | | | | |
| 上 海 | Shanghai | 46720 | 24100 | 14207 | 29223 | 17498 |
| 江 苏 | Jiangsu | 4362 | 2936 | 509 | 3667 | 695 |
| 浙 江 | Zhejiang | 25557 | 18286 | 2851 | 10093 | 15464 |
| 安 徽 | Anhui | 683 | 364 | 110 | 673 | 10 |
| 福 建 | Fujian | 1054 | 647 | 340 | 297 | 757 |
| 江 西 | Jiangxi | 2786 | 1802 | 411 | 1441 | 1345 |
| 山 东 | Shandong | 1274 | 347 | 820 | 437 | 837 |
| 河 南 | Henan | 372 | 159 | 86 | 158 | 214 |
| 湖 北 | Hubei | 1020 | 71 | 230 | 391 | 630 |
| 湖 南 | Hunan | 4259 | 481 | 1608 | 1128 | 3132 |
| 广 东 | Guangdong | 15093 | 7233 | 6799 | 6368 | 8726 |
| 广 西 | Guangxi | 195 | 33 | 109 | 364 | -169 |
| 海 南 | Hainan | 173 | 25 | 42 | 26 | 147 |
| 重 庆 | Chongqing | 205 | 39 | 163 | 89 | 116 |
| 四 川 | Sichuan | 6670 | 510 | 3675 | 2424 | 4246 |
| 贵 州 | Guizhou | | | | | |
| 云 南 | Yunnan | | | | | |
| 西 藏 | Tibet | | | | | |
| 陕 西 | Shaanxi | | | | | |
| 甘 肃 | Gansu | | | | | |
| 青 海 | Qinghai | | | | | |
| 宁 夏 | Ningxia | | | | | |
| 新 疆 | Xinjiang | | | | | |

4-3-8 续表 3 Continued 3

其他餐饮服务
Others

单位：万元
Unit: 10000 yuan

| 地 区 | Region | 资产总计 Total Assets | #流动资产合计 Total Working Capitals | #固定资产合计 Total Fixed Assets | 负债合计 Total Liabilities | 所有者权益合计 Total Owners' Equities |
|---|---|---|---|---|---|---|
| **全 国** | **National Total** | **620608** | **291439** | **187962** | **356884** | **263724** |
| 北 京 | Beijing | 60495 | 37451 | 15511 | 49781 | 10714 |
| 天 津 | Tianjin | 22735 | 7263 | 3347 | 6429 | 16306 |
| 河 北 | Hebei | | | | | |
| 山 西 | Shanxi | 11906 | 3728 | 4613 | 7746 | 4160 |
| 内 蒙 古 | Inner Mongolia | 571 | 495 | 9 | 608 | -37 |
| 辽 宁 | Liaoning | 19049 | 9927 | 4404 | 10250 | 8800 |
| 吉 林 | Jilin | 1029 | 430 | 599 | 623 | 406 |
| 黑 龙 江 | Heilongjiang | 2535 | 1321 | 310 | 1353 | 1183 |
| 上 海 | Shanghai | 131266 | 32759 | 64426 | 102585 | 28681 |
| 江 苏 | Jiangsu | 64116 | 37283 | 13407 | 36519 | 27597 |
| 浙 江 | Zhejiang | 25366 | 14631 | 8017 | 15776 | 9589 |
| 安 徽 | Anhui | 2335 | 244 | 1587 | 2135 | 200 |
| 福 建 | Fujian | 25552 | 11288 | 8188 | 17673 | 7878 |
| 江 西 | Jiangxi | 298 | 86 | 212 | 72 | 226 |
| 山 东 | Shandong | 17628 | 7044 | 9079 | 15389 | 2239 |
| 河 南 | Henan | 9924 | 3773 | 2970 | 4868 | 5057 |
| 湖 北 | Hubei | 12053 | 4861 | 1862 | 7149 | 4904 |
| 湖 南 | Hunan | 6473 | 1792 | 2392 | 2670 | 3803 |
| 广 东 | Guangdong | 117279 | 74545 | 24347 | 40046 | 77233 |
| 广 西 | Guangxi | 973 | 773 | 180 | 448 | 525 |
| 海 南 | Hainan | 311 | 148 | 127 | 14 | 297 |
| 重 庆 | Chongqing | 7927 | 2617 | 2855 | 2921 | 5007 |
| 四 川 | Sichuan | 54619 | 24122 | 12166 | 20126 | 34493 |
| 贵 州 | Guizhou | 1680 | 319 | 1301 | 598 | 1082 |
| 云 南 | Yunnan | 19711 | 12638 | 4271 | 8788 | 10924 |
| 西 藏 | Tibet | | | | | |
| 陕 西 | Shaanxi | 2999 | 1180 | 1039 | 1453 | 1546 |
| 甘 肃 | Gansu | 1778 | 722 | 742 | 867 | 910 |
| 青 海 | Qinghai | | | | | |
| 宁 夏 | Ningxia | | | | | |
| 新 疆 | Xinjiang | | | | | |

# 4-4-1 限额以上住宿和餐饮业企业损益及分配

| 项　目 | Item | 主营业务收入 Revenue from Principal Business | 主营业务成本 Cost of Principal Business |
|---|---|---|---|
| **总　计** | **Total** | **49496830** | **21551221** |
| **一、住宿业** | **Hotels** | **22816455** | **8090968** |
| #国有控股 | State-controlled Enterprises | 7906078 | 2788387 |
| **(一)按登记注册类型分** | **by Type of Registration** | | |
| **1.内资企业** | **Domestic Funded Enterprises** | **18224109** | **6626376** |
| 国有企业 | State-owned Enterprises | 4961242 | 1733618 |
| 集体企业 | Collective-owned Enterprises | 630132 | 246755 |
| 股份合作企业 | Cooperative Enterprises | 180059 | 71400 |
| 联营企业 | Joint Ownership Enterprises | 108097 | 32010 |
| 国有联营企业 | State Joint Ownership Enterprises | 57283 | 17006 |
| 集体联营企业 | Collective Joint Ownership Enterprises | 9605 | 2798 |
| 国有与集体联营企业 | Joint State-collective Enterprises | 31373 | 9442 |
| 其他联营企业 | Other Joint Ownership Enterprises | 9836 | 2763 |
| 有限责任公司 | Limited Liability Corporations | 5570323 | 1821370 |
| 国有独资公司 | State Sole Funded Corporations | 268810 | 80264 |
| 其他有限责任公司 | Other Limited Liability Corporations | 5301513 | 1741107 |
| 股份有限公司 | Share-holding Corporations Ltd. | 836298 | 336420 |
| 私营企业 | Private Enterprises | 5645967 | 2271547 |
| 私营独资企业 | Private-funded Enterprises | 1083975 | 512470 |
| 私营合伙企业 | Private Partnership Enterprises | 286128 | 138019 |
| 私营有限责任公司 | Private Limited Liability Corporations | 3968771 | 1506568 |
| 私营股份有限公司 | Private Share-holding Corporations Ltd. | 307092 | 114489 |
| 其他企业 | Other Enterprises | 291992 | 113257 |
| **2.港、澳、台商投资企业** | **Enterprises with Funds from Hongkong, Macao and Taiwan** | **2671439** | **898630** |
| 合资经营企业 | Joint-venture Enterprises | 1622127 | 618266 |
| 合作经营企业 | Cooperative Enterprises | 375392 | 96351 |
| 独资经营企业 | Enterprises with Sole Investment | 616350 | 167478 |
| 投资股份有限公司 | Share-holding Corporations Ltd. with Investment | 57570 | 16534 |
| **3.外商投资企业** | **Foreign Funded Enterprises** | **1920906** | **565963** |
| 中外合资经营企业 | Joint-venture Enterprises | 935179 | 212728 |
| 中外合作经营企业 | Cooperative Enterprises | 301029 | 114058 |
| 外资企业 | Enterprises with Sole Foreign Investment | 634268 | 226418 |
| 外商投资股份有限公司 | Share-holding Corporations Ltd. with Foreign Investment | 50430 | 12759 |
| **(二)按国民经济行业分** | **by Sector** | | |
| 旅游饭店 | Tourist Hotel | 19556755 | 6702266 |
| 一般旅馆 | Fonda | 2883001 | 1145538 |
| 其他住宿服务 | Others | 376699 | 243164 |

## Income and Distribution of Enterprises above Designated Size of Hotels and Catering Services

单位：万元

Unit: 10000 yuan

| 主营业务税金及附加 Taxes and Other Charges on Principal Business | 主营业务利润 Profits from Principal Business | 其他业务利润 Profits from Other Business | 营业费用 Business Expenses | 管理费用 Administrative Expenses | #税金 Taxes |
|---|---|---|---|---|---|
| **2581934** | **24728917** | **336812** | **14560936** | **9175955** | **429509** |
| **1216325** | **13138935** | **231176** | **7101957** | **6489893** | **304947** |
| 400047 | 4552579 | 68098 | 2430790 | 2379655 | 119053 |
| | | | | | |
| **996431** | **10278243** | **172364** | **5879389** | **4866217** | **235164** |
| 258008 | 2879629 | 43188 | 1630892 | 1476151 | 77436 |
| 33897 | 331655 | 6169 | 197320 | 148093 | 8167 |
| 9890 | 93900 | 3015 | 50797 | 39257 | 2808 |
| 6770 | 68795 | 1068 | 37086 | 34520 | 1726 |
| 3622 | 36876 | 692 | 21913 | 17587 | 1082 |
| 556 | 5888 | | 3792 | 2815 | 109 |
| 2081 | 19582 | 376 | 7723 | 10624 | 369 |
| 512 | 6450 | | 3658 | 3493 | 166 |
| 311672 | 3307322 | 52120 | 1878892 | 1642595 | 72167 |
| 14571 | 172530 | 4203 | 102915 | 102723 | 4118 |
| 297101 | 3134792 | 47917 | 1775977 | 1539872 | 68049 |
| 43659 | 432673 | 7666 | 215340 | 188966 | 12874 |
| 316727 | 3007610 | 57015 | 1794679 | 1261161 | 55705 |
| 58713 | 491415 | 7812 | 251884 | 173862 | 9567 |
| 16204 | 127564 | 1382 | 64922 | 44762 | 2692 |
| 224654 | 2224024 | 44197 | 1371788 | 972380 | 39389 |
| 17157 | 164606 | 3624 | 106085 | 70157 | 4057 |
| 15809 | 156660 | 2125 | 74384 | 75474 | 4282 |
| **120031** | **1633327** | **23126** | **710077** | **973865** | **39522** |
| 66849 | 919118 | 18487 | 371132 | 521181 | 23487 |
| 18786 | 259588 | 662 | 108180 | 136087 | 4776 |
| 31381 | 417057 | 3516 | 214827 | 292187 | 10542 |
| 3015 | 37564 | 462 | 15938 | 24410 | 718 |
| **99863** | **1227365** | **35686** | **512491** | **649812** | **30260** |
| 47796 | 668115 | 5085 | 250663 | 333023 | 16101 |
| 16608 | 164389 | 2415 | 72541 | 95483 | 2987 |
| 33426 | 359424 | 26477 | 174445 | 205089 | 10755 |
| 2034 | 35437 | 1710 | 14841 | 16216 | 417 |
| | | | | | |
| 1042485 | 11420212 | 183637 | 6059769 | 5745806 | 273450 |
| 153837 | 1517537 | 43258 | 924025 | 643141 | 28630 |
| 20003 | 201186 | 4282 | 118163 | 100947 | 2867 |

| 项 目 | Item | #差旅费 Travel Allowance | #工会经费 Trade Unions Funds |
|---|---|---|---|
| **总 计** | **Total** | **118157** | **46557** |
| **一、住宿业** | **Hotels** | **55673** | **30513** |
| #国有控股 | State-controlled Enterprises | 17849 | 15482 |
| **(一)按登记注册类型分** | **by Type of Registration** | | |
| **1.内资企业** | **Domestic Funded Enterprises** | **46569** | **25250** |
| 国有企业 | State-owned Enterprises | 12156 | 10228 |
| 集体企业 | Collective-owned Enterprises | 1619 | 845 |
| 股份合作企业 | Cooperative Enterprises | 767 | 247 |
| 联营企业 | Joint Ownership Enterprises | 275 | 215 |
| 国有联营企业 | State Joint Ownership Enterprises | 173 | 114 |
| 集体联营企业 | Collective Joint Ownership Enterprises | 36 | 34 |
| 国有与集体联营企业 | Joint State-collective Enterprises | 45 | 60 |
| 其他联营企业 | Other Joint Ownership Enterprises | 21 | 8 |
| 有限责任公司 | Limited Liability Corporations | 13852 | 6934 |
| 国有独资公司 | State Sole Funded Corporations | 552 | 727 |
| 其他有限责任公司 | Other Limited Liability Corporations | 13300 | 6208 |
| 股份有限公司 | Share-holding Corporations Ltd. | 2790 | 1407 |
| 私营企业 | Private Enterprises | 14593 | 5018 |
| 私营独资企业 | Private-funded Enterprises | 3043 | 1208 |
| 私营合伙企业 | Private Partnership Enterprises | 647 | 225 |
| 私营有限责任公司 | Private Limited Liability Corporations | 9744 | 3367 |
| 私营股份有限公司 | Private Share-holding Corporations Ltd. | 1159 | 218 |
| 其他企业 | Other Enterprises | 517 | 356 |
| **2.港、澳、台商投资企业** | **Enterprises with Funds from Hongkong, Macao and Taiwan** | **4999** | **3057** |
| 合资经营企业 | Joint-venture Enterprises | 2778 | 2119 |
| 合作经营企业 | Cooperative Enterprises | 648 | 538 |
| 独资经营企业 | Enterprises with Sole Investment | 1487 | 339 |
| 投资股份有限公司 | Share-holding Corporations Ltd. with Investment | 85 | 62 |
| **3.外商投资企业** | **Foreign Funded Enterprises** | **4105** | **2206** |
| 中外合资经营企业 | Joint-venture Enterprises | 2171 | 1204 |
| 中外合作经营企业 | Cooperative Enterprises | 641 | 380 |
| 外资企业 | Enterprises with Sole Foreign Investment | 1229 | 588 |
| 外商投资股份有限公司 | Share-holding Corporations Ltd. with Foreign Investment | 65 | 35 |
| **(二)按国民经济行业分** | **by Sector** | | |
| 旅游饭店 | Tourist Hotel | 46448 | 26741 |
| 一般旅馆 | Fonda | 8114 | 3379 |
| 其他住宿服务 | Others | 1112 | 393 |

4-4-1 Continued 1

单位：万元

Unit：10000 yuan

| 财务费用 Financial Expense | #利息支出 Interest Expense | 营业利润 Operating Profit | 利润总额 Total Profit | 应交所得税 Income Tax Payable | 劳动、失业保险费 Unemployment Insurance | 住房公积金和住房补贴 Housing Fund and Housing Allowance |
|---|---|---|---|---|---|---|
| **1276622** | **767923** | **1058552** | **995121** | **557417** | **139395** | **188287** |
| **942308** | **625482** | **-512930** | **-427219** | **196249** | **80507** | **124950** |
| 208860 | 138438 | -158213 | -53086 | 81083 | 37959 | 76954 |
| | | | | | | |
| **674008** | **439967** | **-427868** | **-333546** | **137877** | **67636** | **95179** |
| 123398 | 82208 | -197960 | -111616 | 30891 | 25976 | 50331 |
| 13357 | 9188 | 312 | -4047 | 5781 | 1850 | 2466 |
| 7884 | 3476 | 3651 | 3589 | 2101 | 680 | 582 |
| 2115 | 493 | 240 | -3409 | 1068 | 554 | 910 |
| 1083 | -98 | -1122 | -1188 | 667 | 183 | 291 |
| 80 | 24 | -435 | -602 | 29 | 63 | 33 |
| 794 | 457 | 1274 | -2628 | 202 | 281 | 551 |
| 158 | 110 | 523 | 1009 | 170 | 27 | 35 |
| 227466 | 156468 | -217991 | -188312 | 41691 | 20507 | 28462 |
| 6493 | 4418 | -32168 | -33948 | 1273 | 1339 | 3015 |
| 220972 | 152050 | -185822 | -154364 | 40419 | 19168 | 25447 |
| 34442 | 25711 | 45722 | 47139 | 11693 | 3259 | 3898 |
| 260398 | 159825 | -76666 | -82228 | 42850 | 13905 | 7535 |
| 37378 | 22040 | 60603 | 43019 | 11058 | 2170 | 1331 |
| 10316 | 6310 | 15828 | 14017 | 2938 | 567 | 631 |
| 191044 | 118073 | -138688 | -123864 | 27079 | 10280 | 4632 |
| 21661 | 13403 | -14408 | -15400 | 1776 | 889 | 941 |
| 1948 | 2399 | 14824 | 5338 | 1802 | 907 | 996 |
| **166416** | **112096** | **-122583** | **-132981** | **32391** | **8116** | **18554** |
| 100257 | 72019 | -11054 | 173 | 24858 | 4917 | 12875 |
| 29600 | 15541 | -11205 | -26160 | 2292 | 1188 | 2488 |
| 35076 | 23858 | -96976 | -97801 | 4894 | 1812 | 3043 |
| 1483 | 678 | -3349 | -9193 | 348 | 199 | 148 |
| **101884** | **73419** | **37521** | **39308** | **25981** | **4755** | **11216** |
| 42484 | 29608 | 60716 | 64854 | 15407 | 1982 | 5963 |
| 25977 | 21068 | -21419 | -30015 | 2462 | 642 | 1962 |
| 31441 | 21783 | -5784 | 238 | 7614 | 1756 | 3197 |
| 1983 | 960 | 4008 | 4232 | 498 | 374 | 95 |
| | | | | | | |
| 855553 | 569554 | -502717 | -433116 | 164763 | 72022 | 111833 |
| 74706 | 49079 | -2326 | 10090 | 28533 | 7658 | 11578 |
| 12050 | 6849 | -7887 | -4193 | 2953 | 827 | 1539 |

| 项　　目 | Item | 主营业务收入 Revenue from Principal Business | 主营业务成本 Cost of Principal Business |
|---|---|---|---|
| **二、餐饮业** | **Catering Services** | **26680375** | **13460253** |
| #国有控股 | State-controlled Enterprises | 1222783 | 622423 |
| **(一)按登记注册类型分** | **by Type of Registration** | | |
| **1.内资企业** | **Domestic Funded Enterprises** | **20020486** | **10953361** |
| 国有企业 | State-owned Enterprises | 672345 | 363390 |
| 集体企业 | Collective-owned Enterprises | 327587 | 184944 |
| 股份合作企业 | Cooperative Enterprises | 257702 | 139881 |
| 联营企业 | Joint Ownership Enterprises | 18924 | 10083 |
| 国有联营企业 | State Joint Ownership Enterprises | | |
| 集体联营企业 | Collective Joint Ownership Enterprises | 2456 | 1543 |
| 国有与集体联营企业 | Joint State-collective Enterprises | 1038 | 235 |
| 其他联营企业 | Other Joint Ownership Enterprises | 15430 | 8306 |
| 有限责任公司 | Limited Liability Corporations | 4017467 | 2127771 |
| 国有独资公司 | State Sole Funded Corporations | 17134 | 9875 |
| 其他有限责任公司 | Other Limited Liability Corporations | 4000332 | 2117896 |
| 股份有限公司 | Share-holding Corporations Ltd. | 801613 | 395435 |
| 私营企业 | Private Enterprises | 13424740 | 7444373 |
| 私营独资企业 | Private-funded Enterprises | 3627923 | 2204146 |
| 私营合伙企业 | Private Partnership Enterprises | 619376 | 362578 |
| 私营有限责任公司 | Private Limited Liability Corporations | 8407327 | 4417519 |
| 私营股份有限公司 | Private Share-holding Corporations Ltd. | 770114 | 460131 |
| 其他企业 | Other Enterprises | 500109 | 287485 |
| **2.港、澳、台商投资企业** | **Enterprises with Funds from Hongkong, Macao and Taiwan** | **2064061** | **861810** |
| 合资经营企业 | Joint-venture Enterprises | 451117 | 193963 |
| 合作经营企业 | Cooperative Enterprises | 139609 | 58421 |
| 独资经营企业 | Enterprises with Sole Investment | 1213278 | 517466 |
| 投资股份有限公司 | Share-holding Corporations Ltd. with Investment | 260057 | 91959 |
| **3.外商投资企业** | **Foreign Funded Enterprises** | **4595828** | **1645082** |
| 中外合资经营企业 | Joint-venture Enterprises | 1094580 | 403132 |
| 中外合作经营企业 | Cooperative Enterprises | 230557 | 88955 |
| 外资企业 | Enterprises with Sole Foreign Investment | 3139851 | 1105063 |
| 外商投资股份有限公司 | Share-holding Corporations Ltd. with Foreign Investment | 130839 | 47933 |
| **(二)按国民经济行业分** | **by Sector** | | |
| 正餐服务 | Dinner | 20521218 | 10965262 |
| 快餐服务 | Snack | 4987380 | 1881059 |
| 饮料及冷饮服务 | Beverage and Cold Drink | 256667 | 89415 |
| 其他餐饮服务 | Others | 915110 | 524517 |

4-4-1 Continued 2

单位：万元
Unit：10000 yuan

| 主营业务税金及附加 Taxes and Other Charges on Principal Business | 主营业务利润 Profits from Principal Business | 其他业务利润 Profits from Other Business | 营业费用 Business Expenses | 管理费用 Administrative Expenses | #税金 Taxes |
|---|---|---|---|---|---|
| **1365609** | **11589983** | **105636** | **7458979** | **2686061** | **124562** |
| 60613 | 533902 | 10033 | 326098 | 197592 | 8624 |
| | | | | | |
| **1027763** | **7804818** | **85270** | **4741646** | **2074323** | **116140** |
| 33818 | 273851 | 6402 | 163206 | 120809 | 5561 |
| 16394 | 124962 | 4720 | 73973 | 38489 | 2660 |
| 13195 | 99958 | 1366 | 60391 | 26336 | 2107 |
| 965 | 7383 | | 3599 | 1639 | 105 |
| | | | | | |
| 136 | 464 | | 472 | 175 | |
| 43 | 761 | | 229 | 258 | 16 |
| 786 | 6159 | | 2898 | 1206 | 90 |
| 203261 | 1639893 | 18221 | 1062959 | 458433 | 20116 |
| 906 | 5633 | 24 | 4172 | 1826 | 35 |
| 202355 | 1634260 | 18198 | 1058787 | 456607 | 20081 |
| 40092 | 361681 | 15674 | 200372 | 93522 | 4434 |
| 694060 | 5118840 | 38297 | 3085440 | 1286473 | 77692 |
| 169520 | 1213976 | 6358 | 513433 | 254674 | 24714 |
| 31078 | 215045 | 1428 | 112490 | 50342 | 4422 |
| 455788 | 3426558 | 26742 | 2285128 | 920794 | 44420 |
| 37675 | 263261 | 3769 | 174390 | 60663 | 4136 |
| 25978 | 178251 | 590 | 91706 | 48622 | 3465 |
| **105694** | **1087034** | **11027** | **792313** | **213794** | **4262** |
| 21900 | 229815 | 3490 | 141795 | 69984 | 2170 |
| 6343 | 74844 | 3130 | 51555 | 17922 | 191 |
| 64221 | 627966 | 5480 | 478518 | 113824 | 1634 |
| 13231 | 154408 | -1072 | 120444 | 12064 | 267 |
| **232151** | **2698131** | **9338** | **1925020** | **397944** | **4161** |
| 54470 | 634467 | 51 | 438346 | 74097 | 1216 |
| 11979 | 129102 | 825 | 91048 | 28760 | 175 |
| 158849 | 1858508 | 8140 | 1341367 | 284681 | 2641 |
| 6852 | 76054 | 323 | 54259 | 10406 | 130 |
| | | | | | |
| 1062669 | 8296492 | 87397 | 5110469 | 2201453 | 114355 |
| 248777 | 2823490 | 12698 | 2024311 | 368201 | 7480 |
| 16641 | 152453 | 421 | 115151 | 24945 | 436 |
| 37522 | 317548 | 5120 | 209048 | 91462 | 2291 |

| 项　目 | Item | #差旅费 Travel Allowance | #工会经费 Trade Unions Funds |
|---|---|---|---|
| **二、餐饮业** | **Catering Services** | **62484** | **16044** |
| #国有控股 | State-controlled Enterprises | 2310 | 2731 |
| **(一)按登记注册类型分** | **by Type of Registration** | | |
| **1.内资企业** | **Domestic Funded Enterprises** | **50276** | **12999** |
| 国有企业 | State-owned Enterprises | 1191 | 984 |
| 集体企业 | Collective-owned Enterprises | 594 | 348 |
| 股份合作企业 | Cooperative Enterprises | 511 | 385 |
| 联营企业 | Joint Ownership Enterprises | 30 | 11 |
| 国有联营企业 | State Joint Ownership Enterprises | | |
| 集体联营企业 | Collective Joint Ownership Enterprises | 2 | |
| 国有与集体联营企业 | Joint State-collective Enterprises | | |
| 其他联营企业 | Other Joint Ownership Enterprises | 28 | 10 |
| 有限责任公司 | Limited Liability Corporations | 8409 | 3702 |
| 国有独资公司 | State Sole Funded Corporations | 9 | 7 |
| 其他有限责任公司 | Other Limited Liability Corporations | 8400 | 3695 |
| 股份有限公司 | Share-holding Corporations Ltd. | 1251 | 773 |
| 私营企业 | Private Enterprises | 37058 | 6439 |
| 私营独资企业 | Private-funded Enterprises | 9219 | 1826 |
| 私营合伙企业 | Private Partnership Enterprises | 1667 | 391 |
| 私营有限责任公司 | Private Limited Liability Corporations | 24882 | 3880 |
| 私营股份有限公司 | Private Share-holding Corporations Ltd. | 1291 | 342 |
| 其他企业 | Other Enterprises | 1232 | 358 |
| **2.港、澳、台商投资企业** | **Enterprises with Funds from Hongkong, Macao and Taiwan** | **3515** | **892** |
| 合资经营企业 | Joint-venture Enterprises | 989 | 369 |
| 合作经营企业 | Cooperative Enterprises | 234 | 74 |
| 独资经营企业 | Enterprises with Sole Investment | 2063 | 381 |
| 投资股份有限公司 | Share-holding Corporations Ltd. with Investment | 230 | 67 |
| **3.外商投资企业** | **Foreign Funded Enterprises** | **8693** | **2153** |
| 中外合资经营企业 | Joint-venture Enterprises | 1331 | 278 |
| 中外合作经营企业 | Cooperative Enterprises | 744 | 209 |
| 外资企业 | Enterprises with Sole Foreign Investment | 5988 | 1656 |
| 外商投资股份有限公司 | Share-holding Corporations Ltd. with Foreign Investment | 629 | 10 |
| **(二)按国民经济行业分** | **by Sector** | | |
| 正餐服务 | Dinner | 52386 | 12363 |
| 快餐服务 | Snack | 7689 | 2771 |
| 饮料及冷饮服务 | Beverage and Cold Drink | 574 | 317 |
| 其他餐饮服务 | Others | 1835 | 592 |

4-4-1 Continued 3

单位：万元
Unit: 10000 yuan

| 财务费用 Financial Expense | #利息支出 Interest Expense | 营业利润 Operating Profit | 利润总额 Total Profit | 应交所得税 Income Tax Payable | 劳动、失业保险费 Unemployment Insurance | 住房公积金和住房补贴 Housing Fund and Housing Allowance |
|---|---|---|---|---|---|---|
| **334313** | **142442** | **1571483** | **1422339** | **361168** | **58887** | **63337** |
| 12045 | 5689 | 44146 | 68206 | 15984 | 6505 | 7981 |
| | | | | | | |
| **277845** | **122329** | **1093922** | **975053** | **225944** | **39682** | **26272** |
| 7294 | 2783 | 9534 | 13085 | 6013 | 3495 | 3863 |
| 4174 | 1938 | 13549 | 12922 | 3431 | 773 | 451 |
| 4152 | 2605 | 9442 | 14320 | 2937 | 488 | 408 |
| 190 | 13 | 2458 | 2432 | 414 | 72 | 87 |
| | | | | | | |
| 16 | | 124 | 112 | 8 | 29 | 12 |
| 72 | | 202 | 222 | | 1 | 2 |
| 102 | 13 | 2132 | 2098 | 406 | 42 | 74 |
| 52823 | 24552 | 143648 | 133431 | 41190 | 8034 | 5798 |
| 162 | 93 | 226 | 341 | 129 | 54 | 22 |
| 52661 | 24460 | 143422 | 133090 | 41061 | 7980 | 5777 |
| 14384 | 9180 | 87994 | 88744 | 15357 | 2783 | 4378 |
| 189304 | 79419 | 785904 | 675408 | 151416 | 23094 | 10650 |
| 46468 | 16787 | 444609 | 389614 | 53270 | 5536 | 2279 |
| 6621 | 2438 | 57842 | 48775 | 7681 | 1191 | 495 |
| 127501 | 55867 | 251464 | 206609 | 82791 | 15156 | 7434 |
| 8714 | 4327 | 31989 | 30411 | 7674 | 1210 | 442 |
| 5525 | 1838 | 41393 | 34712 | 5186 | 941 | 637 |
| **20927** | **6727** | **77389** | **78636** | **32565** | **3014** | **6109** |
| 7097 | 3368 | 10928 | 10203 | 5606 | 709 | 1405 |
| 1646 | 569 | 6853 | 7090 | 2176 | 192 | 416 |
| 11534 | 2523 | 39115 | 37015 | 18626 | 1833 | 3594 |
| 650 | 266 | 20493 | 24329 | 6157 | 280 | 695 |
| **35541** | **13386** | **400172** | **368650** | **102659** | **16192** | **30956** |
| 8459 | 3357 | 115529 | 108355 | 30980 | 1876 | 11768 |
| 4082 | 1040 | 5812 | 3303 | 1658 | 857 | 1670 |
| 21249 | 9036 | 270083 | 249092 | 68031 | 13281 | 17302 |
| 1751 | | 8749 | 7900 | 1990 | 178 | 217 |
| | | | | | | |
| 297167 | 129862 | 1042657 | 922938 | 230552 | 41382 | 29453 |
| 29500 | 10042 | 464691 | 435265 | 113451 | 15722 | 29981 |
| 966 | 261 | 13952 | 15290 | 3171 | 518 | 1235 |
| 6681 | 2277 | 50183 | 48846 | 13994 | 1265 | 2669 |

# 4-4-2 各地区限额以上住宿和餐饮业企业损益及分配

| 地 区 | Region | 主营业务收入 Revenue from Principal Busines | 主营业务成本 Cost of Principal Business | 主营业务税金及附加 Taxes and Other Charges on Principal Business | 主营业务利润 Profits from Principal Business | 其他业务利润 Profits from Other Business | 营业费用 Business Expenses | 管理费用 Administrative Expense |
|---|---|---|---|---|---|---|---|---|
| **全 国** | **National Total** | **49496830** | **21551221** | **2581934** | **24728917** | **336812** | **14560936** | **9175955** |
| 北 京 | Beijing | 6079747 | 2259479 | 318961 | 3501306 | 40350 | 2124149 | 1419801 |
| 天 津 | Tianjin | 903187 | 382989 | 49108 | 460673 | 3461 | 305632 | 158465 |
| 河 北 | Hebei | 788397 | 362006 | 44574 | 379544 | 2443 | 246326 | 161250 |
| 山 西 | Shanxi | 862200 | 408474 | 44936 | 372603 | 4715 | 253110 | 144776 |
| 内蒙古 | Inner Mongolia | 705241 | 347743 | 33650 | 318870 | 16473 | 140983 | 114117 |
| 辽 宁 | Liaoning | 1640471 | 701281 | 85267 | 831600 | 5282 | 435180 | 306133 |
| 吉 林 | Jilin | 419084 | 202667 | 21839 | 188533 | 1095 | 92639 | 85730 |
| 黑龙江 | Heilongjiang | 477466 | 199656 | 30931 | 234119 | 2417 | 93935 | 82562 |
| 上 海 | Shanghai | 4476959 | 1806795 | 226206 | 2445830 | 26874 | 1596210 | 859840 |
| 江 苏 | Jiangsu | 3602566 | 1614791 | 186602 | 1673273 | 16083 | 1014601 | 700994 |
| 浙 江 | Zhejiang | 4068031 | 1823285 | 206472 | 2039056 | 43453 | 1164773 | 763008 |
| 安 徽 | Anhui | 843177 | 398604 | 46328 | 377933 | 5273 | 231222 | 160073 |
| 福 建 | Fujian | 1572764 | 685445 | 87579 | 790040 | 19123 | 455894 | 281190 |
| 江 西 | Jiangxi | 533213 | 232964 | 27958 | 260040 | 2264 | 141453 | 86662 |
| 山 东 | Shandong | 3842055 | 1957689 | 179727 | 1695919 | 13336 | 737682 | 542720 |
| 河 南 | Henan | 1827898 | 989660 | 81933 | 756305 | 9044 | 343128 | 253980 |
| 湖 北 | Hubei | 1286566 | 595066 | 68427 | 623497 | 5371 | 387392 | 215362 |
| 湖 南 | Hunan | 1507385 | 699900 | 70038 | 380305 | 6391 | 292816 | 256402 |
| 广 东 | Guangdong | 7154764 | 2871333 | 399383 | 3844050 | 46967 | 2485462 | 1194314 |
| 广 西 | Guangxi | 551674 | 196794 | 30575 | 313453 | 7214 | 196915 | 126876 |
| 海 南 | Hainan | 636986 | 159833 | 33669 | 418843 | 1465 | 181766 | 203524 |
| 重 庆 | Chongqing | 1105015 | 703912 | 50822 | 463980 | 7273 | 214376 | 146281 |
| 四 川 | Sichuan | 1681273 | 679894 | 95079 | 898356 | 23843 | 515342 | 312183 |
| 贵 州 | Guizhou | 261816 | 104583 | 15816 | 132264 | 1728 | 86096 | 57361 |
| 云 南 | Yunnan | 562571 | 211357 | 30749 | 315254 | 9578 | 178560 | 149995 |
| 西 藏 | Tibet | 36946 | 13367 | 2028 | 17638 | 382 | 14286 | 10662 |
| 陕 西 | Shaanxi | 1269912 | 582436 | 65472 | 612872 | 8132 | 361730 | 222861 |
| 甘 肃 | Gansu | 278834 | 128553 | 19167 | 131114 | 542 | 85820 | 47142 |
| 青 海 | Qinghai | 79942 | 28604 | 4467 | 45713 | 1046 | 31722 | 18245 |
| 宁 夏 | Ningxia | 135448 | 56204 | 7533 | 70443 | 990 | 45735 | 27355 |
| 新 疆 | Xinjiang | 305245 | 145861 | 16638 | 135495 | 4207 | 106003 | 66092 |

# Income and Distribution of Enterprises above Designated Size of Hotels and Catering Services by Region

单位：万元

Unit：10000 yuan

| #税金 Taxes | #差旅费 Travel Allowance | #工会经费 Trade Unions Funds | 财务费用 Financial Expense | #利息支出 Interest Expense | 营业利润 Operating Profit | 利润总额 Total Profit | 应交所得税 Income Tax Payable | 劳动、失业保险费 Unemployment Insurance | 住房公积金和住房补贴 Housing Fund and Housing Allowance |
|---|---|---|---|---|---|---|---|---|---|
| **429509** | **118157** | **46557** | **1276622** | **767923** | **1058552** | **995121** | **557417** | **139395** | **188287** |
| 61965 | 12133 | 6252 | 159854 | 123386 | -110673 | -90015 | 79510 | 15935 | 44358 |
| 4049 | 893 | 460 | 18378 | 11386 | 8873 | 17604 | 15903 | 2302 | 5530 |
| 10041 | 1465 | 932 | 28038 | 20637 | -50136 | -49677 | 3766 | 3235 | 2620 |
| 6414 | 1623 | 696 | 23269 | 12807 | -2748 | 14507 | 6914 | 643 | 1487 |
| 9929 | 3332 | 604 | 12633 | 8210 | 77205 | 52632 | 5758 | 1282 | 973 |
| 12463 | 3488 | 1631 | 34074 | 19667 | 76531 | 76397 | 24014 | 10127 | 13209 |
| 4485 | 773 | 545 | 12529 | 7291 | 10456 | 19680 | 2641 | 1182 | 864 |
| 5506 | 821 | 382 | 11156 | 3734 | 91874 | 46721 | 5450 | 818 | 1399 |
| 20926 | 7307 | 2654 | 106860 | 58464 | -81205 | -54883 | 39621 | 17752 | 21106 |
| 20480 | 5913 | 2222 | 95611 | 45111 | 40577 | 29204 | 38019 | 15945 | 14985 |
| 26646 | 7629 | 3788 | 136655 | 95450 | 18555 | 83198 | 52087 | 11164 | 17457 |
| 11649 | 2506 | 649 | 25896 | 19961 | -6020 | -1819 | 8902 | 2011 | 2063 |
| 12338 | 11652 | 1155 | 37288 | 24127 | 45012 | 41793 | 19616 | 2056 | 5615 |
| 4656 | 1195 | 574 | 14072 | 9370 | 26976 | 26729 | 5225 | 606 | 618 |
| 33243 | 9423 | 2045 | 82249 | 34223 | 375629 | 368746 | 60340 | 7404 | 10428 |
| 18348 | 5203 | 2036 | 40251 | 21949 | 127987 | 117189 | 25852 | 4739 | 4410 |
| 26348 | 2982 | 1760 | 33471 | 19401 | 15799 | 24445 | 12537 | 3553 | 2460 |
| 17046 | 5331 | 3076 | 48565 | 28282 | 159194 | 61803 | 16468 | 6208 | 6623 |
| 49849 | 12519 | 5650 | 169082 | 92933 | 95541 | 55737 | 75669 | 15853 | 16468 |
| 6894 | 1854 | 607 | 23054 | 18074 | -8305 | -10630 | 3305 | 1727 | 2119 |
| 10903 | 2763 | 1050 | 20159 | 10803 | 40310 | 37346 | 5157 | 2308 | 441 |
| 9101 | 5078 | 1323 | 21826 | 12622 | 93690 | 88550 | 10589 | 2489 | 2288 |
| 14243 | 4116 | 2062 | 49320 | 27517 | 65857 | 60411 | 18919 | 2616 | 2544 |
| 2956 | 734 | 293 | 9080 | 4641 | -4756 | -3150 | 1270 | 494 | 699 |
| 9534 | 2794 | 1023 | 15196 | 9056 | -12986 | 3735 | 6264 | 1132 | 1958 |
| 155 | 107 | 120 | 672 | 535 | -4111 | -665 | 458 | 182 | 663 |
| 10442 | 2435 | 1341 | 29834 | 16441 | 14195 | 8334 | 8277 | 3413 | 2353 |
| 2984 | 800 | 214 | 4095 | 1897 | -5401 | -3575 | 1954 | 809 | 801 |
| 548 | 142 | 63 | 1949 | 1506 | -3292 | -2288 | 31 | 60 | 432 |
| 1695 | 322 | 921 | 5538 | 3382 | -5839 | -6437 | 953 | 305 | 229 |
| 3675 | 824 | 431 | 5968 | 5061 | -30236 | -16502 | 1950 | 1045 | 1090 |

# 4-4-3 各地区限额以上住宿业企业损益及分配

| 地 区 | Region | 主营业务收入 Revenue from Principal Business | 主营业务成本 Cost of Principal Business | 主营业务税金及附加 Taxes and Other Charges on Principal Business | 主营业务利润 Profits from Principal Business | 其他业务利润 Profits from Other Business | 营业费用 Business Expenses | 管理费用 Administrative Expense |
|---|---|---|---|---|---|---|---|---|
| **全 国** | **National Total** | **22816455** | **8090968** | **1216325** | **13138935** | **231176** | **7101957** | **6489893** |
| 北 京 | Beijing | 2637433 | 735211 | 139793 | 1762429 | 26866 | 872765 | 1012609 |
| 天 津 | Tianjin | 277250 | 91443 | 14987 | 160224 | 2820 | 108552 | 95976 |
| 河 北 | Hebei | 524037 | 215884 | 29470 | 277589 | 1888 | 171713 | 137842 |
| 山 西 | Shanxi | 413830 | 180785 | 22638 | 198207 | 3829 | 135256 | 94864 |
| 内蒙古 | Inner Mongolia | 317407 | 141496 | 15359 | 158286 | 2819 | 79248 | 67123 |
| 辽 宁 | Liaoning | 715373 | 259710 | 36171 | 418454 | 4485 | 189053 | 223292 |
| 吉 林 | Jilin | 237769 | 94347 | 12431 | 125818 | 798 | 67707 | 59084 |
| 黑龙江 | Heilongjiang | 224234 | 74346 | 12569 | 133105 | 1886 | 65137 | 67108 |
| 上 海 | Shanghai | 1570077 | 426136 | 84563 | 1060006 | 11905 | 548937 | 542195 |
| 江 苏 | Jiangsu | 1556325 | 589446 | 82133 | 832215 | 10828 | 448726 | 457857 |
| 浙 江 | Zhejiang | 2413399 | 948882 | 117779 | 1346900 | 36045 | 692613 | 607157 |
| 安 徽 | Anhui | 432533 | 174226 | 24128 | 216632 | 4041 | 123263 | 118916 |
| 福 建 | Fujian | 772944 | 266634 | 44643 | 455176 | 15715 | 255027 | 184789 |
| 江 西 | Jiangxi | 288610 | 102402 | 15554 | 159589 | 1755 | 86860 | 69251 |
| 山 东 | Shandong | 1247245 | 507886 | 62901 | 682731 | 6967 | 318167 | 293594 |
| 河 南 | Henan | 852509 | 392233 | 41637 | 418639 | 3746 | 207000 | 181491 |
| 湖 北 | Hubei | 480051 | 191245 | 25211 | 257421 | 4679 | 147478 | 129448 |
| 湖 南 | Hunan | 860201 | 352138 | 41226 | 213267 | 5445 | 173451 | 201547 |
| 广 东 | Guangdong | 3328413 | 1052566 | 193413 | 2061108 | 39387 | 1211464 | 878482 |
| 广 西 | Guangxi | 379368 | 113671 | 20954 | 235710 | 6086 | 145083 | 110674 |
| 海 南 | Hainan | 553273 | 117023 | 28850 | 383899 | 1420 | 156381 | 195339 |
| 重 庆 | Chongqing | 382778 | 253574 | 19238 | 205191 | 3310 | 99430 | 93315 |
| 四 川 | Sichuan | 747683 | 231052 | 40729 | 469787 | 15334 | 243430 | 211636 |
| 贵 州 | Guizhou | 167839 | 54208 | 9677 | 96883 | 1567 | 64369 | 45947 |
| 云 南 | Yunnan | 393866 | 125790 | 21912 | 241227 | 7728 | 133506 | 129890 |
| 西 藏 | Tibet | 32544 | 10008 | 1834 | 17356 | 382 | 13351 | 10364 |
| 陕 西 | Shaanxi | 514932 | 183211 | 28253 | 298387 | 4110 | 163517 | 148891 |
| 甘 肃 | Gansu | 150856 | 61914 | 9783 | 79158 | 461 | 49959 | 35029 |
| 青 海 | Qinghai | 53525 | 13912 | 3009 | 36567 | 1001 | 24532 | 15465 |
| 宁 夏 | Ningxia | 55121 | 19982 | 2811 | 31340 | 693 | 22263 | 14152 |
| 新 疆 | Xinjiang | 235033 | 109607 | 12672 | 105636 | 3180 | 83721 | 56569 |

# Income and Distribution of Enterprises above Designated Size of Hotels by Region

单位：万元

Unit：10000 yuan

| #税金 Taxes | #差旅费 Travel Allowance | #工会经费 Trade Unions Funds | 财务费用 Financial Expense | #利息支出 Interest Expense | 营业利润 Operating Profit | 利润总额 Total Profit | 应交所得税 Income Tax Payable | 劳动、失业保险费 Unemploy-ment Insurance | 住房公积金和住房补贴 Housing Fund and Housing Allowance |
|---|---|---|---|---|---|---|---|---|---|
| **304947** | **55673** | **30513** | **942308** | **625482** | **-512930** | **-427219** | **196249** | **80507** | **124950** |
| | | | | | | | | | |
| 54830 | 5286 | 4138 | 133476 | 113735 | -199456 | -183726 | 32547 | 11342 | 32214 |
| 2631 | 339 | 251 | 13341 | 8975 | -44088 | -35533 | 974 | 1555 | 3585 |
| 9395 | 1231 | 795 | 24069 | 18847 | -51114 | -51873 | 2009 | 2798 | 2387 |
| 4579 | 1159 | 470 | 14478 | 8954 | -20286 | -5171 | 1683 | 483 | 1226 |
| 4566 | 1095 | 289 | 5392 | 3373 | 15649 | 6768 | 2018 | 547 | 438 |
| | | | | | | | | | |
| 9164 | 1486 | 772 | 23595 | 14166 | -8026 | -3903 | 5001 | 3224 | 4486 |
| 3208 | 431 | 455 | 10257 | 5832 | -3807 | 1036 | 1514 | 838 | 656 |
| 3559 | 459 | 263 | 5924 | 3340 | 36907 | 31847 | 1652 | 726 | 1099 |
| | | | | | | | | | |
| 15236 | 2272 | 1662 | 77991 | 51185 | -97212 | -93421 | 11419 | 6674 | 13223 |
| 14010 | 2656 | 1446 | 66394 | 33684 | -48218 | -46141 | 11838 | 9934 | 8843 |
| 20265 | 4474 | 3026 | 111980 | 82292 | -27865 | 18701 | 29109 | 7744 | 11087 |
| 8191 | 1444 | 404 | 17300 | 14206 | -17144 | -15268 | 3597 | 1363 | 1660 |
| 8726 | 1601 | 816 | 32282 | 23686 | 5521 | 6122 | 8767 | 1180 | 2580 |
| 3404 | 807 | 457 | 10962 | 7474 | 539 | 2252 | 1488 | 406 | 580 |
| 14685 | 2131 | 884 | 34931 | 15356 | 44433 | 55188 | 12358 | 3507 | 5669 |
| | | | | | | | | | |
| 11298 | 2443 | 1295 | 27101 | 16844 | 6794 | 12017 | 10969 | 3211 | 3657 |
| 15455 | 1483 | 1004 | 17131 | 8537 | -13549 | -1532 | 3402 | 2024 | 1792 |
| 12357 | 3798 | 1873 | 39840 | 24873 | 70573 | 9846 | 8110 | 3903 | 4661 |
| 33597 | 7398 | 3952 | 131657 | 81316 | -91759 | -89025 | 26158 | 8504 | 12625 |
| 6179 | 1287 | 547 | 20993 | 17183 | -18544 | -19826 | 1541 | 1540 | 1969 |
| 10686 | 2581 | 1004 | 19335 | 10691 | 39213 | 36707 | 3818 | 2186 | 433 |
| | | | | | | | | | |
| 4677 | 2005 | 722 | 16598 | 9326 | 5442 | 4295 | 2953 | 899 | 1454 |
| 10331 | 2157 | 1188 | 32697 | 18661 | 10113 | 9228 | 5463 | 1305 | 1847 |
| 2058 | 577 | 261 | 7981 | 3954 | -8481 | -7272 | 562 | 409 | 520 |
| 8674 | 2353 | 792 | 12667 | 7344 | -21365 | -11913 | 2459 | 715 | 1551 |
| 135 | 103 | 120 | 663 | 535 | -3106 | -771 | 444 | 182 | 663 |
| | | | | | | | | | |
| 6284 | 1203 | 918 | 20418 | 11391 | -27586 | -24535 | 2545 | 1489 | 1806 |
| 2359 | 538 | 174 | 2736 | 1666 | -8106 | -6908 | 585 | 737 | 691 |
| 318 | 102 | 57 | 1604 | 1215 | -3174 | -2030 | 31 | 59 | 422 |
| 735 | 120 | 93 | 2943 | 1981 | -6243 | -5877 | 246 | 116 | 189 |
| 3357 | 655 | 386 | 5576 | 4864 | -28986 | -16502 | 990 | 909 | 940 |

# 4-4-4 各地区限额以上住宿业企业损益及分配(按登记注册类型分)

国有控股

State-controlled Enterprises

| 地区 | Region | 主营业务收入 Revenue from Principal Business | 主营业务成本 Cost of Principal Business | 主营业务税金及附加 Taxes and Other Charges on Principal Business | 主营业务利润 Profits from Principal Business | 其他业务利润 Profits from Other Business | 营业费用 Business Expenses | 管理费用 Administrative Expense |
|---|---|---|---|---|---|---|---|---|
| **全国** | **National Total** | **7906078** | **2788387** | **400047** | **4552579** | **68098** | **2430790** | **2379655** |
| 北京 | Beijing | 1385525 | 369586 | 74063 | 941876 | 7251 | 431868 | 559317 |
| 天津 | Tianjin | 120149 | 46084 | 6386 | 62837 | 1817 | 38618 | 42862 |
| 河北 | Hebei | 256889 | 107974 | 14401 | 133869 | 691 | 88876 | 70458 |
| 山西 | Shanxi | 138292 | 55609 | 7154 | 71246 | 423 | 47852 | 32990 |
| 内蒙古 | Inner Mongolia | 86907 | 40372 | 4552 | 41160 | 262 | 24068 | 21562 |
| 辽宁 | Liaoning | 215681 | 91565 | 10328 | 110578 | 722 | 59192 | 63905 |
| 吉林 | Jilin | 92349 | 40776 | 4887 | 44933 | 444 | 30077 | 18415 |
| 黑龙江 | Heilongjiang | 97301 | 37192 | 5508 | 51893 | 1464 | 27400 | 28924 |
| 上海 | Shanghai | 673980 | 175315 | 34924 | 464142 | 5966 | 252617 | 230479 |
| 江苏 | Jiangsu | 478995 | 178906 | 24064 | 251758 | 3154 | 137569 | 142007 |
| 浙江 | Zhejiang | 786506 | 395172 | 25900 | 365435 | 8624 | 166045 | 147851 |
| 安徽 | Anhui | 160897 | 72069 | 8669 | 74092 | 1278 | 42225 | 39001 |
| 福建 | Fujian | 199167 | 56245 | 11139 | 131608 | 7496 | 78578 | 52041 |
| 江西 | Jiangxi | 90614 | 32589 | 4789 | 48744 | 455 | 27312 | 25514 |
| 山东 | Shandong | 442252 | 171600 | 22160 | 273638 | 3372 | 122830 | 118055 |
| 河南 | Henan | 254779 | 106110 | 12422 | 136246 | 1737 | 75251 | 59847 |
| 湖北 | Hubei | 142275 | 66084 | 7053 | 67339 | 341 | 39531 | 38083 |
| 湖南 | Hunan | 282563 | 107458 | 12595 | 62025 | 1781 | 54694 | 86839 |
| 广东 | Guangdong | 746893 | 203957 | 40388 | 497182 | 6683 | 266887 | 235605 |
| 广西 | Guangxi | 122068 | 38870 | 6618 | 75606 | 2778 | 48559 | 36976 |
| 海南 | Hainan | 188780 | 54393 | 10183 | 112136 | 397 | 41406 | 55609 |
| 重庆 | Chongqing | 81804 | 32258 | 3984 | 41881 | 387 | 21953 | 25471 |
| 四川 | Sichuan | 221360 | 67579 | 12005 | 141127 | 2790 | 79374 | 63064 |
| 贵州 | Guizhou | 62421 | 17693 | 3491 | 40047 | 876 | 27366 | 19353 |
| 云南 | Yunnan | 161356 | 50688 | 9033 | 99618 | 3628 | 56104 | 56338 |
| 西藏 | Tibet | 20367 | 4140 | 1067 | 12091 | 106 | 9723 | 6785 |
| 陕西 | Shaanxi | 160010 | 54470 | 8931 | 93682 | 491 | 57109 | 44902 |
| 甘肃 | Gansu | 70856 | 33510 | 4418 | 32928 | 209 | 20214 | 17026 |
| 青海 | Qinghai | 19680 | 4640 | 1026 | 13862 | 742 | 9195 | 7448 |
| 宁夏 | Ningxia | 22887 | 8418 | 1012 | 13306 | 587 | 11152 | 5472 |
| 新疆 | Xinjiang | 122476 | 67067 | 6901 | 45694 | 1147 | 37146 | 27460 |

# Income and Distribution of Enterprises above Designated Size of Hotels by Region and Type of Registration

单位：万元

Unit：10000 yuan

| #税金 Taxes | #差旅费 Travel Allowance | #工会经费 Trade Unions Funds | 财务费用 Financial Expense | #利息支出 Interest Expense | 营业利润 Operating Profit | 利润总额 Total Profit | 应交所得税 Income Tax Payable | 劳动、失业保险费 Unemploy-ment Insurance | 住房公积金和住房补贴 Housing Fund and Housing Allowance |
|---|---|---|---|---|---|---|---|---|---|
| **119053** | **17849** | **15482** | **208860** | **138438** | **-158213** | **-53086** | **81083** | **37959** | **76954** |
| 31243 | 2675 | 3031 | 33602 | 29143 | -42429 | -23245 | 21024 | 6764 | 20813 |
| 1462 | 162 | 221 | 5663 | 3691 | -17594 | -12639 | 280 | 575 | 2112 |
| 5628 | 584 | 471 | 12215 | 10390 | -35444 | -31084 | 621 | 1470 | 1968 |
| 1572 | 398 | 241 | 1738 | 1079 | -4542 | 2124 | 705 | 175 | 1093 |
| 1595 | 262 | 104 | 983 | 692 | -3820 | -6068 | 91 | 284 | 237 |
| 3194 | 474 | 350 | 2475 | 1449 | -10372 | -8122 | 369 | 961 | 2291 |
| 1331 | 159 | 376 | 2618 | 38 | -4198 | -2885 | 823 | 391 | 351 |
| 1781 | 223 | 152 | 1309 | 162 | 14214 | 10077 | 278 | 562 | 718 |
| 6551 | 1252 | 1098 | 19446 | 12190 | -32434 | -25545 | 5463 | 3955 | 8235 |
| 4871 | 728 | 707 | 12479 | 8427 | -12118 | -9804 | 4412 | 4009 | 4638 |
| 3675 | 991 | 1240 | 14743 | 3442 | 45521 | 67304 | 15211 | 3834 | 7288 |
| 4171 | 612 | 230 | 2771 | 2047 | 1601 | 2369 | 1913 | 613 | 1310 |
| 2696 | 432 | 364 | 5200 | 3052 | 3802 | 4272 | 2380 | 327 | 1511 |
| 1308 | 239 | 224 | 2009 | 1434 | -6633 | -3329 | 281 | 284 | 446 |
| 4557 | 684 | 466 | 8798 | 4087 | 764 | 20602 | 2225 | 1658 | 3239 |
| 3198 | 755 | 544 | 4737 | 3004 | -1852 | 172 | 2919 | 1231 | 2599 |
| 4539 | 370 | 348 | 2335 | 714 | -8285 | 2914 | 1125 | 1413 | 897 |
| 3879 | 1182 | 753 | 14213 | 12024 | 22003 | 7840 | 3710 | 1149 | 1579 |
| 11713 | 1840 | 1851 | 20643 | 13750 | -13905 | -4716 | 10495 | 3720 | 7476 |
| 2006 | 392 | 332 | 10909 | 9384 | -11357 | -12451 | 384 | 1009 | 1473 |
| 3294 | 763 | 349 | 7449 | 3850 | 20339 | 20053 | 1584 | 451 | 293 |
| 1139 | 420 | 208 | 2791 | 1829 | -4128 | -3352 | 241 | 278 | 339 |
| 3432 | 611 | 446 | 6036 | 3634 | -3524 | -3630 | 1146 | 594 | 1385 |
| 756 | 144 | 153 | 610 | 362 | -4853 | -5156 | 122 | 275 | 369 |
| 3541 | 448 | 462 | 2972 | 1978 | -9658 | -11581 | 989 | 356 | 1124 |
| 63 | 84 | 107 | 154 | 72 | -1706 | 775 | 107 | 83 | 663 |
| 2528 | 327 | 249 | 7138 | 4329 | -12330 | -10285 | 1099 | 765 | 741 |
| 1086 | 228 | 77 | 1118 | 775 | -5221 | -5351 | 366 | 181 | 460 |
| 126 | 34 | 32 | 324 | 304 | -2020 | -1137 | 17 | 44 | 392 |
| 262 | 20 | 26 | 545 | 488 | -3059 | -3256 | 147 | 81 | 143 |
| 1856 | 357 | 273 | 841 | 620 | -14977 | -7952 | 558 | 467 | 769 |

内资企业

Domestic Funded Enterprises

| 地　区 | Region | 主营业务收入 Revenue from Principal Business | 主营业务成本 Cost of Principal Business | 主营业务税金及附加 Taxes and Other Charges on Principal Business | 主营业务利润 Profits from Principal Business | 其他业务利润 Profits from Other Business | 营业费用 Business Expenses | 管理费用 Administrative Expense |
|---|---|---|---|---|---|---|---|---|
| **全　国** | **National Total** | **18224109** | **6626376** | **996431** | **10278243** | **172364** | **5879389** | **4866217** |
| 北　京 | Beijing | 1903035 | 540248 | 104128 | 1258659 | 15838 | 698527 | 708756 |
| 天　津 | Tianjin | 238389 | 80592 | 12756 | 134443 | 2429 | 93739 | 73572 |
| 河　北 | Hebei | 494096 | 205231 | 28203 | 259568 | 1725 | 165631 | 126771 |
| 山　西 | Shanxi | 397527 | 175609 | 21821 | 187896 | 3761 | 128973 | 87860 |
| 内蒙古 | Inner Mongolia | 281436 | 124831 | 13974 | 140367 | 2754 | 71250 | 59521 |
| 辽　宁 | Liaoning | 480193 | 202581 | 24752 | 248976 | 2453 | 131637 | 114565 |
| 吉　林 | Jilin | 198378 | 83175 | 10429 | 100200 | 798 | 58563 | 47395 |
| 黑龙江 | Heilongjiang | 192039 | 68669 | 10931 | 108903 | 1825 | 57398 | 51740 |
| 上　海 | Shanghai | 1189639 | 294044 | 63731 | 832493 | 11466 | 470057 | 403908 |
| 江　苏 | Jiangsu | 1352667 | 530191 | 71564 | 703081 | 9625 | 384999 | 359987 |
| 浙　江 | Zhejiang | 1779682 | 608791 | 100047 | 1071006 | 28845 | 587979 | 476970 |
| 安　徽 | Anhui | 382177 | 160286 | 21511 | 186645 | 3839 | 108135 | 100004 |
| 福　建 | Fujian | 513383 | 186769 | 31115 | 292457 | 10906 | 176888 | 109724 |
| 江　西 | Jiangxi | 259781 | 93135 | 14191 | 141657 | 1640 | 78716 | 58675 |
| 山　东 | Shandong | 1132909 | 481443 | 57315 | 600487 | 6947 | 287650 | 245491 |
| 河　南 | Henan | 778547 | 377621 | 38032 | 362895 | 3519 | 182565 | 146052 |
| 湖　北 | Hubei | 417643 | 178604 | 21827 | 211434 | 4017 | 126301 | 105035 |
| 湖　南 | Hunan | 789367 | 318608 | 38076 | 203052 | 5134 | 161096 | 181418 |
| 广　东 | Guangdong | 2334604 | 738173 | 140300 | 1438355 | 19667 | 870480 | 573361 |
| 广　西 | Guangxi | 301607 | 94544 | 17153 | 179725 | 5272 | 121528 | 74245 |
| 海　南 | Hainan | 379667 | 97214 | 19790 | 248205 | 1485 | 112074 | 123819 |
| 重　庆 | Chongqing | 329210 | 237261 | 16794 | 170380 | 2136 | 83536 | 75112 |
| 四　川 | Sichuan | 659402 | 210139 | 35784 | 407364 | 8470 | 216597 | 171742 |
| 贵　州 | Guizhou | 154066 | 51889 | 8956 | 86250 | 1443 | 58581 | 41826 |
| 云　南 | Yunnan | 340075 | 114925 | 19610 | 201250 | 7515 | 118274 | 109660 |
| 西　藏 | Tibet | 31084 | 9766 | 1761 | 16211 | 382 | 12978 | 9720 |
| 陕　西 | Shaanxi | 441812 | 162372 | 24666 | 249613 | 3229 | 145622 | 115378 |
| 甘　肃 | Gansu | 145189 | 61074 | 9490 | 74625 | 434 | 47215 | 33054 |
| 青　海 | Qinghai | 47683 | 12460 | 2717 | 32469 | 944 | 21666 | 13187 |
| 宁　夏 | Ningxia | 52890 | 19147 | 2706 | 30049 | 689 | 21901 | 13572 |
| 新　疆 | Xinjiang | 225934 | 106984 | 12303 | 99529 | 3180 | 78832 | 54099 |

4-4-4 Continued 1

单位：万元

Unit：10000 yuan

| #税金 Taxes | #差旅费 Travel Allowance | #工会经费 Trade Unions Funds | 财务费用 Financial Expense | #利息支出 Interest Expense | 营业利润 Operating Profit | 利润总额 Total Profit | 应交所得税 Income Tax Payable | 劳动、失业保险费 Unemploy-ment Insurance | 住房公积金和住房补贴 Housing Fund and Housing Allowance |
|---|---|---|---|---|---|---|---|---|---|
| **235164** | **46569** | **25250** | **674008** | **439967** | **-427868** | **-333546** | **137877** | **67636** | **95179** |
| 32633 | 4110 | 2679 | 77337 | 60870 | -190399 | -169061 | 14545 | 8783 | 21457 |
| 2487 | 253 | 230 | 7942 | 6581 | -27917 | -19721 | 915 | 1359 | 2869 |
| 9297 | 1143 | 726 | 22794 | 18202 | -50871 | -48202 | 1951 | 2652 | 2337 |
| 4134 | 1101 | 457 | 13684 | 8185 | -19947 | -5598 | 1672 | 452 | 1222 |
| 4036 | 1026 | 272 | 4827 | 2964 | 13737 | 4524 | 1831 | 515 | 306 |
| 6233 | 1019 | 416 | 16240 | 9192 | -7824 | -5472 | 2469 | 1827 | 2670 |
| 2911 | 360 | 450 | 7606 | 4072 | -6083 | -2232 | 1370 | 808 | 611 |
| 3095 | 412 | 252 | 3727 | 1238 | 26522 | 21214 | 680 | 695 | 920 |
| 11896 | 1950 | 1361 | 52331 | 34668 | -82338 | -78082 | 8266 | 5654 | 9989 |
| 11447 | 2197 | 1333 | 51272 | 28554 | -28208 | -29026 | 10753 | 8118 | 7339 |
| 17279 | 3817 | 2503 | 86144 | 67237 | -50336 | -18998 | 15366 | 6980 | 8591 |
| 7627 | 1317 | 377 | 14058 | 11274 | -13813 | -11999 | 3366 | 1226 | 1352 |
| 5589 | 1049 | 590 | 13934 | 9216 | 5649 | 5749 | 5324 | 847 | 1920 |
| 3256 | 734 | 437 | 9718 | 7113 | 2295 | 3382 | 1372 | 395 | 544 |
| 13966 | 1989 | 836 | 29270 | 13602 | 46105 | 61868 | 11666 | 3322 | 5110 |
| 10056 | 2249 | 1246 | 20562 | 11338 | 17235 | 23434 | 10631 | 3109 | 3414 |
| 12169 | 1283 | 840 | 13358 | 5440 | -10470 | 2435 | 2901 | 1926 | 1336 |
| 11456 | 3485 | 1749 | 36901 | 22772 | 71593 | 24357 | 7688 | 3593 | 4275 |
| 23429 | 5369 | 3235 | 82920 | 48705 | -47270 | -40623 | 18314 | 6564 | 8768 |
| 3917 | 945 | 454 | 12390 | 9843 | -8919 | -9043 | 1197 | 1187 | 1515 |
| 6183 | 1969 | 642 | 12697 | 5796 | 17431 | 15928 | 2430 | 1699 | 380 |
| 3205 | 1821 | 606 | 11125 | 6007 | 9027 | 6966 | 1785 | 814 | 1007 |
| 8411 | 1759 | 1082 | 25894 | 17950 | 9884 | 5487 | 4792 | 1156 | 1578 |
| 1833 | 547 | 253 | 6939 | 3023 | -8388 | -7179 | 560 | 272 | 448 |
| 7004 | 2200 | 709 | 9959 | 5611 | -24695 | -14948 | 1866 | 575 | 1224 |
| 135 | 103 | 120 | 663 | 535 | -3234 | -899 | 426 | 182 | 663 |
| 5273 | 998 | 717 | 17294 | 10356 | -22597 | -18821 | 1891 | 1168 | 1127 |
| 1994 | 532 | 169 | 2682 | 1661 | -7892 | -6696 | 585 | 701 | 666 |
| 297 | 93 | 45 | 1348 | 1162 | -1941 | -948 | 31 | 51 | 422 |
| 735 | 100 | 93 | 2910 | 1948 | -6562 | -6196 | 246 | 116 | 189 |
| 3182 | 641 | 374 | 5485 | 4855 | -27644 | -15148 | 989 | 891 | 929 |

国有企业

State-owned Enterprises

| 地 区 | Region | 主营业务收入 Revenue from Principal Business | 主营业务成本 Cost of Principal Business | 主营业务税金及附加 Taxes and Other Charges on Principal Business | 主营业务利润 Profits from Principal Business | 其他业务利润 Profits from Other Business | 营业费用 Business Expenses | 管理费用 Administrative Expense |
|---|---|---|---|---|---|---|---|---|
| **全 国** | **National Total** | **4961242** | **1733618** | **258008** | **2879629** | **43188** | **1630892** | **1476151** |
| 北 京 | Beijing | 643571 | 184402 | 35013 | 424156 | 4440 | 225539 | 256396 |
| 天 津 | Tianjin | 73889 | 27425 | 3803 | 39053 | 1440 | 25888 | 28025 |
| 河 北 | Hebei | 209711 | 92924 | 11872 | 104269 | 632 | 74941 | 56253 |
| 山 西 | Shanxi | 114673 | 47597 | 5816 | 57020 | 389 | 44974 | 25299 |
| 内蒙古 | Inner Mongolia | 73416 | 34231 | 3785 | 34478 | 406 | 18256 | 19553 |
| 辽 宁 | Liaoning | 137544 | 66951 | 6384 | 60999 | 484 | 35124 | 36200 |
| 吉 林 | Jilin | 82003 | 34904 | 4430 | 41122 | 471 | 27215 | 17627 |
| 黑龙江 | Heilongjiang | 84451 | 35110 | 4735 | 41261 | 708 | 21739 | 24124 |
| 上 海 | Shanghai | 371115 | 84090 | 19206 | 268219 | 1910 | 139841 | 135215 |
| 江 苏 | Jiangsu | 314270 | 121358 | 16124 | 169920 | 2018 | 90718 | 97492 |
| 浙 江 | Zhejiang | 266301 | 77389 | 13697 | 175216 | 2155 | 90409 | 75401 |
| 安 徽 | Anhui | 79551 | 36507 | 4309 | 36706 | 776 | 23667 | 21201 |
| 福 建 | Fujian | 151434 | 44660 | 8079 | 98520 | 6724 | 59177 | 38656 |
| 江 西 | Jiangxi | 75454 | 26695 | 3904 | 40364 | 410 | 21933 | 19401 |
| 山 东 | Shandong | 421354 | 166056 | 21170 | 261643 | 3344 | 115312 | 112777 |
| 河 南 | Henan | 219692 | 95762 | 10534 | 113395 | 1600 | 61945 | 51051 |
| 湖 北 | Hubei | 127430 | 60019 | 6041 | 60572 | -461 | 38291 | 34659 |
| 湖 南 | Hunan | 168017 | 67804 | 6852 | 38945 | 772 | 40184 | 44734 |
| 广 东 | Guangdong | 444919 | 108482 | 24274 | 308868 | 4543 | 166039 | 136613 |
| 广 西 | Guangxi | 97125 | 32304 | 4710 | 57915 | 2537 | 39124 | 23719 |
| 海 南 | Hainan | 114936 | 44291 | 6239 | 52338 | 348 | 18854 | 23240 |
| 重 庆 | Chongqing | 51636 | 21804 | 2599 | 24414 | 317 | 13605 | 14643 |
| 四 川 | Sichuan | 161451 | 47712 | 8472 | 105090 | 2435 | 60522 | 43847 |
| 贵 州 | Guizhou | 47828 | 15457 | 2653 | 27721 | 340 | 20166 | 14322 |
| 云 南 | Yunnan | 92468 | 31530 | 5219 | 54635 | 2330 | 32247 | 32241 |
| 西 藏 | Tibet | 18902 | 3661 | 975 | 11716 | 106 | 9203 | 5342 |
| 陕 西 | Shaanxi | 135811 | 45377 | 7216 | 80291 | 535 | 49590 | 42381 |
| 甘 肃 | Gansu | 69851 | 32879 | 4334 | 32638 | 164 | 19733 | 16046 |
| 青 海 | Qinghai | 16279 | 3674 | 861 | 11584 | 280 | 7891 | 5943 |
| 宁 夏 | Ningxia | 16299 | 6073 | 541 | 9684 | 79 | 7199 | 4079 |
| 新 疆 | Xinjiang | 79865 | 36490 | 4165 | 36876 | 956 | 31568 | 19673 |

4-4-4 Continued 2

单位：万元

Unit：10000 yuan

| #税金 Taxes | #差旅费 Travel Allowance | #工会经费 Trade Unions Funds | 财务费用 Financial Expense | #利息支出 Interest Expense | 营业利润 Operating Profit | 利润总额 Total Profit | 应交所得税 Income Tax Payable | 劳动、失业保险费 Unemployment Insurance | 住房公积金和住房补贴 Housing Fund and Housing Allowance |
|---|---|---|---|---|---|---|---|---|---|
| **77436** | **12156** | **10228** | **123398** | **82208** | **-197960** | **-111616** | **30891** | **25976** | **50331** |
| 12797 | 1502 | 1472 | 16935 | 14050 | -69181 | -54116 | 2494 | 3347 | 10632 |
| 1060 | 90 | 132 | 1653 | 1523 | -11363 | -6723 | 236 | 237 | 1451 |
| 4924 | 503 | 405 | 10972 | 9345 | -35954 | -31413 | 471 | 1036 | 1626 |
| 828 | 305 | 211 | 1364 | 895 | -9983 | -2947 | 661 | 299 | 1076 |
| 1381 | 206 | 96 | 903 | 690 | -2485 | -4812 | 42 | 231 | 178 |
| 1616 | 284 | 190 | 1189 | 586 | -6987 | -5180 | 204 | 552 | 1562 |
| 1395 | 141 | 368 | 2610 | 127 | -4644 | -3355 | 693 | 402 | 365 |
| 1512 | 190 | 142 | 454 | 137 | 12599 | 8480 | 107 | 546 | 648 |
| 3773 | 954 | 518 | 16072 | 12143 | -20999 | -15766 | 2382 | 2184 | 4080 |
| 3694 | 479 | 471 | 9945 | 6800 | -17647 | -13491 | 1098 | 3094 | 3699 |
| 2566 | 555 | 646 | 4855 | 3363 | 6786 | 9611 | 3225 | 2990 | 3824 |
| 2160 | 249 | 142 | 1450 | 1050 | -3114 | -2151 | 990 | 442 | 720 |
| 2005 | 272 | 266 | 2892 | 1568 | 5036 | 5564 | 1532 | 256 | 1175 |
| 1233 | 172 | 196 | 1819 | 1517 | -3604 | -2646 | 183 | 275 | 402 |
| 3968 | 648 | 440 | 8015 | 3519 | 1867 | 22189 | 1902 | 1499 | 3156 |
| 2814 | 682 | 490 | 4065 | 2564 | -2064 | -4 | 2530 | 1206 | 2509 |
| 5587 | 303 | 331 | 996 | 523 | -11356 | 121 | 1066 | 1331 | 885 |
| 2385 | 692 | 500 | 3329 | 2034 | 5213 | -4259 | 1870 | 680 | 1115 |
| 6834 | 1151 | 1218 | 6447 | 2874 | 7528 | 14738 | 6586 | 1997 | 4764 |
| 1592 | 270 | 240 | 5798 | 5371 | -4069 | -5263 | 219 | 693 | 1167 |
| 2890 | 566 | 258 | 5287 | 2178 | 17598 | 17495 | 207 | 295 | 232 |
| 712 | 283 | 150 | 634 | 198 | -1770 | -1050 | 80 | 133 | 233 |
| 2415 | 460 | 336 | 5197 | 3090 | -1922 | -1453 | 791 | 489 | 1076 |
| 633 | 100 | 110 | 622 | 246 | -4566 | -4901 | 86 | 146 | 308 |
| 1928 | 240 | 225 | 1835 | 1084 | -7856 | -8190 | 470 | 216 | 650 |
| 63 | 84 | 107 | 154 | 72 | -2305 | 176 | 107 | 83 | 663 |
| 2110 | 312 | 222 | 5551 | 2804 | -14259 | -11023 | 300 | 736 | 547 |
| 1021 | 186 | 92 | 960 | 620 | -3936 | -4146 | 35 | 167 | 511 |
| 126 | 32 | 29 | 315 | 304 | -1934 | -1162 | 3 | 40 | 328 |
| 159 | 17 | 19 | 531 | 496 | -1980 | -2187 | 139 | 23 | 111 |
| 1259 | 228 | 206 | 549 | 437 | -10610 | -3755 | 183 | 350 | 643 |

集体企业

Collective-owned Enterprises

| 地区 | Region | 主营业务收入 Revenue from Principal Business | 主营业务成本 Cost of Principal Business | 主营业务税金及附加 Taxes and Other Charges on Principal Business | 主营业务利润 Profits from Principal Business | 其他业务利润 Profits from Other Business | 营业费用 Business Expenses | 管理费用 Administrative Expense |
|---|---|---|---|---|---|---|---|---|
| **全国** | **National Total** | **630132** | **246755** | **33897** | **331655** | **6169** | **197320** | **148093** |
| 北京 | Beijing | 74933 | 16724 | 4026 | 54182 | 477 | 30994 | 23732 |
| 天津 | Tianjin | 10683 | 5794 | 550 | 4339 | | 1663 | 3083 |
| 河北 | Hebei | 19509 | 9494 | 1147 | 8290 | 27 | 4796 | 3370 |
| 山西 | Shanxi | 13443 | 7782 | 509 | 5144 | 232 | 5174 | 2215 |
| 内蒙古 | Inner Mongolia | 5103 | 1803 | 179 | 2667 | 4 | 1072 | 687 |
| 辽宁 | Liaoning | 23583 | 13046 | 1559 | 7730 | 72 | 5281 | 3080 |
| 吉林 | Jilin | 3788 | 1681 | 203 | 1904 | 7 | 911 | 845 |
| 黑龙江 | Heilongjiang | 1067 | 308 | 56 | 704 | | 575 | 159 |
| 上海 | Shanghai | 37402 | 13903 | 2125 | 21398 | 1238 | 14591 | 11784 |
| 江苏 | Jiangsu | 41758 | 19529 | 2204 | 19728 | 94 | 13630 | 6363 |
| 浙江 | Zhejiang | 69964 | 25051 | 4014 | 40899 | 1870 | 24421 | 20663 |
| 安徽 | Anhui | 5192 | 2082 | 276 | 2833 | 27 | 1381 | 1283 |
| 福建 | Fujian | 15012 | 7091 | 855 | 7067 | | 3369 | 2517 |
| 江西 | Jiangxi | 3044 | 1621 | 206 | 1217 | 8 | 923 | 295 |
| 山东 | Shandong | 73191 | 35180 | 3430 | 30660 | 121 | 16876 | 7241 |
| 河南 | Henan | 35476 | 17413 | 1706 | 16357 | 54 | 8582 | 7853 |
| 湖北 | Hubei | 21514 | 6198 | 1054 | 14183 | 59 | 5693 | 9428 |
| 湖南 | Hunan | 23084 | 7404 | 1059 | 4997 | 116 | 4263 | 6053 |
| 广东 | Guangdong | 86590 | 27207 | 5222 | 53394 | 1055 | 33252 | 19578 |
| 广西 | Guangxi | 6222 | 2069 | 363 | 3790 | 292 | 3018 | 2039 |
| 海南 | Hainan | 3314 | 1292 | 166 | 1856 | | 1014 | 785 |
| 重庆 | Chongqing | 6088 | 2826 | 344 | 2853 | 2 | 1561 | 902 |
| 四川 | Sichuan | 12450 | 7054 | 648 | 4749 | 39 | 1946 | 2346 |
| 贵州 | Guizhou | 1468 | 958 | 67 | 386 | | 356 | 126 |
| 云南 | Yunnan | 12603 | 3696 | 746 | 7833 | 306 | 4697 | 4332 |
| 西藏 | Tibet | 919 | 1000 | 45 | -203 | | | 32 |
| 陕西 | Shaanxi | 11216 | 5444 | 512 | 4766 | 69 | 2334 | 2921 |
| 甘肃 | Gansu | 2415 | 323 | 135 | 1958 | | 1335 | 756 |
| 青海 | Qinghai | 4796 | 1536 | 257 | 3147 | | 2058 | 1350 |
| 宁夏 | Ningxia | | | | | | | |
| 新疆 | Xinjiang | 4309 | 1246 | 235 | 2828 | | 1557 | 2276 |

4-4-4 Continued 3

单位：万元

Unit：10000 yuan

| #税金 Taxes | #差旅费 Travel Allowance | #工会经费 Trade Unions Funds | 财务费用 Financial Expense | #利息支出 Interest Expense | 营业利润 Operating Profit | 利润总额 Total Profit | 应交所得税 Income Tax Payable | 劳动、失业保险费 Unemployment Insurance | 住房公积金和住房补贴 Housing Fund and Housing Allowance |
|---|---|---|---|---|---|---|---|---|---|
| **8167** | **1619** | **845** | **13357** | **9188** | **312** | **-4047** | **5781** | **1850** | **2466** |
| 1361 | 130 | 110 | 725 | 447 | -765 | -1998 | 561 | 272 | 649 |
| 21 | 7 | 10 | 18 | | -425 | -390 | 135 | 138 | 74 |
| 326 | 70 | 73 | 234 | 130 | 122 | 2 | 159 | 4 | 17 |
| 115 | 82 | 16 | 447 | 422 | 198 | 148 | 29 | 1 | 15 |
| 64 | 14 | 6 | 7 | 4 | 909 | 151 | 32 | 3 | 26 |
| 267 | 30 | 30 | 42 | 11 | -524 | -565 | 155 | 61 | 120 |
| 18 | 5 | 1 | 209 | 174 | -13 | 196 | 28 | 13 | 2 |
| 11 | | 1 | | | 353 | 353 | | 2 | |
| 391 | 127 | 24 | 508 | 345 | -4247 | -6492 | 69 | 92 | 117 |
| 280 | 64 | 20 | 330 | 201 | 1072 | 1063 | 421 | 294 | 179 |
| 596 | 210 | 162 | 1572 | 972 | -3886 | -3361 | 306 | 250 | 171 |
| 12 | 37 | 3 | 409 | 389 | -212 | -12 | 10 | 3 | 14 |
| 98 | 15 | 6 | 93 | 10 | 1088 | 809 | 148 | 24 | 34 |
| 9 | 9 | 1 | 10 | 7 | 77 | 126 | 20 | | |
| 1000 | 83 | 33 | 1046 | 376 | 10186 | 11376 | 2101 | 176 | 229 |
| 566 | 151 | 55 | 1346 | 1198 | -1371 | -959 | 289 | 31 | 145 |
| 803 | 44 | 61 | 545 | 246 | -1312 | -2790 | 41 | 14 | 32 |
| 362 | 36 | 22 | 1228 | 546 | 3187 | 784 | 58 | 69 | 58 |
| 735 | 192 | 123 | 3420 | 2889 | -783 | 334 | 1014 | 273 | 313 |
| 88 | 31 | 13 | 81 | 74 | -1025 | -643 | 14 | 41 | 66 |
| 60 | 3 | 1 | 19 | 9 | 38 | 28 | | 6 | |
| 69 | 5 | | 164 | 150 | 246 | 104 | 7 | 9 | |
| 253 | 89 | 20 | 375 | 271 | 120 | 228 | 12 | 11 | 68 |
| 21 | 12 | 4 | | -4 | 37 | 37 | | 2 | |
| 81 | 33 | 30 | 62 | 30 | -752 | -705 | 15 | 22 | 51 |
| | | | 7 | -1 | -100 | -4 | | | |
| 320 | 118 | 10 | 364 | 281 | -632 | -826 | 139 | 14 | 28 |
| 133 | 4 | 1 | 16 | 9 | -149 | 45 | 6 | 1 | 3 |
| 27 | 10 | 7 | 64 | | -104 | -55 | 10 | 2 | 27 |
| 81 | 9 | 4 | 17 | 3 | -1021 | -1030 | | 20 | 25 |

4-4-4 续表 4

股份合作企业

Cooperative Enterprises

| 地 区 | Region | 主营业务收入 Revenue from Principal Business | 主营业务成本 Cost of Principal Business | 主营业务税金及附加 Taxes and Other Charges on Principal Business | 主营业务利润 Profits from Principal Business | 其他业务利润 Profits from Other Business | 营业费用 Business Expenses | 管理费用 Administr-ative Expense |
|---|---|---|---|---|---|---|---|---|
| **全 国** | **National Total** | **180059** | **71400** | **9890** | **93900** | **3015** | **50797** | **39257** |
| 北 京 | Beijing | 33069 | 8250 | 1746 | 23073 | 67 | 14065 | 9239 |
| 天 津 | Tianjin | | | | | | | |
| 河 北 | Hebei | 5800 | 2783 | 327 | 2690 | | 1651 | 739 |
| 山 西 | Shanxi | 7719 | 6536 | 404 | 692 | | 50 | 352 |
| 内蒙古 | Inner Mongolia | 5566 | 2621 | 316 | 2629 | 4 | 1429 | 1336 |
| 辽 宁 | Liaoning | 1183 | 702 | 84 | 398 | | 234 | 159 |
| 吉 林 | Jilin | 2199 | 1310 | 106 | 783 | | 314 | 201 |
| 黑龙江 | Heilongjiang | 3884 | 1414 | 155 | 2316 | 755 | 1213 | 1482 |
| 上 海 | Shanghai | 2749 | 641 | 150 | 1958 | | 1613 | 436 |
| 江 苏 | Jiangsu | 3170 | 1369 | 161 | 1438 | | 819 | 673 |
| 浙 江 | Zhejiang | 7559 | 2789 | 470 | 4300 | 498 | 2620 | 2048 |
| 安 徽 | Anhui | 7376 | 3676 | 405 | 3415 | 11 | 621 | 1135 |
| 福 建 | Fujian | 11247 | 5774 | 789 | 4264 | 48 | 1715 | 1688 |
| 江 西 | Jiangxi | 8356 | 3388 | 385 | 4584 | 281 | 959 | 891 |
| 山 东 | Shandong | 5090 | 1889 | 291 | 2910 | 27 | 1418 | 1266 |
| 河 南 | Henan | 3560 | 1350 | 194 | 2015 | 26 | 1463 | 646 |
| 湖 北 | Hubei | 12730 | 4687 | 686 | 7353 | 160 | 2877 | 4423 |
| 湖 南 | Hunan | 24226 | 7889 | 1409 | 11445 | 100 | 5545 | 5295 |
| 广 东 | Guangdong | 10448 | 4981 | 446 | 4191 | 161 | 2449 | 1472 |
| 广 西 | Guangxi | 2005 | 1077 | 93 | 834 | 34 | 284 | 421 |
| 海 南 | Hainan | 3120 | 477 | 157 | 2486 | 123 | 2313 | 875 |
| 重 庆 | Chongqing | 1349 | 426 | 67 | 856 | | 642 | 153 |
| 四 川 | Sichuan | 8350 | 2803 | 470 | 5103 | | 3381 | 1493 |
| 贵 州 | Guizhou | 1356 | 550 | 84 | 721 | 5 | 414 | 607 |
| 云 南 | Yunnan | 1685 | 1227 | 95 | 363 | 162 | 425 | 484 |
| 西 藏 | Tibet | 364 | 103 | 22 | 239 | 93 | 786 | 25 |
| 陕 西 | Shaanxi | 4325 | 2162 | 261 | 1902 | 30 | 1086 | 772 |
| 甘 肃 | Gansu | | | | | | | |
| 青 海 | Qinghai | 1577 | 527 | 116 | 943 | 431 | 412 | 947 |
| 宁 夏 | Ningxia | | | | | | | |
| 新 疆 | Xinjiang | | | | | | | |

4-4-4 Continued 4

单位：万元

Unit：10000 yuan

| | | | 财务费用 Financial Expense | | 营业利润 Operating Profit | 利润总额 Total Profit | 应 交 所得税 Income Tax Payable | 劳动、失业保险费 Unemploy-ment Insurance | 住房公积金和住房补贴 Housing Fund and Housing Allowance |
|---|---|---|---|---|---|---|---|---|---|
| #税金 Taxes | #差旅费 Travel Allowance | #工会经费 Trade Unions Funds | | #利息支出 Interest Expense | | | | | |
| **2808** | **767** | **247** | **7884** | **3476** | **3651** | **3589** | **2101** | **680** | **582** |
| 349 | 83 | 39 | 2053 | 1356 | -2216 | -63 | 586 | 85 | 136 |
| 119 | 31 | 14 | 55 | 49 | 246 | 63 | 42 | 16 | 14 |
| 79 | 9 | 5 | 29 | 4 | 376 | 343 | 111 | 1 | 6 |
| 34 | 1 | 5 | 30 | 1 | -162 | 34 | | 3 | |
| 17 | | 1 | | | 5 | 5 | 1 | 1 | |
| 4 | | | 65 | | 203 | 203 | 34 | | |
| 7 | | | 454 | | 139 | 289 | | 3 | |
| 60 | | 2 | -72 | -72 | -19 | 52 | 5 | 89 | |
| 13 | 12 | 3 | 77 | 59 | 72 | -280 | 20 | 26 | 15 |
| 167 | 43 | 15 | 195 | 156 | -65 | 760 | 289 | 21 | 54 |
| 82 | 101 | 17 | 189 | 148 | 1778 | 1778 | | 26 | 44 |
| 33 | 18 | 2 | 348 | 80 | 745 | 709 | 79 | 11 | |
| 88 | 13 | 13 | 228 | 109 | 2788 | 973 | 23 | 1 | |
| 29 | | 1 | 144 | | 110 | 230 | 10 | 2 | |
| 182 | 22 | 2 | 25 | | -93 | -94 | 14 | 3 | 4 |
| 617 | 28 | 16 | 649 | 439 | -251 | 168 | 32 | 88 | 94 |
| 461 | 200 | 50 | 2376 | 311 | 1734 | -1492 | 163 | 117 | 129 |
| 13 | 10 | 3 | 107 | 39 | 324 | 1621 | 9 | 11 | 1 |
| 11 | 162 | 25 | 183 | 182 | -19 | -11 | | | |
| 75 | 6 | 6 | 265 | 164 | -851 | -918 | | 69 | |
| | | | 5 | | 56 | 56 | 9 | | |
| 220 | 13 | 22 | 288 | 269 | -99 | -32 | 11 | 24 | 26 |
| 7 | 2 | 1 | 5 | 1 | -300 | 40 | 4 | 1 | 4 |
| 13 | 1 | 4 | 25 | 25 | -410 | -261 | | 2 | 4 |
| 22 | 2 | 1 | 36 | 36 | -489 | -488 | | 76 | |
| 107 | 13 | 1 | 126 | 123 | 49 | -95 | 658 | 1 | 1 |
| | | | 4 | | 2 | 3 | 1 | 4 | 51 |

联营企业

Joint Ownership Enterprises

| 地区 | Region | 主营业务收入 Revenue from Principal Business | 主营业务成本 Cost of Principal Business | 主营业务税金及附加 Taxes and Other Charges on Principal Business | 主营业务利润 Profits from Principal Business | 其他业务利润 Profits from Other Business | 营业费用 Business Expenses | 管理费用 Administr-ative Expense |
|---|---|---|---|---|---|---|---|---|
| **全国** | **National Total** | **108097** | **32010** | **6770** | **68795** | **1068** | **37086** | **34520** |
| 北京 | Beijing | 4659 | 1294 | 262 | 3103 | 177 | 2414 | 2174 |
| 天津 | Tianjin | | | | | | | |
| 河北 | Hebei | 3144 | 1435 | 174 | 1536 | | 648 | 1622 |
| 山西 | Shanxi | | | | | | | |
| 内蒙古 | Inner Mongolia | 213 | 122 | 11 | 80 | 1 | 1 | 4 |
| 辽宁 | Liaoning | 557 | 170 | 23 | 364 | | 151 | 157 |
| 吉林 | Jilin | 2882 | 589 | 315 | 1978 | | 1282 | 370 |
| 黑龙江 | Heilongjiang | 346 | 220 | 18 | 109 | | | 104 |
| 上海 | Shanghai | 8497 | 2447 | 465 | 5585 | 49 | 3198 | 4716 |
| 江苏 | Jiangsu | 10182 | 4153 | 579 | 4661 | 64 | 2245 | 3405 |
| 浙江 | Zhejiang | 7236 | 1889 | 433 | 4914 | | 2241 | 3154 |
| 安徽 | Anhui | 91 | 26 | 5 | 61 | | 249 | 67 |
| 福建 | Fujian | 24939 | 6764 | 1617 | 16558 | 123 | 10079 | 4826 |
| 江西 | Jiangxi | | | | | | | |
| 山东 | Shandong | 188 | 15 | 10 | 163 | | 184 | 14 |
| 河南 | Henan | 3044 | 1419 | 113 | 1511 | -17 | 703 | 769 |
| 湖北 | Hubei | 4286 | 354 | 251 | 3413 | 1 | 1303 | 2011 |
| 湖南 | Hunan | 1421 | 963 | 43 | 338 | | 217 | 133 |
| 广东 | Guangdong | 21505 | 5792 | 1175 | 14175 | 223 | 6122 | 5621 |
| 广西 | Guangxi | 1820 | 811 | 156 | 1826 | | 1251 | 1505 |
| 海南 | Hainan | 983 | 364 | 40 | 580 | | 328 | 180 |
| 重庆 | Chongqing | | | | | | | |
| 四川 | Sichuan | 4008 | 1514 | 578 | 1917 | 2 | 967 | 1022 |
| 贵州 | Guizhou | | | | | | | |
| 云南 | Yunnan | 7869 | 1639 | 489 | 5741 | 447 | 3257 | 2608 |
| 西藏 | Tibet | | | | | | | |
| 陕西 | Shaanxi | | | | | | | |
| 甘肃 | Gansu | | | | | | | |
| 青海 | Qinghai | | | | | | | |
| 宁夏 | Ningxia | | | | | | | |
| 新疆 | Xinjiang | 228 | 32 | 13 | 183 | | 247 | 59 |

4-4-4 Continued 5

单位：万元

Unit：10000 yuan

| #税金<br>Taxes | #差旅费<br>Travel Allowance | #工会经费<br>Trade Unions Funds | 财务费用<br>Financial Expense | #利息支出<br>Interest Expense | 营业利润<br>Operating Profit | 利润总额<br>Total Profit | 应交所得税<br>Income Tax Payable | 劳动、失业保险费<br>Unemployment Insurance | 住房公积金和住房补贴<br>Housing Fund and Housing Allowance |
|---|---|---|---|---|---|---|---|---|---|
| **1726** | **275** | **215** | **2115** | **493** | **240** | **-3409** | **1068** | **554** | **910** |
| 100 | 14 | 11 | 36 | 33 | -1343 | -1352 | | 67 | 415 |
| 108 | 23 | 7 | | -1 | -503 | -767 | 23 | 38 | 44 |
| | 1 | | 3 | 2 | 73 | 73 | 20 | | |
| | | | 74 | | -18 | -18 | 13 | | |
| 91 | | 4 | 5 | | 321 | 399 | 100 | 6 | 11 |
| | | | | | 5 | | | | |
| 7 | 2 | 6 | 659 | 374 | -2941 | -2940 | 6 | 46 | 122 |
| 114 | 30 | 2 | 41 | 1 | -132 | -84 | 85 | 152 | 29 |
| 55 | 12 | 16 | -27 | -73 | -455 | -452 | 2 | 152 | 34 |
| | 2 | | | | -255 | -255 | 1 | | 2 |
| 596 | 66 | 32 | 784 | 635 | 992 | 1014 | 286 | 18 | 146 |
| | | | | | -35 | | | | |
| 22 | 8 | 5 | 22 | 2 | -1 | -2 | 11 | 13 | |
| 97 | 6 | 5 | 28 | | 1686 | 1686 | 135 | 5 | |
| 15 | 5 | | 14 | 14 | 51 | -47 | 15 | 13 | 34 |
| 307 | 47 | 55 | 337 | 222 | 2778 | -485 | 240 | 25 | 44 |
| 22 | 11 | 8 | 8 | -817 | -32 | -32 | | 1 | |
| | 8 | 1 | 13 | 11 | 58 | 58 | | | |
| 133 | 9 | 23 | 100 | 73 | -171 | -379 | 11 | 6 | 8 |
| 36 | 20 | 40 | -26 | -26 | 328 | 347 | 118 | 7 | 19 |
| 24 | 12 | | 44 | 43 | -166 | -173 | | 3 | 3 |

4-4-4 续表 6

有限责任公司

Limited Liability Corporations

| 地　区 | Region | 主营业务收入 Revenue from Principal Business | 主营业务成本 Cost of Principal Business | 主营业务税金及附加 Taxes and Other Charges on Principal Business | 主营业务利润 Profits from Principal Business | 其他业务利润 Profits from Other Business | 营业费用 Business Expenses | 管理费用 Administr-ative Expense |
|---|---|---|---|---|---|---|---|---|
| **全　国** | **National Total** | **5570323** | **1821370** | **311672** | **3307322** | **52120** | **1878892** | **1642595** |
| 北　京 | Beijing | 785091 | 208722 | 43210 | 533159 | 5448 | 287829 | 316941 |
| 天　津 | Tianjin | 74258 | 26007 | 3877 | 42434 | 527 | 28990 | 19737 |
| 河　北 | Hebei | 121595 | 40063 | 7083 | 74569 | 527 | 44255 | 35662 |
| 山　西 | Shanxi | 79725 | 31834 | 4710 | 42340 | 1816 | 25000 | 18899 |
| 内蒙古 | Inner Mongolia | 81180 | 30970 | 4026 | 45212 | 375 | 24013 | 20092 |
| 辽　宁 | Liaoning | 153303 | 55737 | 7405 | 90060 | 524 | 43304 | 43278 |
| 吉　林 | Jilin | 33376 | 11823 | 1810 | 19743 | 46 | 11674 | 9436 |
| 黑龙江 | Heilongjiang | 42592 | 10721 | 2574 | 29238 | 105 | 13862 | 10104 |
| 上　海 | Shanghai | 399054 | 106752 | 21322 | 270980 | 4738 | 147531 | 134682 |
| 江　苏 | Jiangsu | 336338 | 115682 | 18434 | 181689 | 2273 | 97132 | 104015 |
| 浙　江 | Zhejiang | 589616 | 190562 | 32807 | 366055 | 6783 | 199789 | 161761 |
| 安　徽 | Anhui | 141616 | 55753 | 8225 | 72591 | 1431 | 44442 | 40748 |
| 福　建 | Fujian | 101600 | 31151 | 6077 | 63609 | 2842 | 38356 | 29764 |
| 江　西 | Jiangxi | 81835 | 22161 | 4499 | 52529 | 422 | 31638 | 21441 |
| 山　东 | Shandong | 276406 | 107343 | 15096 | 145334 | 2126 | 81738 | 70967 |
| 河　南 | Henan | 167967 | 64395 | 8794 | 94777 | 629 | 50637 | 41764 |
| 湖　北 | Hubei | 104501 | 45913 | 5811 | 50721 | 1161 | 31671 | 21839 |
| 湖　南 | Hunan | 170374 | 63170 | 8570 | 29865 | 1234 | 36311 | 45672 |
| 广　东 | Guangdong | 833412 | 279295 | 51314 | 501012 | 7490 | 309295 | 211625 |
| 广　西 | Guangxi | 55258 | 15239 | 3617 | 34068 | 377 | 21985 | 13380 |
| 海　南 | Hainan | 162057 | 29340 | 8238 | 122265 | 486 | 57487 | 63963 |
| 重　庆 | Chongqing | 137365 | 50723 | 7706 | 77604 | 867 | 37816 | 36599 |
| 四　川 | Sichuan | 180901 | 59135 | 10021 | 106252 | 4009 | 55413 | 47381 |
| 贵　州 | Guizhou | 56498 | 15440 | 3249 | 37809 | 781 | 24412 | 15970 |
| 云　南 | Yunnan | 111657 | 34810 | 6334 | 69497 | 2886 | 38211 | 34965 |
| 西　藏 | Tibet | 1982 | 916 | 121 | 426 | -30 | 522 | 1644 |
| 陕　西 | Shaanxi | 137604 | 44981 | 7082 | 83817 | 606 | 48504 | 34924 |
| 甘　肃 | Gansu | 42273 | 15250 | 3242 | 23781 | 155 | 16508 | 11056 |
| 青　海 | Qinghai | 6487 | 1222 | 354 | 4911 | 74 | 2936 | 1623 |
| 宁　夏 | Ningxia | 13961 | 5348 | 895 | 7568 | 457 | 6092 | 3173 |
| 新　疆 | Xinjiang | 90443 | 50917 | 5169 | 33407 | 955 | 21540 | 19490 |

单位：万元

Unit：10000 yuan

| #税金<br>Taxes | #差旅费<br>Travel Allowance | #工会经费<br>Trade Unions Funds | 财务费用<br>Financial Expense | #利息支出<br>Interest Expense | 营业利润<br>Operating Profit | 利润总额<br>Total Profit | 应交所得税<br>Income Tax Payable | 劳动、失业保险费<br>Unemploy-ment Insurance | 住房公积金和住房补贴<br>Housing Fund and Housing Allowance |
|---|---|---|---|---|---|---|---|---|---|
| **72167** | **13852** | **6934** | **227466** | **156468** | **-217991** | **-188312** | **41691** | **20507** | **28462** |
| 14093 | 1524 | 981 | 36459 | 31205 | -83799 | -79427 | 8263 | 3718 | 8935 |
| 908 | 98 | 80 | 2369 | 1974 | -6557 | -6266 | 278 | 671 | 1128 |
| 2234 | 146 | 125 | 6032 | 5241 | -9668 | -10044 | 370 | 614 | 470 |
| 1699 | 211 | 104 | 1238 | 472 | 2740 | 4723 | 174 | 21 | 98 |
| 1075 | 201 | 57 | 1700 | 1185 | 3500 | 61 | 431 | 173 | 79 |
| 2322 | 380 | 90 | 6809 | 5045 | -2883 | -2361 | 653 | 863 | 778 |
| 373 | 77 | 31 | 1761 | 1592 | -2777 | -2131 | 120 | 254 | 130 |
| 467 | 95 | 34 | 634 | 172 | 8902 | 8359 | 248 | 82 | 210 |
| 4842 | 432 | 684 | 11569 | 7094 | -18065 | -15856 | 3164 | 2072 | 4128 |
| 2775 | 555 | 319 | 10946 | 6014 | -6089 | -8430 | 3292 | 1702 | 1889 |
| 5935 | 1253 | 892 | 29842 | 23880 | -18234 | -2907 | 4119 | 1645 | 3304 |
| 2633 | 447 | 100 | 7055 | 6185 | -13252 | -11200 | 914 | 474 | 263 |
| 926 | 272 | 147 | 3247 | 2383 | -4463 | -3999 | 1195 | 339 | 511 |
| 882 | 294 | 77 | 4208 | 3864 | -1032 | 785 | 691 | 44 | 110 |
| 5872 | 332 | 177 | 10464 | 4632 | -2971 | -7460 | 1625 | 813 | 1300 |
| 2451 | 405 | 273 | 7732 | 3708 | -4727 | -621 | 2771 | 1405 | 435 |
| 1904 | 404 | 175 | 3221 | 1369 | -785 | -367 | 531 | 271 | 236 |
| 2185 | 523 | 406 | 10790 | 5742 | 6170 | -4528 | 1661 | 530 | 544 |
| 6704 | 1957 | 615 | 36197 | 21783 | -43510 | -39000 | 4094 | 2322 | 1887 |
| 707 | 175 | 64 | 1311 | 1119 | -1093 | -1447 | 452 | 203 | 93 |
| 1913 | 729 | 244 | 5588 | 2921 | -2379 | -2763 | 1301 | 718 | 90 |
| 1024 | 478 | 193 | 7199 | 3477 | -775 | -1000 | 650 | 270 | 316 |
| 1908 | 444 | 416 | 5423 | 3577 | 8445 | 8446 | 2560 | 227 | 311 |
| 373 | 175 | 56 | 1775 | 1344 | -2873 | -2473 | 267 | 91 | 133 |
| 2666 | 1508 | 266 | 3496 | 1941 | -3365 | 3526 | 875 | 184 | 336 |
|  | 3 | 2 | 20 | 20 | 397 | 469 |  |  |  |
| 1189 | 280 | 105 | 4858 | 3872 | -3821 | -4055 | 124 | 220 | 327 |
| 579 | 168 | 64 | 913 | 489 | -4540 | -3524 | 383 | 63 | 113 |
| 45 | 24 | 4 | 271 | 240 | 155 | 244 | 6 | 1 | 3 |
| 188 | 26 | 20 | 287 | 200 | -1353 | -1314 | 67 | 73 | 76 |
| 1299 | 236 | 134 | 4054 | 3729 | -9290 | -3751 | 412 | 445 | 228 |

股份有限公司

Share-holding Corporations Ltd.

| 地 区 | Region | 主营业务收入 Revenue from Principal Business | 主营业务成本 Cost of Principal Business | 主营业务税金及附加 Taxes and Other Charges on Principal Business | 主营业务利润 Profits from Principal Business | 其他业务利润 Profits from Other Business | 营业费用 Business Expenses | 管理费用 Administr-ative Expense |
|---|---|---|---|---|---|---|---|---|
| **全 国** | **National Total** | **836298** | **336420** | **43659** | **432673** | **7666** | **215340** | **188966** |
| 北 京 | Beijing | 79262 | 32288 | 4258 | 42716 | 71 | 15718 | 17225 |
| 天 津 | Tianjin | 2788 | 1012 | 167 | 1609 | | 241 | 1068 |
| 河 北 | Hebei | 16639 | 6139 | 907 | 9593 | 46 | 5608 | 2672 |
| 山 西 | Shanxi | 10770 | 6093 | 519 | 4235 | 681 | 1918 | 2576 |
| 内蒙古 | Inner Mongolia | 10570 | 4834 | 532 | 5203 | 1 | 2471 | 1165 |
| 辽 宁 | Liaoning | 11229 | 5113 | 529 | 5586 | 30 | 1865 | 2630 |
| 吉 林 | Jilin | 8634 | 3640 | 394 | 3893 | | 2487 | 2430 |
| 黑龙江 | Heilongjiang | 24331 | 9241 | 1309 | 13781 | 145 | 7112 | 7226 |
| 上 海 | Shanghai | 17661 | 3852 | 1070 | 12738 | 200 | 8180 | 8189 |
| 江 苏 | Jiangsu | 82615 | 32117 | 3348 | 46821 | 703 | 21885 | 16419 |
| 浙 江 | Zhejiang | 88766 | 30563 | 5024 | 53180 | 2373 | 34971 | 12843 |
| 安 徽 | Anhui | 33449 | 15882 | 1787 | 12588 | 465 | 5377 | 7149 |
| 福 建 | Fujian | 8602 | 3632 | 691 | 4278 | | 2754 | 1273 |
| 江 西 | Jiangxi | 10392 | 6744 | 807 | 2625 | 123 | 3262 | 1892 |
| 山 东 | Shandong | 65238 | 32447 | 3279 | 29513 | 687 | 8923 | 11713 |
| 河 南 | Henan | 52507 | 20723 | 2608 | 29176 | 40 | 14560 | 10178 |
| 湖 北 | Hubei | 21031 | 8591 | 1064 | 11043 | 149 | 6824 | 4590 |
| 湖 南 | Hunan | 103710 | 45708 | 5470 | 34677 | 754 | 8948 | 19623 |
| 广 东 | Guangdong | 57364 | 23900 | 3195 | 30269 | 114 | 17046 | 18560 |
| 广 西 | Guangxi | 12572 | 4034 | 733 | 6471 | 460 | 5799 | 5752 |
| 海 南 | Hainan | 32884 | 6978 | 1637 | 23796 | 70 | 10505 | 13737 |
| 重 庆 | Chongqing | 10720 | 5809 | 243 | 4668 | 4 | 1571 | 1584 |
| 四 川 | Sichuan | 31028 | 11257 | 1573 | 18198 | 251 | 11127 | 8417 |
| 贵 州 | Guizhou | 2707 | 855 | 125 | 1586 | | 1200 | 374 |
| 云 南 | Yunnan | 16986 | 4565 | 955 | 11700 | 17 | 7284 | 6010 |
| 西 藏 | Tibet | 694 | 300 | 110 | 284 | | 50 | 58 |
| 陕 西 | Shaanxi | 18919 | 7603 | 1109 | 11040 | 267 | 6558 | 2330 |
| 甘 肃 | Gansu | 1957 | 739 | 99 | 1119 | | 845 | 280 |
| 青 海 | Qinghai | | | | | | | |
| 宁 夏 | Ningxia | | | | | | | |
| 新 疆 | Xinjiang | 2276 | 1759 | 117 | 291 | 15 | 249 | 1007 |

4-4-4 Continued 7

单位：万元

Unit：10000 yuan

| #税金 Taxes | #差旅费 Travel Allowance | #工会经费 Trade Unions Funds | 财务费用 Financial Expense | #利息支出 Interest Expense | 营业利润 Operating Profit | 利润总额 Total Profit | 应交所得税 Income Tax Payable | 劳动、失业保险费 Unemployment Insurance | 住房公积金和住房补贴 Housing Fund and Housing Allowance |
|---|---|---|---|---|---|---|---|---|---|
| **12874** | **2790** | **1407** | **34442** | **25711** | **45722** | **47139** | **11693** | **3259** | **3898** |
| 1173 | 157 | 36 | 8411 | 7593 | 1674 | 1746 | 1624 | 207 | 321 |
| 96 | 18 | | 25 | | 275 | 268 | | 5 | 62 |
| 169 | 22 | 19 | 214 | 129 | 1146 | 1127 | 46 | 36 | 78 |
| 7 | 73 | 5 | 1034 | 902 | -598 | -650 | 194 | 92 | 25 |
| 205 | 69 | 19 | 201 | 31 | 1367 | 1490 | 254 | 21 | 17 |
| 199 | 43 | 13 | 473 | 310 | 648 | 690 | 24 | 24 | 104 |
| 102 | 23 | 8 | 408 | 113 | -549 | 92 | 2 | 7 | 43 |
| 349 | 22 | 29 | 154 | 41 | 2373 | 2221 | 166 | 47 | 3 |
| 352 | 10 | 24 | 134 | 24 | -3565 | -56 | -105 | 63 | 275 |
| 688 | 135 | 72 | 765 | 55 | 8780 | 10302 | 1852 | 398 | 328 |
| 273 | 186 | 142 | 3119 | 1972 | 4612 | 7518 | 1250 | 270 | 275 |
| 412 | 149 | 36 | 611 | 460 | 3177 | 2658 | 621 | 34 | 241 |
| 94 | 16 | 6 | 348 | 237 | -92 | 55 | 61 | 3 | 10 |
| 53 | 13 | 5 | 291 | 8 | -2597 | -850 | 27 | 9 | 30 |
| 766 | 171 | 40 | 2825 | 2254 | 5482 | 5576 | 1091 | 222 | 105 |
| 661 | 224 | 151 | 1234 | 573 | 3243 | 3407 | 971 | 72 | 197 |
| 654 | 154 | 155 | 388 | 288 | -610 | -678 | 40 | 31 | 44 |
| 1866 | 689 | 311 | 8590 | 7416 | 30925 | 24899 | 1668 | 612 | 760 |
| 2444 | 151 | 152 | 1106 | 455 | -6321 | -7678 | 656 | 482 | 794 |
| 159 | 34 | 14 | 875 | 856 | -1533 | -1320 | 15 | 32 | 19 |
| 397 | 127 | 47 | 743 | 179 | -572 | -1605 | 535 | 366 | 27 |
| 152 | 47 | 12 | 79 | 70 | 1798 | 1030 | 125 | 69 | 21 |
| 536 | 123 | 43 | 1324 | 846 | -2331 | -2121 | 209 | 37 | 26 |
| 64 | 14 | 3 | 10 | | 172 | 9 | | 3 | |
| 530 | 56 | 33 | 306 | 257 | -1679 | -1701 | 52 | 51 | 23 |
| | 7 | 10 | 46 | 46 | 130 | 130 | 95 | 23 | |
| 368 | 24 | 22 | 695 | 569 | 1263 | 1043 | 219 | 34 | 71 |
| 87 | 27 | 2 | 31 | 27 | -36 | 234 | 3 | 4 | 2 |
| 19 | 9 | | 5 | | -858 | -696 | | 9 | |

私营企业

Private Enterprises

| 地 区 | Region | 主营业务收入 Revenue from Principal Business | 主营业务成本 Cost of Principal Business | 主营业务税金及附加 Taxes and Other Charges on Principal Business | 主营业务利润 Profits from Principal Business | 其他业务利润 Profits from Other Business | 营业费用 Business Expenses | 管理费用 Administrative Expense |
|---|---|---|---|---|---|---|---|---|
| **全 国** | **National Total** | **5645967** | **2271547** | **316727** | **3007610** | **57015** | **1794679** | **1261161** |
| 北 京 | Beijing | 282451 | 88570 | 15613 | 178269 | 5158 | 121968 | 83050 |
| 天 津 | Tianjin | 68736 | 18193 | 3909 | 41586 | 461 | 32103 | 20479 |
| 河 北 | Hebei | 114426 | 51036 | 6510 | 56889 | 493 | 32483 | 25946 |
| 山 西 | Shanxi | 166801 | 73754 | 9603 | 77441 | 643 | 50585 | 37798 |
| 内蒙古 | Inner Mongolia | 99333 | 47327 | 4707 | 47383 | 1965 | 23169 | 15899 |
| 辽 宁 | Liaoning | 151626 | 60472 | 8717 | 83112 | 1342 | 45238 | 28934 |
| 吉 林 | Jilin | 56120 | 25859 | 2658 | 26283 | 273 | 12517 | 13084 |
| 黑龙江 | Heilongjiang | 33758 | 10860 | 2045 | 20719 | 111 | 12705 | 8359 |
| 上 海 | Shanghai | 320616 | 73120 | 17540 | 230159 | 3332 | 150782 | 101997 |
| 江 苏 | Jiangsu | 541683 | 226350 | 29499 | 267021 | 3612 | 154449 | 124236 |
| 浙 江 | Zhejiang | 737771 | 277181 | 42895 | 418048 | 14982 | 230681 | 196381 |
| 安 徽 | Anhui | 103896 | 42961 | 5872 | 52025 | 1128 | 29577 | 24628 |
| 福 建 | Fujian | 187536 | 83680 | 12387 | 89785 | 1153 | 57363 | 26174 |
| 江 西 | Jiangxi | 79377 | 32003 | 4293 | 39764 | 395 | 19666 | 14577 |
| 山 东 | Shandong | 266232 | 126360 | 12691 | 118657 | 621 | 57251 | 32702 |
| 河 南 | Henan | 267274 | 159516 | 13170 | 94587 | 1184 | 39925 | 30474 |
| 湖 北 | Hubei | 121658 | 50550 | 6622 | 62245 | 2893 | 38573 | 27654 |
| 湖 南 | Hunan | 288130 | 122236 | 14068 | 79165 | 2126 | 63313 | 57612 |
| 广 东 | Guangdong | 853481 | 279194 | 53141 | 510842 | 5942 | 324142 | 173680 |
| 广 西 | Guangxi | 118065 | 37524 | 7034 | 68313 | 1513 | 46507 | 24264 |
| 海 南 | Hainan | 48954 | 11362 | 2542 | 35470 | 222 | 17540 | 14706 |
| 重 庆 | Chongqing | 112544 | 150306 | 5570 | 56103 | 940 | 27398 | 20500 |
| 四 川 | Sichuan | 247544 | 73610 | 13287 | 160203 | 1457 | 80188 | 65983 |
| 贵 州 | Guizhou | 42368 | 17878 | 2637 | 17056 | 308 | 11522 | 10155 |
| 云 南 | Yunnan | 84856 | 34113 | 5142 | 43508 | 1340 | 27705 | 24890 |
| 西 藏 | Tibet | 8224 | 3787 | 489 | 3749 | 212 | 2418 | 2618 |
| 陕 西 | Shaanxi | 125262 | 52537 | 7432 | 64444 | 1530 | 36024 | 28747 |
| 甘 肃 | Gansu | 28692 | 11883 | 1681 | 15129 | 114 | 8795 | 4917 |
| 青 海 | Qinghai | 17108 | 5062 | 1101 | 10915 | 158 | 7812 | 2805 |
| 宁 夏 | Ningxia | 22631 | 7726 | 1270 | 12797 | 153 | 8610 | 6319 |
| 新 疆 | Xinjiang | 48813 | 16540 | 2603 | 25944 | 1254 | 23672 | 11595 |

单位：万元

Unit：10000 yuan

| #税金 Taxes | #差旅费 Travel Allowance | #工会经费 Trade Unions Funds | 财务费用 Financial Expense | #利息支出 Interest Expense | 营业利润 Operating Profit | 利润总额 Total Profit | 应交所得税 Income Tax Payable | 劳动、失业保险费 Unemployment Insurance | 住房公积金和住房补贴 Housing Fund and Housing Allowance |
|---|---|---|---|---|---|---|---|---|---|
| **55705** | **14593** | **5018** | **260398** | **159825** | **-76666** | **-82228** | **42850** | **13905** | **7535** |
| 2759 | 699 | 30 | 12718 | 6185 | -34769 | -33851 | 1017 | 1086 | 370 |
| 398 | 40 | 8 | 3821 | 3084 | -9178 | -6182 | 257 | 305 | 145 |
| 1418 | 349 | 84 | 5168 | 3201 | -6244 | -7015 | 838 | 907 | 88 |
| 1406 | 421 | 114 | 9574 | 5490 | -12624 | -7366 | 503 | 39 | 2 |
| 1255 | 517 | 87 | 1813 | 1001 | 9612 | 7174 | 996 | 83 | 6 |
| 1793 | 274 | 89 | 7649 | 3239 | 1780 | 1824 | 1419 | 325 | 106 |
| 916 | 111 | 36 | 2377 | 1899 | 1569 | 2557 | 389 | 80 | 38 |
| 749 | 102 | 47 | 1942 | 844 | 1841 | 1201 | 149 | 15 | 60 |
| 1008 | 420 | 85 | 23330 | 14759 | -42619 | -38326 | 2488 | 978 | 1100 |
| 3805 | 877 | 425 | 28764 | 15407 | -15042 | -18671 | 3799 | 2361 | 1109 |
| 7625 | 1545 | 614 | 46405 | 36901 | -39933 | -31200 | 5895 | 1606 | 866 |
| 2159 | 313 | 59 | 4234 | 3004 | -2210 | -3110 | 694 | 159 | 66 |
| 1455 | 378 | 123 | 5287 | 3506 | 3784 | 3045 | 2009 | 156 | 19 |
| 992 | 233 | 145 | 3157 | 1603 | 6497 | 4842 | 428 | 67 | 2 |
| 2191 | 712 | 143 | 6466 | 2703 | 29976 | 28539 | 4736 | 612 | 283 |
| 3054 | 730 | 236 | 5611 | 3156 | 19762 | 19243 | 3816 | 273 | 53 |
| 2460 | 343 | 94 | 7517 | 2576 | 1937 | 3953 | 1041 | 171 | 43 |
| 3933 | 1329 | 450 | 10418 | 6579 | 22660 | 8042 | 2145 | 1516 | 1591 |
| 6194 | 1845 | 1068 | 35096 | 20472 | -5366 | -8150 | 5682 | 1422 | 898 |
| 1058 | 222 | 51 | 4063 | 3082 | -921 | -258 | 497 | 183 | 17 |
| 612 | 498 | 64 | 724 | 332 | 4210 | 4340 | 344 | 224 | |
| 1118 | 922 | 166 | 2952 | 2033 | 7343 | 5570 | 832 | 309 | 419 |
| 2899 | 581 | 201 | 12468 | 9265 | 4651 | -448 | 1143 | 216 | 64 |
| 715 | 239 | 74 | 4524 | 1433 | -887 | -54 | 201 | 28 | 3 |
| 1405 | 281 | 100 | 4015 | 2108 | -10136 | -7306 | 264 | 78 | 17 |
| 50 | 7 | | 401 | 363 | -868 | -1182 | 223 | | |
| 1114 | 228 | 325 | 5547 | 2572 | -3383 | -1719 | 449 | 150 | 103 |
| 174 | 147 | 10 | 762 | 516 | 769 | 695 | 158 | 467 | 37 |
| 100 | 25 | 6 | 689 | 619 | 51 | 23 | 4 | 5 | |
| 389 | 57 | 54 | 2092 | 1251 | -3229 | -2695 | 41 | 20 | 2 |
| 501 | 147 | 30 | 817 | 643 | -5698 | -5744 | 394 | 64 | 30 |

其他企业
Other Enterprises

| 地区 | Region | 主营业务收入 Revenue from Principal Business | 主营业务成本 Cost of Principal Business | 主营业务税金及附加 Taxes and Other Charges on Principal Business | 主营业务利润 Profits from Principal Business | 其他业务利润 Profits from Other Business | 营业费用 Business Expenses | 管理费用 Administrative Expense |
|---|---|---|---|---|---|---|---|---|
| **全国** | **National Total** | **291992** | **113257** | **15809** | **156660** | **2125** | **74384** | **75474** |
| 北京 | Beijing | | | | | | | |
| 天津 | Tianjin | 8035 | 2162 | 451 | 5422 | 1 | 4854 | 1180 |
| 河北 | Hebei | 3272 | 1357 | 183 | 1732 | | 1249 | 507 |
| 山西 | Shanxi | 4397 | 2015 | 259 | 1024 | | 1271 | 722 |
| 内蒙古 | Inner Mongolia | 6057 | 2923 | 418 | 2716 | | 839 | 786 |
| 辽宁 | Liaoning | 1170 | 390 | 51 | 728 | 2 | 442 | 127 |
| 吉林 | Jilin | 9376 | 3369 | 513 | 4494 | | 2163 | 3403 |
| 黑龙江 | Heilongjiang | 1610 | 795 | 39 | 776 | | 193 | 182 |
| 上海 | Shanghai | 32546 | 9239 | 1852 | 21455 | | 4321 | 6889 |
| 江苏 | Jiangsu | 22651 | 9634 | 1215 | 11802 | 861 | 4122 | 7384 |
| 浙江 | Zhejiang | 12469 | 3368 | 708 | 8393 | 184 | 2847 | 4719 |
| 安徽 | Anhui | 11006 | 3399 | 632 | 6427 | 1 | 2821 | 3793 |
| 福建 | Fujian | 13013 | 4016 | 619 | 8378 | 16 | 4076 | 4826 |
| 江西 | Jiangxi | 1323 | 524 | 98 | 576 | | 336 | 179 |
| 山东 | Shandong | 25210 | 12155 | 1349 | 11607 | 22 | 5947 | 8811 |
| 河南 | Henan | 29029 | 17041 | 911 | 11076 | 4 | 4751 | 3317 |
| 湖北 | Hubei | 4494 | 2292 | 298 | 1904 | 54 | 1069 | 430 |
| 湖南 | Hunan | 10406 | 3435 | 606 | 3619 | 32 | 2316 | 2297 |
| 广东 | Guangdong | 26886 | 9321 | 1534 | 15605 | 139 | 12136 | 6212 |
| 广西 | Guangxi | 8541 | 1485 | 446 | 6508 | 61 | 3560 | 3165 |
| 海南 | Hainan | 13420 | 3111 | 772 | 9414 | 237 | 4034 | 6332 |
| 重庆 | Chongqing | 9508 | 5367 | 264 | 3883 | 6 | 943 | 732 |
| 四川 | Sichuan | 13671 | 7054 | 735 | 5854 | 278 | 3053 | 1254 |
| 贵州 | Guizhou | 1841 | 752 | 141 | 970 | 9 | 510 | 273 |
| 云南 | Yunnan | 11950 | 3346 | 631 | 7974 | 27 | 4448 | 4131 |
| 西藏 | Tibet | | | | | | | |
| 陕西 | Shaanxi | 8677 | 4268 | 1056 | 3353 | 192 | 1528 | 3304 |
| 甘肃 | Gansu | | | | | | | |
| 青海 | Qinghai | 1436 | 439 | 27 | 969 | 2 | 557 | 520 |
| 宁夏 | Ningxia | | | | | | | |
| 新疆 | Xinjiang | | | | | | | |

4-4-4 Continued 9

单位：万元

Unit：10000 yuan

| #税金 Taxes | #差旅费 Travel Allowance | #工会经费 Trade Unions Funds | 财务费用 Financial Expense | #利息支出 Interest Expense | 营业利润 Operating Profit | 利润总额 Total Profit | 应交所得税 Income Tax Payable | 劳动、失业保险费 Unemployment Insurance | 住房公积金和住房补贴 Housing Fund and Housing Allowance |
|---|---|---|---|---|---|---|---|---|---|
| **4282** | **517** | **356** | **4948** | **2599** | **14824** | **5338** | **1802** | **907** | **996** |
| 5 | | | 57 | | -668 | -428 | 9 | 3 | 10 |
| | | | 120 | 108 | -16 | -155 | 3 | 1 | |
| | 1 | 2 | | | -56 | 151 | | | |
| 21 | 15 | 1 | 171 | 50 | 921 | 353 | 55 | 1 | |
| 20 | 6 | 3 | 4 | 1 | 157 | 133 | 1 | 1 | |
| 13 | 2 | 2 | 170 | 168 | -193 | -193 | 6 | 45 | 23 |
| | 3 | | 90 | 46 | 311 | 311 | 9 | | |
| 1464 | 5 | 17 | 129 | | 10117 | 1301 | 256 | 130 | 168 |
| 79 | 46 | 20 | 404 | 18 | 780 | 566 | 186 | 92 | 93 |
| 63 | 12 | 16 | 183 | 67 | 838 | 1033 | 279 | 46 | 62 |
| 169 | 21 | 20 | 110 | 38 | 275 | 293 | 136 | 88 | 3 |
| 383 | 12 | 9 | 936 | 798 | -1441 | -1448 | 15 | 40 | 25 |
| | | | 5 | 5 | 167 | 153 | | | |
| 141 | 44 | 2 | 312 | 118 | 1490 | 1418 | 202 | | 36 |
| 306 | 26 | 33 | 527 | 137 | 2485 | 2464 | 228 | 104 | 71 |
| 47 | 3 | 3 | 14 | | 221 | 343 | 15 | 15 | 3 |
| 249 | 13 | 10 | 157 | 130 | 1654 | 958 | 108 | 57 | 11 |
| 197 | 16 | 2 | 211 | -30 | -1919 | -2002 | 34 | 33 | 67 |
| 280 | 41 | 40 | 71 | -24 | -227 | -68 | | 35 | 154 |
| 236 | 34 | 22 | 59 | 2 | -671 | -707 | 43 | 20 | 31 |
| 130 | 86 | 86 | 91 | 79 | 2130 | 2256 | 82 | 25 | 18 |
| 47 | 41 | 20 | 720 | 557 | 1191 | 1248 | 56 | 145 | |
| 21 | 6 | 6 | 3 | 3 | 28 | 164 | | | |
| 347 | 61 | 12 | 247 | 193 | -825 | -658 | 71 | 15 | 125 |
| 65 | 24 | 32 | 152 | 136 | -1816 | -2146 | 2 | 13 | 51 |
| | 2 | | 5 | | -111 | | 8 | | 14 |

港、澳、台商投资企业
Enterprises with Funds from Hongkong Macao and Taiwan

| 地 区 | Region | 主营业务收入 Revenue from Principal Business | 主营业务成本 Cost of Principal Business | 主营业务税金及附加 Taxes and Other Charges on Principal Business | 主营业务利润 Profits from Principal Business | 其他业务利润 Profits from Other Business | 营业费用 Business Expenses | 管理费用 Administrative Expense |
|---|---|---|---|---|---|---|---|---|
| **全 国** | **National Total** | **2671439** | **898630** | **120031** | **1633327** | **23126** | **710077** | **973865** |
| 北 京 | Beijing | 473837 | 145502 | 22773 | 305563 | 9969 | 118888 | 185476 |
| 天 津 | Tianjin | 9314 | 2642 | 498 | 6174 | -4 | 5945 | 12300 |
| 河 北 | Hebei | 14233 | 5999 | 789 | 7445 | 151 | 3415 | 6903 |
| 山 西 | Shanxi | 11439 | 3800 | 574 | 7064 | | 4111 | 4737 |
| 内蒙古 | Inner Mongolia | 15484 | 7932 | 744 | 6807 | | 3975 | 2205 |
| 辽 宁 | Liaoning | 157053 | 28516 | 7807 | 120471 | 291 | 33678 | 71913 |
| 吉 林 | Jilin | 11399 | 3812 | 662 | 6826 | | 3801 | 3304 |
| 黑龙江 | Heilongjiang | 15022 | 3382 | 827 | 10136 | 61 | 3764 | 8739 |
| 上 海 | Shanghai | 193228 | 52484 | 9856 | 130888 | 401 | 52380 | 83536 |
| 江 苏 | Jiangsu | 84588 | 19135 | 4317 | 60967 | 552 | 27877 | 51656 |
| 浙 江 | Zhejiang | 535580 | 307857 | 12680 | 215044 | 6307 | 69352 | 101670 |
| 安 徽 | Anhui | 26748 | 6132 | 1371 | 19245 | 2 | 7274 | 12785 |
| 福 建 | Fujian | 116346 | 34042 | 6396 | 75912 | 1804 | 39261 | 33365 |
| 江 西 | Jiangxi | 10677 | 5605 | 473 | 4599 | 29 | 2793 | 2249 |
| 山 东 | Shandong | 80312 | 17759 | 3842 | 58648 | 1 | 21233 | 34316 |
| 河 南 | Henan | 64803 | 12155 | 3172 | 49476 | 153 | 19871 | 32910 |
| 湖 北 | Hubei | 42986 | 9835 | 2196 | 30560 | 662 | 14357 | 16383 |
| 湖 南 | Hunan | 52912 | 23781 | 2355 | 10693 | 311 | 8078 | 16297 |
| 广 东 | Guangdong | 504745 | 146658 | 26265 | 328983 | 1199 | 194277 | 179975 |
| 广 西 | Guangxi | 57336 | 13176 | 2765 | 42548 | 237 | 17802 | 29464 |
| 海 南 | Hainan | 37797 | 6643 | 1919 | 29235 | 7 | 9016 | 18187 |
| 重 庆 | Chongqing | 20142 | 6646 | 846 | 12649 | 28 | 4441 | 13175 |
| 四 川 | Sichuan | 56605 | 14458 | 3007 | 39140 | 611 | 17316 | 20808 |
| 贵 州 | Guizhou | 10681 | 1764 | 556 | 8261 | 37 | 5076 | 2751 |
| 云 南 | Yunnan | 29370 | 6651 | 1550 | 21168 | 1 | 8714 | 13054 |
| 西 藏 | Tibet | 1460 | 242 | 73 | 1145 | | 373 | 644 |
| 陕 西 | Shaanxi | 24465 | 8337 | 1155 | 15053 | 302 | 6838 | 11392 |
| 甘 肃 | Gansu | 1080 | 127 | 60 | 893 | 13 | 298 | 714 |
| 青 海 | Qinghai | 2701 | 936 | 135 | 1630 | 2 | 984 | 488 |
| 宁 夏 | Ningxia | | | | | | | |
| 新 疆 | Xinjiang | 9099 | 2623 | 369 | 6107 | | 4889 | 2470 |

单位：万元

Unit：10000 yuan

| #税金 Taxes | #差旅费 Travel Allowance | #工会经费 Trade Unions Funds | 财务费用 Financial Expense | #利息支出 Interest Expense | 营业利润 Operating Profit | 利润总额 Total Profit | 应交所得税 Income Tax Payable | 劳动、失业保险费 Unemploy-ment Insurance | 住房公积金和住房补贴 Housing Fund and Housing Allowance |
|---|---|---|---|---|---|---|---|---|---|
| **39522** | **4999** | **3057** | **166416** | **112096** | **-122583** | **-132981** | **32391** | **8116** | **18554** |
| 13519 | 706 | 911 | 35090 | 33555 | -13807 | -19911 | 8926 | 1888 | 7154 |
| 102 | | 4 | 1646 | 1520 | -13720 | -13988 | 15 | 94 | 362 |
| 14 | 64 | 52 | 1004 | 526 | -3726 | -3581 | 7 | 49 | 32 |
| 225 | 38 | 11 | 557 | 534 | 1023 | 1170 | 10 | 16 | 4 |
| | 20 | | 114 | | 538 | 770 | 12 | 14 | 61 |
| 1347 | 254 | 273 | 7410 | 5560 | 8391 | 10102 | 2007 | 1118 | 1219 |
| 220 | 51 | 1 | 1248 | 1166 | -1387 | -347 | 33 | 8 | 17 |
| 459 | 47 | 11 | 2116 | 2101 | 6986 | 7251 | 52 | 14 | 56 |
| 2979 | 162 | 197 | 16024 | 10046 | -20650 | -24428 | 1393 | 580 | 1892 |
| 538 | 120 | 82 | 5440 | 982 | -7142 | -6002 | 107 | 758 | 604 |
| 2343 | 468 | 411 | 17207 | 7372 | 33127 | 45698 | 12759 | 655 | 2228 |
| 188 | 37 | 6 | 2645 | 2519 | -3457 | -3446 | 190 | 102 | 240 |
| 1354 | 170 | 104 | 9205 | 6488 | -4153 | -3944 | 1706 | 227 | 435 |
| 99 | 43 | 3 | 760 | 174 | -1024 | -1134 | 69 | 3 | |
| 361 | 44 | 25 | 4364 | 961 | -1213 | -6220 | 638 | 114 | 445 |
| 1239 | 186 | 35 | 5652 | 5265 | -8803 | -9877 | 273 | 84 | 203 |
| 3255 | 160 | 155 | 3751 | 3150 | -3205 | -4052 | 161 | 58 | 216 |
| 461 | 53 | 55 | 2099 | 1337 | 535 | -3403 | 359 | 284 | 213 |
| 6511 | 1069 | 312 | 29423 | 19152 | -67092 | -74132 | 2137 | 923 | 1801 |
| 1072 | 273 | 71 | 7256 | 6194 | -9574 | -9962 | 324 | 331 | 364 |
| 1190 | 245 | 40 | 1748 | 1601 | 326 | 609 | 445 | 224 | 3 |
| 272 | 171 | 25 | 2394 | 382 | -7333 | -6677 | 43 | 43 | 357 |
| 25 | 337 | 57 | 5997 | -54 | 103 | 1213 | 650 | 102 | 154 |
| 59 | 29 | 5 | 672 | 588 | -100 | -99 | 1 | 127 | 71 |
| 825 | 106 | 56 | 650 | 604 | -1249 | -1804 | 58 | 52 | 117 |
| | | | | | 128 | 128 | 18 | | |
| 625 | 126 | 128 | 1802 | 342 | -4760 | -5559 | | 204 | 283 |
| 57 | 7 | 5 | 22 | | -129 | -129 | | 26 | 10 |
| 11 | 2 | 11 | 33 | 23 | 127 | 124 | | 1 | |
| 175 | 15 | 12 | 91 | 9 | -1343 | -1354 | 1 | 17 | 12 |

4-4-4 续表 11

外商投资企业
Foreign Funded Enterprises

| 地　区 | Region | 主营业务收入 Revenue from Principal Business | 主营业务成本 Cost of Principal Business | 主营业务税金及附加 Taxes and Other Charges on Principal Business | 主营业务利润 Profits from Principal Business | 其他业务利润 Profits from Other Business | 营业费用 Business Expenses | 管理费用 Administr-ative Expense |
|---|---|---|---|---|---|---|---|---|
| **全　国** | **National Total** | **1920906** | **565963** | **99863** | **1227365** | **35686** | **512491** | **649812** |
| 北　京 | Beijing | 260561 | 49461 | 12893 | 198207 | 1058 | 55349 | 118377 |
| 天　津 | Tianjin | 29547 | 8208 | 1733 | 19606 | 394 | 8867 | 10105 |
| 河　北 | Hebei | 15709 | 4654 | 479 | 10576 | 12 | 2667 | 4168 |
| 山　西 | Shanxi | 4864 | 1376 | 243 | 3246 | 68 | 2173 | 2267 |
| 内蒙古 | Inner Mongolia | 20487 | 8733 | 641 | 11113 | 66 | 4022 | 5397 |
| 辽　宁 | Liaoning | 78126 | 28613 | 3611 | 49008 | 1741 | 23738 | 36814 |
| 吉　林 | Jilin | 27992 | 7361 | 1340 | 18793 | | 5343 | 8385 |
| 黑龙江 | Heilongjiang | 17174 | 2295 | 812 | 14066 | | 3975 | 6628 |
| 上　海 | Shanghai | 187209 | 79608 | 10976 | 96625 | 38 | 26500 | 54750 |
| 江　苏 | Jiangsu | 119071 | 40120 | 6252 | 68167 | 652 | 35850 | 46214 |
| 浙　江 | Zhejiang | 98137 | 32235 | 5052 | 60850 | 894 | 35283 | 28517 |
| 安　徽 | Anhui | 23608 | 7808 | 1245 | 10742 | 201 | 7855 | 6127 |
| 福　建 | Fujian | 143215 | 45823 | 7132 | 86806 | 3006 | 38878 | 41700 |
| 江　西 | Jiangxi | 18152 | 3662 | 890 | 13332 | 86 | 5351 | 8327 |
| 山　东 | Shandong | 34024 | 8685 | 1744 | 23596 | 18 | 9284 | 13788 |
| 河　南 | Henan | 9159 | 2458 | 433 | 6268 | 74 | 4564 | 2529 |
| 湖　北 | Hubei | 19421 | 2805 | 1189 | 15427 | | 6820 | 8031 |
| 湖　南 | Hunan | 17922 | 9750 | 795 | -478 | 1 | 4277 | 3833 |
| 广　东 | Guangdong | 489064 | 167736 | 26848 | 293770 | 18522 | 146707 | 125145 |
| 广　西 | Guangxi | 20426 | 5951 | 1037 | 13438 | 576 | 5753 | 6965 |
| 海　南 | Hainan | 135809 | 13166 | 7140 | 106460 | -72 | 35290 | 53333 |
| 重　庆 | Chongqing | 33426 | 9667 | 1598 | 22162 | 1147 | 11453 | 5028 |
| 四　川 | Sichuan | 31676 | 6456 | 1938 | 23282 | 6253 | 9517 | 19086 |
| 贵　州 | Guizhou | 3092 | 555 | 165 | 2372 | 87 | 712 | 1371 |
| 云　南 | Yunnan | 24421 | 4213 | 752 | 18808 | 213 | 6518 | 7176 |
| 西　藏 | Tibet | | | | | | | |
| 陕　西 | Shaanxi | 48656 | 12502 | 2432 | 33721 | 579 | 11058 | 22121 |
| 甘　肃 | Gansu | 4587 | 713 | 234 | 3640 | 15 | 2446 | 1261 |
| 青　海 | Qinghai | 3141 | 516 | 157 | 2468 | 55 | 1882 | 1790 |
| 宁　夏 | Ningxia | 2231 | 835 | 104 | 1291 | 4 | 362 | 581 |
| 新　疆 | Xinjiang | | | | | | | |

4-4-4 Continued 11

单位：万元

Unit：10000 yuan

| | | | 财务费用 Financial Expense | | 营业利润 Operating Profit | 利润总额 Total Profit | 应　交 所得税 Income Tax Payable | 劳动、失业保险费 Unemployment Insurance | 住房公积金和住房补贴 Housing Fund and Housing Allowance |
|---|---|---|---|---|---|---|---|---|---|
| #税金 Taxes | #差旅费 Travel Allowance | #工会经费 Trade Unions Funds | | #利息支出 Interest Expense | | | | | |
| **30260** | **4105** | **2206** | **101884** | **73419** | **37521** | **39308** | **25981** | **4755** | **11216** |
| 8678 | 470 | 548 | 21049 | 19311 | 4750 | 5245 | 9076 | 672 | 3602 |
| 42 | 86 | 17 | 3753 | 875 | -2451 | -1824 | 44 | 102 | 354 |
| 84 | 24 | 18 | 270 | 119 | 3483 | -90 | 51 | 97 | 17 |
| 220 | 21 | 3 | 237 | 235 | -1362 | -743 | | 16 | |
| 530 | 49 | 17 | 451 | 408 | 1375 | 1474 | 175 | 18 | 70 |
| 1584 | 213 | 83 | -55 | -586 | -8594 | -8532 | 526 | 280 | 596 |
| 78 | 21 | 4 | 1403 | 594 | 3663 | 3615 | 111 | 22 | 27 |
| 5 | | | 81 | | 3399 | 3382 | 920 | 17 | 123 |
| 361 | 160 | 105 | 9637 | 6472 | 5776 | 9090 | 1760 | 440 | 1343 |
| 2026 | 339 | 31 | 9683 | 4148 | -12869 | -11114 | 977 | 1058 | 900 |
| 643 | 190 | 112 | 8629 | 7683 | -10656 | -7999 | 985 | 109 | 268 |
| 376 | 90 | 20 | 597 | 413 | 126 | 177 | 42 | 35 | 68 |
| 1784 | 382 | 123 | 9144 | 7981 | 4024 | 4318 | 1737 | 107 | 224 |
| 49 | 30 | 17 | 484 | 188 | -732 | 3 | 48 | 8 | 36 |
| 357 | 98 | 23 | 1297 | 793 | -459 | -460 | 54 | 71 | 114 |
| 3 | 9 | 15 | 887 | 240 | -1638 | -1540 | 65 | 17 | 40 |
| 30 | 40 | 10 | 22 | -53 | 126 | 84 | 340 | 39 | 240 |
| 441 | 260 | 69 | 840 | 764 | -1555 | -11109 | 64 | 25 | 173 |
| 3657 | 961 | 405 | 19314 | 13459 | 22603 | 25730 | 5707 | 1017 | 2055 |
| 1190 | 69 | 22 | 1346 | 1147 | -50 | -821 | 20 | 22 | 89 |
| 3313 | 367 | 322 | 4890 | 3294 | 21456 | 20170 | 943 | 262 | 51 |
| 1201 | 13 | 91 | 3079 | 2937 | 3748 | 4006 | 1126 | 42 | 90 |
| 1895 | 61 | 48 | 807 | 765 | 126 | 2527 | 21 | 47 | 115 |
| 165 | 1 | 3 | 370 | 342 | 7 | 6 | 1 | 10 | |
| 845 | 47 | 27 | 2059 | 1129 | 4580 | 4839 | 535 | 88 | 210 |
| 386 | 79 | 73 | 1322 | 694 | -229 | -155 | 654 | 117 | 396 |
| 308 | | | 32 | 6 | -85 | -84 | | 10 | 15 |
| 10 | 7 | | 223 | 29 | -1360 | -1206 | | 7 | |
| | 21 | | 33 | 33 | 319 | 319 | | | |

# 4-4-5 各地区限额以上住宿业企业损益及分配(按国民经济行业分)

旅游饭店

Tourist Hotel

| 地 区 | Region | 主营业务收入 Revenue from Principal Business | 主营业务成本 Cost of Principal Business | 主营业务税金及附加 Taxes and Other Charges on Principal Business | 主营业务利润 Profits from Principal Business | 其他业务利润 Profits from Other Business | 营业费用 Business Expenses | 管理费用 Administr-ative Expense |
|---|---|---|---|---|---|---|---|---|
| **全 国** | **National Total** | **19556755** | **6702266** | **1042485** | **11420212** | **183637** | **6059769** | **5745806** |
| 北 京 | Beijing | 2208216 | 616367 | 116366 | 1475484 | 21045 | 690915 | 874873 |
| 天 津 | Tianjin | 167977 | 62067 | 9193 | 94765 | 2061 | 66308 | 58036 |
| 河 北 | Hebei | 412109 | 162985 | 23363 | 225316 | 1270 | 141586 | 114964 |
| 山 西 | Shanxi | 322031 | 136676 | 17453 | 161271 | 3057 | 108818 | 74651 |
| 内蒙古 | Inner Mongolia | 246362 | 108513 | 12184 | 123705 | 2842 | 63091 | 54452 |
| 辽 宁 | Liaoning | 642945 | 219811 | 33380 | 392907 | 3932 | 176091 | 211447 |
| 吉 林 | Jilin | 209833 | 79678 | 11375 | 116556 | 749 | 61680 | 55288 |
| 黑龙江 | Heilongjiang | 187628 | 57812 | 10654 | 115795 | 1879 | 57102 | 58507 |
| 上 海 | Shanghai | 1312282 | 368741 | 70272 | 873283 | 8479 | 429113 | 470209 |
| 江 苏 | Jiangsu | 1385184 | 517812 | 73351 | 746321 | 10101 | 402129 | 424627 |
| 浙 江 | Zhejiang | 2211071 | 889783 | 106488 | 1214994 | 32566 | 607842 | 542585 |
| 安 徽 | Anhui | 379084 | 150818 | 21049 | 190955 | 3137 | 108850 | 106810 |
| 福 建 | Fujian | 701844 | 238961 | 40403 | 416136 | 14294 | 230726 | 168283 |
| 江 西 | Jiangxi | 239042 | 79303 | 12974 | 137536 | 1575 | 73129 | 61317 |
| 山 东 | Shandong | 1061999 | 421963 | 54617 | 598428 | 6380 | 279006 | 265329 |
| 河 南 | Henan | 613868 | 260773 | 31167 | 321928 | 2967 | 162628 | 151936 |
| 湖 北 | Hubei | 391129 | 154421 | 20741 | 213263 | 3299 | 120586 | 110973 |
| 湖 南 | Hunan | 728251 | 284633 | 35452 | 182762 | 3995 | 146008 | 185065 |
| 广 东 | Guangdong | 2913829 | 883921 | 168417 | 1841896 | 19904 | 1069031 | 784130 |
| 广 西 | Guangxi | 331151 | 98871 | 18014 | 207413 | 5377 | 125945 | 97142 |
| 海 南 | Hainan | 544933 | 113087 | 28444 | 380233 | 1420 | 154118 | 194000 |
| 重 庆 | Chongqing | 310851 | 116276 | 14826 | 176298 | 3227 | 85073 | 78604 |
| 四 川 | Sichuan | 644801 | 188986 | 35151 | 415683 | 14387 | 215184 | 193242 |
| 贵 州 | Guizhou | 136891 | 42960 | 7908 | 78931 | 1241 | 53466 | 38162 |
| 云 南 | Yunnan | 352314 | 107710 | 19535 | 219928 | 6552 | 120835 | 118761 |
| 西 藏 | Tibet | 32544 | 10008 | 1834 | 17356 | 382 | 13351 | 10364 |
| 陕 西 | Shaanxi | 419006 | 144133 | 22311 | 248880 | 2654 | 133036 | 129556 |
| 甘 肃 | Gansu | 130915 | 52867 | 8450 | 69599 | 277 | 42781 | 31912 |
| 青 海 | Qinghai | 48981 | 12169 | 2748 | 34161 | 996 | 22943 | 14574 |
| 宁 夏 | Ningxia | 50515 | 18016 | 2556 | 28955 | 691 | 20634 | 13192 |
| 新 疆 | Xinjiang | 219171 | 102147 | 11810 | 99475 | 2903 | 77766 | 52819 |

# Income and Distribution of Enterprises above Designated Size of Hotels by Region and Sector

单位：万元

Unit：10000 yuan

| #税金 Taxes | #差旅费 Travel Allowance | #工会经费 Trade Unions Funds | 财务费用 Financial Expense | #利息支出 Interest Expense | 营业利润 Operating Profit | 利润总额 Total Profit | 应交所得税 Income Tax Payable | 劳动、失业保险费 Unemployment Insurance | 住房公积金和住房补贴 Housing Fund and Housing Allowance |
|---|---|---|---|---|---|---|---|---|---|
| **273450** | **46448** | **26741** | **855553** | **569554** | **-502717** | **-433116** | **164763** | **72022** | **111833** |
| 49509 | 4167 | 3716 | 126067 | 108918 | -183787 | -173020 | 26000 | 9857 | 28755 |
| 1102 | 154 | 182 | 11142 | 7291 | -36429 | -30069 | 320 | 963 | 2012 |
| 7696 | 937 | 652 | 20915 | 17050 | -47494 | -49249 | 1647 | 2321 | 2034 |
| 3736 | 896 | 381 | 12979 | 7715 | -14204 | -2660 | 1467 | 429 | 1137 |
| 4059 | 833 | 246 | 3997 | 2533 | 11189 | 3403 | 1197 | 505 | 318 |
| 8138 | 1346 | 702 | 22749 | 14047 | -8566 | -5774 | 4435 | 3015 | 4168 |
| 3099 | 395 | 430 | 9729 | 5610 | -6258 | -2764 | 754 | 795 | 653 |
| 3083 | 366 | 228 | 5756 | 3398 | 31918 | 27830 | 1357 | 667 | 948 |
| 14802 | 1650 | 1521 | 65281 | 42277 | -82840 | -85877 | 8761 | 5640 | 12260 |
| 13175 | 2224 | 1293 | 61898 | 31341 | -54687 | -52829 | 9566 | 9544 | 8238 |
| 18135 | 3990 | 2853 | 101774 | 74103 | -4196 | 40856 | 27379 | 7282 | 10524 |
| 7308 | 1235 | 361 | 14840 | 12032 | -16327 | -14392 | 3391 | 1203 | 1489 |
| 8144 | 1304 | 786 | 30806 | 22542 | 7192 | 7663 | 8205 | 1091 | 2235 |
| 2703 | 683 | 323 | 9889 | 6726 | -768 | 651 | 1244 | 342 | 534 |
| 13006 | 1765 | 763 | 30029 | 12647 | 27357 | 37301 | 9574 | 3191 | 5153 |
| 8924 | 1695 | 938 | 22546 | 14626 | -12215 | -7310 | 7631 | 2697 | 3207 |
| 14362 | 1288 | 879 | 15138 | 7629 | -17665 | -6720 | 2904 | 1857 | 1615 |
| 10753 | 3000 | 1487 | 36966 | 23386 | 57575 | 3895 | 7146 | 3102 | 3811 |
| 30066 | 6370 | 3413 | 120328 | 74696 | -84246 | -80296 | 22853 | 7681 | 11163 |
| 5691 | 1092 | 520 | 19271 | 15758 | -15687 | -16924 | 1326 | 1402 | 1877 |
| 10650 | 2563 | 997 | 19316 | 10688 | 38885 | 36166 | 3777 | 2156 | 428 |
| 4079 | 1565 | 632 | 15927 | 9055 | 4561 | 2922 | 2277 | 806 | 1145 |
| 9401 | 1903 | 1097 | 29303 | 16131 | 3940 | 5561 | 4326 | 1109 | 1696 |
| 1863 | 499 | 237 | 7510 | 3674 | -7960 | -6726 | 405 | 351 | 476 |
| 8051 | 2220 | 740 | 11619 | 6661 | -19230 | -9649 | 2308 | 656 | 1428 |
| 135 | 103 | 120 | 663 | 535 | -3106 | -771 | 444 | 182 | 663 |
| 5424 | 949 | 591 | 17335 | 9712 | -26168 | -23721 | 2412 | 1450 | 1728 |
| 2239 | 477 | 156 | 2208 | 1208 | -7024 | -6531 | 482 | 718 | 643 |
| 296 | 87 | 55 | 1351 | 967 | -3166 | -2175 | 24 | 59 | 422 |
| 696 | 112 | 91 | 2795 | 1856 | -5887 | -5575 | 241 | 111 | 179 |
| 3128 | 580 | 352 | 5426 | 4742 | -27420 | -16330 | 912 | 839 | 893 |

一般旅馆
Fonda

| 地 区 | Region | 主营业务收入 Revenue from Principal Business | 主营业务成本 Cost of Principal Business | 主营业务税金及附加 Taxes and Other Charges on Principal Business | 主营业务利润 Profits from Principal Business | 其他业务利润 Profits from Other Business | 营业费用 Business Expenses | 管理费用 Administrative Expense |
|---|---|---|---|---|---|---|---|---|
| **全 国** | **National Total** | **2883001** | **1145538** | **153837** | **1517537** | **43258** | **924025** | **643141** |
| 北 京 | Beijing | 388804 | 108764 | 21197 | 258843 | 4883 | 166258 | 119112 |
| 天 津 | Tianjin | 79032 | 18281 | 4281 | 47957 | 533 | 34586 | 25563 |
| 河 北 | Hebei | 90588 | 43648 | 4972 | 41320 | 469 | 25786 | 16600 |
| 山 西 | Shanxi | 78633 | 41232 | 4483 | 30509 | 731 | 19371 | 17828 |
| 内蒙古 | Inner Mongolia | 66276 | 30446 | 2993 | 32522 | -22 | 15538 | 12465 |
| 辽 宁 | Liaoning | 66679 | 38314 | 2622 | 21554 | 526 | 10663 | 10348 |
| 吉 林 | Jilin | 13552 | 6431 | 551 | 6066 | 49 | 3324 | 1789 |
| 黑龙江 | Heilongjiang | 32861 | 14732 | 1685 | 15598 | 7 | 6826 | 7829 |
| 上 海 | Shanghai | 236977 | 49697 | 13181 | 174713 | 3219 | 112295 | 67346 |
| 江 苏 | Jiangsu | 142426 | 59585 | 7114 | 71551 | 709 | 37865 | 26872 |
| 浙 江 | Zhejiang | 195659 | 57483 | 10933 | 127214 | 3480 | 81321 | 63087 |
| 安 徽 | Anhui | 50408 | 21499 | 2922 | 24702 | 198 | 13589 | 11483 |
| 福 建 | Fujian | 58661 | 22608 | 3480 | 32426 | 1366 | 19715 | 12925 |
| 江 西 | Jiangxi | 48075 | 22568 | 2481 | 21441 | 180 | 13103 | 7736 |
| 山 东 | Shandong | 177023 | 81516 | 8097 | 80875 | 449 | 37920 | 27339 |
| 河 南 | Henan | 226710 | 125872 | 9940 | 90897 | 749 | 41503 | 28250 |
| 湖 北 | Hubei | 77949 | 32908 | 3748 | 39407 | 1034 | 23250 | 14732 |
| 湖 南 | Hunan | 115067 | 60871 | 4774 | 26892 | 1274 | 23876 | 13747 |
| 广 东 | Guangdong | 366739 | 154826 | 22313 | 188010 | 19319 | 124226 | 79955 |
| 广 西 | Guangxi | 44343 | 13934 | 2685 | 26193 | 442 | 17141 | 11674 |
| 海 南 | Hainan | 8340 | 3936 | 406 | 3665 | 1 | 2263 | 1339 |
| 重 庆 | Chongqing | 53849 | 25628 | 3406 | 20823 | 79 | 10583 | 10170 |
| 四 川 | Sichuan | 81649 | 34342 | 4402 | 41798 | 853 | 21399 | 15145 |
| 贵 州 | Guizhou | 26091 | 9596 | 1477 | 15040 | 203 | 9767 | 5661 |
| 云 南 | Yunnan | 38283 | 16726 | 2153 | 19629 | 1146 | 11795 | 9974 |
| 西 藏 | Tibet | | | | | | | |
| 陕 西 | Shaanxi | 77359 | 31602 | 5047 | 39312 | 917 | 24966 | 16272 |
| 甘 肃 | Gansu | 16744 | 7601 | 1163 | 7980 | 184 | 6084 | 2511 |
| 青 海 | Qinghai | 3756 | 1466 | 215 | 2056 | 5 | 1429 | 681 |
| 宁 夏 | Ningxia | 4606 | 1966 | 255 | 2385 | 2 | 1629 | 960 |
| 新 疆 | Xinjiang | 15862 | 7461 | 862 | 6160 | 277 | 5955 | 3750 |

4-4-5  Continued 1

单位：万元

Unit：10000 yuan

| #税金 Taxes | #差旅费 Travel Allowance | #工会经费 Trade Unions Funds | 财务费用 Financial Expense | #利息支出 Interest Expense | 营业利润 Operating Profit | 利润总额 Total Profit | 应交所得税 Income Tax Payable | 劳动、失业保险费 Unemployment Insurance | 住房公积金和住房补贴 Housing Fund and Housing Allowance |
|---|---|---|---|---|---|---|---|---|---|
| **28630** | **8114** | **3379** | **74706** | **49079** | **-2326** | **10090** | **28533** | **7658** | **11578** |
| 4730 | 1035 | 369 | 5727 | 3848 | -8864 | -5212 | 6467 | 1350 | 2932 |
| 1401 | 132 | 56 | 1617 | 1351 | -4931 | -2984 | 411 | 538 | 1177 |
| 1656 | 251 | 120 | 2095 | 1287 | -3045 | -2721 | 277 | 416 | 334 |
| 704 | 245 | 79 | 1248 | 1134 | -5166 | -2727 | 212 | 52 | 89 |
| 486 | 220 | 40 | 1310 | 827 | 3276 | 2017 | 407 | 40 | 115 |
| 923 | 138 | 68 | 503 | 40 | 1062 | 2199 | 544 | 159 | 293 |
| 107 | 14 | 24 | 219 | 53 | 1340 | 2201 | 205 | 41 | 2 |
| 452 | 83 | 33 | 142 | -81 | 4275 | 3521 | 281 | 58 | 151 |
| 423 | 612 | 134 | 11694 | 8018 | -13403 | -7181 | 2511 | 941 | 925 |
| 763 | 350 | 135 | 3400 | 1842 | 7758 | 8328 | 2188 | 361 | 574 |
| 2129 | 479 | 166 | 10137 | 8141 | -23356 | -21926 | 1715 | 451 | 552 |
| 770 | 208 | 39 | 2218 | 1953 | -811 | -334 | 206 | 158 | 165 |
| 443 | 281 | 22 | 943 | 697 | 360 | 467 | 492 | 54 | 322 |
| 691 | 121 | 134 | 937 | 621 | 1406 | 1573 | 223 | 64 | 43 |
| 1659 | 359 | 116 | 4489 | 2627 | 16137 | 17032 | 2699 | 313 | 505 |
| 2242 | 726 | 342 | 4353 | 2101 | 17541 | 17828 | 3093 | 487 | 428 |
| 1059 | 158 | 107 | 1812 | 843 | 2945 | 4378 | 480 | 167 | 169 |
| 1483 | 441 | 288 | 2568 | 1348 | 10340 | 4378 | 815 | 721 | 750 |
| 2916 | 915 | 492 | 10102 | 6063 | -5252 | -7319 | 3145 | 690 | 1279 |
| 414 | 115 | 21 | 1539 | 1287 | -1930 | -2050 | 215 | 102 | 60 |
| 37 | 18 | 7 | 18 | 3 | 328 | 541 | 42 | 29 | 6 |
| 548 | 412 | 76 | 552 | 186 | 610 | 1196 | 587 | 70 | 289 |
| 777 | 239 | 76 | 2237 | 1487 | 4941 | 2318 | 722 | 180 | 136 |
| 194 | 73 | 24 | 436 | 266 | -262 | -244 | 141 | 38 | 44 |
| 557 | 131 | 48 | 899 | 598 | -1660 | -1833 | 146 | 57 | 119 |
| 687 | 209 | 310 | 2516 | 1664 | -3006 | -2500 | 121 | 31 | 28 |
| 87 | 53 | 17 | 447 | 383 | -878 | -233 | 102 | 16 | 40 |
| 22 | 15 | 1 | 249 | 248 | -158 | -150 | 4 | | |
| 40 | 8 | 3 | 148 | 125 | -355 | -302 | 5 | 5 | 10 |
| 229 | 76 | 35 | 150 | 122 | -1566 | -172 | 77 | 70 | 47 |

其他住宿服务

Others

| 地区 | Region | 主营业务收入 Revenue from Principal Business | 主营业务成本 Cost of Principal Business | 主营业务税金及附加 Taxes and Other Charges on Principal Business | 主营业务利润 Profits from Principal Business | 其他业务利润 Profits from Other Business | 营业费用 Business Expenses | 管理费用 Administrative Expense |
|---|---|---|---|---|---|---|---|---|
| **全　国** | **National Total** | **376699** | **243164** | **20003** | **201186** | **4282** | **118163** | **100947** |
| 北　京 | Beijing | 40412 | 10081 | 2230 | 28102 | 937 | 15592 | 18624 |
| 天　津 | Tianjin | 30241 | 11095 | 1512 | 17503 | 226 | 7657 | 12377 |
| 河　北 | Hebei | 21341 | 9251 | 1136 | 10954 | 149 | 4340 | 6279 |
| 山　西 | Shanxi | 13165 | 2877 | 701 | 6426 | 41 | 7067 | 2385 |
| 内蒙古 | Inner Mongolia | 4768 | 2537 | 182 | 2059 | | 619 | 206 |
| 辽　宁 | Liaoning | 5748 | 1585 | 169 | 3994 | 27 | 2299 | 1497 |
| 吉　林 | Jilin | 14385 | 8238 | 504 | 3196 | | 2702 | 2007 |
| 黑龙江 | Heilongjiang | 3745 | 1802 | 230 | 1712 | | 1209 | 771 |
| 上　海 | Shanghai | 20818 | 7697 | 1111 | 12011 | 207 | 7530 | 4640 |
| 江　苏 | Jiangsu | 28716 | 12049 | 1668 | 14344 | 19 | 8732 | 6358 |
| 浙　江 | Zhejiang | 6669 | 1617 | 358 | 4692 | | 3451 | 1485 |
| 安　徽 | Anhui | 3041 | 1909 | 157 | 975 | 707 | 825 | 623 |
| 福　建 | Fujian | 12438 | 5065 | 760 | 6614 | 55 | 4586 | 3581 |
| 江　西 | Jiangxi | 1493 | 531 | 99 | 612 | | 629 | 198 |
| 山　东 | Shandong | 8224 | 4407 | 187 | 3429 | 138 | 1241 | 926 |
| 河　南 | Henan | 11932 | 5588 | 530 | 5814 | 30 | 2869 | 1306 |
| 湖　北 | Hubei | 10973 | 3916 | 723 | 4751 | 346 | 3643 | 3744 |
| 湖　南 | Hunan | 16884 | 6635 | 999 | 3613 | 176 | 3567 | 2736 |
| 广　东 | Guangdong | 47845 | 13820 | 2684 | 31201 | 165 | 18207 | 14397 |
| 广　西 | Guangxi | 3874 | 866 | 255 | 2105 | 267 | 1996 | 1858 |
| 海　南 | Hainan | | | | | | | |
| 重　庆 | Chongqing | 18078 | 111670 | 1005 | 8070 | 4 | 3774 | 4542 |
| 四　川 | Sichuan | 21234 | 7724 | 1176 | 12305 | 94 | 6846 | 3250 |
| 贵　州 | Guizhou | 4857 | 1653 | 292 | 2912 | 124 | 1136 | 2124 |
| 云　南 | Yunnan | 3269 | 1354 | 224 | 1670 | 30 | 876 | 1154 |
| 西　藏 | Tibet | | | | | | | |
| 陕　西 | Shaanxi | 18567 | 7477 | 896 | 10195 | 539 | 5516 | 3063 |
| 甘　肃 | Gansu | 3196 | 1447 | 171 | 1579 | | 1094 | 607 |
| 青　海 | Qinghai | 788 | 278 | 45 | 349 | 1 | 161 | 210 |
| 宁　夏 | Ningxia | | | | | | | |
| 新　疆 | Xinjiang | | | | | | | |

## 4-4-5 Continued 2

单位：万元

Unit：10000 yuan

| #税金 Taxes | #差旅费 Travel Allowance | #工会经费 Trade Unions Funds | 财务费用 Financial Expense | #利息支出 Interest Expense | 营业利润 Operating Profit | 利润总额 Total Profit | 应交所得税 Income Tax Payable | 劳动、失业保险费 Unemployment Insurance | 住房公积金和住房补贴 Housing Fund and Housing Allowance |
|---|---|---|---|---|---|---|---|---|---|
| **2867** | **1112** | **393** | **12050** | **6849** | **-7887** | **-4193** | **2953** | **827** | **1539** |
| 591 | 83 | 54 | 1682 | 970 | -6805 | -5494 | 80 | 135 | 527 |
| 128 | 53 | 14 | 581 | 333 | -2728 | -2480 | 244 | 54 | 397 |
| 42 | 43 | 24 | 1058 | 510 | -574 | 97 | 85 | 61 | 19 |
| 139 | 19 | 10 | 251 | 105 | -916 | 216 | 4 | 2 | |
| 21 | 43 | 3 | 84 | 13 | 1185 | 1347 | 414 | 3 | 5 |
| | | | | | | | | | |
| 102 | 2 | 2 | 343 | 80 | -522 | -328 | 22 | 50 | 25 |
| 3 | 22 | 1 | 310 | 168 | 1111 | 1599 | 555 | 2 | 1 |
| 24 | 10 | 2 | 27 | 23 | 714 | 497 | 15 | | |
| | | | | | | | | | |
| 12 | 11 | 8 | 1016 | 891 | -968 | -363 | 147 | 93 | 38 |
| 73 | 83 | 18 | 1096 | 501 | -1289 | -1639 | 83 | 29 | 30 |
| 2 | 5 | 6 | 68 | 48 | -313 | -228 | 16 | 11 | 11 |
| 113 | 1 | 4 | 241 | 221 | -6 | -542 | | 2 | 6 |
| 138 | 16 | 8 | 533 | 447 | -2032 | -2007 | 70 | 35 | 22 |
| 10 | 3 | 1 | 136 | 127 | -98 | 28 | 20 | | 3 |
| 20 | 8 | 5 | 413 | 82 | 940 | 855 | 85 | 3 | 11 |
| | | | | | | | | | |
| 132 | 23 | 15 | 202 | 116 | 1468 | 1499 | 246 | 27 | 21 |
| 34 | 36 | 19 | 181 | 66 | 1172 | 810 | 17 | | 8 |
| 119 | 357 | 98 | 306 | 139 | 2658 | 1573 | 150 | 80 | 101 |
| 615 | 113 | 48 | 1227 | 556 | -2261 | -1410 | 159 | 133 | 181 |
| 75 | 80 | 6 | 182 | 138 | -927 | -852 | | 36 | 31 |
| | | | | | | | | | |
| 51 | 28 | 14 | 119 | 84 | 272 | 177 | 89 | 24 | 20 |
| 153 | 15 | 15 | 1156 | 1042 | 1233 | 1349 | 416 | 15 | 16 |
| | 4 | | 35 | 13 | -259 | -302 | 16 | 20 | |
| 66 | 2 | 4 | 149 | 84 | -475 | -431 | 4 | 2 | 4 |
| | | | | | | | | | |
| 174 | 45 | 17 | 567 | 16 | 1588 | 1685 | 12 | 7 | 51 |
| 33 | 9 | | 81 | 76 | -203 | -145 | 1 | 2 | 8 |
| | | | 4 | | 150 | 295 | 3 | | |

# 4-4-6 各地区限额以上餐饮业企业损益及分配

| 地　区 | Region | 主营业务收入 Revenue from Principal Business | 主营业务成本 Cost of Principal Business | 主营业务税金及附加 Taxes and Other Charges on Principal Business | 主营业务利润 Profits from Principal Business | 其他业务利润 Profits from Other Business | 营业费用 Business Expenses | 管理费用 Administr-ative Expense |
|---|---|---|---|---|---|---|---|---|
| **全　国** | **National Total** | **26680375** | **13460253** | **1365609** | **11589983** | **105636** | **7458979** | **2686061** |
| 北　京 | Beijing | 3442314 | 1524268 | 179168 | 1738878 | 13484 | 1251384 | 407192 |
| 天　津 | Tianjin | 625936 | 291547 | 34121 | 300449 | 641 | 197080 | 62489 |
| 河　北 | Hebei | 264360 | 146123 | 15104 | 101954 | 555 | 74614 | 23408 |
| 山　西 | Shanxi | 448370 | 227689 | 22298 | 174396 | 886 | 117854 | 49913 |
| 内蒙古 | Inner Mongolia | 387835 | 206247 | 18290 | 160584 | 13654 | 61735 | 46994 |
| 辽　宁 | Liaoning | 925099 | 441571 | 49096 | 413146 | 797 | 246127 | 82841 |
| 吉　林 | Jilin | 181315 | 108320 | 9408 | 62715 | 297 | 24933 | 26646 |
| 黑龙江 | Heilongjiang | 253232 | 125309 | 18362 | 101014 | 531 | 28798 | 15454 |
| 上　海 | Shanghai | 2906882 | 1380659 | 141643 | 1385824 | 14969 | 1047273 | 317645 |
| 江　苏 | Jiangsu | 2046241 | 1025345 | 104469 | 841058 | 5254 | 565875 | 243137 |
| 浙　江 | Zhejiang | 1654633 | 874403 | 88694 | 692157 | 7408 | 472160 | 155852 |
| 安　徽 | Anhui | 410645 | 224378 | 22201 | 161301 | 1232 | 107959 | 41157 |
| 福　建 | Fujian | 799820 | 418811 | 42936 | 334864 | 3408 | 200867 | 96401 |
| 江　西 | Jiangxi | 244603 | 130562 | 12404 | 100451 | 509 | 54593 | 17411 |
| 山　东 | Shandong | 2594810 | 1449803 | 116827 | 1013187 | 6369 | 419515 | 249126 |
| 河　南 | Henan | 975389 | 597427 | 40296 | 337666 | 5297 | 136128 | 72489 |
| 湖　北 | Hubei | 806516 | 403821 | 43216 | 366076 | 692 | 239914 | 85914 |
| 湖　南 | Hunan | 647184 | 347762 | 28812 | 167038 | 946 | 119365 | 54854 |
| 广　东 | Guangdong | 3826351 | 1818767 | 205970 | 1782942 | 7580 | 1273999 | 315832 |
| 广　西 | Guangxi | 172305 | 83123 | 9621 | 77743 | 1128 | 51832 | 16202 |
| 海　南 | Hainan | 83713 | 42809 | 4819 | 34944 | 45 | 25386 | 8185 |
| 重　庆 | Chongqing | 722237 | 450337 | 31584 | 258790 | 3963 | 114946 | 52966 |
| 四　川 | Sichuan | 933590 | 448841 | 54351 | 428570 | 8509 | 271912 | 100547 |
| 贵　州 | Guizhou | 93977 | 50375 | 6140 | 35381 | 161 | 21727 | 11414 |
| 云　南 | Yunnan | 168706 | 85567 | 8837 | 74027 | 1850 | 45054 | 20105 |
| 西　藏 | Tibet | 4402 | 3359 | 193 | 282 |  | 935 | 298 |
| 陕　西 | Shaanxi | 754980 | 399224 | 37219 | 314485 | 4022 | 198213 | 73970 |
| 甘　肃 | Gansu | 127978 | 66639 | 9384 | 51955 | 82 | 35861 | 12112 |
| 青　海 | Qinghai | 26417 | 14692 | 1458 | 9146 | 44 | 7190 | 2780 |
| 宁　夏 | Ningxia | 80327 | 36222 | 4723 | 39103 | 297 | 23472 | 13203 |
| 新　疆 | Xinjiang | 70212 | 36254 | 3966 | 29859 | 1027 | 22281 | 9523 |

# Income and Distribution of Enterprises above Designated Size of Catering Services by Region

单位：万元
Unit：10000 yuan

| #税金 Taxes | #差旅费 Travel Allowance | #工会经费 Trade Unions Funds | 财务费用 Financial Expense | #利息支出 Interest Expense | 营业利润 Operating Profit | 利润总额 Total Profit | 应交所得税 Income Tax Payable | 劳动、失业保险费 Unemployment Insurance | 住房公积金和住房补贴 Housing Fund and Housing Allowance |
|---|---|---|---|---|---|---|---|---|---|
| **124562** | **62484** | **16044** | **334313** | **142442** | **1571483** | **1422339** | **361168** | **58887** | **63337** |
| 7135 | 6848 | 2114 | 26379 | 9651 | 88783 | 93711 | 46963 | 4593 | 12144 |
| 1418 | 555 | 209 | 5037 | 2410 | 52961 | 53137 | 14929 | 747 | 1944 |
| 646 | 234 | 137 | 3969 | 1790 | 977 | 2196 | 1757 | 437 | 233 |
| 1835 | 464 | 225 | 8791 | 3853 | 17539 | 19678 | 5231 | 160 | 262 |
| 5363 | 2237 | 315 | 7241 | 4837 | 61556 | 45864 | 3740 | 735 | 536 |
| 3300 | 2003 | 859 | 10479 | 5501 | 84557 | 80300 | 19013 | 6903 | 8724 |
| 1277 | 342 | 90 | 2271 | 1460 | 14262 | 18644 | 1127 | 344 | 208 |
| 1947 | 362 | 119 | 5232 | 394 | 54967 | 14873 | 3798 | 93 | 300 |
| 5690 | 5035 | 991 | 28869 | 7279 | 16006 | 38538 | 28202 | 11078 | 7883 |
| 6469 | 3257 | 775 | 29217 | 11427 | 88795 | 75345 | 26182 | 6011 | 6142 |
| 6381 | 3155 | 762 | 24675 | 13158 | 46420 | 64497 | 22978 | 3420 | 6370 |
| 3458 | 1062 | 245 | 8596 | 5755 | 11124 | 13449 | 5305 | 648 | 403 |
| 3613 | 10051 | 339 | 5006 | 442 | 39492 | 35671 | 10849 | 876 | 3035 |
| 1252 | 389 | 117 | 3110 | 1896 | 26437 | 24477 | 3737 | 200 | 38 |
| 18558 | 7292 | 1162 | 47318 | 18867 | 331196 | 313558 | 47981 | 3897 | 4759 |
| 7049 | 2759 | 741 | 13153 | 5106 | 121193 | 105172 | 14883 | 1528 | 754 |
| 10894 | 1499 | 756 | 16339 | 10864 | 29348 | 25977 | 9136 | 1529 | 668 |
| 4689 | 1534 | 1203 | 8724 | 3409 | 88621 | 51957 | 8358 | 2306 | 1962 |
| 16252 | 5121 | 1698 | 37424 | 11617 | 187299 | 144762 | 49511 | 7348 | 3843 |
| 715 | 567 | 60 | 2062 | 891 | 10239 | 9195 | 1764 | 186 | 150 |
| 217 | 183 | 46 | 825 | 112 | 1098 | 638 | 1339 | 123 | 7 |
| 4424 | 3073 | 601 | 5229 | 3297 | 88248 | 84255 | 7636 | 1590 | 834 |
| 3913 | 1959 | 875 | 16623 | 8857 | 55745 | 51184 | 13456 | 1311 | 696 |
| 899 | 157 | 31 | 1099 | 688 | 3725 | 4122 | 708 | 86 | 179 |
| 860 | 441 | 231 | 2529 | 1713 | 8379 | 15648 | 3806 | 417 | 408 |
| 20 | 3 |  | 8 |  | -1005 | 106 | 14 |  |  |
| 4158 | 1233 | 423 | 9417 | 5049 | 41781 | 32870 | 5732 | 1925 | 547 |
| 625 | 262 | 40 | 1359 | 231 | 2705 | 3334 | 1368 | 72 | 110 |
| 230 | 40 | 7 | 345 | 291 | -118 | -258 |  | 1 | 10 |
| 960 | 202 | 828 | 2595 | 1401 | 404 | -560 | 707 | 188 | 39 |
| 318 | 169 | 45 | 392 | 197 | -1250 |  | 960 | 137 | 149 |

# 4-4-7 各地区限额以上餐饮业损益及分配(按登记注册类型分)

国有控股

State-controlled Enterprises

| 地 区 | Region | 主营业务收入 Revenue from Principal Business | 主营业务成本 Cost of Principal Business | 主营业务税金及附加 Taxes and Other Charges on Principal Business | 主营业务利润 Profits from Principal Business | 其他业务利润 Profits from Other Business | 营业费用 Business Expenses | 管理费用 Administrative Expense |
|---|---|---|---|---|---|---|---|---|
| **全 国** | **National Total** | **1222783** | **622423** | **60613** | **533902** | **10033** | **326098** | **197592** |
| 北 京 | Beijing | 289063 | 133760 | 14255 | 141048 | 2405 | 90266 | 40613 |
| 天 津 | Tianjin | 28122 | 17692 | 1299 | 7404 | 63 | 5109 | 3442 |
| 河 北 | Hebei | 23271 | 12914 | 1171 | 9186 | 265 | 5977 | 3891 |
| 山 西 | Shanxi | 35739 | 17938 | 1741 | 12262 | 62 | 6143 | 7986 |
| 内蒙古 | Inner Mongolia | 17835 | 9761 | 872 | 6984 | | 3411 | 2571 |
| 辽 宁 | Liaoning | 17029 | 8660 | 759 | 6681 | 138 | 4580 | 4908 |
| 吉 林 | Jilin | 35683 | 19191 | 2828 | 13126 | 13 | 2591 | 8625 |
| 黑龙江 | Heilongjiang | 13367 | 10157 | 944 | 2840 | 184 | 827 | 1001 |
| 上 海 | Shanghai | 96623 | 47067 | 4406 | 45150 | 1913 | 31020 | 13509 |
| 江 苏 | Jiangsu | 66520 | 32256 | 3449 | 28263 | 210 | 16030 | 12969 |
| 浙 江 | Zhejiang | 63574 | 33252 | 2952 | 27973 | 851 | 17432 | 11582 |
| 安 徽 | Anhui | 18060 | 8966 | 1021 | 9139 | 62 | 4178 | 4021 |
| 福 建 | Fujian | 29242 | 14413 | 1125 | 13154 | 447 | 11806 | 6264 |
| 江 西 | Jiangxi | 4599 | 2480 | 225 | 1896 | 6 | 1071 | 393 |
| 山 东 | Shandong | 168477 | 94099 | 7229 | 64085 | 1783 | 36475 | 24075 |
| 河 南 | Henan | 18339 | 9187 | 1107 | 8046 | 98 | 3661 | 3143 |
| 湖 北 | Hubei | 37023 | 29126 | 2088 | 16364 | 195 | 7356 | 7984 |
| 湖 南 | Hunan | 18674 | 9719 | 827 | 4891 | 203 | 2822 | 3635 |
| 广 东 | Guangdong | 90651 | 43156 | 4727 | 42141 | 368 | 26862 | 11897 |
| 广 西 | Guangxi | 6803 | 3484 | 346 | 2504 | 77 | 2034 | 1023 |
| 海 南 | Hainan | 1376 | 853 | 42 | 491 | | 190 | 162 |
| 重 庆 | Chongqing | 23151 | 10355 | 1062 | 10969 | 32 | 7274 | 5737 |
| 四 川 | Sichuan | 17101 | 8307 | 853 | 7929 | 106 | 5005 | 2299 |
| 贵 州 | Guizhou | 2508 | 1451 | 134 | 923 | | 830 | 586 |
| 云 南 | Yunnan | 17955 | 11094 | 585 | 6001 | 37 | 2180 | 2522 |
| 西 藏 | Tibet | | | | | | | |
| 陕 西 | Shaanxi | 68426 | 27683 | 3695 | 37151 | 293 | 25619 | 8830 |
| 甘 肃 | Gansu | 727 | 355 | 52 | 319 | 5 | 252 | 60 |
| 青 海 | Qinghai | 2546 | 995 | 139 | 1420 | -9 | 651 | 186 |
| 宁 夏 | Ningxia | 4241 | 1385 | 231 | 2625 | 9 | 2294 | 1331 |
| 新 疆 | Xinjiang | 6060 | 2667 | 451 | 2941 | 216 | 2153 | 2351 |

# Income and Distribution of Enterprises above Designated Size of Catering Services by Region and Type of Registration

单位：万元

Unit：10000 yuan

| | | | 财务费用<br>Financial Expense | | 营业利润<br>Operating Profit | 利润总额<br>Total Profit | 应　交<br>所得税<br>Income Tax Payable | 劳动、失<br>业保险费<br>Unemploy-ment Insurance | 住房公积金<br>和住房补贴<br>Housing Fund and Housing Allowance |
|---|---|---|---|---|---|---|---|---|---|
| #税金<br>Taxes | #差旅费<br>Travel Allowance | #工会经费<br>Trade Unions Funds | | #利息支出<br>Interest Expense | | | | | |
| **8624** | **2310** | **2731** | **12045** | **5689** | **44146** | **68206** | **15984** | **6505** | **7981** |
| 1295 | 405 | 545 | 2215 | 1023 | 13567 | 21752 | 5802 | 1058 | 3066 |
| 107 | 57 | 44 | 124 | 34 | 518 | 498 | 196 | 60 | 111 |
| 84 | 9 | 35 | 1264 | 469 | -1680 | -1872 | 21 | 171 | 149 |
| 303 | 36 | 55 | 118 | -92 | 166 | 334 | 26 | 58 | 45 |
| 90 | 24 | 9 | 193 | 8 | 1028 | 1137 | 79 | 34 | 25 |
| 135 | 56 | 9 | 402 | -1 | -1854 | -1405 | 180 | 126 | 416 |
| 370 | 34 | 25 | 137 | | 5672 | 5053 | 84 | 134 | 79 |
| 72 | 4 | 8 | 36 | | 4705 | -65 | 29 | 5 | 1 |
| 73 | 99 | 191 | 27 | -182 | 2508 | 12411 | 1141 | 637 | 619 |
| 284 | 54 | 45 | 22 | -82 | 2327 | 1660 | 707 | 733 | 400 |
| 528 | 188 | 204 | 212 | 61 | 61 | 13477 | 642 | 683 | 349 |
| 283 | 67 | 29 | 309 | 243 | -188 | -867 | 89 | 47 | 60 |
| 234 | 118 | 69 | 435 | 270 | -4352 | -4357 | 74 | 95 | 181 |
| 6 | 15 | | 15 | 10 | 189 | 243 | 4 | 2 | 5 |
| 1441 | 537 | 168 | 2088 | 741 | 9381 | 9667 | 3126 | 492 | 1163 |
| 227 | 32 | 53 | 164 | 52 | 1176 | 692 | 143 | 325 | 169 |
| 621 | 109 | 45 | 447 | 391 | 1155 | 688 | 66 | 66 | 78 |
| 167 | 29 | 124 | 519 | 234 | 1355 | 125 | 81 | 40 | 98 |
| 496 | 112 | 96 | 665 | 127 | 3780 | 3922 | 817 | 744 | 272 |
| 65 | 17 | 8 | 240 | 235 | -315 | -168 | 8 | 7 | 16 |
| 37 | 5 | 3 | 22 | | 117 | 113 | 5 | 2 | |
| 174 | 91 | 65 | 120 | 22 | -1410 | -752 | 86 | 72 | 167 |
| 123 | 29 | 33 | 96 | 68 | 635 | 626 | 134 | 71 | 8 |
| 69 | 1 | 3 | 6 | | -461 | -109 | 5 | 7 | 12 |
| 23 | 50 | 34 | -224 | -226 | 1701 | 1754 | 515 | 17 | 155 |
| 758 | 89 | 90 | 2028 | 1955 | 6471 | 6470 | 1910 | 794 | 276 |
| 1 | 1 | | 6 | 6 | 6 | 6 | | 1 | |
| 28 | 2 | 1 | 3 | | 572 | 81 | | | 4 |
| 527 | 36 | 724 | 353 | 324 | -1329 | -2630 | | 2 | 11 |
| 3 | 7 | 16 | 6 | -1 | -1356 | -276 | 15 | 24 | 45 |

内资企业
Domestic Funded Enterprises

| 地 区 | Region | 主营业务收入 Revenue from Principal Business | 主营业务成本 Cost of Principal Business | 主营业务税金及附加 Taxes and Other Charges on Principal Business | 主营业务利润 Profits from Principal Business | 其他业务利润 Profits from Other Business | 营业费用 Business Expenses | 管理费用 Administrative Expense |
|---|---|---|---|---|---|---|---|---|
| **全 国** | **National Total** | **20020486** | **10953361** | **1027763** | **7804818** | **85270** | **4741646** | **2074323** |
| 北 京 | Beijing | 2274423 | 1094712 | 121222 | 1058489 | 8896 | 777272 | 276205 |
| 天 津 | Tianjin | 330558 | 186308 | 19270 | 125317 | 776 | 88563 | 38848 |
| 河 北 | Hebei | 259106 | 143128 | 14833 | 99965 | 555 | 73462 | 22927 |
| 山 西 | Shanxi | 385210 | 202303 | 19486 | 139434 | 1264 | 97812 | 44059 |
| 内 蒙 古 | Inner Mongolia | 377188 | 201232 | 17757 | 155488 | 13654 | 60376 | 46319 |
| 辽 宁 | Liaoning | 500032 | 278046 | 27629 | 177007 | 1386 | 94952 | 44750 |
| 吉 林 | Jilin | 178628 | 106852 | 9352 | 62010 | 297 | 24327 | 26455 |
| 黑 龙 江 | Heilongjiang | 159001 | 78598 | 13669 | 61248 | 526 | 19073 | 11493 |
| 上 海 | Shanghai | 1731336 | 977174 | 82509 | 672385 | 11523 | 470838 | 200157 |
| 江 苏 | Jiangsu | 1521767 | 832271 | 78466 | 536912 | 3522 | 372249 | 185059 |
| 浙 江 | Zhejiang | 1288827 | 740549 | 69911 | 478987 | 6249 | 311767 | 141454 |
| 安 徽 | Anhui | 383046 | 213510 | 20823 | 146317 | 1232 | 96248 | 40165 |
| 福 建 | Fujian | 565292 | 313330 | 31725 | 217045 | 2696 | 114763 | 75291 |
| 江 西 | Jiangxi | 190490 | 107026 | 9699 | 72508 | 579 | 37381 | 13156 |
| 山 东 | Shandong | 2373833 | 1366832 | 105742 | 886240 | 6134 | 340244 | 229234 |
| 河 南 | Henan | 902214 | 569612 | 36515 | 296088 | 2825 | 105004 | 65450 |
| 湖 北 | Hubei | 628517 | 337200 | 34093 | 264023 | 918 | 169673 | 67228 |
| 湖 南 | Hunan | 535647 | 304790 | 23437 | 137674 | 1066 | 80251 | 47396 |
| 广 东 | Guangdong | 2588871 | 1344341 | 143852 | 1088525 | 7092 | 745468 | 213988 |
| 广 西 | Guangxi | 125083 | 66164 | 7221 | 50354 | 1270 | 31848 | 13025 |
| 海 南 | Hainan | 75793 | 39505 | 4414 | 30735 | 41 | 22632 | 6797 |
| 重 庆 | Chongqing | 685816 | 427466 | 28887 | 230636 | 2505 | 94057 | 48369 |
| 四 川 | Sichuan | 808627 | 402273 | 43730 | 358225 | 6123 | 220123 | 88963 |
| 贵 州 | Guizhou | 90409 | 49142 | 5679 | 33706 | 161 | 20667 | 11031 |
| 云 南 | Yunnan | 118854 | 63892 | 6582 | 48105 | 958 | 29426 | 15768 |
| 西 藏 | Tibet | 4402 | 3359 | 193 | 282 | | 935 | 298 |
| 陕 西 | Shaanxi | 671936 | 364854 | 33411 | 269619 | 1622 | 167100 | 67453 |
| 甘 肃 | Gansu | 110120 | 60158 | 8581 | 41382 | 82 | 28167 | 10843 |
| 青 海 | Qinghai | 25859 | 14498 | 1427 | 8813 | 44 | 6889 | 2752 |
| 宁 夏 | Ningxia | 76300 | 34218 | 4521 | 37282 | 284 | 23472 | 11503 |
| 新 疆 | Xinjiang | 53300 | 30018 | 3128 | 20022 | 993 | 16608 | 7889 |

4-4-7 Continued 1

单位：万元
Unit：10000 yuan

| #税金 Taxes | #差旅费 Travel Allowance | #工会经费 Trade Unions Funds | 财务费用 Financial Expense | #利息支出 Interest Expense | 营业利润 Operating Profit | 利润总额 Total Profit | 应交所得税 Income Tax Payable | 劳动、失业保险费 Unemploy-ment Insurance | 住房公积金和住房补贴 Housing Fund and Housing Allowance |
|---|---|---|---|---|---|---|---|---|---|
| **116140** | **50276** | **12999** | **277845** | **122329** | **1093922** | **975053** | **225944** | **39682** | **26272** |
| 6180 | 3950 | 1439 | 19054 | 5565 | 16181 | 21967 | 20615 | 2855 | 4275 |
| 1291 | 249 | 126 | 4430 | 2501 | 10638 | 11360 | 4162 | 323 | 561 |
| 636 | 233 | 134 | 3939 | 1790 | 650 | 1861 | 1672 | 437 | 233 |
| 1792 | 445 | 224 | 8406 | 3606 | 9204 | 11134 | 2950 | 122 | 63 |
| 5346 | 2223 | 311 | 7238 | 4838 | 59707 | 44258 | 3247 | 730 | 521 |
| 2639 | 875 | 171 | 7466 | 3982 | 36462 | 35145 | 6705 | 822 | 1548 |
| 1273 | 342 | 90 | 2270 | 1460 | 14006 | 18413 | 1109 | 344 | 208 |
| 1400 | 173 | 76 | 2531 | 222 | 36403 | 10711 | 2128 | 58 | 154 |
| 4018 | 2040 | 584 | 17170 | 4349 | -4258 | 13249 | 13256 | 6025 | 2915 |
| 5979 | 2651 | 711 | 23030 | 8314 | 41218 | 29503 | 14241 | 4987 | 1741 |
| 6194 | 2538 | 667 | 21952 | 12810 | 9525 | 27674 | 11674 | 2592 | 1106 |
| 3433 | 1012 | 194 | 8225 | 5669 | 8832 | 11171 | 4919 | 602 | 203 |
| 3346 | 9826 | 287 | 1989 | -291 | 30986 | 30117 | 8400 | 684 | 2079 |
| 1197 | 373 | 114 | 2872 | 1736 | 20250 | 17572 | 2054 | 168 | 38 |
| 18027 | 7129 | 1095 | 44373 | 17513 | 306190 | 288615 | 42087 | 3766 | 4348 |
| 6938 | 2290 | 709 | 11453 | 4522 | 117005 | 100887 | 13845 | 1065 | 136 |
| 10550 | 1219 | 467 | 14218 | 9451 | 18129 | 15551 | 6323 | 1308 | 453 |
| 4342 | 1411 | 1191 | 7606 | 2584 | 73027 | 37610 | 5276 | 2159 | 1748 |
| 14606 | 4251 | 1441 | 29308 | 8915 | 119794 | 85940 | 32628 | 5483 | 1823 |
| 715 | 509 | 60 | 1783 | 895 | 5957 | 5156 | 656 | 183 | 77 |
| 209 | 174 | 38 | 767 | 99 | 1083 | 410 | 1266 | 108 | 1 |
| 4389 | 2794 | 575 | 5222 | 3309 | 84130 | 80620 | 6832 | 1377 | 684 |
| 3844 | 1587 | 797 | 15108 | 8651 | 45937 | 40788 | 10746 | 1091 | 279 |
| 794 | 157 | 31 | 1098 | 688 | 2358 | 2471 | 708 | 86 | 179 |
| 852 | 259 | 213 | 2648 | 1973 | 1412 | 8746 | 2065 | 336 | 31 |
| 20 | 3 | | 8 | | -1005 | 106 | 14 | | |
| 3999 | 892 | 339 | 9011 | 5104 | 32551 | 25736 | 4357 | 1602 | 358 |
| 625 | 262 | 40 | 1370 | 242 | 1083 | 1701 | 960 | 71 | 109 |
| 230 | 40 | 7 | 344 | 291 | -121 | -259 | | 1 | 10 |
| 960 | 202 | 828 | 2595 | 1401 | 270 | -706 | 707 | 188 | 39 |
| 317 | 169 | 42 | 332 | 142 | -3685 | -2454 | 343 | 109 | 52 |

国有企业
State-owned Enterprises

| 地 区 | Region | 主营业务收入 Revenue from Principal Business | 主营业务成本 Cost of Principal Business | 主营业务税金及附加 Taxes and Other Charges on Principal Business | 主营业务利润 Profits from Principal Business | 其他业务利润 Profits from Other Business | 营业费用 Business Expenses | 管理费用 Administrative Expense |
|---|---|---|---|---|---|---|---|---|
| **全 国** | **National Total** | **672345** | **363390** | **33818** | **273851** | **6402** | **163206** | **120809** |
| 北 京 | Beijing | 38208 | 17505 | 1918 | 18785 | 1719 | 14179 | 5224 |
| 天 津 | Tianjin | 9847 | 5680 | 383 | 3784 | 3 | 1631 | 1288 |
| 河 北 | Hebei | 23741 | 13261 | 1183 | 9297 | 265 | 6120 | 3909 |
| 山 西 | Shanxi | 27207 | 15935 | 1096 | 6105 | 23 | 5183 | 3455 |
| 内蒙古 | Inner Mongolia | 14006 | 6641 | 646 | 6500 | | 3103 | 2088 |
| 辽 宁 | Liaoning | 14711 | 7586 | 692 | 5503 | 138 | 4058 | 4417 |
| 吉 林 | Jilin | 33927 | 18639 | 2576 | 13076 | 13 | 2790 | 12969 |
| 黑龙江 | Heilongjiang | 12214 | 9595 | 864 | 2347 | 184 | 475 | 906 |
| 上 海 | Shanghai | 28417 | 15628 | 1310 | 11479 | 540 | 8235 | 3770 |
| 江 苏 | Jiangsu | 47905 | 24771 | 2463 | 18703 | 203 | 11231 | 8651 |
| 浙 江 | Zhejiang | 26038 | 14326 | 1429 | 10886 | 151 | 5324 | 5417 |
| 安 徽 | Anhui | 15013 | 7327 | 868 | 8422 | 61 | 3503 | 3731 |
| 福 建 | Fujian | 30593 | 15287 | 1269 | 13486 | 447 | 12004 | 6262 |
| 江 西 | Jiangxi | 3272 | 1537 | 137 | 1600 | 6 | 970 | 318 |
| 山 东 | Shandong | 156263 | 87513 | 6991 | 58791 | 1636 | 32243 | 23396 |
| 河 南 | Henan | 15448 | 7575 | 907 | 6966 | 18 | 3376 | 2832 |
| 湖 北 | Hubei | 27054 | 25246 | 1470 | 10654 | 195 | 5682 | 4575 |
| 湖 南 | Hunan | 13759 | 7238 | 570 | 3138 | 1 | 2270 | 2670 |
| 广 东 | Guangdong | 58240 | 27853 | 3031 | 27351 | 72 | 17100 | 8489 |
| 广 西 | Guangxi | 7258 | 3630 | 379 | 2780 | 77 | 2219 | 1119 |
| 海 南 | Hainan | 1376 | 853 | 42 | 491 | | 190 | 162 |
| 重 庆 | Chongqing | 7262 | 3659 | 204 | 2976 | 16 | 1968 | 1949 |
| 四 川 | Sichuan | 14770 | 7148 | 736 | 6874 | 89 | 4240 | 2038 |
| 贵 州 | Guizhou | 4431 | 2951 | 138 | 1343 | | 655 | 1389 |
| 云 南 | Yunnan | 3995 | 1898 | 208 | 1614 | 28 | 962 | 825 |
| 西 藏 | Tibet | | | | | | | |
| 陕 西 | Shaanxi | 29222 | 10698 | 1748 | 16706 | 293 | 10632 | 6589 |
| 甘 肃 | Gansu | 727 | 355 | 52 | 319 | 5 | 252 | 60 |
| 青 海 | Qinghai | 2279 | 735 | 124 | 1420 | | 651 | 179 |
| 宁 夏 | Ningxia | 110 | 120 | 6 | -16 | 1 | 139 | 2 |
| 新 疆 | Xinjiang | 5054 | 2201 | 380 | 2473 | 216 | 1821 | 2132 |

4-4-7 Continued 2

单位：万元

Unit：10000 yuan

| #税金 Taxes | #差旅费 Travel Allowance | #工会经费 Trade Unions Funds | 财务费用 Financial Expense | #利息支出 Interest Expense | 营业利润 Operating Profit | 利润总额 Total Profit | 应交所得税 Income Tax Payable | 劳动、失业保险费 Unemployment Insurance | 住房公积金和住房补贴 Housing Fund and Housing Allowance |
|---|---|---|---|---|---|---|---|---|---|
| **5561** | **1191** | **984** | **7294** | **2783** | **9534** | **13085** | **6013** | **3495** | **3863** |
| 173 | 11 | 58 | 140 | -20 | 979 | 987 | 470 | 366 | 471 |
| 86 | 20 | 36 | 48 | 6 | 817 | 802 | 162 | 37 | 48 |
| 84 | 9 | 35 | 1264 | 469 | -1731 | -1922 | 21 | 171 | 149 |
| 257 | 27 | 24 | 193 | 82 | -9 | 323 | 21 | 54 | 33 |
| 96 | 12 | 2 | 194 | 9 | 1334 | 1443 | 70 | 33 | 14 |
| 112 | 55 | 9 | 380 | -2 | -1997 | -1538 | 161 | 126 | 406 |
| 272 | 33 | 24 | 117 | | -290 | 5210 | 81 | 134 | 71 |
| 72 | 4 | 1 | 33 | | 3462 | -357 | 27 | 4 | |
| 65 | 18 | 58 | 51 | -4 | -35 | 1282 | 462 | 373 | 172 |
| 178 | 41 | 27 | 184 | 19 | 952 | 451 | 341 | 323 | 162 |
| 425 | 70 | 72 | 44 | -73 | 715 | 563 | 301 | 60 | 166 |
| 277 | 64 | 26 | 234 | 172 | -401 | -1109 | 45 | 30 | 59 |
| 234 | 118 | 69 | 435 | 270 | -4214 | -4345 | 74 | 97 | 181 |
| | 15 | | 15 | 10 | 69 | 123 | 4 | 2 | 5 |
| 1339 | 297 | 137 | 1731 | 530 | 8605 | 9457 | 2838 | 449 | 1068 |
| 206 | 29 | 51 | 151 | 45 | 625 | 651 | 131 | 323 | 161 |
| 278 | 67 | 26 | 227 | 206 | 610 | 588 | 22 | 54 | 44 |
| 128 | 26 | 120 | 400 | 203 | 611 | -133 | 70 | 22 | 79 |
| 379 | 95 | 52 | 473 | 115 | 1426 | 1431 | 166 | 682 | 162 |
| 65 | 17 | 8 | 240 | 235 | -315 | -163 | 8 | 7 | 26 |
| 37 | 5 | 3 | 22 | | 117 | 113 | 5 | 2 | |
| 49 | 38 | 15 | 78 | 28 | -112 | 236 | 40 | 50 | 142 |
| 125 | 34 | 30 | 87 | 68 | 598 | 540 | 108 | 28 | 29 |
| 36 | | | -6 | -9 | -660 | -309 | 5 | 7 | 12 |
| 10 | 1 | 2 | 17 | 17 | -13 | 30 | 17 | 5 | 11 |
| 546 | 78 | 83 | 527 | 400 | -793 | -984 | 362 | 35 | 134 |
| 1 | 1 | | 6 | 6 | 6 | 6 | | 1 | |
| 28 | 2 | 1 | 3 | | 587 | 41 | | | 4 |
| | | | 1 | | -140 | -140 | | | 11 |
| 3 | 7 | 14 | 7 | 1 | -1271 | -193 | 4 | 22 | 45 |

4-4-7 续表 3

集体企业

Collective-owned Enterprises

| 地　区 | Region | 主营业务收入 Revenue from Principal Business | 主营业务成本 Cost of Principal Business | 主营业务税金及附加 Taxes and Other Charges on Principal Business | 主营业务利润 Profits from Principal Business | 其他业务利润 Profits from Other Business | 营业费用 Business Expenses | 管理费用 Administrative Expense |
|---|---|---|---|---|---|---|---|---|
| **全　国** | **National Total** | **327587** | **184944** | **16394** | **124962** | **4720** | **73973** | **38489** |
| 北　京 | Beijing | 34153 | 18776 | 1720 | 13657 | 26 | 9340 | 3834 |
| 天　津 | Tianjin | 3832 | 2187 | 193 | 1452 | | 1044 | 613 |
| 河　北 | Hebei | 3863 | 1614 | 135 | 1914 | | 867 | 885 |
| 山　西 | Shanxi | 7050 | 3297 | 429 | 2690 | | 2673 | 984 |
| 内蒙古 | Inner Mongolia | 344 | 167 | 20 | 157 | | 100 | 55 |
| 辽　宁 | Liaoning | 10816 | 6530 | 529 | 3361 | 36 | 2105 | 988 |
| 吉　林 | Jilin | 5206 | 2581 | 438 | 2142 | | 854 | 290 |
| 黑龙江 | Heilongjiang | 713 | 518 | 49 | 128 | | 37 | 8 |
| 上　海 | Shanghai | 19985 | 11101 | 1160 | 7724 | 1393 | 6831 | 2361 |
| 江　苏 | Jiangsu | 18778 | 10547 | 982 | 7249 | 37 | 3837 | 4685 |
| 浙　江 | Zhejiang | 2873 | 1453 | 169 | 1252 | 1 | 826 | 686 |
| 安　徽 | Anhui | 5551 | 3395 | 256 | 1900 | 4 | 847 | 923 |
| 福　建 | Fujian | 4340 | 2481 | 355 | 1512 | | 877 | 344 |
| 江　西 | Jiangxi | | | | | | | |
| 山　东 | Shandong | 45129 | 25004 | 2147 | 18048 | 264 | 6222 | 5611 |
| 河　南 | Henan | 22128 | 16040 | 525 | 5563 | 60 | 1603 | 1397 |
| 湖　北 | Hubei | 3844 | 1809 | 202 | 1839 | | 668 | 661 |
| 湖　南 | Hunan | 1489 | 895 | 36 | 558 | | 278 | 140 |
| 广　东 | Guangdong | 101110 | 56816 | 5418 | 39243 | 2278 | 26829 | 9475 |
| 广　西 | Guangxi | 2307 | 1167 | 158 | 982 | 2 | 752 | 110 |
| 海　南 | Hainan | 1146 | 483 | 106 | 557 | | 396 | 40 |
| 重　庆 | Chongqing | 9934 | 5840 | 333 | 3761 | 85 | 1836 | 1104 |
| 四　川 | Sichuan | 7862 | 3934 | 431 | 3488 | 13 | 2288 | 984 |
| 贵　州 | Guizhou | | | | | | | |
| 云　南 | Yunnan | 2953 | 1716 | 170 | 1067 | 21 | 1035 | 317 |
| 西　藏 | Tibet | | | | | | | |
| 陕　西 | Shaanxi | 9714 | 5499 | 287 | 3495 | 500 | 1251 | 1295 |
| 甘　肃 | Gansu | 1775 | 719 | 105 | 951 | | 443 | 566 |
| 青　海 | Qinghai | | | | | | | |
| 宁　夏 | Ningxia | 372 | 156 | 21 | 196 | | 135 | 54 |
| 新　疆 | Xinjiang | 320 | 220 | 22 | 78 | | | 80 |

4-4-7 Continued 3

单位：万元

Unit：10000 yuan

| #税金 Taxes | #差旅费 Travel Allowance | #工会经费 Trade Unions Funds | 财务费用 Financial Expense | #利息支出 Interest Expense | 营业利润 Operating Profit | 利润总额 Total Profit | 应交所得税 Income Tax Payable | 劳动、失业保险费 Unemployment Insurance | 住房公积金和住房补贴 Housing Fund and Housing Allowance |
|---|---|---|---|---|---|---|---|---|---|
| **2660** | **594** | **348** | **4174** | **1938** | **13549** | **12922** | **3431** | **773** | **451** |
| 129 | 38 | 3 | 308 | 201 | 202 | 219 | 144 | 57 | 7 |
| 1 | 4 | 1 | 3 | 3 | -208 | -48 | 39 | 2 | 32 |
|  | 14 | 4 | 47 | 42 | 118 | 156 | 9 | 2 | 10 |
| 32 | 14 | 2 | 72 | 49 | -184 | -140 | 1 | 17 |  |
|  |  |  | 1 | 1 | 1 | 1 |  |  | 6 |
| 23 | 10 | 7 | 37 | 3 | 276 | 330 | 66 | 13 | 29 |
| 38 | 16 | 2 | 4 | 2 | 988 | 1071 | 34 | 12 |  |
| 1 |  |  |  |  | 140 | 36 |  |  | 3 |
| 85 | 76 | 14 | 68 | -3 | -142 | 40 | 162 | 99 | 24 |
| 66 | 18 | 6 | 183 | 5 | -1418 | -1284 | 138 | 36 | 20 |
| 18 |  | 2 | 6 | -2 | -265 | -217 | 20 | 9 | 4 |
| 26 | 45 |  | 190 | 50 | -57 | -7 | 81 | 95 | 11 |
| 57 | 3 | 2 | 41 | 1 | 219 | 211 | 46 | 1 |  |
|  |  |  |  |  |  |  |  |  |  |
| 728 | 176 | 37 | 1284 | 859 | 5286 | 4665 | 641 | 80 | 67 |
| 188 | 33 | 15 | 156 | 37 | 2467 | 1881 | 223 | 52 | 4 |
| 18 | 7 | 6 | 319 | 315 | 192 | -320 | 47 | 22 | 19 |
| 10 | 1 | 1 | 31 | 6 | 108 | 61 | 24 | 2 | 2 |
| 991 | 78 | 208 | 908 | 300 | 4734 | 4979 | 1698 | 250 | 182 |
| 3 | 16 | 3 | 35 | 35 | 86 | 82 | 17 |  | 7 |
| 4 | 3 |  | -1 | -1 | 122 | 122 |  | 3 |  |
| 168 | 14 | 19 | 110 | 94 | 796 | 805 | 12 | 12 | 3 |
| 7 | 17 | 11 | 103 | 20 | 114 | 128 | 10 | 3 | 12 |
| 12 | 3 | 1 | 18 | 2 | -253 | -217 | 1 | 3 | 8 |
| 51 | 7 | 4 | 144 | 28 | 385 | 365 | 16 |  |  |
| 2 |  | 2 | 106 | -108 | -164 | -1 |  |  |  |
|  | 2 |  |  |  | 7 | 5 | 1 | 1 | 2 |
| 2 | 1 |  |  |  | -1 | -1 |  | 1 |  |

股份合作企业

Cooperative Enterprises

| 地区 | Region | 主营业务收入 Revenue from Principal Business | 主营业务成本 Cost of Principal Business | 主营业务税金及附加 Taxes and Other Charges on Principal Business | 主营业务利润 Profits from Principal Business | 其他业务利润 Profits from Other Business | 营业费用 Business Expenses | 管理费用 Administrative Expense |
|---|---|---|---|---|---|---|---|---|
| **全　国** | **National Total** | **257702** | **139881** | **13195** | **99958** | **1366** | **60391** | **26336** |
| 北　京 | Beijing | 49818 | 28466 | 2720 | 18633 | 260 | 14054 | 4674 |
| 天　津 | Tianjin | 1138 | 634 | 64 | | | 320 | 121 |
| 河　北 | Hebei | 4279 | 2420 | 252 | 1607 | 4 | 1041 | 232 |
| 山　西 | Shanxi | 927 | 894 | 38 | -5 | | 183 | 16 |
| 内蒙古 | Inner Mongolia | 4106 | 3879 | 210 | 17 | | 155 | 239 |
| 辽　宁 | Liaoning | 1320 | 643 | 67 | 610 | | 112 | 135 |
| 吉　林 | Jilin | 1729 | 813 | 91 | -189 | | 875 | 97 |
| 黑龙江 | Heilongjiang | 717 | 339 | 88 | 291 | 146 | 31 | 25 |
| 上　海 | Shanghai | 12081 | 6099 | 634 | 5348 | 500 | 4196 | 2153 |
| 江　苏 | Jiangsu | 12596 | 6016 | 628 | 5824 | 20 | 3903 | 1318 |
| 浙　江 | Zhejiang | 15492 | 10674 | 765 | 4053 | 129 | 2346 | 712 |
| 安　徽 | Anhui | 3079 | 1603 | 179 | 1297 | | 856 | 520 |
| 福　建 | Fujian | 697 | 469 | 19 | 210 | | 150 | 52 |
| 江　西 | Jiangxi | 4018 | 2584 | 258 | 1175 | | 973 | 428 |
| 山　东 | Shandong | 17278 | 11395 | 744 | 5133 | | 853 | 1270 |
| 河　南 | Henan | 4773 | 3017 | 493 | 1264 | 161 | 435 | 147 |
| 湖　北 | Hubei | 3880 | 2178 | 209 | 1508 | 8 | 758 | 594 |
| 湖　南 | Hunan | 10359 | 5353 | 649 | 2025 | | 902 | 1080 |
| 广　东 | Guangdong | 47820 | 25244 | 2367 | 19662 | 133 | 14313 | 4139 |
| 广　西 | Guangxi | 1969 | 1067 | 151 | 524 | | 325 | 375 |
| 海　南 | Hainan | | | | | | | |
| 重　庆 | Chongqing | 9938 | 4432 | 216 | 5300 | | 442 | 343 |
| 四　川 | Sichuan | 32842 | 14000 | 1626 | 17215 | | 8418 | 4616 |
| 贵　州 | Guizhou | | | | | | | |
| 云　南 | Yunnan | 2271 | 1114 | 122 | 1035 | | 577 | 870 |
| 西　藏 | Tibet | | | | | | | |
| 陕　西 | Shaanxi | 13418 | 6083 | 543 | 6792 | 1 | 3427 | 2065 |
| 甘　肃 | Gansu | 675 | 236 | 42 | 397 | 5 | 444 | 101 |
| 青　海 | Qinghai | | | | | | | |
| 宁　夏 | Ningxia | 482 | 231 | 19 | 232 | | 303 | 15 |
| 新　疆 | Xinjiang | | | | | | | |

4-4-7 Continued 4

单位：万元

Unit：10000 yuan

| #税金 Taxes | #差旅费 Travel Allowance | #工会经费 Trade Unions Funds | 财务费用 Financial Expense | #利息支出 Interest Expense | 营业利润 Operating Profit | 利润总额 Total Profit | 应交所得税 Income Tax Payable | 劳动、失业保险费 Unemployment Insurance | 住房公积金和住房补贴 Housing Fund and Housing Allowance |
|---|---|---|---|---|---|---|---|---|---|
| **2107** | **511** | **385** | **4152** | **2605** | **9442** | **14320** | **2937** | **488** | **408** |
| 64 | 62 | 6 | 153 | 29 | 14 | 184 | 179 | 35 | 13 |
|  |  | 1 | 1 |  | -2 |  |  | 5 | 30 |
| 2 | 3 | 20 | 26 | -2 | 312 | 267 | 41 |  |  |
|  |  |  |  |  | -205 |  |  |  |  |
| 62 | 12 | 2 | 31 | 30 | -408 | -381 | 3 | 35 | 27 |
| 6 |  | 1 | 1 |  | 311 | 295 | 4 | 5 |  |
| 97 |  |  | 41 |  |  | -179 |  |  | 7 |
| 3 |  |  |  |  | 93 | 44 |  | 6 | 7 |
| 19 | 20 | 18 | -7 | -8 | -495 | 272 | 82 | 72 | 57 |
| 55 | 10 |  | 236 | 192 | 440 | 485 | 65 | 13 | 65 |
| 55 | 15 | 1 | 269 | 104 | 889 | 886 | 282 | 10 |  |
| 15 | 1 | 1 | 101 | 98 | -181 | -180 |  |  |  |
| 3 |  |  | 4 |  |  | 3 |  |  |  |
| 63 | 2 | 3 | 70 | 65 | -296 | 203 | 51 |  |  |
| 65 | 68 | 6 | 349 | 202 | 1545 | 2536 | 247 | 6 |  |
| 6 | 4 | 1 | 217 |  | 626 | 576 | 54 |  |  |
| 166 | 25 | 8 | 69 |  | 87 | 90 | 3 | 26 |  |
| 256 | 86 | 67 | 350 | 77 | 2025 | 319 | 136 | 72 | 90 |
| 614 | 34 | 139 | 334 | 60 | 1428 | 1039 | 807 | 147 | 39 |
| 6 |  |  | 13 | 12 | 39 | 34 |  | 5 | 5 |
| 54 | 23 | 14 | 5 | 2 | 268 | 4016 | 28 | 4 |  |
| 315 | 109 | 72 | 1758 | 1620 | 2418 | 3269 | 870 | 45 | 66 |
| 12 | 13 | 21 | 85 | 81 | -497 | -477 | 12 | 1 | 2 |
| 170 | 25 | 7 | 45 | 40 | 1258 | 1253 | 70 |  |  |
|  |  |  |  |  | -143 | -142 |  | 1 |  |
|  |  |  | 1 |  | -86 | -89 | 7 |  |  |

4-4-7 续表 5

联营企业

Joint Ownership Enterprises

| 地区 Region | | 主营业务收入 Revenue from Principal Business | 主营业务成本 Cost of Principal Business | 主营业务税金及附加 Taxes and Other Charges on Principal Business | 主营业务利润 Profits from Principal Business | 其他业务利润 Profits from Other Business | 营业费用 Business Expenses | 管理费用 Administr-ative Expense |
|---|---|---|---|---|---|---|---|---|
| **全　国** | **National Total** | **18924** | **10083** | **965** | **7383** | | **3599** | **1639** |
| 北　京 | Beijing | 691 | 373 | 38 | 281 | | 137 | 151 |
| 天　津 | Tianjin | | | | | | | |
| 河　北 | Hebei | 581 | 264 | 32 | 285 | | 184 | 38 |
| 山　西 | Shanxi | | | | | | | |
| 内蒙古 | Inner Mongolia | 480 | 202 | 36 | 242 | | 189 | 33 |
| 辽　宁 | Liaoning | | | | | | | |
| 吉　林 | Jilin | | | | | | | |
| 黑龙江 | Heilongjiang | | | | | | | |
| 上　海 | Shanghai | 3499 | 1774 | 191 | 1534 | | 1179 | 581 |
| 江　苏 | Jiangsu | 947 | 563 | 53 | 18 | | 314 | |
| 浙　江 | Zhejiang | | | | | | | |
| 安　徽 | Anhui | | | | | | | |
| 福　建 | Fujian | | | | | | | |
| 江　西 | Jiangxi | 264 | 196 | 11 | 57 | | | 5 |
| 山　东 | Shandong | 2520 | 1544 | 143 | 833 | | 131 | 158 |
| 河　南 | Henan | 566 | 370 | 22 | 174 | | 105 | 8 |
| 湖　北 | Hubei | | | | | | | |
| 湖　南 | Hunan | 4242 | 1363 | 167 | 2532 | | 322 | 367 |
| 广　东 | Guangdong | 5134 | 3435 | 271 | 1428 | | 1038 | 299 |
| 广　西 | Guangxi | | | | | | | |
| 海　南 | Hainan | | | | | | | |
| 重　庆 | Chongqing | | | | | | | |
| 四　川 | Sichuan | | | | | | | |
| 贵　州 | Guizhou | | | | | | | |
| 云　南 | Yunnan | | | | | | | |
| 西　藏 | Tibet | | | | | | | |
| 陕　西 | Shaanxi | | | | | | | |
| 甘　肃 | Gansu | | | | | | | |
| 青　海 | Qinghai | | | | | | | |
| 宁　夏 | Ningxia | | | | | | | |
| 新　疆 | Xinjiang | | | | | | | |

4-4-7 Continued 5

单位：万元

Unit：10000 yuan

| #税金 Taxes | #差旅费 Travel Allowance | #工会经费 Trade Unions Funds | 财务费用 Financial Expense | #利息支出 Interest Expense | 营业利润 Operating Profit | 利润总额 Total Profit | 应交所得税 Income Tax Payable | 劳动、失业保险费 Unemployment Insurance | 住房公积金和住房补贴 Housing Fund and Housing Allowance |
|---|---|---|---|---|---|---|---|---|---|
| **105** | **30** | **11** | **190** | **13** | **2458** | **2432** | **414** | **72** | **87** |
| 16 | 2 | | 20 | | -27 | -29 | 13 | | |
| | | | | | 63 | 63 | | | |
| | 5 | | 4 | 4 | 17 | 17 | | | |
| | 14 | | 30 | | -256 | -270 | | 23 | 1 |
| | | | 6 | | 12 | 12 | 3 | | |
| | | | 2 | | 50 | 50 | | | |
| | 4 | | 14 | 3 | 540 | 531 | 44 | 29 | 12 |
| | 3 | | 5 | 3 | 56 | 55 | 9 | | |
| 89 | 2 | | 86 | | 1936 | 1935 | 344 | 20 | 74 |
| | | 10 | 24 | 4 | 67 | 68 | 1 | 1 | |

有限责任公司
Limited Liability Corporations

| 地区 | Region | 主营业务收入 Revenue from Principal Business | 主营业务成本 Cost of Principal Business | 主营业务税金及附加 Taxes and Other Charges on Principal Business | 主营业务利润 Profits from Principal Business | 其他业务利润 Profits from Other Business | 营业费用 Business Expenses | 管理费用 Administrative Expense |
|---|---|---|---|---|---|---|---|---|
| **全国** | **National Total** | **4017467** | **2127771** | **203261** | **1639893** | **18221** | **1062959** | **458433** |
| 北京 | Beijing | 686723 | 322060 | 36941 | 327721 | 3932 | 238046 | 88455 |
| 天津 | Tianjin | 100908 | 51040 | 5028 | 41637 | 266 | 27018 | 11856 |
| 河北 | Hebei | 44878 | 23133 | 3057 | 18110 | 172 | 13837 | 4121 |
| 山西 | Shanxi | 68728 | 33103 | 3990 | 30986 | 539 | 18732 | 11619 |
| 内蒙古 | Inner Mongolia | 69409 | 36094 | 3761 | 28346 | 338 | 13231 | 11853 |
| 辽宁 | Liaoning | 55228 | 29146 | 2801 | 22304 | 56 | 13945 | 5440 |
| 吉林 | Jilin | 25214 | 14373 | 1440 | 9583 | | 1841 | 4554 |
| 黑龙江 | Heilongjiang | 9695 | 4559 | 612 | 3965 | | 2361 | 1179 |
| 上海 | Shanghai | 395509 | 297573 | 9442 | 88494 | 2702 | 50268 | 26580 |
| 江苏 | Jiangsu | 225146 | 108850 | 11731 | 98553 | 551 | 62871 | 36876 |
| 浙江 | Zhejiang | 222204 | 118307 | 12387 | 91510 | 756 | 58150 | 28982 |
| 安徽 | Anhui | 61480 | 32533 | 3280 | 24663 | 234 | 18318 | 6874 |
| 福建 | Fujian | 67667 | 38125 | 4379 | 25089 | 478 | 17654 | 5780 |
| 江西 | Jiangxi | 25922 | 13107 | 1420 | 11435 | 40 | 7630 | 2560 |
| 山东 | Shandong | 218975 | 115122 | 11212 | 89101 | 1126 | 48467 | 31585 |
| 河南 | Henan | 149160 | 77000 | 6932 | 65228 | 1631 | 33148 | 18614 |
| 湖北 | Hubei | 188423 | 91062 | 9729 | 86968 | 123 | 52498 | 27919 |
| 湖南 | Hunan | 91241 | 42740 | 4550 | 22993 | 436 | 24182 | 10103 |
| 广东 | Guangdong | 531683 | 260752 | 29441 | 237375 | -107 | 165339 | 44472 |
| 广西 | Guangxi | 23815 | 12542 | 1411 | 9651 | 126 | 6637 | 1691 |
| 海南 | Hainan | 26712 | 13838 | 1564 | 10134 | 16 | 8281 | 1999 |
| 重庆 | Chongqing | 197285 | 112550 | 9120 | 77034 | 416 | 37108 | 15939 |
| 四川 | Sichuan | 192009 | 100673 | 11135 | 77887 | 3164 | 55060 | 20908 |
| 贵州 | Guizhou | 27069 | 13274 | 1443 | 11520 | 66 | 7699 | 3701 |
| 云南 | Yunnan | 31252 | 16840 | 1551 | 12862 | 543 | 6473 | 5638 |
| 西藏 | Tibet | 1768 | 1706 | 87 | -25 | | 790 | 210 |
| 陕西 | Shaanxi | 228813 | 121198 | 11552 | 96130 | 180 | 59642 | 22342 |
| 甘肃 | Gansu | 28220 | 15765 | 1989 | 10466 | 15 | 6669 | 2788 |
| 青海 | Qinghai | 2388 | 1382 | 131 | 884 | -9 | 516 | 246 |
| 宁夏 | Ningxia | 13173 | 5911 | 716 | 6365 | 52 | 4640 | 2688 |
| 新疆 | Xinjiang | 6770 | 3415 | 429 | 2926 | 379 | 1915 | 862 |

单位：万元

Unit：10000 yuan

| #税金 Taxes | #差旅费 Travel Allowance | #工会经费 Trade Unions Funds | 财务费用 Financial Expense | #利息支出 Interest Expense | 营业利润 Operating Profit | 利润总额 Total Profit | 应交所得税 Income Tax Payable | 劳动、失业保险费 Unemployment Insurance | 住房公积金和住房补贴 Housing Fund and Housing Allowance |
|---|---|---|---|---|---|---|---|---|---|
| **20116** | **8409** | **3702** | **52823** | **24552** | **143648** | **133431** | **41190** | **8034** | **5798** |
| 2265 | 1176 | 557 | 5502 | 1107 | -172 | 3094 | 7056 | 1014 | 2058 |
| 331 | 53 | 28 | 908 | 366 | 5337 | 5690 | 1920 | 100 | 232 |
| 119 | 42 | 17 | 458 | 310 | -124 | 12 | 180 | 77 | 39 |
| 287 | 86 | 44 | 2537 | 413 | -813 | 494 | 518 | 8 | 14 |
| 1463 | 552 | 52 | 1236 | 606 | 4856 | 4830 | 410 | 117 | 6 |
| 198 | 79 | 23 | 702 | 174 | 2515 | 2570 | 820 | 185 | 149 |
| 71 | 5 | 6 | 341 | 105 | 2909 | 2828 | 349 | 90 | 59 |
| 11 | 8 | 8 | 94 | 89 | 803 | 213 | 30 | 2 | 1 |
| 545 | 239 | 258 | 3519 | 2693 | 10829 | 16546 | 1989 | 1124 | 835 |
| 1120 | 873 | 163 | 2800 | 1054 | 7242 | 8304 | 2833 | 1287 | 613 |
| 1124 | 517 | 167 | 3506 | 1674 | 535 | 2159 | 1801 | 375 | 367 |
| 813 | 181 | 47 | 1459 | 1206 | 1281 | 1410 | 472 | 108 | 18 |
| 399 | 260 | 18 | 970 | 519 | 1412 | 1134 | 873 | 92 | 20 |
| 157 | 68 | 7 | 762 | 328 | 935 | 369 | 375 | 25 | 1 |
| 1565 | 550 | 144 | 4597 | 1804 | 10663 | 9272 | 1835 | 432 | 319 |
| 906 | 340 | 137 | 2790 | 1589 | 12308 | 8601 | 1129 | 289 | 128 |
| 3249 | 324 | 128 | 3401 | 2037 | 3538 | 1870 | 2343 | 537 | 133 |
| 365 | 118 | 301 | 1361 | 323 | 8566 | 2304 | 480 | 228 | 159 |
| 1563 | 1326 | 262 | 6909 | 3066 | 27398 | 19992 | 7847 | 870 | 418 |
| 35 | 46 | 2 | 209 | 56 | 1647 | 1291 | 219 | 13 | |
| 7 | 37 | 23 | 244 | 7 | 58 | 18 | 571 | 18 | |
| 560 | 621 | 162 | 1459 | 945 | 24076 | 24152 | 2191 | 263 | 98 |
| 609 | 214 | 130 | 3027 | 1504 | 5383 | 4365 | 1700 | 296 | 61 |
| 85 | 55 | 18 | 423 | 319 | 690 | 561 | 251 | 29 | 10 |
| 403 | 28 | 134 | 981 | 781 | 303 | 6419 | 1252 | 296 | 10 |
| 20 | | | 4 | | -1028 | 24 | | | |
| 912 | 260 | 96 | 1551 | 728 | 12637 | 6159 | 1402 | 88 | 31 |
| 241 | 59 | 11 | 342 | 235 | 682 | 888 | 207 | 21 | |
| 39 | 6 | 5 | 111 | 111 | 2 | 50 | | 1 | 6 |
| 594 | 59 | 748 | 602 | 409 | -1325 | -2340 | 30 | 11 | 11 |
| 63 | 28 | 9 | 20 | -2 | 506 | 154 | 109 | 40 | 1 |

股份有限公司

Share-holding Corporations Ltd.

| 地 区 | Region | 主营业务收入 Revenue from Principal Business | 主营业务成本 Cost of Principal Business | 主营业务税金及附加 Taxes and Other Charges on Principal Business | 主营业务利润 Profits from Principal Business | 其他业务利润 Profits from Other Business | 营业费用 Business Expenses | 管理费用 Administr-ative Expense |
|---|---|---|---|---|---|---|---|---|
| **全 国** | **National Total** | **801613** | **395435** | **40092** | **361681** | **15674** | **200372** | **93522** |
| 北 京 | Beijing | 193279 | 85155 | 9442 | 98683 | 671 | 58783 | 23848 |
| 天 津 | Tianjin | 9764 | 3151 | 583 | 6024 | 277 | 2794 | 1908 |
| 河 北 | Hebei | 9502 | 4888 | 470 | 4143 | 1 | 2598 | 1246 |
| 山 西 | Shanxi | 18520 | 9374 | 1077 | 5761 | 128 | 5514 | 1894 |
| 内蒙古 | Inner Mongolia | 57108 | 33918 | 2029 | 21261 | 12628 | 7457 | 3211 |
| 辽 宁 | Liaoning | 21867 | 8774 | 1214 | 11302 | 19 | 6153 | 2873 |
| 吉 林 | Jilin | 7749 | 4056 | 323 | 3234 | 125 | 1359 | 1145 |
| 黑龙江 | Heilongjiang | 3104 | 1805 | 305 | 823 | | 395 | 104 |
| 上 海 | Shanghai | 11487 | 6175 | 612 | 4700 | 863 | 3920 | 2119 |
| 江 苏 | Jiangsu | 28402 | 16012 | 1338 | 10538 | 104 | 6234 | 2647 |
| 浙 江 | Zhejiang | 45026 | 24230 | 1984 | 18813 | 654 | 12086 | 6226 |
| 安 徽 | Anhui | 9671 | 4678 | 489 | 4598 | 16 | 3358 | 983 |
| 福 建 | Fujian | 5006 | 2914 | 322 | 1770 | 31 | 832 | 781 |
| 江 西 | Jiangxi | 2500 | 1921 | 143 | 436 | | 155 | 69 |
| 山 东 | Shandong | 135798 | 57633 | 7091 | 70429 | 38 | 30260 | 22058 |
| 河 南 | Henan | 18577 | 11822 | 948 | 5806 | 40 | 2979 | 1566 |
| 湖 北 | Hubei | 27678 | 12228 | 1587 | 13863 | 5 | 11649 | 1493 |
| 湖 南 | Hunan | 15859 | 9335 | 919 | 4089 | 10 | 2629 | 1617 |
| 广 东 | Guangdong | 31847 | 15331 | 1671 | 14946 | | 9484 | 2831 |
| 广 西 | Guangxi | 2039 | 1399 | 93 | 548 | | 481 | 872 |
| 海 南 | Hainan | 6478 | 3232 | 400 | 2847 | 1 | 1471 | 974 |
| 重 庆 | Chongqing | 41874 | 31091 | 2049 | 8734 | | 1164 | 859 |
| 四 川 | Sichuan | 44362 | 21054 | 2200 | 21938 | 64 | 9270 | 7701 |
| 贵 州 | Guizhou | | | | | | | |
| 云 南 | Yunnan | 631 | 581 | 33 | 18 | | 182 | 162 |
| 西 藏 | Tibet | | | | | | | |
| 陕 西 | Shaanxi | 47762 | 21787 | 2438 | 23884 | | 17054 | 3991 |
| 甘 肃 | Gansu | 5721 | 2891 | 334 | 2496 | 1 | 2112 | 342 |
| 青 海 | Qinghai | | | | | | | |
| 宁 夏 | Ningxia | | | | | | | |
| 新 疆 | Xinjiang | | | | | | | |

单位：万元

Unit：10000 yuan

| #税金 Taxes | #差旅费 Travel Allowance | #工会经费 Trade Unions Funds | 财务费用 Financial Expense | #利息支出 Interest Expense | 营业利润 Operating Profit | 利润总额 Total Profit | 应交所得税 Income Tax Payable | 劳动、失业保险费 Unemployment Insurance | 住房公积金和住房补贴 Housing Fund and Housing Allowance |
|---|---|---|---|---|---|---|---|---|---|
| **4434** | **1251** | **773** | **14384** | **9180** | **87994** | **88744** | **15357** | **2783** | **4378** |
| 854 | 280 | 272 | 1971 | 850 | 21773 | 21999 | 4604 | 335 | 1303 |
| | 86 | 14 | 637 | 591 | 982 | 1604 | 449 | | 54 |
| 28 | 18 | 8 | 243 | 127 | 57 | | 77 | 5 | |
| 92 | 28 | 5 | 189 | 149 | 734 | 12 | 95 | | |
| 110 | 90 | 5 | 892 | 772 | 22165 | 10718 | 31 | 181 | 200 |
| 255 | 40 | 7 | 672 | 527 | 1622 | 1738 | 474 | 26 | 82 |
| 55 | 17 | 10 | 17 | -1 | 944 | 961 | 86 | 6 | 51 |
| 18 | | | 7 | | 1795 | 364 | 31 | | |
| 4 | 7 | 24 | 18 | -3 | -493 | -453 | 97 | 55 | 72 |
| 72 | 73 | 37 | 335 | 171 | 1851 | 976 | 242 | 180 | 71 |
| 584 | 124 | 141 | 175 | 136 | 979 | 14527 | 826 | 640 | 209 |
| 39 | 27 | 6 | 238 | 209 | 35 | 99 | 78 | 14 | |
| 32 | 17 | 4 | 42 | 13 | 146 | 227 | 131 | 3 | |
| 4 | 2 | | 4 | | 182 | 130 | | | |
| 662 | 141 | 46 | 4314 | 3032 | 14612 | 16995 | 3427 | 125 | 1909 |
| 176 | 57 | 16 | 198 | 13 | 1103 | 995 | 142 | 6 | 1 |
| 229 | 63 | 18 | 337 | 153 | 424 | 446 | 316 | 73 | 13 |
| 249 | 11 | 58 | 429 | 126 | 940 | 77 | 143 | 106 | 23 |
| 99 | 57 | 25 | 460 | 48 | 2071 | 548 | 291 | 105 | 66 |
| 6 | 14 | | 56 | 54 | -862 | 77 | 13 | | |
| 20 | 2 | 4 | 43 | | 360 | 295 | 266 | 5 | |
| 14 | 11 | 6 | -29 | -43 | 6739 | 6915 | 1042 | 91 | 9 |
| 157 | 44 | 52 | 1371 | 527 | 3429 | 2647 | 890 | 24 | 48 |
| | | | 1 | | -328 | -52 | 2 | | |
| 671 | 41 | 15 | 1757 | 1728 | 6697 | 6835 | 1595 | 769 | 158 |
| 3 | 3 | 2 | 6 | 3 | 37 | 63 | 11 | 33 | 109 |

私营企业

Private Enterprises

| 地 区 | Region | 主营业务收入 Revenue from Principal Business | 主营业务成本 Cost of Principal Business | 主营业务税金及附加 Taxes and Other Charges on Principal Business | 主营业务利润 Profits from Principal Business | 其他业务利润 Profits from Other Business | 营业费用 Business Expenses | 管理费用 Administrative Expense |
|---|---|---|---|---|---|---|---|---|
| **全 国** | **National Total** | **13424740** | **7444373** | **694060** | **5118840** | **38297** | **3085440** | **1286473** |
| 北 京 | Beijing | 1270527 | 621812 | 68388 | 580327 | 2289 | 442367 | 149985 |
| 天 津 | Tianjin | 198726 | 120427 | 12641 | 69645 | 230 | 54297 | 21256 |
| 河 北 | Hebei | 165838 | 93586 | 9331 | 62520 | 113 | 47221 | 11878 |
| 山 西 | Shanxi | 251512 | 133911 | 12303 | 90690 | 575 | 62680 | 24692 |
| 内 蒙 古 | Inner Mongolia | 214262 | 112792 | 10071 | 90055 | 665 | 33382 | 24365 |
| 辽 宁 | Liaoning | 394164 | 224215 | 22228 | 133251 | 1138 | 68267 | 30752 |
| 吉 林 | Jilin | 102619 | 65359 | 4428 | 33067 | 159 | 15888 | 7262 |
| 黑 龙 江 | Heilongjiang | 124316 | 58510 | 10781 | 49879 | 196 | 14571 | 8586 |
| 上 海 | Shanghai | 1247810 | 635330 | 68319 | 544892 | 5525 | 391668 | 158971 |
| 江 苏 | Jiangsu | 1154152 | 643487 | 59677 | 387576 | 2593 | 274518 | 128541 |
| 浙 江 | Zhejiang | 965729 | 564660 | 52488 | 348598 | 4559 | 230634 | 98529 |
| 安 徽 | Anhui | 283494 | 161200 | 15506 | 103830 | 916 | 68776 | 26733 |
| 福 建 | Fujian | 442752 | 245485 | 24715 | 169979 | 1667 | 80322 | 60563 |
| 江 西 | Jiangxi | 146073 | 81854 | 7330 | 55539 | 527 | 26734 | 9334 |
| 山 东 | Shandong | 1671826 | 993338 | 72335 | 598818 | 3010 | 206594 | 133592 |
| 河 南 | Henan | 655794 | 429441 | 25260 | 201094 | 914 | 59373 | 38930 |
| 湖 北 | Hubei | 369823 | 200935 | 20454 | 145683 | 565 | 96107 | 31254 |
| 湖 南 | Hunan | 375372 | 223927 | 15277 | 97179 | 618 | 45986 | 29651 |
| 广 东 | Guangdong | 1726370 | 907709 | 96270 | 714765 | 4644 | 494967 | 136516 |
| 广 西 | Guangxi | 86085 | 45670 | 4946 | 35031 | 1035 | 20777 | 8752 |
| 海 南 | Hainan | 33976 | 17861 | 1936 | 14205 | 25 | 9639 | 3241 |
| 重 庆 | Chongqing | 384833 | 247516 | 15039 | 122941 | 1715 | 47914 | 25557 |
| 四 川 | Sichuan | 508643 | 251239 | 27195 | 227315 | 2792 | 138269 | 52023 |
| 贵 州 | Guizhou | 54770 | 31137 | 3793 | 18902 | 95 | 11013 | 5413 |
| 云 南 | Yunnan | 77184 | 41425 | 4471 | 31288 | 364 | 20093 | 7881 |
| 西 藏 | Tibet | 2633 | 1654 | 106 | 306 | | 145 | 88 |
| 陕 西 | Shaanxi | 327288 | 190981 | 16117 | 116227 | 636 | 70701 | 29912 |
| 甘 肃 | Gansu | 67603 | 37468 | 5647 | 24488 | 53 | 16283 | 6531 |
| 青 海 | Qinghai | 17247 | 9461 | 954 | 5701 | 53 | 5126 | 2127 |
| 宁 夏 | Ningxia | 62163 | 27800 | 3760 | 30504 | 230 | 18255 | 8744 |
| 新 疆 | Xinjiang | 41156 | 24182 | 2297 | 14545 | 398 | 12873 | 4815 |

4-4-7 Continued 8

单位：万元

Unit：10000 yuan

| #税金 Taxes | #差旅费 Travel Allowance | #工会经费 Trade Unions Funds | 财务费用 Financial Expense | #利息支出 Interest Expense | 营业利润 Operating Profit | 利润总额 Total Profit | 应交所得税 Income Tax Payable | 劳动、失业保险费 Unemployment Insurance | 住房公积金和住房补贴 Housing Fund and Housing Allowance |
|---|---|---|---|---|---|---|---|---|---|
| **77692** | **37058** | **6439** | **189304** | **79419** | **785904** | **675408** | **151416** | **23094** | **10650** |
| 2676 | 2382 | 544 | 10958 | 3399 | -6587 | -4487 | 8149 | 1048 | 423 |
| 806 | 77 | 44 | 2525 | 1393 | 4510 | 4106 | 1574 | 173 | 159 |
| 404 | 141 | 46 | 1737 | 741 | 2243 | 2835 | 1313 | 166 | 36 |
| 1078 | 288 | 143 | 5401 | 2913 | 9369 | 9685 | 2122 | 42 | 16 |
| 3315 | 1469 | 250 | 4805 | 3364 | 30092 | 26385 | 2676 | 353 | 247 |
| 2044 | 689 | 123 | 5665 | 3280 | 33528 | 31507 | 5180 | 467 | 883 |
| 716 | 271 | 48 | 1749 | 1353 | 9268 | 8191 | 549 | 102 | 20 |
| 1245 | 145 | 64 | 2377 | 134 | 28569 | 10170 | 1995 | 44 | 143 |
| 3301 | 1662 | 212 | 13392 | 1665 | -13613 | -4178 | 10432 | 4241 | 1592 |
| 4289 | 1537 | 441 | 18994 | 6845 | 32281 | 20591 | 10452 | 3119 | 786 |
| 3982 | 1807 | 285 | 17599 | 10871 | 6451 | 9553 | 8266 | 1415 | 359 |
| 2261 | 680 | 114 | 5898 | 3838 | 7513 | 10233 | 4139 | 355 | 114 |
| 2511 | 9403 | 186 | 456 | -1094 | 32826 | 32258 | 7211 | 480 | 1878 |
| 906 | 272 | 105 | 1954 | 1302 | 18496 | 16073 | 1505 | 96 | 14 |
| 13034 | 5613 | 692 | 30062 | 10268 | 248703 | 230697 | 31221 | 2583 | 934 |
| 5136 | 1635 | 455 | 7653 | 2798 | 96053 | 84604 | 11696 | 382 | 142 |
| 6588 | 726 | 282 | 9693 | 6717 | 12651 | 12490 | 3522 | 592 | 243 |
| 3166 | 1086 | 474 | 4770 | 1836 | 56343 | 30644 | 3808 | 1512 | 1080 |
| 10256 | 2338 | 736 | 19660 | 5181 | 73479 | 51532 | 20897 | 3182 | 933 |
| 599 | 416 | 47 | 1207 | 503 | 5262 | 3699 | 397 | 158 | 40 |
| 103 | 125 | 9 | 432 | 93 | 990 | 427 | 371 | 76 | 1 |
| 3162 | 1860 | 316 | 3356 | 2124 | 48372 | 41477 | 3071 | 851 | 333 |
| 2584 | 1166 | 502 | 8667 | 4860 | 33855 | 29944 | 7159 | 639 | 63 |
| 477 | 84 | 14 | 676 | 379 | 2106 | 2112 | 421 | 46 | 158 |
| 414 | 212 | 56 | 1541 | 1088 | 2158 | 3002 | 773 | 31 | |
| | 3 | | 4 | | 24 | 82 | 14 | | |
| 1509 | 475 | 133 | 4779 | 2163 | 11835 | 11555 | 902 | 705 | 34 |
| 352 | 192 | 23 | 770 | 92 | 957 | 1143 | 707 | 14 | |
| 162 | 32 | | 230 | 180 | -725 | -365 | | | |
| 365 | 142 | 80 | 1991 | 993 | 1814 | 1857 | 669 | 176 | 16 |
| 249 | 133 | 18 | 305 | 142 | -2918 | -2413 | 230 | 46 | 6 |

其他企业

Other Enterprises

| 地 区 | Region | 主营业务收入 Revenue from Principal Business | 主营业务成本 Cost of Principal Business | 主营业务税金及附加 Taxes and Other Charges on Principal Business | 主营业务利润 Profits from Principal Business | 其他业务利润 Profits from Other Business | 营业费用 Business Expenses | 管理费用 Administrative Expense |
|---|---|---|---|---|---|---|---|---|
| **全 国** | **National Total** | **500109** | **287485** | **25978** | **178251** | **590** | **91706** | **48622** |
| 北 京 | Beijing | 1024 | 565 | 55 | 404 | | 368 | 35 |
| 天 津 | Tianjin | 6343 | 3189 | 379 | 2775 | | 1459 | 1805 |
| 河 北 | Hebei | 6425 | 3962 | 373 | 2089 | | 1595 | 617 |
| 山 西 | Shanxi | 11265 | 5789 | 553 | 3207 | | 2847 | 1398 |
| 内蒙古 | Inner Mongolia | 17473 | 7539 | 983 | 8911 | 23 | 2760 | 4476 |
| 辽 宁 | Liaoning | 1927 | 1153 | 99 | 675 | | 313 | 146 |
| 吉 林 | Jilin | 2184 | 1032 | 56 | 1096 | | 720 | 138 |
| 黑龙江 | Heilongjiang | 8243 | 3273 | 971 | 3816 | | 1203 | 683 |
| 上 海 | Shanghai | 12548 | 3495 | 841 | 8212 | | 4541 | 3623 |
| 江 苏 | Jiangsu | 33842 | 22024 | 1595 | 8451 | 14 | 9342 | 2341 |
| 浙 江 | Zhejiang | 11465 | 6900 | 689 | 3876 | | 2400 | 903 |
| 安 徽 | Anhui | 4757 | 2774 | 246 | 1608 | | 590 | 401 |
| 福 建 | Fujian | 14236 | 8570 | 666 | 5000 | 71 | 2925 | 1509 |
| 江 西 | Jiangxi | 8442 | 5826 | 401 | 2266 | 6 | 919 | 443 |
| 山 东 | Shandong | 126044 | 75284 | 5080 | 45089 | 59 | 15475 | 11566 |
| 河 南 | Henan | 35768 | 24348 | 1428 | 9993 | | 3985 | 1956 |
| 湖 北 | Hubei | 7813 | 3742 | 443 | 3508 | 21 | 2311 | 733 |
| 湖 南 | Hunan | 23326 | 13939 | 1269 | 5161 | 1 | 3682 | 1767 |
| 广 东 | Guangdong | 86668 | 47201 | 5383 | 33756 | 71 | 16398 | 7768 |
| 广 西 | Guangxi | 1611 | 690 | 83 | 839 | 29 | 658 | 105 |
| 海 南 | Hainan | 6105 | 3237 | 366 | 2501 | | 2656 | 382 |
| 重 庆 | Chongqing | 34690 | 22379 | 1925 | 9891 | 274 | 3625 | 2618 |
| 四 川 | Sichuan | 8140 | 4226 | 407 | 3507 | | 2579 | 693 |
| 贵 州 | Guizhou | 4139 | 1780 | 305 | 1942 | | 1300 | 528 |
| 云 南 | Yunnan | 567 | 319 | 26 | 222 | 3 | 105 | 75 |
| 西 藏 | Tibet | | | | | | | |
| 陕 西 | Shaanxi | 15720 | 8608 | 726 | 6386 | 12 | 4393 | 1259 |
| 甘 肃 | Gansu | 5399 | 2723 | 412 | 2265 | 3 | 1965 | 455 |
| 青 海 | Qinghai | 3946 | 2921 | 218 | 808 | | 596 | 200 |
| 宁 夏 | Ningxia | | | | | | | |
| 新 疆 | Xinjiang | | | | | | | |

4-4-7 Continued 9

单位：万元

Unit：10000 yuan

| #税金<br>Taxes | #差旅费<br>Travel Allowance | #工会经费<br>Trade Unions Funds | 财务费用<br>Financial Expense | #利息支出<br>Interest Expense | 营业利润<br>Operating Profit | 利润总额<br>Total Profit | 应交所得税<br>Income Tax Payable | 劳动、失业保险费<br>Unemployment Insurance | 住房公积金和住房补贴<br>Housing Fund and Housing Allowance |
|---|---|---|---|---|---|---|---|---|---|
| **3465** | **1232** | **358** | **5525** | **1838** | **41393** | **34712** | **5186** | **941** | **637** |
| | | | | | | | | | |
| 2 | | | | | 1 | 1 | | | |
| 66 | 10 | 2 | 309 | 141 | -798 | -795 | 19 | 7 | 7 |
| | 5 | 4 | 164 | 103 | -287 | 450 | 32 | 16 | |
| 47 | 2 | 6 | 15 | | 310 | 759 | 194 | | |
| 300 | 83 | | 77 | 53 | 1651 | 1244 | 57 | 11 | 22 |
| | | | | | | | | | |
| 3 | 2 | 2 | 10 | | 206 | 243 | | | |
| 24 | | | 2 | 1 | 187 | 331 | 11 | | |
| 50 | 16 | 3 | 20 | | 1541 | 243 | 44 | 1 | |
| | | | | | | | | | |
| | 5 | | 100 | 8 | -52 | 11 | 32 | 38 | 163 |
| 200 | 99 | 37 | 293 | 28 | -141 | -32 | 168 | 30 | 24 |
| 6 | 5 | | 353 | 99 | 221 | 203 | 179 | 83 | 2 |
| 2 | 16 | | 104 | 96 | 642 | 725 | 105 | 2 | |
| 110 | 26 | 8 | 41 | | 597 | 630 | 65 | 11 | |
| 66 | 14 | | 66 | 30 | 814 | 625 | 119 | 46 | 19 |
| 633 | 281 | 34 | 2022 | 816 | 16235 | 14462 | 1834 | 63 | 38 |
| | | | | | | | | | |
| 320 | 191 | 34 | 284 | 38 | 3768 | 3525 | 462 | 11 | |
| 23 | 7 | | 202 | 24 | 624 | 387 | 72 | 3 | |
| 80 | 81 | 172 | 179 | 14 | 2498 | 2402 | 271 | 197 | 240 |
| 705 | 123 | 9 | 539 | 142 | 9191 | 6351 | 922 | 246 | 23 |
| 1 | | | 22 | | 101 | 138 | 3 | | |
| 38 | 2 | | 28 | | -564 | -564 | 54 | 4 | |
| | | | | | | | | | |
| 381 | 227 | 44 | 243 | 160 | 3991 | 3019 | 448 | 107 | 99 |
| 48 | 4 | | 95 | 50 | 140 | -104 | 9 | 55 | |
| 195 | 18 | | 5 | | 222 | 108 | 32 | 3 | |
| 1 | 2 | | 5 | 4 | 41 | 41 | 8 | | |
| | | | | | | | | | |
| 139 | 7 | 1 | 210 | 18 | 532 | 552 | 11 | 5 | |
| 25 | 8 | 2 | 140 | 14 | -293 | -255 | 35 | 2 | |
| | | | | | 15 | 15 | | | |

港、澳、台商投资企业

Enterprises with Funds from Hongkong Macao and Taiwan

| 地区 Region | 主营业务收入 Revenue from Principal Business | 主营业务成本 Cost of Principal Business | 主营业务税金及附加 Taxes and Other Charges on Principal Business | 主营业务利润 Profits from Principal Business | 其他业务利润 Profits from Other Business | 营业费用 Business Expenses | 管理费用 Administrative Expense |
|---|---|---|---|---|---|---|---|
| **全国 National Total** | **2064061** | **861810** | **105694** | **1087034** | **11027** | **792313** | **213794** |
| 北京 Beijing | 371153 | 147334 | 18203 | 205615 | 1384 | 132827 | 54809 |
| 天津 Tianjin | 22610 | 11307 | 1124 | 10062 | 66 | 8287 | 2104 |
| 河北 Hebei | 4551 | 2603 | 235 | 1713 | | 930 | 455 |
| 山西 Shanxi | 1844 | 584 | 92 | 1168 | | 728 | 931 |
| 内蒙古 Inner Mongolia | 2890 | 1252 | 146 | 1492 | | 749 | 226 |
| 辽宁 Liaoning | 65995 | 32641 | 3154 | 28573 | | 19606 | 6583 |
| 吉林 Jilin | | | | | | | |
| 黑龙江 Heilongjiang | 42653 | 21362 | 2003 | 17495 | 5 | 4046 | 2415 |
| 上海 Shanghai | 563638 | 200361 | 28346 | 335444 | 2198 | 261402 | 48574 |
| 江苏 Jiangsu | 101537 | 45037 | 4805 | 50525 | 3264 | 31172 | 21112 |
| 浙江 Zhejiang | 17320 | 7268 | 885 | 9167 | 238 | 7035 | 4356 |
| 安徽 Anhui | 23688 | 9462 | 1190 | 13037 | | 10179 | 890 |
| 福建 Fujian | 126932 | 67297 | 5554 | 54064 | 88 | 43219 | 7383 |
| 江西 Jiangxi | 14786 | 9253 | 748 | 4786 | | 3383 | 1369 |
| 山东 Shandong | 35156 | 15870 | 1810 | 17476 | 52 | 10523 | 3534 |
| 河南 Henan | 6393 | 3803 | 330 | 2260 | | 1503 | 712 |
| 湖北 Hubei | 29411 | 16863 | 1538 | 10808 | 30 | 5873 | 5005 |
| 湖南 Hunan | 11033 | 6769 | 356 | 2872 | | 1057 | 476 |
| 广东 Guangdong | 467938 | 198171 | 23192 | 240575 | 1341 | 185793 | 41925 |
| 广西 Guangxi | 15471 | 5891 | 781 | 8326 | | 8160 | 549 |
| 海南 Hainan | 5461 | 2521 | 283 | 2657 | 4 | 1564 | 1032 |
| 重庆 Chongqing | 7712 | 4733 | 377 | 2602 | 1335 | 1436 | 1511 |
| 四川 Sichuan | 45040 | 18106 | 6571 | 22935 | 127 | 21869 | 3064 |
| 贵州 Guizhou | 852 | 289 | 324 | 72 | | 31 | 306 |
| 云南 Yunnan | 15287 | 7501 | 670 | 7115 | 746 | 5705 | 1126 |
| 西藏 Tibet | | | | | | | |
| 陕西 Shaanxi | 64271 | 25345 | 2958 | 35968 | 150 | 25060 | 3301 |
| 甘肃 Gansu | 437 | 189 | 22 | 226 | | 175 | 46 |
| 青海 Qinghai | | | | | | | |
| 宁夏 Ningxia | | | | | | | |
| 新疆 Xinjiang | | | | | | | |

4-4-7 Continued 10

单位：万元

Unit：10000 yuan

| #税金<br>Taxes | #差旅费<br>Travel Allowance | #工会经费<br>Trade Unions Funds | 财务费用<br>Financial Expense | #利息支出<br>Interest Expense | 营业利润<br>Operating Profit | 利润总额<br>Total Profit | 应交所得税<br>Income Tax Payable | 劳动、失业保险费<br>Unemploy-ment Insurance | 住房公积金和住房补贴<br>Housing Fund and Housing Allowance |
|---|---|---|---|---|---|---|---|---|---|
| **4262** | **3515** | **892** | **20927** | **6727** | **77389** | **78636** | **32565** | **3014** | **6109** |
| | | | | | | | | | |
| 596 | 934 | 375 | 4674 | 2828 | 14717 | 14631 | 8017 | 601 | 1788 |
| 27 | 19 | | 88 | -1 | -299 | -159 | 196 | 23 | 20 |
| 10 | 1 | | 30 | | 298 | 306 | 78 | | |
| 16 | 6 | 1 | 257 | 248 | -748 | -703 | | | |
| 16 | 7 | 2 | 1 | -2 | 517 | 283 | 55 | 2 | 4 |
| | | | | | | | | | |
| 40 | 148 | 49 | 270 | 52 | 3782 | 3837 | 1285 | 127 | 338 |
| | | | | | | | | | |
| 423 | 127 | 29 | 457 | 29 | 5272 | 1496 | 584 | 3 | 4 |
| | | | | | | | | | |
| 528 | 817 | 89 | 3816 | 257 | 23850 | 28977 | 12081 | 807 | 1702 |
| 404 | 273 | 25 | 1508 | 841 | -490 | 103 | 531 | 147 | 319 |
| 76 | 42 | 1 | 383 | 264 | -2289 | -2372 | 394 | 30 | 28 |
| 3 | 40 | 26 | 350 | 73 | 1618 | 1604 | 376 | 41 | 192 |
| 181 | 68 | 30 | 1998 | 65 | 1757 | 1625 | 1077 | 78 | 164 |
| 7 | 12 | 2 | 176 | 139 | -141 | 289 | 75 | 31 | |
| 373 | 115 | 41 | 1647 | 1322 | 1795 | 1943 | 470 | 26 | 81 |
| | | | | | | | | | |
| 74 | 3 | 1 | 653 | -4 | -608 | -648 | 50 | 1 | |
| 98 | 38 | 16 | 373 | 234 | 8 | 70 | 133 | 10 | 187 |
| 77 | 24 | 6 | 171 | 54 | 2204 | 1355 | 248 | 73 | 98 |
| 1170 | 476 | 83 | 2321 | 191 | 17820 | 17184 | 5275 | 622 | 675 |
| | 58 | | 171 | -4 | -81 | -122 | 61 | 4 | 73 |
| 8 | 2 | 6 | 52 | | 13 | 226 | 61 | 8 | 6 |
| | | | | | | | | | |
| 10 | 21 | 6 | -11 | -15 | 1002 | 519 | 132 | 23 | 87 |
| 23 | 34 | 32 | 1194 | 141 | -1100 | -177 | 115 | 38 | 105 |
| 53 | | | 1 | | 48 | 48 | | | |
| 5 | 78 | 3 | 105 | -19 | 925 | 831 | 263 | 24 | 111 |
| | | | | | | | | | |
| 48 | 171 | 70 | 243 | 34 | 7513 | 7484 | 1008 | 294 | 129 |
| | | | | | 5 | 5 | 1 | 1 | 1 |

外商投资企业
Foreign Funded Enterprises

| 地　区 | Region | 主营业务收　入 Revenue from Principal Business | 主营业务成　本 Cost of Principal Business | 主营业务税金及附加 Taxes and Other Charges on Principal Business | 主营业务利　润 Profits from Principal Business | 其他业务利　润 Profits from Other Business | 营业费用 Business Expenses | 管理费用 Administr-ative Expense |
|---|---|---|---|---|---|---|---|---|
| **全　国** | **National Total** | **4595828** | **1645082** | **232151** | **2698131** | **9338** | **1925020** | **397944** |
| 北　京 | Beijing | 796739 | 282223 | 39743 | 474773 | 3205 | 341284 | 76178 |
| 天　津 | Tianjin | 272768 | 93933 | 13727 | 165070 | -201 | 100230 | 21537 |
| 河　北 | Hebei | 703 | 392 | 35 | 276 | | 221 | 26 |
| 山　西 | Shanxi | 61316 | 24802 | 2721 | 33794 | -378 | 19314 | 4923 |
| 内蒙古 | Inner Mongolia | 7757 | 3763 | 388 | 3604 | | 611 | 449 |
| 辽　宁 | Liaoning | 359072 | 130884 | 18313 | 207565 | -589 | 131569 | 31507 |
| 吉　林 | Jilin | 2686 | 1468 | 56 | 705 | | 606 | 191 |
| 黑龙江 | Heilongjiang | 51577 | 25350 | 2690 | 22271 | | 5680 | 1547 |
| 上　海 | Shanghai | 611908 | 203124 | 30788 | 377996 | 1249 | 315033 | 68914 |
| 江　苏 | Jiangsu | 422936 | 148038 | 21198 | 253621 | -1531 | 162454 | 36966 |
| 浙　江 | Zhejiang | 348486 | 126585 | 17898 | 204003 | 921 | 153358 | 10042 |
| 安　徽 | Anhui | 3910 | 1406 | 187 | 1947 | | 1532 | 102 |
| 福　建 | Fujian | 107596 | 38184 | 5658 | 63755 | 624 | 42884 | 13727 |
| 江　西 | Jiangxi | 39326 | 14283 | 1957 | 23157 | -70 | 13830 | 2887 |
| 山　东 | Shandong | 185821 | 67101 | 9274 | 109471 | 183 | 68748 | 16358 |
| 河　南 | Henan | 66782 | 24011 | 3452 | 39319 | 2473 | 29621 | 6328 |
| 湖　北 | Hubei | 148588 | 49758 | 7585 | 91245 | -256 | 64368 | 13681 |
| 湖　南 | Hunan | 100503 | 36203 | 5020 | 26492 | -120 | 38057 | 6982 |
| 广　东 | Guangdong | 769541 | 276255 | 38925 | 453842 | -853 | 342737 | 59919 |
| 广　西 | Guangxi | 31751 | 11068 | 1619 | 19063 | -142 | 11824 | 2628 |
| 海　南 | Hainan | 2459 | 784 | 123 | 1552 | | 1189 | 356 |
| 重　庆 | Chongqing | 28709 | 18139 | 2321 | 25551 | 122 | 19453 | 3086 |
| 四　川 | Sichuan | 79923 | 28463 | 4050 | 47410 | 2260 | 29921 | 8520 |
| 贵　州 | Guizhou | 2715 | 944 | 137 | 1603 | | 1029 | 77 |
| 云　南 | Yunnan | 34565 | 14174 | 1584 | 18807 | 145 | 9923 | 3211 |
| 西　藏 | Tibet | | | | | | | |
| 陕　西 | Shaanxi | 18773 | 9025 | 850 | 8897 | 2251 | 6053 | 3216 |
| 甘　肃 | Gansu | 17420 | 6292 | 781 | 10348 | | 7519 | 1223 |
| 青　海 | Qinghai | 558 | 193 | 32 | 333 | | 301 | 28 |
| 宁　夏 | Ningxia | 4027 | 2004 | 202 | 1821 | 14 | | 1701 |
| 新　疆 | Xinjiang | 16912 | 6236 | 838 | 9837 | 34 | 5673 | 1634 |

4-4-7 Continued 11

单位：万元

Unit：10000 yuan

| #税金 Taxes | #差旅费 Travel Allowance | #工会经费 Trade Unions Funds | 财务费用 Financial Expense | #利息支出 Interest Expense | 营业利润 Operating Profit | 利润总额 Total Profit | 应交所得税 Income Tax Payable | 劳动、失业保险费 Unemployment Insurance | 住房公积金和住房补贴 Housing Fund and Housing Allowance |
|---|---|---|---|---|---|---|---|---|---|
| **4161** | **8693** | **2153** | **35541** | **13386** | **400172** | **368650** | **102659** | **16192** | **30956** |
| 360 | 1963 | 300 | 2651 | 1258 | 57885 | 57113 | 18331 | 1137 | 6081 |
| 101 | 286 | 84 | 519 | -90 | 42621 | 41936 | 10571 | 400 | 1364 |
|  |  | 2 |  |  | 29 | 29 | 7 |  |  |
| 26 | 13 |  | 128 | -1 | 9083 | 9248 | 2281 | 38 | 199 |
| 1 | 7 | 3 | 2 | 1 | 1332 | 1324 | 438 | 2 | 11 |
| 621 | 980 | 639 | 2743 | 1467 | 44313 | 41318 | 11023 | 5954 | 6838 |
| 3 |  |  | 2 |  | 256 | 231 | 19 |  |  |
| 125 | 62 | 15 | 2244 | 143 | 13293 | 2666 | 1086 | 31 | 143 |
| 1144 | 2177 | 318 | 7883 | 2673 | -3586 | -3689 | 2865 | 4246 | 3266 |
| 86 | 333 | 40 | 4678 | 2273 | 48067 | 45739 | 11410 | 876 | 4083 |
| 110 | 574 | 93 | 2340 | 84 | 39183 | 39194 | 10909 | 798 | 5237 |
| 22 | 10 | 25 | 22 | 14 | 675 | 674 | 10 | 5 | 8 |
| 86 | 157 | 22 | 1019 | 668 | 6749 | 3929 | 1372 | 114 | 793 |
| 48 | 3 | 1 | 63 | 21 | 6327 | 6616 | 1608 |  |  |
| 159 | 49 | 25 | 1298 | 32 | 23211 | 23001 | 5424 | 105 | 330 |
| 38 | 467 | 32 | 1047 | 588 | 4796 | 4933 | 988 | 463 | 318 |
| 245 | 243 | 273 | 1719 | 1180 | 11211 | 10356 | 2679 | 211 | 28 |
| 270 | 99 | 6 | 947 | 771 | 13390 | 12992 | 2834 | 74 | 116 |
| 477 | 393 | 174 | 5796 | 2511 | 49686 | 41638 | 11609 | 1243 | 1346 |
|  |  |  | 107 |  | 4362 | 4161 | 1048 |  |  |
| 1 | 6 | 3 | 6 | 13 | 1 | 2 | 12 | 6 |  |
| 26 | 258 | 20 | 18 | 2 | 3117 | 3116 | 673 | 190 | 63 |
| 46 | 338 | 47 | 322 | 65 | 10907 | 10573 | 2595 | 183 | 312 |
| 52 |  |  |  |  | 1319 | 1603 |  |  |  |
| 3 | 104 | 15 | -224 | -242 | 6042 | 6071 | 1478 | 57 | 266 |
| 111 | 170 | 15 | 162 | -89 | 1716 | -350 | 367 | 29 | 60 |
|  |  |  | -11 | -11 | 1617 | 1628 | 407 |  |  |
|  | 1 |  | 1 |  | 3 | 2 |  |  |  |
|  |  |  |  |  | 134 | 146 |  |  |  |
| 1 |  | 3 | 61 | 55 | 2435 | 2454 | 617 | 28 | 97 |

# 4-4-8 各地区限额以上餐饮业企业损益及分配(按国民经济行业分)

正餐服务

Dinner

| 地　区 | Region | 主营业务收入 Revenue from Principal Business | 主营业务成本 Cost of Principal Business | 主营业务税金及附加 Taxes and Other Charges on Principal Business | 主营业务利润 Profits from Principal Business | 其他业务利润 Profits from Other Business | 营业费用 Business Expenses | 管理费用 Administrative Expense |
|---|---|---|---|---|---|---|---|---|
| **全　国** | **National Total** | **20521218** | **10965262** | **1062669** | **8296492** | **87397** | **5110469** | **2201453** |
| 北　京 | Beijing | 2587695 | 1188651 | 136568 | 1262476 | 5709 | 912863 | 324411 |
| 天　津 | Tianjin | 334813 | 183082 | 19547 | 132587 | 858 | 95043 | 39923 |
| 河　北 | Hebei | 260630 | 144132 | 14978 | 100341 | 555 | 74372 | 22554 |
| 山　西 | Shanxi | 391593 | 207229 | 19556 | 140787 | 1245 | 98636 | 45149 |
| 内 蒙 古 | Inner Mongolia | 384597 | 204738 | 18105 | 159041 | 13654 | 61286 | 46267 |
| 辽　宁 | Liaoning | 551840 | 308130 | 30242 | 196223 | 1532 | 107713 | 52228 |
| 吉　林 | Jilin | 179448 | 107170 | 9295 | 62112 | 297 | 24890 | 26511 |
| 黑 龙 江 | Heilongjiang | 238393 | 119645 | 17620 | 92772 | 531 | 26186 | 14562 |
| 上　海 | Shanghai | 1963240 | 958187 | 100949 | 905347 | 9363 | 652949 | 242453 |
| 江　苏 | Jiangsu | 1442105 | 784392 | 74378 | 539139 | 6579 | 348174 | 193140 |
| 浙　江 | Zhejiang | 1225797 | 704307 | 66899 | 454608 | 5453 | 298415 | 136919 |
| 安　徽 | Anhui | 379793 | 211720 | 20628 | 145051 | 1215 | 94802 | 39768 |
| 福　建 | Fujian | 628184 | 348625 | 35001 | 241383 | 2751 | 133297 | 81429 |
| 江　西 | Jiangxi | 196328 | 112057 | 10080 | 72897 | 559 | 39907 | 14077 |
| 山　东 | Shandong | 2341021 | 1345321 | 105446 | 875774 | 6308 | 339322 | 228618 |
| 河　南 | Henan | 868472 | 542763 | 36156 | 289552 | 5102 | 113132 | 65785 |
| 湖　北 | Hubei | 639607 | 343905 | 34598 | 267755 | 932 | 170731 | 71132 |
| 湖　南 | Hunan | 530501 | 301453 | 23635 | 135322 | 1161 | 80181 | 47506 |
| 广　东 | Guangdong | 2659181 | 1354020 | 146683 | 1141558 | 10182 | 795770 | 229261 |
| 广　西 | Guangxi | 120519 | 63443 | 7049 | 48209 | 1269 | 31148 | 12435 |
| 海　南 | Hainan | 79549 | 40957 | 4606 | 32846 | 45 | 24634 | 7072 |
| 重　庆 | Chongqing | 638621 | 395145 | 27947 | 231323 | 2391 | 102673 | 48929 |
| 四　川 | Sichuan | 706414 | 366608 | 38277 | 297706 | 6117 | 184349 | 81685 |
| 贵　州 | Guizhou | 88949 | 47893 | 5886 | 33166 | 155 | 20169 | 10890 |
| 云　南 | Yunnan | 116499 | 63276 | 6468 | 46481 | 949 | 29333 | 14768 |
| 西　藏 | Tibet | 4065 | 3178 | 175 | 145 | | 860 | 277 |
| 陕　西 | Shaanxi | 698204 | 376649 | 34391 | 284361 | 1071 | 175847 | 69281 |
| 甘　肃 | Gansu | 107020 | 58484 | 8345 | 40191 | 82 | 27199 | 10649 |
| 青　海 | Qinghai | 26199 | 14587 | 1457 | 9033 | 44 | 7190 | 2703 |
| 宁　夏 | Ningxia | 79418 | 35827 | 4648 | 38664 | 297 | 23169 | 13160 |
| 新　疆 | Xinjiang | 52525 | 29691 | 3058 | 19642 | 993 | 16231 | 7914 |

# Income and Distribution of Enterprises above Designated Size of Catering Services by Region and Sector

单位：万元

Unit：10000 yuan

| #税金 Taxes | #差旅费 Travel Allowance | #工会经费 Trade Unions Funds | 财务费用 Financial Expense | #利息支出 Interest Expense | 营业利润 Operating Profit | 利润总额 Total Profit | 应交所得税 Income Tax Payable | 劳动、失业保险费 Unemployment Insurance | 住房公积金和住房补贴 Housing Fund and Housing Allowance |
|---|---|---|---|---|---|---|---|---|---|
| **114355** | **52386** | **12363** | **297167** | **129862** | **1042657** | **922938** | **230552** | **41382** | **29453** |
| 6239 | 5487 | 1542 | 23862 | 8667 | 28204 | 38095 | 28642 | 3306 | 6203 |
| 1303 | 293 | 103 | 4552 | 2474 | 10252 | 11176 | 4064 | 317 | 493 |
| 629 | 232 | 134 | 3969 | 1790 | 458 | 1720 | 1755 | 436 | 233 |
| 1828 | 451 | 224 | 8643 | 3751 | 8164 | 10607 | 2912 | 126 | 72 |
| 5354 | 2224 | 310 | 7236 | 4833 | 61195 | 45736 | 3720 | 732 | 522 |
| 3063 | 1024 | 206 | 9045 | 4423 | 36420 | 34492 | 7505 | 943 | 1322 |
| 1273 | 327 | 90 | 2240 | 1429 | 13868 | 18250 | 1098 | 344 | 208 |
| 1936 | 350 | 113 | 5072 | 251 | 52259 | 14254 | 3791 | 66 | 154 |
| 4806 | 2879 | 514 | 20984 | 4502 | -1676 | 17273 | 17746 | 7205 | 4453 |
| 6220 | 2766 | 654 | 24351 | 9968 | 29131 | 17523 | 11775 | 4791 | 1864 |
| 5145 | 2459 | 619 | 22185 | 12987 | 2128 | 20097 | 10711 | 2559 | 929 |
| 3436 | 1014 | 217 | 8077 | 5595 | 9550 | 11940 | 4859 | 599 | 194 |
| 3501 | 9884 | 305 | 3060 | -83 | 29860 | 29282 | 9177 | 690 | 2077 |
| 1123 | 368 | 95 | 2818 | 1674 | 17245 | 17337 | 1940 | 178 | 35 |
| 17979 | 6909 | 1071 | 45477 | 18634 | 296085 | 279763 | 41068 | 3677 | 4271 |
| 6774 | 2507 | 687 | 11914 | 4519 | 103823 | 88328 | 12923 | 1384 | 462 |
| 10374 | 1205 | 459 | 14410 | 9625 | 16968 | 14749 | 6067 | 1312 | 616 |
| 4336 | 1470 | 876 | 7776 | 2612 | 70905 | 35993 | 5474 | 2118 | 1768 |
| 12462 | 3661 | 1196 | 31876 | 9777 | 110232 | 77190 | 31685 | 5628 | 1966 |
| 561 | 504 | 56 | 1756 | 892 | 5535 | 4822 | 599 | 153 | 60 |
| 210 | 183 | 46 | 804 | 112 | 878 | 426 | 1278 | 116 | 1 |
| 4298 | 2879 | 573 | 5044 | 3192 | 75700 | 72813 | 6036 | 1249 | 608 |
| 3642 | 1294 | 801 | 14441 | 8540 | 28853 | 24149 | 6951 | 1074 | 271 |
| 795 | 157 | 31 | 1099 | 688 | 2835 | 2728 | 692 | 72 | 168 |
| 839 | 241 | 194 | 2591 | 1863 | 927 | 8195 | 1861 | 336 | 30 |
| 20 | | | 8 | | -1044 | 66 | 4 | | |
| 4096 | 955 | 338 | 9320 | 5148 | 36313 | 27632 | 4263 | 1632 | 370 |
| 607 | 261 | 40 | 1342 | 223 | 1084 | 1641 | 948 | 44 | 3 |
| 230 | 40 | 7 | 339 | 285 | -148 | -288 | | 1 | 10 |
| 960 | 196 | 828 | 2541 | 1349 | 365 | -599 | 688 | 187 | 39 |
| 317 | 168 | 37 | 335 | 143 | -3713 | -2451 | 320 | 107 | 52 |

快餐服务

Snack

| 地　区 | Region | 主营业务收入 Revenue from Principal Business | 主营业务成本 Cost of Principal Business | 主营业务税金及附加 Taxes and Other Charges on Principal Business | 主营业务利润 Profits from Principal Business | 其他业务利润 Profits from Other Business | 营业费用 Business Expenses | 管理费用 Administrative Expense |
|---|---|---|---|---|---|---|---|---|
| **全　国** | **National Total** | **4987380** | **1881059** | **248777** | **2823490** | **12698** | **2024311** | **368201** |
| 北　京 | Beijing | 713290 | 262827 | 35954 | 414509 | 7337 | 295542 | 61845 |
| 天　津 | Tianjin | 274854 | 96202 | 13804 | 164689 | -219 | 100952 | 20884 |
| 河　北 | Hebei | 3730 | 1991 | 126 | 1614 | | 242 | 854 |
| 山　西 | Shanxi | 52733 | 18665 | 2482 | 31586 | -360 | 17786 | 4147 |
| 内蒙古 | Inner Mongolia | 2601 | 1255 | 154 | 1192 | | 444 | 396 |
| 辽　宁 | Liaoning | 352717 | 123599 | 18066 | 208042 | -738 | 132852 | 27419 |
| 吉　林 | Jilin | 1518 | 1059 | 57 | 402 | | 43 | 111 |
| 黑龙江 | Heilongjiang | 9895 | 3916 | 580 | 5380 | | 2078 | 513 |
| 上　海 | Shanghai | 586521 | 215371 | 28519 | 342631 | 1014 | 290359 | 43520 |
| 江　苏 | Jiangsu | 478462 | 178979 | 23587 | 275311 | -1520 | 178550 | 40627 |
| 浙　江 | Zhejiang | 364350 | 135693 | 18885 | 210376 | 1079 | 154797 | 11676 |
| 安　徽 | Anhui | 28091 | 11197 | 1426 | 15099 | 17 | 12312 | 1002 |
| 福　建 | Fujian | 152029 | 58522 | 7309 | 86198 | 619 | 63596 | 12893 |
| 江　西 | Jiangxi | 44483 | 16351 | 2201 | 26039 | -50 | 14488 | 3111 |
| 山　东 | Shandong | 234698 | 95273 | 10630 | 128356 | 61 | 77004 | 18209 |
| 河　南 | Henan | 79844 | 40111 | 3479 | 36255 | 16 | 19926 | 5244 |
| 湖　北 | Hubei | 146486 | 49447 | 7477 | 89562 | -274 | 63444 | 12783 |
| 湖　南 | Hunan | 98763 | 36457 | 4833 | 25315 | -216 | 37617 | 6518 |
| 广　东 | Guangdong | 1002023 | 380125 | 51190 | 570570 | -1027 | 434916 | 69213 |
| 广　西 | Guangxi | 47374 | 16848 | 2411 | 28115 | -141 | 19945 | 3328 |
| 海　南 | Hainan | 3171 | 1301 | 161 | 1709 | | 587 | 872 |
| 重　庆 | Chongqing | 67367 | 44885 | 3204 | 21958 | 1435 | 10727 | 2995 |
| 四　川 | Sichuan | 109185 | 40547 | 5508 | 62639 | 2334 | 44037 | 9304 |
| 贵　州 | Guizhou | 4082 | 1568 | 201 | 2236 | 5 | 1457 | 387 |
| 云　南 | Yunnan | 38575 | 13679 | 1992 | 22904 | 892 | 14178 | 3061 |
| 西　藏 | Tibet | 337 | 182 | 19 | 136 | | 75 | 21 |
| 陕　西 | Shaanxi | 51984 | 20580 | 2616 | 28788 | 2400 | 21879 | 4138 |
| 甘　肃 | Gansu | 19405 | 7369 | 925 | 11110 | | 8124 | 1401 |
| 青　海 | Qinghai | 218 | 105 | 1 | 113 | | | 77 |
| 宁　夏 | Ningxia | 910 | 396 | 75 | 439 | | 303 | 43 |
| 新　疆 | Xinjiang | 17687 | 6563 | 908 | 10217 | 34 | 6050 | 1609 |

4-4-8 Continued 1

单位：万元

Unit：10000 yuan

| #税金 Taxes | #差旅费 Travel Allowance | #工会经费 Trade Unions Funds | 财务费用 Financial Expense | #利息支出 Interest Expense | 营业利润 Operating Profit | 利润总额 Total Profit | 应交所得税 Income Tax Payable | 劳动、失业保险费 Unemployment Insurance | 住房公积金和住房补贴 Housing Fund and Housing Allowance |
|---|---|---|---|---|---|---|---|---|---|
| **7480** | **7689** | **2771** | **29500** | **10042** | **464691** | **435265** | **113451** | **15722** | **29981** |
| | | | | | | | | | |
| 537 | 726 | 518 | 1437 | 203 | 63491 | 57480 | 17471 | 947 | 5102 |
| 113 | 242 | 93 | 486 | -59 | 42239 | 41493 | 10686 | 410 | 1388 |
| 17 | 2 | 3 | | | 519 | 475 | 2 | 1 | |
| 3 | | | 55 | 16 | 9244 | 9305 | 2270 | 34 | 190 |
| 9 | 8 | 3 | 5 | 4 | 347 | 115 | 14 | 1 | 4 |
| | | | | | | | | | |
| 226 | 914 | 617 | 1404 | 1067 | 47162 | 44965 | 11121 | 5910 | 6874 |
| 2 | 3 | | 29 | 29 | 218 | 218 | 6 | | |
| 3 | 5 | | 144 | 143 | 2111 | 481 | 7 | 27 | 146 |
| | | | | | | | | | |
| 802 | 1813 | 358 | 5885 | 2536 | 12882 | 14176 | 6031 | 3388 | 2105 |
| 113 | 366 | 61 | 3814 | 1279 | 51832 | 49437 | 12108 | 938 | 3979 |
| 739 | 509 | 104 | 2191 | -6 | 42745 | 42565 | 11714 | 714 | 5278 |
| 6 | 45 | 27 | 404 | 64 | 1768 | 1760 | 427 | 47 | 204 |
| 20 | 149 | 13 | 1938 | 517 | 8389 | 5643 | 1617 | 180 | 952 |
| 125 | 21 | 22 | 149 | 92 | 8240 | 6782 | 1756 | 22 | 4 |
| 337 | 270 | 67 | 1646 | 186 | 31747 | 30623 | 6664 | 170 | 422 |
| | | | | | | | | | |
| 192 | 243 | 22 | 754 | 569 | 10346 | 9839 | 1389 | 66 | 225 |
| 222 | 234 | 272 | 1687 | 1180 | 11516 | 10611 | 2672 | 210 | 29 |
| 280 | 50 | 5 | 795 | 720 | 12543 | 11948 | 2754 | 106 | 128 |
| 3525 | 1134 | 418 | 4882 | 1554 | 65077 | 56895 | 15464 | 1618 | 1682 |
| 14 | 62 | 4 | 309 | 3 | 4598 | 4174 | 1138 | 4 | 76 |
| 7 | | | 19 | | 231 | 231 | 61 | 5 | 6 |
| | | | | | | | | | |
| 42 | 113 | 14 | -18 | -54 | 9694 | 8983 | 1521 | 291 | 170 |
| 16 | 351 | 59 | 1240 | 19 | 10882 | 9816 | 2636 | 203 | 397 |
| 53 | | | | | 1113 | 1397 | 4 | 11 | |
| 7 | 153 | 7 | 99 | 11 | 6458 | 6449 | 1559 | 72 | 240 |
| | 3 | | 1 | | 40 | 40 | 10 | | |
| | | | | | | | | | |
| 52 | 266 | 77 | 38 | -131 | 5134 | 5147 | 1276 | 291 | 177 |
| 18 | | | -8 | -11 | 1593 | 1665 | 416 | 27 | 107 |
| | | | 6 | 6 | 30 | 30 | | | |
| | 6 | 1 | 54 | 52 | 39 | 38 | 19 | 2 | |
| 1 | | 8 | 57 | 54 | 2463 | 2451 | 640 | 30 | 98 |

4-4-8 续表 2

饮料及冷饮服务
Beverage and Cold Drink

| 地 区 | Region | 主营业务收入 Revenue from Principal Business | 主营业务成本 Cost of Principal Business | 主营业务税金及附加 Taxes and Other Charges on Principal Business | 主营业务利润 Profits from Principal Business | 其他业务利润 Profits from Other Business | 营业费用 Business Expenses | 管理费用 Administrative Expense |
|---|---|---|---|---|---|---|---|---|
| **全 国** | **National Total** | **256667** | **89415** | **16641** | **152453** | **421** | **115151** | **24945** |
| 北 京 | Beijing | 49480 | 14920 | 2399 | 32161 | 108 | 23403 | 6295 |
| 天 津 | Tianjin | 225 | 93 | 11 | 120 | | 123 | |
| 河 北 | Hebei | | | | | | | |
| 山 西 | Shanxi | | | | | | | |
| 内蒙古 | Inner Mongolia | | | | | | | |
| 辽 宁 | Liaoning | 4343 | 1332 | 189 | 2720 | | 2409 | 395 |
| 吉 林 | Jilin | | | | | | | |
| 黑龙江 | Heilongjiang | | | | | | | |
| 上 海 | Shanghai | 94849 | 25154 | 4586 | 65108 | 50 | 50026 | 8653 |
| 江 苏 | Jiangsu | 6089 | 2745 | 595 | 2359 | | 1765 | 1149 |
| 浙 江 | Zhejiang | 36437 | 18285 | 1772 | 16380 | 180 | 12970 | 3474 |
| 安 徽 | Anhui | 1204 | 484 | 54 | 666 | | 455 | 88 |
| 福 建 | Fujian | 3206 | 1965 | 70 | 1171 | 17 | 425 | 535 |
| 江 西 | Jiangxi | 2558 | 1266 | 43 | 1249 | | 194 | 112 |
| 山 东 | Shandong | 3580 | 1609 | 175 | 1796 | | 1316 | 319 |
| 河 南 | Henan | 1248 | 868 | 42 | 338 | | 153 | 99 |
| 湖 北 | Hubei | 714 | 344 | 95 | 275 | 22 | 169 | 81 |
| 湖 南 | Hunan | 10818 | 5786 | 126 | 4670 | | 954 | 457 |
| 广 东 | Guangdong | 32994 | 10750 | 1770 | 20474 | | 16769 | 2082 |
| 广 西 | Guangxi | 258 | 180 | 1 | 76 | | 128 | 39 |
| 海 南 | Hainan | 327 | 150 | 2 | 175 | | | 189 |
| 重 庆 | Chongqing | 1031 | 603 | 42 | 387 | 41 | 63 | 92 |
| 四 川 | Sichuan | 7309 | 2880 | 4670 | 2330 | 3 | 3833 | 888 |
| 贵 州 | Guizhou | | | | | | | |
| 云 南 | Yunnan | | | | | | | |
| 西 藏 | Tibet | | | | | | | |
| 陕 西 | Shaanxi | | | | | | | |
| 甘 肃 | Gansu | | | | | | | |
| 青 海 | Qinghai | | | | | | | |
| 宁 夏 | Ningxia | | | | | | | |
| 新 疆 | Xinjiang | | | | | | | |

4-4-8 Continued 2

单位：万元
Unit：10000 yuan

| #税金<br>Taxes | #差旅费<br>Travel Allowance | #工会经费<br>Trade Unions Funds | 财务费用<br>Financial Expense | #利息支出<br>Interest Expense | 营业利润<br>Operating Profit | 利润总额<br>Total Profit | 应交所得税<br>Income Tax Payable | 劳动、失业保险费<br>Unemployment Insurance | 住房公积金和住房补贴<br>Housing Fund and Housing Allowance |
|---|---|---|---|---|---|---|---|---|---|
| **436** | **574** | **317** | **966** | **261** | **13952** | **15290** | **3171** | **518** | **1235** |
| 34 | 110 | 37 | 284 | 138 | 2039 | 2274 | 682 | 157 | 439 |
| | | | 1 | | -3 | -3 | | | |
| 3 | 19 | 12 | 11 | | -95 | -182 | 20 | 11 | 36 |
| 16 | 142 | 1 | 185 | 26 | 6295 | 7281 | 1749 | 186 | 573 |
| 9 | 52 | 1 | 60 | 1 | -199 | -233 | 60 | 13 | 2 |
| 79 | 160 | 17 | 118 | 33 | -2 | 540 | 123 | 91 | 49 |
| 5 | | | 32 | 19 | 92 | -11 | 13 | 1 | |
| | | | 9 | | 219 | 198 | 28 | 1 | |
| 4 | | | 140 | 127 | 803 | 210 | 4 | | |
| 8 | 3 | | 28 | | 133 | 125 | 37 | 3 | 20 |
| 19 | 1 | 1 | 2 | | 84 | 79 | 8 | | |
| 1 | 2 | | 1 | | 46 | 46 | 2 | | |
| 38 | 5 | 224 | 54 | 14 | 3442 | 3261 | 44 | 39 | 7 |
| 184 | 68 | 23 | 129 | 4 | 1623 | 1512 | 367 | 13 | 94 |
| | | | | | -92 | | | | 15 |
| | | | 1 | | -16 | -16 | | | |
| 18 | 11 | 1 | 3 | 1 | 272 | 272 | 11 | 1 | |
| 19 | 1 | 1 | -91 | -101 | -690 | -64 | 23 | 2 | |

其他餐饮服务

Others

| 地 区 | Region | 主营业务收入 Revenue from Principal Business | 主营业务成本 Cost of Principal Business | 主营业务税金及附加 Taxes and Other Charges on Principal Business | 主营业务利润 Profits from Principal Business | 其他业务利润 Profits from Other Business | 营业费用 Business Expenses | 管理费用 Administrative Expense |
|---|---|---|---|---|---|---|---|---|
| **全 国** | **National Total** | **915110** | **524517** | **37522** | **317548** | **5120** | **209048** | **91462** |
| 北 京 | Beijing | 91850 | 57870 | 4247 | 29732 | 330 | 19577 | 14642 |
| 天 津 | Tianjin | 16046 | 12170 | 760 | 3053 | 3 | 963 | 1683 |
| 河 北 | Hebei | | | | | | | |
| 山 西 | Shanxi | 4044 | 1794 | 260 | 2023 | 1 | 1432 | 617 |
| 内蒙古 | Inner Mongolia | 637 | 255 | 32 | 351 | | 5 | 331 |
| 辽 宁 | Liaoning | 16200 | 8509 | 600 | 6161 | 4 | 3154 | 2800 |
| 吉 林 | Jilin | 349 | 91 | 56 | 202 | | | 24 |
| 黑龙江 | Heilongjiang | 4944 | 1749 | 162 | 2862 | | 534 | 379 |
| 上 海 | Shanghai | 262273 | 181946 | 7589 | 72737 | 4543 | 53940 | 23020 |
| 江 苏 | Jiangsu | 119585 | 59229 | 5909 | 24249 | 195 | 37387 | 8221 |
| 浙 江 | Zhejiang | 28049 | 16118 | 1138 | 10793 | 695 | 5978 | 3783 |
| 安 徽 | Anhui | 1556 | 978 | 93 | 486 | | 389 | 299 |
| 福 建 | Fujian | 16402 | 9700 | 556 | 6112 | 22 | 3549 | 1544 |
| 江 西 | Jiangxi | 1234 | 888 | 80 | 266 | | 4 | 112 |
| 山 东 | Shandong | 15511 | 7600 | 575 | 7261 | | 1873 | 1981 |
| 河 南 | Henan | 25825 | 13685 | 619 | 11521 | 179 | 2916 | 1360 |
| 湖 北 | Hubei | 19708 | 10125 | 1046 | 8485 | 12 | 5571 | 1918 |
| 湖 南 | Hunan | 7102 | 4067 | 218 | 1731 | | 614 | 373 |
| 广 东 | Guangdong | 132152 | 73871 | 6327 | 50339 | -1576 | 26544 | 15277 |
| 广 西 | Guangxi | 4155 | 2652 | 160 | 1343 | | 610 | 399 |
| 海 南 | Hainan | 667 | 401 | 51 | 215 | | 165 | 53 |
| 重 庆 | Chongqing | 15218 | 9705 | 391 | 5122 | 95 | 1483 | 951 |
| 四 川 | Sichuan | 110682 | 38806 | 5897 | 65894 | 55 | 39694 | 8670 |
| 贵 州 | Guizhou | 946 | 914 | 53 | -22 | | 101 | 137 |
| 云 南 | Yunnan | 13631 | 8612 | 377 | 4642 | 10 | 1542 | 2276 |
| 西 藏 | Tibet | | | | | | | |
| 陕 西 | Shaanxi | 4792 | 1995 | 212 | 1336 | 551 | 488 | 552 |
| 甘 肃 | Gansu | 1554 | 785 | 114 | 655 | | 538 | 63 |
| 青 海 | Qinghai | | | | | | | |
| 宁 夏 | Ningxia | | | | | | | |
| 新 疆 | Xinjiang | | | | | | | |

4-4-8 Continued 3

单位：万元

Unit：10000 yuan

| | | | 财务费用 Financial Expense | | 营业利润 Operating Profit | 利润总额 Total Profit | 应交所得税 Income Tax Payable | 劳动、失业保险费 Unemployment Insurance | 住房公积金和住房补贴 Housing Fund and Housing Allowance |
|---|---|---|---|---|---|---|---|---|---|
| #税金 Taxes | #差旅费 Travel Allowance | #工会经费 Trade Unions Funds | | #利息支出 Interest Expense | | | | | |
| **2291** | **1835** | **592** | **6681** | **2277** | **50183** | **48846** | **13994** | **1265** | **2669** |
| 324 | 525 | 17 | 796 | 643 | -4951 | -4138 | 168 | 183 | 401 |
| 2 | 20 | 13 | -2 | -4 | 473 | 471 | 179 | 20 | 63 |
| 4 | 13 | 1 | 93 | 87 | 131 | -234 | 49 | | |
| | 5 | 3 | | | 14 | 14 | 7 | 1 | 10 |
| 9 | 46 | 24 | 19 | 11 | 1070 | 1025 | 366 | 39 | 492 |
| 2 | 12 | | 2 | 2 | 176 | 176 | 23 | | |
| 8 | 7 | 5 | 17 | | 597 | 139 | | | |
| 66 | 200 | 119 | 1815 | 215 | -1494 | -193 | 2676 | 299 | 751 |
| 128 | 74 | 59 | 991 | 179 | 8030 | 8618 | 2239 | 268 | 297 |
| 418 | 28 | 22 | 180 | 144 | 1549 | 1294 | 429 | 57 | 114 |
| 11 | 3 | | 83 | 78 | -285 | -240 | 6 | 1 | 6 |
| 92 | 18 | 22 | -1 | 8 | 1023 | 548 | 27 | 6 | 6 |
| | | | 3 | 3 | 148 | 148 | 37 | | |
| 234 | 111 | 24 | 167 | 47 | 3232 | 3047 | 213 | 47 | 46 |
| 64 | 9 | 32 | 483 | 18 | 6940 | 6926 | 563 | 79 | 67 |
| 297 | 58 | 26 | 241 | 59 | 819 | 539 | 395 | 7 | 23 |
| 35 | 9 | 97 | 100 | 64 | 1731 | 755 | 86 | 43 | 58 |
| 82 | 257 | 61 | 538 | 282 | 10365 | 9165 | 1995 | 89 | 101 |
| 140 | | | -3 | -4 | 197 | 199 | 27 | 30 | |
| | | | | | 4 | -3 | | 2 | |
| 66 | 70 | 14 | 201 | 158 | 2583 | 2187 | 68 | 49 | 56 |
| 237 | 313 | 14 | 1033 | 398 | 16699 | 17282 | 3846 | 32 | 28 |
| 51 | | | | | -223 | -3 | 12 | 3 | 12 |
| 14 | 47 | 31 | -161 | -161 | 994 | 1004 | 386 | 10 | 138 |
| 10 | 11 | 8 | 59 | 32 | 334 | 91 | 193 | 2 | |
| | 1 | | 26 | 18 | 28 | 29 | 4 | | |

# 4-5-1 限额以上住宿和餐饮业企业工资福利

## Wage and Welfarism of Enterprises above Designated Size of Hotels and Catering Services

| 项　目 | Region | 本年应付工资总额 Total Accrued Wages of Current Year | 本年应付福利费总额 Total Accrued Welfarism of Current Year |
|---|---|---|---|
| **总　计** | **Total** | **7634301** | **594874** |
| **一、住宿业** | **Hotels** | **4072985** | **342778** |
| #国有控股 | State-controlled Enterprises | 1530379 | 128062 |
| **(一)按登记注册类型** | **by Type of Registration** | | |
| **1.内资企业** | **Domestic Funded Enterprises** | **3332390** | **249474** |
| 国有企业 | State-owned Enterprises | 1021233 | 82318 |
| 集体企业 | Collective-owned Enterprises | 112031 | 7937 |
| 股份合作企业 | Cooperative Enterprises | 33436 | 2442 |
| 联营企业 | Joint Ownership Enterprises | 22107 | 1360 |
| 国有联营企业 | State Joint Ownership Enterprises | 11867 | 890 |
| 集体联营企业 | Collective Joint Ownership Enterprises | 2264 | 185 |
| 国有与集体联营企业 | Joint State-collective Enterprises | 6098 | 154 |
| 其他联营企业 | Other Joint Ownership Enterprises | 1879 | 132 |
| 有限责任公司 | Limited Liability Corporations | 1020120 | 76952 |
| 国有独资公司 | State Sole Funded Corporations | 59621 | 5036 |
| 其他有限责任公司 | Other Limited Liability Corporations | 960499 | 71916 |
| 股份有限公司 | Share-holding Corporations Ltd. | 133711 | 12998 |
| 私营企业 | Private Enterprises | 940137 | 61534 |
| 私营独资企业 | Private-funded Enterprises | 169726 | 11461 |
| 私营合伙企业 | Private Partnership Enterprises | 42587 | 2135 |
| 私营有限责任公司 | Private Limited Liability Corporations | 670444 | 43892 |
| 私营股份有限公司 | Private Share-holding Corporations Ltd. | 57381 | 4047 |
| 其他企业 | Other Enterprises | 49614 | 3934 |
| **2.港、澳、台商投资企业** | **Enterprises with Funds from Hongkong, Macao and Taiwan** | **427412** | **55108** |
| 合资经营企业 | Joint-venture Enterprises | 245058 | 27797 |
| 合作经营企业 | Cooperative Enterprises | 57674 | 10699 |
| 独资经营企业 | Enterprises with Sole Investment | 114641 | 15610 |
| 投资股份有限公司 | Share-holding Corporations Ltd. with Investment | 10040 | 1003 |
| **3.外商投资企业** | **Foreign Funded Enterprises** | **313184** | **38196** |
| 中外合资经营企业 | Joint-venture Enterprises | 153617 | 17260 |
| 中外合作经营企业 | Cooperative Enterprises | 53723 | 6047 |
| 外资企业 | Enterprises with Sole Foreign Investment | 99615 | 13952 |
| 外商投资股份有限公司 | Share-holding Corporations Ltd. with Foreign Investment | 6228 | 936 |
| **(二)按国民经济行业分** | **by Sector** | | |
| 旅游饭店 | Tourist Hotel | 3505987 | 308676 |
| 一般旅馆 | Fonda | 494666 | 29703 |
| 其他住宿服务 | Others | 72332 | 4399 |

4-5-1 续表 Continued

单位：万元
Unit:10000 yuan

| 项　目 | Region | 本年应付工资总额 Total Accrued Wages of Current Year | 本年应付福利费总额 Total Accrued Welfarism of Current Year |
|---|---|---|---|
| **二、餐饮业** | **Catering Services** | **3561316** | **252096** |
| #国有控股 | State-controlled Enterprises | 224413 | 15433 |
| **(一)按登记注册类型** | **by Type of Registration** | | |
| **1.内资企业** | **Domestic Funded Enterprises** | **2710275** | **161180** |
| 国有企业 | State-owned Enterprises | 127825 | 8854 |
| 集体企业 | Collective-owned Enterprises | 47924 | 3520 |
| 股份合作企业 | Cooperative Enterprises | 35430 | 1667 |
| 联营企业 | Joint Ownership Enterprises | 3183 | 99 |
| 国有联营企业 | State Joint Ownership Enterprises | | |
| 集体联营企业 | Collective Joint Ownership Enterprises | 500 | 14 |
| 国有与集体联营企业 | Joint State-collective Enterprises | 289 | 7 |
| 其他联营企业 | Other Joint Ownership Enterprises | 2394 | 79 |
| 有限责任公司 | Limited Liability Corporations | 585610 | 36727 |
| 国有独资公司 | State Sole Funded Corporations | 3022 | 153 |
| 其他有限责任公司 | Other Limited Liability Corporations | 582588 | 36574 |
| 股份有限公司 | Share-holding Corporations Ltd. | 111945 | 8278 |
| 私营企业 | Private Enterprises | 1733180 | 97452 |
| 私营独资企业 | Private-funded Enterprises | 403270 | 23762 |
| 私营合伙企业 | Private Partnership Enterprises | 76977 | 4406 |
| 私营有限责任公司 | Private Limited Liability Corporations | 1162842 | 65348 |
| 私营股份有限公司 | Private Share-holding Corporations Ltd. | 90092 | 3936 |
| 其他企业 | Other Enterprises | 65177 | 4584 |
| **2.港、澳、台商投资企业** | **Enterprises with Funds from Hongkong, Macao and Taiwan** | **250415** | **18260** |
| 合资经营企业 | Joint-venture Enterprises | 62400 | 2874 |
| 合作经营企业 | Cooperative Enterprises | 17945 | 1492 |
| 独资经营企业 | Enterprises with Sole Investment | 159523 | 8270 |
| 投资股份有限公司 | Share-holding Corporations Ltd. with Investment | 10548 | 5624 |
| **3.外商投资企业** | **Foreign Funded Enterprises** | **600626** | **72657** |
| 中外合资经营企业 | Joint-venture Enterprises | 128525 | 14927 |
| 中外合作经营企业 | Cooperative Enterprises | 30775 | 1638 |
| 外资企业 | Enterprises with Sole Foreign Investment | 422241 | 52904 |
| 外商投资股份有限公司 | Share-holding Corporations Ltd. with Foreign Investment | 19085 | 3187 |
| **(二)按国民经济行业** | **by Sector** | | |
| 正餐服务 | Dinner | 2821545 | 168423 |
| 快餐服务 | Snack | 592857 | 75568 |
| 饮料及冷饮服务 | Beverage and Cold Drink | 29358 | 1905 |
| 其他餐饮服务 | Others | 117556 | 6201 |

# 4-5-2 各地区限额以上住宿业企业工资福利

# Wage and Welfarism of Enterprises above Designated Size of Hotels by Region

单位：万元

Unit:10000 yuan

| 地　区 | Region | 住宿业 Hotels | | #国有控股 State-controlled Enterprises | |
|---|---|---|---|---|---|
| | | 本年应付工资总额 Total Accrued Wages of Current Year | 本年应付福利费总额 Total Accrued Welfarism of Current Year | 本年应付工资总额 Total Accrued Wages of Current Year | 本年应付福利费总额 Total Accrued Welfarism of Current Year |
| **全　国** | **National Total** | **4072985** | **342778** | **1530379** | **128062** |
| 北　京 | Beijing | 534587 | 41635 | 298986 | 21248 |
| 天　津 | Tianjin | 54705 | 2678 | 25480 | 1439 |
| 河　北 | Hebei | 102084 | 5888 | 51767 | 3470 |
| 山　西 | Shanxi | 78331 | 4579 | 25307 | 1618 |
| 内蒙古 | Inner Mongolia | 57200 | 3478 | 17066 | 1769 |
| 辽　宁 | Liaoning | 101089 | 12992 | 36295 | 3780 |
| 吉　林 | Jilin | 38468 | 3602 | 15865 | 1222 |
| 黑龙江 | Heilongjiang | 45377 | 3805 | 22676 | 2159 |
| 上　海 | Shanghai | 277023 | 29891 | 133430 | 14215 |
| 江　苏 | Jiangsu | 257053 | 26971 | 81047 | 7211 |
| 浙　江 | Zhejiang | 336063 | 21143 | 90933 | 6491 |
| 安　徽 | Anhui | 79596 | 5864 | 31848 | 2311 |
| 福　建 | Fujian | 138286 | 10021 | 41389 | 3190 |
| 江　西 | Jiangxi | 53912 | 3728 | 18095 | 1266 |
| 山　东 | Shandong | 196232 | 13994 | 81441 | 6314 |
| 河　南 | Henan | 129826 | 6676 | 43725 | 2638 |
| 湖　北 | Hubei | 101197 | 8164 | 30347 | 2769 |
| 湖　南 | Hunan | 156093 | 13562 | 53692 | 5644 |
| 广　东 | Guangdong | 661100 | 64084 | 170949 | 15339 |
| 广　西 | Guangxi | 70082 | 6063 | 24382 | 2279 |
| 海　南 | Hainan | 88824 | 15079 | 25959 | 7186 |
| 重　庆 | Chongqing | 64504 | 5011 | 17296 | 1591 |
| 四　川 | Sichuan | 127483 | 7897 | 48307 | 2797 |
| 贵　州 | Guizhou | 31894 | 2007 | 13470 | 808 |
| 云　南 | Yunnan | 80802 | 7823 | 35297 | 3629 |
| 西　藏 | Tibet | 8174 | 126 | 5765 | 79 |
| 陕　西 | Shaanxi | 100004 | 10224 | 37575 | 2838 |
| 甘　肃 | Gansu | 31328 | 1531 | 14594 | 538 |
| 青　海 | Qinghai | 12976 | 416 | 5681 | 158 |
| 宁　夏 | Ningxia | 10307 | 547 | 4182 | 331 |
| 新　疆 | Xinjiang | 48387 | 3299 | 27535 | 1737 |

# 4-5-3 各地区限额以上住宿业企业工资福利(按登记注册类型分)

## Wage and Welfarism of Enterprises above Designated Size of Hotels by Region and Type of Registration

单位：万元
Unit:10000 yuan

| 地区 | Region | 内资企业 Domestic Funded Enterprises | | 国有企业 State-owned Enterprises | |
|---|---|---|---|---|---|
| | | 本年应付工资总额 Total Accrued Wages of Current Year | 本年应付福利费总额 Total Accrued Welfarism of Current Year | 本年应付工资总额 Total Accrued Wages of Current Year | 本年应付福利费总额 Total Accrued Welfarism of Current Year |
| **全国** | **National Total** | **3332390** | **249474** | **1021233** | **82318** |
| 北京 | Beijing | 396975 | 27928 | 152833 | 10020 |
| 天津 | Tianjin | 47267 | 2151 | 18075 | 1156 |
| 河北 | Hebei | 96949 | 5642 | 44745 | 3267 |
| 山西 | Shanxi | 75240 | 4308 | 22738 | 1326 |
| 内蒙古 | Inner Mongolia | 51704 | 2668 | 14310 | 1665 |
| 辽宁 | Liaoning | 64426 | 4014 | 21798 | 889 |
| 吉林 | Jilin | 35041 | 3213 | 14547 | 1202 |
| 黑龙江 | Heilongjiang | 40721 | 3508 | 19868 | 1876 |
| 上海 | Shanghai | 210552 | 18720 | 71844 | 8067 |
| 江苏 | Jiangsu | 221329 | 19499 | 55582 | 4663 |
| 浙江 | Zhejiang | 279698 | 17778 | 48823 | 2805 |
| 安徽 | Anhui | 71721 | 5374 | 18776 | 1281 |
| 福建 | Fujian | 95918 | 5902 | 31675 | 2474 |
| 江西 | Jiangxi | 48172 | 3298 | 14475 | 1227 |
| 山东 | Shandong | 179422 | 13356 | 76489 | 6066 |
| 河南 | Henan | 118084 | 6244 | 37495 | 2274 |
| 湖北 | Hubei | 87071 | 6518 | 29208 | 2703 |
| 湖南 | Hunan | 144306 | 12708 | 33836 | 3144 |
| 广东 | Guangdong | 480342 | 40518 | 105574 | 9628 |
| 广西 | Guangxi | 55642 | 3872 | 18426 | 1825 |
| 海南 | Hainan | 63689 | 10033 | 15199 | 4893 |
| 重庆 | Chongqing | 54515 | 4204 | 11082 | 770 |
| 四川 | Sichuan | 117206 | 6711 | 35781 | 2183 |
| 贵州 | Guizhou | 29646 | 1796 | 10500 | 714 |
| 云南 | Yunnan | 70758 | 6287 | 20271 | 1783 |
| 西藏 | Tibet | 7879 | 126 | 5147 | 79 |
| 陕西 | Shaanxi | 89930 | 7959 | 32555 | 2503 |
| 甘肃 | Gansu | 30049 | 1347 | 14023 | 647 |
| 青海 | Qinghai | 11625 | 416 | 4517 | 121 |
| 宁夏 | Ningxia | 9991 | 544 | 2648 | 189 |
| 新疆 | Xinjiang | 46525 | 2834 | 18393 | 878 |

4-5-3 续表 1 Continued 1

单位：万元
Unit:10000 yuan

| 地区 | Region | 集体企业 Collective-owned Enterprises | | 股份合作企业 Cooperative Enterprises | |
|---|---|---|---|---|---|
| | | 本年应付工资总额 Total Accrued Wages of Current Year | 本年应付福利费总额 Total Accrued Welfarism of Current Year | 本年应付工资总额 Total Accrued Wages of Current Year | 本年应付福利费总额 Total Accrued Welfarism of Current Year |
| **全 国** | **National Total** | **112031** | **7937** | **33436** | **2442** |
| 北 京 | Beijing | 14663 | 741 | 6878 | 495 |
| 天 津 | Tianjin | 2218 | 120 | | |
| 河 北 | Hebei | 3436 | 358 | 991 | 46 |
| 山 西 | Shanxi | 2810 | 145 | 755 | 22 |
| 内蒙古 | Inner Mongolia | 1233 | 12 | 1209 | 14 |
| 辽 宁 | Liaoning | 2941 | 116 | 59 | 4 |
| 吉 林 | Jilin | 745 | 51 | 77 | 1 |
| 黑龙江 | Heilongjiang | 392 | 23 | 632 | 40 |
| 上 海 | Shanghai | 7390 | 558 | 890 | 16 |
| 江 苏 | Jiangsu | 7372 | 1045 | 477 | 42 |
| 浙 江 | Zhejiang | 12260 | 790 | 1123 | 90 |
| 安 徽 | Anhui | 1010 | 76 | 1103 | 111 |
| 福 建 | Fujian | 1676 | 77 | 1606 | 6 |
| 江 西 | Jiangxi | 725 | 12 | 1414 | 213 |
| 山 东 | Shandong | 7435 | 614 | 762 | 53 |
| 河 南 | Henan | 6207 | 476 | 714 | 29 |
| 湖 北 | Hubei | 3779 | 308 | 2133 | 186 |
| 湖 南 | Hunan | 3645 | 92 | 5816 | 807 |
| 广 东 | Guangdong | 18285 | 1500 | 1640 | 64 |
| 广 西 | Guangxi | 1583 | 115 | 408 | 9 |
| 海 南 | Hainan | 393 | 15 | 589 | 52 |
| 重 庆 | Chongqing | 993 | 80 | 200 | |
| 四 川 | Sichuan | 1991 | 217 | 1580 | 76 |
| 贵 州 | Guizhou | 324 | 14 | 282 | 13 |
| 云 南 | Yunnan | 3479 | 154 | 438 | 25 |
| 西 藏 | Tibet | 153 | 5 | 176 | |
| 陕 西 | Shaanxi | 1960 | 91 | 925 | 28 |
| 甘 肃 | Gansu | 671 | 54 | | |
| 青 海 | Qinghai | 990 | 41 | 561 | |
| 宁 夏 | Ningxia | | | | |
| 新 疆 | Xinjiang | 1275 | 38 | | |

4-5-3 续表 2 Continued 2

单位：万元
Unit:10000 yuan

| 地 区 | Region | 联营企业 Joint Ownership Enterprises | | 有限责任公司 Limited Liability Corporations | |
|---|---|---|---|---|---|
| | | 本年应付工资总额 Total Accrued Wages of Current Year | 本年应付福利费总额 Total Accrued Welfarism of Current Year | 本年应付工资总额 Total Accrued Wages of Current Year | 本年应付福利费总额 Total Accrued Welfarism of Current Year |
| **全 国** | **National Total** | **22107** | **1360** | **1020120** | **76952** |
| 北 京 | Beijing | 1496 | 152 | 162871 | 12935 |
| 天 津 | Tianjin | | | 13932 | 344 |
| 河 北 | Hebei | 872 | 24 | 22277 | 890 |
| 山 西 | Shanxi | | | 13525 | 817 |
| 内蒙古 | Inner Mongolia | 34 | | 13436 | 200 |
| 辽 宁 | Liaoning | 43 | 5 | 19393 | 1738 |
| 吉 林 | Jilin | 213 | 29 | 6379 | 932 |
| 黑龙江 | Heilongjiang | 35 | 3 | 7513 | 722 |
| 上 海 | Shanghai | 2187 | 98 | 75286 | 5805 |
| 江 苏 | Jiangsu | 1673 | 135 | 55331 | 4565 |
| 浙 江 | Zhejiang | 1329 | 8 | 91723 | 6981 |
| 安 徽 | Anhui | 54 | | 24396 | 1782 |
| 福 建 | Fujian | 4087 | 170 | 22310 | 1917 |
| 江 西 | Jiangxi | | | 15839 | 934 |
| 山 东 | Shandong | 8 | | 47333 | 3096 |
| 河 南 | Henan | 412 | 18 | 29332 | 1222 |
| 湖 北 | Hubei | 553 | | 20519 | 1391 |
| 湖 南 | Hunan | 388 | 20 | 32534 | 2634 |
| 广 东 | Guangdong | 4795 | 461 | 166183 | 12567 |
| 广 西 | Guangxi | 265 | 77 | 9828 | 443 |
| 海 南 | Hainan | 138 | 17 | 29176 | 3077 |
| 重 庆 | Chongqing | | | 23458 | 2205 |
| 四 川 | Sichuan | 1031 | | 28364 | 1613 |
| 贵 州 | Guizhou | | | 10154 | 447 |
| 云 南 | Yunnan | 2444 | 143 | 19874 | 1851 |
| 西 藏 | Tibet | | | 744 | 18 |
| 陕 西 | Shaanxi | | | 26862 | 3502 |
| 甘 肃 | Gansu | | | 9821 | 484 |
| 青 海 | Qinghai | | | 1499 | 101 |
| 宁 夏 | Ningxia | | | 3002 | 241 |
| 新 疆 | Xinjiang | 52 | | 17227 | 1497 |

4-5-3 续表 3 Continued 3

单位：万元
Unit:10000 yuan

| 地 区 | Region | 股份有限公司 Share-holding Corporations Ltd. 本年应付工资总额 Total Accrued Wages of Current Year | 股份有限公司 Share-holding Corporations Ltd. 本年应付福利费总额 Total Accrued Welfarism of Current Year | 私营企业 Private Enterprises 本年应付工资总额 Total Accrued Wages of Current Year | 私营企业 Private Enterprises 本年应付福利费总额 Total Accrued Welfarism of Current Year | 其他企业 Other Enterprises 本年应付工资总额 Total Accrued Wages of Current Year | 其他企业 Other Enterprises 本年应付福利费总额 Total Accrued Welfarism of Current Year |
|---|---|---|---|---|---|---|---|
| **全 国** | **National Total** | **133711** | **12998** | **940137** | **61534** | **49614** | **3934** |
| 北 京 | Beijing | 11478 | 1161 | 46755 | 2425 | | |
| 天 津 | Tianjin | 411 | 3 | 11300 | 453 | 1332 | 75 |
| 河 北 | Hebei | 2392 | 92 | 21549 | 901 | 689 | 64 |
| 山 西 | Shanxi | 1943 | 361 | 32807 | 1584 | 663 | 53 |
| 内蒙古 | Inner Mongolia | 1816 | 97 | 18270 | 680 | 1396 | |
| 辽 宁 | Liaoning | 1053 | 134 | 19057 | 1126 | 83 | 2 |
| 吉 林 | Jilin | 1180 | 100 | 9940 | 637 | 1962 | 262 |
| 黑龙江 | Heilongjiang | 4628 | 313 | 7463 | 532 | 191 | |
| 上 海 | Shanghai | 3532 | 660 | 46413 | 3515 | 3010 | |
| 江 苏 | Jiangsu | 10557 | 1205 | 87123 | 7604 | 3213 | 241 |
| 浙 江 | Zhejiang | 15147 | 1093 | 107080 | 5683 | 2214 | 329 |
| 安 徽 | Anhui | 5164 | 616 | 19316 | 1040 | 1903 | 469 |
| 福 建 | Fujian | 1395 | 36 | 29464 | 1167 | 3705 | 55 |
| 江 西 | Jiangxi | 1562 | 88 | 13909 | 818 | 247 | 6 |
| 山 东 | Shandong | 9035 | 590 | 35049 | 2701 | 3311 | 235 |
| 河 南 | Henan | 5736 | 413 | 34794 | 1661 | 3393 | 150 |
| 湖 北 | Hubei | 4765 | 433 | 25116 | 1467 | 998 | 30 |
| 湖 南 | Hunan | 15612 | 1913 | 50317 | 3978 | 2158 | 121 |
| 广 东 | Guangdong | 12512 | 1458 | 165882 | 14342 | 5471 | 498 |
| 广 西 | Guangxi | 2502 | 147 | 20304 | 1023 | 2325 | 232 |
| 海 南 | Hainan | 6042 | 671 | 9728 | 1225 | 2424 | 82 |
| 重 庆 | Chongqing | 1322 | 125 | 16541 | 962 | 920 | 63 |
| 四 川 | Sichuan | 5531 | 357 | 40536 | 2243 | 2392 | 23 |
| 贵 州 | Guizhou | 526 | 58 | 7546 | 544 | 314 | 6 |
| 云 南 | Yunnan | 3503 | 574 | 18288 | 948 | 2461 | 809 |
| 西 藏 | Tibet | 189 | 25 | 1470 | | | |
| 陕 西 | Shaanxi | 3211 | 222 | 22021 | 1520 | 2397 | 94 |
| 甘 肃 | Gansu | 451 | 50 | 5084 | 112 | | |
| 青 海 | Qinghai | | | 3614 | 117 | 444 | 37 |
| 宁 夏 | Ningxia | | | 4341 | 114 | | |
| 新 疆 | Xinjiang | 517 | 6 | 9062 | 415 | | |

单位：万元
Unit:10000 yuan

| 地　区 | Region | 港、澳、台商投资企业 Enterprises with Funds from Hongkong, Macao and Taiwan | | 外商投资企业 Foreign Funded Enterprises | |
|---|---|---|---|---|---|
| | | 本年应付工资总额 Total Accrued Wages of Current Year | 本年应付福利费总额 Total Accrued Welfarism of Current Year | 本年应付工资总额 Total Accrued Wages of Current Year | 本年应付福利费总额 Total Accrued Welfarism of Current Year |
| **全　国** | **National Total** | **427412** | **55108** | **313184** | **38196** |
| 北　京 | Beijing | 89813 | 8929 | 47799 | 4778 |
| 天　津 | Tianjin | 3005 | 373 | 4433 | 154 |
| 河　北 | Hebei | 2361 | 67 | 2773 | 179 |
| 山　西 | Shanxi | 1823 | 271 | 1268 | |
| 内蒙古 | Inner Mongolia | 2535 | 276 | 2962 | 534 |
| 辽　宁 | Liaoning | 24104 | 7440 | 12559 | 1538 |
| 吉　林 | Jilin | 1221 | 126 | 2206 | 263 |
| 黑龙江 | Heilongjiang | 2929 | 184 | 1727 | 112 |
| 上　海 | Shanghai | 35723 | 6250 | 30749 | 4921 |
| 江　苏 | Jiangsu | 13645 | 3339 | 22079 | 4133 |
| 浙　江 | Zhejiang | 40505 | 2287 | 15859 | 1078 |
| 安　徽 | Anhui | 3890 | 260 | 3985 | 231 |
| 福　建 | Fujian | 19908 | 1039 | 22461 | 3081 |
| 江　西 | Jiangxi | 2124 | 107 | 3616 | 323 |
| 山　东 | Shandong | 12165 | 470 | 4645 | 169 |
| 河　南 | Henan | 10182 | 417 | 1560 | 15 |
| 湖　北 | Hubei | 10944 | 1356 | 3181 | 291 |
| 湖　南 | Hunan | 9203 | 671 | 2585 | 183 |
| 广　东 | Guangdong | 95546 | 14574 | 85212 | 8992 |
| 广　西 | Guangxi | 12202 | 1660 | 2238 | 532 |
| 海　南 | Hainan | 6034 | 1827 | 19101 | 3219 |
| 重　庆 | Chongqing | 4457 | 296 | 5533 | 511 |
| 四　川 | Sichuan | 8243 | 877 | 2035 | 309 |
| 贵　州 | Guizhou | 1789 | 165 | 460 | 46 |
| 云　南 | Yunnan | 6186 | 390 | 3858 | 1145 |
| 西　藏 | Tibet | 295 | | | |
| 陕　西 | Shaanxi | 3877 | 950 | 6197 | 1315 |
| 甘　肃 | Gansu | 275 | 43 | 1005 | 141 |
| 青　海 | Qinghai | 568 | | 783 | |
| 宁　夏 | Ningxia | | | 316 | 3 |
| 新　疆 | Xinjiang | 1861 | 465 | | |

# 4-5-4 各地区限额以上住宿业企业工资福利(按国民经济行业分)

## Wage and Welfarism of Enterprises above Designated Size of Hotels by Region and Sector

单位：万元
Unit:10000 yuan

| 地区 | Region | 旅游饭店 Tourist Hotel | | 一般旅馆 Fonda | | 其他住宿服务 Others | |
|---|---|---|---|---|---|---|---|
| | | 本年应付工资总额 Total Accrued Wages of Current Year | 本年应付福利费总额 Total Accrued Welfarism of Current Year | 本年应付工资总额 Total Accrued Wages of Current Year | 本年应付福利费总额 Total Accrued Welfarism of Current Year | 本年应付工资总额 Total Accrued Wages of Current Year | 本年应付福利费总额 Total Accrued Welfarism of Current Year |
| **全国** | **National Total** | **3505987** | **308676** | **494666** | **29703** | **72332** | **4399** |
| 北京 | Beijing | 452303 | 36766 | 73428 | 4439 | 8856 | 430 |
| 天津 | Tianjin | 33838 | 1544 | 15300 | 920 | 5568 | 214 |
| 河北 | Hebei | 79834 | 4454 | 18200 | 1372 | 4050 | 62 |
| 山西 | Shanxi | 60039 | 3762 | 15500 | 727 | 2791 | 90 |
| 内蒙古 | Inner Mongolia | 45042 | 3206 | 11152 | 243 | 1007 | 30 |
| 辽宁 | Liaoning | 92461 | 12484 | 7789 | 381 | 840 | 127 |
| 吉林 | Jilin | 34593 | 3309 | 2036 | 155 | 1839 | 138 |
| 黑龙江 | Heilongjiang | 37018 | 3087 | 7782 | 668 | 576 | 49 |
| 上海 | Shanghai | 237748 | 28027 | 36358 | 1788 | 2917 | 76 |
| 江苏 | Jiangsu | 231078 | 24635 | 21224 | 2079 | 4751 | 257 |
| 浙江 | Zhejiang | 303655 | 19387 | 31390 | 1639 | 1018 | 118 |
| 安徽 | Anhui | 70424 | 5295 | 8562 | 532 | 610 | 37 |
| 福建 | Fujian | 124313 | 8809 | 11475 | 1012 | 2499 | 201 |
| 江西 | Jiangxi | 44394 | 3140 | 9204 | 563 | 313 | 26 |
| 山东 | Shandong | 169618 | 12271 | 25556 | 1660 | 1058 | 64 |
| 河南 | Henan | 98729 | 5068 | 28989 | 1417 | 2108 | 191 |
| 湖北 | Hubei | 82504 | 6948 | 15748 | 1039 | 2945 | 178 |
| 湖南 | Hunan | 131130 | 11590 | 21743 | 1620 | 3221 | 351 |
| 广东 | Guangdong | 579887 | 59545 | 69970 | 3866 | 11242 | 673 |
| 广西 | Guangxi | 61898 | 5546 | 7195 | 483 | 989 | 34 |
| 海南 | Hainan | 87731 | 14996 | 1093 | 83 | | |
| 重庆 | Chongqing | 54002 | 4246 | 7644 | 298 | 2859 | 467 |
| 四川 | Sichuan | 111235 | 6966 | 12176 | 577 | 4072 | 353 |
| 贵州 | Guizhou | 26197 | 1448 | 4728 | 439 | 970 | 119 |
| 云南 | Yunnan | 71647 | 7001 | 8352 | 815 | 803 | 7 |
| 西藏 | Tibet | 8174 | 126 | | | | |
| 陕西 | Shaanxi | 82474 | 9550 | 14115 | 569 | 3415 | 105 |
| 甘肃 | Gansu | 27691 | 1452 | 2727 | 76 | 910 | 3 |
| 青海 | Qinghai | 12092 | 336 | 775 | 81 | 109 | |
| 宁夏 | Ningxia | 9403 | 537 | 904 | 10 | | |
| 新疆 | Xinjiang | 44836 | 3147 | 3551 | 153 | | |

## 4-5-5 各地区限额以上餐饮业企业工资福利

## Wage and Welfarism of Enterprises above Designated Size of Catering Services by Region

单位：万元

Unit:10000 yuan

| 地区 | Region | 餐饮业 Catering Services | | # 国有控股 State-controlled Enterprises | |
|---|---|---|---|---|---|
| | | 本年应付工资总额 Total Accrued Wages of Current Year | 本年应付福利费总额 Total Accrued Welfarism of Current Year | 本年应付工资总额 Total Accrued Wages of Current Year | 本年应付福利费总额 Total Accrued Welfarism of Current Year |
| **全国** | **National Total** | **3561316** | **252096** | **224413** | **15433** |
| 北京 | Beijing | 511521 | 25850 | 56352 | 3985 |
| 天津 | Tianjin | 75656 | 7009 | 4348 | 127 |
| 河北 | Hebei | 43847 | 910 | 4295 | 297 |
| 山西 | Shanxi | 61585 | 2813 | 5282 | 153 |
| 内蒙古 | Inner Mongolia | 66343 | 3670 | 4361 | 313 |
| 辽宁 | Liaoning | 98834 | 15772 | 3202 | 398 |
| 吉林 | Jilin | 22817 | 2744 | 4487 | 653 |
| 黑龙江 | Heilongjiang | 36092 | 3816 | 5717 | 810 |
| 上海 | Shanghai | 361082 | 25935 | 16679 | 576 |
| 江苏 | Jiangsu | 272655 | 30445 | 11349 | 1264 |
| 浙江 | Zhejiang | 187150 | 8890 | 12178 | 211 |
| 安徽 | Anhui | 61238 | 4209 | 3932 | 239 |
| 福建 | Fujian | 102198 | 3923 | 6816 | 505 |
| 江西 | Jiangxi | 34288 | 1680 | 1146 | 123 |
| 山东 | Shandong | 286411 | 27936 | 27511 | 1979 |
| 河南 | Henan | 99824 | 4263 | 3432 | 164 |
| 湖北 | Hubei | 127826 | 10210 | 5166 | 376 |
| 湖南 | Hunan | 87066 | 7887 | 3913 | 330 |
| 广东 | Guangdong | 602857 | 40220 | 17056 | 1013 |
| 广西 | Guangxi | 25120 | 2352 | 1433 | 149 |
| 海南 | Hainan | 11286 | 556 | 252 | 12 |
| 重庆 | Chongqing | 72986 | 6414 | 3644 | 181 |
| 四川 | Sichuan | 121090 | 5386 | 3001 | 242 |
| 贵州 | Guizhou | 15305 | 552 | 752 | 35 |
| 云南 | Yunnan | 23125 | 1369 | 3069 | 216 |
| 西藏 | Tibet | 481 | 12 | | |
| 陕西 | Shaanxi | 106685 | 5281 | 12176 | 891 |
| 甘肃 | Gansu | 17792 | 545 | 123 | 3 |
| 青海 | Qinghai | 4815 | 123 | 502 | 34 |
| 宁夏 | Ningxia | 14213 | 970 | 918 | 117 |
| 新疆 | Xinjiang | 9128 | 357 | 1324 | 41 |

# 4-5-6 各地区限额以上餐饮业企业工资福利(按登记注册类型分)

## Wage and Welfarism of Enterprises above Designated Size of Catering Services by Region and Type of Registration

单位：万元

Unit:10000 yuan

| 地区 | Region | 内资企业 Domestic Funded Enterprises | | 国有企业 State-owned Enterprises | |
|---|---|---|---|---|---|
| | | 本年应付工资总额 Total Accrued Wages of Current Year | 本年应付福利费总额 Total Accrued Welfarism of Current Year | 本年应付工资总额 Total Accrued Wages of Current Year | 本年应付福利费总额 Total Accrued Welfarism of Current Year |
| **全国** | **National Total** | **2710275** | **161180** | **127825** | **8854** |
| 北京 | Beijing | 349631 | 16637 | 8903 | 414 |
| 天津 | Tianjin | 46943 | 1677 | 2034 | 7 |
| 河北 | Hebei | 43308 | 910 | 4363 | 297 |
| 山西 | Shanxi | 55905 | 2746 | 4402 | 146 |
| 内蒙古 | Inner Mongolia | 63926 | 3253 | 3365 | 214 |
| 辽宁 | Liaoning | 53599 | 3165 | 2491 | 254 |
| 吉林 | Jilin | 22321 | 2689 | 4311 | 641 |
| 黑龙江 | Heilongjiang | 29121 | 3317 | 5483 | 797 |
| 上海 | Shanghai | 211751 | 11084 | 5180 | 113 |
| 江苏 | Jiangsu | 210615 | 18270 | 7768 | 1000 |
| 浙江 | Zhejiang | 148607 | 5405 | 4167 | 155 |
| 安徽 | Anhui | 58542 | 3368 | 3612 | 222 |
| 福建 | Fujian | 77895 | 2557 | 7008 | 498 |
| 江西 | Jiangxi | 29924 | 1533 | 1015 | 109 |
| 山东 | Shandong | 262261 | 21386 | 25438 | 1810 |
| 河南 | Henan | 91516 | 3556 | 2977 | 81 |
| 湖北 | Hubei | 103426 | 6375 | 3767 | 278 |
| 湖南 | Hunan | 75340 | 5906 | 2986 | 264 |
| 广东 | Guangdong | 398595 | 26462 | 12024 | 717 |
| 广西 | Guangxi | 21007 | 1123 | 1539 | 149 |
| 海南 | Hainan | 10269 | 485 | 252 | 12 |
| 重庆 | Chongqing | 65608 | 5700 | 1426 | 52 |
| 四川 | Sichuan | 109662 | 4981 | 2710 | 125 |
| 贵州 | Guizhou | 14967 | 479 | 1223 | 24 |
| 云南 | Yunnan | 17761 | 1136 | 630 | 25 |
| 西藏 | Tibet | 481 | 12 | | |
| 陕西 | Shaanxi | 94505 | 5058 | 6864 | 375 |
| 甘肃 | Gansu | 16523 | 483 | 123 | 3 |
| 青海 | Qinghai | 4624 | 123 | 434 | 34 |
| 宁夏 | Ningxia | 13383 | 970 | 102 | 14 |
| 新疆 | Xinjiang | 8262 | 337 | 1230 | 26 |

4-5-6 续表 1 Continued 1

单位：万元
Unit:10000 yuan

| 地区 | Region | 集体企业 Collective-owned Enterprises | | 股份合作企业 Cooperative Enterprises | |
|---|---|---|---|---|---|
| | | 本年应付工资总额 Total Accrued Wages of Current Year | 本年应付福利费总额 Total Accrued Welfarism of Current Year | 本年应付工资总额 Total Accrued Wages of Current Year | 本年应付福利费总额 Total Accrued Welfarism of Current Year |
| **全国** | **National Total** | **47924** | **3520** | **35430** | **1667** |
| 北京 | Beijing | 5306 | 235 | 6849 | 276 |
| 天津 | Tianjin | 942 | 7 | 167 | 7 |
| 河北 | Hebei | 693 | 6 | 705 | 11 |
| 山西 | Shanxi | 1241 | 58 | 119 | |
| 内蒙古 | Inner Mongolia | 122 | 2 | 1548 | 2 |
| 辽宁 | Liaoning | 916 | 107 | 84 | |
| 吉林 | Jilin | 662 | 46 | 250 | 10 |
| 黑龙江 | Heilongjiang | 129 | 3 | 78 | 6 |
| 上海 | Shanghai | 2850 | 93 | 2044 | 64 |
| 江苏 | Jiangsu | 2850 | 479 | 2027 | 145 |
| 浙江 | Zhejiang | 558 | 64 | 2231 | 34 |
| 安徽 | Anhui | 1132 | 74 | 419 | 12 |
| 福建 | Fujian | 592 | 6 | 82 | 1 |
| 江西 | Jiangxi | | | 577 | 54 |
| 山东 | Shandong | 6841 | 577 | 1870 | 166 |
| 河南 | Henan | 1835 | 70 | 539 | 7 |
| 湖北 | Hubei | 571 | 58 | 495 | 58 |
| 湖南 | Hunan | 218 | 5 | 852 | |
| 广东 | Guangdong | 15010 | 1000 | 6100 | 607 |
| 广西 | Guangxi | 313 | 28 | 335 | 21 |
| 海南 | Hainan | 149 | 5 | | |
| 重庆 | Chongqing | 1234 | 137 | 1006 | 106 |
| 四川 | Sichuan | 1203 | 159 | 4724 | 30 |
| 贵州 | Guizhou | | | | |
| 云南 | Yunnan | 469 | | 343 | 21 |
| 西藏 | Tibet | | | | |
| 陕西 | Shaanxi | 1309 | 293 | 1677 | 25 |
| 甘肃 | Gansu | 623 | 6 | 176 | |
| 青海 | Qinghai | | | | |
| 宁夏 | Ningxia | 97 | | 136 | 5 |
| 新疆 | Xinjiang | 59 | 4 | | |

4-5-6 续表 2 Continued 2

单位：万元
Unit:10000 yuan

| 地区 Region | 联营企业 Joint Ownership Enterprises | | 有限责任公司 Limited Liability Corporations | |
|---|---|---|---|---|
| | 本年应付工资总额 Total Accrued Wages of Current Year | 本年应付福利费总额 Total Accrued Welfarism of Current Year | 本年应付工资总额 Total Accrued Wages of Current Year | 本年应付福利费总额 Total Accrued Welfarism of Current Year |
| **全国 National Total** | **3183** | **99** | **585610** | **36727** |
| 北京 Beijing | 80 | 8 | 111473 | 6117 |
| 天津 Tianjin | | | 13313 | 423 |
| 河北 Hebei | 123 | | 7205 | 110 |
| 山西 Shanxi | | | 10747 | 231 |
| 内蒙古 Inner Mongolia | 127 | | 14143 | 756 |
| 辽宁 Liaoning | | | 7124 | 733 |
| 吉林 Jilin | | | 3458 | 1143 |
| 黑龙江 Heilongjiang | | | 2328 | 300 |
| 上海 Shanghai | 360 | | 31641 | 2984 |
| 江苏 Jiangsu | 154 | | 36425 | 2878 |
| 浙江 Zhejiang | | | 27412 | 1208 |
| 安徽 Anhui | | | 9670 | 409 |
| 福建 Fujian | | | 9339 | 127 |
| 江西 Jiangxi | 35 | | 3708 | 219 |
| 山东 Shandong | 381 | 10 | 33540 | 2134 |
| 河南 Henan | 314 | | 20499 | 869 |
| 湖北 Hubei | | | 36783 | 1800 |
| 湖南 Hunan | 656 | 28 | 15873 | 921 |
| 广东 Guangdong | 953 | 54 | 89600 | 6746 |
| 广西 Guangxi | | | 3281 | 119 |
| 海南 Hainan | | | 3655 | 159 |
| 重庆 Chongqing | | | 19457 | 2676 |
| 四川 Sichuan | | | 25035 | 705 |
| 贵州 Guizhou | | | 4951 | 204 |
| 云南 Yunnan | | | 4638 | 257 |
| 西藏 Tibet | | | 156 | |
| 陕西 Shaanxi | | | 32632 | 1983 |
| 甘肃 Gansu | | | 3666 | 239 |
| 青海 Qinghai | | | 398 | 16 |
| 宁夏 Ningxia | | | 2421 | 201 |
| 新疆 Xinjiang | | | 1038 | 60 |

4-5-6 续表 3 Continued 3

单位：万元
Unit:10000 yuan

| 地区 | Region | 股份有限公司 Share-holding Corporations Ltd. | | 私营企业 Private Enterprises | | 其他企业 Other Enterprises | |
|---|---|---|---|---|---|---|---|
| | | 本年应付工资总额 Total Accrued Wages of Current Year | 本年应付福利费总额 Total Accrued Welfarism of Current Year | 本年应付工资总额 Total Accrued Wages of Current Year | 本年应付福利费总额 Total Accrued Welfarism of Current Year | 本年应付工资总额 Total Accrued Wages of Current Year | 本年应付福利费总额 Total Accrued Welfarism of Current Year |
| **全国** | **National Total** | **111945** | **8278** | **1733180** | **97452** | **65177** | **4584** |
| 北京 | Beijing | 30704 | 2231 | 186169 | 7352 | 148 | 4 |
| 天津 | Tianjin | 1312 | 44 | 27862 | 1180 | 1314 | 10 |
| 河北 | Hebei | 1680 | 13 | 26990 | 393 | 1549 | 80 |
| 山西 | Shanxi | 3007 | 67 | 34383 | 1800 | 2006 | 444 |
| 内蒙古 | Inner Mongolia | 2808 | 296 | 37990 | 1610 | 3823 | 373 |
| 辽宁 | Liaoning | 2389 | 141 | 40339 | 1929 | 256 | 1 |
| 吉林 | Jilin | 1197 | 167 | 12075 | 671 | 369 | 11 |
| 黑龙江 | Heilongjiang | 439 | 31 | 19891 | 2136 | 773 | 45 |
| 上海 | Shanghai | 1793 | 90 | 163439 | 7223 | 4445 | 516 |
| 江苏 | Jiangsu | 5016 | 390 | 152705 | 13074 | 3671 | 303 |
| 浙江 | Zhejiang | 8341 | 41 | 104850 | 3893 | 1047 | 10 |
| 安徽 | Anhui | 1512 | 185 | 41538 | 2450 | 660 | 18 |
| 福建 | Fujian | 800 | 24 | 57696 | 1858 | 2378 | 41 |
| 江西 | Jiangxi | 449 | 24 | 23167 | 1050 | 974 | 78 |
| 山东 | Shandong | 16176 | 2294 | 165657 | 13423 | 12357 | 973 |
| 河南 | Henan | 2215 | 110 | 59612 | 2199 | 3526 | 219 |
| 湖北 | Hubei | 3420 | 542 | 57223 | 3570 | 1167 | 70 |
| 湖南 | Hunan | 3027 | 269 | 48080 | 4132 | 3649 | 288 |
| 广东 | Guangdong | 5430 | 419 | 257599 | 16340 | 11879 | 581 |
| 广西 | Guangxi | 422 | | 14929 | 805 | 188 | 2 |
| 海南 | Hainan | 922 | 20 | 4157 | 290 | 1134 | |
| 重庆 | Chongqing | 4522 | 31 | 35245 | 2429 | 2718 | 270 |
| 四川 | Sichuan | 5983 | 233 | 69420 | 3602 | 588 | 126 |
| 贵州 | Guizhou | | | 7935 | 235 | 858 | 17 |
| 云南 | Yunnan | 127 | 14 | 11389 | 818 | 165 | 1 |
| 西藏 | Tibet | | | 325 | 12 | | |
| 陕西 | Shaanxi | 7451 | 596 | 42524 | 1697 | 2049 | 89 |
| 甘肃 | Gansu | 806 | 6 | 10267 | 213 | 863 | 17 |
| 青海 | Qinghai | | | 3165 | 74 | 626 | |
| 宁夏 | Ningxia | | | 10626 | 750 | | |
| 新疆 | Xinjiang | | | 5937 | 247 | | |

4-5-6 续表 4 Continued 4

单位：万元
Unit:10000 yuan

| 地 区 | Region | 港、澳、台商投资企业 Enterprises with Funds from Hongkong, Macao and Taiwan 本年应付工资总额 Total Accrued Wages of Current Year | 港、澳、台商投资企业 本年应付福利费总额 Total Accrued Welfarism of Current Year | 外商投资企业 Foreign Funded Enterprises 本年应付工资总额 Total Accrued Wages of Current Year | 外商投资企业 本年应付福利费总额 Total Accrued Welfarism of Current Year |
|---|---|---|---|---|---|
| **全 国** | **National Total** | **250415** | **18260** | **600626** | **72657** |
| 北 京 | Beijing | 51859 | 3510 | 110031 | 5704 |
| 天 津 | Tianjin | 2778 | 42 | 25935 | 5291 |
| 河 北 | Hebei | 423 | | 117 | |
| 山 西 | Shanxi | 628 | | 5053 | 67 |
| 内蒙古 | Inner Mongolia | 601 | 31 | 1817 | 386 |
| 辽 宁 | Liaoning | 7184 | 629 | 38051 | 11978 |
| 吉 林 | Jilin | | | 497 | 55 |
| 黑龙江 | Heilongjiang | 3088 | 207 | 3882 | 292 |
| 上 海 | Shanghai | 52806 | 6347 | 96525 | 8503 |
| 江 苏 | Jiangsu | 15100 | 762 | 46939 | 11413 |
| 浙 江 | Zhejiang | 2465 | 74 | 36078 | 3411 |
| 安 徽 | Anhui | 2179 | 808 | 517 | 33 |
| 福 建 | Fujian | 12211 | 527 | 12092 | 838 |
| 江 西 | Jiangxi | 1691 | 57 | 2674 | 90 |
| 山 东 | Shandong | 5501 | 397 | 18650 | 6152 |
| 河 南 | Henan | 452 | | 7856 | 707 |
| 湖 北 | Hubei | 4404 | 284 | 19997 | 3552 |
| 湖 南 | Hunan | 1614 | 171 | 10112 | 1811 |
| 广 东 | Guangdong | 66704 | 3783 | 137559 | 9975 |
| 广 西 | Guangxi | 1684 | 41 | 2430 | 1188 |
| 海 南 | Hainan | 644 | 40 | 373 | 32 |
| 重 庆 | Chongqing | 1110 | | 6268 | 714 |
| 四 川 | Sichuan | 7113 | 373 | 4316 | 32 |
| 贵 州 | Guizhou | 168 | 2 | 170 | 71 |
| 云 南 | Yunnan | 1337 | 44 | 4027 | 189 |
| 西 藏 | Tibet | | | | |
| 陕 西 | Shaanxi | 6584 | 70 | 5596 | 154 |
| 甘 肃 | Gansu | 90 | 62 | 1179 | |
| 青 海 | Qinghai | | | 191 | |
| 宁 夏 | Ningxia | | | 831 | |
| 新 疆 | Xinjiang | | | 865 | 21 |

## 4-5-7 各地区限额以上餐饮业企业工资福利(按国民经济行业分)

## Wage and Welfarism of Enterprises above Designated Size of Catering Services by Region and Sector

单位：万元

Unit:10000 yuan

| 地区 | Region | 正餐服务 Dinner 本年应付工资总额 Total Accrued Wages of Current Year | 正餐服务 Dinner 本年应付福利费总额 Total Accrued Welfarism of Current Year | 快餐服务 Snack 本年应付工资总额 Total Accrued Wages of Current Year | 快餐服务 Snack 本年应付福利费总额 Total Accrued Welfarism of Current Year |
|---|---|---|---|---|---|
| **全国** | **National Total** | **2821545** | **168423** | **592857** | **75568** |
| 北京 | Beijing | 396549 | 20318 | 93257 | 5010 |
| 天津 | Tianjin | 49152 | 1786 | 25028 | 5223 |
| 河北 | Hebei | 43039 | 888 | 808 | 22 |
| 山西 | Shanxi | 56766 | 2790 | 4060 | 9 |
| 内蒙古 | Inner Mongolia | 65396 | 3631 | 769 | |
| 辽宁 | Liaoning | 58783 | 3395 | 36312 | 12186 |
| 吉林 | Jilin | 22652 | 2744 | 61 | |
| 黑龙江 | Heilongjiang | 34516 | 3664 | 1225 | 128 |
| 上海 | Shanghai | 265492 | 16625 | 66298 | 8259 |
| 江苏 | Jiangsu | 206249 | 17485 | 51505 | 11573 |
| 浙江 | Zhejiang | 142582 | 5233 | 34065 | 2796 |
| 安徽 | Anhui | 57947 | 3312 | 2783 | 892 |
| 福建 | Fujian | 86297 | 3055 | 13537 | 854 |
| 江西 | Jiangxi | 30954 | 1360 | 3051 | 297 |
| 山东 | Shandong | 261600 | 21349 | 22479 | 6485 |
| 河南 | Henan | 91402 | 3579 | 6516 | 458 |
| 湖北 | Hubei | 103877 | 6516 | 19410 | 3495 |
| 湖南 | Hunan | 75109 | 5874 | 10038 | 1757 |
| 广东 | Guangdong | 407975 | 24884 | 170165 | 14068 |
| 广西 | Guangxi | 20416 | 1110 | 3960 | 1219 |
| 海南 | Hainan | 10873 | 513 | 262 | 40 |
| 重庆 | Chongqing | 65011 | 6198 | 6799 | 95 |
| 四川 | Sichuan | 92496 | 3510 | 9001 | 314 |
| 贵州 | Guizhou | 14741 | 475 | 334 | 77 |
| 云南 | Yunnan | 17276 | 1094 | 3557 | 83 |
| 西藏 | Tibet | 422 | | 59 | 12 |
| 陕西 | Shaanxi | 100923 | 5144 | 4909 | 119 |
| 甘肃 | Gansu | 16079 | 478 | 1425 | 62 |
| 青海 | Qinghai | 4755 | 123 | 60 | |
| 宁夏 | Ningxia | 13985 | 969 | 229 | 1 |
| 新疆 | Xinjiang | 8231 | 322 | 897 | 36 |

4-5-7 续表 Continued

单位：万元
Unit:10000 yuan

| 地 区 | Region | 饮料及冷饮服务 Beverage and Cold Drink | | 其他餐饮服务 Others | |
|---|---|---|---|---|---|
| | | 本年应付工资总额 Total Accrued Wages of Current Year | 本年应付福利费总额 Total Accrued Welfarism of Current Year | 本年应付工资总额 Total Accrued Wages of Current Year | 本年应付福利费总额 Total Accrued Welfarism of Current Year |
| **全 国** | **National Total** | **29358** | **1905** | **117556** | **6201** |
| 北 京 | Beijing | 6947 | 68 | 14769 | 454 |
| 天 津 | Tianjin | 40 | | 1436 | |
| 河 北 | Hebei | | | | |
| 山 西 | Shanxi | | | 759 | 14 |
| 内蒙古 | Inner Mongolia | | | 177 | 39 |
| 辽 宁 | Liaoning | 699 | 8 | 3041 | 182 |
| 吉 林 | Jilin | | | 104 | |
| 黑龙江 | Heilongjiang | | | 351 | 25 |
| 上 海 | Shanghai | 4900 | 672 | 24392 | 379 |
| 江 苏 | Jiangsu | 792 | 69 | 14108 | 1318 |
| 浙 江 | Zhejiang | 6353 | 751 | 4151 | 111 |
| 安 徽 | Anhui | 165 | 1 | 343 | 4 |
| 福 建 | Fujian | 339 | | 2025 | 14 |
| 江 西 | Jiangxi | 185 | 18 | 98 | 5 |
| 山 东 | Shandong | 336 | 11 | 1997 | 91 |
| 河 南 | Henan | 127 | 6 | 1779 | 220 |
| 湖 北 | Hubei | 114 | | 4426 | 199 |
| 湖 南 | Hunan | 1220 | 163 | 699 | 93 |
| 广 东 | Guangdong | 5679 | 43 | 19038 | 1224 |
| 广 西 | Guangxi | 36 | | 708 | 22 |
| 海 南 | Hainan | 72 | | 79 | 4 |
| 重 庆 | Chongqing | 94 | 3 | 1082 | 119 |
| 四 川 | Sichuan | 1263 | 91 | 18331 | 1471 |
| 贵 州 | Guizhou | | | 231 | |
| 云 南 | Yunnan | | | 2291 | 192 |
| 西 藏 | Tibet | | | | |
| 陕 西 | Shaanxi | | | 853 | 19 |
| 甘 肃 | Gansu | | | 288 | 5 |
| 青 海 | Qinghai | | | | |
| 宁 夏 | Ningxia | | | | |
| 新 疆 | Xinjiang | | | | |

## 4-6-1 限额以上住宿和餐饮业产业活动单位和个体经营户基本情况

## Basic Conditions of Establishments and Getihus above Designated Size of Hotels and Catering Services

| 项　　目 | Item | 单位数 (个) Number of Units (unit) | 年末从业人数 (人) Engaged Persons at the Year-end (person) |
|---|---|---|---|
| **总　　计** | **Total** | **12534** | **512982** |
| **一、住宿业** | **Hotels** | **1392** | **126147** |
| **(一)按登记注册类型分** | **by Type of Registration** | | |
| **1.内资企业** | **Domestic Funded Enterprises** | **618** | **83479** |
| 国有企业 | State-owned Enterprises | 224 | 26846 |
| 集体企业 | Collective-owned Enterprises | 27 | 1851 |
| 股份合作企业 | Cooperative Enterprises | 6 | 772 |
| 联营企业 | Joint Ownership Enterprises | 2 | 332 |
| 国有联营企业 | State Joint Ownership Enterprises | | |
| 集体联营企业 | Collective Joint Ownership Enterprises | | |
| 国有与集体联营企业 | Joint State-collective Enterprises | | |
| 其他联营企业 | Other Joint Ownership Enterprises | 2 | 332 |
| 有限责任公司 | Limited Liability Corporations | 168 | 27353 |
| 国有独资公司 | State Sole Funded Corporations | 6 | 507 |
| 其他有限责任公司 | Other Limited Liability Corporations | 162 | 26846 |
| 股份有限公司 | Share-holding Corporations Ltd. | 49 | 10581 |
| 私营企业 | Private Enterprises | 123 | 13237 |
| 私营独资企业 | Private-funded Enterprises | 14 | 1243 |
| 私营合伙企业 | Private Partnership Enterprises | | |
| 私营有限责任公司 | Private Limited Liability Corporations | 101 | 10284 |
| 私营股份有限公司 | Private Share-holding Corporations Ltd. | 8 | 1710 |
| 其他企业 | Other Enterprises | 19 | 2507 |
| **2.港、澳、台商投资企业** | **Enterprises with Funds from Hongkong, Macao and Taiwan** | **26** | **9048** |
| 合资经营企业 | Joint-venture Enterprises | 11 | 3832 |
| 合作经营企业 | Cooperative Enterprises | 2 | 956 |
| 独资经营企业 | Enterprises with Sole Investment | 12 | 4239 |
| 投资股份有限公司 | Share-holding Corporations Ltd. with Investment | 1 | 21 |
| **3.外商投资企业** | **Foreign Funded Enterprises** | **26** | **8696** |
| 中外合资经营企业 | Joint-venture Enterprises | 12 | 4677 |
| 中外合作经营企业 | Cooperative Enterprises | 5 | 2293 |
| 外资企业 | Enterprises with Sole Foreign Investment | 7 | 1269 |
| 外商投资股份有限公司 | Share-holding Corporations Ltd. With Foreign Investment | 2 | 457 |
| **4.个体经营户** | **Getihus** | **722** | **24924** |
| **(二)按国民经济行业分** | **by Sector** | | |
| 旅游饭店 | Tourist Hotel | 704 | 97226 |
| 一般旅馆 | Fonda | 642 | 26171 |
| 其他住宿服务 | Others | 46 | 2750 |

4-6-1 续表 Continued

| 项　目 | Item | 单位数（个）Number of Units (unit) | 年末从业人数（人）Engaged Persons at the Year-end (person) | 年末餐饮营业面积（平方米）Business area of Catering Services at the Year-end (㎡) |
|---|---|---|---|---|
| **二、餐饮业** | **Catering Services** | **11142** | **386835** | **10046691** |
| **(一)按登记注册类型分** | **by Type of Registration** | | | |
| **1.内资企业** | **Domestic Funded Enterprises** | **423** | **32880** | **884770** |
| 国有企业 | State-owned Enterprises | 90 | 7100 | 174093 |
| 集体企业 | Collective-owned Enterprises | 35 | 1226 | 33600 |
| 股份合作企业 | Cooperative Enterprises | 3 | 151 | 7200 |
| 联营企业 | Joint Ownership Enterprises | 1 | 400 | 10505 |
| 国有联营企业 | State Joint Ownership Enterprises | 1 | 400 | 10505 |
| 集体联营企业 | Collective Joint Ownership Enterprises | | | |
| 国有与集体联营企业 | Joint State-collective Enterprises | | | |
| 其他联营企业 | Other Joint Ownership Enterprises | | | |
| 有限责任公司 | Limited Liability Corporations | 93 | 9337 | 228948 |
| 国有独资公司 | State Sole Funded Corporations | 2 | 633 | 40201 |
| 其他有限责任公司 | Other Limited Liability Corporations | 91 | 8704 | 188747 |
| 股份有限公司 | Share-holding Corporations Ltd. | 19 | 1450 | 47653 |
| 私营企业 | Private Enterprises | 144 | 10182 | 251456 |
| 私营独资企业 | Private-funded Enterprises | 50 | 2452 | 75394 |
| 私营合伙企业 | Private Partnership Enterprises | 2 | 30 | 1200 |
| 私营有限责任公司 | Private Limited Liability Corporations | 81 | 6804 | 157446 |
| 私营股份有限公司 | Private Share-holding Corporations Ltd. | 11 | 896 | 17416 |
| 其他企业 | Other Enterprises | 38 | 3034 | 131315 |
| **2.港、澳、台商投资企业** | **Enterprises with Funds from Hongkong, Macao and Taiwan** | **10** | **1658** | **25585** |
| 合资经营企业 | Joint-venture Enterprises | 4 | 505 | 8435 |
| 合作经营企业 | Cooperative Enterprises | 1 | 252 | 200 |
| 独资经营企业 | Enterprises with Sole Investment | 5 | 901 | 16950 |
| 投资股份有限公司 | Share-holding Corporations Ltd. with Investment | | | |
| **3.外商投资企业** | **Foreign Funded Enterprises** | **34** | **2396** | **115496** |
| 中外合资经营企业 | Joint-venture Enterprises | 6 | 220 | 5560 |
| 中外合作经营企业 | Cooperative Enterprises | 2 | 560 | 14820 |
| 外资企业 | Enterprises with Sole Foreign Investment | 25 | 1575 | 94466 |
| 外商投资股份有限公司 | Share-holding Corporations Ltd. With Foreign Investment | 1 | 41 | 650 |
| **4.个体经营户** | **Getihus** | **10675** | **349901** | **9020840** |
| **(二)按国民经济行业分** | **by Sector** | | | |
| 正餐服务 | Dinner | 10199 | 359517 | 9487486 |
| 快餐服务 | Snack | 392 | 11261 | 204937 |
| 饮料及冷饮服务 | Beverage and Cold Drink | 130 | 4535 | 95499 |
| 其他餐饮服务 | Others | 421 | 11522 | 258769 |

# 4-6-2 各地区限额以上住宿和餐饮业产业活动单位和个体经营户基本情况

# Basic Conditions of Establishments and Getihus above Designated Size of Hotels and Catering Services by Region

| 地 区 | Region | 住宿业 Hotels | | 餐饮业 Catering Services | |
|---|---|---|---|---|---|
| | | 单位数 (个) Number of Units (unit) | 年末从业人数 (人) Engaged Persons at the Year-end (person) | 单位数 (个) Number of Units (unit) | 年末从业人数 (人) Engaged Persons at the Year-end (person) |
| **全 国** | **National Total** | **1392** | **126147** | **11142** | **386835** |
| 北 京 | Beijing | 152 | 25201 | 172 | 9127 |
| 天 津 | Tianjin | 11 | 1951 | 98 | 4028 |
| 河 北 | Hebei | 17 | 1681 | 144 | 7703 |
| 山 西 | Shanxi | 11 | 1608 | 40 | 2684 |
| 内蒙古 | Inner Mongolia | 65 | 2699 | 252 | 9779 |
| 辽 宁 | Liaoning | 62 | 6529 | 634 | 19910 |
| 吉 林 | Jilin | 11 | 1164 | 110 | 4027 |
| 黑龙江 | Heilongjiang | 33 | 1054 | 141 | 4705 |
| 上 海 | Shanghai | 27 | 8928 | 4 | 702 |
| 江 苏 | Jiangsu | 104 | 9156 | 1962 | 59369 |
| 浙 江 | Zhejiang | 105 | 8162 | 854 | 37385 |
| 安 徽 | Anhui | 15 | 950 | 317 | 9064 |
| 福 建 | Fujian | 24 | 3225 | 337 | 11007 |
| 江 西 | Jiangxi | 9 | 752 | 40 | 1621 |
| 山 东 | Shandong | 107 | 6667 | 2058 | 51817 |
| 河 南 | Henan | 134 | 7111 | 917 | 27789 |
| 湖 北 | Hubei | 30 | 1295 | 153 | 6006 |
| 湖 南 | Hunan | 116 | 6038 | 383 | 17508 |
| 广 东 | Guangdong | 42 | 2981 | 672 | 35877 |
| 广 西 | Guangxi | 22 | 1853 | 65 | 4362 |
| 海 南 | Hainan | 15 | 2137 | 43 | 2053 |
| 重 庆 | Chongqing | 62 | 4291 | 919 | 21135 |
| 四 川 | Sichuan | 33 | 4022 | 400 | 14161 |
| 贵 州 | Guizhou | 6 | 584 | 44 | 3742 |
| 云 南 | Yunnan | 47 | 5612 | 48 | 2271 |
| 西 藏 | Tibet | 2 | 128 | 2 | 77 |
| 陕 西 | Shaanxi | 39 | 3152 | 209 | 11320 |
| 甘 肃 | Gansu | 4 | 477 | 9 | 844 |
| 青 海 | Qinghai | 2 | 86 | 9 | 605 |
| 宁 夏 | Ningxia | 8 | 841 | 38 | 1997 |
| 新 疆 | Xinjiang | 57 | 5812 | 68 | 4160 |

# 4-6-3 限额以上住宿和餐饮业产业活动单位和个体经营户经营情况

| 项目 | Item | 营业额 Business Revenue | 客房收入 from Hotel Rooms |
|---|---|---|---|
| 总计 | **Total** | **6769937** | **1030597** |
| 一、住宿业 | **Hotels** | **1745936** | **897199** |
| (一)按登记注册类型分 | **by Type of Registration** | | |
| 1.内资企业 | **Domestic Funded Enterprises** | **1119773** | **540642** |
| 国有企业 | State-owned Enterprises | 314283 | 155466 |
| 集体企业 | Collective-owned Enterprises | 21010 | 7923 |
| 股份合作企业 | Cooperative Enterprises | 7567 | 3517 |
| 联营企业 | Joint Ownership Enterprises | 5748 | 2890 |
| 国有联营企业 | State Joint Ownership Enterprises | | |
| 集体联营企业 | Collective Joint Ownership Enterprises | | |
| 国有与集体联营企业 | Joint State-collective Enterprises | | |
| 其他联营企业 | Other Joint Ownership Enterprises | 5748 | 2890 |
| 有限责任公司 | Limited Liability Corporations | 404548 | 191804 |
| 国有独资公司 | State Sole Funded Corporations | 4759 | 1986 |
| 其他有限责任公司 | Other Limited Liability Corporations | 399790 | 189818 |
| 股份有限公司 | Share-holding Corporations Ltd. | 164613 | 74409 |
| 私营企业 | Private Enterprises | 167151 | 83542 |
| 私营独资企业 | Private-funded Enterprises | 21184 | 10903 |
| 私营合伙企业 | Private Partnership Enterprises | | |
| 私营有限责任公司 | Private Limited Liability Corporations | 125416 | 64931 |
| 私营股份有限公司 | Private Share-holding Corporations Ltd. | 20551 | 7708 |
| 其他企业 | Other Enterprises | 34853 | 21092 |
| 2.港、澳、台商投资企业 | **Enterprises with Funds from Hongkong, Macao and Taiwan** | **175884** | **88067** |
| 合资经营企业 | Joint-venture Enterprises | 49428 | 24527 |
| 合作经营企业 | Cooperative Enterprises | 46147 | 25665 |
| 独资经营企业 | Enterprises with Sole Investment | 80129 | 37780 |
| 投资股份有限公司 | Share-holding Corporations Ltd. with Investment | 180 | 95 |
| 3.外商投资企业 | **Foreign Funded Enterprises** | **208152** | **117551** |
| 中外合资经营企业 | Joint-venture Enterprises | 109567 | 63373 |
| 中外合作经营企业 | Cooperative Enterprises | 58799 | 29495 |
| 外资企业 | Enterprises with Sole Foreign Investment | 29997 | 17706 |
| 外商投资股份有限公司 | Share-holding Corporations Ltd. With Foreign Investment | 9789 | 6976 |
| 4.个体经营户 | **Self-employed Individuals** | **242128** | **150939** |
| (二)按国民经济行业分 | **by Sector** | | |
| 旅游饭店 | Tourist Hotel | 1377864 | 672025 |
| 一般旅馆 | Fonda | 332331 | 205800 |
| 其他住宿服务 | Others | 35741 | 19374 |

# Business of Establishments and Getihus above Designated Size of Hotels and Catering Services

单位：万元
Unit：10000 yuan

| | | | | | |
|---|---|---|---|---|---|
| 餐费收入 from Meals | 商品销售收入 from Commodities | 其他收入 Others | 客房数 (间) Hotel Rooms (unit) | 床位数 (个) Hotel Beds (unit) | 餐位数 (位) Seats for Meal (unit) |
| **5353121** | **214515** | **171704** | **197184** | **352045** | **3630436** |
| **686354** | **29010** | **133374** | **145168** | **252278** | **416897** |
| | | | | | |
| **458824** | **22578** | **97730** | **88433** | **152403** | **291591** |
| 116887 | 7957 | 33973 | 26911 | 48362 | 64601 |
| 11037 | 483 | 1568 | 1885 | 3588 | 7494 |
| 3418 | 143 | 489 | 835 | 1150 | 1095 |
| 2431 | 147 | 280 | 356 | 541 | 870 |
| | | | | | |
| | | | | | |
| | | | | | |
| 2431 | 147 | 280 | 356 | 541 | 870 |
| 172801 | 6591 | 33353 | 29788 | 48489 | 86137 |
| 2371 | 315 | 87 | 664 | 1267 | 2240 |
| 170430 | 6276 | 33266 | 29124 | 47222 | 83897 |
| 69068 | 5348 | 15789 | 10087 | 18593 | 26005 |
| 71000 | 1748 | 10862 | 15545 | 26232 | 98151 |
| 8825 | 376 | 1080 | 1291 | 2170 | 3206 |
| | | | | | |
| 50374 | 1035 | 9076 | 12689 | 21492 | 90349 |
| 11801 | 337 | 705 | 1565 | 2570 | 4596 |
| 12183 | 161 | 1417 | 3026 | 5448 | 7238 |
| **77289** | **593** | **9935** | **6960** | **10424** | **15142** |
| | | | | | |
| 21056 | 295 | 3551 | 3063 | 4720 | 5164 |
| 17978 | 3 | 2501 | 1048 | 1473 | 1572 |
| 38171 | 295 | 3883 | 2789 | 4111 | 8106 |
| 85 | | | 60 | 120 | 300 |
| **76715** | **455** | **13432** | **9519** | **13931** | **15194** |
| 38850 | 440 | 6904 | 4367 | 6493 | 8494 |
| 26769 | | 2535 | 2712 | 3445 | 4181 |
| 8682 | 10 | 3599 | 1754 | 2642 | 2057 |
| 2414 | 5 | 395 | 686 | 1351 | 462 |
| | | | | | |
| **73527** | **5385** | **12277** | **40256** | **75520** | **94970** |
| | | | | | |
| 573172 | 23120 | 109546 | 99494 | 167391 | 327664 |
| 100478 | 5801 | 20252 | 42850 | 79893 | 85025 |
| 12704 | 88 | 3575 | 2824 | 4994 | 4208 |

| 项　目 | Item | 营业额 Business Revenue | 客房收入 from Hotel Rooms |
|---|---|---|---|
| **二、餐饮业** | **Catering Services** | **5024001** | **133398** |
| **(一)按登记注册类型分** | **by Type of Registration** | | |
| **1.内资企业** | **Domestic Funded Enterprises** | **409693** | **45015** |
| 国有企业 | State-owned Enterprises | 84551 | 11400 |
| 集体企业 | Collective-owned Enterprises | 14883 | 1335 |
| 股份合作企业 | Cooperative Enterprises | 1266 | 13 |
| 联营企业 | Joint Ownership Enterprises | 1318 | |
| 国有联营企业 | State Joint Ownership Enterprises | 1318 | |
| 集体联营企业 | Collective Joint Ownership Enterprises | | |
| 国有与集体联营企业 | Joint State-collective Enterprises | | |
| 其他联营企业 | Other Joint Ownership Enterprises | | |
| 有限责任公司 | Limited Liability Corporations | 126982 | 17785 |
| 国有独资公司 | State Sole Funded Corporations | 14243 | 6455 |
| 其他有限责任公司 | Other Limited Liability Corporations | 112740 | 11330 |
| 股份有限公司 | Share-holding Corporations Ltd. | 35639 | 3442 |
| 私营企业 | Private Enterprises | 113606 | 7074 |
| 私营独资企业 | Private-funded Enterprises | 27819 | 2072 |
| 私营合伙企业 | Private Partnership Enterprises | 1495 | |
| 私营有限责任公司 | Private Limited Liability Corporations | 76246 | 4479 |
| 私营股份有限公司 | Private Share-holding Corporations Ltd. | 8046 | 522 |
| 其他企业 | Other Enterprises | 31449 | 3967 |
| **2.港、澳、台商投资企业** | **Enterprises with Funds from Hongkong, Macao and Taiwan** | **13417** | **1984** |
| 合资经营企业 | Joint-venture Enterprises | 4994 | 1236 |
| 合作经营企业 | Cooperative Enterprises | 3055 | |
| 独资经营企业 | Enterprises with Sole Investment | 5369 | 748 |
| 投资股份有限公司 | Share-holding Corporations Ltd. with Investment | | |
| **3.外商投资企业** | **Foreign Funded Enterprises** | **48743** | **1493** |
| 中外合资经营企业 | Joint-venture Enterprises | 2287 | 147 |
| 中外合作经营企业 | Cooperative Enterprises | 12460 | |
| 外资企业 | Enterprises with Sole Foreign Investment | 33586 | 1300 |
| 外商投资股份有限公司 | Share-holding Corporations Ltd. With Foreign Investment | 410 | 47 |
| **4.个体经营户** | **Self-employed Individuals** | **4552148** | **84906** |
| **(二)按国民经济行业分** | **by Sector** | | |
| 正餐服务 | Restaurant | 4644773 | 125062 |
| 快餐服务 | Snack Counter | 141115 | 527 |
| 饮料及冷饮服务 | Beverage and Cold Drink | 60069 | |
| 其他餐饮服务 | Others | 178044 | 7809 |

4-6-3 Continued

单位：万元
Unit: 10000 yuan

| | | | 客房数 (间) Hotel Rooms (unit) | 床位数 (个) Hotel Beds (unit) | 餐位数 (位) Seats for Meal (unit) |
|---|---|---|---|---|---|
| 餐费收入 from Meals | 商品销售收入 from Commodities | 其他收入 Others | | | |
| **4666768** | **185505** | **38330** | **52016** | **99767** | **3213539** |
| **324619** | **27124** | **12935** | **20386** | **37641** | **281822** |
| 61809 | 9463 | 1879 | 12873 | 24051 | 102285 |
| 12440 | 1078 | 30 | 466 | 876 | 13551 |
| 1137 | 116 | | 60 | 106 | 2620 |
| 1318 | | | | | 10000 |
| 1318 | | | | | 10000 |
| 97838 | 6191 | 5168 | 3029 | 5205 | 41971 |
| 7201 | | 587 | 347 | 463 | 1731 |
| 90638 | 6191 | 4581 | 2682 | 4742 | 40240 |
| 30505 | 449 | 1243 | 840 | 1621 | 11290 |
| 96325 | 7599 | 2609 | 2309 | 4136 | 67763 |
| 22217 | 3309 | 221 | 378 | 698 | 33180 |
| 1495 | | | | | 732 |
| 65155 | 4272 | 2339 | 1592 | 2856 | 29715 |
| 7458 | 17 | 48 | 339 | 582 | 4136 |
| 23247 | 2229 | 2007 | 809 | 1646 | 32342 |
| **6384** | **2359** | **2691** | **781** | **1221** | **6657** |
| 3621 | 73 | 63 | 512 | 732 | 1877 |
| 286 | 181 | 2588 | | | 140 |
| 2476 | 2105 | 40 | 269 | 489 | 4640 |
| **45180** | **1714** | **356** | **251** | **410** | **9391** |
| 2080 | | 61 | 60 | 90 | 1709 |
| 12182 | | 278 | | | 1260 |
| 30591 | 1690 | 5 | 156 | 230 | 6162 |
| 328 | 23 | 12 | 35 | 90 | 260 |
| **4290585** | **154308** | **22349** | **30598** | **60495** | **2915669** |
| 4326403 | 164405 | 28904 | 50725 | 97502 | 3015111 |
| 134883 | 2471 | 3234 | 273 | 566 | 75523 |
| 48446 | 8441 | 3182 | | | 20772 |
| 157036 | 10189 | 3011 | 1018 | 1699 | 102133 |

## 4-6-4 各地区限额以上住宿业产业活动单位和个体经营户经营情况

## Business of Establishments and Getihus above Designated Size of Hotels by Region

单位：万元
Unit：10000 yuan

| 地 区 | Region | 营业额 Business Revenue | 客房收入 from Hotel Rooms | 餐费收入 from Meals | 商品销售收入 from Commodities | 其他收入 Others |
|---|---|---|---|---|---|---|
| **全 国** | **National Total** | **1745936** | **897199** | **686354** | **29010** | **133374** |
| 北 京 | Beijing | 477095 | 249820 | 174046 | 3336 | 49893 |
| 天 津 | Tianjin | 22186 | 11384 | 6005 | 127 | 4670 |
| 河 北 | Hebei | 15069 | 5770 | 8767 | 277 | 256 |
| 山 西 | Shanxi | 13298 | 4106 | 7592 | 379 | 1222 |
| 内蒙古 | Inner Mongolia | 26832 | 16948 | 8864 | 614 | 406 |
| 辽 宁 | Liaoning | 94479 | 41140 | 36476 | 2323 | 14540 |
| 吉 林 | Jilin | 12314 | 3863 | 7866 | 66 | 519 |
| 黑龙江 | Heilongjiang | 9681 | 6617 | 2640 | 261 | 162 |
| 上 海 | Shanghai | 230827 | 123233 | 90828 | 247 | 16519 |
| 江 苏 | Jiangsu | 128604 | 64141 | 53399 | 1960 | 9105 |
| 浙 江 | Zhejiang | 139754 | 60750 | 66462 | 5976 | 6566 |
| 安 徽 | Anhui | 5752 | 2348 | 3095 | 2 | 307 |
| 福 建 | Fujian | 35705 | 20130 | 13898 | 159 | 1518 |
| 江 西 | Jiangxi | 6543 | 4199 | 2111 | 107 | 126 |
| 山 东 | Shandong | 57139 | 32508 | 21434 | 1389 | 1808 |
| 河 南 | Henan | 73575 | 37969 | 31988 | 1611 | 2007 |
| 湖 北 | Hubei | 11222 | 5774 | 4544 | 117 | 787 |
| 湖 南 | Hunan | 43231 | 26841 | 13468 | 1609 | 1313 |
| 广 东 | Guangdong | 27101 | 15595 | 10265 | 79 | 1162 |
| 广 西 | Guangxi | 20050 | 8682 | 8981 | 855 | 1533 |
| 海 南 | Hainan | 27467 | 15443 | 11055 | 496 | 473 |
| 重 庆 | Chongqing | 61661 | 33204 | 22589 | 1030 | 4838 |
| 四 川 | Sichuan | 54735 | 31790 | 16829 | 2525 | 3590 |
| 贵 州 | Guizhou | 6377 | 4024 | 2123 | 116 | 115 |
| 云 南 | Yunnan | 43789 | 23437 | 15238 | 703 | 4411 |
| 西 藏 | Tibet | 738 | 405 | 125 | | 208 |
| 陕 西 | Shaanxi | 31593 | 13874 | 15360 | 1365 | 994 |
| 甘 肃 | Gansu | 1892 | 1508 | 312 | | 72 |
| 青 海 | Qinghai | 777 | 538 | 239 | | |
| 宁 夏 | Ningxia | 6171 | 2227 | 3748 | 133 | 63 |
| 新 疆 | Xinjiang | 60281 | 28935 | 26004 | 1149 | 4193 |

# 4-6-5 各地区限额以上餐饮业产业活动单位和个体经营户经营情况

# Business of Establishments and Getihus above Designated Size of Catering Services by Region

单位：万元

Unit：10000 yuan

| 地区 | Region | 营业额 Business Revenue | 客房收入 from Hotel Rooms | 餐费收入 from Meals | 商品销售收入 from Commodities | 其他收入 Others |
|---|---|---|---|---|---|---|
| 全国 | **National Total** | **5024001** | **133398** | **4666768** | **185505** | **38330** |
| 北京 | Beijing | 126224 | 1833 | 118818 | 2587 | 2985 |
| 天津 | Tianjin | 40046 | 412 | 39215 | 418 | 2 |
| 河北 | Hebei | 56910 | 3056 | 51526 | 686 | 1641 |
| 山西 | Shanxi | 259021 | 2341 | 255509 | 825 | 347 |
| 内蒙古 | Inner Mongolia | 92743 | 6089 | 81098 | 5106 | 450 |
| 辽宁 | Liaoning | 299642 | 6899 | 287726 | 3207 | 1810 |
| 吉林 | Jilin | 40716 | 1579 | 38364 | 180 | 592 |
| 黑龙江 | Heilongjiang | 44710 | 1175 | 40167 | 3285 | 84 |
| 上海 | Shanghai | 10509 | 5190 | 4876 | | 443 |
| 江苏 | Jiangsu | 870495 | 27145 | 796525 | 41650 | 5175 |
| 浙江 | Zhejiang | 459115 | 9034 | 442928 | 5834 | 1320 |
| 安徽 | Anhui | 81017 | 1821 | 76574 | 2341 | 281 |
| 福建 | Fujian | 114725 | 4610 | 106333 | 3398 | 384 |
| 江西 | Jiangxi | 12075 | 224 | 11690 | 153 | 8 |
| 山东 | Shandong | 798965 | 15213 | 714356 | 64254 | 5142 |
| 河南 | Henan | 332634 | 8178 | 308733 | 13120 | 2604 |
| 湖北 | Hubei | 51051 | 1570 | 48960 | 499 | 22 |
| 湖南 | Hunan | 174036 | 5179 | 159028 | 6359 | 3472 |
| 广东 | Guangdong | 408528 | 3245 | 403596 | 1012 | 675 |
| 广西 | Guangxi | 29732 | 1364 | 27354 | 926 | 89 |
| 海南 | Hainan | 19062 | 217 | 16004 | 248 | 2593 |
| 重庆 | Chongqing | 329697 | 6916 | 307639 | 11229 | 3913 |
| 四川 | Sichuan | 123558 | 1743 | 115782 | 5522 | 511 |
| 贵州 | Guizhou | 44033 | 6455 | 36499 | 486 | 592 |
| 云南 | Yunnan | 22678 | 240 | 21923 | 237 | 277 |
| 西藏 | Tibet | 590 | | 590 | | |
| 陕西 | Shaanxi | 112233 | 8658 | 91321 | 9827 | 2428 |
| 甘肃 | Gansu | 8368 | 948 | 7340 | | 80 |
| 青海 | Qinghai | 4509 | 24 | 4485 | | |
| 宁夏 | Ningxia | 18944 | 482 | 17505 | 752 | 205 |
| 新疆 | Xinjiang | 37436 | 1560 | 34304 | 1366 | 205 |

# 4-7-1 按餐饮活动分连锁餐饮企业基本情况

## Basic Conditions of Chain Catering Enterprises by Business Categories

| 业 态 | Business Categories | 门店总数（个）Number of Stores (unit) | | 年末餐饮营业面积（万平方米）Operating Area (10000 sq.m) | | 年末从业人数（万人）Engaged Persons (10000 persons) | |
|---|---|---|---|---|---|---|---|
| | | 2009 | 2008 | 2009 | 2008 | 2009 | 2008 |
| **总 计** | **Total** | **13739** | **12645** | **691.6** | **638.6** | **65.2** | **62.0** |
| 正 餐 | Restaurant | 4291 | 4018 | 380.3 | 347.5 | 27.9 | 25.4 |
| 快 餐 | Fast Food | 7189 | 6281 | 227.9 | 200.3 | 29.4 | 27.3 |
| 茶 馆 | Tea Shop | 5 | 5 | 0.2 | 0.2 | 0.0 | 0.0 |
| 咖啡店 | Cafe | 708 | 716 | 28.6 | 29.3 | 1.4 | 1.5 |
| 其他餐饮 | Others | 1546 | 1625 | 54.5 | 61.3 | 6.4 | 7.8 |

4-7-1 续表 Continued

| 业 态 | Business Categories | 餐位数（万个）Number of Dining-seats (10000 units) | | 营业额（亿元）Business Revenue (100 million yuan) | | #餐费及商品销售收入 From Meals and Commodities | |
|---|---|---|---|---|---|---|---|
| | | 2009 | 2008 | 2009 | 2008 | 2009 | 2008 |
| **总 计** | **Total** | **248.9** | **220.5** | **879.3** | **795.7** | **878.5** | **795.2** |
| 正 餐 | Restaurant | 123.2 | 108.7 | 329.7 | 302.5 | 329.0 | 302.0 |
| 快 餐 | Fast Food | 93.9 | 78.2 | 454.6 | 404.8 | 454.6 | 404.8 |
| 茶 馆 | Tea Shop | 0.1 | 0.1 | 0.3 | 0.2 | 0.3 | 0.2 |
| 咖啡店 | Cafe | 7.8 | 8.2 | 15.0 | 14.4 | 15.0 | 14.4 |
| 其他餐饮 | Others | 23.9 | 25.2 | 79.8 | 73.8 | 0.5 | 0.5 |

# 4-7-2 按登记注册类型分连锁餐饮企业基本情况

## Basic Conditions of Chain Catering Enterprises by Status of Registration

| 项　目 | Item | 门店总数（个）Number of Stores (unit) | | 年末餐饮营业面积（万平方米）Operating Area (10000 sq.m) | | 年末从业人数（万人）Engaged Persons (10000 persons) | |
|---|---|---|---|---|---|---|---|
| | | 2009 | 2008 | 2009 | 2008 | 2009 | 2008 |
| **合　计** | **Total** | **13739** | **12645** | **691.6** | **638.6** | **65.2** | **62.0** |
| **内资企业** | **Domestic Funded Enterprises** | **6061** | **5854** | **389.4** | **364.7** | **28.8** | **28.3** |
| 国有企业 | State-owned Enterprises | 18 | 17 | 1.7 | 1.6 | 0.1 | 0.1 |
| 集体企业 | Collective-owned Enterprises | 29 | 29 | 1.9 | 1.8 | 0.1 | 0.1 |
| 股份合作企业 | Cooperative Enterprises | 80 | 92 | 6.9 | 8.1 | 0.8 | 0.6 |
| 联营企业 | Joint Ownership Enterprises | | | | | | |
| 国有联营企业 | State Joint Ownership Enterprises | | | | | | |
| 集体联营企业 | Collective Joint Ownership Enterprises | | | | | | |
| 国有与集体联营企业 | Joint State-collective Enterprises | | | | | | |
| 其他联营企业 | Other Joint Ownership Enterprises | | | | | | |
| 有限责任公司 | Limited Liability Corporations | 1791 | 1704 | 130.5 | 119.2 | 9.8 | 9.1 |
| 国有独资公司 | State Sole Funded Corporations | | | | | | |
| 其他有限责任公司 | Other Limited Liability Corporations | 1791 | 1704 | 130.5 | 119.2 | 9.8 | 9.1 |
| 股份有限公司 | Share-holding Corporations Ltd. | 801 | 949 | 64.5 | 69.4 | 5.4 | 7.1 |
| 私营企业 | Private Enterprises | 3319 | 3043 | 181.7 | 162.6 | 12.4 | 11.2 |
| 私营独资企业 | Private-funded Enterprises | 131 | 128 | 8.7 | 8.9 | 0.4 | 0.4 |
| 私营合伙企业 | Private Partnership Enterprises | 102 | 104 | 1.9 | 1.7 | 0.2 | 0.2 |
| 私营有限责任公司 | Private Limited Liability Corporations | 2939 | 2708 | 152.6 | 140.6 | 11.2 | 10.1 |
| 私营股份有限公司 | Private Share-holding Corporations Ltd. | 147 | 103 | 18.5 | 11.4 | 0.6 | 0.5 |
| 其他企业 | Other Enterprises | 23 | 20 | 2.2 | 2.1 | 0.1 | 0.1 |
| **港、澳、台商投资企业** | **Enterprises with Funds from Hong Kong, Macao and Taiwan** | **1635** | **1327** | **57.4** | **51.0** | **5.6** | **5.6** |
| 合资经营企业 | Joint-venture Enterprises | 232 | 239 | 11.2 | 12.2 | 0.8 | 0.9 |
| 合作经营企业 | Cooperative Enterprises | 48 | 41 | 2.4 | 1.6 | 0.2 | 0.2 |
| 独资经营企业 | Enterprises with Sole Investment | 1103 | 832 | 33.3 | 27.5 | 2.7 | 2.8 |
| 投资股份有限公司 | Share-holding Corporations Ltd. With Investment | 252 | 215 | 10.5 | 9.7 | 1.8 | 1.6 |
| **外商投资企业** | **Foreign Funded Enterprises** | **6043** | **5464** | **244.8** | **222.9** | **30.9** | **28.2** |
| 中外合资经营企业 | Joint-venture Enterprises | 1195 | 1115 | 56.8 | 54.2 | 6.0 | 5.9 |
| 中外合作经营企业 | Cooperative Enterprises | 175 | 159 | 8.3 | 7.9 | 0.7 | 0.6 |
| 外资企业 | Enterprises with Sole Foreign Investment | 4122 | 3684 | 147.6 | 133.3 | 19.4 | 17.4 |
| 外商投资股份有限公司 | Share-holding Corporations Ltd. With Foreign Investment | 551 | 506 | 32.1 | 27.6 | 4.8 | 4.2 |

4-7-2 续表 Continued

| 项 目 | Item | 餐位数（万个） Number of Dining-seats (10000 units) | | 营业额（亿元） Business Revenue (100 million yuan) | | #餐费及商品销售收入 From Meals and Commodities | |
|---|---|---|---|---|---|---|---|
| | | 2009 | 2008 | 2009 | 2008 | 2009 | 2008 |
| **合 计** | **Total** | **248.9** | **220.5** | **879.3** | **795.7** | **878.5** | **795.2** |
| **内资企业** | **Domestic Funded Enterprises** | **127.4** | **119.7** | **316.7** | **291.3** | **316.0** | **290.8** |
| 国有企业 | State-owned Enterprises | 0.4 | 0.4 | 1.7 | 1.5 | **1.7** | **1.5** |
| 集体企业 | Collective-owned Enterprises | 0.4 | 0.5 | 1.7 | 1.4 | 1.6 | 1.3 |
| 股份合作企业 | Cooperative Enterprises | 2.1 | 2.3 | 6.7 | 6.5 | 6.6 | 6.5 |
| 联营企业 | Joint Ownership Enterprises | | | | | | |
| 国有联营企业 | State Joint Ownership Enterprises | | | | | | |
| 集体联营企业 | Collective Joint Ownership Enterprises | | | | | | |
| 国有与集体联营企业 | Joint State-collective Enterprises | | | | | | |
| 其他联营企业 | Other Joint Ownership Enterprises | | | | | | |
| 有限责任公司 | Limited Liability Corporations | 46.9 | 42.9 | 86.9 | 78.9 | 86.7 | 78.8 |
| 国有独资公司 | State Sole Funded Corporations | | | | | | |
| 其他有限责任公司 | Other Limited Liability Corporations | 46.9 | 42.9 | 86.9 | 78.9 | 86.7 | 78.8 |
| 股份有限公司 | Share-holding Corporations Ltd. | 15.4 | 16.5 | 93.4 | 85.3 | 93.1 | 85.2 |
| 私营企业 | Private Enterprises | 61.4 | 56.5 | 125.3 | 116.7 | 125.1 | 116.7 |
| 私营独资企业 | Private-funded Enterprises | 2.6 | 2.6 | 3.9 | 3.3 | 3.8 | 3.3 |
| 私营合伙企业 | Private Partnership Enterprises | 0.8 | 0.8 | 1.2 | 1.1 | 1.2 | 1.1 |
| 私营有限责任公司 | Private Limited Liability Corporations | 53.6 | 50.2 | 105.6 | 105.7 | 105.5 | 105.7 |
| 私营股份有限公司 | Private Share-holding Corporations Ltd. | 4.5 | 2.8 | 14.6 | 6.6 | 14.6 | 6.6 |
| 其他企业 | Other Enterprises | 0.8 | 0.8 | 1.0 | 0.9 | 1.0 | 0.9 |
| **港、澳、台商投资企业** | **Enterprises with Funds from Hong Kong, Macao and Taiwan** | **21.5** | **19.1** | **97.4** | **87.8** | **97.4** | **87.8** |
| 合资经营企业 | Joint-venture Enterprises | 3.7 | 3.7 | 14.2 | 14.0 | 14.2 | 14.0 |
| 合作经营企业 | Cooperative Enterprises | 0.8 | 0.5 | 5.0 | 4.8 | 5.0 | 4.8 |
| 独资经营企业 | Enterprises with Sole Investment | 13.1 | 11.4 | 56.9 | 47.5 | 56.9 | 47.5 |
| 投资股份有限公司 | Share-holding Corporations Ltd. With Investment | 3.9 | 3.4 | 21.4 | 21.4 | 21.4 | 21.4 |
| **外商投资企业** | **Foreign Funded Enterprises** | **100.0** | **81.7** | **465.2** | **416.6** | **465.2** | **416.6** |
| 中外合资经营企业 | Joint-venture Enterprises | 18.3 | 17.5 | 93.6 | 75.9 | 93.6 | 75.9 |
| 中外合作经营企业 | Cooperative Enterprises | 2.1 | 1.9 | 14.3 | 12.8 | 14.3 | 12.8 |
| 外资企业 | Enterprises with Sole Foreign Investment | 70.0 | 53.7 | 288.6 | 259.7 | 288.5 | 259.7 |
| 外商投资股份有限公司 | Share-holding Corporations Ltd. With Foreign Investment | 9.7 | 8.5 | 68.8 | 68.1 | 68.8 | 68.1 |

# 4-7-3 按行业分连锁餐饮企业基本情况

## Basic Conditions of Chain Catering Enterprises by Sector

| 行业 | Sector | 门店总数(个) Number of Stores (unit) | | 年末餐饮营业面积(万平方米) Operating Area (10000 sq.m) | | 年末从业人数(万人) Engaged Persons (10000 persons) | |
|---|---|---|---|---|---|---|---|
| | | 2009 | 2008 | 2009 | 2008 | 2009 | 2008 |
| **总计** | **Total** | **13739** | **12645** | **691.6** | **638.6** | **65.2** | **62.0** |
| 正餐服务 | Restaurant | 4801 | 4764 | 412.2 | 390.1 | 30.4 | 30.0 |
| 快餐服务 | Snack Counter | 7479 | 6554 | 236.3 | 208.1 | 30.7 | 28.5 |
| 饮料及冷饮服务 | Beverages and Cold Drinks | 779 | 735 | 24.7 | 25.4 | 1.2 | 1.2 |
| 其他餐饮服务 | Others | 680 | 592 | 18.4 | 15.0 | 2.9 | 2.3 |

4-7-3 续表 Continued

| 行业 | Sector | 餐位数(万个) Number of Dining-seats (10000 units) | | 营业额(亿元) Business Revenue (100 million yuan) | | #餐费及商品销售收入 From Meals and Commodities | |
|---|---|---|---|---|---|---|---|
| | | 2009 | 2008 | 2009 | 2008 | 2009 | 2008 |
| **总计** | **Total** | **248.9** | **220.5** | **879.3** | **795.7** | **878.5** | **795.2** |
| 正餐服务 | Restaurant | 138.6 | 126.7 | 372.5 | 344.5 | 371.8 | 344.1 |
| 快餐服务 | Snack Counter | 95.3 | 79.4 | 468.1 | 418.3 | 468.1 | 418.3 |
| 饮料及冷饮服务 | Beverages and Cold Drinks | 6.7 | 6.9 | 15.8 | 14.6 | 15.8 | 14.6 |
| 其他餐饮服务 | Others | 8.4 | 7.5 | 22.8 | 18.2 | 22.8 | 18.2 |

# 4-7-4 各地区连锁餐饮企业基本情况

## Basic Conditions of Chain Catering Enterprises by Region

| 年 份 Year | 地 区 Region | 门店总数 (个) Number of Stores (unit) | 年末餐饮营业面积 (万平方米) Operating Area (10000 sq.m) | 年末从业人数 (万人) Engaged Persons (10000 persons) | 餐位数 (万个) Number of dining-seats (10000 unit) | 营业额 (亿元) Business Revenue (100 million yuan) |
|---|---|---|---|---|---|---|
| 2004 | | 7578 | 352.6 | 37.9 | 180.1 | 348.2 |
| 2005 | | 9748 | 478.1 | 50.1 | 245.8 | 454.4 |
| 2006 | | 11360 | 588.2 | 55.7 | 274.8 | 563.8 |
| 2007 | | 12743 | 629.2 | 62.6 | 280.0 | 640.0 |
| 2008 | | 12561 | 651.9 | 66.1 | 253.1 | 806.9 |
| 2009 | | 13739 | 691.6 | 65.2 | 248.9 | 879.3 |
| 北 京 | Beijing | 2054 | 114.6 | 8.5 | 31.8 | 137.2 |
| 天 津 | Tianjin | 263 | 5.3 | 1.8 | 3.5 | 26.7 |
| 河 北 | Hebei | 12 | 1.9 | 0.1 | 0.4 | 1.5 |
| 山 西 | Shanxi | 79 | 6.5 | 0.7 | 2.2 | 7.6 |
| 内蒙古 | Inner Mongolia | 1067 | 58.9 | 7.9 | 17.3 | 120.0 |
| 辽 宁 | Liaoning | 362 | 16.6 | 0.8 | 8.0 | 34.2 |
| 吉 林 | Jilin | 2 | 0.2 | 0.0 | 0.0 | 0.0 |
| 黑龙江 | Heilongjiang | 54 | 5.0 | 0.2 | 1.3 | 2.8 |
| 上 海 | Shanghai | 1312 | 38.4 | 5.2 | 17.5 | 70.8 |
| 江 苏 | Jiangsu | 920 | 32.0 | 4.2 | 11.5 | 52.9 |
| 浙 江 | Zhejiang | 1180 | 77.5 | 4.5 | 20.7 | 75.8 |
| 安 徽 | Anhui | 144 | 25.3 | 0.7 | 4.6 | 6.7 |
| 福 建 | Fujian | 789 | 16.6 | 2.4 | 6.9 | 28.8 |
| 江 西 | Jiangxi | 68 | 4.5 | 0.5 | 1.9 | 5.0 |
| 山 东 | Shandong | 274 | 12.8 | 1.4 | 4.7 | 21.2 |
| 河 南 | Henan | 164 | 6.9 | 0.6 | 3.2 | 7.6 |
| 湖 北 | Hubei | 284 | 29.6 | 2.1 | 9.1 | 30.4 |
| 湖 南 | Hunan | 153 | 8.3 | 1.0 | 2.3 | 9.3 |
| 广 东 | Guangdong | 1840 | 69.0 | 8.1 | 24.5 | 111.3 |
| 广 西 | Guangxi | 58 | 2.2 | 0.3 | 0.6 | 4.2 |
| 海 南 | Hainan | | | | | |
| 重 庆 | Chongqing | 1967 | 129.2 | 11.2 | 65.1 | 90.7 |
| 四 川 | Sichuan | 346 | 15.6 | 1.8 | 6.0 | 20.0 |
| 贵 州 | Guizhou | 10 | 2.2 | 0.1 | 0.3 | 1.5 |
| 云 南 | Yunnan | 188 | 7.3 | 0.6 | 3.7 | 8.0 |
| 西 藏 | Tibet | 3 | 0.0 | 0.0 | 0.0 | 0.0 |
| 陕 西 | Shaanxi | 39 | 2.6 | 0.3 | 0.7 | 1.8 |
| 甘 肃 | Gansu | 4 | 0.5 | 0.1 | 0.1 | 0.6 |
| 青 海 | Qinghai | 15 | 0.5 | 0.0 | 0.2 | 0.4 |
| 宁 夏 | Ningxia | 7 | 0.5 | 0.0 | 0.2 | 0.2 |
| 新 疆 | Xinjiang | 81 | 1.3 | 0.2 | 0.5 | 2.1 |

| 年 份 Year | 地 区 Region | | 商品购进总额（亿元） Total Purchases Value (100 million yuan) | 统一配送商品购进额（亿元） Centralized Purchase and Delivery (100 million yuan) | |
|---|---|---|---|---|---|
| | | # 餐费及商品销售收入 From Meals and Commodities | | # 自有配送中心配送商品购进额 Self Centralized Purchase and Delivery | # 非自有配送中心配送商品购进额 Non-self Centralized Purchase and Delivery |
| 2004 | | 345.3 | 124.6 | 89.3 | 64.7 | 24.6 |
| 2005 | | 447.2 | 171.5 | 109.1 | 77.9 | 31.0 |
| 2006 | | 563.2 | 201.2 | 127.5 | 93.6 | 33.7 |
| 2007 | | 639.3 | 274.9 | 168.8 | 110.0 | 30.9 |
| 2008 | | 796.2 | 271.6 | 192.5 | 118.7 | 35.3 |
| 2009 | | 878.5 | 362.0 | 239.8 | 138.0 | 50.7 |
| 北 京 | Beijing | 136.8 | 54.2 | 32.7 | 15.5 | 9.1 |
| 天 津 | Tianjin | 26.7 | 9.3 | 0.4 | 0.2 | |
| 河 北 | Hebei | 1.5 | 0.6 | 0.0 | 0.0 | |
| 山 西 | Shanxi | 7.6 | 2.4 | 1.7 | 1.7 | |
| 内蒙古 | Inner Mongolia | 120.0 | 49.9 | 35.5 | 25.9 | 9.6 |
| 辽 宁 | Liaoning | 34.2 | 14.5 | 14.5 | 2.7 | 1.3 |
| 吉 林 | Jilin | 0.0 | 0.0 | | | |
| 黑龙江 | Heilongjiang | 2.8 | 1.1 | 0.9 | 0.1 | 0.3 |
| 上 海 | Shanghai | 70.8 | 27.9 | 23.7 | 2.6 | 7.9 |
| 江 苏 | Jiangsu | 52.9 | 24.7 | 22.9 | 10.4 | 9.0 |
| 浙 江 | Zhejiang | 75.8 | 25.1 | 22.5 | 20.2 | 1.8 |
| 安 徽 | Anhui | 6.7 | 2.7 | 1.2 | 1.0 | 0.2 |
| 福 建 | Fujian | 28.8 | 9.0 | 6.4 | 2.8 | 0.9 |
| 江 西 | Jiangxi | 5.0 | 4.4 | 3.9 | 3.8 | 0.1 |
| 山 东 | Shandong | 21.2 | 5.7 | 4.8 | 4.6 | 0.2 |
| 河 南 | Henan | 7.6 | 3.0 | 2.3 | 0.0 | 0.0 |
| 湖 北 | Hubei | 30.2 | 12.1 | 0.0 | | |
| 湖 南 | Hunan | 9.3 | 7.2 | 6.5 | 5.7 | 0.3 |
| 广 东 | Guangdong | 111.3 | 44.7 | 35.3 | 25.1 | 6.6 |
| 广 西 | Guangxi | 4.2 | 1.8 | 1.8 | | |
| 海 南 | Hainan | | | | | |
| 重 庆 | Chongqing | 90.7 | 48.2 | 16.5 | 12.3 | 1.8 |
| 四 川 | Sichuan | 20.0 | 7.3 | 1.8 | 0.1 | 0.5 |
| 贵 州 | Guizhou | 1.5 | 0.9 | | | |
| 云 南 | Yunnan | 8.0 | 2.8 | 2.6 | 1.6 | 1.0 |
| 西 藏 | Tibet | 0.0 | 0.0 | | | |
| 陕 西 | Shaanxi | 1.8 | 1.1 | 0.7 | 0.7 | |
| 甘 肃 | Gansu | 0.6 | 0.2 | 0.1 | | |
| 青 海 | Qinghai | 0.4 | 0.1 | 0.1 | | 0.1 |
| 宁 夏 | Ningxia | 0.2 | 0.1 | 0.1 | 0.1 | 0.1 |
| 新 疆 | Xinjiang | 2.1 | 0.9 | 0.9 | 0.9 | |

# 国际收支篇

## BALANCE OF PAYMENTS

第 5 篇

# 5-1 国际收支概况

## Brief Table of BOP of China

单位:亿美元

Unit: USD 100 million

| 年 份<br>Year | 经常项目差额<br>Current Account Balance | 资本和金融项目差额<br>Capital and Financial Account Balance | 储备资产变动<br>Reserve Assets | 净误差与遗漏<br>Net Errors and Omissions |
|---|---|---|---|---|
| 1982 | 56.74 | -17.36 | -42.17 | 2.79 |
| 1983 | 42.40 | -13.72 | -26.95 | -1.73 |
| 1984 | 20.30 | -37.52 | 5.31 | 11.91 |
| 1985 | -114.17 | 84.85 | 54.22 | -24.90 |
| 1986 | -70.35 | 65.44 | 17.27 | -12.32 |
| 1987 | 3.00 | 27.31 | -16.60 | -13.71 |
| 1988 | -38.03 | 52.69 | -4.55 | -10.11 |
| 1989 | -43.18 | 64.28 | -22.02 | 0.92 |
| 1990 | 119.97 | -27.74 | -60.89 | -31.34 |
| 1991 | 132.71 | 45.80 | -110.91 | -67.60 |
| 1992 | 64.01 | -2.51 | 21.02 | -82.52 |
| 1993 | -119.04 | 234.74 | -17.67 | -98.03 |
| 1994 | 76.58 | 326.44 | -305.27 | -97.75 |
| 1995 | 16.18 | 386.75 | -224.63 | -178.30 |
| 1996 | 72.42 | 399.67 | -316.62 | -155.47 |
| 1997 | 369.63 | 210.15 | -357.24 | -222.54 |
| 1998 | 314.71 | -63.21 | -64.26 | -187.24 |
| 1999 | 211.14 | 51.80 | -85.05 | -177.88 |
| 2000 | 205.19 | 19.22 | -105.48 | -118.93 |
| 2001 | 174.05 | 347.75 | -473.25 | -48.56 |
| 2002 | 354.22 | 322.91 | -755.07 | 77.94 |
| 2003 | 458.75 | 527.26 | -1170.23 | 184.22 |
| 2004 | 686.59 | 1106.6 | -2063.64 | 270.45 |
| 2005 | 1608.18 | 629.64 | -2070.16 | -167.66 |
| 2006 | 2498.66 | 100.37 | -2470.25 | -128.77 |
| 2007 | 3718.33 | 735.09 | -4617.44 | 164.02 |
| 2008 | 4261.07 | 189.65 | -4189.78 | -260.94 |
| 2009 | 2971.42 | 1448.28 | -3984.22 | -435.48 |

# 5-2 国际收支平衡表

## Balance of Payments

单位:万美元
Unit: USD 10000

| 项　目 | Item | 2008 差额 Balance | 2008 贷方 Credit | 2008 借方 Debit | 2009 差额 Balance | 2009 贷方 Credit | 2009 借方 Debit |
|---|---|---|---|---|---|---|---|
| **一、经常帐户** | **Current Account** | **42610740** | **172589326** | **129978587** | **29714205** | **148457276** | **118743071** |
| A.货物和服务 | Goods and Services | 34887046 | 158171319 | 123284273 | 22011161 | 133334602 | 111323441 |
| a.货物 | Goods | 36068209 | 143460124 | 107391915 | 24950926 | 120379661 | 95428735 |
| b.服务 | Services | -1181164 | 14711195 | 15892359 | -2939765 | 12954941 | 15894706 |
| 1.运输 | Transportation | -1191118 | 3841756 | 5032874 | -2300501 | 2356894 | 4657395 |
| 2.旅游 | Travel | 468600 | 4084300 | 3615700 | -402667 | 3967500 | 4370167 |
| 3.通讯服务 | Communication Services | 5959 | 156966 | 151008 | -1129 | 119826 | 120955 |
| 4.建筑服务 | Construction Services | 596549 | 1032851 | 436301 | 359516 | 946279 | 586764 |
| 5.保险服务 | Insurance Services | -1136013 | 138272 | 1274284 | -971279 | 159617 | 1130896 |
| 6. 金融服务 | Financial Services | -25088 | 31473 | 56562 | -28878 | 43697 | 72575 |
| 7.计算机和信息服务 | Computer and Information Services | 308693 | 625206 | 316513 | 327914 | 651171 | 323257 |
| 8.专有权利使用费和特许费 | Royalties and License Fees | -974893 | 57054 | 1031947 | -1063582 | 42945 | 1106527 |
| 9.咨询 | Consultation Services | 460532 | 1814087 | 1353555 | 520574 | 1862250 | 1341676 |
| 10.广告、宣传 | Advertising and Public Opinion Polling | 26167 | 220232 | 194066 | 35772 | 231255 | 195483 |
| 11.电影、音像 | Audiovisual and Related Services | 16332 | 41794 | 25462 | -18118 | 9726 | 27845 |
| 12.其他商业服务 | Other Business Services | 288506 | 2600586 | 2312080 | 591641 | 2468828 | 1877187 |
| 13.别处未提及的政府服务 | Government Services,n.i.e | -25389 | 66619 | 92008 | 10972 | 94952 | 83980 |
| B.收益 | Income | 3143796 | 9161487 | 6017691 | 4328219 | 10858154 | 6529934 |
| 1.职工报酬 | Compensation of Employees | 640016 | 913655 | 273639 | 715783 | 920949 | 205166 |
| 2.投资收益 | Investment Income | 2503780 | 8247833 | 5744052 | 3612436 | 9937205 | 6324769 |
| C.经常转移 | Current Transfers | 4579898 | 5256520 | 676622 | 3374825 | 4264520 | 889695 |
| 1.各级政府 | General Government | -18161 | 4921 | 23082 | -24744 | 4319 | 29063 |
| 2.其它部门 | Other Sectors | 4598059 | 5251600 | 653541 | 3399569 | 4260201 | 860632 |
| **二、资本和金融帐户** | **Capital and Financial Account** | **1896488** | **76987609** | **75091122** | **14482820** | **74643907** | **60161088** |
| A.资本帐户 | Capital Account | 305145 | 331989 | 26844 | 395752 | 420431 | 24678 |
| B.金融帐户 | Financial Account | 1591343 | 76655621 | 75064278 | 14087067 | 74223477 | 60136409 |
| 1.直接投资 | Direct Investment | 9432009 | 16305396 | 6873387 | 3429446 | 11419820 | 7990374 |
| 1.1 我国在外直接投资 | Abroad | -5347097 | 217579 | 5564676 | -4389827 | 416250 | 4806077 |
| 1.2 外国在华直接投资 | In China | 14779106 | 16087818 | 1308712 | 7819273 | 11003570 | 3184297 |
| 2.证券投资 | Portfolio Investment | 4266006 | 6770805 | 2504798 | 3869132 | 9811168 | 5942036 |
| 2.1 资产 | Assets | 3274994 | 5767240 | 2492247 | 988770 | 6691924 | 5703154 |
| 2.1.1 股本证券 | Equity Securities | -111737 | 384480 | 496217 | -3381499 | 1224098 | 4605596 |
| 2.1.2 债务证券 | Debt | 3386730 | 5382760 | 1996030 | 4370269 | 5467826 | 1097558 |
| 2.1.2.1 (中)长期债务 | Bonds and Notes | 3756310 | 5382760 | 1626450 | 3695556 | 4791704 | 1096148 |
| 2.1.2.2 货币市场工具 | Money Market Instruments | -369580 | | 369580 | 674712 | 676122 | 1410 |

5-2 续表 Continued

单位:万美元

Unit：USD 10000

| 项　目 | Item | 2008 差 额 Balance | 2008 贷 方 Credit | 2008 借 方 Debit | 2009 差 额 Balance | 2009 贷 方 Credit | 2009 借 方 Debit |
|---|---|---|---|---|---|---|---|
| 2.2 负债 | Liabilities | 991013 | 1003564 | 12551 | 2880362 | 3119244 | 238882 |
| 2.2.1 股本证券 | Equity Securities | 872101 | 872101 | | 2816066 | 2884968 | 68901 |
| 2.2.2 债务证券 | Debt Securities | 118912 | 131463 | 12551 | 64295 | 234276 | 169981 |
| 2.2.2.1 (中)长期债务 | Bonds and Notes | 118912 | 131463 | 12551 | 64295 | 234217 | 169922 |
| 2.2.2.2 货币市场工具 | Money Market Instruments | | | | | 59 | 59 |
| 3.其它投资 | Other Investment | -12106673 | 53579420 | 65686093 | 6788490 | 52992490 | 46204000 |
| 3.1 资产 | Assets | -10607426 | 3256325 | 13863751 | 936465 | 11739405 | 10802940 |
| 3.1.1 贸易信贷 | Trade Credits | 586695 | 586695 | | -5443528 | | 5443528 |
| 长期 | Long-term | 41069 | 41069 | | -381047 | | 381047 |
| 短期 | Short-term | 545627 | 545627 | | -5062481 | | 5062481 |
| 3.1.2 贷款 | Loans | -1850112 | 47831 | 1897943 | 1299638 | 4496152 | 3196515 |
| 长期 | Long-term | -646900 | | 656900 | -3150400 | | 3150400 |
| 短期 | Short-term | -1193212 | 47831 | 1241043 | 4450038 | 4496152 | 46115 |
| 3.1.3 货币和存款 | Currency and Deposits | -3352817 | 1771595 | 5124412 | 517078 | 2673896 | 2156818 |
| 3.1.4 其它资产 | Other Assets | -5991193 | 850204 | 6841396 | 4563277 | 4569357 | 6081 |
| 长期 | Long-term | | | | | | |
| 短期 | Short-term | -5991193 | 850204 | 6841396 | 4563277 | 4569357 | 6081 |
| 3.2 负债 | Liabilities | -1499246 | 50323095 | 51822342 | 5852025 | 41253085 | 35401059 |
| 3.2.1 贸易信贷 | Trade Credits | -1904907 | | 1904907 | 3205784 | 3205784 | |
| 长期 | Long-term | -133344 | | 133344 | 224405 | 224405 | |
| 短期 | Short-term | 1771564 | | 1771564 | 2981379 | 2981379 | |
| 3.2.2 贷款 | Loans | 362098 | 44283593 | 43921495 | 374900 | 32224476 | 31849576 |
| 长期 | Long-term | 672408 | 2012939 | 1340531 | -968754 | 1349537 | 2318291 |
| 短期 | Short-term | -310310 | 42270654 | 42580964 | 1343654 | 30874939 | 29531285 |
| 3.2.3 货币和存款 | Currency and Deposits | 270230 | 5922621 | 5652391 | 1157548 | 4562214 | 3404666 |
| 3.2.4 其它负债 | Other Liabilities | -226667 | 116882 | 343549 | 1113793 | 1260610 | 146817 |
| 长期 | Long-term | -223418 | 3498 | 227116 | 1102881 | 1102892 | 11 |
| 短期 | Short-term | -3049 | 113385 | 116433 | 10912 | 157718 | 146807 |
| **三、储备资产** | **Reserves Assets** | **-41897843** | | **41897843** | **-39842186** | | **39842186** |
| 3.1 货币黄金 | Monetary Gold | | | | -487563 | | 487563 |
| 3.2 特别提款权 | Special Drawing Rights | -711 | | 711 | -1109241 | | 1109241 |
| 3.3 在基金组织的储备头寸 | Reserve Position in the Fund | -119032 | | 119032 | -40235 | | 40235 |
| 3.4 外汇 | Foreign Exchange | -41778100 | | 41778100 | -38205148 | | 38205148 |
| 3.5 其它债权 | Other Claims | | | | | | |
| **四、净误差与遗漏** | **Net Errors and Omissions** | **-2609384** | | **2609384** | **-4354838** | | **4354838** |

# 5-3 外债概况

## Notes of China's External Debt at the Year-end

单位:亿美元

Unit: USD 100 million

| 年 份<br>Year | 合 计<br>Outstanding Debt | 中长期外债<br>Long-term Debt | 短期外债<br>Short-term Debt |
|---|---|---|---|
| 1985 | 158.3 | 94.1 | 64.2 |
| 1986 | 214.8 | 167.1 | 47.7 |
| 1987 | 302.1 | 244.8 | 57.3 |
| 1988 | 400.0 | 326.9 | 73.1 |
| 1989 | 413.0 | 370.3 | 42.7 |
| 1990 | 525.5 | 457.8 | 67.7 |
| 1991 | 605.6 | 502.6 | 103.0 |
| 1992 | 693.2 | 584.7 | 108.5 |
| 1993 | 835.7 | 700.2 | 135.5 |
| 1994 | 928.1 | 823.9 | 104.2 |
| 1995 | 1065.9 | 946.8 | 119.1 |
| 1996 | 1162.8 | 1021.7 | 141.1 |
| 1997 | 1309.6 | 1128.2 | 181.4 |
| 1998 | 1460.4 | 1287.0 | 173.4 |
| 1999 | 1518.3 | 1366.5 | 151.8 |
| 2000 | 1457.3 | 1326.5 | 130.8 |
| 2001 | 2033.0 | 1195.3 | 837.7 |
| 2002 | 2026.3 | 1155.5 | 870.8 |
| 2003 | 2193.6 | 1165.9 | 1027.7 |
| 2004 | 2629.9 | 1242.9 | 1387.0 |
| 2005 | 2965.5 | 1249.0 | 1716.5 |
| 2006 | 3385.9 | 1393.6 | 1992.3 |
| 2007 | 3892.2 | 1535.3 | 2356.9 |
| 2008 | 3901.6 | 1638.8 | 2262.8 |
| 2009 | 4286.5 | 1693.9 | 2592.6 |
| **构成 Proportion (%)** | | | |
| 1985 | 100.0 | 59.4 | 40.6 |
| 1986 | 100.0 | 77.8 | 22.2 |
| 1987 | 100.0 | 81.1 | 18.9 |
| 1988 | 100.0 | 81.7 | 18.3 |
| 1989 | 100.0 | 89.7 | 10.3 |
| 1990 | 100.0 | 87.1 | 12.9 |
| 1991 | 100.0 | 83.0 | 17.0 |
| 1992 | 100.0 | 84.4 | 15.6 |
| 1993 | 100.0 | 83.8 | 16.2 |
| 1994 | 100.0 | 88.8 | 11.2 |
| 1995 | 100.0 | 88.8 | 11.2 |
| 1996 | 100.0 | 87.9 | 12.1 |
| 1997 | 100.0 | 86.1 | 13.9 |
| 1998 | 100.0 | 88.1 | 11.9 |
| 1999 | 100.0 | 90.0 | 10.0 |
| 2000 | 100.0 | 91.0 | 9.0 |
| 2001 | 100.0 | 58.8 | 41.2 |
| 2002 | 100.0 | 57.0 | 43.0 |
| 2003 | 100.0 | 53.2 | 46.8 |
| 2004 | 100.0 | 47.3 | 52.7 |
| 2005 | 100.0 | 42.1 | 57.9 |
| 2006 | 100.0 | 41.2 | 58.8 |
| 2007 | 100.0 | 39.4 | 60.6 |
| 2008 | 100.0 | 42.0 | 58.0 |
| 2009 | 100.0 | 39.5 | 60.5 |

注：2009年,国家外汇管理局对贸易信贷抽样调查方法进行了调整，为保证数据的可比性，2001-2008年末贸易信贷余额及外债余额也相应进行了调整(下同)。

# 5-4 外债来源

## Source of China's External Debt

单位:亿美元

Unit: USD 100 million

| 年 份<br>Year | 合 计<br>Outstanding Debt | 政府贷款<br>Government Loans | 国际金融组织贷款<br>International financial Institutions Loans | 商业贷款<br>Commercial Loans | 其 他<br>Others | 贸易信贷<br>trade credits |
|---|---|---|---|---|---|---|
| 1985 | 158.38 | 36.34 | 11.85 | 64.51 | 45.68 | |
| 1986 | 214.83 | 49.37 | 26.31 | 75.97 | 63.18 | |
| 1987 | 302.05 | 50.17 | 37.40 | 121.79 | 92.69 | |
| 1988 | 400.03 | 66.48 | 42.53 | 189.82 | 101.20 | |
| 1989 | 412.99 | 69.49 | 53.44 | 216.74 | 73.32 | |
| 1990 | 525.45 | 83.90 | 62.86 | 291.84 | 86.85 | |
| 1991 | 605.61 | 95.06 | 70.71 | 315.90 | 123.94 | |
| 1992 | 693.21 | 114.95 | 84.15 | 354.79 | 139.32 | |
| 1993 | 835.73 | 143.15 | 104.64 | 410.80 | 177.14 | |
| 1994 | 928.06 | 195.91 | 129.39 | 473.34 | 129.42 | |
| 1995 | 1065.91 | 220.58 | 147.99 | 526.27 | 171.07 | |
| 1996 | 1162.75 | 221.64 | 167.39 | 569.44 | 204.28 | |
| 1997 | 1309.60 | 207.82 | 192.12 | 647.68 | 261.98 | |
| 1998 | 1460.43 | 224.06 | 229.54 | 682.21 | 324.62 | |
| 1999 | 1518.30 | 265.60 | 251.39 | 653.80 | 347.51 | |
| 2000 | 1457.30 | 246.10 | 263.50 | 947.70 | | |
| 2001 | 2033.00 | 237.00 | 275.70 | 972.30 | | 548.00 |
| 2002 | 2026.30 | 244.23 | 277.02 | 929.08 | | 576.00 |
| 2003 | 2193.60 | 254.20 | 264.67 | 1051.73 | | 623.00 |
| 2004 | 2629.90 | 322.08 | 251.01 | 1247.83 | | 809.00 |
| 2005 | 2965.50 | 271.00 | 267.88 | 1362.60 | | 1063.00 |
| 2006 | 3385.90 | 276.66 | 278.11 | 1635.11 | | 1196.00 |
| 2007 | 3892.20 | 300.57 | 283.71 | 1820.90 | | 1487.00 |
| 2008 | 3901.60 | 324.73 | 270.54 | 2010.34 | | 1296.00 |
| 2009 | 4286.47 | 349.23 | 333.75 | 1986.49 | | 1617.00 |

注：2001年以后“合计”项中取消了“其他”项，增加了“贸易信贷”项。

Note: The summation of external debt deletes the others and adds trade credits after 2001.

# 5-5 外债来源构成

## Structure of China's External Debt

单位:%
Unit: %

| 年 份<br>Year | 合 计<br>Outstanding Debt | 政府贷款<br>Government Loans | 国际金融组织贷款<br>International financial Institutions Loans | 商业贷款<br>Commercial Loans | 其 他<br>Others | 贸易信贷<br>trade credits |
|---|---|---|---|---|---|---|
| 1985 | 100.0 | 22.9 | 7.5 | 40.7 | 28.8 | |
| 1986 | 100.0 | 23.0 | 12.2 | 35.4 | 29.4 | |
| 1987 | 100.0 | 16.6 | 12.4 | 40.3 | 30.7 | |
| 1988 | 100.0 | 16.6 | 10.6 | 47.5 | 25.3 | |
| 1989 | 100.0 | 16.8 | 12.9 | 52.5 | 17.8 | |
| 1990 | 100.0 | 16.0 | 12.0 | 55.5 | 16.5 | |
| 1991 | 100.0 | 15.7 | 11.7 | 52.2 | 20.5 | |
| 1992 | 100.0 | 16.6 | 12.1 | 51.2 | 20.1 | |
| 1993 | 100.0 | 17.1 | 12.5 | 49.2 | 21.2 | |
| 1994 | 100.0 | 21.1 | 13.9 | 51.0 | 14.0 | |
| 1995 | 100.0 | 20.7 | 13.9 | 49.4 | 16.0 | |
| 1996 | 100.0 | 19.0 | 14.4 | 49.0 | 17.6 | |
| 1997 | 100.0 | 15.9 | 14.7 | 49.4 | 20.0 | |
| 1998 | 100.0 | 15.4 | 15.7 | 46.7 | 22.2 | |
| 1999 | 100.0 | 17.5 | 16.5 | 43.1 | 22.9 | |
| 2000 | 100.0 | 16.9 | 18.0 | 65.0 | | |
| 2001 | 100.0 | 11.7 | 13.6 | 47.8 | | 27.0 |
| 2002 | 100.0 | 12.1 | 13.7 | 45.9 | | 28.4 |
| 2003 | 100.0 | 11.6 | 12.1 | 47.9 | | 28.4 |
| 2004 | 100.0 | 12.2 | 9.5 | 47.4 | | 30.8 |
| 2005 | 100.0 | 9.1 | 9.0 | 45.9 | | 35.8 |
| 2006 | 100.0 | 8.2 | 8.2 | 48.3 | | 35.3 |
| 2007 | 100.0 | 7.7 | 7.3 | 46.8 | | 38.2 |
| 2008 | 100.0 | 8.3 | 6.9 | 51.5 | | 33.2 |
| 2009 | 100.0 | 8.1 | 7.8 | 46.3 | | 37.7 |

注：2001年以后"合计"项中取消了"其他"项，增加了"贸易信贷"项。
Note: The summation of external debt deletes the others and adds trade credits after 2001.

# 5-6 外债风险指标

## Risk Indicators on Foreign Debts

单位：%

Unit: %

| 年 份<br>Year | 偿债率<br>Debt Service Ratio | 负债率<br>Liability Ratio | 债务率<br>Foreign Debt Ratio |
|---|---|---|---|
| 1985 | 2.7 | 5.2 | 56.0 |
| 1986 | 15.4 | 7.3 | 72.1 |
| 1987 | 9.0 | 9.4 | 77.1 |
| 1988 | 6.5 | 10.0 | 87.1 |
| 1989 | 8.3 | 9.2 | 86.4 |
| 1990 | 8.7 | 13.5 | 91.6 |
| 1991 | 8.5 | 14.9 | 91.9 |
| 1992 | 7.1 | 14.4 | 87.9 |
| 1993 | 10.2 | 13.9 | 96.5 |
| 1994 | 9.1 | 17.1 | 78.0 |
| 1995 | 7.6 | 15.2 | 72.4 |
| 1996 | 6.0 | 14.2 | 67.7 |
| 1997 | 7.3 | 14.5 | 63.2 |
| 1998 | 10.9 | 15.2 | 70.4 |
| 1999 | 11.2 | 15.3 | 68.7 |
| 2000 | 9.2 | 13.5 | 52.1 |
| 2001 | 7.5 | 15.3 | 67.9 |
| 2002 | 7.9 | 13.9 | 55.5 |
| 2003 | 6.9 | 13.4 | 45.2 |
| 2004 | 3.2 | 13.6 | 40.2 |
| 2005 | 3.1 | 13.2 | 35.4 |
| 2006 | 2.1 | 12.7 | 31.9 |
| 2007 | 2 | 11.5 | 29.0 |
| 2008 | 1.8 | 8.6 | 24.7 |
| 2009 | 2.9 | 8.7 | 32.2 |

注：1.偿债率指偿还外债本息与当年贸易和非贸易外汇收入(国际收支口径)之比。

2.负债率指外债余额与当年国民生产总值之比。

3.债务率指外债余额与当年贸易和非贸易外汇收入(国际收支口径)之比。

Note: a)Debt service ratio refers to the ratio of the payment of principal and interest of foreign debts to the foreign exchange receipts from foreign trade and non-trade services of the current year.

b) Liability ratio refers to the ratio of the balance of foreign debts to the gross national product of the current year.

c) Foreign debt ratio refers to the ratio of the balance of foreign debts to the foreign exchange receipts from foreign trade and non-trade services of the current year.

# 5-7 人民币市场汇率(年平均汇价)

## Reference Exchange Rate of Renminbi(Period Average)

单位:人民币元
Unit: RMB yuan

| 年份 Year | 美元 US Dollar (100) | 欧元 EURO (100) | 日元 Japanese Yen (100) | 港币 Hong Kong Dollar (100) | 英镑 Pound (100) |
|---|---|---|---|---|---|
| 1981 | 170.50 | | 0.77 | 30.41 | |
| 1982 | 189.25 | | 0.76 | 31.15 | |
| 1983 | 197.57 | | 0.83 | 27.36 | |
| 1984 | 232.70 | | 0.98 | 29.71 | |
| 1985 | 293.67 | | 1.25 | 37.57 | |
| 1986 | 345.28 | | 2.07 | 44.22 | |
| 1987 | 372.21 | | 2.58 | 47.74 | |
| 1988 | 372.21 | | 2.91 | 47.70 | |
| 1989 | 376.51 | | 2.74 | 48.28 | |
| 1990 | 478.32 | | 3.32 | 61.39 | |
| 1991 | 532.33 | | 3.96 | 68.45 | |
| 1992 | 551.46 | | 4.36 | 71.24 | |
| 1993 | 576.20 | | 5.20 | 74.41 | |
| 1994 | 861.87 | | 8.44 | 111.53 | |
| 1995 | 835.10 | | 8.92 | 107.96 | |
| 1996 | 831.42 | | 7.64 | 107.51 | |
| 1997 | 828.98 | | 6.86 | 107.09 | |
| 1998 | 827.91 | | 6.35 | 106.88 | |
| 1999 | 827.83 | | 7.29 | 106.66 | |
| 2000 | 827.84 | | 7.69 | 106.18 | |
| 2001 | 827.70 | | 6.81 | 106.08 | |
| 2002 | 827.70 | 800.58 | 6.62 | 106.07 | |
| 2003 | 827.70 | 936.13 | 7.15 | 106.24 | |
| 2004 | 827.68 | 1029.00 | 7.66 | 106.23 | |
| 2005 | 819.17 | 1019.53 | 7.45 | 105.30 | |
| 2006 | 797.18 | 1001.90 | 6.86 | 102.62 | |
| 2007 | 760.40 | 1041.75 | 6.46 | 97.46 | 1522.13 |
| 2008 | 694.51 | 1022.27 | 6.74 | 89.19 | 1286.64 |
| 2009 | 683.1 | 952.7 | 7.30 | 88.12 | 1071.97 |

# 5-8 人民币市场汇率(年末价)

## Reference Exchange Rate of Renminbi(End of Period)

单位:人民币元

Unit: RMB yuan

| 年份 Year | 美元 US Dollar (100) | 欧元 EURO (100) | 日元 Japanese Yen (100) | 港币 Hong Kong Dollar (100) | 英镑 Pound (100) |
|---|---|---|---|---|---|
| 1981 | 174.55 | | 0.79 | 30.80 | |
| 1982 | 192.27 | | 0.82 | 29.80 | |
| 1983 | 198.09 | | 0.85 | 25.30 | |
| 1984 | 257.55 | | 1.13 | 35.90 | |
| 1985 | 320.15 | | 1.59 | 40.79 | |
| 1986 | 372.21 | | 2.33 | 47.68 | |
| 1987 | 372.21 | | 3.01 | 47.90 | |
| 1988 | 372.21 | | 2.98 | 47.61 | |
| 1989 | 472.21 | | 3.29 | 60.48 | |
| 1990 | 522.21 | | 3.87 | 67.00 | |
| 1991 | 543.42 | | 4.32 | 69.42 | |
| 1992 | 575.18 | | 4.61 | 74.31 | |
| 1993 | 580.00 | | 5.21 | 75.09 | |
| 1994 | 844.62 | | 8.48 | 109.14 | |
| 1995 | 831.74 | | 8.05 | 107.96 | |
| 1996 | 829.84 | | 7.20 | 107.24 | |
| 1997 | 827.96 | | 6.35 | 106.99 | |
| 1998 | 827.87 | | 7.17 | 106.78 | |
| 1999 | 827.93 | | 8.09 | 106.51 | |
| 2000 | 827.81 | | 7.24 | 106.06 | |
| 2001 | 827.66 | | 6.30 | 106.06 | |
| 2002 | 827.73 | 863.60 | 6.90 | 106.11 | |
| 2003 | 827.67 | 1033.83 | 7.73 | 106.57 | |
| 2004 | 827.65 | 1126.27 | 7.97 | 106.37 | |
| 2005 | 807.02 | 957.97 | 6.87 | 104.03 | |
| 2006 | 780.87 | 1026.65 | 6.56 | 100.47 | |
| 2007 | 730.46 | 1066.69 | 6.11 | 93.64 | 1458.07 |
| 2008 | 683.46 | 965.90 | 7.57 | 88.19 | 987.98 |
| 2009 | 682.82 | 979.71 | 7.38 | 88.05 | 1097.8 |

# 5-9 国家外汇储备和外债余额

## Foreign Exchange Reserves and Outstanding External Debt

| 年 份<br>Year | 黄金储备<br>(万盎司)<br>Gold Reserves<br>(10000 Ounces) | 外汇储备<br>(亿美元)<br>Foreign Exchange Reserves<br>(USD 100 millions) | 外债余额<br>(亿美元)<br>Outstanding External Debt<br>(USD 100 millions) |
|---|---|---|---|
| 1979 | 1280 | 8.40 | |
| 1980 | 1280 | -12.96 | |
| 1981 | 1267 | 27.08 | |
| 1982 | 1267 | 69.86 | |
| 1983 | 1267 | 89.01 | |
| 1984 | 1267 | 82.20 | |
| 1985 | 1267 | 26.44 | 158.28 |
| 1986 | 1267 | 20.72 | 214.84 |
| 1987 | 1267 | 29.23 | 302.05 |
| 1988 | 1267 | 33.72 | 400.02 |
| 1989 | 1267 | 55.50 | 412.99 |
| 1990 | 1267 | 110.93 | 525.45 |
| 1991 | 1267 | 217.12 | 605.61 |
| 1992 | 1267 | 194.43 | 693.21 |
| 1993 | 1267 | 211.99 | 835.74 |
| 1994 | 1267 | 516.20 | 928.06 |
| 1995 | 1267 | 735.97 | 1065.91 |
| 1996 | 1267 | 1050.49 | 1162.75 |
| 1997 | 1267 | 1398.90 | 1309.58 |
| 1998 | 1267 | 1449.59 | 1460.43 |
| 1999 | 1267 | 1546.75 | 1518.3 |
| 2000 | 1267 | 1655.74 | 1457.3 |
| 2001 | 1608 | 2121.65 | 1701.1 |
| 2002 | 1929 | 2864.07 | 1713.56 |
| 2003 | 1929 | 4032.51 | 1936.34 |
| 2004 | 1929 | 6099.32 | 2285.96 |
| 2005 | 1929 | 8188.32 | 2810.44 |
| 2006 | 1929 | 10663.44 | 3229.88 |
| 2007 | 1929 | 15282.49 | 3736.18 |
| 2008 | 1929 | 19460.30 | 3746.61 |
| 2009 | 3389 | 23991.52 | 4286.47 |

# 对外贸易篇

FOREIGN TRADE

第 6 篇

# 6-1 进出口额(按美元计算)
## Total Value of Imports and Exports By USD

单位：亿美元
Unit：USD 100 million

| 年 份<br>Year | 进出口总额<br>Total | 出口额<br>Exports | 进口额<br>Imports | 差额(+顺差,-逆差)<br>Balance |
|---|---|---|---|---|
| 1950 | 11.3 | 5.5 | 5.8 | -0.3 |
| 1955 | 31.4 | 14.1 | 17.3 | -3.2 |
| 1960 | 38.1 | 18.6 | 19.5 | -0.9 |
| 1961 | 29.4 | 14.9 | 14.5 | 0.4 |
| 1962 | 26.6 | 14.9 | 11.7 | 3.2 |
| 1963 | 29.2 | 16.5 | 12.7 | 3.8 |
| 1964 | 34.7 | 19.2 | 15.5 | 3.7 |
| 1965 | 42.5 | 22.3 | 20.2 | 2.1 |
| 1966 | 46.2 | 23.7 | 22.5 | 1.2 |
| 1967 | 41.6 | 21.4 | 20.2 | 1.2 |
| 1968 | 40.5 | 21.0 | 19.5 | 1.5 |
| 1969 | 40.3 | 22.0 | 18.3 | 3.7 |
| 1970 | 45.9 | 22.6 | 23.3 | -0.7 |
| 1971 | 48.4 | 26.4 | 22.0 | 4.4 |
| 1972 | 63.0 | 34.4 | 28.6 | 5.8 |
| 1973 | 109.8 | 58.2 | 51.6 | 6.6 |
| 1974 | 145.7 | 69.5 | 76.2 | -6.7 |
| 1975 | 147.5 | 72.6 | 74.9 | -2.3 |
| 1976 | 134.3 | 68.5 | 65.8 | 2.7 |
| 1977 | 148.0 | 75.9 | 72.1 | 3.8 |
| 1978 | 206.4 | 97.5 | 108.9 | -11.4 |
| 1979 | 293.3 | 136.6 | 156.7 | -20.1 |
| 1980 | 381.4 | 181.2 | 200.2 | -19.0 |
| 1981 | 440.3 | 220.1 | 220.2 | -0.1 |
| 1982 | 416.1 | 223.2 | 192.9 | 30.3 |
| 1983 | 436.2 | 222.3 | 213.9 | 8.4 |
| 1984 | 535.5 | 261.4 | 274.1 | -12.7 |
| 1985 | 696.0 | 273.5 | 422.5 | -149.0 |
| 1986 | 738.5 | 309.4 | 429.1 | -119.7 |
| 1987 | 826.5 | 394.4 | 432.1 | -37.7 |
| 1988 | 1027.9 | 475.2 | 552.7 | -77.5 |
| 1989 | 1116.8 | 525.4 | 591.4 | -66.0 |
| 1990 | 1154.4 | 620.9 | 533.5 | 87.4 |
| 1991 | 1357.0 | 719.1 | 637.9 | 81.2 |
| 1992 | 1655.3 | 849.4 | 805.9 | 43.5 |
| 1993 | 1957.0 | 917.4 | 1039.6 | -122.2 |
| 1994 | 2366.2 | 1210.1 | 1156.1 | 54.0 |
| 1995 | 2808.6 | 1487.8 | 1320.8 | 167.0 |
| 1996 | 2898.8 | 1510.5 | 1388.3 | 122.2 |
| 1997 | 3251.6 | 1827.9 | 1423.7 | 404.2 |
| 1998 | 3239.5 | 1837.1 | 1402.4 | 434.7 |
| 1999 | 3606.3 | 1949.3 | 1657.0 | 292.3 |
| 2000 | 4742.9 | 2492.0 | 2250.9 | 241.1 |
| 2001 | 5096.5 | 2661.0 | 2435.5 | 225.5 |
| 2002 | 6207.7 | 3256.0 | 2951.7 | 304.3 |
| 2003 | 8509.9 | 4382.3 | 4127.6 | 254.7 |
| 2004 | 11545.5 | 5933.2 | 5612.3 | 320.9 |
| 2005 | 14219.1 | 7619.5 | 6599.5 | 1020.0 |
| 2006 | 17604.0 | 9689.4 | 7914.6 | 1774.8 |
| 2007 | 21737.3 | 12177.8 | 9559.5 | 2618.3 |
| 2008 | 25632.6 | 14306.9 | 11325.6 | 2981.3 |
| 2009 | 22075.4 | 12016.1 | 10059.2 | 1956.9 |

注：1.本表1979年以前为外贸业务统计数，1980年以后为海关进出口统计数。以下诸表同。
2.进出口差额负数为入超。

Note: a) Figures before 1980 are recorded by the Ministry of Foreign Trade and figures since 1980 are recorded by General Administration of Customs. The same to the following tables.
b) Negative figures in balance refer to unfavourable positions.

# 6-2 进出口额(按人民币计算)

## Total Value of Imports and Exports by RMB

单位：亿元

Unit：RMB 100 million yuan

| 年 份<br>Year | 进出口总额<br>Total | 出口额<br>Exports | 进口额<br>Imports | 差额(+顺差,-逆差)<br>Balance |
|---|---|---|---|---|
| 1950 | 41.3 | 20.0 | 21.3 | -1.3 |
| 1955 | 109.8 | 48.7 | 61.1 | -12.4 |
| 1960 | 128.4 | 63.3 | 65.1 | -1.8 |
| 1961 | 90.7 | 47.7 | 43.0 | 4.7 |
| 1962 | 80.9 | 47.1 | 33.8 | 13.3 |
| 1963 | 85.7 | 50.0 | 35.7 | 14.3 |
| 1964 | 97.5 | 55.4 | 42.1 | 13.3 |
| 1965 | 118.4 | 63.1 | 55.3 | 7.8 |
| 1966 | 127.1 | 66.0 | 61.1 | 4.9 |
| 1967 | 112.2 | 58.8 | 53.4 | 5.4 |
| 1968 | 108.5 | 57.6 | 50.9 | 6.7 |
| 1969 | 107.0 | 59.8 | 47.2 | 12.6 |
| 1970 | 112.9 | 56.8 | 56.1 | 0.7 |
| 1971 | 120.9 | 68.5 | 52.4 | 16.1 |
| 1972 | 146.9 | 82.9 | 64.0 | 18.9 |
| 1973 | 220.5 | 116.9 | 103.6 | 13.3 |
| 1974 | 292.2 | 139.4 | 152.8 | -13.4 |
| 1975 | 290.4 | 143.0 | 147.4 | -4.4 |
| 1976 | 264.1 | 134.8 | 129.3 | 5.5 |
| 1977 | 272.5 | 139.7 | 132.8 | 6.9 |
| 1978 | 355.0 | 167.6 | 187.4 | -19.8 |
| 1979 | 454.6 | 211.7 | 242.9 | -31.2 |
| 1980 | 570.0 | 271.2 | 298.8 | -27.6 |
| 1981 | 735.3 | 367.6 | 367.7 | -0.1 |
| 1982 | 771.3 | 413.8 | 357.5 | 56.3 |
| 1983 | 860.1 | 438.3 | 421.8 | 16.5 |
| 1984 | 1201.0 | 580.5 | 620.5 | -40.0 |
| 1985 | 2066.7 | 808.9 | 1257.8 | -448.9 |
| 1986 | 2580.4 | 1082.1 | 1498.3 | -416.2 |
| 1987 | 3084.2 | 1470.0 | 1614.2 | -144.2 |
| 1988 | 3821.8 | 1766.7 | 2055.1 | -288.4 |
| 1989 | 4155.9 | 1956.0 | 2199.9 | -243.9 |
| 1990 | 5560.1 | 2985.8 | 2574.3 | 411.5 |
| 1991 | 7225.8 | 3827.1 | 3398.7 | 428.4 |
| 1992 | 9119.6 | 4676.3 | 4443.3 | 233.0 |
| 1993 | 11271.0 | 5284.8 | 5986.2 | -701.4 |
| 1994 | 20381.9 | 10421.8 | 9960.1 | 461.7 |
| 1995 | 23499.9 | 12451.8 | 11048.1 | 1403.7 |
| 1996 | 24133.8 | 12576.4 | 11557.4 | 1019.0 |
| 1997 | 26967.2 | 15160.7 | 11806.5 | 3354.2 |
| 1998 | 26849.7 | 15223.6 | 11626.1 | 3597.5 |
| 1999 | 29896.3 | 16159.8 | 13736.5 | 2423.3 |
| 2000 | 39273.2 | 20634.4 | 18638.8 | 1995.6 |
| 2001 | 42183.6 | 22024.4 | 20159.2 | 1865.2 |
| 2002 | 51378.2 | 26947.9 | 24430.3 | 2517.6 |
| 2003 | 70483.5 | 36287.9 | 34195.6 | 2092.3 |
| 2004 | 95539.1 | 49103.3 | 46435.8 | 2667.5 |
| 2005 | 116921.8 | 62648.1 | 54273.7 | 8374.4 |
| 2006 | 140971.4 | 77594.6 | 63376.9 | 14217.7 |
| 2007 | 166740.2 | 93455.6 | 73284.6 | 20171.1 |
| 2008 | 179921.5 | 100394.9 | 79526.5 | 20868.4 |
| 2009 | 150648.1 | 82029.7 | 68618.4 | 13411.3 |

# 6-3 进出口额指数(按美元计算)

## Indices of Total Value of Imports and Exports by USD

(1980年 =100) (Year of 1980 =100)

| 年 份<br>Year | 进出口总额<br>Total | 出口额<br>Exports | 进口额<br>Imports |
|---|---|---|---|
| 1980 | 100.00 | 100.00 | 100.00 |
| 1981 | 115.44 | 121.47 | 109.99 |
| 1982 | 109.10 | 123.18 | 96.35 |
| 1983 | 114.37 | 122.68 | 106.84 |
| 1984 | 140.40 | 144.26 | 136.91 |
| 1985 | 182.49 | 150.94 | 211.04 |
| 1986 | 193.63 | 170.75 | 214.34 |
| 1987 | 216.70 | 217.66 | 215.83 |
| 1988 | 269.51 | 262.25 | 276.07 |
| 1989 | 292.82 | 289.96 | 295.40 |
| 1990 | 302.67 | 342.66 | 266.48 |
| 1991 | 355.79 | 396.85 | 318.63 |
| 1992 | 434.01 | 468.76 | 402.55 |
| 1993 | 513.11 | 506.29 | 519.28 |
| 1994 | 620.40 | 667.83 | 577.47 |
| 1995 | 736.39 | 821.08 | 659.74 |
| 1996 | 760.04 | 833.61 | 693.46 |
| 1997 | 852.54 | 1008.77 | 711.14 |
| 1998 | 849.37 | 1013.85 | 700.50 |
| 1999 | 945.54 | 1075.77 | 827.67 |
| 2000 | 1243.55 | 1375.28 | 1124.33 |
| 2001 | 1336.26 | 1468.54 | 1216.53 |
| 2002 | 1627.61 | 1796.91 | 1474.38 |
| 2003 | 2231.23 | 2418.49 | 2061.74 |
| 2004 | 3027.14 | 3274.39 | 2803.35 |
| 2005 | 3728.13 | 4205.02 | 3296.45 |
| 2006 | 4615.62 | 5347.33 | 3953.35 |
| 2007 | 5699.33 | 6720.62 | 4774.98 |
| 2008 | 6720.65 | 7895.66 | 5657.15 |
| 2009 | 5787.98 | 6631.41 | 5024.59 |

# 6-4 进出口额增长速度(按美元计算)

## Growth Rates of Import and Export Value by USD

(上年=100) (Percentage change over previous year)

| 年 份<br>Year | 进出口总额<br>Total<br>(%) | 出口额<br>Exports<br>(%) | 进口额<br>Imports<br>(%) |
|---|---|---|---|
| 1980 | 30.0 | 32.7 | 27.8 |
| 1981 | 15.4 | 21.5 | 10.0 |
| 1982 | -5.5 | 1.4 | -12.4 |
| 1983 | 4.8 | -0.4 | 10.9 |
| 1984 | 22.8 | 17.6 | 28.1 |
| 1985 | 30.0 | 4.6 | 54.1 |
| 1986 | 6.1 | 13.1 | 1.6 |
| 1987 | 11.9 | 27.5 | 0.7 |
| 1988 | 24.4 | 20.5 | 27.9 |
| 1989 | 8.6 | 10.6 | 7.0 |
| 1990 | 3.4 | 18.2 | -9.8 |
| 1991 | 17.6 | 15.8 | 19.6 |
| 1992 | 22.0 | 18.1 | 26.3 |
| 1993 | 18.2 | 8.0 | 29.0 |
| 1994 | 20.9 | 31.9 | 11.2 |
| 1995 | 18.7 | 22.9 | 14.2 |
| 1996 | 3.2 | 1.5 | 5.1 |
| 1997 | 12.2 | 21.0 | 2.5 |
| 1998 | -0.4 | 0.5 | -1.5 |
| 1999 | 11.3 | 6.1 | 18.2 |
| 2000 | 31.5 | 27.8 | 35.8 |
| 2001 | 7.5 | 6.8 | 8.2 |
| 2002 | 21.8 | 22.4 | 21.2 |
| 2003 | 37.1 | 34.6 | 39.8 |
| 2004 | 35.7 | 35.4 | 36.0 |
| 2005 | 23.2 | 28.4 | 17.6 |
| 2006 | 23.8 | 27.2 | 20.0 |
| 2007 | 23.5 | 25.7 | 20.8 |
| 2008 | 17.9 | 17.5 | 18.5 |
| 2009 | -13.9 | -16.0 | -11.2 |

# 6-5 中国出口额占国内生产总值的比重

## China's Export Proportion in GDP

单位：人民币亿元
Unit：RMB 100 million yuan

| 年 份<br>Year | 国内生产总值<br>GDP | 出 口 额<br>Exports | 出口占国内生产总值的比重(%)<br>Exports Proportion(%) |
|---|---|---|---|
| 1980 | 4545.6 | 271.2 | 6.0 |
| 1981 | 4891.6 | 367.6 | 7.5 |
| 1982 | 5323.4 | 413.8 | 7.8 |
| 1983 | 5962.7 | 438.3 | 7.4 |
| 1984 | 7208.1 | 580.5 | 8.1 |
| 1985 | 9016.0 | 808.9 | 9.0 |
| 1986 | 10275.2 | 1082.1 | 10.5 |
| 1987 | 12058.6 | 1470.0 | 12.2 |
| 1988 | 15042.8 | 1766.7 | 11.7 |
| 1989 | 16992.3 | 1956.0 | 11.5 |
| 1990 | 18667.8 | 2985.8 | 16.0 |
| 1991 | 21781.5 | 3827.1 | 17.6 |
| 1992 | 26923.5 | 4676.3 | 17.4 |
| 1993 | 35333.9 | 5284.8 | 15.0 |
| 1994 | 48197.9 | 10421.8 | 21.6 |
| 1995 | 60793.7 | 12451.8 | 20.5 |
| 1996 | 71176.6 | 12576.4 | 17.7 |
| 1997 | 78973.0 | 15160.7 | 19.2 |
| 1998 | 84402.3 | 15223.6 | 18.0 |
| 1999 | 89677.1 | 16159.8 | 18.0 |
| 2000 | 99214.6 | 20634.4 | 20.8 |
| 2001 | 109655.2 | 22024.4 | 20.1 |
| 2002 | 120332.7 | 26947.9 | 22.4 |
| 2003 | 135822.8 | 36287.9 | 26.7 |
| 2004 | 159878.3 | 49103.3 | 30.7 |
| 2005 | 184937.4 | 62648.1 | 33.9 |
| 2006 | 216314.4 | 77594.6 | 35.9 |
| 2007 | 265810.3 | 93455.6 | 35.2 |
| 2008 | 314045.4 | 100394.9 | 32.0 |
| 2009 | 340506.9 | 82029.7 | 24.1 |

# 6-6 中国出口额占世界出口总额的比重和位次

## China's Export Share and Ranking in the World

单位：亿美元
Unit: USD 100 million

| 年 份<br>Year | 世界出口总额<br>World Exports | 中国出口额<br>China Exports | 中国出口额占世界出口总额的比重(%)<br>China's Share (%) | 位 次<br>Ranking |
|---|---|---|---|---|
| 1980 | 19906 | 181 | 0.9 | 26 |
| 1981 | 19724 | 220 | 1.1 | 19 |
| 1982 | 18308 | 223 | 1.2 | 17 |
| 1983 | 18078 | 222 | 1.2 | 17 |
| 1984 | 19019 | 261 | 1.4 | 18 |
| 1985 | 19277 | 274 | 1.4 | 17 |
| 1986 | 21157 | 309 | 1.5 | 16 |
| 1987 | 24969 | 394 | 1.6 | 16 |
| 1988 | 28382 | 475 | 1.7 | 16 |
| 1989 | 30361 | 525 | 1.7 | 14 |
| 1990 | 34700 | 621 | 1.8 | 15 |
| 1991 | 35300 | 719 | 2.0 | 13 |
| 1992 | 37000 | 849 | 2.3 | 11 |
| 1993 | 36870 | 917 | 2.5 | 11 |
| 1994 | 41683 | 1210 | 2.9 | 11 |
| 1995 | 50200 | 1488 | 3.0 | 11 |
| 1996 | 52540 | 1511 | 2.9 | 11 |
| 1997 | 55364 | 1827 | 3.3 | 10 |
| 1998 | 53750 | 1837 | 3.4 | 9 |
| 1999 | 53595 | 1949 | 3.6 | 9 |
| 2000 | 62201 | 2492 | 4.0 | 7 |
| 2001 | 61624 | 2661 | 4.3 | 6 |
| 2002 | 64240 | 3256 | 5.1 | 5 |
| 2003 | 74820 | 4382 | 5.9 | 4 |
| 2004 | 91235 | 5933 | 6.5 | 3 |
| 2005 | 103930 | 7620 | 7.3 | 3 |
| 2006 | 120620 | 9689 | 8.0 | 3 |
| 2007 | 135700 | 12178 | 9.0 | 2 |
| 2008 | 161270 | 14307 | 8.9 | 2 |
| 2009 | 124900 | 12016 | 9.6 | 1 |

# 6-7 分贸易方式进出口总额

## Imports and Exports by Customs Regime

单位:万美元
Unit：USD 10000

| 贸易方式 | Customs Regime | 2008 | | 2009 | |
|---|---|---|---|---|---|
| | | 出口 Exports | 进口 Imports | 出口 Exports | 进口 Imports |
| **合　计** | **Total** | **143069307** | **113256216** | **120161181** | **100592320** |
| 一般贸易 | Ordinary Trade | 66286245 | 57209305 | 52981217 | 53446965 |
| 国家间、国际组织无偿援助和赠送的物资 | Aid or Donation between Governments or by International Organizations | 23173 | 14093 | 29050 | 4519 |
| 华侨、港澳台同胞、外籍华人捐赠物资 | Donation by Overseas Chinese，Compatriots in Hongkong, Macao or Taiwan, or Chinese with Foreign Citizenship | 170 | 8275 | 657 | 13636 |
| 补偿贸易 | Compensation Trade | 2 | | 14 | |
| 来料加工装配贸易 | Processing and Assembling with Materials Provided Abroad | 11056082 | 9016590 | 9343490 | 7594970 |
| 进料加工贸易 | Processing with Imported Materials | 56455280 | 28821131 | 49342737 | 24634158 |
| 寄售代销贸易 | Goods on Consignment | 433 | 245 | 554 | 163 |
| 边境小额贸易 | Border Trade | 2190437 | 897792 | 1374658 | 720155 |
| 加工贸易进口设备 | Equipment Imported for Processing and Assembling | | 286085 | | 95472 |
| 对外承包工程出口货物 | Contracting Projects | 1094685 | | 1335584 | |
| 租赁贸易 | Goods on Lease | 18931 | 689760 | 10907 | 344852 |
| 外商投资企业作为投资进口的设备、物品 | Equipment or Materials Invested by Foreign-invested Enterprises | | 2758384 | | 1515199 |
| 出料加工贸易 | Outward Processing | 11806 | 16034 | 4601 | 7755 |
| 易货贸易 | Barter Trade | 1606 | 128 | 94 | 785 |
| 免税外汇商品 | Duty-free Commodities | | 572 | | 545 |
| 保税仓库进出境货物 | Customs Warehousing Trade | 2845965 | 5736715 | 2679054 | 5437283 |
| 保税区仓储转口货物 | Entrepot Trade by Bonded Area | 2396009 | 7374530 | 2147633 | 6425163 |
| 出口加工区进口设备 | Imported Equipment by Export Processing Zone | | 311580 | | 211364 |
| 其他 | Others | 688482 | 114998 | 910932 | 139336 |

# 6-8 一般贸易与加工贸易进出口额

## Imports and Exports by Conventional Trade and Processing Trade

单位：亿美元

unit:USD 100 million

| 年份 Year | 一般贸易 Conventional Trade | | 加工贸易 Processing Trade | | 其他贸易 Other Trading Forms | |
|---|---|---|---|---|---|---|
| | 出口 Exports | 进口 Imports | 出口 Exports | 进口 Imports | 出口 Exports | 进口 Imports |
| 1981 | 208.00 | 203.66 | 11.31 | 15.04 | 0.79 | 1.50 |
| 1982 | 206.69 | 170.17 | 15.77 | 21.28 | 0.74 | 1.45 |
| 1983 | 201.60 | 187.68 | 20.01 | 24.01 | 0.69 | 2.21 |
| 1984 | 231.62 | 238.49 | 29.29 | 31.47 | 0.49 | 4.14 |
| 1985 | 237.30 | 372.72 | 33.16 | 42.74 | 3.04 | 7.04 |
| 1986 | 250.95 | 352.07 | 51.41 | 63.90 | 7.04 | 13.13 |
| 1987 | 296.43 | 287.72 | 81.38 | 95.02 | 16.59 | 49.36 |
| 1988 | 325.96 | 352.08 | 128.33 | 137.46 | 20.91 | 63.16 |
| 1989 | 315.52 | 356.14 | 188.04 | 156.78 | 21.84 | 78.48 |
| 1990 | 354.60 | 262.00 | 254.20 | 187.60 | 12.10 | 83.90 |
| 1991 | 381.20 | 295.40 | 324.30 | 250.30 | 13.60 | 92.20 |
| 1992 | 436.80 | 336.20 | 396.07 | 315.14 | 16.53 | 154.56 |
| 1993 | 432.00 | 380.45 | 442.36 | 363.60 | 43.04 | 295.55 |
| 1994 | 615.60 | 355.20 | 569.80 | 475.70 | 24.70 | 325.20 |
| 1995 | 713.61 | 433.81 | 737.18 | 583.59 | 37.01 | 303.40 |
| 1996 | 628.24 | 393.63 | 843.27 | 622.75 | 38.99 | 371.92 |
| 1997 | 779.74 | 390.30 | 996.02 | 702.06 | 52.14 | 331.34 |
| 1998 | 742.35 | 436.80 | 1044.54 | 685.99 | 50.22 | 279.58 |
| 1999 | 791.35 | 670.40 | 1108.82 | 735.78 | 49.14 | 250.81 |
| 2000 | 1051.81 | 1000.79 | 1376.52 | 925.58 | 63.70 | 324.57 |
| 2001 | 1118.81 | 1134.56 | 1474.34 | 939.74 | 67.83 | 361.23 |
| 2002 | 1361.87 | 1291.11 | 1799.27 | 1222.00 | 94.82 | 438.59 |
| 2003 | 1820.34 | 1877.00 | 2418.49 | 1629.35 | 143.45 | 621.22 |
| 2004 | 2436.06 | 2481.45 | 3279.70 | 2216.95 | 217.50 | 913.89 |
| 2005 | 3150.63 | 2796.33 | 4164.67 | 2740.12 | 304.23 | 1063.08 |
| 2006 | 4162.00 | 3330.74 | 5103.55 | 3214.72 | 423.81 | 1369.15 |
| 2007 | 5384.57 | 4286.13 | 6175.60 | 3684.75 | 617.59 | 1588.62 |
| 2008 | 6628.62 | 5720.93 | 6751.14 | 3783.77 | 927.17 | 1820.92 |
| 2009 | 5298.12 | 5344.70 | 5868.62 | 3222.91 | 849.37 | 1491.62 |

# 6-9　一般贸易与加工贸易进出口增长速度

# Growth Rates of Imports and Exports by Conventional Trade and Processing Trade

(上年=100)　　(Percentage change over previous year)

| 年 份<br>Year | 一般贸易<br>Conventional Trade | | 加工贸易<br>Processing Trade | | 其他贸易<br>Other Trading Forms | |
|---|---|---|---|---|---|---|
| | 出 口 (%)<br>Exports | 进 口 (%)<br>Imports | 出 口 (%)<br>Exports | 进 口 (%)<br>Imports | 出 口 (%)<br>Exports | 进 口 (%)<br>Imports |
| 1982 | -0.6 | -16.4 | 39.4 | 41.5 | -6.3 | -3.3 |
| 1983 | -2.5 | 10.3 | 26.9 | 12.8 | -6.8 | 52.4 |
| 1984 | 14.9 | 27.1 | 46.4 | 31.1 | -29.0 | 87.3 |
| 1985 | 2.5 | 56.3 | 13.2 | 35.8 | 520.4 | 70.0 |
| 1986 | 5.8 | -5.5 | 55.0 | 49.5 | 131.6 | 86.5 |
| 1987 | 18.1 | -18.3 | 58.3 | 48.7 | 135.7 | 275.9 |
| 1988 | 10.0 | 22.4 | 57.7 | 44.7 | 26.0 | 28.0 |
| 1989 | -3.2 | 1.2 | 46.5 | 14.1 | 4.4 | 24.3 |
| 1990 | 12.4 | -26.4 | 35.2 | 19.7 | -44.6 | 6.9 |
| 1991 | 7.5 | 12.7 | 27.6 | 33.4 | 12.4 | 9.9 |
| 1992 | 14.6 | 13.8 | 22.1 | 25.9 | 21.5 | 67.6 |
| 1993 | -1.1 | 13.2 | 11.7 | 15.4 | 160.4 | 91.2 |
| 1994 | 42.5 | -6.6 | 28.8 | 30.8 | -42.6 | 10.0 |
| 1995 | 15.9 | 22.1 | 29.4 | 22.7 | 49.8 | -6.7 |
| 1996 | -12.0 | -9.3 | 14.4 | 6.7 | 5.3 | 22.6 |
| 1997 | 24.1 | -0.8 | 18.1 | 12.7 | 33.7 | -10.9 |
| 1998 | -4.8 | 11.9 | 4.9 | -2.3 | -3.7 | -15.6 |
| 1999 | 6.6 | 53.5 | 6.2 | 7.3 | -2.2 | -10.3 |
| 2000 | 32.9 | 49.3 | 24.1 | 25.8 | 29.6 | 29.4 |
| 2001 | 6.4 | 13.4 | 7.1 | 1.5 | 6.5 | 11.3 |
| 2002 | 21.7 | 13.8 | 22.0 | 30.0 | 39.8 | 21.4 |
| 2003 | 33.7 | 45.4 | 34.4 | 33.3 | 51.3 | 41.6 |
| 2004 | 33.8 | 32.2 | 35.6 | 36.1 | 51.6 | 47.1 |
| 2005 | 29.3 | 12.7 | 27.0 | 23.6 | 39.9 | 16.3 |
| 2006 | 32.1 | 19.1 | 22.5 | 17.3 | 39.3 | 28.8 |
| 2007 | 29.4 | 28.7 | 21.0 | 14.6 | 45.7 | 16.0 |
| 2008 | 23.1 | 33.5 | 9.3 | 2.7 | 50.1 | 14.6 |
| 2009 | -20.1 | -6.6 | -13.1 | -14.8 | -8.4 | -18.1 |

# 6-10 按国际贸易标准分类的进出口简表

# Brief Table of Imports and Exports by SITC

单位：亿美元

unit:USD 100 million

| 年 份<br>Year | 初级产品<br>Primary Goods | | 工业制成品<br>Manufactured Goods | |
|---|---|---|---|---|
| | 出 口<br>Exports | 进 口<br>Imports | 出 口<br>Exports | 进 口<br>Imports |
| 1980 | 91.14 | 69.59 | 90.05 | 130.58 |
| 1981 | 102.48 | 80.44 | 117.59 | 139.71 |
| 1982 | 100.50 | 76.34 | 122.71 | 116.51 |
| 1983 | 96.20 | 58.08 | 126.06 | 155.82 |
| 1984 | 119.34 | 52.08 | 142.05 | 222.02 |
| 1985 | 138.28 | 52.89 | 135.22 | 369.63 |
| 1986 | 112.72 | 56.49 | 196.70 | 372.55 |
| 1987 | 132.31 | 69.15 | 262.06 | 363.01 |
| 1988 | 144.06 | 100.68 | 331.10 | 452.07 |
| 1989 | 150.78 | 117.54 | 374.60 | 473.86 |
| 1990 | 158.86 | 98.53 | 462.05 | 434.92 |
| 1991 | 161.45 | 108.34 | 556.98 | 529.57 |
| 1992 | 170.04 | 132.55 | 679.36 | 673.30 |
| 1993 | 166.66 | 142.10 | 750.78 | 897.49 |
| 1994 | 197.08 | 164.86 | 1012.98 | 991.28 |
| 1995 | 214.85 | 244.17 | 1272.95 | 1076.67 |
| 1996 | 219.25 | 254.41 | 1291.23 | 1133.92 |
| 1997 | 239.53 | 286.20 | 1588.39 | 1137.50 |
| 1998 | 204.89 | 229.49 | 1632.20 | 1172.88 |
| 1999 | 199.41 | 268.46 | 1749.90 | 1388.53 |
| 2000 | 254.60 | 467.39 | 2237.43 | 1783.55 |
| 2001 | 263.38 | 457.43 | 2397.60 | 1978.10 |
| 2002 | 285.40 | 492.71 | 2970.56 | 2458.99 |
| 2003 | 348.12 | 727.63 | 4034.16 | 3399.96 |
| 2004 | 405.49 | 1172.67 | 5527.77 | 4439.62 |
| 2005 | 490.37 | 1477.14 | 7129.16 | 5122.39 |
| 2006 | 529.19 | 1871.29 | 9160.17 | 6043.32 |
| 2007 | 615.09 | 2430.85 | 11562.67 | 7128.65 |
| 2008 | 779.57 | 3623.95 | 13527.36 | 7701.67 |
| 2009 | 631.12 | 2898.04 | 11384.83 | 7161.19 |

# 6-11 按国际贸易标准分类的进出口增长速度

## Growth Rates of Imports and Exports by SITC

(上年=100) (Percentage change over previous year)

| 年 份<br>Year | 初级产品<br>Primary Goods | | 工业制成品<br>Manufactured Goods | |
|---|---|---|---|---|
| | 出 口<br>Exports<br>(%) | 进 口<br>Imports<br>(%) | 出 口<br>Exports<br>(%) | 进 口<br>Imports<br>(%) |
| 1981 | 12.4 | 15.6 | 30.6 | 7.0 |
| 1982 | -1.9 | -5.1 | 4.4 | -16.6 |
| 1983 | -4.3 | -23.9 | 2.7 | 33.7 |
| 1984 | 24.1 | -10.3 | 12.7 | 42.5 |
| 1985 | 15.9 | 1.6 | -4.8 | 66.5 |
| 1986 | -18.5 | 6.8 | 45.5 | 0.8 |
| 1987 | 17.4 | 22.4 | 33.2 | -2.6 |
| 1988 | 8.9 | 45.6 | 26.3 | 24.5 |
| 1989 | 4.7 | 16.7 | 13.1 | 4.8 |
| 1990 | 5.4 | -16.2 | 23.3 | -8.2 |
| 1991 | 1.6 | 10.0 | 20.5 | 21.8 |
| 1992 | 5.3 | 22.3 | 22.0 | 27.1 |
| 1993 | -2.0 | 7.2 | 10.5 | 33.3 |
| 1994 | 18.3 | 16.0 | 34.9 | 10.5 |
| 1995 | 9.0 | 48.1 | 25.7 | 8.6 |
| 1996 | 2.0 | 4.2 | 1.4 | 5.3 |
| 1997 | 9.2 | 12.5 | 23.0 | 0.3 |
| 1998 | -14.5 | -19.8 | 2.0 | 3.1 |
| 1999 | -2.7 | 17.0 | 7.2 | 18.4 |
| 2000 | 27.7 | 74.1 | 27.9 | 28.4 |
| 2001 | 3.4 | -2.1 | 7.2 | 10.9 |
| 2002 | 8.4 | 7.7 | 23.9 | 24.3 |
| 2003 | 22.0 | 47.7 | 35.8 | 38.3 |
| 2004 | 16.5 | 61.2 | 37.0 | 30.6 |
| 2005 | 20.9 | 26.0 | 29.0 | 15.4 |
| 2006 | 7.9 | 26.7 | 28.5 | 18.0 |
| 2007 | 16.2 | 29.9 | 26.2 | 18.0 |
| 2008 | 26.7 | 49.1 | 17.0 | 8.0 |
| 2009 | -19.0 | -20.0 | -15.8 | -7.0 |

# 6-12 按国际贸易标准分类的出口商品金额

## Value of Exports by SITC

单位：亿美元

Unit：USD 100 million

| 商品分类 | Category | 2006 | 2007 | 2008 | 2009 |
|---|---|---|---|---|---|
| **总　额** | **Total** | **9689.36** | **12177.76** | **14306.93** | **12016.12** |
| **一、初级产品** | **Primary Goods** | **529.19** | **615.09** | **779.57** | **631.12** |
| 食品及主要供食用的活动物 | Food and Live Animals Chiefly for food | 257.23 | 307.43 | 327.62 | 326.28 |
| 饮料及烟类 | Beverages and Tobacco | 11.93 | 13.97 | 15.29 | 16.41 |
| 非食用原料 | Crude Materials,Inedible,Except Fuels | 78.60 | 91.16 | 113.19 | 81.53 |
| 矿物燃料、润滑油及有关原料 | Mineral Fuels，Lubricants and Related Materials | 177.70 | 199.51 | 317.73 | 203.74 |
| 动植物油、脂及蜡 | Animal and Vegetable Oils，Fats and Waxes | 3.73 | 3.03 | 5.74 | 3.16 |
| **二、工业制成品** | **Manufactured Goods** | **9160.17** | **11562.67** | **13527.36** | **11384.83** |
| 化学成品及有关产品 | Chemicals and Related Products | 445.30 | 603.24 | 793.46 | 620.17 |
| 轻纺产品、橡胶制品、矿冶产品及其制品 | Manufactured Goods Classified Chiefly by Material | 1748.16 | 2198.77 | 2623.91 | 1848.16 |
| 机械及运输设备 | Machinery and Transport Equipment | 4563.43 | 5770.45 | 6733.29 | 5902.74 |
| 杂项制品 | Miscellaneous Manufactured Articles | 2380.14 | 2968.44 | 3359.59 | 2997.47 |
| 未分类的其他商品 | Products Not Classified Elsewhere | 23.15 | 21.76 | 17.10 | 16.29 |

# 6-13 按国际贸易标准分类的进口商品金额

## Value of Imports by SITC

单位：亿美元

Unit：USD 100 million

| 商品分类 | Category | 2006 | 2007 | 2008 | 2009 |
|---|---|---|---|---|---|
| **总　额** | **Total** | **7914.61** | **9559.50** | **11325.62** | **10059.23** |
| **一、初级产品** | **Primary Goods** | **1871.29** | **2430.85** | **3623.95** | **2898.04** |
| 食品及主要供食用的活动物 | Food and Live Animals Chiefly for food | 99.94 | 115.00 | 140.51 | 148.27 |
| 饮料及烟类 | Beverages and Tobacco | 10.41 | 14.01 | 19.20 | 19.54 |
| 非食用原料 | Crude Materials,Inedible,Except Fuels | 831.57 | 1179.10 | 1666.95 | 1413.47 |
| 矿物燃料、润滑油及有关原料 | Mineral Fuels，Lubricants and Related Materials | 890.01 | 1049.30 | 1692.42 | 1240.38 |
| 动植物油、脂及蜡 | Animal and Vegetable Oils，Fats and Waxes | 39.36 | 73.44 | 104.86 | 76.39 |
| **二、工业制成品** | **Manufactured Goods** | **6043.32** | **7128.65** | **7701.67** | **7161.19** |
| 化学成品及有关产品 | Chemicals and Related Products | 870.47 | 1075.54 | 1191.88 | 1120.90 |
| 轻纺产品、橡胶制品、矿冶产品及其制品 | Manufactured Goods Classified Chiefly by Material | 869.24 | 1028.77 | 1071.65 | 1077.39 |
| 机械及运输设备 | Machinery and Transport Equipment | 3570.21 | 4124.59 | 4417.65 | 4077.97 |
| 杂项制品 | Miscellaneous Manufactured Articles | 713.11 | 875.10 | 976.41 | 851.86 |
| 未分类的其他商品 | Products Not Classified Elsewhere | 20.30 | 24.65 | 44.09 | 33.07 |

## 6-14 按国际贸易标准分类的出口商品构成
## Composition of Exports by SITC

单位:%
Unit：%

| 商品分类 | Category | 2006 | 2007 | 2008 | 2009 |
|---|---|---|---|---|---|
| **总　　额** | **Total** | **100.00** | **100.00** | **100.00** | **100.00** |
| **一、初级产品** | **Primary Goods** | **5.46** | **5.05** | **5.45** | **5.25** |
| 食品及主要供食用的活动物 | Food and Live Animals Chiefly for food | 2.65 | 2.52 | 2.29 | 2.72 |
| 饮料及烟类 | Beverages and Tobacco | 0.12 | 0.11 | 0.11 | 0.14 |
| 非食用原料 | Crude Materials,Inedible,Except Fuels | 0.81 | 0.75 | 0.79 | 0.68 |
| 矿物燃料、润滑油及有关原料 | Mineral Fuels，Lubricants and Related Materials | 1.83 | 1.64 | 2.22 | 1.70 |
| 动植物油、脂及蜡 | Animal and Vegetable Oils，Fats and Waxes | 0.04 | 0.02 | 0.04 | 1.55 |
| **二、工业制成品** | **Manufactured Goods** | **94.54** | **94.95** | **94.55** | **94.75** |
| 化学成品及有关产品 | Chemicals and Related Products | 4.60 | 4.95 | 5.55 | 5.16 |
| 轻纺产品、橡胶制品、矿冶产品及其制品 | Manufactured Goods Classified Chiefly by Material | 18.04 | 18.06 | 18.34 | 15.38 |
| 机械及运输设备 | Machinery and Transport Equipment | 47.10 | 47.39 | 47.06 | 49.12 |
| 杂项制品 | Miscellaneous Manufactured Articles | 24.56 | 24.38 | 23.48 | 24.95 |
| 未分类的其他商品 | Products Not Classified Elsewhere | 0.24 | 0.18 | 0.12 | 0.14 |

## 6-15 按国际贸易标准分类的进口商品构成
## Composition of Imports by SITC

单位:%
Unit：%

| 商品分类 | Category | 2006 | 2007 | 2008 | 2009 |
|---|---|---|---|---|---|
| **总　　额** | **Total** | **100.00** | **100.00** | **100.00** | **100.00** |
| **一、初级产品** | **Primary Goods** | **23.64** | **25.43** | **32.00** | **28.81** |
| 食品及主要供食用的活动物 | Food and Live Animals Chiefly for food | 1.26 | 1.20 | 1.24 | 1.47 |
| 饮料及烟类 | Beverages and Tobacco | 0.13 | 0.15 | 0.17 | 0.19 |
| 非食用原料 | Crude Materials,Inedible,Except Fuels | 10.51 | 12.33 | 14.72 | 14.05 |
| 矿物燃料、润滑油及有关原料 | Mineral Fuels，Lubricants and Related Materials | 11.25 | 10.98 | 14.94 | 12.33 |
| 动植物油、脂及蜡 | Animal and Vegetable Oils，Fats and Waxes | 0.50 | 0.77 | 0.93 | 0.76 |
| **二、工业制成品** | **Manufactured Goods** | **76.36** | **74.57** | **68.00** | **71.19** |
| 化学成品及有关产品 | Chemicals and Related Products | 11.00 | 11.25 | 10.52 | 11.14 |
| 轻纺产品、橡胶制品、矿冶产品及其制品 | Manufactured Goods Classified Chiefly by Material | 10.98 | 10.76 | 9.46 | 10.71 |
| 机械及运输设备 | Machinery and Transport Equipment | 45.11 | 43.15 | 39.01 | 40.54 |
| 杂项制品 | Miscellaneous Manufactured Articles | 9.01 | 9.15 | 8.62 | 8.47 |
| 未分类的其他商品 | Products Not Classified Elsewhere | 0.26 | 0.26 | 0.39 | 0.33 |

# 6-16 出口商品分类章金额

## Value of Exports by HS

单位：亿元

Unit：100 million

| 商品分类 | HS Section and Division | 2008 人民币 RMB Yuan | 2008 美元 USD | 2009 人民币 RMB Yuan | 2009 美元 USD |
|---|---|---|---|---|---|
| **总　　额** | **Total** | **100394.94** | **14306.93** | **82029.69** | **12016.12** |
| **第一类　活动物；动物产品** | **LIVE ANIMALS；ANIMAL PRODUCTS** | **594.72** | **84.73** | **653.21** | **95.76** |
| 01章　活动物 | Live animals | 35.44 | 5.07 | 30.18 | 4.42 |
| 02章　肉及食用杂碎 | Meat and edible meat offal | 55.79 | 7.98 | 52.15 | 7.64 |
| 03章　鱼、甲壳动物、软体动物及其他水生无脊椎动物 | Fish and crustaceans molluscs and other aquatic invertebrates | 363.56 | 51.81 | 465.27 | 68.12 |
| 04章　乳品；蛋品；天然蜂蜜；其他食用动物产品 | Dairy produce；birds' eggs；natural honey；edible products of animal origin，not elsewhere specified or included | 43.56 | 6.21 | 23.23 | 3.40 |
| 05章　其他动物产品 | Products of animal origin，not elsewhere specified or included | 96.36 | 13.67 | 82.38 | 12.18 |
| **第二类　植物产品** | **VEGETABLE PRODUCTS** | **813.93** | **115.54** | **841.16** | **123.19** |
| 06章　活树及其他活植物；鳞茎、根及类似品；插花及装饰用簇叶 | Live tree and other plants；bulbs，roots and the like；cut flowers and ornamental foliage | 10.44 | 1.49 | 12.60 | 1.85 |
| 07章　食用蔬菜、根及块茎 | Edible vegetables and certain roots and tubers | 297.15 | 42.22 | 331.41 | 48.53 |
| 08章　食用水果及坚果；甜瓜或柑桔属水果的果皮 | Edible fruit and nuts；peel of citrus fruit or melons | 147.68 | 21.04 | 162.54 | 23.81 |
| 09章　咖啡、茶、马黛茶及调味香料 | Coffee，tea，mate and spices | 92.71 | 13.15 | 95.81 | 14.03 |
| 10章　谷物 | Cereals | 47.98 | 6.73 | 41.85 | 6.13 |
| 11章　制粉工业产品；麦芽；淀粉；菊粉；面筋 | Products of the milling industry；malt；starches；inulin；wheat gluten | 38.11 | 5.40 | 31.79 | 4.65 |
| 12章　含油子仁及果实；杂项子仁及果实；工业用或药用植物；稻草、秸秆及饲料 | Oil seeds and oleaginous fruits；miscellaneous grains，seeds and fruit；industrial or medicinal plants；straw and fodder | 144.19 | 20.43 | 125.85 | 18.43 |
| 13章　虫胶；树胶、树脂及其他植物液、汁 | Lac；gums，resins and other vegetable saps and extracts | 31.07 | 4.42 | 35.30 | 5.17 |
| 14章　编结用植物材料；其他植物产品 | Vegetable plaiting materials；vegetable products not elsewhere specified or included | 4.61 | 0.66 | 4.00 | 0.59 |
| **第三类　动、植物油、脂及其分解产品；精制的食用油脂；动、植物蜡** | **ANIMAL OR VEGETABLE FATS AND OILS AND THEIR CLEAVAGE PRODUCTS；PREPARED EDIBLE FATS；ANIMAL OR VEGETABLE WAXES** | **41.82** | **5.95** | **22.54** | **3.30** |
| 15章　动、植物油、脂及其分解产品；精制的食用油脂；动、植物蜡 | Animal or vegetable fats and oils and their cleavage products；prepared edible fats；animal or vegetable waxes | 41.82 | 5.95 | 22.54 | 3.30 |
| **第四类　食品；饮料、酒及醋；烟草、烟草及烟草代用品的制品** | **PREPARED FOODSTUFFS；BEVERAGES, SPIRITS AND VINEGAR；TOBACCO AND MANUFACTURED TOBACCO SUBSTITUTES** | **1278.14** | **182.08** | **1093.38** | **160.12** |
| 16章　肉、鱼、甲壳动物、软体动物及其他水生无脊椎动物的制品 | Preparations of meat，of fish or of crustaceans，molluscs or other aquatic invertebrates | 422.29 | 60.36 | 312.41 | 45.76 |
| 17章　糖及糖食 | Sugars and sugar confectionery | 47.40 | 6.77 | 52.52 | 7.69 |
| 18章　可可及可可制品 | Cocoa and cocoa preparations | 14.03 | 2.00 | 8.85 | 1.30 |
| 19章　谷物、粮食粉、淀粉或乳的制品；糕饼点心 | Preparations of cereals，flour，starch or milk；pastry-cooks' products | 69.63 | 9.93 | 67.25 | 9.85 |

6-16 续表 1 Continued 1

单位：亿元

Unit：100 million

| 商品分类 | | HS Section and Division | 2008 人民币 RMB Yuan | 2008 美元 USD | 2009 人民币 RMB Yuan | 2009 美元 USD |
|---|---|---|---|---|---|---|
| 20章 | 蔬菜、水果、坚果或植物其他部分的制品 | Preparations of vegetables, fruit，nuts or other parts of plants | 412.01 | 58.42 | 324.49 | 47.52 |
| 21章 | 杂项食品 | Miscellaneous edible preparations | 86.96 | 12.38 | 88.67 | 12.99 |
| 22章 | 饮料、酒及醋 | Beverages，spirits and vinegar | 60.14 | 8.61 | 56.78 | 8.32 |
| 23章 | 食品工业的残渣及废料；配制的动物饲料 | Residues and waste from the food industries；prepared animal fodder | 113.99 | 16.19 | 122.42 | 17.92 |
| 24章 | 烟草及烟草代用品的制品 | Tobacco and manufactured tobacco substitutes | 51.68 | 7.42 | 59.99 | 8.78 |
| **第五类** | **矿产品** | **MINERAL PRODUCTS** | **2561.46** | **364.86** | **1555.90** | **227.66** |
| 25章 | 盐；硫磺；泥土及石料；石膏料、石灰及水泥 | Salt；sulphur；earths and stone；plastering materials，lime and cement | 265.55 | 37.84 | 148.37 | 21.72 |
| 26章 | 矿砂、矿渣及矿灰 | Ores，slag and ash | 65.49 | 9.29 | 14.99 | 2.19 |
| 27章 | 矿物燃料、矿物油及其蒸馏产品；沥青物质；矿物蜡 | Mineral fuels，mineral oils and products of their distillation; bituminous substances; mineral waxes | 2230.42 | 317.73 | 1392.55 | 203.75 |
| **第六类** | **化学工业及其相关工业的产品** | **PRODUCTS OF THE CHEMICAL OR INDUSTRIES ALLIED** | **4853.16** | **688.74** | **3688.37** | **540.26** |
| 28章 | 无机化学品；贵金属、稀土金属、放射性元素及其同位素的有机及无机化合物 | Inorganic chemicals；organic or inorganic compounds of precious metals，of rare- earth metals, of radioactive elements or of isotopes | 936.02 | 133.34 | 533.90 | 78.17 |
| 29章 | 有机化学品 | Organic chemicals | 2050.97 | 290.95 | 1651.93 | 241.98 |
| 30章 | 药品 | Pharmaceutical products | 203.80 | 29.03 | 235.07 | 34.50 |
| 31章 | 肥料 | Fertilizers | 314.38 | 43.67 | 176.70 | 25.84 |
| 32章 | 鞣料浸膏及染料浸膏；鞣酸及其衍生物；染料、颜料及其他着色料；油漆及清漆；油灰及其他类似胶粘剂；墨水、油墨 | Tanning or dyeing extracts；tannins and their derivatives；dyes，pigments and other colouring matter；paints and varnishes； putty and other mastics；inks | 261.91 | 37.12 | 209.35 | 30.68 |
| 33章 | 精油及香膏； 芳香料制品及化妆盥洗品 | Essential oils and retinoid；perfumery，cosmetic or toilet preparations | 136.53 | 19.49 | 132.22 | 19.36 |
| 34章 | 肥皂、有机表面活性剂、洗涤剂、润滑剂、人造蜡、调制蜡、光洁剂、蜡烛及类似品、塑型用膏、“牙科用蜡”及牙科用熟石膏制剂 | Soap，organic surface-active agents，washing preparations，lubricating preparations，artificial waxes，prepared waxes，polishing or scouring preparations，candles and similar articles，modelling pastes，“dental waxes” and dental preparations with a basis of plast | 125.92 | 17.95 | 108.80 | 15.93 |
| 35章 | 蛋白类物质；改性淀粉；胶；酶 | Albuminoidal substances；modified starches；glues；enzymes | 113.67 | 16.17 | 97.64 | 14.30 |
| 36章 | 炸药；烟火制品；火柴；引火合金；易燃材料制品 | Explosives；pyrotechnic products；matches；pyrophoric alloys；certain combustible preparations | 41.12 | 5.87 | 44.45 | 6.51 |
| 37章 | 照相及电影用品 | Photographic or cinematographic goods | 67.51 | 9.59 | 54.99 | 8.06 |
| 38章 | 杂项化学产品 | Miscellaneous chemical products | 601.34 | 85.57 | 443.32 | 64.93 |
| **第七类** | **塑料及其制品，橡胶及其制品** | **PLASTICS AND ARTICLES THEREOF RUBBER AND ARTICLES THEREOF** | **2906.93** | **413.86** | **2453.89** | **359.42** |
| 39章 | 塑料及其制品 | Plastics and articles thereof | 2092.49 | 298.09 | 1726.09 | 252.78 |
| 40章 | 橡胶及其制品 | Rubber and articles thereof | 814.44 | 115.78 | 727.80 | 106.64 |
| **第八类** | **生皮、皮革、毛皮及其制品；鞍具及挽具；旅行用品、手提包及类似品；动物肠线(蚕胶丝除外)制品** | **RAW HIDES AND SKINS，LEATHER，FUR SKINS AND ARTICLES THEREOF；SADDLERY AND HARNESS；TRAVEL GOODS，HANDBAGS AND SIMILAR CONTAINERS；ARTICLES OF ANIMAL GUT(OTHER THAN SILK-WORM GUT)** | **1280.29** | **182.73** | **1138.16** | **166.65** |
| 41章 | 生皮(毛皮除外)及皮革 | Raw hides and skins(other than fur skins) and leather | 28.37 | 3.99 | 16.50 | 2.42 |

6-16 续表 2 Continued 2

单位：亿元
Unit：100 million

| 商品分类 | HS Section and Division | 2008 人民币 RMB Yuan | 2008 美元 USD | 2009 人民币 RMB Yuan | 2009 美元 USD |
|---|---|---|---|---|---|
| 42章 皮革制品；鞍具及挽具；旅行用品、手提包及类似容器；动物肠线(蚕胶丝除外)制品 | Articles of leather；saddlery and harness；travel goods，hand bags and similar containers；articles of animal gut (other than silk-worm gut) | 1190.22 | 169.89 | 1032.53 | 151.18 |
| 43章 毛皮、人造毛皮及其制品 | Fur skins and artificial fur；manufactures thereof | 61.70 | 8.84 | 89.13 | 13.05 |
| **第九类 木及木制品；木炭；软木及软木制品；稻草，秸秆、针茅或其他编结材料制品；篮筐及柳条编结品** | **WOOD AND ARTICLES OF WOOD；WOOD CHAR-COAL；CORK AND ARTICLES OF CORK；MANUFACTURES OF STRAW，OF ESPARTO OR OF OTHER PLAITING MATERIALS；BASKET WARE AND WICKERWORK** | **805.66** | **114.65** | **631.68** | **92.53** |
| 44章 木及木制品；木炭 | Wood and articles of wood；wood charcoal | 656.21 | 93.35 | 526.60 | 77.14 |
| 45章 软木及软木制品 | Cork and articles of cork | 1.30 | 0.18 | 1.07 | 0.16 |
| 46章 稻草、秸秆、针茅或其他编结材料制品；篮筐及柳条编结品 | Manufactures of straw，of esparto or of other plaiting Materials；basket ware and wickerwork | 148.16 | 21.12 | 104.01 | 15.23 |
| **第十类 木浆及其他纤维状纤维素浆；纸及纸板的废碎品；纸、纸板及其制品** | **PULP OF WOOD OR OF OTHER FIBROUS CELLULOSIC MATERIAL；WASTE AND SCRAP OF PAPER OR PAPERBOARD；PAPER AND PAPERBOARD AND ARTICLES THEREOF** | **728.41** | **103.91** | **684.32** | **100.21** |
| 47章 木浆及其他纤维状纤维素浆；纸及纸板的废碎品 | Pulp of wood or of other fibrous cellulosic material；waste and scrap of paper or paperboard | 6.93 | 0.98 | 6.22 | 0.91 |
| 48章 纸及纸板；纸浆、纸或纸板制品 | Paper and paperboard；articles of paper pulp，of paper or paperboard | 543.65 | 77.45 | 516.81 | 75.68 |
| 49章 书籍、报纸、印刷图画及其他印制品；手稿、打字稿及设计图纸 | Printed books，newspapers，pictures and other products of the printing industry；manuscripts，typescripts and plans | | | | |
| **第十一类 纺织原料及纺织制品** | **TEXTILES AND TEXTILE ARTICLES** | **12607.89** | **1797.34** | **11021.57** | **1614.09** |
| 50章 蚕丝 | Silk | 100.91 | 14.34 | 88.13 | 12.90 |
| 51章 羊毛、动物细毛或粗毛；马毛纱线及其机织物 | Wool，fine or coarse animal hair；horsehair yarn and woven fabric | 147.10 | 20.87 | 111.03 | 16.26 |
| 52章 棉花 | Cotton | 751.08 | 106.91 | 656.27 | 96.07 |
| 53章 其他植物纺织纤维；纸纱线及其机织物 | Other vegetable textile fibres；paper yarn and woven fabrics of paper yarn | 41.86 | 5.95 | 40.49 | 5.93 |
| 54章 化学纤维长丝 | Man-made filaments | 617.29 | 87.70 | 511.83 | 74.95 |
| 55章 化学纤维短纤 | Man-made short fibres | 484.68 | 68.87 | 413.99 | 60.61 |
| 56章 絮胎、毡呢及无纺织物；特种纱线；线、绳、索、缆及其制品 | Wadding，felt and nonwoven；special yarns；twine，cordage，ropes and cables and articles thereof | 134.51 | 19.16 | 133.97 | 19.62 |
| 57章 地毯及纺织材料的其他铺地制品 | Carpets and other textile floor coverings | 113.64 | 16.19 | 101.75 | 14.90 |
| 58章 特种机织物；簇绒织物；花边；装饰毯；装饰带；刺绣品 | Special woven fabrics；tufted textile fabrics；lace；tapestries；trimmings；embroidery | 376.85 | 53.61 | 240.84 | 35.26 |
| 59章 浸渍、涂布、包覆或层压的纺织物；工业用纺织制品 | Impregnated，coated，covered or laminated textile fabrics；textile articles of a kind suitable for industrial use | 271.64 | 38.64 | 270.90 | 39.67 |
| 60章 针织物及钩编织物 | Knitted or crocheted fabrics | 446.85 | 63.67 | 438.77 | 64.23 |
| 61章 针织或钩编的服装及衣着附件 | Articles of apparel and clothing accessories，knitted or crocheted | 4259.77 | 608.77 | 3674.61 | 538.14 |
| 62章 非针织或非钩编的服装及衣着附件 | Articles of apparel and clothing accessories，not knitted or crocheted | 3682.62 | 524.90 | 3189.97 | 467.30 |

6-16 续表 3 Continued 3

单位：亿元
Unit：100 million

| 商品分类 | HS Section and Division | 2008 人民币 RMB Yuan | 2008 美元 USD | 2009 人民币 RMB Yuan | 2009 美元 USD |
|---|---|---|---|---|---|
| 63章 其他纺织制成品；成套物品；旧衣着及旧纺织品；碎织物 | Other made up textile articles；sets；worn clothing and worn textile articles；rags articles；rags | 1179.08 | 167.76 | 1149.02 | 168.25 |
| **第十二类 鞋、帽、伞、杖、鞭及其零件；已加工的羽毛及其制品；人造花；人发制品** | **FOOTWEAR，HEADGEAR，UMBRELLAS，SUN UMBRELLAS，WALKING-STICKS，SEAT-STICKS，WHIPS，RIDING-CROPS AND PARTS THEREOF；PREPARED FEATHERS AND ARTICLES MADE THEREWITH；ARTIFICIAL FLOWERS；ARTICLES OF HUMAN HAIR** | **2524.90** | **360.00** | **2353.97** | **344.61** |
| 64章 鞋靴、护腿和类似品及其零件 | Footwear，gaiters and the like；parts of such articles | 2083.39 | 297.20 | 1914.96 | 280.34 |
| 65章 帽类及其零件 | Headgear and parts thereof | 167.58 | 23.86 | 152.07 | 22.27 |
| 66章 雨伞、阳伞、手杖、鞭子、马鞭及其零件 | Umbrellas，sun umbrellas，walking-sticks，seat-sticks，whips，riding-crops and parts thereof | 116.66 | 16.53 | 126.23 | 18.48 |
| 67章 已加工羽毛、羽绒及其制品；人造花；人发制品 | Prepared feathers and down and articles made of feathers or of down；artificial flowers；articles of human hair | 157.28 | 22.40 | 160.71 | 23.53 |
| **第十三类 石料、石膏、水泥、石棉、云母及类似材料的制品；陶瓷产品；玻璃及其制品** | **ARTICLES OF STONE，PLASTER，CEMENT，ASBESTOS，MICA OR SIMILAR MATERIALS；CERAMIC PRODUCTS；GLASS AND GLASSWARE** | **1581.92** | **225.51** | **1401.20** | **205.26** |
| 68章 石料、石膏、水泥、石棉、云母及类似材料的制品 | Articles of stone，plaster，cement，asbestos，mica or similar materials；ceramic products；glass and glassware | 382.21 | 54.45 | 331.91 | 48.61 |
| 69章 陶瓷产品 | Ceramic products | 563.05 | 80.37 | 550.50 | 80.63 |
| 70章 玻璃及其制品 | Glass and glassware | 636.66 | 90.70 | 518.79 | 76.02 |
| **第十四类 天然或养殖珍珠、宝石或半宝石、贵金属、包贵金属及其制品；仿首饰；硬币** | **NATURAL OR CULTURED PEARLS，PRECIOUS OR SEMI-PRECIOUS STONES，PRECIOUS METALS，METALS CLAD WITH PRECIOUS METAL AND STONES，PRECIOUS METALS，METALS CLAD WITH PRECIOUS METAL AND ARTICLES THEREOF；IMITATION JEWELLERY；COIN** | **597.39** | **85.06** | **513.34** | **75.15** |
| 71章 天然或养殖珍珠、宝石或半宝石、贵金属、包贵金属及其制品；仿首饰；硬币 | Natural or cultured pearls，precious or semi-precious stones，precious metals，metals clad with precious metal and articles thereof；imitation jewellery；coin | 597.39 | 85.06 | 513.34 | 75.15 |
| **第十五类 贱金属及其制品** | **BASE METALS AND ARTICLES OF BASE METAL** | **10106.53** | **1440.15** | **5263.80** | **771.21** |
| 72章 钢铁 | Iron and steel | 3748.20 | 534.73 | 920.93 | 134.85 |
| 73章 钢铁制品 | Articles of iron or steel | 3396.76 | 484.19 | 2304.69 | 337.80 |
| 74章 铜及其制品 | Copper and articles thereof | 395.35 | 56.06 | 244.04 | 35.74 |
| 75章 镍及其制品 | Nickel and articles thereof | 20.91 | 2.97 | 45.05 | 6.60 |
| 76章 铝及其制品 | Aluminium and articles thereof | 999.38 | 142.25 | 648.79 | 95.05 |
| 78章 铅及其制品 | Lead and articles thereof | 19.91 | 2.78 | 8.41 | 1.23 |
| 79章 锌及其制品 | Zinc and articles thereof | 26.97 | 3.81 | 15.71 | 2.30 |
| 80章 锡及其制品 | Tin and articles thereof | 16.22 | 2.30 | 4.72 | 0.69 |
| 81章 其他贱金属、金属陶瓷及其制品 | Other base metals；cermets；articles thereof | 328.34 | 46.56 | 122.98 | 18.02 |
| 82章 贱金属工具、器具、利口器、餐匙、餐叉及其零件 | Tools，implements，cutlery，spoons and forks，of base metal；parts thereof of base metal | 538.42 | 76.67 | 441.97 | 64.74 |
| 83章 贱金属杂项制品 | Miscellaneous articles of base metal | 616.07 | 87.83 | 506.51 | 74.18 |

6-16 续表 4 Continued 4

单位：亿元

Unit：100 million

| 商品分类 | HS Section and Division | 2008 人民币 RMB Yuan | 2008 美元 USD | 2009 人民币 RMB Yuan | 2009 美元 USD |
|---|---|---|---|---|---|
| **第十六类 机器、机械器具、电气设备及其零件；录音机及放声机、电视图像、声音的录制和重放设备及其零件、附件** | **MACHINERY AND MECHANICAL APPLIANCES；ELECTRICAL EQUIPMENT；PARTS THEREOF；SOUND RECORDERS AND REPRODUCERS，TELEVISION IMAGE AND SOUND RECORDERS AND REPRODUCERS；AND PARTS AND ACCESSORIES OF RECORDERS AND REPRODUCERS；AND PARTS AND ACCESSORIES OF SUCH ARTICLES** | **42835.53** | **6107.55** | **36649.77** | **5369.67** |
| 84章 核反应堆、锅炉、机器、机械器具及其零件 | Nuclear reactors，boilers，machinery and mechanical appliances；parts thereof | **18859.32** | **2686.71** | **16097.56** | **2358.49** |
| 85章 电机、电气设备及其零件；录音机及放声机、电视图像、声音的录制和重放设备及其零件、附件 | Electrical machinery and equipment and parts thereof；sound recorders and reproducers，television image and sound recorders and reproducers，and parts and accessories of such articles | 23976.21 | 3420.83 | 20552.20 | 3011.19 |
| **第十七类 车辆、航空器、船舶及有关运输设备** | **VEHICLES，AIRCRAFT，VESSELS AND ASSOCIATED TRANSPORT EQUIPMENT** | **4971.31** | **706.97** | **4101.45** | **600.91** |
| 86章 铁道及电车道机车、车辆及其零件；铁道及电车轨道固定装置及其零件、附件；各种机械(包括电动机械)交通信号设备 | Railway or tramway locomotives，rolling-stock and parts thereof；railway or tramway track fixtures and fittings and parts thereof；mechanical(including electro-mechanical) traffic signalling equipment of all kinds | 717.98 | 102.14 | 194.83 | 28.61 |
| 87章 车辆及其零件、附件，但铁道及电车道车辆除外 | Vehicles other than railway or tramway rolling-stock，and parts and accessories thereof | 2764.66 | 392.73 | 1905.07 | 279.26 |
| 88章 航空器、航天器及其零件 | Aircraft，spacecraft，and parts thereof | 116.47 | 16.40 | 64.21 | 9.40 |
| 89章 船舶及浮动结构体 | Ships，boats and floating structures | 1372.20 | 195.71 | 1937.34 | 283.64 |
| **第十八类 光学、照相、电影、计量、检验、医疗或外科用仪器及设备、精密仪器及设备；钟表；乐器；上述物品的零件、附件** | **OPTICAL，PHOTOGRAPHIC，CINEMATOGRAPHIC，MEASURING，CHECKING，PRECISION，MEDICAL OR SURGICAL INSTRUMENTS AND APPARATUS；CLOCKS AND WATCHES；MUSICAL INSTRUMENTS；PARTS AND ACCESSORIES THEREOF** | **3342.54** | **476.03** | **2906.64** | **425.79** |
| 90章 光学、照相、电影、计量、检验、医疗或外科用仪器及设备、精密仪器及设备；上述物品的零件、附件 | Optical，photographic，cinematographic，measuring，checking，precision medical or surgical instruments and apparatus；parts and accessories thereof | 3043.90 | 433.31 | 2655.93 | 389.08 |
| 91章 钟表及其零件 | Clocks and watches and parts thereof | 191.94 | 27.47 | 167.59 | 24.53 |
| 92章 乐器及其零件、附件 | Musical instruments；parts and accessories of such articles | 106.69 | 15.25 | 83.12 | 12.17 |
| **第十九类 武器、弹药及其零件、附件** | **ARMS AND AMMUNITION；PARTS AND ACCESSORIES THEREOF** | **5.42** | **0.77** | **4.34** | **0.64** |
| 93章 武器、弹药及其零件、附件 | Arms and ammunition；parts and accessories thereof | 5.42 | 0.77 | 4.34 | 0.64 |
| **第二十类 杂项制品** | **MISCELLANEOUS MANUFACTURED ARTICLES** | **5832.74** | **832.70** | **4936.44** | **722.90** |
| 94章 家具；寝具、褥垫、弹簧床垫、软坐垫及类似的填充制品；未列名灯具及照明装置；发光标志、发光名牌及类似品；活动房屋 | Furniture；bedding，mattresses，mattress supports，cushions and similar stuffed furnishings；lamps and lighting fittings，not elsewhere specified or included；illuminated signs，illuminated | 3006.78 | 428.33 | 2658.26 | 389.27 |
| 95章 玩具、游戏品、运动用品及其零件、附件 | Toys，games and sports requisites；parts and accessories thereof | 2290.86 | 328.15 | 1808.71 | 264.89 |
| 96章 杂项制品 | Miscellaneous manufactured articles | 535.09 | 76.21 | 469.47 | 68.73 |
| **第二十一类 艺术品、收藏品及古物** | **WORKS OF ART，COLLECTORS' PIECES AND ANTIQUES** | **5.30** | **0.76** | **3.45** | **0.50** |
| 97章 艺术品、收藏品及古物 | Works of art，collectors' pieces and antiques | 5.30 | 0.76 | 3.45 | 0.50 |
| **第二十二类 特殊交易品及未分类商品** | **COMMODITIES AND TRANSACTIONS NOT CLASSIFIED ACCORDING TO KIND** | **118.94** | **17.04** | **111.13** | **16.29** |
| 98章 特殊交易品及未分类商品 | Commodities and transactions not classified according to kind | 118.94 | 17.04 | 111.13 | 16.29 |

# 6-17 进口商品分类章金额
## Value of Imports by HS

单位：亿元
Unit：100 million

| 商品分类 | HS Section and Division | 2008 人民币 RMB Yuan | 2008 美元 USD | 2009 人民币 RMB Yuan | 2009 美元 USD |
|---|---|---|---|---|---|
| **总　额** | **Total** | **79526.53** | **11325.62** | **68618.37** | **10059.23** |
| **第一类　活动物；动物产品** | **LIVE ANIMALS；ANIMAL PRODUCTS** | **505.06** | **72.00** | **462.14** | **67.69** |
| 01章　活动物 | Live animals | 7.31 | 1.04 | 9.57 | 1.40 |
| 02章　肉及食用杂碎 | Meat and edible meat offal | 162.71 | 23.20 | 116.27 | 17.03 |
| 03章　鱼、甲壳动物、软体动物及其他水生无脊椎动物 | Fish and crustaceans molluscs and other aquatic invertebrates | 255.60 | 36.48 | 246.13 | 36.04 |
| 04章　乳品；蛋品；天然蜂蜜；其他食用动物产品 | Dairy produce；birds' eggs；natural honey；edible products of animal origin，not elsewhere specified or included | 61.53 | 8.73 | 71.41 | 10.46 |
| 05章　其他动物产品 | Products of animal origin，not elsewhere specified or included | 17.92 | 2.55 | 18.76 | 2.75 |
| **第二类　植物产品** | **VEGETABLE PRODUCTS** | **1845.04** | **263.18** | **1731.65** | **253.52** |
| 06章　活树及其他活植物；鳞茎、根及类似品；插花及装饰用簇叶 | Live tree and other plants；bulbs，roots and the like；cut flowers and ornamental foliage | 6.38 | 0.91 | 6.10 | 0.90 |
| 07章　食用蔬菜、根及块茎 | Edible vegetables and certain roots and tubers | 41.19 | 5.84 | 71.90 | 10.52 |
| 08章　食用水果及坚果；甜瓜或柑桔属水果的果皮 | Edible fruit and nuts； peel of citrus fruit or melons | 87.06 | 12.38 | 117.59 | 17.22 |
| 09章　咖啡、茶、马黛茶及调味香料 | Coffee，tea，mate and spices | 7.09 | 1.01 | 5.84 | 0.86 |
| 10章　谷物 | Cereals | 49.45 | 6.99 | 59.85 | 8.76 |
| 11章　制粉工业产品；麦芽；淀粉；菊粉；面筋 | Products of the milling industry；malt；starches；inulin；wheat gluten | 16.41 | 2.34 | 20.48 | 3.00 |
| 12章　含油子仁及果实；杂项子仁及果实；工业用或药用植物；稻草、秸秆及饲料 | Oil seeds and oleaginous fruits；miscellaneous grains，seeds and fruit；industrial or medicinal plants；straw and fodder | 1624.15 | 231.82 | 1434.65 | 210.02 |
| 13章　虫胶；树胶、树脂及其他植物液、汁 | Lac；gums，resins and other vegetable saps and extracts | 7.74 | 1.10 | 8.20 | 1.20 |
| 14章　编结用植物材料；其他植物产品 | Vegetable plaiting materials；vegetable products not elsewhere specified or included | 5.57 | 0.79 | 7.04 | 1.03 |
| **第三类　动、植物油、脂及其分解产品；精制的食用油脂；动、植物蜡** | **ANIMAL OR VEGETABLE FATS AND OILS AND THEIR CLEAVAGE PRODUCTS；PREPARED EDIBLE FATS；ANIMAL OR VEGETABLE WAXES** | **758.67** | **108.01** | **528.46** | **77.37** |
| 15章　动、植物油、脂及其分解产品；精制的食用油脂；动、植物蜡 | Animal or vegetable fats and oils and their cleavage products；prepared edible fats；animal or vegetable waxes | 758.67 | 108.01 | 528.46 | 77.37 |
| **第四类　食品；饮料、酒及醋；烟草、烟草及烟草代用品的制品** | **PREPARED FOODSTUFFS；BEVERAGES, SPIRITS AND VINEGAR；TOBACCO AND MANUFACTURED TOBACCO SUBSTITUTES** | **426.63** | **60.91** | **437.19** | **64.16** |
| 16章　肉、鱼、甲壳动物、软体动物及其他水生无脊椎动物的制品 | Preparations of meat，of fish or of crustaceans，molluscs or other aquatic invertebrates | 5.51 | 0.79 | 3.62 | 0.53 |
| 17章　糖及糖食 | Sugars and sugar confectionery | 29.76 | 4.24 | 32.51 | 4.77 |
| 18章　可可及可可制品 | Cocoa and cocoa preparations | 22.00 | 3.13 | 17.80 | 2.62 |
| 19章　谷物、粮食粉、淀粉或乳的制品；糕饼点心 | Preparations of cereals，flour，starch or milk；pastry-cooks' products | 50.25 | 7.19 | 68.94 | 10.11 |

6-17 续表 1 Continued 1

单位：亿元
Unit：100 million

| 商品分类 | HS Section and Division | 2008 人民币 RMB Yuan | 2008 美元 USD | 2009 人民币 RMB Yuan | 2009 美元 USD |
|---|---|---|---|---|---|
| 20章 蔬菜、水果、坚果或植物其他部分的制品 | Preparations of vegetables, fruit，nuts or other parts of plants | 21.15 | 3.01 | 22.73 | 3.33 |
| 21章 杂项食品 | Miscellaneous edible preparations | 32.67 | 4.66 | 32.98 | 4.84 |
| 22章 饮料、酒及醋 | Beverages，spirits and vinegar | 80.08 | 11.37 | 75.49 | 11.15 |
| 23章 食品工业的残渣及废料；配制的动物饲料 | Residues and waste from the food industries；prepared animal fodder | 130.36 | 18.64 | 125.47 | 18.38 |
| 24章 烟草及烟草代用品的制品 | Tobacco and manufactured tobacco substitutes | 54.85 | 7.88 | 57.64 | 8.44 |
| **第五类 矿产品** | **MINERAL PRODUCTS** | **18381.44** | **2613.05** | **13448.01** | **1968.86** |
| 25章 盐；硫磺；泥土及石料；石膏料、石灰及水泥 | Salt；sulphur；earths and stone；plastering materials，lime and cement | 430.93 | 61.16 | 187.03 | 27.42 |
| 26章 矿砂、矿渣及矿灰 | Ores，slag and ash | 6056.48 | 859.37 | 4788.58 | 700.99 |
| 27章 矿物燃料、矿物油及其蒸馏产品；沥青物质；矿物蜡 | Mineral fuels，mineral oils and products of their distillation; bituminous substances; mineral waxes | 11894.04 | 1692.52 | 8472.40 | 1240.45 |
| **第六类 化学工业及其相关工业的产品** | **PRODUCTS OF THE CHEMICAL OR INDUSTRIES ALLIED** | **5404.04** | **769.11** | **4737.55** | **694.21** |
| 28章 无机化学品；贵金属、稀土金属、放射性元素及其同位素的有机及无机化合物 | Inorganic chemicals；organic or inorganic compounds of precious metals，of rare- earth metals, of radioactive elements or of isotopes | 644.29 | 91.92 | 424.14 | 62.18 |
| 29章 有机化学品 | Organic chemicals | 2760.95 | 392.37 | 2470.38 | 361.74 |
| 30章 药品 | Pharmaceutical products | 344.98 | 49.11 | 410.22 | 60.20 |
| 31章 肥料 | Fertilizers | 242.33 | 34.81 | 136.34 | 19.93 |
| 32章 鞣料浸膏及染料浸膏；鞣酸及其衍生物；染料、颜料及其他着色料；油漆及清漆；油灰及其他类似胶粘剂；墨水、油墨 | Tanning or dyeing extracts；tannins and their derivatives；dyes，pigments and other colouring matter；paints and varnishes； putty and other mastics；inks | 282.49 | 40.23 | 244.89 | 35.92 |
| 33章 精油及香膏； 芳香料制品及化妆盥洗品 | Essential oils and retinoid；perfumery，cosmetic or toilet preparations | 78.52 | 11.16 | 80.20 | 11.78 |
| 34章 肥皂、有机表面活性剂、洗涤剂、润滑剂、人造蜡、调制蜡、光洁剂、蜡烛及类似品、塑型用膏、"牙科用蜡"及牙科用熟石膏制剂 | Soap，organic surface-active agents，washing preparations，lubricating preparations，artificial waxes，prepared waxes，polishing or scouring preparations，candles and similar articles，modelling pastes，"dental waxes" and dental preparations with a basis of plast | 154.71 | 22.00 | 141.73 | 20.80 |
| 35章 蛋白类物质；改性淀粉；胶；酶 | Albuminoidal substances；modified starches；glues；enzymes | 108.27 | 15.44 | 105.39 | 15.46 |
| 36章 炸药；烟火制品；火柴；引火合金；易燃材料制品 | Explosives；pyrotechnic products；matches；pyrophoric alloys；certain combustible preparations | 2.35 | 0.33 | 2.99 | 0.44 |
| 37章 照相及电影用品 | Photographic or cinematographic goods | 106.09 | 15.14 | 105.36 | 15.43 |
| 38章 杂项化学产品 | Miscellaneous chemical products | 679.04 | 96.60 | 615.92 | 90.34 |
| **第七类 塑料及其制品，橡胶及其制品** | **PLASTICS AND ARTICLES THEREOF RUBBER AND ARTICLES THEREOF** | **4265.48** | **607.65** | **4019.32** | **588.90** |
| 39章 塑料及其制品 | Plastics and articles thereof | 3428.93 | 488.63 | 3311.56 | 485.16 |
| 40章 橡胶及其制品 | Rubber and articles thereof | 836.55 | 119.03 | 707.76 | 103.74 |
| **第八类 生皮、皮革、毛皮及其制品；鞍具及挽具；旅行用品、手提包及类似品；动物肠线(蚕胶丝除外)制品** | **RAW HIDES AND SKINS，LEATHER，FUR SKINS AND ARTICLES THEREOF；SADDLERY AND HARNESS；TRAVEL GOODS，HANDBAGS AND SIMILAR CONTAINERS；ARTICLES OF ANIMAL GUT(OTHER THAN SILK-WORM GUT)** | **476.54** | **67.95** | **384.74** | **56.36** |
| 41章 生皮(毛皮除外)及皮革 | Raw hides and skins(other than fur skins) and leather | 395.55 | 56.40 | 304.48 | 44.59 |

6-17 续表 2 Continued 2

单位：亿元
Unit：100 million

| 商品分类 | HS Section and Division | 2008 | | 2009 | |
|---|---|---|---|---|---|
| | | 人民币 RMB Yuan | 美元 USD | 人民币 RMB Yuan | 美元 USD |
| 42章 皮革制品；鞍具及挽具；旅行用品、手提包及类似容器；动物肠线(蚕胶丝除外)制品 | Articles of leather；saddlery and harness；travel goods，hand bags and similar containers；articles of animal gut (other than silk-worm gut) | 49.18 | 7.01 | 48.58 | 7.12 |
| 43章 毛皮、人造毛皮及其制品 | Fur skins and artificial fur；manufactures thereof | 31.82 | 4.55 | 31.68 | 4.65 |
| **第九类 木及木制品；木炭；软木及软木制品；稻草，秸秆、针茅或其他编结材料制品；篮筐及柳条编结品** | **WOOD AND ARTICLES OF WOOD；WOOD CHAR-COAL；CORK AND ARTICLES OF CORK；MANUFACTURES OF STRAW，OF ESPARTO OR OF OTHER PLAITING MATERIALS；BASKET WARE AND WICKERWORK** | **566.13** | **80.66** | **497.20** | **72.90** |
| 44章 木及木制品；木炭 | Wood and articles of wood；wood charcoal | 563.08 | 80.23 | 494.58 | 72.52 |
| 45章 软木及软木制品 | Cork and articles of cork | 2.52 | 0.35 | 2.22 | 0.33 |
| 46章 稻草、秸秆、针茅或其他编结材料制品；篮筐及柳条编结品 | Manufactures of straw，of esparto or of other plaiting Materials；basket ware and wickerwork | 0.53 | 0.08 | 0.40 | 0.06 |
| **第十类 木浆及其他纤维状纤维素浆；纸及纸板的废碎品；纸、纸板及其制品** | **PULP OF WOOD OR OF OTHER FIBROUS CELLULOSIC MATERIAL；WASTE AND SCRAP OF PAPER OR PAPERBOARD；PAPER AND PAPERBOARD AND ARTICLES THEREOF** | **1224.97** | **174.45** | **1063.01** | **155.69** |
| 47章 木浆及其他纤维状纤维素浆；纸及纸板的废碎品 | Pulp of wood or of other fibrous cellulosic material；waste and scrap of paper or paperboard | 861.21 | 122.60 | 726.92 | 106.41 |
| 48章 纸及纸板；纸浆、纸或纸板制品 | Paper and paperboard；articles of paper pulp，of paper or paperboard | 306.13 | 43.63 | 264.57 | 38.80 |
| 49章 书籍、报纸、印刷图画及其他印制品；手稿、打字稿及设计图纸 | Printed books，newspapers，pictures and other products of the printing industry；manuscripts，typescripts and plans | 57.63 | 8.21 | 71.52 | 10.49 |
| **第十一类 纺织原料及纺织制品** | **TEXTILES AND TEXTILE ARTICLES** | **1753.69** | **249.98** | **1486.08** | **217.80** |
| 50章 蚕丝 | Silk | 8.15 | 1.17 | 7.45 | 1.09 |
| 51章 羊毛、动物细毛或粗毛；马毛纱线及其机织物 | Wool，fine or coarse animal hair；horsehair yarn and woven fabric | 184.10 | 26.20 | 151.05 | 22.15 |
| 52章 棉花 | Cotton | 522.94 | 74.45 | 422.05 | 61.80 |
| 53章 其他植物纺织纤维；纸纱线及其机织物 | Other vegetable textile fibres；paper yarn and woven fabrics of paper yarn | 29.06 | 4.13 | 27.03 | 3.96 |
| 54章 化学纤维长丝 | Man-made filaments | 255.75 | 36.51 | 219.01 | 32.10 |
| 55章 化学纤维短纤 | Man-made short fibres | 176.85 | 25.20 | 171.10 | 25.09 |
| 56章 絮胎、毡呢及无纺织物；特种纱线；线、绳、索、缆及其制品 | Wadding，felt and nonwoven；special yarns；twine，cordage，ropes and cables and articles thereof | 69.97 | 9.99 | 61.31 | 8.99 |
| 57章 地毯及纺织材料的其他铺地制品 | Carpets and other textile floor coverings | 7.13 | 1.01 | 6.92 | 1.02 |
| 58章 特种机织物；簇绒织物；花边；装饰毯； 装饰带； 刺绣品 | Special woven fabrics；tufted textile fabrics；lace；tapestries；trimmings；embroidery | 51.69 | 7.38 | 42.32 | 6.20 |
| 59章 浸渍、涂布、包覆或层压的纺织物；工业用纺织制品 | Impregnated，coated，covered or laminated textile fabrics；textile articles of a kind suitable for industrial use | 121.26 | 17.28 | 102.79 | 15.08 |
| 60章 针织物及钩编织物 | Knitted or crocheted fabrics | 161.73 | 23.11 | 145.91 | 21.37 |
| 61章 针织或钩编的服装及衣着附件 | Articles of apparel and clothing accessories，knitted or crocheted | 59.85 | 8.54 | 43.17 | 6.33 |
| 62章 非针织或非钩编的服装及衣着附件 | Articles of apparel and clothing accessories，not knitted or crocheted | 85.72 | 12.22 | 69.50 | 10.20 |

6-17 续表 3 Continued 3

单位：亿元
Unit：100 Million

| 商品分类 | HS Section and Division | 2008 人民币 RMB Yuan | 2008 美元 USD | 2009 人民币 RMB Yuan | 2009 美元 USD |
|---|---|---|---|---|---|
| 63章 其他纺织制成品；成套物品；旧衣着及旧纺织品；碎织物 | Other made up textile articles；sets；worn clothing and worn textile articles；rags articles；rags | 19.49 | 2.80 | 16.47 | 2.42 |
| **第十二类 鞋、帽、伞、杖、鞭及其零件；已加工的羽毛及其制品；人造花；人发制品** | **FOOTWEAR，HEADGEAR，UMBRELLAS，SUN UMBRELLAS，WALKING-STICKS，SEAT-STICKS，WHIPS，RIDING-CROPS AND PARTS THEREOF；PREPARED FEATHERS AND ARTICLES MADE THEREWITH；ARTIFICIAL FLOWERS；ARTICLES OF HUMAN HAIR** | **87.13** | **12.39** | **74.19** | **10.87** |
| 64章 鞋靴、护腿和类似品及其零件 | Footwear，gaiters and the like；parts of such articles | 71.30 | 10.15 | 60.05 | 8.80 |
| 65章 帽类及其零件 | Headgear and parts thereof | 1.71 | 0.24 | 1.42 | 0.21 |
| 66章 雨伞、阳伞、手杖、鞭子、马鞭及其零件 | Umbrellas，sun umbrellas，walking-sticks，seat-sticks，whips，riding-crops and parts thereof | 0.45 | 0.06 | 0.39 | 0.06 |
| 67章 已加工羽毛、羽绒及其制品；人造花；人发制品 | Prepared feathers and down and articles made of feathers or of down；artificial flowers；articles of human hair | 13.67 | 1.93 | 12.33 | 1.80 |
| **第十三类 石料、石膏、水泥、石棉、云母及类似材料的制品；陶瓷产品；玻璃及其制品** | **ARTICLES OF STONE，PLASTER，CEMENT，ASBESTOS，MICA OR SIMILAR MATERIALS；CERAMIC PRODUCTS；GLASS AND GLASSWARE** | **333.85** | **47.50** | **284.34** | **41.78** |
| 68章 石料、石膏、水泥、石棉、云母及类似材料的制品 | Articles of stone，plaster，cement，asbestos，mica or similar materials；ceramic products；glass and glassware | 62.12 | 8.83 | 49.43 | 7.27 |
| 69章 陶瓷产品 | Ceramic products | 31.48 | 4.47 | 28.15 | 4.16 |
| 70章 玻璃及其制品 | Glass and glassware | 240.26 | 34.20 | 206.76 | 30.36 |
| **第十四类 天然或养殖珍珠、宝石或半宝石、贵金属、包贵金属及其制品；仿首饰；硬币** | **NATURAL OR CULTURED PEARLS，PRECIOUS OR SEMI-PRECIOUS STONES，PRECIOUS METALS，METALS CLAD WITH PRECIOUS METAL AND STONES，PRECIOUS METALS，METALS CLAD WITH PRECIOUS METAL AND ARTICLES THEREOF；IMITATION JEWELLERY；COIN** | **529.89** | **75.48** | **446.97** | **65.45** |
| 71章 天然或养殖珍珠、宝石或半宝石、贵金属、包贵金属及其制品；仿首饰；硬币 | Natural or cultured pearls，precious or semi-precious stones，precious metals，metals clad with precious metal and articles thereof；imitation jewellery；coin | 529.89 | 75.48 | 446.97 | 65.45 |
| **第十五类 贱金属及其制品** | **BASE METALS AND ARTICLES OF BASE METAL** | **5591.51** | **795.16** | **5899.22** | **864.53** |
| 72章 钢铁 | Iron and steel | 1721.50 | 245.34 | 1900.46 | 278.34 |
| 73章 钢铁制品 | Articles of iron or steel | 741.06 | 105.48 | 604.25 | 88.85 |
| 74章 铜及其制品 | Copper and articles thereof | 1834.09 | 260.51 | 2018.52 | 295.57 |
| 75章 镍及其制品 | Nickel and articles thereof | 359.20 | 50.62 | 346.38 | 50.84 |
| 76章 铝及其制品 | Aluminium and articles thereof | 479.95 | 68.35 | 583.06 | 85.40 |
| 78章 铅及其制品 | Lead and articles thereof | 8.87 | 1.27 | 22.34 | 3.27 |
| 79章 锌及其制品 | Zinc and articles thereof | 62.88 | 8.97 | 94.04 | 13.77 |
| 80章 锡及其制品 | Tin and articles thereof | 32.84 | 4.69 | 31.99 | 4.68 |
| 81章 其他贱金属、金属陶瓷及其制品 | Other base metals；cermets；articles thereof | 92.66 | 13.17 | 73.35 | 10.74 |
| 82章 贱金属工具、器具、利口器、餐匙、餐叉及其零件 | Tools，implements，cutlery，spoons and forks，of base metal；parts thereof of base metal | 163.81 | 23.31 | 143.78 | 21.14 |
| 83章 贱金属杂项制品 | Miscellaneous articles of base metal | 94.64 | 13.45 | 81.03 | 11.93 |

6-17 续表 4 Continued 4

单位：亿元
Unit：100 Million

| 商品分类 | HS Section and Division | 2008 人民币 RMB Yuan | 2008 美元 USD | 2009 人民币 RMB Yuan | 2009 美元 USD |
|---|---|---|---|---|---|
| **第十六类 机器、机械器具、电气设备及其零件；录音机及放声机、电视图像、声音的录制和重放设备及其零件、附件** | **MACHINERY AND MECHANICAL APPLIANCES；ELECTRICAL EQUIPMENT；PARTS THEREOF；SOUND RECORDERS AND REPRODUCERS，TELEVISION IMAGE AND SOUND RECORDERS AND REPRODUCERS；AND PARTS AND ACCESSORIES OF RECORDERS AND REPRODUCERS；AND PARTS AND ACCESSORIES OF SUCH ARTICLES** | **28420.16** | **4053.10** | **25034.66** | **3672.64** |
| 84章 核反应堆、锅炉、机器、机械器具及其零件 | Nuclear reactors，boilers，machinery and mechanical appliances；parts thereof | 9751.04 | 1387.96 | 8401.56 | 1235.38 |
| 85章 电机、电气设备及其零件；录音机及放声机、电视图像、声音的录制和重放设备及其零件、附件 | Electrical machinery and equipment and parts thereof；sound recorders and reproducers，television image and sound recorders and reproducers，and parts and accessories of such articles | 18669.12 | 2665.15 | 16633.11 | 2437.27 |
| **第十七类 车辆、航空器、船舶及有关运输设备** | **VEHICLES，AIRCRAFT，VESSELS AND ASSOCIATED TRANSPORT EQUIPMENT** | **2797.22** | **397.54** | **2920.50** | **429.47** |
| 86章 铁道及电车道机车、车辆及其零件；铁道及电车轨道固定装置及其零件、附件；各种机械(包括电动机械)交通信号设备 | Railway or tramway locomotives，rolling-stock and parts thereof；railway or tramway track fixtures and fittings and parts thereof；mechanical(including electro-mechanical) traffic signalling equipment of all kinds | 102.29 | 14.47 | 106.43 | 15.74 |
| 87章 车辆及其零件、附件，但铁道及电车道车辆除外 | Vehicles other than railway or tramway rolling-stock，and parts and accessories thereof | 1898.98 | 269.63 | 1926.44 | 283.67 |
| 88章 航空器、航天器及其零件 | Aircraft，spacecraft，and parts thereof | 706.08 | 100.56 | 718.32 | 105.26 |
| 89章 船舶及浮动结构体 | Ships，boats and floating structures | 89.86 | 12.88 | 169.30 | 24.81 |
| **第十八类 光学、照相、电影、计量、检验、医疗或外科用仪器及设备、精密仪器及设备；钟表；乐器；上述物品的零件、附件** | **OPTICAL，PHOTOGRAPHIC，CINEMATOGRAPHIC，MEASURING，CHECKING，PRECISION，MEDICAL OR SURGICAL INSTRUMENTS AND APPARATUS；CLOCKS AND WATCHES；MUSICAL INSTRUMENTS；PARTS AND ACCESSORIES THEREOF** | **5600.70** | **797.65** | **4688.27** | **687.37** |
| 90章 光学、照相、电影、计量、检验、医疗或外科用仪器及设备、精密仪器及设备；上述物品的零件、附件 | Optical，photographic，cinematographic，measuring，checking，precision medical or surgical instruments and apparatus；parts and accessories thereof | 5456.12 | 777.09 | 4569.54 | 669.86 |
| | Clocks and watches and parts thereof | 130.78 | 18.60 | 106.48 | 15.71 |
| 92章 乐器及其零件、附件 | Musical instruments；parts and accessories of such articles | 13.80 | 1.97 | 12.25 | 1.80 |
| **第十九类 武器、弹药及其零件、附件** | **ARMS AND AMMUNITION；PARTS AND ACCESSORIES THEREOF** | **0.21** | **0.03** | **0.32** | **0.05** |
| 93章 武器、弹药及其零件、附件 | Arms and ammunition；parts and accessories thereof | 0.21 | 0.03 | 0.32 | 0.05 |
| **第二十类 杂项制品** | **MISCELLANEOUS MANUFACTURED ARTICLES** | **249.18** | **35.51** | **248.02** | **36.43** |
| 94章 家具；寝具、褥垫、弹簧床垫、软坐垫及类似的填充制品；未列名灯具及照明装置；发光标志、发光名牌及类似品；活动房屋 | Furniture；bedding，mattresses，mattress supports，cushions and similar stuffed furnishings；lamps and lighting fittings，not elsewhere specified or included；illuminated signs，illuminated | 107.49 | 15.26 | 125.07 | 18.40 |
| 95章 玩具、游戏品、运动用品及其零件、附件 | Toys，games and sports requisites；parts and accessories thereof | 83.44 | 11.93 | 70.11 | 10.27 |
| 96章 杂项制品 | Miscellaneous manufactured articles | 58.24 | 8.32 | 52.84 | 7.75 |
| **第二十一类 艺术品、收藏品及古物** | **WORKS OF ART，COLLECTORS' PIECES AND ANTIQUES** | **1.55** | **0.22** | **0.73** | **0.11** |
| 97章 艺术品、收藏品及古物 | Works of art，collectors' pieces and antiques | 1.55 | 0.22 | 0.73 | 0.11 |
| **第二十二类 特殊交易品及未分类商品** | **COMMODITIES AND TRANSACTIONS NOT CLASSIFIED ACCORDING TO KIND** | **307.43** | **44.08** | **225.80** | **33.05** |
| 98章 特殊交易品及未分类商品 | Commodities and transactions not classified according to kind | 307.43 | 44.08 | 225.80 | 33.05 |

# 6-18 一般贸易项下进出口商品分类章金额

## Value of Imports and Exports in Ordinary by HS

单位：亿元
Unit：100 million

| 商品分类 | HS Section and Division | 出口 Exports | | 进口 Imports | |
|---|---|---|---|---|---|
| | | 人民币 RMB Yuan | 美元 USD | 人民币 RMB Yuan | 美元 USD |
| **总　　额** | **Total** | **36158.89** | **5298.12** | **36437.78** | **5344.70** |
| **第一类　活动物；动物产品** | **LIVE ANIMALS；ANIMAL PRODUCTS** | **425.87** | **62.46** | **230.53** | **33.77** |
| 01章　活动物 | Live animals | 30.13 | 4.41 | 9.49 | 1.39 |
| 02章　肉及食用杂碎 | Meat and edible meat offal | 51.59 | 7.56 | 112.63 | 16.49 |
| 03章　鱼、甲壳动物、软体动物及其他水生无脊椎动物 | Fish and crustaceans molluscs and other aquatic invertebrates | 257.54 | 37.71 | 47.23 | 6.92 |
| 04章　乳品；蛋品；天然蜂蜜；其他食用动物产品 | Dairy produce；birds' eggs；natural honey；edible products of animal origin，not elsewhere specified or included | 22.00 | 3.22 | 58.08 | 8.51 |
| 05章　其他动物产品 | Products of animal origin，not elsewhere specified or included | 64.61 | 9.56 | 3.10 | 0.45 |
| **第二类　植物产品** | **VEGETABLE PRODUCTS** | **729.11** | **106.78** | **1579.13** | **231.18** |
| 06章　活树及其他活植物；鳞茎、根及类似品；插花及装饰用簇叶 | Live tree and other plants；bulbs，roots and the like；cut flowers and ornamental foliage | 11.87 | 1.74 | 5.90 | 0.87 |
| 07章　食用蔬菜、根及块茎 | Edible vegetables and certain roots and tubers | 311.98 | 45.68 | 68.89 | 10.08 |
| 08章　食用水果及坚果；甜瓜或柑桔属水果的果皮 | Edible fruit and nuts；peel of citrus fruit or melons | 116.72 | 17.10 | 82.24 | 12.04 |
| 09章　咖啡、茶、马黛茶及调味香料 | Coffee，tea，mate and spices | 92.51 | 13.55 | 4.30 | 0.63 |
| 10章　谷物 | Cereals | 37.34 | 5.47 | 53.33 | 7.81 |
| 11章　制粉工业产品；麦芽；淀粉；菊粉；面筋 | Products of the milling industry；malt；starches；inulin；wheat gluten | 19.43 | 2.84 | 15.90 | 2.33 |
| 12章　含油子仁及果实；杂项子仁及果实；工业用或药用植物；稻草、秸秆及饲料 | Oil seeds and oleaginous fruits；miscellaneous grains，seeds and fruit；industrial or medicinal plants；straw and fodder | 112.46 | 16.47 | 1336.16 | 195.60 |
| 13章　虫胶；树胶、树脂及其他植物液、汁 | Lac；gums，resins and other vegetable saps and extracts | 23.03 | 3.37 | 6.15 | 0.90 |
| 14章　编结用植物材料；其他植物产品 | Vegetable plaiting materials；vegetable products not elsewhere specified or included | 3.77 | 0.55 | 6.26 | 0.92 |
| **第三类　动、植物油、脂及其分解产品；精制的食用油脂；动、植物蜡** | **ANIMAL OR VEGETABLE FATS AND OILS AND THEIR CLEAVAGE PRODUCTS；PREPARED EDIBLE FATS；ANIMAL OR VEGETABLE WAXES** | **14.84** | **2.17** | **420.72** | **61.60** |
| 15章　动、植物油、脂及其分解产品；精制的食用油脂；动、植物蜡 | Animal or vegetable fats and oils and their cleavage products；prepared edible fats；animal or vegetable waxes | 14.84 | 2.17 | 420.72 | 61.60 |
| **第四类　食品；饮料、酒及醋；烟草、烟草及烟草代用品的制品** | **PREPARED FOODSTUFFS；BEVERAGES, SPIRITS AND VINEGAR; TOBACCO AND MANUFACTURED TOBACCO SUBSTITUTES** | **834.67** | **122.22** | **353.44** | **51.85** |
| 16章　肉、鱼、甲壳动物、软体动物及其他水生无脊椎动物的制品 | Preparations of meat，of fish or of crustaceans，molluscs or other aquatic invertebrates | 230.45 | 33.75 | 1.50 | 0.22 |
| 17章　糖及糖食 | Sugars and sugar confectionery | 42.26 | 6.19 | 25.76 | 3.78 |
| 18章　可可及可可制品 | Cocoa and cocoa preparations | 4.37 | 0.64 | 12.94 | 1.91 |
| 19章　谷物、粮食粉、淀粉或乳的制品；糕饼点心 | Preparations of cereals，flour，starch or milk；pastry-cooks' products | 45.42 | 6.65 | 56.69 | 8.31 |

6-18 续表 1 Continued 1

单位：亿元
Unit：100 million

| 商品分类 | | HS Section and Division | 出口 Exports | | 进口 Imports | |
|---|---|---|---|---|---|---|
| | | | 人民币 RMB Yuan | 美元 USD | 人民币 RMB Yuan | 美元 USD |
| 20章 | 蔬菜、水果、坚果或植物其他部分的制品 | Preparations of vegetables, fruit，nuts or other parts of plants | 238.60 | 34.94 | 20.93 | 3.07 |
| 21章 | 杂项食品 | Miscellaneous edible preparations | 67.73 | 9.92 | 24.93 | 3.66 |
| 22章 | 饮料、酒及醋 | Beverages，spirits and vinegar | 47.48 | 6.95 | 32.13 | 4.77 |
| 23章 | 食品工业的残渣及废料；配制的动物饲料 | Residues and waste from the food industries；prepared animal fodder | 101.41 | 14.85 | 124.38 | 18.22 |
| 24章 | 烟草及烟草代用品的制品 | Tobacco and manufactured tobacco substitutes | 56.94 | 8.33 | 54.18 | 7.93 |
| **第五类** | **矿产品** | **MINERAL PRODUCTS** | **567.79** | **83.12** | **11276.72** | **1651.00** |
| 25章 | 盐；硫磺；泥土及石料；石膏料、石灰及水泥 | Salt；sulphur；earths and stone；plastering materials，lime and cement | 136.80 | 20.03 | 162.03 | 23.76 |
| 26章 | 矿砂、矿渣及矿灰 | Ores，slag and ash | 8.23 | 1.21 | 4581.82 | 670.72 |
| 27章 | 矿物燃料、矿物油及其蒸馏产品；沥青物质；矿物蜡 | Mineral fuels，mineral oils and products of their distillation; bituminous substances; mineral waxes | 422.75 | 61.88 | 6532.86 | 956.52 |
| **第六类** | **化学工业及其相关工业的产品** | **PRODUCTS OF THE CHEMICAL OR INDUSTRIES ALLIED** | **2953.12** | **432.58** | **3212.77** | **470.88** |
| 28章 | 无机化学品；贵金属、稀土金属、放射性元素及其同位素的有机及无机化合物 | Inorganic chemicals；organic or inorganic compounds of precious metals，of rare- earth metals, of radioactive elements or of isotopes | 483.55 | 70.80 | 252.65 | 37.04 |
| 29章 | 有机化学品 | Organic chemicals | 1387.64 | 203.27 | 1813.43 | 265.56 |
| 30章 | 药品 | Pharmaceutical products | 175.70 | 25.79 | 273.93 | 40.23 |
| 31章 | 肥料 | Fertilizers | 157.14 | 22.98 | 93.75 | 13.72 |
| 32章 | 鞣料浸膏及染料浸膏；鞣酸及其衍生物；染料、颜料及其他着色料；油漆及清漆；油灰及其他类似胶粘剂；墨水、油墨 | Tanning or dyeing extracts；tannins and their derivatives；dyes，pigments and other colouring matter；paints and varnishes；putty and other mastics；inks | 186.42 | 27.32 | 135.17 | 19.85 |
| 33章 | 精油及香膏； 芳香料制品及化妆盥洗品 | Essential oils and retinoid；perfumery，cosmetic or toilet preparations | 64.99 | 9.52 | 40.95 | 6.01 |
| 34章 | 肥皂、有机表面活性剂、洗涤剂、润滑剂、人造蜡、调制蜡、光洁剂、蜡烛及类似品、塑型用膏、“牙科用蜡”及牙科用熟石膏制剂 | Soap，organic surface-active agents，washing preparations，lubricating preparations，artificial waxes，prepared waxes，polishing or scouring preparations，candles and similar articles，modelling pastes，“dental waxes” and dental preparations with a basis of plast | 80.90 | 11.85 | 118.26 | 17.36 |
| 35章 | 蛋白类物质；改性淀粉；胶；酶 | Albuminoidal substances；modified starches；glues；enzymes | 74.86 | 10.97 | 47.27 | 6.95 |
| 36章 | 炸药；烟火制品；火柴；引火合金；易燃材料制品 | Explosives；pyrotechnic products；matches；pyrophoric alloys；certain combustible preparations | 43.39 | 6.35 | 1.74 | 0.26 |
| 37章 | 照相及电影用品 | Photographic or cinematographic goods | 23.18 | 3.40 | 50.29 | 7.36 |
| 38章 | 杂项化学产品 | Miscellaneous chemical products | 275.34 | 40.34 | 385.34 | 56.55 |
| **第七类** | **塑料及其制品，橡胶及其制品** | **PLASTICS AND ARTICLES THEREOF RUBBER AND ARTICLES THEREOF** | **879.71** | **128.87** | **2002.34** | **293.52** |
| 39章 | 塑料及其制品 | Plastics and articles thereof | 755.37 | 110.65 | 1652.14 | 242.14 |
| 40章 | 橡胶及其制品 | Rubber and articles thereof | 124.33 | 18.22 | 350.20 | 51.38 |
| **第八类** | **生皮、皮革、毛皮及其制品；鞍具及挽具；旅行用品、手提包及类似品；动物肠线(蚕胶丝除外)制品** | **RAW HIDES AND SKINS，LEATHER，FUR SKINS AND ARTICLES THEREOF；SADDLERY AND HARNESS；TRAVEL GOODS，HANDBAGS AND SIMILAR CONTAINERS；ARTICLES OF ANIMAL GUT(OTHER THAN SILK-WORM GUT)** | **737.79** | **108.04** | **153.54** | **22.51** |
| 41章 | 生皮(毛皮除外)及皮革 | Raw hides and skins(other than fur skins) and leather | 9.87 | 1.45 | 112.39 | 16.46 |

6-18 续表 2 Continued 2

单位：亿元
Unit: 100 million

| 商品分类 | HS Section and Division | 出口 Exports 人民币 RMB Yuan | 出口 Exports 美元 USD | 进口 Imports 人民币 RMB Yuan | 进口 Imports 美元 USD |
|---|---|---|---|---|---|
| 42章 皮革制品；鞍具及挽具；旅行用品、手提包及类似容器；动物肠线(蚕胶丝除外)制品 | Articles of leather; saddlery and harness; travel goods, hand bags and similar containers; articles of animal gut (other than silk-worm gut) | 676.43 | 99.05 | 37.14 | 5.45 |
| 43章 毛皮、人造毛皮及其制品 | Fur skins and artificial fur; manufactures thereof | 51.50 | 7.54 | 4.01 | 0.60 |
| **第九类 木及木制品；木炭；软木及软木制品；稻草，秸秆、针茅或其他编结材料制品；篮筐及柳条编结品** | **WOOD AND ARTICLES OF WOOD; WOOD CHAR-COAL; CORK AND ARTICLES OF CORK; MANUFACTURES OF STRAW, OF ESPARTO OR OF OTHER PLAITING MATERIALS; BASKET WARE AND WICKERWORK** | **524.46** | **76.82** | **291.27** | **42.75** |
| 44章 木及木制品；木炭 | Wood and articles of wood; wood charcoal | 423.83 | 62.08 | 288.95 | 42.40 |
| 45章 软木及软木制品 | Cork and articles of cork | 1.01 | 0.15 | 2.17 | 0.32 |
| 46章 稻草、秸秆、针茅或其他编结材料制品；篮筐及柳条编结品 | Manufactures of straw, of esparto or of other plaiting Materials; basket ware and wickerwork | 99.61 | 14.58 | 0.14 | 0.02 |
| **第十类 木浆及其他纤维状纤维素浆；纸及纸板的废碎品；纸、纸板及其制品** | **PULP OF WOOD OR OF OTHER FIBROUS CELLULOSIC MATERIAL; WASTE AND SCRAP OF PAPER OR PAPERBOARD; PAPER AND PAPERBOARD AND ARTICLES THEREOF** | **288.06** | **42.19** | **756.08** | **110.75** |
| 47章 木浆及其他纤维状纤维素浆；纸及纸板的废碎品 | Pulp of wood or of other fibrous cellulosic material; waste and scrap of paper or paperboard | 4.75 | 0.70 | 580.82 | 85.02 |
| 48章 纸及纸板；纸浆、纸或纸板制品 | Paper and paperboard; articles of paper pulp, of paper or paperboard | 225.93 | 33.09 | 140.63 | 20.64 |
| 49章 书籍、报纸、印刷图画及其他印制品；手稿、打字稿及设计图纸 | Printed books, newspapers, pictures and other products of the printing industry; manuscripts, typescripts and plans | 57.37 | 8.41 | 34.63 | 5.09 |
| **第十一类 纺织原料及纺织制品** | **TEXTILES AND TEXTILE ARTICLES** | **8001.38** | **1171.90** | **447.55** | **65.66** |
| 50章 蚕丝 | Silk | 86.00 | 12.59 | 0.58 | 0.09 |
| 51章 羊毛、动物细毛或粗毛；马毛纱线及其机织物 | Wool, fine or coarse animal hair; horsehair yarn and woven fabric | 70.85 | 10.37 | 77.06 | 11.30 |
| 52章 棉花 | Cotton | 436.27 | 63.87 | 84.08 | 12.31 |
| 53章 其他植物纺织纤维；纸纱线及其机织物 | Other vegetable textile fibres; paper yarn and woven fabrics of paper yarn | 32.51 | 4.76 | 14.02 | 2.05 |
| 54章 化学纤维长丝 | Man-made filaments | 407.87 | 59.72 | 49.53 | 7.26 |
| 55章 化学纤维短纤 | Man-made short fibres | 303.01 | 44.36 | 75.74 | 11.12 |
| 56章 絮胎、毡呢及无纺织物；特种纱线；线、绳、索、缆及其制品 | Wadding, felt and nonwoven; special yarns; twine, cordage, ropes and cables and articles thereof | 94.94 | 13.91 | 18.90 | 2.78 |
| 57章 地毯及纺织材料的其他铺地制品 | Carpets and other textile floor coverings | 83.16 | 12.18 | 4.33 | 0.64 |
| 58章 特种机织物；簇绒织物；花边；装饰毯；装饰带；刺绣品 | Special woven fabrics; tufted textile fabrics; lace; tapestries; trimmings; embroidery | 208.02 | 30.45 | 4.49 | 0.66 |
| 59章 浸渍、涂布、包覆或层压的纺织物；工业用纺织制品 | Impregnated, coated, covered or laminated textile fabrics; textile articles of a kind suitable for industrial use | 205.90 | 30.15 | 24.88 | 3.66 |
| 60章 针织物及钩编织物 | Knitted or crocheted fabrics | 282.54 | 41.36 | 10.20 | 1.50 |
| 61章 针织或钩编的服装及衣着附件 | Articles of apparel and clothing accessories, Knitted or crocheted | 2777.58 | 406.82 | 28.76 | 4.22 |
| 62章 非针织或非钩编的服装及衣着附件 | Articles of apparel and clothing accessories, not knitted or crocheted | 2131.62 | 312.32 | 49.50 | 7.27 |

6-18 续表 3 Continued 3

单位：亿元
Unit: 100 million

| 商品分类 | HS Section and Division | 出口 Exports | | 进口 Imports | |
|---|---|---|---|---|---|
| | | 人民币 RMB Yuan | 美元 USD | 人民币 RMB Yuan | 美元 USD |
| 63章 其他纺织制成品；成套物品；旧衣着及旧纺织品；碎织物 | Other made up textile articles; sets; worn clothing and worn textile articles; rags articles; rags | 881.11 | 129.03 | 5.48 | 0.80 |
| **第十二类 鞋、帽、伞、杖、鞭及其零件；已加工的羽毛及其制品；人造花；人发制品** | **FOOTWEAR, HEADGEAR, UMBRELLAS, SUN UMBRELLAS, WALKING-STICKS, SEAT-STICKS, WHIPS, RIDING-CROPS AND PARTS THEREOF; PREPARED FEATHERS AND ARTICLES MADE THEREWITH; ARTIFICIAL FLOWERS; ARTICLES OF HUMAN HAIR** | **1335.58** | **195.53** | **43.48** | **6.38** |
| 64章 鞋靴、护腿和类似品及其零件 | Footwear, gaiters and the like; parts of such articles | 1028.07 | 150.51 | 42.66 | 6.25 |
| 65章 帽类及其零件 | Headgear and parts thereof | 104.72 | 15.33 | 0.63 | 0.09 |
| 66章 雨伞、阳伞、手杖、鞭子、马鞭及其零件 | Umbrellas, sun umbrellas, walking-sticks, seat-sticks, whips, riding-crops and parts thereof | 96.79 | 14.17 | 0.10 | 0.02 |
| 67章 已加工羽毛、羽绒及其制品；人造花；人发制品 | Prepared feathers and down and articles made of feathers or of down; artificial flowers; articles of human hair | 96.50 | 13.75 | 0.09 | 0.01 |
| **第十三类 石料、石膏、水泥、石棉、云母及类似材料的制品；陶瓷产品；玻璃及其制品** | **ARTICLES OF STONE, PLASTER, CEMENT, ASBESTOS, MICA OR SIMILAR MATERIALS; CERAMIC PRODUCTS; GLASS AND GLASSWARE** | **106.00** | **15.52** | **0.10** | **0.01** |
| 68章 石料、石膏、水泥、石棉、云母及类似材料的制品 | Articles of stone, plaster, cement, asbestos, mica or similar materials; ceramic products; glass and glassware | 1146.75 | 167.99 | 114.82 | 16.92 |
| 69章 陶瓷产品 | Ceramic products | 279.50 | 40.93 | 28.14 | 4.14 |
| 70章 玻璃及其制品 | Glass and glassware | 511.92 | 74.99 | 20.02 | 2.97 |
| **第十四类 天然或养殖珍珠、宝石或半宝石、贵金属、包贵金属及其制品；仿首饰；硬币** | **NATURAL OR CULTURED PEARLS, PRECIOUS OR SEMI-PRECIOUS STONES, PRECIOUS METALS, METALS CLAD WITH PRECIOUS METAL AND STONES, PRECIOUS METALS, METALS CLAD WITH PRECIOUS METAL AND ARTICLES THEREOF, IMITATION JEWELLERY; COIN** | **355.33** | **52.07** | **66.66** | **9.81** |
| 71章 天然或养殖珍珠、宝石或半宝石、贵金属、包贵金属及其制品；仿首饰；硬币 | Natural or cultured pearls, precious or semi-precious stones, precious metals, metals clad with precious metal and articles thereof; imitation jewellery; coin | 179.29 | 26.25 | 196.25 | 28.75 |
| **第十五类 贱金属及其制品** | **BASE METALS AND ARTICLES OF BASE METAL** | **3848.12** | **563.80** | **3686.98** | **540.50** |
| 72章 钢铁 | Iron and steel | 774.92 | 113.48 | 1311.11 | 192.04 |
| 73章 钢铁制品 | Articles of iron or steel | 1793.89 | 262.90 | 403.07 | 59.31 |
| 74章 铜及其制品 | Copper and articles thereof | 56.42 | 8.27 | 1142.28 | 167.27 |
| 75章 镍及其制品 | Nickel and articles thereof | 3.09 | 0.45 | 220.48 | 32.41 |
| 76章 铝及其制品 | Aluminium and articles thereof | 437.04 | 64.03 | 339.68 | 49.76 |
| 78章 铅及其制品 | Lead and articles thereof | 4.05 | 0.59 | 15.53 | 2.27 |
| 79章 锌及其制品 | Zinc and articles thereof | 7.43 | 1.09 | 57.17 | 8.37 |
| 80章 锡及其制品 | Tin and articles thereof | 0.95 | 0.14 | 7.76 | 1.14 |
| 81章 其他贱金属、金属陶瓷及其制品 | Other base metals; cermets; articles thereof | 112.59 | 16.50 | 42.71 | 6.26 |
| 82章 贱金属工具、器具、利口器、餐匙、餐叉及其零件 | Tools, implements, cutlery, spoons and forks, of base metal; parts thereof of base metal | 304.27 | 44.57 | 103.09 | 15.16 |
| 83章 贱金属杂项制品 | Miscellaneous articles of base metal | 353.48 | 51.78 | 44.11 | 6.51 |

6-18 续表 4 Continued 4

单位：亿元
Unit: 100 million

| 商品分类 | HS Section and Division | 出口 Exports 人民币 RMB Yuan | 出口 Exports 美元 USD | 进口 Imports 人民币 RMB Yuan | 进口 Imports 美元 USD |
|---|---|---|---|---|---|
| **第十六类 机器、机械器具、电气设备及其零件；录音机及放声机、电视图像、声音的录制和重放设备及其零件、附件** | **MACHINERY AND MECHANICAL APPLIANCES; ELECTRICAL EQUIPMENT; PARTS THEREOF; SOUND RECORDERS AND REPRODUCERS, TELEVISION IMAGE AND SOUND RECORDERS AND REPRODUCERS; AND PARTS AND ACCESSORIES OF RECORDERS AND REPRODUCERS; AND PARTS AND ACCESSORIES OF SUCH ARTICLES** | **8550.07** | **1253.98** | **7660.74** | **1126.79** |
| 84章 核反应堆、锅炉、机器、机械器具及其零件 | Nuclear reactors, boilers, machinery and mechanical appliances; parts thereof | 3713.46 | 544.72 | 3909.89 | 576.05 |
| 85章 电机、电气设备及其零件；录音机及放声机、电视图像、声音的录制和重放设备及其零件、附件 | Electrical machinery and equipment and parts thereof; sound recorders and reproducers, television image and sound recorders and reproducers, and parts and accessories of such articles | 4836.60 | 709.26 | 3750.85 | 550.74 |
| **第十七类 车辆、航空器、船舶及有关运输设备** | **VEHICLES, AIRCRAFT, VESSELS AND ASSOCIATED TRANSPORT EQUIPMENT** | **1545.78** | **226.68** | **2448.81** | **360.25** |
| 86章 铁道及电车道机车、车辆及其零件；铁道及电车轨道固定装置及其零件、附件；各种机械(包括电动机械)交通信号设备 | Railway or tramway locomotives, rolling-stock and parts thereof; railway or tramway track fixtures and fittings and parts thereof; mechanical(including electro-mechanical) traffic signalling equipment of all kinds | 45.31 | 6.68 | 100.43 | 14.85 |
| 87章 车辆及其零件、附件，但铁道及电车道车辆除外 | Vehicles other than railway or tramway rolling-stock, and parts and accessories thereof | 1396.77 | 204.75 | 1824.75 | 268.72 |
| 88章 航空器、航天器及其零件 | Aircraft, spacecraft, and parts thereof | 8.43 | 1.23 | 409.15 | 59.91 |
| 89章 船舶及浮动结构体 | Ships, boats and floating structures | 95.27 | 14.02 | 114.48 | 16.78 |
| **第十八类 光学、照相、电影、计量、检验、医疗或外科用仪器及设备、精密仪器及设备；钟表；乐器；上述物品的零件、附件** | **OPTICAL, PHOTOGRAPHIC, CINEMATOGRAPHIC, MEASURING, CHECKING, PRECISION, MEDICAL OR SURGICAL INSTRUMENTS AND APPARATUS; CLOCKS AND WATCHES; MUSICAL INSTRUMENTS; PARTS AND ACCESSORIES THEREOF** | **634.67** | **93.03** | **1356.96** | **199.44** |
| 90章 光学、照相、电影、计量、检验、医疗或外科用仪器及设备、精密仪器及设备；上述物品的零件、附件 | Optical, photographic, cinematographic, measuring, checking, precision medical or surgical instruments and apparatus; parts and accessories thereof | 549.75 | 80.59 | 1311.10 | 192.67 |
| 91章 钟表及其零件 | Clocks and watches and parts thereof | 45.82 | 6.71 | 40.23 | 5.94 |
| 92章 乐器及其零件、附件 | Musical instruments; parts and accessories of such articles | 39.10 | 5.73 | 5.62 | 0.83 |
| **第十九类 武器、弹药及其零件、附件** | **ARMS AND AMMUNITION; PARTS AND ACCESSORIES THEREOF** | **4.21** | **0.62** | **0.32** | **0.05** |
| 93章 武器、弹药及其零件、附件 | Arms and ammunition; parts and accessories thereof | 4.21 | 0.62 | 0.32 | 0.05 |
| **第二十类 杂项制品** | **MISCELLANEOUS MANUFACTURED ARTICLES** | **2848.21** | **417.07** | **99.32** | **14.64** |
| 94章 家具；寝具、褥垫、弹簧床垫、软坐垫及类似的填充制品；未列名灯具及照明装置；发光标志、发光名牌及类似品；活动房屋 | Furniture; bedding, mattresses, mattress supports, cushions and similar stuffed furnishings; lamps and lighting fittings, not elsewhere specified or included; illuminated signs, illuminated | 2014.97 | 295.07 | 68.89 | 10.17 |
| 95章 玩具、游戏品、运动用品及其零件、附件 | Toys, games and sports requisites; parts and accessories thereof | 532.37 | 77.94 | 14.10 | 2.07 |
| 96章 杂项制品 | Miscellaneous manufactured articles | 300.87 | 44.05 | 16.34 | 2.40 |
| **第二十一类 艺术品、收藏品及古物** | **WORKS OF ART, COLLECTORS' PIECES AND ANTIQUES** | **3.05** | **0.45** | **0.63** | **0.09** |
| 97章 艺术品、收藏品及古物 | Works of art, collectors' pieces and antiques | 3.05 | 0.45 | 0.63 | 0.09 |
| **第二十二类 特殊交易品及未分类商品** | **COMMODITIES AND TRANSACTIONS NOT CLASSIFIED ACCORDING TO KIND** | **106.37** | **15.59** | **105.39** | **15.43** |
| 98章 特殊交易品及未分类商品 | Commodities and transactions not classified according to kind | 106.37 | 15.59 | 105.39 | 15.43 |

# 6-19 加工贸易项下进出口商品分类章金额

## Value of Imports and Exports in Processing Trade by HS

单位：亿元

Unit：100 million

| 商品分类 | HS Section and Division | 出 口 Exports | | 进 口 Imports | |
|---|---|---|---|---|---|
| | | 人民币 RMB Yuan | 美元 USD | 人民币 RMB Yuan | 美元 USD |
| **总　　额** | **Total** | **40069.21** | **5868.62** | **22004.60** | **3222.91** |
| **第一类　活动物；动物产品** | **LIVE ANIMALS；ANIMAL PRODUCTS** | **217.60** | **31.87** | **159.28** | **23.33** |
| 01章　活动物 | Live animals | | | | |
| 02章　肉及食用杂碎 | Meat and edible meat offal | 0.26 | 0.04 | 1.98 | 0.29 |
| 03章　鱼、甲壳动物、软体动物及其他水生无脊椎动物 | Fish and crustaceans molluscs and other aquatic invertebrates | 198.87 | 29.12 | 141.75 | 20.75 |
| 04章　乳品；蛋品；天然蜂蜜；其他食用动物产品 | Dairy produce；birds' eggs；natural honey；edible products of animal origin，not elsewhere specified or included | 1.11 | 0.16 | 0.85 | 0.12 |
| 05章　其他动物产品 | Products of animal origin，not elsewhere specified or included | 17.36 | 2.56 | 14.70 | 2.16 |
| **第二类　植物产品** | **VEGETABLE PRODUCTS** | **37.60** | **5.51** | **73.28** | **10.74** |
| 06章　活树及其他活植物；鳞茎、根及类似品；插花及装饰用簇叶 | Live tree and other plants；bulbs，roots and the like；cut flowers and ornamental foliage | 0.21 | 0.03 | 0.10 | 0.02 |
| 07章　食用蔬菜、根及块茎 | Edible vegetables and certain roots and tubers | 3.29 | 0.49 | 1.51 | 0.22 |
| 08章　食用水果及坚果；甜瓜或柑桔属水果的果皮 | Edible fruit and nuts；peel of citrus fruit or melons | 8.77 | 1.29 | 13.87 | 2.04 |
| 09章　咖啡、茶、马黛茶及调味香料 | Coffee，tea，mate and spices | 1.92 | 0.28 | 0.74 | 0.11 |
| 10章　谷物 | Cereals | | | 5.33 | 0.78 |
| 11章　制粉工业产品；麦芽；淀粉；菊粉；面筋 | Products of the milling industry；malt；starches；inulin；wheat gluten | 9.54 | 1.40 | 4.21 | 0.62 |
| 12章　含油子仁及果实；杂项子仁及果实；工业用或药用植物；稻草、秸秆及饲料 | Oil seeds and oleaginous fruits；miscellaneous grains，seeds and fruit；industrial or medicinal plants；straw and fodder | 1.99 | 0.29 | 46.42 | 6.80 |
| 13章　虫胶；树胶、树脂及其他植物液、汁 | Lac；gums，resins and other vegetable saps and extracts | 11.69 | 1.72 | 0.52 | 0.08 |
| 14章　编结用植物材料；其他植物产品 | Vegetable plaiting materials；vegetable products not elsewhere specified or included | 0.17 | 0.02 | 0.57 | 0.08 |
| **第三类　动、植物油、脂及其分解产品；精制的食用油脂；动、植物蜡** | **ANIMAL OR VEGETABLE FATS AND OILS AND THEIR CLEAVAGE PRODUCTS；PREPARED EDIBLE FATS；ANIMAL OR VEGETABLE WAXES** | **5.54** | **0.81** | **14.71** | **2.15** |
| 15章　动、植物油、脂及其分解产品；精制的食用油脂；动、植物蜡 | Animal or vegetable fats and oils and their cleavage products；prepared edible fats；animal or vegetable waxes | 5.54 | 0.81 | 14.71 | 2.15 |
| **第四类　食品；饮料、酒及醋；烟草、烟草及烟草代用品的制品** | **PREPARED FOODSTUFFS；BEVERAGES, SPIRITS AND VINEGAR；TOBACCO AND MANUFACTURED TOBACCO SUBSTITUTES** | **238.00** | **34.87** | **13.38** | **1.96** |
| 16章　肉、鱼、甲壳动物、软体动物及其他水生无脊椎动物的制品 | Preparations of meat，of fish or of crustaceans，molluscs or other aquatic invertebrates | 81.78 | 11.98 | 1.51 | 0.22 |
| 17章　糖及糖食 | Sugars and sugar confectionery | 9.15 | 1.34 | 3.60 | 0.53 |
| 18章　可可及可可制品 | Cocoa and cocoa preparations | 4.25 | 0.62 | 1.99 | 0.29 |
| 19章　谷物、粮食粉、淀粉或乳的制品；糕饼点心 | Preparations of cereals，flour，starch or milk；pastry-cooks' products | 18.94 | 2.77 | 0.78 | 0.11 |

6-19 续表 1 Continued 1

单位：亿元
Unit：100 million

| 商品分类 | HS Section and Division | 出 口 Exports | | 进 口 Imports | |
|---|---|---|---|---|---|
| | | 人民币 RMB Yuan | 美元 USD | 人民币 RMB Yuan | 美元 USD |
| 20章 蔬菜、水果、坚果或植物其他部分的制品 | Preparations of vegetables, fruit，nuts or other parts of plants | 79.07 | 11.58 | 0.89 | 0.13 |
| 21章 杂项食品 | Miscellaneous edible preparations | 18.15 | 2.66 | 4.28 | 0.63 |
| 22章 饮料、酒及醋 | Beverages，spirits and vinegar | 5.97 | 0.87 | 0.12 | 0.02 |
| 23章 食品工业的残渣及废料；配制的动物饲料 | Residues and waste from the food industries；prepared animal fodder | 20.49 | 3.00 | 0.19 | 0.03 |
| 24章 烟草及烟草代用品的制品 | Tobacco and manufactured tobacco substitutes | 0.19 | 0.03 | 0.04 | 0.01 |
| **第五类 矿产品** | **MINERAL PRODUCTS** | **435.18** | **63.71** | **758.02** | **110.98** |
| 25章 盐；硫磺；泥土及石料；石膏料、石灰及水泥 | Salt；sulphur；earths and stone；plastering materials，lime and cement | 0.01 | 0.00 | 16.97 | 2.49 |
| 26章 矿砂、矿渣及矿灰 | Ores，slag and ash | | | 23.01 | 3.37 |
| 27章 矿物燃料、矿物油及其蒸馏产品；沥青物质；矿物蜡 | Mineral fuels，mineral oils and products of their distillation; bituminous substances; mineral waxes | 435.18 | 63.71 | 718.05 | 105.12 |
| **第六类 化学工业及其相关工业的产品** | **PRODUCTS OF THE CHEMICAL OR INDUSTRIES ALLIED** | **576.82** | **84.49** | **862.38** | **126.32** |
| 28章 无机化学品；贵金属、稀土金属、放射性元素及其同位素的有机及无机化合物 | Inorganic chemicals；organic or inorganic compounds of precious metals，of rare- earth metals, of radioactive elements or of isotopes | 34.45 | 5.05 | 131.53 | 19.28 |
| 29章 有机化学品 | Organic chemicals | 233.39 | 34.19 | 346.20 | 50.69 |
| 30章 药品 | Pharmaceutical products | 55.32 | 8.11 | 4.56 | 0.67 |
| 31章 肥料 | Fertilizers | | | 0.01 | 0.00 |
| 32章 鞣料浸膏及染料浸膏；鞣酸及其衍生物；染料、颜料及其他着色料；油漆及清漆；油灰及其他类似胶粘剂；墨水、油墨 | Tanning or dyeing extracts；tannins and their derivatives；dyes，pigments and other colouring matter；paints and varnishes；putty and other mastics；inks | 2.82 | 0.41 | 85.84 | 12.58 |
| 33章 精油及香膏；芳香料制品及化妆盥洗品 | Essential oils and retinoid；perfumery，cosmetic or toilet preparations | 53.30 | 7.80 | 9.62 | 1.41 |
| 34章 肥皂、有机表面活性剂、洗涤剂、润滑剂、人造蜡、调制蜡、光洁剂、蜡烛及类似品、塑型用膏、“牙科用蜡”及牙科用熟石膏制剂 | Soap，organic surface-active agents，washing preparations，lubricating preparations，artificial waxes，prepared waxes，polishing or scouring preparations，candles and similar articles，modelling pastes，“dental waxes” and dental preparations with a basis of plast | 19.67 | 2.88 | 14.22 | 2.08 |
| 35章 蛋白类物质；改性淀粉；胶；酶 | Albuminoidal substances；modified starches；glues；enzymes | 14.10 | 2.07 | 47.95 | 7.02 |
| 36章 炸药；烟火制品；火柴；引火合金；易燃材料制品 | Explosives；pyrotechnic products；matches；pyrophoric alloys；certain combustible preparations | 0.74 | 0.11 | 1.22 | 0.18 |
| 37章 照相及电影用品 | Photographic or cinematographic goods | 27.71 | 4.06 | 45.23 | 6.62 |
| 38章 杂项化学产品 | Miscellaneous chemical products | 135.32 | 19.81 | 176.00 | 25.78 |
| **第七类 塑料及其制品. 橡胶及其制品** | **PLASTICS AND ARTICLES THEREOF RUBBER AND ARTICLES THEREOF** | **1395.30** | **204.36** | **1615.42** | **236.55** |
| 39章 塑料及其制品 | Plastics and articles thereof | 815.34 | 119.38 | 1379.52 | 202.01 |
| 40章 橡胶及其制品 | Rubber and articles thereof | 579.96 | 84.98 | 235.90 | 34.55 |
| **第八类 生皮、皮革、毛皮及其制品；鞍具及挽具；旅行用品、手提包及类似品；动物肠线(蚕胶丝除外)制品** | **RAW HIDES AND SKINS，LEATHER，FUR SKINS AND ARTICLES THEREOF；SADDLERY AND HARNESS；TRAVEL GOODS，HANDBAGS AND SIMILAR CONTAINERS；ARTICLES OF ANIMAL GUT(OTHER THAN SILK-WORM GUT)** | **305.69** | **44.76** | **218.80** | **32.04** |
| 41章 生皮(毛皮除外)及皮革 | Raw hides and skins(other than fur skins) and leather | 5.93 | 0.87 | 184.86 | 27.07 |

6-19 续表 2 Continued 2

单位：亿元
Unit：100 million

| 商品分类 | HS Section and Division | 出口 Exports | | 进口 Imports | |
|---|---|---|---|---|---|
| | | 人民币 RMB Yuan | 美元 USD | 人民币 RMB Yuan | 美元 USD |
| 42章 皮革制品；鞍具及挽具；旅行用品、手提包及类似容器；动物肠线(蚕胶丝除外)制品 | Articles of leather；saddlery and harness；travel goods，hand bags and similar containers；articles of animal gut (other than silk-worm gut) | 262.60 | 38.45 | 6.39 | 0.94 |
| 43章 毛皮、人造毛皮及其制品 | Fur skins and artificial fur；manufactures thereof | 37.15 | 5.44 | 27.55 | 4.03 |
| **第九类 木及木制品；木炭；软木及软木制品；稻草、秸秆、针茅或其他编结材料制品；篮筐及柳条编结品** | **WOOD AND ARTICLES OF WOOD；WOOD CHAR-COAL；CORK AND ARTICLES OF CORK；MANUFACTURES OF STRAW，OF ESPARTO OR OF OTHER PLAITING MATERIALS；BASKET WARE AND WICKERWORK** | **96.05** | **14.07** | **60.19** | **8.82** |
| 44章 木及木制品；木炭 | Wood and articles of wood；wood charcoal | 92.95 | 13.62 | 59.98 | 8.79 |
| 45章 软木及软木制品 | Cork and articles of cork | 0.01 | 0.00 | 0.05 | 0.01 |
| 46章 稻草、秸秆、针茅或其他编结材料制品；篮筐及柳条编结品 | Manufactures of straw，of esparto or of other plaiting Materials；basket ware and wickerwork | 3.09 | 0.45 | 0.16 | 0.02 |
| **第十类 木浆及其他纤维状纤维素浆；纸及纸板的废碎品；纸、纸板及其制品** | **PULP OF WOOD OR OF OTHER FIBROUS CELLULOSIC MATERIAL；WASTE AND SCRAP OF PAPER OR PAPERBOARD；PAPER AND PAPERBOARD AND ARTICLES THEREOF** | **355.16** | **52.00** | **241.01** | **35.29** |
| 47章 木浆及其他纤维状纤维素浆；纸及纸板的废碎品 | Pulp of wood or of other fibrous cellulosic material；waste and scrap of paper or paperboard | 0.01 | 0.00 | 98.29 | 14.39 |
| 48章 纸及纸板；纸浆、纸或纸板制品 | Paper and paperboard；articles of paper pulp，of paper or paperboard | 261.68 | 38.31 | 110.97 | 16.25 |
| 49章 书籍、报纸、印刷图画及其他印制品；手稿、打字稿及设计图纸 | Printed books，newspapers，pictures and other products of the printing industry；manuscripts，typescripts and plans | 93.48 | 13.68 | 31.75 | 4.65 |
| **第十一类 纺织原料及纺织制品** | **TEXTILES AND TEXTILE ARTICLES** | **2225.73** | **325.90** | **902.23** | **132.17** |
| 50章 蚕丝 | Silk | 0.72 | 0.11 | 5.50 | 0.81 |
| 51章 羊毛、动物细毛或粗毛；马毛纱线及其机织物 | Wool，fine or coarse animal hair；horsehair yarn and woven fabric | 38.53 | 5.64 | 48.62 | 7.14 |
| 52章 棉花 | Cotton | 206.91 | 30.29 | 282.65 | 41.38 |
| 53章 其他植物纺织纤维；纸纱线及其机织物 | Other vegetable textile fibres；paper yarn and woven fabrics of paper yarn | 7.27 | 1.06 | 9.74 | 1.43 |
| 54章 化学纤维长丝 | Man-made filaments | 91.88 | 13.46 | 160.28 | 23.49 |
| 55章 化学纤维短纤 | Man-made short fibres | 87.66 | 12.83 | 89.37 | 13.09 |
| 56章 絮胎、毡呢及无纺织物；特种纱线；线、绳、索、缆及其制品 | Wadding，felt and nonwoven；special yarns；twine，cordage，ropes and cables and articles thereof | 31.92 | 4.67 | 39.81 | 5.83 |
| 57章 地毯及纺织材料的其他铺地制品 | Carpets and other textile floor coverings | 14.30 | 2.10 | 0.98 | 0.14 |
| 58章 特种机织物；簇绒织物；花边；装饰毯；装饰带；刺绣品 | Special woven fabrics；tufted textile fabrics；lace；tapestries；trimmings；embroidery | 20.73 | 3.04 | 36.71 | 5.38 |
| 59章 浸渍、涂布、包覆或层压的纺织物；工业用纺织制品 | Impregnated，coated，covered or laminated textile fabrics；textile articles of a kind suitable for industrial use | 59.27 | 8.68 | 71.83 | 10.52 |
| 60章 针织物及钩编织物 | Knitted or crocheted fabrics | 148.85 | 21.79 | 132.44 | 19.40 |
| 61章 针织或钩编的服装及衣着附件 | Articles of apparel and clothing accessories，Knitted or crocheted | 504.06 | 73.80 | 9.05 | 1.33 |
| 62章 非针织或非钩编的服装及衣着附件 | Articles of apparel and clothing accessories，not knitted or crocheted | 865.95 | 126.81 | 10.17 | 1.49 |

6-19 续表 3 Continued 3

单位：亿元
Unit：100 million

| 商品分类 | HS Section and Division | 出口 Exports | | 进口 Imports | |
|---|---|---|---|---|---|
| | | 人民币 RMB Yuan | 美元 USD | 人民币 RMB Yuan | 美元 USD |
| 63章 其他纺织制成品；成套物品；旧衣着及旧纺织品；碎织物 | Other made up textile articles；sets；worn clothing and worn textile articles；rags articles；rags | 147.66 | 21.62 | 5.06 | 0.74 |
| **第十二类 鞋、帽、伞、杖、鞭及其零件；已加工的羽毛及其制品；人造花；人发制品** | **FOOTWEAR，HEADGEAR，UMBRELLAS，SUN UMBRELLAS，WALKING-STICKS，SEAT-STICKS，WHIPS，RIDING-CROPS AND PARTS THEREOF；PREPARED FEATHERS AND ARTICLES MADE THEREWITH；ARTIFICIAL FLOWERS；ARTICLES OF HUMAN HAIR** | **716.32** | **104.87** | **28.81** | **4.22** |
| 64章 鞋靴、护腿和类似品及其零件 | Footwear，gaiters and the like；parts of such articles | 625.82 | 91.62 | 15.98 | 2.34 |
| 65章 帽类及其零件 | Headgear and parts thereof | 31.52 | 4.62 | 0.42 | 0.06 |
| 66章 雨伞、阳伞、手杖、鞭子、马鞭及其零件 | Umbrellas，sun umbrellas，walking-sticks，seat-sticks，whips，riding-crops and parts thereof | 18.75 | 2.75 | 0.26 | 0.04 |
| 67章 已加工羽毛、羽绒及其制品；人造花；人发制品 | Prepared feathers and down and articles made of feathers or of down；artificial flowers；articles of human hair | 40.23 | 5.89 | 12.14 | 1.78 |
| **第十三类 石料、石膏、水泥、石棉、云母及类似材料的制品；陶瓷产品；玻璃及其制品** | **ARTICLES OF STONE，PLASTER，CEMENT，ASBESTOS，MICA OR SIMILAR MATERIALS；CERAMIC PRODUCTS；GLASS AND GLASSWARE** | **152.04** | **22.28** | **144.91** | **21.26** |
| 68章 石料、石膏、水泥、石棉、云母及类似材料的制品 | Articles of stone，plaster，cement，asbestos，mica or similar materials；ceramic products；glass and glassware | 35.35 | 5.18 | 15.84 | 2.32 |
| 69章 陶瓷产品 | Ceramic products | 13.79 | 2.01 | 5.81 | 0.85 |
| 70章 玻璃及其制品 | Glass and glassware | 102.91 | 15.09 | 123.26 | 18.08 |
| **第十四类 天然或养殖珍珠、宝石或半宝石、贵金属、包贵金属及其制品；仿首饰；硬币** | **NATURAL OR CULTURED PEARLS，PRECIOUS OR SEMI-PRECIOUS STONES，PRECIOUS METALS，METALS CLAD WITH PRECIOUS METAL AND STONES，PRECIOUS METALS，METALS CLAD WITH PRECIOUS METAL AND ARTICLES THEREOF；IMITATION JEWELLERY；COIN** | **303.58** | **44.44** | **209.30** | **30.64** |
| 71章 天然或养殖珍珠、宝石或半宝石、贵金属、包贵金属及其制品；仿首饰；硬币 | Natural or cultured pearls，precious or semi-precious stones，precious metals，metals clad with precious metal and articles thereof；imitation jewellery；coin | 303.58 | 44.44 | 209.30 | 30.64 |
| **第十五类 贱金属及其制品** | **BASE METALS AND ARTICLES OF BASE METAL** | **843.16** | **123.54** | **1486.46** | **217.72** |
| 72章 钢铁 | Iron and steel | 69.94 | 10.25 | 486.71 | 71.26 |
| 73章 钢铁制品 | Articles of iron or steel | 307.76 | 45.12 | 150.46 | 22.08 |
| 74章 铜及其制品 | Copper and articles thereof | 150.19 | 21.99 | 500.53 | 73.29 |
| 75章 镍及其制品 | Nickel and articles thereof | 4.28 | 0.63 | 28.99 | 4.24 |
| 76章 铝及其制品 | Aluminium and articles thereof | 120.14 | 17.60 | 200.19 | 29.32 |
| 78章 铅及其制品 | Lead and articles thereof | 0.44 | 0.06 | 2.90 | 0.42 |
| 79章 锌及其制品 | Zinc and articles thereof | 3.26 | 0.48 | 24.21 | 3.54 |
| 80章 锡及其制品 | Tin and articles thereof | 3.03 | 0.44 | 22.06 | 3.23 |
| 81章 其他贱金属、金属陶瓷及其制品 | Other base metals；cermets；articles thereof | 7.21 | 1.06 | 22.34 | 3.27 |
| 82章 贱金属工具、器具、利口器、餐匙、餐叉及其零件 | Tools，implements，cutlery，spoons and forks，of base metal；parts thereof of base metal | 80.09 | 11.73 | 16.95 | 2.48 |
| 83章 贱金属杂项制品 | Miscellaneous articles of base metal | 96.82 | 14.18 | 31.11 | 4.56 |

6-19 续表 4 Continued 4

单位：亿元

Unit：100 million

| 商品分类 | HS Section and Division | 出口 Exports | | 进口 Imports | |
|---|---|---|---|---|---|
| | | 人民币 RMB Yuan | 美元 USD | 人民币 RMB Yuan | 美元 USD |
| **第十六类 机器、机械器具、电气设备及其零件；录音机及放声机、电视图像、声音的录制和重放设备及其零件、附件** | **MACHINERY AND MECHANICAL APPLIANCES；ELECTRICAL EQUIPMENT；PARTS THEREOF；SOUND RECORDERS AND REPRODUCERS，TELEVISION IMAGE AND SOUND RECORDERS AND REPRODUCERS；AND PARTS AND ACCESSORIES OF RECORDERS AND REPRODUCERS；AND PARTS AND ACCESSORIES OF SUCH ARTICLES** | **25932.49** | **3798.22** | **12222.22** | **1790.31** |
| 84章 核反应堆、锅炉、机器、机械器具及其零件 | Nuclear reactors，boilers，machinery and mechanical appliances；parts thereof | 11322.34 | 1658.22 | 1972.30 | 289.35 |
| 85章 电机、电气设备及其零件；录音机及放声机、电视图像、声音的录制和重放设备及其零件、附件 | Electrical machinery and equipment and parts thereof；sound recorders and reproducers，television image and sound recorders and reproducers，and parts and accessories of such articles | 14610.15 | 2140.00 | 10249.92 | 1500.96 |
| **第十七类 车辆、航空器、船舶及有关运输设备** | **VEHICLES，AIRCRAFT，VESSELS AND ASSOCIATED TRANSPORT EQUIPMENT** | **2429.20** | **355.79** | **58.37** | **8.58** |
| 86章 铁道及电车道机车、车辆及其零件；铁道及电车轨道固定装置及其零件、附件；各种机械(包括电动机械)交通信号设备 | Railway or tramway locomotives，rolling-stock and parts thereof；railway or tramway track fixtures and fittings and parts thereof；mechanical(including electro-mechanical) traffic signalling equipment of all kinds | 147.50 | 21.63 | 4.35 | 0.65 |
| 87章 车辆及其零件、附件，但铁道及电车道车辆除外 | Vehicles other than railway or tramway rolling-stock，and parts and accessories thereof | 434.97 | 63.77 | 38.91 | 5.71 |
| 88章 航空器、航天器及其零件 | Aircraft，spacecraft，and parts thereof | 34.38 | 5.03 | 8.15 | 1.20 |
| 89章 船舶及浮动结构体 | Ships，boats and floating structures | 1812.35 | 265.35 | 6.96 | 1.02 |
| **第十八类 光学、照相、电影、计量、检验、医疗或外科用仪器及设备、精密仪器及设备；钟表；乐器；上述物品的零件、附件** | **OPTICAL，PHOTOGRAPHIC，CINEMATOGRAPHIC，MEASURING，CHECKING，PRECISION，MEDICAL OR SURGICAL INSTRUMENTS AND APPARATUS；CLOCKS AND WATCHES；MUSICAL INSTRUMENTS；PARTS AND ACCESSORIES THEREOF** | **1991.46** | **291.69** | **2702.15** | **395.63** |
| 90章 光学、照相、电影、计量、检验、医疗或外科用仪器及设备、精密仪器及设备；上述物品的零件、附件 | Optical，photographic，cinematographic，measuring，checking，precision medical or surgical instruments and apparatus；parts and accessories thereof | 1867.16 | 273.49 | 2665.78 | 390.31 |
| 91章 钟表及其零件 | Clocks and watches and parts thereof | 91.19 | 13.35 | 31.81 | 4.66 |
| 92章 乐器及其零件、附件 | Musical instruments；parts and accessories of such articles | 33.11 | 4.85 | 4.57 | 0.67 |
| **第十九类 武器、弹药及其零件、附件** | **ARMS AND AMMUNITION；PARTS AND ACCESSORIES THEREOF** | **0.06** | **0.01** | | |
| 93章 武器、弹药及其零件、附件 | Arms and ammunition；parts and accessories thereof | 0.06 | 0.01 | | |
| **第二十类 杂项制品** | **MISCELLANEOUS MANUFACTURED ARTICLES** | **1807.58** | **264.75** | **114.83** | **16.82** |
| 94章 家具；寝具、褥垫、弹簧床垫、软坐垫及类似的填充制品；未列名灯具及照明装置；发光标志、发光名牌及类似品；活动房屋 | Furniture；bedding，mattresses，mattress supports，cushions and similar stuffed furnishings；lamps and lighting fittings，not elsewhere specified or included；illuminated signs，illuminated | 550.61 | 80.63 | 30.01 | 4.40 |
| 95章 玩具、游戏品、运动用品及其零件、附件 | Toys，games and sports requisites；parts and accessories thereof | 1143.61 | 167.52 | 50.99 | 7.47 |
| 96章 杂项制品 | Miscellaneous manufactured articles | 113.35 | 16.60 | 33.83 | 4.96 |
| **第二十一类 艺术品、收藏品及古物** | **WORKS OF ART，COLLECTORS' PIECES AND ANTIQUES** | **0.04** | **0.01** | | |
| 97章 艺术品、收藏品及古物 | Works of art，collectors' pieces and antiques | 0.04 | 0.01 | | |
| **第二十二类 特殊交易品及未分类商品** | **COMMODITIES AND TRANSACTIONS NOT CLASSIFIED ACCORDING TO KIND** | **4.60** | **0.67** | **118.86** | **17.40** |
| 98章 特殊交易品及未分类商品 | Commodities and transactions not classified according to kind | 4.60 | 0.67 | 118.86 | 17.40 |

# 6-20 对香港地区进出口商品分类章金额

## Value of Exports and Imports from Hongkong by HS

单位：亿美元
Unit: USD100 million

| 商品分类 | HS Section and Division | 2008 出口 Exports | 2008 进口 Imports | 2009 出口 Exports | 2009 进口 Imports |
|---|---|---|---|---|---|
| **总　　额** | **Total** | **1907.29** | **129.16** | **1662.29** | **87.02** |
| **第一类　活动物；动物产品** | **LIVE ANIMALS；ANIMAL PRODUCTS** | **13.12** | **0.01** | **14.00** | **0.01** |
| 01章　活动物 | Live animals | 4.23 | | 3.68 | |
| 02章　肉及食用杂碎 | Meat and edible meat offal | 5.15 | | 5.20 | |
| 03章　鱼、甲壳动物、软体动物及其他水生无脊椎动物 | Fish and crustaceans molluscs and other aquatic invertebrates | 2.34 | 0.01 | 3.88 | 0.01 |
| 04章　乳品；蛋品；天然蜂蜜；其他食用动物产品 | Dairy produce；birds' eggs；natural honey；edible products of animal origin，not elsewhere specified or included | 1.23 | | 1.05 | |
| 05章　其他动物产品 | Products of animal origin，not elsewhere specified or included | 0.17 | | 0.18 | |
| **第二类　植物产品** | **VEGETABLE PRODUCTS** | **4.68** | **0.01** | **4.99** | |
| 06章　活树及其他活植物；鳞茎、根及类似品；插花及装饰用簇叶 | Live tree and other plants；bulbs，roots and the like；cut flowers and ornamental foliage | 0.03 | | 0.03 | |
| 07章　食用蔬菜、根及块茎 | Edible vegetables and certain roots and tubers | 1.25 | | 1.55 | |
| 08章　食用水果及坚果；甜瓜或柑桔属水果的果皮 | Edible fruit and nuts；peel of citrus fruit or melons | 0.52 | | 0.50 | |
| 09章　咖啡、茶、马黛茶及调味香料 | Coffee，tea，mate and spices | 0.56 | 0.01 | 0.48 | |
| 10章　谷物 | Cereals | 0.24 | | 0.25 | |
| 11章　制粉工业产品；麦芽；淀粉；菊粉；面筋 | Products of the milling industry；malt；starches；inulin；wheat gluten | 0.71 | | 0.70 | |
| 12章　含油子仁及果实；杂项子仁及果实；工业用或药用植物；稻草、秸秆及饲料 | Oil seeds and oleaginous fruits；miscellaneous grains，seeds and fruit；industrial or medicinal plants；straw and fodder | 1.16 | | 1.27 | |
| 13章　虫胶；树胶、树脂及其他植物液、汁 | Lac；gums，resins and other vegetable saps and extracts | 0.17 | | 0.17 | |
| 14章　编结用植物材料；其他植物产品 | Vegetable plaiting materials；vegetable products not elsewhere specified or included | 0.05 | | 0.05 | |
| **第三类　动、植物油、脂及其分解产品；精制的食用油脂；动、植物蜡** | **ANIMAL OR VEGETABLE FATS AND OILS AND THEIR CLEAVAGE PRODUCTS；PREPARED EDIBLE FATS；ANIMAL OR VEGETABLE WAXES** | **0.94** | **0.03** | **0.66** | **0.04** |
| 15章　动、植物油、脂及其分解产品；精制的食用油脂；动、植物蜡 | Animal or vegetable fats and oils and their cleavage products；prepared edible fats；animal or vegetable waxes | 0.94 | 0.03 | 0.66 | 0.04 |
| **第四类　食品；饮料、酒及醋；烟草、烟草及烟草代用品的制品** | **PREPARED FOODSTUFFS；BEVERAGES, SPIRITS AND VINEGAR；TOBACCO AND MANUFACTURED TOBACCO SUBSTITUTES** | **15.48** | **0.70** | **15.54** | **0.76** |
| 16章　肉、鱼、甲壳动物、软体动物及其他水生无脊椎动物的制品 | Preparations of meat，of fish or of crustaceans，molluscs or other aquatic invertebrates | 3.69 | | 3.26 | |
| 17章　糖及糖食 | Sugars and sugar confectionery | 0.47 | 0.07 | 0.48 | 0.05 |
| 18章　可可及可可制品 | Cocoa and cocoa preparations | 0.11 | 0.01 | 0.22 | 0.01 |
| 19章　谷物、粮食粉、淀粉或乳的制品；糕饼点心 | Preparations of cereals，flour，starch or milk；pastry-cooks' products | 1.73 | 0.31 | 2.14 | 0.36 |

6-20 续表 1 Continued 1

单位：亿美元
Unit: USD100 million

| 商品分类 | HS Section and Division | 2008 | | 2009 | |
|---|---|---|---|---|---|
| | | 出口 Exports | 进口 Imports | 出口 Exports | 进口 Imports |
| 20章 蔬菜、水果、坚果或植物其他部分的制品 | Preparations of vegetables, fruit, nuts or other parts of plants | 1.18 | | 0.96 | 0.01 |
| 21章 杂项食品 | Miscellaneous edible preparations | 1.86 | 0.10 | 1.86 | 0.16 |
| 22章 饮料、酒及醋 | Beverages, spirits and vinegar | 4.97 | 0.07 | 5.02 | 0.04 |
| 23章 食品工业的残渣及废料；配制的动物饲料 | Residues and waste from the food industries; prepared animal fodder | 0.11 | | 0.10 | |
| 24章 烟草及烟草代用品的制品 | Tobacco and manufactured tobacco substitutes | 1.36 | 0.12 | 1.50 | 0.14 |
| **第五类 矿产品** | **MINERAL PRODUCTS** | **47.51** | **3.25** | **43.52** | **3.56** |
| 25章 盐；硫磺；泥土及石料；石膏料、石灰及水泥 | Salt; sulphur; earths and stone; plastering materials, lime and cement | 0.75 | | 0.68 | |
| 26章 矿砂、矿渣及矿灰 | Ores, slag and ash | 0.02 | | 0.03 | |
| 27章 矿物燃料、矿物油及其蒸馏产品；沥青物质；矿物蜡 | Mineral fuels, mineral oils and products of their distillation; bituminous substances; mineral waxes | 46.74 | 3.25 | 42.81 | 3.56 |
| **第六类 化学工业及其相关工业的产品** | **PRODUCTS OF THE CHEMICAL OR INDUSTRIES ALLIED** | **22.52** | **5.72** | **18.29** | **4.56** |
| 28章 无机化学品；贵金属、稀土金属、放射性元素及其同位素的有机及无机化合物 | Inorganic chemicals; organic or inorganic compounds of precious metals, of rare- earth metals, of radioactive elements or of isotopes | 3.26 | 1.15 | 1.71 | 0.28 |
| 29章 有机化学品 | Organic chemicals | 4.07 | 0.10 | 2.93 | 0.04 |
| 30章 药品 | Pharmaceutical products | 1.44 | 2.56 | 1.44 | 2.55 |
| 31章 肥料 | Fertilizers | 0.01 | | 0.01 | |
| 32章 鞣料浸膏及染料浸膏；鞣酸及其衍生物；染料、颜料及其他着色料；油漆及清漆；油灰及其他类似胶粘剂；墨水、油墨 | Tanning or dyeing extracts; tannins and their derivatives; dyes, pigments and other colouring matter; paints and varnishes; putty and other mastics; inks | 3.60 | 0.47 | 2.73 | 0.35 |
| 33章 精油及香膏； 芳香料制品及化妆盥洗品 | Essential oils and retinoid; perfumery, cosmetic or toilet preparations | 1.98 | 0.25 | 1.97 | 0.42 |
| 34章 肥皂、有机表面活性剂、洗涤剂、润滑剂、人造蜡、调制蜡、光洁剂、蜡烛及类似品、塑型用膏、"牙科用蜡"及牙科用熟石膏制剂 | Soap, organic surface-active agents, washing preparations, lubricating preparations, artificial waxes, prepared waxes, polishing or scouring preparations, candles and similar articles, modelling pastes, "dental waxes" and dental preparations with a basis of plast | 1.12 | 0.37 | 1.10 | 0.26 |
| 35章 蛋白类物质；改性淀粉；胶；酶 | Albuminoidal substances; modified starches; glues; enzymes | 1.47 | 0.14 | 1.58 | 0.10 |
| 36章 炸药；烟火制品；火柴；引火合金；易燃材料制品 | Explosives; pyrotechnic products; matches; pyrophoric alloys; certain combustible preparations | 0.03 | | 0.02 | |
| 37章 照相及电影用品 | Photographic or cinematographic goods | 1.71 | 0.02 | 1.46 | 0.01 |
| 38章 杂项化学产品 | Miscellaneous chemical products | 3.83 | 0.66 | 3.34 | 0.55 |
| **第七类 塑料及其制品, 橡胶及其制品** | **PLASTICS AND ARTICLES THEREOF RUBBER AND ARTICLES THEREOF** | **36.15** | **23.14** | **27.97** | **13.15** |
| 39章 塑料及其制品 | Plastics and articles thereof | 33.54 | 22.61 | 25.65 | 12.93 |
| 40章 橡胶及其制品 | Rubber and articles thereof | 2.62 | 0.54 | 2.31 | 0.22 |
| **第八类 生皮、皮革、毛皮及其制品；鞍具及挽具；旅行用品、手提包及类似品；动物肠线(蚕胶丝除外)制品** | **RAW HIDES AND SKINS, LEATHER, FUR SKINS AND ARTICLES THEREOF; SADDLERY AND HARNESS; TRAVEL GOODS, HANDBAGS AND SIMILAR CONTAINERS; ARTICLES OF ANIMAL GUT(OTHER THAN SILK-WORM GUT)** | **16.31** | **0.44** | **15.38** | **0.27** |
| 41章 生皮(毛皮除外)及皮革 | Raw hides and skins(other than fur skins) and leather | 0.98 | 0.25 | 0.71 | 0.14 |

6-20 续表 2 Continued 2

单位：亿元
Unit：100 million

| 商品分类 | HS Section and Division | 2008 出口 Exports | 2008 进口 Imports | 2009 出口 Exports | 2009 进口 Imports |
|---|---|---|---|---|---|
| 42章 皮革制品；鞍具及挽具；旅行用品、手提包及类似容器；动物肠线(蚕胶丝除外)制品 | Articles of leather；saddlery and harness；travel goods，hand bags and similar containers；articles of animal gut (other than silk-worm gut) | 11.13 | 0.13 | 10.11 | 0.08 |
| 43章 毛皮、人造毛皮及其制品 | Fur skins and artificial fur；manufactures thereof | 4.21 | 0.06 | 4.55 | 0.05 |
| **第九类 木及木制品；木炭；软木及软木制品；稻草、秸秆、针茅或其他编结材料制品；篮筐及柳条编结品** | **WOOD AND ARTICLES OF WOOD；WOOD CHAR-COAL；CORK AND ARTICLES OF CORK；MANUFACTURES OF STRAW，OF ESPARTO OR OF OTHER PLAITING MATERIALS；BASKET WARE AND WICKERWORK** | **2.58** | **0.03** | **2.02** | **0.03** |
| 44章 木及木制品；木炭 | Wood and articles of wood；wood charcoal | 2.13 | 0.03 | 1.88 | 0.03 |
| 45章 软木及软木制品 | Cork and articles of cork | | | | |
| 46章 稻草、秸秆、针茅或其他编结材料制品；篮筐及柳条编结品 | Manufactures of straw，of esparto or of other plaiting Materials；basket ware and wickerwork | 0.45 | | 0.14 | |
| **第十类 木浆及其他纤维状纤维素浆；纸及纸板的废碎品；纸、纸板及其制品** | **PULP OF WOOD OR OF OTHER FIBROUS CELLULOSIC MATERIAL；WASTE AND SCRAP OF PAPER OR PAPERBOARD；PAPER AND PAPERBOARD AND ARTICLES THEREOF** | **18.02** | **3.61** | **16.08** | **26.22** |
| 47章 木浆及其他纤维状纤维素浆；纸及纸板的废碎品 | Pulp of wood or of other fibrous cellulosic material；waste and scrap of paper or paperboard | | 2.17 | 0.01 | 1.41 |
| 48章 纸及纸板；纸浆、纸或纸板制品 | Paper and paperboard；articles of paper pulp，of paper or paperboard | 11.21 | 0.77 | 10.19 | 0.62 |
| 49章 书籍、报纸、印刷图画及其他印制品；手稿、打字稿及设计图纸 | Printed books，newspapers，pictures and other products of the printing industry；manuscripts，typescripts and plans | 6.80 | 0.66 | 5.89 | 0.59 |
| **第十一类 纺织原料及纺织制品** | **TEXTILES AND TEXTILE ARTICLES** | **156.37** | **14.23** | **135.97** | **90.04** |
| 50章 蚕丝 | Silk | 1.63 | 0.11 | 0.97 | 0.10 |
| 51章 羊毛、动物细毛或粗毛；马毛纱线及其机织物 | Wool，fine or coarse animal hair；horsehair yarn and woven fabric | 5.38 | 0.18 | 4.85 | 0.10 |
| 52章 棉花 | Cotton | 28.68 | 4.38 | 24.14 | 3.32 |
| 53章 其他植物纺织纤维；纸纱线及其机织物 | Other vegetable textile fibres；paper yarn and woven fabrics of paper yarn | 1.15 | 0.14 | 0.90 | 0.05 |
| 54章 化学纤维长丝 | Man-made filaments | 4.26 | 0.66 | 3.57 | 0.48 |
| 55章 化学纤维短纤 | Man-made short fibres | 6.10 | 0.51 | 5.32 | 0.34 |
| 56章 絮胎、毡呢及无纺织物；特种纱线；线、绳、索、缆及其制品 | Wadding，felt and nonwoven；special yarns；twine，cordage，ropes and cables and articles thereof | 1.09 | 0.24 | 0.97 | 0.18 |
| 57章 地毯及纺织材料的其他铺地制品 | Carpets and other textile floor coverings | 0.45 | | 0.39 | |
| 58章 特种机织物；簇绒织物；花边；装饰毯；装饰带；刺绣品 | Special woven fabrics；tufted textile fabrics；lace；tapestries；trimmings；embroidery | 7.71 | 0.70 | 4.19 | 0.55 |
| 59章 浸渍、涂布、包覆或层压的纺织物；工业用纺织制品 | Impregnated，coated，covered or laminated textile fabrics；textile articles of a kind suitable for industrial use | 3.89 | 0.56 | 3.52 | 0.33 |
| 60章 针织物及钩编织物 | Knitted or crocheted fabrics | 20.45 | 2.11 | 17.81 | 1.74 |
| 61章 针织或钩编的服装及衣着附件 | Articles of apparel and clothing accessories，knitted or crocheted | 42.84 | 2.43 | 41.82 | 0.94 |
| 62章 非针织或非钩编的服装及衣着附件 | Articles of apparel and clothing accessories，not knitted or crocheted | 30.47 | 2.10 | 25.35 | 0.75 |

6-20 续表 3 Continued 3

单位：亿美元

Unit：USD 100 million

| 商品分类 | HS Section and Division | 2008 出口 Exports | 2008 进口 Imports | 2009 出口 Exports | 2009 进口 Imports |
|---|---|---|---|---|---|
| 63章 其他纺织制成品；成套物品；旧衣着及旧纺织品；碎织物 | Other made up textile articles；sets；worn clothing and worn textile articles；rags articles；rags | 2.26 | 0.11 | 2.18 | 0.11 |
| **第十二类 鞋、帽、伞、杖、鞭及其零件；已加工的羽毛及其制品；人造花；人发制品** | **FOOTWEAR，HEADGEAR，UMBRELLAS，SUN UMBRELLAS，WALKING-STICKS，SEAT-STICKS，WHIPS，RIDING-CROPS AND PARTS THEREOF；PREPARED FEATHERS AND ARTICLES MADE THEREWITH；ARTIFICIAL FLOWERS；ARTICLES OF HUMAN HAIR** | **14.32** | **0.20** | **12.06** | **1.62** |
| 64章 鞋靴、护腿和类似品及其零件 | Footwear，gaiters and the like；parts of such articles | 11.38 | 0.13 | 9.18 | 0.11 |
| 65章 帽类及其零件 | Headgear and parts thereof | 0.88 | | 0.72 | |
| 66章 雨伞、阳伞、手杖、鞭子、马鞭及其零件 | Umbrellas，sun umbrellas，walking-sticks，seat-sticks，whips，riding-crops and parts thereof | 0.76 | | 0.98 | |
| 67章 已加工羽毛、羽绒及其制品；人造花；人发制品 | Prepared feathers and down and articles made of feathers or of down；artificial flowers；articles of human hair | 1.30 | 0.07 | 1.18 | 0.05 |
| **第十三类 石料、石膏、水泥、石棉、云母及类似材料的制品；陶瓷产品；玻璃及其制品** | **ARTICLES OF STONE，PLASTER，CEMENT，ASBESTOS，MICA OR SIMILAR MATERIALS；CERAMIC PRODUCTS；GLASS AND GLASSWARE** | **8.76** | **0.62** | **8.05** | **3.00** |
| 68章 石料、石膏、水泥、石棉、云母及类似材料的制品 | Articles of stone，plaster，cement，asbestos，mica or similar materials；ceramic products；glass and glassware | 2.10 | 0.01 | 2.05 | |
| 69章 陶瓷产品 | Ceramic products | 1.47 | 0.01 | 1.50 | |
| 70章 玻璃及其制品 | Glass and glassware | 5.19 | 0.61 | 4.50 | 0.29 |
| **第十四类 天然或养殖珍珠、宝石或半宝石、贵金属、包贵金属及其制品；仿首饰；硬币** | **NATURAL OR CULTURED PEARLS，PRECIOUS OR SEMI-PRECIOUS STONES，PRECIOUS METALS，METALS CLAD WITH PRECIOUS METAL AND STONES，PRECIOUS METALS，METALS CLAD WITH PRECIOUS METAL AND ARTICLES THEREOF，IMITATION JEWELLERY；COIN** | **44.80** | **1.74** | **37.65** | **11.20** |
| 71章 天然或养殖珍珠、宝石或半宝石、贵金属、包贵金属及其制品；仿首饰；硬币 | Natural or cultured pearls，precious or semi-precious stones，precious metals，metals clad with precious metal and articles thereof；imitation jewellery；coin | 44.80 | 1.74 | 37.65 | 1.12 |
| **第十五类 贱金属及其制品** | **BASE METALS AND ARTICLES OF BASE METAL** | **59.72** | **10.41** | **35.82** | **70.46** |
| 72章 钢铁 | Iron and steel | 15.26 | 2.88 | 3.57 | 2.14 |
| 73章 钢铁制品 | Articles of iron or steel | 12.46 | 0.32 | 9.25 | 0.25 |
| 74章 铜及其制品 | Copper and articles thereof | 9.96 | 3.68 | 7.90 | 2.32 |
| 75章 镍及其制品 | Nickel and articles thereof | 1.06 | 0.02 | 1.44 | 0.01 |
| 76章 铝及其制品 | Aluminium and articles thereof | 12.05 | 3.05 | 6.90 | 2.03 |
| 78章 铅及其制品 | Lead and articles thereof | 0.16 | | 0.01 | |
| 79章 锌及其制品 | Zinc and articles thereof | 0.28 | 0.03 | 0.16 | 0.02 |
| 80章 锡及其制品 | Tin and articles thereof | 0.17 | 0.09 | 0.04 | 0.06 |
| 81章 其他贱金属、金属陶瓷及其制品 | Other base metals；cermets；articles thereof | 0.52 | 0.07 | 0.24 | 0.02 |
| 82章 贱金属工具、器具、利口器、餐匙、餐叉及其零件 | Tools，implements，cutlery，spoons and forks，of base metal；parts thereof of base metal | 2.44 | 0.06 | 2.24 | 0.03 |
| 83章 贱金属杂项制品 | Miscellaneous articles of base metal | 5.37 | 0.23 | 4.05 | 0.16 |

6-20 续表 4 Continued 4

单位：亿美元

Unit：USD 100 million

| 商品分类 | HS Section and Division | 2008 | | 2009 | |
|---|---|---|---|---|---|
| | | 出 口 Exports | 进 口 Imports | 出 口 Exports | 进 口 Imports |
| **第十六类 机器、机械器具、电气设备及其零件；录音机及放声机、电视图像、声音的录制和重放设备及其零件、附件** | **MACHINERY AND MECHANICAL APPLIANCES；ELECTRICAL EQUIPMENT；PARTS THEREOF；SOUND RECORDERS AND REPRODUCERS，TELEVISION IMAGE AND SOUND RECORDERS AND REPRODUCERS；AND PARTS AND ACCESSORIES OF RECORDERS AND REPRODUCERS；AND PARTS AND ACCESSORIES OF SUCH ARTICLES** | **1182.68** | **48.47** | **1054.77** | **36.23** |
| 84章 核反应堆、锅炉、机器、机械器具及其零件 | Nuclear reactors，boilers，machinery and mechanical appliances；parts thereof | 356.64 | 6.92 | 282.39 | 4.17 |
| 85章 电机、电气设备及其零件；录音机及放声机、电视图像、声音的录制和重放设备及其零件、附件 | Electrical machinery and equipment and parts thereof；sound recorders and reproducers，television image and sound recorders and reproducers，and parts and accessories of such articles | 826.04 | 41.55 | 772.38 | 32.06 |
| **第十七类 车辆、航空器、船舶及有关运输设备** | **VEHICLES，AIRCRAFT，VESSELS AND ASSOCIATED TRANSPORT EQUIPMENT** | **54.26** | **0.12** | **55.16** | **0.13** |
| 86章 铁道及电车道机车、车辆及其零件；铁道及电车轨道固定装置及其零件、附件；各种机械(包括电动机械)交通信号设备 | Railway or tramway locomotives，rolling-stock and parts thereof；railway or tramway track fixtures and fittings and parts thereof；mechanical(including electro-mechanical) traffic signalling equipment of all kinds | 17.18 | | 3.38 | 0.00 |
| 87章 车辆及其零件、附件，但铁道及电车道车辆除外 | Vehicles other than railway or tramway rolling-stock，and parts and accessories thereof | 4.39 | 0.04 | 3.82 | 0.02 |
| 88章 航空器、航天器及其零件 | Aircraft，spacecraft，and parts thereof | 3.40 | | 1.53 | 0.01 |
| 89章 船舶及浮动结构体 | Ships，boats and floating structures | 29.29 | 0.09 | 46.43 | 0.09 |
| **第十八类 光学、照相、电影、计量、检验、医疗或外科用仪器及设备、精密仪器及设备；钟表；乐器；上述物品的零件、附件** | **OPTICAL，PHOTOGRAPHIC，CINEMATOGRAPHIC，MEASURING，CHECKING，PRECISION，MEDICAL OR SURGICAL INSTRUMENTS AND APPARATUS；CLOCKS AND WATCHES；MUSICAL INSTRUMENTS；PARTS AND ACCESSORIES THEREOF** | **142.43** | **4.75** | **126.63** | **2.86** |
| 90章 光学、照相、电影、计量、检验、医疗或外科用仪器及设备、精密仪器及设备；上述物品的零件、附件 | Optical，photographic，cinematographic，measuring，checking，precision medical or surgical instruments and apparatus；parts and accessories thereof | 127.64 | 3.93 | 115.13 | 2.45 |
| 91章 钟表及其零件 | Clocks and watches and parts thereof | 13.89 | 0.81 | 10.62 | 0.40 |
| 92章 乐器及其零件、附件 | Musical instruments；parts and accessories of such articles | 0.90 | 0.01 | 0.88 | 0.01 |
| **第十九类 武器、弹药及其零件、附件** | **ARMS AND AMMUNITION；PARTS AND ACCESSORIES THEREOF** | **0.02** | | **0.01** | |
| 93章 武器、弹药及其零件、附件 | Arms and ammunition；parts and accessories thereof | 0.02 | | 0.01 | |
| **第二十类 杂项制品** | **MISCELLANEOUS MANUFACTURED ARTICLES** | **64.62** | **0.94** | **36.19** | **0.69** |
| 94章 家具；寝具、褥垫、弹簧床垫、软坐垫及类似的填充制品；未列名灯具及照明装置；发光标志、发光名牌及类似品；活动房屋 | Furniture；bedding，mattresses，mattress supports，cushions and similar stuffed furnishings；lamps and lighting fittings，not elsewhere specified or included；illuminated signs，illuminated | 10.56 | 0.09 | 9.32 | 0.08 |
| 95章 玩具、游戏品、运动用品及其零件、附件 | Toys，games and sports requisites；parts and accessories thereof | 48.90 | 0.15 | 22.41 | 0.05 |
| 96章 杂项制品 | Miscellaneous manufactured articles | 5.16 | 0.69 | 4.47 | 0.56 |
| **第二十一类 艺术品、收藏品及古物** | **WORKS OF ART，COLLECTORS' PIECES AND ANTIQUES** | **0.04** | **0.01** | **0.02** | **0.02** |
| 97章 艺术品、收藏品及古物 | Works of art，collectors' pieces and antiques | 0.04 | 0.01 | 0.02 | 0.02 |
| **第二十二类 特殊交易品及未分类商品** | **COMMODITIES AND TRANSACTIONS NOT CLASSIFIED ACCORDING TO KIND** | **1.95** | **10.70** | **1.50** | **4.48** |
| 98章 特殊交易品及未分类商品 | Commodities and transactions not classified according to kind | 1.95 | 10.70 | 1.50 | 4.48 |

# 6-21 对台湾地区进出口商品分类章金额

## Value of Exports and Imports from Taiwan Province by HS

单位：亿美元
Unit: USD 100 million

| 商品分类 | HS Section and Division | 2008 出口 Exports | 2008 进口 Imports | 2009 出口 Exports | 2009 进口 Imports |
|---|---|---|---|---|---|
| **总　　额** | **Total** | **258.77** | **1033.38** | **205.01** | **857.20** |
| **第一类　活动物；动物产品** | **LIVE ANIMALS；ANIMAL PRODUCTS** | **1.86** | **0.57** | **3.30** | **0.45** |
| 01章　活动物 | Live animals | | | | |
| 02章　肉及食用杂碎 | Meat and edible meat offal | | 0.01 | | 0.01 |
| 03章　鱼、甲壳动物、软体动物及其他水生无脊椎动物 | Fish and crustaceans molluscs and other aquatic invertebrates | 0.68 | 0.34 | 2.54 | 0.26 |
| 04章　乳品；蛋品；天然蜂蜜；其他食用动物产品 | Dairy produce；birds' eggs；natural honey；edible products of animal origin，not elsewhere specified or included | 0.35 | 0.03 | | 0.05 |
| 05章　其他动物产品 | Products of animal origin，not elsewhere specified or included | 0.83 | 0.18 | 0.76 | 0.12 |
| **第二类　植物产品** | **VEGETABLE PRODUCTS** | **2.81** | **0.30** | **2.45** | **0.33** |
| 06章　活树及其他活植物；鳞茎、根及类似品；插花及装饰用簇叶 | Live tree and other plants；bulbs，roots and the like；cut flowers and ornamental foliage | | 0.13 | | 0.08 |
| 07章　食用蔬菜、根及块茎 | Edible vegetables and certain roots and tubers | 0.55 | 0.01 | 0.56 | 0.02 |
| 08章　食用水果及坚果；甜瓜或柑桔属水果的果皮 | Edible fruit and nuts；peel of citrus fruit or melons | 0.21 | 0.06 | 0.22 | 0.12 |
| 09章　咖啡、茶、马黛茶及调味香料 | Coffee，tea，mate and spices | 0.13 | 0.03 | 0.13 | 0.04 |
| 10章　谷物 | Cereals | 0.48 | | 0.11 | |
| 11章　制粉工业产品；麦芽；淀粉；菊粉；面筋 | Products of the milling industry；malt；starches；inulin；wheat gluten | 0.41 | 0.01 | 0.30 | 0.02 |
| 12章　含油子仁及果实；杂项子仁及果实；工业用或药用植物；稻草、秸秆及饲料 | Oil seeds and oleaginous fruits；miscellaneous grains，seeds and fruit；industrial or medicinal plants；straw and fodder | 0.91 | 0.02 | 0.98 | 0.02 |
| 13章　虫胶；树胶、树脂及其他植物液、汁 | Lac；gums，resins and other vegetable saps and extracts | 0.08 | 0.01 | 0.11 | 0.01 |
| 14章　编结用植物材料；其他植物产品 | Vegetable plaiting materials；vegetable products not elsewhere specified or included | 0.04 | 0.03 | 0.04 | 0.03 |
| **第三类　动、植物油、脂及其分解产品；精制的食用油脂；动、植物蜡** | **ANIMAL OR VEGETABLE FATS AND OILS AND THEIR CLEAVAGE PRODUCTS；PREPARED EDIBLE FATS；ANIMAL OR VEGETABLE WAXES** | **0.07** | **0.18** | **0.04** | **0.14** |
| 15章　动、植物油、脂及其分解产品；精制的食用油脂；动、植物蜡 | Animal or vegetable fats and oils and their cleavage products；prepared edible fats；animal or vegetable waxes | 0.07 | 0.18 | 0.04 | 0.14 |
| **第四类　食品；饮料、酒及醋；烟草、烟草及烟草代用品的制品** | **PREPARED FOODSTUFFS；BEVERAGES, SPIRITS AND VINEGAR；TOBACCO AND MANUFACTURED TOBACCO SUBSTITUTES** | **2.36** | **0.62** | **2.00** | **0.83** |
| 16章　肉、鱼、甲壳动物、软体动物及其他水生无脊椎动物的制品 | Preparations of meat，of fish or of crustaceans，molluscs or other aquatic invertebrates | 1.04 | 0.02 | 0.92 | 0.03 |
| 17章　糖及糖食 | Sugars and sugar confectionery | 0.05 | 0.02 | 0.05 | 0.02 |
| 18章　可可及可可制品 | Cocoa and cocoa preparations | 0.02 | | 0.01 | 0.01 |
| 19章　谷物、粮食粉、淀粉或乳的制品；糕饼点心 | Preparations of cereals，flour，starch or milk；pastry-cooks' products | 0.06 | 0.09 | 0.04 | 0.12 |

6-21 续表 1 Continued 1

单位：亿美元

Unit：USD 100 million

| 商品分类 | HS Section and Division | 2008 出口 Exports | 2008 进口 Imports | 2009 出口 Exports | 2009 进口 Imports |
|---|---|---|---|---|---|
| 20章 蔬菜、水果、坚果或植物其他部分的制品 | Preparations of vegetables, fruit，nuts or other parts of plants | 0.31 | 0.02 | 0.29 | 0.04 |
| 21章 杂项食品 | Miscellaneous edible preparations | 0.44 | 0.21 | 0.23 | 0.22 |
| 22章 饮料、酒及醋 | Beverages，spirits and vinegar | 0.24 | 0.17 | 0.26 | 0.28 |
| 23章 食品工业的残渣及废料；配制的动物饲料 | Residues and waste from the food industries；prepared animal fodder | 0.19 | 0.09 | 0.19 | 0.09 |
| 24章 烟草及烟草代用品的制品 | Tobacco and manufactured tobacco substitutes | 0.01 | | 0.01 | 0.01 |
| **第五类 矿产品** | **MINERAL PRODUCTS** | **13.42** | **33.81** | **7.07** | **9.27** |
| 25章 盐；硫磺；泥土及石料；石膏料、石灰及水泥 | Salt；sulphur；earths and stone；plastering materials，lime and cement | 1.98 | 1.53 | 2.11 | 0.32 |
| 26章 矿砂、矿渣及矿灰 | Ores，slag and ash | 0.02 | 0.35 | 0.06 | 0.18 |
| 27章 矿物燃料、矿物油及其蒸馏产品；沥青物质；矿物蜡 | Mineral fuels，mineral oils and products of their distillation; bituminous substances; mineral waxes | 11.43 | 31.92 | 4.91 | 8.77 |
| **第六类 化学工业及其相关工业的产品** | **PRODUCTS OF THE CHEMICAL OR INDUSTRIES ALLIED** | **30.95** | **93.40** | **25.57** | **76.38** |
| 28章 无机化学品；贵金属、稀土金属、放射性元素及其同位素的有机及无机化合物 | Inorganic chemicals；organic or inorganic compounds of precious metals，of rare- earth metals, of radioactive elements or of isotopes | 4.97 | 4.36 | 3.09 | 3.14 |
| 29章 有机化学品 | Organic chemicals | 9.62 | 69.86 | 8.15 | 55.61 |
| 30章 药品 | Pharmaceutical products | 0.17 | 0.58 | 0.18 | 0.59 |
| 31章 肥料 | Fertilizers | 0.57 | 0.01 | 0.52 | 0.06 |
| 32章 鞣料浸膏及染料浸膏；鞣酸及其衍生物；染料、颜料及其他着色料；油漆及清漆；油灰及其他类似胶粘剂；墨水、油墨 | Tanning or dyeing extracts；tannins and their derivatives；dyes，pigments and other colouring matter；paints and varnishes；putty and other mastics；inks | 1.55 | 4.87 | 1.34 | 4.61 |
| 33章 精油及香膏；芳香料制品及化妆盥洗品 | Essential oils and retinoid；perfumery，cosmetic or toilet preparations | 0.94 | 0.31 | 0.84 | 0.40 |
| 34章 肥皂、有机表面活性剂、洗涤剂、润滑剂、人造蜡、调制蜡、光洁剂、蜡烛及类似品、塑型用膏、"牙科用蜡"及牙科用熟石膏制剂 | Soap，organic surface-active agents，washing preparations，lubricating preparations，artificial waxes，prepared waxes，polishing or scouring preparations，candles and similar articles，modelling pastes，"dental waxes" and dental preparations with a basis of plast | 0.57 | 1.07 | 0.54 | 1.10 |
| 35章 蛋白类物质；改性淀粉；胶；酶 | Albuminoidal substances；modified starches；glues；enzymes | 0.57 | 1.66 | 0.46 | 1.67 |
| 36章 炸药；烟火制品；火柴；引火合金；易燃材料制品 | Explosives；pyrotechnic products；matches；pyrophoric alloys；certain combustible preparations | 0.14 | | 0.12 | |
| 37章 照相及电影用品 | Photographic or cinematographic goods | 0.55 | 0.74 | 0.58 | 0.67 |
| 38章 杂项化学产品 | Miscellaneous chemical products | 11.31 | 9.95 | 9.75 | 8.53 |
| **第七类 塑料及其制品，橡胶及其制品** | **PLASTICS AND ARTICLES THEREOF RUBBER AND ARTICLES THEREOF** | **6.04** | **88.05** | **5.23** | **84.64** |
| 39章 塑料及其制品 | Plastics and articles thereof | 5.07 | 83.32 | 4.39 | 80.95 |
| 40章 橡胶及其制品 | Rubber and articles thereof | 0.96 | 4.73 | 0.84 | 3.70 |
| **第八类 生皮、皮革、毛皮及其制品；鞍具及挽具；旅行用品、手提包及类似品；动物肠线(蚕胶丝除外)制品** | **RAW HIDES AND SKINS，LEATHER，FUR SKINS AND ARTICLES THEREOF；SADDLERY AND HARNESS；TRAVEL GOODS，HANDBAGS AND SIMILAR CONTAINERS；ARTICLES OF ANIMAL GUT(OTHER THAN SILK-WORM GUT)** | **0.89** | **4.54** | **0.69** | **3.59** |
| 41章 生皮(毛皮除外)及皮革 | Raw hides and skins(other than fur skins) and leather | 0.06 | 4.50 | 0.03 | 3.56 |

6-21 续表 2 Continued 2

单位：亿美元
Unit：USD 100 million

| 商品分类 | HS Section and Division | 2008 出口 Exports | 2008 进口 Imports | 2009 出口 Exports | 2009 进口 Imports |
|---|---|---|---|---|---|
| 42章 皮革制品；鞍具及挽具；旅行用品、手提包及类似容器；动物肠线(蚕胶丝除外)制品 | Articles of leather；saddlery and harness；travel goods，hand bags and similar containers；articles of animal gut (other than silk-worm gut) | 0.83 | 0.04 | 0.65 | 0.03 |
| 43章 毛皮、人造毛皮及其制品 | Fur skins and artificial fur；manufactures thereof | | | | |
| **第九类 木及木制品；木炭；软木及软木制品；稻草，秸秆、针茅或其他编结材料制品；篮筐及柳条编结品** | **WOOD AND ARTICLES OF WOOD；WOOD CHAR-COAL；CORK AND ARTICLES OF CORK；MANUFACTURES OF STRAW，OF ESPARTO OR OF OTHER PLAITING MATERIALS；BASKET WARE AND WICKERWORK** | **1.46** | **0.27** | **1.19** | **0.19** |
| 44章 木及木制品；木炭 | Wood and articles of wood；wood charcoal | 1.31 | 0.24 | 1.05 | 0.17 |
| 45章 软木及软木制品 | Cork and articles of cork | 0.01 | | | |
| 46章 稻草、秸秆、针茅或其他编结材料制品；篮筐及柳条编结品 | Manufactures of straw，of esparto or of other plaiting Materials；basket ware and wickerwork | 0.15 | 0.03 | 0.13 | 0.02 |
| **第十类 木浆及其他纤维状纤维素浆；纸及纸板的废碎品；纸、纸板及其制品** | **PULP OF WOOD OR OF OTHER FIBROUS CELLULOSIC MATERIAL；WASTE AND SCRAP OF PAPER OR PAPERBOARD；PAPER AND PAPERBOARD AND ARTICLES THEREOF** | **2.66** | **4.43** | **2.67** | **4.42** |
| 47章 木浆及其他纤维状纤维素浆；纸及纸板的废碎品 | Pulp of wood or of other fibrous cellulosic material；waste and scrap of paper or paperboard | 0.04 | 0.03 | 0.04 | 0.10 |
| 48章 纸及纸板；纸浆、纸或纸板制品 | Paper and paperboard；articles of paper pulp，of paper or paperboard | 2.36 | 4.17 | 2.39 | 3.93 |
| 49章 书籍、报纸、印刷图画及其他印制品；手稿、打字稿及设计图纸 | Printed books，newspapers，pictures and other products of the printing industry；manuscripts，typescripts and plans | 0.26 | 0.23 | 0.23 | 0.39 |
| **第十一类 纺织原料及纺织制品** | **TEXTILES AND TEXTILE ARTICLES** | **7.86** | **29.29** | **6.96** | **27.13** |
| 50章 蚕丝 | Silk | 0.01 | 0.01 | 0.01 | 0.01 |
| 51章 羊毛、动物细毛或粗毛；马毛纱线及其机织物 | Wool，fine or coarse animal hair；horsehair yarn and woven fabric | 0.09 | 0.15 | 0.08 | 0.06 |
| 52章 棉花 | Cotton | 0.52 | 2.65 | 0.41 | 3.05 |
| 53章 其他植物纺织纤维；纸纱线及其机织物 | Other vegetable textile fibres；paper yarn and woven fabrics of paper yarn | 0.01 | 0.03 | 0.01 | 0.01 |
| 54章 化学纤维长丝 | Man-made filaments | 0.76 | 11.20 | 0.58 | 10.19 |
| 55章 化学纤维短纤 | Man-made short fibres | 0.38 | 3.34 | 0.33 | 3.40 |
| 56章 絮胎、毡呢及无纺织物；特种纱线；线、绳、索、缆及其制品 | Wadding，felt and nonwoven；special yarns；twine，cordage，ropes and cables and articles thereof | 0.33 | 1.12 | 0.34 | 1.01 |
| 57章 地毯及纺织材料的其他铺地制品 | Carpets and other textile floor coverings | 0.17 | 0.01 | 0.17 | 0.01 |
| 58章 特种机织物；簇绒织物；花边；装饰毯；装饰带；刺绣品 | Special woven fabrics；tufted textile fabrics；lace；tapestries；trimmings；embroidery | 0.30 | 1.19 | 0.17 | 1.01 |
| 59章 浸渍、涂布、包覆或层压的纺织物；工业用纺织制品 | Impregnated，coated，covered or laminated textile fabrics；textile articles of a kind suitable for industrial use | 0.53 | 4.02 | 0.41 | 3.37 |
| 60章 针织物及钩编织物 | Knitted or crocheted fabrics | 0.03 | 5.01 | 0.05 | 4.56 |
| 61章 针织或钩编的服装及衣着附件 | Articles of apparel and clothing accessories，knitted or crocheted | 2.27 | 0.22 | 1.86 | 0.18 |
| 62章 非针织或非钩编的服装及衣着附件 | Articles of apparel and clothing accessories，not knitted or crocheted | 1.49 | 0.14 | 1.53 | 0.10 |

6-21 续表 3 Continued 3

单位：亿美元
Unit：USD 100 million

| 商品分类 | HS Section and Division | 2008 出口 Exports | 2008 进口 Imports | 2009 出口 Exports | 2009 进口 Imports |
|---|---|---|---|---|---|
| 63章 其他纺织制成品；成套物品；旧衣着及旧纺织品；碎织物 | Other made up textile articles；sets；worn clothing and worn textile articles；rags articles；rags | 0.96 | 0.19 | 1.01 | 0.14 |
| **第十二类 鞋、帽、伞、杖、鞭及其零件；已加工的羽毛及其制品；人造花；人发制品** | **FOOTWEAR，HEADGEAR，UMBRELLAS，SUN UMBRELLAS，WALKING-STICKS，SEAT-STICKS，WHIPS，RIDING-CROPS AND PARTS THEREOF；PREPARED FEATHERS AND ARTICLES MADE THEREWITH；ARTIFICIAL FLOWERS；ARTICLES OF HUMAN HAIR** | **1.45** | **0.51** | **1.46** | **0.38** |
| 64章 鞋靴、护腿和类似品及其零件 | Footwear，gaiters and the like；parts of such articles | 1.03 | 0.44 | 1.02 | 0.33 |
| 65章 帽类及其零件 | Headgear and parts thereof | 0.09 | 0.02 | 0.09 | 0.02 |
| 66章 雨伞、阳伞、手杖、鞭子、马鞭及其零件 | Umbrellas，sun umbrellas，walking-sticks，seat-sticks，whips，riding-crops and parts thereof | 0.19 | 0.02 | 0.20 | 0.02 |
| 67章 已加工羽毛、羽绒及其制品；人造花；人发制品 | Prepared feathers and down and articles made of feathers or of down；artificial flowers；articles of human hair | 0.14 | 0.02 | 0.16 | 0.01 |
| **第十三类 石料、石膏、水泥、石棉、云母及类似材料的制品；陶瓷产品；玻璃及其制品** | **ARTICLES OF STONE，PLASTER，CEMENT，ASBESTOS，MICA OR SIMILAR MATERIALS；CERAMIC PRODUCTS；GLASS AND GLASSWARE** | **2.52** | **7.52** | **2.66** | **7.22** |
| 68章 石料、石膏、水泥、石棉、云母及类似材料的制品 | Articles of stone，plaster，cement，asbestos，mica or similar materials；ceramic products；glass and glassware | 1.40 | 0.87 | 1.50 | 0.61 |
| 69章 陶瓷产品 | Ceramic products | 0.38 | 0.13 | 0.44 | 0.10 |
| 70章 玻璃及其制品 | Glass and glassware | 0.75 | 6.52 | 0.71 | 6.51 |
| **第十四类 天然或养殖珍珠、宝石或半宝石、贵金属、包贵金属及其制品；仿首饰；硬币** | **NATURAL OR CULTURED PEARLS，PRECIOUS OR SEMI-PRECIOUS STONES，PRECIOUS METALS，METALS CLAD WITH PRECIOUS METAL AND STONES，PRECIOUS METALS，METALS CLAD WITH PRECIOUS METAL AND ARTICLES THEREOF；IMITATION JEWELLERY；COIN** | **1.00** | **1.58** | **2.34** | **1.22** |
| 71章 天然或养殖珍珠、宝石或半宝石、贵金属、包贵金属及其制品；仿首饰；硬币 | Natural or cultured pearls，precious or semi-precious stones，precious metals，metals clad with precious metal and articles thereof；imitation jewellery；coin | 1.00 | 1.58 | 2.34 | 1.22 |
| **第十五类 贱金属及其制品** | **BASE METALS AND ARTICLES OF BASE METAL** | **35.94** | **73.98** | **12.94** | **56.94** |
| 72章 钢铁 | Iron and steel | 18.67 | 29.92 | 3.80 | 24.95 |
| 73章 钢铁制品 | Articles of iron or steel | 5.69 | 5.34 | 2.83 | 4.10 |
| 74章 铜及其制品 | Copper and articles thereof | 2.62 | 25.89 | 1.47 | 18.70 |
| 75章 镍及其制品 | Nickel and articles thereof | 0.03 | 1.45 | 1.04 | 0.75 |
| 76章 铝及其制品 | Aluminium and articles thereof | 3.46 | 4.96 | 0.93 | 4.12 |
| 78章 铅及其制品 | Lead and articles thereof | 1.07 | 0.23 | 0.53 | 0.10 |
| 79章 锌及其制品 | Zinc and articles thereof | 0.93 | 0.51 | 0.21 | 0.41 |
| 80章 锡及其制品 | Tin and articles thereof | 0.01 | 0.77 | 0.00 | 0.44 |
| 81章 其他贱金属、金属陶瓷及其制品 | Other base metals；cermets；articles thereof | 1.37 | 0.58 | 0.68 | 0.30 |
| 82章 贱金属工具、器具、利口器、餐匙、餐叉及其零件 | Tools，implements，cutlery，spoons and forks，of base metal；parts thereof of base metal | 1.35 | 2.63 | 0.89 | 1.70 |
| 83章 贱金属杂项制品 | Miscellaneous articles of base metal | 0.74 | 1.69 | 0.56 | 1.36 |

6-21 续表 4 Continued 4

单位：亿美元
Unit: USD 100 million

| 商品分类 | HS Section and Division | 2008 出口 Exports | 2008 进口 Imports | 2009 出口 Exports | 2009 进口 Imports |
|---|---|---|---|---|---|
| **第十六类 机器、机械器具、电气设备及其零件；录音机及放声机、电视图像、声音的录制和重放设备及其零件、附件** | **MACHINERY AND MECHANICAL APPLIANCES; ELECTRICAL EQUIPMENT; PARTS THEREOF; SOUND RECORDERS AND REPRODUCERS, TELEVISION IMAGE AND SOUND RECORDERS AND REPRODUCERS; AND PARTS AND ACCESSORIES OF RECORDERS AND REPRODUCERS; AND PARTS AND ACCESSORIES OF SUCH ARTICLES** | **116.31** | **482.53** | **103.53** | **432.11** |
| 84章 核反应堆、锅炉、机器、机械器具及其零件 | Nuclear reactors, boilers, machinery and mechanical appliances; parts thereof | 38.04 | 67.28 | 33.21 | 48.05 |
| 85章 电机、电气设备及其零件；录音机及放声机、电视图像、声音的录制和重放设备及其零件、附件 | Electrical machinery and equipment and parts thereof; sound recorders and reproducers, television image and sound recorders and reproducers, and parts and accessories of such articles | 78.27 | 415.25 | 70.32 | 384.06 |
| **第十七类 车辆、航空器、船舶及有关运输设备** | **VEHICLES, AIRCRAFT, VESSELS AND ASSOCIATED TRANSPORT EQUIPMENT** | **8.17** | **2.47** | **5.19** | **2.52** |
| 86章 铁道及电车道机车、车辆及其零件；铁道及电车轨道固定装置及其零件、附件；各种机械(包括电动机械)交通信号设备 | Railway or tramway locomotives, rolling-stock and parts thereof; railway or tramway track fixtures and fittings and parts thereof; mechanical(including electro-mechanical) traffic signalling equipment of all kinds | 2.01 | | 0.13 | |
| 87章 车辆及其零件、附件，但铁道及电车道车辆除外 | Vehicles other than railway or tramway rolling-stock, and parts and accessories thereof | 6.04 | 2.27 | 4.84 | 1.83 |
| 88章 航空器、航天器及其零件 | Aircraft, spacecraft, and parts thereof | 0.02 | | 0.08 | |
| 89章 船舶及浮动结构体 | Ships, boats and floating structures | 0.11 | 0.19 | 0.14 | 0.68 |
| **第十八类 光学、照相、电影、计量、检验、医疗或外科用仪器及设备、精密仪器及设备；钟表；乐器；上述物品的零件、附件** | **OPTICAL, PHOTOGRAPHIC, CINEMATOGRAPHIC, MEASURING, CHECKING, PRECISION, MEDICAL OR SURGICAL INSTRUMENTS AND APPARATUS; CLOCKS AND WATCHES; MUSICAL INSTRUMENTS PARTS AND ACCESSORIES THEREOF** | **17.31** | **206.18** | **14.81** | **146.39** |
| 90章 光学、照相、电影、计量、检验、医疗或外科用仪器及设备、精密仪器及设备；上述物品的零件、附件 | Optical, photographic, cinematographic, measuring, checking, precision medical or surgical instruments and apparatus; parts and accessories thereof | 17.08 | 205.92 | 14.60 | 146.17 |
| 91章 钟表及其零件 | Clocks and watches and parts thereof | 0.07 | 0.08 | 0.07 | 0.08 |
| 92章 乐器及其零件、附件 | Musical instruments; parts and accessories of such articles | 0.16 | 0.18 | 0.14 | 0.13 |
| **第十九类 武器、弹药及其零件、附件** | **ARMS AND AMMUNITION; PARTS AND ACCESSORIES THEREOF** | | | | |
| 93章 武器、弹药及其零件、附件 | Arms and ammunition; parts and accessories thereof | | | | |
| **第二十类 杂项制品** | **MISCELLANEOUS MANUFACTURED ARTICLES** | **4.88** | **3.15** | **4.47** | **3.04** |
| 94章 家具；寝具、褥垫、弹簧床垫、软坐垫及类似的填充制品；未列名灯具及照明装置；发光标志、发光名牌及类似品；活动房屋 | Furniture; bedding, mattresses, mattress supports, cushions and similar stuffed furnishings; lamps and lighting fittings, not elsewhere specified or included; illuminated signs, illuminated | 2.49 | 0.95 | 2.35 | 1.38 |
| 95章 玩具、游戏品、运动用品及其零件、附件 | Toys, games and sports requisites; parts and accessories thereof | 1.55 | 1.43 | 1.40 | 0.98 |
| 96章 杂项制品 | Miscellaneous manufactured articles | 0.84 | 0.77 | 0.72 | 0.68 |
| **第二十一类 艺术品、收藏品及古物** | **WORKS OF ART, COLLECTORS' PIECES AND ANTIQUES** | **0.01** | | | |
| 97章 艺术品、收藏品及古物 | Works of art, collectors' pieces and antiques | 0.01 | | | |
| **第二十二类 特殊交易品及未分类商品** | **COMMODITIES AND TRANSACTIONS NOT CLASSIFIED ACCORDING TO KIND** | **0.78** | **0.02** | **0.45** | **0.01** |
| 98章 特殊交易品及未分类商品 | Commodities and transactions not classified according to kind | 0.78 | 0.02 | 0.45 | 0.01 |

# 6-22 对日本进出口商品分类章金额

## Value of Exports and Imports from Japan by HS

单位：亿美元

Unit：USD 100 million

| 商品分类 | HS Section and Division | 2008 出口 Exports | 2008 进口 Imports | 2009 出口 Exports | 2009 进口 Imports |
|---|---|---|---|---|---|
| **总　　额** | **Total** | **1161.32** | **1506.00** | **978.68** | **1309.15** |
| **第一类　活动物；动物产品** | **LIVE ANIMALS；ANIMAL PRODUCTS** | **14.13** | **1.90** | **15.17** | **2.12** |
| 01章　活动物 | Live animals | 0.06 | 0.02 | 0.07 | 0.02 |
| 02章　肉及食用杂碎 | Meat and edible meat offal | 0.01 | | 0.01 | |
| 03章　鱼、甲壳动物、软体动物及其他水生无脊椎动物 | Fish and crustaceans molluscs and other aquatic invertebrates | 11.63 | 1.78 | 12.83 | 2.00 |
| 04章　乳品；蛋品；天然蜂蜜；其他食用动物产品 | Dairy produce；birds' eggs；natural honey；edible products of animal origin，not elsewhere specified or included | 0.97 | 0.02 | 0.75 | 0.03 |
| 05章　其他动物产品 | Products of animal origin，not elsewhere specified or included | 1.47 | 0.08 | 1.51 | 0.07 |
| **第二类　植物产品** | **VEGETABLE PRODUCTS** | **17.55** | **0.43** | **17.68** | **0.46** |
| 06章　活树及其他活植物；鳞茎、根及类似品；插花及装饰用簇叶 | Live tree and other plants；bulbs，roots and the like；cut flowers and ornamental foliage | 0.61 | 0.01 | 0.72 | 0.04 |
| 07章　食用蔬菜、根及块茎 | Edible vegetables and certain roots and tubers | 8.58 | 0.01 | 9.00 | 0.01 |
| 08章　食用水果及坚果；甜瓜或柑桔属水果的果皮 | Edible fruit and nuts；peel of citrus fruit or melons | 1.47 | 0.07 | 1.34 | 0.07 |
| 09章　咖啡、茶、马黛茶及调味香料 | Coffee，tea，mate and spices | 1.68 | 0.02 | 1.55 | 0.03 |
| 10章　谷物 | Cereals | 0.78 | 0.01 | 1.06 | 0.00 |
| 11章　制粉工业产品；麦芽；淀粉；菊粉；面筋 | Products of the milling industry；malt；starches；inulin；wheat gluten | 0.19 | 0.05 | 0.21 | 0.04 |
| 12章　含油子仁及果实；杂项子仁及果实；工业用或药用植物；稻草、秸秆及饲料 | Oil seeds and oleaginous fruits；miscellaneous grains，seeds and fruit；industrial or medicinal plants；straw and fodder | 2.99 | 0.23 | 2.55 | 0.23 |
| 13章　虫胶；树胶、树脂及其他植物液、汁 | Lac；gums，resins and other vegetable saps and extracts | 1.05 | 0.04 | 1.09 | 0.04 |
| 14章　编结用植物材料；其他植物产品 | Vegetable plaiting materials；vegetable products not elsewhere specified or included | 0.21 | | 0.17 | 0.00 |
| **第三类　动、植物油、脂及其分解产品；精制的食用油脂；动、植物蜡** | **ANIMAL OR VEGETABLE FATS AND OILS AND THEIR CLEAVAGE PRODUCTS；PREPARED EDIBLE FATS；ANIMAL OR VEGETABLE WAXES** | **0.59** | **0.07** | **0.33** | **0.07** |
| 15章　动、植物油、脂及其分解产品；精制的食用油脂；动、植物蜡 | Animal or vegetable fats and oils and their cleavage products；prepared edible fats；animal or vegetable waxes | 0.59 | 0.07 | 0.33 | 0.07 |
| **第四类　食品；饮料、酒及醋；烟草、烟草及烟草代用品的制品** | **PREPARED FOODSTUFFS；BEVERAGES, SPIRITS AND VINEGAR；TOBACCO AND MANUFACTURED TOBACCO SUBSTITUTES** | **43.47** | **1.26** | **42.62** | **1.49** |
| 16章　肉、鱼、甲壳动物、软体动物及其他水生无脊椎动物的制品 | Preparations of meat，of fish or of crustaceans，molluscs or other aquatic invertebrates | 23.52 | 0.03 | 21.20 | 0.04 |
| 17章　糖及糖食 | Sugars and sugar confectionery | 0.11 | 0.06 | 0.10 | 0.07 |
| 18章　可可及可可制品 | Cocoa and cocoa preparations | 0.07 | 0.04 | 0.04 | 0.03 |
| 19章　谷物、粮食粉、淀粉或乳的制品；糕饼点心 | Preparations of cereals，flour，starch or milk；pastry-cooks' products | 2.00 | 0.17 | 2.14 | 0.31 |

6-22 续表 1 Continued 1

单位：亿美元
Unit：USD 100 million

| 商品分类 | HS Section and Division | 2008 出口 Exports | 2008 进口 Imports | 2009 出口 Exports | 2009 进口 Imports |
|---|---|---|---|---|---|
| 20章 蔬菜、水果、坚果或植物其他部分的制品 | Preparations of vegetables, fruit，nuts or other parts of plants | 11.07 | 0.03 | 10.69 | 0.02 |
| 21章 杂项食品 | Miscellaneous edible preparations | 1.69 | 0.69 | 1.75 | 0.78 |
| 22章 饮料、酒及醋 | Beverages，spirits and vinegar | 0.58 | 0.15 | 0.44 | 0.15 |
| 23章 食品工业的残渣及废料；配制的动物饲料 | Residues and waste from the food industries；prepared animal fodder | 4.29 | 0.07 | 5.95 | 0.08 |
| 24章 烟草及烟草代用品的制品 | Tobacco and manufactured tobacco substitutes | 0.13 | 0.02 | 0.30 | 0.02 |
| **第五类 矿产品** | **MINERAL PRODUCTS** | **53.90** | **53.00** | **19.65** | **22.92** |
| 25章 盐；硫磺；泥土及石料；石膏料、石灰及水泥 | Salt；sulphur；earths and stone；plastering materials，lime and cement | 5.82 | 4.66 | 3.28 | 1.57 |
| 26章 矿砂、矿渣及矿灰 | Ores，slag and ash | 0.49 | 0.36 | 0.21 | 0.08 |
| 27章 矿物燃料、矿物油及其蒸馏产品；沥青物质；矿物蜡 | Mineral fuels，mineral oils and products of their distillation; bituminous substances; mineral waxes | 47.60 | 47.99 | 16.17 | 21.27 |
| **第六类 化学工业及其相关工业的产品** | **PRODUCTS OF THE CHEMICAL OR INDUSTRIES ALLIED** | **69.97** | **131.99** | **44.72** | **122.87** |
| 28章 无机化学品；贵金属、稀土金属、放射性元素及其同位素的有机及无机化合物 | Inorganic chemicals；organic or inorganic compounds of precious metals，of rare- earth metals, of radioactive elements or of isotopes | 28.29 | 16.13 | 11.56 | 7.58 |
| 29章 有机化学品 | Organic chemicals | 21.66 | 62.30 | 17.33 | 63.29 |
| 30章 药品 | Pharmaceutical products | 1.88 | 2.52 | 2.09 | 2.96 |
| 31章 肥料 | Fertilizers | 1.75 | 0.03 | 0.95 | 0.03 |
| 32章 鞣料浸膏及染料浸膏；鞣酸及其衍生物；染料、颜料及其他着色料；油漆及清漆；油灰及其他类似胶粘剂；墨水、油墨 | Tanning or dyeing extracts；tannins and their derivatives；dyes，pigments and other colouring matter；paints and varnishes；putty and other mastics；inks | 2.42 | 11.23 | 1.67 | 9.73 |
| 33章 精油及香膏；芳香料制品及化妆盥洗品 | Essential oils and retinoid；perfumery，cosmetic or toilet preparations | 1.69 | 1.92 | 1.95 | 2.50 |
| 34章 肥皂、有机表面活性剂、洗涤剂、润滑剂、人造蜡、调制蜡、光洁剂、蜡烛及类似品、塑型用膏、"牙科用蜡"及牙科用熟石膏制剂 | Soap，organic surface-active agents，washing preparations，lubricating preparations，artificial waxes，prepared waxes，polishing or scouring preparations，candles and similar articles，modelling pastes，"dental waxes" and dental preparations with a basis of plast | 1.14 | 4.98 | 1.22 | 5.00 |
| 35章 蛋白类物质；改性淀粉；胶；酶 | Albuminoidal substances；modified starches；glues；enzymes | 1.06 | 4.06 | 1.06 | 4.40 |
| 36章 炸药；烟火制品；火柴；引火合金；易燃材料制品 | Explosives；pyrotechnic products；matches；pyrophoric alloys；certain combustible preparations | 0.24 | 0.11 | 0.25 | 0.15 |
| 37章 照相及电影用品 | Photographic or cinematographic goods | 0.82 | 7.07 | 0.45 | 7.04 |
| 38章 杂项化学产品 | Miscellaneous chemical products | 9.03 | 21.63 | 6.17 | 20.18 |
| **第七类 塑料及其制品，橡胶及其制品** | **PLASTICS AND ARTICLES THEREOF RUBBER AND ARTICLES THEREOF** | **30.31** | **95.34** | **27.02** | **91.63** |
| 39章 塑料及其制品 | Plastics and articles thereof | 25.81 | 81.90 | 23.52 | 78.54 |
| 40章 橡胶及其制品 | Rubber and articles thereof | 4.50 | 13.43 | 3.49 | 13.09 |
| **第八类 生皮、皮革、毛皮及其制品；鞍具及挽具；旅行用品、手提包及类似品；动物肠线(蚕胶丝除外)制品** | **RAW HIDES AND SKINS，LEATHER，FUR SKINS AND ARTICLES THEREOF；SADDLERY AND HARNESS；TRAVEL GOODS，HANDBAGS AND SIMILAR CONTAINERS；ARTICLES OF ANIMAL GUT(OTHER THAN SILK-WORM GUT)** | **15.96** | **0.94** | **15.29** | **0.83** |
| 41章 生皮(毛皮除外)及皮革 | Raw hides and skins(other than fur skins) and leather | 0.06 | 0.78 | 0.07 | 0.68 |

6-22 续表 2 Continued 2

单位：亿美元
Unit：USD 100 million

| 商品分类 | HS Section and Division | 2008 出口 Exports | 2008 进口 Imports | 2009 出口 Exports | 2009 进口 Imports |
|---|---|---|---|---|---|
| 42章 皮革制品；鞍具及挽具；旅行用品、手提包及类似容器；动物肠线(蚕胶丝除外)制品 | Articles of leather；saddlery and harness；travel goods，hand bags and similar containers；articles of animal gut (other than silk-worm gut) | 15.29 | 0.15 | 14.62 | 0.15 |
| 43章 毛皮、人造毛皮及其制品 | Fur skins and artificial fur；manufactures thereof | 0.61 | 0.01 | 0.61 | 0.01 |
| **第九类 木及木制品；木炭；软木及软木制品；稻草、秸秆、针茅或其他编结材料制品；篮筐及柳条编结品** | **WOOD AND ARTICLES OF WOOD；WOOD CHAR-COAL；CORK AND ARTICLES OF CORK；MANUFACTURES OF STRAW，OF ESPARTO OR OF OTHER PLAITING MATERIALS；BASKET WARE AND WICKERWORK** | **15.14** | **0.31** | **13.67** | **0.28** |
| 44章 木及木制品；木炭 | Wood and articles of wood；wood charcoal | 12.27 | 0.30 | 10.95 | 0.28 |
| 45章 软木及软木制品 | Cork and articles of cork | 0.01 | | 0.01 | |
| 46章 稻草、秸秆、针茅或其他编结材料制品；篮筐及柳条编结品 | Manufactures of straw，of esparto or of other plaiting Materials；basket ware and wickerwork | 2.85 | | 2.71 | |
| **第十类 木浆及其他纤维状纤维素浆；纸及纸板的废碎品；纸、纸板及其制品** | **PULP OF WOOD OR OF OTHER FIBROUS CELLULOSIC MATERIAL；WASTE AND SCRAP OF PAPER OR PAPERBOARD；PAPER AND PAPERBOARD AND ARTICLES THEREOF** | **7.53** | **16.83** | **9.54** | **15.79** |
| 47章 木浆及其他纤维状纤维素浆；纸及纸板的废碎品 | Pulp of wood or of other fibrous cellulosic material；waste and scrap of paper or paperboard | 0.07 | 7.68 | 0.07 | 6.17 |
| 48章 纸及纸板；纸浆、纸或纸板制品 | Paper and paperboard；articles of paper pulp，of paper or paperboard | 6.54 | 7.80 | 8.50 | 6.64 |
| 49章 书籍、报纸、印刷图画及其他印制品；手稿、打字稿及设计图纸 | Printed books，newspapers，pictures and other products of the printing industry；manuscripts，typescripts and plans | 0.93 | 1.35 | 0.98 | 2.97 |
| **第十一类 纺织原料及纺织制品** | **TEXTILES AND TEXTILE ARTICLES** | **207.13** | **36.12** | **207.21** | **31.42** |
| 50章 蚕丝 | Silk | 0.99 | 0.15 | 0.72 | 0.11 |
| 51章 羊毛、动物细毛或粗毛；马毛纱线及其机织物 | Wool，fine or coarse animal hair；horsehair yarn and woven fabric | 2.28 | 2.58 | 1.35 | 1.96 |
| 52章 棉花 | Cotton | 2.37 | 5.21 | 1.90 | 4.04 |
| 53章 其他植物纺织纤维；纸纱线及其机织物 | Other vegetable textile fibres；paper yarn and woven fabrics of paper yarn | 0.29 | 0.16 | 0.39 | 0.14 |
| 54章 化学纤维长丝 | Man-made filaments | 1.37 | 8.65 | 1.03 | 7.47 |
| 55章 化学纤维短纤 | Man-made short fibres | 1.50 | 5.97 | 1.02 | 5.43 |
| 56章 絮胎、毡呢及无纺织物；特种纱线；线、绳、索、缆及其制品 | Wadding，felt and nonwoven；special yarns；twine，cordage，ropes and cables and articles thereof | 1.79 | 2.26 | 1.97 | 2.44 |
| 57章 地毯及纺织材料的其他铺地制品 | Carpets and other textile floor coverings | 3.17 | 0.11 | 3.16 | 0.09 |
| 58章 特种机织物；簇绒织物；花边；装饰毯；装饰带；刺绣品 | Special woven fabrics；tufted textile fabrics；lace；tapestries；trimmings；embroidery | 0.91 | 2.03 | 0.70 | 1.68 |
| 59章 浸渍、涂布、包覆或层压的纺织物；工业用纺织制品 | Impregnated，coated，covered or laminated textile fabrics；textile articles of a kind suitable for industrial use | 0.95 | 3.54 | 0.86 | 3.10 |
| 60章 针织物及钩编织物 | Knitted or crocheted fabrics | 0.21 | 3.98 | 0.22 | 3.66 |
| 61章 针织或钩编的服装及衣着附件 | Articles of apparel and clothing accessories，Knitted or crocheted | 86.30 | 0.35 | 87.04 | 0.35 |
| 62章 非针织或非钩编的服装及衣着附件 | Articles of apparel and clothing accessories，not knitted or crocheted | 83.96 | 0.82 | 80.97 | 0.71 |

6-22 续表 3 Continued 3

单位：亿美元

Unit: USD 100 million

| 商品分类 | HS Section and Division | 2008 出口 Exports | 2008 进口 Imports | 2009 出口 Exports | 2009 进口 Imports |
|---|---|---|---|---|---|
| 63章 其他纺织制成品；成套物品；旧衣着及旧纺织品；碎织物 | Other made up textile articles; sets; worn clothing and worn textile articles; rags articles; rags | 21.06 | 0.29 | 25.87 | 0.21 |
| **第十二类 鞋、帽、伞、杖、鞭及其零件；已加工的羽毛及其制品；人造花；人发制品** | **FOOTWEAR, HEADGEAR, UMBRELLAS, SUN UMBRELLAS, WALKING-STICKS, SEAT-STICKS, WHIPS, RIDING-CROPS AND PARTS THEREOF; PREPARED FEATHERS AND ARTICLES MADE THEREWITH; ARTIFICIAL FLOWERS; ARTICLES OF HUMAN HAIR** | **25.64** | **0.54** | **26.27** | **0.49** |
| 64章 鞋靴、护腿和类似品及其零件 | Footwear, gaiters and the like; parts of such articles | 20.35 | 0.22 | 20.89 | 0.19 |
| 65章 帽类及其零件 | Headgear and parts thereof | 2.12 | 0.02 | 2.12 | 0.01 |
| 66章 雨伞、阳伞、手杖、鞭子、马鞭及其零件 | Umbrellas, sun umbrellas, walking-sticks, seat-sticks, whips, riding-crops and parts thereof | 1.44 | | 1.58 | |
| 67章 已加工羽毛、羽绒及其制品；人造花；人发制品 | Prepared feathers and down and articles made of feathers or of down; artificial flowers; articles of human hair | 1.73 | 0.30 | 1.68 | 0.29 |
| **第十三类 石料、石膏、水泥、石棉、云母及类似材料的制品；陶瓷产品；玻璃及其制品** | **ARTICLES OF STONE, PLASTER, CEMENT, ASBESTOS, MICA OR SIMILAR MATERIALS; CERAMIC PRODUCTS; GLASS AND GLASSWARE** | **16.39** | **12.32** | **14.09** | **10.64** |
| 68章 石料、石膏、水泥、石棉、云母及类似材料的制品 | Articles of stone, plaster, cement, asbestos, mica or similar materials; ceramic products; glass and glassware | 6.88 | 3.06 | 6.50 | 2.70 |
| 69章 陶瓷产品 | Ceramic products | 4.29 | 0.82 | 3.92 | 0.73 |
| 70章 玻璃及其制品 | Glass and glassware | 5.22 | 8.44 | 3.67 | 7.21 |
| **第十四类 天然或养殖珍珠、宝石或半宝石、贵金属、包贵金属及其制品；仿首饰；硬币** | **NATURAL OR CULTURED PEARLS, PRECIOUS OR SEMI-PRECIOUS STONES, PRECIOUS METALS, METALS CLAD WITH PRECIOUS METAL AND STONES, PRECIOUS METALS, METALS CLAD WITH PRECIOUS METAL AND ARTICLES THEREOF; IMITATION JEWELLERY; COIN** | **1.19** | **9.33** | **1.03** | **6.77** |
| 71章 天然或养殖珍珠、宝石或半宝石、贵金属、包贵金属及其制品；仿首饰；硬币 | Natural or cultured pearls, precious or semi-precious stones, precious metals, metals clad with precious metal and articles thereof; imitation jewellery; coin | 1.19 | 9.33 | 1.03 | 6.77 |
| **第十五类 贱金属及其制品** | **BASE METALS AND ARTICLES OF BASE METAL** | **83.43** | **184.60** | **44.59** | **163.37** |
| 72章 钢铁 | Iron and steel | 28.06 | 85.11 | 7.92 | 83.88 |
| 73章 钢铁制品 | Articles of iron or steel | 24.57 | 28.95 | 19.10 | 24.00 |
| 74章 铜及其制品 | Copper and articles thereof | 3.07 | 44.79 | 1.50 | 32.36 |
| 75章 镍及其制品 | Nickel and articles thereof | 0.57 | 2.39 | 0.14 | 1.87 |
| 76章 铝及其制品 | Aluminium and articles thereof | 11.30 | 8.23 | 7.12 | 7.52 |
| 78章 铅及其制品 | Lead and articles thereof | 0.16 | 0.20 | 0.05 | 0.49 |
| 79章 锌及其制品 | Zinc and articles thereof | 0.19 | 0.60 | 0.16 | 1.51 |
| 80章 锡及其制品 | Tin and articles thereof | 0.40 | 0.88 | 0.06 | 0.56 |
| 81章 其他贱金属、金属陶瓷及其制品 | Other base metals; cermets; articles thereof | 7.24 | 3.47 | 2.36 | 2.52 |
| 82章 贱金属工具、器具、利口器、餐匙、餐叉及其零件 | Tools, implements, cutlery, spoons and forks, of base metal; parts thereof of base metal | 3.56 | 7.13 | 2.81 | 6.07 |
| 83章 贱金属杂项制品 | Miscellaneous articles of base metal | 4.31 | 2.85 | 3.36 | 2.58 |

6-22 续表 4 Continued 4

单位：亿美元
Unit：USD 100 million

| 商品分类 | HS Section and Division | 2008 出口 Exports | 2008 进口 Imports | 2009 出口 Exports | 2009 进口 Imports |
|---|---|---|---|---|---|
| **第十六类 机器、机械器具、电气设备及其零件；录音机及放声机、电视图像、声音的录制和重放设备及其零件、附件** | **MACHINERY AND MECHANICAL APPLIANCES；ELECTRICAL EQUIPMENT；PARTS THEREOF；SOUND RECORDERS AND REPRODUCERS，TELEVISION IMAGE AND SOUND RECORDERS AND REPRODUCERS；AND PARTS AND ACCESSORIES OF RECORDERS AND REPRODUCERS；AND PARTS AND ACCESSORIES OF SUCH ARTICLES** | **416.62** | **713.95** | **354.50** | **602.34** |
| 84章 核反应堆、锅炉、机器、机械器具及其零件 | Nuclear reactors，boilers，machinery and mechanical appliances；parts thereof | 198.14 | 288.01 | 168.44 | 234.50 |
| 85章 电机、电气设备及其零件；录音机及放声机、电视图像、声音的录制和重放设备及其零件、附件 | Electrical machinery and equipment and parts thereof；sound recorders and reproducers，television image and sound recorders and reproducers，and parts and accessories of such articles | 218.48 | 425.93 | 186.06 | 367.84 |
| **第十七类 车辆、航空器、船舶及有关运输设备** | **VEHICLES，AIRCRAFT，VESSELS AND ASSOCIATED TRANSPORT EQUIPMENT** | **39.48** | **104.87** | **31.65** | **115.63** |
| 86章 铁道及电车道机车、车辆及其零件；铁道及电车轨道固定装置及其零件、附件；各种机械(包括电动机械)交通信号设备 | Railway or tramway locomotives，rolling-stock and parts thereof；railway or tramway track fixtures and fittings and parts thereof；mechanical(including electro-mechanical) traffic signalling equipment of all kinds | 4.81 | 2.31 | 0.96 | 2.68 |
| 87章 车辆及其零件、附件，但铁道及电车道车辆除外 | Vehicles other than railway or tramway rolling-stock，and parts and accessories thereof | 29.11 | 95.21 | 22.47 | 102.18 |
| 88章 航空器、航天器及其零件 | Aircraft，spacecraft，and parts thereof | 1.83 | 0.32 | 0.40 | 0.16 |
| 89章 船舶及浮动结构体 | Ships，boats and floating structures | 3.73 | 7.03 | 7.81 | 10.62 |
| **第十八类 光学、照相、电影、计量、检验、医疗或外科用仪器及设备、精密仪器及设备；钟表；乐器；上述物品的零件、附件** | **OPTICAL，PHOTOGRAPHIC，CINEMATOGRAPHIC，MEASURING，CHECKING，PRECISION，MEDICAL OR SURGICAL INSTRUMENTS AND APPARATUS；CLOCKS AND WATCHES；MUSICAL INSTRUMENTS；PARTS AND ACCESSORIES THEREOF** | **38.73** | **133.50** | **30.82** | **110.88** |
| 90章 光学、照相、电影、计量、检验、医疗或外科用仪器及设备、精密仪器及设备；上述物品的零件、附件 | Optical，photographic，cinematographic，measuring，checking，precision medical or surgical instruments and apparatus；parts and accessories thereof | 35.36 | 129.57 | 27.78 | 107.41 |
| 91章 钟表及其零件 | Clocks and watches and parts thereof | 2.45 | 3.21 | 2.23 | 2.70 |
| 92章 乐器及其零件、附件 | Musical instruments；parts and accessories of such articles | 0.93 | 0.72 | 0.82 | 0.78 |
| **第十九类 武器、弹药及其零件、附件** | **ARMS AND AMMUNITION；PARTS AND ACCESSORIES THEREOF** | | | | |
| 93章 武器、弹药及其零件、附件 | Arms and ammunition；parts and accessories thereof | | | | |
| **第二十类 杂项制品** | **MISCELLANEOUS MANUFACTURED ARTICLES** | **55.82** | **7.04** | **54.45** | **7.34** |
| 94章 家具；寝具、褥垫、弹簧床垫、软坐垫及类似的填充制品；未列名灯具及照明装置；发光标志、发光名牌及类似品；活动房屋 | Furniture；bedding，mattresses，mattress supports，cushions and similar stuffed furnishings；lamps and lighting fittings，not elsewhere specified or included；illuminated signs，illuminated | 28.82 | 2.37 | 27.56 | 3.08 |
| 95章 玩具、游戏品、运动用品及其零件、附件 | Toys，games and sports requisites；parts and accessories thereof | 21.36 | 1.44 | 21.40 | 1.14 |
| 96章 杂项制品 | Miscellaneous manufactured articles | 5.64 | 3.23 | 5.48 | 3.13 |
| **第二十一类 艺术品、收藏品及古物** | **WORKS OF ART，COLLECTORS' PIECES AND ANTIQUES** | **0.02** | **0.01** | **0.02** | |
| 97章 艺术品、收藏品及古物 | Works of art，collectors' pieces and antiques | 0.02 | 0.01 | 0.02 | |
| **第二十二类 特殊交易品及未分类商品** | **COMMODITIES AND TRANSACTIONS NOT CLASSIFIED ACCORDING TO KIND** | **8.32** | **1.66** | **8.34** | **1.79** |
| 98章 特殊交易品及未分类商品 | Commodities and transactions not classified according to kind | 8.32 | 1.66 | 8.34 | 1.79 |

# 6-23　对欧洲联盟进出口商品分类章金额

## Value of Exports to and Imports from EU by HS

单位：亿美元

Unit：USD 100 million

| 商品分类 | HS Section and Division | 2008 | | 2009 | |
|---|---|---|---|---|---|
| | | 出　口 Exports | 进　口 Imports | 出　口 Exports | 进　口 Imports |
| **总　　额** | **Total** | **2931.48** | **1326.34** | **2332.23** | **1271.18** |
| **第一类　活动物；动物产品** | **LIVE ANIMALS；ANIMAL PRODUCTS** | **21.77** | **11.73** | **21.64** | **8.41** |
| 01章　活动物 | Live animals | 0.05 | 0.08 | 0.04 | 0.09 |
| 02章　肉及食用杂碎 | Meat and edible meat offal | 0.22 | 5.54 | 0.24 | 3.10 |
| 03章　鱼、甲壳动物、软体动物及其他水生无脊椎动物 | Fish and crustaceans molluscs and other aquatic invertebrates | 14.62 | 3.11 | 15.46 | 1.98 |
| 04章　乳品；蛋品；天然蜂蜜；其他食用动物产品 | Dairy produce；birds' eggs；natural honey；edible products of animal origin，not elsewhere specified or included | 0.55 | 2.27 | 0.61 | 2.39 |
| 05章　其他动物产品 | Products of animal origin，not elsewhere specified or included | 6.33 | 0.73 | 5.29 | 0.85 |
| **第二类　植物产品** | **VEGETABLE PRODUCTS** | **17.93** | **2.61** | **15.38** | **3.12** |
| 06章　活树及其他活植物；鳞茎、根及类似品；插花及装饰用簇叶 | Live tree and other plants；bulbs，roots and the like；cut flowers and ornamental foliage | 0.36 | 0.44 | 0.39 | 0.45 |
| 07章　食用蔬菜、根及块茎 | Edible vegetables and certain roots and tubers | 6.62 | 0.03 | 5.45 | 0.02 |
| 08章　食用水果及坚果；甜瓜或柑桔属水果的果皮 | Edible fruit and nuts；peel of citrus fruit or melons | 3.10 | 0.46 | 2.93 | 0.40 |
| 09章　咖啡、茶、马黛茶及调味香料 | Coffee，tea，mate and spices | 1.68 | 0.09 | 1.68 | 0.09 |
| 10章　谷物 | Cereals | 0.15 | 0.58 | 0.11 | 1.21 |
| 11章　制粉工业产品；麦芽；淀粉；菊粉；面筋 | Products of the milling industry；malt；starches；inulin；wheat gluten | 0.06 | 0.18 | 0.06 | 0.25 |
| 12章　含油子仁及果实；杂项子仁及果实；工业用或药用植物；稻草、秸秆及饲料 | Oil seeds and oleaginous fruits；miscellaneous grains，seeds and fruit；industrial or medicinal plants；straw and fodder | 4.76 | 0.57 | 3.55 | 0.42 |
| 13章　虫胶；树胶、树脂及其他植物液、汁 | Lac；gums，resins and other vegetable saps and extracts | 1.01 | 0.26 | 1.02 | 0.26 |
| 14章　编结用植物材料；其他植物产品 | Vegetable plaiting materials；vegetable products not elsewhere specified or included | 0.19 | 0.01 | 0.19 | 0.01 |
| **第三类　动、植物油、脂及其分解产品；精制的食用油脂；动、植物蜡** | **ANIMAL OR VEGETABLE FATS AND OILS AND THEIR CLEAVAGE PRODUCTS；PREPARED EDIBLE FATS；ANIMAL OR VEGETABLE WAXES** | **0.56** | **0.96** | **0.46** | **0.63** |
| 15章　动、植物油、脂及其分解产品；精制的食用油脂；动、植物蜡 | Animal or vegetable fats and oils and their cleavage products；prepared edible fats；animal or vegetable waxes | 0.56 | 0.96 | 0.46 | 0.63 |
| **第四类　食品；饮料、酒及醋；烟草、烟草及烟草代用品的制品** | **PREPARED FOODSTUFFS；BEVERAGES, SPIRITS AND VINEGAR；TOBACCO AND MANUFACTURED TOBACCO SUBSTITUTES** | **21.57** | **13.61** | **17.55** | **13.33** |
| 16章　肉、鱼、甲壳动物、软体动物及其他水生无脊椎动物的制品 | Preparations of meat，of fish or of crustaceans，molluscs or other aquatic invertebrates | 3.02 | 0.01 | 2.45 | 0.01 |
| 17章　糖及糖食 | Sugars and sugar confectionery | 0.59 | 0.32 | 0.62 | 0.26 |
| 18章　可可及可可制品 | Cocoa and cocoa preparations | 0.56 | 0.51 | 0.28 | 0.78 |
| 19章　谷物、粮食粉、淀粉或乳的制品；糕饼点心 | Preparations of cereals，flour，starch or milk；pastry-cooks' products | 1.08 | 1.68 | 1.14 | 1.71 |

6-23 续表 1 Continued 1

单位：亿美元
Unit：USD 100 million

| 商品分类 | HS Section and Division | 2008 出 口 Exports | 2008 进 口 Imports | 2009 出 口 Exports | 2009 进 口 Imports |
|---|---|---|---|---|---|
| 20章 蔬菜、水果、坚果或植物其他部分的制品 | Preparations of vegetables, fruit，nuts or other parts of plants | 11.57 | 0.23 | 8.55 | 0.32 |
| 21章 杂项食品 | Miscellaneous edible preparations | 0.77 | 1.20 | 0.73 | 1.23 |
| 22章 饮料、酒及醋 | Beverages，spirits and vinegar | 0.33 | 8.72 | 0.33 | 7.99 |
| 23章 食品工业的残渣及废料；配制的动物饲料 | Residues and waste from the food industries；prepared animal fodder | 2.20 | 0.72 | 1.58 | 0.74 |
| 24章 烟草及烟草代用品的制品 | Tobacco and manufactured tobacco substitutes | 1.45 | 0.21 | 1.87 | 0.30 |
| **第五类 矿产品** | **MINERAL PRODUCTS** | **37.44** | **12.97** | **11.62** | **14.35** |
| 25章 盐；硫磺；泥土及石料；石膏料、石灰及水泥 | Salt；sulphur；earths and stone；plastering materials，lime and cement | 6.34 | 4.27 | 2.70 | 3.42 |
| 26章 矿砂、矿渣及矿灰 | Ores，slag and ash | 5.06 | 4.51 | 0.61 | 7.74 |
| 27章 矿物燃料、矿物油及其蒸馏产品；沥青物质；矿物蜡 | Mineral fuels，mineral oils and products of their distillation; bituminous substances; mineral waxes | 26.05 | 4.19 | 8.30 | 3.18 |
| **第六类 化学工业及其相关工业的产品** | **PRODUCTS OF THE CHEMICAL OR INDUSTRIES ALLIED** | **125.66** | **127.08** | **97.12** | **125.84** |
| 28章 无机化学品；贵金属、稀土金属、放射性元素及其同位素的有机及无机化合物 | Inorganic chemicals；organic or inorganic compounds of precious metals，of rare- earth metals, of radioactive elements or of isotopes | 16.90 | 13.63 | 8.03 | 9.74 |
| 29章 有机化学品 | Organic chemicals | 64.76 | 37.64 | 54.05 | 37.09 |
| 30章 药品 | Pharmaceutical products | 6.29 | 30.76 | 9.28 | 37.69 |
| 31章 肥料 | Fertilizers | 0.10 | 1.87 | 0.04 | 2.54 |
| 32章 鞣料浸膏及染料浸膏；鞣酸及其衍生物；染料、颜料及其他着色料；油漆及清漆；油灰及其他类似胶粘剂；墨水、油墨 | Tanning or dyeing extracts；tannins and their derivatives；dyes，pigments and other colouring matter；paints and varnishes；putty and other mastics；inks | 7.02 | 7.88 | 4.77 | 6.73 |
| 33章 精油及香膏；芳香料制品及化妆盥洗品 | Essential oils and retinoid；perfumery，cosmetic or toilet preparations | 3.77 | 4.37 | 3.82 | 4.19 |
| 34章 肥皂、有机表面活性剂、洗涤剂、润滑剂、人造蜡、调制蜡、光洁剂、蜡烛及类似品、塑型用膏、"牙科用蜡"及牙科用熟石膏制剂 | Soap，organic surface-active agents，washing preparations，lubricating preparations，artificial waxes，prepared waxes，polishing or scouring preparations，candles and similar articles，modelling pastes，"dental waxes" and dental preparations with a basis of plast | 4.37 | 5.44 | 2.80 | 5.21 |
| 35章 蛋白类物质；改性淀粉；胶；酶 | Albuminoidal substances；modified starches；glues；enzymes | 1.92 | 3.28 | 1.63 | 2.88 |
| 36章 炸药；烟火制品；火柴；引火合金；易燃材料制品 | Explosives；pyrotechnic products；matches；pyrophoric alloys；certain combustible preparations | 2.05 | 0.01 | 2.21 | 0.01 |
| 37章 照相及电影用品 | Photographic or cinematographic goods | 1.27 | 2.90 | 0.65 | 2.35 |
| 38章 杂项化学产品 | Miscellaneous chemical products | 17.21 | 19.30 | 9.81 | 17.40 |
| **第七类 塑料及其制品，橡胶及其制品** | **PLASTICS AND ARTICLES THEREOF RUBBER AND ARTICLES THEREOF** | **65.98** | **67.13** | **56.41** | **66.15** |
| 39章 塑料及其制品 | Plastics and articles thereof | 47.25 | 54.71 | 39.78 | 53.89 |
| 40章 橡胶及其制品 | Rubber and articles thereof | 18.73 | 12.42 | 16.63 | 12.26 |
| **第八类 生皮、皮革、毛皮及其制品；鞍具及挽具；旅行用品、手提包及类似品；动物肠线(蚕胶丝除外)制品** | **RAW HIDES AND SKINS，LEATHER，FUR SKINS AND ARTICLES THEREOF；SADDLERY AND HARNESS；TRAVEL GOODS，HANDBAGS AND SIMILAR CONTAINERS；ARTICLES OF ANIMAL GUT(OTHER THAN SILK-WORM GUT)** | **47.02** | **16.56** | **41.54** | **16.69** |
| 41章 生皮(毛皮除外)及皮革 | Raw hides and skins(other than fur skins) and leather | 1.42 | 9.79 | 0.76 | 9.30 |

6-23 续表 2 Continued 2

单位：亿美元
Unit：USD 100 million

| 商品分类 | HS Section and Division | 2008 出口 Exports | 2008 进口 Imports | 2009 出口 Exports | 2009 进口 Imports |
|---|---|---|---|---|---|
| 42章 皮革制品；鞍具及挽具；旅行用品、手提包及类似容器；动物肠线(蚕胶丝除外)制品 | Articles of leather；saddlery and harness；travel goods，hand bags and similar containers；articles of animal gut (other than silk-worm gut) | 43.54 | 3.91 | 38.82 | 4.41 |
| 43章 毛皮、人造毛皮及其制品 | Fur skins and artificial fur；manufactures thereof | 2.06 | 2.86 | 1.96 | 2.98 |
| **第九类 木及木制品；木炭；软木及软木制品；稻草、秸秆、针茅或其他编结材料制品；篮筐及柳条编结品** | **WOOD AND ARTICLES OF WOOD；WOOD CHAR-COAL；CORK AND ARTICLES OF CORK；MANUFACTURES OF STRAW，OF ESPARTO OR OF OTHER PLAITING MATERIALS；BASKET WARE AND WICKERWORK** | **29.07** | **3.83** | **22.06** | **3.25** |
| 44章 木及木制品；木炭 | Wood and articles of wood；wood charcoal | 0.04 | 0.34 | 17.06 | 2.93 |
| 45章 软木及软木制品 | Cork and articles of cork | 5.84 | 0.01 | 0.05 | 0.31 |
| 46章 稻草、秸秆、针茅或其他编结材料制品；篮筐及柳条编结品 | Manufactures of straw，of esparto or of other plaiting Materials；basket ware and wickerwork | | | 4.95 | 0.01 |
| **第十类 木浆及其他纤维状纤维素浆；纸及纸板的废碎品；纸、纸板及其制品** | **PULP OF WOOD OR OF OTHER FIBROUS CELLULOSIC MATERIAL；WASTE AND SCRAP OF PAPER OR PAPERBOARD；PAPER AND PAPERBOARD AND ARTICLES THEREOF** | **15.05** | **34.35** | **15.50** | **29.51** |
| 47章 木浆及其他纤维状纤维素浆；纸及纸板的废碎品 | Pulp of wood or of other fibrous cellulosic material；waste and scrap of paper or paperboard | 0.45 | 21.53 | 0.28 | 17.38 |
| 48章 纸及纸板；纸浆、纸或纸板制品 | Paper and paperboard；articles of paper pulp，of paper or paperboard | 9.45 | 10.74 | 10.07 | 9.88 |
| 49章 书籍、报纸、印刷图画及其他印制品；手稿、打字稿及设计图纸 | Printed books，newspapers，pictures and other products of the printing industry；manuscripts，typescripts and plans | 5.15 | 2.08 | 5.14 | 2.26 |
| **第十一类 纺织原料及纺织制品** | **TEXTILES AND TEXTILE ARTICLES** | **372.58** | **21.93** | **342.58** | **19.12** |
| 50章 蚕丝 | Silk | 3.46 | 0.12 | 2.05 | 0.12 |
| 51章 羊毛、动物细毛或粗毛；马毛纱线及其机织物 | Wool，fine or coarse animal hair；horsehair yarn and woven fabric | 4.72 | 3.45 | 3.59 | 2.95 |
| 52章 棉花 | Cotton | 6.02 | 1.10 | 4.70 | 0.75 |
| 53章 其他植物纺织纤维；纸纱线及其机织物 | Other vegetable textile fibres；paper yarn and woven fabrics of paper yarn | 1.37 | 1.99 | 1.00 | 1.67 |
| 54章 化学纤维长丝 | Man-made filaments | 11.92 | 1.93 | 8.53 | 1.72 |
| 55章 化学纤维短纤 | Man-made short fibres | 7.00 | 2.45 | 5.28 | 2.86 |
| 56章 絮胎、毡呢及无纺织物；特种纱线；线、绳、索、缆及其制品 | Wadding，felt and nonwoven；special yarns；twine，cordage，ropes and cables and articles thereof | 3.00 | 1.49 | 2.76 | 1.39 |
| 57章 地毯及纺织材料的其他铺地制品 | Carpets and other textile floor coverings | 2.91 | 0.21 | 2.57 | 0.24 |
| 58章 特种机织物；簇绒织物；花边；装饰毯；装饰带；刺绣品 | Special woven fabrics；tufted textile fabrics；lace；tapestries；trimmings；embroidery | 5.70 | 0.53 | 3.57 | 0.39 |
| 59章 浸渍、涂布、包覆或层压的纺织物；工业用纺织制品 | Impregnated，coated，covered or laminated textile fabrics；textile articles of a kind suitable for industrial use | 3.95 | 2.31 | 3.74 | 2.00 |
| 60章 针织物及钩编织物 | Knitted or crocheted fabrics | 4.15 | 0.64 | 4.41 | 0.56 |
| 61章 针织或钩编的服装及衣着附件 | Articles of apparel and clothing accessories，Knitted or crocheted | 126.82 | 1.67 | 124.22 | 1.30 |
| 62章 非针织或非钩编的服装及衣着附件 | Articles of apparel and clothing accessories，not knitted or crocheted | 156.92 | 3.62 | 141.49 | 2.92 |

6-23 续表 3 Continued 3

单位：亿美元
Unit：USD 100 million

| 商品分类 | HS Section and Division | 2008 | | 2009 | |
|---|---|---|---|---|---|
| | | 出口 Exports | 进口 Imports | 出口 Exports | 进口 Imports |
| 63章 其他纺织制成品；成套物品；旧衣着及旧纺织品；碎织物 | Other made up textile articles；sets；worn clothing and worn textile articles；rags articles；rags | 34.63 | 0.42 | 34.67 | 0.26 |
| **第十二类 鞋、帽、伞、杖、鞭及其零件；已加工的羽毛及其制品；人造花；人发制品** | **FOOTWEAR，HEADGEAR，UMBRELLAS，SUN UMBRELLAS，WALKING-STICKS，SEAT-STICKS，WHIPS，RIDING-CROPS AND PARTS THEREOF；PREPARED FEATHERS AND ARTICLES MADE THEREWITH；ARTIFICIAL FLOWERS；ARTICLES OF HUMAN HAIR** | **69.03** | **2.21** | **65.98** | **2.10** |
| 64章 鞋靴、护腿和类似品及其零件 | Footwear，gaiters and the like；parts of such articles | 53.73 | 2.15 | 51.32 | 2.03 |
| 65章 帽类及其零件 | Headgear and parts thereof | 6.81 | 0.04 | 6.59 | 0.03 |
| 66章 雨伞、阳伞、手杖、鞭子、马鞭及其零件 | Umbrellas，sun umbrellas，walking-sticks，seat-sticks，whips，riding-crops and parts thereof | 4.58 | 0.01 | 4.16 | 0.01 |
| 67章 已加工羽毛、羽绒及其制品；人造花；人发制品 | Prepared feathers and down and articles made of feathers or of down；artificial flowers；articles of human hair | 3.92 | 0.02 | 3.91 | 0.03 |
| **第十三类 石料、石膏、水泥、石棉、云母及类似材料的制品；陶瓷产品；玻璃及其制品** | **ARTICLES OF STONE，PLASTER，CEMENT，ASBESTOS，MICA OR SIMILAR MATERIALS；CERAMIC PRODUCTS；GLASS AND GLASSWARE** | **43.41** | **9.17** | **38.24** | **8.02** |
| 68章 石料、石膏、水泥、石棉、云母及类似材料的制品 | Articles of stone，plaster，cement，asbestos，mica or similar materials；ceramic products；glass and glassware | 9.81 | 1.95 | 8.51 | 1.64 |
| 69章 陶瓷产品 | Ceramic products | 15.53 | 2.03 | 15.09 | 1.91 |
| 70章 玻璃及其制品 | Glass and glassware | 18.07 | 5.19 | 14.64 | 4.47 |
| **第十四类 天然或养殖珍珠、宝石或半宝石、贵金属、包贵金属及其制品；仿首饰；硬币** | **NATURAL OR CULTURED PEARLS，PRECIOUS OR SEMI-PRECIOUS STONES，PRECIOUS METALS，METALS CLAD WITH PRECIOUS METAL AND STONES，PRECIOUS METALS，METALS CLAD WITH PRECIOUS METAL AND ARTICLES THEREOF；IMITATION JEWELLERY；COIN** | **12.41** | **21.30** | **11.78** | **16.63** |
| 71章 天然或养殖珍珠、宝石或半宝石、贵金属、包贵金属及其制品；仿首饰；硬币 | Natural or cultured pearls，precious or semi-precious stones，precious metals，metals clad with precious metal and articles thereof；imitation jewellery；coin | 12.41 | 21.30 | 11.78 | 16.63 |
| **第十五类 贱金属及其制品** | **BASE METALS AND ARTICLES OF BASE METAL** | **258.18** | **132.01** | **120.73** | **133.74** |
| 72章 钢铁 | Iron and steel | 79.51 | 27.95 | 10.19 | 23.04 |
| 73章 钢铁制品 | Articles of iron or steel | 87.87 | 37.63 | 52.12 | 31.14 |
| 74章 铜及其制品 | Copper and articles thereof | 7.64 | 35.02 | 4.17 | 48.49 |
| 75章 镍及其制品 | Nickel and articles thereof | 0.24 | 4.22 | 0.15 | 3.03 |
| 76章 铝及其制品 | Aluminium and articles thereof | 20.77 | 15.58 | 14.79 | 15.83 |
| 78章 铅及其制品 | Lead and articles thereof | 0.03 | 0.03 | 0.01 | 0.33 |
| 79章 锌及其制品 | Zinc and articles thereof | 0.48 | 0.39 | 0.32 | 0.32 |
| 80章 锡及其制品 | Tin and articles thereof | 0.90 | 0.07 | 0.13 | 0.03 |
| 81章 其他贱金属、金属陶瓷及其制品 | Other base metals；cermets；articles thereof | 17.65 | 1.32 | 6.14 | 1.25 |
| 82章 贱金属工具、器具、利口器、餐匙、餐叉及其零件 | Tools，implements，cutlery，spoons and forks，of base metal；parts thereof of base metal | 22.20 | 5.86 | 16.22 | 6.82 |
| 83章 贱金属杂项制品 | Miscellaneous articles of base metal | 20.90 | 3.93 | 16.50 | 3.45 |

6-23 续表 4 Continued 4

单位：亿美元
Unit：USD 100 million

| 商品分类 | HS Section and Division | 2008 出口 Exports | 2008 进口 Imports | 2009 出口 Exports | 2009 进口 Imports |
|---|---|---|---|---|---|
| **第十六类 机器、机械器具、电气设备及其零件；录音机及放声机、电视图像、声音的录制和重放设备及其零件、附件** | **MACHINERY AND MECHANICAL APPLIANCES；ELECTRICAL EQUIPMENT；PARTS THEREOF；SOUND RECORDERS AND REPRODUCERS，TELEVISION IMAGE AND SOUND RECORDERS AND REPRODUCERS；AND PARTS AND CCESSORIES OF RECORDERS AND EPRODUCERS；AND PARTS AND ACCESSORIES OF SUCH ARTICLES** | **1339.13** | **580.04** | **1067.39** | **550.09** |
| 84章 核反应堆、锅炉、机器、机械器具及其零件 | Nuclear reactors，boilers，machinery and mechanical appliances；parts thereof | 684.74 | 377.84 | 541.46 | 355.20 |
| 85章 电机、电气设备及其零件；录音机及放声机、电视图像、声音的录制和重放设备及其零件、附件 | Electrical machinery and equipment and parts thereof；sound recorders and reproducers，television image and sound recorders and reproducers，and parts and accessories of such articles | 654.38 | 202.20 | 525.93 | 194.89 |
| **第十七类 车辆、航空器、船舶及有关运输设备** | **VEHICLES，AIRCRAFT，VESSELS AND ASSOCIATED TRANSPORT EQUIPMENT** | **161.99** | **184.44** | **133.69** | **175.15** |
| 86章 铁道及电车道机车、车辆及其零件；铁道及电车轨道固定装置及其零件、附件；各种机械(包括电动机械)交通信号设备 | Railway or tramway locomotives，rolling-stock and parts thereof；railway or tramway track fixtures and fittings and parts thereof；mechanical(including electro- mechanical) traffic signalling equipment of all kinds | 29.54 | 10.41 | 8.18 | 9.92 |
| 87章 车辆及其零件、附件，但铁道及电车道车辆除外 | Vehicles other than railway or tramway rolling-stock，and parts and accessories thereof | 60.41 | 117.01 | 43.08 | 116.95 |
| 88章 航空器、航天器及其零件 | Aircraft，spacecraft，and parts thereof | 5.07 | 54.89 | 3.08 | 46.19 |
| 89章 船舶及浮动结构体 | Ships，boats and floating structures | 66.97 | 2.13 | 79.35 | 2.08 |
| **第十八类 光学、照相、电影、计量、检验、医疗或外科用仪器及设备、精密仪器及设备；钟表；乐器；上述物品的零件、附件** | **OPTICAL，PHOTOGRAPHIC，CINEMATOGRAPHIC，MEASURING，CHECKING，PRECISION，MEDICAL OR SURGICAL INSTRUMENTS AND APPARATUS；CLOCKS AND WATCHES；MUSICAL INSTRUMENTS；PARTS AND ACCESSORIES THEREOF** | **86.30** | **74.95** | **66.99** | **76.20** |
| 90章 光学、照相、电影、计量、检验、医疗或外科用仪器及设备、精密仪器及设备；上述物品的零件、附件 | Optical，photographic，cinematographic，measuring，checking，precision medical or surgical instruments and apparatus；parts and accessories thereof | 79.20 | 74.44 | 60.53 | 75.76 |
| 91章 钟表及其零件 | Clocks and watches and parts thereof | 3.13 | 0.27 | 3.04 | 0.18 |
| 92章 乐器及其零件、附件 | Musical instruments；parts and accessories of such articles | 3.97 | 0.25 | 3.42 | 0.26 |
| **第十九类 武器、弹药及其零件、附件** | **ARMS AND AMMUNITION；PARTS AND ACCESSORIES THEREOF** | **0.14** | **0.03** | **0.11** | **0.04** |
| 93章 武器、弹药及其零件、附件 | Arms and ammunition；parts and accessories thereof | 0.14 | 0.03 | 0.11 | 0.04 |
| **第二十类 杂项制品** | **MISCELLANEOUS MANUFACTURED ARTICLES** | **205.40** | **8.90** | **184.75** | **8.41** |
| 94章 家具；寝具、褥垫、弹簧床垫、软坐垫及类似的填充制品；未列名灯具及照明装置；发光标志、发光名牌及类似品；活动房屋 | Furniture；bedding，mattresses，mattress supports，cushions and similar stuffed furnishings；lamps and lighting fittings，not elsewhere specified or included；illuminated signs，illuminated | 110.31 | 7.11 | 99.99 | 7.02 |
| 95章 玩具、游戏品、运动用品及其零件、附件 | Toys，games and sports requisites；parts and accessories thereof | 78.29 | 0.75 | 70.75 | 0.47 |
| 96章 杂项制品 | Miscellaneous manufactured articles | 16.80 | 1.04 | 14.01 | 0.93 |
| **第二十一类 艺术品、收藏品及古物** | **WORKS OF ART，COLLECTORS' PIECES AND ANTIQUES** | **0.31** | **0.09** | **0.20** | **0.02** |
| 97章 艺术品、收藏品及古物 | Works of art，collectors' pieces and antiques | 0.31 | 0.09 | 0.20 | 0.02 |
| **第二十二类 特殊交易品及未分类商品** | **COMMODITIES AND TRANSACTIONS NOT CLASSIFIED ACCORDING TO KIND** | **0.54** | **0.45** | **0.52** | **0.37** |
| 98章 特殊交易品及未分类商品 | Commodities and transactions not classified according to kind | 0.54 | 0.45 | 0.52 | 0.37 |

# 6-24 对美国进出口商品分类章金额

## Value of Exports and Imports from United States by HS

单位：亿美元

Unit：USD 100 million

| 商品分类 | HS Section and Division | 2008 | | 2009 | |
|---|---|---|---|---|---|
| | | 出口 Exports | 进口 Imports | 出口 Exports | 进口 Imports |
| **总　　额** | **Total** | **2523.84** | **813.60** | **2208.02** | **774.60** |
| **第一类　活动物；动物产品** | **LIVE ANIMALS；ANIMAL PRODUCTS** | **11.04** | **20.46** | **14.97** | **16.87** |
| 01章　活动物 | Live animals | 0.27 | 0.42 | 0.19 | 0.33 |
| 02章　肉及食用杂碎 | Meat and edible meat offal | 0.06 | 12.52 | 0.06 | 9.11 |
| 03章　鱼、甲壳动物、软体动物及其他水生无脊椎动物 | Fish and crustaceans molluscs and other aquatic invertebrates | 8.08 | 5.16 | 12.78 | 5.49 |
| 04章　乳品；蛋品；天然蜂蜜；其他食用动物产品 | Dairy produce；birds' eggs；natural honey；edible products of animal origin，not elsewhere specified or included | 0.23 | 1.51 | 0.08 | 1.03 |
| 05章　其他动物产品 | Products of animal origin，not elsewhere specified or included | 2.41 | 0.86 | 1.86 | 0.91 |
| **第二类　植物产品** | **VEGETABLE PRODUCTS** | **7.33** | **87.65** | **7.72** | **98.72** |
| 06章　活树及其他活植物；鳞茎、根及类似品；插花及装饰用簇叶 | Live tree and other plants；bulbs，roots and the like；cut flowers and ornamental foliage | 0.11 | 0.03 | 0.11 | 0.03 |
| 07章　食用蔬菜、根及块茎 | Edible vegetables and certain roots and tubers | 3.41 | 0.20 | 3.60 | 0.18 |
| 08章　食用水果及坚果；甜瓜或柑桔属水果的果皮 | Edible fruit and nuts；peel of citrus fruit or melons | 1.01 | 1.89 | 1.13 | 2.86 |
| 09章　咖啡、茶、马黛茶及调味香料 | Coffee，tea，mate and spices | 1.04 | 0.15 | 1.10 | 0.08 |
| 10章　谷物 | Cereals | 0.01 | 0.03 | 0.00 | 0.95 |
| 11章　制粉工业产品；麦芽；淀粉；菊粉；面筋 | Products of the milling industry；malt；starches；inulin；wheat gluten | 0.07 | 0.05 | 0.09 | 0.05 |
| 12章　含油子仁及果实；杂项子仁及果实；工业用或药用植物；稻草、秸秆及饲料 | Oil seeds and oleaginous fruits；miscellaneous grains，seeds and fruit；industrial or medicinal plants；straw and fodder | 1.07 | 85.08 | 0.91 | 94.17 |
| 13章　虫胶；树胶、树脂及其他植物液、汁 | Lac；gums，resins and other vegetable saps and extracts | 0.56 | 0.18 | 0.72 | 0.20 |
| 14章　编结用植物材料；其他植物产品 | Vegetable plaiting materials；vegetable products not elsewhere specified or included | 0.05 | 0.04 | 0.05 | 0.19 |
| **第三类　动、植物油、脂及其分解产品；精制的食用油脂；动、植物蜡** | **ANIMAL OR VEGETABLE FATS AND OILS AND THEIR CLEAVAGE PRODUCTS；PREPARED EDIBLE FATS；ANIMAL OR VEGETABLE WAXES** | **0.32** | **2.56** | **0.38** | **0.59** |
| 15章　动、植物油、脂及其分解产品；精制的食用油脂；动、植物蜡 | Animal or vegetable fats and oils and their cleavage products；prepared edible fats；animal or vegetable waxes | 0.32 | 2.56 | 0.38 | 0.59 |
| **第四类　食品；饮料、酒及醋；烟草、烟草及烟草代用品的制品** | **PREPARED FOODSTUFFS；BEVERAGES, SPIRITS AND VINEGAR；TOBACCO AND MANUFACTURED TOBACCO SUBSTITUTES** | **31.49** | **6.44** | **23.51** | **7.72** |
| 16章　肉、鱼、甲壳动物、软体动物及其他水生无脊椎动物的制品 | Preparations of meat，of fish or of crustaceans，molluscs or other aquatic invertebrates | 11.97 | 0.15 | 7.40 | 0.02 |
| 17章　糖及糖食 | Sugars and sugar confectionery | 1.33 | 0.29 | 1.47 | 0.26 |
| 18章　可可及可可制品 | Cocoa and cocoa preparations | 0.62 | 0.16 | 0.15 | 0.27 |
| 19章　谷物、粮食粉、淀粉或乳的制品；糕饼点心 | Preparations of cereals，flour，starch or milk；pastry-cooks' products | 0.93 | 0.23 | 0.91 | 0.24 |

6-24 续表 1 Continued 1

单位：亿美元
Unit：USD 100 million

| 商品分类 | HS Section and Division | 2008 出口 Exports | 2008 进口 Imports | 2009 出口 Exports | 2009 进口 Imports |
|---|---|---|---|---|---|
| 20章 蔬菜、水果、坚果或植物其他部分的制品 | Preparations of vegetables, fruit，nuts or other parts of plants | 11.97 | 1.06 | 8.69 | 1.27 |
| 21章 杂项食品 | Miscellaneous edible preparations | 1.09 | 1.26 | 1.20 | 1.02 |
| 22章 饮料、酒及醋 | Beverages，spirits and vinegar | 0.27 | 0.34 | 0.24 | 0.39 |
| 23章 食品工业的残渣及废料；配制的动物饲料 | Residues and waste from the food industries；prepared animal fodder | 3.21 | 1.90 | 3.35 | 3.13 |
| 24章 烟草及烟草代用品的制品 | Tobacco and manufactured tobacco substitutes | 0.09 | 1.03 | 0.11 | 1.12 |
| **第五类 矿产品** | **MINERAL PRODUCTS** | **28.79** | **19.82** | **8.90** | **19.02** |
| 25章 盐；硫磺；泥土及石料；石膏料、石灰及水泥 | Salt；sulphur；earths and stone；plastering materials，lime and cement | 5.16 | 3.74 | 1.91 | 1.94 |
| 26章 矿砂、矿渣及矿灰 | Ores，slag and ash | 0.02 | 9.03 | 0.03 | 9.97 |
| 27章 矿物燃料、矿物油及其蒸馏产品；沥青物质；矿物蜡 | Mineral fuels，mineral oils and products of their distillation; bituminous substances; mineral waxes | 23.61 | 7.04 | 6.96 | 7.11 |
| **第六类 化学工业及其相关工业的产品** | **PRODUCTS OF THE CHEMICAL OR INDUSTRIES ALLIED** | **88.36** | **87.03** | **68.21** | **78.64** |
| 28章 无机化学品；贵金属、稀土金属、放射性元素及其同位素的有机及无机化合物 | Inorganic chemicals；organic or inorganic compounds of precious metals，of rare- earth metals, of radioactive elements or of isotopes | 13.31 | 14.26 | 7.45 | 8.89 |
| 29章 有机化学品 | Organic chemicals | 45.60 | 29.04 | 34.93 | 24.78 |
| 30章 药品 | Pharmaceutical products | 6.60 | 6.49 | 7.90 | 7.98 |
| 31章 肥料 | Fertilizers | 2.75 | 0.26 | 1.13 | 0.82 |
| 32章 鞣料浸膏及染料浸膏；鞣酸及其衍生物；染料、颜料及其他着色料；油漆及清漆；油灰及其他类似胶粘剂；墨水、油墨 | Tanning or dyeing extracts；tannins and their derivatives；dyes，pigments and other colouring matter；paints and varnishes；putty and other mastics；inks | 3.33 | 3.68 | 2.37 | 3.06 |
| 33章 精油及香膏；芳香料制品及化妆盥洗品 | Essential oils and retinoid；perfumery，cosmetic or toilet preparations | 4.78 | 2.10 | 4.67 | 2.03 |
| 34章 肥皂、有机表面活性剂、洗涤剂、润滑剂、人造蜡、调制蜡、光洁剂、蜡烛及类似品、塑型用膏、"牙科用蜡"及牙科用熟石膏制剂 | Soap，organic surface-active agents，washing preparations，lubricating preparations，artificial waxes，prepared waxes，polishing or scouring preparations，candles and similar articles，modelling pastes，"dental waxes" and dental preparations with a basis of plast | 1.81 | 4.60 | 1.72 | 3.97 |
| 35章 蛋白类物质；改性淀粉；胶；酶 | Albuminoidal substances；modified starches；glues；enzymes | 2.01 | 2.36 | 1.47 | 2.18 |
| 36章 炸药；烟火制品；火柴；引火合金；易燃材料制品 | Explosives；pyrotechnic products；matches；pyrophoric alloys；certain combustible preparations | 1.66 | 0.11 | 1.82 | 0.22 |
| 37章 照相及电影用品 | Photographic or cinematographic goods | 0.77 | 3.06 | 0.30 | 3.99 |
| 38章 杂项化学产品 | Miscellaneous chemical products | 5.74 | 21.07 | 4.48 | 20.71 |
| **第七类 塑料及其制品，橡胶及其制品** | **PLASTICS AND ARTICLES THEREOF RUBBER AND ARTICLES THEREOF** | **94.62** | **57.27** | **83.84** | **59.52** |
| 39章 塑料及其制品 | Plastics and articles thereof | 63.61 | 48.45 | 57.59 | 51.67 |
| 40章 橡胶及其制品 | Rubber and articles thereof | 31.01 | 8.82 | 26.25 | 7.84 |
| **第八类 生皮、皮革、毛皮及其制品；鞍具及挽具；旅行用品、手提包及类似品；动物肠线(蚕胶丝除外)制品** | **RAW HIDES AND SKINS，LEATHER，FUR SKINS AND ARTICLES THEREOF；SADDLERY AND HARNESS；TRAVEL GOODS，HANDBAGS AND SIMILAR CONTAINERS；ARTICLES OF ANIMAL GUT(OTHER THAN SILK-WORM GUT)** | **42.80** | **11.75** | **38.30** | **8.30** |
| 41章 生皮(毛皮除外)及皮革 | Raw hides and skins(other than fur skins) and leather | 0.27 | 11.53 | 0.13 | 8.06 |

6-24 续表 2 Continued 2

单位：亿美元

Unit：USD 100 million

| 商品分类 | HS Section and Division | 2008 出口 Exports | 2008 进口 Imports | 2009 出口 Exports | 2009 进口 Imports |
|---|---|---|---|---|---|
| 42章 皮革制品；鞍具及挽具；旅行用品、手提包及类似容器；动物肠线(蚕胶丝除外)制品 | Articles of leather；saddlery and harness；travel goods，hand bags and similar containers；articles of animal gut (other than silk-worm gut) | 42.25 | 0.04 | 37.96 | 0.05 |
| 43章 毛皮、人造毛皮及其制品 | Fur skins and artificial fur；manufactures thereof | 0.27 | 0.18 | 0.21 | 0.20 |
| **第九类 木及木制品；木炭；软木及软木制品；稻草，秸秆、针茅或其他编结材料制品；篮筐及柳条编结品** | **WOOD AND ARTICLES OF WOOD；WOOD CHAR-COAL；CORK AND ARTICLES OF CORK；MANUFACTURES OF STRAW，OF ESPARTO OR OF OTHER PLAITING MATERIALS；BASKET WARE AND WICKERWORK** | **26.38** | **5.71** | **22.35** | **5.23** |
| 44章 木及木制品；木炭 | Wood and articles of wood；wood charcoal | 22.44 | 5.71 | 19.39 | 5.23 |
| 45章 软木及软木制品 | Cork and articles of cork | 0.07 | | 0.05 | 0.00 |
| 46章 稻草、秸秆、针茅或其他编结材料制品；篮筐及柳条编结品 | Manufactures of straw，of esparto or of other plaiting Materials；basket ware and wickerwork | 3.88 | | 2.91 | 0.00 |
| **第十类 木浆及其他纤维状纤维素浆；纸及纸板的废碎品；纸、纸板及其制品** | **PULP OF WOOD OR OF OTHER FIBROUS CELLULOSIC MATERIAL；WASTE AND SCRAP OF PAPER OR PAPERBOARD；PAPER AND PAPERBOARD AND ARTICLES THEREOF** | **22.50** | **41.62** | **21.19** | **32.76** |
| 47章 木浆及其他纤维状纤维素浆；纸及纸板的废碎品 | Pulp of wood or of other fibrous cellulosic material；waste and scrap of paper or paperboard | 0.13 | 32.77 | 0.05 | 24.91 |
| 48章 纸及纸板；纸浆、纸或纸板制品 | Paper and paperboard；articles of paper pulp，of paper or paperboard | 14.60 | 6.89 | 13.88 | 5.99 |
| 49章 书籍、报纸、印刷图画及其他印制品；手稿、打字稿及设计图纸 | Printed books，newspapers，pictures and other products of the printing industry；manuscripts，typescripts and plans | 7.77 | 1.96 | 7.26 | 1.87 |
| **第十一类 纺织原料及纺织制品** | **TEXTILES AND TEXTILE ARTICLES** | **232.79** | **26.08** | **245.85** | **17.13** |
| 50章 蚕丝 | Silk | 0.49 | 0.00 | 0.31 | 0.00 |
| 51章 羊毛、动物细毛或粗毛；马毛纱线及其机织物 | Wool，fine or coarse animal hair；horsehair yarn and woven fabric | 0.36 | 0.19 | 0.18 | 0.14 |
| 52章 棉花 | Cotton | 2.46 | 16.68 | 2.02 | 8.81 |
| 53章 其他植物纺织纤维；纸纱线及其机织物 | Other vegetable textile fibres；paper yarn and woven fabrics of paper yarn | 0.20 | | 0.15 | 0.01 |
| 54章 化学纤维长丝 | Man-made filaments | 2.39 | 1.03 | 2.12 | 0.65 |
| 55章 化学纤维短纤 | Man-made short fibres | 3.89 | 3.64 | 3.20 | 4.06 |
| 56章 絮胎、毡呢及无纺织物；特种纱线；线、绳、索、缆及其制品 | Wadding，felt and nonwoven；special yarns；twine，cordage，ropes and cables and articles thereof | 2.29 | 2.60 | 2.51 | 1.92 |
| 57章 地毯及纺织材料的其他铺地制品 | Carpets and other textile floor coverings | 3.60 | 0.24 | 2.79 | 0.16 |
| 58章 特种机织物；簇绒织物；花边；装饰毯；装饰带；刺绣品 | Special woven fabrics；tufted textile fabrics；lace；tapestries；trimmings；embroidery | 3.17 | 0.14 | 2.44 | 0.15 |
| 59章 浸渍、涂布、包覆或层压的纺织物；工业用纺织制品 | Impregnated，coated，covered or laminated textile fabrics；textile articles of a kind suitable for industrial use | 2.13 | 0.90 | 2.22 | 0.71 |
| 60章 针织物及钩编织物 | Knitted or crocheted fabrics | 1.35 | 0.14 | 2.82 | 0.14 |
| 61章 针织或钩编的服装及衣着附件 | Articles of apparel and clothing accessories，Knitted or crocheted | 72.92 | 0.10 | 84.79 | 0.07 |
| 62章 非针织或非钩编的服装及衣着附件 | Articles of apparel and clothing accessories，not knitted or crocheted | 91.00 | 0.14 | 95.72 | 0.08 |

6-24 续表 3 Continued 3

单位：亿美元

Unit：USD 100 million

| 商品分类 | HS Section and Division | 2008 出口 Exports | 2008 进口 Imports | 2009 出口 Exports | 2009 进口 Imports |
|---|---|---|---|---|---|
| 63章 其他纺织制成品；成套物品；旧衣着及旧纺织品；碎织物 | Other made up textile articles；sets；worn clothing and worn textile articles；rags articles；rags | 46.54 | 0.28 | 44.60 | 0.23 |
| **第十二类 鞋、帽、伞、杖、鞭及其零件；已加工的羽毛及其制品；人造花；人发制品** | **FOOTWEAR，HEADGEAR，UMBRELLAS，SUN UMBRELLAS，WALKING-STICKS，SEAT-STICKS，WHIPS，RIDING-CROPS AND PARTS THEREOF；PREPARED FEATHERS AND ARTICLES MADE THEREWITH；ARTIFICIAL FLOWERS；ARTICLES OF HUMAN HAIR** | **111.21** | **0.76** | **105.80** | **0.77** |
| 64章 鞋靴、护腿和类似品及其零件 | Footwear，gaiters and the like；parts of such articles | 93.26 | 0.65 | 88.11 | 0.69 |
| 65章 帽类及其零件 | Headgear and parts thereof | 6.75 | 0.01 | 6.11 | 0.01 |
| 66章 雨伞、阳伞、手杖、鞭子、马鞭及其零件 | Umbrellas，sun umbrellas，walking-sticks，seat-sticks，whips，riding-crops and parts thereof | 2.73 | | 2.51 | |
| 67章 已加工羽毛、羽绒及其制品；人造花；人发制品 | Prepared feathers and down and articles made of feathers or of down；artificial flowers；articles of human hair | 8.47 | 0.09 | 9.07 | 0.08 |
| **第十三类 石料、石膏、水泥、石棉、云母及类似材料的制品；陶瓷产品；玻璃及其制品** | **ARTICLES OF STONE，PLASTER，CEMENT，ASBESTOS，MICA OR SIMILAR MATERIALS；CERAMIC PRODUCTS；GLASS AND GLASSWARE** | **28.93** | **5.69** | **25.87** | **5.28** |
| 68章 石料、石膏、水泥、石棉、云母及类似材料的制品 | Articles of stone，plaster，cement，asbestos，mica or similar materials；ceramic products；glass and glassware | 5.61 | 1.19 | 4.39 | 0.84 |
| 69章 陶瓷产品 | Ceramic products | 11.45 | 0.61 | 11.00 | 0.53 |
| 70章 玻璃及其制品 | Glass and glassware | 11.87 | 3.90 | 10.48 | 3.91 |
| **第十四类 天然或养殖珍珠、宝石或半宝石、贵金属、包贵金属及其制品；仿首饰；硬币** | **NATURAL OR CULTURED PEARLS，PRECIOUS OR SEMI-PRECIOUS STONES，PRECIOUS METALS，METALS CLAD WITH PRECIOUS METAL AND STONES，PRECIOUS METALS，METALS CLAD WITH PRECIOUS METAL AND ARTICLES THEREOF；IMITATION JEWELLERY；COIN** | **13.98** | **1.96** | **14.40** | **1.57** |
| 71章 天然或养殖珍珠、宝石或半宝石、贵金属、包贵金属及其制品；仿首饰；硬币 | Natural or cultured pearls，precious or semi-precious stones，precious metals，metals clad with precious metal and articles thereof；imitation jewellery；coin | 13.98 | 1.96 | 14.40 | 1.57 |
| **第十五类 贱金属及其制品** | **BASE METALS AND ARTICLES OF BASE METAL** | **205.86** | **51.07** | **119.55** | **54.93** |
| 72章 钢铁 | Iron and steel | 26.21 | 9.71 | 4.24 | 20.28 |
| 73章 钢铁制品 | Articles of iron or steel | 107.14 | 12.21 | 53.27 | 9.69 |
| 74章 铜及其制品 | Copper and articles thereof | 7.65 | 10.45 | 4.31 | 10.06 |
| 75章 镍及其制品 | Nickel and articles thereof | 0.11 | 2.57 | 0.32 | 1.65 |
| 76章 铝及其制品 | Aluminium and articles thereof | 18.19 | 9.95 | 20.25 | 7.98 |
| 78章 铅及其制品 | Lead and articles thereof | 0.02 | 0.01 | 0.01 | 0.07 |
| 79章 锌及其制品 | Zinc and articles thereof | 0.52 | 0.47 | 0.40 | 0.21 |
| 80章 锡及其制品 | Tin and articles thereof | 0.51 | 0.06 | 0.20 | 0.05 |
| 81章 其他贱金属、金属陶瓷及其制品 | Other base metals；cermets；articles thereof | 6.21 | 2.03 | 2.88 | 1.83 |
| 82章 贱金属工具、器具、利口器、餐匙、餐叉及其零件 | Tools，implements，cutlery，spoons and forks，of base metal；parts thereof of base metal | 18.33 | 2.41 | 15.49 | 2.03 |
| 83章 贱金属杂项制品 | Miscellaneous articles of base metal | 20.99 | 1.20 | 18.17 | 1.09 |

6-24 续表 4 Continued 4

单位：亿美元
Unit: USD 100 million

| 商品分类 | HS Section and Division | 2008 出口 Exports | 2008 进口 Imports | 2009 出口 Exports | 2009 进口 Imports |
|---|---|---|---|---|---|
| **第十六类 机器、机械器具、电气设备及其零件；录音机及放声机、电视图像、声音的录制和重放设备及其零件、附件** | **MACHINERY AND MECHANICAL APPLIANCES; ELECTRICAL EQUIPMENT; PARTS THEREOF; SOUND RECORDERS AND REPRODUCERS, TELEVISION IMAGE AND SOUND RECORDERS AND REPRODUCERS; AND PARTS AND CCESSORIES OF RECORDERS AND EPRODUCERS; AND PARTS AND ACCESSORIES OF SUCH ARTICLES** | **1135.42** | **260.98** | **1046.88** | **222.66** |
| 84章 核反应堆、锅炉、机器、机械器具及其零件 | Nuclear reactors, boilers, machinery and mechanical appliances; parts thereof | 551.08 | 120.17 | 537.00 | 102.91 |
| 85章 电机、电气设备及其零件；录音机及放声机、电视图像、声音的录制和重放设备及其零件、附件 | Electrical machinery and equipment and parts thereof; sound recorders and reproducers, television image and sound recorders and reproducers, and parts and accessories of such articles | 584.33 | 140.82 | 509.88 | 119.75 |
| **第十七类 车辆、航空器、船舶及有关运输设备** | **VEHICLES, AIRCRAFT, VESSELS AND ASSOCIATED TRANSPORT EQUIPMENT** | **94.92** | **67.61** | **63.13** | **85.61** |
| 86章 铁道及电车道机车、车辆及其零件；铁道及电车轨道固定装置及其零件、附件；各种机械(包括电动机械)交通信号设备 | Railway or tramway locomotives, rolling-stock and parts thereof; railway or tramway track fixtures and fittings and parts thereof; mechanical(including electro-mechanical) traffic signalling equipment of all kinds | 22.57 | 1.35 | 5.04 | 2.74 |
| 87章 车辆及其零件、附件，但铁道及电车道车辆除外 | Vehicles other than railway or tramway rolling-stock, and parts and accessories thereof | 67.91 | 26.38 | 52.26 | 29.51 |
| 88章 航空器、航天器及其零件 | Aircraft, spacecraft, and parts thereof | 3.41 | 39.55 | 2.78 | 53.26 |
| 89章 船舶及浮动结构体 | Ships, boats and floating structures | 1.02 | 0.33 | 3.05 | 0.09 |
| **第十八类 光学、照相、电影、计量、检验、医疗或外科用仪器及设备、精密仪器及设备；钟表；乐器；上述物品的零件、附件** | **OPTICAL, PHOTOGRAPHIC, CINEMATOGRAPHIC, MEASURING, CHECKING, PRECISION, MEDICAL OR SURGICAL INSTRUMENTS AND APPARATUS; CLOCKS AND WATCHES; MUSICAL INSTRUMENTS; PARTS AND ACCESSORIES THEREOF** | **62.92** | **56.37** | **57.79** | **57.13** |
| 90章 光学、照相、电影、计量、检验、医疗或外科用仪器及设备、精密仪器及设备；上述物品的零件、附件 | Optical, photographic, cinematographic, measuring, checking, precision medical or surgical instruments and apparatus; parts and accessories thereof | 54.26 | 56.19 | 51.27 | 57.00 |
| 91章 钟表及其零件 | Clocks and watches and parts thereof | 3.80 | 0.06 | 3.30 | 0.07 |
| 92章 乐器及其零件、附件 | Musical instruments; parts and accessories of such articles | 4.86 | 0.12 | 3.22 | 0.06 |
| **第十九类 武器、弹药及其零件、附件** | **ARMS AND AMMUNITION; PARTS AND ACCESSORIES THEREOF** | **0.47** | | **0.40** | |
| 93章 武器、弹药及其零件、附件 | Arms and ammunition; parts and accessories thereof | 0.47 | | 0.40 | |
| **第二十类 杂项制品** | **MISCELLANEOUS MANUFACTURED ARTICLES** | **281.81** | **2.28** | **237.07** | **1.88** |
| 94章 家具；寝具、褥垫、弹簧床垫、软坐垫及类似的填充制品；未列名灯具及照明装置；发光标志、发光名牌及类似品；活动房屋 | Furniture; bedding, mattresses, mattress supports, cushions and similar stuffed furnishings; lamps and lighting fittings, not elsewhere specified or included; illuminated signs, illuminated | 144.08 | 1.35 | 125.49 | 1.12 |
| 95章 玩具、游戏品、运动用品及其零件、附件 | Toys, games and sports requisites; parts and accessories thereof | 122.83 | 0.59 | 97.86 | 0.43 |
| 96章 杂项制品 | Miscellaneous manufactured articles | 14.90 | 0.34 | 13.72 | 0.33 |
| **第二十一类 艺术品、收藏品及古物** | **WORKS OF ART, COLLECTORS' PIECES AND ANTIQUES** | **0.16** | **0.03** | **0.11** | **0.02** |
| 97章 艺术品、收藏品及古物 | Works of art, collectors' pieces and antiques | 0.16 | 0.03 | 0.11 | 0.02 |
| **第二十二类 特殊交易品及未分类商品** | **COMMODITIES AND TRANSACTIONS NOT CLASSIFIED ACCORDING TO KIND** | **1.74** | **0.44** | **1.81** | **0.26** |
| 98章 特殊交易品及未分类商品 | Commodities and transactions not classified according to kind | 1.74 | 0.44 | 1.81 | 0.26 |

# 6-25 我国同各国(地区)海关进出口总额

## China's Foreign Trade with Related Countries and Territories

单位：万美元
Unit：USD 10000

| 国别（地区） | Region | 2008 | | 2009 | |
|---|---|---|---|---|---|
| | | 出口总额 Exports | 进口总额 Imports | 出口总额 Exports | 进口总额 Imports |
| **总　计** | **Total** | **143069307** | **113256216** | **120161181** | **100592307** |
| **亚洲** | **Asia** | **66411850** | **70258614** | **56865091** | **60352046** |
| 阿富汗 | Afghanistan | 15163 | 269 | 21351 | 138 |
| 巴林 | Bahrain | 65508 | 13132 | 47527 | 21123 |
| 孟加拉国 | Bangladesh | 455607 | 13191 | 444132 | 14034 |
| 不丹 | Bhutan | 846 | | 412 | 5 |
| 文莱 | Brunei | 13054 | 8888 | 14044 | 28199 |
| 缅甸 | Myanmar | 197777 | 64755 | 225399 | 64613 |
| 柬埔寨 | Cambodia | 109554 | 3883 | 90726 | 3689 |
| 塞浦路斯 | Cyprus | 112487 | 1059 | 120374 | 1543 |
| 朝鲜 | Korea DPR | 203243 | 76041 | 188692 | 79255 |
| 中国香港 | Hong Kong, China | 19072903 | 1291585 | 16622857 | 870250 |
| 印度 | India | 3158538 | 2025889 | 2965604 | 1372728 |
| 印度尼西亚 | Indonesia | 1719311 | 1432293 | 1472053 | 1366823 |
| 伊朗 | Iran | 816343 | 1959420 | 791911 | 1329997 |
| 伊拉克 | Iraq | 127116 | 138166 | 183835 | 330960 |
| 以色列 | Israel | 425700 | 179282 | 365234 | 152574 |
| 日本 | Japan | 11613245 | 15060004 | 9786766 | 13091490 |
| 约旦 | Jordan | 182613 | 12318 | 195839 | 11226 |
| 科威特 | Kuwait | 175130 | 503881 | 154285 | 350069 |
| 老挝 | Laos | 26811 | 13426 | 37717 | 37463 |
| 黎巴嫩 | Lebanon | 108345 | 1327 | 105687 | 898 |
| 中国澳门 | Macao, China | 260212 | 30585 | 185009 | 24620 |
| 马来西亚 | Malaysia | 2145517 | 3210140 | 1963178 | 3233592 |
| 马尔代夫 | Maldives | 3155 | 142 | 4066 | 13 |
| 蒙古 | Mongolia | 90783 | 152561 | 106788 | 136112 |
| 尼泊尔 | Nepal | 37561 | 598 | 40887 | 529 |
| 阿曼 | Oman | 79452 | 1162685 | 74750 | 541123 |
| 巴基斯坦 | Pakistan | 605107 | 100680 | 552833 | 126001 |
| 巴勒斯坦 | Palestine | 4078 | 25 | 2357 | 75 |
| 菲律宾 | Philippines | 913223 | 1950474 | 859059 | 1194841 |
| 卡塔尔 | Qatar | 107416 | 131163 | 87211 | 138176 |
| 沙特阿拉伯 | Saudi Arabia | 1082347 | 3102270 | 897745 | 2357094 |
| 新加坡 | Singapore | 3230581 | 2017126 | 3005194 | 1780393 |
| 韩国 | Korea Rep. | 7393199 | 11213792 | 5366972 | 10254507 |
| 斯里兰卡 | Sri Lanka | 163009 | 6054 | 156893 | 7038 |
| 叙利亚 | Syria | 229336 | 986 | 221058 | 1002 |
| 泰国 | Thailand | 1563635 | 2565674 | 1328551 | 2490531 |
| 土耳其 | Turkey | 1060631 | 196293 | 833367 | 176108 |
| 阿联酋 | United Arab Emirates | 2364369 | 461325 | 1863180 | 259508 |
| 也门共和国 | Republic of Yemen | 118458 | 320987 | 116844 | 123751 |
| 越南 | Vietnam | 1512213 | 433632 | 1629765 | 474753 |
| 中华人民共和国 | P. R. China | | 9246120 | | 8641218 |
| 中国台湾 | Taiwan, China | 2587706 | 10333793 | 2050126 | 8572025 |
| 东帝汶 | Timor Leste | 943 | 11 | 2326 | 2 |
| 哈萨克 | Kazakhstan | 982451 | 772783 | 783345 | 629568 |
| 吉尔吉斯 | Kirghizia | 921205 | 12133 | 528107 | 4921 |

6-25 续表 1 Continued 1

单位：万美元
Unit：USD 10000

| 国 别（地 区） | Region | 2008 | | 2009 | |
|---|---|---|---|---|---|
| | | 出口总额 Exports | 进口总额 Imports | 出口总额 Exports | 进口总额 Imports |
| 塔吉克 | Tadzhikistan | 147968 | 2024 | 122168 | 18502 |
| 土库曼 | Turkmenistan | 80194 | 2844 | 91871 | 3873 |
| 乌兹别克 | Uzbekistan | 127781 | 32888 | 156998 | 35089 |
| 亚洲其他国家(地区) | Other Countries (Regions) in Asia | 24 | 17 | 3 | 2 |
| **非洲** | **Africa** | **5123992** | **5596694** | **4773456** | **4333124** |
| 阿尔及利亚 | Algeria | 375191 | 84922 | 418084 | 94662 |
| 安哥拉 | Angola | 294247 | 2238252 | 238588 | 1467650 |
| 贝宁 | Benin | 231411 | 11016 | 195270 | 9378 |
| 博茨瓦纳 | Botswana | 16915 | 18391 | 16536 | 6428 |
| 布隆迪 | Burundi | 1768 | 12 | 3399 | 97 |
| 喀麦隆 | Cameroon | 37928 | 47919 | 41585 | 39767 |
| 加那利群岛 | Canary Is. | 1971 | | 591 | |
| 佛得角 | Cape Verde | 1495 | | 3541 | |
| 中非 | Central Africa | 1130 | 2144 | 1273 | 1465 |
| 塞卜泰(休达) | Ceuta | 62 | 1 | 18 | 1 |
| 乍得 | Chad | 7993 | 4160 | 14871 | 6537 |
| 科摩罗 | Comoros | 2544 | | 1117 | |
| 刚果(布) | Congo | 61428 | 373170 | 36690 | 173596 |
| 吉布提 | Djibouti | 25227 | 179 | 29453 | 11 |
| 埃及 | Egypt | 587426 | 42894 | 510776 | 73725 |
| 赤道几内亚 | Eq. Guinea | 27739 | 226787 | 35835 | 105514 |
| 埃塞俄比亚 | Ethiopia | 123072 | 8166 | 125244 | 21476 |
| 加蓬 | Gabon | 13960 | 179261 | 15472 | 71837 |
| 冈比亚 | Gambia | 17572 | 316 | 16752 | 664 |
| 加纳 | Ghana | 174789 | 9340 | 153372 | 7963 |
| 几内亚 | Guinea | 33446 | 2530 | 28129 | 624 |
| 几内亚比绍 | Guinea-Bissau | 615 | 124 | 2319 | 162 |
| 科特迪瓦共和国 | Cote d'lvoire | 53150 | 7058 | 50487 | 6274 |
| 肯尼亚 | Kenya | 124933 | 3472 | 127641 | 2963 |
| 利比里亚 | Liberia | 113705 | 594 | 188155 | 396 |
| 利比亚 | Libya | 164045 | 258899 | 200194 | 317672 |
| 马达加斯加 | Madagascar | 60259 | 6517 | 39539 | 5482 |
| 马拉维 | Malawi | 8105 | 811 | 6501 | 1694 |
| 马里 | Mali | 16773 | 6295 | 16750 | 3705 |
| 毛里塔尼亚 | Mauritania | 18909 | 104414 | 24179 | 85237 |
| 毛里求斯 | Mauritius | 32009 | 571 | 29213 | 585 |
| 摩洛哥 | Morocco | 234893 | 46106 | 212886 | 37598 |
| 莫桑比克 | Mozambique | 29599 | 12588 | 33919 | 17738 |
| 纳米比亚 | Namibia | 24317 | 28218 | 26450 | 27907 |
| 尼日尔 | Niger | 16681 | 7 | 28391 | 5 |
| 尼日利亚 | Nigeria | 676705 | 50838 | 547557 | 89576 |
| 留尼汪 | Reunion | 11557 | 5 | 8390 | 11 |
| 卢旺达 | Rwanda | 5937 | 2958 | 5804 | 2570 |
| 圣多美和普林西比 | Sao Tome & Principe | 189 | 2 | 220 | |
| 塞内加尔 | Senegal | 40155 | 497 | 39934 | 4198 |
| 塞舌尔 | Seychelles | 1413 | 368 | 1524 | 3 |
| 塞拉利昂 | Sierra Leone | 7877 | 532 | 5466 | 1054 |
| 索马里 | Somalia | 4034 | 19 | 6732 | 55 |
| 南非 | South Africa | 861762 | 923497 | 736575 | 871175 |
| 西撒哈拉 | Western Sahara | 6 | | 7 | |

6-25 续表 2 Continued 2

单位：万美元
Unit：USD 10000

| 国别（地区） | Region | 2008 | | 2009 | |
|---|---|---|---|---|---|
| | | 出口总额 Exports | 进口总额 Imports | 出口总额 Exports | 进口总额 Imports |
| 苏丹 | Sudan | 187433 | 632589 | 170549 | 468280 |
| 坦桑尼亚 | Tanzania | 95044 | 13159 | 91395 | 19622 |
| 多哥 | Togo | 121824 | 3090 | 112974 | 3637 |
| 突尼斯 | Tunisia | 69686 | 9031 | 71115 | 10751 |
| 乌干达 | Uganda | 23010 | 1706 | 23117 | 2010 |
| 布基纳法索 | Burkina Faso | 4619 | 6248 | 4268 | 11618 |
| 刚果(金) | Congo DR | 23458 | 158386 | 32048 | 115437 |
| 赞比亚 | Zambia | 26435 | 52250 | 15254 | 128507 |
| 津巴布韦 | Zimbabwe | 13310 | 14821 | 15626 | 14087 |
| 莱索托 | Lesotho | 7964 | 170 | 5039 | 168 |
| 梅利利亚 | Melilla | 282 | | 215 | |
| 斯威士兰 | Swaziland | 2060 | 1128 | 1805 | 1511 |
| 厄立特里亚 | Eritrea | 2898 | 247 | 3949 | 42 |
| 马约特岛 | Mayotte | 583 | | 518 | |
| 非洲其他国家(地区) | Other Countries (Regions) in Africa | 441 | 17 | 153 | |
| **欧洲** | **Europe** | **34342205** | **16805904** | **26465129** | **16204372** |
| 比利时 | Belgium | 1487130 | 533697 | 1087227 | 584732 |
| 丹麦 | Denmark | 556830 | 259715 | 422496 | 228929 |
| 英国 | United Kingdom | 3607274 | 954178 | 3127794 | 787719 |
| 德国 | Germany | 5920895 | 5578993 | 4991638 | 5571943 |
| 法国 | France | 2330592 | 1563253 | 2146006 | 1299617 |
| 爱尔兰 | Ireland | 432417 | 274638 | 197934 | 323820 |
| 意大利 | Italy | 2662879 | 1163903 | 2024319 | 1101162 |
| 卢森堡 | Luxembourg | 355449 | 29399 | 304999 | 20473 |
| 荷兰 | Netherlands | 4591858 | 529942 | 3668391 | 512214 |
| 希腊 | Greece | 407459 | 18548 | 345791 | 21592 |
| 葡萄牙 | Portugal | 231710 | 38749 | 192294 | 48143 |
| 西班牙 | Spain | 2079868 | 542398 | 1406304 | 429233 |
| 阿尔巴尼亚 | Albania | 19611 | 8826 | 20720 | 6428 |
| 安道尔 | Andorra | 117 | 5 | 250 | 18 |
| 奥地利 | Austria | 176996 | 312082 | 142810 | 340398 |
| 保加利亚 | Bulgaria | 112484 | 21678 | 59607 | 14108 |
| 芬兰 | Finland | 734953 | 353331 | 452605 | 327205 |
| 直布罗陀 | Gibraltar | 2328 | 1 | 14099 | |
| 匈牙利 | Hungary | 609685 | 138220 | 534327 | 146640 |
| 冰岛 | Iceland | 9314 | 3511 | 5422 | 3325 |
| 列支敦士登 | Liechtenstein | 864 | 3167 | 618 | 5100 |
| 马耳他 | Malta | 106646 | 44990 | 126281 | 40001 |
| 摩纳哥 | Monaco | 1534 | 1141 | 915 | 1099 |
| 挪威 | Norway | 256113 | 214800 | 267558 | 305947 |
| 波兰 | Poland | 904037 | 139443 | 748697 | 150593 |
| 罗马尼亚 | Romania | 288992 | 35990 | 237737 | 43319 |
| 圣马力诺 | San Marino | 193 | 55 | 98 | 3 |
| 瑞典 | Sweden | 511628 | 503815 | 415659 | 545930 |
| 瑞士 | Switzerland | 390935 | 735304 | 265783 | 688607 |
| 爱沙尼亚 | Estonia | 58813 | 8869 | 36254 | 7933 |
| 拉脱维亚 | Latvia | 84898 | 1801 | 45231 | 2600 |
| 立陶宛 | Lithuania | 105998 | 2913 | 65570 | 3811 |
| 格鲁吉亚 | Georgia | 29289 | 353 | 19193 | 1787 |

6-25 续表 3 Continued 3

单位：万美元
Unit：USD 10000

| 国 别（地 区） | Region | 2008 出口总额 Exports | 2008 进口总额 Imports | 2009 出口总额 Exports | 2009 进口总额 Imports |
|---|---|---|---|---|---|
| 亚美尼亚 | Armenia | 6921 | 1151 | 8744 | 2394 |
| 阿塞拜疆 | Azerbaijan | 68610 | 11486 | 55342 | 12832 |
| 白俄罗斯 | Byelorussia | 36136 | 49782 | 28038 | 52959 |
| 摩尔多瓦 | Moldavia | 7127 | 261 | 7257 | 326 |
| 俄罗斯 | Russia | 3307585 | 2383276 | 1751858 | 2123296 |
| 乌克兰 | Ukraine | 756628 | 119402 | 360368 | 217601 |
| 斯洛文尼亚 | Slovenia | 96421 | 13156 | 77002 | 12647 |
| 克罗地亚 | Croatia | 174199 | 6784 | 111863 | 7486 |
| 捷克 | Czech | 549748 | 100270 | 502402 | 113150 |
| 斯洛伐克 | Slovak | 196604 | 98373 | 139906 | 89745 |
| 马其顿 | Macedonia | 7072 | 1328 | 5601 | 2418 |
| 波黑 | Bosnia & Herzegovina | 7283 | 661 | 3566 | 1420 |
| 梵蒂冈城国 | Vatican City State | 42 | | | |
| 法罗群岛 | Faroe Islands | 129 | 826 | 28 | 668 |
| 塞尔维亚 | Serbia | 49252 | 1228 | 30835 | 2923 |
| 黑山 | Montenegro | 8660 | 213 | 7693 | 74 |
| **拉丁美洲** | **Latin America** | **7176204** | **7164395** | **5709426** | **6476879** |
| 安提瓜和巴布达 | Antigua and Barbuda | 52948 | 8 | 49369 | 10 |
| 阿根廷 | Argentina | 505473 | 936135 | 348342 | 431724 |
| 阿鲁巴岛 | Aruba | 1098 | 23 | 1170 | 15 |
| 巴哈马 | Bahamas | 38534 | 61 | 42254 | 15 |
| 巴巴多斯 | Barbados | 2794 | 142 | 9155 | 223 |
| 伯利兹 | Belize | 4246 | 3 | 3303 | 1 |
| 玻利维亚 | Bolivia | 17856 | 15060 | 7 | |
| 巴西 | Brazil | 1880746 | 2986344 | 1411886 | 2827692 |
| 开曼群岛 | Cayman Is. | 3567 | | 1799 | 1 |
| 智利 | Chile | 618680 | 1117281 | 492817 | 1291063 |
| 哥伦比亚 | Colombia | 298793 | 112541 | 239605 | 97930 |
| 多米尼加 | Dominica | 7575 | 216 | 2232 | 116 |
| 哥斯达黎加 | Costa Rica | 61916 | 227052 | 53762 | 264648 |
| 古巴 | Cuba | 135480 | 90306 | 97287 | 57444 |
| 库腊索岛 | Curacao | 3675 | | 1582 | |
| 多米尼加共和国 | Dominica Rep. | 65789 | 14629 | 59211 | 10052 |
| 厄瓜多尔 | Ecuador | 154701 | 84902 | 100356 | 76316 |
| 法属圭亚那 | French Guyana | 346 | | 487 | |
| 格林纳达 | Granada | 378 | 4 | 395 | 3 |
| 瓜德罗普岛 | Guadeloupe | 2856 | 11 | 3006 | |
| 危地马拉 | Guatemala | 93442 | 1150 | 65883 | 2333 |
| 圭亚那 | Guyana | 7098 | 1736 | 5908 | 1075 |
| 海地 | Haiti | 12590 | 748 | 14749 | 288 |
| 洪都拉斯 | Honduras | 32361 | 1615 | 21216 | 5355 |
| 牙买加 | Jamaica | 28869 | 557 | 19699 | 2156 |
| 马提尼克岛 | Martinique | 2720 | 1 | 2217 | |
| 墨西哥 | Mexico | 1386649 | 369025 | 1229627 | 389862 |
| 蒙特塞拉特 | Montserrat | 4 | 2 | 4 | 13 |
| 尼加拉瓜 | Nicaragua | 25561 | 347 | 19326 | 324 |
| 巴拿马 | Panama | 789391 | 4974 | 652299 | 2881 |
| 巴拉圭 | Paraguay | 76351 | 2532 | 51386 | 2745 |
| 秘鲁 | Peru | 277437 | 449211 | 209895 | 445130 |
| 波多黎各 | Puerto Rico | 45998 | 22563 | 47931 | 31192 |
| 萨巴 | Saba | | | 13 | |

## 6-25 续表 4 Continued 4

单位：万美元

Unit：USD 10000

| 国 别（地 区） | Region | 2008 | | 2009 | |
|---|---|---|---|---|---|
| | | 出口总额 Exports | 进口总额 Imports | 出口总额 Exports | 进口总额 Imports |
| 圣卢西亚 | Saint Lucia | 669 | 5 | 679 | 18 |
| 圣马丁岛 | Saint Martin Is. | 262 | | 161 | |
| 圣文森特和格林纳丁斯 | Saint Vincent & Grenadines | 5859 | 2620 | 8179 | |
| 萨尔瓦多 | El Salvador | 37447 | 595 | 25669 | 347 |
| 苏里南 | Surinam | 10273 | 366 | 9618 | 1191 |
| 特立尼达和多巴哥 | Trinidad and Tobago | 34963 | 2413 | 24421 | 10331 |
| 特克斯和 | Turks & Caicos Is. | 138 | | 39 | |
| 凯科斯群岛 | | | | 81956 | 73364 |
| 乌拉圭 | Uruguay | 102769 | 62395 | 281172 | 438214 |
| 委内瑞拉 | Venezuela | 336598 | 656706 | 1568 | 20 |
| 英属维尔京群岛 | Virgin Is. (E) | 5727 | 56 | 122 | 4 |
| 圣其茨-尼维斯 | St. Kitts-Nevis | 265 | 14 | | |
| 荷属安地列斯群岛 | Andreas Is. (N) | 5155 | 25 | 4672 | |
| 拉美其他国家(地区) | Other Countries (Regions) in Latin America | 160 | 19 | 59 | |
| **北美洲** | **North America** | **27427243** | **9406982** | **23855383** | **8955790** |
| 加拿大 | Canada | 2179588 | 1267335 | 1767458 | 1205326 |
| 美国 | United States | 25238355 | 8135993 | 22080222 | 7746038 |
| 格陵兰 | Greenland | 141 | 3646 | 34 | 4426 |
| 百慕大群岛 | Bermuda | 9154 | | 7643 | |
| 北美洲其他国家(地区) | Other Countries (Regions) in North America | 5 | 9 | 25 | |
| **大洋洲及太平洋群岛** | **Oceanic and Pacific Islands** | **2587812** | **4023627** | **2492696** | **4266389** |
| 澳大利亚 | Australia | 2224726 | 3743513 | 2064177 | 3948820 |
| 库克群岛 | Cook Islands | 87 | 180 | 704 | 26 |
| 斐济 | Fiji | 9109 | 92 | 9655 | 58 |
| 盖比群岛 | Gambier Is. | 38 | | 16 | 1 |
| 瑙鲁 | Nauru | | | 2 | |
| 新喀里多尼亚 | New Caledonia (Fr) | 5300 | 11120 | 5564 | 13318 |
| 瓦努阿图 | Vanuatu | 3464 | 43 | 4744 | 137 |
| 新西兰 | New Zealand | 250953 | 189235 | 208533 | 247819 |
| 诺福克岛 | Norfolk Islands | 94 | 6 | 40 | |
| 巴布亚新几内亚 | Papua New Guinea | 34406 | 51521 | 52756 | 35772 |
| 社会群岛 | Society Is. | 392 | 1 | 323 | |
| 所罗门群岛 | Solomon Is. | 1190 | 21499 | 1614 | 17811 |
| 汤加 | Tonga | 797 | 2 | 800 | 6 |
| 萨摩亚 | Samoa | 2525 | 261 | 3724 | 763 |
| 基里巴斯 | Kiribati | 246 | | 394 | |
| 图瓦卢 | Tuvalu | 4625 | | 606 | 1 |
| 密克罗尼西亚联邦 | Micronesia Commonwealth | 424 | 1 | 463 | 396 |
| 马绍尔群岛共和国 | Marshall. Is. | 45696 | | 135426 | 1187 |
| 帕劳共和国 | Republic of Palau | 306 | 6 | 130 | |
| 法属波利尼西亚 | Polynesia (F) | 2695 | 297 | 2466 | 273 |
| 大洋洲其他国家(地区) | Other Countries (Regions) in Oceanic | 737 | 1 | 558 | |
| **国别（地区）不详** | **Others** | | **5849** | | **3707** |
| **东南亚国家联盟** | **ASEAN** | **11431677** | **11700291** | **10625686** | **10674897** |
| **欧洲联盟** | **EU** | **29314752** | **13263403** | **23619654** | **12769201** |
| **亚太经济合作组织** | **APEC** | **87282968** | **76469913** | **73955906** | **69431748** |

# 6-26 主要出口商品数量和金额

## Major Export Commodities in Quantity and Value

单位：万美元

Unit：USD 10000

| 商品 | Commodities | 单位 | Unit | 数量 Quantity | | 金额 Value | |
|---|---|---|---|---|---|---|---|
| | | | | 2008 | 2009 | 2008 | 2009 |
| 活猪(种猪除外) | Live Hogs | 万头 | 10000 head | 164 | 169 | 38270 | 33008 |
| 活家禽 | Live Poultry | 万只 | 10000 head | 1166 | 696 | 3399 | 2608 |
| 牛肉 | Beef | 万吨 | 10000 tn | 2 | 1 | 9550 | 6121 |
| 猪肉 | Pork | 万吨 | 10000 tn | 8 | 9 | 27565 | 26272 |
| 冻鸡 | Frozen Chicken | 万吨 | 10000 tn | 7 | 7 | 15666 | 13627 |
| 水海产品 | Aquatic Products | 万吨 | 10000 tn | 175 | 209 | 517708 | 680851 |
| 鲜蛋 | Fresh Eggs | 百万个 | million pc. | 1216 | 1111 | 8013 | 7889 |
| 谷物及谷物粉 | Cereals and Cereals Flour | 万吨 | 10000 tn | 181 | 132 | 75857 | 71620 |
| #稻谷和大米 | Rice | 万吨 | 10000 tn | 97 | 79 | 48326 | 52506 |
| 玉米 | Maize | 万吨 | 10000 tn | 27 | 13 | 7942 | 3171 |
| 蔬菜 | Vegetables | 万吨 | 10000 tn | 624 | 636 | 416654 | 499576 |
| #鲜或冷藏蔬菜 | Fresh Vegetables | 万吨 | 10000 tn | 415 | 424 | 155138 | 218760 |
| 橘、橙 | Mandarins and Oranges | 吨 | tn | 748814 | 985127 | 36227 | 50640 |
| 苹果 | Apples | 吨 | tn | 1153325 | 1171805 | 69834 | 71213 |
| 松子仁 | Pine nut Kernels | 吨 | tn | 4178 | 7862 | 4768 | 14297 |
| 大豆 | Soybean | 万吨 | 10000 tn | 47 | 35 | 35146 | 23714 |
| 花生及花生仁 | Peanuts | 万吨 | 10000 tn | 23 | 24 | 30652 | 21823 |
| 食用植物油(含棕榈油) | Edible Vegetable Oil | 吨 | tn | 247623 | 114019 | 40156 | 15149 |
| 食糖 | Sugar | 吨 | tn | 58403 | 63886 | 2708 | 3365 |
| 天然蜂蜜 | Natural Honey | 吨 | tn | 84865 | 71831 | 14711 | 12570 |
| 茶叶 | Tea | 吨 | tn | 296940 | 302952 | 68226 | 70495 |
| 辣椒干 | Dried Chillies | 吨 | tn | 96476 | 91025 | 17997 | 14262 |
| 猪肉罐头 | Canned Pork | 吨 | tn | 31563 | 36133 | 8747 | 9765 |
| 蘑菇罐头 | Canned Mushroom | 吨 | tn | 422371 | 285791 | 65206 | 36014 |
| 啤酒 | Beer | 万升 | 10000 liters | 24170 | 21030 | 12952 | 12269 |
| 肠衣 | Casings | 吨 | tn | 67642 | 69219 | 84141 | 78798 |
| 填充用羽毛及羽绒 | Feathers and Dawn for Stuffing | 吨 | tn | 29846 | 27030 | 29618 | 24825 |
| 药材 | Medical Materials | 吨 | tn | 188296 | 199552 | 45145 | 48488 |
| 烤烟 | Flue-cured Tobacco | 吨 | tn | 116127 | 99449 | 33430 | 41148 |

6-26 续表 1 Continued 1

金额单位：万美元

Value Unit：USD 10000

| 商品 | Commodities | 单位 | Unit | 数量 Quantity 2008 | 数量 Quantity 2009 | 金额 Value 2008 | 金额 Value 2009 |
|---|---|---|---|---|---|---|---|
| 纸烟 | Cigarette | 万条 | 10000 items | 6834 | 8078 | 24869 | 27960 |
| 锯材 | Wood Sawn | 万立方米 | 10000 cu.m | 69 | 56 | 40142 | 34509 |
| 生丝 | Raw Silk | 吨 | tn | 13431 | 9227 | 33379 | 24352 |
| 山羊绒 | Cashmere | 吨 | tn | 2421 | 2125 | 19621 | 13783 |
| 原棉 | Cotton | 吨 | tn | 16361 | 8249 | 3410 | 1812 |
| 天然石墨 | Natural Graphite | 万吨 | 10000 tn | 60 | 46 | 16398 | 13412 |
| 镁矿物 | Magnesian Ores | 万吨 | 10000 tn | 233 | 131 | 52057 | 27576 |
| 萤石(氟石) | Fluorite | 万吨 | 10000 tn | 66 | 27 | 19061 | 6734 |
| 天然硫酸钡(重晶石) | Barite | 万吨 | 10000 tn | 384 | 177 | 20099 | 12216 |
| 滑石 | Talcum | 万吨 | 10000 tn | 69 | 40 | 13247 | 7187 |
| 氧化铝 | Aluminium Oxide | 吨 | tn | 44142 | 68581 | 2956 | 2879 |
| 煤 | Coal | 万吨 | 10000 tn | 4543 | 2240 | 524027 | 237537 |
| 焦炭、半焦炭 | Coke and Semi-coke | 万吨 | 10000 tn | 1213 | 54 | 580737 | 20119 |
| 原油 | Crude Oil | 万吨 | 10000 tn | 416 | 507 | 297955 | 215573 |
| 成品油 | Petroleum Products Refined | 万吨 | 10000 tn | 1703 | 2504 | 1366516 | 1254994 |
| 石蜡 | Paraffin Wax | 万吨 | 10000 tn | 60 | 54 | 74546 | 53377 |
| 仲钨酸铵 | Tungstate | 吨 | tn | 5421 | 3671 | 11560 | 6213 |
| 氧化锌及过氧化锌 | Zinc Oxide and Zinc Peroxide | 吨 | tn | 32779 | 16423 | 6174 | 2317 |
| 合成有机染料 | Synthetic Organic Dyestuffs | 吨 | tn | 236214 | 237560 | 116236 | 91963 |
| 医药品 | Medical and Pharmaceutical Products | | | | | 810353 | 863514 |
| #中式成药 | Medicaments of Chinese Type | 吨 | tn | 13180 | 13367 | 17435 | 16596 |
| 医用敷料 | Pharmaceutical Goods | 吨 | tn | 186106 | 151565 | 98033 | 83160 |
| 洗衣粉 | Detergent | 吨 | tn | 256178 | 281003 | 16712 | 16572 |
| 烟花、爆竹 | Fireworks and Firecrackers | 吨 | tn | 313849 | 297107 | 49500 | 55690 |
| 松香及树脂酸 | Resin and Resin Acids | 吨 | tn | 276517 | 193505 | 27194 | 18202 |
| 新的充气橡胶轮胎 | Rubber Tyres | 万条 | 10000 pc. | 31227 | 30214 | 806031 | 768493 |
| 纸及纸板(未切成形) | Paper and Paperboard in Rolls | 万吨 | 10000 tn | 361 | 362 | 327914 | 313604 |
| 棉纱线 | Cotton Yarn | 吨 | tn | 547247 | 537527 | 197312 | 181593 |
| 丝织物 | Silk and Satins | | | | | 82242 | 77572 |
| 棉机织物 | Cotton Cloth | | | | | 1021657 | 850718 |
| 亚麻及苎麻机织物 | Flax or Ramie Cloth | 万米 | 10000 m | 19642 | 19980 | 41992 | 44363 |
| 合成短纤与棉混纺机织物 | Polyester Cotton Cloth | 万米 | 10000 m | 276913 | 237282 | 229411 | 182384 |
| 地毯 | Carpets | 万平方米 | 10 000 sq.m | 41757 | 45725 | 160752 | 149126 |

6-26 续表 2 Continued 2

金额单位：万美元

Value Unit：USD 10000

| 商　　品 | Commodities | 单　位 | Unit | 数量 Quantity | | 金额 Value | |
|---|---|---|---|---|---|---|---|
| | | | | 2008 | 2009 | 2008 | 2009 |
| 塑料编织袋 | Bags of PP or PE Strip | 万条 | 10001 pc. | 474191 | 508453 | 80453 | 71238 |
| 水泥 | Cement | 万吨 | 10000 tn | 2604 | 1561 | 109880 | 68719 |
| 平板玻璃 | Plate Glass | 万平方米 | .0000 sq.m | 27762 | 16643 | 91505 | 51200 |
| 玻璃制品 | Glass Products | | | | | 348404 | 337950 |
| 家用陶瓷器皿 | Porcelain and Pottery Ware for Household Use | 万吨 | 10000 tn | 172 | 163 | 184096 | 194205 |
| 生铁及镜铁 | Pig Iron and Spiegel | 万吨 | 10000 tn | 25 | 24 | 12792 | 8656 |
| 钢坯及粗锻件 | Billet and Crude Forgings | 万吨 | 10000 tn | 129 | 4 | 132559 | 2234 |
| 钢材 | Rolled Steel | 万吨 | 10000 tn | 5923 | 2460 | 6344213 | 2227185 |
| 未锻造的铜及铜合金 | Unwrought Copper an its Alloys | 吨 | tn | 102724 | 73142 | 85404 | 44076 |
| 铜材 | Rolled Copper | 吨 | tn | 517522 | 455136 | 415724 | 271867 |
| 未锻造的铝及铝合金 | Unwrought Aluminium and its Alloys | 吨 | tn | 841292 | 310240 | 213619 | 50669 |
| 铝材 | Rolled Aluminium | 吨 | tn | 190 | 139 | 636604 | 459649 |
| 未锻造的锌及锌合金 | Zinc and Zinc Alloys | 吨 | tn | 71320 | 29287 | 14744 | 5868 |
| 未锻造的锡及锡合金 | Tin and Tin Alloys | 吨 | tn | 559 | 686 | 1131 | 1133 |
| 未锻造的锑、粉末及废碎料 | Antimony | 吨 | tn | 9453 | 4580 | 5268 | 2059 |
| 未锻造的锰 | Manganese | 吨 | tn | 240547 | 94946 | 85293 | 23475 |
| 钢铁或铜制标准紧固件 | Nails, Bolts,etc | 万吨 | 10000 tn | 270 | 162 | 449683 | 243677 |
| 搪瓷器 | Enamelware | 吨 | tn | 120962 | 100086 | 24663 | 19959 |
| 手用或机用工具 | Hand Tools and Tools for Machines | 吨 | tn | 120 | 106 | 481296 | 404897 |
| 电扇 | Fans | 万台 | 10000 set | 48694 | 40470 | 270603 | 240372 |
| 纺织机械及零件 | Textile Machinery | | | | | 156548 | 121151 |
| 缝纫机(包括工业用) | Sewing Machines (Including Industrial Use) | 万台 | 10000 set | 1094 | 986 | 93571 | 70307 |
| 金属加工机床 | Machine Tools | 万台 | 10000 set | 629 | 648 | 210605 | 141168 |
| 电子计算器 | Electric calculator | 万台 | 10000 set | 44739 | 34234 | 97889 | 79941 |
| 自动数据处理设备及其部件 | Automatic Data Processing Machines and Components | 万台 | 10000 set | 143236 | 131331 | 13501909 | 12236038 |
| 自动数据处理设备的零件 | Parts for Auto Data Processing Equipment | 万吨 | 10000 tn | 118 | 93 | 3137133 | 2572768 |
| 轴承 | Bearings | 万套 | 10000 pc. | 334998 | 266457 | 205937 | 145489 |
| 电动机及发电机 | Electric Motors and Generators | 万台 | 10000 set | 370769 | 280481 | 659768 | 524489 |
| 静止式变流器 | Static Converters | 万个 | 10000 pc. | 287078 | 261626 | 1043189 | 921269 |
| 原电池 | Primary Cells and Batteries | 万个 | 10000 pc. | 22523 | 22520 | 158206 | 148691 |
| 蓄电池 | Electric Accumulators | 万个 | 10000 pc. | 286100 | 221729 | 727528 | 528550 |
| 电话机 | Telephone Sets | 万台 | 10000 set | 70023 | 71211 | 4149148 | 4153737 |
| 扬声器 | Loudspeakers | 万个 | 10000 pc. | 201741 | 160933 | 314088 | 272328 |
| 收音设备(包括收录音组合机) | Radio Sets(Including Sound Recording Apparatus | 万台 | 10000 set | 29011 | 21957 | 444647 | 305509 |

6-26 续表 3 Continued 3

金额单位：万美元

Value Unit：USD 10000

| 商　　品 | Commodities | 单 位 | Unit | 数量 Quantity 2008 | 2009 | 金额 Value 2008 | 2009 |
|---|---|---|---|---|---|---|---|
| 电视机(包括整套散件) | TV Sets | 万台 | 10000 set | 5138 | 5564 | 904485 | 1075664 |
| 电容器 | Electrical Capacitors | 吨 | tn | 74584 | 68098 | 1057797 | 215812 |
| 通断及保护电路装置及零件 | Electrical apparatus for switching or protecting electrical circuits | | | | | 232764 | 1043366 |
| 二极管及类似半导体器件 | Semi Conductors | 百万个 | million pc. | 253547 | 231784 | 1188017 | 1432584 |
| 电线电缆 | Insulated Wire or Cable | | | 169 | 143 | 1573393 | 926154 |
| 集装箱 | Containers | 个 | unit | 303 | 69 | 1193972 | 193042 |
| 汽车 | Motor Vehicles | 辆 | unit | 64 | 35 | 887798 | 468105 |
| 汽车零件 | Parts of Motor Vehicles | | | | | 904883 | 1295892 |
| 自行车 | Bicycles | 万辆 | 10000 unit | 5659 | 4611 | 1481509 | 214107 |
| 船舶 | Ships | 艘 | unit | 2173621 | 1774987 | 255477 | 2709460 |
| 照相机 | Cameras | 万架 | 10000 set | 12364 | 11778 | 1912327 | 637969 |
| 医疗仪器及器械 | Medical Instruments and Appliances | | | | | 741178 | 456438 |
| 手表 | Wrist Watches | 万只 | 10000 pc. | 55036 | 55942 | 449507 | 118551 |
| 日用钟 | Clocks | 万只 | 10000 set | 26990 | 35662 | 125334 | 64940 |
| 家具及其零件 | Furniture | | | | | 55144 | 2532923 |
| 非针织或钩编织物制服装 | Garments (Excluding Knitwear and Crochet) | | | | | 2691118 | 4265440 |
| 针织或钩编服装 | Garments, Knitted or Crocheted | | | | | 4676329 | 4806802 |
| 皮鞋 | Leather Shoes | 万双 | 10000 pair | 112586 | 88241 | 5455564 | 835620 |
| 橡胶或塑料底布鞋(包括球鞋) | Cloth Shoes With Outer of Rubber or Artificial Plastic Materials(including Gym Shoes) | 万双 | 10000 pair | 138050 | 142355 | 980903 | 412858 |
| 塑料制品 | Plastic Articles | 万吨 | 10000 tn | 730 | 66 | 394376 | 1440084 |
| 玩具 | Toys | | | | | 1582613 | 778359 |
| 足球、篮球、排球 | Footballs、Basketballs and Volleyballs | 万个 | 10000 pc. | 19652 | 18493 | 863461 | 32804 |
| 伞 | Umbrellas | 万把 | 10000 pc. | 92888 | 42538 | 34676 | 162698 |
| 竹编结品 | Bamboo Products | 吨 | tn | 70845 | 41641 | 147722 | 14253 |
| 藤编结品 | Rattan Products | 吨 | tn | 31642 | 17905 | 22250 | 10983 |
| 草编结品 | Straw Products | 吨 | tn | 53580 | 38350 | 17624 | 16682 |
| 柳编结品 | Wickerwork | 吨 | tn | 143387 | 93775 | 21917 | 40013.5 |
| **机电产品** | **Mechanical and Electrical Products** | | | | | **82292974** | **71311313** |
| **高新技术产品** | **High and New-technology Products** | | | | | **41561105** | **37690915** |

# 6-27 主要进口商品数量和金额

# Major Import Commodities in Quantity and Value

金额单位：万美元

Value Unit：USD 10000

| 商　品 | Commodities | 单 位 | Unit | 数量 Quantity | | 金额 Value | |
|---|---|---|---|---|---|---|---|
| | | | | 2008 | 2009 | 2008 | 2009 |
| 谷物及谷物粉 | Cereals and Cereals Flour | 万吨 | 10000 tn | 154 | 315 | 73179 | 89807 |
| #玉米 | Maize | 万吨 | 10000 tn | 5 | 8 | 1305 | 2134 |
| 小麦 | Wheat | 万吨 | 10000 tn | 4 | 90 | 1480 | 21117 |
| 稻谷和大米 | Rice | 万吨 | 10000 tn | 33 | 36 | 20841 | 21558 |
| 大豆 | Soybean | 万吨 | 10000 tn | 3744 | 4255 | 2181265 | 1878728 |
| 食用植物油(含棕榈油) | Edible Vegetable Oil | 万吨 | 10000 tn | 816 | 816 | 897734 | 589519 |
| 食糖 | Sugar | 万吨 | 10000 tn | 78 | 106 | 31850 | 37840 |
| 天然橡胶(包括胶乳) | Natural Rubber | 万吨 | 10000 tn | 168 | 171 | 430182 | 281371 |
| 合成橡胶(包括胶乳) | Synthetic Rubber | 万吨 | 10000 tn | 120 | 147 | 334031 | 300042 |
| 原木 | Logs | 万立方米 | 10000 cu.m | 2957 | 2806 | 518362 | 408652 |
| 锯材 | Wood Sawn | 万立方米 | 10000 cu.m | 709 | 988 | 202416 | 231927 |
| 纸浆 | Paper Pulp | 万吨 | 10000 tn | 952 | 1368 | 670556 | 684370 |
| 羊毛及毛条 | Wool and Wool Tops | 万吨 | 10000 tn | 30 | 33 | 180193 | 154048 |
| 棉花 | Cotton, not Carded or Combed | 万吨 | 10000 tn | 211 | 153 | 349238 | 211464 |
| 纺织用合成纤维 | Synthetic Fiber Suitable for Spinning | 万吨 | 10000 tn | 32 | 35 | 74615 | 69956 |
| #聚酯纤维 | Polyester Fiber | 万吨 | 10000 tn | 15 | 15 | 23206 | 20298 |
| 聚丙烯腈纤维 | Polyacrylonitrile Fiber | 万吨 | 10000 tn | 15 | 18 | 37291 | 37835 |
| 铁矿砂及其精矿 | Iron Ore | 万吨 | 10000 tn | 44356 | 62778 | 6053163 | 5014040 |
| 锰矿砂及其精矿 | Manganese Ores | 万吨 | 10000 tn | 757 | 962 | 346975 | 177283 |
| 铜矿砂及其精矿 | Copper Ores | 万吨 | 10000 tn | 519 | 613 | 1044015 | 847868 |
| 铬矿砂及其精矿 | Chromium Ores | 万吨 | 10000 tn | 684 | 676 | 271438 | 131070 |
| 氧化铝 | Aluminium Oxide | 万吨 | 10000 tn | 459 | 514 | 177569 | 130385 |
| 煤 | Coal | 万吨 | 10000 tn | 4040 | 12583 | 350911 | 1057367 |
| 原油 | Crude Oil | 万吨 | 10000 tn | 17888 | 20379 | 12933500 | 8925559 |
| 成品油 | Petroleum Products Refined | 万吨 | 10000 tn | 3885 | 3696 | 3004432 | 1698396 |
| 乙二醇 | Ethylene Glycol | 万吨 | 10000 tn | 522 | 583 | 527806 | 351545 |
| 对苯二甲酸 | Terephthalic Acid | 万吨 | 10000 tn | 594 | 626 | 532574 | 500898 |
| 己内酰胺 | CPL | 万吨 | 10000 tn | 45 | 60 | 108423 | 97838 |
| 合成有机染料 | Synthetic Organic Dyestuffs | 吨 | tn | 60248 | | 48472 | |
| 医药品 | Pharmaceutical Products | | | | | 551682 | 670552 |
| 肥料(自然吨) | Fertilizer | 万吨 | 10000 tn | 622 | 411 | 348121 | 200832 |

6-27 续表 Continued

金额单位：万美元
Value Unit：USD 10000

| 商品 | Commodities | 单位 | Unit | 数量 Quantity 2008 | 数量 Quantity 2009 | 金额 Value 2008 | 金额 Value 2009 |
|---|---|---|---|---|---|---|---|
| #尿素 | Urea | 吨 | tn | 67 | 38798 | 10 | 770 |
| 氮、磷、钾复合肥 | Compound Fertilizers of Nitrogen, Phosphor and Kalium | 万吨 | 10000 tn | 64 | 131 | 40256 | 52687 |
| 磷酸氢二胺 | Diammonium Phosphate | 万吨 | 10000 tn | 10 | 43 | 12610.4 | 16804.4 |
| 氯化钾 | Potassium Chloride | 万吨 | 10000 tn | 514 | 198 | 283105 | 117790.7 |
| 原形聚乙烯 | Polyethylene in primary Forms | 万吨 | 10000 tn | 302 | 521 | 466308 | 582779 |
| 原形聚丙烯 | Polypropylene in Primary Forms | 万吨 | 10000 tn | 279 | 416 | 401213 | 455845 |
| 原形聚苯乙烯 | Polystyrene in Primary Forms | 万吨 | 10000 tn | 340 | 367 | 589971 | 540970 |
| #ABS树脂 | A BS Copolymers | 万吨 | 10000 tn | 195 | 217 | 362829 | 339577 |
| 原形聚氯乙烯 | Polyvinyl Chloride in Primary Forms | 万吨 | 10000 tn | 113 | 196 | 125651 | 159802 |
| 聚酯切片 | Slices or Chips of Polyethylene Terephthalate | 万吨 | 10000 tn | 78 | 25 | 223088 | 27610 |
| 农药 | Pesticides | 吨 | tn | 44316 | 44208 | 29538 | 33429 |
| 纸及纸板 | Paper and Paperboard | 万吨 | 10000 tn | 352 | 331 | 352458 | 314578 |
| 钢材 | Rolled Steel | 万吨 | 10000 tn | 1543 | 1763 | 2343253 | 1947977 |
| 未锻造的铜及铜合金 | Copper and Copper Alloys | 万吨 | 10000 tn | 170 | 347 | 1166012 | 1712593 |
| 铜材 | Rolled Copper | 万吨 | 10000 tn | 93 | 82 | 756725 | 549931 |
| 未锻造的铝及铝合金 | Aluminium and Aluminium Alloys | 万吨 | 10000 tn | 26 | 174 | 56414 | 274258 |
| 铝材 | Rolled Aluminium | 万吨 | 10000 tn | 62 | 58 | 318884 | 260259 |
| 蒸汽锅炉及过热水锅炉 | Boilers | 台 | set | 473 | 368 | 9205 | 11650 |
| 制冷压缩机 | Compressors for Refrigerating Equipment | 万台 | 10000 set | 1464 | 1184 | 95793 | 84156 |
| 金属加工机床 | Machine Tools | 台 | set | 88623 | 67135 | 758742 | 589698 |
| 阀门 | Valves | 万套 | 10000 set | 23210 | 23250 | 436161 | 439218 |
| 自动数据处理设备及其部件 | Automatic Data Processing Machines | 万台 | 10000 set | 54279 | 59580 | 2540173 | 2377387 |
| 自动数据处理设备的零件 | Parts of Automatic Data Processing Machines | 吨 | tn | 180589 | 149711 | 1497751 | 1312369 |
| 电话机 | Line Telephonic or Telegraphic Switching Apparatus | 万台 | 10000 set | 2007 | 2643 | 190395 | 182086 |
| 收音设备(包括收录音组合机及整套散件) | Sound Recording Apparatus | 万台 | 10000 set | 669 | 181 | 25452 | 17922 |
| 电视机(包括整套散件) | TV Sets | 万台 | 10000 set | 64 | 15 | 8534 | 2491 |
| 电视显像管 | Cathode-ray TV Picture Tube | 万只 | 10000 set | 628 | 326 | 22654 | 10821 |
| 汽车 | Motor Vehicles and Chassis | 辆 | unit | 407530 | 418867 | 1512529 | 1535616 |
| #小轿车(包括整套散件) | Cars | 辆 | unit | 154521 | 164837 | 635566 | 656610 |
| 卡车(包括整套散件) | Trucks | 辆 | unit | 8719 | 7143 | 55362 | 51206 |
| 自卸车(包括整套散件) | Dump Trucks | 辆 | unit | 203 | 222 | 17253 | 18696 |
| 装有引擎的底盘 | Chassis with Engines | 台 | unit | 990 | 993 | 4735 | 4648 |
| 汽车零件 | Parts of Motor Vehicles | | | | | 1108689 | 1282187 |
| 飞机 | Aircraft | 架 | unit | 308 | 323 | 876523 | 928956 |
| 船舶 | Ships | 艘 | unit | 2517 | 1757 | 113723 | 100154 |
| 医疗仪器及器械 | Medical Instruments and Appliances | 台 | set | | | 287919 | 359427 |
| **机电产品** | **Mechanical and Electrical Products** | | | | | **53865586** | **49141981** |
| **高新技术产品** | **High and New-technology Products** | | | | | **34194091** | **30984300** |

# 6-28 各地区进出口总额(按境内目的地、货源地分)

# Import and Export Value by Region in Border According to Destination or Source of Goods

单位：万美元

Unit：USD 10000

| 地区 | Region | 2008 出口 Exports | 2008 进口 Imports | 2009 出口 Exports | 2009 进口 Imports |
|---|---|---|---|---|---|
| **全国** | **Total** | **143069307** | **113256216** | **120161181** | **100592320** |
| 北京 | Beijing | 3471870 | 6032267 | 2915311 | 5793394 |
| 天津 | Tianjin | 4150023 | 4540282 | 3037507 | 4165981 |
| 河北 | Hebei | 2913418 | 2175061 | 1919227 | 2107501 |
| 山西 | Shanxi | 1437757 | 581540 | 409751 | 522512 |
| 内蒙古 | Inner Mongolia | 459830 | 583522 | 383933 | 562438 |
| 辽宁 | Liaoning | 4215597 | 4000789 | 3271746 | 3712986 |
| 吉林 | Jilin | 491921 | 870334 | 334697 | 853611 |
| 黑龙江 | Heilongjiang | 929081 | 1112896 | 635350 | 700738 |
| 上海 | Shanghai | 16047013 | 15341258 | 13604208 | 13728694 |
| 江苏 | Jiangsu | 24520798 | 18525902 | 20735942 | 15857252 |
| 浙江 | Zhejiang | 16804833 | 7635902 | 14767376 | 6303797 |
| 安徽 | Anhui | 1075285 | 879773 | 842335 | 723186 |
| 福建 | Fujian | 5594072 | 3077889 | 5111048 | 3012904 |
| 江西 | Jiangxi | 778762 | 721953 | 756821 | 626273 |
| 山东 | Shandong | 9667344 | 9097015 | 8268513 | 8083703 |
| 河南 | Henan | 1241969 | 746891 | 877224 | 629601 |
| 湖北 | Hubei | 1143924 | 992042 | 943290 | 824004 |
| 湖南 | Hunan | 881961 | 477963 | 623792 | 536948 |
| 广东 | Guangdong | 41125055 | 30652626 | 36239049 | 26959804 |
| 广西 | Guangxi | 683999 | 802428 | 496276 | 859714 |
| 海南 | Hainan | 166602 | 792445 | 174529 | 673789 |
| 重庆 | Chongqing | 534025 | 370811 | 411372 | 360337 |
| 四川 | Sichuan | 1066557 | 926160 | 1152181 | 999389 |
| 贵州 | Guizhou | 274144 | 206522 | 152777 | 119939 |
| 云南 | Yunnan | 448392 | 484502 | 367973 | 377770 |
| 西藏 | Tibet | 32819 | 2148 | 26649 | 2226 |
| 陕西 | Shaanxi | 678154 | 367432 | 409123 | 458177 |
| 甘肃 | Gansu | 175008 | 481245 | 83060 | 365400 |
| 青海 | Qinghai | 39428 | 40603 | 19783 | 51927 |
| 宁夏 | Ningxia | 171671 | 86467 | 99534 | 96599 |
| 新疆 | Xinjiang | 1847996 | 649552 | 1090808 | 521726 |

# 6-29 各地区进出口总额(按经营单位所在地分)

## Import and Export Value by Location of Importers and Exporters

单位：万美元

Unit：USD 10000

| 地　区 | Region | 2008 出口 Exports | 2008 进口 Imports | 2009 出口 Exports | 2009 进口 Imports |
|---|---|---|---|---|---|
| **全　国** | **Total** | **143069307** | **113256216** | **120161181** | **100592320** |
| 北　京 | Beijing | 5749961 | 21419329 | 4837932 | 16635373 |
| 天　津 | Tianjin | 4210299 | 3829785 | 2989272 | 3393852 |
| 河　北 | Hebei | 2400412 | 1441641 | 1568890 | 1393835 |
| 山　西 | Shanxi | 925312 | 514194 | 283746 | 573158 |
| 内蒙古 | Inner Mongolia | 359185 | 532663 | 231548 | 445859 |
| 辽　宁 | Liaoning | 4206950 | 3036435 | 3341493 | 2951945 |
| 吉　林 | Jilin | 477163 | 856050 | 312494 | 861747 |
| 黑龙江 | Heilongjiang | 1680624 | 632435 | 1008213 | 614739 |
| 上　海 | Shanghai | 16914514 | 15291017 | 14179603 | 13591758 |
| 江　苏 | Jiangsu | 23802941 | 15424252 | 19919919 | 13954051 |
| 浙　江 | Zhejiang | 15429623 | 5683750 | 13301295 | 5471791 |
| 安　徽 | Anhui | 1136411 | 881974 | 888649 | 679124 |
| 福　建 | Fujian | 5699184 | 2782923 | 5331911 | 2633048 |
| 江　西 | Jiangxi | 772666 | 589128 | 736849 | 541030 |
| 山　东 | Shandong | 9319479 | 6521273 | 7949071 | 5956266 |
| 河　南 | Henan | 1071890 | 676044 | 734538 | 613104 |
| 湖　北 | Hubei | 1170891 | 899676 | 997880 | 727222 |
| 湖　南 | Hunan | 841288 | 413431 | 549203 | 465743 |
| 广　东 | Guangdong | 40566447 | 27930433 | 35895489 | 25213916 |
| 广　西 | Guangxi | 734744 | 588872 | 837537 | 587936 |
| 海　南 | Hainan | 158720 | 294132 | 130863 | 357300 |
| 重　庆 | Chongqing | 572205 | 379935 | 428007 | 343245 |
| 四　川 | Sichuan | 1313249 | 898116 | 1416945 | 999920 |
| 贵　州 | Guizhou | 190078 | 146543 | 135661 | 94760 |
| 云　南 | Yunnan | 498441 | 461250 | 451325 | 353434 |
| 西　藏 | Tibet | 70757 | 5826 | 37547 | 2663 |
| 陕　西 | Shaanxi | 538082 | 294801 | 398815 | 441724 |
| 甘　肃 | Gansu | 160135 | 449408 | 73551 | 313004 |
| 青　海 | Qinghai | 41910 | 26972 | 25188 | 33491 |
| 宁　夏 | Ningxia | 125837 | 62104 | 74293 | 45955 |
| 新　疆 | Xinjiang | 1929910 | 291826 | 1093456 | 301327 |

# 6-30 外商投资企业出口额

## Exports of Foreign-funded Enterprises

单位：万美元
Unit：USD 10000

| 年 份 Year | 合计 Total | 中外合资经营企业 Equity Joint Venture | 中外合作经营企业 Contractual Joint Venture | 外商独资经营企业 Wholly Foreignowned Enterprises |
|---|---|---|---|---|
| 1980 | 824 | 824 | | |
| 1981 | 3235 | 3022 | | 213 |
| 1982 | 5287 | 2925 | | 2362 |
| 1983 | 33036 | 3815 | | 29221 |
| 1984 | 6894 | 5994 | | 900 |
| 1985 | 29670 | 21825 | | 7845 |
| 1986 | 58203 | 47865 | | 10338 |
| 1987 | 120809 | 103793 | | 17016 |
| 1988 | 245642 | 215391 | | 30251 |
| 1989 | 491320 | 343596 | 79470 | 68254 |
| 1990 | 781379 | 526405 | 132135 | 122839 |
| 1991 | 1204725 | 769116 | 188447 | 247162 |
| 1992 | 1735619 | 1046465 | 261462 | 427692 |
| 1993 | 2523717 | 1411653 | 387817 | 724247 |
| 1994 | 3471297 | 1807458 | 535529 | 1128310 |
| 1995 | 4687587 | 2268886 | 679095 | 1739606 |
| 1996 | 6150636 | 2975031 | 794900 | 2380705 |
| 1997 | 7489986 | 3468059 | 898836 | 3123091 |
| 1998 | 8096189 | 3557015 | 872930 | 3666244 |
| 1999 | 8862766 | 3712097 | 814642 | 4336027 |
| 2000 | 11944121 | 5031107 | 992921 | 5920093 |
| 2001 | 13321810 | 5407673 | 1017667 | 6896470 |
| 2002 | 16998509 | 6207651 | 1169507 | 9621351 |
| 2003 | 24030598 | 8101382 | 1324353 | 14604863 |
| 2004 | 33859184 | 10962004 | 1478119 | 21419061 |
| 2005 | 44418252 | 13598693 | 1566396 | 29253163 |
| 2006 | 56377905 | 16372461 | 1771238 | 38234206 |
| 2007 | 69537077 | 19875818 | 1811744 | 47849515 |
| 2008 | 79049270 | 22674411 | 1833782 | 54541078 |
| 2009 | 67207409 | 18232943 | 1458524 | 47515943 |

注：1989年以前合资与合作数据未分开。
Note: Figures of equity joint venture before 1989 include contractual joint ventures.

# 6-31 外商投资企业进口额

## Imports of Foreign-funded Enterprises

单位：万美元

Unit：USD 10000

| 年 份<br>Year | 合计<br>Total | 中外合资经营企业<br>Equity Joint Venture | 中外合作经营企业<br>Contractual Joint Venture | 外商独资经营企业<br>Wholly Foreignowned Enterprises |
|---|---|---|---|---|
| 1980 | 3441 | 3412 | | 29 |
| 1981 | 11087 | 10089 | | 998 |
| 1982 | 27642 | 23999 | | 3643 |
| 1983 | 28801 | 6159 | | 22642 |
| 1984 | 39921 | 11720 | | 28201 |
| 1985 | 206410 | 188594 | | 17816 |
| 1986 | 243031 | 223568 | | 19463 |
| 1987 | 312218 | 289851 | | 22367 |
| 1988 | 574671 | 534534 | | 40137 |
| 1989 | 879617 | 653242 | 142478 | 83897 |
| 1990 | 1230633 | 885345 | 177366 | 167922 |
| 1991 | 1690700 | 1140857 | 245268 | 304575 |
| 1992 | 2637070 | 1720559 | 381398 | 535113 |
| 1993 | 4183320 | 2590434 | 703739 | 889147 |
| 1994 | 5293418 | 2988082 | 920002 | 1385334 |
| 1995 | 6294271 | 3481818 | 901023 | 1911430 |
| 1996 | 7560380 | 4109442 | 929004 | 2521934 |
| 1997 | 7772135 | 4019173 | 913914 | 2839048 |
| 1998 | 7671749 | 3744447 | 795342 | 3131960 |
| 1999 | 8588361 | 4112889 | 690888 | 3784584 |
| 2000 | 11727269 | 5433175 | 851674 | 5442420 |
| 2001 | 12584296 | 5635689 | 773729 | 6174878 |
| 2002 | 16025439 | 6079503 | 840325 | 9105611 |
| 2003 | 23186398 | 8081936 | 995078 | 14109384 |
| 2004 | 32444849 | 10914713 | 1072630 | 20457506 |
| 2005 | 38745612 | 11834619 | 958539 | 25952453 |
| 2006 | 47248045 | 13552683 | 992681 | 32702680 |
| 2007 | 55979304 | 15495775 | 885985 | 39597544 |
| 2008 | 61942848 | 18128172 | 880413 | 42934264 |
| 2009 | 54540486 | 15886071 | 663684 | 37990732 |

注：1989年以前合资与合作数据未分开。

Note: Figures of equity joint venture before 1989 include contractual joint ventures.

# 6-32 各地外商投资企业进出口额

## Exports and Imports of Foreign-funded Enterprises by Region in Border

单位：万美元
Unit：USD 10000

| 地 区 | Region | 2008 | | 2009 | |
|---|---|---|---|---|---|
| | | 出口 Exports | 进口 Imports | 出口 Exports | 进口 Imports |
| **全 国** | **Total** | **79049270** | **61942848** | **67207409** | **54540427** |
| 北 京 | Beijing | 2305587 | 3374433 | 2008999 | 3325149 |
| 天 津 | Tianjin | 2889470 | 2832896 | 2166105 | 2321946 |
| 河 北 | Hebei | 975029 | 696303 | 657571 | 685987 |
| 山 西 | Shanxi | 127618 | 93685 | 69143 | 94007 |
| 内蒙古 | Inner Mongolia | 90470 | 58865 | 52317 | 56377 |
| 辽 宁 | Liaoning | 2026502 | 1682786 | 1640160 | 1436721 |
| 吉 林 | Jilin | 134324 | 437361 | 101950 | 453797 |
| 黑龙江 | Heilongjiang | 80686 | 58319 | 49296 | 29050 |
| 上 海 | Shanghai | 11355935 | 10412585 | 9701509 | 8968706 |
| 江 苏 | Jiangsu | 17495269 | 12853749 | 14661957 | 11307755 |
| 浙 江 | Zhejiang | 5422144 | 2928545 | 4477938 | 2451210 |
| 安 徽 | Anhui | 319369 | 381869 | 223759 | 299381 |
| 福 建 | Fujian | 3250376 | 1961829 | 2739325 | 1638130 |
| 江 西 | Jiangxi | 377632 | 509359 | 322582 | 448024 |
| 山 东 | Shandong | 5059486 | 3378673 | 4478307 | 3081528 |
| 河 南 | Henan | 171126 | 149078 | 182754 | 193857 |
| 湖 北 | Hubei | 378604 | 357351 | 338756 | 365016 |
| 湖 南 | Hunan | 105041 | 88310 | 86058 | 96118 |
| 广 东 | Guangdong | 25567121 | 18281618 | 22379781 | 15861537 |
| 广 西 | Guangxi | 161968 | 292395 | 127751 | 240014 |
| 海 南 | Hainan | 65245 | 175216 | 58544 | 242852 |
| 重 庆 | Chongqing | 95901 | 268945 | 79951 | 215096 |
| 四 川 | Sichuan | 354933 | 466765 | 418911 | 517558 |
| 贵 州 | Guizhou | 23804 | 13497 | 9737 | 8910 |
| 云 南 | Yunnan | 42694 | 20931 | 27236 | 16356 |
| 西 藏 | Tibet | 64 | 537 | 98 | 1 |
| 陕 西 | Shaanxi | 110053 | 98060 | 110813 | 141813 |
| 甘 肃 | Gansu | 16711 | 3283 | 8206 | 2487 |
| 青 海 | Qinghai | 4591 | 21214 | 364 | 19068 |
| 宁 夏 | Ningxia | 18473 | 36225 | 12246 | 9896 |
| 新 疆 | Xinjiang | 23040 | 8167 | 15283 | 12080 |

# 6-33 各地中外合资企业进出口额

## Exports and Imports of Equity Joint Ventures by Region in Border

单位：万美元

Unit：USD 10000

| 地区 | Region | 2008 | | 2009 | |
|---|---|---|---|---|---|
| | | 出口 Exports | 进口 Imports | 出口 Exports | 进口 Imports |
| **全国** | **Total** | **22674411** | **18128172** | **18232943** | **15886071** |
| 北京 | Beijing | 1591064 | 1219208 | 1416408 | 929143 |
| 天津 | Tianjin | 1351894 | 1259334 | 1002290 | 1019355 |
| 河北 | Hebei | 645407 | 383466 | 425992 | 346498 |
| 山西 | Shanxi | 63898 | 56197 | 20689 | 74596 |
| 内蒙古 | Inner Mongolia | 38132 | 39598 | 20576 | 41715 |
| 辽宁 | Liaoning | 1140485 | 1058707 | 887911 | 841364 |
| 吉林 | Jilin | 76970 | 383764 | 58219 | 395211 |
| 黑龙江 | Heilongjiang | 52963 | 36518 | 33893 | 13567 |
| 上海 | Shanghai | 2106357 | 1717460 | 1607936 | 1457921 |
| 江苏 | Jiangsu | 3405044 | 3112349 | 2575484 | 2706870 |
| 浙江 | Zhejiang | 2979835 | 1320288 | 2384129 | 1179385 |
| 安徽 | Anhui | 180902 | 252535 | 100670 | 192502 |
| 福建 | Fujian | 770239 | 501666 | 603093 | 365429 |
| 江西 | Jiangxi | 125958 | 276784 | 89553 | 277366 |
| 山东 | Shandong | 2038628 | 1501611 | 1891086 | 1474578 |
| 河南 | Henan | 112663 | 106664 | 110888 | 15224 |
| 湖北 | Hubei | 202669 | 255167 | 202783 | 287286 |
| 湖南 | Hunan | 63354 | 51981 | 47545 | 60759 |
| 广东 | Guangdong | 5293403 | 3875555 | 4435941 | 3394693 |
| 广西 | Guangxi | 78107 | 85199 | 41977 | 52055 |
| 海南 | Hainan | 14757 | 157004 | 9873 | 224677 |
| 重庆 | Chongqing | 82605 | 209948 | 65018 | 170321 |
| 四川 | Sichuan | 103138 | 111814 | 82975 | 108247 |
| 贵州 | Guizhou | 5425 | 8085 | 4777 | 4939 |
| 云南 | Yunnan | 22938 | 11819 | 12036 | 10957 |
| 西藏 | Tibet | 64 | 537 | 98 | 1 |
| 陕西 | Shaanxi | 79349 | 75746 | 75273 | 70635 |
| 甘肃 | Gansu | 11740 | 2751 | 4251 | 1669 |
| 青海 | Qinghai | 4513 | 20534 | 356 | 19010 |
| 宁夏 | Ningxia | 13293 | 30790 | 8589 | 6181 |
| 新疆 | Xinjiang | 18615 | 5093 | 13635 | 4917 |

# 6-34 各地中外合作企业进出口额

## Exports and Imports of Contractual Joint Ventures by Region in Border

单位：万美元

Unit：USD 10000

| 地区 | Region | 2008 出口 Exports | 2008 进口 Imports | 2009 出口 Exports | 2009 进口 Imports |
|---|---|---|---|---|---|
| **全国** | **Total** | **1833782** | **880413** | **1458524** | **663684** |
| 北京 | Beijing | 3975 | 36035 | 1066 | 80807 |
| 天津 | Tianjin | 39986 | 31790 | 22004 | 21854 |
| 河北 | Hebei | 29511 | 28982 | 21652 | 30717 |
| 山西 | Shanxi | 3579 | 365 | 1928 | 1442 |
| 内蒙古 | Inner Mongolia | 884 | 2 | 324 | 333 |
| 辽宁 | Liaoning | 56213 | 14368 | 42626 | 12591 |
| 吉林 | Jilin | 5558 | 1038 | 4086 | 557 |
| 黑龙江 | Heilongjiang | 1502 | 11 | 223 | 1 |
| 上海 | Shanghai | 322424 | 166416 | 218880 | 111358 |
| 江苏 | Jiangsu | 141911 | 142446 | 73289 | 61278 |
| 浙江 | Zhejiang | 59256 | 15257 | 43928 | 15325 |
| 安徽 | Anhui | 3432 | 457 | 3497 | 534 |
| 福建 | Fujian | 19366 | 18157 | 13583 | 12159 |
| 江西 | Jiangxi | 1432 | 414 | 2015 | 318 |
| 山东 | Shandong | 42685 | 19204 | 39826 | 17905 |
| 河南 | Henan | 1789 | 9755 | 1079 | 5762 |
| 湖北 | Hubei | 3578 | 90 | 814 | 57 |
| 湖南 | Hunan | 273 | 211 | 133 | 269 |
| 广东 | Guangdong | 1055686 | 389572 | 929300 | 283043 |
| 广西 | Guangxi | 1987 | 124 | 2678 | 90 |
| 海南 | Hainan | 31124 | 1757 | 32742 | 953 |
| 重庆 | Chongqing | 1 | 284 | | 176 |
| 四川 | Sichuan | 1766 | 2098 | 551 | 805 |
| 贵州 | Guizhou | 244 | 470 | 236 | 311 |
| 云南 | Yunnan | 4586 | 12 | 1118 | 19 |
| 西藏 | Tibet | | | | |
| 陕西 | Shaanxi | 338 | 334 | 229 | 386 |
| 甘肃 | Gansu | | | | 84 |
| 青海 | Qinghai | | 172 | | 53 |
| 宁夏 | Ningxia | 609 | 144 | 717 | 1158 |
| 新疆 | Xinjiang | 89 | 448 | | 3338 |

# 6-35 各地外商独资企业进出口额

# Exports and Imports of Wholly Foreign-owned Enterprises by Region in Border

单位：万美元
Unit：USD 10000

| 地区 | Region | 2008 出口 Exports | 2008 进口 Imports | 2009 出口 Exports | 2009 进口 Imports |
|---|---|---|---|---|---|
| **全国** | **Total** | **54541078** | **42934264** | **47515943** | **37990732** |
| 北京 | Beijing | 710549 | 2119190 | 591525 | 2315212 |
| 天津 | Tianjin | 1497590 | 1541772 | 1141812 | 1280737 |
| 河北 | Hebei | 300111 | 283855 | 209928 | 308772 |
| 山西 | Shanxi | 60141 | 37122 | 46526 | 17969 |
| 内蒙古 | Inner Mongolia | 51454 | 19265 | 31417 | 14330 |
| 辽宁 | Liaoning | 829804 | 609710 | 709623 | 582767 |
| 吉林 | Jilin | 51796 | 52559 | 39645 | 58029 |
| 黑龙江 | Heilongjiang | 26221 | 21790 | 15179 | 15482 |
| 上海 | Shanghai | 8927153 | 8528709 | 7874693 | 7399430 |
| 江苏 | Jiangsu | 13948314 | 9598953 | 12013184 | 8539610 |
| 浙江 | Zhejiang | 2383053 | 1593000 | 2049881 | 1256502 |
| 安徽 | Anhui | 135035 | 128877 | 119592 | 106345 |
| 福建 | Fujian | 2460770 | 1442006 | 2122650 | 1260543 |
| 江西 | Jiangxi | 250242 | 232162 | 231014 | 170340 |
| 山东 | Shandong | 2978173 | 1857858 | 2547395 | 1589046 |
| 河南 | Henan | 56674 | 32660 | 70788 | 36871 |
| 湖北 | Hubei | 172357 | 102094 | 135159 | 77672 |
| 湖南 | Hunan | 41414 | 36118 | 38380 | 35090 |
| 广东 | Guangdong | 19218032 | 14016492 | 17014540 | 12180837 |
| 广西 | Guangxi | 81874 | 207072 | 83096 | 187869 |
| 海南 | Hainan | 19365 | 16455 | 15929 | 17222 |
| 重庆 | Chongqing | 13295 | 58713 | 14934 | 44598 |
| 四川 | Sichuan | 250028 | 352853 | 335385 | 408506 |
| 贵州 | Guizhou | 18135 | 4941 | 4724 | 3659 |
| 云南 | Yunnan | 15170 | 9100 | 14082 | 5380 |
| 西藏 | Tibet | | | | |
| 陕西 | Shaanxi | 30366 | 21980 | 35311 | 70793 |
| 甘肃 | Gansu | 4972 | 531 | 3955 | 733 |
| 青海 | Qinghai | 78 | 508 | 8 | 6 |
| 宁夏 | Ningxia | 4571 | 5291 | 2940 | 2558 |
| 新疆 | Xinjiang | 4336 | 2626 | 2648 | 3824 |

## 6-36 经济特区中外合资企业进出口额

## Exports and Imports of Equity Joint Ventures in Special Economic Zone

单位：万美元

Unit: USD 10000

| 地区 | Region | 2008 | | 2009 | |
|---|---|---|---|---|---|
| | | 出口 Exports | 进口 Imports | 出口 Exports | 进口 Imports |
| **合计** | **Total** | **1415801** | **1681396** | **1139499** | **1424333** |
| 深圳 | Shenzhen | 1096973 | 1251890 | 890945 | 986941 |
| 珠海 | Zhuhai | 65335 | 130506 | 54649 | 108246 |
| 汕头 | Shantou | 29533 | 17261 | 25169 | 18549 |
| 厦门 | Xiamen | 209202 | 124735 | 158863 | 92851 |
| 海南 | Hainan | 14757 | 157004 | 9873 | 217746 |

## 6-37 经济特区中外合作企业进出口额

## Exports and Imports of Contractual Joint Ventures in Special Economic Zone

单位：万美元

Unit: USD 10000

| 地区 | Region | 2008 | | 2009 | |
|---|---|---|---|---|---|
| | | 出口 Exports | 进口 Imports | 出口 Exports | 进口 Imports |
| **合计** | **Total** | **430665** | **73163** | **410504** | **48848** |
| 深圳 | Shenzhen | 363153 | 43675 | 343856 | 28378 |
| 珠海 | Zhuhai | 21001 | 9934 | 24795 | 8175 |
| 汕头 | Shantou | 5848 | 1660 | 4749 | 1160 |
| 厦门 | Xiamen | 9539 | 16138 | 4362 | 10183 |
| 海南 | Hainan | 31124 | 1757 | 32742 | 953 |

## 6-38 经济特区外商独资企业进出口额

## Exports and Imports of Wholly Foreign-owned Enterprises in Special Economic Zone

单位：万美元

Unit: USD 10000

| 地区 | Region | 2008 | | 2009 | |
|---|---|---|---|---|---|
| | | 出口 Exports | 进口 Imports | 出口 Exports | 进口 Imports |
| **合计** | **Total** | **3644635** | **3445926** | **2972705** | **2812911** |
| 深圳 | Shenzhen | 2315766 | 2517905 | 1815336 | 2024814 |
| 珠海 | Zhuhai | 561420 | 443339 | 545552 | 382665 |
| 汕头 | Shantou | 84175 | 63117 | 64037 | 52184 |
| 厦门 | Xiamen | 663891 | 405107 | 531847 | 335976 |
| 海南 | Hainan | 19383 | 16459 | 15932 | 17275 |

# 外资篇

FOREIGN CAPITAL

第 7 篇

# 7-1 利用外资合同金额

## Contractual Amount of Foreign Capital

单位:亿美元

Unit: USD 100 million

| 年 份<br>Year | 总 计 Total | | 对外借款 Foreign Loans | | 外商直接投资 Direct Foreign Investment | | 外商其他投资 Other Foreign Investment |
|---|---|---|---|---|---|---|---|
| | 项目(个)<br>Number of Contracts (unit) | 金 额<br>Amount | 项目(个)<br>Number of Contracts (unit) | 金 额<br>Amount | 项目(个)<br>Number of Contracts (unit) | 金 额<br>Amount | 金 额<br>Amount |
| **1979-2009** | **684918** | **16616.22** | **1683** | **1385.38** | **683235** | **14794.01** | **436.8** |
| 1979-1982 | 947 | 194.96 | 27 | 135.49 | 920 | 49.58 | 9.89 |
| 1983 | 690 | 36.15 | 52 | 15.13 | 638 | 19.17 | 1.85 |
| 1984 | 2204 | 50.15 | 38 | 19.16 | 2166 | 28.75 | 2.24 |
| 1985 | 3145 | 102.69 | 72 | 35.34 | 3073 | 63.33 | 4.02 |
| 1986 | 1551 | 122.33 | 53 | 84.07 | 1498 | 33.30 | 4.96 |
| 1987 | 2289 | 121.36 | 56 | 78.17 | 2233 | 37.09 | 6.10 |
| 1988 | 6063 | 160.04 | 118 | 98.13 | 5945 | 52.97 | 8.94 |
| 1989 | 5909 | 114.79 | 130 | 51.85 | 5779 | 56.00 | 6.94 |
| 1990 | 7371 | 120.86 | 98 | 50.99 | 7273 | 65.96 | 3.91 |
| 1991 | 13086 | 195.83 | 108 | 71.61 | 12978 | 119.77 | 4.45 |
| 1992 | 48858 | 694.39 | 94 | 107.03 | 48764 | 581.24 | 6.12 |
| 1993 | 83595 | 1232.73 | 158 | 113.06 | 83437 | 1114.36 | 5.31 |
| 1994 | 47646 | 937.56 | 97 | 106.68 | 47549 | 826.80 | 4.08 |
| 1995 | 37184 | 1032.05 | 173 | 112.88 | 37011 | 912.82 | 6.35 |
| 1996 | 24673 | 816.10 | 117 | 79.62 | 24556 | 732.76 | 3.71 |
| 1997 | 21138 | 610.58 | 137 | 58.72 | 21001 | 510.03 | 41.82 |
| 1998 | 19850 | 632.01 | 51 | 83.85 | 19799 | 521.02 | 27.14 |
| 1999 | 17022 | 520.09 | 104 | 83.60 | 16918 | 412.23 | 24.26 |
| 2000 | 22347 | 711.30 | | | 22347 | 623.80 | 87.50 |
| 2001 | 26140 | 719.76 | | | 26140 | 691.95 | 27.81 |
| 2002 | 34171 | 847.51 | | | 34171 | 827.68 | 19.82 |
| 2003 | 41081 | 1169.01 | | | 41081 | 1150.69 | 18.32 |
| 2004 | 43664 | 1565.88 | | | 43664 | 1534.79 | 31.09 |
| 2005 | 44001 | 1925.93 | | | 44001 | 1890.65 | 35.28 |
| 2006 | 41473 | 1982.16 | | | 41473 | 1937.27 | 44.89 |
| 2007 | 37871 | | | | 37871 | | |
| 2008 | 27514 | | | | 27514 | | |
| 2009 | 23435 | | | | 23435 | | |

注：本数据来自商务部，从2007年起商务部不公布合同外资金额。

Note: Ministry of Commerce did not issue the Relative Data since 2007.

# 7-2 实际利用外资额

## Amount of Foreign Capital Used

单位:亿美元

Unit: USD 100 million

| 年 份<br>Year | 总 计<br>Total | 对外借款<br>Foreign Loans | 外商直接投资<br>Foreign Direct Investment | 外商其他投资<br>Other Foreign Investment |
|---|---|---|---|---|
| **1979-2009** | **11416.22** | **1471.57** | **9426.46** | **518.20** |
| 1979-1982 | 130.60 | 106.90 | 17.69 | 6.01 |
| 1983 | 22.61 | 10.65 | 9.16 | 2.80 |
| 1984 | 28.66 | 12.86 | 14.19 | 1.61 |
| 1985 | 47.60 | 25.06 | 19.56 | 2.98 |
| 1986 | 76.28 | 50.14 | 22.44 | 3.70 |
| 1987 | 84.52 | 58.05 | 23.14 | 3.33 |
| 1988 | 102.26 | 64.87 | 31.94 | 5.45 |
| 1989 | 100.60 | 62.86 | 33.92 | 3.81 |
| 1990 | 102.89 | 65.34 | 34.87 | 2.68 |
| 1991 | 115.54 | 68.88 | 43.66 | 3.00 |
| 1992 | 192.03 | 79.11 | 110.08 | 2.84 |
| 1993 | 389.60 | 111.89 | 275.15 | 2.56 |
| 1994 | 432.13 | 92.67 | 337.67 | 1.79 |
| 1995 | 481.33 | 103.27 | 375.21 | 2.85 |
| 1996 | 548.05 | 126.69 | 417.26 | 4.10 |
| 1997 | 644.08 | 120.21 | 452.57 | 71.30 |
| 1998 | 585.57 | 110.00 | 454.63 | 20.94 |
| 1999 | 526.59 | 102.12 | 403.19 | 21.28 |
| 2000 | 593.56 | 100.00 | 407.15 | 86.41 |
| 2001 | 496.72 | | 468.78 | 27.94 |
| 2002 | 550.11 | | 527.43 | 22.68 |
| 2003 | 561.40 | | 535.05 | 26.35 |
| 2004 | 640.72 | | 606.30 | 34.43 |
| 2005 | 638.05 | | 603.25 | 34.80 |
| 2006 | 670.76 | | 630.21 | 40.55 |
| 2007 | 783.39 | | 747.68 | 35.72 |
| 2008 | 952.53 | | 923.95 | 28.58 |
| 2009 | 918.04 | | 900.33 | 17.71 |

# 7-3 分方式外商投资

# Foreign Direct and Other Investment by Form

单位：亿美元

unit: USD 100 million

| 方　式 | Form | 2007 | | 2008 | | 2009 | |
|---|---|---|---|---|---|---|---|
| | | 项目(个) Nunber of Contracts (Unit) | 金　额 Amount | 项目(个) Nunber of Contracts (Unit) | 金　额 Amount | 项目(个) Nunber of Contracts (Unit) | 金　额 Amount |
| **总　计** | **Total** | **37871** | **783.39** | **27514** | **952.53** | **23435** | **918.04** |
| **一、外商直接投资额** | **Direct Foreign Investment** | **37871** | **747.68** | **27514** | **923.95** | **23435** | **900.33** |
| 合资经营 | Equity Joint Venture | 7649 | 155.96 | 4612 | 173.18 | 4283 | 172.73 |
| 合作经营 | Contractual Joint Venture | 641 | 14.16 | 468 | 19.03 | 390 | 20.34 |
| 独资经营 | Wholly Foreign-owned Enterprise | 29543 | 14.16 | 22396 | 723.15 | 18741 | 686.82 |
| 外商投资股份制企业 | FDI Share- holding Inc. | 38 | 4.92 | 38 | 8.59 | 21 | 20.44 |
| 合作开发 | Joint Exploration | | | | | | |
| 其他 | Other | | | | | | |
| **二、外商其他投资** | **Other Foreign Investment** | | **35.72** | | **28.58** | | **17.71** |
| 对外发行股票 | Shares Issued to Foreign Countries | | 4.02 | | 0.77 | | 1.62 |
| 国际租赁 | International Leasing | | 1.80 | | 1.44 | | 2.30 |
| 补偿贸易 | Compensation Trade | | 0.18 | | 0.52 | | 0.13 |
| 加工装配 | Processing Assembly | | 29.72 | | 25.85 | | 13.66 |

# 7-4 外商直接投资行业分布

## Foreign Direct Investment by Sector

单位：万美元

Unit:USD 10000

| 行 业 | Sector | 合同项目（个）Number of Contracts (unit) | 实际使用金额 Actually Utilized Value |
|---|---|---|---|
| 总 计 | **Total** | **23435** | **9003272** |
| 农、林、牧、渔业 | Agriculture,Forestry,Animal Husbandry and Fishing | 896 | 142873 |
| 农业 | Agriculture | 515 | 75128 |
| 采矿业 | Mining | 99 | 50059 |
| 石油和天然气开采业 | Petroleum and Natural Gas Mining | 19 | 18875 |
| 制造业 | Manufacturing | 9767 | 4677146 |
| 纺织业 | Textile | 324 | 139231 |
| 化学原料及化学制品制造业 | Chemistry Raw Material and Chemical Product Manufacturing | 386 | 399153 |
| 医药制造业 | Medicine Manufacturing | 139 | 94486 |
| 通用设备制造业 | General Purpose Equipment Manufacturing | 837 | 298655 |
| 专用设备制造业 | Special Purpose Equipment Manufacturing | 838 | 257850 |
| 通信设备、计算机及其他电子设备制造业 | Communication Facility, Computer and other Electronic Installation Manufacturing | 1140 | 717390 |
| 电力、燃气及水的生产和供应业 | Production and Distribution of Electricity ,Gas and Water | 238 | 211206 |
| 建筑业 | Construction | 220 | 69171 |
| 交通运输、仓储和邮政业 | Transport, Storage and Post | 395 | 252728 |
| 信息传输、计算机服务和软件业 | Information Transmission, Computer Services and Software | 1081 | 224694 |
| 批发和零售业 | Wholesale and Retail Trade | 5100 | 538980 |
| 住宿和餐饮业 | Hotel and Restaurants | 502 | 84412 |
| 旅游饭店 | Traveling Hotel | 16 | 33075 |
| 金融业 | Financial Intermediation | 52 | 45617 |
| 房地产业 | Real Estate | 569 | 1679619 |
| 房地产开发经营 | Property Development Management | 387 | 1548614 |
| 租赁和商务服务业 | Leasing and Business Services | 2864 | 607806 |
| 科学研究、技术服务和地质勘查业 | Scientific Research, Technical Service and Geologic Prospecting | 1066 | 167363 |
| 水利、环境和公共设施管理业 | Management of Water Conservancy, Environment and Public Facilities | 183 | 55613 |
| 居民服务和其他服务业 | Services to Households and Other Services | 207 | 158596 |
| 教育 | Education | 20 | 1349 |
| 卫生、社会保障和社会福利业 | Health, Social Security and Social Welfare | 18 | 4283 |
| 文化、体育和娱乐业 | Culture, Sports and Entertainment | 158 | 31756 |
| 公共管理和社会组织 | Public Management and Social Organizations | | 1 |
| 国际组织 | International organizations | | |

# 7-5 分国别(地区)外商实际金额

## Utilization of Foreign Direct and Other Investment by Country or Region

单位：万美元
Unit: USD 10000

| 国别(地区) | Country/Region | 2008 | | | 2009 | | |
|---|---|---|---|---|---|---|---|
| | | 外商直接投资合同项目 Number of FDI Contracts(Unit) | 外商直接投资 Foreign Direct Investment | 外商其他投资 Other Foreign Investment | 外商直接投资合同项目 Number of FDI Contracts(Unit) | 外商直接投资 Foreign Direct Investment | 外商其他投资 Other Foreign Investment |
| **总　计** | **Total** | **27514** | **9239544** | **285793** | **23435** | **9003267** | **177121** |
| **亚洲** | **Asia** | **21041** | **5634512** | **194877** | **17950** | **6062289** | **115524** |
| 阿富汗 | Afghanistan | 3 | 228 | | 8 | 786 | |
| 巴林 | Bahrain | 1 | 205 | | 2 | 360 | |
| 孟加拉国 | Bangladesh | 10 | 65 | | 5 | 93 | |
| 文莱 | Brunei | 180 | 34042 | | 53 | 34812 | |
| 缅甸 | Myanmar | 5 | 330 | | 3 | 339 | |
| 柬埔寨 | Cambodia | 4 | 292 | | 5 | 1337 | |
| 塞浦路斯 | Cyprus | 17 | 2139 | | 8 | 1015 | |
| 朝鲜 | Korea DPR | 10 | 193 | | 20 | 151 | |
| 中国香港 | Hong Kong, China | 12857 | 4103640 | 150548 | 10701 | 4607547 | 65272 |
| 印度 | India | 92 | 8805 | 347 | 77 | 5520 | 700 |
| 印度尼西亚 | Indonesia | 45 | 16725 | | 49 | 11172 | |
| 伊朗 | Iran | 37 | 2702 | | 49 | 1912 | |
| 伊拉克 | Iraq | 11 | 324 | | 12 | 140 | |
| 以色列 | Israel | 21 | 2649 | | 17 | 1757 | |
| 日本 | Japan | 1438 | 365235 | 24667 | 1275 | 410497 | 22835 |
| 约旦 | Jordan | 16 | 341 | | 23 | 87 | |
| 科威特 | Kuwait | 3 | 63 | | 3 | 54 | |
| 老挝 | LaoPDR | 1 | 670 | | 3 | 243 | |
| 黎巴嫩 | Lebanon | 11 | 245 | | 15 | 115 | |
| 中国澳门 | Macao, China | 435 | 58161 | 141 | 294 | 81471 | 84 |
| 马来西亚 | Malaysia | 219 | 24696 | 1387 | 195 | 42874 | 1600 |
| 蒙古 | Mongolia | 6 | 141 | | 5 | 231 | |
| 尼泊尔 | Nepal | | | | 4 | | |
| 阿曼 | Oman | 1 | | | 2 | | |
| 巴基斯坦 | Pakistan | 20 | 1452 | | 33 | 380 | |
| 巴勒斯坦 | Palestine | 4 | | | 6 | 5 | |
| 菲律宾 | Philippines | 51 | 12687 | | 39 | 11101 | |
| 卡塔尔 | | | | | | 7 | |
| 沙特阿拉伯 | Saudi Arabia | 2 | 27524 | | 12 | 11365 | |
| 新加坡 | Singapore | 11 | 443529 | 185 | 640 | 360484 | 248 |
| 韩国 | Korea | 757 | 313532 | 1634 | 1669 | 270007 | 2225 |
| 斯里兰卡 | Sri Lanka | 2226 | 40 | | 4 | 147 | |
| 叙利亚 | Syria | 4 | 136 | | 17 | 188 | |
| 泰国 | Thailand | 14 | 12921 | | 48 | 4866 | |
| 土耳其 | Turkey | 56 | 729 | | 28 | 1864 | |
| 阿联酋 | United Arab Emirates | 41 | 9381 | | 48 | 10273 | |
| 也门共和国 | Yemen Rep. | 41 | 484 | | 11 | 442 | |
| 越南 | Vietnam | 26 | 207 | | 12 | 592 | |
| 中国台湾 | Taiwan, China | 5 | 189868 | 15968 | 2555 | 188055 | 22560 |
| 亚洲其他 | Oth.Asia.nes | 2360 | 131 | | | | |
| **非洲** | **Africa** | **321** | **166788** | **225** | **345** | **130969** | **106** |
| 阿尔及利亚 | Algeria | 2 | 904 | | 6 | | |
| 安哥拉 | Angola | 6 | 239 | | 4 | 609 | |
| 贝宁 | Benin | | 339 | | | | |
| 博茨瓦纳 | Botswana | | 651 | | 1 | | |
| 喀麦隆 | Cameroon | 2 | 218 | | 8 | 181 | |

单位：万美元

Unit: USD 10000

| 国别(地区) | Country/Region | 2008 | | | 2009 | | |
|---|---|---|---|---|---|---|---|
| | | 外商直接投资合同项目 Number of FDI Contracts(Unit) | 外商直接投资 Foreign Direct Investment | 外商其他投资 Other Foreign Investment | 外商直接投资合同项目 Number of FDI Contracts(Unit) | 外商直接投资 Foreign Direct Investment | 外商其他投资 Other Foreign Investment |
| 刚果 | Congo | 1 | | | 2 | | |
| 吉布提 | Djibouti | | | | | 100 | |
| 埃及 | Egypt | 17 | 758 | | 13 | 1090 | |
| 赤道几内亚 | Eq. Guinea | 1 | 143 | | | | |
| 埃塞俄比亚 | Ethiopia | 2 | | | 1 | 20 | |
| 加蓬 | Gabon | 1 | 176 | | 2 | 112 | |
| 冈比亚 | Gambia | 3 | 633 | | | 308 | |
| 加纳 | Ghana | 5 | 82 | | 2 | 23 | |
| 几内亚 | Guinea | 6 | | | 1 | 46 | |
| 几内亚(比绍) | Guinea Bissau | | 56 | | | 60 | |
| 科特迪瓦 | Cote d'Ivoire | 1 | | | 1 | 25 | |
| 肯尼亚 | Kenya | 2 | 99 | | 2 | 202 | |
| 利比里亚 | Liberia | | 84 | | 1 | 23 | |
| 利比亚 | Libya | 2 | 10 | | 2 | 25 | |
| 马达加斯加 | Madagascar | | 300 | | 1 | 576 | |
| 马里 | Mali | 3 | | | 2 | 4 | |
| 毛里塔尼亚 | Mauritania | 2 | | | 1 | 5 | |
| 毛里求斯 | Mauritius | 133 | 149371 | 225 | 82 | 110378 | 106 |
| 摩洛哥 | Morocco | 4 | 45 | | 2 | 1 | |
| 莫桑比克 | Mozambique | 1 | | | | | |
| 纳米比亚 | Namibia | 1 | 50 | | 1 | | |
| 尼日尔 | Niger | | 75 | | | 115 | |
| 尼日利亚 | Nigeria | 12 | 5504 | | 18 | 33 | |
| 塞内加尔 | Senegal | 6 | 7 | | 1 | | |
| 塞舌尔 | Seychelles | 70 | 4226 | | 150 | 11790 | |
| 塞拉利昂 | Sierra Leone | 1 | 15 | | 1 | 6 | |
| 索马里 | Somalia | 1 | | | 1 | | |
| 南非 | S. Africa | 22 | 2560 | | 24 | 4120 | |
| 苏丹 | Sudan | 4 | 10 | | 3 | | |
| 坦桑尼亚 | Tanzania | 2 | | | 1 | 32 | |
| 多哥 | Togo | 1 | | | | | |
| 突尼斯 | Tunisia | 2 | 80 | | 2 | 258 | |
| 乌干达 | Uganda | 3 | 52 | | 1 | 18 | |
| 布基纳法索 | Burkina Faso | | | | 1 | | |
| 赞比亚 | Zambia | | | | 4 | 50 | |
| 津巴布韦 | Zimbabwe | 2 | 101 | | 1 | 39 | |
| 非洲其他国家 | Oth. Afr. Nes | | | | 2 | 720 | |
| **欧洲** | **Europe** | **2209** | **545937** | **4941** | **1736** | **551771** | **7429** |
| 比利时 | Belgium | 38 | 5586 | 300 | 38 | 5660 | |
| 丹麦 | Denmark | 49 | 29376 | | 55 | 31552 | |
| 英国 | United Kingdom | 365 | 91401 | | 272 | 67902 | 2247 |
| 德国 | Germany | 390 | 90049 | 4460 | 303 | 121657 | 1920 |
| 法国 | France | 199 | 58775 | 181 | 200 | 65365 | |
| 爱尔兰 | Ireland | 27 | 19829 | | 21 | 10125 | |
| 意大利 | Italy | 293 | 49326 | | 176 | 35168 | |
| 卢森堡 | Luxembourg | 29 | 13283 | | 16 | 16060 | |
| 荷兰 | Netherlands | 152 | 86216 | | 108 | 74128 | 3262 |
| 希腊 | Greece | 5 | 1309 | | 4 | 897 | |
| 葡萄牙 | Portugal | 10 | 829 | | 14 | 1175 | |
| 西班牙 | Spain | 127 | 20890 | | 111 | 30285 | |
| 阿尔巴尼亚 | Albania | 1 | | | | 1 | |
| 奥地利 | Austria | 43 | 13255 | | 41 | 8857 | |

7-5 续表 2 Continued 2

单位：万美元

Unit: USD 10000

| 国别(地区) | Country/Region | 2008 外商直接投资合同项目 Number of FDI Contracts(Unit) | 2008 外商直接投资 Foreign Direct Investment | 2008 外商其他投资 Other Foreign Investment | 2009 外商直接投资合同项目 Number of FDI Contracts(Unit) | 2009 外商直接投资 Foreign Direct Investment | 2009 外商其他投资 Other Foreign Investment |
|---|---|---|---|---|---|---|---|
| 保加利亚 | Bulgaria | 6 | 30 | | 6 | 380 | |
| 芬兰 | Finland | 39 | 5410 | | 25 | 5294 | |
| 直布罗陀 | Gibraltar | | 1549 | | | 113 | |
| 匈牙利 | Hungary | 12 | 1748 | | 16 | 2026 | |
| 冰岛 | Iceland | 3 | 101 | | 1 | 85 | |
| 列支敦士登 | Liechtenstein | 3 | 496 | | | 7 | |
| 马耳他 | Malta | | | | 1 | 51 | |
| 摩纳哥 | Monaco | | | | | 14 | |
| 挪威 | Norway | 29 | 2409 | | 27 | 3988 | |
| 波兰 | Poland | 18 | 1109 | | 13 | 1084 | |
| 罗马尼亚 | Romania | 9 | 3205 | | 9 | 385 | |
| 圣马力诺 | San Marino | 1 | 10 | | 1 | 26 | |
| 瑞典 | Sweden | 78 | 13917 | | 57 | 32712 | |
| 瑞士 | Switzerland | 108 | 24259 | | 70 | 30169 | |
| 爱沙尼亚 | Estonia | 2 | 63 | | | 83 | |
| 拉脱维亚 | Latvia | 1 | 79 | | | 15 | |
| 立陶宛 | Lithuania | 3 | 21 | | 2 | 24 | |
| 格鲁吉亚 | Georgia | 1 | | | | | |
| 亚美尼亚 | Armenia | | | | 1 | | |
| 阿塞拜疆 | Azerbaijan | 2 | 14 | | 3 | 12 | |
| 白俄罗斯 | Belarus | 2 | | | 2 | | |
| 哈萨克 | Kazakhstan | 23 | 663 | | 12 | 2240 | |
| 吉尔吉斯 | Kirghizia | 6 | 464 | | 3 | | |
| 俄罗斯 | Russia | 95 | 5997 | | 94 | 3177 | |
| 塔吉克斯坦 | Tadzhikistan | | | | 1 | 2 | |
| 乌克兰 | Ukraine | 14 | 409 | | 7 | 462 | |
| 乌兹别克 | Uzbekstan | 4 | | | 3 | | |
| 南斯拉夫 | Yugoslavia | 1 | | | | 10 | |
| 斯洛文尼亚 | Slovenia | 4 | 86 | | 1 | 161 | |
| 克罗地亚 | Croatia | | 9 | | 2 | | |
| 捷克 | Czech | 12 | 3579 | | 10 | 161 | |
| 斯洛伐克 | Slovak | 1 | 16 | | 3 | 11 | |
| 马其顿共和国 | Macedonia,FYR | | | | | 5 | |
| 欧洲其他国家 | Oth. Eur. Nes | 4 | 170 | | 7 | 242 | |
| **拉丁美洲** | **Latin America** | **1337** | **2090344** | **1293** | **926** | **1468433** | **16192** |
| 安提瓜和巴布达 | Antigua & Barbuda | | 102 | | | | |
| 阿根廷 | Argentina | 6 | 1266 | | 5 | 1241 | |
| 巴哈马 | Bahamas | 4 | 35141 | | 1 | 9868 | |
| 巴巴多斯 | Barbados | 50 | 125520 | | 11 | 55754 | |
| 伯利兹 | Belize | 8 | 6302 | | 6 | 1988 | |
| 玻利维亚 | Bolivia | | 99 | | 5 | 338 | |
| 巴西 | Brazil | 20 | 3879 | | 30 | 5248 | |
| 开曼群岛 | Cayman Is. | 216 | 314497 | | 103 | 258189 | |
| 智利 | Chile | 5 | 466 | | 5 | 323 | |
| 哥伦比亚 | Colombia | 5 | 10 | | 1 | 14 | |
| 哥斯达黎加 | Costa Rica | 2 | | | | | |
| 多米尼克 | Dominica | | 119 | | 2 | 176 | |
| 古巴 | Cuba | | | | 2 | | |
| 多米尼加共和国 | Dominican Rep. | | 5 | | | 35 | |
| 厄瓜多尔 | Ecuador | 2 | 49 | | 2 | 26 | |
| 格林纳达 | Grenada | 2 | 250 | | 1 | 36 | |
| 洪都拉斯 | Honduras | 2 | 214 | | | | |
| 牙买加 | Jamaica | | 29 | | 1 | 110 | |
| 墨西哥 | Mexico | 19 | 385 | | 12 | 91 | |

7-5 续表 3 Continued 3

单位：万美元

Unit: USD 10000

| 国别(地区) | Country/Region | 2008 外商直接投资合同项目 Number of FDI Contracts(Unit) | 2008 外商直接投资资 Foreign Direct Investment | 2008 外商其他投资资 Other Foreign Investment | 2009 外商直接投资合同项目 Number of FDI Contracts(Unit) | 2009 外商直接投资资 Foreign Direct Investment | 2009 外商其他投资资 Other Foreign Investment |
|---|---|---|---|---|---|---|---|
| 巴拿马 | Panama | 5 | 3539 | | 11 | 1797 | |
| 巴拉圭 | Paraguay | | 215 | | | 301 | |
| 秘鲁 | Peru | 3 | 267 | | 3 | 4 | |
| 波多黎各 | Puerto Rico | 1 | | | | | |
| 圣文森特和格林纳丁斯 | SaintVincent&Grenadines | | 507 | | 3 | 200 | |
| 萨尔瓦多 | EL Salvador | 2 | | | | 63 | |
| 苏里南 | Suriname | 2 | | | | 48 | |
| 特立尼达和多巴哥 | Trinidad and Tobago | | | | 1 | | |
| 特克斯和凯科斯群岛 | Turks & Caicos Is. | 1 | 130 | | | 92 | |
| 乌拉圭 | Uruguay | | | | 1 | 221 | |
| 委内瑞拉 | Venezuela | 4 | 237 | | 5 | 198 | |
| 维尔京群岛 | Virgin Is. | 975 | 1595384 | 1293 | 708 | 1129858 | 16192 |
| 圣其茨--尼维斯 | St. Kitts-Nevis | | 1363 | | | 193 | |
| 拉美洲其他国家 | Oth. L. Amer. Nes | 3 | 369 | | 7 | 2021 | |
| **北美洲** | **North America** | **2201** | **395780** | **6555** | **1992** | **367672** | **3112** |
| 加拿大 | Canada | 410 | 54328 | 310 | 451 | 86177 | 1180 |
| 美国 | United States | 1772 | 294434 | 6245 | 1530 | 255499 | 1932 |
| 百慕大 | Bermuda | 16 | 46898 | | 10 | 25771 | |
| 北美洲其他国家 | Oth. N. Amer. nes | 3 | 120 | | 1 | 225 | |
| **大洋洲及太平洋岛屿** | **Oceania and Pacific Is.** | **763** | **316987** | | **673** | **252877** | |
| 澳大利亚 | Australia | 337 | 40707 | | 312 | 39437 | |
| 库克群岛 | Cook Is. | 2 | 2030 | | | | |
| 斐济 | Fiji | | 50 | | | | |
| 瑙鲁 | Nauru | | 400 | | | 7 | |
| 瓦努阿图 | Vanuatu | 2 | 16 | | 1 | 147 | |
| 新西兰 | New Zealand | 59 | 6923 | | 106 | 8495 | |
| 所罗门群岛 | Slomon Islands | | | | | 3 | |
| 汤加 | Tonga | | | | 1 | 36 | |
| 萨摩亚 | Samoa | 346 | 254975 | | 243 | 202003 | |
| 基里巴斯 | Kiribati | | 20 | | | | |
| 马绍尔群岛 | Marshall Is. | 9 | 9456 | | 3 | 1063 | |
| 其他太平洋岛屿 | Oth. Pacific Is. | 3 | 889 | | 3 | 1147 | |
| 大洋州其他国家 | Oth. Ocean. Nes | 5 | 1521 | | 4 | 539 | |
| **其他** | **Others** | **190** | **89196** | **77902** | **264** | **169256** | **34758** |
| **东南亚国家联盟** | **Association of Southeast Asian Na** | **1323** | **546099** | **1572** | **1047** | **467820** | **1848** |
| **欧洲联盟** | **European Union** | **1897** | **506152** | **4941** | **1487** | **510453** | **7429** |

注：1.东南亚国家联盟包括：文莱、缅甸、柬埔寨、印度尼西亚、老挝、马来西亚、菲律宾、新加坡、泰国、越南。
2.欧洲联盟包括：比利时、丹麦、英国、德国、法国、爱尔兰、意大利、卢森堡、荷兰、希腊、葡萄牙、西班牙、奥地利、芬兰、瑞典、塞浦路斯、匈牙利、马耳他、波兰、爱沙尼亚、拉脱维亚、立陶宛、斯洛文尼亚、捷克、斯洛伐克。

a) Association of Southeast Asian Nations include Brunei, Myanmar,Cambodia,Indonesia,Laos,Malaysia,Philippines,Singapore,Thailand,Vietnam.

b) European Union include Belgium,Denmark,United Kingdom,Germany,France,Ireland,Italy,Luxembourg,Netherlands,Greece,Portugal,Spain, Austria,Finland,Sweden,Cyprus,Hungary,Malta,Poland,Estonia,Latvia,Lithuania,Slovenia,Czech,Slovak.

# 7-6 历年外商投资企业登记概况

## Status of Registered Enterprises with Foreign Capital

| 年 份<br>Year | 企业数<br>(户)<br>Number of Enterprise<br>(unit) | 投资总额<br>(万美元)<br>Total Investment<br>(USD 10000) | 注册资本(万美元)<br>Registered Capital(USD 10000) | |
|---|---|---|---|---|
| | | | 小 计<br>Subtotal | #外 方<br>Foreign Partner |
| 1980 | 7 | 470 | 432 | 179 |
| 1981 | 82 | 13248 | 11411 | 6646 |
| 1982 | 330 | 65085 | 60697 | 44201 |
| 1983 | 616 | 176747 | 143037 | 89589 |
| 1984 | 1999 | 434644 | 325086 | 207109 |
| 1985 | 4912 | 1641154 | 834410 | 508846 |
| 1986 | 6524 | 2140438 | 1163741 | 582717 |
| 1987 | 8546 | 2641308 | 1466820 | 827307 |
| 1988 | 13747 | 3780628 | 2154354 | 1169072 |
| 1989 | 18968 | 4690829 | 2759003 | 1501813 |
| 1990 | 25389 | 5457370 | 3304208 | 1866511 |
| 1991 | 37215 | 7178332 | 4465808 | 2577358 |
| 1992 | 84371 | 17845550 | 11598693 | 6866484 |
| 1993 | 167507 | 38238877 | 24563127 | 15018236 |
| 1994 | 206096 | 49072446 | 31227534 | 19631486 |
| 1995 | 233564 | 63900854 | 39912302 | 25688422 |
| 1996 | 240447 | 71532202 | 44148483 | 28979610 |
| 1997 | 235681 | 75347010 | 45981372 | 30298675 |
| 1998 | 227807 | 77422942 | 46728674 | 31371224 |
| 1999 | 212436 | 77856752 | 46354938 | 31668255 |
| 2000 | 203208 | 82467505 | 48394975 | 33719912 |
| 2001 | 202306 | 87501079 | 50579271 | 35968275 |
| 2002 | 208056 | 98189328 | 55211904 | 40199985 |
| 2003 | 226373 | 111735062 | 62264052 | 46577863 |
| 2004 | 242284 | 131118108 | 72848575 | 55799291 |
| 2005 | 260000 | 146399267 | 81203319 | 63193522 |
| 2006 | 274863 | 170756477 | 94647381 | 74062533 |
| 2007 | 286232 | 210878940 | 115541864 | 92114807 |
| 2008 | 434937 | 232413047 | 130055348 | 103885057 |
| 2009 | 434248 | 249996531 | 140348130 | 113694532 |

注:本数据来源于国家工商管理总局，从2008年起企业户数包含分支机构.

Note: Data in this table are from fhe Stats Administration for Industry & Commerce. The number of enterprise includes branch Since 2008.

# 7-7 各地年末登记的外商投资企业数

# Registered Enterprise with Foreign Capital by Region or Department at the Year-end

单位：户

Unit：number

| 地区、部门 | Region/Department | 2006 | 2007 | 2008 | 2009 |
|---|---|---|---|---|---|
| **总　计** | **Total** | **274863** | **286232** | **434937** | **434248** |
| **一、地区合计** | **Subtotal of Regions** | **274863** | **286004** | **434701** | **434009** |
| 北　京 | Beijing | 12064 | 13237 | 22485 | 23293 |
| 天　津 | Tianjin | 10753 | 11429 | 14536 | 12288 |
| 河　北 | Hebei | 3819 | 3696 | 10536 | 9559 |
| 山　西 | Shanxi | 905 | 779 | 2168 | 3535 |
| 内 蒙 古 | Inner Mongolia | 1030 | 1071 | 2326 | 3675 |
| 辽　宁 | Liaoning | 16405 | 14739 | 22321 | 19893 |
| 吉　林 | Jilin | 2358 | 1963 | 4158 | 4203 |
| 黑 龙 江 | Heilongjiang | 2408 | 2464 | 5901 | 5957 |
| 上　海 | Shanghai | 31568 | 34218 | 51532 | 52278 |
| 江　苏 | Jiangsu | 36463 | 38998 | 49928 | 50241 |
| 浙　江 | Zhejiang | 20956 | 22059 | 28533 | 28252 |
| 安　徽 | Anhui | 2436 | 2637 | 5523 | 5579 |
| 福　建 | Fujian | 18629 | 18655 | 23809 | 23609 |
| 江　西 | Jiangxi | 4276 | 4542 | 6640 | 6822 |
| 山　东 | Shandong | 20909 | 20084 | 32052 | 30579 |
| 河　南 | Henan | 2813 | 2983 | 11166 | 10676 |
| 湖　北 | Hubei | 4230 | 3964 | 7560 | 7237 |
| 湖　南 | Hunan | 2948 | 2964 | 5085 | 5220 |
| 广　东 | Guangdong | 61999 | 66789 | 90114 | 90189 |
| 广　西 | Guangxi | 2611 | 2468 | 4297 | 4391 |
| 海　南 | Hainan | 2536 | 3194 | 4921 | 4531 |
| 重　庆 | Chongqing | 1360 | 1519 | 4333 | 4447 |
| 四　川 | Sichuan | 4491 | 4247 | 9398 | 11521 |
| 贵　州 | Guizhou | 601 | 603 | 2201 | 1966 |
| 云　南 | Yunnan | 1967 | 2055 | 4084 | 3880 |
| 西　藏 | Tibet | 115 | 129 | 132 | 243 |
| 陕　西 | Shaanxi | 2863 | 3175 | 4312 | 5097 |
| 甘　肃 | Gansu | 431 | 398 | 2142 | 2045 |
| 青　海 | Qinghai | 123 | 151 | 469 | 495 |
| 宁　夏 | Ningxia | 375 | 285 | 637 | 669 |
| 新　疆 | Xinjiang | 421 | 509 | 1402 | 1639 |
| **二、部门合计** | **Subtotal of Departments** | | **228** | **236** | **239** |

# 7-8 年末登记外商投资企业行业分布情况

## Registered Foreign-funded Enterprises by Sector at the Year-end

| 行业 | Sector | 企业数（户）Number of Enterprises (unit) | 投资额（万美元）Total Investment (USD 10000) | 注册资本（万美元）Registered Capital (USD 10000) | 外方注册资本（万美元）Registered Foreign Capital (USD 10000) |
|---|---|---|---|---|---|
| **合　计** | **National Total** | **434248** | **249996531** | **140348130** | **113694532** |
| 农、林、牧、渔业 | Agriculture,Forestry,Animal Husbandry and Fishing | 7157 | 2790205 | 1787679 | 1525714 |
| 采矿业 | Mining | 1052 | 1375773 | 883911 | 564756 |
| 制造业 | Manufacturing | 191671 | 138852257 | 74505812 | 60126971 |
| 电力、燃气及水的生产和供应业 | Production and Distribution of Electricity , Gas and Water | 3696 | 13060896 | 5296366 | 3129459 |
| 建筑业 | Construction | 4807 | 4082078 | 2353345 | 1804705 |
| 交通运输、仓储和邮政业 | Transport, Storage and Post | 10605 | 8429352 | 4843417 | 2719302 |
| 信息传输、计算机服务和软件业 | Information Transmission, Computer Services and Software | 64166 | 10247268 | 6089679 | 5897971 |
| 批发和零售业 | Wholesale and Retail Trade | 56388 | 8370375 | 4928765 | 4261055 |
| 住宿和餐饮业 | Hotel and Restaurants | 14995 | 3923766 | 2312953 | 1888696 |
| 金融业 | Financial Intermediation | 4665 | 3998496 | 2943814 | 2233548 |
| 房地产业 | Real Estate | 17758 | 30896810 | 18388907 | 15755505 |
| 租赁和商务服务业 | Leasing and Business Services | 32395 | 11711098 | 8872771 | 7862761 |
| 科学研究、技术服务和地质勘查业 | Scientific Research, Technical Service and Geologic Prospecting | 12958 | 6986842 | 4253083 | 3718225 |
| 水利、环境和公共设施管理业 | Management of Water Conservancy, Environment and Public Facilities | 1016 | 1508190 | 882262 | 688266 |
| 居民服务和其他服务业 | Services to Households and Other Services | 5220 | 790801 | 480146 | 400882 |
| 教育 | Education | 296 | 94748 | 57129 | 47496 |
| 卫生、社会保障和社会福利业 | Health, Social Security and Social Welfare | 239 | 246092 | 132226 | 96167 |
| 文化、体育和娱乐业 | Culture, Sports and Entertainment | 2279 | 1325486 | 760787 | 615633 |
| 其他 | Others | 2885 | 1306000 | 575078 | 357422 |

# 7-9 分国别(地区)外商投资企业年末登记数

## Registered Enterprises with Foreign Capital by Country or Region at the Year-end

单位：户

Unit：number

| 国别(地区) | Country/Region | 2006 | 2007 | 2008 | 2009 |
|---|---|---|---|---|---|
| **总　计** | **Total** | **274863** | **286232** | **434937** | **283734** |
| **亚洲** | **Asia** | **199327** | **206696** | **255657** | **205336** |
| 阿富汗 | Afghanistan | 20 | 13 | 195 | 25 |
| 巴林 | Bahrain | 6 | 5 | 7 | 8 |
| 孟加拉国 | Bangladesh | 48 | 45 | 42 | 41 |
| 不丹 | Bhutan | | | 3 | 3 |
| 文莱 | Brunei | 936 | 1259 | 1418 | 1395 |
| 缅甸 | Myanmar | 90 | 89 | 103 | 84 |
| 柬埔寨 | Kampuchea | 61 | 73 | 75 | 60 |
| 塞浦路斯 | Cyprus | 67 | 60 | 85 | 79 |
| 朝鲜 | Korea DPR | 169 | 155 | 140 | 121 |
| 中国香港 | Hong Kong, China | 104784 | 110642 | 149279 | 114114 |
| 印度 | India | 194 | 248 | 300 | 315 |
| 印度尼西亚 | Indonesia | 689 | 712 | 713 | 644 |
| 伊朗 | Iran | 76 | 94 | 125 | 161 |
| 伊拉克 | Iraq | 22 | 28 | 33 | 40 |
| 以色列 | Israel | 139 | 154 | 166 | 147 |
| 日本 | Japan | 22650 | 23035 | 25796 | 22263 |
| 约旦 | Jordan | 60 | 74 | 85 | 91 |
| 科威特 | Kuwait | 13 | 14 | 20 | 21 |
| 老挝 | Laos | 18 | 15 | 13 | 15 |
| 黎巴嫩 | Lebanon | 40 | 51 | 56 | 61 |
| 中国澳门 | Macao, China | 4332 | 4688 | 4970 | 4704 |
| 马来西亚 | Malaysia | 1900 | 1908 | 2095 | 1864 |
| 蒙古 | Mongolia | 37 | 37 | 55 | 53 |
| 尼泊尔 | Nepal | 46 | 52 | 51 | 52 |
| 阿曼 | Oman | 2 | 3 | 2 | 3 |
| 巴基斯坦 | Pakistan | 91 | 97 | 97 | 118 |
| 巴勒斯坦 | Palestine | 14 | 13 | 16 | 17 |
| 菲律宾 | Philippines | 1282 | 1221 | 1179 | 1056 |
| 卡塔尔 | Qatar | 3 | 1 | 3 | 3 |
| 沙特阿拉伯 | Saudi Arabia | 58 | 64 | 101 | 78 |
| 新加坡 | Singapore | 8192 | 8567 | 9694 | 8528 |
| 韩国 | Korea | 21898 | 21521 | 22235 | 20146 |
| 斯里兰卡 | Sri Lanka | 12 | 16 | 19 | 15 |
| 叙利亚 | Syria | 36 | 47 | 65 | 64 |
| 泰国 | Thailand | 1165 | 1095 | 1157 | 904 |
| 土耳其 | Turkey | 108 | 124 | 160 | 157 |
| 阿联酋 | United Arab Emirates | 317 | 408 | 342 | 344 |
| 也门共和国 | Yemen | 35 | 45 | 60 | 96 |
| 越南 | Vietnam | 47 | 53 | 54 | 54 |
| 中国台湾 | Taiwan, China | 28276 | 28160 | 29624 | 25879 |
| 哈萨克 | Kazakhstan | 75 | 93 | 101 | 106 |
| 吉尔吉斯 | Kirghizia | 12 | 20 | 21 | 23 |
| 塔吉克 | Tadzhikistan | 1 | 1 | 2 | 2 |
| 土库曼斯坦 | Turkmenistan | 2 | 2 | | |
| 乌兹别克 | Uzbekistan | 9 | 12 | 13 | 12 |
| 亚洲其他国家 | Oth. Asia. Nes | 1295 | 1682 | 4887 | 1370 |

注：2009年分国别数据为初步数，暂按法人企业分。

7-9 续表 1 Continued 1

单位：户

Unit：Number

| 国别(地区) | Country/Region | 2006 | 2007 | 2008 | 2009 |
|---|---|---|---|---|---|
| **非洲** | **Africa** | **2501** | **2866** | **3174** | **3043** |
| 阿尔及利亚 | Algeria | 38 | 36 | 34 | 32 |
| 安哥拉 | Angola | 3 | 10 | 14 | 14 |
| 贝宁 | Benin | 6 | 6 | 4 | 4 |
| 博茨瓦那 | Botswana | 8 | 9 | 8 | 9 |
| 布隆迪 | Burundi | 1 | 1 | 1 | 1 |
| 喀麦隆 | Cameroon | 10 | 10 | 9 | 15 |
| 佛得角 | Cape Verde | 11 | 11 | 7 | 6 |
| 中非 | Central African | 5 | 4 | 3 | 6 |
| 乍得 | Chad | 3 | 6 | 6 | 9 |
| 科摩罗 | Comoros | 1 | 1 | 1 | 1 |
| 刚果 | Congo | 5 | 4 | 2 | 2 |
| 吉布提 | Djibouti | 4 | 3 | 4 | 4 |
| 埃及 | Egypt | 59 | 69 | 74 | 80 |
| 赤道几内亚 | Eq.Guinea | 3 | 5 | 4 | 4 |
| 埃塞俄比亚 | Ethiopia | 13 | 11 | 18 | 14 |
| 加蓬 | Gabon | 6 | 5 | 5 | 7 |
| 冈比亚 | Gambia | 8 | 9 | 10 | 10 |
| 加纳 | Ghana | 10 | 8 | 11 | 9 |
| 几内亚 | Guinea | 7 | 5 | 7 | 7 |
| 几内亚(比绍) | Guinea Bissau | 2 | 3 | 3 | 4 |
| 科特迪瓦共和国 | Coted'Lvoire | 3 | 3 | 1 | 2 |
| 肯尼亚 | Kenya | 8 | 9 | 7 | 8 |
| 利比里亚 | Liberia | 33 | 32 | 29 | 24 |
| 利比亚 | Libya | 17 | 21 | 22 | 21 |
| 马达加斯加 | Madagascar | 25 | 25 | 21 | 19 |
| 马拉维 | Malawi | | | 1 | |
| 马里 | Mali | 2 | 2 | 5 | 5 |
| 毛里塔尼亚 | Mauritania | 6 | 7 | 8 | 9 |
| 毛里求斯 | Mauritius | 1532 | 1827 | 2072 | 1817 |
| 摩洛哥 | Morocco | 12 | 13 | 13 | 8 |
| 莫桑比克 | Mozambique | | | 1 | 1 |
| 纳米比亚 | Namibia | 17 | 19 | 17 | 13 |
| 尼日尔 | Niger | 3 | 4 | 5 | 3 |
| 尼日利亚 | Nigeria | 87 | 93 | 94 | 88 |
| 卢旺达 | Rwanda | 2 | 2 | 2 | 1 |
| 塞内加尔 | Senegalese | 1 | 2 | 4 | 5 |
| 塞舌尔 | Seychelles | 68 | 99 | 176 | 341 |
| 塞拉利昂 | Sierra Leone | 18 | 15 | 16 | 11 |
| 索马里 | Somalia | 6 | 8 | 8 | 8 |
| 南非 | S.Africa | 344 | 339 | 323 | 309 |
| 西撒哈拉 | W.Sahara | | 1 | | |
| 苏丹 | Sudan | 11 | 15 | 12 | 11 |
| 坦桑尼亚 | Tanzania | 13 | 12 | 12 | 12 |
| 多哥 | Togo | 8 | 8 | 9 | 6 |
| 突尼斯 | Tunisia | 6 | 7 | 7 | 9 |
| 乌干达 | Uganda | 11 | 10 | 19 | 15 |
| 布基纳法索 | Burkina Faso | 2 | 2 | 2 | 2 |
| 刚果民主共和国 | Congo | 2 | 2 | 2 | 2 |
| 赞比亚 | Zambia | 19 | 17 | 17 | 20 |
| 津巴布韦 | Zimbabwe | 9 | 12 | 5 | 5 |
| 莱索托 | Lesotho | 2 | 2 | 2 | 2 |
| 厄立特里亚 | Eritrea | 1 | 1 | 1 | 1 |
| 非洲其它国家 | Oth. Afr. Nes | 30 | 41 | 36 | 27 |

7-9 续表 2 Continued 2

单位：户

Unit：Number

| 国别(地区) | Country/Region | 2006 | 2007 | 2008 | 2009 |
|---|---|---|---|---|---|
| **欧洲** | **Europe** | **17133** | **18406** | **22518** | **19233** |
| 比利时 | Belgium | 375 | 394 | 427 | 385 |
| 丹麦 | Denmark | 291 | 336 | 416 | 393 |
| 英国 | United Kingdom | 3181 | 3332 | 4366 | 3330 |
| 德国 | Germany | 3506 | 3825 | 4723 | 4010 |
| 法国 | France | 1833 | 1953 | 2312 | 2012 |
| 爱尔兰 | Ireland | 71 | 101 | 121 | 129 |
| 意大利 | Italy | 1824 | 1966 | 2209 | 2087 |
| 卢森堡 | Luxembourg | 150 | 173 | 212 | 216 |
| 荷兰 | Netherlands | 1288 | 1387 | 1859 | 1490 |
| 希腊 | Greece | 36 | 46 | 48 | 47 |
| 葡萄牙 | Portugal | 85 | 86 | 89 | 89 |
| 西班牙 | Spain | 752 | 871 | 975 | 960 |
| 阿尔巴尼亚 | Albania | 11 | 11 | 46 | 7 |
| 安道尔 | Andorra | 2 | 2 | 2 | 2 |
| 奥地利 | Austria | 430 | 455 | 489 | 424 |
| 保加利亚 | Bulgaria | 20 | 23 | 27 | 33 |
| 芬兰 | Finland | 197 | 218 | 275 | 239 |
| 直布罗陀 | Gibraltar | 15 | 11 | 13 | 11 |
| 匈牙利 | Hungary | 277 | 261 | 252 | 239 |
| 冰岛 | Iceland | 7 | 11 | 13 | 14 |
| 列支敦士登 | Liechtenstein | 16 | 18 | 21 | 19 |
| 马耳他 | Malta | 8 | 12 | 11 | 13 |
| 摩纳哥 | Monaco | 4 | 7 | 7 | 6 |
| 挪威 | Norway | 159 | 170 | 190 | 203 |
| 波兰 | Poland | 87 | 103 | 114 | 112 |
| 罗马尼亚 | Romania | 161 | 159 | 153 | 137 |
| 圣马力诺 | San Marino | 2 | 1 | 3 | 4 |
| 瑞典 | Sweden | 498 | 558 | 679 | 628 |
| 瑞士 | Switzerland | 676 | 742 | 1003 | 851 |
| 爱沙尼亚 | Estonia | 2 | 5 | 5 | 5 |
| 拉脱维亚 | Latvia | 2 | 1 | 1 | 1 |
| 立陶宛 | Lithuania | 6 | 7 | 10 | 11 |
| 格鲁吉亚 | Georgia | 4 | 4 | 4 | 3 |
| 亚美尼亚 | Armenia | 1 | 1 | 34 | 1 |
| 阿塞拜疆 | Azerbaijan | 10 | 10 | 10 | 15 |
| 白俄罗斯 | Byelorussia | 29 | 24 | 27 | 29 |
| 摩尔多瓦 | Moldavia | 2 | 3 | 1 | |
| 俄罗斯 | Russia | 687 | 695 | 741 | 678 |
| 乌克兰 | Ukraine | 54 | 51 | 61 | 59 |
| 南斯拉夫 | Yugoslavia | 19 | 32 | 14 | 14 |
| 斯洛文尼亚 | Slovenia | 13 | 14 | 16 | 14 |
| 克罗地亚 | Croatia | 10 | 8 | 4 | 4 |
| 捷克 | Czech Rep. | 176 | 166 | 152 | 145 |
| 斯洛伐克 | Slovak Rep. | 33 | 29 | 32 | 26 |
| 马其顿共和国 | Macedonia | | | 1 | |
| 波黑 | Bosnia & Herzegovina | 1 | 1 | 1 | 1 |
| 欧洲其它国家 | Oth. Euo. Nes | 122 | 123 | 349 | 137 |
| **拉丁美洲** | **Latin America** | **13718** | **16256** | **35763** | **18013** |
| 安提瓜和巴布达 | Antigua & Barbuda | | | 1 | 1 |
| 阿根廷 | Argentina | 129 | 133 | 126 | 101 |
| 阿鲁巴岛 | Afrubs.Is | 1 | 1 | 2 | 2 |
| 巴哈马 | Bahamas | 106 | 131 | 124 | 112 |
| 巴巴多斯 | Barbados | 73 | 152 | 283 | 290 |
| 伯利兹 | Belize | 92 | 106 | 109 | 105 |
| 玻利维亚 | Bolivia | 57 | 54 | 44 | 41 |
| 博内尔 | Bonaire | | 1 | | |
| 巴西 | Brazil | 161 | 183 | 185 | 179 |

单位：户
Unit：Number

| 国别(地区) | Country/Region | 2006 | 2007 | 2008 | 2009 |
|---|---|---|---|---|---|
| 开曼群岛 | Cayman Is. | 1591 | 1875 | 2356 | 2000 |
| 智利 | Chile | 68 | 77 | 80 | 76 |
| 哥伦比亚 | Colombia | 14 | 21 | 18 | 16 |
| 多米尼克 | Dominica | 23 | 21 | 13 | 13 |
| 哥斯达黎加 | Costa Rica | 10 | 9 | 12 | 10 |
| 古巴 | Cuba | 7 | 8 | 9 | 9 |
| 多米尼加共和国 | Dominican Rep. | 12 | 9 | 13 | 15 |
| 厄瓜多尔 | Ecuador | 13 | 13 | 16 | 12 |
| 法属圭亚那 | French Guyana | 1 | 1 | | |
| 格林纳达 | Grenada | 2 | 2 | 2 | 2 |
| 瓜德罗普岛 | Guadeloupe | | 2 | | |
| 危地马拉 | Guatemala | 2 | 4 | 6 | 5 |
| 圭亚那 | Guyana | | | 1 | 1 |
| 海地 | Haiti | | | 1 | 1 |
| 洪都拉斯 | Honduras | 22 | 26 | 24 | 22 |
| 牙买加 | Jamaica | 13 | 9 | 10 | 9 |
| 马提尼克岛 | Martinique | 2 | 1 | | 1 |
| 墨西哥 | Mexico | 43 | 53 | 64 | 69 |
| 尼加拉瓜 | Nicaragua | 5 | 3 | 2 | 1 |
| 巴拿马 | Panama | 191 | 187 | 182 | 172 |
| 巴拉圭 | Paraguay | 25 | 24 | 21 | 18 |
| 秘鲁 | Peru | 53 | 50 | 41 | 31 |
| 波多黎各 | Puerto Rico | | | 1 | 1 |
| 圣卢西亚 | Saint Lucia | 1 | 1 | | |
| 圣文森特和格林纳丁斯 | Saint Vincent & Grenadines | 15 | 15 | 11 | 9 |
| 萨尔瓦多 | Salvador | 4 | 4 | 2 | 2 |
| 苏里南 | Suriname | 7 | 8 | 10 | 9 |
| 特立尼达和多巴哥 | Trinidad & Tobago | 1 | 1 | 2 | 2 |
| 特克斯和凯科斯群岛 | Turks & Caicos Is. | 6 | 8 | 11 | 8 |
| 乌拉圭 | Uruguay | 13 | 12 | 11 | 10 |
| 委内瑞拉 | Venezuela | 39 | 38 | 42 | 41 |
| 维尔京群岛 | Br. Virgin Is. | 12936 | 14332 | 31134 | 14295 |
| 圣其茨--尼维斯 | St. Kitts-Nevis | 10 | 10 | 199 | 14 |
| 拉丁美洲其它国家 | Oth. L. Amer. Nes | 366 | 382 | 595 | 308 |
| **北美洲** | **North America** | **30112** | **30114** | **34150** | **27042** |
| 加拿大 | Canada | 4801 | 4912 | 4990 | 4544 |
| 美国 | United States | 24419 | 24329 | 27988 | 22151 |
| 格陵兰 | Greenland | | 1 | 7 | 3 |
| 百慕大 | Bermuda | 225 | 262 | 400 | 282 |
| 北美洲其他国家(地区) | Oth.N.Amer.nes | 667 | 610 | 765 | 62 |
| **大洋洲及太平洋岛屿** | **Oceania and Pacific Is.** | **7965** | **8721** | **9195** | **8539** |
| 澳大利亚 | Australia | 3715 | 3790 | 3969 | 3553 |
| 库克群岛 | Cook Is. | 23 | 18 | 25 | 20 |
| 斐济 | Fiji | 10 | 10 | 10 | 10 |
| 瑙鲁 | Nauru | 14 | 10 | 8 | 5 |
| 新喀里多尼亚 | New Caledonia | 1 | 2 | 2 | 3 |
| 瓦努阿图 | Vanuatu | 10 | 10 | 18 | 16 |
| 新西兰 | New Zealand | 677 | 692 | 741 | 718 |
| 诺福克岛 | Norfolk Is. | | | 1 | |
| 巴布亚新几内亚 | Papua New Guinea | 8 | 8 | 5 | 3 |
| 所罗门群岛 | Society Is. | 2 | 1 | 1 | 1 |
| 汤加 | Tonga | 7 | 7 | 6 | 7 |
| 土布艾群岛 | TubaiIS. | | | 2 | 2 |
| 萨摩亚 | Samoa | 2228 | 2801 | 3035 | 3302 |
| 基里巴斯 | Kiribati | 6 | 5 | 4 | 3 |
| 图瓦卢 | Tuvalu | 1 | 1 | 1 | 1 |
| 马绍尔群岛 | Marshall Is. | 45 | 64 | 43 | 77 |
| 帕劳共和国 | Palau | | 5 | | |
| 其他大洋洲国家 | Oth. Pacific Is. | 1218 | 1297 | 1324 | 818 |
| **其他** | **Others** | **1569** | **1400** | **74480** | **2528** |

# 7-10 分国别(地区)外商投资企业年末登记投资额

# Investment of Registered Enterprises with Foreign Capital by Country or Region at the Year-end

单位：万美元

Unit: USD 10000

| 国别(地区) | Country/Region | 2006 | 2007 | 2008 | 2009 |
|---|---|---|---|---|---|
| **总　计** | **Total** | **170756477** | **210878940** | **232413047** | **249996531** |
| **亚洲** | **Asia** | **104554705** | **132997909** | **149074739** | **163357627** |
| 阿富汗 | Afghanistan | 24478 | 415 | 13365 | 7893 |
| 巴林 | Bahrain | 1701 | 1541 | 2391 | 2413 |
| 孟加拉国 | Bangladesh | 4705 | 4735 | 13435 | 12883 |
| 不丹 | Bhutan | | | 1984 | 651 |
| 文莱 | Brunei | 428608 | 471930 | 551178 | 542583 |
| 缅甸 | Myanmar | 17014 | 21895 | 18206 | 18895 |
| 柬埔寨 | Kampuchea | 55744 | 36415 | 42429 | 46200 |
| 塞浦路斯 | Cyprus | 31100 | 69107 | 78692 | 74206 |
| 朝鲜 | Korea DPR | 10556 | 19772 | 7973 | 6300 |
| 中国香港 | Hong Kong, China | 65123843 | 80894260 | 94066341 | 108105283 |
| 印度 | India | 70487 | 92731 | 113234 | 139336 |
| 印度尼西亚 | Indonesia | 512067 | 785243 | 756575 | 565868 |
| 伊朗 | Iran | 11321 | 14428 | 29081 | 66275 |
| 伊拉克 | Iraq | 797 | 1486 | 1524 | 1727 |
| 以色列 | Israel | 34355 | 45269 | 55270 | 60746 |
| 日本 | Japan | 12792681 | 14588339 | 15635726 | 16096161 |
| 约旦 | Jordan | 7226 | 8076 | 7135 | 6263 |
| 科威特 | Kuwait | 6692 | 2194 | 2522 | 1440 |
| 老挝 | Laos | 8222 | 8534 | 5245 | 11829 |
| 黎巴嫩 | Lebanon | 6135 | 6365 | 5252 | 4596 |
| 中国澳门 | Macao, China | 1372567 | 1443464 | 1547103 | 1669637 |
| 马来西亚 | Malaysia | 1130235 | 1281830 | 1293716 | 1333566 |
| 蒙古 | Mongolia | 14134 | 12772 | 19309 | 18845 |
| 尼泊尔 | Nepal | 2529 | 2522 | 2054 | 2016 |
| 阿曼 | Oman | 1122 | 1174 | 172 | 187 |
| 巴基斯坦 | Pakistan | 7694 | 13463 | 10137 | 11987 |
| 巴勒斯坦 | Palestine | 1507 | 574 | 6158 | 581 |
| 菲律宾 | Philippines | 476024 | 536681 | 486877 | 449419 |
| 卡塔尔 | Qatar | 613 | 493 | 521 | 581 |
| 沙特阿拉伯 | Saudi Arabia | 23488 | 589219 | 613128 | 874906 |
| 新加坡 | Singapore | 7317983 | 8658576 | 9437118 | 9871438 |
| 韩国 | Korea | 6397622 | 7162176 | 7771918 | 7945812 |
| 斯里兰卡 | Sri Lanka | 3454 | 3599 | 2204 | 5949 |
| 叙利亚 | Syria | 1707 | 2529 | 4109 | 3247 |
| 泰国 | Thailand | 1174784 | 632567 | 656739 | 720777 |
| 土耳其 | Turkey | 19477 | 26733 | 25642 | 40590 |
| 阿联酋 | United Arab Emirates | 107721 | 163545 | 156105 | 170875 |
| 也门共和国 | Yemen Rep. | 904 | 2011 | 6322 | 4928 |
| 越南 | Vietnam | 5240 | 10683 | 6475 | 7141 |
| 中国台湾 | Taiwan, China | 6307960 | 6696218 | 6613188 | 6316029 |
| 哈萨克 | Kazakhstan | 10767 | 18871 | 20862 | 25607 |
| 吉尔吉斯 | Kirghizia | 2192 | 3096 | 6447 | 6287 |
| 塔吉克 | Tadzhikistan | 21 | 13 | 19 | 19 |
| 土库曼斯坦 | Turkmenistan | 25 | 25 | | |
| 乌兹别克 | Uzbekistan | 1212 | 454 | 611 | 563 |
| 亚洲其他国家 | Oth. Asia. Nes | 1025990 | 8661886 | 8980249 | 8105092 |

7-10 续表 1 Continued 1

单位：万美元
Unit：USD 10000

| 国别(地区) | Country/Region | 2006 | 2007 | 2008 | 2009 |
|---|---|---|---|---|---|
| **非洲** | **Africa** | **2906675** | **3541058** | **3919671** | **3780390** |
| 阿尔及利亚 | Algeria | 6849 | 4911 | 3629 | 3282 |
| 安哥拉 | Angola | 1279 | 2473 | 2716 | 3952 |
| 贝宁 | Benin | 1975 | 3665 | 2624 | 2768 |
| 博茨瓦那 | Botswana | 1032 | 4324 | 1085 | 3985 |
| 布隆迪 | Burundi | 28 | 30 | 30 | 30 |
| 喀麦隆 | Cameroon | 3526 | 3254 | 3317 | 952 |
| 佛得角 | Cape Verde | 9722 | 13846 | 2336 | 2335 |
| 中非 | Central African | 662 | 649 | 635 | 9245 |
| 乍得 | Chad | 72 | 218 | 218 | 265 |
| 科摩罗 | Comoros | 180 | 197 | 197 | 197 |
| 刚果 | Congo | 1994 | 1306 | 1028 | 1040 |
| 吉布提 | Djibouti | 328 | 318 | 330 | 430 |
| 埃及 | Egypt | 8688 | 9126 | 15311 | 18465 |
| 赤道几内亚 | Eq.Guinea | 643 | 841 | 722 | 722 |
| 埃塞俄比亚 | Ethiopia | 471 | 571 | 10694 | 603 |
| 加蓬 | Gabon | 4159 | 4129 | 3860 | 3875 |
| 冈比亚 | Gambia | 7914 | 10904 | 11627 | 8987 |
| 加纳 | Ghana | 1204 | 1185 | 2004 | 2628 |
| 几内亚 | Guinea | 992 | 292 | 113 | 375 |
| 几内亚(比绍) | Guinea Bissau | 75 | 82 | 347 | 449 |
| 科特迪瓦 | Coted'Lvoire | 3007 | 3107 | 25 | 50 |
| 肯尼亚 | Kenya | 2580 | 2713 | 2233 | 2283 |
| 利比里亚 | Liberia | 14546 | 11546 | 10748 | 8443 |
| 利比亚 | Libya | 8764 | 10588 | 11277 | 10287 |
| 马达加斯加 | Madagascar | 8086 | 9773 | 9648 | 7292 |
| 马里 | Mali | 42 | 42 | 100 | 85 |
| 毛里塔尼亚 | Mauritania | 53685 | 62255 | 18630 | 12980 |
| 毛里求斯 | Mauritius | 2472137 | 3029364 | 3448065 | 3239039 |
| 摩洛哥 | Morocco | 793 | 797 | 674 | 424 |
| 莫桑比克 | Mozambique | | | 166 | 166 |
| 纳米比亚 | Namibia | 3917 | 10445 | 4253 | 3468 |
| 尼日尔 | Niger | 1528 | 2528 | 2503 | 2486 |
| 尼日利亚 | Nigeria | 34026 | 38864 | 42755 | 46834 |
| 卢旺达 | Rwanda | 460 | 460 | 10 | 10 |
| 塞内加尔 | Senegal | 2 | 3 | 19 | 63 |
| 塞舌尔 | Seychelles | 30702 | 52372 | 94032 | 179388 |
| 塞拉利昂 | Sierra Leone | 4442 | 3495 | 2944 | 1613 |
| 索马里 | Somalia | 904 | 982 | 982 | 1104 |
| 南非 | S.Africa | 131938 | 136025 | 107118 | 111359 |
| 西撒哈拉 | W.Sahara | | 16 | | |
| 苏丹 | Sudan | 1927 | 1830 | 1685 | 1665 |
| 坦桑尼亚 | Tanzania | 1464 | 1348 | 788 | 794 |
| 多哥 | Togo | 942 | 477 | 481 | 441 |
| 突尼斯 | Tunisia | 573 | 6343 | 7530 | 7881 |
| 乌干达 | Uganda | 2096 | 1734 | 2100 | 1275 |
| 布基纳法索 | Burkina Faso | 302 | 302 | 302 | 302 |
| 民主刚果 | Gongo DR | 2500 | 2500 | 2500 | 1147 |
| 赞比亚 | Zambia | 24508 | 27370 | 17408 | 17379 |
| 津巴布韦 | Zimbabwe | 4700 | 6150 | 1440 | 1390 |
| 莱索托 | Lesotho | 107 | 107 | 107 | 107 |
| 厄立特里亚 | Eritrea | 20 | 20 | 20 | 20 |
| 非洲其他国家 | Oth. Afr. Nes | 44182 | 55182 | 66306 | 56028 |

7-10 续表 2 Continued 2

单位：万美元

Unit：USD 10000

| 国别(地区) | Country/Region | 2006 | 2007 | 2008 | 2009 |
|---|---|---|---|---|---|
| **欧洲** | **Europe** | **15498730** | **18544559** | **20739052** | **21905808** |
| 比利时 | Belgium | 162803 | 214245 | 243396 | 239004 |
| 丹麦 | Denmark | 294470 | 313102 | 336851 | 421569 |
| 英国 | United Kingdom | 3149218 | 3651477 | 3833230 | 3677545 |
| 德国 | Germany | 4062240 | 5236154 | 6053452 | 6426101 |
| 法国 | France | 1927672 | 2234231 | 2373790 | 3179758 |
| 爱尔兰 | Ireland | 44827 | 89660 | 114326 | 140655 |
| 意大利 | Italy | 818711 | 991823 | 1087808 | 1052146 |
| 卢森堡 | Luxembourg | 129356 | 225959 | 348576 | 399827 |
| 荷兰 | Netherlands | 2399253 | 2627798 | 2846039 | 3040720 |
| 希腊 | Greece | 13611 | 14444 | 17122 | 19482 |
| 葡萄牙 | Portugal | 33519 | 97718 | 98350 | 46654 |
| 西班牙 | Spain | 326693 | 404000 | 521388 | 527575 |
| 阿尔巴尼亚 | Albania | 2243 | 2245 | 250 | 250 |
| 安道尔 | Andorra | 1020 | 108 | 108 | 108 |
| 奥地利 | Austria | 319287 | 349526 | 372900 | 339117 |
| 保加利亚 | Bulgaria | 2814 | 2521 | 2205 | 5300 |
| 芬兰 | Finland | 199150 | 294414 | 298115 | 290105 |
| 直布罗陀 | Gibraltar | 8025 | 1017 | 1287 | 1283 |
| 匈牙利 | Hungary | 54692 | 54924 | 69367 | 65413 |
| 冰岛 | Iceland | 4833 | 1965 | 1999 | 2386 |
| 列支敦士登 | Liechtenstein | 12718 | 13391 | 3135 | 3179 |
| 马耳他 | Malta | 3590 | 3956 | 4564 | 6697 |
| 摩纳哥 | Monaco | 510 | 771 | 756 | 725 |
| 挪威 | Norway | 59596 | 65937 | 80039 | 100526 |
| 波兰 | Poland | 24663 | 27136 | 37342 | 38371 |
| 罗马尼亚 | Romania | 41170 | 51321 | 40547 | 42605 |
| 圣马力诺 | San Marino | 3109 | 519 | 716 | 857 |
| 瑞典 | Sweden | 288426 | 378386 | 463440 | 509729 |
| 瑞士 | Switzerland | 668982 | 753174 | 870256 | 868284 |
| 爱沙尼亚 | Estonia | 740 | 1284 | 1199 | 1199 |
| 拉脱维亚 | Latvia | 790 | 770 | 770 | 21 |
| 立陶宛 | Lithuania | 634 | 635 | 1572 | 435 |
| 格鲁吉亚 | Georgia | 2085 | 1124 | 117 | 136 |
| 亚美尼亚 | Armenia | 203 | 10631 | 10631 | 12133 |
| 阿塞拜疆 | Azerbaijan | 1852 | 1348 | 1344 | 1495 |
| 白俄罗斯 | Byelorussia | 4378 | 6117 | 4766 | 5554 |
| 摩尔多瓦 | Moldavia | 269 | 1157 | 8 | |
| 俄罗斯 | Russia | 144019 | 123230 | 104672 | 156864 |
| 乌克兰 | Ukraine | 10756 | 12343 | 15997 | 13861 |
| 南斯拉夫 | Yugoslavia | 5566 | 12625 | 2273 | 3191 |
| 斯洛文尼亚 | Slovenia | 2163 | 2901 | 3183 | 3881 |
| 克罗地亚 | Croatia | 1703 | 1654 | 75 | 52 |
| 捷克 | Czech Rep. | 55911 | 53848 | 43802 | 50023 |
| 斯洛伐克 | Slovak Rep. | 6043 | 4021 | 4078 | 3954 |
| 马其顿 | Macedonia | | | 20 | |
| 波黑 | Bosnia & Herzegovina | 50 | 50 | 12 | 13 |
| 欧洲其他国家 | Oth. Euo. Nes | 204367 | 208901 | 423177 | 207025 |
| **拉丁美洲** | **Latin America** | **25833123** | **31360244** | **33561927** | **36625862** |
| 安提瓜和巴布达 | Antigua & Barbuda | | | **100** | **100** |
| 阿根廷 | Argentina | 36925 | 44926 | 42373 | 29140 |
| 阿鲁巴岛 | Aruba Is. | 385 | 395 | 463 | 484 |
| 巴哈马 | Bahamas | 149543 | 210442 | 325114 | 153658 |
| 巴巴多斯 | Barbados | 503495 | 743525 | 1087477 | 1171906 |
| 伯利兹 | Belize | 41968 | 46802 | 38948 | 58649 |
| 玻利维亚 | Bolivia | 14503 | 14072 | 7923 | 7316 |
| 博内尔 | Bonaire | 140 | | | |
| 巴西 | Brazil | 97034 | 113890 | 111816 | 112879 |

7-10 续表 3 Continued 3

单位：万美元

Unit：USD 10000

| 国别(地区) | Country/Region | 2006 | 2007 | 2008 | 2009 |
|---|---|---|---|---|---|
| 开曼群岛 | Cayman Is. | 4250682 | 4511375 | 5280910 | 5639434 |
| 智利 | Chile | 14630 | 12120 | 15129 | 17506 |
| 哥伦比亚 | Colombia | 12286 | 22232 | 17821 | 17288 |
| 多米尼克 | Dominica | 9763 | 18408 | 6352 | 12156 |
| 哥斯达黎加 | Costa Rica | 2579 | 1966 | 2103 | 1823 |
| 古巴 | Cuba | 19683 | 20612 | 20612 | 31486 |
| 多米尼加共和国 | Dominican Rep. | 11950 | 1735 | 3809 | 4055 |
| 厄瓜多尔 | Ecuador | 1442 | 1385 | 1184 | 794 |
| 法属圭亚那 | French Guyana | 7 | 7 | | |
| 格林纳达 | Grenada | 427 | 441 | 5019 | 5019 |
| 瓜德罗普岛 | Guadeloupe | | 2062 | 130 | |
| 危地马拉 | Guatemala | 326 | 418 | 424 | 424 |
| 圭亚那 | Guyana | | | 65 | 10 |
| 海地 | Haiti | | | 22 | 22 |
| 洪都拉斯 | Honduras | 5335 | 5701 | 7302 | 15108 |
| 牙买加 | Jamaica | 2866 | 1661 | 1650 | 1330 |
| 马提尼克岛 | Martinique | 774 | 20 | | 20 |
| 墨西哥 | Mexico | 14435 | 38373 | 41876 | 39962 |
| 尼加拉瓜 | Nicaragua | 1936 | 650 | 200 | 40 |
| 巴拿马 | Panama | 134238 | 161600 | 163584 | 157456 |
| 巴拉圭 | Paraguay | 8113 | 9751 | 9428 | 9195 |
| 秘鲁 | Peru | 29785 | 13853 | 10238 | 8729 |
| 波多黎各 | Puerto Rico | | | 14 | 14 |
| 圣卢西亚 | Saint Lucia | 1204 | 1204 | | |
| 圣文森特和格林纳丁斯 | Saint Vincent & Grenadines | 5930 | 6023 | 4417 | 4404 |
| 萨尔瓦多 | El Salvador | 702 | 702 | 34 | 34 |
| 苏里南 | Suriname | 3951 | 5034 | 2986 | 1986 |
| 特立尼达和多巴哥 | Trinidad & Tobago | 33 | 33 | 156 | 156 |
| 特克斯和凯科斯群岛 | Turks & Caicos Is. | 275 | 4811 | 10093 | 1601 |
| 乌拉圭 | Uruguay | 6731 | 3729 | 4318 | 4399 |
| 委内瑞拉 | Venezuela | 12029 | 7748 | 6063 | 5584 |
| 维尔京群岛 | Virgin Is. | 19995819 | 24881357 | 25893012 | 28705248 |
| 圣其茨--尼维斯 | St. Kitts-Nevis | 9863 | 9108 | 15865 | 9322 |
| 拉丁美洲其他国家 | Oth. Euo. Nes | 431337 | 442072 | 422898 | 397126 |
| **北美洲** | **North America** | **15935909** | **17601598** | **17317804** | **16622335** |
| 加拿大 | Canada | 1610001 | 1920366 | 1724686 | 1740255 |
| 美国 | United States | 12384260 | 13523309 | 13260169 | 13588239 |
| 格陵兰 | Greenland | | 10 | 2756 | 1423 |
| 百慕大 | Bermuda | 789445 | 930718 | 1014110 | 1181074 |
| 北美洲其他国家(地区) | Oth.N.Amer.nes | 1152203 | 1227195 | 1316083 | 111344 |
| **大洋洲及太平洋岛屿** | **Oceania and Pacific Is.** | **4363957** | **5330754** | **5454859** | **5543731** |
| 澳大利亚 | Australia | 1530431 | 1542633 | 1552227 | 1547059 |
| 库克群岛 | Cook Is. | 18640 | 26185 | 26135 | 26285 |
| 斐济 | Fiji | 626 | 514 | 523 | 471 |
| 瑙鲁 | Nauru | 4237 | 3850 | 2900 | 604 |
| 新喀里多尼亚 | New Caledonia | 100 | 826 | 810 | 810 |
| 瓦努阿图 | Vanuatu | 5046 | 5046 | 7639 | 5689 |
| 新西兰 | New Zealand | 194248 | 240980 | 288144 | 333711 |
| 巴布亚新几内亚 | Papua New Guinea | 2766 | 1459 | 1269 | 1048 |
| 所罗门群岛 | Solomon Is. | 175 | 45 | 45 | 45 |
| 汤加 | Tonga | 894 | 937 | 1109 | 1256 |
| 土布艾群岛 | TubaiIS. | | | 190 | 190 |
| 萨摩亚 | Samoa | 1436044 | 2272751 | 2418854 | 2727881 |
| 基里巴斯 | Kiribati | 25719 | 25299 | 25315 | 25230 |
| 图瓦卢 | Tuvalu | 205 | 205 | 205 | 205 |
| 密克罗尼西亚联邦 | Micronesia FS | | 92414 | 87941 | 110577 |
| 马绍尔群岛 | Marshall Is. | 31064 | 9425 | | |
| 其它太平洋岛屿 | Oth.Pacific Is. | 1113763 | 1108187 | 1041553 | **762671** |
| **其他** | **Others** | **1663377** | **1502819** | **2344995** | **2160778** |

# 7-11 各地年末登记的外商投资企业投资额

# Investment of Registered Enterprises with Foreign Capital by Region or Department at the Year-end

单位：万美元

Unit：USD 10000

| 地区、部门 | Region/Department | 2006 | 2007 | 2008 | 2009 |
|---|---|---|---|---|---|
| **总　计** | **Total** | **170756477** | **210878940** | **232413047** | **249996531** |
| **一、地区合计** | **Subtotal of Regions** | **170756477** | **206266296** | **226169527** | **240313051** |
| 北　京 | Beijing | 6969416 | 8762143 | 9829471 | 10660793 |
| 天　津 | Tianjin | 6859788 | 8288793 | 9381364 | 9771998 |
| 河　北 | Hebei | 2474713 | 2911311 | 3384144 | 3703993 |
| 山　西 | Shanxi | 1109903 | 1778671 | 1799999 | 2049657 |
| 内蒙古 | Inner Mongolia | 1482341 | 1714846 | 2215527 | 2399401 |
| 辽　宁 | Liaoning | 9448709 | 10876667 | 12475583 | 13178296 |
| 吉　林 | Jilin | 3078441 | 3133408 | 1748930 | 1926924 |
| 黑龙江 | Heilongjiang | 1371380 | 1448939 | 1616968 | 1805126 |
| 上　海 | Shanghai | 22547799 | 25703181 | 29399062 | 30842940 |
| 江　苏 | Jiangsu | 32426088 | 38202960 | 41592965 | 44439480 |
| 浙　江 | Zhejiang | 12572038 | 14565829 | 15825513 | 16399746 |
| 安　徽 | Anhui | 1830103 | 2375455 | 2546453 | 2790596 |
| 福　建 | Fujian | 8777093 | 10270608 | 11212877 | 11745126 |
| 江　西 | Jiangxi | 2316338 | 2896852 | 3348481 | 3691467 |
| 山　东 | Shandong | 8851645 | 9631055 | 10116252 | 11198899 |
| 河　南 | Henan | 2332153 | 2565636 | 2930495 | 3465771 |
| 湖　北 | Hubei | 2796145 | 3134481 | 3403043 | 3771918 |
| 湖　南 | Hunan | 2125437 | 2432370 | 2662161 | 2796260 |
| 广　东 | Guangdong | 31434025 | 35070486 | 37264634 | 39393085 |
| 广　西 | Guangxi | 1803291 | 2190786 | 2582611 | 2719819 |
| 海　南 | Hainan | 1180184 | 9410180 | 9665869 | 9033588 |
| 重　庆 | Chongqing | 926798 | 1977373 | 2384816 | 2779961 |
| 四　川 | Sichuan | 1991849 | 2686777 | 4211277 | 4612090 |
| 贵　州 | Guizhou | 263407 | 279741 | 321526 | 356542 |
| 云　南 | Yunnan | 1073485 | 1183255 | 1410647 | 1589354 |
| 西　藏 | Tibet | 44286 | 50865 | 54969 | 63579 |
| 陕　西 | Shaanxi | 1490809 | 1647398 | 1369162 | 1620431 |
| 甘　肃 | Gansu | 278916 | 306394 | 382693 | 491972 |
| 青　海 | Qinghai | 199784 | 242591 | 331143 | 283627 |
| 宁　夏 | Ningxia | 436365 | 218252 | 244918 | 252930.88 |
| 新　疆 | Xinjiang | 263746 | 308993 | 455973 | 477681 |
| **二、部门合计** | **Subtotal of Departments** | | **4612644** | **6243520** | **9683480** |

# 7-12 分国别(地区)外商投资企业年末注册资本

# Registered Capital of Foreign-funded Enterprise by Country or Region at the Year-end

单位：万美元

Unit: USD 10000

| 国别(地区) | Country/Region | 2006 | 2007 | 2008 | 2009 |
|---|---|---|---|---|---|
| **总　计** | **Total** | **94647381** | **115541864** | **130055348** | **140348130** |
| **亚洲** | **Asia** | **59207010** | **73105917** | **81938090** | **92979946** |
| 阿富汗 | Afghanistan | 10395 | 345 | 10965 | 6038 |
| 巴林 | Bahrain | 1188 | 841 | 1396 | 1418 |
| 孟加拉国 | Bangladesh | 3503 | 3517 | 10806 | 10222 |
| 不丹 | Bhutan | | | 1042 | 390 |
| 文莱 | Brunei | 204805 | 301932 | 361824 | 350766 |
| 缅甸 | Myanmar | 11935 | 14621 | 11370 | 13623 |
| 柬埔寨 | Kampuchea | 42928 | 23736 | 25424 | 28287 |
| 塞浦路斯 | Cyprus | 24577 | 64412 | 74918 | 69777 |
| 朝鲜 | Korea DPR | 8815 | 13998 | 6757 | 5028 |
| 中国香港 | Hong Kong, China | 37276994 | 47265440 | 54773539 | 64464088 |
| 印度 | India | 37648 | 49199 | 62615 | 77832 |
| 印度尼西亚 | Indonesia | 255188 | 361947 | 353002 | 346774 |
| 伊朗 | Iran | 9783 | 12089 | 22820 | 41731 |
| 伊拉克 | Iraq | 602 | 1037 | 1083 | 1243 |
| 以色列 | Israel | 20009 | 25961 | 25558 | 30526 |
| 日本 | Japan | 7001254 | 8251955 | 8581029 | 9189150 |
| 约旦 | Jordan | 5056 | 5757 | 4436 | 4252 |
| 科威特 | Kuwait | 2495 | 1644 | 1907 | 1235 |
| 老挝 | Laos | 3875 | 4219 | 2764 | 9248 |
| 黎巴嫩 | Lebanon | 3388 | 3639 | 3248 | 3208 |
| 中国澳门 | Macao, China | 880464 | 915537 | 980299 | 1085113 |
| 马来西亚 | Malaysia | 598057 | 668370 | 673957 | 732937 |
| 蒙古 | Mongolia | 9154 | 8184 | 11268 | 12528 |
| 尼泊尔 | Nepal | 2293 | 2323 | 1979 | 1994 |
| 阿曼 | Oman | 601 | 653 | 157 | 167 |
| 巴基斯坦 | Pakistan | 5632 | 8961 | 7418 | 9294 |
| 巴勒斯坦 | Palestine | 924 | 477 | 4039 | 489 |
| 菲律宾 | Philippines | 298228 | 317505 | 295451 | 284535 |
| 卡塔尔 | Qatar | 403 | 283 | 311 | 371 |
| 沙特阿拉伯 | Saudi Arabia | 16238 | 209971 | 223738 | 307607 |
| 新加坡 | Singapore | 3613210 | 4437591 | 5020165 | 5519799 |
| 韩国 | Korea | 3664417 | 4078066 | 4465749 | 4518078 |
| 斯里兰卡 | Sri Lanka | 2257 | 2392 | 1733 | 2627 |
| 叙利亚 | Syria | 1255 | 1888 | 2864 | 2622 |
| 泰国 | Thailand | 384118 | 366602 | 383405 | 447174 |
| 土耳其 | Turkey | 12399 | 12223 | 19146 | 25935 |
| 阿联酋 | United Arab Emirates | 65877 | 99193 | 90480 | 101552 |
| 也门共和国 | Yemen Rep. | 759 | 1354 | 4059 | 3370 |
| 越南 | Vietnam | 3566 | 5935 | 4815 | 5154 |
| 中国台湾 | Taiwan, China | 4053797 | 4302799 | 4199252 | 4179359 |
| 哈萨克 | Kazakhstan | 7371 | 13299 | 14353 | 19300 |
| 吉尔吉斯 | Kirghizia | 1515 | 2152 | 5548 | 5549 |
| 塔吉克 | Tadzhikistan | 21 | 13 | 19 | 19 |
| 土库曼斯坦 | Turkmenistan | 25 | 25 | | |
| 乌兹别克 | Uzbekistan | 769 | 385 | 543 | 511 |
| 亚洲其他国家 | Oth. Asia. Nes | 659224 | 1243448 | 1190841 | 1059022 |

7-12 续表 1 Continued 1

单位：万美元

Unit：USD 10000

| 国别(地区) | Country/Region | 2006 | 2007 | 2008 | 2009 |
|---|---|---|---|---|---|
| **非洲** | **Africa** | **1505228** | **1856543** | **2108599** | **1967317** |
| 阿尔及利亚 | Algeria | 4652 | 3826 | 2655 | 2498 |
| 安哥拉 | Angola | 562 | 1404 | 1659 | 2822 |
| 贝宁 | Benin | 1225 | 2225 | 1764 | 1760 |
| 博茨瓦那 | Botswana | 815 | 3796 | 646 | 3146 |
| 布隆迪 | Burundi | 20 | 30 | 30 | 30 |
| 喀麦隆 | Cameroon | 1905 | 1584 | 1670 | 776 |
| 佛得角 | Cape Verde | 6709 | 8953 | 1602 | 1603 |
| 中非 | Central African | 402 | 392 | 378 | 4953 |
| 乍得 | Chad | 72 | 184 | 184 | 236 |
| 科摩罗 | Comoros | 180 | 197 | 197 | 197 |
| 刚果 | Congo | 1220 | 720 | 620 | 640 |
| 吉布提 | Djibouti | 328 | 318 | 330 | 430 |
| 埃及 | Egypt | 5034 | 5261 | 7270 | 9147 |
| 赤道几内亚 | Eq.Guinea | 637 | 835 | 716 | 716 |
| 埃塞俄比亚 | Ethiopia | 607 | 531 | 4394 | 560 |
| 加蓬 | Gabon | 1627 | 1594 | 1427 | 1442 |
| 冈比亚 | Gambia | 4741 | 7721 | 7757 | 5035 |
| 加纳 | Ghana | 662 | 643 | 926 | 1015 |
| 几内亚 | Guinea | 623 | 223 | 110 | 292 |
| 几内亚(比绍) | Guinea Bissau | 69 | 76 | 290 | 392 |
| 科特迪瓦 | Coted'Lvoire | 3007 | 3007 | 25 | 50 |
| 肯尼亚 | Kenya | 1803 | 1587 | 1207 | 1257 |
| 利比里亚 | Liberia | 11711 | 8705 | 7751 | 6861 |
| 利比亚 | Libya | 4425 | 5447 | 4719 | 5241 |
| 马达加斯加 | Madagascar | 6802 | 8455 | 8357 | 6894 |
| 马里 | Mali | 30 | 30 | 82 | 74 |
| 毛里塔尼亚 | Mauritania | 48840 | 51654 | 8606 | 5238 |
| 毛里求斯 | Mauritius | 1212723 | 1511117 | 1822592 | 1633476 |
| 摩洛哥 | Morocco | 685 | 689 | 548 | 351 |
| 莫桑比克 | Mozambique | | | 166 | 166 |
| 纳米比亚 | Namibia | 2650 | 8876 | 2732 | 2243 |
| 尼日尔 | Niger | 1061 | 1561 | 1545 | 1531 |
| 尼日利亚 | Nigeria | 21168 | 25402 | 25856 | 28107 |
| 卢旺达 | Rwanda | 407 | 407 | 7 | 7 |
| 塞内加尔 | Senegal | 1 | 2 | 18 | 52 |
| 塞舌尔 | Seychelles | 23729 | 37634 | 53264 | 108316 |
| 塞拉利昂 | Sierra Leone | 3405 | 2843 | 2390 | 1149 |
| 索马里 | Somalia | 892 | 962 | 962 | 1066 |
| 南非 | S.Africa | 86299 | 88933 | 75324 | 80833 |
| 西撒哈拉 | W.Sahara | | 12 | | |
| 苏丹 | Sudan | 994 | 937 | 827 | 806 |
| 坦桑尼亚 | Tanzania | 1324 | 1208 | 686 | 652 |
| 多哥 | Togo | 829 | 376 | 312 | 345 |
| 突尼斯 | Tunisia | 352 | 2099 | 3043 | 3268 |
| 乌干达 | Uganda | 1228 | 1115 | 1484 | 1109 |
| 布基纳法索 | Burkina Faso | 257 | 257 | 267 | 257 |
| 民主刚果 | Gongo DR | 1500 | 1500 | 1500 | 717 |
| 赞比亚 | Zambia | 12926 | 14365 | 4448 | 4415 |
| 津巴布韦 | Zimbabwe | 2620 | 3330 | 875 | 940 |
| 莱索托 | Lesotho | 77 | 77 | 77 | 77 |
| 厄立特里亚 | Eritrea | 20 | 20 | 20 | 20 |
| 非洲其他国家 | Oth. Afr. Nes | 21374 | 33425 | 44286 | 34110 |

7-12 续表 2 Continued 2

单位：万美元

Unit：USD 10000

| 国别(地区) | Country/Region | 2006 | 2007 | 2008 | 2009 |
|---|---|---|---|---|---|
| **欧洲** | **Europe** | **8268064** | **9963021** | **10516565** | **11523404** |
| 比利时 | Belgium | 97419 | 128039 | 135714 | 135617 |
| 丹麦 | Denmark | 173907 | 186196 | 177623 | 227857 |
| 英国 | United Kingdom | 1731669 | 2049159 | 2122512 | 2140231 |
| 德国 | Germany | 2011194 | 2630535 | 2613559 | 2964979 |
| 法国 | France | 1040159 | 1228970 | 1295379 | 1721216 |
| 爱尔兰 | Ireland | 25930 | 53209 | 57710 | 68304 |
| 意大利 | Italy | 505767 | 611679 | 644888 | 636008 |
| 卢森堡 | Luxembourg | 83182 | 134295 | 190662 | 207924 |
| 荷兰 | Netherlands | 1177783 | 1285278 | 1392587 | 1548297 |
| 希腊 | Greece | 8966 | 10190 | 12238 | 13150 |
| 葡萄牙 | Portugal | 24523 | 39738 | 39301 | 25345 |
| 西班牙 | Spain | 199016 | 241124 | 284274 | 302583 |
| 阿尔巴尼亚 | Albania | 2235 | 2229 | 243 | 243 |
| 安道尔 | Andorra | 1014 | 102 | 102 | 102 |
| 奥地利 | Austria | 158809 | 172383 | 185713 | 169086 |
| 保加利亚 | Bulgaria | 2192 | 2029 | 1694 | 3747 |
| 芬兰 | Finland | 57196 | 89498 | 92233 | 76371 |
| 直布罗陀 | Gibraltar | 4074 | 884 | 1135 | 1132 |
| 匈牙利 | Hungary | 34611 | 34967 | 41234 | 41235 |
| 冰岛 | Iceland | 541 | 1279 | 1414 | 1694 |
| 列支敦士登 | Liechtenstein | 12250 | 12281 | 1868 | 1860 |
| 马耳他 | Malta | 1658 | 1948 | 1911 | 2756 |
| 摩纳哥 | Monaco | 382 | 570 | 560 | 543 |
| 挪威 | Norway | 32804 | 36156 | 42004 | 55304 |
| 波兰 | Poland | 18190 | 19467 | 20784 | 24447 |
| 罗马尼亚 | Romania | 27110 | 35063 | 28265 | 28132 |
| 圣马力诺 | San Marino | 1447 | 423 | 565 | 664 |
| 瑞典 | Sweden | 161385 | 233091 | 274876 | 314320 |
| 瑞士 | Switzerland | 419697 | 467990 | 507946 | 506345 |
| 爱沙尼亚 | Estonia | 394 | 683 | 624 | 624 |
| 拉脱维亚 | Latvia | 405 | 385 | 385 | 15 |
| 立陶宛 | Lithuania | 383 | 384 | 1016 | 343 |
| 格鲁吉亚 | Georgia | 1207 | 729 | 117 | 124 |
| 亚美尼亚 | Armenia | 143 | 3590 | 3590 | 4097 |
| 阿塞拜疆 | Azerbaijan | 1121 | 796 | 792 | 918 |
| 白俄罗斯 | Byelorussia | 2610 | 2803 | 2660 | 3427 |
| 摩尔多瓦 | Moldavia | 171 | 629 | 8 | |
| 俄罗斯 | Russia | 87486 | 80965 | 73638 | 96631 |
| 乌克兰 | Ukraine | 8386 | 9738 | 12975 | 11496 |
| 南斯拉夫 | Yugoslavia | 3684 | 7289 | 1936 | 2204 |
| 斯洛文尼亚 | Slovenia | 1405 | 1788 | 2013 | 2394 |
| 克罗地亚 | Croatia | 1113 | 1076 | 72 | 49 |
| 捷克 | Czech | 40130 | 36702 | 28621 | 32437 |
| 斯洛伐克 | Slovak | 3795 | 2725 | 2882 | 2746 |
| 马其顿 | Macedonia | | | 14 | |
| 波黑 | Bosnia & Herzegovina | 50 | 50 | 12 | 13 |
| 欧洲其他国家 | Oth. Euo. Nes | 100472 | 103917 | 216214 | 146394 |
| **拉丁美洲** | **Latin America** | **13299939** | **16806842** | **18213170** | **19794046** |
| 安提瓜和巴布达 | Antigua & Barbuda | | | 100 | 100 |
| 阿根廷 | Argentina | 23192 | 27356 | 26067 | 19514 |
| 阿鲁巴岛 | Aruba Is. | 270 | 277 | 339 | 354 |
| 巴哈马 | Bahamas | 79844 | 108309 | 92056 | 77772 |
| 巴巴多斯 | Barbados | 231572 | 370918 | 562224 | 611608 |
| 伯利兹 | Belize | 26431 | 29508 | 31191 | 35634 |
| 玻利维亚 | Bolivia | 9611 | 9911 | 5053 | 4508 |
| 博内尔 | Bonaire | 128 | | | |
| 巴西 | Brazil | 56464 | 65262 | 61208 | 66428 |

7-12 续表 3 Continued 3

单位：万美元

Unit：USD 10000

| 国别(地区) | Country/Region | 2006 | 2007 | 2008 | 2009 |
|---|---|---|---|---|---|
| 开曼群岛 | Cayman Is. | 1853758 | 2121746 | 2617134 | 2785745 |
| 智利 | Chile | 9583 | 8947 | 12018 | 10880 |
| 哥伦比亚 | Colombia | 7106 | 16953 | 15380 | 14592 |
| 多米尼克 | Dominica | 6567 | 10827 | 3902 | 5560 |
| 哥斯达黎加 | Costa Rica | 1606 | 1328 | 1453 | 1197 |
| 古巴 | Cuba | 8609 | 9421 | 7069 | 14724 |
| 多米尼加共和国 | Dominican Rep. | 4392 | 907 | 2610 | 2800 |
| 厄瓜多尔 | Ecuador | 1218 | 1220 | 1044 | 666 |
| 法属圭亚那 | French Guyana | 7 | 7 | | |
| 格林纳达 | Grenada | 216 | 225 | 1685 | 1685 |
| 瓜德罗普岛 | Guadeloupe | | 1354 | 91 | |
| 危地马拉 | Guatemala | 326 | 391 | 397 | 397 |
| 圭亚那 | Guyana | | | 65 | 10 |
| 海地 | Haiti | | | 22 | 22 |
| 洪都拉斯 | Honduras | 3155 | 3913 | 6360 | 8801 |
| 牙买加 | Jamaica | 1964 | 1028 | 1008 | 1063 |
| 马提尼克岛 | Martinique | 398 | 20 | 20 | 20 |
| 墨西哥 | Mexico | 9838 | 20364 | 28242 | 25381 |
| 尼加拉瓜 | Nicaragua | 1747 | 465 | 465 | 35 |
| 巴拿马 | Panama | 74189 | 83832 | 77737 | 85100 |
| 巴拉圭 | Paraguay | 5108 | 6628 | 6388 | 6240 |
| 秘鲁 | Peru | 23864 | 7085 | 4780 | 4587 |
| 波多黎各 | Puerto Rico | | | 10 | 10 |
| 圣卢西亚 | Saint Lucia | 819 | 819 | | |
| 圣文森特和格林纳丁斯 | Saint Vincent & Grenadines | 2749 | 2842 | 2079 | 2066 |
| 萨尔瓦多 | El Salvador | 528 | 528 | 93 | 30 |
| 苏里南 | Suriname | 1976 | 3076 | 2464 | 1463 |
| 特立尼达和多巴哥 | Trinidad & Tobago | 33 | 33 | 132 | 132 |
| 特克斯和凯科斯群岛 | Turks & Caicos Is. | 234 | 2722 | 4723 | 1498 |
| 乌拉圭 | Uruguay | 4826 | 1824 | 2129 | 1772 |
| 委内瑞拉 | Venezuela | 9157 | 5439 | 4663 | 4119 |
| 维尔京群岛 | Virgin Is. | 10602101 | 13610036 | 14397955 | 15767907 |
| 圣其茨--尼维斯 | St. Kitts-Nevis | 5493 | 4738 | 8320 | 6333 |
| 拉丁美洲其他国家 | Oth. Amer. Nes | 230862 | 266584 | 224496 | 223295 |
| **北美洲** | **North America** | **9008668** | **10063941** | **9874168** | **9484173** |
| 加拿大 | Canada | 957301 | 1070960 | 1017145 | 1080163 |
| 美国 | United States | 7114560 | 7876635 | 7540153 | 7692564 |
| 格陵兰 | Greenland | | 8 | 1640 | 872 |
| 百慕大 | Bermuda | 417301 | 498223 | 482223 | 636100 |
| 北美洲其他国家(地区) | Oth.N.Amer.nes | 519505 | 618116 | 833007 | 74475 |
| **大洋洲及太平洋岛屿** | **Oceania and Pacific Is.** | **2461651** | **2946705** | **3131510** | **3214606** |
| 澳大利亚 | Australia | 898465 | 896148 | 899971 | 918900 |
| 库克群岛 | Cook Is. | 9605 | 11363 | 11193 | 11313 |
| 斐济 | Fiji | 528 | 430 | 443 | 392 |
| 瑙鲁 | Nauru | 2750 | 2235 | 1702 | 524 |
| 新喀里多尼亚 | New Caledonia | 70 | 433 | 447 | 447 |
| 瓦努阿图 | Vanuatu | 3575 | 3075 | 5107 | 4151 |
| 新西兰 | New Zealand | 130774 | 156203 | 167209 | 237896 |
| 巴布亚新几内亚 | Papua New Guinea | 1398 | 876 | 709 | 560 |
| 所罗门群岛 | Solomon Is. | 130 | 30 | 30 | 45 |
| 汤加 | Tonga | 729 | 772 | 950 | 1097 |
| 土布艾群岛 | TubaiIS. | | | 190 | 190 |
| 萨摩亚 | Samoa | 831516 | 1237625 | 1374883 | 1515391 |
| 基里巴斯 | Kiribati | 9724 | 9514 | 9530 | 9470 |
| 图瓦卢 | Tuvalu | 205 | 205 | 205 | 205 |
| 密克罗尼西亚联邦 | Micronesia FS | | 47416 | 43338 | 59915 |
| 马绍尔群岛 | Marshall Is. | 19378 | 6113 | | |
| 其它太平洋岛屿 | Oth.Pacific Is. | 552805 | 574268 | 615604 | 454111 |
| **其他** | **Others** | **896820** | **798896** | **4273246** | **1384638** |

# 7-13 各地外商投资企业年末注册资本

# Registered Capital of Foreign-funded Enterprise by Region or Department at the Year-end

单位：万美元

Unit：USD 10000

| 地区、部门 | Region/Department | 2006 | 2007 | 2008 | 2009 |
|---|---|---|---|---|---|
| **总　计** | **Total** | **94647381** | **115541864** | **130055348** | **140348130** |
| **一、地区合计** | **Subtotal of Regions** | **94647381** | **112020805** | **125750382** | **134923802** |
| 北　京 | Beijing | 3662974 | 4803469 | 5630779 | 6252695 |
| 天　津 | Tianjin | 3630064 | 4637301 | 5325415 | 5485249 |
| 河　北 | Hebei | 1406120 | 1605973 | 1875440 | 1986817 |
| 山　西 | Shanxi | 601669 | 879759 | 919934 | 1011350 |
| 内 蒙 古 | Inner Mongolia | 747254 | 860163 | 1126548 | 1346294 |
| 辽　宁 | Liaoning | 5966911 | 6812395 | 8012720 | 8493797 |
| 吉　林 | Jilin | 1621528 | 1651084 | 979547 | 1062660 |
| 黑 龙 江 | Heilongjiang | 852527 | 889163 | 991399 | 1087188 |
| 上　海 | Shanghai | 12123911 | 14502472 | 16917491 | 18189238 |
| 江　苏 | Jiangsu | 16536042 | 20161853 | 22031010 | 23947240 |
| 浙　江 | Zhejiang | 7019923 | 8260362 | 9170119 | 9500046 |
| 安　徽 | Anhui | 1057497 | 1403435 | 1474882 | 1598971 |
| 福　建 | Fujian | 4995228 | 5619403 | 6264456 | 6535595 |
| 江　西 | Jiangxi | 1398522 | 1837144 | 2085549 | 2307296 |
| 山　东 | Shandong | 5175490 | 5363630 | 5707145 | 6466567 |
| 河　南 | Henan | 1230015 | 1373872 | 1611046 | 1908545 |
| 湖　北 | Hubei | 1580767 | 1810455 | 2008358 | 2197563 |
| 湖　南 | Hunan | 1183591 | 1364370 | 1537965 | 1581587 |
| 广　东 | Guangdong | 18049168 | 20408645 | 22513748 | 23431256 |
| 广　西 | Guangxi | 983059 | 1241153 | 1390703 | 1497830 |
| 海　南 | Hainan | 825993 | 1422592 | 1596407 | 1623191 |
| 重　庆 | Chongqing | 486289 | 1050049 | 1332882 | 1624732 |
| 四　川 | Sichuan | 1258793 | 1633968 | 2576581 | 2800608 |
| 贵　州 | Guizhou | 163024 | 169718 | 193102 | 213730 |
| 云　南 | Yunnan | 589920 | 665021 | 825554 | 928444 |
| 西　藏 | Tibet | 28290 | 30974 | 32678 | 36003 |
| 陕　西 | Shaanxi | 842558 | 945204 | 807731 | 969418 |
| 甘　肃 | Gansu | 156057 | 165336 | 184735 | 225819 |
| 青　海 | Qinghai | 111080 | 135510 | 201570 | 166024 |
| 宁　夏 | Ningxia | 196525 | 119706 | 132775 | 137921 |
| 新　疆 | Xinjiang | 166593 | 196627 | 292114 | 310129 |
| **二、部门合计** | **Subtotal of Departments** | | **3521060** | **4304966** | **5424328** |

# 7-14 分国别(地区)外商投资企业年末外方注册资本

# Registered Foreign Capital of Foreign-funded Enterprise by Country or Region at the Year-end

单位：万美元

Unit：USD 10000

| 国别(地区) | Country/Region | 2006 | 2007 | 2008 | 2009 |
|---|---|---|---|---|---|
| **总　计** | **Total** | **74062533** | **92114807** | **103885057** | **113694532** |
| **亚洲** | **Asia** | **45805662** | **57968487** | **66572118** | **75306969** |
| 阿富汗 | Afghanistan | 7694 | 258 | 7468 | 4882 |
| 巴林 | Bahrain | 1046 | 509 | 1031 | 1042 |
| 孟加拉国 | Bangladesh | 2728 | 2762 | 10220 | 9745 |
| 不丹 | Bhutan | | | 860 | 115 |
| 文莱 | Brunei | 189641 | 284722 | 339256 | 328883 |
| 缅甸 | Myanmar | 11055 | 13080 | 8554 | 10865 |
| 柬埔寨 | Kampuchea | 12443 | 14992 | 14313 | 17890 |
| 塞浦路斯 | Cyprus | 22937 | 28163 | 38103 | 32484 |
| 朝鲜 | Korea DPR | 6914 | 11044 | 4986 | 3150 |
| 中国香港 | Hong Kong, China | 28162799 | 36805269 | 44020536 | 51812424 |
| 印度 | India | 30103 | 39293 | 53193 | 68042 |
| 印度尼西亚 | Indonesia | 207850 | 270202 | 264396 | 235484 |
| 伊朗 | Iran | 4942 | 6748 | 13619 | 31210 |
| 伊拉克 | Iraq | 552 | 987 | 1033 | 1199 |
| 以色列 | Israel | 12095 | 16813 | 16120 | 16765 |
| 日本 | Japan | 5371423 | 6422902 | 6870521 | 7279982 |
| 约旦 | Jordan | 3701 | 4386 | 4242 | 4188 |
| 科威特 | Kuwait | 1542 | 995 | 1125 | 814 |
| 老挝 | Laos | 3216 | 3407 | 1913 | 6709 |
| 黎巴嫩 | Lebanon | 2836 | 2973 | 2564 | 2425 |
| 中国澳门 | Macao, China | 691185 | 750341 | 810012 | 897764 |
| 马来西亚 | Malaysia | 492017 | 552638 | 564871 | 619890 |
| 蒙古 | Mongolia | 7507 | 7177 | 10139 | 8306 |
| 尼泊尔 | Nepal | 1430 | 1507 | 1142 | 1158 |
| 阿曼 | Oman | 589 | 641 | 144 | 155 |
| 巴基斯坦 | Pakistan | 3930 | 7089 | 5744 | 7243 |
| 巴勒斯坦 | Palestine | 553 | 338 | 3133 | 373 |
| 菲律宾 | Philippines | 272842 | 289153 | 267527 | 260087 |
| 卡塔尔 | Qatar | 314 | 198 | 226 | 286 |
| 沙特阿拉伯 | Saudi Arabia | 9418 | 110757 | 122012 | 163606 |
| 新加坡 | Singapore | 2944297 | 3711106 | 4211245 | 4589908 |
| 韩国 | Korea | 3038192 | 3507686 | 3865471 | 3910011 |
| 斯里兰卡 | Sri Lanka | 2140 | 2254 | 1587 | 1317 |
| 叙利亚 | Syria | 831 | 1485 | 2291 | 2028 |
| 泰国 | Thailand | 296241 | 283579 | 300202 | 356475 |
| 土耳其 | Turkey | 9157 | 10210 | 15701 | 22350 |
| 阿联酋 | United Arab Emirates | 54636 | 80838 | 72567 | 85268 |
| 也门共和国 | Yemen Rep. | 731 | 1323 | 3855 | 3276 |
| 越南 | Vietnam | 2249 | 3077 | 3320 | 3677 |
| 中国台湾 | Taiwan, China | 3451851 | 3702987 | 3671618 | 3638434 |
| 哈萨克 | Kazakhstan | 6337 | 11734 | 11972 | 16894 |
| 吉尔吉斯 | Kirghizia | 1312 | 1984 | 5244 | 5225 |
| 塔吉克 | Tadzhikistan | 21 | 13 | 14 | 14 |
| 土库曼斯坦 | Turkmenistan | 14 | 14 | | |
| 乌兹别克 | Uzbekistan | 572 | 191 | 445 | 427 |
| 亚洲其他国家 | Oth. Asia. Nes | 461781 | 1000661 | 947585 | 844501 |

7-14 续表 1 Continued 1

单位：万美元

Unit: USD 10000

| 国别(地区) | Country/Region | 2006 | 2007 | 2008 | 2009 |
|---|---|---|---|---|---|
| **非洲** | **Africa** | **1278068** | **1579522** | **1790672** | **1608083** |
| 阿尔及利亚 | Algeria | 3373 | 3025 | 1937 | 2063 |
| 安哥拉 | Angola | 531 | 1335 | 1478 | 2574 |
| 贝宁 | Benin | 1049 | 1924 | 1471 | 1470 |
| 博茨瓦那 | Botswana | 639 | 3509 | 359 | 2858 |
| 布隆迪 | Burundi | 16 | 16 | 17 | 30 |
| 喀麦隆 | Cameroon | 886 | 964 | 1118 | 749 |
| 佛得角 | Cape Verde | 6242 | 8147 | 1484 | 1485 |
| 中非 | Central African | 402 | 392 | 378 | 4953 |
| 乍得 | Chad | 63 | 168 | 168 | 220 |
| 科摩罗 | Comoros | 45 | 49 | 49 | 49 |
| 刚果 | Congo | 1220 | 720 | 620 | 616 |
| 吉布提 | Djibouti | 328 | 318 | 330 | 430 |
| 埃及 | Egypt | 4417 | 4459 | 4957 | 6195 |
| 赤道几内亚 | Eq.Guinea | 407 | 608 | 488 | 488 |
| 埃塞俄比亚 | Ethiopia | 607 | 531 | 2435 | 560 |
| 加蓬 | Gabon | 1525 | 1514 | 1399 | 1414 |
| 冈比亚 | Gambia | 3100 | 6080 | 7226 | 4454 |
| 加纳 | Ghana | 652 | 633 | 894 | 984 |
| 几内亚 | Guinea | 282 | 112 | 90 | 239 |
| 几内亚(比绍) | Guinea Bissau | 69 | 71 | 201 | 299 |
| 科特迪瓦 | Coted'Lvoire | 1772 | 1772 | 10 | 35 |
| 肯尼亚 | Kenya | 1551 | 1272 | 892 | 942 |
| 利比里亚 | Liberia | 10789 | 7412 | 7021 | 5571 |
| 利比亚 | Libya | 2586 | 3108 | 3126 | 2884 |
| 马达加斯加 | Madagascar | 6457 | 7913 | 7954 | 6493 |
| 马里 | Mali | 30 | 30 | 82 | 74 |
| 毛里塔尼亚 | Mauritania | 22533 | 25347 | 5789 | 4886 |
| 毛里求斯 | Mauritius | 1054993 | 1302398 | 1551081 | 1321579 |
| 摩洛哥 | Morocco | 353 | 357 | 318 | 147 |
| 莫桑比克 | Mozambique | | | 116 | 116 |
| 纳米比亚 | Namibia | 2521 | 8747 | 2599 | 2118 |
| 尼日尔 | Niger | 625 | 1014 | 1018 | 1004 |
| 尼日利亚 | Nigeria | 18825 | 22196 | 23014 | 25542 |
| 卢旺达 | Rwanda | 404 | 404 | 4 | 4 |
| 塞内加尔 | Senegal | 1 | 2 | 18 | 52 |
| 塞舌尔 | Seychelles | 19488 | 32132 | 41853 | 91968 |
| 塞拉利昂 | Sierra Leone | 2221 | 1949 | 1782 | 378 |
| 索马里 | Somalia | 890 | 960 | 960 | 1040 |
| 南非 | S.Africa | 67580 | 75366 | 62992 | 68523 |
| 西撒哈拉 | W.Sahara | | 12 | | |
| 苏丹 | Sudan | 895 | 846 | 739 | 718 |
| 坦桑尼亚 | Tanzania | 1129 | 937 | 415 | 487 |
| 多哥 | Togo | 289 | 172 | 156 | 141 |
| 突尼斯 | Tunisia | 273 | 1318 | 2271 | 2568 |
| 乌干达 | Uganda | 883 | 976 | 1170 | 810 |
| 布基纳法索 | Burkina Faso | 257 | 257 | 134 | 257 |
| 民主刚果 | Gongo DR | 375 | 375 | 375 | 185 |
| 赞比亚 | Zambia | 12028 | 13516 | 4095 | 4062 |
| 津巴布韦 | Zimbabwe | 2125 | 2730 | 455 | 415 |
| 莱索托 | Lesotho | 66 | 66 | 66 | 66 |
| 厄立特里亚 | Eritrea | 20 | 20 | 20 | 20 |
| 非洲其他国家 | Oth. Afr. Nes | 20256 | 31344 | 43047 | 32867 |

7-14 续表 2 Continued 2

单位：万美元

Unit: USD 10000

| 国别(地区) | Country/Region | 2006 | 2007 | 2008 | 2009 |
|---|---|---|---|---|---|
| **欧洲** | **Europe** | **6138335** | **7536175** | **8542350** | **8986120** |
| 比利时 | Belgium | 80648 | 92569 | 111098 | 106742 |
| 丹麦 | Denmark | 143270 | 163915 | 157046 | 207021 |
| 英国 | United Kingdom | 1285653 | 1580285 | 1674860 | 1670861 |
| 德国 | Germany | 1508508 | 1916347 | 2175009 | 2281920 |
| 法国 | France | 694865 | 859631 | 1036725 | 1235713 |
| 爱尔兰 | Ireland | 23739 | 49396 | 53859 | 65501 |
| 意大利 | Italy | 359737 | 440805 | 495553 | 467931 |
| 卢森堡 | Luxembourg | 63960 | 96942 | 155890 | 169925 |
| 荷兰 | Netherlands | 838054 | 995194 | 1121366 | 1220992 |
| 希腊 | Greece | 5875 | 5934 | 7970 | 8800 |
| 葡萄牙 | Portugal | 18849 | 21459 | 21314 | 17949 |
| 西班牙 | Spain | 168008 | 199039 | 239689 | 256089 |
| 阿尔巴尼亚 | Albania | 1227 | 1221 | 188 | 188 |
| 安道尔 | Andorra | 1014 | 55 | 55 | 55 |
| 奥地利 | Austria | 123045 | 137848 | 145677 | 138219 |
| 保加利亚 | Bulgaria | 1723 | 1613 | 1239 | 2987 |
| 芬兰 | Finland | 43812 | 74499 | 79117 | 66026 |
| 直布罗陀 | Gibraltar | 3707 | 774 | 1026 | 1025 |
| 匈牙利 | Hungary | 27969 | 27734 | 33040 | 32322 |
| 冰岛 | Iceland | 492 | 1027 | 1269 | 1549 |
| 列支敦士登 | Liechtenstein | 11733 | 12141 | 1622 | 1410 |
| 马耳他 | Malta | 1113 | 1343 | 1039 | 1989 |
| 摩纳哥 | Monaco | 194 | 273 | 269 | 194 |
| 挪威 | Norway | 26662 | 29576 | 34732 | 46237 |
| 波兰 | Poland | 11973 | 12717 | 15663 | 16242 |
| 罗马尼亚 | Romania | 19975 | 27359 | 22754 | 21524 |
| 圣马力诺 | San Marino | 1073 | 296 | 438 | 600 |
| 瑞典 | Sweden | 129888 | 194048 | 239997 | 269890 |
| 瑞士 | Switzerland | 360282 | 416107 | 458331 | 441887 |
| 爱沙尼亚 | Estonia | 394 | 546 | 487 | 487 |
| 拉脱维亚 | Latvia | 222 | 212 | 212 | 15 |
| 立陶宛 | Lithuania | 314 | 315 | 948 | 275 |
| 格鲁吉亚 | Georgia | 602 | 371 | 37 | 44 |
| 亚美尼亚 | Armenia | 143 | 1436 | 1436 | 1639 |
| 阿塞拜疆 | Azerbaijan | 708 | 425 | 421 | 541 |
| 白俄罗斯 | Byelorussia | 1561 | 1460 | 1294 | 1606 |
| 摩尔多瓦 | Moldavia | 48 | 543 | 7 | |
| 俄罗斯 | Russia | 59262 | 52980 | 48742 | 66231 |
| 乌克兰 | Ukraine | 5752 | 7290 | 9141 | 8483 |
| 南斯拉夫 | Yugoslavia | 2300 | 4313 | 1348 | 1630 |
| 斯洛文尼亚 | Slovenia | 1059 | 1449 | 1695 | 2128 |
| 克罗地亚 | Croatia | 677 | 658 | 68 | 39 |
| 捷克 | Czech | 35014 | 30093 | 22664 | 25809 |
| 斯洛伐克 | Slovak | 3065 | 1974 | 2194 | 2082 |
| 马其顿 | Macedonia | | | 14 | |
| 波黑 | Bosnia & Herzegovina | 25 | 25 | 3 | 3 |
| 欧洲其他国家 | Oth. Euo. Nes | 70140 | 71937 | 164803 | 123321 |
| **拉丁美洲** | **Latin America** | **11178783** | **14087794** | **15741514** | **16948255** |
| 阿根廷 | Argentina | 18635 | 22537 | 20555 | 14356 |
| 阿鲁巴岛 | Aruba Is. | 270 | 277 | 303 | 318 |
| 巴哈马 | Bahama | 63428 | 78414 | 67975 | 49867 |
| 巴巴多斯 | Barbados | 193480 | 308876 | 477376 | 508231 |
| 伯利兹 | Belize | 23378 | 27606 | 27848 | 32424 |
| 玻利维亚 | Bolivia | 8024 | 8498 | 4321 | 3810 |
| 博内尔 | Bonaire | 128 | | | |

7-14 续表 3 Continued 3

单位：万美元

Unit: USD 10000

| 国别(地区) | Country/Region | 2006 | 2007 | 2008 | 2009 |
|---|---|---|---|---|---|
| 巴西 | Brazil | 37131 | 42321 | 39765 | 42718 |
| 开曼群岛 | Cayman Is. | 1714856 | 1938560 | 2370009 | 2536203 |
| 智利 | Chile | 8164 | 7856 | 10288 | 9412 |
| 哥伦比亚 | Colombia | 6065 | 15501 | 14753 | 14575 |
| 多米尼克 | Dominica | 6045 | 9997 | 3155 | 5227 |
| 哥斯达黎加 | Costa Rica | 1437 | 1102 | 1236 | 1113 |
| 古巴 | Cuba | 4427 | 4996 | 4996 | 8119 |
| 多米尼加共和国 | Dominican Rep. | 3801 | 316 | 2014 | 2280 |
| 厄瓜多尔 | Ecuador | 763 | 785 | 703 | 603 |
| 法属圭亚那 | French Guyana | 7 | 7 | | |
| 格林纳达 | Grenada | 216 | 225 | 1685 | 1685 |
| 瓜德罗普岛 | Guadeloupe | | 1248 | 64 | |
| 危地马拉 | Guatemala | 326 | 362 | 368 | 368 |
| 圭亚那 | Guyana | | | 65 | 10 |
| 海地 | Haiti | | | 22 | 22 |
| 洪都拉斯 | Honduras | 2920 | 3482 | 5986 | 8216 |
| 牙买加 | Jamaica | 1737 | 918 | 898 | 948 |
| 马提尼克岛 | Martinique | 190 | 20 | 20 | 20 |
| 墨西哥 | Mexico | 8314 | 18648 | 26208 | 23178 |
| 尼加拉瓜 | Nicaragua | 1747 | 465 | 465 | 35 |
| 巴拿马 | Panama | 63253 | 72741 | 70916 | 73328 |
| 巴拉圭 | Paraguay | 4499 | 5179 | 5006 | 4889 |
| 秘鲁 | Peru | 10531 | 5921 | 4155 | 3930 |
| 波多黎各 | Puerto Rico | | | 10 | 10 |
| 圣卢西亚 | Saint Lucia | 819 | 819 | | |
| 圣文森特和格林纳丁斯 | SaintVincent&Grenadines | 2715 | 2808 | 1571 | 1558 |
| 萨尔瓦多 | El Salvador | 448 | 448 | 93 | 30 |
| 苏里南 | Suriname | 1499 | 2335 | 1421 | 620 |
| 特立尼达和多巴哥 | Trinidad & Tobago | 33 | 33 | 69 | 102 |
| 特克斯和凯科斯群岛 | Turks & Caicos Is. | 484 | 1376 | 4031 | 1055 |
| 乌拉圭 | Uruguay | 3989 | 1078 | 1408 | 1422 |
| 委内瑞拉 | Venezuela | 8763 | 4398 | 3860 | 3334 |
| 维尔京群岛 | Virgin Is. | 8751314 | 11244218 | 12340888 | 13379680 |
| 圣其茨--尼维斯 | St. Kitts-Nevis | 5422 | 4292 | 7514 | 5548 |
| 拉丁美洲其他国家 | Oth. Amer. Nes | 219524 | 249133 | 219495 | 209014 |
| **北美洲** | **North America** | **6886324** | **7790966** | **7592299** | **7197392** |
| 加拿大 | Canada | 697847 | 787802 | 760247 | 800424 |
| 美国 | United States | 5392786 | 6025260 | 5839852 | 5800476 |
| 格陵兰 | Greenland | | 8 | 1093 | 250 |
| 百慕大 | Bermuda | 333722 | 410823 | 410478 | 524213 |
| 北美洲其他国家(地区) | Oth.N.Amer.nes | 461969 | 567075 | 580629 | 72029 |
| **大洋洲及太平洋岛屿** | **Oceania and Pacific Is.** | **2060655** | **2519066** | **2696194** | **2746543** |
| 澳大利亚 | Australia | 667914 | 677325 | 686650 | 681834 |
| 库克群岛 | Cook Is. | 8243 | 10973 | 10893 | 9846 |
| 斐济 | Fiji | 261 | 223 | 223 | 222 |
| 瑙鲁 | Nauru | 2602 | 1956 | 1425 | 488 |
| 新喀里多尼亚 | New Caledonia | 70 | 433 | 422 | 422 |
| 瓦努阿图 | Vanuatu | 2770 | 1926 | 2686 | 2344 |
| 新西兰 | New Zealand | 101846 | 120084 | 133079 | 151155 |
| 纽埃岛 | Niue Is. | 1267 | | | |
| 巴布亚新几内亚 | Papua New Guinea | | 768 | 652 | 503 |
| 所罗门群岛 | Solomon Is. | 130 | 30 | 30 | 45 |
| 汤加 | Tonga | 679 | 722 | 920 | 947 |
| 土布艾群岛 | TubaiIS. | | | 135 | 135 |
| 萨摩亚 | Samoa | 774575 | 1145974 | 1263486 | 1427514 |
| 基里巴斯 | Kiribati | 9659 | 9450 | 9468 | 9408 |
| 图瓦卢 | Tuvalu | 100 | 100 | 100 | 100 |
| 马绍尔群岛 | Marshall Is. | 15722 | 40011 | 37102 | 51985 |
| 密克罗尼西亚联邦 | Micronesia FS | | 5364 | | |
| 其它太平洋岛屿 | Oth.Pacific Is. | 474817 | 503729 | 548924 | 409596 |
| **其他** | **Others** | **714705** | **632795** | **949910** | **901171** |

# 7-15 各地外商投资企业年末外方注册资本

## Registered Foreign Capital of Foreign-funded Enterprise by Region or Department at the Year-end

单位：万美元

Unit：USD 10000

| 地区、部门 | Region/Department | 2006 | 2007 | 2008 | 2009 |
|---|---|---|---|---|---|
| **总　计** | **Total** | **74062533** | **92114807** | **103885057** | **113694532** |
| **一、地区合计** | **Subtotal of Regions** | **74062533** | **89077571** | **100447244** | **109179382** |
| 北　京 | Beijing | 2763484 | 3790064 | 4564244 | 5074026 |
| 天　津 | Tianjin | 2927121 | 3906363 | 4535345 | 4608650 |
| 河　北 | Hebei | 950116 | 1046918 | 1293637 | 1406118 |
| 山　西 | Shanxi | 374375 | 540830 | 516793 | 639838 |
| 内蒙古 | Inner Mongolia | 501324 | 578949 | 763357 | 945656 |
| 辽　宁 | Liaoning | 4322340 | 5390204 | 6420618 | 6929031 |
| 吉　林 | Jilin | 1031754 | 1025366 | 683239 | 785615 |
| 黑龙江 | Heilongjiang | 599436 | 635623 | 740908 | 808008 |
| 上　海 | Shanghai | 9633127 | 11697071 | 13774626 | 14792175 |
| 江　苏 | Jiangsu | 14087208 | 17335362 | 19005473 | 20446049 |
| 浙　江 | Zhejiang | 5109708 | 6171172 | 6860396 | 7222033 |
| 安　徽 | Anhui | 726812 | 1016015 | 1075415 | 1160774 |
| 福　建 | Fujian | 4421990 | 4808316 | 5402443 | 5620287 |
| 江　西 | Jiangxi | 1174035 | 1544648 | 1726892 | 1947398 |
| 山　东 | Shandong | 3706587 | 3869677 | 4250404 | 4788682 |
| 河　南 | Henan | 839642 | 944032 | 1168038 | 1393578 |
| 湖　北 | Hubei | 1049882 | 1219723 | 1446610 | 1622821 |
| 湖　南 | Hunan | 848749 | 999496 | 1174124 | 1241851 |
| 广　东 | Guangdong | 15027656 | 17017217 | 18061663 | 19878094 |
| 广　西 | Guangxi | 763117 | 929224 | 1093655 | 1208174 |
| 海　南 | Hainan | 539604 | 1019397 | 1130305 | 1175780 |
| 重　庆 | Chongqing | 325452 | 761538 | 1005098 | 1204554 |
| 四　川 | Sichuan | 803117 | 1156126 | 1960287 | 2136708 |
| 贵　州 | Guizhou | 115071 | 119505 | 141801 | 158456 |
| 云　南 | Yunnan | 377211 | 454249 | 553454 | 682051 |
| 西　藏 | Tibet | 19583 | 22237 | 23941 | 26833 |
| 陕　西 | Shaanxi | 609273 | 689361 | 561823 | 721101 |
| 甘　肃 | Gansu | 104896 | 106366 | 116198 | 147327 |
| 青　海 | Qinghai | 54111 | 73143 | 102820 | 83248 |
| 宁　夏 | Ningxia | 153349 | 80242 | 88144 | 95693 |
| 新　疆 | Xinjiang | 102403 | 129136 | 205491 | 228772 |
| **二、部门合计** | **Subtotal of Departments** | | **3037236** | **3437813** | **4515150** |

# 对外合作篇

# INTERNATIONAL COOPERATION

第 8 篇

# 8-1 对外经济合作概况

## Foreign Economic Cooperation

<table>
<tr><th>年 份<br>Year</th><th>合同数<br>(份)<br>Contract Number<br>(unit)</th><th>合同金额<br>(亿美元)<br>Contract Value<br>(USD 100 million)</th><th>完成营业额<br>(亿美元)<br>Turnover<br>(USD 100 million)</th></tr>
<tr><td>1976</td><td>2</td><td rowspan="2">0.01</td><td rowspan="6">1.70</td></tr>
<tr><td>1977</td><td>1</td></tr>
<tr><td>1978</td><td>4</td><td>0.01</td></tr>
<tr><td>1979</td><td>36</td><td>0.51</td></tr>
<tr><td>1980</td><td>172</td><td>1.85</td></tr>
<tr><td>1981</td><td>363</td><td>5.04</td></tr>
<tr><td>1982</td><td>314</td><td>5.07</td><td>3.48</td></tr>
<tr><td>1983</td><td>460</td><td>9.24</td><td>4.52</td></tr>
<tr><td>1984</td><td>740</td><td>17.37</td><td>6.23</td></tr>
<tr><td>1985</td><td>923</td><td>12.65</td><td>8.35</td></tr>
<tr><td>1986</td><td>944</td><td>13.59</td><td>9.73</td></tr>
<tr><td>1987</td><td>1449</td><td>18.89</td><td>12.60</td></tr>
<tr><td>1988</td><td>2126</td><td>21.72</td><td>14.30</td></tr>
<tr><td>1989</td><td>3100</td><td>22.12</td><td>16.86</td></tr>
<tr><td>1990</td><td>5175</td><td>26.04</td><td>18.67</td></tr>
<tr><td>1991</td><td>8438</td><td>36.09</td><td>23.63</td></tr>
<tr><td>1992</td><td>9405</td><td>65.85</td><td>30.49</td></tr>
<tr><td>1993</td><td>11605</td><td>68.00</td><td>45.38</td></tr>
<tr><td>1994</td><td>17491</td><td>79.88</td><td>59.78</td></tr>
<tr><td>1995</td><td>19321</td><td>96.72</td><td>65.88</td></tr>
<tr><td>1996</td><td>24891</td><td>102.73</td><td>76.96</td></tr>
<tr><td>1997</td><td>28442</td><td>113.56</td><td>83.83</td></tr>
<tr><td>1998</td><td>25955</td><td>117.73</td><td>101.34</td></tr>
<tr><td>1999</td><td>21126</td><td>130.02</td><td>112.35</td></tr>
<tr><td>2000</td><td>23565</td><td>149.43</td><td>113.25</td></tr>
<tr><td>2001</td><td>39400</td><td>164.55</td><td>121.39</td></tr>
<tr><td>2002</td><td>34461</td><td>178.91</td><td>143.52</td></tr>
<tr><td>2003</td><td>42059</td><td>209.30</td><td>172.34</td></tr>
<tr><td>2004</td><td>60312</td><td>276.98</td><td>213.69</td></tr>
<tr><td>2005</td><td>73233</td><td>342.16</td><td>267.76</td></tr>
<tr><td>2006</td><td>107744</td><td>716.48</td><td>356.95</td></tr>
<tr><td>2007</td><td>168240</td><td>853.45</td><td>479.00</td></tr>
<tr><td>2008</td><td>163881</td><td>1130.15</td><td>651.16</td></tr>
<tr><td>2009</td><td>162081</td><td>1336.82</td><td>866.17</td></tr>
</table>

注：本数据来自商务部，从2009年开始，“对外承包工程”数据包含了“对外设计咨询”。

# 8-2 对外承包工程概况

## Foreign Engineering Projects

| 年 份<br>Year | 签订合同数<br>(份)<br>Contract Number<br>(Unit) | 合同金额<br>(亿美元)<br>Contract Value<br>(USD 100 million) | 完成营业额<br>(亿美元)<br>Turnover<br>(USD 100 million) | 年末在国外人数<br>(万人)<br>Persons Abroad by the End of Year<br>(10000 person ) |
|---|---|---|---|---|
| 1979 | 27 | 0.33 | } | |
| 1980 | 138 | 1.40 | } 1.23 | |
| 1981 | 250 | 2.76 | } | |
| 1982 | 195 | 3.46 | 1.00 | |
| 1983 | 280 | 7.99 | 1.89 | |
| 1984 | 344 | 15.38 | 4.94 | |
| 1985 | 465 | 11.16 | 6.63 | |
| 1986 | 486 | 11.89 | 8.19 | |
| 1987 | 616 | 16.48 | 11.14 | 3.13 |
| 1988 | 642 | 18.13 | 12.53 | 3.00 |
| 1989 | 776 | 17.81 | 14.84 | 2.40 |
| 1990 | 920 | 21.25 | 16.44 | 2.18 |
| 1991 | 1171 | 25.24 | 19.70 | 2.15 |
| 1992 | 1164 | 52.51 | 24.03 | 2.54 |
| 1993 | 1393 | 51.89 | 36.68 | 3.42 |
| 1994 | 1702 | 60.27 | 48.83 | 3.83 |
| 1995 | 1558 | 74.84 | 51.08 | 3.84 |
| 1996 | 1634 | 77.28 | 58.21 | 3.88 |
| 1997 | 2085 | 85.16 | 60.36 | 4.78 |
| 1998 | 2322 | 92.43 | 77.69 | 6.11 |
| 1999 | 2527 | 101.99 | 85.22 | 5.53 |
| 2000 | 2597 | 117.19 | 83.79 | 5.56 |
| 2001 | 5836 | 130.39 | 88.99 | 6.00 |
| 2002 | 4036 | 150.55 | 111.94 | 7.85 |
| 2003 | 3708 | 176.67 | 138.37 | 9.40 |
| 2004 | 6694 | 238.44 | 174.68 | 11.47 |
| 2005 | 9502 | 296.14 | 271.63 | 14.48 |
| 2006 | 12996 | 660.05 | 299.93 | 19.86 |
| 2007 | 6282 | 776.21 | 406.43 | 23.60 |
| 2008 | 5411 | 1045.62 | 566.12 | 27.16 |
| 2009 | 7280 | 1262.10 | 777.06 | 32.69 |

# 8-3 对外劳务合作概况

## Foreign Labour Services

| 年 份<br>Year | 签订合同数<br>(份)<br>Contract Number<br>(Unit) | 合同金额<br>(亿美元)<br>Contract Value<br>(USD 100 million) | 完成营业额<br>(亿美元)<br>Turnover<br>(USD 100 million) | 年末在国外人数<br>(万人)<br>Persons Abroad by the End of Year<br>(10000 person ) |
|---|---|---|---|---|
| 1979 | 9 | 0.18 | | |
| 1980 | 34 | 0.45 | 0.47 | |
| 1981 | 113 | 2.28 | | |
| 1982 | 119 | 1.61 | 1.59 | |
| 1983 | 180 | 1.25 | 1.37 | |
| 1984 | 396 | 1.99 | 1.29 | |
| 1985 | 458 | 1.49 | 1.72 | |
| 1986 | 458 | 1.70 | 1.54 | |
| 1987 | 833 | 2.41 | 1.46 | 3.19 |
| 1988 | 1484 | 3.59 | 1.77 | 3.98 |
| 1989 | 2324 | 4.31 | 2.02 | 4.31 |
| 1990 | 4255 | 4.78 | 2.23 | 3.61 |
| 1991 | 7267 | 10.85 | 3.93 | 6.83 |
| 1992 | 8241 | 13.35 | 6.46 | 10.56 |
| 1993 | 10212 | 16.11 | 8.70 | 13.09 |
| 1994 | 15789 | 19.60 | 10.95 | 18.43 |
| 1995 | 17397 | 20.07 | 13.47 | 22.59 |
| 1996 | 22723 | 22.80 | 17.12 | 24.66 |
| 1997 | 25743 | 25.50 | 21.65 | 28.55 |
| 1998 | 23191 | 23.90 | 22.76 | 29.08 |
| 1999 | 18173 | 26.32 | 26.23 | 32.65 |
| 2000 | 20474 | 29.91 | 28.13 | 36.93 |
| 2001 | 33358 | 33.28 | 31.77 | 41.47 |
| 2002 | 30163 | 27.52 | 30.71 | 41.04 |
| 2003 | 38043 | 30.87 | 33.09 | 42.97 |
| 2004 | 53271 | 35.03 | 37.53 | 41.94 |
| 2005 | 63410 | 42.45 | 47.86 | 41.87 |
| 2006 | 94386 | 52.33 | 53.73 | 47.52 |
| 2007 | 161457 | 66.99 | 67.67 | 50.51 |
| 2008 | 157682 | 75.64 | 80.57 | 46.71 |
| 2009 | 154801 | 74.73 | 89.11 | 45.03 |

# 8-4 分国别(地区)对外承包工程合同数额

## Contracts Signed for Foreign Engineering Projects by Country or Region

| 国别(地区) | Country/Region | 2008 | | 2009 | |
|---|---|---|---|---|---|
| | | 合同(份) Nunber of Contracts (Unit) | 金额(万美元) Contract Value (USD 10000) | 合同(份) Nunber of Contracts (Unit) | 金额(万美元) Contract Value (USD 10000) |
| **合　计** | **Total** | **5411** | **10456216** | **7280** | **12620961** |
| **亚 洲** | **Asia** | **2300** | **5264002** | **2535** | **6212840** |
| 阿富汗 | Afghanistan | 1 | 450 | 24 | 22008 |
| 巴林 | Bahrain | 5 | 7752 | 2 | 725 |
| 孟加拉国 | Bangladesh | 41 | 30524 | 35 | 14990 |
| 文莱 | Brunei | 4 | 66 | 7 | 529 |
| 缅甸 | Myanmar | 49 | 63806 | 112 | 100874 |
| 柬埔寨 | Cambodia | 143 | 34015 | 36 | 132440 |
| 塞浦路斯 | Cyprus | 4 | 15804 | 1 | 20 |
| 朝鲜 | Korea DPR | 5 | 6501 | 14 | 2121 |
| 中国香港 | Hong Kong, China | 95 | 160667 | 94 | 293050 |
| 印度 | India | 200 | 1275506 | 288 | 695124 |
| 印度尼西亚 | Indonesia | 94 | 327899 | 139 | 181378 |
| 伊朗 | Iran | 47 | 174151 | 62 | 1147436 |
| 伊拉克 | Iran | 8 | 16253 | 19 | 127669 |
| 以色列 | Israel | 3 | 726 | 6 | 6915 |
| 日本 | Japan | 128 | 19045 | 140 | 15009 |
| 约旦 | Jordan | 7 | 26020 | 13 | 47594 |
| 科威特 | Kuwait | 15 | 47650 | 32 | 80783 |
| 老挝 | Laos | 15 | 38387 | 25 | 97172 |
| 黎巴嫩 | Lebanon | | | 1 | 10077 |
| 中国澳门 | Macao, China | 35 | 88647 | 15 | 28065 |
| 马来西亚 | Malaysia | 50 | 58872 | 102 | 188015 |
| 马尔代夫 | Maldives | 4 | 3873 | 1 | 3068 |
| 蒙古 | Mongolia | 57 | 81038 | 42 | 44690 |
| 尼泊尔 | Nepal | 12 | 9790 | 17 | 21052 |
| 阿曼 | Oman | 17 | 50269 | 30 | 103038 |
| 巴基斯坦 | Pakistan | 102 | 317569 | 78 | 195366 |
| 菲律宾 | Philippines | 33 | 36113 | 72 | 274728 |
| 卡塔尔 | Qatar | 14 | 100276 | 30 | 64839 |
| 沙特阿拉伯 | Saudi Arabia | 91 | 352235 | 65 | 590926 |
| 新加坡 | Singapore | 147 | 221816 | 222 | 193330 |
| 韩国 | Korea | 32 | 23928 | 56 | 15860 |
| 斯里兰卡 | Sri Lanka | 20 | 36323 | 31 | 107042 |
| 叙利亚 | Syria | 10 | 60699 | 8 | 17524 |
| 泰国 | Thailand | 55 | 30549 | 57 | 71439 |
| 土耳其 | Turkey | 168 | 192286 | 70 | 30972 |
| 阿联酋 | United Arab Emirates | 82 | 615600 | 72 | 290804 |
| 也门共和国 | Yemen Rep. | 19 | 19634 | 23 | 45862 |
| 越南 | Vietnam | 235 | 301439 | 216 | 448557 |
| 中国台湾 | Taiwan, China | 40 | 5727 | 27 | 14178 |
| 东帝汶 | Timor Leste | 2 | 352 | 6 | 36689 |
| 哈萨克斯坦 | Kazakhstan | 145 | 172394 | 158 | 175553 |
| 吉尔吉斯斯坦 | Kirghizia | 16 | 17768 | 12 | 51547 |
| 塔吉克斯坦 | Tadzhikistan | 16 | 15354 | 7 | 74384 |
| 土库曼斯坦 | Turkmenistan | 11 | 108110 | 21 | 90936 |
| 乌兹别克斯坦 | Uzbekistan | 23 | 98119 | 47 | 58462 |

8-4 续表 1 Continued 1

| 国别(地区) | Country/Region | 2008 | | 2009 | |
|---|---|---|---|---|---|
| | | 合 同 (份) Number of Contracts (Unit) | 金 额 (万美元) Contract Value (USD 10000) | 合 同 (份) Nunber of Contracts (Unit) | 金 额 (万美元) Contract Value (USD 10000) |
| **非洲** | **Africa** | **2021** | **3925378** | **2123** | **4361402** |
| 阿尔及利亚 | Algeria | 239 | 343112 | 334 | 399568 |
| 安哥拉 | Angola | 278 | 693670 | 273 | 372250 |
| 贝宁 | Benin | 9 | 1306 | 13 | 3776 |
| 博茨瓦纳 | Botswana | 34 | 88069 | 50 | 312679 |
| 布隆迪 | Burundi | 6 | 697 | 3 | 1481 |
| 喀麦隆 | Cameroon | 22 | 20023 | 30 | 26775 |
| 佛得角 | Cape Verde | 3 | 4884 | 5 | 7221 |
| 中非 | Central African | 6 | 3890 | 5 | 4815 |
| 乍得 | Chad | 21 | 23479 | 35 | 146435 |
| 科摩罗 | Comoros | 2 | 229 | 6 | 1530 |
| 刚果 | Congo | 48 | 82620 | 37 | 63454 |
| 吉布提 | Djibouti | 5 | 5237 | 4 | 5017 |
| 埃及 | Egypt | 27 | 150155 | 14 | 110686 |
| 赤道几内亚 | Eq. Guinea | 47 | 219866 | 72 | 183985 |
| 埃塞俄比亚 | Ethiopia | 61 | 75445 | 66 | 231186 |
| 加蓬 | Gabon | 6 | 2413 | 29 | 112734 |
| 冈比亚 | Gambia | 1 | 722 | | 109 |
| 加纳 | Ghana | 35 | 95580 | 48 | 138996 |
| 几内亚 | Guinea | 27 | 12477 | 20 | 4895 |
| 几内亚(比绍) | Guinea Bissau | 7 | 4462 | 5 | 6838 |
| 科特迪瓦 | Cote d'Ivoire | 13 | 1024 | 36 | 20162 |
| 肯尼亚 | Kenya | 37 | 73802 | 50 | 88066 |
| 利比里亚 | Liberia | 11 | 5767 | 11 | 2658 |
| 利比亚 | Libya | 46 | 1001947 | 55 | 583992 |
| 马达加斯加 | Madagascar | 21 | 37613 | 18 | 18801 |
| 马拉维 | Malawi | 7 | 665 | 16 | 20491 |
| 马里 | Mali | 29 | 46224 | 41 | 56651 |
| 毛里塔尼亚 | Mauritania | 8 | 46469 | 11 | 8719 |
| 毛里求斯 | Mauritius | 12 | 15888 | 26 | 40455 |
| 摩洛哥 | Morocco | 21 | 53149 | 22 | 11926 |
| 莫桑比克 | Mozambique | 48 | 46629 | 43 | 20754 |
| 纳米比亚 | Namibia | 47 | 13154 | 31 | 15952 |
| 尼日尔 | Niger | 7 | 25362 | 28 | 101344 |
| 尼日利亚 | Nigeria | 132 | 219301 | 141 | 394527 |
| 卢旺达 | Rwanda | 6 | 8300 | 17 | 28622 |
| 圣多美和普林西比 | Sao Tome and Principe | | | 2 | 4 |
| 塞内加尔 | Senegal | 8 | 13074 | 16 | 8925 |
| 塞舌尔 | Seychelles | 10 | 3894 | 12 | 3876 |
| 塞拉利昂 | Sierra Leone | 5 | 2068 | 18 | 4291 |
| 索马里 | Somali | 4 | 10 | 2 | 19 |
| 南非 | S. Africa | 15 | 11761 | 23 | 7556 |
| 苏丹 | Sudan | 190 | 228184 | 182 | 443422 |
| 坦桑尼亚 | Tanzania | 53 | 98743 | 72 | 150542 |
| 多哥 | Togo | 11 | 2462 | 12 | 23464 |
| 突尼斯 | Tunisia | 12 | 18083 | 15 | 1754 |
| 乌干达 | Uganda | 19 | 19666 | 26 | 25699 |
| 布基纳法索 | Burkina Faso | | | 1 | 23 |
| 民主刚果 | Congo DR | 82 | 55902 | 30 | 65947 |
| 赞比亚 | Zambia | 239 | 46156 | 70 | 65737 |
| 津巴布韦 | Zimbabwe | 18 | 335 | 32 | 5814 |
| 莱索托 | Lesotho | 5 | 1274 | 9 | 4230 |
| 厄立特里亚 | Eritrea | 1 | 136 | 6 | 2549 |
| 非洲其他国家(地区) | Oth. Afr. Nes | | | | |

| 国别(地区) | Country/Region | 2008 | | 2009 | |
|---|---|---|---|---|---|
| | | 合 同 (份) Nunber of Contracts (Unit) | 金 额 (万美元) Contract Value (USD 10000) | 合 同 (份) Nunber of Contracts (Unit) | 金 额 (万美元) Contract Value (USD 10000) |
| **欧洲** | **Europe** | **654** | **546604** | **1238** | **446255** |
| 比利时 | Belgium | 1 | 3874 | 8 | 7097 |
| 丹麦 | Denmark | 5 | 4542 | 18 | 126 |
| 英国 | United Kingdom | 24 | 65102 | 43 | 13150 |
| 德国 | Germany | 45 | 45936 | 154 | 25220 |
| 法国 | France | 9 | 14749 | 361 | 28738 |
| 爱尔兰 | Ireland | 2 | 580 | 2 | 214 |
| 意大利 | Italy | 5 | 652 | 87 | 3264 |
| 荷兰 | Netherlands | 6 | 3215 | 46 | 2673 |
| 希腊 | Greece | 253 | 23404 | 9 | 3970 |
| 葡萄牙 | Portugal | 4 | 1394 | 56 | 3582 |
| 西班牙 | Spain | 17 | 20231 | 53 | 13265 |
| 阿尔巴尼亚 | Albania | 7 | 1489 | 3 | 64 |
| 奥地利 | Austria | 4 | 499 | 26 | 1100 |
| 保加利亚 | Bulgaria | 7 | 944 | 9 | 387 |
| 芬兰 | Finland | 1 | 336 | 4 | 82 |
| 匈牙利 | Hungary | 12 | 14738 | 14 | 1520 |
| 冰岛 | Iceland | 3 | 396 | 1 | 1845 |
| 马耳他 | Malta | 1 | 454 | | |
| 挪威 | Norway | 12 | 13745 | 2 | 2702 |
| 波兰 | Poland | 3 | 5251 | 69 | 68035 |
| 罗马尼亚 | Romania | 5 | 6595 | 15 | 5277 |
| 瑞典 | Sweden | 14 | 1752 | 9 | 308 |
| 瑞士 | Switaerland | 1 | 599 | 36 | 278 |
| 拉脱维亚 | Latvia | 1 | 390 | | |
| 立陶宛 | Lithuania | | | 6 | 37 |
| 格鲁吉亚 | Georgia | 7 | 2389 | 8 | 436 |
| 亚美尼亚 | Armenia | 4 | 8784 | 3 | 174 |
| 阿塞拜疆 | Azerbaijan | 10 | 34484 | 22 | 18787 |
| 白俄罗斯 | Byelorussia | 5 | 1158 | 11 | 109594 |
| 摩尔多瓦 | Moldavia | | | 2 | 144 |
| 俄罗斯 | Russia | 159 | 228298 | 92 | 109412 |
| 乌克兰 | Ukraine | 21 | 39009 | 11 | 20347 |
| 塞尔维亚和黑山 | Serbia and Montenegro | | | | |
| 斯洛文尼亚 | Slovenia | 2 | 356 | 1 | 292 |
| 克罗地亚 | Croatia | | 50 | | |
| 捷克 | Czech Rep. | 4 | 1209 | 47 | 3660 |
| 斯洛伐克 | Slovakia | | | 8 | 259 |
| 塞尔维亚 | Serbia | | | 1 | 22 |
| 黑山 | Montenegro | | | 1 | 194 |

8-4 续表 3 Continued 3

| 国别(地区) | Country/Region | 2008 | | 2009 | |
|---|---|---|---|---|---|
| | | 合同(份) Nunber of Contracts (Unit) | 金额(万美元) Contract Value (USD 10000) | 合同(份) Nunber of Contracts (Unit) | 金额(万美元) Contract Value (USD 10000) |
| **拉丁美洲** | **Latin America** | **490** | **311770** | **484** | **1308873** |
| 安提瓜和巴布达 | Antigua Barbuda | 1 | 14 | 5 | 360 |
| 阿根廷 | Argentina | 98 | 8794 | 62 | 4922 |
| 巴哈马 | Bahamas | | 1800 | 3 | 400 |
| 巴巴多斯 | Barbados | 4 | 2716 | 4 | 1185 |
| 伯利兹 | Belize | 2 | 4684 | 1 | 65 |
| 玻利维亚 | Bolivia | 2 | 19 | 1 | 114 |
| 巴西 | Brazil | 163 | 102174 | 91 | 141802 |
| 智利 | Chile | 12 | 4224 | 44 | 6378 |
| 哥伦比亚 | Colombia | 29 | 7563 | 50 | 9760 |
| 多米尼克 | Dominica | | | 2 | 8090 |
| 哥斯达黎加 | CostaRica | | | 1 | 840 |
| 古巴 | Cuba | 10 | 3073 | 17 | 14996 |
| 多米尼加共和国 | Dominican Rep. | 1 | 6068 | 1 | 1960 |
| 厄瓜多尔 | Ecuador | 11 | 5865 | 14 | 22370 |
| 格林纳达 | Grenada | | 730 | 3 | 509 |
| 危地马拉 | Guatemala | 1 | 164 | | |
| 圭亚那 | Guyana | 2 | 68 | 1 | 3896 |
| 牙买加 | Jamaica | 2 | 4484 | 6 | 59636 |
| 墨西哥 | Mexico | 23 | 15236 | 52 | 28774 |
| 巴拿马 | Panama | 6 | 7469 | 1 | 2891 |
| 秘鲁 | Peru | 39 | 7153 | 49 | 21336 |
| 圣文森特和格林纳丁斯 | saintVincent&Grenadines | 2 | 1199 | | 443 |
| 波多黎各 | Puerto Rico | | | 1 | 19 |
| 苏里南 | Suriname | 2 | 667 | 7 | 4750 |
| 特立尼达和多巴哥 | Trinidad & Tobago | 10 | 9980 | 8 | 8769 |
| 乌拉圭 | Uruguay | | | 8 | 85 |
| 委内瑞拉 | Venezuela | 70 | 117626 | 52 | 964523 |
| **北美洲** | **North America** | **169** | **95193** | **674** | **139992** |
| 加拿大 | Canada | 39 | 13557 | 29 | 2857 |
| 美国 | United States | 120 | 81110 | 645 | 137135 |
| 北美洲其他国家(地区) | Oth.N.Amer.nes | 10 | 526 | | |
| **大洋洲及太平洋岛屿** | **Oceania and Pacific Is.** | **71** | **238200** | **191** | **147438** |
| 澳大利亚 | Australia | 21 | 196907 | 98 | 46094 |
| 库克群岛 | Cook Islands | | | 2 | 1121 |
| 斐济 | Fiji | 1 | 2188 | 2 | 145 |
| 新喀里多尼亚 | NewCaledonia | | | 2 | 15735 |
| 瓦努阿图 | Vanuatu | 5 | 739 | 1 | 3 |
| 新西兰 | New Zealand | 11 | 413 | 44 | 2098 |
| 巴布亚新几内亚 | Papua New Guinea | 26 | 28981 | 33 | 74444 |
| 汤加 | Tonga | 2 | 6133 | 7 | 6894 |
| 萨摩亚 | Samoa | 5 | 2285 | 1 | 415 |
| 密克罗尼西亚 | Micronesia | | 369 | 1 | 25 |
| 法属波利尼西亚 | FrenchPolynesia | | 185 | | 464 |
| **其它** | **Others** | **85** | **7556** | **35** | **4161** |

# 8-5 分国别(地区)对外劳务合作合同数额

## Contracts Signed for Foreign Labour Services by Country or Region

| 国别(地区) | Country/Region | 2008 合同(份) Nunber of Contracts (Unit) | 2008 金额(万美元) Contract Value (USD 10000) | 2009 合同(份) Nunber of Contracts (Unit) | 2009 金额(万美元) Contract Value (USD 10000) |
|---|---|---|---|---|---|
| **合计** | **Total** | **157682** | **756415** | **154801** | **747260** |
| **亚洲** | **Asia** | **23044** | **370342** | **26382** | **321810** |
| 巴林 | Bahrain | 1 | 400 | 1 | 24 |
| 孟加拉国 | Bangladesh | 6 | 3449 | 20 | 27 |
| 缅甸 | Myanmar | 2 | 33 | 48 | 100 |
| 柬埔寨 | Cambodia | 68 | 648 | 63 | 140 |
| 塞浦路斯 | Cyprus | 2 | 66 | | |
| 朝鲜 | Korea DPR | 1 | 684 | 2 | 287 |
| 中国香港 | Hong Kong, China | 1996 | 44617 | 1328 | 44266 |
| 印度 | India | 51 | 85 | 207 | 383 |
| 印度尼西亚 | Indonesia | 611 | 345 | 7 | 56 |
| 以色列 | Israel | 41 | 243 | 1 | 50 |
| 日本 | Japan | 4429 | 145656 | 7027 | 147695 |
| 约旦 | Jordan | 171 | 3817 | 124 | 683 |
| 科威特 | Kuwait | 4 | 854 | 1 | 192 |
| 老挝 | Laos | 178 | 426 | 397 | 817 |
| 中国澳门 | Macao, China | 7756 | 54135 | 10826 | 33025 |
| 马来西亚 | Malaysia | 909 | 4647 | 269 | 1511 |
| 马尔代夫 | Maldives | 1 | 10 | | |
| 蒙古 | Mongolia | 36 | 2198 | 42 | 766 |
| 阿曼 | Oman | 7 | 341 | 6 | 138 |
| 巴基斯坦 | Pakistan | 2 | 89 | | |
| 菲律宾 | Philippines | 24 | 2644 | 4 | 2000 |
| 卡塔尔 | Qatar | 7 | 2285 | 5 | 1943 |
| 沙特阿拉伯 | Saudi Arabia | 503 | 3507 | 385 | 2405 |
| 新加坡 | Singapore | 2838 | 61929 | 1440 | 41057 |
| 韩国 | Korea | 85 | 9013 | 194 | 8493 |
| 斯里兰卡 | Sri Lanka | 1 | 82 | 4 | 12 |
| 泰国 | Thailand | 71 | 388 | 139 | 848 |
| 土耳其 | Turkey | 6 | 333 | 6 | 166 |
| 阿联酋 | United Arab Emirates | 112 | 4241 | 112 | 11384 |
| 也门共和国 | Yemen Rep. | 25 | 6 | | |
| 越南 | Vietnam | 1389 | 2639 | 1836 | 3323 |
| 中国台湾 | Taiwan, China | 1695 | 19215 | 1797 | 19248 |
| 东帝汶 | East Timor | 1 | 2 | | |
| 哈萨克斯坦 | Kazakhstan | 13 | 1039 | 90 | 770 |
| 吉尔吉斯斯坦 | Kirghizia | 1 | 206 | 1 | 1 |
| 塔吉克斯坦 | Tadzhikistan | 1 | 70 | 1 | 70 |

8-5 续表 1 Continued 1

| 国别(地区) | Country/Region | 2008 | | 2009 | |
|---|---|---|---|---|---|
| | | 合同(份) Nunber of Contracts (Unit) | 金额(万美元) Contract Value (USD 10000) | 合同(份) Nunber of Contracts (Unit) | 金额(万美元) Contract Value (USD 10000) |
| **非洲** | **Africa** | **659** | **18400** | **2500** | **37680** |
| 阿尔及利亚 | Algeria | 36 | 5521 | 751 | 5021 |
| 安哥拉 | Angola | 272 | 4148 | 734 | 6046 |
| 贝宁 | Benin | 1 | 3 | 1 | 30 |
| 博茨瓦纳 | Botswana | 10 | 68 | 6 | 26 |
| 佛得角 | Cape Verde | 1 | 40 | | |
| 乍得 | Chad | | | 21 | 65 |
| 刚果 | Congo | 3 | 455 | 1 | 2900 |
| 吉布提 | Djibouti | 3 | 6 | | |
| 埃及 | Egypt | 1 | 11 | 1 | 13 |
| 赤道几内亚 | Eq. Guinea | 5 | 187 | 13 | 561 |
| 埃塞俄比亚 | Ethiopia | 9 | 164 | 158 | 268 |
| 加蓬 | Gabon | 2 | 47 | 15 | 1429 |
| 加纳 | Ghana | 4 | 62 | 1 | 1 |
| 几内亚 | Guinea | 2 | 284 | 42 | 71 |
| 几内亚(比绍) | Guinea Bissau | | 146 | | |
| 科特迪瓦 | Cote d'Ivoire | | | 1 | 2 |
| 肯尼亚 | Kenya | 1 | 1 | 2 | 57 |
| 利比里亚 | Liberia | 1 | | 2 | 10598 |
| 利比亚 | Libya | 131 | 450 | 351 | 2273 |
| 马达加斯加 | Madagascar | 2 | 166 | 2 | 75 |
| 马里 | Mali | | | 5 | 43 |
| 毛里塔尼亚 | Mauritania | 3 | 950 | 8 | 484 |
| 毛里求斯 | Mauritius | 34 | 1218 | 20 | 2691 |
| 摩洛哥 | Morocco | 4 | 769 | 5 | 671 |
| 莫桑比克 | Mozambique | 1 | 45 | 1 | 37 |
| 尼日尔 | Niger | | 22 | 1 | 38 |
| 尼日利亚 | Nigeria | 49 | 1023 | 127 | 1139 |
| 卢旺达 | Rwanda | | | 16 | 50 |
| 塞舌尔 | Seychelles | 1 | 360 | | |
| 塞拉利昂 | Sierra Leone | | | 1 | 25 |
| 南非 | S. Africa | 7 | 888 | | 12 |
| 苏丹 | Sudan | | 100 | 29 | 66 |
| 坦桑尼亚 | Tanzania | 2 | 109 | 23 | 163 |
| 多哥 | Togo | | | 1 | 1461 |
| 乌干达 | Uganda | 2 | 66 | 2 | 86 |
| 赞比亚 | Zambia | 6 | 417 | 51 | 343 |
| 津巴布韦 | Zimbabwe | 1 | 115 | 3 | 269 |
| 莱索托 | Lesotho | 38 | 241 | 73 | 282 |
| 斯威士兰 | Swaziland | 12 | 239 | 23 | 292 |
| 厄立特里亚 | Eritrea | 14 | 69 | 9 | 92 |
| 刚果(金) | Congo DR | 1 | 10 | 1 | 10 |

8-5 续表 2 Continued 2

| 国别(地区) | Country/Region | 2008 合同(份) Nunber of Contracts (Unit) | 2008 金额(万美元) Contract Value (USD 10000) | 2009 合同(份) Nunber of Contracts (Unit) | 2009 金额(万美元) Contract Value (USD 10000) |
|---|---|---|---|---|---|
| **欧洲** | **Europe** | **651** | **49477** | **540** | **21723** |
| 丹麦 | Denmark | 1 | 44 | | 20 |
| 英国 | United Kingdom | 29 | 1465 | 29 | 1042 |
| 德国 | Germany | 253 | 5724 | 355 | 6687 |
| 法国 | France | 4 | 257 | | |
| 爱尔兰 | Ireland | 1 | 15 | | 20 |
| 意大利 | Italy | 1 | 14 | 1 | 18 |
| 荷兰 | Netherlands | 13 | 756 | 11 | 448 |
| 希腊 | Greece | 12 | 1213 | 14 | 1169 |
| 西班牙 | Spain | 3 | 410 | | |
| 芬兰 | Finland | 8 | 10881 | 14 | |
| 匈牙利 | Hungary | 1 | 15 | | |
| 马耳他 | Malta | 3 | 164 | | 123 |
| 摩纳哥 | Monaca | | | | 19 |
| 挪威 | Norway | 23 | 566 | 16 | 177 |
| 波兰 | Poland | 8 | 1590 | 3 | 468 |
| 罗马尼亚 | Romania | 70 | 816 | 1 | 82 |
| 瑞典 | Sweden | | | 4 | 19 |
| 爱沙尼亚 | Estonia | | | 7 | |
| 立陶宛 | Lithuania | 2 | 165 | | |
| 格鲁吉亚 | Georgia | 1 | 184 | | |
| 阿塞拜疆 | Azerbaijan | 1 | 2 | | |
| 白俄罗斯 | Belorussia | 2 | 24 | 10 | 24 |
| 俄罗斯 | Russia | 213 | 25148 | 74 | 11355 |
| 乌克兰 | Ukraine | 2 | 24 | | |
| 斯洛文尼亚 | Slovenia | | | 1 | 52 |
| **拉丁美洲** | **Latin America** | **256** | **3585** | **82** | **3631** |
| 阿根廷 | Argentina | 2 | 50 | 1 | 35 |
| 伯利兹 | Belize | 1 | 443 | 1 | 48 |
| 巴西 | Brazil | 1 | | 2 | 13 |
| 智利 | Chile | 2 | 110 | 2 | 123 |
| 古巴 | Cuba | | | 2 | 3 |
| 洪都拉斯 | Honduras | 1 | 26 | | |
| 墨西哥 | Mexico | 125 | 647 | | |
| 巴拿马 | Panama | 12 | 1489 | 21 | 2683 |
| 圣卢西亚 | Saint Lucia | 2 | 60 | | |
| 圣文森特和格林纳丁斯 | St.Vincent and Grenadine | 106 | 119 | 44 | 653 |
| 特立尼达和多巴哥 | Trinidad & Tobago | 2 | 550 | | |
| 特克斯和凯科斯岛 | Turks & Caicos Is. | 2 | 91 | | |
| 委内瑞拉 | Venezuela | | | 6 | 18 |
| 英属维尔京群岛 | Virgin Islands, British | | | 3 | 55 |
| **北美洲** | **North America** | **220** | **4661** | **64** | **1491** |
| 加拿大 | Canada | 28 | 1268 | 7 | 296 |
| 美国 | United States | 192 | 3393 | 57 | 1195 |
| **大洋洲及太平洋岛屿** | **Oceania and Pacific Islands** | **51** | **3319** | **32** | **2585** |
| 澳大利亚 | Australia | 16 | 2220 | 15 | 1306 |
| 库克群岛 | Cook Islands | | | 1 | 12 |
| 斐济 | Fiji | | 400 | 1 | 353 |
| 瓦努阿图 | Vanuatu | | | 2 | 64 |
| 新西兰 | New Zealand | 32 | 550 | 10 | 105 |
| 萨摩亚 | Samoa | 3 | 149 | 1 | 45 |
| 马绍尔群岛共和国 | Marshall Islands | | | 2 | 700 |
| **国境内** | **Domestic Projects** | **132801** | **306631** | **125201** | **358340** |

# 8-6 分国别(地区)对外承包工程营业额

# Turnover of Foreign Engineering Projects by Country or Region

单位：万美元

Unit: USD 10000

| 国别(地区) | Country/Region | 2006 | 2007 | 2008 | 2009 |
|---|---|---|---|---|---|
| **合　计** | **Total** | **2999281** | **4064258** | **5661168** | **7770611** |
| **亚洲** | **Asia** | **1377173** | **2035295** | **2890266** | **3981117** |
| 阿富汗 | Afghanistan | 4654 | 7777 | 4076 | 3449 |
| 巴林 | Bahrain | 8 | 1983 | 3478 | 6853 |
| 孟加拉国 | Bangladesh | 48495 | 38753 | 25545 | 33862 |
| 不丹 | Bhutan | 32 | | 18 | |
| 文莱 | Brunei | 908 | 530 | 66 | 1953 |
| 缅甸 | Myanmar | 27789 | 43402 | 68278 | 83030 |
| 柬埔寨 | Cambodia | 9827 | 15367 | 35977 | 39782 |
| 塞浦路斯 | Cyprus | 600 | 450 | 677 | 5170 |
| 朝鲜 | Korea DPR | 2874 | 722 | 3349 | 1801 |
| 中国香港 | Hong Kong, China | 175485 | 199401 | 168569 | 179860 |
| 印度 | India | 110271 | 193955 | 420856 | 579396 |
| 印度尼西亚 | Indonesia | 70934 | 121727 | 223671 | 264688 |
| 伊朗 | Iran | 74886 | 104122 | 111434 | 210376 |
| 伊拉克 | Iraq | 5051 | 9783 | 9575 | 35313 |
| 以色列 | Israel | 6205 | 3393 | 11863 | 7055 |
| 日本 | Japan | 13670 | 19355 | 21280 | 18349 |
| 约旦 | Jordan | 2785 | 5976 | 13508 | 33527 |
| 科威特 | Kuwait | 9913 | 8720 | 11307 | 21018 |
| 老挝 | Laos | 15192 | 15658 | 22530 | 41294 |
| 黎巴嫩 | Lebanon | 1193 | 120 | | |
| 中国澳门 | Macao, China | 79227 | 117173 | 87900 | 53413 |
| 马来西亚 | Malaysia | 43012 | 64985 | 75669 | 115398 |
| 马尔代夫 | Maldives | 186 | 362 | 1250 | 1322 |
| 蒙古 | Mongolia | 25813 | 38742 | 25847 | 50991 |
| 尼泊尔 | Nepal | 5167 | 8072 | 10761 | 5417 |
| 阿曼 | Oman | 10098 | 10722 | 16367 | 27113 |
| 巴基斯坦 | Pakistan | 90063 | 135568 | 191586 | 173330 |
| 巴勒斯坦 | Palestine | | 143 | | 7409 |
| 菲律宾 | Philippines | 18898 | 42850 | 39463 | 56423 |
| 卡塔尔 | Qatar | 29505 | 15781 | 41980 | 42364 |
| 沙特阿拉伯 | Saudi Arabia | 102082 | 127614 | 245371 | 359158 |
| 新加坡 | Singapore | 83253 | 87439 | 132048 | 199893 |
| 韩国 | Korea | 32149 | 17618 | 24969 | 61318 |
| 斯里兰卡 | Sri Lanka | 13039 | 14360 | 38501 | 68569 |
| 叙利亚 | Syria | 9163 | 3866 | 11614 | 20343 |
| 泰国 | Thailand | 62518 | 51942 | 48238 | 52682 |
| 土耳其 | Turkey | 8699 | 34558 | 80812 | 123207 |
| 阿联酋 | United Arab Emirates | 88918 | 140293 | 210954 | 354167 |
| 也门共和国 | Yemen Rep. | 16557 | 23924 | 43758 | 46047 |
| 越南 | Vietnam | 55202 | 116972 | 192343 | 237106 |
| 中国台湾 | Taiwan, China | 18191 | 3053 | 9624 | 4624 |
| 东帝汶 | East Timor | 911 | 1700 | 1723 | 1352 |
| 哈萨克斯坦 | Kazakhstan | 58315 | 104143 | 95943 | 140555 |
| 吉尔吉斯斯坦 | Kirghizia | 5511 | 7100 | 12344 | 8704 |
| 塔吉克斯坦 | Tadzhikistan | 3560 | 17829 | 44481 | 33537 |
| 土库曼斯坦 | Turkmenistan | 5554 | 6843 | 31299 | 93323 |
| 乌兹别克斯坦 | Uzbekistan | 6374 | 17402 | 18149 | 75826 |
| 亚洲其他国家 | Oth.Asia.nes | 3750 | 3044 | 1215 | 750 |

8-6 续表 1 Continued 1

单位：万美元

Unit: USD 10000

| 国别(地区) | Country/Region | 2006 | 2007 | 2008 | 2009 |
|---|---|---|---|---|---|
| **非洲** | **Africa** | **932406** | **1237608** | **1974905** | **2809899** |
| 阿尔及利亚 | Algeria | 168609 | 234031 | 420227 | 587726 |
| 安哥拉 | Angola | 99478 | 115808 | 322203 | 486189 |
| 贝宁 | Benin | 602 | 1700 | 2030 | 2830 |
| 博茨瓦纳 | Botswana | 21902 | 26287 | 40518 | 60471 |
| 布隆迪 | Burundi | 1037 | 1105 | 1269 | 563 |
| 喀麦隆 | Cameroon | 3527 | 9821 | 6222 | 12211 |
| 佛得角 | Cape Verde | 775 | 262 | 431 | 1739 |
| 中非 | Central African | 1753 | 1179 | 2404 | 3462 |
| 乍得 | Chad | 2180 | 5117 | 13075 | 44511 |
| 科摩罗 | Comoros | 1693 | 1824 | 476 | 1008 |
| 刚果 | Congo | 18543 | 22328 | 62925 | 85864 |
| 吉布提 | Djibouti | 796 | 1254 | 1732 | 6923 |
| 埃及 | Egypt | 33752 | 39189 | 51379 | 79735 |
| 赤道几内亚 | Eq.Guinea | 13784 | 30657 | 71239 | 133518 |
| 埃塞俄比亚 | Ethiopia | 31666 | 59712 | 98252 | 119583 |
| 加蓬 | Gabon | 6140 | 9162 | 1553 | 19712 |
| 冈比亚 | Gambia | 1075 | 1881 | 526 | 121 |
| 加纳 | Ghana | 12590 | 18938 | 38806 | 46048 |
| 几内亚 | Guinea | 8193 | 8075 | 7150 | 7399 |
| 几内亚(比绍) | Guinea Bissau | 2291 | 2518 | 3439 | 5607 |
| 科特迪瓦 | Cote d'Ivoire | 1152 | 2355 | 1475 | 2083 |
| 肯尼亚 | Kenya | 8237 | 26540 | 38693 | 57076 |
| 利比里亚 | Liberia | 809 | 1610 | 3546 | 4724 |
| 利比亚 | Libya | 22535 | 26301 | 74118 | 191251 |
| 马达加斯加 | Madagascar | 2296 | 4875 | 21402 | 15349 |
| 马拉维 | Malawi | 502 | 520 | 895 | 4847 |
| 马里 | Mali | 20025 | 20842 | 16325 | 26743 |
| 毛里塔尼亚 | Mauritania | 5120 | 10198 | 5619 | 19075 |
| 毛里求斯 | Mauritius | 5618 | 6913 | 7546 | 7803 |
| 摩洛哥 | Morocco | 22549 | 30896 | 28043 | 51100 |
| 莫桑比克 | Mozambique | 12703 | 10100 | 10012 | 32187 |
| 纳米比亚 | Namibia | 5720 | 6126 | 7484 | 14934 |
| 尼日尔 | Niger | 4118 | 1306 | 2217 | 32948 |
| 尼日利亚 | Nigeria | 110496 | 138776 | 161353 | 200352 |
| 卢旺达 | Rwanda | 2173 | 3763 | 4551 | 8142 |
| 圣多美和普林西比 | Sao Tome & Principe | 29 | 52 | 116 | 43 |
| 塞内加尔 | Senegal | 6250 | 6230 | 14004 | 14703 |
| 塞舌尔 | Seychelles | 2303 | 2651 | 3968 | 4384 |
| 塞拉利昂 | Sierra Leone | 3243 | 1853 | 2804 | 2664 |
| 索马里 | Somalia | 12 | 261 | 10 | 19 |
| 南非 | S. Africa | 11972 | 17387 | 24731 | 11818 |
| 苏丹 | Sudan | 173817 | 220554 | 262174 | 207843 |
| 坦桑尼亚 | Tanzania | 26142 | 26478 | 41688 | 54320 |
| 多哥 | Togo | 568 | 2679 | 2888 | 3886 |
| 突尼斯 | Tunisia | 3882 | 3553 | 5353 | 5318 |
| 乌干达 | Uganda | 7653 | 18976 | 15373 | 18902 |
| 布基纳法索 | Burkina Faso | 6 | 14 | 28029 | 23 |
| 民主刚果 | Congo DR | 16293 | 19172 | 28029 | 62974 |
| 赞比亚 | Zambia | 14851 | 22819 | 21792 | 35361 |
| 津巴布韦 | Zimbabwe | 7530 | 8664 | 15888 | 6509 |

8-6 续表 2 Continued 2

单位：万美元
Unit: USD 10000

| 国别(地区) | Country/Region | 2006 | 2007 | 2008 | 2009 |
|---|---|---|---|---|---|
| 莱索托 | Lesotho | 1285 | 1700 | 3275 | 4014 |
| 厄立特里亚 | Eritrea | 2131 | 2596 | 3677 | 3284 |
| **欧洲** | **Europe** | **342337** | **358596** | **329932** | **317464** |
| 比利时 | Belgium | 14459 | 12697 | 19298 | 7345 |
| 丹麦 | Denmark | 3079 | 1245 | 491 | 4414 |
| 英国 | United Kingdom | 14601 | 18324 | 17487 | 28525 |
| 德国 | Germany | 24481 | 38408 | 41682 | 45887 |
| 法国 | France | 32478 | 32856 | 37861 | 20319 |
| 爱尔兰 | Ireland | 296 | | 580 | 201 |
| 意大利 | Italy | 6934 | 9971 | 3389 | 10678 |
| 荷兰 | Netherlands | 18261 | 31253 | 2685 | 10332 |
| 希腊 | Greece | 34244 | 53928 | 32311 | 3970 |
| 葡萄牙 | Portugal | 1095 | 2139 | 1080 | 5083 |
| 西班牙 | Spain | 10204 | 15975 | 11406 | 16109 |
| 阿尔巴尼亚 | Albania | 3517 | 2341 | 5063 | 8639 |
| 奥地利 | Austria | 487 | 1905 | 514 | 1059 |
| 保加利亚 | Bulgaria | 7404 | 1834 | 933 | 406 |
| 芬兰 | Finland | 3672 | 199 | 370 | 53 |
| 匈牙利 | Hungary | 888 | 2981 | 2690 | 6503 |
| 冰岛 | Iceland | 527 | 444 | 712 | 474 |
| 马耳他 | Malta | 449 | 370 | 486 | |
| 摩纳哥 | Monaco | 390 | | | |
| 挪威 | Norway | 7125 | 1644 | 6659 | 1059 |
| 波兰 | Poland | 450 | 7131 | 1239 | 3362 |
| 罗马尼亚 | Romania | 926 | 7306 | 6595 | 5460 |
| 瑞典 | Sweden | 1291 | 3806 | 1564 | 519 |
| 瑞士 | Switzerland | 422 | 509 | 436 | 235 |
| 拉脱维亚 | Latvia | 16 | | 301 | |
| 立陶宛 | Lithuania | | 480 | | 27 |
| 格鲁吉亚 | Georgia | 180 | 369 | 2385 | 426 |
| 亚美尼亚 | Armenia | 60 | | 42 | 1831 |
| 阿塞拜疆 | Azerbaijan | 9834 | 2828 | 6411 | 12509 |
| 白俄罗斯 | Belorussia | 12798 | 11198 | 7444 | 8327 |
| 摩尔多瓦 | Moldavia | | 274 | 132 | |
| 俄罗斯 | Russia | 41961 | 76151 | 99637 | 88382 |
| 乌克兰 | Ukraine | 8280 | 18852 | 16346 | 22114 |
| 塞尔维亚和黑山 | Serbia and Montenegro | 340 | 198 | | |
| 斯洛文尼亚 | Slovenia | | 2 | 172 | 202 |
| 克罗地亚 | Croatia | 130 | 200 | 30 | |
| 捷克 | Czech Rep. | 1696 | 744 | 1241 | 2569 |
| 斯洛伐克 | Slovak | 48 | 34 | 46 | 114 |
| 波斯尼亚-黑塞哥维那 | Bosnia&Hercegovina | | | 70 | |
| 塞尔维亚 | Serbia | | | 144 | 303 |
| 黑山 | Montenegro | | | | 28 |
| **拉丁美洲** | **Latin America** | **191296** | **287786** | **299547** | **364418** |
| 安提瓜和巴布达 | Antigua & Barbuda | 2690 | 667 | 193 | 844 |
| 阿根廷 | Argentina | 4648 | 14196 | 10810 | 18058 |

8-6 续表 3 Continued 3

单位：万美元

Unit: USD 10000

| 国别(地区) | Country/Region | 2006 | 2007 | 2008 | 2009 |
|---|---|---|---|---|---|
| 巴哈马 | Bahamas | | | 536 | 1291 |
| 巴巴多斯 | Barbados | 1784 | 1524 | 1755 | 1560 |
| 伯利兹 | Belize | | 1608 | 3634 | 2597 |
| 玻利维亚 | Bolivia | 39 | 359 | 150 | 111 |
| 巴西 | Brazil | 15539 | 76882 | 93145 | 111156 |
| 智利 | Chile | 2955 | 4620 | 2961 | 8218 |
| 哥伦比亚 | Colombia | 4166 | 7483 | 10532 | 6928 |
| 多米尼克 | Dominica | 991 | 194 | | |
| 哥斯达黎加 | Costa Rica | | | | 3283 |
| 古巴 | Cuba | 14830 | 7593 | 5306 | 4698 |
| 多米尼加共和国 | Republic of Dominica | 689 | 4 | 104 | 1002 |
| 厄瓜多尔 | Ecuador | 4600 | 15113 | 10754 | 22247 |
| 格林纳达 | Grenade | 2645 | 562 | 1074 | 164 |
| 危地马拉 | Guatemala | 2 | | 39 | 2200 |
| 圭亚那 | Guyana | 13295 | 3463 | 932 | 1395 |
| 牙买加 | Jamaica | 9081 | 7946 | 4660 | 9776 |
| 墨西哥 | Mexico | 40801 | 43324 | 52329 | 16557 |
| 巴拿马 | Panama | 8080 | 5359 | 187 | 7 |
| 秘鲁 | Peru | 5275 | 8573 | 7527 | 18967 |
| 波多黎各 | Puerto Rico | 2 | | | 2281 |
| 圣卢西亚 | Saint Lucia | 1327 | 943 | | |
| 圣文森特和格林纳丁斯 | Saint Vincent & Grenadines | | 806 | 1170 | 404 |
| 苏里南 | Suriname | 2160 | 3604 | 1737 | 7711 |
| 特立尼达和多巴哥 | Trinidad & Tobago | 1868 | 14026 | 10274 | 27538 |
| 特克斯和凯科斯岛 | Turks & Caicos Is. | | 1698 | 2320 | 309 |
| 乌拉圭 | Uruguay | 109 | 217 | | 2269 |
| 委内瑞拉 | Venezuela | 53284 | 67022 | 77418 | 92847 |
| 英属维尔京群岛 | the British Virgin Islands | 277 | | | |
| 圣基茨尼维斯安 | St.Jicinivan | 159 | | | |
| **北美洲** | **North America** | **120856** | **98526** | **58825** | **93595** |
| 加拿大 | Canada | 6675 | 12793 | 4363 | 10123 |
| 美国 | United States | 114181 | 85207 | 54462 | 83472 |
| 北美洲其他国家(地区) | Oth.N.Amer.nes | | 526 | | |
| **大洋洲及太平洋岛屿** | **Oceania and Pacific Is.** | **30681** | **41838** | **106830** | **200578** |
| 澳大利亚 | Australia | 19926 | 20046 | 65370 | 112396 |
| 库克群岛 | Cook Islands | 230 | 68 | 153 | 1604 |
| 斐济 | Fiji | 1057 | 918 | 1904 | 5774 |
| 新喀里多尼亚 | NewCaledonia | | | 40 | 8714 |
| 瓦努阿图 | Vanuatu | 14 | 453 | 266 | 127 |
| 新西兰 | New Zealand | 2829 | 743 | 4386 | 3642 |
| 巴布亚新几内亚 | Papua New Guinea | 2876 | 18063 | 31752 | 63591 |
| 汤加 | Tonga | 180 | 188 | 800 | 2310 |
| 萨摩亚 | Samoa | 721 | 759 | 935 | 1469 |
| 密克罗尼西亚 | Micronesia | 478 | 172 | 945 | 510 |
| 马绍尔群岛 | Marshall Is. | 2370 | 300 | | |
| 法属波利尼西亚 | FrenchPolynesia | | 128 | 279 | 441 |
| **其它** | **Others** | **4532** | **4609** | **863** | **3540** |
| **国境内** | **Domestic Projects** | | | | |

# 8-7 分国别(地区)对外劳务合作营业额

## Turnover of Foreign Labour Services by Country or Region

单位：万美元
Unit: USD 10000

| 国别(地区) | Country/Region | 2006 | 2007 | 2008 | 2009 |
|---|---|---|---|---|---|
| **合　计** | **Total** | **537274** | **676712** | **805691** | **891114** |
| **亚洲** | **Asia** | **300661** | **316754** | **332889** | **336264** |
| 巴林 | Bahrain | 12 | 22 | 107 | 35 |
| 孟加拉国 | Bangladesh | 138 | 125 | 299 | 241 |
| 文莱 | Brunei | 43 | 31 | 6 | 1 |
| 缅甸 | Myanmar | 45 | 18 | 25 | 40 |
| 柬埔寨 | Cambodia | 1454 | 2001 | 1921 | 1201 |
| 塞浦路斯 | Cyprus | 103 | 105 | 9 | 21 |
| 朝鲜 | Korea DPR | 547 | 641 | 739 | 537 |
| 中国香港 | Hong Kong, China | 21666 | 21142 | 23675 | 26361 |
| 印度 | India | 61 | 160 | 43 | 58 |
| 印度尼西亚 | Indonesia | 1613 | 575 | 2090 | 161 |
| 以色列 | Israel | 4521 | 3835 | 2852 | 1803 |
| 日本 | Japan | 139337 | 148186 | 144005 | 159073 |
| 约旦 | Jordan | 6212 | 6137 | 4625 | 3170 |
| 科威特 | Kuwait | 414 | 651 | 779 | 660 |
| 老挝 | Laos | 3 | 3 | 67 | 381 |
| 黎巴嫩 | Lebanon | 1 | | | |
| 中国澳门 | Macao, China | 25655 | 26274 | 36423 | 38802 |
| 马来西亚 | Malaysia | 924 | 1348 | 1652 | 1350 |
| 马尔代夫 | Maldives | | 10 | | |
| 蒙古 | Mongolia | 1096 | 1142 | 1603 | 471 |
| 尼泊尔 | Nepal | 7 | 3 | 3 | |
| 阿曼 | Oman | 3 | 465 | 95 | 80 |
| 巴基斯坦 | Pakistan | 127 | 337 | 157 | 95 |
| 菲律宾 | Philippines | 105 | 57 | 133 | 126 |
| 卡塔尔 | Qatar | 1738 | 2248 | 2518 | 2690 |
| 沙特阿拉伯 | Saudi Arabia | 1703 | 2400 | 2381 | 2454 |
| 新加坡 | Singapore | 41785 | 45066 | 52734 | 52061 |
| 韩国 | Korea | 32788 | 32209 | 28574 | 20366 |
| 斯里兰卡 | Sri Lanka | 62 | 50 | 77 | 35 |
| 泰国 | Thailand | 702 | 734 | 390 | 610 |
| 土耳其 | Turkey | 44 | 81 | 277 | 208 |
| 阿联酋 | United Arab Emirates | 6575 | 8002 | 8844 | 7534 |
| 也门共和国 | Yemen Rep. | 1007 | 906 | 998 | 324 |
| 越南 | Vietnam | 3023 | 2795 | 3658 | 2779 |
| 中国台湾 | Taiwan, China | 7132 | 8130 | 10244 | 12061 |
| 东帝汶 | East Timor | | | 1 | 1 |
| 哈萨克斯坦 | Kazakhstan | 386 | 787 | 528 | 413 |
| 吉尔吉斯斯坦 | Kirghizia | 49 | 76 | 356 | 1 |
| 乌兹别克斯坦 | Uzbekistan | | 1 | 1 | |
| 塔吉克斯坦 | Tajikistan | | | | 60 |
| 亚洲其他国家 | Oth.Asia.nes | 15 | 1 | | |

8-7 续表 1 Continued 1

单位：万美元
Unit: USD 10000

| 国别(地区) | Country/Region | 2006 | 2007 | 2008 | 2009 |
|---|---|---|---|---|---|
| **非洲** | **Africa** | **15198** | **21650** | **24435** | **33703** |
| 阿尔及利亚 | Algeria | 1017 | 3664 | 5395 | 6713 |
| 安哥拉 | Angola | 622 | 2973 | 4907 | 9920 |
| 贝宁 | Benin | 14 | 17 | 8 | 31 |
| 博茨瓦纳 | Botswana | 140 | 137 | 113 | 108 |
| 布隆迪 | Burundi | 2 | | | |
| 喀麦隆 | Cameroon | 211 | | | |
| 佛得角 | Cape Verde | 2 | | 8 | 2 |
| 中非 | Central African | 14 | 11 | | |
| 乍得 | | | | | 65 |
| 科摩罗 | Comoros | 36 | 121 | 64 | 27 |
| 刚果 | Congo | 206 | 529 | 595 | 1885 |
| 吉布提 | Djibouti | 79 | 585 | 509 | 2 |
| 埃及 | Egypt | 180 | 189 | 109 | 116 |
| 赤道几内亚 | Eq. Guinea | 93 | 262 | 356 | 377 |
| 埃塞俄比亚 | Ethiopia | 21 | 20 | 19 | 258 |
| 加蓬 | Gabon | 378 | 381 | 38 | 1453 |
| 冈比亚 | Gambia | 25 | | | |
| 加纳 | Ghana | 121 | 178 | 82 | 14 |
| 几内亚 | Guinea | 84 | 34 | 56 | 58 |
| 几内亚(比绍) | Guinea Bissau | 18 | | 65 | 440 |
| 科特迪瓦 | Cote d'Ivoire | | | | 2 |
| 肯尼亚 | Kenya | 114 | 59 | 18 | 5 |
| 利比里亚 | Liberia | 1242 | 964 | 1467 | 1730 |
| 利比亚 | Libya | 436 | 546 | 657 | 1548 |
| 马达加斯加 | Madagascar | 92 | 70 | 40 | 106 |
| 马里 | Mali | 16 | 2 | | 34 |
| 毛里塔尼亚 | Mauritania | 598 | 606 | 824 | 534 |
| 毛里求斯 | Mauritius | 4964 | 5794 | 4177 | 4882 |
| 摩洛哥 | Morocco | 337 | 631 | 695 | 621 |
| 莫桑比克 | Mozambique | 144 | 150 | 42 | 23 |
| 纳米比亚 | Namibia | 163 | 106 | 81 | 90 |
| 尼日尔 | Niger | 75 | 24 | 51 | 20 |
| 尼日利亚 | Nigeria | 1335 | 724 | 817 | 731 |
| 卢旺达 | Rwanda | 30 | 51 | 16 | 22 |
| 塞内加尔 | Senegal | 22 | | | |
| 塞舌尔 | Seychelles | 17 | 73 | 97 | 117 |
| 塞拉利昂 | Sierra Leone | 144 | 113 | 26 | 36 |
| 索马里 | Somalia | | 18 | | |
| 南非 | S. Africa | 331 | 304 | 154 | 275 |
| 苏丹 | Sudan | 345 | 357 | 53 | 23 |
| 坦桑尼亚 | Tanzania | 158 | 502 | 900 | 110 |
| 多哥 | Togo | 15 | 21 | 7 | 7 |
| 突尼斯 | Tunisia | | | | |
| 乌干达 | Uganda | 161 | 34 | 25 | 39 |
| 民主刚果 | Congo DR | 2 | | 9 | 2 |
| 赞比亚 | Zambia | 30 | 114 | 146 | 540 |
| 津巴布韦 | Zimbabwe | 78 | 15 | 90 | 63 |
| 莱索托 | Lesotho | 741 | 650 | 510 | 384 |
| 斯威士兰 | Swaziland | 146 | 113 | 209 | 199 |
| 厄立特里亚 | Eritrea | 93 | 508 | 1000 | 91 |
| 非洲其他国家 | Oth.Afr.nes | 106 | | | |

8-7 续表 2 Continued 2

单位：万美元

Unit: USD 10000

| 国别(地区) | Country/Region | 2006 | 2007 | 2008 | 2009 |
|---|---|---|---|---|---|
| **欧洲** | **Europe** | **37261** | **47079** | **51888** | **23190** |
| 比利时 | Belgium | 3 | 1 | | |
| 丹麦 | Denmark | 98 | 47 | 24 | 31 |
| 英国 | United Kingdom | 1224 | 1755 | 2049 | 1446 |
| 德国 | Germany | 8121 | 7708 | 6711 | 6153 |
| 法国 | France | 47 | 41 | 120 | 15 |
| 爱尔兰 | Ireland | 584 | 562 | 744 | 758 |
| 意大利 | Italy | 4 | 7 | 8 | 17 |
| 荷兰 | Netherlands | 130 | 300 | 469 | 300 |
| 希腊 | Greece | 716 | 781 | 996 | 1093 |
| 西班牙 | Spain | 214 | 164 | 186 | 72 |
| 阿尔巴尼亚 | Albania | 19 | 24 | 8 | 1 |
| 奥地利 | Austria | 7 | 6 | 8 | |
| 保加利亚 | Bulgaria | 12 | 8 | | |
| 芬兰 | Finland | 90 | 3 | 344 | |
| 匈牙利 | Hungary | | | 1 | 34 |
| 冰岛 | Iceland | | | | 3 |
| 马耳他 | Malta | 79 | 82 | 144 | 135 |
| 摩纳哥 | Monaco | | | | 11 |
| 挪威 | Norway | 1116 | 767 | 463 | 257 |
| 波兰 | Poland | | 17 | 216 | 255 |
| 罗马尼亚 | Romania | 10 | 169 | 838 | 339 |
| 瑞典 | Sweden | | | | 11 |
| 瑞士 | Switzerland | 5 | 5 | | |
| 爱沙尼亚 | Estonia | | | | 49 |
| 立陶宛 | Lithuania | | 7 | 87 | 101 |
| 格鲁吉亚 | Georgia | | | 152 | |
| 阿塞拜疆 | Azerbaijan | 30 | 11 | 1 | 1 |
| 白俄罗斯 | Belorussia | | 3 | 66 | 542 |
| 俄罗斯 | Russia | 24262 | 34595 | 38113 | 11508 |
| 乌克兰 | Ukraine | 36 | 6 | 134 | 48 |
| 塞尔维亚和黑山 | Serbia and Montenegro | 10 | | | |
| 斯洛文尼亚 | Slovenia | | 1 | | 7 |
| 捷克 | Czech | 9 | 9 | 6 | 1 |
| 斯洛伐克 | Slovakia | | | | 2 |

8-7 续表 3 Continued 3

单位：万美元
Unit: USD 10000

| 国别(地区) | Country/Region | 2006 | 2007 | 2008 | 2009 |
|---|---|---|---|---|---|
| **拉丁美洲** | **Latin America** | **5188** | **3565** | **3790** | **3754** |
| 安提瓜和巴布达 | Antigua & Barbuda | 11 | 8 | | |
| 阿根廷 | Argentina | 688 | 103 | 62 | 44 |
| 巴哈马 | Bahamas | 4 | 35 | 57 | |
| 巴巴多斯 | Barbados | 107 | 81 | 41 | 32 |
| 伯利兹 | Belize | 8 | 2 | 7 | 16 |
| 巴西 | Brazil | 25 | 34 | 155 | 134 |
| 智利 | Chile | 153 | 113 | 90 | 105 |
| 哥伦比亚 | Colombia | 7 | | | |
| 哥斯达黎加 | Costa Rica | 21 | 2 | | |
| 古巴 | Cuba | 10 | 10 | | 4 |
| 厄瓜多尔 | Ecuador | 10 | 4 | | |
| 危地马拉 | Guatemala | 16 | | | |
| 圭亚那 | Guyana | 9 | | | |
| 洪都拉斯 | Honduras | 29 | 10 | 21 | 4 |
| 牙买加 | Jamaica | 17 | 76 | 74 | 16 |
| 墨西哥 | Mexico | 738 | 642 | 664 | 228 |
| 尼加拉瓜 | Nicaragua | 569 | 519 | 244 | 95 |
| 巴拿马 | Panama | 873 | 1125 | 1743 | 2237 |
| 秘鲁 | Peru | 1568 | 30 | 24 | 26 |
| 圣卢西亚 | Saint Lucia | 32 | 32 | 56 | 8 |
| 圣文森特和格林纳丁斯 | Saint Vincent & Grenadines | 12 | 75 | 167 | 507 |
| 萨尔瓦多 | El Salvador | 23 | 11 | 3 | 1 |
| 苏里南 | Suriname | 19 | 28 | 10 | 1 |
| 特立尼达和多巴哥 | Trinidad & Tobago | 219 | 467 | 212 | 201 |
| 特克斯和凯科斯岛 | Turks & Caicos Is. | | 23 | 110 | 76 |
| 乌拉圭 | Uruguay | | | | |
| 委内瑞拉 | Venezuela | 20 | 135 | 50 | 8 |
| 英属维尔京群岛 | | | | | 11 |
| **北美洲** | **North America** | **7686** | **8302** | **5327** | **4199** |
| 加拿大 | Canada | 310 | 2434 | 1575 | 1309 |
| 美国 | United States | 7376 | 5868 | 3752 | 2890 |
| **大洋洲及太平洋岛屿** | **Oceania and Pacific Is.** | **1373** | **1459** | **2141** | **2634** |
| 澳大利亚 | Australia | 238 | 351 | 749 | 2116 |
| 库克群岛 | Cook Islands | 22 | 18 | 23 | 32 |
| 斐济 | Fiji | 195 | 87 | 451 | 112 |
| 马克萨斯群岛 | Marquesas Is. | | 110 | | |
| 瓦努阿图 | Vanuatu | 235 | 210 | | 19 |
| 新西兰 | New Zealand | 212 | 2 | 257 | 56 |
| 巴布亚新几内亚 | Papua New Guinea | 4 | | | |
| 社会群岛 | Society Is. | 4 | | | |
| 汤加 | Tonga | 14 | 14 | 5 | |
| 萨摩亚 | Samoa | 34 | 288 | 514 | 283 |
| 密克罗尼西亚 | Micronesia | 399 | 367 | 134 | |
| 马绍尔群岛共和国 | Marshall Islands | | | | 16 |
| 贝劳共和国 | Palau | 16 | 12 | 8 | |
| **其它** | **Others** | **163** | **163** | **73** | **63** |
| **国境内** | **Domestic Projects** | **169744** | **277740** | **385148** | **487307** |

# 8-8 分国别(地区)年末在境外从事承包工程人员

## Personnel Abroad for Engineering Projects Classified by Country or Region at the Year-end

单位：人
Unit: person

| 国别(地区) | Country/Region | 2006 | 2007 | 2008 | 2009 |
|---|---|---|---|---|---|
| **合　计** | **Total** | **198598** | **236002** | **271613** | **326861** |
| **亚洲** | **Asia** | **98048** | **122084** | **126997** | **142741** |
| 阿富汗 | Afghanistan | 716 | 334 | 109 | 222 |
| 巴林 | Bahrain | | 61 | 281 | 265 |
| 孟加拉国 | Bangladesh | 3170 | 3443 | 1695 | 1522 |
| 不丹 | Bhutan | 4 | 7 | | |
| 文莱 | Brunei | 2 | 2 | | 3 |
| 缅甸 | Myanmar | 8988 | 10879 | 6081 | 7976 |
| 柬埔寨 | Cambodia | 1373 | 1783 | 1944 | 1845 |
| 塞浦路斯 | Cyprus | 120 | 137 | 6 | 231 |
| 朝鲜 | Korea DPR | 1165 | 767 | 426 | 474 |
| 中国香港 | Hongkong,China | 1037 | 767 | 375 | 449 |
| 印度 | India | 1293 | 2943 | 3343 | 3114 |
| 印度尼西亚 | Indonesia | 1916 | 2147 | 4984 | 5153 |
| 伊朗 | Iran | 1592 | 1258 | 938 | 1365 |
| 伊拉克 | Iraq | 221 | 236 | 1540 | 1932 |
| 以色列 | Israel | 621 | 1021 | 839 | 691 |
| 日本 | Japan | 747 | 914 | 570 | 463 |
| 约旦 | Jordan | 570 | 972 | 898 | 1060 |
| 科威特 | Kuwait | 5212 | 3560 | 1860 | 1135 |
| 老挝 | Laos | 2438 | 1958 | 1735 | 2607 |
| 黎巴嫩 | Lebanon | 27 | 7 | 3 | 1 |
| 中国澳门 | Macao,China | 456 | 578 | 899 | 2091 |
| 马来西亚 | Malaysia | 2942 | 3238 | 2914 | 2940 |
| 马尔代夫 | Maldives | 109 | 120 | 75 | 88 |
| 蒙古 | Mongolia | 4482 | 6108 | 3627 | 4776 |
| 尼泊尔 | Nepal | 372 | 777 | 585 | 722 |
| 阿曼 | Oman | 977 | 785 | 1921 | 1165 |
| 巴基斯坦 | Pakistan | 3923 | 5016 | 8187 | 8573 |
| 巴勒斯坦 | Palestine | | 67 | | 62 |
| 菲律宾 | Philippines | 1488 | 1779 | 414 | 381 |
| 卡塔尔 | Qatar | 3345 | 3786 | 2785 | 3700 |
| 沙特阿拉伯 | Saudi Arabia | 7939 | 13066 | 12638 | 16472 |
| 新加坡 | Singapore | 20688 | 20688 | 22158 | 20808 |
| 韩国 | Korea | 929 | 1154 | 623 | 628 |
| 斯里兰卡 | Sri Lanka | 740 | 845 | 1156 | 2455 |
| 叙利亚 | Syria | 185 | 484 | 159 | 1349 |
| 泰国 | Thailand | 1159 | 1103 | 524 | 587 |
| 土耳其 | Turkey | 133 | 626 | 911 | 1232 |
| 阿联酋 | United Arab Emirates | 12510 | 15234 | 21894 | 24162 |
| 也门共和国 | Yemen Rep. | 1173 | 1766 | 1896 | 1325 |
| 越南 | Vietnam | 2947 | 6416 | 7118 | 7337 |
| 中国台湾 | Taiwan,China | 101 | 279 | 71 | 4 |
| 东帝汶 | Timor Leste | 238 | 188 | 232 | 242 |
| 哈萨克斯坦 | Kazakhstan | 2532 | 2991 | 3448 | 4854 |
| 吉尔吉斯斯坦 | Kirghizia | 265 | 190 | 316 | 306 |

8-8 续表 1 Continued 1

单位：人
Unit: person

| 国别(地区) | Country/Region | 2006 | 2007 | 2008 | 2009 |
|---|---|---|---|---|---|
| 塔吉克斯坦 | Tadzhikistan | 597 | 1205 | 2700 | 2073 |
| 土库曼斯坦 | Turkmenistan | 243 | 242 | 456 | 1059 |
| 乌兹别克斯坦 | Uzbekstan | 142 | 157 | 460 | 1639 |
| 亚洲其他国家 | Oth.Asia.Nes | | | 1203 | 1203 |
| **非洲** | **Africa** | **70001** | **87982** | **118605** | **161336** |
| 阿尔及利亚 | Algeria | 26712 | 30383 | 37378 | 46039 |
| 安哥拉 | Angola | 5111 | 6699 | 19927 | 25620 |
| 贝宁 | Benin | 18 | 213 | 243 | 292 |
| 博茨瓦纳 | Botswana | 1085 | 1281 | 1712 | 1969 |
| 布隆迪 | Burundi | 165 | 106 | 68 | 121 |
| 喀麦隆 | Cameroon | 202 | 334 | 533 | 690 |
| 加那利群岛 | Canary Is. | 1 | 68 | | |
| 佛得角 | Cape Verde | 26 | 132 | 117 | 132 |
| 中非 | Central African | 419 | 114 | 278 | 346 |
| 乍得 | Chad | 70 | 42 | 261 | 754 |
| 科摩罗 | Comoros | 61 | 1419 | 39 | 40 |
| 刚果 | Congo | 1229 | 267 | 3096 | 3670 |
| 吉布提 | Djibouti | 187 | 223 | 250 | 285 |
| 埃及 | Egypt | 192 | 4186 | 290 | 539 |
| 赤道几内亚 | Eq. Guinea | 1693 | 3616 | 4188 | 5209 |
| 埃塞俄比亚 | Ethiopia | 2082 | 1564 | 4029 | 5104 |
| 加蓬 | Gabon | 1011 | 153 | 358 | 664 |
| 冈比亚 | Gambia | 97 | 1189 | 233 | 179 |
| 加纳 | Ghana | 1123 | 757 | 1417 | 1575 |
| 几内亚 | Guinea | 845 | 557 | 611 | 572 |
| 几内亚(比绍) | Guinea bissau | 596 | 243 | 500 | 640 |
| 科特迪瓦 | Cote d'Ivoire | 169 | 1131 | 156 | 196 |
| 肯尼亚 | Kenya | 633 | 198 | 1001 | 1442 |
| 利比里亚 | Liberia | 111 | 734 | 178 | 175 |
| 利比亚 | Libya | 727 | 312 | 4921 | 21595 |
| 马达加斯加 | Madagascar | 400 | 106 | 904 | 762 |
| 马拉维 | Malawi | 223 | 655 | 45 | 227 |
| 马里 | Mali | 624 | 546 | 520 | 670 |
| 毛里塔尼亚 | Mauritania | 394 | 562 | 406 | 873 |
| 毛里求斯 | Mauritius | 635 | 874 | 748 | 765 |
| 摩洛哥 | Morocco | 863 | 365 | 1036 | 1042 |
| 莫桑比克 | Mozambique | 488 | 824 | 593 | 1561 |
| 纳米比亚 | Namibia | 621 | 70 | 567 | 539 |
| 尼日尔 | Niger | 95 | 2489 | 178 | 1003 |
| 尼日利亚 | Nigeria | 2360 | 181 | 2682 | 3573 |
| 卢旺达 | Rwanda | 186 | 17 | 205 | 248 |
| 圣多美和普林西比 | Sao Tome & Principe | 5 | 422 | 17 | 17 |
| 塞内加尔 | Senegal | 316 | 466 | 417 | 575 |
| 塞舌尔 | Seychelles | 394 | 724 | 533 | 420 |

单位：人
Unit: Person

| 国别(地区) | Country/Region | 2006 | 2007 | 2008 | 2009 |
|---|---|---|---|---|---|
| 塞拉利昂 | Sierra Leone | 304 | 54 | 341 | 386 |
| 索马里 | Somalia | | | 12 | 12 |
| 南非 | S. Africa | 812 | 1636 | 1329 | 1453 |
| 苏丹 | Sudan | 11404 | 16642 | 20274 | 20455 |
| 坦桑尼亚 | Tanzania | 2036 | 1658 | 1515 | 2114 |
| 多哥 | Togo | 43 | 151 | 142 | 122 |
| 突尼斯 | Tunisia | 204 | 116 | 153 | 288 |
| 乌干达 | Uganda | 913 | 971 | 1013 | 1909 |
| 布基纳法索 | Burkina Faso | 1 | 10 | | |
| 民主刚果 | Congo DR | 336 | 562 | 994 | 1935 |
| 赞比亚 | Zambia | 921 | 1389 | 1749 | 1959 |
| 津巴布韦 | Zimbabwe | 491 | 289 | 146 | 208 |
| 莱索托 | Lesotho | 229 | 155 | 215 | 146 |
| 厄立特里亚 | Eritrea | 138 | 127 | 78 | 226 |
| **欧洲** | **Europe** | **13477** | **11842** | **10688** | **8939** |
| 比利时 | Belgium | 21 | | 5 | 5 |
| 丹麦 | Denmark | 4 | 4 | 8 | 8 |
| 英国 | United Kingdom | 46 | 53 | 130 | 157 |
| 德国 | Germany | 261 | 347 | 128 | 256 |
| 法国 | France | 108 | 73 | 47 | 138 |
| 爱尔兰 | Ireland | 1 | 1 | | 1 |
| 意大利 | Italy | 7 | 27 | | |
| 荷兰 | Netherlands | 9 | 1 | | |
| 希腊 | Greece | 22 | 338 | 131 | 131 |
| 葡萄牙 | Portugal | 36 | 36 | | |
| 西班牙 | Spain | 1584 | 1750 | 1315 | 1321 |
| 阿尔巴尼亚 | Albania | 258 | 73 | 393 | 635 |
| 奥地利 | Austria | 41 | 44 | 38 | 38 |
| 芬兰 | Finland | 2 | 2 | | |
| 匈牙利 | Hungary | 52 | 67 | 76 | 29 |
| 冰岛 | Iceland | 8 | | | 53 |
| 挪威 | Norway | 14 | | | |
| 波兰 | Poland | 50 | 1 | 66 | 255 |
| 罗马尼亚 | Romania | | 219 | 383 | 29 |
| 瑞典 | Sweden | | | 11 | 142 |
| 瑞士 | Switzerland | 28 | 40 | 102 | 287 |
| 爱沙尼亚 | Estonia | 2 | 2 | | |
| 立陶宛 | Lithuania | | 2 | | |
| 格鲁吉亚 | Georgia | 17 | 15 | 15 | 16 |
| 亚美尼亚 | Armenia | | | | 325 |
| 阿塞拜疆 | Azerbaijan | 535 | 141 | 89 | 395 |
| 白俄罗斯 | Byelorussia | 7 | 166 | 35 | 47 |
| 俄罗斯 | Russia | 6478 | 8336 | 7561 | 4439 |
| 乌克兰 | Ukraine | 69 | 41 | 58 | 99 |
| 塞尔维亚和黑山 | Serbia and Montenegro | 23 | 40 | 60 | 96 |
| 克罗地亚 | Croatia | | 20 | 5 | 5 |
| 马其顿 | Macedonia Rep. | 15 | 3 | | |
| 波斯尼亚-黑塞哥维那 | Bosnia&Hercegovina | | | 32 | 32 |

8-8 续表 3 Continued 3

单位：人
Unit: Person

| 国别(地区) | Country/Region | 2006 | 2007 | 2008 | 2009 |
|---|---|---|---|---|---|
| **拉丁美洲** | **Latin America** | **11498** | **10385** | **11316** | **10187** |
| 安提瓜和巴布达 | Antigua Barbuda | 439 | 167 | 27 | 68 |
| 阿根廷 | Argentina | 1982 | 2358 | 2088 | 2038 |
| 巴哈马 | Bahama | | 25 | 95 | 376 |
| 巴巴多斯 | Barbados | 190 | 167 | 271 | 135 |
| 伯利兹 | Beliz | | 104 | 302 | 231 |
| 玻利维亚 | Bolivia | 3 | 15 | 13 | 6 |
| 巴西 | Brazil | 60 | 236 | 665 | 657 |
| 智利 | Chile | 274 | 283 | 273 | |
| 哥伦比亚 | Colombia | 22 | 6 | | 7 |
| 多米尼克 | Dominica | 187 | 3 | 3 | 5 |
| 哥斯达黎加 | CostaRica | | | 4 | 690 |
| 古巴 | Cuba | 206 | 317 | 310 | 334 |
| 厄瓜多尔 | Ecuador | 162 | 267 | 422 | 187 |
| 格林纳达 | Grenade | 317 | 51 | 188 | 37 |
| 危地马拉 | Guatemala | | | | 13 |
| 圭亚那 | Guyana | 381 | 420 | 145 | 166 |
| 牙买加 | Jamaica | 138 | 351 | 366 | 430 |
| 墨西哥 | Mexico | 4547 | 2585 | 2564 | 223 |
| 秘鲁 | Peru | 870 | 509 | 540 | 386 |
| 圣卢西亚 | Saint Lucia | 111 | 20 | 9 | 9 |
| 圣文森特和格林纳丁斯 | Saint Vincent & Grenadines | | 65 | 65 | 69 |
| 苏里南 | Suriname | 293 | 494 | 617 | 659 |
| 特立尼达和多巴哥 | Trinidad & Tobago | 353 | 856 | 1296 | 2109 |
| 特克斯和凯科斯岛 | Turks and Caicos Island | 22 | 22 | 182 | 15 |
| 乌拉圭 | Uruguay | 40 | 3 | 3 | 3 |
| 委内瑞拉 | Venezuela | 901 | 1061 | 868 | 1334 |
| **北美洲** | **North America** | **2571** | **2813** | **2615** | **785** |
| 加拿大 | Canada | 10 | 121 | 60 | 42 |
| 美国 | United States | 2561 | 2692 | 2555 | 743 |
| **大洋洲及太平洋岛屿** | **Oceania and Pacific Is.** | **1176** | **870** | **1381** | **2862** |
| 澳大利亚 | Australia | 89 | 158 | 208 | 199 |
| 库克群岛 | Cook Islands | 76 | 41 | 14 | 45 |
| 斐济 | Fiji | 321 | 222 | 263 | 380 |
| 瓦努阿图 | Vanuatu | 2 | 35 | 35 | 16 |
| 新西兰 | New Zealand | 226 | 45 | 45 | 80 |
| 巴布亚新几内亚 | Papua New Guinea | 218 | 255 | 599 | 1879 |
| 汤加 | Tonga | 58 | 58 | 57 | 70 |
| 萨摩亚 | Samoa | 76 | 77 | 88 | 122 |
| 密克罗尼西亚 | Micronesia | 110 | 24 | 72 | 71 |
| **其它** | **Others** | **1827** | **26** | **11** | **11** |

# 8-9 分国别(地区)年末在境外从事劳务合作人员

# Personnel Abroad for Labour Services Classified by Country or Region at the Year-end

单位：人
Unit: person

| 国别(地区) | Country/Region | 2006 | 2007 | 2008 | 2009 |
|---|---|---|---|---|---|
| **合　计** | **Total** | **475216** | **505050** | **467110** | **450277** |
| **亚洲** | **Asia** | **397851** | **428397** | **398612** | **385257** |
| 巴林 | Bahrain | 79 | 126 | 59 | 49 |
| 孟加拉国 | Bangladesh | 477 | 391 | 374 | 509 |
| 文莱 | Brunei | 67 | 46 | 7 | 3 |
| 缅甸 | Myanmar | 481 | 476 | 61 | 91 |
| 柬埔寨 | Cambodia | 4148 | 3953 | 3026 | 2115 |
| 塞浦路斯 | Cyprus | 126 | 109 | 118 | 126 |
| 朝鲜 | Korea DPR | 1111 | 807 | 1082 | 1032 |
| 中国香港 | Hong Kong, China | 23602 | 20486 | 19859 | 19103 |
| 印度 | India | 556 | 572 | 94 | 327 |
| 印度尼西亚 | Indonesia | 1737 | 1975 | 698 | 558 |
| 伊朗 | Iran | 547 | 547 | | |
| 以色列 | Israel | 8421 | 8315 | 2393 | 1665 |
| 日本 | Japan | 142404 | 161580 | 159140 | 161942 |
| 约旦 | Jordan | 10586 | 10911 | 7839 | 6429 |
| 科威特 | Kuwait | 2688 | 2385 | 1030 | 633 |
| 老挝 | Laos | 384 | 394 | 664 | 982 |
| 黎巴嫩 | Lebanon | 1 | | | |
| 中国澳门 | Macao, China | 37557 | 44510 | 53399 | 47908 |
| 马来西亚 | Malaysia | 2483 | 2957 | 3130 | 2587 |
| 马尔代夫 | Maldives | | 8 | 53 | 50 |
| 蒙古 | Mongolia | 2776 | 2980 | 1687 | 1605 |
| 尼泊尔 | Nepal | 23 | 22 | 8 | 8 |
| 阿曼 | Oman | 108 | 19 | 122 | 88 |
| 巴基斯坦 | Pakistan | 326 | 176 | 50 | 7 |
| 菲律宾 | Philippines | 214 | 163 | 179 | 181 |
| 卡塔尔 | Qatar | 2428 | 2625 | 2215 | 1912 |
| 沙特阿拉伯 | Saudi Arabia | 2580 | 3055 | 3607 | 4426 |
| 新加坡 | Singapore | 64025 | 69076 | 66126 | 62856 |
| 韩国 | Korea | 57689 | 55913 | 39028 | 36592 |
| 斯里兰卡 | Sri Lanka | 218 | 151 | 79 | 75 |
| 叙利亚 | Syria | | | | |
| 泰国 | Thailand | 2034 | 1979 | 1420 | 598 |
| 土耳其 | Turkey | 86 | 245 | 367 | 125 |
| 阿联酋 | United Arab Emirates | 7792 | 8592 | 7559 | 9904 |
| 也门共和国 | Yemen Rep. | 285 | 325 | 230 | 50 |
| 越南 | Vietnam | 7990 | 10109 | 8527 | 6794 |
| 中国台湾 | Taiwan, China | 11807 | 11055 | 12675 | 12595 |
| 东帝汶 | East Timor | | | 1 | 1 |
| 哈萨克 | Kazakhstan | 954 | 1195 | 1318 | 1166 |
| 吉尔吉斯 | Kirghizia | 176 | 92 | 307 | 85 |
| 塔吉克 | Tadzhikistan | 68 | 68 | 80 | 80 |
| 乌兹别克 | Uzbekistan | 1 | 1 | 1 | |
| 亚洲其他国家 | Oth.Asia.nes | 15 | 8 | | |

8-9 续表 1 Continued 1

单位：人
Unit: person

| 国别(地区) | Country/Region | 2006 | 2007 | 2008 | 2009 |
|---|---|---|---|---|---|
| **非洲** | **Africa** | **25065** | **25584** | **21231** | **26020** |
| 阿尔及利亚 | Algeria | 2211 | 3067 | 2417 | 3592 |
| 安哥拉 | Angola | 1150 | 2017 | 3538 | 5452 |
| 贝宁 | Benin | 55 | 112 | 126 | 94 |
| 博茨瓦纳 | Botswana | 146 | 136 | 104 | 93 |
| 布隆迪 | Burundi | 2 | 2 | 2 | 2 |
| 喀麦隆 | Cameroon | 172 | 8 | | |
| 佛得角 | Cape Verde | | | 9 | |
| 中非 | Central African | 3 | 3 | | |
| 乍得 | Chad | | | | 21 |
| 科摩罗 | Comoros | 18 | 35 | 2 | |
| 刚果 | Congo | 204 | 242 | 362 | 881 |
| 吉布提 | Djibouti | 25 | 62 | 60 | 2 |
| 埃及 | Egypt | 119 | 152 | 125 | 107 |
| 赤道几内亚 | Eq. Guinea | 65 | 168 | 217 | 151 |
| 埃塞俄比亚 | Ethiopia | 102 | 169 | 111 | 528 |
| 加蓬 | Gabon | 63 | 108 | 228 | 183 |
| 冈比亚 | Gambia | 27 | 27 | | |
| 加纳 | Ghana | 154 | 105 | 4 | 4 |
| 几内亚 | Guinea | 364 | 361 | 102 | 96 |
| 几内亚(比绍) | Guinea bissau | 312 | 312 | 34 | 31 |
| 科特迪瓦 | Cote d' Ivoire | 59 | 59 | | 1 |
| 肯尼亚 | Kenya | 180 | 180 | 36 | 24 |
| 利比里亚 | Liberia | 761 | 784 | 790 | 669 |
| 利比亚 | Libya | 900 | 811 | 970 | 2560 |
| 马达加斯加 | Madagascar | 265 | 332 | 324 | 330 |
| 马里 | Mali | 92 | 157 | 91 | 65 |
| 毛里塔尼亚 | Mauritania | 1280 | 938 | 496 | 529 |
| 毛里求斯 | Mauritius | 9418 | 8382 | 6245 | 5667 |
| 摩洛哥 | Morocco | 661 | 548 | 301 | 321 |
| 莫桑比克 | Mozambique | 90 | 59 | 64 | 56 |
| 纳米比亚 | Namibia | 649 | 258 | 94 | 66 |
| 尼日尔 | Niger | 2 | 5 | | 5 |
| 尼日利亚 | Nigeria | 2209 | 2596 | 1707 | 1694 |
| 卢旺达 | Rwanda | 10 | 9 | 8 | 8 |
| 塞内加尔 | Senegal | 273 | 318 | 30 | 30 |
| 塞舌尔 | Seychelles | 45 | 84 | 93 | 54 |
| 塞拉利昂 | Sierra Leone | 404 | 405 | 108 | 82 |
| 索马里 | Somalia | | 57 | | |
| 南非 | S. Africa | 465 | 268 | 688 | 756 |
| 苏丹 | Sudan | 456 | 262 | 61 | 83 |
| 坦桑尼亚 | Tanzania | 102 | 167 | 82 | 137 |
| 多哥 | Togo | 30 | 65 | 81 | 109 |
| 乌干达 | Uganda | 34 | 32 | 41 | 37 |
| 民主刚果 | Congo DR | 3 | 3 | 10 | 10 |

8-9 续表 2 Continued 2

单位：人
Unit: person

| 国别(地区) | Country/Region | 2006 | 2007 | 2008 | 2009 |
|---|---|---|---|---|---|
| 赞比亚 | Zambia | 60 | 96 | 69 | 216 |
| 津巴布韦 | Zimbabwe | 26 | 20 | 18 | 20 |
| 莱索托 | Lesotho | 1742 | 1075 | 1136 | 569 |
| 斯威士兰 | Swaziland | 159 | 178 | 259 | 403 |
| 厄立特里亚 | Eritrea | 83 | 116 | 189 | 282 |
| 非洲其他国家 | Oth. Afr. Nes | 149 | | 48 | |
| **欧洲** | **Europe** | **26449** | **28981** | **32581** | **26632** |
| 比利时 | Belgium | 1 | 1 | | |
| 丹麦 | Denmark | 102 | 156 | 29 | 57 |
| 英国 | United Kingdom | 1144 | 1266 | 1536 | 1202 |
| 德国 | Germany | 4564 | 4929 | 5077 | 4529 |
| 法国 | France | 72 | 45 | 39 | 41 |
| 爱尔兰 | Ireland | 219 | 224 | 209 | 177 |
| 意大利 | Italy | 6 | 8 | 8 | 10 |
| 荷兰 | Netherlands | 1 | 134 | 801 | 1474 |
| 希腊 | Greece | 326 | 514 | 506 | 542 |
| 西班牙 | Spain | 382 | 341 | 283 | 18 |
| 阿尔巴尼亚 | Albania | 29 | 38 | 27 | 6 |
| 奥地利 | Austria | 5 | 5 | 5 | |
| 保加利亚 | Bulgaria | 55 | 31 | 19 | |
| 芬兰 | Finland | 13 | 89 | 104 | 173 |
| 匈牙利 | Hungary | 2 | | | 4 |
| 马耳他 | Malta | 154 | 207 | 205 | 211 |
| 摩纳哥 | | | | | 12 |
| 挪威 | Norway | 710 | 738 | 440 | 212 |
| 波兰 | Poland | | | 40 | 191 |
| 罗马尼亚 | Romania | 22 | 24 | 256 | 280 |
| 瑞典 | Sweden | | | | 4 |
| 瑞士 | Switzerland | 2 | 2 | 2 | 2 |
| 爱沙尼亚 | Estonia | | | | 40 |
| 立陶宛 | Lithuania | 23 | | 100 | 51 |
| 亚美尼亚 | Armenia | 12 | 12 | 12 | |
| 阿塞拜疆 | Azerbaijan | 13 | 97 | 97 | 1 |
| 白俄罗斯 | Belorussia | | | 45 | 292 |
| 俄罗斯 | Russia | 17925 | 18797 | 22526 | 17018 |
| 乌克兰 | Ukraine | 57 | 24 | 101 | 65 |
| 土库曼 | Turkmenistan | | 2 | | |
| 塞尔维亚和黑山 | Serbia and Montenegro | 90 | 76 | 76 | |
| 斯洛文尼亚 | Slovenia | | | 2 | 5 |
| 捷克 | Czech | 13 | 22 | 36 | 12 |
| 斯洛伐克 | | | | | 3 |
| **拉丁美洲** | **Latin America** | **7398** | **9445** | **7392** | **3983** |
| 安提瓜和巴布达 | Antigua & Barbuda | 26 | 3 | 27 | 12 |
| 阿根廷 | Argentina | 1137 | 1166 | 718 | 88 |

单位：人
Unit: person

| 国别(地区) | Country/Region | 2006 | 2007 | 2008 | 2009 |
|---|---|---|---|---|---|
| 巴哈马 | Bahamas | 51 | 51 | | |
| 巴巴多斯 | Barbados | 99 | 36 | 24 | 27 |
| 伯利兹 | Belize | 46 | 55 | 55 | 8 |
| 巴西 | Brazil | 107 | 75 | 78 | 175 |
| 智利 | Chile | 105 | 97 | 120 | 101 |
| 哥伦比亚 | Colombia | 3 | 3 | | |
| 哥斯达黎加 | Costa Rica | 22 | 21 | | |
| 古巴 | Cuba | 4 | 4 | | 2 |
| 厄瓜多尔 | Ecuador | 29 | 21 | 2 | 2 |
| 危地马拉 | Guatemala | 27 | 12 | | |
| 圭亚那 | Guyana | 6 | 2 | | |
| 洪都拉斯 | Honduras | 55 | 35 | 24 | 24 |
| 牙买加 | Jamaica | 75 | 85 | 29 | 122 |
| 墨西哥 | Mexico | 1500 | 1522 | 796 | 313 |
| 尼加拉瓜 | Nicaragua | 578 | 424 | 383 | 315 |
| 巴拿马 | Panama | 1177 | 1276 | 1638 | 1327 |
| 秘鲁 | Peru | 759 | 709 | 79 | 79 |
| 圣卢西亚 | Saint Lucia | 52 | 52 | 48 | 48 |
| 圣文森特和格林纳丁斯 | Saint Vincent & Grenadines | 213 | 263 | 177 | 321 |
| 萨尔瓦多 | El Salvador | 41 | 12 | 4 | |
| 苏里南 | Suriname | 142 | 57 | 17 | |
| 特立尼达和多巴哥 | Trinidad & Tobago | 1652 | 1756 | 1274 | 879 |
| 特克斯和凯科斯岛 | Turks and Caicos Island | 23 | 33 | 73 | 57 |
| 乌拉圭 | Uruguay | 1500 | | | |
| 委内瑞拉 | Venezuela | 10 | 46 | 36 | 39 |
| 英属维尔京群岛 | | | | | 44 |
| **北美洲** | **North America** | **10283** | **6737** | **5144** | **4387** |
| 加拿大 | Canada | 607 | 908 | 976 | 912 |
| 美国 | United States | 9676 | 5829 | 4168 | 3475 |
| **大洋洲及太平洋岛屿** | **Oceania and Pacific Is.** | **2934** | **3563** | **2809** | **3727** |
| 澳大利亚 | Australia | 471 | 399 | 579 | 1144 |
| 库克群岛 | Cook Is. | 2 | 2 | 2 | 2 |
| 斐济 | Fiji | 738 | 557 | 526 | 776 |
| 瓦努阿图 | Vanuatu | 489 | 129 | | 353 |
| 新西兰 | New Zealand | 325 | 321 | 200 | 222 |
| 巴布亚新几内亚 | Papua New Guinea | 69 | 67 | | |
| 汤加 | Tonga | 7 | 7 | | |
| 萨摩亚 | Samoa | 75 | 1367 | 1402 | 1130 |
| 密克罗尼西亚 | Micronesia | 686 | 677 | 100 | 73 |
| 马绍尔群岛 | Marshall Is. | 18 | 18 | | 27 |
| 贝劳共和国 | Palau | 46 | 11 | | |
| 法属波利尼西亚 | Fr. Polynesia | 8 | 8 | | |
| **其它** | **Others** | **657** | **796** | **794** | **271** |

# 8-10 各地签订对外承包工程合同数额

## Contracts Signed for Foreign Engineering Projects by Region

| 公司 | Region/ Corporation | 2008 合同(份) Nunber of Contracts (Unit) | 2008 金额(万美元) Contract Value (USD 10000) | 2009 合同(份) Nunber of Contracts (Unit) | 2009 金额(万美元) Contract Value (USD 10000) |
|---|---|---|---|---|---|
| **总计** | **Total** | **5411** | **10456216** | **7280** | **12620961** |
| **一、专业公司** | **National Specialized International Cooperation Companies** | **1089** | **3899870** | **1252** | **6091891** |
| **二、地方公司** | **Provincial and Civil International Cooperation Companies** | **4322** | **6556346** | **6028** | **6529070** |
| 北京 | Beijing | 190 | 520594 | 182 | 296851 |
| 天津 | Tianjin | 127 | 171621 | 93 | 166199 |
| 河北 | Hebei | 73 | 393774 | 186 | 266678 |
| 山西 | Shanxi | 41 | 69786 | 51 | 48936 |
| 内蒙古 | Inner Mongolia | 7 | 3735 | 3 | 734 |
| 辽宁 | Liaoning | 366 | 232163 | 157 | 255818 |
| 吉林 | Jilin | 13 | 24184 | 23 | 17078 |
| 黑龙江 | Heilongjiang | 68 | 57228 | 17 | 26305 |
| 上海 | Shanghai | 478 | 1045972 | 2638 | 1193790 |
| 江苏 | Jiangsu | 791 | 432043 | 727 | 449596 |
| 浙江 | Zhejiang | 502 | 284454 | 268 | 230557 |
| 安徽 | Anhui | 40 | 144575 | 55 | 98077 |
| 福建 | Fujian | 80 | 41862 | 24 | 14476 |
| 江西 | Jiangxi | 118 | 88329 | 148 | 108293 |
| 山东 | Shandong | 191 | 650233 | 259 | 850734 |
| 河南 | Henan | 227 | 133714 | 164 | 160070 |
| 湖北 | Hubei | 54 | 384595 | 36 | 679481 |
| 湖南 | Hunan | 124 | 142425 | 45 | 63326 |
| 广东 | Guangdong | 331 | 844352 | 556 | 814859 |
| 广西 | Guangxi | 31 | 129323 | 16 | 47845 |
| 海南 | Hainan | 9 | 3272 | 4 | 3365 |
| 重庆 | Chongqing | 14 | 26685 | 7 | 54378 |
| 四川 | Sichuan | 111 | 428183 | 105 | 350679 |
| 贵州 | Guizhou | 3 | 43804 | 10 | 16461 |
| 云南 | Yunnan | 82 | 73437 | 63 | 92403 |
| 西藏 | Tibet | | | | |
| 陕西 | Shaanxi | 85 | 80490 | 99 | 32661 |
| 甘肃 | Gansu | 52 | 29359 | 42 | 28877 |
| 宁夏 | Ningxia | 5 | 1618 | 4 | 1781 |
| 新疆 | Xinjiang | 105 | 68083 | 45 | 141835 |
| 新疆兵团 | Xinjiang Bingtuan | 4 | 6453 | 1 | 16927 |

# 8-11 各地签订对外劳务合作合同数额

## Contracts Signed for Foreign Labour Services by Region

| 公司 | Corporation | 2008 | | 2009 | |
|---|---|---|---|---|---|
| | | 合同 (份) Nunber of Contracts (Unit) | 金额 (万美元) Contract Value (USD 10000) | 合同 (份) Nunber of Contracts (Unit) | 金额 (万美元) Contract Value (USD 10000) |
| **总　计** | **Total** | **157682** | **756415** | **154801** | **747260** |
| **一、专业公司** | **National Specialized International Cooperation Co.** | **95298** | **270870** | **99623** | **334698** |
| **二、地方公司** | **Provincial and Civil International Cooperation Companies** | **62384** | **485545** | **55178** | **412562** |
| 北　京 | Beijing | 289 | 37741 | 8 | 39372 |
| 天　津 | Tianjin | 399 | 7150 | 214 | 5971 |
| 河　北 | Hebei | 85 | 2133 | 67 | 1993 |
| 山　西 | Shanxi | 6 | 718 | 3 | 655 |
| 内蒙古 | Inner Mongolia | 77 | 9995 | | 914 |
| 辽　宁 | Liaoning | 1384 | 29809 | 1218 | 26063 |
| 吉　林 | Jiling | 105 | 14486 | 313 | 15564 |
| 黑龙江 | Heilongjiang | 69 | 8138 | 52 | 5563 |
| 上　海 | Shanghai | 5230 | 58990 | 4842 | 46415 |
| 江　苏 | Jiangsu | 461 | 56072 | 1625 | 53972 |
| 浙　江 | Zhejiang | 746 | 6511 | 308 | 4844 |
| 安　徽 | Anhui | 124 | 6436 | 118 | 4937 |
| 福　建 | Fujian | 4445 | 26348 | 3095 | 27884 |
| 江　西 | Jiangxi | 144 | 7875 | 131 | 5583 |
| 山　东 | Shandong | 2589 | 91634 | 2129 | 81326 |
| 河　南 | Henan | 106 | 11214 | 747 | 9961 |
| 湖　北 | Hubei | 73 | 4693 | 110 | 6208 |
| 湖　南 | Hunan | 4161 | 8010 | 5145 | 12609 |
| 广　东 | Guangdong | 40284 | 68209 | 32883 | 45718 |
| 广　西 | Guangxi | 51 | 104 | 288 | 1232 |
| 重　庆 | Chongqing | 9 | 380 | 21 | 801 |
| 四　川 | Sichuan | 1134 | 23955 | 1266 | 11811 |
| 贵　州 | Guizhou | | | | |
| 云　南 | Yunnan | 6 | 1498 | 26 | 618 |
| 西　藏 | Tibet | | | | |
| 陕　西 | Shaanxi | 340 | 3135 | 459 | 1634 |
| 甘　肃 | Gansu | 3 | 165 | | |
| 宁　夏 | Ningxia | 6 | | 110 | 914 |
| 新　疆 | Xingjiang | | | | |
| 新疆兵团 | Xinjiang Bingtuan | 2 | 146 | | |

# 8-12 各地对外承包工程营业额

## Turnover of Foreign Engineering Projects by Region

单位：万美元

Unit: USD 10000

| 公　司 | Region/Corporation | 2006 | 2007 | 2008 | 2009 |
|---|---|---|---|---|---|
| **总　计** | **Total** | **2999281** | **4064258** | **5661168** | **7770611** |
| **一、专业公司** | **National Specialized International Cooperation Co.** | **755834** | **1389808** | **1986483** | **2815679** |
| **二、地方公司** | **Provincial and Civil International Cooperation Companies** | **2243447** | **2674450** | **3674685** | **4954932** |
| 北　京 | Beijing | 69227 | 71685 | 130849 | 184997 |
| 天　津 | Tianjin | 50209 | 63564 | 97155 | 208566 |
| 河　北 | Hebei | 81006 | 123912 | 155593 | 287157 |
| 山　西 | Shanxi | 27981 | 33008 | 51954 | 114297 |
| 内蒙古 | Inner Mongolia | 3314 | 625 | 2523 | 1692 |
| 辽　宁 | Liaoning | 49429 | 75128 | 84560 | 157858 |
| 吉　林 | Jiling | 12337 | 16816 | 18393 | 23469 |
| 黑龙江 | Heilongjiang | 42790 | 46026 | 56920 | 78633 |
| 上　海 | Shanghai | 429336 | 449076 | 490707 | 665664 |
| 江　苏 | Jiangsu | 376509 | 344919 | 388434 | 435771 |
| 浙　江 | Zhejiang | 197442 | 127360 | 170495 | 222269 |
| 安　徽 | Anhui | 30626 | 59298 | 107879 | 149363 |
| 福　建 | Fujian | 11397 | 9999 | 13295 | 17478 |
| 江　西 | Jiangxi | 33809 | 40006 | 52213 | 71143 |
| 山　东 | Shandong | 150851 | 203049 | 262351 | 425362 |
| 河　南 | Henan | 71548 | 90493 | 119376 | 159823 |
| 湖　北 | Hubei | 36390 | 59673 | 153456 | 275913 |
| 湖　南 | Hunan | 26350 | 39241 | 57230 | 54785 |
| 广　东 | Guangdong | 344170 | 546069 | 686045 | 758799 |
| 广　西 | Guangxi | 4636 | 13686 | 23397 | 43495 |
| 海　南 | Hainan | 246 | 903 | 3558 | 2173 |
| 重　庆 | Chongqing | 12147 | 16565 | 16654 | 17576 |
| 四　川 | Sichuan | 74197 | 118711 | 251852 | 335622 |
| 贵　州 | Guizhou | 6593 | 4614 | 31064 | 28287 |
| 云　南 | Yunnan | 43130 | 49485 | 59870 | 73755 |
| 陕　西 | Shaanxi | 46209 | 17603 | 77989 | 62543 |
| 甘　肃 | Gansu | 5349 | 10538 | 30247 | 28332 |
| 宁　夏 | Ningxia | 739 | 645 | 1147 | 1461 |
| 新　疆 | Xingjiang | 988 | 31773 | 63070 | 44621 |
| 新疆兵团 | Xinjiang Bingtuan | 4492 | 9980 | 16409 | 24028 |

# 8-13 各地对外劳务合作营业额

# Turnover of Foreign Labour Services by Region

单位：万美元

Unit: USD 10000

| 公　司 | Region/Corporation | 2006 | 2007 | 2008 | 2009 |
|---|---|---|---|---|---|
| **总　计** | **Total** | **537274** | **676712** | **805691** | **891114** |
| **一、专业公司** | **National Specialized International Cooperation Co.** | **151174** | **212004** | **297254** | **397833** |
| **二、地方公司** | **Provincial and Civil International Cooperation Companies** | **386100** | **464708** | **508437** | **493281** |
| 北　京 | Beijing | 13456 | 22350 | 36730 | 41876 |
| 天　津 | Tianjin | 13719 | 10180 | 7864 | 6160 |
| 河　北 | Hebei | 1929 | 2571 | 1297 | 3074 |
| 山　西 | Shanxi | 628 | 394 | 563 | 624 |
| 内蒙古 | Inner Mongolia | 3135 | 1686 | 2254 | 237 |
| 辽　宁 | Liaoning | 25439 | 32696 | 26139 | 24140 |
| 吉　林 | Jiling | 19599 | 23269 | 27642 | 28048 |
| 黑龙江 | Heilongjiang | 14495 | 22492 | 24411 | 3589 |
| 上　海 | Shanghai | 40170 | 51689 | 66324 | 68441 |
| 江　苏 | Jiangsu | 58843 | 71087 | 71304 | 75099 |
| 浙　江 | Zhejiang | 23556 | 16914 | 16364 | 17093 |
| 安　徽 | Anhui | 8865 | 12163 | 13001 | 12243 |
| 福　建 | Fujian | 18154 | 19712 | 26723 | 24773 |
| 江　西 | Jiangxi | 6652 | 7499 | 9433 | 8867 |
| 山　东 | Shandong | 69465 | 80617 | 86126 | 83511 |
| 河　南 | Henan | 6566 | 10181 | 12593 | 19175 |
| 湖　北 | Hubei | 4379 | 5591 | 6856 | 5368 |
| 湖　南 | Hunan | 15834 | 4891 | 6157 | 6498 |
| 广　东 | Guangdong | 37030 | 62927 | 58420 | 59469 |
| 广　西 | Guangxi | | | 62 | 138 |
| 海　南 | Hainan | | | | |
| 重　庆 | Chongqing | 779 | 859 | 616 | 751 |
| 四　川 | Sichuan | 1404 | 2318 | 4678 | 1826 |
| 贵　州 | Guizhou | 15 | | | |
| 云　南 | Yunnan | 38 | 176 | 355 | 440 |
| 西　藏 | Tibet | | | | |
| 陕　西 | Shaanxi | 1533 | 1972 | 1920 | 1423 |
| 甘　肃 | Gansu | 56 | 79 | 75 | 51 |
| 宁　夏 | Ningxia | 222 | 207 | 253 | 366 |
| 新　疆 | Xingjiang | | | | |
| 新疆兵团 | Xinjiang Bingtuan | 139 | 188 | 277 | 1 |

# 8-14 各地年末在境外从事承包工程人数

# Personnel Abroad for Foreign Engineering Projects Classified by Region At the Year-end

单位：人
Unit: Person

| 公　司 | Region/Corporation | 2006 | 2007 | 2008 | 2009 |
|---|---|---|---|---|---|
| **总　计** | **Total** | **198598** | **236002** | **271613** | **326861** |
| **一、专业公司** | **National Specialized International Cooperation Co.** | **61411** | **68501** | **81995** | **99086** |
| **二、地方公司** | **Provincial and Civil International Cooperation Companies** | **137187** | **167501** | **189618** | **227775** |
| 北　京 | Beijing | 6760 | 7059 | 6337 | 11783 |
| 天　津 | Tianjin | 1287 | 2291 | 2657 | 6172 |
| 河　北 | Hebei | 3585 | 7234 | 8057 | 10642 |
| 山　西 | Shanxi | 1099 | 2112 | 3682 | 5066 |
| 内蒙古 | Inner Mongolia | 767 | 683 | 2003 | 2028 |
| 辽　宁 | Liaoning | 7416 | 10657 | 10355 | 6946 |
| 吉　林 | Jiling | 4640 | 3838 | 4724 | 8325 |
| 黑龙江 | Heilongjiang | 5105 | 7082 | 3966 | 2943 |
| 上　海 | Shanghai | 3531 | 6374 | 7270 | 8178 |
| 江　苏 | Jiangsu | 38432 | 41268 | 34945 | 36739 |
| 浙　江 | Zhejiang | 11513 | 10878 | 15456 | 14578 |
| 安　徽 | Anhui | 3490 | 5354 | 10969 | 15054 |
| 福　建 | Fujian | 335 | 405 | 419 | 223 |
| 江　西 | Jiangxi | 2433 | 3077 | 4185 | 6289 |
| 山　东 | Shandong | 15022 | 16165 | 17967 | 23621 |
| 河　南 | Henan | 5163 | 6572 | 9216 | 11028 |
| 湖　北 | Hubei | 2671 | 5984 | 9145 | 15995 |
| 湖　南 | Hunan | 1534 | 2590 | 2350 | 3187 |
| 广　东 | Guangdong | 752 | 946 | 886 | 2105 |
| 广　西 | Guangxi | 651 | 2648 | 5242 | 6281 |
| 海　南 | Hainan | 91 | 88 | 24 | 4 |
| 重　庆 | Chongqing | 1978 | 1901 | 330 | 1508 |
| 四　川 | Sichuan | 3040 | 3369 | 9851 | 11511 |
| 贵　州 | Guizhou | 690 | 620 | 874 | 1649 |
| 云　南 | Yunnan | 10296 | 12236 | 7341 | 8126 |
| 西　藏 | Tibet | | | | |
| 陕　西 | Shaanxi | 2544 | 1007 | 4852 | 2414 |
| 甘　肃 | Gansu | 562 | 1994 | 1742 | 846 |
| 宁　夏 | Ningxia | 76 | 81 | 141 | 175 |
| 新　疆 | Xingjiang | 850 | 1593 | 2444 | 2059 |
| 新疆兵团 | Xinjiang Bingtuan | 874 | 1395 | 2188 | 2300 |

# 8-15 各地年末在境外从事劳务合作人数

# Personnel Abroad for Foreign Labour Services Classified by Region At the Year-end

单位：人

Unit: Person

| 公　司 | Region/Corporation | 2006 | 2007 | 2008 | 2009 |
|---|---|---|---|---|---|
| **总　计** | **Total** | **475216** | **505050** | **467110** | **450277** |
| **一、专业公司** | **National Specialized International Cooperation Co.** | **36061** | **30205** | **26728** | **27909** |
| **二、地方公司** | **Provincial and Civil International Cooperation Companies** | **439155** | **474845** | **440382** | **422368** |
| 北　京 | Beijing | 2202 | 4239 | 5056 | 5316 |
| 天　津 | Tianjin | 10611 | 8728 | 7963 | 6618 |
| 河　北 | Hebei | 6924 | 7639 | 6543 | 4385 |
| 山　西 | Shanxi | 1538 | 1828 | 1339 | 1047 |
| 内蒙古 | Inner Mongolia | 3738 | 3909 | 3662 | 4108 |
| 辽　宁 | Liaoning | 41164 | 44922 | 40850 | 31345 |
| 吉　林 | Jiling | 43251 | 48486 | 43679 | 50647 |
| 黑龙江 | Heilongjiang | 10123 | 11270 | 11035 | 9080 |
| 上　海 | Shanghai | 24002 | 23834 | 20165 | 17893 |
| 江　苏 | Jiangsu | 73984 | 75924 | 66240 | 62991 |
| 浙　江 | Zhejiang | 15352 | 12529 | 8860 | 8904 |
| 安　徽 | Anhui | 10522 | 10421 | 10057 | 9005 |
| 福　建 | Fujian | 43084 | 46270 | 37312 | 27840 |
| 江　西 | Jiangxi | 6992 | 7563 | 7198 | 6966 |
| 山　东 | Shandong | 68934 | 77582 | 72580 | 72612 |
| 河　南 | Henan | 15960 | 21883 | 27359 | 31295 |
| 湖　北 | Hubei | 7602 | 8879 | 6239 | 6249 |
| 湖　南 | Hunan | 8651 | 11734 | 14158 | 14568 |
| 广　东 | Guangdong | 27024 | 27880 | 33691 | 33124 |
| 广　西 | Guangxi | 575 | 628 | 559 | 846 |
| 海　南 | Hainan | 295 | 295 | | |
| 重　庆 | Chongqing | 3532 | 3441 | 1701 | 1631 |
| 四　川 | Sichuan | 8490 | 9921 | 8925 | 9754 |
| 贵　州 | Guizhou | 85 | | | |
| 云　南 | Yunnan | 442 | 582 | 665 | 1534 |
| 西　藏 | Tibet | | | | |
| 陕　西 | Shaanxi | 3179 | 3775 | 4126 | 4155 |
| 甘　肃 | Gansu | 219 | 157 | 76 | 33 |
| 宁　夏 | Ningxia | 271 | 217 | 238 | 412 |
| 新　疆 | Xingjiang | | | | |
| 新疆兵团 | Xinjiang Bingtuan | 409 | 309 | 106 | 10 |

# 旅游篇

## TOURISM

第9篇

# 9-1 历年入境旅游人数

## Visitor Arrivals

单位:万人次

Unit:10000 person-times

| 年份<br>Year | 合计<br>Total | #过夜旅游者<br>Overnight Tourists | 外国人<br>Foreigners | 港澳台同胞*<br>Compatriot* | #台湾同胞<br>Taiwan Province |
|---|---|---|---|---|---|
| 1978 | 180.92 | 71.60 | 22.96 | 156.15 | |
| 1979 | 420.39 | 152.90 | 36.24 | 382.06 | |
| 1980 | 570.25 | 350.00 | 52.91 | 513.90 | |
| 1981 | 776.71 | 376.70 | 67.52 | 705.31 | |
| 1982 | 792.43 | 392.40 | 76.45 | 711.70 | |
| 1983 | 947.70 | 379.10 | 87.25 | 856.41 | |
| 1984 | 1285.22 | 514.10 | 113.43 | 1167.04 | |
| 1985 | 1783.31 | 713.30 | 137.05 | 1637.78 | |
| 1986 | 2281.95 | 900.10 | 148.23 | 2126.90 | |
| 1987 | 2690.23 | 1076.00 | 172.78 | 2508.74 | |
| 1988 | 3169.48 | 1236.10 | 184.22 | 2977.33 | 43.77 |
| 1989 | 2450.14 | 936.10 | 146.10 | 2297.19 | 54.10 |
| 1990 | 2746.18 | 1048.40 | 174.73 | 2562.34 | 94.80 |
| 1991 | 3334.98 | 1246.40 | 271.01 | 3050.62 | 94.66 |
| 1992 | 3811.49 | 1651.20 | 400.64 | 3394.34 | 131.78 |
| 1993 | 4152.69 | 1898.20 | 465.59 | 3670.49 | 152.70 |
| 1994 | 4368.45 | 2107.00 | 518.21 | 3838.72 | 139.02 |
| 1995 | 4638.65 | 2003.40 | 588.67 | 4038.40 | 153.23 |
| 1996 | 5112.75 | 2276.50 | 674.43 | 4422.86 | 173.39 |
| 1997 | 5758.79 | 2377.00 | 742.80 | 5006.09 | 211.76 |
| 1998 | 6347.84 | 2507.29 | 710.77 | 5625.00 | 217.46 |
| 1999 | 7279.56 | 2704.66 | 843.23 | 6425.52 | 258.46 |
| 2000 | 8344.39 | 3122.88 | 1016.04 | 7320.80 | 310.86 |
| 2001 | 8901.29 | 3316.67 | 1122.64 | 7778.65 | 344.20 |
| 2002 | 9790.83 | 3680.26 | 1343.95 | 8446.88 | 366.06 |
| 2003 | 9166.21 | 3297.05 | 1140.29 | 8025.92 | 273.19 |
| 2004 | 10903.82 | 4176.14 | 1693.25 | 9210.57 | 368.53 |
| 2005 | 12029.23 | 4680.90 | 2025.51 | 10003.71 | 410.92 |
| 2006 | 12494.21 | 4991.34 | 2221.03 | 10273.19 | 441.35 |
| 2007 | 13187.33 | 5471.98 | 2610.97 | 10576.36 | 462.79 |
| 2008 | 13002.74 | 5304.92 | 2432.53 | 10570.21 | 438.56 |
| 2009 | 12647.59 | 5087.52 | 2193.75 | 10453.84 | 448.40 |

注：*港澳台同胞来自香港特别行政区、澳门特别行政区和台湾省(下同)。

Note: * Compatriot From Hong Kong, Macao and Taiwan Province (next the same).

# 9-2 历年入境旅游人数增长速度

## Growth Rates of Visitor Arrivals

单位：%

unit: %

| 年 份<br>Year | 合 计<br>Total | #过夜旅游者<br>Overnight Tourists | 外国人<br>Foreigners | 港澳台同胞<br>Compatriot | #台湾同胞<br>Taiwan Province |
|---|---|---|---|---|---|
| 1979 | 132.4 | 113.5 | 57.8 | 144.7 | |
| 1980 | 35.6 | 128.9 | 46.0 | 34.5 | |
| 1981 | 36.2 | 7.6 | 27.6 | 37.2 | |
| 1982 | 2.0 | 4.2 | 13.2 | 0.9 | |
| 1983 | 19.6 | -3.4 | 14.1 | 20.3 | |
| 1984 | 35.6 | 35.6 | 30.0 | 36.3 | |
| 1985 | 38.8 | 38.7 | 20.8 | 40.3 | |
| 1986 | 28.0 | 26.2 | 8.2 | 29.9 | |
| 1987 | 17.9 | 19.5 | 16.6 | 18.0 | |
| 1988 | 17.8 | 14.9 | 6.6 | 18.7 | |
| 1989 | -22.7 | -24.3 | -20.7 | -22.8 | 23.6 |
| 1990 | 12.1 | 12.0 | 19.6 | 11.5 | 75.2 |
| 1991 | 21.4 | 18.9 | 55.1 | 19.1 | -0.1 |
| 1992 | 14.3 | 32.5 | 47.8 | 11.3 | 39.2 |
| 1993 | 9.0 | 15.0 | 16.2 | 8.1 | 15.9 |
| 1994 | 5.2 | 11.0 | 11.3 | 4.6 | -9.0 |
| 1995 | 6.2 | -4.9 | 13.6 | 5.2 | 10.2 |
| 1996 | 10.2 | 13.6 | 14.6 | 9.5 | 13.2 |
| 1997 | 12.6 | 4.4 | 10.1 | 13.2 | 22.1 |
| 1998 | 10.2 | 5.5 | -4.3 | 12.4 | 2.7 |
| 1999 | 14.7 | 7.9 | 18.6 | 14.2 | 18.9 |
| 2000 | 14.6 | 15.5 | 20.5 | 13.9 | 20.3 |
| 2001 | 6.7 | 6.2 | 10.5 | 6.3 | 10.7 |
| 2002 | 10.0 | 11.0 | 19.7 | 8.6 | 6.4 |
| 2003 | -6.4 | -10.4 | -15.2 | -5.0 | -25.4 |
| 2004 | 19.0 | 26.7 | 48.5 | 14.8 | 34.9 |
| 2005 | 10.3 | 12.1 | 19.6 | 8.6 | 11.5 |
| 2006 | 3.9 | 6.6 | 9.7 | 2.7 | 7.4 |
| 2007 | 5.5 | 9.6 | 17.6 | 3.0 | 4.9 |
| 2008 | -1.4 | -3.1 | -6.8 | -0.1 | -5.2 |
| 2009 | -2.7 | -4.1 | -9.8 | -1.1 | 2.2 |

# 9-3 历年国际旅游(外汇)收入和过夜旅游者人数情况
## International Tourism Receipts and Tourist Arrivals

| 年 份<br>Year | 过夜旅游者人数<br>(万人次)<br>Tourist Arrivals<br>(10000 person-time) | 过夜旅游者<br>人数增速(%)<br>Growth Rates<br>(%) | 过夜旅游者人<br>数居世界位次<br>Rank | 旅游(外汇)收入<br>(亿美元)<br>Tourism Receipts<br>(USD 100 Million) | 旅游(外汇)<br>收入增速(%)<br>Growth Rates<br>(%) | 旅游(外汇)收入<br>居 世 界 位 次<br>Rank |
|---|---|---|---|---|---|---|
| 1978 | 71.60 | | | 2.63 | | |
| 1979 | 152.90 | 113.5 | | 4.49 | 70.7 | |
| 1980 | 350.00 | 128.9 | 18 | 6.17 | 37.4 | 34 |
| 1981 | 376.70 | 7.6 | 17 | 7.85 | 27.2 | 34 |
| 1982 | 392.40 | 4.2 | 16 | 8.43 | 7.4 | 29 |
| 1983 | 379.10 | -3.4 | 16 | 9.41 | 11.6 | 26 |
| 1984 | 514.10 | 35.6 | 14 | 11.31 | 20.2 | 21 |
| 1985 | 713.30 | 38.7 | 13 | 12.50 | 10.5 | 21 |
| 1986 | 900.10 | 26.2 | 12 | 15.31 | 22.5 | 22 |
| 1987 | 1076.00 | 19.5 | 12 | 18.62 | 21.6 | 26 |
| 1988 | 1236.10 | 14.9 | 10 | 22.47 | 20.7 | 26 |
| 1989 | 936.10 | -24.3 | 12 | 18.60 | -17.2 | 27 |
| 1990 | 1048.40 | 12.0 | 11 | 22.18 | 19.2 | 25 |
| 1991 | 1246.40 | 18.9 | 12 | 28.45 | 28.3 | 21 |
| 1992 | 1651.20 | 32.5 | 9 | 39.47 | 38.7 | 17 |
| 1993 | 1898.20 | 15.0 | 7 | 46.83 | 18.6 | 15 |
| 1994 | 2107.00 | 11.0 | 6 | 73.23 | 56.4 | 10 |
| 1995 | 2003.40 | -4.9 | 8 | 87.33 | 19.3 | 10 |
| 1996 | 2276.50 | 13.6 | 6 | 102.00 | 16.8 | 9 |
| 1997 | 2377.00 | 4.4 | 6 | 120.74 | 18.4 | 8 |
| 1998 | 2507.29 | 5.5 | 6 | 126.02 | 4.4 | 7 |
| 1999 | 2704.66 | 7.9 | 5 | 140.99 | 11.9 | 7 |
| 2000 | 3122.88 | 15.5 | 5 | 162.24 | 15.1 | 7 |
| 2001 | 3316.67 | 6.2 | 5 | 177.92 | 9.7 | 5 |
| 2002 | 3680.26 | 11.0 | 5 | 203.85 | 14.6 | 5 |
| 2003 | 3297.05 | -10.4 | 5 | 174.06 | -14.6 | 7 |
| 2004 | 4176.14 | 26.7 | 4 | 257.39 | 47.9 | 7 |
| 2005 | 4680.90 | 12.1 | 4 | 292.96 | 13.8 | 6 |
| 2006 | 4991.34 | 6.6 | 4 | 339.49 | 15.9 | 5 |
| 2007 | 5471.98 | 9.6 | 4 | 419.19 | 23.5 | 5 |
| 2008 | 5304.92 | -3.1 | 4 | 408.43 | -2.6 | 5 |
| 2009 | 5087.52 | -4.1 | * | 396.75 | -2.9 | * |

# 9-4　入境外国旅游者分组构成

## Foreign Visitor Arrivals by Sex, Age, Purpose and Mode of Transport

单位:万人次

Unit:10000 person-time

| 项　　目 | Item | 2008 | | 2009 | |
|---|---|---|---|---|---|
| | | 人次数 person-time | 比 重 structure (%) | 人次数 person-time | 比 重 structure (%) |
| **总　　计** | **Total** | **2432.53** | **100.0** | **2193.75** | **100.0** |
| **按性别分** | **By Sex** | | | | |
| 男 | Male | 1560.90 | 64.2 | 1430.15 | 65.2 |
| 女 | Female | 871.64 | 35.8 | 763.60 | 34.8 |
| **按年龄分** | **By Age** | | | | |
| 14岁及以下 | Under 14 | 98.52 | 4.1 | 92.05 | 4.2 |
| 15～24岁 | 15～24 | 206.13 | 8.5 | 171.90 | 7.8 |
| 25～44岁 | 25～44 | 1129.10 | 46.4 | 1004.28 | 45.8 |
| 45～64岁 | 46～64 | 871.70 | 35.8 | 796.56 | 36.3 |
| 65岁以上 | Over 65 | 127.09 | 5.2 | 128.95 | 5.9 |
| **按事由分** | **By Purpose** | | | | |
| 会议/商务 | Meeting/Business | 567.77 | 23.3 | 523.72 | 23.9 |
| 观光/休闲 | Sightseeing/Leisure | 1203.96 | 49.5 | 1013.27 | 46.2 |
| 探亲/访友 | Visiting Relatives and Friends | 6.79 | 0.3 | 8.01 | 0.4 |
| 服务员工 | Work and Crew | 243.19 | 10.0 | 227.37 | 10.4 |
| 其他 | Others | 410.82 | 16.9 | 421.38 | 19.2 |
| **按入境方式分** | **By Mode Of Transport** | | | | |
| 船舶 | Sea | 274.85 | 11.3 | 234.18 | 10.7 |
| 飞机 | Air | 1342.78 | 55.2 | 1254.88 | 57.2 |
| 火车 | Rail | 80.18 | 3.3 | 53.35 | 2.4 |
| 汽车 | Motor | 367.07 | 15.1 | 276.43 | 12.6 |
| 徒步 | Foot | 367.66 | 15.1 | 374.91 | 17.1 |

# 9-5 按国籍分入境外国旅游者人数
# Foreign Visitor Arrivals by Nationality

单位：人次
Unit: person-time

| 国籍 | Nationality | 2006 | 2007 | 2008 | 2009 |
|---|---|---|---|---|---|
| **总计** | **Total** | **22210266** | **26109668** | **24325337** | **21937480** |
| **亚洲** | **Asia** | **13588165** | **16061173** | **14551042** | **13779346** |
| #阿富汗 | Afghanistan | 10645 | 12506 | 12230 | 15519 |
| 巴林 | Bahrain | 1877 | 2672 | 3959 | 3792 |
| 孟加拉国 | Bangladesh | 60783 | 48193 | 31352 | 32281 |
| 不丹 | Bhutan | 654 | 599 | 261 | 282 |
| 文莱 | Brunei | 6007 | 7224 | 7594 | 7538 |
| 缅甸 | Myanmar | 86791 | 320419 | 508995 | 607737 |
| 柬埔寨 | Cambodia | 14216 | 18253 | 18548 | 20104 |
| 塞浦路斯 | Cyprus | 2819 | 3099 | 2926 | 929 |
| 朝鲜 | Korea DPR | 110095 | 113674 | 101824 | 105607 |
| 印度 | India | 405091 | 462450 | 436625 | 448942 |
| 印度尼西亚 | Indonesia | 433028 | 477109 | 426251 | 469044 |
| 伊朗 | Iran | 52471 | 70008 | 68025 | 87636 |
| 伊拉克 | Iraq | 9348 | 14548 | 10624 | 19234 |
| 以色列 | Israel | 61494 | 74285 | 68349 | 73008 |
| 日本 | Japan | 3745881 | 3977479 | 3446117 | 3317459 |
| 约旦 | Jordan | 15793 | 19581 | 21018 | 22661 |
| 科威特 | Kuwait | 6445 | 7925 | 6215 | 6948 |
| 老挝 | Laos | 10366 | 8465 | 8754 | 9674 |
| 黎巴嫩 | Lebanon | 13295 | 17188 | 19050 | 20186 |
| 马来西亚 | Malaysia | 910458 | 1061965 | 1040494 | 1059004 |
| 马尔代夫 | Maldives | 1134 | 1450 | 1373 | 1330 |
| 蒙古 | Mongolia | 631184 | 681952 | 705270 | 576696 |
| 尼泊尔 | Nepal | 28754 | 30245 | 21726 | 23272 |
| 阿曼 | Oman | 1566 | 2142 | 3423 | 3619 |
| 巴基斯坦 | Pakistan | 86629 | 97518 | 72854 | 81491 |
| 巴勒斯坦 | Palestine | 3775 | 4515 | 4146 | 5050 |
| 菲律宾 | Philippines | 704167 | 833009 | 795255 | 748943 |
| 卡塔尔 | Qatar | 1697 | 2283 | 2086 | 1876 |
| 沙特阿拉伯 | Saudi Arabia | 13086 | 17282 | 13649 | 19030 |
| 新加坡 | Singapore | 827883 | 922021 | 875826 | 889538 |
| 韩国 | Korea | 3923986 | 4776752 | 3960392 | 3197538 |
| 斯里兰卡 | Sri Lanka | 24344 | 26134 | 24360 | 23574 |
| 叙利亚 | Syria | 14712 | 18372 | 16879 | 19745 |
| 泰国 | Thailand | 591956 | 611615 | 554275 | 541830 |
| 土耳其 | Turkey | 63082 | 73803 | 60360 | 64362 |
| 阿联酋 | United Arab Emirates | 2663 | 4196 | 4936 | 5256 |
| 也门共和国 | Yemen Rep. | 13670 | 17068 | 17666 | 19375 |
| 越南 | Vietnam | 333819 | 653932 | 743521 | 828630 |
| 哈萨克 | Kazakhstan | 270417 | 438869 | 300732 | 279875 |
| 吉尔吉斯 | Kirghizia | 37819 | 50056 | 43493 | 32787 |

9-5 续表 1 Continued 1

单位：人次
Unit: person-time

| 国　籍 | Nationality | 2006 | 2007 | 2008 | 2009 |
|---|---|---|---|---|---|
| 塔吉克 | Tadzhikistan | 16067 | 22830 | 22123 | 17480 |
| 土库曼 | Turkmenistan | 5287 | 6918 | 9160 | 11647 |
| 乌兹别克 | Uzbekistan | 32725 | 49966 | 57974 | 49534 |
| **非洲** | **Africa** | **293790** | **379141** | **378401** | **401159** |
| #阿尔及利亚 | Algeria | 15289 | 20409 | 20243 | 24893 |
| 安哥拉 | Angola | 5467 | 7590 | 9667 | 14519 |
| 贝宁 | Benin | 2916 | 3684 | 3970 | 3887 |
| 博茨瓦纳 | Botswana | 897 | 1217 | 1357 | 1643 |
| 布隆迪 | Burundi | 558 | 656 | 793 | 727 |
| 喀麦隆 | Cameroon | 3837 | 5816 | 6265 | 6886 |
| 佛得角 | Cape Verde | 1081 | 857 | 706 | 609 |
| 中非 | Central African | 217 | 252 | 256 | 327 |
| 乍得 | Chad | 289 | 727 | 624 | 685 |
| 科摩罗 | Comoros | 195 | 288 | 418 | 443 |
| 刚果 | Congo(B) | 7466 | 5369 | 4528 | 4409 |
| 吉布提 | Djibouti | 252 | 328 | 444 | 378 |
| 埃及 | Egypt | 31333 | 42680 | 44716 | 49665 |
| 赤道几内亚 | Eq.Guinea | 320 | 367 | 434 | 407 |
| 埃塞俄比亚 | Ethiopia | 8637 | 10259 | 11292 | 11952 |
| 加蓬 | Gabon | 724 | 1059 | 1018 | 811 |
| 冈比亚 | Gambia | 2251 | 2513 | 1681 | 1874 |
| 加纳 | Ghana | 16981 | 17353 | 17160 | 14657 |
| 几内亚 | Guinea | 6674 | 8989 | 8030 | 8005 |
| 几内亚(比绍) | Guinea Bissau | 941 | 1360 | 1544 | 1837 |
| 科特迪瓦 | Cote d'Ivoire | 2111 | 3649 | 2570 | 2445 |
| 肯尼亚 | Kenya | 7006 | 10147 | 11656 | 11169 |
| 利比里亚 | Liberia | 869 | 1329 | 1151 | 1029 |
| 利比亚 | Libya | 7169 | 9319 | 9764 | 11051 |
| 马达加斯加 | Madagascar | 2946 | 4107 | 4485 | 6308 |
| 马拉维 | Malawi | 256 | 377 | 908 | 1017 |
| 马里 | Mali | 13334 | 20761 | 14293 | 12230 |
| 毛里塔尼亚 | Mauritania | 1403 | 1876 | 1552 | 1661 |
| 毛里求斯 | Mauritius | 13128 | 14078 | 14734 | 15084 |
| 摩洛哥 | Morocco | 9008 | 11336 | 11756 | 12434 |
| 莫桑比克 | Mozambique | 854 | 1266 | 1473 | 1732 |
| 纳米比亚 | Namibia | 583 | 687 | 801 | 892 |
| 尼日尔 | Niger | 2724 | 4502 | 5090 | 5457 |
| 尼日利亚 | Nigeria | 25400 | 40492 | 43515 | 50567 |
| 留尼汪 | Reunion | 7 | 7 | 20 | 8 |
| 卢旺达 | Rwanda | 605 | 1008 | 1163 | 1086 |
| 圣多美和普林西比 | Sao Tome & Principe | 98 | 93 | 68 | 70 |
| 塞内加尔 | Senegal | 5062 | 5955 | 4811 | 5625 |

9-5 续表 2 Continued 2

单位：人次
Unit: person-time

| 国　籍 | Nationality | 2006 | 2007 | 2008 | 2009 |
|---|---|---|---|---|---|
| 塞舌尔 | Seychelles | 998 | 1134 | 1157 | 1145 |
| 塞拉利昂 | Sierra Leone | 860 | 1037 | 1165 | 1172 |
| 索马里 | Somalia | 311 | 470 | 489 | 564 |
| 南非 | S.Africa | 55514 | 57763 | 54251 | 50783 |
| 苏丹 | Sudan | 6765 | 9609 | 9052 | 9928 |
| 坦桑尼亚 | Tanzania | 7275 | 10038 | 10898 | 13429 |
| 多哥 | Togo | 2813 | 2951 | 2712 | 2765 |
| 突尼斯 | Tunisia | 5904 | 7893 | 8674 | 8141 |
| 乌干达 | Uganda | 3546 | 4844 | 6464 | 7742 |
| 布基纳法索 | Burkina Faso | 1321 | 2188 | 1910 | 1960 |
| 民主刚果 | Congo DR | 2078 | 8250 | 6484 | 6853 |
| 赞比亚 | Zambia | 2814 | 3195 | 3079 | 2888 |
| 津巴布韦 | Zimbabwe | 3665 | 5937 | 6017 | 4361 |
| 莱索托 | Lesotho | 446 | 441 | 422 | 343 |
| 斯威士兰 | Swaziland | 170 | 176 | 211 | 186 |
| 厄立特里亚 | Eritrea | 388 | 410 | 444 | 403 |
| **欧洲** | **Europe** | **5279636** | **6216774** | **6123325** | **4591144** |
| #比利时 | Belgium | 57289 | 65760 | 61398 | 60770 |
| 丹麦 | Denmark | 83400 | 89601 | 81033 | 77340 |
| 英国 | United Kingdom | 552576 | 605094 | 551523 | 528786 |
| 德国 | Germany | 500567 | 556663 | 528858 | 518533 |
| 法国 | France | 402174 | 463392 | 429967 | 424770 |
| 爱尔兰 | Ireland | 34773 | 38776 | 35128 | 31221 |
| 意大利 | Italy | 195330 | 215212 | 194362 | 191357 |
| 卢森堡 | Luxembourg | 2257 | 2404 | 2451 | 2446 |
| 荷兰 | Netherlands | 167846 | 194079 | 180891 | 166884 |
| 希腊 | Greece | 34339 | 38558 | 34445 | 32060 |
| 葡萄牙 | Portugal | 44493 | 48273 | 43917 | 43634 |
| 西班牙 | Spain | 129252 | 136731 | 112224 | 114485 |
| 阿尔巴尼亚 | Albania | 2751 | 3053 | 2883 | 2586 |
| 安道尔 | Andorra | 176 | 181 | 123 | 128 |
| 奥地利 | Austria | 61498 | 63300 | 56273 | 48413 |
| 保加利亚 | Bulgaria | 17646 | 16823 | 15856 | 13846 |
| 芬兰 | Finland | 69024 | 75291 | 70577 | 60906 |
| 匈牙利 | Hungary | 13702 | 16567 | 17490 | 13626 |
| 冰岛 | Iceland | 3270 | 4309 | 4156 | 2686 |
| 列支敦士登 | Liechtenstein | 211 | 213 | 256 | 251 |
| 马耳他 | Malta | 1707 | 1899 | 1725 | 1563 |
| 摩纳哥 | Monaco | 180 | 176 | 144 | 118 |
| 挪威 | Norway | 49058 | 50732 | 49449 | 47653 |

9-5 续表 3 Continued 3

单位：人次
Unit: person-time

| 国 籍 | Nationality | 2006 | 2007 | 2008 | 2009 |
|---|---|---|---|---|---|
| 波兰 | Poland | 52698 | 61914 | 60958 | 53718 |
| 罗马尼亚 | Romania | 27110 | 31257 | 32168 | 27760 |
| 圣马力诺 | San Marino | 158 | 146 | 206 | 145 |
| 瑞典 | Sweden | 129607 | 145138 | 137686 | 125771 |
| 瑞士 | Switzerland | 57875 | 64594 | 63412 | 62579 |
| 爱沙尼亚 | Estonia | 3863 | 4369 | 4811 | 4226 |
| 拉脱维亚 | Latvia | 5522 | 6095 | 5970 | 5066 |
| 立陶宛 | Lithuania | 5459 | 6206 | 6646 | 5821 |
| 格鲁吉亚 | Georgia | 4096 | 5052 | 6308 | 5178 |
| 亚美尼亚 | Armenia | 3698 | 4435 | 4364 | 3528 |
| 阿塞拜疆 | Azerbaijan | 12623 | 16123 | 17453 | 4401 |
| 白俄罗斯 | Byelorussia | 6522 | 8031 | 8701 | 7458 |
| 摩尔多瓦 | Moldavia | 1399 | 1981 | 2195 | 1759 |
| 俄罗斯 | Russia | 2405063 | 3003867 | 3123415 | 1742973 |
| 乌克兰 | Ukraine | 80992 | 104196 | 105556 | 86553 |
| 南斯拉夫 | Yugoslavia | 13841 | 11972 | 8302 | 2835 |
| 斯洛文尼亚 | Slovenia | 4666 | 5545 | 5386 | 4969 |
| 克罗地亚 | Croatia | 18544 | 18650 | 18449 | 16072 |
| 捷克 | Czech | 13941 | 17743 | 17345 | 15768 |
| 斯洛伐克 | Slovak | 5747 | 6947 | 8069 | 7329 |
| 波黑 | Bosnia & Hercegovina | 1256 | 1418 | 1555 | 1118 |
| **拉丁美洲** | **Latin America** | **195848** | **242570** | **260262** | **231011** |
| #安提瓜和巴布达 | Antigua & Barbuda | 164 | 225 | 173 | 201 |
| 阿根廷 | Argentina | 14630 | 18083 | 19158 | 16767 |
| 阿鲁巴岛 | Aruba | 13 | 18 | 20 | 5 |
| 巴哈马 | Bahamas | 800 | 576 | 651 | 401 |
| 巴巴多斯 | Barbados | 257 | 370 | 363 | 266 |
| 伯利兹 | Belize | 4965 | 4716 | 4002 | 3474 |
| 玻利维亚 | Bolivia | 2199 | 2741 | 3451 | 4083 |
| 巴西 | Brazil | 47790 | 67439 | 74656 | 63676 |
| 开曼群岛 | Cayman Is | 6 | 14 | 12 | 11 |
| 智利 | Chile | 10549 | 11761 | 13014 | 12245 |
| 哥伦比亚 | Colombia | 15354 | 18097 | 21186 | 20441 |
| 哥斯达黎加 | Costa Rica | 3346 | 4183 | 4568 | 4111 |
| 古巴 | Cuba | 3188 | 4212 | 3632 | 2391 |
| 多米尼加共和国 | Dominican Rep. | 4160 | 3630 | 2818 | 2593 |
| 厄瓜多尔 | Ecuador | 4369 | 5345 | 5159 | 4893 |
| 法属圭亚那 | French Guyana | 16 | 5 | 2 | 15 |
| 格林纳达 | Grenada | 146 | 150 | 183 | 174 |
| 危地马拉 | Guatemala | 1572 | 1903 | 1924 | 1637 |
| 圭亚那 | Guyana | 515 | 732 | 715 | 782 |

9-5 续表 4 Continued 4

单位：人次
Unit: person-time

| 国 籍 | Nationality | 2006 | 2007 | 2008 | 2009 |
|---|---|---|---|---|---|
| 海地 | Haiti | 166 | 221 | 304 | 203 |
| 洪都拉斯 | Honduras | 2246 | 2867 | 2648 | 2459 |
| 牙买加 | Jamaica | 2687 | 3118 | 3258 | 3627 |
| 墨西哥 | Mexico | 38054 | 46224 | 48920 | 32298 |
| 尼加拉瓜 | Nicaragua | 227 | 312 | 445 | 467 |
| 巴拿马 | Panama | 5033 | 5423 | 5627 | 5830 |
| 巴拉圭 | Paraguay | 875 | 1128 | 1142 | 1119 |
| 秘鲁 | Peru | 8052 | 9999 | 10537 | 10910 |
| 波多黎各 | Puerto Rico | 20 | 18 | 7 | 14 |
| 圣卢西亚 | Saint Lucia | 112 | 60 | 80 | 81 |
| 圣文森特和格林纳丁斯 | S. Vinc. & Grenadines | 34 | 48 | 210 | 261 |
| 萨尔瓦多 | El Salvador | 1141 | 1445 | 1074 | 860 |
| 苏里南 | Suriname | 2320 | 2477 | 2287 | 2658 |
| 特立尼达和多巴哥 | Trinidad & Tobago | 1962 | 2318 | 2330 | 2225 |
| 特克斯和凯科斯群岛 | Turks & Caicos Is. | 7 | 8 | 1 | 3 |
| 乌拉圭 | Uruguay | 1720 | 2610 | 2616 | 2641 |
| 委内瑞拉 | Venezuela | 16018 | 19081 | 22006 | 26079 |
| 维尔京群岛 | Virgin Is. | 2 |  | 3 | 1 |
| **北美洲** | **North America** | **2209981** | **2478464** | **2321185** | **2260179** |
| 加拿大 | Canada | 499651 | 577220 | 534712 | 550333 |
| 美国 | United States | 1710292 | 1901221 | 1786448 | 1709813 |
| 格陵兰 | Greenland | 4 | 23 |  | 1 |
| 百慕大 | Bermuda | 34 |  | 25 | 32 |
| **大洋洲及太平洋群岛** | **Oceania and Pacific Islands** | **638553** | **728453** | **688826** | **672432** |
| #澳大利亚 | Australia | 538068 | 607364 | 571534 | 561542 |
| 库克群岛 | Cook Is. | 3 | 2 | 1 | 2 |
| 斐济 | Fiji | 2347 | 2390 | 2061 | 2398 |
| 瑙鲁 | Nauru | 1745 | 1867 | 1454 | 1046 |
| 瓦努阿图 | Vanuatu | 276 | 323 | 397 | 390 |
| 新西兰 | New Zealand | 88582 | 108732 | 105184 | 100438 |
| 巴布亚新几内亚 | Papua New Guinea | 617 | 758 | 905 | 1228 |
| 所罗门群岛 | Solomon Is. | 442 | 272 | 328 | 334 |
| 汤加 | Tonga | 1235 | 1428 | 1345 | 1183 |
| 萨摩亚 | Samoa | 386 | 220 | 276 | 241 |
| 基里巴斯 | Kiribati | 2978 | 2817 | 2908 | 1988 |
| 图瓦卢 | Tuvalu | 1355 | 1717 | 1577 | 1137 |
| 密克罗尼西亚 | Micronesia | 173 | 171 | 248 | 203 |
| 马绍尔群岛 | Marshall Is. | 241 | 321 | 314 | 249 |
| 贝劳共和国 | Palau | 53 | 35 | 42 | 37 |
| **国际组织及其他人员** | **Others** | **4293** | **3093** | **2296** | **2209** |

# 9-6 国际旅游外汇收入构成

## Breakdown of International Tourism Receipts

单位:亿美元
Unit: USD 100 million

| 指 标 | Item | 2006 | 2007 | 2008 | 2009 |
|---|---|---|---|---|---|
| **总 计** | **Total** | **339.49** | **419.19** | **408.43** | **396.75** |
| **一、商品收入** | **Commodities** | **147.19** | **142.42** | **124.07** | **127.63** |
| 1.商品销售 | Shopping | 112.07 | 104.94 | 85.34 | 91.49 |
| 2.餐饮 | Food and Beverage | 35.12 | 37.48 | 38.73 | 36.14 |
| **二、劳务收入** | **Services** | **192.30** | **276.77** | **284.36** | **269.12** |
| 1.长途交通 | Long-Distance Transportation | 73.76 | 111.43 | 124.87 | 117.41 |
| 民航 | Air | 66.63 | 87.91 | 90.47 | 85.84 |
| 铁路 | Rail | 2.79 | 7.71 | 13.46 | 12.77 |
| 汽车 | Motor | 3.10 | 6.94 | 10.47 | 9.58 |
| 轮船 | Sea | 1.24 | 8.87 | 10.47 | 9.22 |
| 2.游览 | Sightseeing | 9.86 | 18.00 | 22.02 | 20.80 |
| 3.住宿 | Accommodation | 48.97 | 59.38 | 48.60 | 44.34 |
| 4.娱乐 | Entertainment | 12.53 | 21.10 | 29.70 | 28.82 |
| 5.邮电通讯 | Communication | 5.11 | 7.61 | 10.02 | 9.55 |
| 6.市内交通 | Local Transportation | 12.01 | 12.42 | 13.55 | 13.29 |
| 7.其他服务 | Others | 30.06 | 46.83 | 35.60 | 34.91 |

# 9-7 各地国际旅游(外汇)收入

## International Tourism Receipts by Locality

单位:亿美元

Unit: USD 100 million

| 地区 | Region | 2006 | 2007 | 2008 | 2009 |
|---|---|---|---|---|---|
| 北京 | Beijing | 40.26 | 45.80 | 44.59 | 43.57 |
| 天津 | Tianjin | 6.26 | 7.79 | 10.01 | 11.83 |
| 河北 | Hebei | 2.43 | 3.09 | 2.74 | 3.08 |
| 山西 | Shanxi | 1.64 | 2.22 | 3.01 | 3.78 |
| 内蒙古 | Inner Mongolia | 4.04 | 5.45 | 5.77 | 5.58 |
| 辽宁 | Liaoning | 9.34 | 12.28 | 15.26 | 18.56 |
| 吉林 | Jilin | 1.37 | 1.79 | 2.11 | 2.43 |
| 黑龙江 | Heilongjiang | 4.92 | 6.43 | 8.70 | 6.39 |
| 上海 | Shanghai | 39.04 | 46.73 | 49.72 | 47.44 |
| 江苏 | Jiangsu | 27.87 | 34.69 | 38.80 | 40.16 |
| 浙江 | Zhejiang | 21.33 | 27.08 | 30.24 | 32.24 |
| 安徽 | Anhui | 2.27 | 3.44 | 4.54 | 5.66 |
| 福建 | Fujian | 14.71 | 21.69 | 23.94 | 25.99 |
| 江西 | Jiangxi | 1.40 | 1.96 | 2.52 | 2.90 |
| 山东 | Shandong | 10.14 | 13.52 | 13.91 | 17.65 |
| 河南 | Henan | 2.74 | 3.18 | 3.74 | 4.33 |
| 湖北 | Hubei | 3.20 | 4.13 | 4.43 | 5.10 |
| 湖南 | Hunan | 5.03 | 6.42 | 6.17 | 6.73 |
| 广东 | Guangdong | 75.33 | 87.06 | 91.75 | 100.28 |
| 广西 | Guangxi | 4.23 | 5.77 | 6.02 | 6.43 |
| 海南 | Hainan | 2.29 | 3.02 | 3.14 | 2.77 |
| 重庆 | Chongqing | 3.09 | 3.82 | | 5.37 |
| 四川 | Sichuan | 3.95 | 5.12 | 1.54 | 2.89 |
| 贵州 | Guizhou | 1.15 | 1.29 | 1.17 | 1.10 |
| 云南 | Yunnan | 6.58 | 8.60 | 10.08 | 11.72 |
| 西藏 | Tibet | 0.61 | 1.35 | 0.31 | 0.79 |
| 陕西 | Shaanxi | 5.11 | 6.12 | 6.60 | 7.71 |
| 甘肃 | Gansu | 0.63 | 0.70 | 0.16 | 0.13 |
| 青海 | Qinghai | 0.13 | 0.16 | 0.10 | 0.15 |
| 宁夏 | Ningxia | 0.02 | 0.03 | 0.03 | 0.04 |
| 新疆 | Xinjiang | 1.28 | 1.62 | 1.36 | 1.37 |

# 9-8 各地接待入境旅游者情况

## International Tourists by Region

| 地 区 | Region | 人数(万人次) Tourist Arrivals (10000 person-time) | | #外国人 Foreigners | | 人天数(万人天) Tourist Arrivals Night (10000 person-night) | | #外国人 Foreigners | |
|---|---|---|---|---|---|---|---|---|---|
| | | 2008 | 2009 | 2008 | 2009 | 2008 | 2009 | 2008 | 2009 |
| 北 京 | Beijing | 379.04 | 412.51 | 335.72 | 342.92 | 1744.23 | 1730.22 | 1564.44 | 1494.02 |
| 天 津 | Tianjin | 122.04 | 141.02 | 113.00 | 130.58 | 471.78 | 571.16 | 396.46 | 481.56 |
| 河 北 | Hebei | 75.02 | 84.22 | 67.02 | 74.69 | 173.60 | 190.85 | 156.85 | 172.46 |
| 山 西 | Shanxi | 93.93 | 106.78 | 57.94 | 66.63 | 172.44 | 200.94 | 107.13 | 126.74 |
| 内蒙古 | Inner Mongolia | 154.93 | 128.96 | 153.23 | 126.61 | 325.47 | 306.21 | 320.58 | 296.85 |
| 辽 宁 | Liaoning | 241.87 | 293.20 | 207.27 | 250.74 | 735.74 | 916.77 | 637.81 | 794.68 |
| 吉 林 | Jilin | 61.73 | 68.05 | 52.46 | 58.29 | 116.35 | 137.51 | 101.08 | 120.39 |
| 黑龙江 | Heilongjiang | 200.61 | 142.51 | 193.34 | 135.03 | 428.65 | 311.61 | 411.88 | 298.37 |
| 上 海 | Shanghai | 526.47 | 533.39 | 441.62 | 439.05 | 1955.90 | 1908.23 | 1619.53 | 1539.80 |
| 江 苏 | Jiangsu | 544.30 | 556.83 | 396.11 | 396.07 | 2247.62 | 2341.15 | 1622.27 | 1677.50 |
| 浙 江 | Zhejiang | 539.67 | 570.64 | 366.13 | 377.60 | 1410.10 | 1551.33 | 975.42 | 1062.27 |
| 安 徽 | Anhui | 132.09 | 156.16 | 90.82 | 97.75 | 241.19 | 305.48 | 171.26 | 198.81 |
| 福 建 | Fujian | 293.19 | 312.03 | 98.64 | 97.84 | 1194.85 | 1367.17 | 485.63 | 567.05 |
| 江 西 | Jiangxi | 80.21 | 96.43 | 30.83 | 38.76 | 169.75 | 195.13 | 63.81 | 79.56 |
| 山 东 | Shandong | 253.67 | 310.04 | 206.43 | 241.19 | 680.90 | 897.99 | 572.93 | 715.23 |
| 河 南 | Henan | 104.36 | 125.85 | 67.91 | 82.76 | 230.87 | 254.75 | 138.95 | 167.88 |
| 湖 北 | Hubei | 118.75 | 133.46 | 92.66 | 101.76 | 221.72 | 264.04 | 173.42 | 202.60 |
| 湖 南 | Hunan | 111.02 | 130.87 | 71.10 | 64.08 | 320.47 | 359.38 | 234.24 | 213.34 |
| 广 东 | Guangdong | 2567.97 | 2747.80 | 608.82 | 617.94 | 5078.66 | 5621.93 | 1426.85 | 1452.51 |
| 广 西 | Guangxi | 201.02 | 209.85 | 120.01 | 117.38 | 329.99 | 350.76 | 207.52 | 205.77 |
| 海 南 | Hainan | 70.65 | 55.15 | 53.08 | 37.21 | 182.48 | 157.35 | 150.29 | 123.22 |
| 重 庆 | Chongqing | 87.19 | 104.81 | 74.28 | 84.80 | 249.11 | 297.40 | 213.93 | 246.07 |
| 四 川 | Sichuan | 69.95 | 84.99 | 47.77 | 61.49 | 127.98 | 157.37 | 92.95 | 117.53 |
| 贵 州 | Guizhou | 39.54 | 39.95 | 18.22 | 16.28 | 69.09 | 65.30 | 28.83 | 27.80 |
| 云 南 | Yunnan | 250.22 | 284.49 | 169.18 | 191.79 | 452.76 | 545.77 | 298.14 | 346.18 |
| 西 藏 | Tibet | 6.80 | 17.49 | 6.29 | 16.25 | 17.19 | 44.82 | 15.94 | 41.67 |
| 陕 西 | Shaanxi | 125.73 | 145.08 | 93.67 | 114.42 | 339.28 | 415.84 | 254.77 | 334.43 |
| 甘 肃 | Gansu | 8.32 | 6.07 | 5.98 | 4.51 | 10.79 | 8.23 | 8.08 | 6.37 |
| 青 海 | Qinghai | 2.99 | 3.61 | 2.06 | 2.47 | 7.74 | 10.03 | 5.94 | 7.61 |
| 宁 夏 | Ningxia | 1.16 | 1.45 | 0.93 | 1.16 | 2.11 | 2.85 | 1.78 | 2.29 |
| 新 疆 | Xinjiang | 36.32 | 35.49 | 32.77 | 31.84 | 82.42 | 78.54 | 75.87 | 72.48 |

# 9-9 分地区入境旅游者人均天花费额

## Average Daily Per Capita Expenditure of International Tourists by Region

单位：美元/人天

Unit:USD/night per capita

| 地区 Region | 人均天花费 Average Expenditure | | 外国人 Foreigners | | 香港同胞 Hongkong SAR | |
|---|---|---|---|---|---|---|
| | 2008 | 2009 | 2008 | 2009 | 2008 | 2009 |
| 北京 Beijing | 255.79 | 252.46 | 254.21 | 249.36 | 264.83 | 263.55 |
| 天津 Tianjin | 203.65 | 198.84 | 202.62 | 198.17 | 209.48 | 204.41 |
| 河北 Hebei | 158.24 | 163.39 | 159.91 | 162.09 | 136.52 | 171.71 |
| 山西 Shanxi | 182.93 | 176.01 | 176.27 | 172.75 | 195.90 | 178.59 |
| 内蒙古 Inner Mongolia | 181.51 | 183.68 | 178.98 | 184.29 | 218.09 | 176.08 |
| 辽宁 Liaoning | 207.84 | 202.38 | 207.61 | 201.64 | 211.90 | 206.60 |
| 吉林 Jilin | 181.62 | 176.25 | 181.48 | 177.36 | 191.85 | 166.06 |
| 黑龙江 Heilongjiang | 196.76 | 190.44 | 196.36 | 194.26 | 207.29 | 165.78 |
| 上海 Shanghai | 250.57 | 248.48 | 250.15 | 248.53 | 258.39 | 246.69 |
| 江苏 Jiangsu | 216.26 | 212.57 | 215.88 | 211.13 | 230.06 | 218.70 |
| 浙江 Zhejiang | 215.09 | 209.34 | 216.27 | 211.77 | 206.73 | 200.46 |
| 安徽 Anhui | 185.11 | 181.66 | 187.57 | 179.26 | 180.47 | 191.68 |
| 福建 Fujian | 194.71 | 195.08 | 195.19 | 199.58 | 196.52 | 190.88 |
| 江西 Jiangxi | 156.60 | 153.45 | 160.97 | 153.77 | 150.23 | 146.77 |
| 山东 Shandong | 211.62 | 205.27 | 209.22 | 202.20 | 232.87 | 211.85 |
| 河南 Henan | 156.47 | 150.89 | 159.76 | 151.08 | 162.85 | 144.10 |
| 湖北 Hubei | 197.56 | 193.43 | 199.93 | 189.80 | 196.34 | 195.48 |
| 湖南 Hunan | 192.21 | 188.76 | 193.45 | 188.63 | 187.22 | 186.75 |
| 广东 Guangdong | 164.48 | 174.84 | 166.60 | 177.00 | 157.62 | 169.74 |
| 广西 Guangxi | 181.17 | 181.73 | 178.90 | 179.44 | 185.49 | 186.31 |
| 海南 Hainan | 168.48 | 172.47 | 169.71 | 173.18 | 167.11 | 177.06 |
| 重庆 Chongqing | 177.04 | 172.65 | 182.96 | 162.10 | 173.26 | 183.00 |
| 四川 Sichuan | 173.39 | 175.63 | 171.83 | 181.78 | 179.46 | 157.53 |
| 贵州 Guizhou | 169.01 | 170.62 | 171.16 | 171.61 | 169.03 | 176.29 |
| 云南 Yunnan | 187.29 | 180.85 | 184.15 | 178.74 | 219.69 | 196.59 |
| 西藏 Tibet | 171.27 | 174.52 | 183.20 | 176.28 | 174.94 | 142.92 |
| 陕西 Shaanxi | 195.82 | 186.49 | 196.30 | 187.09 | 193.64 | 193.77 |
| 甘肃 Gansu | 154.41 | 155.36 | 156.27 | 163.49 | 161.10 | 153.81 |
| 青海 Qinghai | 149.95 | 153.65 | 150.15 | 157.16 | 160.23 | 156.42 |
| 宁夏 Ningxia | 152.78 | 155.56 | 152.20 | 158.24 | 164.73 | 146.53 |
| 新疆 Xinjiang | 169.58 | 176.40 | 171.88 | 179.99 | 156.25 | 145.95 |

9-9 续表 Continued

单位：美元/人天
Unit:USD/night per capita

| 地区 | Region | 澳门同胞 Macao SAR | | 台湾同胞 Taiwan Province | |
|---|---|---|---|---|---|
| | | 2008 | 2009 | 2008 | 2009 |
| 北京 | Beijing | 263.59 | 282.03 | 274.04 | 273.47 |
| 天津 | Tianjin | 184.85 | 210.75 | 211.41 | 191.03 |
| 河北 | Hebei | 170.00 | 173.67 | 151.51 | 173.11 |
| 山西 | Shanxi | 224.02 | 200.03 | 191.94 | 178.88 |
| 内蒙古 | Inner Mongolia | 180.00 | 198.08 | 197.11 | 173.67 |
| 辽宁 | Liaoning | 217.54 | 202.39 | 199.01 | 204.73 |
| 吉林 | Jilin | 192.44 | 168.06 | 168.56 | 183.26 |
| 黑龙江 | Heilongjiang | 207.47 | 190.29 | 188.83 | 166.24 |
| 上海 | Shanghai | 258.59 | 246.82 | 245.15 | 250.46 |
| 江苏 | Jiangsu | 227.83 | 206.80 | 201.81 | 215.74 |
| 浙江 | Zhejiang | 212.98 | 197.72 | 215.78 | 202.47 |
| 安徽 | Anhui | 148.78 | 191.27 | 182.01 | 189.83 |
| 福建 | Fujian | 181.79 | 180.05 | 193.26 | 187.95 |
| 江西 | Jiangxi | 138.07 | 157.08 | 150.53 | 161.25 |
| 山东 | Shandong | 206.14 | 222.95 | 213.89 | 208.69 |
| 河南 | Henan | 75.47 | 147.50 | 92.67 | 155.16 |
| 湖北 | Hubei | 196.27 | 214.48 | 192.46 | 191.14 |
| 湖南 | Hunan | 162.06 | 187.26 | 193.13 | 195.20 |
| 广东 | Guangdong | 169.89 | 171.80 | 164.95 | 173.94 |
| 广西 | Guangxi | 183.27 | 174.08 | 189.63 | 189.72 |
| 海南 | Hainan | 126.17 | 135.68 | 170.75 | 176.78 |
| 重庆 | Chongqing | 150.97 | 212.65 | 151.44 | 223.55 |
| 四川 | Sichuan | 165.98 | 155.81 | 180.84 | 155.22 |
| 贵州 | Guizhou | 143.87 | 150.83 | 161.15 | 164.37 |
| 云南 | Yunnan | 229.07 | 181.93 | 168.05 | 181.84 |
| 西藏 | Tibet | 163.96 | - | 131.98 | 187.08 |
| 陕西 | Shaanxi | 168.25 | 172.92 | 192.94 | 163.02 |
| 甘肃 | Gansu | 139.97 | 96.59 | 106.45 | 85.33 |
| 青海 | Qinghai | 119.43 | 52.63 | 147.10 | 141.85 |
| 宁夏 | Ningxia | 95.79 | 164.68 | 149.89 | 131.99 |
| 新疆 | Xinjiang | 152.26 | 116.67 | 163.14 | 165.38 |

# 9-10 主要城市接待入境旅游者情况

## International Tourists to Major Cities

单位:万人次

Unit:10000 person-time

| 城市 | City | 合计 Total 2008 | 合计 Total 2009 | 外国人 Foreigner 2008 | 外国人 Foreigner 2009 |
|---|---|---|---|---|---|
| 北京 | Beijing | 379.04 | 412.51 | 335.72 | 342.92 |
| 天津 | Tianjin | 122.04 | 141.02 | 113.00 | 130.58 |
| 沈阳 | Shenyang | 47.64 | 49.53 | 39.96 | 41.52 |
| 大连 | Dalian | 95.00 | 105.00 | 85.62 | 94.77 |
| 长春 | Changchun | 21.70 | 21.71 | 18.77 | 18.33 |
| 哈尔滨 | Harbin | 29.71 | 24.03 | 23.12 | 18.83 |
| 上海 | Shanghai | 526.47 | 533.39 | 441.62 | 439.05 |
| 南京 | Nanjing | 119.18 | 113.45 | 77.71 | 74.40 |
| 无锡 | Wuxi | 61.13 | 62.95 | 42.25 | 40.47 |
| 苏州 | Suzhou | 168.23 | 169.51 | 121.72 | 116.03 |
| 杭州 | Hangzhou | 221.33 | 230.40 | 154.37 | 157.28 |
| 宁波 | Ningbo | 75.68 | 80.05 | 47.72 | 46.46 |
| 黄山 | Huangshan | 81.04 | 87.71 | 55.93 | 51.10 |
| 厦门 | Xiamen | 104.53 | 94.49 | 41.56 | 43.08 |
| 济南 | Jinan | 17.02 | 18.70 | 10.74 | 11.61 |
| 青岛 | Qingdao | 80.08 | 100.07 | 69.77 | 80.14 |
| 武汉 | Wuhan | 53.40 | 66.90 | 42.78 | 52.63 |
| 广州 | Guangzhou | 612.48 | 689.40 | 214.49 | 231.18 |
| 深圳 | Shenzhen | 869.57 | 896.37 | 151.42 | 146.38 |
| 珠海 | Zhuhai | 286.22 | 297.84 | 49.31 | 47.86 |
| 中山 | Zhongshang | 65.18 | 47.58 | 11.90 | 10.96 |
| 桂林 | Guilin | 125.02 | 129.03 | 81.44 | 75.11 |
| 海口 | Haikou | 13.61 | 10.32 | 8.53 | 6.18 |
| 三亚 | Sanya | 51.15 | 31.78 | 41.16 | 23.29 |
| 重庆 | Chongqing | 87.19 | 104.81 | 74.28 | 84.80 |
| 成都 | Chengdu | 47.20 | 58.87 | 34.67 | 44.00 |
| 昆明 | Kunming | 70.07 | 77.83 | 49.82 | 56.16 |
| 西安 | Xi'an | 63.20 | 70.06 | 53.58 | 61.61 |

9-10 续表 Continued

单位:万人次

Unit: 10000 person-time

| 城市 | City | 香港 Hongkong | | 澳门 Macao | | 台湾 Taiwan | |
|---|---|---|---|---|---|---|---|
| | | 2008 | 2009 | 2008 | 2009 | 2008 | 2009 |
| 北京 | Beijing | 28.09 | 44.36 | 1.29 | 1.53 | 13.94 | 23.71 |
| 天津 | Tianjin | 3.58 | 3.94 | 0.51 | 0.63 | 4.94 | 5.88 |
| 沈阳 | Shengyang | 3.24 | 3.34 | 0.14 | 0.16 | 4.30 | 4.52 |
| 大连 | Dalian | 4.21 | 4.63 | 0.14 | 0.14 | 5.04 | 5.47 |
| 长春 | Changchun | 1.77 | 2.22 | 0.12 | 0.11 | 1.04 | 1.05 |
| 哈尔滨 | Harbin | 2.91 | 2.48 | 0.05 | 0.13 | 3.62 | 2.59 |
| 上海 | Shanghai | 36.32 | 41.55 | 1.56 | 1.78 | 46.97 | 51.01 |
| 南京 | Nanjing | 17.21 | 15.55 | 0.86 | 1.07 | 23.40 | 22.44 |
| 无锡 | Wuxi | 6.87 | 8.64 | 0.48 | 0.81 | 11.54 | 13.02 |
| 苏州 | Suzhou | 10.92 | 13.57 | 0.67 | 1.15 | 34.91 | 38.76 |
| 杭州 | Hangzhou | 26.42 | 27.84 | 1.20 | 1.71 | 39.35 | 43.57 |
| 宁波 | Ningbo | 10.81 | 13.57 | 3.44 | 4.19 | 13.71 | 15.84 |
| 黄山 | Huangshan | 7.28 | 11.72 | 0.32 | 1.05 | 17.51 | 23.84 |
| 厦门 | Xiamen | 15.67 | 11.93 | 0.31 | 0.45 | 46.99 | 39.04 |
| 济南 | Jinan | 4.02 | 4.56 | 0.07 | 0.08 | 2.18 | 2.44 |
| 青岛 | Qingdao | 6.46 | 10.60 | 0.15 | 1.98 | 3.71 | 7.35 |
| 武汉 | Wuhan | 5.63 | 7.78 | 0.23 | 0.19 | 4.76 | 6.29 |
| 广州 | Guangzhou | 319.59 | 378.97 | 32.79 | 34.93 | 45.60 | 44.32 |
| 深圳 | Shenzhen | 667.78 | 701.95 | 4.20 | 4.20 | 46.17 | 43.84 |
| 珠海 | Zhuhai | 96.92 | 101.98 | 61.03 | 68.04 | 78.96 | 79.97 |
| 中山 | Zhongshang | 36.29 | 24.49 | 10.21 | 7.48 | 6.78 | 4.65 |
| 桂林 | Guilin | 14.32 | 16.50 | 0.33 | 3.99 | 28.92 | 33.44 |
| 海口 | Haikou | 2.64 | 2.27 | 0.05 | 0.05 | 2.40 | 1.82 |
| 三亚 | Sanya | 6.94 | 6.69 | 0.95 | 0.15 | 2.09 | 1.65 |
| 重庆 | Chongqing | 7.31 | 11.85 | 0.16 | 0.24 | 5.43 | 7.92 |
| 成都 | Chengdu | 6.61 | 7.83 | 1.04 | 1.03 | 4.88 | 6.01 |
| 昆明 | Kunming | 5.75 | 7.45 | 0.31 | 0.24 | 14.19 | 13.97 |
| 西安 | Xi'an | 4.94 | 4.51 | 0.23 | 0.25 | 4.46 | 3.70 |

# 9-11 历年国内旅游情况

# Major Statistics of Domestic Tourism

| 年份 Year | 旅游人数（亿人次）Domestic Travelers (100 million person-time) | 城镇居民 Urban Residents | 农村居民 Rural Residents | 旅游总花费（亿元）Tourism Earnings (100 million yuan) | 城镇居民 Urban Residents | 农村居民 Rural Residents | 人均花费（元）Average Expenditure Per Capita (yuan) | 城镇居民 Urban Residents | 农村居民 Rural Residents |
|---|---|---|---|---|---|---|---|---|---|
| 1994 | 5.24 | 2.05 | 3.19 | 1023.51 | 848.21 | 175.30 | 195.33 | 414.67 | 54.88 |
| 1995 | 6.29 | 2.46 | 3.83 | 1375.70 | 1140.10 | 235.60 | 218.71 | 464.02 | 61.47 |
| 1996 | 6.40 | 2.56 | 3.83 | 1638.38 | 1368.36 | 270.02 | 256.20 | 534.10 | 70.45 |
| 1997 | 6.44 | 2.59 | 3.85 | 2112.70 | 1515.10 | 560.87 | 328.06 | 599.80 | 145.68 |
| 1998 | 6.95 | 2.50 | 4.45 | 2391.18 | 1515.10 | 876.05 | 345.00 | 607.00 | 197.00 |
| 1999 | 7.19 | 2.84 | 4.35 | 2831.92 | 1748.23 | 1083.69 | 394.00 | 614.80 | 249.50 |
| 2000 | 7.44 | 3.29 | 4.15 | 3175.54 | 2235.30 | 940.28 | 426.60 | 678.60 | 226.60 |
| 2001 | 7.84 | 3.75 | 4.09 | 3522.40 | 2651.70 | 870.70 | 449.50 | 708.30 | 212.70 |
| 2002 | 8.78 | 3.85 | 4.93 | 3878.36 | 2848.09 | 1030.27 | 441.80 | 739.70 | 209.10 |
| 2003 | 8.70 | 3.51 | 5.19 | 3442.27 | 2404.08 | 1038.19 | 395.70 | 684.90 | 200.00 |
| 2004 | 11.02 | 4.59 | 6.43 | 4710.70 | 3359.00 | 1351.70 | 427.50 | 731.80 | 210.20 |
| 2005 | 12.12 | 4.96 | 7.16 | 5285.90 | 3656.10 | 1629.70 | 436.10 | 737.10 | 227.60 |
| 2006 | 13.94 | 5.76 | 8.18 | 6229.74 | 4414.74 | 1815.00 | 446.90 | 766.40 | 221.90 |
| 2007 | 16.10 | 6.12 | 9.98 | 7770.60 | 5550.40 | 2220.20 | 482.60 | 906.90 | 222.50 |
| 2008 | 17.12 | 7.03 | 10.09 | 8749.30 | 5971.75 | 2777.55 | 511.03 | 849.36 | 275.28 |
| 2009 | 19.02 | 9.03 | 9.99 | 10183.69 | 7233.79 | 2949.90 | 535.40 | 801.10 | 295.30 |

# 附录Ⅰ　简要说明和主要统计指标解释

## 一、国内贸易部分

### (一)主要内容

这一部分反映中国国内市场的发展变化,批发和零售业商品流转、住宿和餐饮业经营情况以及主要财务状况。主要内容有限额以上批发和零售业、住宿和餐饮业基本情况、商品流转和经营情况、财务状况;社会消费品零售总额;亿元商品交易市场成交情况以及连锁零售业、餐饮业经营情况等。

### (二)统计范围

全国批发和零售业、住宿和餐饮业,亿元以上商品交易市场,连锁零售业、餐饮业。

限额以上批发和零售业、住宿和餐饮业统计限额标准:批发业,年主营业务收入2000万元及以上;零售业,年主营业务收入500万元及以上;住宿和餐饮业,年主营业务收入200万元及以上。

### (三)资料来源

国家统计局贸易外经司根据批发和零售业、住宿和餐饮业统计报表制度进行搜集和加工整理而得。

### (四)统计调查方法

限额以上批发和零售业、住宿和餐饮业企业(单位)数据采用全面调查的方法,逐级汇总上报。限额以下的小型企业(单位)及个体户资料采用抽样调查方法推算。

### (五)指标解释

**1. 社会消费品零售总额**　指批发和零售业、住宿和餐饮业及其他行业,售予城乡居民用于生活消费的商品和社会集团用于公共消费的商品之总金融。社会消费品零售总额统计范围包括:

(1)批发和零售业企业(单位)售予城乡居民的各种生活消费品;售予入境旅游的外国人、华侨、港澳台同胞的各类商品;售予行政事业单位、社会团体、军队和武警等机构的商品,以及以零售方式售予各类企业的商品。具体包括:用于非生产和社会交往的办公用品,如通讯设备、计算器具和设备、电讯网络设备、文印设备、音像视听器材和设备、纸张、本册、文具及装订文印材料、家具、日用电器、针纺织品、清洁卫生用品、文体用品、奖品、纪念品、礼品等;供内部人员乘坐的交通工具和燃料;用于办公设施修缮的各类配件、材料、工具等;用于取暖和防暑降温的设备、燃料、材料及食品等;专用于教学的用品和设备;非营利医疗机构的中、西药品、中药材和医疗设备器材;非专用的劳动保护用品;不对外营业的内部食堂用的餐具、炊具、设备、清洁卫生工具和食品、燃料等;军队、武警用于其人员生活的衣着品和个人用品;其他各类非生产性设备和用品。

(2)住宿和餐饮业出售的主食、菜肴、烟酒饮料和其他商品。

(3)新闻出版业、邮政业售予城乡居民、企事业单位、军队和武警等机构的书报杂志、音像制品、邮品等。

(4)其他行业出售的食品、烟酒饮料、服装鞋帽、日常生活用品、医药保健用品、艺术品、工艺美术品、玩具、殡葬用品以及其他消费品。

**2. 批发和零售业商品购、销、存总额**　指各种登记注册类型的批发和零售业企业(单位)从国内、国外市场购进的商品总量,销售和出口的商品总量、库存商品总量等情况,反映商品流转过程中商品的购进、销售、库存之间的比例关系和存在的问题。

**3. 商品购进总额**　指从本企业(单位)以外的单位和个人购进(包括从境外直接进口)作为转卖或加工后转卖的商品总额。它反映批发和零售业从国内、国外市场上购进商品的总量。商品购进总额统计范围包括:(1)从工农业生产者购进的商品;(2)从出版社、报社的出版发行部门购进的图书、杂志和报纸;(3)从各种登记注册类型的批发和零售业企业(单位)购进的商品;(4)从其他单位购进的商品,如从机关、团体、企业等单位购进的剩余物资,从餐饮业购进的商品,从海关、市场管理部门购进的缉私和没收的商品,从居民手中收购的废旧商品等;(5)从国(境)外直接进口的商品。不包括企业(单位)为自身经营用和未通过买卖行为而收入的商品以及销售退回、商品升溢等。

**4. 商品销售总额**　指对本企业(单位)以外的单位和个人出售(包括对境外直接出口)的商品总额。它反映批发和零售业在国内市场上销售商品以及出口商品的总量。商品销售总额统计范围包括:

（1）售给城乡居民和社会集团消费用的商品；（2）售给工业、农业、建筑业、运输邮电业、批发和零售业、住宿和餐饮业等作为生产、经营使用的商品；（3）售给批发和零售业作为转卖或加工后转卖的商品；（4）对国（境）外直接出口的商品。不包括出售本企业（单位）自用的废旧包装用品、未通过买卖行为付出的商品、经本单位介绍，由买卖双方直接结算，本单位只收取手续费的业务、购货退出的商品以及商品损耗和损失等。

**5. 批发和零售业年末库存** 指年末各种登记注册类型的批发和零售业企业（单位）已取得所有权的商品。它反映批发和零售业企业（单位）的商品库存情况和对市场商品供应的保证程度。年末库存统计范围包括：（1）存放在批发和零售业经营单位（如门市部、批发站、经营处）仓库、货场、货柜和货架中的商品；（2）挑选、整理、包装中的商品；（3）已记入购进而尚未运到本单位的商品，即发货单或银行承兑凭证已到而货未到的部分；（4）寄放他处的商品，如因购货方拒绝承付而暂时存放在购货方的商品和已办完加工成品收回手续而未提回的商品；（5）委托其他单位代销（未作销售或调出）尚未售出的商品；（6）代其他单位购进尚未交付的商品。不包括所有权不属于本单位的商品、拨付除批发和零售业以外的其他行业所属独立核算加工厂等加工生产尚未收回成品的商品、代国家物资储备部门保管的商品等。

库存总额采用的计算价格是：农副产品采购单位按购进价计算；批发单位按进货价计算；零售单位按核算价格计算，即按什么价格核算就按什么价格计算。

**6. 住宿和餐饮业营业额** 指住宿和餐饮业法人企业、产业活动单位在经营活动中因提供服务或销售商品等取得的收入，包括客房收入、餐费收入、商品销售额和其他收入。客房收入指住宿和餐饮业法人企业、产业活动单位在经营活动中因提供住宿服务取得的客房收入。餐费收入指住宿和餐饮业法人企业、产业活动单位因为顾客提供就餐服务取得的收入，包括经烹饪、调制加工后出售的各种食品，如主食、炒菜、凉拌菜等的收入。商品销售额指住宿和餐饮业法人企业、产业活动单位伴随服务而出售商品所取得的收入，含增殖税。其他收入指营业收入中除客房收入、餐费收入、商品销售额以外的其他收入，包括娱乐、健身和商务服务等。

**7. 亿元以上商品交易市场成交额** 指年成交额达到亿元以上，经工商部门批准、专门从事商品批发和零售业务活动的市场。其市场所有摊位商品成交总额称为商品交易市场成交额。

**8. 连锁企业（或称连锁店、连锁公司）** 指在核心企业或总店的领导下，由分散的、经营同类商品或服务的企业或活动单位，采取共同方针，实行集中采购和分散销售的有机结合，通过规范化经营，实现规模效益的经济联合组织形式。一般连锁店应由若干个分店组成。其经营特征：（1）经营同类商品；（2）使用统一商号；（3）统一采购配送，采购与销售相分离（部分商品可根据物流合理和保质保鲜原则，由供应商直接送货到门店，其余均由总部统一配送）。

连锁门店包括下列三种形式：

**直营连锁**：也叫正规连锁。连锁门店均由总部独资或控股开设，在总部的直接领导下统一经营。总部采取纵深似的管理方式，直接下令掌管所有的零售门店，零售门店也必须完全接受总部指挥。他是大型垄断商业资本通过吞并、兼并或独资、控股等途径，发展壮大自身实力和规模的一种形式。

**特许连锁**：各连锁门店（被特许人）通过合同形式，取得使用总部（特许人）商标、商号、经营技术和销售总部开发的商品的特许权，各加盟连锁门店为独立法人，在总部指导下统一经营。

**自由连锁**：也称自愿连锁。连锁公司的门店均为独立法人，各自的资产所有权关系不变，在公司总部的指导下共同经营。各成员店使用共同的店名，与总部订阅有关购、销、宣传等方面的合同，并按合同开展经营活动。在合同规定的范围之外，各成员店可以自由活动。根据自愿原则，各成员店可自由加入连锁体系，也可自由退出。

特许连锁与自由连锁共称为加盟连锁。

## 二、对外经贸和旅游部分

**1. 对外贸易统计** 海关统计是中国的官方对外贸易统计。统计依据是中国各地海关对进出口货物执行实际监管的进出口报关单.

海关统计包括中国对外贸易实际进出口货物；通过中国关境的转口贸易货物；加工贸易进出口货物；租赁期一年及以上的租赁贸易货物；外商投资企业进出口货物；国家间和国际组织无偿援助的物资以及华侨、港澳台同胞和外籍华人的捐赠品。

海关统计不包括：未通过中国关境的转口贸易货物；租赁期一年以下的进出境货物；暂时进出口尚需复运出进口的货物；进出境运输工具添装的燃料和食品以及经过中国领土的直接过境货物。

**2. 进出口商品分类** 中国海关采用国际通用的贸易统计标准，列入海关统计范围的进出口货物均根据《中华人民共和国海关统计商品目录》归类统计。该目录是以海关合作理事会的《商品名称及编码协调制度》为基础编制的。本书也列出了按联合国《国际贸易标准分类》进行调整的分类表。

**3. 进出口统计价格** 进口货物按到岸价格(CIF)统计,出口货物按离岸价格(FOB)统计。

到岸价格包括货价、货物运抵中国关境输入地点起卸前的包装费、运费、保险费和其他劳务费等费用。离岸价格不包括货物离开中国关境后运费、保险费和其他费用。

统计价格分别以人民币和美元计值。如果成交价格为其它货币,则根据国家外汇管理部门公布的折算率分别折算成人民币和美元。

**4. 进出口国家(地区)** 进口货物统计原产国,出口货物统计最终目的地国。

原产国:指进口货物生产、开采或加工制造的国家(地区)。对经过两个以上国家(地区)加工制造的进口货物,则以最后一个对货物进行经济上可以视实质性加工的国家(地区)作为该货物的原产国。原产国确实不详时,按"国别不详"统计。

最终目的地国:指出口货物已知的消费、使用或进一步加工制造国家(地区),包括直接使用或进行加工的国家(地区)。最终目的地国不能确定时,按货物出口时尽可能预知的最后运往国(地区)统计。

**5. 利用外资** 指我国政府、部门、企业和其它经济组织通过对外借款、吸收外商直接投资以及其它方式筹措的境外现汇、技术、设备等。

**6. 利用外资项目数** 指依法批准的外国政府、国际金融组织的贷款项目个数、外商投资企业个数以及海洋石油合作勘探开发合同个数(其它方式签订的利用外资协议只汇总金额,未计算项目个数)。

**7. 协议外资金额** 指对已正式签订或批准的协议规定的可供我国使用的贷款金额和应由外商提供的项目投资。

**8. 利用外资的国家(地区)** 指外资来源或投资者的法人注册地所在的国家和地区。

除政府贷款按贷款国家名称统计外,其它方式吸收的外资按外国公司、企业或其它经济组织以其法人的注册所在地国家(地区)统计。

**9. 实际使用外资金额** 指批准的合同外资金额的实际执行数,外国投资者根据批准外商投资企业的合同(章程)的规定,实际缴付的出资额和企业投资总额内外国投资者以自己的境外自有资金实际直接向企业提供的贷款。

**10. 对外承包工程** 包括各对外承包公司以招标议标承包方式承揽的下列业务(1)承包国外工程建设项目;(2)承包我国对外经援项目;(3)承包我国驻外机构的工程建设项目;(4)承包我国境内利用外资进行建设的工程项目;(5)与外国承包公司合营或联合承包工程项目时我国公司分包部分;(6)对外承包兼营的房屋开发业务。对外承包工程的营业额是以货币表现的本期内完成的对外承包工程的工作量,包括以前年度签订的合同和本年度新签订的合同在报告期完成的工作量。

**11. 对外劳务合作** 指以收取工资的形式向业主或承包商提供技术和劳动服务的活动。我国对外承包公司在境外开办的合营企业,中国公司同时又提供劳务的,其劳务部分也纳人劳务合作统计。劳务合作营业额按报告期内向雇主提交的结算数(包括工资、加班费和奖金等)统计。

**12. 对外设计咨询** 指以服务成果向业主收费的技术服务项目。包括承担的国(境)外地形地貌测绘;地质资源勘探与普查;建设区域规划;提供设计文件、图纸、生产工艺技术资料和工程技术经济咨询;工程项目的可行性考察、研究和评估;进行技术指导和培训人员等。也包括承担国(境)内利用外资进行建设的工程项目的上述规定的设计咨询项目的收取外币部分。

**13. 对外承包工程合同额** 指对外承包公司签订的承包工程合同工作量,即在报告期内,我国各个对外承包公司同有关国家和地区签订的由我方承建的建设工程的合同项目和金额,既有对外承包总包工程,也有分包、转包工程(包括新建、扩建、改建、大修等项目)和单项工程项目的合同金额。对外承包工程合同额表明我国各个对外承包公司在有关国家和地区将要承建的工程规模和工作量。

**14. 劳务合作合同额** 指对外承包公司签订的劳务合作合同工作量,即在报告期内,我国各个承包公司同有关国家和地区签订的对该国家(地区)派出我方劳务人员向国外业主提供劳务和技术服务的合同金额。劳务合作合同额表明我国各个对外承包公司在有关国家和地区将要承担的劳务合作规模和工作量。

**15. 设计咨询合同额** 指对外承包公司签订的设计咨询合同工作量,即在报告期内,我国各个对外承包公司同有关国家和地区签订的提供设计、咨询等服务的合同金额。按合同规定的金额或收费标准计算。

**16. 对外承包工程营业额** 指对外承包公司完成承包工程的工作量,即在报告期内,我国各个承包公司完成境外所承包的建设工程的工程量、工作量或实物量的货币表现。完成全部项目的"营业额",指合同最终结算金额。完成在建项目的"营业额",

指完成工程量、工作量或实物量的预算值，可以按工程预算定额和费用标准计算，也可以按合同总金额乘以报告期内完成的工程量、工作量的百分比计算。

**17. 劳务合作营业额** 指对外承包公司完成劳务合作的工作量，即在报告期内，我国各个承包公司向有关国家（地区）的建设工程和企业所派劳务人员提供劳务和技术服务实际完成的工作量的货币表现。全部完成劳务和技术服务项目的“营业额”，指合同最终结算金额。在计算劳务合作营业额时，一般按合同总金额乘以报告期内完成工作量进度百分比的方法计算。

**18. 设计咨询营业额** 指对外承包公司完成劳务合作的工作量，即在报告期内，我国各个承包公司向有关国家（地区）提供设计、咨询等服务的完成额。按向业主提交的结算数统计。

**19. 国境内外资工程** 指对外承包工程公司在国境内以外汇结算的承包和劳务工作项目。

**20. 游客** 指任何为休闲、娱乐、观光、度假、探亲访友、就医疗养、购物、参加会议或从事经济、文化、体育、宗教活动，离开常住国（或常住地）到其他国家（或地方），其连续停留时间不超过12个月，并且在其他国家（或其他地方）的主要目的不是通过所从事的活动获取报酬的人。游客不包括因工作或学习在两地有规律往返的人，按出游时间分为旅游者（过夜游客）和一日游游客（不过夜游客）。

**21. 入境游客** 指报告期内来中国（大陆）观光、度假、探亲访友、就医疗养、购物、参加会议或从事经济、文化、体育、宗教活动的外国人、港澳台同胞等游客（即入境旅游人数）。统计时，入境游客按每入境一次统计1人次。入境旅游人数包括入境（过夜）旅游者和入境一日游游客。

**22. 国内游客** 指报告期内在中国（大陆）观光游览、度假、探亲访友、就医疗养、购物、参加会议或从事经济、文化、体育、宗教活动的中国（大陆）居民，其出游的目的不是通过所从事的活动谋取报酬。统计时，国内游客按每出游一次统计1人次。

**23. 出境人数（出境游客）** 指中国（大陆）公民因公或因私出境前往其他国家、中国香港特别行政区、澳门特别行政区和台湾省观光、度假、探亲访友、就医疗养、购物、参加会议或从事经济、文化、体育、宗教活动的人数（即出境游客）。统计时，出境游客按每出境一次统计1人次。

**24. 旅游收入** 游客（入境游客和国内游客）在旅游过程中（由游客或游客的代表为游客）支付的一切旅游支出就是国家（省、区、市）的旅游收入。旅游支出应包括（过夜）旅游者和一日游游客在整个游程中行、游、住、食、购、娱，以及为亲友、家人购买纪念品、礼品等方面的旅游支出，不包括为商业目的购物、购买房、地、车、船等资本性或交易性的投资、馈赠亲友的现金及给公共机构的捐赠。旅游收入包括国际旅游（外汇）收入和国内旅游收入。

**（1）国际旅游（外汇）收入** 入境旅游者在中国（大陆）境内旅行、游览过程中用于交通、参观游览、住宿、餐饮、购物、娱乐等全部花费。

**（2）国内旅游收入** 指国内旅游者在国内旅行、游览过程中用于交通、参观游览、住宿、餐饮、购物、娱乐等全部花费。

# APPENDIX I  Brief Introduction and Explanatory Notes on Main Statistical Indicators

## Domestic Trade

**Ⅰ. Main Content**

Data reflect the development and changes of China's domestic market, circulation of commodities through wholesale and retail industries, and the business and financial status of hotels and catering services. Main contents include basic condition of wholesale and retail trades, hotels and catering Services above designated size; circulation of commodities (in operation and financial terms); total retail sales of consumer goods; turnover of huge commodity exchange markets (with transaction over 100 million yuan); development of chain stores of retail trade, and restaurants, etc.

**Ⅱ. Coverage of Statistics**

Industries of wholesale and retail, industries of hotels and catering services, huge commodity exchange markets, and chain stores of retail, and chain restaurants.

Based on results of the 2004 economic census, adjustments were made for data of total retail sales of consumer goods from 1993 to 2004. Total retail sales of consumer goods do not include sales of agricultural production, purchase of housing by residents.

The designated size of wholesale and retail trades, hotels and catering services is defined as follows: wholesale trade, with annual revenue from principal business over 20 million yuan; retail sale trade, with annual revenue from principal business over 5 million yuan; hotels and catering services, with annual revenue from principal business over 2 million yuan.

**Ⅲ. Sources of Data**

Data are collected and processed in accordance with the statistical reporting scheme on wholesale and retail trades, hotels and catering services by the Department of Trade and External Economic Relations of the National Bureau of Statistics.

**Ⅳ. Survey Methodology**

Data are all enterprises of wholesale and retail trades, hotels and catering services above the designated size are collected through comprehensive reporting systems and are reported level by level. Data of small size enterprises below the designated size and individual enterprises are according to sampling surveys.

**Ⅴ. Explanatory Notes on Main Statistical Indicators**

**1. Total Retail Sales of Consumer Goods**

Refers to the sum of retail sales of commodities sold by wholesale, retail, hotel, catering services, and other industries which are to urban and rural households for private consumption and to social institutions for public consumption. Retail sales of consumer goods include:

1) Sales by wholesale and retail units: a) Of consumer goods sold to urban and rural households; b) Of commodities sold to foreigners, overseas Chinese and Chinese compatriots from Hong Kong, Macao and Taiwan visiting in China; c) Of commodities sold to government agencies, institutions, social organizations, military and armed police units, and commodities sold to enterprises in the form of retail sales. More specifically, they include: office facilities and articles for non production purposes such as communications equipment, computing

equipment and instruments, TV and network equipment, printing and copying equipment, audio visual equipment and instruments, paper, notebooks, stationeries, furniture, electric appliances, knitwear, sanitation and cleaning articles, cultural and sport articles, articles for prizes, souvenirs, etc. ; transport vehicles and fuels for employees; materials, spare parts and tools for the maintenance of office facilities; equipment, fuels, materials and food for winter heating or summer cooling purposes; articles and equipment for teaching purpose; Chinese and western medicines and medical equipment and facilities purchased by non profit making medical institutes; non specialized work safety articles; cooking utensils, tableware, equipment, cleaning articles, food and fuels purchased by internal cafeterias; clothes and personal articles purchased by military or armed police units for their officials and soldiers; and other equipment and articles for non production purposes.

2) Sales of stable food, cooked dishes, beverages, tobaccos and other articles by catering units and hotels.

3) Sales of books, newspapers, magazines, audio visual products and post products by publishing, post and telecommunications departments to urban and rural households and to enterprises, institutions, military and armed police units.

4) Sales of food, beverages, tobaccos, clothing, hats, footwear, articles for daily use, medicines, medical and health articles, work of art, handicrafts, toys, funeral articles and other articles by other industries.

**2. Total Purchase, Sales and Stock of Commodities by Wholesale and Retail Trades**

Refers to the total value of commodities purchased, total value of sales and exports, and the stock of commodities by wholesale and retail enterprises (establishments) of different status of registration from domestic and overseas markets. This indictor reflects the relationship among purchase, sales and stock of commodities in the circulation of goods and reveals the existing problems.

**3. Total Purchases of Commodities**

Refers to the total value of purchases of commodities by the enterprises (establishments) from other establishments or individuals (including direct import from abroad) for the purpose of re selling, either with or without further processing of the commodities purchased. This indicator is used to show the total value of purchases of commodities by wholesale and retail establishments from domestic and overseas markets. The total purchases include: (1) agricultural and industrial products purchased from producers; (2) books, magazines and newspapers purchased from distribution departments of the publishers; (3) commodities purchased from wholesale and retail establishments of different status of registration; (4) commodities purchased from other units, such as surplus materials purchased from government agencies, enterprises or institutions, commodities purchased from catering and service establishments, confiscated goods purchased from customs authorities or market management agencies, second hand goods and wastes purchased from residents; and (5) commodities directly imported from abroad. Excluded are commodities purchased by enterprises (establishments) for use in their own business operation, commodities obtained without buying or selling procedures, rejected commodities, etc.

**4. Total Sales of Commodities**

Refers to value of commodities sold by the establishments to other establishments and individuals (including direct export). This indicator is used to show the total value of sales of commodities at domestic markets and export. The total sales include: (1) commodities sold to urban and rural residents and social groups for their consumption; (2) commodities sold to establishments in industry, agriculture, construction, transportation, post and telecommunications, wholesale and retail trades, catering trade and public utility for their production and operation; (3) commodities sold to wholesale and retail establishments for re selling, with or without further processing; and (4) commodities for direct export to other countries. Excluded are selling of waste packaging materials used by the establishments (units) themselves, commodities transferred without buying or selling procedures, commission income from brokerage in transactions whose settlement is directly handled by buyers and sellers, rejected commodities in the purchase, loss in commodities, etc.

**5. Commodity Stock of Wholesale and Retail Enterprises**

Refers to total commodities possessed by wholesale and retail enterprises (units) of various types of registration status at the end of the reference period, which reflects the commodity stock level of various wholesale and retail enterprises and the potential for market supply. It includes: (1) commodities located in storage, garages, counters, and shelves of operating units (such as sale stores, wholesale centers, and operating offices) of wholesale and retail enterprises; (2) commodities in the process of selecting, sorting, and packing; (3) commodities not arrived but recorded as purchase in the account, i. e. commodities not arrived but payment receipts for the commodities from the sellers or the banks arrived; (4) commodities deposited in other places rather than places mentioned above, for instance: commodities in the hold of purchasers temporarily due to the refusal of payment and commodities not taken back after going through the formalities; (5) commodities entrusted to other units to sell but not sold yet; (6) commodities purchased for other units but not delivered yet. Commodities not included as stock are those not owned by the enterprises (units), those allocated to financially independent factories rather than wholesale and retail enterprises for processing but not taken back yet, and finally those put in stock by wholesale and retail enterprises on behalf of the state material reserves units.

For the calculation of the value of commodities stock, the value is calculated at purchasing prices in agricultural goods purchasing units and wholesale units, and at the accounting prices in retail units.

**6. Business Revenue of Hotels and Catering Services**

Refers to revenue received from providing services or selling commodities by corporate enterprises and establishments engaged in hotel and catering services, including income from hotel rooms, from catering services, from selling of commodities and from other services. Income from hotel rooms refers to income of corporate enterprises and establishments by providing lodging services. Income from catering services refers to income of corporate enterprises and establishments by providing catering services, including selling of cooked or prepared foods such as stable food, cooked dishes or cold dishes. Income from selling of commodities refers to income of corporate enterprises and establishments by selling commodities that accompany the services they provide. Income from other activities refers to income received other than income from hotel rooms, catering services or selling of commodities, such as income from providing recreation, fitness or business services.

**7. Turnover of markets of which transaction value over 100 million yuan**

Refers to the transaction value of markets which approved by the industrial and commercial administration departments, and specialize in wholesale and retail of commodities with an annual transaction of over 100 million yuan. The sum of sales of all sellers in the markets makes up the turnover of the markets.

**8. Chain Enterprises (also called chain stores or chain corporations)**

Refers to a form of joint economic entities under which scattered enterprises or establishments engaged in providing homogeneous commodities or services, with the central leadership of core enterprise or headquarters and guided by common policies, conduct centralized purchase and distributed selling of commodities, in order to gain better efficiency through standardized operation. Consisting of a number of branch stores, the chain stores have in general following features: (1) Homogeneous commodities; (2) Unique name of stores; (3) Centralized purchase and delivery which is separated from distributed selling operation (most commodities are delivered from the headquarters except some items which, from logistics, quality or freshness considerations, might be delivered by the suppliers directly).

Chain stores have 3 categories:

a) Chain stores under direct management: These are formal chain stores invested or controlled by the headquarters. They operate under the direct and unified management from the headquarters. Adopting a direct management approach, the headquarters give orders and control all retail stores, which follow completely the directives from the headquarters. Large monopolized commercial companies develop and expand their business through purchasing, merging, direct investment and controlling of shares.

b) Chain stores through special permit: Through contracts, chain stores (or their owners) obtain licenses from the headquarters to use designated trade marks, names, operation know how, and to sell the commodity developed by the headquarters. Under this arrangement, each store in the chain is an independent legal entity and operates under the guidance from the headquarters.

c) Chain stores through voluntary arrangement: Under this arrangement, all stores operate together under the guidance of the headquarters, while maintaining their status of independent legal entities with full ownership of their assets. They use the same store name, sign contracts with the headquarters concerning purchase, sale, publicity, etc. and operate under the contract. They are free to engage in other activities which are not bounded in the contract. They could join or leave the chain on voluntary basis.

Chain stores through special permit and those through voluntary arrangement make up chain stores through license arrangement.

## Foreign Trade & Economic Cooperation and Tourism

**1. Foreign Trade Statistics**

China's Customs Statistics are the country's official foreign trade statistics. It's compiled from the declarations, which are made to the Customs by imports, exports or their agents and subject to verification by customs officers at the time of customs clearance.

Customs Statistics comprise all merchandise passing through China's Customs territory (with the exceptions mentioned below). Including: goods from abroad entering customs warehouses, bonded areas or special economic zones (SEZ) and goods leaving above mentioned areas to abroad; goods for inward or outward processing or assembling and subsequent re exportation or re importation; goods on lease for one year or more; goods imported or exported by foreign invested enterprises; international aid or donations, etc.

Excluding: Customs statistics do not cover temporary imports or exports; goods on lease for less than one year; travelers' personal effects; ship's and aircraft's bunkers and stores obtained abroad; monetary gold and coins being legal tender; goods in transit through China.

**2. Import and Export Commodity Classification**

Commodity imported or exported are classified according to the Commodity Classification for China's Customs Statistics, which is based on the Harmonized Commodity Description and Coding System (HS for short), with some modifications to meet China's special need. The book also displays the figures adjusted according to the UN's SITC.

**3. Import and Export Valuation**

Imports are valued on a CIF basis, which is based on the transaction value and all freight, insurance and other charges incurred before discharging the goods at the first port of entry of China.

Exports are valued on a FOB basis, which is based on the transaction value at China's port of shipment equivalent of the actual price at which the goods are sold.

The statistical value is expressed in RMB and USD respectively. Any transaction value in terms of a currency other than RMB or USD shall be converted into RMB or USD at the exchange rate between issued by the State Administration of Foreign Exchange.

**4. Trading Partner**

The country of origin is recorded for imports while the country of final destination for exports.

The country of origin refers to the country or region where the import goods have been grown, mined or manufactured. If two or more countries (regions) were involved in the manufacture of the products, the place where the last substantial working or processing was carried out will be recorded as the country (region) of origin. However, commodities whose nature or states have not been substantially changed will not be considered as having been processed or remanufactured. In instance where the country of origin can not be ascertained, the imports will be recorded as "country unknown".

The country of final destination refers to the country or region where the export goods are to be consumed, utilized or further processed or manufactured. In instance where the country of final destination can not be ascertained, the exports will be credited to the final country (region) dispatched to as known at the time of exportation.

**5. Utilization of Foreign Capital**

It refers to loans, direct foreign investments, commodity credits and other funds used by domestic institutions that are supplied from abroad and from Hong Kong, Macao and Taiwan.

**6. Agreement Numbers of Utilization of Foreign Capital**

It refers to the project numbers of the loans from the foreign governments and international monetary organization, the numbers of the enterprises with foreign investment and the contract numbers of the joint exploitation on offshore oil which are all approved according to law. The agreements of utilization of foreign capital, which are signed in other ways, are only collected into total amount without project numbers.

**7. Agreement Amount of Utilization of Foreign Capital**

It refers to the amount of the loans provided for China to use and the project investments supplied by the foreign businessmen in terms of the approved or signed agreements.

**8. Country (region) of Foreign Capital**

It refers to the country and region where the investor registers as a juridical Person and the foreign capital and investment comes. In the statistic classification, as the other ways in absorbing foreign investment, country (region) refers to the place where the foreign companies, enterprises and other economic organization register as juridical persons, except government loans just in terms of the name of the country.

**9. Foreign Capital Actually Used**

It refers to the amount which has been actually used according to the agreements and contracts, including cash, materials and invisible capital such as labour service and technology which both parties agree to take as investment.

**10. Engineering Projects**

Contracted projects with foreign countries refer to projects undertaken by Chinese contractors (project contracting companies) through bidding process. They include: (1) overseas civil engineering construction projects financed by foreign investors; (2) overseas projects financed by the Chinese government through its foreign aid programs; (3) construction projects of Chinese diplomatic missions, trade offices and other institutions stationed abroad; (4) construction projects in China financed by foreign investment; (5) sub contracted projects to be taken by Chinese contractors through a joint umbrella project with foreign contractors; (6) housing development projects. The business income from international contracting is the work of contracted projects completed during the reference period expressed in value terms, including completed work on projects signed in previous years.

**11. Labour Services**

Service cooperation with foreign countries refers to the activities of providing technology and labour services to employers or contractors in forms of collecting salary and wage. Labour services provided by contractual joint ventures of Chinese international contracting corporations, should be taken in statistics of service cooperation with foreign countries. The business income of labour service cooperation is the income of wages and salaries and other expense collected from the employers during the reference Period.

**12. Design and Consulting**

Design and/or consulting for foreign countries refers to those technical assistance projects in the form of service results and chargeable to the owners abroad (such as topographic surveying, geological prospecting, development zone programming, provision of documents, blueprint, materials on production process, technical consultation, project feasibility studies and evaluation, Personnel training, etc.). The items mentioned above in border with foreign capital used and foreign currencies paid are also included.

**13. Contractual Value of Engineering Projects**

Contractual value of engineering projects refers to the amount of foreign construction projects undertaken by Chinese contractors. The projects and sum of money that are signed by international economic and technical corporations with related nations and regions, including the overall contracted foreign construction projects, the separately contracted projects and the transferred contractedprojects (including the newly construction projects, the extension projects, the reconstruction projects and the overhaul projects), and the contracted sum of money of each individual project, contractual volume of engineering projects shows the scale and amount of work of the contracted projects made by each international contracting corporation with selected nations and regions, during the reporting Period.

**14. Contractual Value of Labour Service**

Contractual value of labour services refers to the contracted amount of work of labour service signed by international economic and technical corporations. That is to say the contracted sums of money are made by providing labour and technique service to foreign employers. Contractual value of labour services shows the scale of labour service and the amount of work will undertake by each international economic and technical corporation, during the reporting period.

**15. Contractual Value of Design and Consulting**

Contractual value of design and consulting refers to the contracted amount of work of service like design or consulting signed by international economic and technical corporation during the reporting period, and the contracted sum of money or fee of each individual project shows the scale and amount of work.

**16. Turnover of Engineering Projects**

Turnover of the contracted projects refers to the amount of work that has been completed by the international economic and technical corporations. That is to say the accomplished amount of projects and work, and the physical quantity are reflected in the form of money, during the reporting Period. The total completed turnover of the projects refers to the final settling accounts of the contract. The finished turnover of projects under construction refers to the estimated value of the finished amount of projects and work, and the physical quantity, it can be calculated according to the budget quota and cost standard of the projects, or use the contracted volume time the percentage of the finished amount of projects and work, during the reporting Period.

**17. Turnover of Labour Services**

Turnover of labour service refers to the amount of work of service cooperation with foreign countries completed by the international economic and technical corporations. That is to say the real completed amount of labour and technique service provided to foreign employers in the form of money, by each international economic and technical corporation, during the reporting period. The turnover of the total completed labour and technique service projects refers to the final settling accounts of the contract. While calculating the turnover of the labour service, it is common to use the total contracted volume time the Percentage of the progress of the Amount of work.

**18. Turnover of Design and Consulting**

Turnover of design and consulting refers to the amount of work of design and consulting that has been completed by the international economic and technical corporation during the reporting Period and the sum of money.

**19. Domestic Projects with Foreign Capital**

Domestic projects with foreign capital refer to the contracted and labour projects within the territory that would be settled by the international economic and technical corporations in terms of foreign exchange.

**20. Visitor**

Refers to any person who travels to a country (or place) other than that of his or her residence for a period not exceeding 12 months for leisure, entertainment, sightseeing, holiday, visiting relatives or friends, medical care, shopping, meeting, or taking part in economic, cultural, sports or religious activities, where the main purpose of the travel is not for remuneration.

A visitor does not refer to any person who commutes between two places regularly for career or education.

According to the length of stay, visitors are classified as tourists (i. e., overnight visitors) and same-day visitors (non-overnight visitors).

**21. International Visitors(Inbound Visitor Arrivals)**

Refer to foreigners or compatriots from Hong Kong, Macao and Taiwan who come to China within the reporting time frame for sightseeing, holiday, visiting friends and relatives, medical care, shopping, meeting, or taking part in economic, cultural, sports or religious activities. Each time of entry is recorded as one time of arrival, and tne total sum makes up the inbound visitor arrivals.

Inbound visitor arrivals (international visitors) include inbound (overnight) tourists and inbound same-day visitors.

**22. Domestic Visitors**

Refer to Chinese nationals who travel within the country within the reporting time frame for sightseeing, holiday, visiting friends and relatives, medical care, meeting, or taking part in economic, cultural, sports or religious activities. Their purposes of travel are not for remuneration from the activities afore mentioned. Each time of their travel is recorded as one person time. Domestic visitors include domestic (overnight) tourists and domestic same-day visitors.

**23. Outbound Visitor (outbound departure)**

Refers to a Chinese (mainland) citizen who departs from China to a foreign country (or region) for leisure, entertainment, sightseeing, holiday, visiting relatives or friends, medical care, shopping, meeting, or taking part in economic, cultural, sports or religious activities. Each time of departure is recorded as one person time. Outbound visitors include outbound (overnight) tourists and outbound same-day visitors.

**24. Tourism Receipts**

All the expenditures made by visitors (inbound visitors and domestic visitors) or by representatives of the visitors in the course of their travel constitute the tourism receipts of a country (province, region, city). Tourism expenditures of visitors should include expenses made by (overnight) tourists and same-day visitors throughout their travel on transport, tours, lodging, food, shopping, entertainment, and souvenirs and gifts for friends and relatives. Tourism expenditures do not include purchases of goods, real estate, house, motor vehicle, water vessel for commercial purposes, neither include capital nor transactional investments, cash given to friends and relatives, donations to public organizations. Tourism receipts include international tourism(foreign exchange) receipts and domestic tourism receipts.

1) International Tourism (foreign exchange) Receipts-refer to the total expenditure made by inbound tourists within the territory of China (the mainland) in their course of travel on transport, tours and sightseeing, lodging, food and beverage, shopping, entertainment and etc.

2) Domestic Tourism Receipts Refer to the total expenditure made by domestic tourists within the territory of China (the mainland) in their course of travel on transport, tours and sightseeing, lodging, food and beverage, shopping, entertainment and etc.

# 附录Ⅱ　英文缩略语及符号

# APPENDIX Ⅱ　Abbreviations and Symbols in English

| | |
|---|---|
| APEC | Asia Pacific Economic Cooperation |
| ASEAN | Association of Southeast Asian Nations |
| Co. , Ltd. | Corporation Limited |
| Corp. | Corporation |
| DPR | Democratic People's Republic |
| EU | European Union |
| FR | Federal Republic |
| IMF | International Monetary Fund |
| Is. | Islands |
| No | Number of items |
| Prov. | Province |
| RMB | Renminbi Yuan |
| SDR | Special Drawing Rights |
| USD | Dollar of United States of America |
| USSR | Union of Soviet Socialist Republics |